제9판
사회심리학

Elliot Aronson, Timothy D. Wilson, Robin M. Akert, Samuel R. Sommers 지음

고재홍, 김민영, 박권생, 최윤경 옮김

Σ 시그마프레스

사회심리학, 제9판

발행일 | 2018년 3월 15일 1쇄 발행
2022년 1월 20일 2쇄 발행

저 자 | Elliot Aronson, Timothy D. Wilson, Robin M. Akert, Samuel R. Sommers
역 자 | 고재홍, 김민영, 박권생, 최윤경
발행인 | 강학경
발행처 | ㈜ 시그마프레스
디자인 | 송현주
편 집 | 류미숙

등록번호 | 제10-2642호
주소 | 서울특별시 영등포구 양평로 22길 21 선유도코오롱디지털타워 A401~402호
전자우편 | sigma@spress.co.kr
홈페이지 | http://www.sigmapress.co.kr
전화 | (02)323-4845, (02)2062-5184~8
팩스 | (02)323-4197

ISBN | 979-11-6226-050-0

Social Psychology, ninth edition

* 책값은 뒤표지에 있습니다.
* 이 도서의 국립중앙도서관 출판예정도서목록(CIP)은 서지정보유통지원시스템 홈페이지(http://seoji.nl.go.kr)와 국가자료공동목록시스템(http://www.nl.go.kr/kolisnet)에서 이용하실 수 있습니다.(CIP제어번호 : CIP2018006249)

역자 서문

사회심리학은 우리 사람의 생각, 느낌, 행동이 다른 사람의 존재에 따라 달라지는 방식에 대한 과학적 연구로 정의된다. 여기서 강조하고 싶은 것은 다른 사람의 존재가 상상 속의 존재일 수도 있고 상황 속에 함축된 존재일 수도 있다는 점이다. 따라서 이 정의 속에는 집에서 혼자 음악을 듣고 있을 때에도 또 심리학 실험실에서 개별 과제를 수행하고 있을 때에도 다른 사람의 영향력으로부터 자유롭지 못한 게 사람이라는 사회심리학자들의 믿음이 담겨 있다. 이 말을 뒤집어 생각하면 인간은 우리가 생각하는 것보다 훨씬 더 타인의 존재에 민감하다는 뜻이 된다.

지금은 고전적 연구가 된 몇몇 실험은 인간이 얼마나 주변 사람들의 존재에 민감한지를 생생히 예증해주었다. 개인의 생각과 행동이 주변 사람의 생각과 행동에 의해 정반대로 뒤바뀔 수 있다는 사실을 밝혀낸 Solomon Asch의 동조실험, 인간이 권력을 갖게 되면 상상할 수 없을 만큼 잔인해질 수도 있다는 사실을 입증한 Philip Zimbardo의 스탠포드 감옥실험, 그리고 힘(권위) 앞에서는 상상하기 어려울 만큼 비정해지기도 하는 게 사람이라는 사실을 들춰낸 Stanley Milgram의 복종실험 등은 사회적 존재로서 인간에 대한 깊은 통찰을 제공한다. 여기서 우리는 '유아독존'은 허구일 뿐이라는 믿음을 갖게 되고, 이 믿음은 자신과 주변 사람과의 관계를 새롭게 성찰해보는 기반으로 작용하게 될 것이다.

전통과 집단을 강조하던 한국 사회도 점차 개인중심 사회로 변하고 있다. 이런 변화와 더불어 개인의 신념 및 태도에도 많은 변화가 일어나고 있으며, 그 결과는 개인 정서의 부정적인 효과가 자살이나 살인 같은 극단적인 행동으로 나타나고 있다. 전통적으로 강조되어 오던 정(情)이나 인내보다는 원한이나 폭행 같은 충동성 행동이 만연한 이유도 사회심리학 관점에서 보면 체계적 이해가 가능해진다. 이런 점에서 이 책은 앞으로 한국 사회에서 발생하게 될 갖가지 사회행동을 설명할 수 있게 해주는 지침서 역할을 맡게 될 것이다.

이 책은 무엇보다 사회심리학에 대한 학생들의 이해와 관심을 고취시키기 위해 그 내용을 체계적으로 조직했다는 점에서 주목을 끈다. 개념 및 실험에 대한 단순한 소개와 설명으로 그치지 않고 '해보기!'를 통해서 해당 개념과 실험을 일상생활에 적용해볼 수 있도록 정리해 놓았고, '요약'에서는 한 장을 구성하는 주요 내용의 구조를 한눈에 볼 수 있도록 정리하였다. 이렇듯 체계적으로 구성된 이 책은 사회심리학 수업을 수강하는 학생들뿐만 아니라 스스로 심리학에 대해 탐구해보고자 하는 일반인에게도 훌륭한 자습서가 되리라고 믿는다.

역자들의 전공 분야는 각기 다르지만 사회심리학이 우리의 삶과 직접적으로 연결되어 있고 각 전공 영역과도 결코 무관하지 않다는 생각에서 Aronson, Wilson, Akert, Sommers의 사회심리학 교과서를 함께 번역하기로 뜻을 모았다. 번역 과정에서 친숙하지 않은 용어 때문에 힘든 적도 있었지만, 새로운 많은 것을 깨달으며 느꼈던 환희를 통해 역시 우리의 합심이 잘못된 선택이 아니었음을 확신할 수 있었다.

이 책은 지은이들이 30년 이상 사회심리학을 연구하고 가르쳤던 경험의 집대성이라 할 수 있다. 하지만 원저를 번역하는 과정에서 우리 문화와는 거리가 먼 일부 삽화와 '해보기!' 등은 역자의 판단에 의해 삭제하였다. 이러한 부분들이 우리나라의 사회심리학 연구로 채워지기를 기대해 본다. 아울러 이 책이 나오기까지 애써준 (주)시그마프레스 편집부에 감사의 마음을 표한다.

역자 일동

저자 서문

우리가 이 책을 쓰기 시작했을 때, 최우선 목표는 학생들로 하여금 사회심리학을 좋아하게 만드는 것이었다. 많은 교수와 학생들이 보내온 갖가지 편지나 이메일을 통해 우리의 목표가 달성되었음을 알고 기쁘기 그지없었다. 가장 마음에 드는 반응 중 하나는 한 학생의 회신이었다. 그 학생은 이 책이 정말정말 재미있어 언제나 다른 공부를 다 하고 난 다음에 그때까지 투자한 노력에 대한 보상으로 이 책을 읽는다고 말했다. 적어도 그 학생에게는 이 책이 무미건조한 사실과 수치에 대한 소개가 아니라 흥미진진한 이야기로 간주됐던 것이다.

그렇지만 개선의 여지는 항상 존재하기 마련이며 이번 제9판에서 우리의 목적은 사회심리학을 좀 더 쉽고 흥미 있게 읽을 수 있는 분야로 만드는 데 있었다. 우리는 강의할 때 뒷자리에 앉아 반쯤 졸고 있던 학생이 "와, 이 과목이 이렇게 재미있을 줄은 생각도 못했네!"라고 중얼거리며 자세를 바로잡는 모습을 보는 데서 더 없는 기쁨을 느끼곤 한다. 이 책을 읽는 학생들한테서도 이와 똑같은 반응이 일어나길 바라는 것이 우리의 솔직한 마음이다.

제9판의 새로운 특징

이번 제9판에 추가한 새로운 특징은 내용을 더 쉽게 이해하게 해줄 것이다. 각 장의 시작을 알리는 개요 및 학습목표는 그 장에서 가장 적절한 절에서 한 번 더 제시되고 마지막에 장의 내용을 요약할 때 또 한 번 제시된다. 각 장에서 주요 절의 마지막에는 복습문제를 제시하였다. 시험을 자주 보면 학습이 촉진된다는 연구결과로 미루어 이들 복습문제와 각 장의 마지막에 제공된 평가문제는 중요한 학습 도우미로 작용할 것이다. 또한 각 장에는 학생들로 하여금 글을 써보게 하는 몇 가지 자극제가 첨가되어 있다. 이 책을 교재로 이용하는 교수는 이들을 과제로 이용할 수도 있을 것이다. 또한 이전 판에서 인기 있었던 특징은 그대로 두고 보다 세련되게 다듬기도 했다. 예를 들어 학생들로 하여금 책 속 개념을 일상 활동에 적용할 수 있게 한 '해보기!'의 상당수는 수정되거나 대체되었다. 마지막으로 새로 출간된 최근 연구를 많이 인용하여 제9판의 내용을 크게 개정하였다.

학생들을 위한 조언

"**창**의적 쓰기도 있지만 창의적 읽기도 있다."고 1837년 Ralph Waldo Emerson은 말했다. 이 말은 유능한 학생이 되기 위해 알아야 할 것이 무엇인지를 깔끔하게 요약하고 있다. 정보를 적극적이고 창조적으로 사용하는 사람이 되어야 한다는 말이다. 어떻게 해야 그런 사람이 될 수 있을까? 어려울 것 없다! 삶의 모든 것이 그렇듯 여기에도 약간의 노력, 즉 재치 있고 짜임새 있게 계획된 목적 지향적 노력만 있으면 된다. 다음은 그런 노력이 어떻게 전개되어야 할 것인지에 대한 조언이다.

교과서를 잘 알기 위해 노력하라

이 책을 구성하는 각 장의 구조와 조직은 아주 세심한 고려의 산물이다. 각 장의 내용은 여러분이 공부하기에 가장 적합하도록 배열되었다. 다음은 각 장에서 여러분이 무엇을 살펴봐야 할 것인지에 대한 조언(tip)을 정리한 것이다.

핵심 용어는 쉽게 알아볼 수 있게 굵은 글씨체로 해놓았다. 용어의 정의는 본문에도 있고 좌우 여백에도 있다. 여백에 있는 용어 설명은 여러분이 후에 그 의미를 잊어버렸을 경우에 찾아보기 쉽게 한 것이다. 용어 설명은 이 책의 마지막에 있는 용어해설에서도 찾아볼 수 있다.

제목과 소제목을 주목하라. 제목은 각 장의 내용을 지탱하는 뼈대이다. 제목과 소제목은 척추처럼 서로 연결되어 있다. 만약 내용의 흐름을 잘 모르겠다면 해당 부분의 제목과 그 앞선 부분의 제목을 살펴보라. 그 장 전체의 흐름(즉, 큰 그림)을 파악할 수 있게 될 것 것이다. 또한 부분부분이 연결된 방식을 이해하는 데도 도움이 될 것이다.

각 장의 마지막에 있는 요약은 각 장의 내용을 간단명료하게 정리한 것이다. 반드시 읽어봐야 한다. 읽으면서 낯선 내용이 없는지 확인해보라. 기억나지 않는 부분이 있다면 해당되는 본문을 다시 찾아서 읽어보라. 요약은 일부러 짧게 만든 것이기에 그것이 다가 아니라는 점을 명심하라. 여러분은 내용 전체를 완전히 이해하고 있어야 한다. 요약은 시험 공부할 때 학습 보조자료로 사용하라. 요약을 읽을 때 낯선 내용이 있어서는 안 된다. 요약된 내용보다 더 많은 것을 알고 있다는 느낌이 들면 시험 준비가 다 되었음을 암시한다.

'해보기!'를 반드시 해보라. '해보기!'를 통해 사회심리학 개념을 확실히 이해할 수 있게 되고 자신의 삶에 적용할 수 있게 될 것이다. '해보기!' 중 일부는 사회심리학자들이 실행한 실제 실험에서 따온 것이다. 일부는 다른 사람에 비해 자신의 상대적 위치를 가늠해볼 수 있게 하는 자기보고식 척도이고, 또 다른 일부는 사회심리학 개념을 예시하는 짧은 퀴즈로 구성되었다.

'베짱이가 돼서는 절대 안 되지!'라고 다짐하라

사회심리학은 일상의 삶을 다루고 있기 때문에 이 책의 내용이 모두 상식에 불과하다는 생각이 들 수도 있다. 그렇지 않다. 이 책에 소개된 내용은 보기보다 훨씬 더 복잡하다. 그러므로 이 책의 내용을 제대로 학습하기 위해서는 적극적으로 공부해야 한다는 사실을 강조하고 싶다. 각 장의 내용을 한 번만 읽고도 제대로 이해하게 될 것이라고는 기대하지 마라. 두 번 세 번 읽어보기도 하고, 고민도 해보고, 배운 내용을 알고 있는 다른 것과 결부시켜 보기도 하고, 질문도 해보고, 두고두고 생각해보고, 또 상호작용도 해봐야 한다. 이처럼 적극적으로 공부를 해야 공부한 내용을 기억하게 되고, 여러분 자신의 것으로 만들 수 있을 것이다. 여기서 공부한 내용에 대해 나중에 누군가가 물어볼 가능성이 크고, 그러면 여러분은 그것을 기억해내야 할 것이기 때문에 기억해야 할 것은 지금 기억해야 한다. 다음은 여러분이 활용할 수 있는 몇 가지 기억력 향상법이다.

- 적극적이고 대담하라―형광펜을 사용해보라! 중요한 점이 있으면 형광펜을 이용하여 강조해 두라. 기억을 더 잘하게 될 것이며, 나중에 돌이켜 보는 데도 도움이 될 것이다.
- 수업 후가 아니라 수업 전에 학습할 부분을 읽어보라. 그래야 강의에서 더 많은 것을 얻을 수 있다. 강의에서는 책에 없는 새로운 내용도 소개될 수 있다. 교과서는 많은 자세한 사항을 제공하기도 하지만 큰 그림을 그릴 수 있게 해준다. 그리고 강의는 교과서 속 정보를 증대시키고 모든 정보를 통합하기 쉽게 도와줄 것이다. 이 때문에 교과서를 먼저 읽지 않게 되면, 강의 내용 중에서 이해하지 못하는 부분도 생길 수 있고, 어떤 점이 가장 중요한 점인지도 파악하지 못할 수도 있다.
- 효과적인 공부 방법을 소개한다. 교과서에서 알게 된 핵심 개념이나 연구를 책이나 공책을 보지 않고 자신의 말로 바꾸어 적어보라. 눈을 감고 자신에게 소리 내어 말해볼 수도 있을 것이다. 얼마나 잘할 수 있었는가? 중요한 내용을 빠트리지는 않았는가? 막힌 부분이나 기억해내지 못한 부분은 없었는가? 이들 질문의 답을 기초로 다시 공부해야 할 곳이나 되짚어 살펴봐야 할 곳을 찾아 다시 공부해야 한다. 다른 사람과 함께 공부하면서 각자가 이해한 이론과 연구에 대해서 서로에게 설명하고는 자신의 설명이 말이 되는지를 점검해보는 것도 좋은 방법이다.
- 중요한 연구결과가 잘 기억나지 않는다면 그 결과에 대한 그래프를 직접 한번 그려보라. 연구결과는 말보다는 그림으로 더 잘 기억된다는 사실을 깨닫게 될 수도 있다. 정보를 몇 차례 시각화해보면 그 정보는 오래 기억에 남을 것이다.
- 내용에 대한 공부는 하면 할수록 더 잘 이해하게 되고 더 오래 기억하게 된다. 자신만의 말로 적어보거나 말해보거나 다른 사람에게 설명해보거나 그림으로 그려보라는 말이다.
- 마지막으로 이 책의 내용은 아주 재미있는 내용이라는 점을 기억하라. 여러분은 아직 읽어보지 않았겠지만, 여러분도 이 책을 좋아하게 될 것이라는 게 우리의 믿음이다. 특히 여러분은 사회심리학이 여러분 일상생활의 정말 많은 부분을 설명하고 있음을 깨닫게 될 것이다. 사회심리학에 대한 공부가 깊어지면서 여러분은 일상생활 속 사건을 새로운 눈, 즉 사회심리학자의 눈으로 관찰해야겠다는 생각을 하게 될 것이다. 그리고 배운 것을 친구와 주변인 그리고 낯선 사람, 심지어는 자기 자신에게까지 적용해보고 싶어 할지도 모른다. 반드시 '해보기!'를 따라 해보기 바란다. 사회심리학이 우리의 삶을 이해하는 데 얼마나 도움을 주고 있는지

알게 될 것이다. 뉴스를 읽을 때도 뉴스 속 사건과 행동을 어떻게 해석할지도 생각해보라. 그렇게 하면 일상의 삶에 대한 여러분의 이해가 더욱 풍성해질 것이다.

지금부터 10년 후에는 지금 배운 개념, 이론, 이름을 어차피 다 기억하지 못할 것이다. 그중 일부는 기억해주길 바라는 마음이 없는 것도 아니다. 하지만 우리의 주된 목표는 여러분으로 하여금 이 책에 소개된 사회심리학의 개괄적 개념을 최대한 많이 기억하게 하는 데 있으며, 더 중요한 목표는 비판적이고 과학적인 사고방식을 터득하게 하는 데 있다. 사회심리학의 마법을 대하는 마음의 문을 열게 되면, 세상을 바라보고 세상을 살아가는 여러분의 방식이 더욱 풍성해질 것이라고 우리는 확신한다.

요약 차례

차례

05 자신 : 사회적 상황에서 자신 이해하기

06 행동정당화 욕구 : 부조화 감소의 이득과 손실

07 태도와 태도변화 : 사고와 감정에 미치는 태도와 태도변화

CHAPTER 08 동조 : 타인에게 영향을 주는 행동들

CHAPTER 09 집단 : 사회적 집단에 대한 영향

CHAPTER 10 대인 매력 : 첫인상에서 친밀한 관계까지

CHAPTER 11 친사회적 행동 : 사람들은 왜 돕는가

 ## 개요 및 학습목표

사회심리학 : 시작

사회심리학 세계로의 여행을 환영하는 바이다. 모쪼록 이 여행을 통해 사회심리학이 무엇이고 사회심리학에 대한 공부가 왜 중요한지를 깨닫고 또 사회심리학의 매력에 푹 빠져들기를 바라마지 않는다. 우리는 이 여행을 통해 편견, 사랑, 선전, 교육, 법, 공격성, 동정심 등 우리 인간의 사회생활에서 발견되는 다양한 매혹적인 분야를 모두 살펴볼 것이다. 먼저 사람들이 감행한 영웅적인 사건, 감동적인 사건, 비극적인 사건, 그리고 황당한 사건을 한 가지씩 살펴보는 일로 사회심리학의 세계로의 여정을 시작하기로 하자.

• 2013년 보스턴 마라톤 결승점에서 형제 두 명이 폭탄을 터뜨려 세 사람이 죽고 170여 명이 중상을 입는 사건이 발생했을 때 보스턴 시민들은 즉각 구조작업에 달려들었다. 많은 사람들이 위험을 무릅쓰고 폭탄이 터진 바로 그곳으로 달려가 구급차가 도착할 때까지 부상자를 돕고 그들의 상처에다 지혈대를 붙여주고 있었다. "보스턴은 강건한 도시입니다. 우리는 이 어려움을 이겨낼 것입니다." 시장의 말이었다.

• 크리스틴이 마틴과 사귄 지도 두 달이 지났고, 지금 크리스틴은 자기가 마틴에게 완전히 빠져 있다고 느낀다. "우린 하늘이 맺어준 사이야!" 크리스틴이 자기의 가장 친한 친구에게 한 말이다. "그 사람이야!", "무슨 생각하는 거야?" 친구가 한 말이다. "그 사람은 너하고 어울리는 게 하나도 없어! 그 사람하고 너하고는 달라도 너무 다르단 말이야─집안 배경도 다르고, 종교도 다르고, 사고방식도 다르고, 좋아하는 영화도 다르다고!", "그런 건 걱정할 것 하나도 없어!" 크리스틴의 대꾸이다. "극과 극은 통한다잖아! 나는 그게 진실이라고 믿어. 위키피디아에서 읽었다고!

• 야닌과 그의 오빠 오스카가 그리스 문자 동아리를 두고 말다툼을 벌이고 있다. 야닌이 다니는 대학에는 그런 동아리가 아예 없다. 그러나 오스카가 다니는 대학은 미국 중서부에 있는 규모가 큰 주립대학이고, 오스카는 그 대학에 있는 '알파베타'라는 동아리에 가입했다. 오스카는 그 동아리에 가입하기 위해 무섭고 고된 신고식을 치러야 했다. 그리고 야닌은 왜 오스

카가 그 동아리 회원들을 그렇게 좋아하는지를 이해할 수가 없었다. "동아리 선배들이 오빠한테 멍청한 짓을 하라고 강요한 거지."라고 야닌이 말했다. "오빠에게 욕을 보이고, 기절할 때까지 술을 먹이고 한밤중에 거의 동사하도록 방치했잖아! 그런데 어떻게 그런 사람들하고 같이 살면서 행복할 수가 있어?", "넌 몰라!" 오스카의 대꾸였다. "알파베타는 우리 대학 내 동아리 중에서 최고야. 우리 동아리 선배들이 다른 애들보다 좀 더 재미있게 놀 뿐이야."

- 19세 청년 빅스는 온라인 토론방에 자신에 관한 정보를 2년 동안이나 게시해 오고 있었다. 그날 빅스는 미래도 불행하고 여자 친구와 헤어져 자살을 할 것이라는 내용을 카메라로 찍어 게시하기에 이르렀다. 침실에서 약물을 과다 복용하는 자신의 모습을 비디오에 담아 즉석에서 토론방에 올렸다. 이 모습을 관찰한 수백 명의 사람 중에서 한 사람도 이러한 사실을 경찰에 알리지 않았다. 그것도 10시간이 넘도록! 심지어 어떤 사람은 그를 부추기기도 했다. 구급대원이 너무 늦게 도착하는 바람에 빅스는 목숨을 잃고 말았다.

- 1970년대 중반에 있었던 일이다. 미국 캘리포니아에 기반을 둔 광신적 교단이었던 인민사원(Peoples Temple) 신도 수백 명이 목사 짐 존스를 따라 남미에 있는 가이아나로 이주를 했다. 이곳에서 그들은 존스타운이라는 혼합 인종의 모범 마을을 설립하였다. 그러나 오래지 않아 신도 중 일부가 그곳에서 빠져나오고 싶어 했다. 외부의 조사에 의해 존스도 곧 곤경에 빠질 처지에 놓였고, 주민들의 결속성도 사라지고 있었다. 크게 상심한 존스 목사는 마을 사람 모두를 불러 모아 죽음의 아름다움 그리고 모두가 또 다른 곳에서 반드시 다시 만나게 될 것이라는 확신을 알리기 시작했다. 주민들은 청산가리를 탄 음료수가 들어 있는 커다란 통 앞에 줄지어 서서 그 죽음의 음료수를 기꺼이 마셨다. 총 914명이 죽었고, 그중에는 80명의 아기와 존스 목사도 끼여 있었다.

왜 사람들은 어려움에 처한 낯선 사람들을 돕기 위해 자신에게 닥칠 수도 있는 위험과 불편을 무릅쓰는 것일까? 극과 극은 통한다는 크리스틴의 생각은 옳은 생각일까, 아니면 크리스틴은 스스로를 속이고 있는 것일까? 오스카는 어떻게 해서 자기에게 그 고된 신고식을 치르게 했던 동아리 선배들을 좋아하게 된 것일까? 왜 사람들은 삶에 찌든 한 젊은이가 눈앞에서 자살행각을 벌이는데도 바라만 보고 있었던 것일까? 그 영상에 깃발을 붙여 웹사이트에 경고만 했어도 그 비극을 막을 수 있었을 터인데 말이다. 그 많은 사람들이 어떤 유혹을 받았기에 자식까지 죽인 후 스스로의 목숨을 끊을 수 있었을까?

좋든, 나쁘든, 추악하든, 이들 이야기는 모두 인간행동에 관한 흥미로운 질문을 유발한다. 여러분은 이 책에서 사회심리학자들이 이들 질문에 대한 답을 만들어 가는 과정을 관찰하게 될 것이다.

사회심리학 정의하기

1.1 사회심리학이란 무엇이며, 다른 분야와 어떻게 다른가

사회심리학
다른 사람의 존재 유무(실제로든 상상 속에서든)에 따라 사람들의 생각과 느낌과 행동이 바뀌는 방식을 과학적으로 탐구하는 학문 분야

심리학자의 과제는 인간행동을 이해하고 예측하는 것이다. 전공 영역에 따른 차이는 이 과제를 수행하는 방식에서만 나타난다. 이 책은 이 과제를 수행하는 사회심리학자들의 방식을 소개한다. **사회심리학**(social psychology)이란 다른 사람(예 : 부모, 친구, 선생님, 낯선 사람 등)이 곁에 있고/없고(실제로든 상상 속에서든)에 따라 사람들의 생각과 느낌과 행동이 바뀌는 모습을 과학

적으로 탐구하는 심리학의 한 분야이다(Allport, 1985). '다른 사람들의 마음과 행동을 바꾸어 놓는 사회적 영향' 하면 설득, 즉 타인의 행동을 바꾸어 놓으려는 직접적인 노력이 맨 먼저 머릿속에 떠오른다. 화려한 기법을 동원하여 소비자들에게 자사 제품을 구입하게 하려는 광고주의 값비싼 노력, 마시고 싶지 않은 소주를 같이 마시자며 떼를 쓰는 친구의 짓궂은 노력, 따돌림을 당해 외톨이가 된 학생에게 담배를 사다 받치지 않으면 뒤를 감당하기 어려울 거라고 윽박지르는 비행청소년들의 가공할 협박 등이 이런 유의 설득 작업에 속한다.

　　사회적 영향(력)(social influence)을 행사하려는 직접적 시도도 사회심리학의 주요 분야에 속한다. 이에 대한 논의는 동조, 태도, 집단 작업과정을 다루는 장에서 소개될 것이다. 하지만 사회심리학자들이 생각하는 사회적 영향력은 어떤 사람이 다른 사람의 행동을 바꾸어 놓으려는 직접적 시도보다 더 광범하다. 사회심리학자들은 외형적 행동뿐 아니라 사고와 느낌까지도 사회적 영향력의 주요 요인에 포함시킨다. 그리고 외형적 행동도 설득하려는 고의적 시도 말고도 다양한 모양새로 나타난다. 우리의 마음과 행동은 다른 사람이 가까이 있다는 사실만으로도 달라지는 경우가 많으며, 그 다른 사람에는 우리와 전혀 무관한 사람도 포함된다. 그리고 우리 눈에 보이지 않는 사람도 우리의 행동에 영향을 미친다. 우리의 행동은 부모와 친구와 교수 등으로부터 받게 될 인정/불인정에 대한 상상, 그리고 다른 사람들이 우리에게 어떻게 대할 것인지에 대한 예상만으로도 달라진다. 때로는 이들 영향력의 방향이 상충되기도 한다. 사회심리학자들은 바로 이러한 상황에 처한 사람의 마음에는 어떤 일이 벌어지는 것일까라는 문제에 특별한 관심을 갖는다. 예컨대 학생들이 대학에 입학한 직후, 가정에서 배운 가치관이나 신념이 교수 및 또래의 가치관 및 신념과 다르다는 사실을 발견하면서 이러한 갈등은 시작되곤 한다('해보기 : 가치관이 바뀌는 방식' 참조).

　　이 장의 나머지 부분에서는 이들 쟁점을 보다 자세하게 소개함으로써 사회심리학이란 무엇이고, 사회심리학이 아닌 것은 무엇이며, 사회심리학과 인접 학문과의 차이점은 무엇인지를 알게 될 것이다.

사회적 영향(력)
다른 사람들의 말이나 행동 또는 단순한 출현이 우리의 사고, 느낌, 태도, 또는 행동에 미치는 효과

사회심리학, 철학, 과학, 그리고 상식

유사 이래 철학은 인간의 본질을 이해하기 위한 노력으로 이어져 왔다. 철학자들의 업적은 현대 심리학의 기반을 다지는 데도 일조했다. 이 사실은 단순한 역사적 의의 이상의 의미를 가진다. 심리학자들은 철학자들의 도움으로 의식의 본질에 대해(예 : Dennett, 1991), 그리고 사람들이 세상에 관한 믿음을 형성하는 방식에 대해(예 : Gilbert, 1991) 식견을 넓혀 왔다는 뜻이다. 그러나 때로는 위대한 사상가들의 의견도 일치하지 않을 때가 있다. 이런 일이 벌어졌을 경우 누가 옳은지를 어떻게 판단해야 할까? 경우에 따라 철학자 갑이 옳을 때도 있고 또 철학자 을이 옳을

해보기!　　가치관이 바뀌는 방식

사람들의 삶을 지배하는 중요한 것들을 고려해보자 : 사랑, 돈, 성, 부, 종교, 자유, 동정심, 안전, 자식, 의무, 충성심 등. 이처럼 중요한 것들 10가지로 구성된 목록 3개를 만들어본다. 목록 하나에는 여러분 자신에게 가장 중요한 것, 다른 하나는 여러분의 부모님께 가장 중요한 것, 세 번째 목록에는 여러분의 절친한 대학 친구에게 가장 중요한 것들을 포함시키도록 하라. 그런

다음 이들 세 목록 간 유사성과 차이점을 나열해보라. 여기서 발견된 차이가 여러분에게 어떤 영향을 미치는가? 특정 목록을 중시하다 보니 다른 목록을 무시하는 일은 없었는가? 두 목록을 두고 절충안을 마련하려 하지는 않았는가? 자신만의 새로운 목록을 만들려고 하지는 않았는가?

우리의 생각, 느낌 행동은 주변환경에 따라 달라진다. 그 주변환경에는 타인, 심지어는 낯선 사람의 존재도 포함된다.

때도 있는 것일까? 이 질문에 답하기 위한 판단은 어떻게 내려야 할까?

사회심리학자들도 철학자들과 똑같은 질문을 하기도 한다. 그러나 우리는 과학적 방법으로 그런 질문에 답하려고 노력한다. 인간의 사랑을 다룰 때조차 우리는 과학적으로 접근한다. 1663년 네덜란드 철학자 스피노자는 아주 독창적인 예측을 한 바 있다. 쾌락주의 철학자 아리스티포스와는 정면으로 상치되는 예측이었다. 우리가 예전에 미워했던 사람을 사랑하게 되면, 이 사람에 대한 사랑은 미워한 적이 없는 사람에 대한 사랑보다 더 강할 것이라는 예상이었다. 스피노자의 이 예상은 멋지게 맞아떨어졌다. 그의 논리에는 흠잡을 데가 없었다. 그러나 그의 예측이 옳은지는 어떻게 확신할 수 있을까? 그의 주장은 언제나 옳았을까? 어떤 조건에서는 옳고 어떤 조건에서는 옳지 않았을까? 이들 질문은 그 답을 모두 실험을 통해 만들어낼 수 있다는 점에서 **경험적 질문(문제)**에 속한다(Aronson, 1999; Aronson & Linder, 1965).

이제 이 장을 시작할 때 소개했던 보기를 다시 한 번 고려해보자. 그 사람들이 그렇게 행동할 수밖에 없었던 이유는 무엇일까? 이런 질문에 답을 구하는 가장 간단한 방법은 그들에게 물어보는 것일 것이다. 우리는 빅스의 자살행각을 관찰한 사람들에게 왜 경찰을 부르지 않았냐고 물어볼 수도 있었다. 오스카에게는 왜 동아리 생활을 즐겨 했는지를 물어볼 수 있었고, 보스턴 시민들에게는 왜 위험할 수도 있는 그런 상황에 그렇게 허겁지겁 달려갔는지도 물어볼 수 있었다. 그러나 사람들은 자신의 반응이나 느낌의 근원을 정확하게 알지 못할 때가 많다(Gilbert, 2008; Nisbett & Wilson, 1977; Wilson, 2002). 사람들은 빅스의 행각을 보고도 경찰을 부르지 않은

영국 군인들이 아프가니스탄 카불에서 불타고 있는 자동차 곁에 서 있다. 자살 폭파범이 이용했던 이 자동차는 NATO의 평화유지 임무를 수행하는 군인들을 죽이면서 불이 붙었다. 사람을 어떻게 자살 폭파범으로 만들 수 있을까? 보통 사람들은 그런 사람들을 정신병 환자나 소외된 떠돌이, 아니면 정신병 환자라고 생각한다. 그러나 사회심리학자들은 건장하고 배운 것도 많고 똑똑한 사람들이 종교적 또는 정치적 이유로 살인이나 자살을 감행할 수밖에 없었던 주위의 사정과 입장을 이해하려고 애쓴다.

이유를 얼마든지 꾸며낼 수가 있다. 그런 질문에 대한 사람들의 반응이 그들이 아무것도 하지 않은 이유가 아닐 수도 있다는 뜻이다.

존스타운에서 벌어졌던 집단 자살을 두고도 사람들은 서로 다른 설명을 내놓았다.

- 존스는 최면술과 약물을 사용하여 추종자들의 저항을 약화시켰다.
- 존스는 이미 우울증으로 고생하는 사람들을 유혹했다.
- 정신병 환자나 정서적으로 혼란스러운 사람들만 사이비 종교에 가입한다.

이러한 답이 상식을 바탕으로 만들어지는 대표적인 답에 속한다. 하지만 이러한 답은 잘못된 답이다. 더 심한 것은 상식을 이용해서 어떤 비극적인 사건을 설명하게 되면, 우리는 다른 비슷한 사건을 이해하는 데 도움이 될 법한 교훈을 거의 배우지 못한다는 점이다.

따라서 존스타운 같은 비극이나 많은 사람의 관심을 끄는 그 밖의 사건을 설명하려 할 때, 사회심리학자들은 가능한 한 여러 가지 설명 중 어떤 것이 가장 그럴듯한 설명인지를 알고 싶어 한다. 이를 위해 사회심리학자들은 인간의 사회행동에 관한 가정, 추측, 아이디어 등을 검증하는 데 필요한 여러 가지 과학적 방법을 개발해 왔다. 이들 과학적 방법에서는 일반인이나 철학자나 소설가 등의 의견과 안목보다는 체계적 절차에 따라 수집된 경험적 증거를 기초로 판단을 내린다. 사회심리학에서 실험을 한다는 것은 매우 힘든 일이다. 그 주된 이유는 우리가 예측하고자 하는 것이 복잡한 상황에서 벌어지는 매우 세련된 유기체의 행동이기 때문이다. 과학자로서 우리의 목적은 다음과 같은 다양한 질문에 대한 객관적인 답을 찾아내는 데 있다. 공격성을 유발하는 요인은 무엇일까? 편견을 유발하는 요인은 무엇이며, 어떻게 하면 편견을 줄일 수 있을까? 두 사람이 서로 사랑에 빠지게 만드는 변인은 무엇일까? 왜 특정 유의 정치적 광고가 다른 유의 광고보다 더 효과적인 것일까?

이들 질문에 답을 만들기 위해 사회심리학자들이 수행하는 첫 번째 과제는 선행 지식을 기초로 추측을 하는 것이다. 가설(hypothesis)이라고도 하는 이 추측은 구체적인 상황에 관한 추측으로, 이 상황에서는 특정 결과나 그와는 다른 결과가 발생해야 한다. 물리학자들이 물리적 세계의 본질에 관한 가설을 검증하기 위해 실험을 하듯, 사회심리학자들은 사회적 세계의 본질에 관한 가설을 검증하기 위해 실험을 한다. 두 번째 과제는 실험 설계를 잘하는 것이다. 첫 단계에서 설정한 가설(즉, 상황에 따라 상이한 결과가 발생할 것이라는 예측)의 옳고 그름을 명백하게 판단할 수 있도록 엄격하게 통제된 실험 계획을 짜야 한다는 뜻이다. 이런 방법을 이용해야만 중요한 상황의 핵심 특징을 알고 나면, 그 특정 상황에서 어떤 일이 어떻게 벌어질 것인지를 정확하게 예측할 수 있게 된다(제2장 참조).

사회심리학자들이라고 평범한 지혜(상식)를 반대하는 건 아니다. 상식에만 의존할 때 생기는 일차적인 문제는 철학자 A와 철학자 B처럼, 서로 간에 일치하는 점보다 일치하지 않는 점이 더 많다는 데 있다. 우리가 사람을 좋아하는 정도에 영향을 미치는 요인을 두고 상식은 무엇이라고 말을 하는지 고려해보자. "끼리끼리 모인다."는 말이 있다. 물론 조금만 노력하면 우리는 관심사나 배경이 비슷한 사람끼리 모이는 사례를 얼마든지 찾아낼 수도 있다. 그러나 상식에서는 크리스틴을 설득했던 말, 즉 "극과 극은 통한다."라는 말도 한다. 조금만 노력하면 관심사가 서로 다른 사람 또는 배경이 정반대인 사람들이 함께하는 사례도 어렵지 않게 찾아낼 수 있다. 그럼 "극과 극은 통한다."가 옳을까 아니면 "끼리끼리 모인다."가 옳을까? 이와 비슷한 말도 많다. "안 보면 마음도 멀어진다."는 말을 믿어야 할까, "헤어짐이 길어질수록 그리움만 커진다."를 믿어야 할까? "서두르다가 망친다."를 따를까 아니면 "망설이다 놓친다."를 따를까?

사회심리학자들은 이렇게 말할 수 있다. 어떤 조건에서는 끼리끼리 모인다는 말이 옳고 또 어떤 조건에서는 극과 극은 통한다는 말도 옳다. 마찬가지로 안 보면 그리움이 커지는 경우도 있고 안 보면 마음이 멀어지는 경우도 있다. 그러나 두 가지가 모두 옳다는 말로 만족감을 느끼지 못하는 사람들이 사회심리학자들이다. 사회심리학자들의 과제 중 일부는 어떤 조건에서는 '끼리끼리'라는 말이 옳고 어떤 조건에서는 '극과 극'이라 말이 옳은지를 구체적으로 명시하는 데 필요한 연구를 수행하는 일이다.

사회심리학과 인접 학문과의 차이

대부분의 사람들은 이 장을 열면서 소개한 실제 사건에 관한 이야기를 읽으면서, 그런 사건에 개입됐던 사람들이 그렇게 행동할 수밖에 없었던 것은 그들에게 어떤 약점이나 강점 또는 성격상의 문제 때문이었을 것이라고 생각한다. 그렇다면 그런 성격특질은 어떤 특질일까? 세상에는 지도자도 있고 추종자도 있으며, 정의감에 불타는 사람도 있고 자신의 이득만 챙기는 사람도 있고, 용감한 사람도 있는가 하면 겁쟁이도 많다. 빅스에게 도움을 주지 못한 사람들은 게으름뱅이거나, 겁쟁이거나, 이기주의자이거나, 철면피였을지도 모른다. 여러분 같으면 그들이 한 행동을 보고도 그들에게 자동차를 빌려주거나 반려동물을 단 하루라도 맡길 수 있겠는가?

사람들이 이상한 행동을 했을 때 그에 대한 질문을 제기하고 그 질문의 답을 그 사람들의 성격특질을 기초로 만들려고 노력하는 사람들이 바로 성격심리학자들이다. 성격심리학자들의 관심은 일반적으로 개인차(individual differences), 즉 사람들을 서로 다른 사람으로 부각시켜 주는 성격특질에 집중되어 있다. 성격에 관한 연구는 인간행동에 관한 사람들의 이해를 넓혀준다. 그러나 사회심리학자들은 인간행동을 성격특질로 설명하려는 성격심리학자들의 시도를 인간의 행동에 결정적 역할을 수행하는 사회의 영향력을 무시하는 그릇된 처사라고 생각한다.

존스타운의 비극을 다시 한 번 고려해보자. 거기서 자살한 사람의 수는 예닐곱이 아니고 그곳

성격심리학자들은 어떤 사람을 부끄럽게, 고지식하게, 반항적이게 만들거나 공공장소에서 하늘색 가발을 쓰게 하거나 모두가 파란색 셔츠를 입었는데 혼자 노란색 셔츠를 입게 하는 개개인의 특질을 연구하며, 사회심리학자들은 우리 모두의 행동에 영향을 미치는 사회의 역할을 연구한다.

에 있던 거의 모든 사람이었다. 자살한 사람이 모두 정신병 환자였을 가능성도 또 그들 모두가 동일한 성격특질을 가졌을 가능성도 매우 희박하다는 뜻이다. 따라서 이 비극에 대한 보다 철저한 설명을 원한다면, 먼저 짐 존스 같은 카리스마적인 인물이 지닌 힘과 영향력의 본질은 무엇인지, 다른 사람들과의 관계가 끊긴 외딴곳에서 꾸리는 삶은 어떤 삶인지, 그리고 정신적으로 건전한 사람을 존스에게 복종하게 만들었을 수 있는 다른 요인들까지도 알고 있어야만 한다. 기실 사회심리학자들이 보여주었듯이, 존스타운의 사회적 조건은 거의 모든 사람, 즉 이 책을 읽는 여러분이나 이 책을 지은 우리 같은 건전한 사람들까지도 존스의 영향력하에 굴복할 수밖에 없는 그런 조건이었다.

보다 일반적인 예를 하나 더 들어보자. 여러 사람이 모인 파티에 가서 꿈에 그리던 멋진 학생을 만났다고 해보자. 그런데 그 학생이 매우 불안해 보인다. 혼자 서서 다른 사람들과 눈도 맞추지 않고 자기 앞을 지나가는 사람들한테 말도 걸지 않는다. 여러분도 그를 두고 오만하기까지 한 외톨이라고 판단하여 관심을 끊기로 작정한다. 그런데 몇 주 후에 다시 만난 그 학생은 적극적이고 재치도 있고 매력적인 사람으로 행동했다. 이 친구는 도대체 어떤 사람일까? 부끄럼이 많은 소극적인 사람? 아니면 건방지면서도 적극적인 사람? 여기서는 질문이 잘못됐다. 이 질문에 대한 답이 둘 다이면서 둘 다 아니기 때문이다. 우리는 누구나 조건에 따라 소극적인 사람이 될 수도 있고 적극적인 사람이 될 수도 있다. 이런 경우 훨씬 재미있는 질문은 "이 두 가지 장면에서 서로 다른 점이 무엇이었기에 그 학생의 행동이 그처럼 크게 달라졌을까?"가 될 것이다. 이게 바로 사회심리학적 질문이다.('해보기 : 사회적 상황과 부끄러움' 참조)

사회심리학은 사회과학 내 다른 학문 분야(예 : 사회학, 경제학, 정치학 등)와도 관련돼 있다. 이들 학문은 모두 우리의 행동에 미치는 사회적 요인을 분석한다. 사회심리학과 다른 학문 분야와의 중요한 차이점은 분석의 차원에서 발견된다. 생물학자들의 분석 차원은 유전자나 호르몬 또는 신경전달물질일 것이다. 성격심리학과 임상심리학에서는 개인 차원에서 분석이 이루어

1. 친구나 지인 중에서 부끄럼을 많이 탄다고 판단되는 사람을 한 사람 생각해보라. (그 사람이 자신이라도 좋다!) 그 사람을 "부끄럼이 많은 사람"이라고 생각하려 하지 말고, 특정 상황에서만 다른 사람들과 잘 어울리지 못하는 사람이라고 생각하려 해보라.
2. 그 사람이 부끄러워할 가능성이 가장 큰 조건/상황을 열거해보라.
3. 그 사람이 부끄럼을 타지 않을 만한(즉, 적극적으로 행동할 만한) 상황/

조건을 열거해보라. 예를 들어 그 사람이 편안해할 몇 사람으로 구성된 모임 또는 낯선 사람이지만 그 사람과 관심사가 같은 사람을 만나게 해주는 일?
4. 그 사람을 편안하게 해줄 수 있는 그런 사회적 환경을 설정한다. 그리고 그것이 그 사람의 행동에 미치는 효과를 주의 깊게 관찰한다.

진다. 사회심리학의 경우 분석의 차원이 사회적 상황이라는 맥락 속의 개인이 된다. 예를 들어 사람들이 서로에게 상처를 주는 이유를 이해하고자 할 때, 사회심리학자들은 특정 상황에서 공격성을 촉발하는 심리적 작용에 관심을 집중한다. 공격성이 좌절 때문에 유발되는 경우는 얼마나 될까? 좌절을 겪은 다음에는 언제나 공격성이 발발하는 것일까? 사람들이 좌절을 겪을 때, 어떤 조건이 충족되면 그 좌절감이 공격행동으로 폭발할까? 좌절을 겪고 있는 사람의 공격성을 발발하지 않게 하는 요인은 무엇일까? 좌절 이외에는 어떤 요인이 공격성의 원인으로 작용할까?(제12장 참조)

다른 사회과학의 관심은 사회적 사건에 영향을 미치는 요인(예 : 사회적 · 경제적 · 정치적 · 역사적 요인)에 있다. 사회학자들의 관심은 개인이 아니라 사회적 계급, 사회적 구조, 사회적 기관 같은 주제에 집중된다. 하지만 사회라는 것이 사람들의 집합으로 구성되는 것이기 때문에 사회학 영역과 사회심리학의 영역은 겹치는 부분도 있다. 주된 차이점은 사회학에서는 분석의 차원(단위)이 집단, 기관, 또는 일반 사회라는 데 있다. 사회학자들도 사회심리학자들처럼 공격성에 관심을 가진다. 하지만 그들의 주된 관심사는 사회(또는 특정 사회 속 집단)에 따라 그 구성원들에 대한 공격성이 달라지는 이유에 집중된다. 예컨대 왜 미국의 살인사건 발생률이 캐나다나 유럽보다 높은 것일까? 미국 내에서는 왜 일부 사회계층이나 지역사회의 살인사건 발생률이 다른 사회계층이나 지역보다 더 높은 것일까? 사회적 변화와 공격행동의 변화 사이에는 어떤 관계가 존재하는 것일까?

사회심리학이 다른 사회과학과 다른 점은 분석의 차원/단위에서만 나는 게 아니고 설명 대상에서도 발견된다. 사회심리학의 목적은 사회계층이나 문화에 관계없이 사람이라면 누구나 사회의 영향을 받을 수밖에 없는 인간의 보편적 속성을 밝히는 데 있다. 예컨대 좌절과 공격성과의 관계를 지배하는 법칙은 특정 사회계층, 특정 연령대, 또는 특정 인종에만 적용되는 법칙이 아니라 거의 모든 지역의 거의 모든 사람에게 적용되는 진실로 간주되고 있다.

그러나 사회심리학은 아직 미숙한 과학이며, 주로 미국에서 개발된 학문 분야에 속한다. 때

우리는 이 사진 속 사람들을 여러 관점(예 : 개인, 가족 구성원, 사회적 계급, 직업, 문화, 또는 지역의 관점)에서 연구할 수 있다. 사회학자들은 집단이나 기관을 연구하고 사회심리학자들은 이들 집단이나 기관이 각 개인의 행동에 미치는 영향을 연구한다.

표 1.1 관련분야와 비교된 사회심리학

사회학	사회심리학	성격심리학
개인보다 집단, 조직 및 사회행동에 관한 연구	모든 사람에게서 공통적으로 발견되는 심리 작용 중 특히 사람들을 사회적 영향에 민감하게 반응하게 만드는 심리 작용에 관한 연구	사람들 각자를 특유하게 그리고 다른 사람들과 서로 다르게 만드는 특징에 관한 연구

문에 지금까지 밝혀진 연구결과 중 대부분은 다른 문화권에서는 검증되지 않은 상태에 있다. 아직까지는 그 보편성을 장담할 수 없다는 뜻이다. 그럼에도 불구하고 사회심리학도로서 우리의 목표는 그런 보편적 법칙을 발견하는 일이다. 그리고 미국 사회심리학자들이 개발한 연구방법과 이론이 유럽, 아시아, 아프리카, 중동 및 남아메리카 사회심리학자들에 의해 수용되는 경우가 증가하면서, 이들 법칙이 보편적일 가능성은 물론 이들 법칙이 표현되는 방식에서 나는 문화 간 차이에 관해서도 더 많은 것을 알게 되었다(제2장 참조). 여기서 우리는 문화 간 연구(cross-cultural research)의 중요성을 깨닫게 된다. 문화 간 연구에 의해 특정 법칙의 보편성이 입증되기도 하고 또는 인간행동에 관한 정확한 예측을 가능하게 하는 새로운 변인이 밝혀지기도 한다. 여러분은 이 책 전체에 걸쳐 문화 간 연구에 관한 많은 사례를 공부하게 될 것이다.

요약건대 사회심리학은 가장 가까운 인접 학문인 사회학과 성격심리학 사이에 위치한다(표 1.1 참조). 사회심리학과 사회학의 관심사는 상황 및 보다 큰 사회가 사람들의 행동에 영향을 미치는 방식에 있다. 그리고 사회심리학과 성격심리학의 관심사는 개인의 심리에 있다. 그러나 사회심리학자들은 사회학과 성격심리학이 겹치는 부분에서 연구한다. 즉, 사회심리학자들은 전 세계 거의 모든 사람이 공유하는 심리적 작용 중 사회적 영향에 민감하게 반응하는 부분을 강조한다.

복습문제

1. 사회심리학자들은 특정 젊은이의 폭력행동에 대한 설명을 주로 ___에서 찾으려 한다.
   a. 그 젊은이의 공격적인 성격특질
   b. 가능한 유전적 요인
   c. 그 또래 젊은이들의 행동 방식
   d. 그의 아버지가 주신 가르침
2. 다음 주제 중 사회심리학자의 가장 큰 관심을 끌 것으로 판단되는 것은?
   a. 대통령의 외향성 정도가 그 대통령의 정치적 결정에 영향을 미치는 방식
   b. 시험에서의 부정행위 감행 여부가, 발각됐을 시 친구들이 어떻게 반응할 것인지에 대한, 상상에 따라 달라질 가능성
   c. 사람들이 속한 사회적 계층으로 그 사람들의 수입을 예측할 수 있는 정도
   d. 지구 온난화에 대한 행인들의 생각
3. 사회심리학과 성격심리학은 어떻게 다른가?
   a. 사회심리학의 관심은 개인차에 있는데, 성격심리학의 관심은 사람들의 행동이 상황에 따라 달라지는 방식에 있다.
   b. 사회심리학의 관심은 사람들이 사회적 영향에 민감해지는 과정에 있는

데, 성격심리학의 관심은 사람들의 개인차에 있다.
   c. 사회심리학은 사회에 관한 일반적 법칙 및 이론을 제공하려 하는데, 성격심리학은 사람들의 독특한 개성을 연구한다.
   d. 사회심리학의 관심은 사람들 간 개인차에 있는데, 성격심리학의 관심은 사회에 관한 일반적 법칙 및 이론을 제공하는 데 있다.
4. 사회심리학자들이 사용하는 '분석의 수준'은 무엇인가?
   a. 사회적 상황에 처한 개인
   b. 사회적 상황 그 자체
   c. 사람들 각자의 성취 수준
   d. 사람들 각자의 추리 수준
5. 폭력에 관한 다음 연구주제 중 사회심리학자들이 선택할 가능성이 가장 큰 것은?
   a. 특정 문화권 내 폭력 비율이 시간에 따라 변하는 방식
   b. 문화에 따라 살인사건 발생률이 달라지는 이유
   c. 사람들이 자극을 받았을 때 공격을 하게 하는 뇌의 비정상성
   d. 상황에 따라 공격성 발생률이 달라지는 이유

정답은 537-539쪽 참조

상황의 힘

1.2 사건과 자타의 행동을 설명하고 해석하는 방식이 중요한 이유

먹을 것을 사기 위해 도로변에 위치한 식당에 들렀다. 종업원이 주문을 받으러 다가온다. 그런데 여러분은 무엇을 골라야 할지 몰라 망설이고 있다. 그러는 사이 종업원은 기다리기 싫다는 듯 펜 끝을 토닥거리며, 고개를 들어 천장을 쳐다보기도 하고, 휘파람을 불기도 하더니, 이윽고 "나도 바쁜 사람이거든요!"라며 빈정거린다. 대부분의 사람들처럼 여러분도 그 종업원을 두고 불친절 하고 야박한 사람이라고 생각할 것이다.

이 종업원의 불친절한 행동을 사장에게 고할까 말까 망설이고 있는데, 또 다른 종업원이 다가 오더니, "그 '못된' 종업원은 과부인데, 막내가 아파서 밤새 한잠도 못 잤대요. 출근길에는 차가 망가졌는데, 수리비용이 적지 않아 걱정을 많이 하고 있는 중이에요. 그리고 우여곡절 끝에 가게 에 도착해서 보니 동료가 술에 취해 있어 혼자서 두 사람 일을 도맡아 해야 할 수밖에 없게 됐죠. 설상가상으로 요리사는 주문을 빨리빨리 받아 오지 않는다고 고래고래 고함을 지르고 있고요!" 라고 알려준다. 이런 모든 정보를 알고 난 후에는 여러분도 그 종업원이 못된 사람이 아닌 보통 사람인데, 지금은 견디기 힘든 스트레스를 받고 있기 때문에 무례한 행동을 했을 수도 있다는 결 론을 내릴 수도 있을 것이다.

이 작은 이야기에도 거대한 함의가 담겨 있다. 대부분의 미국 사람들은 다른 사람의 행동을 설 명할 때 성격에서 그 원인을 찾으려 한다. 물고기가 놀고 있는 물에는 관심을 끊고 물고기한테만 관심을 집중한다는 말이다. 사람들은 상황을 고려하지 못할 때가 많고 이 사실이 사람들 간 관계 에 미칠 수 있는 영향은 막중할 수 있다. 위의 종업원에 관한 사례의 경우, 그 종업원이 처한 상 황을 고려하느냐 하지 않느냐에 따라 그 행동은 동정심을 유발할 수도 있고 관용 또는 짜증을 유 발할 수도 있으며 또 분노를 유발할 수도 있다.

설명의 중요성

기본적 귀인 오류

행동의 원인으로 작용할 수 있는 요인 을 두고, 상황 요인의 영향력은 과소평 가하면서 사람의 내적 기질 요인의 영 향력은 과대평가하는 경향성

그러므로 사회심리학자들은 기본적 귀인 오류라고 하는 장벽에 맞서야 할 처지에 놓인 셈이다. **기본적 귀인 오류**(fundamental attribution error)란 사회적 영향 및 인접 상황은 과소평가한 채 사 람들이 감행하는 행동의 원인을 그 사람들의 성격특질에서만 찾으려 하는 경향성을 일컫는다. 여기서 이 현상의 기본을 소개하는 이유는 이 현상이 이 책 전반에 걸쳐 등장하기 때문이다. 행동 의 원인이 사람들의 성격이 아니라 사람들이 처한 상황에 있을 때가 많다는 사실을 이해하는 것 이 사회심리학의 핵심이다.

사람들의 행동을 그들의 성격특질로 설명함으로써 우리는 안전감이라는 착각에 빠지곤 한다. 이해하기 힘들거나 요상한 행동(예 : 자살테러, 자신은 물론 자식들의 목숨까지 끊어놓는 존스타 운 사람들의 행동)을 설명하려 할 때, 그런 행동을 감행한 사람을 흠이 있는 사람으로 묘사하고 싶고, 또 그렇게 묘사함으로써 우리는 위안을 느끼기도 한다. 그렇게 함으로써 우리는 우리에게 는 절대 그런 일이 벌어지지 않을 것이라는 착각에 빠지는 것 같다. 얄궂게도 이런 착각 때문에 사람들은 자신은 사회적 영향을 덜 받는다는 오류에 빠지게 되고, 결국에는 사회의 파괴적 영향 력에 대한 각자의 면역성은 더욱 약해진다. 또한 상황의 힘을 제대로 음미하지 못하게 됨으로써 우리는 문제를 지나치게 단순화하게 되고, 그 결과 존스타운의 참사에서처럼 강력한 사회적 힘 에 압도당해 저항할 생각조차 할 수 없는 희생자들만 탓하는 오류를 범하고 만다.

보다 일상적인 예를 들어보자. 여러 친구가 모여 두 명씩 맞붙는 게임을 하고 있다고 하자. 이 게임에서 각자가 취할 수 있는 전략은 경합 아니면 협동뿐이다. 그러니까 두 사람이 경합을 벌여 각자가 최대한 많은 돈을 따려고 할 수도 있고(이 경우에는 지는 사람은 그만큼 많은 돈을 잃는다) 또는 둘이서 협력하여 두 사람 모두 약간이지만 확실하게 돈을 딸 수 있는 전략을 구사할 수도 있다. 여러분의 친구들은 이 게임에서 어떤 전략을 사용할 것 같은가?

이 질문이 어렵다고 생각하는 사람을 별로 없다. 우리 모두는 친구들과 다소 경쟁적인 관계에 있다고 느낀다. 따라서 여러분은 이렇게 말할 수도 있을 것이다. "내 친구 정호는 경영학을 전공하는 배금주의자이기 때문에 마음도 약하고 너그러운 경수보다 더 경쟁적인 전략을 취할 것이다."라고. 그러나 이 예측이 얼마나 정확할 것 같은가? 게임을 하는 사람이 아니라 게임 그 자체만을 고려했어야 하는 것 아닐까?

이 질문의 답을 만들기 위해 Lee Ross와 그의 학생들은 다음과 같은 실험을 해보았다(Liberman, Samuels, & Ross, 2004). 기숙사 조교들에게 위에서 언급한 게임을 이야기해준 후, 자기들과 같은 기숙사에 거주하는 학생들 중에서 이 게임에서 경합 전략을 구사할 가능성이 큰 학생들과 협력 전략을 취할 가능성이 큰 학생들을 생각해보라고 주문했다. 예상했던 대로 조교들은 이 두 부류의 학생들을 어렵지 않게 찾아냈다. 그런 다음 이 학생들을 불러 그 게임을 하게 했다. 실험으로 실시된 이 게임에서는 게임의 이름을 바꾸어 부르는 약간의 변화를 주었다. 즉, 참여 학생들 중 절반에게는 게임 이름을 '월스트리트 게임'이라고 알려주고, 나머지 절반에게는 '커뮤니티 게임'이라고 알려주었다. 두 집단에 제시된 그 밖의 게임 내용은 모두 동일했다. 그러니까 경쟁심이 강한 것으로 판단된 학생들 중 절반과 협동심이 강한 것으로 판단된 학생들 중 절반은 월스트리트 게임에 참여했고, 각 집단에서 나머지 절반은 커뮤니티 게임에 참여한 셈이었다. 그 결과 네 개의 실험 조건—경쟁심이 강한 월스트리트 게임 참여자, 협동심이 강한 월스트리트 게임 참여자, 경쟁심이 강한 커뮤니티 게임 참여자, 협동심이 강한 커뮤니티 게임 참여자—이 생성되었다.

다시 말하지만 사람들은 대부분 우리의 일상적 삶을 좌우하는 건 각자의 성격특질이지, 각자가 처한 상황에서 벌어지는 일이나 게임 이름 같은 사소한 일이 아니라고 생각한다. 하지만 이 생각도 옳지 않다는 게 Ross의 연구진에 의해 밝혀진 것이다. 그림 1.1을 보면 게임 이름에 따라서도 행동이 크게 바뀌고 있다. 이름을 월스트리트 게임이라고 했을 때는 참여 학생들 중 약 2/3가 경쟁적으로 반응했는데, 커뮤니티 게임이라고 했을 때는 참여 학생들 중 약 1/3만 경쟁적으로 반응했다. 이름이 그 게임에 어떻게 임해야 하는지에 관한 강력한 전갈을 보냈던 것이다. 그림 1.1을 보면 학생들의 행동이 그들의 성격특질에 따라 변하는 정도가 미미했다는 점도 알 수 있다. 경쟁적인 학생으로 분류된 집단에서 경합 전략을 구사한 정도와 협동적인 학생으로 분류된 집단에서 경합 전략을 구사한 정도가 다르지 않았다. 우리는 이 책 전반에 걸쳐 이러한 양상의 결과, 즉 사회적 상황의 특성에서 나는 차이가 사람들의 성격특질에서 나는 차이보다 훨씬 강력하게 작용한다는 연구결과를 자주 마주하게 될 것이다(Ross & Ward, 1996).

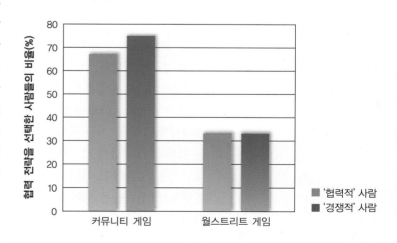

그림 1.1 게임의 이름이 중요한 이유

이 실험에서 사용한 게임 이름을 '커뮤니티 게임'이라고 했을 때는 '월스트리트 게임'이라고 했을 때보다 게임에 참여한 학생들이 협력 전략을 구사할 가능성이 훨씬 컸다. 이 차이는 참여자들의 성격이 경쟁적이든 협동적이든 변하지 않았다. 게임의 이름에 의해 전달된 사회적 규범 때문에 참여자들의 성격특질이 압도당하고 참여자들의 행동이 변해버리는 일이 벌어진 것이다.

출처 : Liberman, Samuels, & Ross(2004)

게임에 이름을 붙이는 것만으로도 그 게임을 하는 사람들의 행동이 많이 바뀐다면, 게임의 기본 특징을 반영하도록 교실의 분위기를 바꾼다면 그 영향력을 어떠할까? 여러분이 중학교 1학년 역사 교사라 해보자. 수업시간 중 한 시간의 학습활동을 '월스트리트 게임'이라는 말에 함축된 상황과 비슷하게 조직해본다. 학생들에게 손을 최대한 빨리 들고 잘못된 답을 내놓는 학생들은 얼마든지 조롱해도 좋다고 말해 학생들의 경쟁심을 고취시켜 보라는 뜻이다. 그리고 다른 시간에는 학생들끼리 협력하는 행동, 경청하는 행동, 서로서로 격려하고 협력하며 공부하는 행동 등을 보상해주는 식으로 학습장면을 조직해본다. 이러한 상황 변화가 학생들의 성적, 학교를 좋아하는 정도, 그리고 서로에 대한 느낌에 어떤 영향을 미칠 것 같은가? 이같은 실험은 제12장과 제13장에서 소개될 것이다(Aronson & Patnoe, 2011).

그렇다고 성격특질의 효과가 존재하지 않거나 중요하지 않다는 말은 아니다. 성격특질 때문에 행동이 달라지기도 하고 그 결과가 중요할 때도 많다. 그러나 사회적 및 환경적 상황의 영향력은 너무 강해 그 영향하에 놓인 거의 모든 사람의 행동은 바뀌고 만다. 이게 바로 사회심리학자들의 관심을 사로잡는 영역에 속한다.

해석의 중요성

사회적 상황이 인간행동에 막대한 영향을 미친다고 했다. 그렇다면 사회적 상황이란 도대체 무엇을 의미하는 것일까? 사회적 상황을 정의하는 한 가지 방법은 그 상황의 객관적 속성(예컨대 그것이 사람들에게 보상을 제공하는 방식)을 명시하고 그 속성에 따른 행동을 기록하는 것이다.

행동주의
인간행동을 이해하기 위해서는 환경의 강화 속성만 고려하면 된다고 주장하는 심리학파

이런 접근법은 행동주의 심리학에서 사용한 방법이다. **행동주의**(behaviorism) 심리학자들은 인간행동을 이해하고자 할 때 고려해야 할 대상은 환경의 강화 속성뿐이라고 주장한다. 어떤 행동을 한 뒤에 보상(예 : 돈, 관심, 칭찬 등)이 따르면 그 행동은 계속될 가능성이 커지지만, 처벌(예 : 고통, 상실, 나무람 등)이 뒤따르면 그 행동은 사라질 가능성이 커진다. 주인이 개를 부르면 그 개가 달려오는 이유는 그런 행동이 정적 강화(예 : 먹을 것이나 다독거림)를 가져다준다는 사실을 그 개가 학습했기 때문이다. 애들이 구구단을 외고 있을 때 칭찬을 하고 웃어주고 금딱지를 이마에 붙여주면 아이들은 구구단을 더 빨리 정복한다. B. F. Skinner(1938)를 위시한 행동주의 심리학자들은 유기체의 주변 환경에서 발견되는 보상이나 처벌을 검토하면 모든 행동을 이해할 수 있다고 믿었다.

행동주의에도 장점은 많다. 그리고 행동주의 원리를 이용하면 많은 행동을 쉽게 설명할 수 있다(제10장 참조). 그러나 행동주의 심리학자들은 처음부터 인지와 사고와 느낌을 연구 주제에서 제외시켜 버렸다. 이들 개념은 모호하고 정신적이며 관찰 가능한 행동에 근거를 두고 있지 않다는 것이 그 이유였다. 그러나 그 결과 행동주의 심리학자들은 인간의 사회적 경험에서 필수적인 요인, 즉 **사람들이 자기를 둘러싼 환경을 해석하는 방식**을 간과하고 말았다.

해석/의미부여
사회적 세계를 지각하고 그 의미를 파악하고 또 해석하는 방식

사회심리학자들은 사회적 환경과 개인과의 관계를 쌍방관계로 간주한다. 사람의 행동은 그 사람이 처한 상황의 영향을 받을 뿐 아니라 그 사람이 처한 상황에 대한 **해석/의미부여**(construal)에 따라서도 달라진다는 뜻이다(Griffin & Ross, 1991; Ross & Nisbett, 1991). 예를 들어 어떤 사람이 다가오더니 등을 툭 치며 오늘 기분이 어떠냐고 묻는다고 하자. 여러분의 반응은 그 사람이 한 행동이 아니라 그 사람의 행동을 어떻게 해석하느냐에 따라 달라질 것이다. 그리고 그 행동에 대한 해석은 그 사람의 정체, 즉 여러분의 건강을 진심으로 걱정하는 친한 친구인가, 그냥 지나가다 우연히 만난 아는 사람인가, 또는 여러분의 환심을 사려는 자동차 회사 영업사원인가에 따라 크게 달라질 것이다. 또한 그런 인사말의 억양과 말투가 똑같다고 해도 그 인사말에 대한

여러분의 대꾸도 달랐을 것이다. 친한 친구에게는 "실은 며칠 동안 콩팥에 통증이 가시지 않아 걱정이 크다!"라는 대답을 할지 몰라도, 이 말을 자동차 영업사원에게 했을 가능성은 매우 낮다.

이렇게 환경에 대한 해석을 강조하는 태도의 뿌리는 **형태주의 심리학**(Gestalt psychology)에서 발견된다. 형태주의 심리학은 사람들이 물리적 세계를 지각하는 방식에 대한 한 가지 이론으로 제안되었다. 형태주의 심리학자들은 어떤 대상의 물리적(객관적) 속성이 조합되는 방식이 아니라 그 대상이 사람들의 눈에 비친 방식(형태 또는 전체)을 연구해야 한다고 주장한다. 예를 들어 사람들이 그림을 지각하는 방식을 이해하는 한 가지 방법은 그 그림의 개별적 요소를 분석해보는 방법이다. 다시 말해 캔버스의 상이한 곳에 적용된 3원색의 정확한 양, 색깔을 칠한 붓놀림의 유형, 그리고 그로 인해 형성된 도형의 모습 같은 요소(부분)를 분석해보는 방법이다. 그러나 형태주의 심리학자들은 지각을 구성하는 부분(요소)들만 연구해서는 사람들이 대상을 지각하는 방식을 이해할 수 없다고 주장한다. 전체는 부분의 합과 같지 않다. 대상을 구성하는 요소를 분석하는 일보다는 관찰자가 경험하는 현상, 그 대상이 관찰자에게 어떻게 보이는지에 주의를 기울여야 한다는 것이 형태주의 심리학자들의 생각이다.

형태주의 심리학은 20세기 초반 독일 심리학자들에 의해 형성되었다. 1930년대 후반에는 이들 심리학자 중 일부가 나치정권을 피해 미국으로 이주하는 일이 벌어졌고(Cartwright, 1979), 그중 한 명이 Kurt Lewin이었다. 사람들은 Lewin을 현대 실험사회심리학의 창시자로 간주한다. Lewin은 1930년대 독일에서 젊은 유대인 교수로서 나치 독일의 흉포한 반유대주의를 체험했다. 그 경험은 그의 사고방식에 지대한 영향을 미쳤다. 그리고 미국으로 이민한 후에는 미국 사회심리학자들의 관심을 편견과 고정관념에 집중시키는 데 일조했다.

이론가로서의 Lewin은 형태주의 원리를 대상 지각을 넘어서 사회지각(즉, 다른 사람들과 그들의 동기, 의도, 행동을 지각하는 방식)에까지 적용하는 과감성을 보였다. Lewin은 사람들이 사회적 세계의 객관적 속성을 이해하는 것보다는 사람들이 그 사회적 세계를 어떻게 지각하고 이해하고 해석하는지를 아는 게 더 중요할 때도 많다고 말했다(Lewin, 1943). "어떤 사람이 있는데 그 사람은 방에 들어와서는 그 방의 천장이 꺼지지 않을 것인지를 확인한 다음 자리를 잡는 사람이라면, 그 사람의 행동을 예측하고자 할 때 그 사람의 '주관적 확률'만 고려해도 될까, 아니면 그 방의 천장이 무너질 가능성에 대해 공학자가 계산해낸 '객관적 확률'까지 고려해야 할까? 전자만 고려해도 된다는 게 내 생각이다."라고 그는 말했다.

그 후 오래지 않아 사회심리학자들도 사람들이 자신이 처한 환경을 해석하는 방식의 중요성을 인정하기 시작했다. 사회심리학의 창시자로 간주되는 Fritz Heider는 "일반적으로 사람들은 다른 사람들이 실제로 하고 있는 것뿐 아니라 다른 사람들이 지각하고 느끼고 생각하는 것에 대한 자신의 생각에도 반응한다."는 사실을 발견했다. 우리는 언제나 다른 사람들의 마음 상태와 동기와 생각을 추측한다. 그 추측은 옳을 때도 있지만 그를 때가 더 많다.

해석의 주요 함의를 고려하는 이유도 여기에 있다. 살인 사건에 대한 재판에서 검사가 피고의 유죄를 입증하기 위한 강력한 증거를 제시했을 때에도 판결은 배심원 각자가 그 증거에 어떤 의미를 부여하느냐에 따라 결정된다. 그리고 그 의미부여는 객관적으로는 해당 사건과 전혀 무관한, 다양한 사건과 지각에 의해 달라진다. 반대신문에서 목격자가 사건과는 너무 거리가 먼 사람으로 또는 너무 오만한 사람으로 보이지는 않았는가? 검사가 독선적이거나 밉상이거나 불안해하지는 않았는가?

사회심리학자 Lee Ross가 '순박한 사실주의(naïve realism)'라고 부른 아주 특별한 유형의 의미부여가 있다. 사람들은 누구나 세상사를 '있는 그대로' 지각한다는 믿음이 이 유형의 의미부여에

Kurt Lewin(1890~1947)

Fritz Heider(1896~1988)

해당한다. 그러므로 동일한 것을 두고 서로 다르게 본다는 것은 사람들이 편견을 가졌기 때문에 생기는 일이라고 해석한다(Ross, 2004, 2010; Ehrlinger, Gilovich, & Ross, 2005). Ross는 이스라엘과 팔레스타인 간 협상 관계자들을 가까이서 연구해왔다. 그 결과 그는 순박한 사실주의(양측의 사람들이 모두 합리적인 사람이라면 누구나 자기들과 같은 생각을 할 것이라고 확신하기) 때문에, 이들의 협상이 결렬될 때가 많다는 사실을 발견했다. 상대 측이 문제를 자기 측과는 다르게 본다는 사실을 알아차린 후에도, 양측은 자기들은 객관적인데 상대 측이 편견을 가지고 있다고 믿는다. 그렇기 때문에 자기들의 견해를 기초로 협상이 마무리되어야 한다고 주장한다. 그러다 보니 양측은 '편견을 가진' 상대 측이 자기 측보다 더 큰 득을 챙길 것을 두려워하여 아예 절충하려 하지 않는다.

Ross는 그의 연구에서 이스라엘 협상단에서 작성한 평화안과 팔레스타인 협상단에서 작성한 평화안을 받아냈다. 그런 후 이스라엘 협상단의 안에는 '팔레스타인 측 안'이라는 명칭을 붙이고 팔레스타인 협상단의 안에는 '이스라엘 측 안'이라는 명칭을 붙였다. 그러고는 이스라엘 국민들에게 그 두 안을 판단해달라고 주문했다. 그 결과 이스라엘 국민들은 이스라엘 협상단이 팔레스타인 측에 보낸 안('팔레스타인 측에서 보내온'이라고 표기된 안)보다 팔레스타인 협상단이 이스라엘 측에 보낸 안('이스라엘 측에서 보내온'이라고 표기된 안)을 더 좋아했다. "우리 측에서 만든 안이 상대 측에서 왔다는 이유만으로 우리를 매료시키지 못한다면, 상대 측에서 만든 안이 상대 측에서 왔을 때 우리를 매료시킬 가능성이 얼마나 되겠는가?"라는 반문이 Ross의 결론이었다. 양측 협상단이 이러한 현상 때문에 갈등 해소가 어려워지고 있다는 사실을 충분히 이해하고 나면, 합리적 절충안이 제안되고 수용될 가능성이 높아질 것이라는 게 사회심리학자들의 희망이라 할 것이다.

이제 여러분도 해석/의미부여가 아주 단순한 일("요즘 어떠세요?"라는 질문에서처럼)에서부터 매우 복합적인 일(국제적 협상)에까지 광범위하게 이루어지고 있음을 알았다. 해석/의미부여는 우리 모두의 일상생활에도 영향을 미친다. 정수는 부끄럼이 많은 고등학생인데 같은 반에 있는 미주를 좋아한다고 해보자. 그리고 사회심리학을 수강하는 여러분이 받은 과제 중에는 정수가 미주에게 졸업 축제에 같이 가자고 제안할 것인지를 예측해야 하는 과제도 있다고 하자. 이 과제를 수행하기 위해 여러분은 정수의 눈으로 미주의 행동을 바라보는 일부터 해야 한다. 즉, 정수가 미주의 행동을 어떻게 해석하는지를 관찰해야 한다. 미주가 정수에게 미소를 지으면, 정수는 미주의 그런 행동을 단순한 친절(다시 말해 미주가 정수와 같은 반에 있는 모든 애들에게 보내는 그런 친절)로 간주하는 것일까, 아니면 미주의 미소를 용기를 주는 신호(다시 말해 정수에게 용기를 내어 자기에게 데이트를 신청해보라는 신호)로 해석하는 것일까? 미주가 정수를 무시하면 정수는 미주를 설득하기가 쉽지는 않겠다고 해석할까, 아니면 그런 무시를 자기에게는 관심이 없다는 신호로 받아들일까? 정수의 행동을 예측하기 위해서는 미주의 행동을 아는 것만으로는 부족하다. 정수가 미주의 행동을 어떻게 해석하는지를 모르면 정수의 행동을 예측할 수가 없다.

이제, 어느 날 수업이 끝난 후 미주가 정수의 볼에다 키스를 했다고 하자. 이때도 정수의 반응은 이 상황을 어떻게 해석하느냐에 따라 달라진다. 정수는 그 키스를 미주가 보내는 사랑의 서곡으로 간주할까, 아니면 친구는 몰라도 그 이상에는 관심이 없다는 무관심의 신호로 받아들일까? 그것도 아니면 미주가 자기에게 관심은 있지만 급하게 서두르지는 않겠다는 신호로 해석할까? 만약 그 상황을 잘못 해석하면 정수는 심각한 실수를 범할 수도 있다. 자기 생에 최고의 로맨스로 발전할 수 있는 기회를 저버리는 실수를 범할 수도 있고, 미주에 대한 자신의 열정을 엉뚱하게 표현할 수도 있다. 어떤 경우이든 정수의 반응을 이해하기 위한 최고의 전략은 키스라는 행동

해석/의미부여에 대한 사회심리학자들의 연구를 보면, 국가 간 협상이 왜 그렇게 어려운지를 알 수 있다. 양측은 각각 자기 측은 문제를 명확하게 인식하고 있는데 상대 측이 그 문제의 본질을 '왜곡한다'고 생각한다.

의 본질(예 : 지속된 시간, 가해진 압력 등)에 대한 객관적인 분석보다는 미주의 행동을 정수가 어떻게 해석하는지를 알아내는 일이라는 게 사회심리학자들의 주장이다. 그렇다면 그런 해석/의미부여는 어떻게 형성되는 것일까? 이에 대한 궁금증은 다음 절에서 풀어보기로 하자.

복습문제

1. 다음 중 기본적 귀인 오류에 대한 정의로 가장 적절한 것은?
   a. 사람들의 행동을 성격특질로만 설명함으로써 사회의 영향력을 과소평가하는 경향성
   b. 사람들의 행동을 사회적 상황만으로 설명함으로써 성격특질의 영향력을 과소평가하는 경향성
   c. 성격보다는 사람들의 집단 구성원 자격이 사람들의 행동에 더 큰 영향을 미친다고 믿는 경향성
   d. 집단 구성원 자격보다 각자의 성격이 사람들의 행동에 더 큰 영향을 미친다고 믿는 경향성

2. 월스트리트 게임은 성격과 상황에 관한 무엇을 보여주었는가?
   a. 경쟁심이 강한 사람들은 게임 이름이 무엇이든 열렬한 경합을 벌일 것이다.
   b. 협력적인 사람들은 경쟁적인 상대방과 함께 일하려고 열심히 노력할 것이다.
   c. 사람들이 게임을 즐기는 방식과 게임의 이름과는 무관하다.
   d. 게임의 이름에 따라 사람들이 그 게임을 즐기는 방식이 크게 달라진다.

3. 교정에서 낯선 남자가 새롬이에게 다가오더니 자기는 사진작가라고 말한다. 모델이 필요하다며 시간을 15분만 내어 본관 근처에서 포즈를 취해줄

수 없겠냐고 묻는다. 사회심리학자에 따르면, 이때 새롬이의 결정은 다음 중 무엇에 따라 좌우될까?
   a. 그 남자의 옷차림
   b. 모델료 지급 여부
   c. 새롬이가 그 상황을 어떻게 해석하는가
   d. 그 남자의 범죄 기록 여부

4. 사회심리학 발달의 근원은?
   a. 형태주의 심리학
   b. 프로이트 심리학
   c. 행동주의 심리학
   d. 생물심리학

5. 다음 중 '순박한 사실주의(naïve realism)'가 지칭하는 사실은?
   a. 대부분의 사람들은 심리학에 관해 아는 게 많지 않다.
   b. 사실주의적인 사람은 거의 없다.
   c. 대부분의 사람들은 정확하려 하기보다는 순박하고 싶어 한다.
   d. 대부분의 사람들은 자기들이 지각하는 세상이 정확하다고 믿는다.

정답은 537-539쪽 참조

해석/의미부여의 근원 : 인간의 기본 동인

1.3 자신을 좋게 보고 싶은 욕구와 정확성 욕구가 상치될 때는 어떤 일이 벌어지나

정수는 미주가 자기에게 키스한 이유를 어떻게 판단할까? 사람들에게 영향을 미치는 것이 객관적 상황이 아니라 주관적 상황이라면, 상황에 대한 사람들의 주관적 인상이 어떻게 조형되는지를 이해할 필요가 있다. 사회적 상황을 해석할 때 사람들이 성취하고자 하는 것은 무엇일까? 사람들은 자신의 자부심을 살리는 쪽으로 해석할까(예 : "민주는 나의 질투심을 자극하기 위해 축제에는 일수와 함께 갈 거야!"라는 정수의 믿음) 아니면 그 결과가 기분 좋은 일은 아닐지라도 가장 정확하게 해석할까(예 : "가슴 아픈 일이기는 하나 결국 민주는 나보다는 일수하고 축제에 가게 될 거라는 걸 인정하자!")? 사회심리학자들은 모두에게 적용되는 인간 본성의 기본 법칙을 찾아내고 싶어 한다. 즉, 사람들이 주변 상황에다 의미를 부여하는 방식을 찾아내고, 왜 그런 방식으로 의미를 부여하는지를 설명할 수 있는 기본 법칙을 찾아내려 한다.

우리 인간은 복합적인 유기체이다. 특정 순간에 전개되는 인간의 생각 및 행동의 기저에는 기근, 갈근, 두려움, 욕망, 그리고 사랑과 호의 및 보상에 대한 약속 등 다양한 동인(motives)이 복잡하게 깔려 있다(제10, 11장 참조). 사회심리학자들은 특히 중요한 동인 두 가지만 강조한다. 그중 하나는 자신을 좋게 보고 싶은 욕구이며, 다른 하나는 정확성 욕구이다. 이 두 가지 욕구가 우리를 끌어당기는 방향이 같을 때도 있지만 그 방향이 상반될 때도 많다. 세상을 정확하게 지각하려 하다 보면, 우리가 바보 같아 보이거나 또는 비윤리적으로 행동했다는 사실에 직면할 때가 많을 것이라는 뜻이다.

사회심리학에서 가장 혁신적인 이론가 중 한 명이었던 Leon Festinger는 이 두 가지 욕구가 사람을 끌어당기는 방향이 상반될 때가 있는데 바로 그때가 인간의 마음이 작동하는 방식에 대한 깊은 안목을 얻게 될 호기라는 사실을 깨달았다. 여러분이 미국 대통령이라고 상상해보자. 지금 미국은 다른 나라에서 벌어진 전쟁에 휘말리고 말았다. 전쟁에 든 비용만 해도 엄청나다. 미국은 지금까지 수천억 달러를 퍼부었고 수만 명의 미군이 전사했다. 그뿐만 아니라 선량한 민간인도 수천 명 희생됐다. 전쟁은 교착상태에 빠져 있고 끝이 보이지 않는다. 대통령인 여러분은 식은땀에 흠뻑 젖은 몸으로 한밤중에 잠을 깨곤 한다. 한편으로는 전장에 버려진 수많은 주검을 애통해 하면서도, 다른 한편으로는 전쟁에서 패한 첫 번째 대통령이라는 오명을 역사적 기록에 남기고 싶지 않다.

참모 중에는 터널의 끝이 보인다고 말하는 사람도 있다. 그러면서 공격을 강화하고 수천 명을 더 파병한다면 적군은 곧 항복하고 전쟁도 끝낼 수 있을 것이라고 제안한다. 이렇게만 되면 대통령에게는 더 없이 좋은 결과가 될 것이다. 군사적 목적과 정치적 목적 둘 다를 성취하게 될 것이고, 역사는 당신을 위대한 지도자로 기록할 것이기 때문이다. 그러나 다른 참모들은 공격 강화는 적의 결단력만 고취시킬 것이라며 평화 협상을 요청해야 한다고 제안한다.

어떤 제안을 받아들여야 할까? 이 난국은 1970년대 베트남 전쟁에서 미국 대통령 린든 존슨이 처했던 바로 그 상황이다. 이 난국은 이라크 전쟁이 6주 만에 끝나지 않았을 때 조지 부시 미국 대통령이 처했던 상황이기도 하다. 그는 2003년 전쟁이 시작됐을 때 6주 만에 전쟁을 끝낼 수 있을 것이라고 예측했었다. 그리고 2009년 아프가니스탄 전쟁에 더 많은 병력을 보낼 것인지를 결정해야 했을 때 버락 오바마 대통령도 이런 상황에 처했었다(제6장 참조). 이러한 경우 대부분의 대통령은 전쟁을 더 확대시켜야 한다는 제안을 받아들였다. 전쟁에서 이기게 되면 그 승리로 전

Leon Festinger(1919~1989) : "그것을 두고 내가 오랫동안 생각해온 방식은 이랬다 : 실제 세상이 복잡해 보이면, 사람들이 비슷한 힘에 대해 갈피를 잡을 수 없을 정도로 판이한 행동을 하면, 또 그 아래서 작용하고 있는 보편적인 역학을 찾아내지 못하면, 그건 내 잘못이다. 내가 잘못된 질문을 제기한 것이다. 적어도 이론적 수준에서 나는 그 세상을 잘못 분석한 것이다. 거기에는 반드시 기저 역학이 있다. 그러니까 나는 그러한 통일성을 밝혀내는 데 필요한 이론적 장치를 찾아내야만 한다."

쟁에 퍼부은 모든 목숨과 비용이 정당화될 것이기 때문이다. 그러나 철군을 하면 역사에는 패배한 대통령으로 기록될 것이고, 또 희생자와 비용을 헛되이 낭비했다는 참혹한 사실을 정당화해야 하는 부담을 떠안게 될 것이다. 이런 경우 대개는 결정을 잘했다는 느낌을 갖고 싶은 욕구가 정확해야 한다는 욕구를 압도해버려, 결국에는 재난으로 끝나게 된다(Draper, 2008; McClellan, 2008; Woodward, 2011). 존슨 대통령의 경우 공중 폭격을 늘리기로 결정했고, 그 결정은 적의 결단력을 더욱 강화시켰으며, 결국 베트남 전쟁은 장기전으로 변하고 말았다.

이 사람은 미국 국가안보국(NSA)과 거래한 적이 있는 에드워드 스노든이다. 스노든은 2013 미국 정부의 감시 프로그램과 관련된 비밀서류 수천 건을 폭로했고, 이를 계기로 미국 정의부는 그에게 첩보 혐의를 씌웠다. 일부에서는 스노든을 스파이, 반역자, 범죄자로 지목하고 도피처인 러시아에서 미국으로 데려와 재판을 받게 해야 한다고 주장했다. 다른 쪽에서는 그를 내부 고발자, 애국자, 사생활권을 보호하고 또 미국 국민에게 국가에서 무엇을 하려 하는지를 알려주기 위해 투쟁한 영웅으로 간주하였다. (이 사진은 독일 평화상을 받는 모습을 찍은 것이다. 그는 이 상을 스카이프를 통해 받아야 했다.) 양쪽은 모두 자기들이 옳다고 확신한다. 이런 정반대 해석은 어디에서 시작되고 그 결과를 어떻게 봐야 할까?

자존감 동인 : 자신을 좋게 보고 싶은 욕구

대부분의 사람들은 **자존감**(self-esteem)의 욕구(스스로를 유능하고 품위 있고 좋은 사람으로 간주하려는 욕구)가 매우 강한 편이다(Aronson, 1998, 2007; Baumeister, 1993; Tavris & Aronson, 2007). 세상을 왜곡해서라도 스스로를 좋게 볼 것인가 아니면 세상을 정확하게 표상할 것인가라는 문제가 생기면 대부분의 사람들은 그런 왜곡을 서슴지 않는다. 사람들은 세상을 약간 다르게 만들어 자신을 최대한 보기 좋게 만들어 버린다. 여러분은 친구 창호를 좋기는 한데 아주 지저분한 친구—항상 얼룩진 셔츠를 입고 다니고 집 안은 들어가기도 싫을 정도로 지저분하게 해놓고 사는 친구—로 간주할 수 있다. 하지만 창호는 자신을 격식을 차리지 않는 자유분방한 사람으로 묘사할 가능성이 크다.

자존감이 유익한 것임에는 틀림이 없다. 그러나 자존감을 지키기 위해 자신의 활동을 정당화하는 일이 벌어지기 시작하면, 자존감 때문에 변화 및 자기 개선이 방해받을 수 있다. 남편의 비합리적 질투심 때문에 10년을 함께한 결혼생활을 더 이상 유지할 수 없어 이혼을 택한 부부가 있다. 그런데 남편은 아내가 자기를 떠나게 된 원인이 지나친 자신의 질투심과 소유욕 때문이라는 사실을 수용하지 않는다. 그보다 아내가 자신의 요구에 너무 둔감했기 때문에 이혼할 수밖에 없었다고 생각한다. 그는 이혼의 원인을 이렇게 해석함으로써 자신에 대한 좋은 감정을 유지하게 된다(Simpson, 2010). 하지만 이러한 왜곡의 결과 경험을 통한 학습 가능성은 사라지고 만다. 그 남편은 다음 결혼에서도 동일한 문제로 고생할 가능성이 매우 크다. 자신의 약점을 인정하기란 매우 어렵다. 그 때문에 세상을 정확하게 보지 못하는 대가를 치러야 하는데도 그 어려움은 사라지지 않는다.

시달림과 자기 합리화 앞에서 소개했던 시나리오 중 오스카가 동아리에 가입하기 위해 겪어야 했던 신고식에 관한 이야기로 되돌아가 보자. 성격심리학자들은 황당한 일도 잘 참아내는 외향성이 강한 사람들만 그런 동아리에 가입하고 싶어 했을 것이라고 주장할 수도 있다. 행동주의 심리학자들은 오스카는 자기를 괴롭히는 사람이나 일은 아무것도 좋아하지 않을 것이라고 예측할 수도 있다. 그러나 사회심리학자들이 발견한 바에 의하면, 오스카와 그의 동기생들이 동아리 선후배를 그렇게 좋아하게 된 주된 이유가 모멸적인 신고식 그 자체에 있었다.

자존감

자기 자신의 가치에 대한 각자의 평가, 즉 우리 각자가 자신을 훌륭하고 유능하고 괜찮은 사람이라고 간주하는 정도

새내기들이 선배들의 '환영' 행사로 괴롭힘을 당하고 있다. 신입생 신고식의 일부로 이런 멍청하기도 하고 위험하기도 한 일을 하는 것은 실제로 멍청하기도 하고 위험할 수도 있다. 하지만 이런 일이 선후배 간의 결속성을 다져주기도 한다.

왜 그런 수치스러운 신고식이 오스카로 하여금 동아리를 그렇게 좋아하게 만든 것일까? 다음은 사회심리학자들의 답이다. 오스카는 그런 힘든 신고식을 치르고 난 다음에 동아리 회원이 됐다. 그런데 나중에 동아리 선후배들에 관한 불미스러운 일을 발견한다면, 그는 자신이 정말 바보 천치였다는 생각을 하게 될 것이다. "결국 내가 이런 얼간이 같은 친구들과 함께 지내기 위해 그런 힘들고 황당한 신고식을 참아냈단 말인가? 바보 천치들이나 할 짓 아닌가 말이다!" 이런 비참한 느낌을 갖지 않기 위해 그는 그 신고식을 참아내기로 한 자신의 결정을 정당화하려는 노력을 하게 되고, 그 결과 동아리에서 겪은 많은 경험에 대한 해석을 왜곡하고 말았다. 다시 말해 그는 자신이 동아리에서 겪은 많은 경험을 긍정적으로 해석하게 되었다는 뜻이다.

그러나 그의 동생 야닌 같은 외부인은 오스카가 속한 동아리 생활의 부정적인 측면을 보다 명확하게 바라볼 수 있다. 동아리 회비 때문에 오스카는 용돈이 크게 부족함을 느끼기 시작하고, 잦은 모임 때문에 공부할 시간이 부족함을 느끼게 되고, 결과적으로는 평점까지 낮아지는 일이 벌어졌다고 하자. 오스카는 이런 부정적인 일을 다르게 볼 정도로 동아리 활동에 적극적으로 관여하고 있다. 동아리의 명성을 중요시하는 그는 자기가 그 동아리 회원이라는 사실만으로 느끼는 자부심에 비하면, 그 정도의 대가쯤은 충분히 감수해야 한다고 생각한다. 그러면서 오스카는 동아리 생활의 긍정적 측면만 강조하며, 부정적인 면은 무시하거나 사소한 일로 왜곡해 버린다.

이 설명이 억지에 가깝다고 느낄 수도 있다. 사회심리학자들은 통제가 치밀하게 이루어진 여러 편의 실험을 통해 신입생 신고식과 관련된 현상을 검토하였다. 실험에서는 동아리 회원들의 세밀한 행동을 포함한 모든 상황을 일정하게 통제하고 회원이 되기 위해 치러야 하는 신고식의 격렬함만 조작했다. 실험결과는 분명했다. 집단 구성원들은 객관적인 면에서 모든 사람에게 동일하게 행동한 동일한 사람들이다. 그런데도 치른 신고식이 격렬했을수록 그 동아리(회원)에 대한 신입 회원들의 호감도가 높았다(Aronson & Mills, 1959; Gerard & Mathewson, 1966)(제6장 참조).

여기서 강조하고 싶은 점은 사람들은 누구나 긍정적인 자아상을 간직하고 싶어 한다는 점이다. 이 욕구를 충족시키기 위한 자기 합리화도 서슴지 않으며, 그 결과 얼핏 보기에는 말도 되지 않는 역설적인 일을 벌이기도 한다. 즉, 사람들은 자기에게 잘해주거나 즐거움을 준 사람이나 대상보다 고통을 준 사람이나 대상을 더 좋아하게 되기도 한다는 뜻이다.

사회인지적 동인 : 정확성 욕구

사회인지
사람들이 자신 및 사회적 세계에 대해 생각하는 방식. 보다 구체적으로 사람들이 판단과 결정을 내리기 위해 사회적 정보를 선택하고 해석하고 기억하고 사용하는 방식

앞에서 보았듯이, 사람들은 자신을 될 수 있는 한 좋게 보기 위해 사실을 왜곡할 때도 많다. 그러나 그런 경우에도 실상을 완전히 곡해하지는 않는다. 그런데 우리가 우리 자신에 대해 그리고 사회적 세계에 대해 생각하는 방식은 우리가 하는 일에 막중한 영향을 미친다. 이 때문에 사회심리학자 중에는 **사회인지**(social cognition), 즉 사람들이 판단을 내리고 결정을 내리기 위해 정보를

선택하고 해석하고 기억하고 활용하는 방식에 대한 연구를 전문으로 하는 사람들도 많다(Fiske & Taylor, 2013; Markus & Zajonc, 1985; Nisbett & Ross, 1980). 사람들의 사회행동을 사회인지적 관점에서 이해하려는 연구자들은 사람들이 세상사를 최대한 정확하게 보려고 노력한다고 가정한다. 이들은 인간을 사람들의 사회행동을 이해하고 예측하기 위해 최선을 다하는 아마추어 탐정으로 간주한다.

자존감 보존 욕구가 가끔씩 좌절되는 것과 같이 정확성 욕구도 좌절되곤 한다. 하지만 우리는 사회행동을 이해하고 예측하기 위한 이러한 노력에서 실수를 저지를 때가 많다. 왜냐하면 누구든 주어진 상황을 정확하게 판단하기 위해서는 많은 사실을 알아야 하는데, 그 모든 사실을 아는 사람은 아무도 없기 때문이다. 건강과 맛을 고려할 때 가장 적합한 라면이 무엇인가를 결정하는 일처럼 비교적 간단한 결정에서부터 2천만 원으로 구입할 수 있는 가장 좋은 자동차를 골라야 하는 다소 복잡한 결정에도, 그리고 평생을 함께할 배우자를 선택해야 하는 것 같은 엄청나게 복잡한 결정에 이르기까지, 어떤 결정이든 그 결정을 짓는 데 필요한 모든 사실을 사전에 확보하는 일은 불가능한 일이다. 더군다나 우리는 매일 같이 셀 수 없는 많은 결정을 내린다. 따라서 결정을 내리는 데 필요한 모든 사실을 다 확보할 수 있다고 하더라도 실제로 그런 사실을 모두 확보할 시간도 여력도 갖고 있지 못한 게 인간이다.

사회적 세계에 대한 예상 설상가상으로 사회적 세계에 관한 예상 때문에 우리는 그 세계를 정확하게 지각하지 못할 때도 있다. 실제로는 우리의 예상 때문에 사회적 세계의 본질까지 바뀌기도 한다. 자신을 학생들의 삶을 향상시키기 위해 최선을 다하는 초등학교 교사라고 상상해보자. 학년 초마다 새로 맡은 학생들의 지능검사 점수를 살펴본다. 교직에 발을 디딘 지 얼마 되지 않았을 때는 아이들의 지능지수를 알면 그들의 잠재력을 정확하게 예상할 수 있을 것이라고 짐작만 했다. 그러나 수년이 지난 지금 와서는 지능검사 점수에 대한 확신을 가지게 되었다. 지능검사 점수가 높은 학생들은 학업성적이 우수하고 지능검사 점수가 낮은 학생들은 학업성적도 낮다는 변함없는 사실을 여러 차례 경험했기 때문이다.

이 이야기 속에는 한 가지 빼고는 놀랄 만한 내용이 없다. 그 한 가지는 지능검사의 타당성에 대한 믿음이 잘못일 수도 있다는 점이다. 지능검사 점수가 정확했던 것이 아니라 담임 선생님이 자신도 모르는 사이에 지능검사 점수가 높은 학생들과 지능검사 점수 낮은 학생들을 차별대우했을 수도 있다는 뜻이다. 이것이 가능성이 아닌 사실로 밝혀진 것은 자기 충족적 예언(self-fulfilling prophecy)이라는 현상을 분석한 Rosenthal과 Jacobson(1968/2003)의 연구에서였다. 사람들은 자신이 예상한 일이 실제로 일어나도록 행동하는 경향이 있는데(제3장 참조), 이 현상을 자기 충족적 예언이라 한다. Rosenthal과 Jacobson은 초등학생들을 대상으로 한 가지 검사를 실시했다. 그러고는 교사들에게 이렇게 말해주었다. "검사결과에 의하면 이 아무개, 정 아무개, 신 아무개는 영재로 성장할 가능성이 매우 크다. 머지않아 이들의 학업성적은 특출할 것이다."라고. 그러나 실제 검사결과에서는 이런 특징이 드러나지 않았었다. 이 3명의 이름은 그냥 그 반 학생들의 명단에서 무선으로 뽑은 것이었다. 따라서 이들 3명은 평균적으로 다른 아이들과 다를 리가 없었다. 학년 말에 그 학급을 다시 방문한 Rosenthal과 Jacobson은 앞서 언급했던 학생들의 성적이 특출하다는 사실을 발견했다. 교사들에게 이 학생들이 잘할 것이라는 믿음을 갖게 했다는 단순한 사실이 그들의 학업성적을 향상시켜 놓은 것이다. 이 놀라운 현상은 우연히 발견된 현상이 아니다. 여러 학교에서 여러 번 반복해서 관찰된 현상이다(Rosenthal, 1994).

마술 같은 결과이지만 실은 인간 본성의 중요한 측면을 반영하는 결과이다. 여러분이 교사였다고 해도 마찬가지 일이 벌어졌을 것이라는 뜻이다. 여러분이 담당한 학급에서 2~3명이 뛰어난 학생으로 자랄 것이라는 믿음을 갖게 되었다고 해보자. 그때부터 이들 학생을 대하는 여러분의 태도가 달라질 것이다. 그 애들에 대한 관심이 더 커질 것이고, 특별한 눈빛으로 그들을 바라볼 것이며, 그들의 질문에 보다 성의껏 답할 것이며, 그들의 이름을 더 자주 부를 것이고, 더 어려운 과제를 해결해보라고 권할 것이며, 더 어려운 것들을 가르치고 싶어 할 것이다. 이러한 여러분의 태도는 그 학생들을 더 행복하게 만들 것이고, 더 존중받는 느낌을 갖게 할 것이며, 그들의 동기를 강화할 것이며, 더 똑똑하게 만들 것이다. 결국 예언은 이렇게 충족되는 것이다. 그러므로 우리는 세상을 최대한 정확하게 지각하려고 애를 써도 이런 노력과 상반되는 결과가 발생할 여지는 얼마든지 있고, 엉뚱한 인상을 형성하게 될 수도 있다.

복습문제

1. 다음 중 사회인지에 대한 연구의 기본 가정으로 가장 적절한 진술은?
   a. 사람들은 세상을 최대한 정확하게 보려고 노력한다.
   b. 사람들은 누구나 주변 사람들에 대해서는 명백하게 생각할 수 없다.
   c. 사람들은 자신을 좋게 보기 위해 실상을 왜곡한다.
   d. 사람들은 다른 사람들을 통제하고 싶은 욕구에 따라 행동한다.

2. 다음 중 자존감을 높게 유지하고 싶은 동인을 반영하는 것은?
   a. 소라가 병호와 헤어지고 다른 사람을 만나자, 병호는 "나는 처음부터 소라를 별로 좋아하지 않았는데 뭘!"이라고 생각한다.
   b. 박 교수의 특강을 수강하고 싶어 하는 학생들은 10쪽 분량의 에세이를 써 내야 했다. 그 수업을 수강한 학생들은 한결같이 그 수업을 좋아하게 되었다.
   c. 지니는 자기가 수강하는 심리학개론의 중간고사를 망쳤다. 공부를 충분히 하지 않았기 때문에 생긴 일이라고 인정한 지니는 기말고사 때는

더 열심히 공부할 것이라고 다짐한다.
   d. 재희는 운전면허증을 취득한 후 몇 가지 사소한 사고에 휘말리고 말았다. 재희는 생각한다. "세상에는 운전을 엉망으로 하는 사람들이 너무 많아! 그런 사람들은 나처럼 운전을 잘하도록 교육을 다시 받아야 하는데?!"라고.

3. '자기 충족적 예언'이 바로 많은 사람들이 _____ 이유이다.
   a. 최후 심판에 대한 예측을 사랑하는
   b. 자기는 시험에 떨어질 것이라고 예언하는
   c. 자기는 시험에 합격할 것이라고 예언하는
   d. 자신이나 타인의 행동에 대한 예측이 구현되도록 행동하는

정답은 537-539쪽 참조

우리는 사회심리학을 개인의 행동에 미치는 사회적 영향력을 과학적으로 탐구하는 학문의 한 분야라고 정의하였다. 그럼 사회심리학자들이 사회적 영향력을 이해하고 싶어 하는 이유는 무엇일까? 그리고 우리의 행동이 정확성 욕구에서 시작됐든 아니면 자존감을 보강하기 위해 시작됐든 달라질 게 무엇이란 말인가?

이들 질문에 대한 기본적인 답은 간단하다. 호기심 때문이다! 사회심리학자들은 사람들의 사회행동에 매료되었고, 인간의 사회행동을 최대한 깊이 있게 이해하고 싶어 한다. 어떤 의미에서 우리는 모두가 사회심리학자인 셈이다. 우리는 모두 사회 속에서 살아가고 있으며, 그 정도는 다르지만 우리가 타인의 영향을 받는 방식, 타인이 우리의 영향을 받는 방식, 그리고 어떤 사람과는 사랑에 빠지는데 어떤 사람은 미워하고 또 어떤 사람에게는 무관심한 이유 등을 알고 싶어 한다. 사회적 환경 속에 있다고 해서 반드시 다른 사람들과 같은 시간에 같은 곳에 있어야 하는 것은 아니다. 요즘은 페이스북이 사회심리학자들이 꿈에 그리던 실험실 기능을 수행한다. 사랑, 격노, 괴롭히기, 허풍, 불장난, 애정, 상처, 싸움, 친교, 절교, 자만, 편견 등 모든 것이 그 속에 들어 있기 때문이다.

사회심리학자들이 사회행동의 원인을 탐구하는 또 다른 이유는 사회문제를 해결하는 일에 도움을 제공하기 위함이다. 이 목표는 사회심리학의 정립과 함께 나타났다. 나치 독일의 공포에서

가까스로 탈출한 Kurt Lewin은 그 나라가 변해버린 방식을 이해하고 싶은 열정을 미국까지 가지고 왔다. 그때부터 사회심리학자들은 자기 자신의 당면 과제에 깊은 관심을 가져왔다. 그들의 노력은 폭력과 편견을 줄이는 일에서부터 이타심과 아량을 넓히는 일까지 다양하였다(제11장, 제13장). 그들은 어떻게 하면 물이나 에너지 같은 천연자원을 보존하게 하며 안전한 성생활을 하도록 하고 몸에 좋은 음식을 먹도록 사람들의 마음을 돌릴 것인지도 연구한다(제7장). 사회심리학자들은 대중매체에 보고되는 폭력의 효과도 연구하며(제12장), 집단 내(직장에서나 배심에서나) 갈등 및 국가 간 갈등을 해결하기 위한 효과적인 전략을 발견하기 위해 노력한다(제9장). 그들은 환경 및 교육 프로그램 개선을 통해 아이들의 지능을 높이는 방법과 소수집단 학생들의 고등학교 중퇴율을 줄이는 방법을 강구하기 위해 노력한다(제10장).

이 책 전체에 걸쳐 사회심리학이 실세계 문제에 적용되는 보기를 많이 만나게 될 것이다. 관심 있는 독자를 위해 마지막에 3개의 장을 덧붙여 놓았다. 이들 장은 사회심리학이 환경 문제, 보건 문제, 그리고 법적 문제 같은 현대적 쟁점에 적용되는 모습을 소개하고 있다. 사회심리학자들이 연구하는 것처럼 여러분도 인간행동의 근본 원인을 이해함으로써 자신의 자멸적 또는 잘못된 행동은 수정하고, 다른 사람들과의 관계는 개선하며, 보다 나은 결정을 내릴 수 있는 사람으로 성장하길 바란다.

이제 우리는 사회심리학에 대한 탐사를 진지하게 수행할 채비를 마쳤다. 지금까지는 사회심리학의 핵심 요지, 즉 사회적 상황의 막강한 힘을 강조해 왔다. 이제 연구자로서의 우리가 해야 할 일은 바른 질문을 만들고 사회적 상황의 힘을 포착하는 방법을 모색한 후, 실험실연구를 통해 그 힘에 대한 보다 자세한 연구를 수행해보는 일이다. 이런 일에 능숙해지면 인간행동에 관한 보편적 진실에 한 걸음 더 다가서게 될 것이다. 그렇게 되면 우리는 실험실의 발견을 실생활에 끌어들여 우리 사회를 보다 나은 사회로 바꿀 수 있을 것이다.

요약

1.1 사회심리학이란 무엇이며, 다른 분야와는 어떻게 다른가

- **사회심리학 정의하기** 사람들의 생각/사고와 느낌과 행동이 다른 사람들의 존재 여부 및 존재 여부에 대한 상상에 의해 달라지는 방식을 과학적으로 구명하고자 하는 심리학의 한 분야이다. 사회심리학자들의 관심은 각 개인의 생각과 느낌과 행동이 어떻게 그리고 왜 사회적 환경에 따라 바뀌는지를 이해하는 데 있다.

  - **사회심리학, 철학, 과학, 그리고 상식** 사회적 영향력을 이해하려는 사회심리학자들의 접근법은 철학자나 언론인이나 일반인의 접근법과는 다르다. 사회심리학자들은 경험적 방법(예 : 실험법)을 통해 **사회적 영향(력)**을 설명하려 한다. 사회심리학이라는 과학의 목적은 인간 행동을 지배하는 보편적 법칙을 찾아내는 데 있다. 문화 간 연구가 강조되는 이유는 바로 이런 목적 때문이다.

  - **사회심리학과 인접 학문과의 차이** 사람들의 사회행동을 설명하려 할 때 성격심리학자들은 각자의 성격특질을 거론한다. 성격의 개인차는 사회심리학자들도 인정한다. 하지만 사회심리학자들은 **사회적 상황의 힘**으로 사회적 행동을 설명하려 한다. 사회심리학의 근원도 개인의 심리적 상태 및 과정에 관한 연구에서 시작되지만, 사회심리학에서는 사회적 상황이라는 맥락 속의 개인을 분석 단위로 삼는다. 이에 반해 사회학자들은 연구의 초점을 사회적 범주(예 : 가족, 인종, 종교, 사회경제적 지위 등) 속에서 형성된 사람들의 모임에 맞추고 있다. 사회심리학자들은 보편적 인간 본성, 즉 사회 · 문화적 범주를 초월하여 사회의 영향에 민감하게 반응하는 모든 인간의 속성을 구명하고자 한다. 이에 반해 사회학자들은 사회의 속성을 설명하려 한다.

1.2 사건과 자타의 행동을 설명하고 해석하는 방식이 중요한 이유

- **상황의 힘** 사회적 환경이 개인의 행동에 미치는 영향은 매우 강하다. 그런데도 대부분의 사람들은 이 사실을 믿고 싶어 하지 않는다.

  - **설명의 중요성** 사람들은 누구나 **기본적 귀인 오류**, 즉 사회의 영향을 무시한 채 자신과 타인의 행동 원인을 각자의 성격특질로 돌리려 하는 강한 경향성을 가지고 있다. 그러나 사회심리학자들은 성격보다 사회 및 환경적 상황이 우리 각자의 행동에 미치는 영향력이 훨씬 크다는 사실을 누차에 걸쳐 발견하였다.

- **해석의 중요성** 사회심리학자들은 개인과 그 사람이 처한 상황 간 관계가 서로 영향을 주고받는 관계이기 때문에 상황이 개인에 영향을 미치는 방식에 대한 이해도 중요하지만, 우리 각자가 사회적 세계 및 타인의 행동을 지각하고 해석하는 방식에 대한 이해도 중요하다는 사실을 밝혀냈다. 상황 그 자체의 객관적 측면보다는 그들 측면을 어떻게 지각하느냐가 우리의 행동에 더 큰 영향을 미친다. 해석/의미부여란 말은 우리 각자가 해석해 놓은 머릿속 세상을 일컫는 말이다.

1.3 자신을 좋게 보고 싶은 욕구와 정확성 욕구가 상치될 때는 어떤 일이 벌어지나

- **해석/의미부여의 근원 : 인간의 기본 동인** 우리 각자가 특정 상황을 해석(지각, 이해, 판단)하는 방식은 인간의 기본 욕구 두 가지에 의해 조형된다 : 자신을 좋게 보고 싶은 욕구와 정확성 욕구. 이 두 가지 욕구가 서로 상반된 방향을 향하고 있을 경우도 있다. 예컨대 특정 상황에서 우리가 감행한 행동의 방식에 대한 정확한 판단에 따르면 우리가 그 상황에서 매우 이기적으로 행동했음이 분명할 수도 있다.

  - **자존감 동인 : 자신을 좋게 보고 싶은 욕구** 대부분의 사람들은 자기 자신을 훌륭하고 유능하고 예의 바른 사람으로 간주하고 싶은 강한 욕구를 가지고 있다. 사람들은 자신의 자존감을 유지하기 위해 세상에 대한 지각을 왜곡하기도 한다.

  - **사회인지적 동인 : 정확성 욕구** 사회인지는 세상사에 관한 사람들의 사고방식을 다룬다. 사람들이 판단을 내리고 결정을 내릴 때 정보를 선택하고 해석하고 기억하며 활용하는 방식을 연구한다는 뜻이다. 사회인지를 공부하는 사람들은 우리 각자가 일상생활에서 벌이는 모든 일(계란을 선택하는 일에서 누구와 결혼할 것인지를 정하는 일)에서 효과적인 판단과 결정을 하기 위해 세상사를 최대한 정확하게 이해하려고 애를 쓴다고 가정한다. 하지만 우리는 일반적으로 불완전하고 부정확하게 해석된 정보를 기초로 이런 일을 한다.

평가문제

1. 사회심리학은 _____에 대한 연구이다.
   a. 실제 또는 상상 속 타인의 영향력
   b. 교회나 학교 같은 사회적 기관
   c. 축구 경기나 댄스 같은 사회적 사건
   d. 꿈같은 심리적 작용

2. 존스타운의 집단 자살에 대한 사회심리학자들의 설명으로 가장 그럴듯한 것은?
   a. 사이비 교도들이 정신적으로 불안하거나 우울증으로 고생하고 있었다.
   b. 지도자가 최면술과 약물을 이용해 교도들에게 복종을 강요했다.
   c. 건강한 사람들까지도 거의 모두 유혹될 수 있는 과정이었다.
   d. 지도자를 따르는 게 안전하다는 느낌을 교도들에게 심어주는 사이비 종교의 본질이다.

3. 사회심리학에서는 분석의 수준이 _____이다.
   a. 사회 전체
   b. 사회라는 맥락에 속한 개인
   c. 집단 및 조직
   d. 뇌 속에서 벌어지는 인지 및 지각 과정

4. 다음 멘트 중 기본적 귀인 오류를 예시하는 것은?
   a. 한 남자가 "우리 집사람은 까다로운 사람이 분명해."라고 말하면서, 자신의 까다로움은 그날이 힘든 하루였기 때문이라고 설명한다.
   b. 한 여자가 실업률이 아주 높은 도시에 관한 기사를 읽고는 "게으르지만 않았어도 일자리를 찾을 수 있었을 텐데!"라고 말한다.
   c. "존스타운에서 자살을 감행한 사람들은 사회적으로 고립돼 있었고 따라서 자기들의 지도자에 관한 한 일반인들과는 동떨어진 견해를 가지고 있었다."
   d. "존스타운에서 자살을 감행한 사람들은 정신병 환자들이었다."

5. 사회심리학자와 성격심리학자가 가진 공통점은?
   a. 관심 대상이 개인이다.
   b. 관심 대상이 성격특질이다.
   c. 어린 시절의 경험에 관심이 많다.
   d. 성격에 기여하는 유전의 영향력에 관심이 많다.

6. 사회심리학과 사회학의 공통점은?
   a. 사회 내 인구학적 경향을 검토한다.
   b. 국립 시설 및 기관을 연구한다.
   c. 성격차이에 관심이 많다.
   d. 집단의 작용 및 활동에 관심이 많다.

7. 사회심리학에서 해석이 그토록 중요한 이유는 무엇인가?
   a. 사람들의 행동이 사건 자체뿐 아니라 사건에 대한 해석에 따라서도 달라지기 때문이다.
   b. 사람들의 행동은 일차적으로 그들이 처한 객관적인 상황에 따라 결정되기 때문이다.
   c. 사람들은 자신의 사건 지각에 편파가 일어나고 있음을 알기 때문이다.
   d. 사람들은 보통 다른 사람들도 세상을 있는 그대로 본다고 알고 있기 때문이다.

8. 형태주의 심리학이 사회심리학에 제공한 주요 공헌은 무엇인가?
   a. 뇌의 작동 방식에 대한 이해를 넓혔다.
   b. 사람들이 물리적 세계를 지각하는 방식을 강조했다.
   c. 전체는 부분의 합 이상임을 보여주었다.
   d. 행동 연구에 대한 역사적 관점을 추가하였다.

9. 세상을 해석하는 우리의 방식에 영향을 미치는 두 가지 주요 동인은?
   a. 우리의 의견이 옳다는 느낌을 갖고 싶은 욕구
   b. 자존감을 가능한 한 높게 유지하고 싶은 욕구
   c. 다른 사람보다 뛰어나고 싶은 욕구
   d. 지각과 결정을 정확하게 하고 싶은 욕구
   e. 자기를 표현하고 싶은 욕구

10. 사람들의 자멸적인 행동을 바꾸어 놓기 위해 사회심리학자들이 할 가능성이 큰 일은?
    a. 유용한 정보를 제공하여 설득한다.
    b. 겁먹게 한다.
    c. 처벌로 위협한다.
    d. 위의 모든 일을 한다.
    e. 위의 일은 아무것도 하지 않는다.

정답은 537-539쪽 참조

 ## 개요 및 학습목표

사회심리학 : 경험과학

2.1 연구자들은 가설과 이론을 어떻게 개발하나

가설 설정과 이론

연구방법

2.2 사회심리학자들이 사용하는 연구방법의 장점과 단점은 무엇인가

관찰연구법 : 사회행동 묘사하기

상관연구법 : 사회행동 예측하기

실험연구법 : 인과관계 구명하기

사회심리학 연구의 최전방

2.3 문화 간 연구, 진화론적 접근법, 사회신경과학 연구가 사회행동 연구방법에 어떤 영향을 미치고 있나

문화와 사회심리학

진화론적 접근법

사회신경과학

사회심리학에서의 윤리적 문제

2.4 사회심리학자들은 어떻게 자기들 실험 참여자들의 안전과 안녕을 보장함과 동시에 사회행동의 원인에 관한 가설을 검증하고 있나

방법론 : 사회심리학자들의 연구방법

거의 모든 것을 인터넷에서 찾아낼 수 있는 지금은 포르노를 그 어느 때보다 쉽게 접할 수 있게 됐다. 어떤 연구결과를 보면 검색엔진에 기록되는 검색어 전부 중 25%가 포르노와 관련됐을 정도였다(Carroll et al., 2008). 다른 여론조사 결과에서는 인터넷에 접속할 수 있는 직장인의 약 1/4이 근무시간에 포르노 사이트를 방문하는 것으로 드러났다(The Tangled Web of Porno, 2008). 포르노 사이트와의 접속 효과가 유해한지를 밝혀내는 일이 중요한 과제로 부상하게 된 것이다. 잦은 춘화 관람 때문에 남성들의 성폭행 가능성이 커질 수도 있기 때문이다.

이 질문에 대한 두 가지 답을 두고 많은 논쟁이 벌어지고 있다. 법률학자인 MacKinnon(1993)은 포르노야말로 성적 잔학성 제고에 필요한 완벽한 준비물이라고 주장한다(p. 28). 1985년에는 미국 검찰총장이 임명한 전문가들도 이와 비슷한 주장을 제기하며, 강간 및 기타 성범죄 주요 원인 중 하나가 포르노라고 결론지은 바 있다. 그러나 1970년에는 거의 동일한 증거를 검토한 또 다른 위원회에서 포르노가 성폭행에 미치는 영향은 별로 중요하지 않다는 결론을 내렸었다. 그럼 우리는 어느 쪽을 믿어야 할까? 우리는 이 장에서 이런 질문의 답을 결정하는 과학적 방법을 배울 것이다. 다시 말해 이 장에서는 포르노에 관한 연구를 예로 들어 사회심리학자들이 애용하는 연구방법을 논의할 것이다.

사회심리학 : 경험과학

2.1 연구자들은 가설과 이론을 어떻게 개발하나

사회심리학의 기본 원리 중 하나는 사회적 문제(예 : 폭력행동의 원인과 그에 대한 대응방법)를 과학적으로 연구할 수 있다는 믿음이다(Reis & Gosling, 2010; Wilson, Aronson, & Carlsmith, 2010; Reis & Judd, 2000). 사회심리학 연구 방식을 논의하기 전에 경고부터 하나 해야 할 것 같다. 여러분이 만나게 될 실험결과 중 일부는 지극히 당연해 보일 것이다. 이는 사회심리학자들의 관심 주제가 우리 모두에게 친숙한 문제(예 : 사회행동 및 사회적 영향)이기 때문이다(Richard, Bond, & Stokes-Zoota, 2001). 이 친숙성 때문에 사회심리학은 다른 과학과도 구분된다. 입자물리학 실험결과를 읽으면서 그 내용을 개인적 경험에 적용시키려는 경우는 거의 없을 것이다. 여러분은 해봤는지 몰라도, 우리는 '와! 입자에 관한 그분의 실험이 내가 어제 버스를 타고 올 때 일어났던 일과 너무 닮았는데!' 또는 '우리 할머니는 항상 내게 말씀하시길 양자와 반물질을 조심해야 한다고 했어.'라는 생각을 해본 적이 없다. 그러나 남을 돕거나 공격하는 행동에 관한 연구결과를 읽을 때에는 '아~ 뭐야? 나도 그 정도는 예상할 수 있겠다. 그 결과는 지난주 금요일 나한테 일어났었던 바로 그런 결과라고!'라는 생각을 어렵지 않게 할 수 있을 것이다.

인간행동을 공부할 때는 누구에게나 연구결과가 쉽게 예측할 수 있을 것처럼 보인다. 하지만 그것은 돌이켜보기 때문에 생기는 느낌일 뿐이라는 사실을 명심해야 한다. 사실 사람들은 누구나 **혜안편파**(hindsight bias)를 일으키는 경향성이 있다. 이 편파는 결과에 대해 알고 난 후에는 누구나 그런 결과에 대한 자신의 예측능력을 과대평가하게 되는 경향성을 일컫는다(Fischhoff, 2007; Nestler, Blank, & Egloff, 2010; Sanna & Schwarz, 2007). 예컨대 선거에서 당선자가 결정되고 나면 사람들은 그 사람이 당선된 이유를 찾기 시작한다. 그러다 보니 선거결과를 알고 난 후에는 그런 결과가 일어날 수밖에 없었고 또 예측도 쉽게 할 수 있었던 것처럼 보인다. 심리학 실험결과를 두고도 동일한 일이 벌어진다. 즉, 실험결과를 알고 난 다음에는 그 결과를 쉽게 예측할 수 있었을 것 같은 생각이 든다. 과학자들의 재주는 실험을 하기 전에 그 결과를 예측할 때 빛이 난다. 예측을 쉽게 할 수 있을 것 같은데도, 실제로는 그렇지 않다는 점을 스스로 깨닫고 싶으면 다음 '해보기 : 사회심리학 퀴즈'에 있는 퀴즈를 풀어보기 바란다.

혜안편파
결과에 대해 알고 난 다음에는 그 결과에 대한 자신의 예측능력을 과대평가하게 되는 경향성

해보기! 사회심리학 퀴즈 : 여러분의 예측은?

다음 각 질문에 답을 만들어보라. 이들 질문은 사회심리학 연구를 기초로 만들어졌다.

1. 대학생들이 자기에게 아무런 해코지를 하지 않은 다른 학생에게 치명적일 수도 있는 전기충격을 가하라는 지시를 그 대학 교수한테서 받았다면, 이 지시를 그대로 따를 학생은 얼마나(몇 퍼센트) 될 것 같은가?

2. 아이들이 이미 재미있게 하고 있는 일이 있다. 그걸 본 부모가 그 아이에게 잘했다며 보상을 주었다고 하자. 그다음부터 그 아이들은 그 일을 (a) 더 재미있게, (b) 덜 재미있게, (c) 하던 대로 할 것이다.

3. 기업가나 정부 관료들이 중요한 선택을 해야 할 일이 생기면 언제나 사람들을 모아 결정을 내리는 게 낫다. 왜냐하면 "두 사람의 머리가 한 사람의 머리보다 낫기" 때문이다 : (a) 맞다 (b) 그르다.

4. 사람이나 노래 또는 그림 같은 자극에 반복해서 노출되고 나면, 사람들은 그 자극을 (a) 더, (b) 덜, (c) 예전 그대로 좋아할 것이다.

5. 친구에게 부탁을 했는데(예 : 만 원을 빌려달라고 했는데) 그 친구는 내 부탁을 흔쾌히 들어주었다. 이런 나의 부탁을 들어준 결과, 그 친구는 나를 (a) 더, (b) 덜, (c) 예전 그대로 좋아할 것이다.

6. 손에 들고 가던 서류뭉치를 떨어뜨려 사방으로 흩어진 종이를 허겁지겁 줍고 있는 사람이 있다. 다음 중 이 사람을 도울 가능성이 가장 작은 사람은?
   (a) 기분이 좋은 사람
   (b) 기분이 나쁜 사람
   (c) 기분이 중립적인 사람

7. 미국에서는 남자 대학생보다 여자 대학생의 수학 성적이 낮은 경향이 있

다. 다음 중 어떤 조건에서 남녀 간 차이가 나지 않을 것 같은가? (a) 시험점수에서 성별에 따른 차이가 나지 않는다고 말해주었을 때, (b) 어려운 수학 시험에서는 여성의 성적이 더 높은 경향이 있다고 말해주었을 때(이런 경우에는 여성들이 도전을 받아들이기 때문에), (c) 거의 모든 조건에서 여성보다는 남성의 점수가 높다고 알려주었을 때

8. 광고효과에 관한 다음 진술 중 가장 사실에 가까운 것은? (a) 소비자가 의식하지 못할 정도로 약한 역하 전갈(subliminal message)을 광고 속에 심어서 제시할 때, (b) 진통제나 세제에 대한 일반적인 TV 광고, (c) 이 두 가지 광고의 효과는 대등하다, (d) 이들 두 가지 모두 광고효과가 없다.

9. 폭력적인 비디오 게임을 즐기는 일이 일상생활에서 사람들이 공격적으로 행동할 가능성에 어떤 영향을 미칠까? (a) 공격적으로 행동할 가능성

을 높인다. (b) 게임이 공격성을 해소시켜 주기 때문에 덜 공격적인 사람으로 바뀐다. (c) 게임을 즐기는 일이 사람들의 공격성에 아무런 영향을 미치지 않는다.

10. 교정을 지나가는 학생들에게 설문지를 작성해달라고 주문했다. 학생들은 그 설문지에서 학교 문제에 대한 학생들의 의견이 고려돼야 할 정도를 평정해야 했다. 다음 중 어느 집단의 평정치가 가장 높을 것 같은가? (a) 가벼운 받침에 끼여 있는 설문지를 작성한 학생들, (b) 무거운 받침에 끼여 있는 설문지를 작성한 학생들, (c) 그 평정치는 설문지가 끼여 있는 받침의 무게로 인해 변하지는 않았다.

답 : 1. 65% 2. c 3. b 4. a 5. a 6. b 7. a 8. b 9. a 10. b

가설 설정과 이론

그럼 사회심리학자들은 자기들이 연구할 아이디어를 어떻게 생각해낼까? 연구는 연구자가 검증하고자 하는 육감 또는 가설에서 시작된다. 과학에서 전승되는 말 중에는 아르키메데스가 오랫동안 풀리지 않던 문제의 해결책이 머릿속에 번뜩 떠올랐을 때 "유레카! 바로 이거야!"라고 고함을 질렀던 것처럼, 반짝이는 통찰/혜안은 갑자기 떠오르는 것이라는 말도 있다. 그러한 혜안/통찰이 없는 건 아니지만 과학은 누적의 과정이다. 대개의 경우 사람들은 이전 연구 및 이론을 기초로 가설을 생성한다는 말이다.

이전 이론과 선행연구로부터의 영감 연구는 이전 이론 및 설명에 만족하지 못하는 데서 시작되는 경우가 많다. 연구자들은 다른 사람들의 연구를 읽고 난 다음, 그 연구에서 설명하고자 했던 사람들의 행동(예 : 위급한 상태에 있는 사람을 돕지 않는 행동)을 자신이 더 잘 설명할 수 있을 것이라는 생각을 할 수도 있다. 예컨대 Festinger는 그 당시 주요 이론이었던 행동주의 이론으로는 사람들이 왜 태도를 바꾸는지를 제대로 설명할 수 없다고 생각했다. 그는 부조화 이론(dissonance theory)이라는 새로운 이론을 제안함으로써 사람들이 언제 어떻게 자신의 태도를 바꿀 것인지에 관한 구체적인 예측을 내놓았다. 제6장에서 알게 되겠지만, 다른 연구자들은 Festinger가 확보한 결과에 대한 Festinger의 설명을 만족스럽게 수용하지 못했고, 추가 연구를 통해 자신들이 제안한 설명을 검증하고자 했다. 다른 분야의 과학자들처럼 사회심리학자들도 이론 정제의 과정을 끊임없이 반복한다. 즉, 특정 이론이 개발되면 그 이론에서 도출된 구체적인 가설을 검증하고, 이 검증과정에서 확보된 결과를 기초로 그 이론을 수정하고 새로운 가설을 설정하고 검증하는 일을 반복한다는 뜻이다.

사적 관찰에 기초한 가설 사회심리학은 사람들이 일상생활에서 마주치는 현상도 다룬다. 사회심리학자들은 자신의 삶이나 다른 사람의 삶 속에서 신기하고 재미나는 일을 관찰하여, 왜 그런 현상(일)이 벌어졌는지에 관한 이론을 구축하고는, 그 이론이 옳은지를 검증하기 위한 연구를 설계하고 수행한다. 예컨대 1960 년대 초 미국 뉴욕시 퀸스 자치구에서 비극적인 살인사건이 발생했고, 이 사건은 사회심리학의 주된 연구 영역으로 부상했다. 키티 제노비스라는 젊은 여인이 1964년 어느 날 밤늦게 자기 아파트로 돌아오던 길에 45분 동안 지속된 공격 끝에 처참하게 살해되고 말았다. 뉴욕타임스 보고에 의하면, 그곳 아파트 거주자 중 적어도 38명이 창문을 통해 이 사건을 목격하거나 제노비스가 살려달라고 울부짖는 소리를 들었다. 그러나 어느 누구도 도우려

하지 않았고 심지어는 경찰에 전화도 걸지 않았다. 아무것도 하지 않은 목격자의 수에 대한 뉴욕 타임스 보도가 과장된 것으로 드러났지만(Cook, 2014; Pelonero, 2014), 이 이야기는 대중의 공포를 여실히 보여주었고 또 신속하게 퍼져나갔다. 위급상황에서 도움을 제공할 줄 모르는 방관자가 많다는 사실에는 의심의 여지가 없다(제11장 참조). 그리고 제노비스 살인사건은 "왜 그 많은 사람 중 아무도 직접 또는 간접적 도움을 제공하지 않았을까?"라는 문제를 두고 많은 사람을 고민하게 만드는 기폭제가 되었다. 일부에서는 대도시의 삶이 우리를 비인간적으로 만들었고, 그 결과 우리는 타인의 고통에 둔감하고 냉담하며 남을 배려할 줄 모르는 냉혈한으로 변해 버렸다는 결론을 짓기도 했다.

　　뉴욕 소재 대학에서 사회심리학자로 근무하던 Bibb Latané와 John Darley의 생각은 달랐다. 이들은 뉴욕 사람들의 '잘못된 점'에 초점을 맞추는 대신, 제노비스의 이웃사람들이 처해 있었던 사회적 상황을 검토하는 일이 보다 재미있고 더 중요한 일이라고 생각했다. 위급한 사건을 목격한 사람이 많으면 많을수록 특정 개인이 그 사건에 개입할 가능성은 감소할 것이라는 생각을 하기에 이르렀다. 제노비스의 이웃사람들은 누군가가 이미 경찰에 신고전화를 했을 것이라고 믿었을 수도 있다는 뜻이다. Latané와 Darley(1968)는 이 현상을 일컬어 책임분산(diffusion of responsibility)이라고 했다. 이웃사람들이 그 사건의 목격자가 자기 혼자뿐이라고 생각했다면 더 많은 사람이 자기가 도와야겠다는 생각을 하고 행동했을 것이다. 그럼 이 가설의 진위를 어떻게 가늠할 수 있을까? 생각만으로는 불가하다는 게 과학의 입장이다. 과학자들은 자기의 가설을 검증하기 위해 자료를 수집해야 한다. 이제 이러한 자료 수집에 이용되는 다양한 방법을 살펴보기로 하자.

복습문제

1. 다음 중 사회심리학자들이 사용하는 기본 가정은 어느 것인가?
   a. 사회적 문제의 원인은 매우 복잡하기 때문에 우리는 절대 그 원인을 밝힐 수 없을 것이다.
   b. 포르노 관람이 사람들에게 미치는 영향을 연구하기 힘든 이유는 모든 사람들이 서로 다르기 때문이다.
   c. 대부분의 사회적 문제는 과학적으로 연구될 수 있다.
   d. 사람들은 다른 사람들에게 관심이 없기 때문에 위급상황에서도 남을 돕지 않는 사람이 많다.
2. 사회심리학의 발견에 관한 다음 진술 중 사실인 것은 어느 것인가?
   a. 혜안편파라는 현상 때문에 알고 난 다음에는 뻔한 결과처럼 보일 때도 많다.
   b. 대부분의 사람들은 연구결과가 밝혀지기 전에도 그 결과를 어렵지 않게 예측할 수 있다.
   c. 할아버지 같은 현명한 분들은 연구결과가 밝혀지기 전에도 그 결과를 어렵지 않게 예측할 수 있다.
   d. 연구가 수행되고 있는 문화권에 사는 대부분의 사람들은 연구결과가 밝혀지기 전에 그 연구의 결과를 예측할 수 있다.
3. 사회심리학자들은 가설과 이론을 어떻게 개발하나?
   a. 기존 이론과 이전 연구에서 얻은 영감을 기초로 개발한다.
   b. 이전 연구자들이 확보한 결과에 대한 해석에서 그들과 다르게 한다.
   c. 일상생활에서 일어난 관찰결과를 기초로 가설 및 이론을 구축한다.
   d. 위에 소개된 모두

정답은 537-539쪽 참조

연구방법

2.2 사회심리학자들이 사용하는 연구방법의 장점과 단점은 무엇인가

사회심리학은 사회행동(예 : 이 장을 시작하면서 소개했던 폭력행동 그리고 바로 위에서 논의했던 폭력에 대한 반응)과 관련된 문제를 체계적으로 개발해 놓은 일군의 연구법을 이용해 해결하

표 2.1 연구방법 요약

방법	초점	해결해야 할 문제(질문)
관찰	묘사	현상의 본질은 무엇인가?
상관	예측	변인 X를 알면, 변인 Y의 변화를 예측할 수 있을까?
실험	설명	변인 X가 변인 Y의 변화를 유발한 요인인가?

려 하는 과학의 한 분야이다. 이들 연구법은 관찰연구법, 상관연구법, 실험연구법으로 대분된다(표 2.1 참조). 여러 가지 연구방법 중 어느 방법이 이용될 것인지는 연구문제에 따라 달라진다. 각각의 연구법은 나름대로 강점과 약점을 가지고 있다. 이 절에서는 이들 연구법이 자세하게 소개될 것이다. 사회심리학 연구에서 발견되는 창의성의 일부는 적절한 연구방법을 선택하여 단점은 최소화하면서 강점을 최대화하는 데서도 발휘된다.

여기서는 여러분이 사회심리학 연구의 즐거움과 어려움을 직접 맛볼 수 있게 이들 방법을 자세하게 소개할 것이다. 즐거움은 재미있고 중요한 사회행동의 원인에 관한 단서를 찾아낼 방법을 터득할 때 느낄 것이며, 어려움은 사회심리학 연구 수행을 제한하는 실질적인 문제와 윤리적인 문제를 만날 때 깨닫게 될 것이다.

관찰연구법 : 사회행동 묘사하기

인간행동을 민첩하게 관찰할 수 있게 되면 많은 것을 배울 수 있다. 연구 목적이 특정 집단의 사람 또는 특정 유형의 행동이 어떠한지를 묘사하는 것이라면, **관찰연구법**(observational method)이 제격이다. 관찰법이란 말 그대로 사람들의 행동을 관찰하고 관찰된 행동의 측정치나 인상을 기록으로 남기는 기법이다. 관찰법도 연구자가 관찰하는 대상, 관찰 대상자들과의 관계가 밀접한 정도, 관찰하는 것을 수량화하려는 정도 등에 따라 여러 가지 모양을 취할 수 있다.

문화묘사법 관찰연구의 보기 중 하나가 **문화묘사법**(ethnography)이다. 이 방법은 특정 집단이나 특정 문화를 이해하고자 하는 연구자들이 애용하는 기법이다. 이 기법을 이용하는 관찰자는 관심대상 집단이나 문화 속으로 들어가서 아무런 선입견 없이 연구대상을 관찰한다. 이 기법의 목적은 활동 중인 집단을 관찰함으로써 그 집단의 복잡성을 자세하게 이해하는 것이다. 문화묘사법은 인간의 문화와 사회를 연구하는 문화인류학의 주된 연구방법이기도 하다. 사회심리학자들이 사회행동의 문화 간 차이를 연구하면서 사회심리학의 관심 영역이 넓어지게 되고 그 결과 문화묘사법을 이용하여 상이한 문화를 기술하고 심리학적 원리에 관한 가설을 설정하는 일이 잦아지게 되었다(Fine & Elsbach, 2000; Hodson, 2004; Uzzel, 2000).

이 방법이 초창기의 사회심리학 연구에서 사용된 사례를 고려해보자. 1950년대 초 미국 중서부에 사는 Seekers라고 하는 소규모 종교집단은 1954년 12월 21일 오전에 거대한 홍수와 함께 세상이 종말을 맞게 될 것이라고 예언했다. 그리고 클라리온이라는 위성에서 온 우주선이 자기들 지도자 키치 부인의 집 뒤뜰에 내려와 종말이 오기 전에 자기들을 구출해 갈 것이라고 확신하고 있었다. 지구의 종말이 금방 오지는 않을 것이라고 생각한 Leon Festinger와 그의 연구진은 이 집단을 보다 가까이에서 관찰하고, 그들의 믿음과 예언이 잘못된 것으로 드러났을 때 그들의 반응이 시간이 감에 따라 어떻게 변하는지를 검토하기로 했다(Festinger, Riecken, & Schachter, 1956). 이들의 대화를 시시각각 감시하고 기록하기 위해, 자기들도 이 집단의 구성원이 되어 머지않아

관찰연구법
연구자가 사람들의 행동을 관찰하고 그 행동에 대한 측정치나 인상을 체계적으로 기록하는 기법

문화묘사법
특정 문화를 아무런 선입견 없이 이해하고자 하는 연구자들이 애용하는 기법

이 세상이 끝날 것이라고 믿는 체할 필요가 있다는 사실을 깨달았다. 운명의 날이었던 1954년 12월 21일 오전, 홍수도 나지 않고 우주선이 내려올 기미도 보이지 않자 이상한 일이 벌어지기 시작했다. 키치 부인은 자신이 틀렸음을 인정하기는커녕, Seekers 교도의 믿음 때문에 신이 지구를 버리지 않았으니까 이제 우리가 대중에 다가가 더 많은 신도를 모아야 할 때라고 발표하면서, 자신의 믿음을 두 배로 강화시키는 일이 벌어졌다. 키치 부인이 자신의 믿음을 이렇게 집요하게 고수한다는 사실을 기초로 Festinger는 사회심리학에서 가장 유명한 이론 중 하나인 인지부조화 이론(cognitive dissonance theory)을 내놓았다(제6장 참조).

문화묘사법의 핵심은 관찰자의 선입견을 관찰대상에 부과하지 않고 연구대상 집단의 관점을 이해하려고 노력하는 일이다. 그러나 때로는 연구자가 자기의 구체적인 가설을 검증하기 위해 관찰법을 이용하기도 한다. 예컨대 학교에서 휴식시간에 아이들이 표명하는 공격행동의 정도를 검토하고 싶을 수도 있다. 이런 경우 관찰자는 관찰을 시작하기 전에 분명하게 정의된 구체적인 행동만을 체계적으로 관찰하게 된다. 예컨대 공격성을 다른 아이를 때리거나 떠미는 행동, 허락 없이 다른 아이의 장난감을 가져가는 행동 등으로 정의하고 놀이터 주변에 서서 이런 행동이 얼마나 자주 일어나는지를 꼼꼼하게 기록할 수도 있다. 연구자가 이러한 공격행동에서 발견되는 성별 및 나이에 따른 차이에 관심이 있다면, 이런 행동을 감행하는 아이들의 성별과 나이까지 기록할 수도 있다. 그럼 관찰자가 정확하게 기록했는지는 어떻게 알 수 있을까? 이러한 연구의 경우 **관찰자 간 신뢰성**(interjudge reliability)을 확보하는 것이 중요하다. 관찰자 간 신뢰성이란 연구대상 행동을 따로따로 관찰하여 기록한 관찰자 두 사람 이상의 자료(기록)가 일치하는 정도를 일컫는다. 독립적으로 관찰한 두 사람 이상의 관찰결과가 동일하다는 것은 이들의 관찰이 주관적으로 진행되지도 또 왜곡되지도 않았음을 반영한다.

기록분석법 관찰연구법은 실제 행동을 관찰하는 일에만 국한되지 않는다. 연구자들은 문화 관련 기록을 검토하기도 하는데, 이때 이용되는 기법이 **기록분석법**(archival analysis)이다(Mullen, Rozell, & Johnson, 2001; Oishi, 2014). 예를 들어 일기, 소설, 자살 노트, 유행가 가사, TV 쇼, 영화, 잡지기사, 신문기사, 광고, 사람들이 인터넷을 이용하는 방식 등을 분석해보면 우리는 사람들의 행동에 관한 많은 것을 배울 수 있다. 예컨대 한 연구에서는 84개 국가에서 보낸 트위터 메시지 수백만 건을 분석하여 사람들 기분이 시시각각 변하는 리듬을 검토하였다. 사람들이 보낸 메시지의 내용을 두고 판단했을 때, 대다수 사람들의 긍정적 기분이 최고조에 달하는 일은 하루에 두 번 있는 것 같았다. 한 번은 아침에 일어났을 때이고 다른 한 번은 밤에 잠자리에 들 때였다(Golder & Macy, 2011). 연구자들은 춘화에 관한 질문에 답을 만드는 데도 기록분석법을 이용해 왔다. 예컨대 미국 내 특정 지역 거주자들은 특히 온라인 춘화를 즐겨 관람한다는 소문이 사실일까? 이 질문을 받은 사람들은 주로 민주당을 지지하는 주의 주민들이 그럴 가능성이 있다고 생각할 수도 있다. 이들 주의 주민들은 보다 개방적이어서 사회적 문제에도 보다 허용적인 태도를 취하는 경향이 있기 때문이다. 한 연구자는 이 질문의 답을 만들기 위해 인터넷 포르노 사이트에 등록된 신용카드를 조사하였다(Edelman, 2009). 등록된 신용카드 주인의 이름까지는 접속할 수 없었지만 우편번호는 알아낼 수 있어, 지역에 따른 차이를 분석할 수 있었다. 위의 예상과는 달리 포르노 사이트에 등록된 신용카드 소지자의 수에서는 민주당을 지지하는 주냐 공화당을 지지하는 주냐에 따른 차이가 나지 않았다(유타 거주자가 가장 많았다).

관찰연구법의 한계 트위터 메시지를 분석한 연구는 하루 동안 벌어지는 기분 변화의 모습을 밝혀냈다. 하지만 왜 기분이 제일 좋을 때가 기상 시와 취침 시인지에 관해서는 아무 말을 하지 못

관찰자 간 신뢰성
연구대상 행동을 독립적으로 관찰하고 분석한 사람들 간 기록이 일치하는 정도. 자료를 독립적으로 분석한 두 사람의 결과가 흡사할수록 각자의 관찰이 객관적으로 이루어졌을 가능성이 크다고 본다.

기록분석법
일종의 관찰법으로 연구자가 특정 문화에 관한 기록물(예 : 일기, 소설, 잡지, 신문 등)을 검토하는 기법

했다. 또한 어떤 행동은 관찰 자체가 어렵다. 왜냐하면 일어나는 빈도가 너무 낮고 또 사적으로 일어나기 때문이다. 이런 점이 바로 관찰연구법의 한계점이다. 만약 Latané와 Darley가 목격자의 수가 피해자를 도우려는 의지에 미치는 영향을 연구하기 위해 관찰법을 선택했다면, 우리는 아직도 그 답을 기다리고 있을지도 모른다. 위급상황이란 자주 일어나는 것도 아니고 일어난다고 하더라도 언제 일어날지를 예측할 수가 없기 때문이다. 그리고 포르노에 대한 기록 분석도 포르노 사이트에 접속한 사람이 누구인지는 알려주지만, 그런 접속행동이 그 사람들의 태도에 미치는 효과와 그들의 그런 행동 자체에 관해서는 아무것도 알려주지 못한다. 사회심리학자들은 행동을 그냥 묘사하는 일에 만족하지 않는다. 그들은 행동을 예측하고 설명하고 싶어 한다. 그러기 위해서는 다른 연구법이 동원돼야만 한다.

상관연구법 : 사회행동 예측하기

사회과학의 목적 중 하나는 변인들 간 관계를 밝혀냄으로써 특정 유형의 사회행동이 언제 발생할 것인지를 예측하는 데 있다. 사람들이 즐겨 보는 포르노의 양과 성적으로 난폭한 행동을 감행할 확률 간에는 어떤 관계가 존재할까? 어린아이들이 TV에서 시청하는 폭력행동의 양과 그 아이들의 공격성 간에는 어떤 관계가 있을까? 이런 질문에 답을 만들기 위해 자주 사용되는 연구법이 상관연구법이다.

상관연구법(correlational method)에서는 두 가지 변인을 체계적으로 측정한 후 두 변인 간의 관계(변인 하나에 관한 지식을 기초로 다른 변인의 행동을 예측할 수 있는 정도)를 계산한다. 관찰법에서와 똑같이 상관연구법에서도 연구자들은 사람들의 행동을 직접 관찰하기도 한다. 예컨대 어린아이들의 공격행동과 그들이 TV에서 폭력 프로그램 시청에 소비하는 시간과의 관계를 검증하고자 하는 연구를 수행할 수도 있다. 이 경우에도 연구자들은 놀이터에서 놀고 있는 아이들을 관찰하여 폭력행동을 감행하는 시간당 횟수를 기록(측정)해야 한다. 그러나 이 관찰의 목적은 아이들의 공격성과 다른 요인(예 : TV 시청습관—이 역시 연구자가 측정/기록해야 한다)과의 관계(또는 상관관계)를 평가하는 데 있다.

연구자들은 그런 관계를 평가하기 위해 **상관계수**(correlational coefficient)라는 통계치를 계산한다. 상관계수란 한 변인의 값을 기초로 다른 변인의 값을 얼마나 정확하게 예측할 수 있는지(예 : 어떤 사람의 키를 알고 그 사람의 몸무게를 예측할 수 있는 정도)를 나타내는 수치를 일컫는다. 정적 상관은 두 변인의 값이 정비례하는 경우에 관찰된다. 대개 키가 큰 사람이 몸무게도 많이 나간다. 따라서 키와 몸무게는 정적 상관관계를 가진다. 부적 상관이란 두 변인의 값이 반비례하는 경우에 발생한다. 즉, 한 변인의 값이 증가하면 다른 변인의 값은 감소하는 경우를 이를 때 쓰는 용어이다. 예컨대 어떤 기술이든 연습을 많이 하면 실수는 줄어든다. 여기서 우리는 연습시간이라는 변인과 실수의 횟수라는 변인은 부적 상관관계에 있음을 알 수 있다. 물론 두 변인 간에는 아무런 관계가 없을 수도 있다. 이런 경우에는 한 변인의 값을 알아도 다른 변인의 값을 전혀 예측할 수 없게 된다(그림 2.1 참조).

설문조사 상관연구법은 설문조사에 자주 이용된다. **설문조사**(surveys)란 연구대상을 대표하는 표본을 구성하는 사람들에게 행동 및 태도를 타진하려는 질문을 제시하고 반응하게 하는 연구방법이다. 설문조사를 이용하면 사람들의 태도를 어렵지 않게 측정할 수 있다. 예컨대 사람들에게 전화를 걸어 다가오는 선거에서 어느 후보 또는 정당을 지지할 것인지를 물어보거나 다양한 사회적 문제에 관해 어떻게 느끼는지를 물어볼 수도 있다. 심리학자들은 사회적 행동과 태도를 이해

상관연구법
두 개 이상의 변인을 체계적으로 측정하여 그들 간 관계(즉, 두 변인이 함께 변하는 정도)를 분석하는 기법

상관계수
한 변인의 값을 기초로 다른 변인의 값을 얼마나 정확하게 예측할 수 있는지(예 : 어떤 사람의 키를 알고 그 사람의 몸무게를 예측할 수 있는 정도)를 나타내는 수치

설문조사
연구대상을 대표하는 표본을 구성하는 사람들에게 행동 및 태도를 타진하려는 질문을 하고 반응하게 하는 연구방법

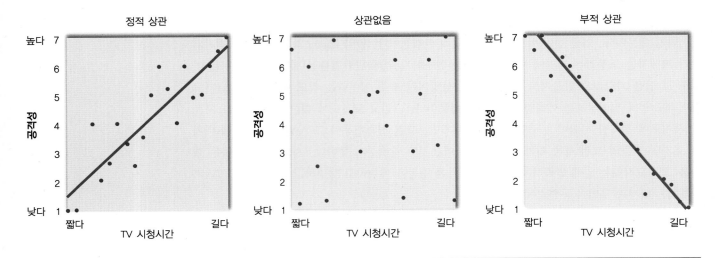

그림 2.1 상관계수

위 산포도는 아이들의 공격성과 TV 폭력 프로그램 시청에 소비하는 시간과의 관계를 검토한 연구에 확보될 수 있는 세 가지 가상적 상관관계를 보여준다. 왼쪽 산포도는 강한 정적 상관(공격성이 높을수록 폭력 프로그램 시청시간도 길다)을 나타낸다. 중간의 산포도는 상관없음(아이들의 공격성과 폭력 프로그램 시청 시간 간에는 아무런 관계가 없다)을 나타내고, 오른쪽 산포도는 강한 부적 상관(공격성이 높은 아이일수록 TV 폭력 프로그램 시청시간은 줄어든다)을 나타낸다.

하고자 할 때도 설문조사를 이용한다. 예컨대 남자들이 즐겨 보거나 읽는다고 스스로 보고한 포르노의 양과 그들이 여성을 대하는 태도 간에 어떤 관계가 존재하는지를 분석해보는 연구가 이런 경우에 해당한다.

설문조사법에는 여러 가지 장점이 있다. 그중 하나가 직접적으로는 관찰하기 힘든 변인들(예 : 사람들은 보다 안전한 성행동을 하는 빈도) 간 관계를 판단할 수 있게 해준다는 점이다. 예컨대 연구자들은 설문지에 제시된 질문 간 관계(예 : HIV의 감염경로에 관해 알고 있는 정도에 따라 성행동에 안전을 강구하는 정도가 달라지는지)를 분석해볼 수 있게 된다.

설문조사의 또 다른 장점은 실제 조사 대상으로 모집단이 아니라 표본을 사용한다는 점이다. 따라서 설문조사에서 수집된 정보는 실제로 설문을 작성한 표본집단의 반응이 아니라 일반 대중의 반응을 대변할 때에만 유용한 정보가 된다. 때문에 설문조사를 이용하는 연구자들은 전형적인 일반인이 설문에 참여하도록 하기 위해 많은 노력을 투자한다. 그들은 연구 주제와 직결된 여러 가지 특징(예 : 연령, 교육 배경, 종교, 성별, 소득수준 등)에서 모집단을 대표하는 표본을 선택하기 위해 말 그대로 최선을 다한다. 표본이 모집단을 대표할 수 있도록 하기 위해 **무선표집**(random selection)을 자주 이용한다. 무선표집이란 모집단 내 구성원들이 표본에 포함될 확률이 모두 동일한 상태에서 표집(표본에 속할 사람을 선별하는 일)이 이루어지는 것을 일컫는다. 표집이 무선적으로 이루어지는 한 우리는 그 무선표집을 통해 형성된 표본의 반응이 모집단의 반응과 필적할 것이라고 가정한다. 그러나 무선표집에 실패하면 그 결과는 쓰레기가 되고 만다. 그러므로 모집단이 아닌 표본을 조사하는 데서 얻는 경제적 이득 뒤에는 무선표집의 실패라는 위험이 도사리고 있다는 사실을 명심해야 한다.

설문조사 자료의 또 다른 잠재적 문제점은 반응의 정확성이다. 예컨대 어떤 쟁점에 관해 어떻게 생각하는지 또는 주로 하는 일이 무엇인지와 같은 직설적인 질문에 답하기는 비교적 쉽다. 그러나 어떤 가상적인 상황에서 어떻게 행동할 것 같은지를 예상해보라고 하거나 과거에 했던 행동을 두고 왜 그렇게 했는지를 설명해보라는 등의 주문에 대한 정확한 반응을 기대하기는 어렵다 (Schuman & Kalton, 1985; Schwarz, Groves, & Schuman, 1998). 때로는 받은 질문에 대한 답

무선표집

모집단 내 구성원들이 표본에 뽑힐 확률이 동일한 상태에서 표본에 속할 사람을 선별함으로써 그 모집단을 대표하는 사람을 확보하는 기법

을 모를 때도 있다. 그런데도 사람들은 안다고 생각한다. Richard Nisbett과 Tim Wilson(1977)은 '알고 있는 것보다 더 많을 것을 말하는' 이런 현상을 여러 연구를 통해 입증하였다. 이들 연구에 참여한 사람들은 왜 자기들이 그렇게 반응했었는지에 관해 정확한 보고를 하지 못했다. 사람들은 자기들이 한 반응의 원인을 보고할 때, 자기들에게 실제로 영향을 미친 것을 보고하기보다는 자기들에게 영향을 미칠 수 있는 요인에 관한 자신의 이론 및 신념을 기초로 보고를 하는 것으로 드러났다(제5장 참조).

상관연구법의 한계 : 상관관계와 인과관계의 차이   상관연구법의 주된 단점은 이 방법을 통해서는 두 변인이 서로 관련되어 있거나 있지 않다는 사실밖에 알 수 없다. 사회심리학자들의 궁극적인 목적은 사회행동의 원인을 규명하는 데 있다. 우리가 원하는 것은 "A가 B를 유발했다." 또는 "A가 B의 원인이다."라는 말이지, "A와 B가 관련되어 있다."라는 말이 아니라는 뜻이다.

 만약 두 변인 사이에 상관이 있는 것으로 드러나면, 이 두 변인 사이에 존재할 수 있는 인과관계는 세 가지가 된다. 아이들이 TV 폭력 프로그램 시청에 소비하는 시간과 그 아이들의 공격성 간에 발견된 상관관계(그림 2.1의 왼쪽 그래프와 그 모양이 비슷하지만 강도는 그다지 강하지 않은 상관관계; Eron, 1987)를 예로 들어보자.

 이 현상을 두고 우리는 "TV 폭력 프로그램 시청이 아이들을 더 공격적이게 만들었다."고 설명/주장할 수도 있다. 그러나 그 반대의 경우가 참일 수도 있다. 공격성이 높은 아이들이 폭력적인 TV 프로그램을 선호한다는 주장도 성립된다는 뜻이다. 하지만 또 한편으로는 이들 두 변인 간에는 직접적인 인과관계가 없을 수도 있다. TV 폭력 프로그램 시청과 공격성이 제3의 변인에 의해 동시에 유발됐을 수도 있다는 말이다. 이를테면 아이들에 대한 부모의 무관심이 그 아이들의 공격성과 폭력적 TV 프로그램 시청을 높여 놓았다고 설명할 수도 있다. (실험결과는 이들 세 가지 설명 중 하나를 지지하고 있다. 이에 대한 자세한 논의는 제12장에서 제공될 것이다.) 그러므로 상관연구법을 이용했을 때는 한 변인이 바뀌었기 때문에 다른 변인이 바뀌었다는 설명을 할 수가 없다. 상관관계는 인과관계를 보장하지 않는다.

 불행하게도 이 금언을 망각하는 일이 사회과학에서 발견되는 가장 흔한 방법론적 오류 중 하나이다. 여성들이 사용하는 피임법과 성병에 관한 연구를 고려해보자(Rosenberg, Davidson, Chen, Judson, & Douglas, 1992). 이 연구진은 여성들이 병원을 찾은 기록을 검토했다. 그 검토는 각 여성이 사용한 피임법과 그들이 지닌 성병에 집중되었다. 이상하게도 피임용 페서리나 스펀지를 사용한 여성들보다 콘돔을 사용한 여성에서 성병에 걸린 여성이 훨씬 많았다. 유명 매체에서는 이 결과를 기초로 페서리나 스펀지를 사용하면 성병 감염을 줄여준다는 홍보를 하기도 했다. 일부 기자들은 여성들에게 자기 파트너가 콘돔을 사용한다고 말하면, 다른 피임법을 사용하라고 종용하기까지 했다.

 이 결론의 문제점을 여러분도 알았을 것이다. 여성들이 사용하는 피임법과 성병 사이에 발견된 상관관계를 인과관계로 설명할 방법은 많다. 스펀지나 페서리를 이용한 여성들은 그들과 성행동을 즐기는 파트너의 수가 많지 않았을 수 있다. (실제로 콘돔을 사용하는 사람들은 그 전 달에 여러 명의 파트너와 성행동을 했을 확률이 높았다.) 그리고 콘돔을 이용한 여성의 섹스 파트너들이 다른 피임법을 이용한 섹스 파트너들보다 성병에 걸렸을 확률이 더 높았기 때문에 이런 결과가 발생했을 수도 있다. 또 다른 설명도 가능할 것이다. 그러므로 피임법 때문에 성병에 감염될 확률이 낮아진다는 결론은 상관연구법을 이용한 이러한 연구에서는 내릴 수 없는 결론이다.

 상관연구법을 이용한 연구결과에서는 인과관계를 추론해내기 어렵다는 또 다른 보기로 포르노가 남성들의 대여성 성행동을 더욱 공격적으로 만드는지에 관한 궁금증을 다시 한 번 고려해보기로 하자. 이와 관련된 한 연구에서 미 중서부에 있는 대규모 대학교의 남학생들에게 설문지를 작성하도록 했다. 익명으로 작성하게 돼 있는 그 설문지에는 강압적인 성행동을 한 적이 있는지를 묻는 문항과 다양한 포르노를 살펴본 빈도를 묻는 문항도 포함돼 있었다(Carr & VanDeusen, 2004). 조사결과 포르노를 이용한 빈도와 성폭력을 감행할 가능성 간에는 높지는 않지만 통계적으로는 유의한 관계가 있는 것으로 밝혀졌다(Hald, Malamuth, & Yuen, 2010). 미국 내 여성 전체를 대표하는 표본을 상대로 이루어진 연구에서는 인터넷에서 춘화를 더 자주 구경했다는 여성일수록 성관계의 상대도 더 많았던 것으로 밝혀졌다(Wright & Arroyo, 2013).

그럴 가능성이 전혀 없는 것은 아니지만, 이 결과로는 포르노 때문에 남학생들이 성적 공격행동을 더 많이 하게 됐다거나 인터넷에서 춘화를 구경한 것 때문에 여성들의 성관계 상대가 더 많아졌다는 결론을 지을 수가 없다. 다른 이유 때문에 이런 상관관계가 발견되었을 가능성도 낮지 않기 때문이다. 여성을 공격적으로 대하는 사람일수록 포르노를 더 즐겨 보는 것은 아닐까? 학생들이 공격적인 학생들이어서 포르노를 즐겨 본 것이지, 포르노를 즐겨 봤기 때문에 공격적으로 행동하게 된 것이 아닐 수도 있다는 말이다(Malamuth et al., 2000). 그뿐만 아니라 제3의 변인이 작용했을 수도 있다. 남자아이들이 자라는 과정에서 또는 그들이 속한 문화적 요인의 작용으로 성폭행을 자행할 가능성이 커짐과 동시에 포르노를 즐겨 보는 행동이 잦아졌을 수도 있지 않을까? 비슷한 논리로 여러 명의 남자와 성관계를 갖고 싶은 여성이었기 때문에 인터넷 춘화에 더

두 변인이 함께 변한다는 사실을 발견한 후에도 그중 하나가 다른 변인을 유발했다는 보장이 없다. 상관관계는 인과관계에 관한 추론을 허용하지 않는다. 그런데도 사람들은 이 사실을 잊어버릴 때가 많다. 다음 각각의 예에서 상관관계가 발견됐을 이유를 생각해보라. 한 변인이 다른 변인의 원인으로 작용했을 가능성이 거의 확실한 것 같더라도 다른 설명은 불가할 것 같은지를 다시 한 번 생각해보라.

1. 어떤 정치가가 보이스카웃과 걸스카웃의 장점을 격찬하고 있다. 그는 스카웃 회원들에게 경의를 표하면서, 노상범죄를 저지른 10대 중에서는 스카웃 회원이 된 경우가 거의 없었다고 말한다. 그는 스카웃 활동과 범행빈도 간에는 부적 상관관계가 존재한다고 주장하고 있는 것이다. 그의 이러한 주장을 사실이라고 인정해도 될까?

2. 최근의 한 연구에서 '헬리콥터 부모(자식 뒤를 쫄쫄 따라다니며 학교생활에 간섭을 자주하는 부모)'를 둔 대학생의 성적이 그렇지 않은 대학생들의 성적보다 실제로 더 못하다는 사실을 발견했다. 그렇다면 부모가 대학생들의 학교생활에 간섭을 덜하면 그들의 성적이 향상될까?

3. 기지에 배치된 병사들을 대상으로 실시된 연구에서, 몸에 새긴 문신의 개수와 그들이 벌인 오토바이 사고 사이에 정적 상관관계가 존재하는 것으로 밝혀졌다. 이 결과를 어떻게 설명해야 할까?

4. 한 연구에서 종교적인 아이들이 비종교적인 청소년들에 비해 범행 가능성도 낮고 또 자동차 안전띠를 착용할 가능성도 크다는 사실이 발견됐다. 이 발견을 기초로 종교가 사람들의 준법정신을 제고한다고 주장할 수 있을까?

5. 아침식사를 거르는 사람들이 더 일찍 사망하는 것과 같이, 사람들이 아침식사를 하는 경향성과 수명 간에는 상관관계가 존재한다. 그럼 아침을 거르지 않고 먹으면 수명이 길어질까?

6. 아이들이 우유를 많이 마실수록 체중이 증가하는 경향성이 발견됐다. 이 결과를 기초로 연구자는 체중을 줄이고 싶은 아이들은 우유 섭취량부터 줄여야 한다고 결론지었다. 이 결론은 타당한 결론일까?

7. TV 공영방송을 시청하는 사람들이 그런 방송을 시청하지 않는 사람들에 비해 성행동이 더 활발하다는 사실이 최근의 한 연구에서 밝혀졌다. 연구자들은 공영 TV 프로그램이 사람들의 성기능을 자극했다고 해석했다. 여러분은 이 상관관계를 어떻게 설명하겠는가?

8. 영국에서 수행된 최근 연구에서 10세 때 사탕을 매일 먹은 아이들은 그 나이에 사탕을 매일 먹지 않은 아이들에 비해 성장 후 폭력범으로 체포될 확률이 더 높다는 사실을 발견했다. 아이들이 먹는 사탕의 수를 줄이면 폭력범으로 성장할 가능성을 낮출 수 있을까?

9. 최근의 한 연구에서는 대학생 중 페이스북을 이용하는 학생들이 그것을 이용하지 않는 학생들보다 평균평점(GPA)이 더 낮은 것으로 밝혀졌다. 이를 기초로 페이스북 계정을 삭제하면 학생들의 평균평점이 높아질 것이라고 주장할 수 있을까?

10. 한 연구에 따르면 TV에서 성행동 관련 프로그램을 더 많이 관람하는 10대일수록 자기들도 더 많은 성행동을 하는 것으로 드러났다. 그렇다면 부모는 자식들이 성 관련 TV 프로그램을 시청하는 시간을 제한해야 하는 것 아닐까?

많은 관심을 가졌었을 수도 있을 것이다. 상관연구 결과를 기초로 인과관계를 추론해내기가 어렵다는 사실은 '해보기 : 상관과 인과 간 차이 알기'를 해보면 더욱 확실해질 것이다.

실험연구법 : 인과관계 구명하기

인과관계를 결정하는 유일한 방법은 **실험연구법**(experimental method)이다. 실험법에서는 연구자가 사건을 체계적으로 조작함으로써 참여자들에게 그 사건을 특정한 방식으로 경험하게 한다. 예컨대 참여자들에게 위급상황을 다른 사람들과 함께 경험하게 하거나 또는 동일한 위급상황을 혼자 경험하게 한다. 대부분의 연구에서 사회심리학자들은 실험법을 이용하고 싶어 한다. 실험법만이 인과관계를 추론할 수 있게 해주기 때문이다.

독립변인과 종속변인　앞서 소개했던 Latané와 Darley(1968)의 연구를 예로 들어 실험이 어떻게 전개되는지를 살펴보자. Latané와 Darley는 위급상황을 목격하는 사람이 많을수록 그들 중 한 사람이 개입할 가능성은 낮아질 것이라는 가설을 제안했었다. 다른 모든 실험에서와 마찬가지로 이들도 그 상황(위급상황)에서 원인으로 작용할 것으로 판단된 결정적인 측면(목격자의 수)을 변화시켜야만 했다. 여기서 이들이 변화시킨 것이 독립변인이다. **독립변인**(independent variable)이란 특정 변인이 다른 변인에 영향을 미치는지를 살펴보기 위해 연구자가 그 특징이나 상태를 바꾸어 보는 변인이다. 그런 후 연구자는 독립변인(예 : 목격자의 수)이 예상했던 효과를 유발하는지를 관찰한다. 다시 말해 목격자의 수를 바꾼, 조작이 종속변인에 영향을 미쳤는지를 살펴본다. **종속변인**(dependent variable)이란 위에서 말한 다른 변인, 즉 독립변인의 변화에 영향을 받을 것으로 예상됐던 변인을 일컫는다. 연구자는 종속변인이 독립변인의 영향을 받았는지를 확인하기 위해 종속변인의 변화(이 예에서는 도움을 주는 사람 수가 변화)를 측정한다(그림 2.2 참조).

간단하게 들릴지 모르지만 실제로는 그렇게 간단하지가 않다. 집단 크기의 효과에 관한 Latané와 Darley의 가설을 실험으로 검증하기 위해서는 심각한 실질적인 문제와 윤리적인 어려움을 극복해야 한다. 위급상황은 어떤 유의 위급상황이어야 하는가? 과학적인 관점에서 봤을 때 가장 이상적인 상황은 제노비스가 겪은 상황과 최대한 동일해야 한다. 따라서 연구자는 지나가는 사람들이 목격할 수 있는 그런 살인극을 꾸며야 한다. 한 조건에서는 그 살인극이 벌어지는 주변에 소수의 목격자만 있어야 한다. 그리고 다른 조건에서는 많은 목격자가 그 살인극을 구경할 수 있게 꾸며야 한다.

정신이 올바른 과학자라면 어느 누가 일반인 목격자들 앞에서 살인극을 꾸미겠는가? 그러면 어떻게 해야 제노비스 사건과 비슷할 정도의 소동을 일으키기에 충분하지만 지나친 소동을 일으켜서는 안 되는 실질적 상황을 꾸려낼 수 있을까? 또한 어떻게 해야 그 효과를 검증하려고 하는 변인(독립변인 : 이 경우에는 목격자의 수) 말고는 목격자들 모두가 동일한 경험(예 : 위급상황에 대한 경험)을 했

실험연구법
참여자들을 상이한 조건에 무선배치함으로써 이들 조건이 독립변인(사람들의 반응에 효과를 유발할 것으로 예상되는 변인) 이외의 측면에서는 동일하도록 하는 연구법

독립변인
연구자가 다른 변인에 특정 효과를 야기하는지를 검증하기 위해 그 특징이나 상태를 바꾸어 보는 변인

종속변인
독립변인의 영향을 받는지를 확인하기 위해 측정 대상이 되는 변인. 연구자는 독립변인의 수준에 따라 종속변인 측정치가 달라질 것이라는 가설을 설정한다.

독립변인	종속변인
종속변인에 영향을 미칠 것으로 예상된 변인. 참여자는 이 변인 외에는 모두 동일하게 처치된다.	독립변인의 영향을 받을 것으로 예상된 변인. 모든 참여자를 상대로 이 변인을 측정한다.

예 : Latané와 Darley(1968)

목격자의 수	도움을 제공한 참여자의 수
참여자 + 피해자	85%
참여자 + 피해자 + 다른 두 사람	62%
참여자 + 피해자 + 다른 네 사람	31%

그림 2.2 실험연구에서의 독립변인과 종속변인
연구자들은 독립변인(예 : 주변에서 사건을 목격한다고 생각되는 사람의 수)에 변화를 가한다. 그러고는 그 변화가 종속변인(예 : 목격자들의 도움 제공 여부)에 영향을 미치는지를 관찰한다.

다고 확신할 수 있을까?

Latané와 Darley(1968)가 이러한 문제를 어떻게 해결했는지부터 살펴보자. 여러분이 그들의 실험에 참여했다고 하자. 정해진 시간에 약속 장소에 갔는데, 그곳은 긴 복도가 있는 건물 안이었다. 복도의 한쪽에는 공중전화 부스 같은 작은 방이 여러 개 죽 나열돼 있었다. 여러분을 맞은 실험자가 그들 방 중 하나의 문을 열어주면서, 여러분과 함께 실험에 참여할 학생 5명이 더 있고 이들은 각각 다른 방에 들어가 있다고 알려주었다. 여러분이 정해진 방에 들어가 앉자, 실험자는 마이크가 달린 헤드폰을 하나 건네주고는 떠나 버렸다. 헤드폰을 머리에 쓰고 잠시 기다리자, 실험자가 참여자 모두에게 알리는 말이 들렸다. 실험자는 대학생들이 경험하는 개인적인 문제의 유형에 관해 알고 싶다고 말했다.

참여자들이 자신의 문제를 터놓고 말할 수 있도록 하기 위해 각자는 끝까지 익명으로 남아 있을 것이라고 덧붙였다. 각자는 정해진 방에 떨어져 있을 것이며, 인터콤을 통해서만 다른 사람들과 말을 주고받게 될 것이라고 말해주었다. 또한 참여자들끼리 상의하는 말은 녹음될 것이고, 솔직하게 말할 수 있도록 자기는 참여자들이 상의하는 말을 듣지 않을 것이라고도 말해주었다. 끝으로 실험자는 참여자들에게 한 사람씩 차례로 자신의 문제를 각각 2분 동안 다른 사람들에게 말하라고 주문한 다음, 모든 사람이 자신의 문제를 털어놓은 후에는 각자가 다른 사람들의 이야기에 멘트를 다는 시간이 제공될 것이라고 말했다. 그러고는 이런 절차가 제대로 진행되도록 하기 위해 한 번에 한 사람의 마이크만 작동하게 되고 나머지는 꺼져 있을 것이라고 말해주었다.

집단 상의가 시작되었다. 첫 번째 참여자가 자기는 대학생활에 적응하는 데 많은 어려움을 겪고 있다며 말문을 열었다. 다소 당황하는 기색을 보이면서, 그는 가끔 발작을 일으키기도 하는데 특히 스트레스를 받을 때는 더 자주 일으킨다고 말한다. 첫 번째 참여자에게 주어진 2분이 지나고, 다른 네 명이 차례로 자신의 문제를 말하기 시작했다. 마지막으로 여러분 차례가 되었다. 이야기를 마치자 첫 번째 참여자가 다시 말하기 시작한다. 그런데 놀라운 일이 벌어진다. 그가 앞서 말했던 발작을 일으키기 시작한 것이다.

> 어-어-어- 저 여기- 어-어 지그-그-금 -어-어- 어 사-사-살려 -어-어 주-주-주 세요. 도-오-오-어-어 도우-우-우-미 필요-해-어-어-해요. 바-알-자-기 어-어-어 이-러 -나-써요. 도와-어-어-어-어 주-주-주지 아느-으-어 며-어-어-언 주글-어-어-어 주 글지-어-어 도 어-어-어-어-어 모-어-어-라요. 어-어- . . . .어-어-어 (숨이 차는 소리) 주글 -어-어-거 가-타요. 어-어-어 죽을 거 어-어-어 가타요. 어-어-어-바-알작-어 (숨을 가쁘게 쉰다. 그러고는 잠잠해짐) (Darley & Latané, 1968, p. 379).

여러분 같으면 이런 일이 벌어졌을 때 어떻게 행동했겠는가? 실제 연구에 참여한 대부분의 참여자들은 자기가 있던 방에서 아무것도 하지 않고 발작을 일으킨 학생이 살려달라는 신음소리를 듣고만 있었다. 놀랍지 않은가? Latané와 Darley는 피해자의 발작이 끝나기 전에 자기 방에서 뛰어나와 피해자나 실험자에게 달려가는 참여자의 수를 세어보았다. 이렇게라도 도움을 청한 사람은 전체 참여자의 31%에 불과했다. 참여자 중 69%는 자기 방에 들어앉아 아무것도 하지 않았다. 이들의 행동은 키티 제노비스의 이웃사람들이 키티에게 아무런 도움을 제공하지 않았던 것과 다르지 않았다.

이 발견으로 위급상황에서도 도움을 제공하지 않는 것이 발작을 목격한 사람의 수 때문이라는 주장이 입증된 것일까? 다른 요인 때문에 그런 일이 벌어진 게 아니라는 것을 어떻게 확신할 수 있을까? 우리가 확신하는 이유는 Latané와 Darley(1968)의 실험에서는 두 가지 조건이 더 검토되었다는 데 있다. 이 두 조건의 실험절차는 한 가지만 제외하고 나머지는 위에서 소개한 것과 동일하였다. 각자의 마음을 털어놓는 데 참여한 사람의 수만 더 적었다. 즉, 그 발작을 목격한 사람의 수만 달랐다는 뜻이다. 한 조건에서는 각각의 참여자에게 자기 외에 세 명(발작을 경험한 사람과 다른 두 명)이 논의에 참여한다고 말해주었다. 이 조건에서는 도움을 제공하려는 행동이 62%까지 높아졌다. 그리고 세 번째 조건에서는 각 참여자에게 자기 외에 한 명(발작을 겪고 있는 사람)밖에는 피해자가 발작을 일으키고 있다는 사실을 아는 사람이 없다고 말해주었고, 이 조건에서는 도움을 제공하겠다고 나선 사람이 85%에 달했다(그림 2.2 참조).

이 결과는 목격자의 수가 도움을 제공할 가능성에 강력한 영향을 미친다고 말한다. 그러나 도움 제공 여부가 목격자의 수에 의해서만 결정되는 것은 아니라고도 말한다. 자기 말고도 네 명의 목격자가 더 있다고 믿었을 때도 참여자들의 약 1/3 정도가 도움을 제공했고, 자기 말고는 다른 사람이 없다는 걸 알고 있을 때도 참여자 중 일부(약 15%)는 도움을 제공하지 않았다. 목격자의 성격, 위급상황에 대한 그들의 경험 등 다른 요인들도 도움 제공에 영향을 미치는 게 분명하다. 그럼에도 불구하고 Latané와 Darley(1968)가 사람들이 위급상황에 처한 다른 사람에게 도움을 제공하는 데 영향을 미치는 중요한 요인(즉, 주변에서 그 상황을 목격하고 있다고 생각되는 사람의 수)을 찾아냈다는 점에는 의심의 여지가 없다.

실험에서의 내적 타당도 Latané와 Darley(1968)의 발작 연구에서 조건에 따라 도움을 제공한 사람의 수가 달라진 것이 그 사건을 목격한 목격자의 수 때문인지는 어떻게 확신할 수 있을까? 그 효과가 실험상황의 다른 특징 때문에 유발된 것은 아닐까? 이런 질문에 명확한 답을 제공할 수 있다는 것이 실험연구의 장점이다. 목격자의 수와 도움 제공 여부와의 관계가 인과관계라고 확신하는 이유는 Latané와 Darley가 독립변인(즉, 목격자의 수) 이외의 다른 모든 상황을 모든 실험조건에서 똑같도록 통제를 했기 때문이다. 실험에서 독립변인 이외의 다른 모든 것이 동일하게 유지된 정도를 내적 타당도(internal validity)라 한다. Latané와 Darley는 자신들 연구의 내적 타당도를 높이기 위해 모든 참여자에게 동일한 위급상황을 목격하게 했다. 다른 참여자로 소개된 사람들과 발작 피해자는 가공의 인물들이었다. 실제 참여자들이 들은 소리는 녹음됐던 소리로, 그 소리가 재생되는 것은 인터콤을 통해 들려주었다. 이리하여 실험 참여자들은 모두 똑같은 소리를 들었던 것이다.

그러나 여러분은 Latané와 Darley(1968)의 실험에서 목격자의 수 말고도 조건 간에 또 다른 차이가 있었음을 알아차렸을 수도 있다. 조건에 따라 참여자들이 바뀌었다는 사실이다. 그러니까 도움을 제공하고 하지 않은 게 독립변인 때문이 아니라 참여자들의 성격특질 때문이라고 주장할 수도 있을 것이다. 목격자가 혼자였던 조건에 배정된 사람들은 다른 조건에 배정된 사람들과 여러 가지 면에서 달랐을 수 있다는 말이다. 예컨대 나홀로 조건에 참여한 사람들이 간질에 대해 더 많은 것을 알고 있었을 수도 있고 위급상황에 처한 사람들을 도와준 경험이 더 많았을 수도 있다. 만약 이런 가능성이 사실로 드러나면, 이 조건의 사람들 중에서 도움을 제공한 사람이 더 많았다는 것을 그 조건에 처한 사람의 수 때문이라는 결론을 지을 수 없다. 대신 그런 일이 벌어지게 된 것은 그 조건에 배당된 사람들의 배경 관련 요인 때문이라고 결론을 지어야 한다.

다행히 우리는 실험결과가 참여자들의 개인차 때문에 유발될 가능성을 최소화하는 **무선배치법**(random assignment)이라는 기법을 알고 있다. 무선배치란 실험에 참여한 모든 사람이 실험의 특정 조건에 배정될 확률이 동일하도록 만드는 작업을 일컫는다. 연구자들은 무선배치법을 활용함으로써 성격이나 배경에서 나는 참여자들 간 차이를 여러 실험조건에 균등하게 배분시켰다고 생

무선배치법
실험 참여자 모두가 실험의 특정 조건에 배정될 확률이 동일하도록 만드는 작업. 연구자는 이 작업을 통해 각 조건에 배당된 참여자들의 성격 및 배경이 비슷할 것이라는 믿음을 갖게 된다.

각한다. Latané와 Darley(1968)의 실험에서도 무선배치법이 이용됐기 때문에 예컨대 발작에 관해 많은 것을 아는 사람들이 모두 어느 한 조건에 배치되었을 가능성은 매우 낮다. 간질에 관한 지식이 세 가지 실험조건에 무선적으로(골고루) 배분될 수 있도록 무선배치법을 활용했기 때문이다. 이 기법이 실험연구에서 가장 중요한 기법으로 간주된다.

그러나 무선배치법을 이용한다고 해서 조건에 따른 참여자들의 성격특질 차이가 완전히 사라진다는 보장은 없다. 40명의 참여자를 두 집단으로 나누기 위해 무선배치법을 이용했다고 하자. 그렇더라도 간질에 관해 많은 것을 알고 있는 사람들이 우연히 한 집단에 더 많이 배정될 수 있다는 뜻이다. 이는 동전 40개를 던졌을 때 정확하게 20개만 앞면이 나올 것이라고 기대하기 어렵다는 논리와 동일하다. 따라서 실험과학에서는 이 불가피한 가능성을 매우 심각하게 받아들여, 실험자료를 처리할 때는 통계적 분석법을 이용한다. 자료에 대한 통계적 분석결과에는 실험조건별 차이가 독립변인을 조작했기 때문에 발생한 차이가 아니라 참여자들의 개인차, 즉 우연히 발생한 차이일 가능성을 알려주는 **유의수준**(probability level)이 포함되어 있다. 일반적으로 사회심리학자를 포함한 과학자들은 이 유의수준(p)이 .05보다 낮으면($p < .05$), 실험조건 간 차이를 통계적으로 유의하다(statistically significant) 또는 신뢰할 만하다고 간주한다. 그 유의수준이 .05보다 낮다는 말은 동일 모집단에서 똑같은 크기의 표본을 표집하여, 독립변인을 조작하지 않고, 동일한 실험을 100회 반복했는데도, 독립변인을 조작했을 때 발견된 실험조건 간 차이만큼 큰 차이를 유발하게 될 실험은 5회 이하일 것이라는 뜻이다. 결국 실험처치 없이 실험조건 간에 그런 차이가 나타날 확률이 매우 낮기 때문에, 실험결과 확보된 실험조건 간 차이를 실험처치 때문에 발생했다고 간주하는 것이 더 합당하다고 생각한다는 뜻이다. 동전 40개를 던졌는데 40개 모두 앞면이 나왔다면, 보통 사람들은 누구나 이상한 일(우연히 일어났다고 보기 어려운 일)이 벌어졌다고 생각하며, 동전에 어떤 변화를 주었기(실험에서 독립변인에 변화를 준 것 같이) 때문에 벌어진 일이라고 판단하는 게 옳다고 생각할 것이다. 마찬가지로 실험의 두 조건에서 확보된 결과가 우연이라고 보기 어려울 정도로 많이 다르면 연구자들은 그 차이가 우연이 아닌 독립변인을 조작했기 때문에 발생한 차이라고 해석한다. 따라서 통계적 분석에 포함된 유의수준(p)은 실험에서 발견된 실험조건 간 차이가 우연이 아닌 독립변인 때문에 유발되었다고 믿어도 좋은 정도를 알려준다.

요약하면 실험의 핵심은 **내적 타당도**(internal validity)를 높이는 데 있다. 내적 타당도란 실험의 종속변인에 영향을 미친 것이 독립변인뿐이라고 확신할 수 있는 정도를 일컫는다. 연구자들은 내적 타당도를 높이기 위해 모든 여타 변인을 통제하고 상이한 실험조건에다 참여자를 배정할 때는 무선배치법을 이용한다(Campbell & Stanley, 1967). 내적 타당도가 높아야만 연구자는 종속변인에 영향을 미친 것이 독립변인이라고 강력하게 주장할 수 있다. 바로 이 점 때문에 연구자들은 실험연구법을 관찰법이나 상관법과는 다르게 취급한다. 인과관계에 관한 질문(예 : 포르노 때문에 남성들이 더 공격적인 행동을 감행하게 되는 것일까?)에 답을 제공할 수 있는 것은 실험연구뿐이다.

예컨대 연구자들은 포르노가 공격성을 유발하는지를 검증하기 위해 참여자들의 동의를 얻어 포르노 영화를 관람하는 집단과 일반 영화를 관람하는 집단(독립변인의 두 조건)에 무선으로 배치하였다. 그리고는 이 두 집단의 사람들이 여성을 상대로 공격적인 행동을 하는 정도(종속변인)를 측정하였다. Donnerstein과 Berkowitz(1981)가 수행한 이 연구에서는 연구자와 공모한 한 여성이 남성들을 화나게 만든 후, 이 남자들을 다음 세 가지 영상 중 하나를 관람하는 조건에 무선으로 배치하였다 : 폭력적 포르노 영상(강간 장면), 비폭력적 포르노 영상(폭력 없는 섹스 장면),

폭력도 섹스도 없는 중립적 영상(대담 인터뷰). 영상 관람을 끝낸 참여자들에게는 자기들을 화나게 한 여성에게 공격적인 행동을 할 수 있는 기회를 제공하였다. 앞의 실험과는 전혀 무관해 보이는 학습 실험을 이용해 그 여성에게 전기충격을 가할 기회를 제공한 후, 충격의 강도는 자기들 스스로 결정하게 하였다. (물론 그 여성은 전기충격을 받지 않았지만, 참여자들은 그 여자가 자기들이 가한 전기충격을 받는다고 생각했다.) 폭력적 포르노 영상을 관람한 참여자들이 비폭력적 포르노 영상을 관람한 집단과 중립적 영상을 관람한 집단보다 훨씬 더 강한 전기충격을 가했던 것으로 드러났다. 이 결과는 공격적 행동을 유발하는 것은 포르노 자체가 아니라 포르노 속에 들어 있는 폭력성이라고 암시한다(Mussweiler & Förster, 2000). 이 분야에 관한 연구는 제12장에서 더 자세히 소개될 것이다.

실험에서의 외적 타당도 실험연구법에도 단점이 있다. 참여자들을 실험조건에 무선으로 배치하고 또 여타 변인의 효과를 제거하기 위해 실험상황을 엄격하게 통제해야 한다. 그러다 보면 실험상황이 인위적으로 변해 실제상황과는 거리가 멀어질 수 있다. 예컨대 Latané와 Darley(1968)는 원래 탐구하고자 했던 키티 제노비스 살인사건과는 동떨어진 사건을 연구하고 말았다는 비판을 받을 수도 있다. 대학에서 그것도 건물 내에서 벌어진 실험에 참여한 사람들이 간질발작을 목격한 것과 이웃이 밀집해 있는 도심 속 아파트에서 벌어진 잔인한 살인사건을 목격하는 일과 무슨 관계가 있단 말인가? 자신의 문제를 다른 사람들과 상의하면서 인터콤 시스템을 이용하는 일이 실제로 있을 수 있을까? 자신들은 심리학 실험에 참여하고 있다는 사실에 대한 참여자들의 인식이 그들의 행동에 영향을 미치지는 않았을까?

이들 질문은 연구의 외적 타당도와 관련된 질문이다. **외적 타당도**(external validity)란 실험결과를 다른 상황과 다른 사람들에게 일반화시킬 수 있는 정도를 일컫는다. 일반화 정도가 두 가지임을 주목하자. 하나는 실험실에서 관찰된 결과를 실생활에 일반화시킬 수 있는 정도를 일컫는 상황 일반화이고 다른 하나는 실험에 참여한 사람들에서 확보된 결과는 일반인들에게 일반화시킬 수 있는 정도를 일컫는 집단 일반화이다.

상황 일반화의 경우 사회심리학 연구가 실생활에 일반화하기 어려운 인위적 상황, 즉 대학 실험실 상황에서 실시된다는 비판을 자주 받는다. 이 문제를 극복하기 위해 사회심리학자들은 연구상황을 최대한 실제상황과 비슷하게 조성함으로써 일반화 가능성을 증가시키려 한다. 그러나 사람들이 실생활에서는 경험하기 어려운 상황에 처하게 되는 실험실상황[예 : Latané와 Darley(1968)의 연구에서 인터콤을 통해 사적인 문제를 논의하도록 설정된 상황]에서는 이런 노력도 성사되기 쉽지 않다. 따라서 심리학자들은 연구의 **심리적 실재성**(psychological realism)을 최대화시키려는 노력도 한다. 심리적 실재성이란 실험에서 점화된 심리작용/과정이 실생활에서 촉발된 심리과정/작용과 유사한 정도를 일컫는다(Aronson, Wilson, & Brewer, 1998). Latané와 Darley가 설정한 위급상황이 실생활에서 만날 수 있는 위급상황과는 크게 달랐다. 하지만 그 상황에서 참여자들이 경험한 마음상태는 실생활의 위급상황에서 겪게 되는 마음상태와 비슷하지 않았을까? 실험에 참여했던 사람들이 경험한 지각과 생각 및 판단 유형 그리고 선택한 행동 유형이 실제상황에서 그들이 겪었을 지각, 사고, 판단 및 행동 유형과 동일했다면, 그 연구의 심리적 실재성은 높고 그 결과를 실생활에까지 일반화시킬 수 있다는 게 우리의 생각이다.

심리적 실재성은 참여자들이 실제 사건에 말려들었다고 느낄 때 제고된다. 실험자들이 참여자들에게 **꾸민 이야기**(cover story, 연구의 진짜 목적을 가장한 이야기)를 들려주곤 하는 이유도 이런 실재성을 제고시키기 위함이다. Latané와 Darley(1968)도 참여자들에게 연구의 목적이 대학

외적 타당도
실험결과를 다른 상황과 다른 사람들에게 일반화시킬 수 있는 정도

심리적 실재성
실험에서 촉발된 심리작용/과정이 실생활에서 촉발된 심리과정/작용과 유사한 정도

꾸민 이야기
참여자들에게 연구 목적을 설명하는 체 하면서 소개하는 연구의 진짜 목적과는 다른 이야기. 연구의 심리적 실재성을 제고하기 위해 이용된다.

생들의 개인적 문제를 탐구하기 위함이라고 말하면서 위급상황을 조성했었다. 아마 여러분도 기억하고 있을 것이다. 사실 그들도 참여자들에게 "주목해주세요, 우리의 관심은 사람들이 위급상황에 어떻게 반응하느냐에 있습니다. 따라서 우리는 연구가 진행되는 어느 시점에서 여러분에게 특정 사건을 겪게 하고 그에 대한 여러분의 반응을 관찰할 것입니다."라고 말하는 것이 훨씬 쉬웠을 것이다. 그러나 이렇게 설정된 상황은 심리적 실재성이 매우 낮을 것이라는 데 여러분도 동의할 것이다. 실생활에서는 언제 위급상황을 겪게 될지 아무도 모른다. 이 때문에 어느 누구에게도 그런 위급상황에 어떻게 반응할 것인지를 준비할 시간이 없다. 참여자들이 위급상황이 벌어질 것이라는 사실을 미리 알고 있었다면, 그 위급상황에서 촉발된 심리작용은 실제 위급상황에서 촉발된 심리적 작용과 크게 달라질 것이다. 연구의 심리적 실재성이 크게 감소할 것이라는 뜻이다.

사회심리학자들은 집단 일반화 가능성을 제고하기 위한 노력도 아끼지 않는다. 예컨대 Latané와 Darley(1968)도 아무도 예상하지 못했던 사회적 영향, 즉 다른 사람들이 옆에 있다는 점을 아는 것만으로도 위급상황에 처한 사람을 도울 가능성이 감소한다는 사실을 입증했다. 하지만 이를 통해 보통 사람들에 관해 우리가 더 알게 된 것은 무엇이란 말인가? 그 연구에 참여했던 남녀 52명은 뉴욕대학교 학생이었고, 학점을 취득하기 위해 그 실험에 참여했었다. 다른 사람들이 그 실험에 참여했어도 똑같은 결과가 관찰되었을까? 참여자의 신분이 대학생이 아니고 중년의 노동자였더라도 도움을 제공하는 행동이 목격자의 수에 따라 달라졌을까? 뉴욕대학교가 아닌 시카고대학교 학생들, 또는 미국 대학생들이 아닌 한국 대학생들이 참여자였어도 동일한 결과가 확보되었을까?

특정 실험의 결과가 특정 모집단의 행동을 대표한다고 확실하게 말할 수 있는 경우는 그 실험에 참여한 사람들이 그 모집단에서 무선으로 표집됐음을 확신할 수 있을 때뿐이다. 따라서 실험 참여자들도 설문조사 대상자가 선택되는 무선표집 방식으로 선정돼야만 한다. 사회심리학자 중에는 다양한 모집단 그리고 다양한 문화권의 사람들을 대상으로 연구를 수행하는 사람도 있으며, 그중 인터넷을 통해 실시하는 연구자의 수가 점증하고 있다(예 : Lane, Banaji, & Nosek, 2007). 그러나 대부분의 경우 사회심리학 실험 참여자를 무선표집하는 일은 비현실적이며 비용도 너무 많이 든다. 미국인 중에서 무선적으로 표집된 사람들을 대상으로 정치적 문제에 관한 여론조사를 전화로 실시했을 때, 과연 몇 명이 질문에 끝까지 그리고 성의껏 대답해줄 것이며, 그런 조사에 투자해야 할 수천 달러를 어떻게 확보할 것인가라는 문제가 발생한다. 미국 전역에 걸쳐 무선으로 선정된 52명에게 실험에 참여하도록 선정되었으니까 모월모일까지 뉴욕대학교 모 교수의 심리학 실험실까지 와달라고 부탁하는 Latané와 Darley를 상상해보라. 그 비용을 차치하고라도 그런 일이 성사될 가능성은 얼마나 될 것 같은가? 뉴욕대학교 학생들 중에서 무선으로 52명을 뽑아 실험에 참여시키는 일도 결코 쉬운 일이 아니었을 것이다. 선정된 학생 한 사람 한 사람에게 Latané와 Darley의 실험실에서 한 시간을 보내겠다는 동의를 얻어내야 하기 때문이다.

물론 비용 때문에 또는 실용성 때문에 일반화하기 어려운 실험을 할 수밖에 없었다는 변명은 과학에서는 있을 수 없는 핑계일 뿐이다. 많은 사회심리학자들은 이런 문제를 극복하는 방법으로 사회적 영향력에 민감할 것 같으면서도 기본적인 심리과정을 연구한다. 그 이유는 이들 심리과정은 아주 기본적인 정신활동/작용이기 때문에 모든 사람의 정신활동에 관여하고, 따라서 이들 정신작용에 대한 연구결과의 일반화 가능성은 아예 문제가 되지 않는다고 믿기 때문이다. 물론 사회적 심리작용/과정 중에는 문화적 요인에 민감하게 반응할 가능성이 높은 것도 많다. 이런 경우에는 다양한 표본을 대상으로 실험이 실시되어야 한다. 이제 문제는 연구의 초점이 되는 심리과정 중 어떤 것이 모든 사람의 사회활동에 관여할 정도로 보편적인 정신작용인지를 어떻게 결정하느냐는 것이다.

현장연구 외적 타당도를 높이는 가장 좋은 방법 중 하나는 **현장실험**(field experiment)이다. 현장실험에서는 실험실이 아닌 자연적인 조건에서 행동을 연구한다. 실험실실험에서처럼 연구자는 독립변인(예 : 집단의 크기)을 조작하고 그 조작이 종속변인(예 : 도움 제공)에 미치는 영향을 검토하며 사람들을 상이한 조건에 무선으로 배치한다. 그러므로 현장실험도 설계에서는 실험실실험과 다를 바 없다. 다만 실험이 실험실이 아닌 실생활에서 실시된다는 점이 다를 뿐이다. 현장실험에 참여하는 사람들은 자기들이 경험하는 사건이 실제로는 실험용 사건이라는 사실을 모른다. 이런 실험의 외적 타당도는 높을 수밖에 없다. 왜냐하면 실험이 실제상황에서 그것도 다양한 사람들을 상대로 실시되기 때문이다.

사회심리학자들은 이러한 현장연구도 많이 수행했다. 예컨대 Latané와 Darley(1970)는 목격자의 수(집단의 크기)와 도움 제공자의 수에 관한 자기들의 가설을 뉴욕 시외에 있는 편의점에서도 검증해봤다. '강도' 두 명이 그 가게에 손님이 한 명인 상황과 두 명인 상황이 형성되길 기다렸다(가게 점원과 관리자는 이 사실을 알고 허락해주었다). 기다렸던 상황이 형성되면, 이들은 계산대 점원에게 달려들어 그 가게에서 팔고 있는 가장 비싼 맥주의 이름을 대라고 요구했다. 점원은 맥주의 이름을 알려주고는 가게 뒤에 있는 창고에 가서 그 맥주의 재고가 얼마나 되는지를 살펴봐야겠다고 말했다. 점원이 창고로 간 후 이 두 강도는 진열대 앞에 있는 맥주 한 상자를 집어 들었다. 그러고는 "없어진 것도 모를걸!"이라고 말하면서, 그 맥주상자를 차에 싣고 달아나 버렸다.

일반적으로 강도는 건장한 사람이기 때문에 아무도 이들의 도둑행각을 저지하려고 나서지 않았다. 따라서 이 연구의 문제는 점원이 돌아왔을 때 얼마나 많은 사람이 방금 일어난 절도사건을 그 점원에게 알려주며 도우려 할 것인지에 있었다. 실험실에서 실시된 발작 연구에서와 마찬가지로 목격자들의 수가 도움행동을 억제하는 것으로 밝혀졌다. 그 사건을 목격한 사람이 혼자였을 때보다 두 사람이었을 때 그 절도사건에 관해 이야기해주는 경우가 훨씬 적었던 것이다.

현장연구를 하면 외적 타당도가 그만큼 향상되는데, 굳이 실험실연구를 하는 이유는 도대체 무엇일까? 완벽한 사회심리학 실험은 모집단에서 무선으로 표집한 표본을 이용하고 또 외적 타당도를 최고로 높여 놓은(모든 여타 변인을 통제한 상태에서 표본집단을 실험조건에 무선으로 배치해 놓은) 현장실험이라고 생각할 수도 있다. 말로는 모든 게 매우 쉬워 보인다. 문제는 하나의 연구로는 이들 모든 조건을 충족시키기가 무척 어렵기 때문에 실제로 그런 연구를 수행하기가 거의 불가능하다는 데 있다.

내적 타당도와 외적 타당도 사이에는 거의 언제나 득실관계가 존재한다. 다시 말해 사람들을 실험조건에 무선으로 배치하고 상황을 엄격하게 통제하여 여타 변인이 실험결과에 영향을 미치지 못하도록 할 수 있는 정도와 그 실험결과를 일상생활에 일반화할 수 있는 정도는 하나를 높이면 다른 하나는 낮아지는 관계에 있다. 실험실상황일수록 엄격한 통제가 가능해진다. 하지만 그 상황은 실제상황과 다를 가능성이 크다. 현장실험을 이용하면 실제상황을 살릴 수 있다. 하지만 그런 실험에서는 모든 여타 변인을 통제하기가 어렵다. 예컨대 영민한 독자들은 Latané와 Darley(1970)의 맥주 절도 실험이 실험실실험과 한 가지 중요한 점에서 다르다는 사실을 알아차렸을 수도 있다. 사람들이 한 사람 조건과 두 사람 조건에 무선으로 배치되지 않았다. 만약 Latané와 Darley가 이 연구만 했다면, 가게에 홀로 가는 사람들이 쌍으로 가는 사람들보다 위급상황에서 도움을 제공할 가능성이 더 클 수 있다는 가능성을 아무도 배제할 수 없었을 것이다.

현장실험

실험실이 아닌 자연적인 조건에서 실시되는 실험

Latané와 Darley는 실험실연구를 통해 사람들을 각각의 실험조건에 무선 배치시킴으로써 이 가능성을 제외시킬 수 있었다.

내적 타당도와 외적 타당도 간 득실관계는 **사회심리학자들의 기본적 난제**(basic dilemma of the social psychologist)로 알려져 있다(Aronson & Carlsmith, 1968). 이 난제를 해결하기 위해서는 한 번의 실험으로 '두 마리의 새'를 모두 잡으려 하지 말아야 한다. 대부분의 사회심리학자들은 내적 타당도를 높일 수 있는 실험실연구부터 실시한다. 참여자들을 상이한 실험조건에 무선으로 배치하고 모든 여타 변인을 엄격하게 통제할 수 있는 실험실연구부터 실시함으로써 무엇이 무엇의 원인으로 작용했는지를 분명하게 밝히려 한다. 그러나 현장연구를 통해 외적 타당도부터 극대화시키려는 사회심리학자들도 있다. 그리고 많은 사회심리학자들은 현장연구도 하고 실험실연구도 한다. 이들 두 가지 연구방법을 모두 운용함으로써 우리가 원하는 완전한 실험조건을 충족시킬 수 있기 때문이다.

반복연구와 메타분석 **반복연구**(replications)는 실험의 외적 타당도를 검증하는 궁극적인 수단으로 꼽힌다. 선행연구에서와는 다른 상황에서 다른 사람들을 대상으로 실험을 실시해봄으로써 우리는 연구결과의 일반화 가능성을 결정할 수 있다. 하지만 동일한 문제를 두고 여러 차례 연구를 했을 때라도 동일한 결과가 확보되지 않을 경우도 많다. 많은 연구에서는 목격자의 수에 따라 도움 제공 가능성이 달라지는 결과가 관찰되겠지만 소수의 연구에서는 그런 결과가 나타나지 않을 수도 있다는 뜻이다. 그럼 이러한 경우를 어떻게 해석해야 할까? 목격자의 수라는 독립변인이 정말로 효과를 유발할 수 있는 것일까? 이때 **메타분석**(meta-analysis)이라는 통계적 기법을 이용하면, 그 독립변인의 효과가 믿을 만한지를 따져볼 수 있다. 앞서 우리는 특정 연구의 결과가 우연히 발견됐을 가능성을 알려주는 확률치(p값)를 소개했었다. 메타분석도 근본적으로는 동일한 일을 한다. 메타분석은 많은 상이한 연구결과의 평균을 계산한다는 점만 다르다. 20회의 실험 중 단 한 번의 실험에서만 독립변인의 효과가 발견됐다고 하자. 그러면 메타분석의 결과는 그 한 번의 실험은 아마 예외적인 경우에 속할 것이며, 대부분의 경우에는 그 독립변인은 종속변인에 영향을 미치지 못한다고 말해줄 것이다. 이에 반해 어떤 독립변인의 효과가 거의 모든 연구에서 발견됐다면, 메타분석의 결과는 일반적으로 그 독립변인은 종속변인에 영향을 미친다고 말해줄 것이다.

여러분이 이 책에서 읽게 될 대부분의 연구결과는 여러 상이한 상황에서 상이한 사람들을 대상으로 실시한 연구에서 반복적으로 발견된 것들이다. 이 때문에 우리는 이들 연구결과가 실험실 상황이나 대학생들에게만 나타나는 게 아닌, 즉 거의 모든 조건에서 나타나는 믿을 만한 현상이라고 받아들이는 것이다. 예컨대 Anderson과 Bushman(1997)은 공격성의 원인에 관한 실험실연구를 실세계에서 실시된 현장연구와 비교해보았다. 그 결과 두 가지 연구 모두에서 매체를 통한 폭력이 공격행동의 원인으로 드러났다. Latané와 Darley(1968)의 첫 발견도 수많은 연구에서 반복 관찰되었다. 목격자/구경꾼의 수가 증가하자 도움 제공이 억제되는 일이 어린이, 대학생, 목사 지망생 등 다양한 부류의 사람들에게서(Darley & Batson, 1973; Latané & Nida, 1981), 작은 도시에서도 또 큰 도시에서도(Latané & Dabbs, 1975), 심리학 실험실, 시가지, 지하철 등 다양한 상황에서도(Harrison & Wells, 1991; Latané & Darley, 1970; Piliavin, 1981; Piliavin & Piliavin, 1972), 간질 발작, 모의화재, 싸움, 사고 등 다양한 위급상황에서도(Latané & Darley, 1968; Shotland & Straw, 1976; Staub, 1974), 심지어는 자동차 타이어가 터진 사건 같은 사소한 사건에서도(Hurley & Allen, 1974) 발견되었다. 이들 반복연구 중 많은 연구가 실험이 벌어지고 있을 것이라는 생각은 아무도 하지 못했을 그런 실제상황(예 : 지하철 안)에서 실시되었다. 앞으로 전개될 논의에서도 주요 발견이 반복해 관찰된 경우는 자주 언급될 것이다(Wilson, 2011).

기초연구 대 응용연구　연구자들은 자기가 연구하고자 하는 주제를 어떻게 선택하는 것일까? 왜 사회심리학자들은 도움행동, 인지부조화 이론, 또는 포르노가 공격행동에 미치는 영향 등을 연구한 것일까? 단순한 호기심 때문이었을까, 아니면 특별한 목적(예 : 성폭행 사건을 줄여보겠다는 생각)이 있었던 것일까?

　기초연구(basic research)의 목적은 순수한 지적 호기심 때문에 생기는 질문, 즉 사람들이 행동을 할 때 왜 그렇게 행동하는지에 관한 궁금증에 대한 최선의 답을 찾는 것이다. 기초연구를 하는 사람들은 어떤 구체적인 사회적 또는 심리적 문제를 해결하려 하지 않는다. 이와는 대조적으로 **응용연구**(applied research)는 구체적인 사회문제를 해결할 목적으로 전개된다. 응용연구에서는 행동의 이론을 개발하는 일보다는 인종차별을 완화시키는 일, 성폭력을 줄이는 일, AIDS 확산을 저지하는 일 등 구체적인 사회문제를 해결하는 일이 우선된다.

　그러나 사회심리학에서 기초연구와 응용연구는 쉽게 구별되지 않는다. 많은 연구자가 자신을 기초과학자 또는 응용과학자로 구분하기도 하지만, 기초(응용)과학자들의 노력이 응용(기초)과학자들의 노력과 상호 독립적으로 전개되지는 않는다. 기초연구의 발달이 처음에는 응용연구와 전혀 무관한 것처럼 보이지만, 나중에 가서는 응용연구, 즉 구체적인 문제를 해결하는 데 핵심으로 작용하게 되는 경우가 셀 수 없을 만큼 많다. 예컨대 사람들에게 개, 쥐, 물고기 등을 돌보게 함으로써 자신의 주변 환경을 통제한다는 느낌을 갖게 한 후 그 효과를 분석한 기초연구의 결과가 양로원 거주자들의 건강증진 기법을 개발하는 초석으로 사용된 경우도 있다(Langer & Rodin, 1976; Richter, 1957; Schulz, 1976; Seligman, 1975).

　대부분의 사회심리학자들은 구체적인 사회문제를 해결하기 위해서는 그 문제의 기저에 깔려 있는 심리작용/과정을 이해해야 한다고 믿는다. 사실 사회심리학 창시자 중 한 사람이었던 Kurt Lewin(1951)은 "훌륭한 이론보다 더 실용적인 것은 없다."라는 말을 남겼고, 이 말은 사회심리학 분야의 금언으로 살아 있다. 이 말에는 도심의 폭력이나 인종편견 같은 극히 어려운 사회적 문제를 해결하기 위해서는 그런 행동에 내재된 인간의 본질과 사회적 상호작용 사이에서 벌어지는 심리적 역동을 먼저 이해해야 한다는 뜻이 담겨 있다. 연구 목적이 사회행동의 기저에 깔려 있는 심리작용을 발견하려는 것인 경우에도 그 결과의 응용 잠재력이 분명할 때도 많다. 이런 사실은 이 책 전반에 걸쳐 발견될 것이다.

기초연구

순수한 지적 호기심 때문에 생기는 질문, 즉 사람들이 어떤 행동을 할 때 왜 그렇게 행동하는지에 관한 질문에 대한 최선의 답을 모색하려는 연구

응용연구

어떤 구체적인 사회문제를 해결할 목적으로 수행되는 연구

복습문제

1. 어떤 연구자가 요일에 따라 사람들의 기분이 달라지는지가 궁금했다. 수천 쪽의 페이스북에 게시된 글을 분류하여 긍정적인 멘트의 수를 요일별로 정리해보았다. 이 연구자는 어떤 연구방법을 이용하고 있는가?
   a. 문화묘사법
   b. 설문조사법
   c. 실험연구법
   d. 기록분석법
2. 관찰연구는 다음 중 어느 질문에 답하는 데 최적의 방법인가?
   a. 사람들은 공공장소에서 얼마나 공손할까?

   b. 서울 사람들과 농촌 사람들 중 공공장소에서 누가 더 공손할까?
   c. 사람들이 공공장소에서 공손해지거나 무례해지는 것은 무엇 때문일까?
   d. 백화점에서 들려주는 음악이 고객의 공손함에 영향을 미칠까?
3. 상관연구는 다음 중 어떤 문제의 답을 만드는 데 가장 적합할까?
   a. 사람들은 공공장소에서 얼마나 공손할까?
   b. 서울 사람들과 농촌 사람들 중 공공장소에서 누가 더 공손할까?
   c. 사람들이 공공장소에서 공손해지거나 무례해지는 것은 무엇 때문일까?
   d. 백화점에서 들려주는 음악이 고객의 공손함에 영향을 미칠까?
4. 실험연구는 다음 중 어떤 문제의 답을 만드는 데 가장 적합할까?

a. 대도시 출퇴근 시간 사람들의 운전이 공격적인 정도는 얼마나 될까?

b. 폭력적인 비디오 게임을 즐기는 사람들은 운전도 공격적으로 하는 건 아닐까?

c. 폭력적인 비디오 게임을 즐기는 사람들은 자기 앞에 끼어드는 사람들에게 더 난폭해지는 건 아닐까?

d. 폭력적인 비디오 게임을 즐기는 것이 그 게임을 즐기는 사람들로 하여금 자기 앞에 끼어드는 사람들에게 더 난폭해지도록 만드는 건 아닐까?

5. 사람들이 매일매일 보내는 트윗 수와 그들이 보고한 행복한 정도 간에 강한 정적 상관관계가 발견됐다고 하자. 다음 중 이 결과를 기초로 내릴 수 있는 최적의 결론은?

a. 트윗을 보낸 것이 사람들을 행복하게 만들었다.

b. 행복감이 사람들로 하여금 더 많은 트윗을 보내게 했다.

c. 힘든 사람들보다 행복한 사람들이 트윗을 많이 보낼 가능성이 높다.

d. 사람들이 행복해하는 것과 트윗을 보내는 것 사이에는 제3의 변인이 존재한다.

6. 사람들이 자선단체에다 기부금을 낼 가능성이 그 자선단체로부터 작은 선물을 받느냐/받지 않느냐에 따라 달라지는지를 알고 싶은 연구자가 있다. 이 연구자는 자선단체의 이름으로 기부금을 요청하는 편지를 1,000명에게 보냈다. 이들 중 무작위로 표집된 500명에게는 편지 속에 주소딱지를 선물로 보냈고 나머지에게는 그 선물을 보내지 않았다. 그런 후 주소딱지를 받은 사람들과 받지 않은 사람들 중 누가 더 많은 돈을 기부하는지를 검토하였다. 이 연구에 관한 다음 진술 중 진실인 것은 어느 것인가?

a. 이 연구는 상관연구법을 이용하고 있다.

b. 독립변인은 주소딱지를 '받고/못 받고'이고 종속변인은 기부금의 액수이다.

c. 독립변인은 기부금의 액수이고 종속변인은 주소딱지를 '받고/못 받고'이다.

d. 이 연구는 내적 타당도가 낮은데 그 이유는 주소딱지를 받은 사람들과 못 받은 사람들이 다른 면에서도 서로 다를 수 있기 때문이다.

7. 다음 중 연구의 외적 타당도를 높이는 가장 좋은 방법은?

a. 심리적 실재성을 낮추는 방법

b. 연구를 현장보다는 실험실에서 실시하는 방법

c. 상이한 실험 참여자를 대상으로 상이한 실험장면에서 반복연구를 하는 방법

d. 최소한 두 가지 종속변인을 측정하는 방법

8. 사회심리학자들도 _____ 위해 현장연구 대신 실험실에서 실험연구를 할 때가 많다.

a. 내적 타당도를 높이기

b. 외적 타당도를 높이기

c. 메타분석을 실행하기

d. 심리적 실재성을 줄이기

정답은 537-539쪽 참조

사회심리학 연구의 최전방

2.3 문화 간 연구, 진화론적 접근법, 사회신경과학 연구가 사회행동 연구방법에 어떤 영향을 미치고 있나

사회심리학자들은 언제나 인간의 사회행동을 새로운 방법으로 연구하려고 노력한다. 그 결과 최근에는 아주 흥미진진한 방법이 개발되기도 했다. 방법론에서 이루어낸 이러한 발전은 사회행동의 근원에 관한 새로운 질문에 의해 촉진되었다. 새로운 방법은 새로운 질문과 함께 개발되기 때문이다.

문화와 사회심리학

사회심리학은 서구의 사회심리학자들이 서구 사람들을 대상으로 연구를 수행한 서구의 과학으로 시작됐다. 때문에 사회심리학 연구결과의 보편성에 의문을 가지는 것은 자연스러운 현상이다. 서구 문화권에서 발견된 사회행동의 원리가 과연 동양 문화권의 사회행동에도 적용될 수 있을까라는 궁금증이 자연스럽게 발생한다는 뜻이다. 문화가 사회적 심리작용/과정에 미치는 영향을 연구하기 위해 사회심리학자들은 **문화 간 연구**(cross-cultural research)를 수행한다(Cohen, 2014; Gelfand, Chiu, & Hong, 2014; Heine, 2010; Kitayama & Cohen, 2007; Miller & Boyle, 2013; Nisbett, 2003). 이 책 전반에 걸쳐 거론되겠지만, 사회심리학의 발견 중 일부는 문화 의존적이다. 예컨대 제3장에서는 서구 사람들과 동아시아 사람들은 근본적으로 다른 사고방식을 통해 사회적 세계를 지각하고 이해한다는 사실이 논의될 것이다. 그리고 제5장에서는 사람들이 자신을 정의하는 방식에서 발견되는 문화 간 차이가 논의될 것이다. 사람들이 개인적 독립성을 강

문화 간 연구
상이한 문화권 사람들을 대상으로 수행되는 연구로 관심대상인 심리작용이 특정 문화권 사람들에게서만 관찰되는지를 밝힐 목적으로 수행된다.

조하는 정도와 사회적 의존성을 강조하는 정도는 그들이 속한 사회의 문화적 가치관을 반영한다(Henrich, Heine, & Norenzayan, 2010).

문화 간 연구는 단순히 다른 문화권을 여행한다거나, 재료를 국지적 언어로 번역하는 일, 그리고 그곳에서 연구를 반복하는 일로 이루어지는 것이 아니다(Heine et al., 2002; van de Vijver & Leung, 1997). 연구자들은 자신의 관점과 자신의 문화권에서 학습한 정의를 자신이 잘 모르는 다른 문화권에 강요하는 일이 없도록 특별한 주의를 기울여야 한다. 또한 연구자들은 자신이 설정한 독립변인과 종속변인이 다른 문화권에서도 똑같은 방식으로 이해되었는지를 반드시 확인해야 한다(Bond, 1988; Lonner & Berry, 1986).

예를 들어 Latané와 Darley(1968)의 간질발작 실험을 다른 문화권에서 반복해보려 한다고 하자. 분명한 것은 다른 곳에서 실시되는 실험이 Latané와 Darley의 원래 실험과 동일할 수 없다는 사실이다. Latané와 Darley의 실험에 이용됐던 대학생활에 관한 논의는 1960년대 뉴욕대학교 학생들의 삶에 관한 내용을 녹음한 것이기 때문에 다른 곳에서 사용될 수 있는 내용이 아니다. 간질발작을 일으키는 사람을 바라보는 학생들의 태도 같은 보다 미묘한 측면에서도 문제는 발생한다. 어떤 사람이 자기가 속한 사회집단에 속하는지를 판단하는 방식은 문화에 따라 크게 다르다. 그리고 이 요인은 사람들이 그 사람을 대하는 행동방식에 중대한 영향을 미친다(Gudykunst, 1988; Triandis, 1989). 한 문화권 사람들은 발작을 경험하는 사람을 자기가 속한 사회집단의 일원으로 간주하는데, 다른 문화권 사람들은 그 피해자를 자기들과 경쟁집단의 구성원으로 간주한다면, 이들 두 문화권에서 실시된 실험결과는 크게 달라질 것이다. 그런데 이 차이는 도움행동의 심리적 작용이 달라서 생긴 차이가 아니고 실험상황에 대한 해석이 달라서 생긴 차이인 것이다. 상이한 문화권에서 비슷하게 지각

기본적 심리작용 중 일부는 보편적인 반면, 다른 작용은 우리가 살아온 문화에 의해 조형된다. 예컨대 사람들의 자기-개념이 사람들은 자신을 일정한 방식으로 표출해야 한다고 하는 문화적 규칙(예 : 여성은 머리에서 발끝까지를 보이지 않게 가려야 한다는 아프가니스탄의 탈레반 정권의 요구)에 의해 바뀌는 것일까? 문화 간 연구는 힘들기는 하지만 우리가 다른 사람을 생각하고 그들과 상호작용하는 방식이 문화에 따라 달라지는 방식을 구명하기 위해 필수적인 작업이다.

되고 해석되는 연구를 실시한다는 것 자체가 매우 어려운 일이다. 문화 간 연구를 수행하는 사람들은 이런 문제를 익히 알고 있다. 따라서 문화 간 연구를 더욱더 조심스럽게 수행함으로써 우리는 사회적 심리작용 중 보편적인 것은 어떤 것이며 문화 특유적인 것은 어떤 것인지를 결정할 수 있게 될 것이다(Heine, 2010). 예컨대 폭력성 비디오 게임을 즐기는 일이 사람들을 보다 공격적으로 행동하게 만들며 남을 도울 가능성은 줄어들게 한다는 증거는 많다. 그러면 이 결과는 서구 문화에만 적용되는 결과일까? 최근의 한 연구에서는 미국과 일본에서 수행된 비디오 게임에 관한 연구를 비교했고, 폭력적 비디오 게임의 악영향은 두 나라에서 동일했다는 사실을 밝혀냈다(Anderson et al., 2010).

진화론적 접근법

찰스 다윈(1959)은 동물이 주변 환경에 적응하는 방식을 설명하기 위해 **진화론**(evolutionary theory)을 개발하였다. 진화론의 중심 개념은 **자연 선택**(natural selection)이다. 자연 선택이란 특정 환경에서 유기체의 생존확률을 높여주는 유전적 특질이 다음 세대로 전달되는 과정을 일컫는다. 자연 선택은 유기체의 후손 보존확률을 높이는 기제로 간주된다. 기린의 목이 길어진 과정을 예로 들어보자. 먹을 것이 많지 않은 환경에서 마침 목이 긴 기린은 다른 동물은 목이 짧아 따먹

진화론
동물이 환경에 적응해 가는 방식을 설명하기 위해 다윈이 개발한 개념

자연 선택
특정 환경에서 유기체의 생존확률을 높여주는 유전적 특질이 다음 세대로 전달되는 과정. 이런 특질을 가진 유기체가 후손을 번식시킬 확률이 높다.

을 수 없는 나뭇잎을 따먹을 수 있었다. 그 결과 목이 긴 기린은 다른 기린보다 새끼를 번식할 가능성이 커졌고, 결국 그다음 세대에서는 '목이 긴' 기린만이 갖는 유전자가 보다 흔해졌다는 설명이다.

생물학에서는 특정 종이 긴 목 같은 신체적 특질을 갖추게 된 방식을 설명하기 위해 진화론을 이용한다. 그럼 사회행동, 예컨대 동종의 구성원에게 표출하는 공격 경향성이나 다른 종에게 표출하는 도움 제공 경향성도 진화론으로 설명할 수 있을까? 사회행동 중에도 자연 선택으로 진화되는, 유전인자에 의해 결정되는 행동이 있을까? 있다면 동물은 물론 사람한테서도 이런 행동이 발견될까? 이러한 질문이 **진화심리학**(evolutionary psychology)에서 제기되는 문제들이다. 진화심리학은 동물의 사회행동을 유전적 요인(자연 선택의 원리에 따라 오랜 시간을 두고 진화된 요인)으로 설명하려 한다. 진화심리학의 핵심 개념은 진화는 서서히, 그러니까 오늘날 널리 퍼져 있는, 공격행동이나 도움행동 같은 사회행동도 오래전부터 환경에 적응하는 과정에서 형성되었을 정도로 아주 서서히 전개된다는 생각이다(Buss, 2005; Durrant, Ellis, Nelson, Mizumori, & Weiner, 2013; Neuberg, Kenrick, & Schaller, 2010). 진화론으로 사회행동을 설명하는 방식은 후속 장(예 : 제10장에서는 매력, 제11장에서는 친사회적 행동, 제12장에서는 공격성)에서 논의될 것이다. 연구방법을 다루고 있는 여기서는 진화론에 입각한 가설의 검증 가능성에 관한 논쟁이 활발하게 벌어지고 있다는 점을 강조하고자 한다. 진화론에서는 현재의 행동이 수천 년 전에 존재한 환경조건에 적응하는 과정에서 조형된 것이라고 생각한다. 때문에 심리학자들은 그런 조건이 어떠했는지, 그리고 어떤 행동이 인간의 생존 및 번식에 유리하게 작용했는지를 두고 추측을 할 수밖에 없다. 그러나 이들 가설은 실험법을 통해 검증될 수 없는 가설이다. 가설이 그럴듯하다고 그 가설이 진실이 되는 것은 아니라는 사실을 명심해야 한다. 예컨대 오늘날에는 기린의 목이 긴 것을 두고 키가 큰 나무의 잎을 따먹기 위해서가 아니라고 주장하는 과학자들도 있다. 이들은 암컷을 두고 벌어지는 수컷들 간 투쟁에서 긴 목이 유리했기 때문에 수컷 기린들이 먼저 긴 목을 가지게 됐다고 주장한다(Simmons & Scheepers, 1996). 기린의 긴 목을 두고 제안된 이 두 가지 설명 중 어느 것이 옳은지를 판단하기란 쉬운 일이 아니다. 하지만 진화론적 접근법에서 생성된 사회행동에 관한 새로운 가설 중에는 이 장에서 소개된 다른 연구법에 의해 검증될 수 있는 것들도 많다.

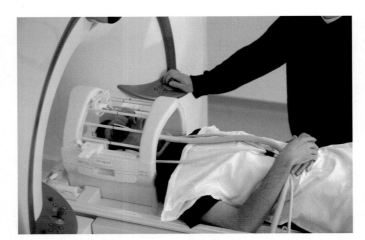

사회심리학자들도 뇌 및 뇌와 행동과의 관계를 연구한다. 이때 EEG(뇌파)나 fMRI(기능적 자기공명영상) 같은 기술을 이용하기도 한다.

사회신경과학

이미 살펴봤던 것처럼 사회심리학의 주된 관심은 사람들의 사고와 느낌과 행동이 다른 사람들의 존재 여부(실제로 또는 상상 속에서)에 의해 달라지는 방식에 있다. 이 때문에 사회심리학에서 벌어지는 대부분의 연구는 사고와 느낌과 행동을 연구한다. 그러나 인간도 유기체이기 때문에 생물적 작용과 사회행동 간의 연관성에 관한 사회심리학자들의 관심은 점증하고 있다. 이런 관심사에는 호르몬과 행동, 인간의 면역계, 인간 뇌의 신경작용 등이 포함된다. 뇌 그리고 뇌와 행동 사이의 관계를 연구하기 위해 심리학자들은 여러 가지 정교한 기법을 사용하고 있다. 이들 기법에는 두개골에 전극을 부착시켜 뇌 속에서 벌어지는 전기적 활동을 기록하는 뇌파(electroencephalography, EEG)와 머릿속의 혈류 변화를 측정하여 시각화한 fMRI(functional magnetic resonance imaging)도 포함된다. 사회심리학자들은 연구에 참여한 사람들에게 사회적 정보를 처리하고 생각하게 해놓은 후 이들 측정치를 수집한다. 이렇게 수집된 측정치는, 처리하고 생각해야 하는 사회적 정보에 따라 뇌에서 벌어지는 활동이 어떻게 변하는지를 결정하기 위해 분석된다. 최근에 활발해지고 있는 이들 연구에 의해 뇌와 사회행동 간 관계 탐구라고 하는 완전히 새로운 영역이 개척되고 있다(Cacioppo & Cacioppo, 2013; Chiao et al., 2010; Lieberman, 2013; Ochsner, 2007).

복습문제

1. 문화 간 연구에 관한 다음 진술 중 옳은 것은?
   a. 사회심리학 발견의 대부분은 보편적인, 즉 연구된 모든 문화권에서 진실인 것으로 밝혀졌다.
   b. 문화 간 연구의 목적은 어떤 사회심리학 발견이 보편적이고 어떤 발견이 문화 예속적인지를 밝히는 데 있다.
   c. 문화 간 연구를 수행하는 연구자들은 다른 나라로 이동해서 연구 재료를 그곳의 언어로 번역한 후 그곳에서 연구를 반복한다.
   d. 다른 문화권에서도 비슷하게 지각되고 해석되는 연구는 수행하기가 비교적 용이하다.
2. 진화심리학에 관한 다음 진술 중 옳은 것은?
   a. 자연 선택은 인간과 다른 종의 동물에서 서로 다르게 작동한다.
   b. 진화론적 가설을 실험을 통해 검증하는 일은 어렵지 않다.
   c. 거의 모든 사회행동은 대부분 유전적으로 결정되기 때문에 사회 환경의 영향을 거의 받지 않는 편이다.

   d. 진화론적 접근법에 따르면 사회행동에 관한 새로운 가설을 설정하여 실험을 통해 검증할 수 있다.
3. 사회신경과학에 관한 다음 진술 중 옳은 것은?
   a. 사회신경과학에서는 뇌 활동의 유형과 사회적 정보처리와의 관계만을 고려한다.
   b. 사회신경과학은 주로 호르몬이 사회행동에 영향을 미치는 방식을 다룬다.
   c. 생물적 작용과 사회행동과의 관련성에 대한 사회심리학자들의 관심이 점증하고 있다.
   d. 모든 일을 고려할 때 뇌는 행동과 무관하며, 그리고 뇌의 전기적 활동이나 혈류를 측정한다고 알게 될 것도 별로 없다.

정답은 537-539쪽 참조

사회심리학에서의 윤리적 문제

2.4 사회심리학자들은 어떻게 실험 참여자들의 안전과 안녕을 보장함과 동시에 사회행동의 원인에 관한 가설을 검증하고 있나

이 장을 읽으면서 연구를 할 때는 참여자들에게 연구 목적에 관해 거짓 정보를 제공하기도 한다는 사실 또는 Latané와 Darley의 간질발작 연구의 경우, 참여자들에게 썩 내키지 않는 상황을 억지로 경험하게 하는 일 등을 보고 기분이 별로 좋지 않았을 수도 있을 것이다. 사실적인 상황을 창출하고 싶은 욕구 때문에 사회심리학자들은 윤리적 난제를 극복해야 할 때도 많다. 과학적인 이유 때문에 우리는 실험상황을 실제상황과 최대한 비슷하게 만들고 싶고 그런 상황을 최대한 엄격하게 통제하고 싶어 한다. 동시에 우리는 참여자들을 편안하게 하고 또 스트레스를 받지 않게 하기 위한 노력도 한다. 그런데 이 두 가지 목적이 상충될 때가 많기 때문에 실험을 실시하기 위해 다소 비윤리적인 상황이 조성되기도 한다.

그러나 무엇보다도 연구자들은 자기들의 실험에 참여하는 모든 사람의 건강과 안전을 보장하기 위해 최선을 다한다. 또한 연구자들은 인간의 사회행동에 관한 중요한 정보(예 : 목격자의 도움 제공, 편견, 동조, 공격성, 권위에 대한 복종 등)를 발견하는 작업을 하고 있다. 이들 발견 중 대부분은 사회에 득이 된다. 사실 많은 학자들은 이러한 문제를 과학적으로 연구할 수 있는 강력한 도구를 개발해 놓은 이상, 그런 문제를 탐구하는 실험을 하지 않는 것이 오히려 비윤리적이라고 생각한다. 그러나 중요한 사회적 문제의 내막을 들여다볼 수 있기 위해서는 실제상황과 같은 생생한 상황을 창출해야만 한다. 이들 상황 중 일부는 참여자들의 불편(예 : 주변 사람이 일으키는 간질발작을 경험하는 일)을 초래하기도 한다. 그런데 참여자들은 실험 도중 절대 불편을 겪지 않는다는 정직한 주장을 하거나 과학에서는 모든 게 공평하니까 무조건 따라오라고 주장한다고 해서 이런 난제가 해결되는 것은 아니다. 분명 우리는 중도적인 입장을 취할 수밖에 없는 처지에 있는 셈이다.

연구를 시작하기 전에 참여자들한테서 **동의서**(informed consent)를 받아두면 문제의 심각성은 다소 완화된다. 동의서를 확보하기 위해서는 연구가 시작되기 전에 연구자가 참여자에게 연구의 본질을 충분히 설명하고 나서 그래도 연구에 참여하겠느냐고 물어야 한다. 참여자가 실험에 임했을 때 겪게 될 여러 가지 경험을 충분히 이해한 후에도 실험에 참여하겠다는 의사를 동의서에 표명하고 나면 윤리적인 문제는 해결된다. 사회심리학자들이 수행하는 연구 중에는 이렇게 해도 무방한 연구도 많은데, 이런 경우에는 이로써 윤리적 문제가 해결되는 셈이다. 그러나 연구의 본질에 따라 이런 식으로 윤리적 문제를 해결할 수 없는 경우도 있다. 예컨대 Latané와 Darley(1968)가 참여자들에게 "잠시 후 참여자 중 한 명이 간질발작을 일으킬 것이다. 그러나 그건 실제로 위급한 상황이 아니다. 우리는 참여자 중 몇 명이 그 사람에게 도움을 제공하는지를 관찰할 것이다."라고 설명했다고 하자. 이런 실험에서 확보된 결과를 여러분 같으면 믿으려 하겠는가? 이런 실험의 경우 실험자가 조성해 놓은 실험상황을 참여자는 실제상황으로 착각하도록 만드는 게 필수적이다. 그리고 이런 실험을 기만실험(deception experiment)이라고 한다. 사회심리학 연구에서의 **기만**(deception)이란 참여자들에게 연구의 진짜 목적 또는 실험 중에 벌어질 일을 두고 사실과 다르게 말하는 일을 일컫는다. 그러나 모든 사회심리학 연구에서 기만이 필요한 것도 또 이용되는 것도 아니다. 그리고 심리학 실험에 이용되는 기만과 TV 쇼에서처럼 웃음을 자아내기 위해 이용되는 속임수와는 다르다는 점을 강조하고 싶다. 심리학자들은 사회행동에 관한 가설을 검증할 수 있는 방법이 그 방법밖에 없을 때에만 기만을 사용한다.

연구에 기만이 사용되었을 때는 실험 후에 실시되는 사후설명이라는 면담을 반드시 실시해야만 한다. **사후설명**(debriefing)이란 실험이 끝난 후 실험의 진짜 목적과 실험을 하는 동안에 어떤 일이 벌어졌었는지를 참여자에게 설명하는 일을 일컫는다. 참여자가 조금이라도 불편을 겪었다면, 실험자는 그러한 불편함을 완화시키려 노력하는 것도 사후설명의 일부이다. 보고를 받는 동안 참여자는 연구의 목적과 실험의 목적에 관해서도 배우게 된다. 훌륭한 연구자들은 실험에서 기만을 했든 하지 않았든 참여자들에게 질문을 하고 그들의 대답을 주의 깊게 청취한다[사후설명이 전개되는 방식에 관한 자세한 사항은 Aronson et al.(1990) 참조].

우리의 경험으로 미루어볼 때 사후설명을 통해 연구의 목적을 설명하고 그 목적을 달성하기 위해서는 기만을 사용할 수밖에 없었다고 솔직하게 털어놓으면, 거의 모든 참여자는 기만의 필요성을 이해하고 양해를 해준다. 일부 연구자들은 한 걸음 더 나아가 기만과 불편함이 참여자들에게 미치는 영향을 평가해보기도 했다(예 : Christensen, 1988; Epley & Huff, 1998; Finney, 1987; Gerdes, 1979; Sharpe, Adair, & Roese, 1992). 이들 연구에서 확보된 한결같은 발견은 사회심리학 연구에서 전형적으로 사용되는 다소의 불편함이나 기만을 사람들은 마다하지 않는다는 사실이었다. 사실 어떤 연구에서는 대부분의 사람은 기만이 없었던 실험보다 기만이 이용된 실험에 참여함으로써 더 많은 것을 배우게 되고 실험에 더 즐겁게 임했다고 말했다고 밝혔다(Smith & Richardson, 1983). 예를 들어 Latané와 Darley(1970)는 그들의 연구에 참여했던 사람들은 사

연구할 때 심리학자들이 지켜야 할 윤리적 원칙(일부)

1. 심리학자들은 과학과 심리학을 가르치고 사용하는 데서 정확성, 정직함, 신뢰감을 높이려고 노력한다.
2. 심리학자들은 모든 사람의 존엄성과 가치와 각자의 사생활권과 비밀보장권 및 자결권을 존중한다.
3. 심리학자들이 직접적으로 또는 전자장비나 기타의 통신수단을 통해 실험을 할 때는 각자로부터 사전 동의서를 받아야 한다.
4. 심리학자들은 사전 동의를 받을 때 (1) 연구의 목적, 예상되는 소요시간, 진행절차, (2) 실험이 시작된 후에라도 언제든지 더 이상의 참여를 거부할 권리를 가진다는 사실, (3) 참여를 거부했을 때 뒤따를 예상 가능한 결과(예 : 책임 없음이나 벌점 또는 보상철회 등), (4) 잠재적 위험, 불편함, 역효과 등 참여 의사에 영향을 미칠 수 있는 예상 가능한 요인, (5) 예상되는 연구의 이득, (6) 비밀보장의 한계, (7) 참여의 대가, (8) 연구에 대한 질문과 연구 참여자의 권리에 관한 질문이 있을 때 질문을 받는 사람의 연락처 등을 자세하게 알려주어야 한다.
5. 심리학자들은 모든 매체를 통해 확보되고 저장된 비밀정보를 보호할 일차적 책임을 지며 그 정보를 보호하는 데 합당한 주의를 기울인다.
6. 심리학자들은 기만 기법 사용이 그 연구의 과학적, 교육적, 또는 실용적 가치에 의해 그리고 비기만적이면서도 효과적인 대안적 연구방법이 가용하지 않다는 사실에 의해 정당화되었다는 확신이 서지 않는 한 기만을 요하는 실험을 하지 않는다.
7. 심리학자들은 실험설계와 실행 속에 내포된 모든 기만을 참여자에게 최대한 일찍 설명해준다.
8. 심리학자들은 연구의 본질, 결과, 결론에 관한 적절한 정보를 참여자들이 취득할 수 있고 또 심리학자들이 알고 있는 참여자들의 모든 오해를 바로잡을 수 있는 기회를 신속하게 제공한다.

그림 2.3 심리학 연구에서 참여자를 보호하기 위한 윤리강령

미국심리학회에서는 심리학 연구자들이 지켜야 할 윤리적 행동 원칙을 정해 놓았다. 그중 일부가 소개되어 있다.

출처 : APA Ethical Principles of Psychologists and Code of Conduct (2010)에서 발췌함

후설명에서 기만은 필수적이었고, 실험에서 약간의 스트레스도 받았고 분란도 겪었지만, 다음에도 비슷한 실험이 있으면 참여하겠다는 의사를 표명하기도 했다고 보고했다.

연구에 참여한 사람들의 존엄과 안전을 보장하기 위해 미국심리학회(American Psychological Association, APA, 2010)에서는 모든 심리학 연구에 적용될 윤리강령을 공표하였다(그림 2.3 참조). 또한 심리학 연구를 위해 정부의 지원을 받고자 하는 모든 기관(예 : 대학 및 연구소)에는 **기관심사위원회**(institutional review board, IRB)를 설치해두고, 연구가 시작되기 전에 윤리강령을 지키고 있는지에 관한 심사를 받도록 규정하고 있다. 과학자 한 명과 그 기관에 소속되지 않은 사람 한 명이 반드시 포함돼야 하는 이 위원회는 모든 연구계획서를 심사하여 연구절차에서 윤리강령이 지켜질 것 같은지를 판단한다. 이들 위원회에서 봤을 때 연구가 진행되는 동안 참여자에게 가해질 스트레스나 좋지 않은 감정이 지나치다고 판단되면, 그런 일이 벌어지지 않도록 연구절차를 사전에 수정 및 보완해야 한다. 이 책에 소개된 연구 중 일부는 1970년대 초 IRB가 설치되기 전에 이루어진 것들이다. 이상의 이야기는 미국 이야기이지만, 한국에서도 10여 년 전부터 '기관생명윤리위원회'라는 명칭으로 IRB가 설치되어 운영되고 있다.

기관심사위원회

적어도 한 명의 과학자와 한 명의 비과학자 그리고 그 기관에 소속되지 않은 사람 한 명이 반드시 포함돼야 하는 위원회. 모든 연구계획서를 심사하여 연구절차에서 윤리강령이 지켜질 것 같은지를 판단한다. 모든 연구는 이 위원회의 사전 승인을 득한 후에 실시된다.

복습문제

1. 다음 진술 중 심리학 연구의 윤리강령으로 옳은 것은?
   a. 연구를 실시하기 전에 참여자들에게 연구 가설에 관해 알려주는 것이 훌륭한 과학적 방법이다.
   b. 연구 참여자들에게 부득이 그릇된 정보를 제공했다면 연구가 끝났을 때는 참여자에게 충분한 사후설명이 제공되어야 한다.
   c. Latané와 Darley는 참여자들에게 어떤 사람이 발작을 일으킨 척할 것이라는 사실을 미리 알려줬더라도 도움행동에 관한 자기들의 가설을 쉽게 검증할 수 있었다.
   d. 기만은 절대 허용될 수 없다.

2. 다음 진술 중 기관심사위원회(IRB)에 관한 내용으로 옳은 것은?
   a. 심리학 연구의 승인 여부를 결정하기 위한 IRB를 구성하고 안 하고는 대학에서 결정할 수 있다.
   b. IRB의 심사 목적은 연구가 끝난 후에 제기된 불평을 검토하는 데 있다.
   c. IRB의 심사는 심리학 연구가 시작되기 전에 윤리강령이 지켜지고 있는지를 확인하기 위해 이루어진다.
   d. IRB 위원들은 모두가 비과학자여야 한다.

3. 다음 진술 중 미국심리학회에서 설정한 윤리적 원칙에 속하는 것은?
   a. 심리학자들은 모든 인간의 존엄과 가치, 각자의 사생활, 비밀, 그리고

자결권을 존중한다.

b. 심리학자들은 18세 이하의 청소년을 실험에 참여해달라고 요청할 수 없다.

c. 연구가 인터넷으로 실시되면 심리학자들은 참여자들의 동의서를 받을 필요가 없다.

d. 심리학자들은 참여자들로부터 수집된 개인 정보를 보호할 책임을 지지 않는다.

정답은 537-539쪽 참조

요약

2.1 연구자들은 가설과 이론을 어떻게 개발하나

• **사회심리학 : 경험과학**　사회심리학의 근본 원리는 인간의 행동에 미치는 사회적 영향을 과학적으로 연구할 수 있다는 믿음이다.

  • **가설설정과 이론**　사회심리학 연구는 사회적 영향력에 관한 가설로 시작된다. 가설은 선행연구의 발견을 기초로 설정될 때가 많다. 선행연구의 결과에 대한 대안적 설명을 검증하기 위해 수행되는 연구도 많다. 그리고 가설은 일상생활에 대한 주의 깊은 관찰을 기초로 설정될 때도 많다. 많은 사람이 키티 제노비스를 돕지 않은 것에 관한 Latané와 Darley의 예감이 이런 경우에 속한다.

2.2 사회심리학자들이 사용하는 연구방법의 장점과 단점은 무엇인가

• **연구방법**　사회심리학자들이 자주 사용하는 연구법에는 관찰연구법, 상관연구법, 실험연구법이 있다.

  • **관찰연구법 : 사회행동 묘사하기**　사람들을 관찰하여 그들의 행동을 체계적으로 기록하는 **관찰연구법**은 현상의 본질을 묘사하고 가설을 생성하는 데 유용한 연구법이다. 특정 집단이나 문화를 이해하기 위해 관찰자가 그 집단 속에 들어가 선입관을 배제한 상태에서 그 집단을 관찰하는 **문화묘사법**도 그리고 남성과 여성이 어떻게 묘사되었는지를 검토하기 위해 잡지 속 사진을 살펴보는 것 같은 **기록분석법**도 관찰연구법에 속한다.

  • **상관연구법 : 사회행동 예측하기**　두 가지 이상의 변인을 체계적으로 측정하여 그 두 변인 간 관계를 평가하는 **상관연구법**은 한 변인을 기초로 다른 변인을 예측하고자 할 때 유용한 연구법이다. 예컨대 연구자들은 아이들이 TV에서 폭력 프로그램을 시청하는 시간과 그 아이들의 공격적 행동 경향성 간의 상관 유무에 관심을 가질 수도 있다. 상관연구법은 표본집단에 뽑힌 사람들에게 그들의 태도와 행동에 관한 질문을 던지는 설문조사 결과에도 자주 이용된다. 연구결과의 일반화 가능성을 높이기 위해 연구자들은 표본집단을 선정할 때 무선표집법을 이용한다. 상관연구법의 한계점은 상관관계만으로는 인과관계를 장담할 수 없다는 점이다.

• **실험연구법 : 인과관계 규명하기**　인과관계를 결정할 수 있게 해주는 연구방법은 **실험연구법**뿐이다. 실험연구법에서는 연구자가 참여자를 상이한 조건에 무선으로 배치하고 이들 조건이 독립변인 이외에는 똑같도록 통제한다. **독립변인**은 연구자가 그 효과를 검토하기 위해 조작하는 변인(예 : 아이들이 TV를 관람하는 시간)이고, **종속변인**은 독립변인의 영향력을 결정하기 위해 연구자가 측정하는 변인(예 : 아이들의 공격성)이다. 실험은 내적 타당도가 높아야 하는데, **내적 타당도**가 높기 위해서는 독립변인(예 : TV를 관람하는 시간)을 제외하고는 모든 조건의 참여자들이 동일한 처치를 받아야만 한다. 연구결과를 다른 사람과 다른 상황에 일반화시킬 수 있는 정도를 나타내는 **외적 타당도**는 실험의 실재성, 특히 심리적 실재성을 높임으로써 확보된다. (심리적 실재성이란 실험에서 활성화된 심리작용이 일상생활에서 활성화된 심리작용과 유사한 정도를 나타낸다.) 외적 타당도는 상이한 모집단을 대상으로 실시된 **반복연구**를 통해서도 확보된다. 모든 과학적 연구가 그렇듯이 사회심리학 연구도 기초연구와 응용연구로 나뉜다. 기초연구는 사람들이 자기들이 하는 행동을 왜 하는지에 관한 근본적 질문에 답을 찾기 위해 수

행되고, 응용연구는 구체적인 사회문제를 해결하기 위해 수행된다.

2.3 문화 간 연구, 진화론적 접근법, 사회신경과학 연구가 사회행동 연구방법에 어떤 영향을 미치고 있나

- 사회심리학 연구의 최전방　사회심리학자들은 사회행동을 연구하는 데 필요한 새로운 방법을 개발해 왔다.
  - 문화와 사회심리학　문화가 인간의 사고, 느낌, 행동을 조형하는 방식을 연구하기 위해 사회심리학자들은 문화 간 연구를 수행한다. **문화 간 연구**란 동일한 연구를 문화만 다른 조건에서 반복해보는 연구가 아니다. 문화 간 연구를 하는 연구자들은 자기들의 문화권에서 습득한 자신만의 견해와 정의를 자신들과 친숙하지 않은 다른 문화에 부과하지 않도록 특별한 주의를 기울여야 한다.
  - 진화론적 접근법　사회심리학자 중 일부는 인간의 사회행동을, 자연 선택의 원리에 따라 오랜 시간에 걸쳐 진화돼 온 유전적 요인으로 설명하려 한다. 이런 설명을 실험을 통해 검증하기는 어렵다. 하지만 진화론적 접근법을 이용해 나중에 실험연구로 검증될 수 있는 가설(물론 사회행동에 관한 가설)을 생성할 수는 있다.
  - 사회신경과학　생물적 작용/과정과 사회행동 간의 관계에 관한 사회심리학자들의 관심이 점증하고 있다. 이들의 관심사에는 호르몬과 행동, 인간 면역계, 인간의 머릿속에서 벌어지는 신경작용 등이 포함된다.

2.4 사회심리학자들은 어떻게 실험 참여자들의 안전과 안녕을 보장함과 동시에 사회생동의 원인에 관한 가설을 검증하나

- 사회심리학에서의 윤리적 문제　사회심리학자들은 연방정부, 주정부, 그리고 소속 기관에서 만들어 놓은 행동지침을 준수함으로써 실험 참여자의 안녕을 지키려 한다. 이런 노력으로는 **기관심사위원회**(IRB)로 하여금 연구가 시작되기 전에 연구를 해도 좋다는 허락을 받는 일, 참여자들에게 **동의서**를 작성하게 하는 일, 실험이 끝난 후 참여자들에게 연구의 목적과 연구가 진행되는 동안 벌어졌던 일(특히 기만이 이용됐다면 그 속임수까지)을 솔직하게 설명하는 **사후설명**으로 구성된다.

평가문제

1. TV에서 폭력적인 프로그램을 많이 시청한 아이일수록 놀이터에서 공격적으로 행동할 가능성이 크다는 연구결과를 읽은 민호는 이렇게 말했다, "뻔한 일 아닌가? 나도 이 정도의 결과는 예상했겠는데!" 연구결과에 대한 민호의 이러한 반응은 _____을(를) 반영하는 것으로 보인다.
   a. 내적 타당도
   b. 혜안편파
   c. 외적 타당도
   d. 심리적 실재성
2. 어떤 연구자가 대학생들의 평균평점(GPA)과 음주량 간 관계는 강한 부적 상관관계라는 사실을 발견했다. 이 연구를 기초로 내릴 수 있는 최적의 결론은 다음 중 어느 것일까?
   a. 평균평점이 높은 학생일수록 공부를 많이 하니까 술을 마실 시간은 적다.
   b. 술을 많이 마시면 공부를 제대로 할 수 없다.
   c. 특정 학생의 음주량을 알면 그 학생의 평균평점을 비교적 정확하게 예측할 수 있다.
   d. 똑똑한 학생들은 학점을 잘 받고 술을 적게 마신다.
3. 어떤 연구진에서는 포도주를 마시면 재즈를 더 좋아하게 된다는 가설을 검증하고 싶어 한다. 실험에 참여한 성인 대학생들을 무선으로 두 집단으로 나누어 한 집단에는 포도주를 마시게 한 후 재즈를 들려주고 다른 집단에는 맹물을 마시게 한 후 재즈를 들려주었다. 그런데 어쩌다 보니, '포도주 집단'은 창문이 커서 아름다운 바깥 풍경이 잘 보이는 방에 배속되고 '맹물 집단'은 창문이 없어 어둡고 지저분한 방에 배속되었다. 이 실험에서 가장 심각한 결점은?
   a. 외적 타당도가 낮다는 점이다.
   b. 내적 타당도가 낮다는 점이다.
   c. 참여자가 국내 모든 대학생을 대상으로 무선표집되지 않았다는 점이다.
   d. 심리적 실재성이 낮다는 점이다.
4. 새롬이는 시험 전에 단것을 먹으면 시험을 더 잘 치게 되는지를 밝혀내고 싶었다. 다음 중 이 질문에 가장 확실한 답을 제공하게 될 전략은?

a. 시험점수가 아주 높은 학생과 아주 낮은 학생을 많이 뽑아, 시험 전에 단것을 먹었는지 물어보고, 단것을 많이 먹은 학생일수록 점수가 높은지를 따져본다.

b. 대규모 강의실 앞에서 시험 보러 가는 학생들에게 시험 전에 단것을 먹었는지 물어본 후, 단것을 먹은 학생들의 시험점수가 더 높은지를 검토한다.

c. 대규모 강의실 앞에서 시험 보러 가는 학생들 절반을 무선으로 선택하여 사탕을 나눠주고 그 사탕을 먹은 학생들의 시험점수가 더 높은지를 검토한다.

d. 대규모 강의를 하나 골라서 모든 수강생에게 첫 번째 시험 전에는 단것을 나눠주고 두 번째 시험 전에는 짠것을 나눠주고는 두 번째 시험점수의 평균이 더 낮은지를 검토한다.

5. 대학생을 대상으로 실시된 연구가 있다. 연구자는 참여자만 일반인 성인으로 바꾸어 이 연구를 앞선 연구와 똑같이 실시하였다. 이 두 차례의 연구결과는 비슷했다. 이 연구자는 _____를 통해 _____를 확보였다.

a. 반복연구, 외적 타당도

b. 반복연구, 내적 타당도

c. 심리적 실재, 외적 타당도

d. 심리적 실재, 내적 타당도

6. 박 모 교수는 영재아를 대상으로 실시한 자신의 연구를 학술지에 게재하고 싶었다. 그런데 그는 자기가 발견한 것이 자기가 조작한 독립변인, 즉 자신이 개발한 새로운 교수법이 아닌 다른 변인에 의해 야기됐을 가능성을 걱정하고 있었다. 박 교수는 실험의 _____을(를) 걱정하고 있다.

a. 유의 수준

b. 외적 타당도

c. 반복

d. 내적 타당도

7. 어떤 심리학자가 자기 동네 학부모회에 가입하기로 마음먹었다. 이 심리학자는 이 학부모회 회원들의 사회적 관계를 관찰하고 이해하고 싶었다. 이 연구는 _____이다.

a. 문화 간 연구

b. 응용연구

c. 실험법을 이용하는 연구

d. 문화묘사법을 이용하는 연구

8. 사회심리학자들이 해결해야 할 기본 난제는 _____이다.

a. 성격의 중요성에 대한 사람들의 믿음이 매우 강하기 때문에 사회심리학을 학생들에게 가르치는 일이 매우 어렵다는 점

b. 거의 모든 실험에서는 내적 타당도와 외적 타당도가 득실관계에 있다는 점

c. 실험실 실험에는 모집단에서 무선으로 선별된 표본을 꾸리기가 거의 불가능하다는 점

d. 거의 모든 사회적 행동은 사람들이 성장한 문화의 영향을 피할 수 없다는 점

9. 사회심리학 연구의 최전방에 관한 다음 진술 중 가장 진실에 가까운 것은?

a. 사회심리학자들은 문화의 역할에는 관심이 많지만 진화의 과정에 대한 관심은 없다.

b. 사회심리학자들은 진화의 과정에 대한 관심은 많지만 문화의 역할에는 관심이 없다.

c. 사회심리학자들은 뇌의 활동에 따라 사회적 정보처리가 달라진다는 관계를 밝혀내기 위해 fMRI를 이용한다.

d. 문화 간 연구의 목적은 사회심리학적 발견은 모두 문화에 관계없이 보편적인 사실임을 밝히는 데 있다.

10. 다음 사항 중 윤리적 연구의 지침에 속하지 않는 것은?

a. 모든 연구는 최소한 1명의 과학자와 1명의 비과학자, 해당 기관에 소속되지 않은 자 등으로 구성된 기관심사위원회(IRB)의 심사를 받아야 한다.

b. 연구자는 기만이 필수적이고 윤리적 지침을 위배하지 않는 한 모든 참여자로부터 사전 동의서를 받아야 한다.

c. 참여자를 속이는 기만이 이용된 연구는 참여자들에게 충분한 사후설명을 해야 한다.

d. 모든 연구는 어떤 식으로든 기만을 해야 하기 때문에 연구마다 꾸며낸 이야기가 있을 수밖에 없다.

정답은 537-539쪽 참조

S O C I A L   P S Y C H O L O G Y

사회인지 : 우리가 사회적 세계를 생각하는 방식

'제퍼디'라는 퀴즈 쇼에서 엄청난 경합이 벌어지고 있었다. 이 TV 쇼에서는 참가자들에게 답을 알려주고 참가자는 그 답에 알맞는 문제를 만들어내야 한다. 이번 쇼에 참가한 3명 중 2명이 이 프로그램 사상 가장 훌륭한 경쟁자였다. 켄 제닝스는 이 쇼에서 가장 오래 살아남는 기록을 세웠고(74게임을 연달아 이기는 진기록을 남김), 브레드 러터는 이 쇼 사상 상금을 가장 많이 받은 사람이었다. 이 거대한 경합에 참가한 세 번째 선수는 누구였겠는가? 도대체 어떤 경쟁자가 이런 어마어마한 기록을 세운 2명의 선수와 맞설 생각을 했을까? 사실 이 경쟁자는 사람이 아니었다. 왓슨이라는 슈퍼컴퓨터였다. IBM에서 개발한 이 컴퓨터가 IBM 창시자 토머스 왓슨의 이름을 달고 이 쇼에 참가했던 것이다.

초반 경합은 막상막하하였다. 그러나 셋째 날과 마지막 날에는 왓슨이 너무 앞서갔기 때문에 아무도 따라잡을 수 없는 상태가 되어 버렸다. 슈퍼컴퓨터 왓슨은 여러 차례에 걸쳐 난해하기 그지없는 문제까지 정확하게 만들어내곤 했다. 예컨대 문제의 범주로 'E로 시작하는 법률용어'가 제시된 경우, "노동조합 계약서에 있는 이 절/문장에는 노임이 생활비 같은 특정 기준에 따라 오르내릴 것이라고 말한다."라는 단서/답을 들은 왓슨은 (그 답에 대한 문제는) "Escalator란?"이라고 정확하게 반응했다. 자신을 '신세대의 생각하는 기계에 맞설 수 있는 위대한 탄소 기반 희망(Great Carbon-Based Hope)'이라고 소개한 켄 제닝스는 패배를 인정하면서 자신의 비디오 화면에다 "새로운 컴퓨터 대구주를 환영하는 바이다."라고 적었다(Jennings, 2011; Markoff, 2011). [이 게임에서는 비디오 화면에 답(문제)을 적어내기도 한다. ─ 역주]

IBM 컴퓨터가 인간을 이긴 일은 이번이 처음이 아니다. 1997년에는 세계를 제패한 체스 챔피언 게리 카스파로프가 빅 블루라는 IBM 컴퓨터와 겨루었고, 결정적인 게임이었던 여섯 번째 게임에서 패하고 만 일이 벌어졌다. 그러나 왓슨의 승리가 특히 인상적인 것은 컴퓨터의 기억 속에 저장되어 있는 답을 찾아낸 게 아니라는 점이었다. IBM 연구진에서 '제퍼디'라는 퀴즈 쇼에서 경합을 벌이기로 한 특별한 이유는 이 게임을 이기기 위해서는 그 의미가 모호하고 미묘한 자연어를 이해할 수 있어야 하기 때문이었다. 예컨대 왓슨은 'E로 시작하는 법률용어'라는 단서를 듣고서 그 문제의 답에는 법률용어 중에서 문자 'E'로 시작하는 단어가 들어 있어야 한다는 사실을 알아차려야 했다. 이 일을 해낼 수 있다는 사실, 그것도 그때까지 그 게임에 가장 능숙했던 사람보다 더 빠르게, 그리고 더 정확하게 완수했다는 사실은 정말 놀라운 일이 아닐 수 없다.

이들 사례를 통해 우리는 컴퓨터가 점점 영리해지고 있음을 알게 된다. 그러나 인간의 뇌와 겨루기 위해서는 아직도 개선해야 할 여지가 많다. 인공지능에 관한 연구가 처음 시작된 1950년대에만 해도 컴퓨터 과학자들은 머지않아 모든 방면에서 인간을 능가하는 컴퓨터를 만들어낼 수 있을 것이라 믿었었다. 사실 컴퓨터가 강력한 것은 사실이고 체스나 '제퍼디' 같은 게임에 능숙한 것도 사실이다. 하지만 인간에 비해 턱없이 부족한 부분도 많다. 예컨대 인간행동의 미묘한 차이를 이해하고, 인간의 의도와 바람과 소망을 찾아내는 일에는 인간이 컴퓨터보다 훨씬 우수하다. 이 때문에 사람의 머릿속에서 벌어지는 일을 알아내고 다른 사람들의 관점에서 사물을 이해하는 일이 필수적인 게임에서는 컴퓨터의 위력도 사라져 버린다(C. Wilson, 2011). 왓슨은 법적 상황에서 'Escalator'가 무슨 의미인지를 정확하게 알고 있을 수 있다. 그러나 상대방이 손에 든 패를 알아내야 할 뿐 아니라 큰소리로 깔깔대며 판돈을 5천만 원으로 올리는 상대방의 속마음이 무엇인지까지 알아내야 하는 카드 게임에서는 왓슨도 맥을 추지 못한다(C. Wilson, 2011). 아마 언젠가는 컴퓨터도 그런 경지에 도달하게 될 것이다. 그러나 아직까지는 다른 사람에 관해 생각을 해야 하는 중요한 과제의 경우 사람의 머리가 세계에서 가장 **빠른** 컴퓨터보다 훨씬 더 잘 수행한다.

인간의 뇌는 다른 사람을 이해하는 데 필요한 강력하고 정교한 도구로 진화됐다(Liebeman, 2013). 다시 말해 사람들의 사회인지 능력은 정말 대단하다. 제1장에서도 언급했듯이 **사회인지**(social cognition)란 사람들이 자신과 자신을 둘러싼 사회적 세계에 관해 생각하는 방식을 일컫는다. 따라서 사회인지에는 사람들이 사회적 정보를 선택하고 해석하고 기억하고 사용하는 방식이 포함된다. 사회인지라는 사고력에서는 어떤 컴퓨터도 인간과 비교되지 않는다. 하지만 인간의 사회적 사고력도 완벽하지는 않다. 인간이 범하기 쉬운 실수가 발견된 것이다. 이 장에서는 사회인지의 힘(위력)과 사회인지의 한계를 검토할 것이다.

사회인지
사람들이 자신과 자신을 둘러싼 사회적 세계에 관해 생각하는 방식

사람들이 자신이 속한 사회에 관해 어떻게 생각하고 그 세계에 대한 사람들의 판단이 얼마나 정확한지를 이해하기 위해서는 먼저 두 가지 유형의 사회인지부터 구분해야 한다. 하나는 빠르고 자동적이다. 첫인상은 의도적인 고려 없이 순식간에 형성된다. 또한 우리는 '생각도 하지 않고' 결정을 내릴 때도 있다. 운전 중인 자동차 앞에 어린애들이 뛰어들면 자신도 모르는 사이에 제동을 거는 행동을 그 예로 들 수 있다(Bargh, Schwader, Hailey, Dyer, & Boothby, 2012; Dijksterhuis, 2010; Jonas, 2013; Payne & Gawronski, 2010; Wilson, 2002). 이런 조건하에서 전개되는 생각을 **자동적 사고**(automatic thinking)라 한다. 물론 다른 경우에는 올바른 행동이 어떤 행동인지를 두고 한참을 생각하기도 한다. 여러분도 어느 대학 어느 학과에 지원할 것인지, 남자/여자 친구와 헤어져야 할 것인지를 두고 오랫동안 심사숙고한 경험이 있을 것이다. 두 번째 유형의 사회인지에 속하는 이러한 생각은 의도적으로 전개된다는 뜻에서 **통제된 사고**(controlled thinking)라 한다. 대개의 경우 이들 두 가지 유형의 사회인지는 조화롭게 작동한다. 현대식 비행기에 장착된 자동 조종장치를 생각해보자. 이 자동 조종장치는 수백 개의 시스템을 감시하며 기압 조건의 변화에 순간적으로 대처한다. 이 때문에 대부분의 경우 안전 운항은 자동 조종장치

만으로도 충분히 이루어진다. 그러나 경우에 따라 인간 조종사가 일을 도맡아 수동으로 비행기를 조종해야만 할 때도 있다. 우리 인간에게도 주변 환경을 감시하고 결론을 내리고 행동을 통제하는 '자동조종장치'가 있다. 그리고 우리 역시 이런 자동적 사고에서 벗어나 상황을 조심스럽게 분석할 수도 있고 또 하기도 한다. 그럼 자동적 사고의 본질을 검토하는 일부터 시작하기로 하자.

자동 조종장치 : 효율적 사고

3.1 자동적 사고란 무엇이며, 스키마가 어떻게 자동적 사고의 보기가 되는가, 스키마의 장점과 단점은 무엇인가

사람들은 새로운 상황을 재빨리 그것도 정확하게 평가하곤 한다. 그 상황에 누가 관련돼 있고 어떤 일이 벌어지고 있으며 그다음에는 어떤 일이 벌어질 것 같은지를 금방 알아낸다는 말이다. 대학교에서 참석한 맨 첫 강의에서도 여러분은 강단에 서 있는 사람이 누구인지를 짐작했을 것이다. 아무도 강의를 동아리 모임으로 착각하지 않았을 것이다. 물론 이런 판단은 모두 노력하지 않아도 또 자신도 모르는 사이에 벌어진다.

　이와는 다른 접근법을 고려해보자. 새로운 상황에 마주칠 때마다 그 상황에 관해 시간을 두고 심사숙고한다고 해보자. 예를 들어 새로운 사람을 소개받았을 때, 그 사람에 관해 알게 된 것과 그 사람을 얼마나 좋아하게 될 것 같은지를 분석하느라고 15분을 소비한다면, 어떤 일이 벌어질 것 같은가? 천만다행으로 그런 일은 벌어지지 않는다. 그 이유는 의식적으로 노력하지 않아도 우리는 사람들에 관한 인상을 순식간에 형성할 수 있기 때문이다. 재빠른 인상 형성이 가능한 것은 우리가 처한 상황이 자동적으로 분석되기 때문이다. 인상 형성 작업은 과거 경험과 세상사에 관한 지식을 기초로 이루어진다. **자동적 사고**(automatic thinking)란 의도하지 않고 노력하지 않아도 자신도 모르는 사이에 저절로 전개되는 사고를 일컫는다. 자동적 사고의 유형에 따라 이 조건을 충족시키는 정도에서 차이가 난다(Bargh et al., 2012; Hassin, 2013; Jonas, 2013; Moors & De Houwer, 2006), 여기서는 이들 조건을 모두 또는 거의 모두를 충족시켰을 때 전개되는 사고를 자동적 사고로 간주할 것이다.

로댕의 '생각하는 사람'은 통제된 사고, 즉 앉아서 무엇인가를 의도적으로 심사숙고하는 모습을 흉내내고 있다. 그러나 우리는 자동적 사고, 즉 의도하지 않고 노력하지 않아도 자신도 모르는 사이에 저절로 전개되는 사고에 빠져들기도 한다.

자동적 사고
무의식적으로 그리고 의도하지 않아도 불수의적으로 노력 없이 전개되는 사고

일상적 이론가로서의 사람 : 스키마를 이용한 자동적 사고

자동적 사고 과정에서는 새로 만난 상황을 이전의 경험과 결부시키는 작업이 벌어진다. 이 과정을 통해 우리는 그 새로운 상황을 이해하게 된다. 어떤 사람을 처음 만났을 때에도 그 사람이 어떤 사람인지를 파악하기 위한 작업은 아무것도 모르는 상태에서 시작되는 것이 아니다. 우리는 그 사람을 '공학을 전공하는 학생' 또는 '사촌 형과 같은 사람'으로 범주화/분류하는 일에서 시작한다. 이런 범주화는 사람에게만 적용되는 활동이 아니고 장소, 대상, 상황에도 적용된다. 삼겹살 전문 식당에 들어섰을 때는 처음 와보는 곳이라도 그냥 빈 식탁을 차지하고 앉아 웨이터가 주

스키마

사회적 세계에 관한 우리의 지식을 특정 주제를 중심으로 조직하기 위해 사용하는 정신적 구조. 우리가 알아차리고 생각하고 또 기억하는 정보에 영향을 미침

문 받으러 오길 기다린다. 삼겹살 전문 식당에 갔던 과거 경험이 나도 모르는 사이에 그렇게 하라고 알려주기 때문이다.

이러한 행동을 공식적으로 서술하고자 할 때 사회심리학자들은 **스키마**(schema)라는 용어를 사용한다. 이들이 말하는 스키마는 사회적 세계에 관한 우리의 지각경험을 조직하는 정신적 구조를 일컫는다. 스키마라고 하는 정신적 구조는 우리가 알아차리고 생각하고 기억하는 정보에 영향을 미친다(Bartlett, 1932; Heine, Poulex, & Vohs, 2006; Markus, 1977). 스키마는 매우 일반적인 용어이다. 다른 사람, 우리 자신, 사회적 역할(예 : 도서관 사서 또는 기술자는 어떤 사람인가?), 그리고 구체적인 사건(예 : 식당에서 식사를 할 때는 대개 어떤 일이 벌어지는가?) 등 여러 가지 세상사에 관한 우리의 지식이 스키마에 포함된다. 이들 각각의 경우 우리의 스키마에는 기본 지식과 그 지식의 대상에 관한 인상이 담겨 있고, 우리는 이 지식을 이용하여 사회적 세계에 관해 알고 있는 것을 조직하고 새로운 상황을 해석한다. 예컨대 국회의원에 관한 우리의 스키마는 그들은 당리당략에 능하고 거짓말을 서슴지 않으며 선거 때는 한없이 비굴해지는 처세술의 달인으로 구성돼 있을 수도 있다.

스키마는 우리가 세상사의 의미를 파악하고 조직하는 데, 그리고 우리 지식의 빈틈을 채우는 데 유용하게 이용된다. 스키마가 없다면 어떤 일이 벌어질 것 같은지를 상상해보자. 구체적으로 마주치는 많은 일을 하나도 설명할 수 없고, 또 그 많은 일 중에 이미 알고 있는 어떤 것과는 닮은 것이 하나도 없다면 그 삶이 어떠할 것 같은가? 상상하기조차 어려울 것이다. 그러나 코르사코프 증후군이라고 하는 신경장애로 고생하는 사람들은 바로 이런 일을 겪으며 살고 있다. 이 장애로 고생하는 사람들에게는 새로운 기억이 형성되지 않는다. 따라서 이들은 마주치는 모든 상황을 생전 처음 보는 상황처럼 접근할 수밖에 없다. 이 상황은 심기를 불편하게 할 뿐 아니라 심지어는 두려움까지 자아낸다. 이 때문에 코르사코프 증후군으로 고생하는 사람들 중 일부는 자신의 경험에다 의미를 부여하기 위해 갖은 애를 쓰기도 한다. 신경학자 Oliver Sacks(1987)는 이 증후군으로 고생하는 톰슨이란 친구를 다음과 같이 묘사하고 있다.

> 그는 몇 초 이상 기억할 수 있는 게 하나도 없었다. 이 때문에 혼란에 빠지는 일이 끊임없이 반복되었다. 기억상실이라는 협곡이 반복적으로 형성됐지만 그때마다 그는 오만 가지 이야기를 신속하게 지어내어 그 협곡을 이어나갔다. 그러나 적어도 그로 봐서는 그 이야기도 허구가 아니었다. 그럼 그는 그 세계를 어떻게 그렇게 신속하게 해석할 수 있었던 것일까? 예컨대 그는 (사사건건의) 갑작스러운 출몰 및 비일관성을 용인하지도 묵인하지도 않았다. 그 대신 이상하고 진기한 일관성 있는 이야기를 만들어냈다. 다시 말해 톰슨 씨는 자신이 가진 엄청난 속도의 무의식적 창작력을 이용하여 주변 세상을 계속해서 즉흥적으로 만들어내고 있었다. …… 왜냐하면 그런 환자들은 자신과 그의 주변 세상을 매 순간 말이 되는 것처럼 보이는 이야기를 꾸며내야만 하기 때문이다(pp. 109-110).

간단히 말해 연속성을 유지하는 능력, 즉 새로운 경험을 과거 스키마와 관련짓는 능력은 너무나 중요하다. 그래서 이 능력을 잃은 사람들은 존재하지 않는 스키마를 즉석에서 만들어내야만 한다.

스키마가 특히 유용한 경우는 우리가 혼란스러운 상황에 처했을 때이다. 이런 경우 어떤 일이 어떻게 전개되는지를 파악할 수 있게 해주는 것이 스키마이기 때문이다. Kelley(1950)가 수행한 고전적 연구를 고려해보자. 대학에서 경제학 강의를 수강하는 학생들을 대상으로 이루어진 연구였다. 학생들에게 그날의 강의 중 남은 시간은 초청강사가 진행하게 될 것이라고 알려주었다. 그리고는 경제학과에서 초청강사에 대한 학생들의 반응이 어떤지를 알고 싶어 한다면서 학생들에

게 그 강사에 관한 짧은 소개서를 돌렸다. 그 소개서에는 강사의 나이, 배경, 강의 경험, 그리고 성격에 관한 내용이 적혀 있었다. 소개서는 두 가지 판이 있었다. 한 판에는 "이 강사를 아는 사람들은 그를 아주 따뜻하고 근면하며 비판적이고 실질적이며 단호한 사람으로 간주한다."라고 적혀 있었고, 다른 판에는 다른 건 다 같은데 '아주 따뜻하고'가 '매우 냉정하고'로 바뀐 글이 적혀 있었다. 그 강의에 참여한 학생들은 이 두 가지 판 중 하나를 무선으로 받아 읽었다.

그런 후 그 강사는 20분에 걸친 토론수업을 진행하였다. 수업이 끝난 후 학생들은 강사에 대한 인상을 평정하였다. 학생들이 그 강사와 보낸 시간은 20분밖에 되지 않기 때문에 상황이 다소 모호했다고 할 것이다. 따라서 Kelley는 학생들이 강사에 대해 평정할 때 그에 관한 소개서를 읽으면서 형성된 스키마를 이용할 것이라는 가설을 설정했었다. 학생들의 반응은 이 가설과 일치했다. 그 강사를 따뜻한 사람일 것으로 예상한 학생들의 평정점수는 그를 냉정한 사람일 것으로 예상한 학생들의 평정점수보다 유의하게 높았다. 또한 그를 따뜻한 사람일 것으로 예상한 학생들은 그를 냉정할 것으로 예상한 학생들보다 질문도 더 많이 하고 토론 참여에 더 적극적이었던 것으로 밝혀졌다. 여러분에게는 이런 일이 벌어진 적이 없는가? 교수에 대한 예상 때문에 그 교수에 대한 인상이 달라진 적은 없는가? 특정 교수에 대한 예상을 두고 여러분과 달랐던 친구를 하나 골라 그 교수에 대해 어떻게 생각하는지를 물어보라. 그런 다음 그 교수에 대한 두 사람(여러분과 여러분 친구)의 지각(생각)이 다른 이유가 두 사람이 사용한 스키마가 달랐기 때문에 벌어진 일일 가능성을 따져보라.

물론 사람들이 바깥세상에서 실제로 벌어지고 있는 일을 전혀 모르는 건 아니다. 때로는 우리가 경험하는 것이 비교적 분명하기 때문에 그것을 해석하기 위한 스키마가 필요 없을 때도 있다. 예컨대 Kelley의 연구에서 검토된 또 다른 수업에서는 초청강사가 건방지다 싶을 정도로 자신 있게 행동했다. 건방짐이 분명한 성격특질로 드러났기 때문에 학생들은 그 강사에 대한 인상을 평정할 때 그에 대한 소개글을 읽고 형성된 예상(스키마)을 이용할 필요가 없었다. 따라서 소개글에 따뜻한 사람으로 진술됐든 차가운 사람으로 진술됐든 학생들은 그 강사를 건방진 사람으로 평정했다. 그러나 이 학생들도 강사의 유머감을 평정할 때는 스키마를 이용하는 것으로 드러났다. 차가운 사람이라는 소개글을 읽은 학생들보다 따뜻한 사람이라는 소개글을 읽은 학생들이 그 강사의 유머감을 더 높게 평정했다는 말이다. Kelley의 연구결과를 종합하면 가진 정보가 모호할수록 사람들은 스키마를 기초로 판단(평정)을 내리게 된다.

여기서 주목해야 할 사항은 Kelley의 연구에 참여한 학생들이 한 일에는 잘못된 게 없다는 사실이다. 자기의 스키마가 정확하다고 믿을 만한 이유만 있으면, 자신의 스키마를 이용해서 모호성을 해결하는 작업의 합리성을 의심할 여지가 없다. 어두운 밤 뒷골목에서 낯선 사람이 다가오더니 "지갑 내놔!"라고 말하면, 이 만남에 대한 여러분의 스키마는 그 사람이 원하는 게 그 지갑 속에 든 돈이지 가족사진이 아니라고 알려준다. 이 스키마 덕분에 여러분은 어쩌면 치명적인 오해에서 벗어나게 되는 셈이다.

어떤 스키마가 이용될까 : 접근성과 점화

사회적 세계는 해석을 해야만 하는 모호한 정보로 가득하다. 예를 들어 시내버스를 타고 있는데 어떤 남자가 여러분의 옆자리에 앉더니 이상한 행동을 한다. 알아들을 수도 없는 말을 혼자 지껄이며 몸은 앞뒤로 심하게 흔들어댄다. 그러다가 갑자기 이미자의 노래를 부르기 시작한다. 여러분은 이 사람의 행동을 어떻게 설명하겠는가? 사용될 수 있는 스키마가 여러 개일 것이다. 예컨대 '주정뱅이'라는 스키마를 쓸 수도 있고 '정신병 환자'라는 스키마를 쓸 수도 있을 것이다. 이

둘 중 어느 스키마를 선택하겠는가?

어떤 스키마가 마음속에 떠올라 그 사람의 인상을 형성하는 데 작용할 것인지는 접근성에 따라 달라질 수 있다. **접근성**(accessibility)이란 우리가 사회적 세계에 관한 판단을 내리려 할 때, 그 스키마가 머릿속에 쉽게 떠오르는 정도를 일컫는다(Chaxel, 2014; Higgins, 1996a; Wheeler & DeMarree, 2009; Wyer & Srull, 1989). 특정 스키마의 접근성은 세 가지 요인에 의해 결정된다. 첫째, 과거 경험 때문에 접근성이 언제나 높은 스키마도 있다(Chen & Anderson, 1999; Coane & Balota, 2009; Schlegel et al., 2009). 이들 스키마는 언제나 활성 중인 상태이기 때문에 모호한 상황을 해석하는 데 이용될 준비가 이미 돼 있는 셈이다. 예컨대 여러분의 가족 중에 알코올 중독으로 고생한 사람이 있었다면, 여러분의 머릿속에는 알코올 중독자를 서술하는 특성이 언제나 활성 중일 것이다. 그 결과 여러분이 시내버스에서 만난 그 사람을 주정뱅이로 판단할 가능성은 더 커진다. 그러나 여러분의 가족 중에 정신질환으로 고생한 사람이 있었다면 정신질환자의 행동방식에 관한 생각이 알코올 중독자의 행동방식에 대한 생각보다 더 쉽게 떠오를 것이다. 이 경우에는 버스에서 만난 그 사람이 주정뱅이가 아닌 정신병 환자로 보일 가능성이 더 커진다.

둘째, 현재의 목적과의 관련성에 따라서도 스키마의 접근성은 달라진다. 정신질환이란 개념의 접근성이 언제나 높은 것은 아닐 수도 있다. 그러나 여러분이 이상심리학 시험공부를 하고 있고 학습내용 중에 정신질환의 종류에 관한 이야기가 들어 있다면, 정신질환이라는 개념(스키마)에 대한 접근성이 일시적으로 높아졌을 수도 있다. 그 결과 버스에서 만난 그 사람의 행동을 특정 정신질환의 증상으로 해석할 가능성이 시험기간 동안이나마 높아져 있을 수도 있다(Eitam & Higgins, 2010; Martin & Tesser, 1996; Masicampo & Ambady, 2014).

끝으로 스키마의 접근성은 최근 경험 때문에 일시적으로 높아져 있을 수도 있다(Bargh, 1996; Higgins & Bargh, 1987; Oishi, Schimmack, & Colcombe, 2003). 이는 어떤 사건을 겪기 전에 사람들이 생각해 왔던 어떤 것이나 해왔던 어떤 일에 의해 특정 스키마 또는 특질이 점화됐다는 의미이다. 앞에서 소개했던 버스에 탄 그 사람이 의자에 앉기 직전에 여러분은 정신병원에 입원한 환자에 관한 이야기를 읽고 있었다고 해보자. 그러면 여러분은 정신병 환자들에 관한 생각을 금방 머릿속에 떠올릴 수 있기 때문에 그 사람을 정신병 환자라고 생각할 가능성이 클 것이다. 그러나 바로 그때 창밖을 내다보다가 전봇대에 기대어 소주병을 기울이고 있는 사람을 보았다면, 버스에 탄 그 사람을 주정뱅이로 생각할 가능성이 클 것이다(그림 3.1 참조). 이들 예는 최근의 경험이 특정 스키마나 특질 또는 개념에 대한 접근성을 높여주는 과정인 **점화**(priming)의 보기에 속한다. 정신병 환자에 관한 이야기는 정신병 환자를 묘사하는 특성을 점화시켜, 새로운 사건(예 : 버스에 탄 남성의 행동)을 이

접근성
사회적 세계에 관한 판단을 내리려 할 때 관련 스키마나 개념이 머릿속에 쉽게 떠올라 그 판단에 이용될 가능성이 큰 정도

점화
최근의 경험 때문에 특정 스키마나 특성 또는 개념에 대한 접근성이 높아지는 작용

그림 3.1 모호한 상황을 해석하는 방식

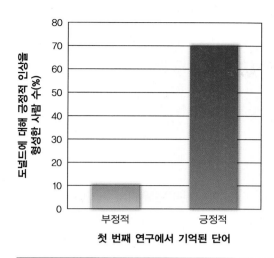

도널드 소개

도널드는 그가 짜릿함이라고 즐겨 불렀던 자극을 찾는 데 많은 시간을 보냈다. 그는 이미 맥킨리 산을 정복했고 콜로라도 급류에서 카약을 탔고 자동차 파괴경기에 참가하기도 했으며 배에 관한 지식이 별로 없는 상태에서 제트 엔진이 달린 배를 운항하기도 했다. 그는 부상은 물론 심지어 목숨까지, 그것도 여러 번 잃을 뻔했다. 이제 그는 또 새로운 짜릿함을 찾고 있다. 스카이다이빙을 해보거나 돛배로 대서양을 횡단해보는 것도 괜찮을 것 같다는 생각을 하고 있었다. 사실 그는 누가 봐도 여러 가지 일을 잘 할 수 있는 능력을 갖춘 사람처럼 행동했다. 사업상 관계 말고는 다른 사람들과 도널드와의 관계는 매우 제한적이었다. 그는 누구한테 의존할 필요가 없다고 느꼈다. 일단 어떤 일을 하기로 마음을 먹고 나면, 그 일이 아무리 어려워도 또 아무리 오래 걸려도 도널드는 그 일을 반드시 해내고 말았다. 마음을 바꾸어 먹는 것이 훨씬 좋아 보여도 그는 마음을 고쳐먹은 일이 거의 없었다.

그림 3.2 점화와 접근성

두 번째 연구에서는 참여자들에게 도널드를 소개한 문단을 읽게 함으로써 그에 대한 인상을 형성하게 했다. 첫 번째 연구에서 이들 참여자 중 일부는 도널드에 대한 글을 부정적으로 해석하는 데 이용될 수 있는 단어(예 : 무모한, 건방진)를 암기했고 나머지 참여자들은 그 글을 긍정적으로 해석하는 데 이용될 수 있는 단어(예 : 모험심, 자신감)를 암기했다. 그림에서 알 수 있듯이 부정적인 단어를 암기했던 참여자들이 형성한 도널드에 대한 인상이 긍정적인 단어를 암기했던 참여자들이 형성한 그에 대한 인상보다 훨씬 더 부정적이었다.

출처 : Higgins, Rholes, & Jones(1977)

러한 특성을 바탕으로 해석할 가능성을 높여 놓는다. 이 사건은 그 특성을 점화시킨 원래의 사건과는 아무런 관계가 없는데도 말이다.

다음 실험은 점화효과를 여실히 보여준다(Higgins, Rholes, & Jones, 1977). 참여자들에게는 두 편의 상이한 연구에 참여하게 될 것이라고 말해주었다. 지각연구인 첫 번째 연구에서는 상이한 색상의 이름을 대면서 동시에 일련의 단어를 기억해야 할 것이라고 알려주었다. 두 번째 연구는 독해에 관한 실험인데, 도널드란 사람에 관한 문단을 읽고 그 사람에 대한 인상을 보고해야 할 것이라고 알려주었다. 이 문단은 그림 3.2에 수록되어 있다. 잠깐 시간을 내어 이 문단을 읽어보라. 도널드는 어떤 사람일 것 같은가?

도널드가 행한 여러 가지 행동이 모호하다는 점을 여러분도 알아차렸을 것이다. 그가 행한 많은 행동은 긍정적으로 해석될 수도 있고 부정적으로 해석될 수도 있다는 뜻이다. 그는 배에 관해 아는 게 별로 없으면서도 배를 몰았다는 사실과 대서양을 횡단하고 싶어 했다는 사실을 예로 들어보자. 어떤 사람들은 그를 모험심이 강한 사람이라고 긍정적으로 평가할 수도 있다. 그러나 또 어떤 사람들은 그를 무모한 짓을 서슴지 않는 철이 덜 든 사람이라고 부정적으로 평가할 수도 있다.

참여자들은 도널드의 행동을 어떻게 해석했을까? 예상했던 대로 참여자들의 해석은 어느 특성(긍정적 또는 부정적)이 점화되어 접근성이 높아졌느냐에 따라 달랐다. 첫 번째 연구에서는 참여자를 두 집단으로 나누고 각 집단에게 상이한 단어를 기억하게 했다. '대담한', '자신만만한', '독립적인', '불굴의'라는 단어를 암기해야 했던 집단은 도널드에 대한 인상이 긍정적이었으며, 그를 도전적이어서 호감이 가는 사람으로 간주했다. 그러나 '무모한', '자만심 강한', '냉담한', '완고한'이라는 단어를 기억해야 했던 집단의 도널드에 대한 인상은 부정적이었고 그를 쓸데없이 위험을 무릅쓰는 건방진 사람으로 간주했다.

그러나 긍정적 또는 부정적 단어를 아무것이나 암기한다고 도널드에 대한 인상 형성이 달라지는 것은 아니었다. 다른 조건에서는 '깔끔한' 또는 '무례한' 같은 긍정적 또는 부정적 단어를 암기하게 했다. 하지만 이러한 특성은 도널드에 대한 인상 형성에 영향을 미치지 않았다. 이들 단어는 도널드의 행동에 적용되지 않았기 때문일 것이다. 따라서 사고/생각이 점화자극으로 작용하여, 사회적 세계에 대한 인상 형성에 영향을 미치기 위해서는 그 사고/생각에의 접근성이 높아야 할 뿐 아니라 그 사고/생각을 적용 가능해야만 한다고 할 것이다. 점화는 자동적 사고의 전형적인 보기에 속한다. 점화는 신속하게, 저절로, 그리고 자신도 모르는 사이에 일어나기 때문이다. 다른 사람들을 판단하는 일에 그 판단에 앞서 생각하고 있던 개념이나 스키마가 적용된다는 사실을 우리는 모르고 있다.

스키마 실현시키기 : 자기 충족적 예언

사람은 정보를 받아들이기만 하는 수동적인 존재가 아니다. 우리는 우리의 스키마에 따라 행동함으로써 그 스키마가 지지되거나 반박되는 정도를 바꾸어 버린다. 우리는 무심코 우리의 스키마에 맞추어 다른 사람들을 대함으로써 우리의 스키마를 옳은 것으로 만들어 버린다는 뜻이다(Madon et al., 2011; Rosenthal & Jacobson, 1968; Scherr et al., 2011; Stinson et al., 2011; Willard, Madon, Guyll, Scherr, & Buller, 2012). 이러한 **자기 충족적 예언**(self-fulfilling prophecy)은 다음과 같이 작용한다. 우리는 어떤 사람이 어떠할 것 같은지에 대한 기대를 가지고 있다. 이 기대는 우리가 그 사람을 대하는 방식에 영향을 미친다. 즉, 그 사람으로 하여금 우리의 원래 기대와 일치하는 행동을 하도록 조장한다. 그 결과 우리의 기대는 우리도 모르는 사이에 실현되고 만다. 그림 3.3은 자기 충족적 예언이 끊임없이 윤회하는 안타까운 모습을 예시하고 있다.

자기 충족적 예언
어떤 사람에 대한 우리의 기대가 그 사람에 대한 우리의 행동에 영향을 미쳐, 결국 그 사람으로 하여금 우리가 원래 기대했던 대로 행동하게 함으로써 우리의 기대가 구현되는 현상

그림 3.3 자기 충족적 예언
네 가지 행동의 슬픈 윤회

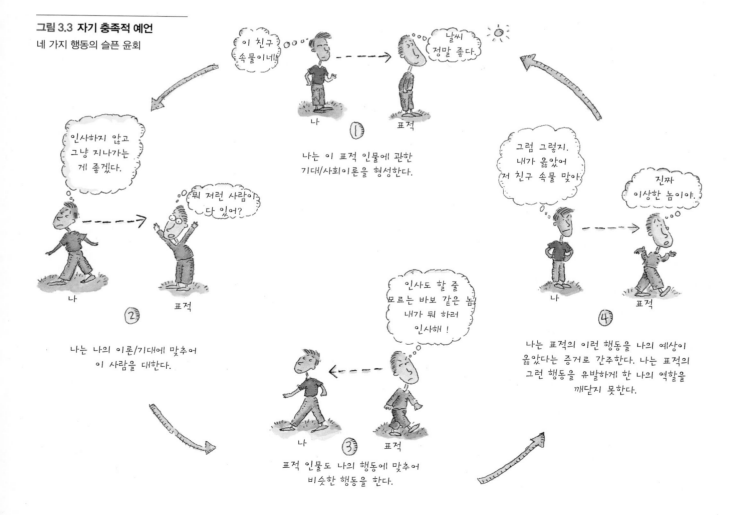

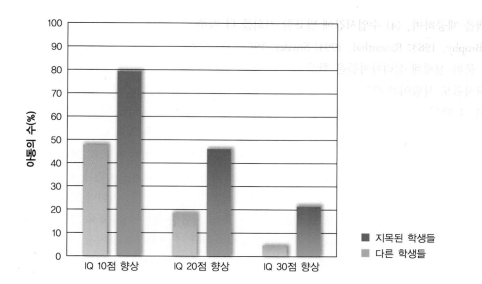

그림 3.4 자기 충족적 예언 : 1~2 학년 학생 중 1년 후 IQ 검사 점수가 향상된 학생의 비율(%)

교사들이 잘할 것으로 예상한 학생들이 다른 학생들보다 더 많이 향상되었다.

출처 : Rosenthal & Jacobson(1968)

사회심리학에서 가장 유명한 연구 중 하나가 된 연구에서 Robert Rosenthal과 Lenore Jacobson (1968)은 자기 충족적 예언을 다음과 같이 입증하였다. Rosenthal과 Jacobson은 초등학교를 하나 골라 그 학교 학생 모두를 대상으로 검사를 실시했다. 그런 후 교사들에게 학생 중 일부는 점수가 매우 높은 것으로 미루어 보아, 다음 해에는 그 학생들의 학업 성취도가 '뛰어날' 것이 확실하다고 말해주었다. 그러나 사실은 이와 달랐다. 성취도가 '뛰어날' 것으로 지목된 학생들은 연구자들이 무선으로 선별한 학생들이었다. 제2장에서 소개했듯이 무선으로 선별했다는 말은 뛰어날 것으로 지목된 학생들의 뛰어날 평균적 가능성이 다른 학생들보다 높지도 낮지도 않다는 뜻이다. 이 아이들이 다른 아이들과 다른 점이 있다면 그건 교사들의 마음속에 있는 정보뿐이었다. (교사들 말고는 학부모에게도 학생들에게도 검사결과에 관한 언급을 하지 않았다.)

이리하여 교사들에게 특정 학생들의 성적이 뛰어날 것이라는 기대를 갖게 조작한 후, Rosenthal과 Jacobson은 그다음 해 학교에서 무슨 일이 벌어지는지를 보기 위해 교실 내 활동을 주기적으로 관찰했다. 그리고 학년 말에는 모든 학생을 대상으로 또 한 번의 IQ 검사를 실시했다. 자기 충족적 예언은 구현되었을까? 그랬다! 그 예언은 실현되었다. 각 학년에서 뛰어날 것으로 지목됐던 학생들의 IQ 검사 점수가 다른 학생들의 점수보다 유의하게 높은 것으로 드러났던 것이다(그림 3.4 참조). 교사들의 상상(기대)이 실제로 변했던 것이다. Rosenthal과 Jacobson의 이 발견은 그 후 많은 실험연구와 상관연구 모두에서 반복 발견되었다(Jussim, 2012; Madon et al., 2003; 2008; 2011; Natanovich & Eden, 2008; Sorhagen, 2013).

Rosenthal과 Jacobson이 연구한 그 학교에서는 무슨 일이 벌어졌던 것일까? 혹시 교사들이 뛰어난 학생들에게 더 많은 관심을 기울이고 더 많은 독려를 하기로 결심했던 건 아닐까? 그럴 리는 없다. 거의 모든 교사가 매우 헌신적이어서 자기들이 특정 학생들을 다른 학생들보다 더 잘 대해주었다는 말을 들으면 화를 낼 그런 교사들이었기 때문이다. 사실 자기 충족적 예언은 자동적 사고이기 때문에 의식적이거나 고의적인 행동과는 거리가 멀다(Chen & Bargh, 1997). 흥미롭게도 Rosenthal과 Jacobson의 연구에 참여했던 교사들은 뛰어날 것으로 지목된 학생들과는 다소나마 더 짧은 시간을 보냈다고 보고했다. 그러나 후속 연구에서 뛰어날 것으로 지목된 학생들을 대하는 교사들의 태도가 다음 네 가지 방식에서 달랐던 것으로 드러났다. 교사들은 그 학생들에게 (1) 정서적으로 따뜻하게 대하고, 개인적으로 더 많은 관심과 용기와 지지를 제공하고, (2) 더 많은 학습재료와 더 어려운 학습재료를 내주고, (3) 숙제에는 보다 많고 보다 나은 피드백을 제공하며, (4) 수업시간에 발표할 기회를 더 자주 그리고 더 길게 줬던 것으로 관찰되었다 (Brophy, 1983; Rosenthal, 1994; Snyder, 1984).

물론 실세계 심리학자들은 학생들에 관한 헛된 기대를 교사들에게 제공하지 않는다. 그러나 교사들도 사람이기 때문에 자기가 가르치는 학생들의 성, 인종, 사회적 계층, 가족력 등을 기초로 그 학생들에 관한 헛된 기대를 형성할 수도 있다. Rosenthal과 Jacobson의 연구에서처럼, 이런 헛된 기대도 충분히 자기 충족적 예언을 유발할 수 있다. 실은 실제 교사들은 소수집단 및 불우한 학생들에 대한 낮은 기대를 확인하는 방식으로 행동할 가능성이 특히 크다는 증거가 있다 (Madon, Jussim, & Eccles, 1997; McKown & Weinstein, 2008). 예컨대 1학년 교사들의 학생들에 대한 기대가 지나치게 낮으면 10년 후에 실시된 수학, 읽기, 어휘력 표준검사에서 이 학생들의 점수가 더 낮은 것으로 드러났고, 이는 특히 가난한 집 아이들에서 그러했다(Sorhagen, 2013). 다시 말해 집이 가난하다는 이유만으로 아이들이 성공의 필수 요건을 갖추지 못했다고 생각하는 교사들은 자신도 모르게 그 학생들이 더 못하도록 행동했다는 뜻이다. 그 효과의 크기는 표준검사 점수에서 2~3점밖에 안 될 정도로 미미해, 낮은 기대 때문에 그 학생들이 반에서 꼴찌를 할 수밖에 없었다고는 단정하기 어렵다. 그럼에도 불구하고 자기 충족적 예언은 실재하며, 유능한 학생들을 자신의 능력을 한껏 발휘하지 못하게 만들 수도 있다. 또한 일터 같은 교실 밖 상황에서도 똑같은 일이 벌어질 수 있다는 점을 명심해야 한다. 일터의 경우에는 상사가 자기 충족적 예언을 통해 부하직원들의 행동에 영향을 미칠 수 있다.

요약하면 우리가 매일 같이 만나는 정보는 너무 방대하다. 따라서 우리는 그 정보를 관리할 수 있을 만큼 줄여야 한다. 또한 이들 정보 중 대부분은 모호하여 해석하기도 쉽지 않다. 이러한 혼란스러운 조건에 대처하는 한 가지 전략은 스키마를 활용하는 것이다. 스키마는 우리가 받아들여야 할 정보의 양을 줄여주고 모호한 정보까지 해석할 수 있게 해준다. 스키마는 노력하지 않아도 나도 모르는 사이에 신속하게 그리고 자동적으로 적용된다. 요컨대 스키마는 일종의 자동적 사고이다. 그러나 곧 알게 되겠지만 스키마는 사회적 세계에 관한 정보를 자동적으로 처리하기 위해 우리가 사용하는 여러 가지 방식 중 하나일 뿐이다.

복습문제

1. 다음 중 스키마의 기능을 가장 잘 요약한 것은?
   a. 스키마는 자기 충족적 예언 때문에 잘못된 판단을 초래하는 게 보통이다.
   b. 스키마는 우리를 도와 세상을 조직하고 우리 지식의 결함을 채워주기 때문에 언제나 유익하다.
   c. 스키마는 세상에 관한 정보를 조직하게 해준다는 점에서 매우 유용하지만 자기 충족적 예언을 초래하는 단점도 있다.
   d. 스키마는 타인에 관한 정보를 조직하게 해준다는 점에서 매우 유용하지만 사건(예 : 외식을 할 때는 어떤 일)에 관한 정보를 조직하는 데는 도움이 안 된다.

2. 다음 중 스키마가 사람들의 마음속에 이용될 수 있는 방식이 아닌 것은?
   a. 내용이 부정적인 스키마일수록 그 이용 가능은 커진다.
   b. 스키마를 이용할 수 있는 것은 사람들의 과거 경험 때문이다.
   c. 스키마는 점화 때문에 일시적으로만 이용될 수 있다.
   d. 스키마는 우리의 현재 목표와 관련되었을 때에 이용될 수 있다.

3. 다음 중 자기 충족적 예언의 보기로 가장 적절한 것은?
   a. 어떤 교사는 여학생보다 남학생이 수학을 더 잘한다고 믿는다. 그런데 자기 반 남학생들은 여학생들보다 수학을 더 못한다.
   b. 병오는 알파 클럽 회원들이 매우 불친절한 속물이라고 믿고 있다. 알파 클럽의 회원은 만날 때마다 자기에게 매우 친절하게 대한다.
   c. 소라는 자기 아들이 음악에 소질이 없다고 걱정하는데, 피아노 레슨에서는 예상보다 잘한다.
   d. 정아는 자기 딸이 훌륭한 독자가 못 된다고 생각하며 그에게 글을 읽어주는 일을 소홀히 한다. 그 결과 학교에서는 그 아이의 읽기 능력이 뒤처진다.

4. 불량배들끼리의 패싸움을 다룬 무서운 영화를 본 후 집으로 오는 길에 서로 큰 소리로 이야기하는 사람들을 만났다. 앞서 봤던 영화 때문에 나는 곧 진짜 싸움으로 이어질 말다툼을 목격하고 있다고 가정한다. 이 일은 ____ 에 해당한다.
   a. 점화

b. 기저율 정보

c. 신념고착

d. 통제된 사고

5. 란호가 자기 기숙사에서 가장 매력적인 친구는 아니었다. 그러나 그는 자기가 어떤 사람이며 자기의 외모가 어떠한지에 대해 확실한 믿음을 가지고 있었다. 그는 거의 모든 여성이 자기를 매력적인 남자로 생각할 것이라고 확신하고 있었고, 실제로 자신보다 훨씬 더 매력적인 여성과 데이트를

하기도 한다. 이러한 란호의 성공에 대한 최적의 설명은?

a. 자기가치 확인 이론

b. 자기 충족적 예언

c. 대표성 휴리스틱

d. 통합적 사고

정답은 537-539쪽 참조

자동적 사고의 유형

3.2 자동적 사고의 다른 유형은 무엇이며, 그들은 어떻게 작용하나

우리가 사회적 세계를 해석하는 일을 도와주며 또 의도하지 않았는데도 결정을 내리게 하는 다른 유형의 자동적 사고도 몇 가지 더 있다.

자동적 목적 추구

어떤 직업을 택해야 할지와 같은 자신의 목적을 설정할 때는 누구나 원하는 게 무엇인지를 두고 의식적으로 그리고 의도적으로 고민을 하며 상당한 시간을 보내곤 한다. 그러나 목적을 택하는 일이 이런 식으로만 전개되지는 않는다. 일상생활에서는 경합을 벌이는 목적도 있고 어떤 것을 선택할 것인지가 자동적으로 결정되는 경우도 많다. 예를 들어 극소수의 학생들만 A를 받아가는 어려운 수학 과목을 수강하고 있다고 해보자. 시험 때가 가까워지자 잘 알지 못하는 학생 한 명이 다가오더니 타전공이라서 이 과목의 강의 내용을 이해하기가 어렵다고 말하고는 커피라도 마시면서 지금까지 다룬 내용을 한번 정리해줄 수 없겠냐고 묻는다. 한편으로는 도와주고 싶은 마음이 없는 것도 아니다. 도움을 주면 배려심이 넘치는 따뜻한 사람이라는 목적이 달성된다. 그러나 다른 한편으로는 A학점을 받고 싶은 욕구도 충족시키고 싶다. 다른 학생이 A학점을 받을 가능성을 높여줌으로써 자신이 A학점 받을 확률을 낮추고 싶지가 않다. 이런 경우 여러분 같으면 어떤 목적을 달성시키려 하겠는가? 시간을 두고 이것저것 따져본 후에 결정을 내릴 수도 있을 것이다. 그러나 이때도 우리는 이와 비슷했던 최근의 조건에서 우리가 어떤 목적/욕구를 충족시켰는가에 따라 결정이 달라지는 자동적 사고에 의존하는 경우가 많은 것으로 드러났다(Aarts & Elliot, 2012; DeMarree et al., 2012; Forster, Liberman, & Friedman, 2007; Hassin, 2013; Loersch & Payne, 2011; Marien, Custers, Hassin, & Aarts, 2012).

사회심리학자들은 이 가설을 검증하기 위해 사람들의 목적을 교묘한 방법으로 조작하고, 그 조작의 효과가 사람들의 행동에서 어떤 식으로 나타나는지를 검토하였다. 예컨대 Azim Shariff와 Ara Norenzayan(2007)은 참여자들에게 일군의 단어를 제시하고는, 제시된 단어를 이용하여 문장을 만들어보라고 주문했다. 예컨대 '느꼈다, 그녀는, 박멸했다, 기분, 천사 같

우리의 목적이 우리가 겪은 최근 경험에 의해 나도 모르는 사이에 활성화되기도 하는 것으로 드러났다. 예컨대 어떤 사람이 방금 성당을 지나왔다면, 그 일이 그 사람의 도덕률을 활성화시켜 길을 가다 만난 노숙자에게 은혜를 베풀 가능성이 커지는 것으로 밝혀진 것이다.

은'이 그런 단어로 제공되었을 때 참여자들은 "그녀는 천사 같은 기분을 느꼈다."와 같은 문장을 만들었다. 그런 다음 이와는 다른 연구를 하는 척하면서 참여자들에게 게임을 하게 했다. 이 게임에서는 참여자들에게 1달러짜리 동전을 10개씩 제공하고 그 돈을 다음 참여자와 나누어 가지라고 주문했다. 다음에 참여하는 사람은 그 앞에 참여했던 사람이 누군지를 몰랐다. 그러나 앞서 참여했던 사람이 어떤 결정을 내렸는지는 알 수 있었다. 이러한 경우 여러분은 어떻게 행동할 것 같은가? 10달러를 쉽게 벌 수 있는 기회가 생겼다. 그리고 이 돈을 모두 독식하고 싶은 마음(목적)도 분명히 있다. 그러나 한편으로는 그 돈을 나누어 가지지 않았다는 죄책감도 꿈틀거린다. 우리 모두가 적어도 한 번쯤은 경험했을 묘한 상황, 즉 내 마음속의 천사와 악마 사이에서 고민을 하게 되는 불편한 상황이 설정된 것이다. 단적으로 사람들은 돈을 다 가지고 싶다. 그러나 이 목적은 착한 사람이고 싶은 또 다른 목적과 상치된다. 이때 성취되는 목적은 어느 것일까?

어느 목적이 충족될 것인지는 최근에 충족됐던 목적이 무엇이었느냐에 따라 달라진다. 이런 난처한 상황에 처하기에 앞서 실시됐던 문장 만들기 과제를 기억할 것이다. 그때 실험집단 참여자들에게는 신과 관련된 단어(예 : 영혼, 신성한, 신, 신전, 예언 등)가 제시됐었다. 이는 이웃사람들에게 친절하게 대하는 목적을 활성화시키기 위한 조작이었다. 그리고 통제집단 참여자들에게는 중립적인 단어가 제시되었다. 여기서 중요한 것은 적어도 참여자들은 문장 만들기 과제와 게임을 전혀 무관한 과제로 알고 있었다는 사실이다. 그런데도 불구하고 신과 관련된 단어를 가지고 문장을 만들어본 실험집단의 참여자들이 다음 참여자를 위해 남긴 돈(평균 4.56달러)이 중립적 단어를 가지고 문장을 만들어본 통제집단의 참여자들이 남긴 돈(평균 2.56달러)보다 훨씬 많았다. 기실 사람들을 보다 이타적인 목적/욕구를 충족시키도록 만든 것은 신과 관련된 단어만은 아니었다. 세 번째 집단의 참여자들은 종교와는 무관하면서도 공정성과 관련된 단어들(예 : 공공, 계약)로 문장을 만들어보는 기회를 가졌다. 그런데 이 집단도 통제집단보다는 훨씬 많은 돈(평균 4.44달러)을 다음 참여자와 나누어 가진 것으로 드러났다. 이러한 연구를 통해 우리는 우리의 목적도 활성화되며, 그 결과는 우리도 모르는 사이에 우리의 행동에 영향을 미친다는 사실을 배우게 된다. 남을 돕는 우리의 행동이, 우리가 남을 도와야 할 상황에 처하기 얼마 전에 사찰이나 성당을 지나치는 일, 자선단체의 활동을 목격하는 일, 선행을 주제로 한 책을 읽는 일 등에 따라 달라진다는 뜻이다.

자동적 의사결정

어떤 아파트에 세를 들 것인지 또는 어떤 차를 구입할 것인지와 같은 중요한 결정을 내려야 할 때는 어떨까? 이런 결정에도 우리는 시간을 두고 여러 대안을 조심스럽게 고려해보는 접근법을 취한다. 그러나 어떤 경우에는 우리의 마음이 가는 대로 그냥 따라가는 게 더 좋을 때도 있다. 예를 들어보자. 아파트를 찾아다니다가 여남의 곳을 살펴보게 되었다. 수집한 정보도 월세, 규모, 위치, 무료 인터넷 가용 여부, 이웃사람들 등등 많기도 하다. 결정할 때가 된 것 같아 마음먹고 자리에 앉아 손에 쥔 모든 정보를 하나씩 따져본다. 물론 최선의 선택을 하기 위함이다. 그러나 이 방법이 최선의 방법일까? 이런 방법은 어떨까? 아파트에 관한 의도적인 생각을 접고 숙제 같은 아파트와 전혀 무관한 일을 마친 후에 어느 아파트가 가장 좋은 것으로 느껴지는지를 점검해보는 방법은 어떨까?

연구결과에 의하면 특정 선택을 두고 너무 많이 생각하는 것은 좋은 선택을 방해할 수도 있고, 일정 기간 기분전환을 하는 것이 최선의 선택에 도움이 될 때도 있다(Bargh, 2011; Bos & Dijksterhuis, 2012; Creswell, Bursley, & Satpute, 2013; Dijksterhuis & Nordgren, 2006;

Nordgren et al., 2011; Wilson, 2002). 그렇다고 의도적인 생각은 아예 하지 말라는 말은 아니다. 첫째, 기분전환으로 결정이 향상되기 위해서는 선택을 잘하겠다는 의식적인 목적이 있어야만 한다. 다시 말해 가장 좋은 아파트를 구하기 위해 최선을 다하겠다는 의식적인 작업으로 일을 시작해야 한다는 말이다. 둘째, 결정이 일련의 단순한 규칙을 필요로 할 때는 의식적인 사고가 자동적인 사고보다 더 낫다. 예를 들어 143×657을 계산하라는 주문을 받은 경우라면 숙제를 통해 기분을 전환한다고 해서 득이 될 일이 하나도 없을 것이다. 곱셈 과제처럼 주어진 과제를 수행하기 위해서는 반드시 일군의 규칙을 따라야 한다면, 그런 규칙을 의식적으로 철저하게 따르는 것이 최선의 방법이다.

기분전환이 특히 유용한 경우는 여남의 개의 아파트를 두고 각각의 장단점을 따져봐야 할 때처럼, 결정을 내리기 위해 많은 복잡한 정보를 통합해야만 할 때이다. 많은 정보를 걸러내어 최선의 아파트를 선택하는 이러한 경우에는 그냥 마음 가는 대로 따르는 것이 더 좋은 결과를 가져오기도 한다. 물론 일상생활에서 내리는 결정에는 이 두 가지 과정(즉, 복잡한 정보를 솎아 내는 과정과 규칙을 따르는 과정) 모두가 개입될 때도 많다. 그리고 전자의 과정은 자신도 모르는 사이에 전개되는 게 더 좋고, "이 아파트는 인터넷을 공짜로 사용할 수 있다는 것 말고는 뭐가 좋은 게 있는데?"와 같은 문제를 따져야 하는 후자의 과정은 의식적으로 전개되는 게 더 좋다. 따라서 최선의 접근법은 우리 마음이 가진 이들 두 가지 측면을 모두 활용하는 방법이 될 것이다. 실제로 한 연구에서는 참여자들에게 2분 동안은 여러 가지 아파트에 관해 의식적으로 생각을 하게 한 후, 그다음 2분 동안은 글자 수수께끼를 풀게 하여 기분전환을 하게 했을 때 최선의 아파트가 선택되었다고 밝혔다(Nordgren, Bos, & Dikksterhuis, 2011). 이 조건에 참여한 사람들이 의식적인 생각만 했던 사람들보다 그리고 문자 수수께끼만 풀었던 사람들보다 더 좋은 아파트를 선택했다는 뜻이다.

자동적 사고와 심신에 관한 비유

어느 날 백화점을 나서는데 낯선 사람이 다가오더니 방금 지갑을 소매치기당했다며, 집에 갈 차비가 필요해서 그러니까 2천 원만 줄 수 없느냐고 묻는다. 이 사람이 하는 말이 모두 진실이고, 정말로 도움이 절실한 사람일 수도 있다. 하지만 이 사람이 한 말은 모두 지어낸 이야기이고 이런 식으로 돈을 모아 술이나 마약을 구입하려고 하는지도 모른다. 어떻게 하겠는가? 앞서도 봤던 것처럼, 이러한 모호한 상황에 처하면 사람들은 자기의 머릿속에 떠오르는 스키마를 사용한다. 그 사람을 만나기 조금 전에 백화점 점원이 손님을 돕는 일을 목격했다면, 즉 '돕기'라는 스키마가 여러분의 마음속에 활성화(점화)된 상태라면, 그 낯선 사람에게 도움을 줄 가능성이 커진다.

그러나 사람들의 결심이 신선하고 깨끗한 물체의 냄새를 맡았는지에 따라서도 달라진다면 어떨 것 같은가? 예를 들어 여러분이 백화점을 나설 때 청소부가 백화점 유리문을 청소하고 있었고, 그때 문을 나선 여러분은 그 청소부가 사용한 세제에서 나는 레몬 향을 맡았다고 해보자. 터무니없는 소리처럼 들리겠지만, 사람들은 깨끗한 향내를 맡았을 때에 낯선 사람을 믿고 또 도와줄 확률이 높아지는 것으로 밝혀졌다(Helzer & Pizarro, 2011; Meier, Schnall, Schwarz, & Bargh, 2012).

사람들의 판단 및 결심에 영향을 미치는 것은 스키마 말고 다른 것도 있다는 사실이 드러난 것이다. 우리의 마음은 우리의 몸과 연결되어 있기 때문에, 우리가 어떤 것 또는 누군가를 생각할 때의 기준은 그 대상에 대해 우리의 몸이 어떻게 반응하는지에 따라서도 달라진다. 예컨대 세

질문지에 대한 이 사람의 반응이 클립보드의 무게에 따라 달라질까? 그 이유는?

상사에 대한 사람들의 판단은 몸에 활력이 넘칠 때보다 몸이 피곤할 때에 더 부정적으로 변한다. 여러분도 이런 경험을 한 적이 있을 것이기 때문에 이 예를 사실로 인정하기가 어렵지는 않을 것이다. 그러나 쉽게 이해하기 어려운 일은 신체와 사회적 판단에 관한 비유/은유도 우리의 판단 및 결심에 영향을 미친다는 사실이다(Lakoff & Johnson, 1999; Zhong & Liljenquist, 2006). 예컨대 '죄악을 씻어낸다'거나 '불결한 생각'이란 말에서 알 수 있듯 일반적으로 청결은 도덕성과 관련되고, 불결은 비도덕성과 관련되어 있다. 물론 이들은 은유/비유일 뿐이다. 생각이 더러울 수는 없으니까. 그런데 몸과 마음 간 관계에 관한 은유/비유를 점화시키면 우리의 생각도 바뀐다(Landau, Meier, & Keefer, 2010).

예를 들어 한 연구에서는 참여자들을 레몬 향을 뿌린 방 또는 아무런 냄새가 나지 않는 방에 앉혀 놓았다. 예상했던 대로 향긋한 냄새가 나는 방에 앉았던 사람들이 낯선 사람을 더 잘 믿었고 자선사업에 시간과 돈을 기부할 가능성도 더 큰 것으로 밝혀졌다(Liljenquist, Zhong, & Galinsky, 2010). 또 다른 연구에서는 따뜻한 커피를 들고 있는 사람들이 차가운 커피를 들고 있는 사람들보다 낯선 사람을 더 친근하게 생각하는 것으로 드러났다. 이 결과를 두고 연구자들은 손에 든 따뜻한 음료수는 온화한 사람은 '따뜻하다'는 은유를 활성화시키고 차가운 음료수는 무정한 사람은 '차갑다'는 은유를 활성화시켰기 때문에 낯선 사람에 대한 인상 형성이 달라졌다고 해석했다(Williams & Bargh, 2008). 연구에 참여한 대학생들에게 설문지를 작성하게 한 또 다른 연구에서는 설문지를 무거운 클립보드 또는 가벼운 클립보드에 끼워 작성하게 했다. 그러고는 학내 문제에 관한 학생들의 입장을 어떻게 다룰 것인가에 대한 반응을 분석해보았다. 그 결과 무거운 클립보드를 받치고 설문지를 작성한 참여자들은 가벼운 클립보드를 받치고 설문지를 작성한 참여자들보다 학생들의 입장을 더욱 신중하게 다루어야 한다고 생각했던 것으로 드러났다. '중요하다'의 '중(重)'이 무겁다는 뜻을 가진 음절이라는 점에서 알 수 있듯, 무게와 중요성을 관련짓는 은유는 많다. 이 때문에 무거운 클립보드의 무게감이 이 은유를 활성화시켰고, 그 은유 때문에 무거운 클립보드를 든 참여자들은 학생들의 의견에 무게를 더 부여했다는 설명이 가능해진다(Jostmann, Lakens, & Schubert, 2009).

위의 각 연구에서는 물리적 감각(깨끗한 물질의 냄새, 음료수의 따뜻한 느낌, 손에 든 물건의 무게감)이 그와는 완전 무관한 주제나 사람에 대한 판단에 영향을 미쳤다. 이들 연구에서 우리는 우리의 판단과 행동에 영향을 미칠 수 있는 것에는 활성화된 스키마만 있는 게 아니라 심신의 관계에 관한 은유를 활성화시켜도 우리의 행동과 판단은 달라진다는 사실을 알게 되었다(IJzerman & Semin, 2010).

마음속 전략과 지름길 : 판단 휴리스틱

자동적 사고의 또 다른 양상으로는 사회적 세계에 관한 생각을 할 때 구체적인 규칙이나 지름길이 적용되는 경우를 꼽을 수 있다. 대부분의 경우 이들 지름길은 매우 유용한 편이다. 그러나 때로는 세상에 관한 전혀 엉뚱한 추론을 유발하기도 한다. 예를 들어 어느 대학에 입학원서를 낼 것인지를 결정하던 때를 생각해보자. 이 결정을 내리기 위해 여러분은 모든 대학을 하나씩 검토해볼 수도 있었을 것이다. 대학마다 접근 가능한 모든 정보를 수집해서 분석한 후에 결정을 내리는 전략도 있다는 뜻이다. 그러나 그런 전략을 취한 학생은 아무도 없을 것이다. 대부분의 학생들은 소수의 대학을 선정한 후, 이들 대학에 관한 정보만 수집해서 분석했을 것이다.

사실 우리가 일상생활에서 내리는 결정이나 판단은 거의 대부분 이런 후자의 방식으로 전개된다. 거주지를 선택할 때도 자동차를 구입할 때도 심지어 결혼 상대를 선별할 때도 우리는 모든 대안을 철저하게 검색하지는 않는다. 그런 전략보다는 결정을 쉽게 해주는 마음속 전략 또는 마음속 지름길을 사용한다. 물론 마음속 지름길이 반드시 훌륭한 결정을 보장하지는 않는다. 예컨대 여러분이 고려할 수 있었던 모든 대학과 전공을 철저하게 분석했더라면, 지금 다니는 대학보다 더 나은 대학에서 공부하고 있을지도 모르는 일이다. 하지만 마음속 전략은 효율적이어서 대개는 적절한 시간 내에 훌륭한 결정을 내릴 수 있게 해준다(Gigerenzer, 2008; Griffin & Kahneman, 2003; Gilovich & Griffin, 2002; Kahneman, 2011; Nisbett & Ross, 1980).

그럼 사람들은 어떤 지름길을 이용하는 것일까? 앞서도 봤던 것처럼 한 가지는 새로운 상황을 이해하기 위해 스키마를 이용하는 전략이다. 우리는 대안을 검토할 때 처음부터 시작하기보다는 사전지식과 스키마를 적용하곤 한다. 대학에서부터 사람에 이르기까지 우리는 많은 것에 관한 다양한 스키마(예컨대 국립대학은 어떻고 사립대학은 어떠한가에 대한 지식, 그리고 남학생과 여학생에 대한 교사들의 믿음 등)를 가지고 있다. 그러나 구체적인 판단이나 결정을 내릴 때는 곧바로 적용할 수 있도록 미리 마련해둔 스키마가 없을 때도 많고, 또 어떤 때는 활용할 수 있는 스키마가 너무 많아 어떤 것을 사용해야 할지를 두고 고민을 해야 할 때도 있다.

이런 경우 사람들은 **판단 휴리스틱**(judgemental heuristics)이라는 마음속 지름길을 이용하곤 한다(Gigerenzer, 2008; Shah & Openheimer, 2008; Tversky & Kahneman, 1974). 사회인지 분야에서는 사람들이 판단을 신속하게 그리고 효율적으로 내리기 위해 이용하는 마음속 지름길을 휴리스틱(heuristic)이라 한다. 이들 휴리스틱을 소개하기 전에, 휴리스틱을 이용한다고 해서 정확한 판단이나 결정이 보장되는 것은 아니라는 사실부터 밝혀두어야 할 것 같다. 경우에 따라 당면 과제를 해결하는 데 휴리스틱을 사용하는 것 자체가 적절하지 않을 수도 있고, 잘못 적용되어 엉뚱한 판단을 내리게 되기도 한다. 이 때문에 사회인지에 관한 많은 연구에서 이러한 추리의 오류를 분석해왔다. 우리는 이 장에서 이런 오류의 보기를 여러 가지 만나게 될 것이다. 그중 하나가 남학생이 여학생보다 더 총명하다는 교사들의 잘못된 믿음이다. 경우에 따라 오류를 유발하기도 하지만 대개의 경우 마음속 전략(휴리스틱)은 매우 편리하며 당면 요구를 비교적 잘 충족시켜 주는 편이다. 바로 이런 장점 때문에 사람들은 휴리스틱을 애용한다.

판단 휴리스틱
판단을 신속하고 효율적으로 내리기 위해 사용되는 지름길

마음속에 얼마나 쉽게 떠오르나? 가용성 휴리스틱   어느 날 저녁 여러 명의 친구와 외식을 하러 갔는데, 식당 측에서 실수를 범하는 일이 벌어졌다. 여러분의 친구인 양호가 된장찌개를 주문했는데, 순두부찌개가 나온 것이다. "어! 난 된장찌개 주문했는데 ……어 ……됐다 뭐, 이거나저거나, 아무거나 먹으면 어때!"라고 양호가 말했다. 여기서 논쟁이 벌어졌다. 순두부찌개를 돌려보내고 된장찌개를 가져오라고 해야 하는 것 아닌가? 친구 중 일부가 "왜 양호 너는 단호하지 못하고 항상 그렇게 우유부단하냐?"고 나무라듯 말했다. 그러자 양호가 대꾸했다. "너희가 보기엔 내가 우유부단한 사람 같아 보이냐?"고. 이 반문에 여러분은 어떻게 대답할 것 같은가?

그 반문에 대답하는 한 가지 방법은 기존의 스키마를 떠올려 그 스키마를 기초로 대답을 하는 방법이다. 여러분이 양호에 대해 잘 알고 있었고, 그가 얼마나 단호한지에 관한 스키마를 형성해놓고 있었다면 쉽게 답할 수 있을 것이다. 그러나 양호가 얼마나 단호한지에 관해 생각해본 적이 없다면, 그래서 즉석에서 답을 만들어내야 한다면 어떻게 할 것 같은가? 이런 경우 사람들은 다

른 사례가 얼마나 쉽게 머릿속에 떠오르는지를 기준으로 판단하곤 한다. 따라서 양호가 단호하게 행동했던 일(예 : 매표소 앞에서 줄을 서서 기다리는데 낯선 사람이 찾아와 끼어들려고 했을 때 단호하게 거절했던 일)을 쉽게 마음속에 떠올릴 수 있으면, 여러분의 대답은 "아니, 난 그렇게 생각하지 않는데!"가 될 것이다.

　　이러한 주먹구구식 전략을 **가용성 휴리스틱**(availability heuristic)이라 한다. 가용성 휴리스틱에 따르면, 어떤 일/사건에 대한 판단을 내릴 때 우리는 그 사건/일과 관련된 과거 경험이 얼마나 쉽게 머릿속에 떠오르는지를 기준으로 판단을 내린다(Caruso, 2008; Pachur, Hertwig, & Steinmann, 2012; Schwarz & Vaughn, 2002; Tversky & Kahneman, 1973). 가용성 휴리스틱이 유용할 경우도 많다. 예컨대 양호가 단호하게 행동하는 경우를 목격한 경험이 많다면 양호를 단호한 성격의 소유자로 봐도 좋을 것이고, 소심하게 행동하는 경우를 더 자주 목격했다면 소심한 사람으로 보는 것이 옳을 것이다. 그러나 가용성 휴리스틱의 문제는 엉뚱한 데서 발생한다. 가용성 휴리스틱의 문제는 우리 머릿속에 쉽게 떠오르는 정도가 그 사건/일이 과거에 발생했던 빈도를 정확하게 반영하지는 않는다는 데 있다. 따라서 가용성 휴리스틱에 기초한 판단이 오판이 될 수도 있다.

　　예를 들어 의사들이 환자의 질환을 진단할 때, 환자의 증상을 관찰하고 환자가 겪고 있는 병이 어떤 병인지를 찾아내는 것은 비교적 간단해 보인다. 그러나 증상은 같아도 그 증상을 유발한 질환은 여러 가지일 때도 있다. 이런 경우 의사들도 가용성 휴리스틱을 이용하는 것으로 드러나고 있다(Weber, 1993). 의사들도 그 증상을 머릿속에 쉽게 떠오르는 질환을 반영하는 질환으로 판단한다는 뜻이다.

　　의사 매리언 씨가 아홉 살 난 니콜을 진단한 사례를 예로 들어보자. 니콜은 1년에 한두 차례 방향감각을 잃어버리고 불면증에 시달리며 발음을 분명하게 못하고 고양이 울음소리 같은 이상한 소리를 내는 소동을 벌인다. 그러나 다른 모든 면에서 보통 아이들과 다르지 않았다. 병원에도 세 번이나 입원했고, 전문의도 10여 명이나 만났으며, CT, 뇌파검사, 거의 모든 종류의 혈액검사 등 진단에 필요한 검사도 많이 받았다. 하지만 아무도 속 시원한 답을 해주지 못했다. 그런데 매리언은 니콜을 만난 지 몇 분이 지나지 않아 니콜이 급성 간헐성 포르피린(AIP)이라고 하는 유전형 혈액장애로 고생하고 있다고 정확하게 진단했다. 이 장애로 고생하는 사람들의 혈액은 가끔씩 다른 것과 조화를 이루지 못해 다양한 신경적 증상을 유발하지만, 세심한 식이요법과 특정 약물을 피함으로써 이런 증상을 통제할 수 있는 것으로 알려져 있다.

　　의사 매리언은 그 많은 전문가들이 실패한 일을 어떻게 그렇게 쉽게 진단해낼 수 있었을까? 그는 마침 그때 역사적 인물들이 겪은 유전적 질환을 다룬 책의 원고를 마무리했다. 그 원고 속에는 AIP로 고생한 영국 왕 조지 3세의 이야기도 들어 있었다. "내가 그 진단을 내릴 수 있었던 것은 내가 남보다 똑똑해서도 아니고 내가 남보다 검사를 더 세심하게 해서도 아니다." 매리언의 말이다. "남들이 못한 일을 내가 해낼 수 있었던 것은 니콜과 내가 적절할 순간에 적절한 곳에서 마주쳤기 때문일 뿐이다."(Marion, 1995, p. 40)

　　매리언이 정확한 진단을 내릴 수 있었던 것은 가용성 휴리스틱 덕분이었다. AIP가 매리언의 머릿속에 쉽게 떠올랐던 것은 그 장애에 관한 이야기를 얼마 전에 읽었기 때문이다. 이 경우는 가용성 휴리스틱이 운 좋게 이용된 경우에 속한다. 하지만 이 전략을 이용한 결과가 좋지 않을 수도 얼마든지 있다. "의사도 다른 사람들과 다를 게 없다. 우리와 똑같이 영화도 보고, TV를 시청하며, 신문도 읽고 소설책도 읽는다. 희소병으로 고생하고 있는 환자를 만났는데, 마침 어젯밤에 그 병을 다룬 영화를 TV 프로그램에서 봤다면, 이 환자를 진단할 때 그 영화 속에서 만났던 여러

조건을 고려할 가능성이 높아지게 된다."(Marion, 1995, p. 40) 따라서 지난밤에 의사가 본 영화의 주제가 오늘 만난 환자가 앓고 있는 병과 같다면 운이 좋은 경우가 된다. 하지만 니콜이 만났던 의사 12명의 경우처럼, 그 병에 관한 기억이 의사들의 머릿속에 떠오르지 않는다면 지독히도 운이 없는 경우가 되고 만다.

사람들은 자신에 대한 판단을 내릴 때도 가용성 휴리스틱을 사용하는 것일까? 적어도 자신의 성격(예 : 얼마나 단호한가?)에 관해서는 잘 알고 있다고 생각할 수도 있다. 그러나 우리는 자신의 성격특질에 관한 확고한 스키마를 갖추지 못하고 있는 것 같다(Markus, 1977). 자신에 대한 판단을 내릴 때도 사람들은 자신의 과거 행동 중에서 특정 유형의 행동을 얼마나 쉽게 인출할 수 있는가를 따져보는 것 같다는 뜻이다. 이 가능성이 실제인지를 검증하기 위한 실험에서, 참여자들의 과거 행동 중에서 특정 유형의 행동을 기억해내기 쉬운 정도를 조작해보았다(Schwartz et al., 1991). 첫 번째 조건의 참여자들에게는 자기들이 과거에 단호하게 행동했던 사례 여섯 가지를 회상해보라고 주문했다. 대부분의 참여자들은 예컨대 상품을 판매하기 위해 걸려온 전화를 한마디 대꾸도 않고 끊어버렸던 일 같은 사례 여섯 가지를 어렵지 않게 기억해냈다. 두 번째 조건의 참여자들에게는 자기들이 과거에 단호하게 행동했던 사례 열두 가지를 회상해보라고 주문했다. 이 조건의 참여자들은 이렇게 많은 사례를 기억해내느라 애를 먹었다. 그런 후 이 실험에 참여한 모든 참여자에게 자신이 얼마나 단호한 사람이라고 생각하는지를 평정해보라고 주문했다.

이 실험을 통해 해결하고자 했던 문제는 "사람들은 자신의 단호성(성격특질)에 관한 추론/판단을 할 때에도 가용성 휴리스틱을 이용할까?"였다. 그림 3.5를 보면 이 질문의 답을 어렵지 않게 만들 수 있을 것이다. 여섯 가지 사례를 회상해보라는 주문을 받은 집단은 자신을 비교적 단호한 성격의 소유자라고 판단했다. 여섯 가지 사례를 회상해내기가 어렵지 않았기 때문이었을 것이다. 그러나 열두 가지 사례를 회상해보라는 요구를 받은 집단은 자신들을 비교적 단호하지 못한 사람으로 평정했다. 열두 가지 사례를 기억해내기가 어려웠기 때문이었을 것이다. 다른 사람들에게 소심하게 행동한 사례를 여섯 가지 또는 열두 가지씩 생각해내보라고 주문했을 때도 비슷한 결과가 발견되었다. 즉, 여섯 가지 경우를 생각해보라는 지시를 받은 사람들은 자신을 비교적 소심한 사람으로 평정했는데, 열두 가지 경우를 생각해보라는 지시를 받은 사람들은 그 지시를 따르는 데 어려움을 겪었고 그리하여 자신을 비교적 단호한 사람으로 평정했다(그림 3.5 오른편 참조). 요약건대 우리는 다른 사람의 성격특질뿐 아니라 우리 자신의 성격특질을 판단할 때도 가용성 휴리스틱을 이용한다(Caruso, 2008). 이런 사실은 악용될 수도 있다(Fox, 2006). 예컨대 친구들에게 한 번은 자신의 단점을 두 가지만 지적해보라고 부탁했고, 또 한 번은 스무 가지 이상 지

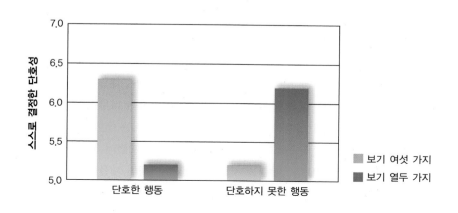

그림 3.5 가용성과 단호성

단호하게 행동했던 경험 여섯 가지를 생각해보라는 지시를 받았던 사람들은 그 지시를 쉽게 따를 수 있었고, 자신을 매우 단호한 사람이라고 결론지었다. 그러나 단호하게 행동했던 경우 열두 가지를 생각해보라는 주문을 받았던 사람들은 그 많은 경우를 다 생각해내기가 어려웠고, 자신들은 그렇게 단호한 사람이 못 된다고 결론지었다(그래프의 좌측 참조). 단호하지 못한 행동을 했던 경우를 여섯 가지 또는 열두 가지씩 생각해보라는 지시를 받은 사람들에게서도 비슷한 결과가 관찰되었다(그래프의 우측). 이러한 결과에서 우리는 사람들의 판단이 가용성(또는 정보를 마음속에 회상하기 쉬운 정도)에 기초를 두는 경우가 많다는 사실을 알게 된다.

출처 : Schwartz et al. (1991)에서 발췌함

적해보라고 부탁했다. 친구들이 이 부탁에 대한 반응을 마친 후, 그들에게 자신에 대한 호감도를 평정해보라고 했다. 이 경우 자신에 대한 친구들의 호감도 평정치가 언제 더 높았을 것 같은가, 전자의 조건 혹은 후자의 조건?

A와 B의 유사성 정도는? 대표성 휴리스틱   서울에 있는 모 대학에 입학했다고 하자. 신입생 환영회에 참석했는데, 옆자리에 앉은 학생의 이름은 순자이고 피부는 검고 화장기 없는 맨얼굴에 치즈가 든 음식은 입에도 대지 않는다. 이런 순자를 보고 시골뜨기라고 생각했다면, 심리학자들은 여러분이 순자를 판단할 때 대표성 휴리스틱을 사용했다고 말한다. **대표성 휴리스틱**(representative heuristic)이란 우리가 어떤 사물을 분류할 때, 그것이 특정 범주/유형의 전형적인 사물과 닮은 정도(예 : 여러분이 알고 있는 대표적인 시골뜨기)만을 기초로 판단을 내리는 마음속 축지법을 일컫는다(Kahneman & Frederick, 2002; Kahneman & Tversky, 1973; Lonsdale & North, 2012; Spina et al., 2010).

대상을 대표성에 따라 범주화하는 일도 합리적일 때가 많다. 대표성 휴리스틱을 사용하지 않는다면, 순자가 어디서 왔는지를 어떻게 판단할 수 있을까? 순전히 추측에 의존할 수도 있을 것이다. 그러나 이 판단에 이용될 수 있는 또 다른 정보원이 있다는 사실을 주목해야 한다. 예컨대 순자가 입학한 이 대학의 학생들은 거의가 서울내기라서 순자도 서울내기라는 판단을 내릴 수도 있다. 이때의 판단에 이용된 정보를 기저율 정보라 한다. **기저율 정보**(base rate information)란 모집단을 두 가지 이상의 범주로 나누었을 때 구성원들의 범주별 상대적 빈도에 관한 정보를 일컫는다. 예를 들면 순자가 입학한 대학의 모든 학생(모집단) 중 서울 출신의 백분율이 기저율 정보에 해당한다.

그럼 기저율 정보를 기초로 계산된 판단(예 : 순자는 서울내기이다)과 대표성 휴리스틱을 따른 판단(예 : 순자는 시골뜨기이다)이 일치하지 않을 때는 어떤 일이 벌어질까? 이런 경우 대부분의 사람들은 기저율보다는 대표성에 의존하는 정도가 더 큰 것으로 드러났다(Kahneman & Tversky, 1973). 물론 그 대상(예 : 순자)에 관한 대표성 정보가 믿을 만한 정보라면 이 전략도 나쁠 게 없다. 그러나 대표성 관련 정보가 빈약한 경우에는 대표성 휴리스틱에 기초한 판단의 정확성이 낮아질 수밖에 없다. 순자가 입학한 대학에는 시골뜨기가 많지 않다. 즉, 이 대학에 다니는 학생이 시골뜨기일 확률(기저율)이 낮다는 사실을 감안하면, 순자를 시골뜨기로 판단하는 일은 순자가 서울내기일 수 없다는 충분한 증거가 확보됐을 때만 합리적인 처사라는 뜻이다. 서울내기 중에서도 피부가 까무잡잡하며 치즈가 든 음식을 좋아하지 않고 시골풍의 이름을 가진 학생도 적지 않다는 사실을 감안하면, 기저율 정보를 활용하는 게 더 현명한 처사일 수도 있다.

그렇다고 사람들이 기저율 정보를 깡그리 무시한다는 뜻은 아니다(Koehler, 1993, 1996). 예컨대 야구 감독들은 대타자로 내보낼 선수를 선정할 때, 왼손잡이 투수를 상대로 한 왼손잡이 타자들의 전반적 안타율을 고려한다. 그리고 들새 관찰자들은 새의 정체를 파악하고자 할 때 자기 지역에 발견되는 다양한 새의 서식률을 고려한다. "저 새는 물총새가 아닐 거야. 이 지역에서는 물총새가 한 번도 발견된 적이 없었거든!" 요는 사람들이 어떤 것에 대한 판단을 내릴 때 판단 대상의 기저율은 거의 고려하지 않은 채 자기들이 관찰한 것("저 새는 복부 털색이 너무 희단 말이야. 그런 점에서는 딱따구리 같기도 하고.")의 개별적 특징을 지나치게 강조한다는 점이다.

오랜 세월 동안 의료계에서도 대표성 휴리스틱이 널리 활용된 것 같다. 예컨대 질병의 치료법도 그 질병의 증상과 비슷해야 한다고 믿었다. 천식을 치료하기 위해 여우의 폐를 먹인 때도 있었다. 그 이유는 여우의 기관지가 튼튼했기 때문이었다고 한다(Mill, 1843). 대표성에 의존하게

대표성 휴리스틱
어떤 것을 분류하는 기준으로 그것이 전형적인 사례와 일치하는 정도를 이용하는 휴리스틱

기저율 정보
모집단 내 다른 범주 구성원의 빈도에 관한 정보

해보기! 추리 퀴즈

다음 각 질문에 답해보라.

1. 영어의 알파벳 r을 생각해보라. 영어 단어 중에는 이 문자를 첫 낱자로 하는 단어(예 : rope)가 더 많을까? 세 번째 낱자(예 : park)로 하는 단어가 더 많을까?
   a. 첫 낱자인 단어가 더 많다.
   b. 세 번째 낱자인 단어가 더 많다.
   c. 거의 비슷할 것 같다.

2. 다음 중 어느 것의 치사율이 더 높다고 생각하나?
   a. 사고
   b. 뇌졸중
   c. 사고와 뇌졸중의 치명률은 비슷할 것이다.

3. 동전을 여섯 번 던졌을 때, 앞뒤면이 차례로 나온 순서가 '앞-뒤-뒤-앞-뒤-앞'와 '앞-앞-앞-뒤-뒤-뒤' 중 어느 것이 더 자주 일어날 것 같은가?
   a. 앞-뒤-뒤-앞-뒤-앞
   b. 앞-앞-앞-뒤-뒤-뒤
   c. 똑같을 것이다.

4. 동전을 다섯 번 던졌는데 다섯 번 모두 앞면이 나왔다. 여섯 번째 던진 동전이 뒷면이 나올 확률은 얼마나 될까?
   a. 5보다 낮다.
   b. 5이다.
   c. 5보다 높다.

답 : 1.b 2.b 3.c 4.b

되면, 질병의 실제 원인을 찾아내는 일이 어려워질 수도 있다. 우리의 생각도 이들 휴리스틱의 영향을 받는 것일까? '해보기 : 추리 퀴즈'를 통해 이 질문의 답을 찾아보기 바란다.

성격검사와 대표성 휴리스틱 인터넷을 뒤지다 성격검사를 발견하고 그 검사를 받은 후, 그 검사 결과에 대한 다음과 같은 피드백을 받았다.

> 당신은 지금 당신을 좋아하고 사모해줄 사람이 필요합니다. 그런데 당신은 스스로에게 비판적인 경향이 있습니다. 성격에 약간 단점은 있지만, 그런 단점을 보완할 수 있는 능력이 충분합니다. 상당한 역량을 가지고 있는데도 그 역량을 장점으로 활용하지는 못하고 있습니다. 외적으로는 자제력이 강하여 스스로를 잘 통제하고 있지만, 내적으로는 불안하기도 하고 걱정도 하는 편입니다. 때로는 자신의 결정에 대해 또는 자신이 한 일에 대해 정말로 내가 잘한 것일까라는 강한 의문을 품기도 합니다. 얼마간의 변화와 다양성을 선호하는 편입니다. 따라서 제약에 얽매이면 불만을 토하기도 합니다. 당신은 자신이 독립적으로 판단하고 결정을 내리는 사람이라는 점을 자랑스럽게 생각하며, 만족할 만한 증거가 없는 한 다른 사람의 충고 따위는 수용하지 않습니다. 그러나 자신을 너무 솔직하게 노출시키는 일은 현명한 처사가 아니라는 것도 알고 있습니다. 때로는 외향적이고 친절하고 사교적인데 때로는 내성적이고 남을 경계하는 편이며 수줍음을 타기도 합니다. 비현실적인 야망을 품기도 하는 사람이네요. 안전이 삶의 주된 목적 중 하나이네요.

"와! 정말 놀랍네! 어떻게 나를 이렇게 잘 알아낼 수가 있는 것일까?" 이 결과를 읽은 여러분의 반응일 수도 있다. 만약 이게 여러분의 반응이었다면, 다른 많은 사람들도 바로 이 결과를 읽고 여러분과 같은 반응을 했다는 사실에 또 한 번 놀랐을 것이다. Bertram Fore(1949)는 이와 동일한 피드백을 일군의 학생들에게 제시하고는 그 내용이 자신의 성격을 얼마나 정확하게 묘사하고 있는지를 6점 척도[0점(=전혀 정확하지 않다)에서 5점(=아주 정확하다)]에 평정하게 했다. 그 평정점수 평균은 4.26이었다. 그 후 이 현상은 서커스 단원이었던 P. T. Barnum의 이름을 딴 'Barnum 효과'로 알려지고 있다.

그럼 왜 그 많은 사람이 이 내용을 보고 자신의 성격을 정확하게 묘사한다고 생각했던 것일까?

그렇게 만든 요인 중 하나로 대표성 휴리스틱이 꼽히고 있다. 피드백의 내용이 모호했기 때문에 실제로 모든 사람이 자신의 기억 속에서 그 내용과 비슷한(즉, 그 내용으로 대표되는) 행동이나 일을 찾아낼 수 있었던 것이다. "때로는 자신의 결정에 대해 또는 자신이 한 일에 대해 정말로 내가 잘한 것일까라는 강한 의문을 품기도 합니다."라는 진술문을 고려해보자. 우리 모두는 이러한 일을 경험했던 적을 어렵지 않게 기억해낼 수 있다. 즉, 이 진술이 대변하는 그런 경험을 쉽게 기억해낼 수 있다. 우리는 모두 자신의 결정(예 : 어느 대학에 진학할 것인지, 전공은 무엇으로 선택할 것인지 등)에 대한 결과를 알고 난 다음에야 스스로를 비판했던 쓰라린 경험을 가지고 있다. 또한 우리는 자신만의 생각으로 독자적인 결정을 내린 적이 있음을 그리고 자신에 대해 너무 많은 것을 털어놓은 적이 있음을 기억해낼 수도 있다. 결국 위의 피드백이 자신을 정확하게 묘사하는 것처럼 보이는 이유는 우리 머릿속에 떠오르는 대표적인 경우를 벗어나 "실제로는 이런 식으로 느끼거나 행동하지 않았던 때도 이에 못지않게 많았다."는 생각을 하지 못하기 때문이다. 잡지에 게재되곤 하는 퀴즈나 운세는 누구에게나 적용될 수 있는 아주 일반적인 피드백을 제공한다는 사실을 명심하고 조심해야 할 것이다.

복습문제

1. 다음 중 자동적 목적 추구에 대한 연구를 가장 잘 요약한 것은?
   a. 어떤 목적을 추구할 것인지를 결정할 때 사람들은 통제된 사고만 이용한다.
   b. 사람들은 최근 달성했던 목적을 추구하면서도 그 목적을 추구하는 이유를 모를 때도 있다.
   c. 사람들이 최근 달성했던 목적을 추구하는 일은 그 목적을 달성했었다는 사실을 알고 있을 때만 벌어진다.
   d. 사람들은 절대 자신의 목적을 의식적으로 선택하지 않는다. 자동적으로 점화된 목적만 추구한다.

2. 집을 새로 장만하기 위해 여러 채를 살펴봤다고 하자. 자동적 의사결정에 대한 연구결과에 따르면, 그중 어떤 것을 선택할 것인지를 결정하는 가장 좋은 방법은 다음 중 어느 것인가?
   a. 수수께끼를 풀면서 기분을 전환한 후 한 채를 선택한다.
   b. 각각의 장단점을 면밀히 분석한 후 결정을 내린다.
   c. 여러 집을 두고 의식적으로 생각해보는 일을 2~3분 한 후, 3~4분 동안 수수께끼를 풀면서 기분을 전환한다.
   d. 잠을 푹 잔 후 아침에 일어나 가장 먼저 생각나는 집을 선택한다.

3. 이번 학기에 새로 만난 친구를 아파트로 초대해서 좋은 인상을 심어주고 싶다고 하자. 다시 말해 그 사람이 여러분을 좋아하게 만들고 싶다고 하자. 다음 중 어떤 방법을 따라야 할까?
   a. 그 친구에게 따뜻한 음료수를 가져다주고는 대화를 나누는 동안 그 사람이 그 음료수를 손에 들고 있기를 기대한다.
   b. 그 친구에게 찬 음료수를 가져다주고는 대화를 나누는 동안 그 사람이 그 음료수를 손에 들고 있기를 기대한다.
   c. 친구가 오기 전에 요리를 해서 아파트에 좋은 냄새가 나도록 한다.
   d. 과일을 깎아서 아주 무거운 쟁반에 담아 내놓는다.

4. 추석 연휴에 벌어진 일이다. 아버지가 내 전공인 심리학이 아버지가 추천하신 경영학보다 나은 이유를 12가지만 적어보라고 하셨다. 그 많은 이유를 생각해내기가 무척 어려웠다. 결국 "어~, 경영학이나 심리학이나 별 차이가 없네, 뭐?!"라는 생각을 하기에 이르렀다. 이 결론에 도달하는 데 이용된 정신적 전략은 다음 중 어느 것일까?
   a. 대표성 휴리스틱
   b. 기저율 정보
   c. 결정후 조절 휴리스틱
   d. 가용성 휴리스틱

5. 많은 사람이 토정비결이 자신이 누구이며 앞으로 자신에게 벌어질 일을 정확하게 알려준다고 믿는다. 사회심리학 연구에 따르면 왜 이런 일이 벌어지는 것일까?
   a. 대부분의 사람들이 토정비결의 내용을 보고 자신의 성격특질과 과거 행동을 잘 대변한다고 생각할 정도로 그 내용이 모호하게 적혀 있기 때문이다.
   b. 토정비결이 자동적 의사결정을 촉발하기 때문이다.
   c. 토정비결의 내용과 비슷한 사례를 머릿속에 떠올리기가 어렵기 때문이다.
   d. 토정비결을 보면 사람들의 삶의 목표가 자동적으로 설정되기 때문이다.

정답은 537-539쪽 참조

사회인지에서 문화적 차이

3.3 문화는 어떻게 사회적 사고에 영향을 미치나

지금까지 논의해 온 자동적 사고가 전 세계 모든 사람에게서 발견되는 것인지 아니면 특별한 지역의 사람들에게서만 나타나는 현상인지가 궁금할 수도 있을 것이다. 문화가 사회인지에 미치는 영향력에 관한 이 궁금증에 쏠리는 사회심리학자들의 관심도 점증하고 있다.

스키마를 결정하는 문화적 요인

사람들은 누구나 세상사를 이해하고자 할 때 스키마를 이용한다. 하지만 스키마의 내용은 우리가 속한 문화에 따라서도 달라진다. 아프리카의 남동쪽에 위치한 작은 나라 스와질랜드에 사는 사람 두 명(그곳 토속 유목민 반투족 한 사람과 스코틀랜드에서 이주해 온 한 사람)을 대상으로 면담을 수행한 연구가 있다(Bartlett, 1932). 두 사람은 1년 전에 가축을 거래한 적이 있었다. 스코틀랜드 사람은 몇 마리의 소를 얼마에 사고팔았는지를 알아내기 위해 장부를 검토해야 했다. 그런데 반투족 사람은 그 거래의 세세한 것까지 금방 기억해낼 수 있었다. 각각의 암소와 황소를 누구에게 팔았고 각각은 어떤 색깔이었고 얼마에 거래됐는지까지 기억해냈다. 가축에 관한 반투족의 기억력은 정말 놀라울 정도였다. 가축에 낙인을 찍지 않을 정도였다. 자기집 소가 집을 나가 이웃집 소떼와 섞여 있어도 주인은 자기집 소를 어렵지 않게 찾아낼 정도였다. 자기집 소와 수십 마리의 남의 소를 구분하는 데 전혀 문제가 없었다는 뜻이다.

　우리가 가진 스키마의 근원은 우리가 그 속에서 성장한 문화임에 틀림없다. 가축은 반투족의 경제와 문화 속에서 핵심적 요소에 해당한다. 따라서 반투족의 가축에 관한 스키마는 특출하게 발달됐던 것이다. 도시에서 자란 학생들에게는 암소는 암소일 뿐 암소 간 차이를 찾아내기가 쉽지 않을 것이다. 하지만 한류 스타에 대한 이 학생들의 스키마는 반투족의 가축에 대한 스키마에 뒤지지 않을 것이다. 스키마는 문화가 그 영향력을 행사하는 매우 중요한 방법이다. 다시 말해 스키마는 우리가 세상사를 이해하고 해석하는 데 필요한 마음의 구조를 우리의 머릿속에 구축해 놓은 것이다. 제5장에서는 상이한 문화권의 사람들이 가진 자신과 사회적 세계에 관한 스키마는 그 근본에서 서로 다르며, 그 때문에 재미나는 일이 발생한다는 사실을 알게 될 것이다(Wang & Ross, 2007). 아래에서는 문화에서 배운 우리의 스키마가 세상사에 관한 우리의 관심과 기억에 강력한 영향력을 행사한다는 사실만을 지적하였다.

전체적 사고 대 분석적 사고

문화는 여러 가지 방식으로 사람들의 사회인지에 영향을 미친다. "인간의 마음은 연장통과 같으며, 이 연장통 속에는 사람들이 사회적 세계에서 생각하고 행동하는 방식을 돕는 다양한 연장이 가득 차 있다."는 말은 이러한 사실을 비유하는 말이다. 사람들이 가진 연장통은 모두 똑같다. 각자가 자란 문화권에 따라 가장 자주 이용되는 도구가 다를 뿐이다(Norenzayan & Heine, 2005). 나사를 이용해 지은 집이 아니고 못으로 지은 집에 사는 사람은 스크루드라이버보다는 망치를 더 자주 사용할 것이다. 그러나 못보다는 나사가 많은 집에 사는 사람의 경우에는 스크루드라이버는 유용하겠지만 망치는 쓸모가 별로 없을 것이다.

　같은 이치로 문화는 사람들이 세상을 이해하기 위해 자동적으로 사용되는 사고에도 영향을 미친다. 물론 모든 유형의 사고가 영향을 받는 건 아니다. 지금까지 논의해 온 자동적 사고, 예컨

위의 두 사진을 잠깐만 살펴보라. 다른 점을 발견할 수 있었는가? 본 문에도 소개하고 있지만, 여러분이 찾아낸 차이점의 정체가 여러분이 성장한 문화권에 따라 달라지는 것 같다.

분석적 사고방식
관심대상을 둘러싸고 있는 상황은 고려하지 않고 그 대상의 속성에만 집중하는 사고방식으로 서양 문화권에서 흔히 발견된다.

전체적 사고방식
전반적인 상황, 특히 대상 서로 간의 관계를 중시하는 사고방식으로 동아시아에서 흔히 발견된다.

대 무의식적 사고와 스키마의 활용은 문화에 관계없이 모든 인간이 사용하는 사고인 것 같다. 그러나 보통 사람들이 세상을 지각하고 생각하는 기본적인 방식 중 일부는 문화에 의해 조형되는 것 같다. 예를 들어보자. 비행기가 들어 있는 왼쪽 사진 중 위 사진을 잠깐만 살펴보라. 봤으면 이제 아래 사진을 잠깐만 살펴보라. 두 사진의 다른 점을 발견했는가? 이 질문에 대한 답은 여러분이 성장한 문화에 따라 달라질 수 있다. Nisbett의 연구진은 사람들이 자란 문화권에 따라 자주 사용하는 사고방식이 다르다는 사실을 발견했다. 구체적으로 서구 문화권에서 성장한 사람들은 **분석적 사고방식**(analytic thinking style)을 선호하는 것으로 드러났다. 다시 말해 서구인들은 주변 상황을 고려하지 않고 주로 관심대상에만 주의를 기울이는 것으로 드러났다(Masuda & Nisbett, 2006). 이에 비해 한국, 중국, 일본 같은 동아시아 문화권에 자란 사람들은 **전체적 사고방식**(holistic thinking style)을 선호하는 것으로 밝혀졌다. 다시 말해 동아시아인은 전반적 모습, 특히 대상들이 서로 관련된 모양에 주의를 집중하는 것으로 드러났다(Nisbett, 2003; Nisbett, 2001; Norenzayan & Nisbett, 2000).

예를 들어 동아시아인은 사진의 배경에서 나는 차이(위-아래 사진에서 관제탑의 모습이 다른 점)를 알아차릴 가능성이 더 크다. (실제 연구에 참여한 사람들은 이 두 장면의 비디오를 20초 동안 보고, 둘 간 모든 차이를 찾아내려 했다. 여러분이 본 사진은 그 두 비디오의 마지막 장면이었다.) 다음 제4장에서는 사고방식에서 나는 이러한 차이가 타인의 정서를 지각하는 일에도 영향을 미친다는 사실을 알게 될 것이다. 예를 들어 하교길에 여러 명의 학생들에 둘러싸여 있는 친구를 발견했다고 하자. 이 경우 서구에서 자란 학생들은 그 친구의 정서상태를 판단하기 위해 주로 그 친구의 얼굴을 살핀다. 하지만 동아시아에서 자란 학생들은 그곳에 있는 모든 학생의 얼굴을 살핀 후 그 정보를 이용하여 그 친구의 정서상태를 판단하려 하는 것으로 밝혀졌다(Masuda, Ellsworth, & Mesquita, 2008).

전체적 사고방식과 분석적 사고방식에서 나는 이러한 차이의 근원은 무엇일까? Nisbett(2003)은 그 근원이 동양철학과 서양철학의 차이에 있다고 주장한다. 유교, 도교, 불교 이념에 바탕을 두고 있는 동양사상은 사물의 연관성과 상대성을 강조하기 때문에 전체적 사고방식을 조장해 왔는데, 아리스토텔레스와 플라톤의 희랍철학에 바탕을 두고 있는 서양사상은 상황과는 관계없이 사물을 지배하는 법칙을 강조했기 때문에 분석적 사고방식을 발달시켰다는 뜻이다. 그러나 최근 연구에서는 상이한 문화권을 둘러싼 환경의 차이 때문에도 상이한 사고방식이 발달됐을 수 있다는 주장이 제기되고 있다. Miyamoto, Nisbett, Masuda(2006)는 미국과 일본에 있는 도시의 다양한 풍경을 사진에 담았다. 미국에서 찍은 사진 속 풍경과 일본에서 찍은 사진 속 풍경을 최대한 대등한 짝으로 만들려고 노력했다. 예컨대 도시의 크기도 같고 또 건물(예 : 호텔, 공립초등학교 등)도 대등한 건물을 사진에 담으려 했다. 연구의 가설은 일본 도시의 풍경이 미국 도시의 풍경보다 더 '분주할' 것이라는 믿음이었다. 다시 말해 사람들의 관심을 사려는 대상이 일본 도시의 풍경 속에 더 많을 것이라는 가정이 이 연구의 가설이었다. 이 가설은 사실로 판명되었다. 미국 도시의 풍경보다 일본 도시의 풍경 속에서 훨씬 더 많은 정보와 대상이 발견됐다.

　　그럼 미국인은 관심대상에만 주의를 기울이는 경향이 강한 데 비해, 동아시아인은 주로 전반적 상황에 더 많은 주의를 기울이는 이러한 현상이 정말 환경에서 나는 차이 때문에 발생한 것일까? 이 문제의 답을 구하기 위해 Miyamoto 등은 두 번째 연구를 실시했다. 이 두 번째 연구에서는 미국의 도시 풍경과 일본의 도시 풍경을 담은 사진들을 미국 대학생과 일본 대학생들에게 보여주었다. 학생들에게는 자신들이 그 사진에 담긴 장면 속에 들어 있다고 가정하라고 주문했다. 일본 도시의 풍경을 담은 사진은 전체적 사고방식을 점화하고 미국 도시의 풍경을 담은 사진은 분석적 사고방식을 점화할 것이라고 생각했던 것이다. 이 생각 역시 사실로 밝혀졌다. 학생들은 거의 동일한 두 장의 사진 속에서 변화된 점을 찾아내야 했다. 일본 도시를 담은 사진을 살핀 학생들은 풍경 속 배경의 변화를 더 잘 찾아내는 데 반해, 미국 도시를 담은 사진을 살핀 학생들은 풍경 속 주요 물체의 변화를 더 잘 찾아내는 것으로 드러났던 것이다. 이 발견에는 세 가지 함의가 들어 있다. 하나는 문화권에 관계없이 사람들은 누구나 전체적으로 생각할 수도 있고 분석적으로 생각할 수도 있다는 뜻이다. 즉, 모든 사람의 마음속 연장통에는 동일한 도구가 들어 있다는 뜻이다. 다른 하나는 각자가 살고 있는 환경에 따라 그중 어떤 도구가 이용될 것인지가 결정된다는 뜻이다. 그리고 나머지 하나는 어떤 도구가 이용될 것인지는 각자가 최근에 어떤 환경을 경험했는가에 따라서 달라진다는 뜻이다(Boduroglu, Shah, & Nisbett, 2009; Cheung, Chudek, & Heine, 2011; Norenzayan, Choi, & Peng, 2007; Varnum et al., 2010).

복습문제

1. 전체적 사고방식에 관한 다음 진술 중 진실에 가장 가까운 것은?
   a. 전체적 사고방식에서는 주변 상황은 고려하지 않고 대상의 속성에만 주의를 기울인다.
   b. 서양인들은 동양에서 찍은 사진을 보고 나면 전체적 사고방식에 빠지기도 한다.
   c. 전체적 사고방식의 근원은 유전이다.
   d. 전체적 사고방식의 뿌리는 그리스 철학에 있다.

2. 사회적 사고에서 나는 문화적 차이에 관한 다음 진술 중 진실에 가장 가까운 것은?
   a. 사람들은 누구나 세상을 이해하기 위해 스키마를 사용하지만 그런 스키마의 내용은 문화에 따라 달라질 수 있다.
   b. 스키마는 사람들이 세상에서 무엇을 주목할 것인가에 영향을 미치지만 무엇이 기억될 것인가에는 영향을 미치지 못한다.
   c. 스키마는 사람들이 무엇을 기억할 것인가에는 영향을 미치지만 무엇을 주목할 것인가에는 영향을 미치지 못한다.
   d. 자동적 사고에는 문화도 영향을 미치지 못한다.

3. 다음 중 분석적 사고에 대한 정의로 가장 적절한 것은?
   a. 전반적 상황, 특히 관심대상 서로 간의 관계에 주의를 기울이는 사고방식이다

   b. 주변 상황은 무시한 채 관심대상의 속성에만 주의를 집중하는 사고방식이다.
   c. 자발적이고 의도적으로 전개되는 통제된 사고방식이다.
   d. 자신도 모르는 사이에 저절로 벌어지는 비의도적 사고방식이다.

4. 전체적 사고와 분석적 사고에서 나는 차이의 근원은 무엇인가?
   a. 아시아인과 서양인과의 유전적 차이
   b. 동양과 서양에서 나는 교육제도의 차이
   c. 동양과 서양에서 나는 기후의 차이
   d. 동양과 서양에서 따르는 상이한 철학적 전통

5. 일본 도시와 미국 도시에서 일정한 지점을 무작위로 선정한 후, 그 지점을 사진에 담았다. 사진을 분석한 결과 일반적으로 일본 도시를 다음 사진에서 더 많은 ____가 발견되었다.
   a. 가게 및 광고
   b. 사람 및 거주지
   c. 사람들의 주의를 끄는 물체
   d. 건물과 콘크리트

정답은 537–539쪽 참조

통제된 사회인지 : 통제된 사고

3.4 통제된 사고의 단점은 무엇이며, 어떻게 하면 그 효과를 증진시킬 수 있을까

통제된 사고가 인간의 대표적 특징임을 감안할 때, 이 장의 많은 부분을 자동적 사고에 할애한 점을 이상하게 생각할 수도 있다. 적어도 우리가 알고 있는 한, 자신과 주변 세상을 두고 반성해 볼 수 있는 존재는 인간뿐이다. 우리는 이러한 능력을 이용해서 원대한 목표를 성취하고 어려운 문제를 해결하며 미래를 계획하기도 한다. 치명적인 질환의 치유법을 발견한 것도 인간이며, 초고층 건물을 지은 것도 인간이고, 달나라에 사람을 보낸 것도 인간이다. 그리고 이런 일을 할 수 있었던 것은 상당 부분 통제된 사고력 덕분이다. **통제된 사고**(controlled thinking)란 의식적이고 의도적이며 자발적이고 노력을 요하는 사고를 일컫는다. 대개 통제된 사고는 마음대로 시작하고 마음대로 끝낼 수 있다. 통제된 사고를 할 때는 생각하고 있는 것이 무엇인지도 안다. 통제된 사고가 노작적인 이유는 그것이 정신적 에너지를 필요로 하는 정신활동이기 때문이다. 그리고 우리 인간은 한 번에 한 가지 일만을 의식적이고 노작적으로 생각할 수 있다. 복잡한 수학 문제를 풀면서 동시에 오늘 저녁으로 무엇을 먹을 것인지를 생각할 수 없다는 말이다(Weber & Johnson, 2009).

통제된 사고

의식적, 의도적, 자발적이고 노력을 요하는 사고

그럼 이 장에서 자동적 사고를 그렇게 강조한 이유는 무엇인가? 그 이유는 지난 몇십 년 동안에 사회심리학자들이 발견한 새로운 사실에 있다. 즉, 자동적 사고가 사회심리학자들이 믿었던 것보다 훨씬 더 강력하고 만연한 정신활동인 것으로 드러났기 때문이다. 앞에서 봤던 것처럼, 신속하게 그리고 무의식적으로 생각할 수 있는 능력도 특출할 뿐 아니라 생존에 결정적인 역할을 수행하는 것도 사실이다. 그렇지만 일부 사회심리학자들은 자동적 사고에 관한 관심이 지나치게 커져 있으며, 통제된 사고의 힘과 가치가 지나치게 과소평가되고 있다고 주장한다(Baumeister & Masicampo, 2010; Baumeister, Masicampo, & Vohs, 2011). 그 결과 이 두 가지 유형의 사고가 갖는 상대적 중요성에 관한 논쟁이 활발하게 전개되고 있다.

통제된 사고와 자유 의지

이 논쟁의 관심 중 하나는 자유 의지라고 하는 오래된 문제에 집중되어 있다(Knobe et al., 2012). 우리는 정말로 우리의 행동을 통제할 수 있는 것일까? 주어진 시점에서 우리는 우리가 할 일을 우리 마음대로 선택할 수 있을까? 사실 우리의 행동은 우리도 모르는 사이에 전개되는 자동적 사고에 의해 통제되는데도 우리는 우리의 행동을 마음대로 통제한다고 믿고 있는지도 모른다.

"나는 지금 당장 내 머리를 긁을 것인지 말 것인지, 이 책을 덮을 것인지 말 것인지, 또는 일어서서 막춤을 출 것인지 말 것인지를 결정할 수 있기 때문에, 나는 자유 의지가 있다고 생각하는데!"라고 말할 수도 있다. 그럼 이렇게도 한번 생각해보자. 우리가 무엇을 할 것인지를 결정할 수 있다는 점에서 보면, 우리는 자유 의지를 가지고 있다는 게 입증된 것 같다. 하지만 이 일이 그렇게 간단하지만은 않다. 우리는 자유 의지에 따라 행동한다는 착각(illusion)을 하고 있을 수도 있기 때문이다(Wegner, 2002, 2004; Ebert & Wegner, 2011). 위에서 자기는 자유 의지를 지니고 있다고 말한 사람이 막춤을 췄다고 하자. 그 사람은 '지금 막춤을 춰야겠다.'라는 생각을 했고, 그 생각이 그다음에 벌어진 행동(양팔을 펼친 채 등을 반쯤 굽히고 손목을 접었다 폈다 하며 방 안을 깡충깡충 뛰어다닌 행동)을 유발했다고 생각한다. 즉, 자신의 생각과 자신의 행동 사이에 인과관계가 있다고 믿는다. 그러나 그 두 사건 간 관계는 인과관계가 아닌 상관관계일 수 있다. 예를 들어 무의식적 의도와 같은 제3의 변인에 의해 막춤을 춰야겠다는 생각과 막춤을 추는 행동이 유발되었을 수도 있다는 말이다. 이 가정이 사실이라면 위에서 자유 의지를 지녔다고 말한 사람은 상관관계를 인과관계로 오해(착각)하고 있는 것이다.

예를 하나 더 들어보자. 거실의 소파에 앉아 TV를 보다가, '지금 이때 아이스크림을 먹어야 하는데!'라는 생각을 하게 됐다고 하자. 그래서 자리에서 일어나 냉동실에 보관해두었던 아이스크림 통에서 한 숟갈을 퍼서 맛있게 먹었다고 하자. 이 행동을 두고 여러분은 TV를 보고 있는데 아이스크림을 먹고 싶다는 생각이 들었고, 그 생각이 원인으로 작용하여 아이스크림을 먹는 행동(결과)이 벌어졌다고 인과관계로 설명할 수도 있다. 그러나 TV를 보고 있을 때, 아이스크림을 먹고 싶다는 욕구가 '아이스크림을 먹어야 하는데'라는 생각보다 먼저 자신도 모르게 생겼을 수도 있다(시청하고 있던 프로그램 속 특정 장면에 의해 이 욕구가 촉발됐을지도 모른다). 그리고 아이스크림을 먹고 싶다는 이 무의식적 욕구가 '아이스크림을 먹었으면 좋겠다.'라는 생각과 '자리에서 일어나 냉동실에서 아이스크림을 꺼내 먹은' 행동을 모두 촉발했다고 설명할 수도 있다. 다시 말해 '아이스크림을 먹었으면 좋겠다.'라는 생각도 무의식적으로 발생한 욕구의 결과일 뿐 아이스크림을 꺼내 먹은 행동의 원인이 아니라는 주장을 펼칠 수도 있다는 뜻이다. 여러분도 딱히 무엇을 먹어야겠다는 의식적인 생각 없이 냉장고 문을 열고 먹을 것을 찾고 있는 자신의 모습을 본 적이 있을 것이다. 이런 경우 냉장고를 뒤지는 여러분의 행동은 의식적 생각에 의해 유발된 게 아니라 무의식적 욕구에 의해 유발되었던 것이다. 또 다른 보기로는 복권을 구입할 때 번호를 스스로 선택하는 사람들은 컴퓨터가 제공하는 번호를 받는 사람들보다 자기가 당첨될 확률을 더 높게 평가한다는 사실을 들 수 있다. 하지만 그 확률은 동일하다(Langer, 1975).

이들 보기가 보여주듯 사람들은 자기와 관련된 사건에 대한 자신의 통제력을 실제보다 더 크다고 생각하기도 한다. 그러나 이와 정반대되는 일이 벌어지기도 한다. 주변에서 벌어지는 사건에 대한 우리의 실제 통제력이 우리가 생각하는 것보다 더 클 때도 많다는 뜻이다. 예를 들어보자. 수년 전에 이른바 '촉진적 의사소통 기법'이라는 것이 개발되었다. 이 기법은 자폐증이나 뇌성마비 환자 같이 자신을 잘 표현하지 못하는 사람들을 위해 개발된 것이었다. 훈련받은 의사소통 촉진 도우미가 컴퓨터 자판을 통해 질문에 답을 입력하는 환자의 행동을 도와주었다. 이 기법은 많은 사람을 설레게 했다. 외부와 의사소통을 할 수 없었던 사람들이 의사소통 촉진 도우미의 도움을 받아 갖가지 생각과 느낌을 표현하는 등 갑자기 말이 많아졌기 때문이다. 아니 적어도 그렇게 보였기 때문이다. 그전까지 침묵으로 일관했던 아이들과 생각을 주고받게 된 부모들은 전율까지 느꼈다.

그러나 촉진적 의사소통 기법에 대한 사람들의 기대는 금방 사그라지고 말았다. 컴퓨터에 입력을 하는 실제 인물이 환자가 아닌 도우미였던 것으로 드러났기 때문이다. 이 기법의 효과를 검토한 연구에서 헤드폰을 통해 도우미에게는 "오늘 날씨가 어떠했나요?"라는 질문을 던지고 환자에게는 "오늘 점심이 어떠했나요?"라는 질문을 던졌다. 그리고는 컴퓨터에 입력된 대답을 분석한 결과, 그 대답이 환자에게 던진 질문이 아니라 도우미에게 던진 질문과 일치하는 것("날씨가 좀 더 화창했으면 좋았었는데!")으로 밝혀졌던 것이다(Mostert, 2010; Wegner, Fuller, & Sparrow, 2003; Wegner, Sparrow, & Winerman, 2004; Wheeler et al., 1993). 그런데 여기서 주목할 것은 도우미들도 그런 행동을 자신들이 한 것임을 정말로 모르고 있었다는 점이다. 도우미들은 환자들이 자판을 치기 위해 손가락을 움직이는 행동을 도왔을 뿐이라고 믿고 있었다.

이들 보기는 우리가 우리의 행동을 얼마만큼 통제하고 있는지에 대한 자신의 생각(의식)과 실제로 우리가 우리 자신의 행동을 통제하는 정도가 일치하지 않을 수 있음을 예증한다. 우리는 우의사소통 능력이 손상된 사람들로 하여금 자신을 표현할 수 있게 돕기 위해 촉진적 의사소통 기법이 개발되었다. 그러나 도우미가 자신도 모르게 의사소통을 통제하는 것으로 드러났다.

리 행동의 원인을 두고 실제보다 더 큰 통제력을 가지고 있다고 믿을 때도 있는가 하면, 때로는 그 통제력이 실제보다 훨씬 약하다고 믿는다(Wegner, 2002).

사람들이 어떻게 믿고 있든 그게 왜 중요한 것일까? 자유 의지에 대한 믿음의 크기에 따라 사람들의 행동이 많이 달라지는 것으로 드러났기 때문이다(Bargh, 2013; Clark et al., 2014; Dar-Nimrod & Heine, 2011). 예컨대 자유 의지에 대한 믿음이 큰 사람일수록 어려운 사람들을 도울 가능성이 큰 데 반해, 속이는 일 같은 비윤리적인 행동을 감행할 가능성은 작아진다(Baumeister, Masicampo, & Dewall, 2009). 한 연구에서 일군의 대학생들에게는 자유 의지의 존재를 암시하는 여러 개의 진술(예 : "나는 우리 행동에 영향을 미치곤 하는 유전적 요인과 환경적 요인을 통제할 수 있다.")을 읽게 하고, 또 한 집단의 대학생들에게는 자유 의지의 존재를 부인하는 것 같은 진술(예 : "궁극적으로 우리는 생물성 컴퓨터, 즉 진화에 의해 설계되고 유전에 의해 구축되었으며 환경에 의해 프로그래밍 된 기계에 불과하다.")을 읽게 했다(Vohs & Schooler, 2008, p. 51). 그런 다음 이들 모두에게 시험을 치르게 했다. 시험은 GRE에서 따온 문항으로 구성되었다. 채점은 학생들 스스로 하게 하고, 정답 하나당 1달러씩 지급했다. 적어도 학생들과는 그렇게 하기로 되어 있었다. 문제는 돈을 더 가져가기 위해 자신을 속이는 일이 벌어지느냐는 것이었다. 자유 의지가 있다고 암시하는 진술을 읽은 학생들보다 자유 의지의 존재를 부정하는 것 같은 진술을 읽은 학생들 중에서 속이는 일이 훨씬 더 많이 일어났다. 왜? 유혹을 받았을 때 스스로의 행동을 통제할 수 있다고 믿는 사람들은 그 유혹에서 벗어나려는 노력을 더 많이 했을 것이다. 다시 말해 자유 의지를 믿는 사람들은 '돈은 언제든지 훔칠 수 있다. 나는 나 자신의 행동도 통제할 수 있다. 따라서 내가 옳은 일이나 그른 일을 하고 안 하고는 내가 마음먹기에 달렸다.'라는 생각을 하며 그 유혹을 이겨냈을 것이다. 이에 반해 자유 의지가 없다고 생각하는 사람들은 '나는 돈이 필요하다. 나에게는 나 자신의 행동을 통제할 능력이 없다. 그러니까 충동에 따라 행동한들 무슨 문제가 되겠는가!'라는 생각을 했고 그에 따라 행동했을 것이라는 게 연구자들의 해석이었다. 그러므로 이 해석대로라면 우리 각자의 자유 의지가 얼마나 강하든 약하든 간에 우리 모두가 자유 우리는 우리의 (또는 친구의) 미래를 예측할 수 있는가?

A. 다음 각 문항을 자신에 관한 질문으로 생각하고 답해보라. 각 문항에서 대학을 졸업한 그해에 자기 자신에게 벌어질 것으로 생각되는 상태를 정확하게 지적하는 것으로 판단되는 상태를 셋 중에서 골라보라.

1. 원했던 직장/대학원에 가 있을 것이다.	마음에도 없는 직장/대학원에 가 있을 것이다.	둘 다
2. 좋은 거처에서 생활하고 있을 것이다.	볼품없는 거처에서 생활하고 있을 것이다.	둘 다
3. 마음에 드는 남자/여자 친구와 사귀고 있을 것이다.	혼자일 것이다.	둘 다
4. 해외여행 중일 것이다.	해외여행은 없을 것이다.	둘 다
5. 유용한 일을 하고 있을 것이다.	시간만 낭비하고 있을 것이다.	둘 다
6. 대학 친구들과 자주 연락하고 있을 것이다.	대학 친구들과 잦은 연락이 없을 것이다.	둘 다

B. 다음 각 문항을 여러분이 관심을 가진 대학 친구에 관한 질문으로 생각하고 답해보라. 각 문항에서 대학을 졸업한 그해에 자기 친구에게 벌어질 것으로 생각되는 상태를 정확하게 지적하는 것으로 판단되는 상태를 셋 중에서 골라보라.

1. 원했던 직장/대학원에 가 있을 것이다.	마음에도 없는 직장/대학원에 가 있을 것이다.	둘 다
2. 좋은 거처에서 생활하고 있을 것이다.	볼품없는 거처에서 생활하고 있을 것이다.	둘 다
3. 마음에 드는 남자/여자 친구와 사귀고 있을 것이다.	혼자일 것이다.	둘 다
4. 해외여행 중일 것이다.	해외여행은 없을 것이다.	둘 다
5. 유용한 일을 하고 있을 것이다.	시간만 낭비하고 있을 것이다.	둘 다
6. 대학 친구들과 자주 연락하고 있을 것이다.	대학 친구들과 잦은 연락이 없을 것이다.	둘 다

의지를 가졌다고 믿는 것이 사회를 위해서는 이로운 일이 될 것이다. 다음 '해보기 : 우리는 우리의 (또는 친구의) 미래를 예측할 수 있는가'를 통해 사람들이 생각하는 자기의 자유 의지가 다른 사람들에 비해 얼마나 강한지를 검토해보기 바란다.

마음속으로 과거사 되돌려보기 : 반사실적 추리

통제된 사고에 관한 중요한 질문 중 또 하나는 우리가 통제된 사고를 할 때가 언제냐는 것이다. 사람들은 언제 자동적 사고를 끝내고 천천히 그리고 의식적으로 생각하기 시작하는 것일까? 중요한 시험에 1~2점 차이로 불합격하는 일 같은 '아쉬운' 사건을 경험할 경우가 그러한 때에 속한다. 이러한 경우 우리는 **반사실적 사고**(counterfactual thinking)를 감행하게 된다. 반사실적 사고란 우리의 과거사 중 일부를 바꾸었을 때 그 결과로 어떤 일이 벌어졌을 것 같은지를 상상해보는 정신활동을 일컫는다(Markman et al., 2009; Roese, 1997; Schacter, Benoit, De Brigard, & Szpunar, 2013; Tetlock, 2002; Wong, Galinsky, & Kray, 2009). 예를 들면 '그 문제의 답만 고치지 않았더라도 시험에 합격할 수 있었는데!'가 그런 사고에 해당한다.

반사실적 사고는 사건에 의해 유발된 정서적 반응에 막대한 영향을 미친다. 부정적 사건을 유발한 과거사를 마음속으로 바꾸는 일이 쉬우면 쉬울수록 그 사건에 대한 정서적 반응은 강해진다(Camille et al., 2004; Miller & Taylor, 2002; Niedenthal, Tangney, & Gavanski, 1994). 배우자를 여의거나 아이를 잃어 마음아리를 했던 사람들을 면담한 연구가 있다. 연구에 참여한 사람들에게 그런 비극이 벌어지지 않도록 사전에 손쓸 수 있었던 예방책을 상상해보라고 주문했다. 그리고는 그 사건이 그들을 괴롭히는 정도를 보고해보라고 부탁했다. 그 결과 상상해낼 수 있는

반사실적 사고
과거사의 특정 측면을 마음속으로 바꾸어 가며 그 결과가 어떠했을 것 같은지를 상상해보는 정신작용

올림픽 경기에서 은메달을 딴 선수와 동메달을 딴 선수 중 누가 더 행복할 것 같은가? 연구 결과에 의하면 은메달리스트보다 동메달리스트가 더 행복해했다.

예방책의 수가 많으면 많을수록 그 사건을 두고 괴로워하는 정도도 더 큰 것으로 드러났다(Davis et al., 1995; Branscombe et al., 1996).

때로는 반사실적 사고 때문에 유발되는 정서가 역설적일 때도 있다. 예를 들어보자. 올림픽 경기에서 은메달리스트와 동메달리스트 중 누가 더 기뻐할까? 대부분의 사람들은 은메달리스트라고 생각할 것이다. 더 잘한 사람이니까. 그러나 실제로는 그 반대여야 한다. 은메달리스트가 그 경기에서 우승할 수 있었던 경우를 상상해내기가 더 쉽고, 그 결과 그 사건에 대한 반사실적 사고를 더 깊이 할 것이기 때문이다. 특히 은메달리스트의 성적이 금메달리스트의 성적보다 우수했을 것이라는 예상을 할 수 있을 때는 더욱 그러할 것이다. 이 가설을 검증하기 위해 Medvec, Madey, Gilovich(1995)는 1992년 올림픽 경기의 비디오테이프를 분석했다. 경기 직후에도 그리고 시상식에서도 동메달리스트보다는 은메달리스트가 덜 기뻐 보였다. 그리고 기자들과의 면담에서도 은메달리스트들이 반사실적 사고를 더 많이 하는 것으로 분석되었다. "금메달을 딸 수 있었는데, 너무 안 풀렸어!" 여기서 우리가 배우는 교훈은 경기에서 질 때는 간발의 차이로 지는 일은 피하는 게 좋다는 점이다.

앞에서 우리는 통제된 사고는 의식적이고 의도적이며 수의적이고 노작적이라고 배웠다. 그러나 자동적 사고와 마찬가지로 통제된 사고도 그 유형에 따라 이들 준거를 충족시키는 정도가 다르다. 반사실적 사고가 의식적이고 노작적인 정신활동인 것은 분명하다. 과거사를 두고 괴로워하는 것도 사실이며, 이런 생각을 할 때는 다른 어떤 일도 할 수 없을 정도로 정신적 에너지가 많이 드는 것도 사실이다. 그렇다고 반사실적 사고가 언제나 의도적인 것도 아니고 수의적인 노작도 아니다. 즐겁지 않은 과거지사에서 벗어나 다른 일을 하고 싶어 해도 '아! 그것만 했어도.'라는 생각, 즉 반사실적 사고에서 벗어나기가 쉽지 않을 때도 있다는 사실을 우리 모두는 잘 알고 있다(Andrade & Van Boven, 2010; Goldionger, 2003).

이 때문에 반사실적 사고의 결과를 반추하는 일은 하지 않는 게 좋다. 자신의 생활 속에 있었던 부정적인 과거사를 반복해서 되살려보는 행위를 일컫는 반추는 우울증을 유발하는 주요 요인 중 하나로 알려져 있다(Lyubomirsky, Caldwell, & Nolen-Hoeksema, 1993; Watkins, 2008; Watkins & Nolen-Hoeksema, 2014). 좋지 않은 중간고사 성적에 대한 반추를 하다가 다른 생각은 아무것도 할 수 없게 된다면, 그보다 더 좋지 못한 일은 없을 것이다. 그러나 반사실적 사고가 유익할 수도 있다. 반사실적 사고의 초점이 미래에 더 잘할 수 있는 방식을 모색하는 데 집중되는 경우가 그런 경우이다. '조금만 더 체계적으로 공부했더라면 A+도 충분히 받을 수 있었는데!'라고 생각하는 것 같은 반사실적 사고는 유익한 활동이 될 수 있다. 이런 생각을 통해 자신의 운명을 통제할 수 있다는 자신감이 고취되고 앞으로는 더욱 체계적으로 공부하려는 동기가 강화되기 때문일 것이다(Nasco & Marsh, 1999; Roese & Olson, 1997).

사고력 증진시키기

통제된 사고의 한 가지 목적은 자동적 사고를 견제함으로써 인지활동의 균형을 유지하는 데 있다. 비행 중 문제가 발생하면 조종사들이 자동 조종장치를 끄고 수동으로 비행기를 조종하듯, 일상생활에서 이상한 일이 벌어지면 사람들은 통제된 사고를 감행하게 된다. 그럼 사람들은 자신의 실수를 얼마나 잘 바로잡을 수 있을까? 더 잘할 수 있게 하기 위해서는 어떻게 가르쳐야 할까?

한 가지 방법은 사람들에게 자신의 사고력에 대해 좀 더 겸손해지도록 돕는 것이다. 우리는 누구나 자신의 판단을 지나치게 확신하는 편이다(Buehler, Griffin, & Ross, 2002; Juslin, Winman, & Hansson, 2007; Merkle & Weber, 2011; Vallone et al., 1990). 예컨대 교사 중에는 남학생과 여학생의 능력 차이에 관한 자신의 믿음을 사실보다 훨씬 더 강하게 확신하는 경우가 많다. 따라서 인간의 추리력을 향상시키기 위해 극복해야 할 장애물 중 하나는 **자만의 벽**(overconfidence barrier)이다(Metcalfe, 1998). 이 장애물을 극복하는 한 가지 방법은 이런 자만을 직접적으로 공략하는 방법이다. 다시 말해 사람들로 하여금 자신이 잘못됐을 가능성을 고려해보게 하는 방법이다. 이 방법을 채택한 연구에서 Lord, Lepper, Preston(1984)은 사람들에게 자신의 견해와 반대되는 견해를 고려해보라고 주문했다. 그러자 사람들은 세상사를 해석할 때 자신의 방식과는 다른 방식으로도 해석할 수 있다는 사실을 깨닫게 되었고, 그 결과 판단의 오류가 줄어드는 효과가 발견되었다(Anderson, Lepper, & Ross, 1980; Hirt, Kardes, & Markman, 2004; Mussweiler, Strack, & Pfeiffer, 2000).

두 번째 방법은 사람들에게 올바른 추리법에 관한 아주 기본적인 통계학적 그리고 방법론적 원리를 직접 가르치는 방법이다. 이렇게 배운 원리를 일상생활 속 추리작업에 적용하기를 기대하면서 말이다. 이들 원리 중 대부분은 통계학 및 실험설계 강좌에서 이미 가르치고 있는 것들이다. 예컨대 표본(예 : 기초생활보호 대상자 중 일부)을 대상으로 수집된 정보를 모집단(예 : 모든 기초생활보호 대상자)에 일반화시키고자 한다면, 그 표본은 모집단을 대표할 수 있을 만큼 공평하게 표집된 집단이어야 하며 표본의 크기도 상당히 커야 한다는 등의 내용이 그런 원리에 속한다. 그럼 이들 강좌를 이수한 학생들은 실제생활에 이런 원리를 적용할 수 있는 것일까? 구체적으로 이 학생들은 이 장에서 소개한 그러한 유형의 오류를 덜 범하는 것일까? 이미 많은 연구에서 이들 질문에 대한 답이 고무적이라고 보고하고 있다. 대학에서 개설하는 통계학 강좌, 대학원에서 배우는 실험설계, 심지어는 간단한 일회성 강좌를 통해서도 사람들의 추리력이 향상되는 것으로 드러난 것이다(Crandall & Greenfield, 1986; Malloy, 2001; Nisbett et al., 1987; Schaller, 1996).

Nisbett의 연구진(1987)은 대학원생들이 어떤 훈련을 받느냐에 따라 일상 문제를 해결할 때 그들이 활용하는 추리력이 달라지는지를 검토하였다. 연구에 이용된 문제는 이 장에서 논의된 통계학 및 방법론적 추리가 요구되는, 예컨대 작은 표본에서 수집된 정보를 일반화하는 방식에 대한 이해를 요구하는 그런 문제였다('해보기 : 추리를 얼마나 잘하나' 참조). 연구자들은 심리학이나 의학 전공 대학원생들이 법학이나 화학 전공 대학원생들보다 통계적 추리 문제를 더 잘 풀 것이라고 예측했다. 왜냐하면 심리학과 의학 전공 학생들이 법학 및 화학 전공 학생들보다 통계학 관련 훈련을 더 많이 받기 때문이다.

그림 3.6에서 알 수 있듯이 대학원에서 2년 동안 심리학이

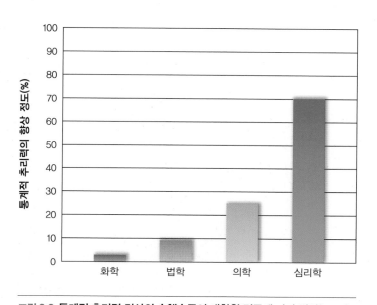

그림 3.6 통계적 추리력 검사의 수행수준이 대학원 전공에 따라 변하는 모습
심리학, 의학, 법학, 화학 전공으로 대학원에서 2년을 공부한 학생들을 대상으로 통계적 추리 문제 해결력을 조사한 결과를 요약한 것이다.

출처 : Nisbett, Fong, Lehman, & Cheng(1987)

추리를 얼마나 잘하나?

1. 중소도시인 산경시에 새 경찰서장이 부임한 지 1년 반이 되었다. 그동안 그의 평판은 좋지 않은 편이었다. 그는 경찰 수장으로서 자격이 없는 사람으로 알려져 있었는데도, 그 지역 국회의원의 추천으로 이 시에 오게 될 정도로 정치적인 인물이었다. 그 국회의원은 최근 기자들 앞에서 "이 경찰서장이 취임한 이후 이 시의 범죄율이 12%나 줄어들었다."며 경찰서장의 업적을 높이 평가했다. 다음 중에서 경찰서장이 유능하다는 국회의원의 이러한 주장을 꺾어 놓을 수 있는 가장 강력한 증거는?

   a. 산경시와 규모가 비슷한 가까운 이웃 도시의 범죄율은 같은 기간 동안 18% 감소했다.

   b. 산경시민을 대상으로 실시한 여론조사 결과 조사에 반응한 사람들이 보고한 범죄 건수는 경찰에서 보고한 것보다 40%나 많았다.

   c. 상식적으로 볼 때 범죄율을 줄이기 위해 경찰서장이 할 수 있는 일은 별로 없다. 범죄율이 줄어든 주된 이유는 경찰 때문이 아니라 사회경제적 조건 때문이다.

   d. 경찰서장과 조직적 범행에 관여한 것으로 알려진 사람들과의 사업상 연관성이 발견되었다.

2. 프로야구 시즌이 개막된 지 2주 후 상위 10등까지의 타율 평균이 일간지에 보도되기 시작했다. 일반적으로 2주 후의 상위 타율 평균은 대략 .450 정도로 기록된다. 그러나 시즌이 끝날 무렵에는 어느 선수도 평균 타율이 .450으로 기록된 적이 없다. 왜 이런 일이 벌어졌다고 생각하는가?

   a. 시즌이 시작될 때 나타나는 특정 선수의 높은 타율 평균은 운이 좋아서 생긴 일일 뿐이다.

   b. 시즌 초에 높은 타율 평균을 기록한 선수들은 그런 기록을 유지하기 위해 많은 스트레스를 받게 되고 그 결과 그런 선수들은 더 힘든 경기를 하게 된다.

   c. 출전 경기 수가 증가함에 따라 투수들의 실력이 향상되고, 그에 따라 타자들은 삼진 아웃당할 확률이 높아지니까 선수들의 타율 평균은 낮아진다.

   d. 타자의 타율 평균이 높아지면 투수들은 그런 타자의 타율 평균을 낮추기 위해 애를 쓴다.

   e. 타자가 타율을 높이기 위해 노력하는 것으로 알려지면, 투수들은 그에게 치기 좋은 공을 던지지 않는다. 걸어 나가게 하는 한이 있더라도 치기 어려운 공만 던진다.

   정답: 1. a 2. a

나 의학을 공부한 학생들이 법학이나 화학을 공부한 학생들보다 통계적 추리 문제 해결능력이 크게 향상되었다. 심리학 전공 대학원생들의 추리력 향상 정도는 놀라울 정도이다. 재미있는 것은 GRE에서 따온 문제를 해결하는 능력의 경우 전공에 관계없이 모든 학생들이 대등했다는 점이다. 이는 전반적 지적능력에서는 전공에 따른 차이가 나지 않았다는 암시이다. 따라서 일상문제 해결에 요구되는 추리를 정확하게 논리적으로 수행하는 능력에서 발견되는 전공 간 차이는 각각의 전공 분야에서 받은 훈련이 달랐기 때문이라고 할 것이다(Nisbett et al., 1987). 이러한 연구를 통해 우리는 사람들에게는 이 장에서 소개한 유형의 오류를 극복할 수 있는 능력이 있음을 알게 되었다. 이런 능력을 발휘하기 위해서 반드시 대학원에 가야만 하는 것도 아니다. Lord 등(1984)의 연구에 참여했던 학생들이 그러했듯이, 때로는 반대의 경우만 고려해봐도 그런 실수를 극복할 수 있기 때문이다. 물론 대학원이나 학부에서 정규 교과목으로 제공하는 통계학 강좌는 더 큰 도움이 된다. 그러니까 대학에서 제공하는 통계학 강좌를 수강하는 일이 두렵더라도 용기를 내어보라. 그렇게 하면 전공필수 과목을 이수할 수 있을 뿐 아니라 추리능력도 향상될 것이기 때문이다.

왓슨을 재고하다

지금까지 우리는 두 가지 상이한 양식의 사회인지를 살펴보았다. 하나는 노력하지 않고 의도하지 않아도 자신도 모르는 사이에 저절로 전개되는 자동적 사고양식이며, 다른 하나는 의도적으로 노력해야 하며 의식하에서 고의적으로 벌어지는 통제된 사고양식이었다. 이 장을 시작하면서 소개했듯, 우리 인간은 이들 두 가지 사고양식 덕분에 복잡한 사회적 세계를 어렵지 않게 이해하는 강력한 능력을 발휘할 수 있게 되었다. 왓슨이라는 IBM 컴퓨터가 '제퍼디' 퀴즈 쇼에서 사람을 이기는 놀라운 일이 벌어지긴 했지만, 애인을 찾아달라는 부탁을 하거나, 아이를 키워달라는 부탁을 하기 위해, 또는 어려운 사업상 거래의 자문을 구하기 위해 왓슨을 찾는 사람은 아직 없다.

그러나 우리는 인간의 사회인지가 완벽하지 않다는 사실도 알았다. 사람들은 추리를 할 때 오류를 범하곤 한다. 심지어는 자신도 모르는 사이에 자신의 그릇된 이론이 진실이 되도록 세상을 조종하는 행동을 하기도 한다(자기 충족적 예언). 그러면 우리는 사회인지의 이런 두 가지 양극성 특징, 즉 문화적으로 눈부신 업적을 일구어낼 정도로 놀라운 인지능력을 가지고 있으면서도 다른 한편으로는 다양한 실수를 범하기도 한다는 사실을 어떻게 설명해야 할까?

인간의 사회적 사고에 대한 가장 정확한 묘사는 다음과 같을 것이다. 사람들은 사회적 사고의 귀재로서 놀라운 인지능력을 갖추고 있지만, 아직도 향상의 여지는 많다. 사회적 사고에서 발견되는 개선점은 이 장에서도 봤고 제13장에서도 알게 되겠지만 중대한 결말을 초래할 수 있다. 인간의 사고력을 대변하는 적절한 비유로 '아마추어 과학자'를 꼽을 수 있을 것이다. 즉, 사회적 세계의 본질을 밝혀내기 위해 논리적으로 노력하는 눈부신 사고력을 갖추었으면서도 그 일을 완벽하게 성취하지는 못하는 그런 과학자와 같다고 할 수 있다. 사람들은 자신의 스키마에 부합되지 않는 진실에는 눈을 닫아 버리기도 하며, 때로는 자신의 그릇된 스키마가 참이 되는 쪽으로 남을 대하기도 한다. 물론 이런 일은 참된 과학자라면 결코 해서는 안 될 일들이다.

복습문제

1. 여자 친구와 유원지로 놀러간 상우는 20개의 컵 중에서 붉은 공이 들어 있는 컵을 찾아내야 하는 게임을 하고 있었다. 그런데 상우가 선택한 컵은 붉은 공을 담고 있는 바로 옆의 컵이어서 여자 친구가 갖고 싶어 하는 토끼 인형을 받지 못했다. 사회심리학 연구에 의하면 상우는 _____ 가능성이 가장 크다.
   a. 인지부조화를 경험할
   b. 반사실적 사고에 빠져들
   c. 주변이 너무 소란해서 실수를 했다고 생각할
   d. 다음부터는 비슷한 게임을 하지 않을

2. 다음 중 자유 의지에 관한 연구와 가장 일치하는 것은?
   a. 사람들은 자기 행동에 대한 자신의 통제력을 과대평가할 때가 거의 없다.
   b. 사람들은 자기 행동에 대한 자신의 통제력을 과소평가할 때도 있다.
   c. 사람들은 자기가 하는 거의 모든 일을 자기의 자유 의지대로 했다고 생각한다.
   d. 자유 의지에 대한 믿음이 큰 사람일수록 비윤리적 행동을 감행할 가능성이 크다.

3. 다음 중 촉진적 의사소통 기법에 대해 가장 정확한 진술은?
   a. 자폐증 환자 같이 의사소통에 문제가 있는 사람들에게 자기 생각을 표현할 수 있게 해줄 가망성이 큰 새로운 기법이다.
   b. 의사소통 결함자가 자판을 치기 위해 움직이는 손가락과 팔을 잡고 있는 도우미가 고의로 답을 만들어낸다.

   c. 의사소통이 어려운 사람들이 입력할 문자를 선택한다는 것이 도우미의 믿음이지만, 이 믿음은 잘못된 믿음이고 자기도 모르는 사이에 질문의 답을 자기 스스로 결정하는 것 같다.
   d. 촉진적 의사소통 기법은 가벼운 자폐증으로 고생하는 사람들의 의사소통 증진에는 도움이 되지만, 자폐증이 심한 사람들에게는 도움이 되지 않는다.

4. 일상생활의 문제를 둘러싼 통계적 추리능력을 향상시키고 싶은 사람이 있다면, 다음 중 어느 프로그램에 등록해야 원하는 걸 성취할 가능성이 가장 클까?
   a. 심리학
   b. 의학
   c. 법학
   d. 화학

5. 이 장에서 배운 바에 따르면, 다음 중 사람들의 사고력을 묘사하는 가장 적합한 비유는?
   a. 사람은 인지적 구두쇠이다.
   b. 사람은 능동적 전술가이다.
   c. 사람은 노련한 탐정이다.
   d. 사람은 아마추어 과학자이다.

정답은 537-539쪽 참조

요약

3.1 자동적 사고란 무엇이며, 스키마가 어떻게 자동적 사고의 보기가 되는가, 스키마의 장점과 단점은 무엇인가

- **자동 조종장치 : 효율적 사고** 사회인지란 자신과 사회적 세계에 관한 사람들의 사고방식을 일컫는다. 사람들은 사회인지에 능수능란하다. 따라서 사회인지에서 사람과 맞설 컴퓨터는 없다. 하지만 우리의 사회인지도 완벽하지는 않다. 사람들이 범하기 쉬운 재미나는 실수가 사회심리학자들에 의해 발견된 것이다. 사회적 사고는 통제하에 전개될 수도 있고 자동으로 진행될 수도 있다. 자신과 사회적 세계에 관한 사람들의 사고방식, 즉 사회인지의 많은 부분은 자동적 사고로 구성된다. **자동적 사고**란 원하지 않는데도 자신도 모르는 사이에 노력하지 않아도 불수의적으로 전개되는 사고를 일컫는다.

  - **일상적 이론가로서의 사람 : 스키마를 이용한 자동적 사고** 자동적 사고의 중요한 특징 중 하나는 새로운 정보를 조직하고 해석할 때 과거 지식을 이용한다는 점이다. 구체적으로 자동적 사고가 전개될 때 사람들은 **스키마**를 이용하는데, 스키마란 사회적 세계에 관한 자신의 지식을 주제 중심으로 조직하고, 무엇을 주목하고 무엇에 관해 생각하고 무엇을 회상해야 하는지에 영향을 미치는 인지구조를 일컫는 말이다. 스키마는 사회적 세계의 모호성을 줄이는 데 이용되는 극히 유용한 도구이다.

  - **어떤 스키마가 사용되나 : 접근성과 점화** 때로는 상황이 모호하여 어떤 스키마를 적용해야 할지가 분명하지 않다. 언제든 스키마는 **접근성/가용성**이 높을수록 사용될 확률도 높아진다. 접근성/가용성이란 우리 마음의 중심에 있다고 판단되는 정도를 뜻한다. 스키마의 가용성/접근성이 높아지는 이유도 여러 가지이다. 스키마의 가용성/접근성은 그 스키마가 과거에 사용된 빈도 및 현재 우리가 추구하는 목적과의 관련성에 의해서도 달라지며 **점화**, 즉 최근의 경험에 의해서도 달라진다.

  - **스키마 실현시키기 : 자기 충족적 예언** 스키마 때문에 자기 충족적 예언이 발생하면 문제가 생길 수 있다. 자기 충족적 예언이란 타인에 관한 우리의 스키마 또는 예상이 그 사람에 대한 우리의 행동에 영향을 미쳐 그 사람으로 하여금 우리의 예상과 부합되는 행동을 하게 하는

강한 경향성을 일컫는다.

3.2 자동적 사고의 또 다른 유형은 무엇이며 그들은 어떻게 작용하나

- **자동적 사고의 유형** 의도적으로 그렇게 하려는 노력을 하지 않아도 우리가 사회를 해석하고 결정을 내리는 데 도움을 주는 자동적 사고는 여러 가지 모양을 취한다.

  - **자동적 목적 추구** 우리의 일상생활에서 세우게 되는 목적은 서로 경합을 벌일 때도 있는데, 그중 하나를 골라내는 선택이 자동적으로 벌어지기도 한다. 사람들은 종종 최근에 달성했던 목적과 유사한 목적을 선택하곤 한다.

  - **자동적 의사결정** 우리도 모르는 사이에 내리는 결정이 훌륭한 결정일 때도 많다. 이런 경향을 이용하는 좋은 방법 중 하나는 모든 대안을 분석할 때 각각의 대안을 두고 잠시 동안 장단점을 따져본 후 기분전환을 통해 의식 밖의 세계가 작용할 기회를 제공하는 방법이다.

  - **자동적 사고와 심신에 관한 비유** 세상사에 관한 모호성을 줄이기 위해 스키마를 사용하는 것 외에 사람들은 심신에 관한 비유를 사용하기도 한다. 신체의 감각경험(예 : 무거운 클립보드를 들고 있는 경험)에서 비유(예 : 중대한 생각에는 '무게가 있다')가 **촉발/점화**되고, 이 비유는 사람들의 판단(예 : 캠퍼스 내 문제에 관한 학생들의 의견에 무게를 실어줘야 한다)에 영향을 미친다.

  - **마음속 전략과 지름길 : 판단 휴리스틱** 자동적 사고의 또 다른 보기로는 **판단 휴리스틱**을 꼽을 수 있다. 판단 휴리스틱이란 판단을 재빨리 그리고 효율적으로 내리기 위해 사용하는 마음속 지름길이다. 보기로는 **가용성 휴리스틱**과 **대표성 휴리스틱**을 들 수 있다. 가용성 휴리스틱이란 어떤 것을 머릿속에 쉽게 떠올릴 수 있는 정도를 기초로 판단을 내리는 전략을 일컫고, 대표성 휴리스틱이란 어떤 것이 그 전형적인 사례와 비슷한 정도를 기초로 판단을 내리는 전략을 일컫는다. 휴리스틱은 매우 유용한 전략이며 판단이 정확할 때도 많다. 그러나 오용될 수도 있고 판단의 결과가 정확하지 않을 수도 있다.

3.3 문화는 어떻게 사회적 사고에 영향을 미치나

- 우리의 마음은 우리가 사회에 관해 생각하고 그 속에서 행동하는 데 도움이 되는 연장을 담아 놓은 연장통과 같다. 사람들이 사용할 수 있는 연장통 속 연장은 누구에게나 똑같다. 그러나 사람들이 태어나 성장하는 문화에 따라 그 연장통에서 가장 많이 이용되는 연장이 달라진다.
  - 스키마를 결정하는 문화적 요인 사람은 누구나 스키마를 이용하여 세상을 이해한다. 그 스키마의 내용은 사람들이 살고 있는 문화권에 의해 결정된다.
  - 전체적 사고 대 분석적 사고 서구 문화는 **분석적 사고방식**을 강조하는 편이다. 분석적 사고방식을 선호하는 사람들은 특정 대상을 둘러싸고 있는 주변 상황은 고려하지 않고 중심 대상의 속성만 강조한다. 동아시아 문화권에서 성장한 사람들은 **전체적 사고방식**을 따르는 편이다. 이 사고방식을 선호하는 사람들은 상황 전반을 강조하며, 특히 상황 내 대상들 서로 간의 관계에 초점을 맞춘다.

3.4 통제된 사고의 단점은 무엇이며, 어떻게 하면 그 효과를 증진시킬 수 있을까

- 통제된 사회인지 : 통제된 사고 모든 사회적 사고가 자동으로 전개되는 것은 아니다. 사람들은 **통제된 사고**, 즉 의식적으로 그리고 의도적으로 애를 써가며 생각하기도 한다.
  - 통제된 사고와 자유 의지 우리의 행동을 우리가 좌지우지한다고 알고 있는 것과 실제로 우리가 우리의 행동을 마음대로 조절하는 정도는 일치하지 않을 수 있다. 자신의 행동을 자기 마음대로 통제한다고 과대평가하는 경우도 있고, 그 반대로 자신의 행동을 스스로 주체할 수 없다고 과소평가하는 경우도 있다. 그러나 사람들의 자유 의지에 대한 신념이 강할수록 도움을 필요로 하는 사람들을 도울 가능성은 크고 남을 속이는 것과 같은 비도덕적인 행동을 감행할 가능성은 작은 것으로 드러났다.

- 마음속으로 과거사 되돌려보기 : 반사실적 추리 통제된 사고의 한 가지 예로 **반사실적 사고**를 꼽을 수 있다. 반사실적 사고란 과거사의 특정 측면을 마음속에서 바꾸어 놓으면 그 결과로 어떤 일이 벌어졌을 것 같은지를 상상해보는 정신활동을 일컫는다.

- 사고력 증진시키기 이 절에서는 인간의 사고가 잘못되어 비합리적 판단을 내리게 되는 여러 가지 방식을 살펴보았다. 그렇지만 통계학을 공부하는 등 훈련을 받으면, 통계적으로 추리할 수 있는 능력이 크게 향상되는 것으로 밝혀졌다.

- 왓슨을 재고하다 인간은 사회적 사고에 매우 세련된 엄청난 인지능력을 갖춘 유기체이다. 그런 능력 덕분에 우리는 자기 충족적 예언과 같은 실수를 범하기도 한다. 인간은 '아마추어 과학자'와 같아 사회적 세계의 본질을 밝히기 위해 논리적으로 노력하는 아주 똑똑한 존재이지만 그 일을 완벽하게는 해낼 수 없는 슬픈 존재이기도 하다.

평가문제

1. 다음 진술 중 자동적 사고를 가장 잘 요약한 것은?
   a. 인간의 생존에 결정적인 기능이지만 완벽한 것도 아니고 잘못된 판단을 내리게 하여 심각한 결말을 초래할 수도 있다.
   b. 자동적 사고는 놀라울 만큼 정확하여 중요한 실수를 거의 범하지 않는다.
   c. 자동적 사고는 대개 잘못된 판단을 유발한다는 문제점을 안고 있다.
   d. 자동적 사고는 의식적으로 전개돼야 가장 효과적이다.
2. 지니와 나미가 길을 따라 걸어가다가 검은 비닐봉지를 거머쥔 한 남자가 편의점에서 걸어 나오는 것을 봤다. 편의점 주인이 뛰어 나오더니 그 사람에게 당장 돌아오라고 소리를 질렀다. 지니는 즉각적으로 약탈 사건이 벌어졌다고 가정하는데, 나미는 그 사람이 잔돈을 받지 않고 나왔고 주인이 그 잔돈을 돌려주고 싶어 한다고 가정한다. 지니와 나미가 동일 사건을 다르게 해석하는 이 현상에 대한 최적의 설명을 다음 중에서 골라보라.
   a. 지니와 나미는 통제된 사고를 하고 있어 문제상황에 대한 상이한 가정을 하게 되었다.
   b. 지니와 나미는 성격이 서로 달라서 상이한 가정을 하게

되었다.

c. 지니와 나미는 자기 충족적 예언의 함정에 빠졌기 때문에 상이한 가정을 하게 되었다.

d. 지니와 나미가 최근 겪은 상이한 경험 때문에 각자의 마음에 서로 다른 스키마가 가용해졌다.

3. 스키마 활용에 관한 다음 진술 중 진실에 가장 가까운 것은?

a. 스키마는 통제된 사고의 보기에 해당한다.

b. 가진 스키마가 정확하지 않을 때는 누구도 그 스키마가 구현되도록 행동하지 않는다.

c. 스키마는 오류를 유발하기도 하지만, 세상사에 관한 정보를 조직하는 유용한 도구로 작용하며 우리 지식에서 빈곳을 채워주는 역할까지 한다.

d. 우리가 사용하는 스키마는 쉽게 사용할 수 있는 정보에만 영향을 받지, 우리의 목적이나 최근에 겪은 경험에는 영향을 받지 않는다.

4. 영주는 자기 친구들에게는 책임감이 없다고 믿기 때문에 친구들을 신뢰하려 하지 않는다. 따라서 한 친구와 저녁 약속을 할 때면 만일에 대비해 다른 친구와도 약속을 해놓고 나중에는 둘 중 하나를 골라잡는다. 그러자 영주의 친구들은 영주와의 약속을 깨기 시작한다. 영주가 나타날 것이라는 확신을 못하기 때문이다. 영주는 혼자서 이렇게 생각한다, "봐라, 내 말 맞지? 내 친구들은 책임감이 없다니까!" 다음 중 영주가 이런 결론을 내리게 된 이유를 가장 잘 설명하는 것은?

a. 통제된 처리 덕분에 생기는 정확한 사회지각

b. 자기 충족적 예언

c. 전체적 사고

d. 자동적 처리 덕분에 생기는 정확한 사회지각

5. 나는 내 친구 수빈이가 좀 더 단호한 사람이었으면 좋겠다. _____에 대한 연구에 의하면, 나는 수빈이에게 과거에 자기가 우유부단하게 행동한 사례를 _____ 가지만 생각해보라고 요구해야 한다.

a. 대표성 휴리스틱, 12

b. 가용성 휴리스틱, 3

c. 대표성 휴리스틱, 3

d. 가용성 휴리스틱, 12

6. 다음 중 최소한의 자동적 사고만 요구하는 일은?

a. 이미 점화된 목적에 따라 행동하는 일

b. 판단을 내릴 때 신체에 관한 비유를 사용하는 일

c. 반사실적 추리

d. 자기 충족적 예언

7. 다음 중 사실에 가장 가까운 것은?

a. 모든 인간은 각자가 사용할 동일한 인지 '도구'를 지니고 있다.

b. 일반적으로 사람들은 다른 문화권으로 이사를 가면 그곳 사람들의 사고방식을 배우지 못한다.

c. 동아시아인은 전체적으로 생각하고 서양인은 분석적으로 생각하는 경향이 있는데, 그 이유는 동아시아인과 서양인과의 유전적 차이 때문이다.

d. 미국 대학생들은 특정 사진 속 배경의 변화를 알아차릴 가능성이 큰 데 반해, 일본 대학생들은 그 사진의 전경에 있는 주요 대상의 변화를 알아차릴 가능성이 크다.

8. 다음 중 통제된 사고와 자유 의지에 대한 연구결과를 가장 정확하게 서술한 것은?

a. 우리의 활동을 우리가 제어하는 정도에 대한 우리의 생각과 실제로 우리의 활동을 우리가 제어하는 정도 사이에는 연관성이 없다.

b. 우리에게 자유 의지가 있다고 믿거나 믿지 않는 것은 별로 중요한 일이 아니다.

c. 영장류 중에는 사람만큼 자유 의지가 강한 종도 더러 있다.

d. 우리에게는 자유 의지가 전혀 없다.

9. 자선단체를 위한 모금 사업의 일환으로 사회과학관 로비에다 테이블을 설치한다고 하자. 다음 중 어떤 것이 지나가는 사람들로부터 가장 많은 기부금을 내게 할 것 같은가?

a. 기부금을 받게 될 자선단체에 관한 정보를 가벼운 클립보드에 끼워 보여준다.

b. 찬물을 나누어 주고는 그 병을 손에 들고 여러분이 하는 말을 들어달라고 부탁한다.

c. 대도시 모습을 찍은 사진을 보여주어 전체적인 생각을 할 수 있게 한다.

d. 신선한 냄새가 나는 향수를 테이블 위에 살짝 뿌린다.

10. 이 장에서 배운 모든 것을 고려할 때 다음 중 사회인지에 대한 최적의 결론은?

a. 사람들이 자동적 사고는 버리고 통제된 사고만 이용할 수 있다면 사람들에게는 큰 득이 될 것이다.

b. 사람들은 놀라운 인지능력을 지니고 있고, 뛰어난 사회적 사고를 할 수 있지만 개선의 여지도 많이 가지고 있다.

c. 연구된 문화권만 고려할 때 사회인지는 문화에 관계없 이 전 세계에 걸쳐 거의 동일하다.

d. 통제된 사고의 목적 중 하나는 스스로 목표를 세우는

것이다. 이는 자동적 사고로는 할 수 없는 일이다.

정답은 537-539쪽 참조

개요 및 학습목표

사회지각 : 다른 사람을 어떻게 이해하게 되는가

사람을 이해하는 일은 쉬운 일이 아니다. 왜 사람들은 모두가 다르게 살아가는 것일까? 이러한 질문을 제기하는 빈도 및 절박함은 어떤 독자가 뉴욕타임스에 보낸 애절한 이야기에서 분명하게 드러난다. 그 이야기에 따르면 얼마 전 남자 친구와 헤어진 한 여성이 옛 남자 친구가 보낸 연애편지며 카드며 시 등등이 들어 있는 보따리를 쓰레기통에다 내다버렸다. 그 여성은 그다음 날 옛 남자 친구로부터 왜 그런 짓을 했느냐는 전화를 받고 경악을 금치 못했다. 그 남자는 그 일을 어떻게 알았을까? 사실인즉 어떤 노숙자가 그 보따리가 버려진 쓰레기장을 지나가다 그 편지를 주워 읽고는 두 연인이 어떤 연고로 그렇게 헤어졌는지가 궁금해졌다. 노숙자는 자기가 읽은 여러 통의 편지 중 하나에 그 남자의 전화번호가 있는 걸 발견하고 공중전화를 이용해 그 남자에게 전화를 걸어 이렇게 말했던 것이다. "더 일찍 전화를 걸 수도 있었는데, 이 동전이 오늘 내가 얻은 첫 번째 동전이라서……"라고(De Marco, 1994).

그 노숙자는 복이라곤 무지하게 없는 사람이었다. 집도 없고 돈도 없어 쓰레기통을 뒤지고 다니는 형편이었다. 그런데도 인간의 조건에 대한 호기심은 여전히 살아 있었다. 그는 두 사람이 왜 헤어졌는지를 알고 싶었고, 그 이유를 알아내기 위해 그가 가졌던 전 재산 25센트까지 투자했던 것이다.

우리는 누구나 다른 사람들의 행동을 설명하고 싶어 한다. 그러나 대부분의 경우 사람들이 왜 그런 식으로 행동했는지, 그 이유는 겉으로 드러나지 않는다. 설상가상으로 우리는 남의 마음을 읽을 수 있는 능력도 없다. 우리가 남의 행동을 설명하고 싶어 하는 욕구를 충족시키는 데 사용할 수 있는 것은 행동(즉, 사람들이 하는 행위, 하는 말, 짓는 얼굴표정, 몸짓, 목소리와 억양 등)뿐이다. 우리는 우리가 가진 빈약한 단서와 첫인상을 이용하여 최선을 다해 이들 증거를 조합함으로써 정확하고 유용한 결론을 도출할 수 있기를 바랄 뿐이다.

남을 이해하고 싶어 하는 우리의 욕구는 우리의 취미생활이나 오락생활에까지 침투해 있을 정도로 근본적인 욕구이다. 우리는 영화를 보고, 소설책을 읽고, 남의 대화를 엿듣고, 커피를 마시면서 시시덕거리는 모습까지 살펴본다. 낯선 사람이나 가공된 인물의 행동에 관한 생각까지도 우리를 매료시키기 때문이다(Weiner, 1985). 최근에는 이러한 인간의 (인)지적 호기심을 상업적으로 이용하는 TV 프로그램이 자주 등장한다. '정글의 법칙'이나 '아빠 어디 가?', '미운 우리 새끼' 등 실제생활에서 벌어질 수 있는 일을 전파에 담아 그대로 화면에 투사하는 많은 프로그램, 그리고 소위 다양한 '예능 프로그램'이 대표적인 보기에 속한다. 그뿐인가? 요즘은 대다수의 국민은 상상조차 하기 어려운 초호화 생활을 하는 모습을 보여주는 '황금빛 내 인생' 같은 재벌들의 이야기도 끊이지 않고 연속극의 형식으로 등장한다. 이들 프로그램이 인기를 끄는 이유 중 하나는 이들 프로그램을 통해 다른 사람을 이해하고 싶은 사람들의 욕구를 충족시킬 수 있기 때문이다. 우리는 우리와 비슷한 또는 너무나도 다른 등장인물을 소개하는 이들 프로그램을 시청함으로써 알고 싶은 사람들에 대한 인상을 형성한다(Martin, 2013 참조). 그들에 대한 귀인을 짓는다는 뜻이다. 즉, 그들이 어떤 사람이고 왜 그런 일을 하는가에 대한 결론을 내린다. 이제 이러한 귀인은 그 사람들의 동기, 선택, 행동을 이해하는 데 이용된다.

위에서 언급한 유의 TV 프로그램을 시청하지 않거나 아예 TV를 시청하지 않아도 복잡하고 이해할 수 없는 주변 인물에 빠져드는 사람들의 욕구가 강하다는 사실은 얼마든지 음미할 수 있다. 혼잡한 공공장소에서 왕래하는 사람들을 관찰하는 일에서부터 수업 첫 시간에 처음 만난 교수에 대한 첫인상이나 동아리 방에서 만났던 타과 선배의 행동 원인을 두고 벌이는 단짝과의 대화에 이르기까지 우리는 일상 에너지 중 많은 부분을 다른 사람들의 행동을 이해하기 위한 원인 분석에 소비한다. 왜? 다른 사람들과 그들의 행동에 관한 생각이 주변 사회를 이해하고 예측하는 일에 도움을 주기 때문이다(Heider, 1958; Kelley, 1967). 이 장의 초점은 우리를 둘러싼 사회(또는 사회적 세계)를 이해하려는 우리의 노력에 맞추어져 있다. 그중에서도 특히 **사회지각**(social perception)—타인에 대한 인상을 형성하는 방식과 타인에 관한 추론을 전개하는 방식에 대한 연구—을 자세하게 논의할 것이다. 그 논의는 타인에 관한 생각에 이용되는 정보원 중 특히 중요한 얼굴표정, 몸놀림, 목소리 같은 비언어적 정보를 통한 의사소통에서 시작하기로 한다.

사회지각
다른 사람에 대한 인상 형성 방식 및 추론 방식에 대한 연구

비언어적 의사소통

4.1 사람들은 타인을 이해하려할 때 비언어적 단서를 어떻게 이용하나

일상의 상호작용에서 우리가 다른 사람들에게 해야 하는 말 중 대부분은 꼭 말을 하지 않아도 된다. 비언어적 표현만으로도 우리에 관한 많은 정보가 다른 사람에게 전달되기 때문이다. 우리는 다른 사람에 관해 알고 싶을 때에도 이와 똑같은 비언어적 단서를 이용한다(Gifford, 1991; Hall, Gunnery, & Andrzejewski, 2011; Hall, Murphy, & Schmid Mast, 2007). **비언어적 의사소통**(nonverbal communication)은 의도적으로든 비의도적으로든 말을 하지 않고 이루어지는 의사소통을 일컫는다. 얼굴표정, 목소리, 몸짓, 몸놀림, 촉각, 시선 등이 가장 자주 이용되며, 이들이 가장 많은 것을 알려주는 비언어적 의사소통 채널로 알려져 있다(Knapp, Hall, & Horgan, 2014).

비언어적 의사소통
의도적이든 비의도적이든 말(언어)을 사용하지 않고 이루어지는 의사소통

비언어적 단서가 의사소통에서 수행하는 일은 많다. 이들 단서를 통해 우리는 우리의 정서, 태도 및 성격을 표현하고 다른 사람한테서도 동일한 특징을 지각한다. 예컨대 화가 났음을 알리기

해보기! 비언어적 단서로서의 목소리

우리가 하는 말에도 정보가 꽉 차 있지만, 그 말을 하는 방식에는 우리가 전하고자 하는 의미에 관한 정보가 더 많이 들어 있다. 우리는 "나는 그 여자를 모릅니다."라는 문장을 솔직하게 말로 표현할 수 있다. 그러나 그 말을 어떻게 하느냐에 따라 이 말의 의미는 여러 가지로 달라진다. 이 문장을 큰 소리로 말하면서 다음에 열거된 정서를 전달하려고 해보라. 목소리의 높낮이, 말하는 속도, 목소리의 크기, 그리고 억양 등을 바꾸어 가며 이 문장을 말하는 실험을 해보라.

"나는 그 여자를 모릅니다."

- 화가 나 있다고 생각하라.
- 겁을 먹었다고 생각하라.
- 빈정댄다고 생각하라.
- 놀랐다고 생각하라.
- 혐오스럽다고 생각하라.
- 행복하다고 생각하라.

이제 이 연습을 친구와 함께 해보라. 이 문장을 반복해서 말하면서 친구에게 등을 돌려보라. 이 문장을 말할 때 여러분이 지을 수도 있는 얼굴표정을 보이지 않게 함으로써 여러분의 친구가 여러분의 목소리만을 단서로 사용할 수 있게 하기 위함이다. 여러분의 친구는 여러분이 전달하고 싶은 정서를 얼마나 잘 추측하는가? 이제 여러분의 친구에게 이 연습을 시켜보라. 여러분은 그 친구가 보낸 비언어적 단서를 이해할 수 있겠는가? 목소리만으로는 모든 정서를 정확하게 파악할 수 없었다면, 빠진 것은 무엇이고 혼동되는 것은 무엇인지를 논의해보라. 이렇게 해봄으로써 여러분은 화난 목소리나 두려워하는 목소리에 비해 혐오스러운 목소리가 어떻게 다른지를 알아낼 수 있을 것이다.

위해 우리는 실눈을 만들고 눈썹을 내리며 입술을 꽉 다문다. 자신이 외향적 성격의 소유자임을 알리기 위해 사람들은 몸짓을 크게 하며 목소리의 높낮이와 억양을 자주 바꾼다(Knapp et al., 2014). 이메일이나 문자로 의사를 주고받을 때 진짜 의미나 어조를 전달하기가 경우에 따라 얼마나 어려운지를 상상해보라. 이모티콘과 이모지가 유행하는 데는 그만한 이유가 있다. 이메일이나 문자를 이용한 의사소통에는 비언어적 단서가 존재하지 않고 그 때문에 생기는 괴리를 이들이 채워주기 때문이다. '해보기 : 비언어적 단서로서의 목소리'를 통해 여러분이 사용하는 비언어적 의사소통 채널 중 하나인 목소리가 활용되는 방식을 살펴볼 수 있을 것이다.

비언어적 의사소통의 중요성을 알아차린 사람들은 사회심리학자들 말고도 또 있다. 오늘날에는 정치적 논쟁 또는 중요한 기자회견 다음에는 예외 없이 전문가들이 모여 발표된 내용은 물론 그 내용이 발표된 방식에 대해 분석하는 일이 벌어진다. 이들 분석은 그 정보적 가치에서 많은 차이를 보인다. 가장 중요한 분석은 비언어적 의사소통에 관한 과학적 연구결과를 많이 이용하는 분석이다. 그런데 비언어적 의사소통에 관한 연구가 대개 '채널' 하나하나씩 별개로 수행되었다는 게 흥미롭다. 다시 말해 어떤 연구는 시선만 검토하고 어떤 연구는 몸짓만 연구하고 또 어떤 연구는 사회지각에 작용하는 자세의 역할만 탐구했다. 그러나 실제의 일상생활에서는 여러 가지 비언어적 단서가 동시다발적으로 그것도 정보를 기가 막힐 정도로 조화롭게 제공한다(Archer & Akert, 1980; Knapp et al., 2014). 이들 채널 중 몇 가지만 주의 깊게 살펴본 후, 자연적으로 제공되는 이들 비언어적 정보의 아름다운 구조가 어떻게 이용되는지를 검토해보기로 하자.

얼굴표정에 담긴 정서

비언어적 의사소통 채널의 백미는 역시 얼굴표정이다. 의사소통 채널로서의 얼굴표정에 관한 연구는 찰스 다윈의 저서 *The Expressions of the Emotions in Man and Animal*(1872)에서 시작되었다. 오랜 역사를 가지고 있다는 뜻이다. 이 채널의 우월성은 얼굴표정의 정교한 소통성에 있다(Becker, Kenrick, Neuberg, Blackwell, & Smith, 2007; Fernández-Dols & Crivelli, 2013; Kappas, 1997; Wehrle, Kaiser, Schmidt, & Scherer, 2000). 다음 94쪽에 있는 사진들을 들여다보라. 노력하지 않아도 이들 표정의 의미를 쉽게 알아볼 수 있을 것이다.

이들 사진은 여섯 가지 주요 정서를 보여준다. 각 얼굴에 담긴 정서를 읽을 수 있겠는가?

답 : 유쾌 왼쪽부터 분노, 놀라움, 혐오, 행복, 놀람, 슬픔.

진화와 얼굴표정 얼굴표정에 관한 다윈의 연구는 여러 분야에 막강한 영향을 미쳤다. 얼굴에 담겨 전달되는 일차적 정서는 보편적이라는 그의 신념(즉, 모든 인간은 이들 정서를 동일한 방식으로 **표현/부호화**(encode)하며, 모든 인간은 이들 정서를 정확하게 **해석/복호화**(decode)할 수 능력을 가지고 있다는 믿음)부터 고려해보기로 하자. 진화에 대한 관심 덕분에 다윈은 비언어적 의사소통 방식이 종 구체적(species-specific)이지 문화 구체적(culture-specific)이 아니라는 믿음을 형성하게 되었다. 그는 얼굴표정을 두고 예전에 유용했던 생리적 반응의 흔적이라고 주장했다. 예컨대 초기의 원인(hominid)이 주린 배를 채우기 위해 입에 넣었던 것에서 이상한 맛을 느꼈다면, 코를 찡그리며 불쾌해하면서 입안에 들어갔던 것을 모두 뱉어냈을 것이다. Susskind의 연구진 (2008)이 수행한 연구의 결과는 이러한 다윈의 견해를 지지하고 있다. 이들은 혐오감과 두려움이 담긴 얼굴표정을 분석하여, 각각의 정서를 표현하는 근육 움직임이 정반대임을 밝혀냈다. 그리고 '두려움이 담긴 얼굴'은 지각능력을 향상시키는데, '혐오감을 담은 얼굴'은 지각능력을 감소시킨다는 사실도 발견했다. 두려움의 경우 얼굴 근육과 안구 근육의 움직임은 시야를 넓히며 코로 흡입되는 공기의 양을 증가시키고 안구 움직임의 속도를 증가시키는 등 감각입력 정보의 양을 늘리는 방향으로 작용했다. 혐오감의 경우 이와는 반대로 감각입력 정보의 양을 줄이는 방향으로 작용했다. 즉, 눈은 실눈으로 바뀌고 공기의 흡입량도 감소했고 안구 움직임 속도도 줄어들었다. 전자의 반응은 모두 두려운 사건에 대한 유용한 반응인데, 후자의 반응은 모두 썩은 물체나 유해물질에 대한 유용한 반응임을 주목하라(Susskind et al., 2008).

　얼굴표정은 보편적 현상이라는 다윈의 주장은 옳다고 해야 할까? 적어도 여섯 가지 일차적 정서(분노, 행복, 놀람, 두려움, 혐오, 슬픔)의 경우 그렇다는 게 일반적인 견해이다. 예컨대 잘 통제된 연구에서 Ekman과 Friesen(1971)은 뉴기니 원주민 부족(South Fore)의 정서 인식 능력을 검토하였다. 이 부족은 그때까지 서양문명을 접해본 적도 없고 문자도 모르고 있었다. Ekman과 Friesen은 먼저 그 부족민들에게 정서적 내용이 담긴 짧은 이야기를 들려주었다. 그런 후 미국인 남녀의 얼굴표정이 담긴 사진을 보여주며, 이야기 속 정서를 사진 속 얼굴표정에 담긴 정서 중에서 골라보라고 주문했다. 이들 부족민의 정확성은 미국인들의 정확성과 다르지 않았다. 그다음에는 그 부족민들에게 이야기 속 정서를 담은 얼굴표정을 지어보라고 주문한 후, 그들의 표정을 사진으로 찍었다. 이렇게 찍은 사진을 본 미국인들도 그들의 얼굴표정에 담긴 정서를 정확하게 읽어내었다. 이 연구의 결과는 적어도 일차적 정서 여섯 가지를 읽어내는 우리의 능력은 문화와는 무관하다는 주장을 지지하는 증거로 작용한다(Biehl et al., 1997; Ekman, 1993; Ekman et al., 1987; Elfenbein & Ambady, 2002; Haidt & Keltner, 1999; Izard, 1994; Matsumoto & Willingham, 2006).

얼굴표정, 자세, 몸짓에 담긴 비언어적 자부심 표현은 범문화적으로 부호화되고 해석된다.

이러한 증거를 가지고도 왜 우리는 정서 표현의 보편성이 확고하게 입증됐다는 결론을 내리지 못한 것일까? 사실 지난 몇십 년 동안은 교과서에서 보편성이 확고하게 표현되기도 했다. 그러나 최근의 연구결과는 그런 확고한 결론을 내리기 어렵다고 암시한다. 서양 사람들은 여섯 가지 주요 정서를 얼굴표정에 적용하게 했을 때 여섯 가지 정서 간 경계를 엄격하게 긋는 데 반해, 동양 사람들은 그 경계가 겹치는 것으로 드러난 것이다(Jack, Garrod, Yu, Caldara, & Schyns, 2012). 이와 다른 연구에서는 참여자들에게 정서 용어와 얼굴표정을 짝지어 보라는 과제와 얼굴을 자기들만의 규칙에 따라 마음대로 분류해보라는 과제를 이용했다. 그 결과 전자의 과제 수행에서는 보편성을 지지하는 증거가 확보되었다. 즉, 문화 간 차이가 발견되지 않았다. 그러나 자유 분류 과제에서는 문화 간 차이가 발견되었다(Gendron, Roberson, van der Vyver, & Barrett, 2014). 분명히 이러한 결과는 얼굴표정을 통한 정서의 부호화 및 복호화가 문화에 따라 달라질 수 있다고 암시한다. 정서 표현의 보편성에 대한 의문이 현대 사회심리학자들이 해결해야 할 또 하나의 문제가 된 것이다.

이들 여섯 가지 정서 외에는 얼굴표정에서 분명하게 그리고 쉽게 읽을 수 있는 정서가 없을까? 경멸감, 불안감, 수치심, 자부심, 당혹감 등이 그런 정서로 꼽힐 가능성이 연구되고 있다(Ekman, O'Sullivan, & Matsumoto, 1991; Harmon-Jones, Schmeichel, Mennitt, & Harmon-Jones, 2011; Harrigan & O'Connell, 1996; Keltner & Shiota, 2003; van de Ven, Zeelenberg, & Pieters, 2011). 예를 들면 자부심(pride)이라는 정서도 문화에 관계없이 존재한다는 연구결과가 확보되었다. 특히 자부심이 정서 표명으로 관심을 끄는 이유는 자부심은 얼굴표정뿐 아니라 자세와 몸짓을 통해서도 표명되기 때문이다. 자부심을 표명하는 전형적인 표현에는 작은 미소, 머리가 약간 뒤로 기운 자태, 눈에 띌 정도로 확장된 가슴과 자세, 팔을 머리 위로 올린 자태 또는 손을 엉덩이 위에 놓은 자세 등이 포함된다(Tracy & Robins, 2004). 자부심이 표출된 사진을 본 미국 사람들, 이탈리아 사람들, 그리고 아프리카 서부의 부르키나파소라는 곳에서 글을 모르고 살아가는 외딴 부족민들 모두 그 표정 속에 든 자부심을 정확하게 읽어냈다(Tracy & Robins, 2008). Jessica Tracy와 David Matsumoto(2008)는 자부심과 그 반대 정서인 수치심(shame)도 탐구했다. 이들은 2004년 올림픽 및 패럴림픽에서 벌어진 유도시합에서 승자와 패자의 불수의적

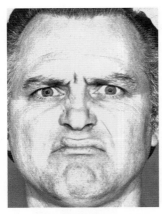

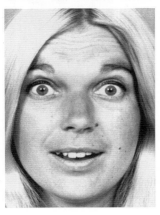

사람들은 동시에 두 가지 이상의 정서를 표현할 때도 많다. 남성의 얼굴에는 분노(눈과 눈썹 근처)와 혐오(코와 입 근처) 그리고 여성의 얼굴에는 놀라움(눈과 눈썹 근처)과 행복(입)이 섞여 있다(The Paul Ekman Group, LLC).

복합 정서
각 부분에 따라 상이한 정서가 담겨 있는 얼굴표정

정서 표명 규칙
비언어적 행동의 표현 적절성을 두고 문화적으로 결정된 규칙

표현을 부호화했다. 37개 국가에서 참여한 보통 선수와 맹인 선수들을 대상으로 시합의 승패가 결정된 직후에 드러난 비언어적 행동을 부호화했다. 그 결과 시합에 이겼을 때는 출신 국가에 관계없이 그리고 맹인이든 아니든 자부심이 담긴 표정을 더 많이 짓는 것으로 드러났다. 그리고 축 처진 어깨와 웅크린 가슴으로 표현되는 수치심은 한 집단을 제외한 모든 선수에게서 시합에 졌을 때 표출된 것으로 밝혀졌다. 예외로 분류된 집단은 미국 선수와 서유럽 선수들이었다. 이들은 모두 개인주의가 강한 문화권에 속한 선수들이라는 점에서 주목된다. 개인주의 문화권에서는 수치심은 부정적이고 오명으로 간주되는 정서이다. 표출하기보다는 숨겨야 하는 정서로 인식된다는 뜻이다(Robins & Schriber, 2009).

얼굴표정 읽기에 실패하는 이유 얼굴표정 속에 담긴 정서를 정확하게 읽어내는 일은 위에서 지적했던 것보다 훨씬 어려운 일이다. 거기에는 여러 가지 이유가 있다. 사람들은 **복합 정서**(affect blends)를 표출할 때가 많다는 게 그 첫 번째 이유이다(Du, Tao, & Martinez, 2014; Ekman & Friesen, 1975). 다시 말해 사람들이 짓는 얼굴표정의 각 부분에 담겨 있는 정서가 동일하지 않을 때가 많다는 뜻이다. 왼쪽에 있는 사진을 보라. 각각의 얼굴표정 속에 들어 있는 두 가지 정서를 찾아낼 수 있겠는가? 복합 정서라는 얼굴표정의 보기로는 끔찍한데도 부적절한 이야기(예 : 내용에서는 혐오감을 느끼고 그 사람에게 그런 이야기를 들었다는 데서는 화가 나는 이야기)를 들었을 때 짓게 되는 표정을 꼽을 수 있다. 두 번째 이유는 동일한 얼굴표정의 여러 측면에 숨은 의미가 맥락 및 단서에 따라 달라질 수 있다는 데 있다(Barrett, Mesquita, & Gendron, 2011; Hassin, Aviezer, & Bentin, 2013; Parkinson, 2013). 예컨대 시선에 따라 얼굴표정에 대한 해석이 달라진다는 증거가 확보되었다(Adams et al., 2010; Ulloa, Puce, Hugueville, & George, 2014). 노여움 같은 접근 지향 정서에 대한 해석은 시선이 관찰자를 직시하고 있을 때 가장 빨랐다. 그러나 두려움 같은 회피 지향 정서에 대한 복호화는 시선이 관찰자를 피하고 있을 때 가장 쉬웠다. 그 시선의 방향이 무서운 대상의 위치를 알려줌으로써 관찰자로 하여금 어떻게 피해야 할지를 암시하는 신호로 작용했기 때문일 것이다(Adams & Kleck, 2003). 얼굴표정에 담긴 정서를 정확하게 읽어내기 어려운 세 번째 이유는 문화와 관련된 것이다.

문화와 비언어적 의사소통 채널

Paul Ekman의 연구진은 수십 년 동안 문화가 얼굴표정을 통한 정서 표명에 미치는 영향을 연구해 왔다(Ekman & Davidson, 1994; Ekman & Friesen, 1969; Matsumoto & Ekman, 1989; Matsumoto & Hwang, 2010). **정서 표명 규칙**(display rules)은 문화에 따라 달라지며, 얼굴을 통해 표명될 수 있는 정서가 어떤 정서인가는 그 규칙에 의해 결정된다는 게 이들의 결론이었다. 앞에서 운동선수들이 지은 불수의적 얼굴표정에 관한 논의에서 봤듯이(Tracy & Matsumoto, 2008), 개인주의적 문화권의 표명 규칙에서는 남들이 보는 앞에서의 수치심 표출을 금하는 편인데 반해, 집단주의적 문화권의 표명 규칙에서는 이런 일이 허용되며 심지어는 권장되기도 한다.

다른 예를 하나 더 들어보자. 미국의 문화적 규범에서는 슬퍼하거나 우는 등의 정서 표출의 경우 남성에게는 금지된 편인데 여성에게는 허용되는 편이다. 이에 비해 일본의 전통적 문화 규범에서는 여성이 자제력을 잃고 활짝 웃는 표정을 짓는 일은 있을 수 없는 일로 규정하고 있다(Ramsey, 1981). 이 때문에 일본 여성들은 크게 웃을 때 손으로 얼굴을 가리지만, 미국 여성들은 활짝 웃는 표정이 허용되며, 심지어는 권장되고 있다(Henley, 1977; La France, Hecht, & Paluck, 2003). 일본의 규범은 사람들로 하여금 미소나 웃음으로 부정적 얼굴표정을 덮어버리

라고 유도한다. 따라서 일반적으로 서양인에 비해 일본인들은 얼굴표정을 통한 정서 표명을 덜하게 된다(Argyle, 1986; Aune & Aune, 1996; Gudykunst Ting-Toomey, & Nishida, 1996; Richmond & McCroskey, 1995).

물론 비언어적 의사소통은 얼굴표정 이외의 다른 채널을 통해서도 이루어진다. 문화의 영향력은 이들 비언어적 단서에도 강력하게 작용한다. 강력한 비언어적 단서의 대표적 예로는 시선과 눈 맞춤을 꼽을 수 있다. 미국 문화의 주류에서는 말을 할 때 눈을 마주 보지 않는 사람들을 의심쩍어 하며, 짙은 색안경을 쓴 사람들에게는 말을 걸기조차 꺼린다. 그러나 다음 쪽 그림 4.1에서 볼 수 있듯이 눈을 똑바로 마주 보는 행동을 무례한 또는 침략적인 태도로 간주하는 나라도 있다.

개인적 공간(personal space)을 활용하는 방식도 비언어적 의사소통에 속한다. 바로 코앞에 서 있는 사람 또는 멀리 떨어져 있는 사람과 이야기를 나누는 장면을 상상해보라. 이야기를 나누는 두 사람 사이의 공간이 이처럼 '비정상적'일 경우에는 상대방에 대한 인상도 달라진다. 물론 문화에 따라 개인적 공간의 '정상적 조건과 비정상적 조건'이 크게 달라진다(Hall, 1969; Hogh-Olesen, 2008). 예컨대 대부분의 미국인이 원하는 개인적 공간은 자신을 중심으로 반경 약 1m 정도이다. 이에 비해 일부 다른 문화권에서는 낯선 사람과의 간격이 신체적 접촉이 가능할 정도로 가깝다. 약간 떨어져 있는 사람은 이상하게 생각하거나 의심쩍어 한다.

손과 팔을 이용하는 몸짓 역시 재미나는 의사소통의 수단이다. 몸짓 중에서도 그 의미가 분명하며 널리 알려진 것을 **엠블럼**(emblem)이라 한다(Ekman & Friesen, 1975; Archer, 1997a). 엠블럼에 관해 명심해야 할 중요한 사항은 그것이 보편적인 수단이 아니라는 점이다. 즉, 문화에 따라 이용되는 엠블럼이 다르며, 이 때문에 다른 문화권의 사람들은 이해할 수 없을 수도 있다는 뜻이다(그림 4.1 참조). 미국 제 41대 대통령이었던 조지 W. 부시가 검지와 중지를 뻗어 승리(victory)를 나타내는 'V' 모양을 만들어 손등을 자신에게 돌리지 않고 수많은 오스트레일리아 청중 쪽으로 돌려버린 실수를 하고 말았다. 그게 실수였던 것은 오스트레일리아에서는 그 몸짓이 '상대방에게 화가 많이 났음'을 알리는 엠블럼으로 사용되고 있었기 때문이다(Archer, 1997a).

요약하면 비언어적 의사소통에서 우리는 사람들의 태도와 정서 그리고 의도에 관한 것 등 많은 것을 알 수 있다. 사람들의 비언어적 행동이 우리에게 제공하는 정보가 많다는 뜻이다. 정서를 담은 얼굴표정 같은 경우에는 빈약한 자료를 기초로 지은 결론도 문화에 관계없이 일관성이 높을 수도 있다. 그러나 눈 맞춤, 개인적 공간, 몸짓과 같은 경우에는 동일한 비언어적 정보를 두고도 지구상 어느 곳에 사는 사람인가에 따라 해석이 크게 달라진다. 그러나 출생지에 관계없이 사회적 상호작용에서 우리가 뽑아내는 많은 정보는 비언어적으로 전달되는 게 분명하다. 간단히 말해 일상의 대화에서 전개되는 의사소통 중 많은 부분은 실제로 말을 한마디도 하기 전에 이미 진행되고 있는 셈이다.

엠블럼

특정 문화권 내에서는 누구나 그 의미를 쉽게 파악하는 비언어적 몸짓. 대개는 쉽게 말로 바꾸어 표현할 수 있는 것들이다.

비언어적 의사소통에서 나는 문화 간 차이

비언어적 행동에는 문화 구체적인 것이 많다. 특정 문화권에서 사용되고 있는 비언어적 행동 중 일부는 다른 문화권에서는 아무런 의미가 없을 수도 있다. 그러나 비언어적 행동은 동일한데도 그 의미는 문화권에 따라서 매우 다른 경우도 있다. 이런 경우 상이한 문화권에서 성장한 사람들이 한자리에 모이게 되면 오해가 유발될 수도 있다. 아래에서는 비언어적 행동 중 일부의 문화 간 차이를 예시하고 있다.

눈 맞춤과 시선

미국 문화에서는 직접 눈을 맞추는 행동을 중요하게 생각한다. 눈을 마주 보지 않는 사람은 피하고 싶거나 거짓말을 하는 사람으로 인식된다. 그러나 눈을 마주 보는 행동, 특히 윗사람일 경우에는 무례한 행동으로 간주하는 나라도 많다. 예컨대 나이지리아, 푸에르토리코, 태국에서는 아이들에게 선생님이나 다른 어른들의 눈을 똑바로 보지 말라고 가르친다. 미주 대륙 원주민인 체로키, 나바호, 호피족도 눈을 마주치는 일을 최대한 줄이려 한다. 일본인도 미국인보다 눈을 마주 보는 일이 훨씬 적다. 이에 비해 아랍인들은 눈 맞춤을 훨씬 많이 이용한다. 이들의 눈 맞춤을 다른 문화권에서는 꿰뚫어보는 행동으로 간주할 정도이다.

개인적 공간과 접촉

사회문화는 접촉이 잦은가 뜸한가에 따라서도 분류된다. 사람들 간 간격이 좁고 접촉을 자주하는 사회를 접촉이 잦은 문화라고 하며, 사람들 간 개인적 간격이 넓고 서로 간 접촉이 별로 없는 사회를 접촉이 뜸한 문화라고 한다. 접촉이 잦은 문화권에는 중동, 남아메리카, 유럽의 남부에 있는 국가들이 포함된다. 그리고 접촉이 뜸한 문화권에는 북아메리카, 북유럽, 아시아, 파키스탄, 미국 원주민 등이 포함된다. 동성끼리의 접촉을 적절하게 생각하는 정도에 따라서도 문화는 달라진다. 예컨대 한국이나 이집트에서는 동성 친구끼리 손도 잡고, 팔짱도 끼고, 나란히 서서 걷기도 한다. 그리고 이러한 비언어적 행동에는 성적 함의가 들어 있지 않다. 미국에서는 이런 행동을 관찰하기 쉽지 않다. 특히 남자들끼리는 이런 일이 거의 일어나지 않는다.

손과 머리를 이용하는 몸짓

동그라미 신호 : 이 신호는 엄지와 인지를 말아 두 손가락의 끝을 맞붙이고 나머지 손가락은 펼쳤을 때 만들어진다. 미국에서는 이 신호가 'OK'라는 의미로 이용된다. 그러나 한국과 일본에서는 이 신호가 '돈'을 의미하고, 프랑스에서는 '0', 멕시코에서는 '섹스', 그리고 에티오피아에서는 '동성애'를 의미한다. 그리고 브라질과 같은 남미 국가에서는 외설적인 몸짓으로 이용된다.

엄지 세우기 : 엄지만 세우고 나머지 손가락은 모두 접었을 때 만들어지는 엄지 세우기는 미국에서 'OK'라는 의미로 쓰인다. 유럽의 몇몇 국가에서도 이와 비슷한 의미로 쓰인다. 예컨대 프랑스에서는 '훌륭한'이란 의미로 쓰인다. 그러나 일본에서는 이 신호가 '남자친구'를 의미하며 이란과 사르디니아에서는 외설적이란 의미로 쓰인다.

손 지갑 : 이 몸짓은 한 손의 엄지와 손가락을 모두 위로 뻗쳐서 모든 손가락 끝이 함께 닿도록 모았을 때 형성된다. 이 몸짓은 한국에서도 또 미국에서도 별다른 의미가 없다. 그러나 이탈리아에서는 "무슨 말을 하고 싶은가요?"라는 의미이며 스페인에서는 '좋다'는 의미이며 튀니지에서는 '속도를 줄여라.'라는 뜻으로 이용되고 몰타에서는 '좋아 보일 수도 있지만 실제로는 좋지 않네요.'라는 뜻으로 쓰인다.

고개 끄덕임 : 미국에서는 고개를 아래위로 끄덕이는 것은 '예'를 의미하며 좌우로 흔드는 것은 '아니요'를 의미한다. 그러나 아프리카의 일부와 인도에서는 그 반대의 의미를 갖는다. 고개를 상하로 끄덕이는 것이 '아니요'를, 좌우로 흔드는 것이 '예'를 뜻한다. 그런데 한국에서는 고개를 좌우로 흔드는 것은 '모르겠다'라는 뜻으로도 이용된다. 끝으로 불가리아 사람들은 머리를 뒤로 젖혔다가 다시 바로 세움으로써 '동의하지 않음'을 알린다.

그림 4.1 비언어적 의사소통에서 나는 문화 간 차이

복습문제

1. 뉴기니의 원시 부족인 South Fore 사람들을 상대로 얼굴표정의 의미를 연구한 Paul Ekman과 Walter Friesen이 내린 주요 결론은?
   a. 얼굴표정의 의미는 문화에 따라 달라지기 때문에 보편성이 없다.
   b. 여섯 가지 주요 정서를 부호화한 얼굴표정은 보편적인 것 같다.
   c. 주요 얼굴표정은 아홉 가지가 있다.
   d. South Fore 부족민과 서구 사람들은 동일한 정서를 두고 얼굴표정을 달리한다.

2. 다음 중 Ekman 연구진이 수행한 얼굴표정 지각에 대한 문화 간 연구에서 검토된 여섯 가지 주요 정서가 아닌 것은?
   a. 혐오감
   b. 노여움
   c. 당혹감
   d. 슬픔

3. 비언어적 정서 소통에 대한 다윈의 진화론적 관점에서는 얼굴표정을 _____ 간주한다.
   a. 문화 구체적인 현상으로
   b. 특정 자극에 대한 반응 방식으로 유용했던 생리적 반응의 흔적으로
   c. 시각이나 후각 같은 감각기관을 통한 입력정보를 증가시키는 수단으로

   d. 모든 종에서 발견되는 보편적 현상으로

4. 올림픽 선수를 대상으로 실시한 Tracy와 Matsumoso(2008)의 연구결과는 수치심을 나타내는 비언어적 표현은 _____고 밝혔다.
   a. 대다수 선수들에게는 패배와 결합된 표현이지만 미국 같은 고도의 개인주의 사회의 선수들에게는 그렇지 않다.
   b. 선수가 맹인이었는지 보통 사람이었는지에 따라 달랐다.
   c. 일본 같은 집단주의 문화권 출신 선수들의 경우에는 자존감과 결합된 비언어적 단서와 구분하기 어려웠다.
   d. 미국 같은 고도의 개인주의 문화권 출신 선수들의 경우에는 숨기는 경우보다 표명하는 경우가 더 많았다.

5. 시선과 얼굴표정 지각에 관한 연구결과에 따르면 다음 중 가장 빨리 복호화/해석되는 것은?
   a. 관찰자를 직시하는 화난 표정
   b. 관찰자를 회피하는 화난 표정
   c. 관찰자를 직시하는 두려운 표정
   d. 눈을 감고 있는 두려운 표정

정답은 537~539쪽 참조

빠르지만 오래 지속되는 첫인상

4.2 첫인상은 얼마나 빨리 형성되며, 왜 그렇게 오래 지속되는가

낯선 사람을 처음 만났을 때 우리는 그 사람에 대해 무엇을 알 수 있을까? 물론 듣고 보는 건 알 수 있다. 우리는 "겉모습으로 사람을 판단해서는 안 된다."는 걸 알면서도 최소한의 단서만으로 그 사람에 대한 인상을 형성한다. Sam Gosling(20089)은 "사람들이 가진 물건이 그 사람에 대해 말해주는 것"이란 연구를 수행한 바 있다. 여러분의 방은 깔끔한가 지저분한가? 벽에는 어떤 포스터가 붙어 있는가? 책상 위에는 어떤 물건이 놓여 있고 책꽂이에는 어떤 책이 꽂혀 있는가? 우리는 (또는 탐정은) 그 방의 주인이 어떤 사람인지를 파악하기 위한 단서로 이런 소지품을 사용하기도 한다. 예를 들어 자기 사무실이나 자동차에 개인적인 물건이나 사진 같은 장식품을 가져다 놓지 않는 사람으로부터 무엇을 알 수 있을지를 고려해보자. 한 가지 가능성은 Gosling이 주장했듯 공과 사를 분명하게 구별하고 싶어 하는 표시일 가능성이다. 또 하나의 가능성은 이 사람은 외향성이 매우 낮은 성격을 가진 사람일 것이라는 점이다. 외향성이 강한 사람들은 공적인 장소도 치장을 하여 다른 사람들을 끌어들이고, 지나가는 사람들과도 스스럼없이 대화를 거는 것으로 알려져 있다. 여러분 자신의 방을 두고 생각해볼 때 여러분의 성격을 타인에게 알려줄 만한 단서로 어떤 것이 있는가? 여러분은 친구 방에 있는 친구의 물건을 보고 그 친구에 관해 무엇을 알게 되었는가?

물론 여러분도 알고 있겠지만, 첫인상 형성에 주된 역할을 수행하는 또 하나의 요인은 비언어적 의사소통이다. 우리는 여태껏 그러한 의사소통이 얼마나 빨리 전개되는지에 관해서는 재고하지 않았다. 이 문제에 대한 연구결과에 의하면, 우리는 다른 사람에 대한 첫인상을 얼굴표정만으

로 그것도 1/10초 이내에 형성한다(Bar, Neta, & Linz, 2006; Willis & Todorov, 2006). 우리는 사람들의 얼굴에 정서가 담겨 있지 않은 중립적인 표정일 때도 이러한 첫인상을 형성한다. 그리고 최근의 연구에서는 사람들은 3세 때부터 타인의 성격특질을 얼굴을 보고 그것도 일관성 있게 추론하는 경향성이 있는 것으로 밝혀졌다(Cogsdill, Todorov, Spelke, & Banaji, 2014).

이러한 순간적인 판단의 보기로는 얼굴이 동안인 사람들을 만나면, 우리는 그 사람의 성격특질도 어린애 같을(순진하고 따뜻하고 순종적일) 것으로 판단한다(Livingston & Pearce, 2009; Zebrowitz & Montepare, 2008)는 사실을 꼽을 수 있다. 그런 인상이 그릇될 경우도 많지만, 얼굴표정만 보고 내린 판단도 정확할 수 있다는 증거도 있다. 또 다른 예로는 남성과 여성의 얼굴 사진을 잠시잠깐 살핀 후, 사진 속 사람들의 성적 성향에 대해 내린 참여자들의 판단 정확성이 우연 이상으로 높았다는 발견을 꼽을 수 있다. 이 사실은 게이끼리는 게이 식별력이 있다는 생각이 과학적 근거가 전혀 없는 생각이 아니라고 암시한다(Rule, Ambady, Adams, & Macrae, 2008; Rule, Ambady, & Hallett, 2009). 또 다른 연구에서는 미국인 참여자들로 하여금 면식이 전혀 없는 캐나다 정치 후보들의 얼굴만 보고 그들의 강인함과 따뜻함을 평정해보라고 주문했다. 이들의 첫인상 평정치와 실제 투표 결과 간에도 상관관계가 발견되었다. 더 강력하게 보인 후보자일수록 당선 확률이 높았고, 더 따뜻하게 보인 후보자일수록 당선 확률이 낮았다(Rule & Ambady, 2010; Todorov, Said, Engell, & Oosterhof, 2008). 선거에서 승리하기 위해 후보들이 투자하는 시간과 돈과 노력은 엄청난 데 반해 결국에는 그 사람의 얼굴이 얼마나 강력해 보이느냐가 승패를 결정하는 주요 요인으로 작용한다는 사실을 두고 여러분은 어떻게 생각하는가? 우리가 '보디 랭귀지 전문가'의 중요성을 지나치게 빨리 무시하는 건 아닐까?

사실 다른 사람에 대해 본 게 극히 소량인데도 불구하고 그것만으로 그 사람의 능력 또는 성격에 관한 의미심장한 첫인상을 형성하는 우리의 능력은 정말 놀랍다 할 것이다. Nalini Ambady의 연구진은 행동의 극히 작은 조각을 기초로 이루어지는 이러한 사회지각능력을 **단편기반 지각능력**(thin-slicing)이라 칭했다(Ambady & Rosenthal, 1992; Rule, Krendl, Ivcevic, & Ambady, 2013; Slepian, Bogart, & Ambady, 2014). 이들은 한 연구에서 대다수의 우리에게 친숙할 법한 사회지각의 사례(대학생들의 교수에 대한 첫인상을 어떻게 형성되나)를 검토하였다(Ambady & Rosenthal, 1993). 연구자들은 10여 명의 교수를 대상으로 강의하는 모습을 비디오테이프에 담았다. 그런 후 그 테이프를 10초 단위의 프레임으로 분리한 다음 교수별로 3프레임씩을 무작위로 선택했다. 끝으로 그 비디오테이프에서 오디오 트랙을 제거하여 소리를 없앤 후, 이들 교수의 수업을 택한 적이 없는 학생들에게 보여주었다. 학생들에게는 테이프 속 교수가 얼마나 유능해 보이는지, 자신감 있어 보이는지, 적극적으로 보이는지 등등을 평정하게 했다. 그 평정에 어려움을 겪은 학생은 없었다. 앞서도 언급했듯이 첫인상이 금방 형성됐다는 뜻이다. 그러나 Ambady는 작은 조각을 기초로 신속하게 형성되는 인상이지만 의미심장할 것이라고 예측했다. 이 예측을 검증하기 위해 Ambady는 위의 실험에서 수집한 평정치와 실제로 이들 교수의 수업을 수강한 학생들의 학기말 강의 평가를 비교해보았다. 높은 상관관계가 발견되었다. 작은 조각을 기초로 형성된 인상과 한 학기를 함께 보낸 학생들의 교수에 대한 지각이 믿기 어려운 정도로 비슷했다. 사실은 보다 더 짧은 6초짜리 무성 비디오테이프를 이용했을 때도 학생들은 어떤 교수에 대한 평정치가 가장 높을 것인지를 정확하게 예측할 수 있었다(Ambady & Rosenthal, 1992).

교실 밖에서도 비슷한 결과가 관찰되었다. 환자도 의사를 잠깐 본 결과를 기초로 유익한 첫인상을 그려내며, 의사도 같은 방식으로 환자에 대한 첫인상을 형성한다(Ambady, LaPlante, Nguen, Rosenthal, & Levinson, 2002; Slepian et al., 2014). 극히 짧은 만남에서 의미심장한 정

단편기반 지각능력
행동의 극히 작은 조각을 기초로 이루어내는 사회지각능력

보를 추출해내는 우리의 능력은 작가와 TV PD의 관심도 사로잡고 있다. 예컨대 말콤 글래드웰이 지은 블링크(2005)에 핵심 역할을 수행한 것은 Ambady의 연구진이 수행한 연구였다.

이제 첫인상이 얼마나 빨리 형성되는지는 분명해졌다. 그러나 그 인상이 빨리 형성되는 것처럼 마음속에서 사라지는 것도 순식간의 일이라면, 첫인상도 별로 중요하지 않을지도 모른다. 그러나 첫인상은 중요한 것으로 드러났다. 그럼 첫인상이 얼마나 중요하며 얼마나 오래 남는지를 살펴보기로 하자.

첫인상의 지속적 영향

제3장에서 봤던 것처럼 사회의 본질에 관해 확신이 서지 않을 때 우리는 우리 자신의 스키마를 이용하여 그 불확실성을 줄이려 한다. 스키마는 일종의 마음속 지름길이다. 손에 쥔 정보가 얼마 되지 않을 때 부족한 부분을 메꾸는 데 필요한 정보를 제공하는 것이 스키마이다(Fiske & Taylor, 2013; Markus & Zajonc, 1985). 따라서 다른 사람을 이해하려 할 때 처음에는 그 사람에 관한 약간의 관찰결과를 이용한 후, 우리가 가진 스키마를 이용하여 보다 깊이 있는 이해를 만들어낼 수도 있다. 이 생각은 첫인상의 영향력이 지속된다고 가정한다. 다시 말해 다음에 알게 될 정보를 해석하는 방식이 첫인상에 의해 결정된다고 본다.

예컨대 전에 만난 적이 없는 가상의 인물, 경수라는 사람을 고려해보자. 아래에 소개되는 경수의 이야기를 읽으면서 경수에 대한 여러분의 인상을 곰곰이 생각해보기 바란다. 경수는 재미있는 친구다. 경수를 아는 사람들은 경수를 똑똑한 사람이라고 말한다. 경수를 소개할 때 자주 쓰이는 또 하나의 용어는 '부지런하다'이다. 경수한테는 비판적인 면도 있지만 충동적인 면도 있다. 또 다른 사람들은 경수를 고집이 세고 질투심이 강한 사람이라고 묘사한다. 이상의 정보를 기초로 내린 경수에 대한 여러분의 인상은 어떤 것인가?

이제 또 한 명의 낯선 사람을 고려해보자. 이 사람의 이름은 경식이다. 경식이 역시 재미있는 사람이다. 경식이를 아는 사람들은 그를 질투심이 강한 사람이라고 말한다. 그리고 고집이 세다는 말도 한다. 그런데 이상하게도 사람들이 경식이를 묘사할 때 사용하는 용어에도 '비판적, 충동적, 부지런하다, 똑똑하다'는 단어가 포함된 것으로 드러났다.

지금쯤 여러분도 경수와 경식이가 같은 방식으로 묘사되고 있다는 사실을 알았을 것이다. 그렇지 않다면 적어도 두 사람을 소개하는 데 이용된 용어는 동일했고 용어가 소개된 순서만 달랐다. 여러분이 생각하기에 이 글을 읽은 사람들은 경식이와 경수에 대해 어떤 결론을 내렸을 것 같은가? Solomon Asch(1946)가 바로 이 연구를 수행했을 때, 즉 위에서 여러분이 읽은 것과 동일한 형용사로 가상의 인물을 소개한 연구를 했을 때, 형용사가 소개된 순서에 따라 결과가 크게 달라지는 현상이 벌어졌다. 경식이를 소개할 때처럼 형용사가 '질투심이 강하다-고집이 세다-비판적이다-충동적이다-부지런하다-똑똑하다' 순으로 소개된 사람보다 경수를 소개할 때처럼, '똑똑하다-부지런하다-충동적이다-비판적이다-고집이 세다-질투심이 강하다' 순으로 소개된 사람에 대한 인상이 더 긍정적이었다. 왜? 첫인상이 강력하기 때문이다. 위의 경우 경수를 소개한 똑똑하고 부지런한 특질이 긍정적인 스키마를 활성화시켰고, 뒤이어 소개된 특질이 이 스키마를 통해 고려됐기 때문이라는 설명이다. 구체적으로 일단 경수를 똑똑하고 부지런한 사람으로 인식한 다음에는 여러분도 '충동적, 비판적'이란 단어의 의미를 긍정적인 관점에서 고려했을 수 있다. 예를 들어 '물론 경수는 결정을 신속하게 내리기도 하고 다른 사람들의 작품에 대해 비판적일 수 있지! 그러나 그런 건 경수 같은 똑똑한 사람들의 대표적 특징이잖아!'라는 식으로 이해한다는 뜻이다. 이에 반해 경식이의 경우에는 질투심이 강하고 고집이 센, 그래서 호감이 가지 않는 사람으로 인식됐기 때문에, 이번에는 이러한 부정적인 기대(스키마)에 맞추어 '충동적, 비판적'이란 단어도 경식이의 부정적 특징을 묘사하는 의미로 해석된다는 설명이다.

초두 효과
어떤 사람에 관해 먼저 알게 된 정보 때문에 그 사람에 대한 후속 정보를 해석하는 방식이 달라지는 효과

Asch의 연구는 사회지각에도 **초두 효과**(primacy effect)가 있다는 증거를 제공하고 있다. 어떤 사람에 관해 먼저 알게 된 것 때문에 그 사람에 대한 후속 정보를 해석하는 방식이 달라진다는 뜻이다. 첫인상이 지속되는 이유에는 초두 효과만 있는 게 아니다. 우리는 어떤 성격특질이 한 무리로 묶이는지에 관한 스키마도 가지고 있다. 따라서 우리는 두어 가지의 특징을 이용하여 어떤 사람이 지니고 있을 다른 특징이 무엇인지도 결정한다(Sedikides & Anderson, 1994; Werth & Foerster, 2002; Willis & Todorov, 2006). 예를 들어 유능하고 무엇이든 잘하는 사람은 힘도 있고 지배적인 사람으로 보이는데, 무능한 사람은 힘도 없고 순종하는 사람으로 보인다(Fiske, Cuddy, & Glick, 2006; Todorov et al., 2008; Wojciszke, 2005). 신체적 매력에서도 비슷한 일이 벌어진다. 보통 사람들은 '아름다운 것이 좋은 것'이라고 믿는다. 이 때문에 신체적으로 아름다운 사람은 다른 많은 좋은 특질을 지니고 있을 것이라고 믿는다(Dion, Berscheid, & Walster, 1972; Eagly, Ashmore, Makhijani, & Longo, 1991; Jackson, Hunter, & Hodge, 1995).

신념집착
나중의 정보에 의해 우리가 처음 내린 결론의 잘못이 입증되었는데도 우리는 처음 내린 그 결론을 고수하려는 고집을 버리지 못하는 것

그러나 첫인상의 효과를 지속시키는 이유는 초두 효과와 함께하는 성격특질에 관한 스키마만 있는 게 아니다. 사회지각의 경우 우리는 **신념집착**(belief perseverance) 경향도 가지고 있다. 나중의 정보에 의해 우리가 처음 내린 결론의 잘못이 입증되었는데도 우리는 처음 내린 그 결론을 고수하려는 고집을 버리지 못한다는 뜻이다. 수십 년에 걸쳐 실시된 수십 편의 연구에서 참여자들은 자기들의 첫인상을 지키려 했고, 이런 집착은 그 첫 판단/인상의 근거가 수용되지 않거나 잘못으로 드러난 이후에도 사라지지 않았다(Anderson, 1995; Ross, Lepper, & Hubbard, 1975). 사실 신념집착은 법정에서 수용불가로 판정된 증거를 왜 배심원들이 무시하기 어려운지를 설명하기 위해 또는 일단 발표된 연구결론의 경우, 나중에 그 결론이 조작된 자료에 근거한 결론으로 밝혀진 후에도 왜 과학자들이 그 결론을 무시하는 데 그렇게 오랜 시간이 걸리는지를 설명하기 위해 인용돼 왔다(Greitemeyer, 2013; Lilienfeld & Byron, 2013). 제6장에서 자세히 소개되겠지만, 우리는 우리 자신의 여러 생각이 서로 일치하지 않을 때는 불쾌감과 불안감을 느낀다. 이 때문에라도 우리는 일단 마음을 한번 먹고 나면 마음먹은 것을 지키려는 쪽으로 기울게 된다. 그렇기 때문에 한 번 형성된 첫인상을 깨트리는 일은 어려울 수밖에 없다.

첫인상과 비언어적 의사소통을 이롭게 활용하기

첫인상에 대한 연구의 함의는 분명하다. 다른 사람들을 이기기 위해 노력할 때는 시작이 중요하다는 사실을 강조할 필요가 없다. 연설을 준비한다고? 연설을 시작할 순간을 가장 잘 다듬어야 한다. 그 작은 조각이 엄청난 영향력을 발휘할 것이기 때문이다. 면접시험을 보러 간다고? 옷을 어떻게 입었는지, 눈을 맞추고 있는지, 자세는 올바른지 등이 면접관의 평가에 즉각적인 영향을 미칠 확실한 요인임을 명심하라. 악수하는 방식 같은 가장 단순한 소개 행동도 그 영향은 극적일 수 있다. 면접의 경우 악수의 질에 따라 성격에 대한 평가가 크게 달라지며 최종 당락을 결정하는 추천까지도 달라지는 것으로 밝혀졌다(Chaplin, Phillips, Brown, & Clanton, 2000; Stewart, Dustin, Barrick, & Darnold, 2008).

흥미롭게도 우리는 비언어적 의사소통의 중요성을 적극 활용할 수 있는 것으로 드러났다. 우리 자신의 보디 랭귀지를 이용하여 우리가 스스로에 대해 생각하고 느끼는 방식 및 행동하는 방식을 바꿀 수 있다는 뜻이다. 이 아이디어는 Dana Carney, Amy Cuddy, 그리고 Andy Yap(2010)이 수행한 '출력 자세(power posing)'에 대한 연구에서 입증되었다. 한 연구에서는 참여자들에게

2분 동안 상이한 비언어적 자세를 취해보라고 지시했다. 한 조건의 참여자들은 탁자의 뒤쪽에 서서 몸을 앞으로 숙인 채 양손으로 탁자의 상판을 단단히 누르고 있는 것 같이 힘이 많이 드는 고출력 자세를 취해야 했다. 그리고 다른 조건에서는 다리를 꼬고 서서 팔짱을 끼는 것 같이 힘이 적게 드는 저출력 자세였다. 정해진 2분이 끝난 직후 측정된 여러 측정치에서 두 조건 간 흥미 있는 차이가 발견되었다. 저출력 자세를 취한 참여자들에 비해 고출력 자세를 취했던 참여자들은 자신을 보다 강하게 느낀다고 보고했고, 도박 과제에서는 위험수위가 더 높은 전략을 채택했다. 타액을 분석한 결과, 고출력 자세를 취한 참여자들은 저출력 자세를 취한 참여자들에 비해 테스토스테론이 급상승하는 일까지 일어났던 것으로 드러났다(Carney et al., 2010). 이들 발견에서 우리는 면접시험에 이용될 수 있는 또 하나의 전략을 깨닫는다. 면접관을 만나러 가기 전에 화장실 거울 앞에 서서 2~3분 동안 초능력자의 자세를 취해보는 전략이다. 자세를 취해보는 것 같은 이러한 간단한 일이 그렇게 막중한 효과를 발휘할 수 있었다는 것은 대중의 관심을 사로잡기에 충분한 생각이었다. 이 연구를 소개한 Cuddy의 2012년 인터넷 강연 'TED talk'을 시청한 사람 수가 이미 2,500만이 넘는 것으로 집계되었다.

복습문제

1. 연구결과에 의하면 다음 후보 중 선거에서 승리할 가능성이 가장 큰 후보는?
   a. 사람들의 눈에 정이 많은 사람으로 지각되는 얼굴을 지닌 대호
   b. 많은 사람들이 그의 얼굴만 보고 게이라고 믿고 있는 태수
   c. 큰 눈과 넓은 이마 그리고 어린애 코 같은 작은 코를 지닌 은수
   d. 사람들의 눈에 차갑고 계산적이며 강력한 성격의 소유자로 지각되는 얼굴을 가진 성재

2. Ambady의 연구진은 자기들 연구에 참여한 학생들이 교수들에 대한 인상형성에 이용한 소량의 단서가 중요한 정보였다는 결론을 내릴 수 있었던 이유는 _____ 때문이다.
   a. 참여자들이 30초짜리 비디오테이프를 보고 내린 평정치와 6초짜리 비디오테이프를 보고 내린 평정치가 다르지 않았기
   b. 참여자들이 묵음의 비디오테이프 프레임을 보고 내린 평정치가 실제로 수업을 수강한 학생들이 학기 말에 내린 평정치와 거의 일치했기
   c. 묵음의 비디오테이프 프레임을 보고 내린 참여자들의 평정치가 소리가 있는 테이프 프레임을 보고 내린 평정치와 매우 비슷했기
   d. 비디오테이프 프레임을 관찰하는 시간은 매우 짧았지만, 참여자들이 테이프 속 교수에 대한 평정치를 매기는 데는 비교적 긴 시간이 걸렸기

3. 사람 지각에 대한 Asch(1946)의 연구결과가 지지하는 결론은 다음 중 어느 것인가?
   a. 사회지각에도 초두 효과가 있다.
   b. 첫인상은 후속 정보를 해석하는 데 이용되는 여과기로 작용한다.
   c. 두 사람을 묘사한 정보의 내용이 동일할지라도 그 정보를 접하는 순서는 그 두 사람에 대한 인상 형성에 막대한 영향을 미칠 수 있다.
   d. 위의 세 가지 모두

4. 다음 중 신념집착으로 설명될 수 있는 것은 어느 것인가?
   a. 기후 변화를 두고 날조된 속임수라고 말하는 뉴스를 시청한 사람들은 이 결론과 상치되는 과학적 증거를 보고도 뉴스의 결론이 옳다는 믿음을 버리지 못하는 이유
   b. 배심원들이 협의회에서 동료의 생각을 무죄에서 유죄로 바꾸게 하는 일이 유죄에서 무죄로 바꾸게 하는 일보다 어려운 이유
   c. 일기예보에서 적설량보다 강우량을 예측하기가 더 쉬운 이유
   d. 위의 세 가지 모두

5. Carney 등(2010)의 출력 자세 연구에 관한 다음 진술 중 사실에 가장 가까운 것은?
   a. 다리를 꼰 상태에서 팔짱을 끼고 서 있는 자세는 고출력 자세에 속한다.
   b. 앞서 고출력 자세를 취했던 참여자들한테서는 테스토스테론이 증가했다는 증거가 확보됐는데, 같은 참여자들의 자기 보고식 반응에서는 더 강한 느낌이 없었다고 보고했다.
   c. 앞서 고출력 자세를 취했던 참여자들은 뒤이어 제시된 도박 과제에서 위험이 더 큰 전략을 택했다.
   d. 참여자들은 고출력 자세를 취하는 것보다 저출력 자세를 취하고 싶은 마음이 덜했다.

정답은 537-539쪽 참조

귀인 : '왜'라는 질문에 답하기

4.3 우리는 다른 사람들이 왜 그런 일을 하는지를 어떻게 판단하나

우리가 다른 사람을 관찰할 때, 다른 사람에 대한 인상 형성에 이용될 수 있는 정보원(즉, 비언어적 행동)이 풍부하다는 사실을 알았다. 하지만 첫인상 형성에 이용되는 비언어적 행동 및 다른 요인만으로는 어떤 사람이 실제로 생각하는 것이 무엇이고 절실하게 느끼는 것이 무엇인지를 정확하게 꼬집어낼 수가 없다. 예를 들어보자. 아는 사람을 만났는데, "만나서 정말 반갑습니다!"라고 인사말을 했다고 하자. '정말 반가워서' 그런 말을 한 것일까? 그냥 약간 과장된 인사말일 뿐일까? 혹 보기 싫다는 말을 반대말로 표현한 건 아닐까? 요컨대 비언어적 행동을 해석하는 일이 쉬울 때도 있고 또 첫인상은 즉각 형성되지만, 사람들의 특정 행동이 진정으로 의미하는 바가 무엇인지는 모호할 수밖에 없다(Ames & Johar, 2009; DePaulo, 1992; DePaulo, Stone, & Lassiter, 1985).

위의 예에서 그 사람은 왜 그런 인사말을 했을까? 이 '왜'라는 질문의 답을 만들기 위해 우리는 즉각적인 관찰결과를 이용하여 사람들의 실제 모습이 어떠하며, 사람들은 무엇 때문에 그들이 하는 일을 하게 되는지에 관한 보다 정교하고 복잡한 추론을 전개한다. 그리고 사람들이 이러한 질문에 대답하는 방식을 설명하려 하는 이론을 **귀인 이론**(attribution theory)이라 한다. 즉, 귀인 이론은 사람들이 감행한 행동의 원인을 설명하려 할 때 어떤 방식의 추론이 전개되는지를 밝혀내려 한다.

귀인 이론
자신 및 타인의 행동을 유발한 원인을 찾아내는 추론방식에 대한 묘사

귀인과정의 본질

귀인 이론의 창시자로는 주로 Fritz Heider(1958)가 거론된다. 그는 사회지각이라는 분야를 정의했고, 그의 업적은 현대의 연구에도 강력한 영향력을 행사하고 있다(Crandall, Silvia, N'Gbala, Tsang, & Dawson, 2007; Kwan & Chiu, 2014). Heider는 자신이 '순박한(naive)' 또는 '상식적(commonsense)' 심리학이라고 칭한 분야를 논하기도 했다. 그는 사람들을 아마추어 과학자로 간주했다. 즉, 다른 사람들의 행동을 그럴듯하게 설명할 수 있을 때까지 정보를 종합함으로써 다른 사람들의 행동을 이해하려고 노력하는 존재가 사람이라는 게 Heider의 믿음이었다(Surian, Caldi, & Sperber, 2007; Weiner, 2008).

Heider가 남긴 중요한 공헌 중 하나는 이분법이다. 예컨대 '아버지가 왜 어린 딸에게 고함을 질렀을까?'와 같이, 사람들이 한 일을 두고 그 원인을 결정하고자 할 때, 우리는 내부 귀인과 외부 귀인 중 하나를 취할 수 있다. **내부 귀인**(internal attribution)이란 그 아버지가 고함을 지른 원인이 아버지한테 있다는 결정 과정을 일컫는다. 즉, 그 아버지가 한 행동의 원인을 그의 기질(disposition), 성격, 태도, 또는 특성 같은 내부 요인에 있다고 판단하는 과정(또는 설명)을 내부 귀인이라 한다. 예컨대 그 아버지가 고함을 지른 행동을 두고, 양육기술이 부족한 아버지가 부적절한 방법으로 딸을 길들이고 있다고 판단하는 경우가 내부 귀인에 속한다. **외부 귀인**(external attribution)이란 행동의 원인을 그 행동이 벌어진 상황 속에 있는 외부 요인에서 찾으려는 판단작업을 일컫는다. 예컨대 위의 아버지가 딸에게 고함을 지른 이유가 아이가 좌우를 살피지 않고 길을 건너려 했기 때문이라고 판단하는 일은 그 아버지의 행동에 대한 외부 귀인에 속한다.

위의 논의에서 주목할 것은 우리가 어떤 귀인과정을 따르느냐에 따라 그 아버지에 대한 인상이 크게 달라진다는 점이다. 내부 귀인을 짓게 되면 그 아버지에 대한 우리의 인상은 부정적일 것이

내부 귀인
어떤 사람이 특정 행동을 감행한 원인이 그 사람의 내적 속성(예 : 태도, 특징, 성격)에 있다는 추론

외부 귀인
어떤 사람이 특정 행동을 감행한 원인이 그 사람이 처한 상황의 특징에 있다고 가정(예 : 누구나 그 상황에서는 그렇게 말했을 것이다)하는 추론

해보기! 사람들의 귀인 작업 들어보기

귀인 형성은 우리 일상생활의 중요한 부분에 해당하기 때문에 우리는 귀인이 형성되는 과정 자체를 관찰할 수 있다. 일군의 친구를 모으고 재미나는 이야기거리만 선택하면 된다. 이야기거리로는 친구 중 한 명이 그날 자기에게 일어났던 일에 관한 이야기가 될 수도 있고 또 모인 친구들이 모두 아는 사람 또는 그 자리에 없는 다른 친구에 관한 이야기가 될 수도 있다. 친구들이 말을 할 때 그들이 하는 말에 세심한 주의를 기울여보라. 그러다 보면 첫 번째 친구의 경우, 그 자리에 모인 친구들은 왜 그 친구가 그 말을 했는지를 알고 싶어 하며, 그 자리에 없는 친구에 관한 이야기를 할 경우에는 왜 그 친구가 어떤 일을 했는지를 알고 싶어 한다는 사실을 알 수 있을 것이다. 다시 말해 그 자리에 모인 친구들은 귀인을 형성하고 있는 셈이다. 여기서 여러분이 해야 할 일은 친구들의 코멘트(촌평)를 기록하고 그 친구들이 이용

한 귀인 전략에 이름을 붙이는 일이다.

구체적으로 내부 귀인(그 사람의 성격이나 특징에 관한)을 짓는가 외부 귀인(그 사람의 생활을 구성하는 모든 다른 사건이나 변인에 관한)을 짓는가? 그곳에 모인 친구들은 이 두 가지 중 어느 것을 더 선호하는 것 같은가? 친구들이 내부 귀인을 짓거든 외적 요인이 작용했을 수도 있다는 말을 한 후 그 말에 대한 반응을 살펴, 여러분의 생각에 동의하는지를 판단해보라. 자신들의 귀인이 옳다는 증거로 어떤 정보를 제시하는지도 살펴보라. 대화 중인 사람들이 귀인을 형성하는 과정을 관찰해보면, 두 사람이 서로를 이해하려고 애를 쓸 때, 이러한 유형의 사고가 얼마나 흔하고 강력한지를 알게 될 것이다.

다. 하지만 외부 귀인을 짓게 되면 그에 대해서는 배운 게 별로 없어진다. 그 아버지와 같은 상황에 처한 부모는 거의 모두가 그 아버지와 같은 행동을 할 것이기 때문이다. 사실 귀인 행동의 결말에서 발견되는 이러한 차이는 매우 크다.

내적/외부 귀인이라고 하는 이분법은 우리 삶의 가장 친밀한 부분에서도 작용한다. 만족스러운 결혼생활을 하는 부부가 배우자의 행동을 두고 짓는 귀인은 힘겨운 결혼생활을 하는 부부가 배우자의 행동을 두고 짓는 귀인과 사뭇 다르다. 결혼생활에 만족하는 부부는 배우자의 긍정적인 행동에 대해서는 내부 귀인(예 : 아내가 나를 도운 이유는 아내의 성품이 워낙에 너그럽기 때문이다)을 그리고 배우자의 부정적인 행동에 대해서는 외부 귀인(예 : 남편이 내게 비열한 말을 한 것은 그이가 이번 주 내내 직장 상사에게 시달렸기 때문일 것이다)을 짓는 경향이 강하다. 이에 반해 결혼생활이 힘든 부부는 배우자의 긍정적인 행동에 대해서는 외부 귀인(예 : 아내가 나를 도운 이유는 친구들에게 좋은 인상을 심어주고 싶었기 때문이다)을 그리고 부정적인 행동에 대해서는 내부 귀인(예 : 남편이 내게 비열한 말을 한 것은 그가 자기밖에 모르는 바보이기 때문이다)을 짓는 경향이 강하다. 친밀했던 부부관계가 곤경에 처하면 배우자의 행동에 대한 귀인 양상이 두 번째 현상을 취하게 된다. 그 결과 상황은 더욱 악화되고 부부관계는 물론 건강에까지 심각한 악영향을 미칠 수 있다(Bradbury & Fincham, 1991; Fincham et al., 1997; McNulty, O'Mara, & Karney, 2008).

공변 모형 : 내부 귀인 대 외부 귀인

사회지각에 대한 연구의 첫 단계이자 핵심 단계는 타인의 행동을 설명하려 할 때 형성되는 내부 귀인 또는 외부 귀인이 어떻게 생성되는지를 밝히는 일이다. 사람들이 다른 사람에 대한 인상을 형성할 때는 두 가지 이상의 정보를 찾아내고, 이들 정보를 기초로 결정을 내린다는 것이 Kelley의 주장이었다(Kelley, 1967, 1973). 예를 들어 친구한테 차를 좀 빌려달라고 했는데, 그 친구가 거절했다고 하자. 이런 경우 대부분의 사람들은 왜 거절했을까를 두고 의아해한다. Kelley가 주장한 **공변 모형**(covariation model)에 따르면, 사람들은 이런 궁금증을 풀기 위해 먼저, 위에서 오는 다른 때 다른 상황에서 그 친구가 거절했던 일 및 그 일과 관련된 사항을 검토한다. 예컨대 '과거에도 차를 빌려주지 않은 적이 있었던가?' 다른 사람에게는 차를 빌려주었던가? 다른 물건을 빌려준 적은 있는가? 등에 관한 정보를 수집한다. 그러고는 이들 정보를 종합한 결과를 기초

공변 모형

사람들의 행동 원인에 대한 귀인을 형성할 때 가능한 요인의 존재 유무와 그 행동의 발생 유무 간의 관계 양상을 체계적으로 따져본다는 주장

Fritz Heider에 따르면, 우리는 사람들이 하는 행동의 원인을 내적인 것으로 간주하는 경향이 강하다. 예컨대 운전자의 화난 모습을 보면 우리는 그 운전자가 참을성이 없다고 생각한다. 그러나 그 사람이 급히 병원에 가는 중이라거나 그 사람 앞에 다른 차가 끼어들기를 한 상황에 처해 있었다는 사실을 알고 나면 그 행동의 원인을 외적인 요인으로 돌리기도 한다.

로 거절한 이유를 설명하려 한다.

Heider가 그랬던 것처럼, Kelley도 귀인을 형성할 때 사람들은 정보(또는 자료)를 수집한다고 가정한다. Kelley에 의하면, 귀인 형성에 사용되는 자료는 어떤 사람의 행동이 시간과 장소, 관련 인물, 그리고 그 행동의 대상과 공변하는(함께 변하는) 방식에 관한 자료이다. 특정인의 행동에서 공변성(예 : 친구가 나한테는 차를 빌려주지 않고, 다른 사람에게는 차를 빌려준다)을 발견하면, 그 사람이 왜 그런 행동을 하게 됐는지 그 원인을 판단할 수 있게 된다는 게 Kelley의 믿음이었다.

그럼 귀인을 짓기 위한 공변성을 분석할 때 우리가 검토하는 정보는 어떤 정보일까? 이에 대해 Kelley(1967)는 일치성(consensus), 독특성(distinctiveness), 일관성(consistency)이라는 세 가지 유형의 정보를 검토한다고 주장한다. 여러분이 인턴으로 일하고 있는 회사에서 사장이 한나라는 다른 직원을 보고 바보 같다며 큰 소리로 호통을 치는 일이 벌어졌다고 하자. 이런 사례를 목격한 여러분은 "그 사장은 왜 한나를 보고 핀잔을 주며 고함을 지른 것일까?", "그런 행동을 하게 만든 것이 사장과 관련된 문제일까, 한나와 관련된 문제일까, 아니면 주변 상황과 관련된 문제일까?"라는 의문을 품게 된다.

일치성 정보
관심대상 자극에 대해 표적 인물의 반응과 동일한 반응을 보인 사람의 비율에 관한 정보

독특성 정보
표적 인물이 감행한 특정 행동이 상이한 자극에도 그대로 감행되는 정도에 관한 정보

일관성 정보
특정 자극에 대한 표적 인물의 행동이 동일 자극에 대해서는 때와 장소를 가리지 않고 감행되는 정도에 관한 정보

이 질문에 대해 Kelley(1967, 1972, 1973)의 공변 모형은 어떻게 대답할까? **일치성 정보**(consensus information)는 동일한 자극(이 경우에는 한나)에 대한 다른 사람들의 행동방식을 일컫는다. 그 회사의 다른 사람들도 한나에게 욕설을 하며 소리를 지르는가? **독특성 정보**(distinctiveness information)는 행위주체(설명 대상 행동을 한 사람, 이 경우는 그 사장)가 다른 자극에 반응하는 방식을 일컫는다. 예컨대 그 사장은 회사 내 다른 직원들한테도 비열하게 대하며 소리를 지르곤 하는가? 그리고 **일관성 정보**(consistency information)는 특정 행위주체와 특정 자극 간에 벌어진 특정 행동이 시간과 상황이 바뀌어도 반복해서 관찰되는 빈도를 일컫는다. 회사에서 벌어지는 일과는 관계없이 그 사장은 규칙적으로 그리고 자주 한나에게 핀잔을 주며 고함을 치는가? 등이다.

Kelley의 이론에 따르면, 이들 세 가지 정보를 조합했을 때 두 가지 뚜렷한 형태 중 하나가 부각되면 분명한 귀인이 만들어진다. 행위에 대한 일치성 정보와 독특성 정보는 낮은데 일관성 정보만 높을 때(그림 4.2 참조)는 내부 귀인(그 행동의 원인이 사장과 관련된 어떤 일이나 특성에 있다는 판단)이 형성될 가능성이 크다. 한나를 큰 소리로 나무라는 사람은 사장 말고는 아무도 없다는 사실, 그 사장은 다른 종업원들에게도 고함을 지르곤 한다는 사실, 그리고 사장은 기회만 있으면 한나에게 고함을 질렀다는 사실 등을 알고 나면, 우리는 그 사장이 비열하고 앙심이 강한 사람이기 때문에 한나에게 고함을 질렀을 것이라는 믿음을 굳히게 된다. 그러나 일치성 정보도

사장은 왜 직원 한나에게 고함을 질렀을까?			
만약 사람들이 이 행동의 ___이 ___고 본다면, '그 이유는 사장과 관련된 것'이라는 내부 귀인을 지을 가능성이 크다.	**일치성 ; 낮다 :** 그 회사에서 일하는 사람 중 한나에게 고함을 지르는 사람은 사장뿐이다.	**독특성 ; 낮다 :** 사장은 모든 직원에게 고함을 지른다.	**일관성 ; 높다 :** 사장은 한나를 볼 때마다 거의 항상 고함을 지른다.
만약 사람들이 이 행동의 ___이 ___고 본다면, '그 이유는 한나와 관련된 것'이라는 외부 귀인을 지을 가능성이 크다.	**일치성 ; 높다 :** 모든 직원이 한나에게 고함을 지른다.	**독특성 ; 높다 :** 사장은 다른 직원한테는 누구에게도 고함을 지르지 않는다.	**일관성 ; 높다 :** 사장은 한나를 보면 거의 항상 고함을 지른다.
만약 사람들이 이 행동의 ___이 ___고 본다면, '그 이유는 사장이 한나에게 고함을 지른 그 상황과 관련된 것'이라고 생각하게 될 가능성이 크다.	**일치성 ; 낮거나 높다**	**독특성 ; 낮거나 높다**	**일관성 ; 낮다 :** 사장이 한나에게 고함지른 일은 이번이 처음이다.

그림 4.2 공변 모형
사장은 왜 직원 한나에게 고함을 질렀을까? 어떤 행동의 원인이 내적(성향) 요인인지 외적(상황) 요인인지를 결정하기 위해 사람들은 손에 쥔 정보의 일치성, 독특성, 그리고 일관성을 이용한다. 예컨대 문제행동의 일관성은 낮고 독특성도 낮은데 일치성만 높을 경우, 사람들은 그 행동의 원인을 내적 요인에서 찾아내려는 경향이 강하다.

독특성 정보도 그리고 일관성 정보도 모두 높을 때는 외부 귀인(이번에는 한나에 관한 일에 있다는 판단)을 지을 가능성이 커진다. 끝으로 일관성 정보가 낮을 때는 내부 귀인도 외부 귀인도 분명하게 지을 수 없게 된다. 따라서 이런 때는 평상시와는 다른 특이한 일(예 : 그 사장은 방금 매우 언짢은 소식을 접했고 눈에 띄는 직원에게 분통을 터뜨렸다)이 벌어졌다는 가정하에 아주 특별한 유형의 외부(또는 상황) 귀인을 짓게 된다.

Kelley의 공변 모형은 사람들은 합리적이고 논리적인 방식으로 귀인을 생성한다고 가정한다. 사람들은 행동의 독특성 같은 단서를 관찰하고 나서 어떤 사람이 어떤 행동을 했고 왜 그런 행동을 하게 되었는지를 논리적으로 추론한다는 뜻이다. 사람들이 귀인을 짓는 방식이 Kelley의 모형이 예측하는 방식과 일치한다고 밝힌 연구도 많다(Forsterling, 1989; Gilbert, 1998a, Hewstone & Jaspers, 1987; Hilton, Smith, & Kim, 1995; Orvis, Cunningham, & Kelley, 1975; White, 2002). 그러나 다른 주장을 펼치는 연구도 두 편 있다. 이 두 연구에 따르면 사람들은 Kelley의 모형이 예측하는 것만큼 일치성 정보를 이용하지 않는다. 일치성 정보보다는 주로 독특성 정보와 일관성 정보를 기초로 귀인을 짓는다고 주장한다(McArthur, 1972; Wright, Luus, & Christie, 1990). 또한 Kelley가 말하는 세 가지 차원의 정보 모두가 언제나 가용한 것도 아니다. 예컨대 친구에게 차를 빌려달라고 부탁한 일이 이번이 처음이라면, 일관성 정보는 있을 수 없다. 이런 경우 사람들은 가용한 정보만을 이용하여 귀인을 생성하며 필요한 경우, 없는 정보에 관해서는 추론을 통해 보충하는 것으로 밝혀졌다(Fiedler, Walther, & Nickel, 1999; Kelley, 1973).

요약하면 공변 모형은 사람들을 유능한(즉, 체계적이고 논리적인 방법으로 행동의 원인을 연역해내는 셜록 홈즈 같은) 민완형사로 간주한다. 하지만 제3장에서도 그리고 제6장에서도 지적했듯이, 다른 사람들에 관한 판단을 할 때 우리는 논리적이지도 또 합리적이지도 않을 때가 많다. 심지어 우리 자신의 자존감을 지키기 위해 정보를 왜곡하기도 한다(제6장 참조). 또한 판단을 신속하게 내리기 위해 휴리스틱을 이용하다가 부정확한 판단을 내리기도 한다(제3장 참조). 사실 우리가 지은 귀인이 영 엉뚱할 때도 많다. 다음 절에서는 귀인 작업을 귀찮게 하는 오류 또는 편파를 구체적으로 논의할 것이다. 가장 흔한 휴리스틱 중 하나는 사람들이 어떤 행동을 감행하는 이유를 상황이 아닌 그 사람의 됨됨이 때문이라고 생각하는 전략이다.

기본적 귀인 오류 : 성격심리학자로 행세하는 사람들

1955년 12월, 미국 앨라배마 주 몽고메리에서 있었던 일이다. 흑인 재봉사가 시내버스에서 백인 남성에게 자리를 양보하지 않은 일이 벌어졌다. 그 당시 남부에서는 'Jim Crow' 법(흑인차별법)에 따라 아프리카계 미국인들은 일상생활의 모든 면에서 2등급 대우를 받고 있었다. 그들은 버스를 타도 뒤에 있는 열 줄에만 앉아야 했고, 버스가 비어 있을 때도 중간에 있는 좌석까지만 차지할 수 있었다. 그리고 버스에 빈자리가 없으면 백인에게 자리를 양보해야 했다. 버스의 앞쪽에 있는 열 줄은 언제나 백인 전용 예약석이었다(Feeney, 2005). 그러니까 1955년 그날은 로자 파크스가 그 법을 어긴 날이 되고 말았다. 나중에 그녀는 이렇게 말했다. "사람들은 언제나 내가 자리를 양보하지 않은 이유를 내가 피곤했기 때문이었다고 말한다. 그러나 그 말은 사실과 다르다. 나는 지쳐 있지 않았다……. 그보다는 내가 지쳐 있었던 것은 자리를 양보하는 일이었다." (Feeney, 2005, p. A1, B8). 파크스 씨는 흑인차별법을 어긴 죄로 벌금형을 받았다. 아프리카계 미국인들은 이에 반항하여 몽고메리 시내버스를 1년 이상 이용하지 않았고 법적 문제는 커져만 갔다. 그 결과 1956년에는 대법원에서 버스 내 인종차별은 불법이라는 판결을 얻어낼 수 있었다. 로자 파크스의 이러한 용감한 행동은 미국 내의 시민권 쟁취운동을 유발한 촉발제로 작용했다 (Shipp, 2005).

2005년 10월 24일 로자 파크스는 92세의 나이로 작고했다. 그녀를 기리기 위해 미국대중교통 협회에서는 12월 1일을 '로자 파크스 기념일'로 지정했다. 그리고 미국 내 주요 도시의 모든 시내 버스에는 운전기사 바로 뒷좌석을 지정하여 그날 하루 종일 비워둠으로써 그녀를 기리고 있다. 그 자리 옆의 창문에는 로자 파크스의 사진과 그 밑에 "It all started on a bus."(그 일은 모두 버스에서 시작되었다)(Ramirez, 2005)라는 작은 문구가 들어 있는 표어를 붙여, 승객들의 경각심을 높이고 있다.

뉴욕 시의 한 기자가 그날(12월 1일) 시내버스를 번갈아 타가며, 그 자리가 비어 있는지를 살폈다. 승객들이 로자 파크스에게 경의를 표하고 있는지를 알고 싶었던 것이다. 뉴욕 같은 대도시에서 시내버스 속의 빈자리는 누구나 차지하고 싶은 자리이다. 기자의 눈에 띈 그 자리는 거의 모든 버스에서 비어 있었다. 심지어는 입석 자리조차 찾기가 힘든 경우에도 그 자리는 비어 있는 경우가 많았다. 하지만 그 빈자리를 차지한 사람들도 있었다(Ramirez, 2005). 그날 그 자리에 앉아 있는 사람도 있다는 사실은 기자에게도 또 여행객들에게도 강한 궁금증을 자아내는 흥미 있는 일이었다. 그 사람들은 도대체 무슨 생각을 하고 있었을까? 왜 그러고 있었을까? 말도 안 되는 행동을 하고 있는 것 아닌가? 어떻게 로자 파크스를 존경하지 않을 수 있을까? 편견이 극심한 사람 또는 인종차별주의자였을까? 자신의 이득밖에 모르는 이기적이고 오만방자한 사람이었을까? 한마디로 버스를 탄 다른 사람들은 그 자리를 차지하고 있는 사람에 대해 부정적인 기질 귀인을 짓는다.

궁금증을 참지 못한 기자는 그 자리에 앉아 있는 사람에게 왜 그러고 있느냐고 물어보았다. 이상하게도 그 사람들은 그 자리에 앉은 이유를 상황/장면 때문이라고 반응했다. 그 표어를 보지 못했다는 것이다. 사실 그 표어는 크기

로자 파크스, 버스 내 인종차별이 불법이라는 대법원의 판결 후, 버스의 앞쪽 자리에 앉아 있는 모습

도 작고 또 보기 어려운 곳에 붙어 있었다(Ramirez, 2005). 자리에 앉아 있던 사람들도 그 표어를 보는 순간 자리에서 벌떡 일어섰다. 한 남자는 "그 표어를 읽더니 큰 소리로 상말을 하며 자리에서 벌떡 일어서면서, '그게 거기 있는 줄 몰랐네…… . 그건 역사적 사건이잖아! 그건 자유를 뜻하는데.'라고 중얼거렸다."(Ramirez, 2005, p. B1) 다른 흑인 남성 한 명은 그 자리에 앉다가 그 표어를 발견하고는 다시 일어서며, 다른 흑인 여성에게 말했다. "'사람들이 여기에 앉았던데!' 그러자 흑인 여성이 조용히 대꾸했다. '그 사람들도 그 표어를 보지 못했던 게지요.' 그러자 그 남자가 그 표어를 떼어서는 그 좌석 가장

미국 내 버스에는 이와 같은 포스터가 붙어 있다. 승객들에게 한 자리를 비워두게 함으로써 로자 파크스를 기리기 위함이다.

자리에 가져다 붙이며 말했다. '이젠 볼 수 있겠지요.'"(Ramirez, 2005, p. B1) 이 결과는 그 버스 속 승객들은 그 자리를 차지한 사람들에 대해 잘못된 귀인을 짓고 있다고 말한다. 다른 승객들은 그 자리를 차지한 사람들의 행동을 두고 상황(즉, 엉뚱한 곳에 붙어 있는 너무 작은 표어) 때문이 아니라 그 사람들의 됨됨이가 좋지 않기 때문이라고 생각하는 오류를 범하고 있다는 뜻이다.

대부분의 우리가 가지고 있는 타인의 행동에 관한 기본 이론(또는 스키마)은 사람들이 특정 행동을 하는 것은 그들이 처한 상황 때문이 아니라 그들의 됨됨이가 그렇기 때문이라고 말한다. 이렇게 보면 일반 사람들은 사회심리학자라기보다는 성격심리학자에 가깝다. 사회심리학자는 행동에 영향을 미치는 사회적 상황을 강조하는 데 반해, 성격심리학자는 행동의 원인을 각자의 성격특질에서 찾기 때문이다. 제1장에서 봤던 것처럼 사람들의 행동에 작용하는 상황적 요인의 역할은 과소평가하면서 내적, 기질성 요인의 영향력을 과대평가하는 이러한 경향성을 **기본적 귀인 오류**(fundamental attribution error)라 한다(Heider, 1958; Jones, 1990; Ross, 1977; Ross & Nisbett, 1991). 기본적 귀인 오류를 부합편파(correspondence bias)라고 하는 사람들도 있다(Gilbert, 1998b; Gilbert & Jones, 1986; Gilbert & Malone, 1995; Jones, 1979, 1990).

다른 사람들의 행동을 설명하려 할 때 우리는 그 행동에 작용한 상황보다는 그 행동을 한 사람의 성격특질 및 신념에서 그 원인을 찾으려는 경향성이 강하다. 이 사실은 많은 경험적 연구에 의해 입증되었다(Arsena, Silvera, & Pandelaere, 2014; Gawronski, 2003a; Miller, Ashton, & Mishal, 1990; Miller, Jones, & Hinkle, 1981). 예컨대 고전에 속하는 Jones와 Harris(1967)의 연구에서는 대학생들에게 또래 학생이 지은 에세이를 읽어보라고 지시했다. 그 에세이 내용은 쿠바의 카스트로 정권을 지지하는 것도 있었고 반대하는 것도 있었다. 그리고는 그 에세이를 지은 학생이 카스트로에 관해 어떻게 생각할 것 같은지를 추측해보라고 주문했다(그림 4.3 참조). 한 조건에서는 연구자가 참여 학생들에게 글을 지은 학생이 카스트로 정권에 대한 자신의 입장을 마음대로 선택했다고 알려주었다. 그 추측을 용이하게 하기 위함이었다. 즉, 카스트로 정권을 지지하는 글을 쓴 학생이라면 카스트로에 대해 긍정적으로 생각했을 것이 분명했다. 그러나 다른 조

기본적 귀인 오류

사람들이 특정 행동을 감행한 원인으로 내적, 기질성 요인은 중시하면서 외적, 상황의 역할을 경시하는 경향성

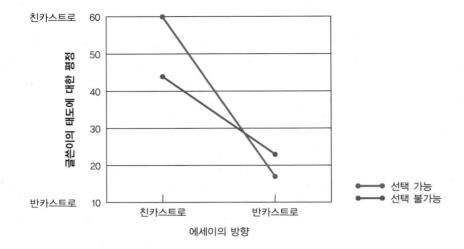

그림 4.3 기본적 귀인 오류
에세이 주제(내용)에 대한 글쓴이의 선택이 외적 요인에 의해 결정되었음을 알았을 때(선택-무조건)에도 사람들은 그 에세이가 카스트로 정권에 대한 글쓴이의 진심을 반영한다고 가정했다. 즉, 사람들은 글쓴이의 행동이 내적 요인에서 유발된 것으로 판단했다.

출처 : Jones & Harris(1967)

건에서는 글을 쓴 학생은 토론에 참여한 학생이었고 따라서 에세이의 내용은 글쓴이의 실제 입장을 반영한다는 보장이 없다고 알려주었다. 이 정보는 연구에 참여한 학생들에게 에세이의 내용이 지은이의 믿음을 반영한다고 가정해서는 안 된다는 일종의 경고였다. 그런데도 이 연구에 참여한 학생들은 물론 여러 비슷한 연구에 참여한 학생들도 에세이의 내용이 글쓴이의 믿음을 반영한다고 가정했다. 이런 가정은 심지어는 글쓴이가 자기 마음대로 에세이의 내용을 선택할 수 없었다는 사실을 참여자들이 알고 있을 때도 고수되었다. 그림 4.3을 보면, 참여자들이 추측을 할 때 다소나마 조절을 했음을 알 수 있다. 글쓴이의 태도에 대한 평정치가 글 속 입장에 따라 변하는 정도가 글쓴이가 그 입장을 선택할 수 있는 조건보다 선택할 수 없는 조건에서 더 미약하다. 그렇지만 글 속 입장이 곧 글쓴이의 신념이라고 가정한다는 증거도 확실한 편이다.

기본적 귀인 오류가 왜 그렇게도 근본적일까? 내부 귀인이 항상 잘못된 건 아니지 않은가? 사람들이 어떤 행동을 하는 이유가 그 사람의 됨됨이 때문일 때도 많다. 그러나 우리의 행동이 사회적 상황에 영향을 받는다는 증거는 매우 많다. 사회심리학을 공부하면서 깨닫게 되는 교훈 중 하나도 행동에 미치는 사회적 상황의 영향력이 생각보다 훨씬 크다는 점이다. 기본적 귀인 오류의 요점은 우리가 타인의 행동을 설명할 때 외적 영향을 과소평가하는 경향이 강하다는 점이다. Jones와 Harris(1967)의 연구가 보여주듯, 행동에 미치는 상황의 영향력이 뚜렷한데도 사람들은 내부 귀인을 만들곤 한다(Li, Johnson, Cohen, Williams, & Knowles, 2012; Newman, 1996; Ross, Amabile, & Steinmetz, 1977; Ross & Nisbett, 1991).

기본적 귀인 오류에서 지각적 돌출성의 역할 사람들은 왜 기본적 귀인 오류를 범하는 것일까? 한 가지 이유는 타인의 행동을 설명하려 할 때 우리의 관심은 그 사람에 집중되지 그가 처한 상황에 집중되지 않기 때문일 수 있다(Baron & Misovich, 1993; Heider, 1944, 1958; Jones & Nisbett, 1972). 사실 우리는 타인의 행동에 작용하는 상황의 힘을 볼 수가 없다(Gilbert & Malone, 1995). 예컨대 우리가 친구를 만나기 전에는 친구에게 있었던 일(예 : 연인한테서 헤어지자는 전화를 받았다)을 알 수가 없다. 이 때문에 친구를 만난 후 벌어진 행동을 이해하는 데는 그러한 상황 정보를 이용할 수가 없다. 설혹 그 상황을 안다고 하더라도 당사자가 그 상황을 어떻게 해석했는지를 우리는 알지 못한다. 이를테면 그 전화를 받은 친구가 기뻐했는지, 슬퍼했는지, 아니면 괴로워했는지를 알 수가 없다는 말이다. 그 친구가 그 상황을 어떻게 해석했는지를 정확하게 파악하지 못하고서는 그 상황이 행동에 미치는 영향을 정확하게 판단할 수 없다.

만약 행동의 상황적 원인에 관한 정보가 없거나 해석하기 어렵다면, 여기서 우리에게 남는 정보는 어떤 정보일까? 가용한 상황 정보는 없는 것과 같지만 그 사람은 지각적으로 두드러진 개체로 존재한다. 우리에게는 주변 사람을 지각하는 데 필요한 눈과 귀가 있기 때문이다. 따라서 감각기관을 통해 알아차리게 되는 것이 우리에게는 그 사람의 행동을 유발한 합리적이고 논리적인 원인으로 보인다(Heider, 1958). 상황은 볼 수가 없기 때문에 상황의 중요성은 무시되고 만다. 상황이 아닌 사람이 **지각적 돌출성**(perceptual salience)을 가진다. 이 때문에 우리의 주의는 사람에게 집중되고, 우리는 사람이 감행한 행동의 원인을 사람한테서만 찾으려 한다(Heider, 1958; Lassiter, Geers, Munhall, Ploutz-Snyder, & Breitenbecher, 2002).

지각적 돌출성의 중요성은 여러 편의 연구에서 확인되었다. Taylor와 Fiske(1975)의 연구에서는 대학생 두 명을 '알고 지내자는 대화'에 가담시켰다. 이 두 학생은 연구자와 짜고 각본대로 대화에 임하고 있었다. 각 회기에는 이들 2명의 연기자와 6명의 참여자로 구성된 8명이 대화에 가담했다. 이들이 착석한 자리는 미리 정해져 있었다. 그림 4.4에서 알 수 있듯이 연구자와 짠 연기자 2명을 중간에 두고 양쪽 옆에 참여자가 3명씩 앉았다. 그림을 자세히 들여다보면 참여자 6명 중 2명은 연기자 두 사람의 외양을 분명하게 볼 수 있고, 2명은 연기자 한 명(연기자 A)의 얼굴은 분명하게 볼 수 있는데 다른 연기자(연기자 B)의 얼굴은 볼 수가 없으며, 나머지 2명은 그 반대로, 연기자 A의 얼굴은 볼 수 없고 연기자 B의 얼굴만 볼 수 있다. 좌석을 이렇게 배치한 이유는 시각적 돌출성을 조작하기 위함이었다. 다시 말해 참여자 6명을 2명씩으로 구성된 세 집단으로 나누고, 이들 세 집단이 수집할 수 있는 돌출성 정보를 다르게 만들었던 것이다. 사람 지각에 중요한 돌출성 정보는 뒷모습이 아닌 얼굴에 있다는 사실에 주목하자.

대화가 끝난 후 참여자들에게 그 두 사람에 관한 다음과 같은 질문을 던졌다. 대화를 주도한 사람은 누구였는가? 논의의 주제를 택한 사람은 누구였는가? 이들 질문에 대한 참여자들의 답을 분석한 결과, 그들은 자기들이 더 분명하게 볼 수 있었던 사람(연기자)이 대화에 더 큰 영향을 행사했다고 생각하고 있었다(그림 4.5 참조). 모든 참여자가 동일한 대화를 들었는데, 연기자 A의 얼굴을 본 사람들은 연기자 A가 대화를 주도했으며 논의 주제도 주로 연기자 A가 선택했다고 대답했고, 연기자 B의 얼굴을 본 사람들은 연기자 B가 대화를 주도했으며 논의 주제도 주로 연기자 B가 선택했다고 대답했다. 이에 비해 연기자 둘의 얼굴을 명확하게 볼 수 있었던 참여자들은 연기자 두 사람이 대화에 미친 영향력에는 차이가 없다고 생각했다.

지각적 돌출성은 위험부담이 큰 대화를 바라보는

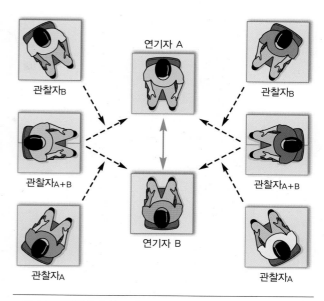

그림 4.4 지각적 돌출성 조작
Taylor와 Fiske의 연구에서 6명의 참여자와 2명의 연기자가 자리잡은 공간적 배치. 참여자들은 각 연기자의 대화에 미친 영향력을 평정했다. 참여자들은 자기들이 보다 선명하게 볼 수 있는 연기자가 대화에서 더 주도적 역할을 담당한다고 생각했다.
출처 : Taylor & Fiske(1975)

지각적 돌출성
사람들 주의의 초점에 놓인 정보가 두드러져 보이는 경향

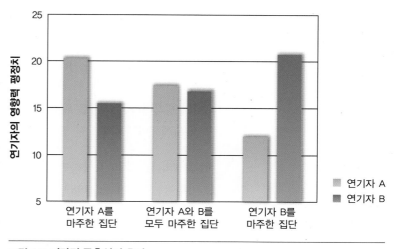

그림 4.5 지각적 돌출성의 효과
대화에서 각 연기자가 행사한 인과 역을 평정한 결과, 사람들은 자기들에게 더 잘 보이는 연기자의 역할이 더 중요하다고 생각했다.

경찰의 취조 장면을 비디오 녹화할 때 카메라의 각도에 따라 배심원들이 그 영상을 지각하는 방식이 달라진다. 위 장면의 경우 경찰과 혐의자 둘 다 보인다. 이 장면을 녹화할 때 혐의자만 보이게 하면 이 장면에 대한 배심원들의 해석이 어떻게 달라질 것 같은가?

방식에도 중요하게 작용한다. 경찰서에서 해결되지 않은 특정 범죄의 혐의자를 심문하는 장면을 고려해보자. Daniel Lassiter의 연구진(2007; Lassiter, 2010)은 판사 21명과 경찰관 21명에게 범행을 자백하는 혐의자를 담은 비디오테이프를 보여주었다. 이들에게는 다음 세 가지 테이프 중 하나를 보여주었다 : (a) 카메라의 초점을 혐의자에게만 맞춘 것, (b) 카메라의 초점을 취조 형사에게만 맞춘 것, (c) 혐의자와 형사 둘 모두에게 맞춘 것. 그런 후 혐의자의 자백이 강요된 것이 아니라 자발적이었을 정도를 평정해달라고 주문했다. 카메라의 초점이 혐의자에게만 집중된 비디오를 본 판사와 경찰관들이 매긴 자백의 자발성 평정치가 다른 두 가지 테이프를 본 판사 및 경찰관들이 매긴 평정치에 비해 훨씬 높은 것으로 드러났다(Lassiter et al., 2007). 다시 말해 혐의자의 지각적 돌출성이 조명을 받자 기본적 귀인 오류가 발생했고, 그 혐의자는 지각적 돌출성이 조명되지 않았을 때보다

더 범인처럼 보이게 되었던 것이다. 이러한 결과가 걱정거리로 부상하는 이유는 실제 범인을 취조할 때에 벌어지는 녹화에서도 일반적으로 카메라의 초점이 혐의자에게만 집중된다는 데 있다. 아직까지 심문을 녹화할 때 카메라의 초점을 혐의자와 취조 형사 모두에 맞추도록 되어 있는 나라는 뉴질랜드뿐이다. 그런 조치를 취한 이유는 기본적 귀인 오류를 범하지 않기 위함인 것으로 알려져 있다(Lassiter, Ratcliff, Ware, & Irvin, 2006).

지각적 돌출성 또는 우리가 바라보는 시각도 기본적 귀인 오류가 왜 그렇게 광범하게 퍼져 있는지를 설명하는 데 도움을 준다. 우리의 주의는 상황보다는 사람에게 집중된다. 사람이 처한 상황은 볼 수도 없고 또 이해하기도 힘들기 때문이다. 따라서 북한 김정은 정권을 옹호하는 발언을 하는 사람을 보게 되면, 우리는 우선 그 행동의 원인을 그 사람의 기질에서 찾으려 한다. "저 사람 미친 사람 아니야!" 그러나 우리는 반드시 그렇지 않을 수도 있다는 사실을 깨닫는 능력도 있다. 우리는 아주 세련된 사고력을 가지고 있다는 뜻이다. "아니지, 저 사람 토론에서 김정은을 옹호하는 입장을 피력하는 역할을 맡은 사람이잖아!"라고 생각하며, 그 행동의 원인을 상황 쪽으로 돌리려 할 수도 있다는 말이다. 하지만 사람들은 자신의 생각을 조정할 때 필요한 만큼 충분한 노력을 하지 않는다. Jones와 Harris(1967)의 실험에 참여한 학생들도 에세이를 쓴 사람이 에세이 주제를 마음대로 선택할 수 없었다는 사실을 알고 있었음에도 불구하고 그 주제가 그 글쓴이의 생각이라는 믿음을 완전히 지우지는 못했다. 이는 그 학생들이 그 에세이의 가장 두드러진 정보(에세이에서 주창한 입장)를 충분히 조절하지 못했음을 반영한다(Quattrone, 1982).

귀인과정의 두 단계
타인의 행동을 분석할 때 자동적 내부 귀인을 먼저 형성하고 그런 후에야 상황적 요인을 고려하여, 이미 형성된 내부 귀인을 조절하기도 한다는 생각

귀인과정의 두 단계 요약하면 우리가 짓는 **귀인과정의 두 단계**(two-step attribution process)를 거쳐 이루어진다(Gilbert, 1989, 1991, 1993; Krull, 1993). 먼저 우리는 내부 귀인을 짓는다. 즉, 어떤 사람이 특정 행동을 하게 된 원인을 그 사람에 관한 일에서 찾는다. 그런 다음 그 사람이 처했던 상황을 고려함으로써 앞서 지은 귀인을 조정할 때도 있다. 그러나 대부분의 경우 우리는 두 번째 단계에서 벌어지는 이 조정을 충분히 하지 않는다. 사실 다른 사람의 방해를 받거나 다른 일에 몰두하다 보면, 두 번째 단계를 건너뛰어 버림으로써 극단적인 내부 귀인을 짓기도 한다

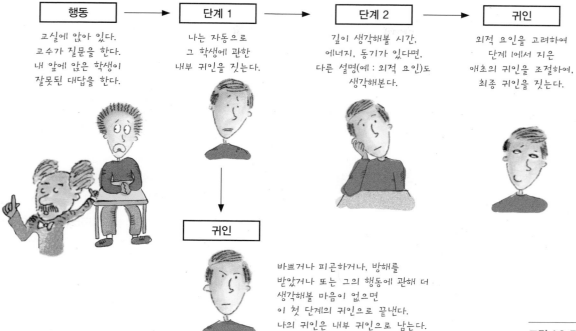

행동	단계 1	단계 2	귀인
교실에 앉아 있다. 교수가 질문을 한다. 내 앞에 앉은 학생이 잘못된 대답을 한다.	나는 자동으로 그 학생에 관한 내부 귀인을 짓는다.	깊이 생각해볼 시간, 에너지, 동기가 있다면, 다른 설명(예 : 외적 요인)도 생각해본다.	외적 요인을 고려하여 단계 1에서 지은 애초의 귀인을 조절하여, 최종 귀인을 짓는다.

귀인

바쁘거나 피곤하거나, 방해를 받았거나 또는 그의 행동에 관해 더 생각해볼 마음이 없으면 이 첫 단계의 귀인으로 끝낸다. 나의 귀인은 내부 귀인으로 남는다.

그림 4.6 귀인과정의 두 단계

(Gilbert & Hixon, 1991; Gilbert & Osborne, 1989; Gilbert, Pellham, & Krull, 1988). 이런 일이 흔하게 벌어지는 이유는 귀인과정의 첫 단계(내부 귀인을 짓는 단계)는 신속하게 그리고 저절로 전개되는 데 반해, 두 번째 단계(상황에 맞추어 조정하는 단계)는 정신적 노력을 많이 요구하기 때문이다(그림 4.6 참조). 최근에 이루어진 뇌영상연구에서도 이러한 설명을 지지하는 증거가 보고되었다. 특정 행동을 감행한 사람의 내적 정신 상태에 대한 고려가 머릿속에서 저절로 벌어지는 바람에 나중에 그 행동을 초래했을 수도 있는 상황에 대한 생각을 하게 될 가능성이 낮아짐을 암시하는 신경반응이 관찰된 것이다(Brosch, Schiller, Mojdehbakhsh, Uleman, & Phelps, 2013; Moran, Jolly, & Mitchell, 2014).

그럼 우리는 언제 귀인과정의 두 번째 단계에 들어가는 것일까? 귀인과정의 두 번째 작업은 판단을 내리기 전에 생각을 천천히 조심스럽게 할 때, 최대한 정확한 판단을 내려야겠다고 마음먹었을 때, 또는 표적 인물의 행동에 의심을 가질 때(예 : 그 사람이 거짓말을 하고 있다거나 다른 외적 요인이 작용했다는 생각이 들 때)에만 시작된다(Hilton, Fein, & Miller, 1993; Risen & Gilovich, 2007; Webster, 1993). 물론 귀인과정의 두 단계 모형은 내부 귀인이 기정(default) 반응으로 자리 잡지 못한 문화권의 사람들에게는 적용 가능성이 작을 수도 있다(Mason & Morris, 2010). 이 점은 이 절의 끝에서 논의될 것이다.

이기적 귀인

통계학 중간고사 시험지를 되돌려 받기로 되어 있는 날 안호가 두근거리는 가슴을 쓰다듬으며 통계학 강의실에 앉아 있는 모습을 상상해보자. 교수가 안호에게 시험지를 돌려준다. 시험지를 펼쳐 든 안호는 점수가 95점임을 알아차린다. 안호는 그가 95점을 받았다는 사실을 어떻게 설명할까? 이미 알고 있을지도 모르지만, 사람들은 자기의 성공은 자기가 잘했기 때문으로 돌리면서도 실패는 자신은 어쩔 수 없었던 상황 탓으로 돌리는 경향이 강하다. 그러니까 안호는 그가 95점을 받은 사실을 자신이 수학에 능하고 똑똑하기 때문에 생긴 평범한 일이라고 생각할 가능성이 크다. 그러나 안호가 받아 든 시험지에 55점이란 점수가 적혀 있었다면 안호는 이를 두고 어떻게 생각했을까? 이때는 교수가 중요하지 않은 문제를 출제했다고 생각하거나 채점을 편파적으로 했다고 생각했을 가능성이 크다. 사람들은 자신의 자존심이 위협받고 있을 경우에는 **이기적 귀인**(self-serving attribution)을 짓는 경향이 강하다. 이기적 귀인이란 자신의 성공은 자기가 잘난 것이기 때문이라는 쪽으로 원인을 돌리면서(내부 귀인을 지으면서) 자신의 실패는 상황의 탓으로 돌리는(외부 귀인을 짓는) 경향을 일컫는다(Kestemont et al., 2014; McAllister, 1996; Miller & Ross, 1975; Pronin, Lin, & Ross, 2002; Robins & Beer, 2001).

이기적 귀인
자신의 성공을 설명할 때는 내부, 기질 요인을 내세우고 자신의 실패를 설명할 때는 외부, 상황 요인을 강조하는 추론

이기적 귀인에서 특히 관심을 끄는 분야는 프로 스포츠이다. 자기 팀의 승리를 설명할 때는 선수나 감독이나 모두 자기 팀과 선수들의 특징을 부각시킨다. 승리나 패배에 대한 프로팀의 선수와 감독들이 내놓은 설명을 분석한 결과, 승리에 대한 귀인의 80%가 내적 요인에서 그 원인을 찾았던 것으로 드러났다. 패배를 초래한 원인을 댈 때는 운이 나빴다거나 상대팀의 우월성 등, 자기 팀의 통제 영역 밖에 있는 외적 요인으로 돌리는 경향이 더 강했다(Lau & Russell, 1980). Rosch와 Amirkhan(1997)은 프로선수들이 경기결과에 대한 귀인을 지을 때, 그 유형이 선수의 기능, 경험, 스포츠의 종류(단체 종목 스포츠 대 개인 종목 스포츠)에 따라 달라지는 방식을 검토하였다. 그 결과 경험이 많은 선수보다 경험이 적은 선수일수록 이기적 귀인을 지을 가능성이 높다는 사실을 발견했다. 경험이 많은 선수들은 자신의 약점 또는 단점 때문에 경기에 패할 수도 있으며, 또 승리 또한 자신의 장점 때문만은 아닐 수도 있다는 사실을 알고 있는 것 같았다. 그리고 단체 종목 스포츠보다는 개인 종목 스포츠 선수들의 이기적 귀인이 더 강한 것으로 드러났다. 개인 종목 선수들은 승패가 자신에 달려 있음을 알고 있었다.

사람들이 이기적 귀인을 짓는 이유는 무엇일까? 대부분의 사람들은 가능한 한 자신의 자존심을 지키고 싶어 한다. 이 욕구 때문에 사람들은 생각이나 신념을 바꾸어 현실을 왜곡시키는 일도 불사한다. (이에 대한 자세한 논의는 제6장에서 소개될 것이다.) 여기서 우리는 자신의 자존감을 유지 또는 제고하는 데 이용될 수 있는 구체적인 귀인 전략을 보게 된다. 자신에게 가장 유리하게 작용하는 원인을 부각시켜라(Greenberg, Pyszczynski, & Solomon, 1982; Shepard, Malone, & Sweeny, 2008; Snyder & Higgins, 1988). 우리는 어떤 일에 실패한 후 그 실패를 만회할 수 없다고 느낄 때 이기적 귀인을 지을 가능성이 특히 커진다. 미래에는 더 잘할 수 있다는 희망이 거의 없을 경우에는 외부 귀인이 실제로 우리의 자존심을 보호해주기도 한다. 그러나 우리가 스스로를 향상시킬 수 있다고 믿으면, 현재의 실패를 두고 내부 귀인을 지음으로써 스스로를 향상시키려는 노력을 하게 된다(Duval & Silvia, 2002). 두 번째 이유는 자신을 남에게 어떻게 보여줄 것인지와 관련된다(Goffman, 1959). 우리는 다른 사람들이 우리를 좋게 생각해주고 좋아해주기를 바란다. 우리는 우리의 수행수준이 높지 못한 것에 대해 남들에게 어떤 외적 요인 때문에 그런 일이 벌어졌다고 말함으로써 체면을 지키려 한다.

사람들이 이기적 귀인을 짓는 세 번째 이유는 사용 가능한 정보의 종류와 관련된 것이다. 통계학 중간고사를 잘못 치른 광호가 짓는 귀인과정을 상상해보자. 광호는 자기가 시험공부를 열심히 했다는 사실, 자기는 통계학 시험에서 성적이 늘 좋았다는 사실, 그리고 자기는 똑똑한 학생이라는 사실을 알고 있다. 그런데 이번 통계학 중간고사에서 D등급에 해당하는 점수를 받았다. 광호에게는 놀라운 일이 벌어진 셈이다. 여기서 광호가 지을 수 있는 가장 논리적인 귀인은 시험이 공평하지 못했다는 생각, 즉 노력이나 능력이 부족해서 그런 점수를 받은 게 아니라는 생각일 것이다. 하지만 교수는 알고 있다. 높은 점수를 받은 학생들도 있다는 사실을. 그러니까 교수는 자기가 가진 정보를 기초로 지을 수 있는 가장 논리적인 귀인을 지을 것이고, 결국 교수는 광호

의 점수가 낮은 것은 광호의 잘못 때문이지 시험이 너무 어려웠기 때문이 아니라고 생각할 것이다(Miller & Ross, 1975; Nisbett & Ross, 1980).

사람들은 자신의 자존감을 위협하는 다른 요인을 대처하기 위해서도 귀인을 바꾸어 짓곤 한다. 삶에서 가장 이해하기 힘든 일 중 하나가 강간, 불치병, 치명적인 사고와 같은 비극을 겪는 것이다. 일면식도 없는 사람에게 그런 일이 벌어져도 화가 날 때도 있을 정도이다. 어떤 사람에게 그런 비극이 벌어졌다는 사실은 우리에게도 그런 일이 얼마든지 벌어질 수 있다는 생각을 상기시킨다. 따라서 우리는 이런 사실을 부정하는 방법을 취한다. 그런 방법 중 하나는 나쁜 일은 못난 사람 또는 최소한 바보 같은 실수를 하거나 그릇된 선택을 한 사람에게만 일어난다고 믿는 것이다. 이렇게 함으로써 바보 같지도 않고 행동을 함부로 하지도 않는 우리 같은 사람에게는 나쁜 일이 일어날 수 없다고 안도한다. Melvin Lerner(1980, 1998)는 이런 믿음을 **공평한 세상에 대한 신념**(belief in a just world)이라 했다. 사람들은 뿌린 대로 거두고, 거둔 만큼 뿌렸을 뿐이라고 믿는다는 뜻이다(Aguiar, Vala, Correia, & Pereira, 2008; Hafer, 2000; Hafer & Begue, 2005).

공평한 세상에 대한 신념은 슬픈, 심지어는 비극적인 결말을 초래하기도 한다. 예를 들어 여러분이 다니는 학교의 한 여학생이 잘 아는 남학생에게 데이트 강간을 당했다고 하자. 여러분과 여러분 친구들은 이 일에 대해 어떻게 반응할 것 같은가? 그 여학생이 강간을 자초한 건 아닐까? 예컨대 그날 밤 만나자마자 어떤 암시를 보낸 건 아닐까? 그 남학생을 자기 방으로 초대한 건 아닐까? 이들 의문은 모두 방어적 귀인과정에 해당한다. 방어적 귀인과정이란 공격행동에 대한 책임의 일부를 피해자에게 돌림으로써 그 행동을 감행한 자신에 대한 좋은 느낌을 고수하려는 노력을 일컫는다(Burger, 1981; Lerner & Miller, 1978; Stormo, Lang, & Stritzke, 1997; Walster, 1966). 사실 범죄 피해나 사고 피해의 경우 피해자가 스스로의 운명을 자초했다고 생각하는 사람들이 많다는 사실이 연구를 통해 밝혀졌다. 예컨대 사람들은 강간 및 가정폭력 피해자를 두고는 강간당하고 폭력당할 짓을 했다고 믿을 때가 많다(Abrams, Viki, Masser, & Bohner, 2003; Bell, Kuriloff, & Lottes, 1994; Summers & Feldman, 1984). 이런 귀인 편파를 이용하기 때문에 우리는 인간사에는 어느 정도 우연성이 개입한다는 사실, 즉 사고나 범죄는 자신과 같은 무고한 사람들에게도 언제나 일어날 수 있다는 사실을 인정하지 않는다. 공평한 세상에 대한 신념 때문에 사람들은 자신의 안전에 관한 불감증을 떨쳐버리지 못한다.

'편파 맹점'

지금까지 우리는 여러 가지 귀인 편파를 논의했다. 여러분은 스스로가 기본적 귀인 오류를 범했거나 이기적 귀인을 지었다고 생각해본 적이 있는가? 다른 사람들이 그런 편파적인 판단을 한다고 생각해본 적은 없는가? 편파적 귀인을 감행하는 빈도는 자신과 타인 중 누가 더 높은 것 같은가? 바로 이런 질문에 대한 탐구가 Emily Pronin의 연구진에 의해 수행되었고, 그 결과 **편파 맹점**(bias blind spot)이 존재한다는 증거가 확보되었다. 나보다 다른 사람들이 귀인 편파에 더 쉽게 넘어간다고 믿는 우리의 경향성은 자신의 사고과정에 대한 반성에 '맹점'이 있다는 증거이다(Hansen, Gerbasi, Todorov, Kruse, & Pronin, 2014; Pronin, Gilovich, & Ross, 2004; Pronin, Lin, & Ross, 2002).

편파 맹점을 연구하기 위해 Pronin의 연구진은 참여자들에게 여러 가지 편파를 묘사한 서술문을 제시하였다. 여기서는 성공과 실패에 대한 '이기적 귀인'과 '피해자 비난하기'라는 두 가지에만 집중하기로 한다. 피해자 비난하기란 피해자가 그런 처지에 처하게 된 이유를 그들의 기질적 속성에 있다고 판단하는 일을 일컫는다. 참여자들이 읽은 서술문 속에는 '편파'라는 말을 쓰지

공평한 세상에 대한 신념
뿌린 대로 거두고, 거둔 만큼 뿌렸을 뿐이라고 믿는 마음

편파 맹점
자신보다 다른 사람들이 귀인 편파에 빠질 가능성이 더 크다고 생각하는 우리의 경향성

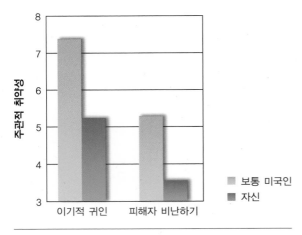

그림 4.7 자신과 보통 미국인의 귀인 편파에 대한 주관적 취약성
참여자들에게 두 가지 귀인 편파에 대한 자신의 취약성과 '보통 미국인'의 취약성을 평정하게 했다. 그들은 자신은 보통 사람들보다 편파적 사고에 빠질 가능성이 훨씬 작다고 생각했다.

출처 : Pronin, Lin, & Ross(2002)

않았다. 말 자체가 어떤 좋지 못한 것을 지칭하는 느낌이 들게 하기 때문이다. 그 대신 특정 방식으로 생각하는 '경향(성)'이라고 말하고, 그 사고방식을 설명해두었다. 참여자들은 자신의 생각이 소개된 각각의 경향성에 빠질 가능성을 '매우 낮다'에서 '매우 높다'까지 이어지는 척도에다 평정해야 했다. 그런 다음 참여자들은 그들이 아닌 보통 미국인들이 그런 경향성에 사로잡힐 가능성은 얼마나 될 것 같은지도 평정해달라는 주문을 받았다. 그 결과 두 가지 평정치가 크게 다른 것으로 드러났다. 참여자들은 자기들이 이기적 귀인에 빠질 경향성은 조금밖에 없다고 평정했는데, 보통 미국인들이 그런 경향에 사로잡힐 가능성은 그보다 훨씬 크다고 평정했다(그림 4.7 참조). 피해자를 비난하는 식의 귀인을 짓게 될 가능성에 대해서도 자신들은 그럴 가능성이 매우 작지만, 보통 미국인들이 그런 귀인을 지을 가능성은 그보다 훨씬 크다고 평정했던 것이다(그림 4.7 참조). 이들 연구결과를 통해 우리는 귀인에서 편파가 일어날 수 있음을 알게 되었다. 하지만 그런 편파는 남에게서 발견되는 현상일 뿐 자신과는 상관없는 일로 간주한다. 즉, 자신이 짓는 귀인의 편파는 잘 보지 못한다는 뜻이다. 우리는 자신의 사고는 합리적이고 이치에 맞는다고 생각한다. 자신이 그렇다는 것을 입증할 증거도 충분하다고 느낀다. 그러나 다른 사람들은 그런 편파를 극복하지 못한다고 느낀다. 이 때문에 우리는 우리 자신의 판단과정을 반성해보고, 결론을 점검하고, 그리고 편파 맹점이 숨어 있을 수 있다는 사실을 상기할 필요가 있다.

복습문제

1. 다음 중 내부 귀인의 보기에 해당하지 않는 것은?
   a. 포커 게임으로 10만 원을 딴 병수는 자기를 도박에 매우 능한 사람으로 소개한다.
   b. 비주는 심리학개론에서 D학점을 받은 것을 두고 자기는 객관식 시험을 잘 본 적이 없다고 변명한다.
   c. 다미는 자기 오빠가 직장을 자주 옮기는 이유를 자기 오빠가 게으르고 충동적으로 행동하기 때문이라고 생각한다.
   d. 상수는 최근에 자기가 낸 자동차 사고의 유일한 이유로 그날 내린 비로 노면이 미끄러웠기 때문이라고 주장한다.

2. 세훈이는 말로는 TV 예능 프로그램을 싫어한다고 하면서도 '런닝맨'은 한 회도 빼놓지 않고 시청한다. 세훈이의 이런 행동은 _____
   a. 독특성이 높다.
   b. 독특성이 낮다.
   c. 일치성이 낮다.
   d. 일관성이 낮다.

3. 귀인과정의 두 단계 모형은 _____고 주장한다.
   a. 우리는 내부 귀인을 먼저 지은 후, 상황의 영향력을 고려하여 그 귀인을 수정한다.
   b. 우리는 외부 귀인을 먼저 지은 후, 기질의 영향력을 고려하여 그 귀인을 수정한다.

   c. 기본적 귀인 오류를 범할 가능성은 미국인이 중국인보다 낮다.
   d. 귀인의 두 단계 중 한 단계가 중단되면 귀인은 지어지지 않는다.

4. 다음 중 Jones와 Harris(1967)의 카스트로 에세이 연구결과를 기초로 내린 가장 정확한 결론은?
   a. 관찰대상의 행동이 강요됐을 때는 아무도 그 행동의 내적 원인을 찾지 않는다.
   b. 부정적인 사건을 두고 타인의 행동에 대한 귀인을 지을 때 사람들은 덜 너그러운 사람이 된다.
   c. 사람들은 강요당한 행동보다는 선택한 행동을 설명할 때 내부 귀인을 지을 가능성이 더 크다.
   d. 사람들은 문제의 행동을 한 사람이 지각적으로 튀어날 경우에 내부 귀인을 지을 가능성이 더 크다.

5. 다음 사람들 중 누가 이기적 귀인을 지을 것 같은가?
   a. 시작한 지 얼마 되지 않은 골퍼 동수
   b. 여러 차례 우승한 적이 있는 야구선수 민우
   c. 아주 어릴 적부터 선수생활을 한 농구선수 범호
   d. 10년이 넘게 선수생활을 하고 있는 프로 테니스 선수 정수

정답은 537-539쪽 참조

문화와 사회지각

4.4 문화는 사회지각 및 귀인과정에서 어떤 역할을 하나

사회지각에 작용하는 문화의 역할에 대한 사회심리학자들의 관심은 점점 더 커지고 있다. 우리가 그 속에서 성장한 문화에 따라 다른 사람들을 지각하고 그들의 행동을 이해하려고 노력하는 방식이 달라질까? 이 궁금증의 답을 찾아보기로 하자.

북미 및 서구 일부의 문화에서는 개인의 자율성이 강조된다. 각자가 독립적이고 자립적인 개체로 지각된다. 즉, 각자의 행동은 그 사람의 특성, 동기, 가치관을 반영하는 것으로 간주된다(Kitayama et al., 2006; Menon, Morris, Chiu, & Hong, 1999). 이러한 문화적 가치관의 시작은 개인의 영혼에 대한 유대교와 그리스도교의 믿음 그리고 개인의 권리에 대한 영국의 법적 전통에서 발견된다(Menon et al., 1999; Kitayama et al., 2006). 이에 반해 한국, 중국, 일본 등의 동아시아 문화는 집단 자율성을 강조한다. 이 문화권 사람들은 각자가 속해 있는 사회적 집단에서 자신의 의미를 찾으려 한다. 이러한 믿음의 역사는 유교, 도교, 불교 전통에서 시작되었다(Menon et al., 1999; Zhu & Han, 2008).

전체적 사고 대 분석적 사고

문화적 가치관이 달라지면 사람들이 주목하는 정보의 종류도 달라지는 것으로 밝혀졌다. 제3장에서 논의했던 것처럼 개인주의적 서구 문화권에서 자란 아이들은 성장하면서 분석적 사고방식을 발전시켜 간다. 어떤 대상을 둘러싼 상황이나 장면보다는 그 대상(또는 사람)의 속성에 집중하는 사고방식을 키워 간다는 뜻이다. 동아시아 문화와 같은 집단주의적 문화권에서 자란 아이들은 전체적 사고방식을 발달시켜 간다. 따라서 이 지역 사람들은 그림 전체, 즉 대상(또는 사람)과 그 대상을 둘러싼 상황은 물론 그들 사이에 존재하는 관계에까지 주의를 기울인다(Nisbett, 2003; Nisbett & Masuda, 2003). 이러한 차이는 이것 아니면 저것 식의 이분법적 차이가 아니다. 한 문화권의 모든 사람을 이런 방식으로 생각하고 다른 문화권의 모든 사람은 저런 방식으로 생각한다는 말이 아니라는 뜻이다. 한 문화권 내에서도 큰 차이가 존재한다. 그러나 사고방식에서 나는 이러한 일반화된 차이를 이용하면 사람들이 다른 사람들을 지각하는 방식을 예측할 수가 있다.

예컨대 여러분이 지금 한 무리의 친구들에게 말을 하고 있다고 상상해보자. 그들 중 한 명의 얼굴표정이 여러분의 시선을 사로잡는다. 미간을 찡그린 상태에서 입술을 꽉 다물고 있다. 그녀의 느낌은 어떨까? 분석적 사고방식을 따르는 사람들은 그녀의 얼굴표정만을 기초로 이 질문에 답을 만들 것이다. 하지만 전체적 사고방식을 따르는 사람들은 그 집단 내 다른 사람들의 얼굴표정까지 살핀 후 그녀의 얼굴표정과 비교한 결과를 기초로 답을 만들 것이다.

Takahiko Masuda의 연구진(2008)은 위의 보기와 비슷한 연구를 이용해 사람들이 얼굴표정을 해석하는 방식을 분석하였다. 미국인 참여자들과 일본인 참여자들에게 일군의 사람을 그려놓은 만화를 보여주었다. 각 만화 속에는 전경으로 제시된 주인공이 한 명씩 들어 있었다. 이 주인공의 얼굴표정은 중립적이거나 행복하거나 슬프거나 화난 표정 중 하나였다. 각 만화 속 다른 사람들의 얼굴표정은 주인공의 표정과 같거나 달랐다. 참여자들은 주인공의 정서를 10점 척도에 평정해야 했다. 미국인 참여자들의 경우 주변 인물들의 얼굴표정은 주인공의 얼굴표정에 대한 평정에 아무런 영향을 미치지 못하였다. 주인공이 활짝 웃고 있으면 참여자들은 '행복'에 높은 점수

위의 그림에서 중앙에 있는 인물이 느끼는 정서가 무엇일 것 같은가? 이 질문에 대한 답이 동아시아 사람인가 서양 사람인가에 따라 달라지기도 한다.

를 주었다. 주변 인물들이 어떤 얼굴표정을 짓고 있든 이 결과는 달라지지 않았다. 이에 비해 일본인 참여자들의 경우에는 주변 인물들의 얼굴표정이 주인공의 얼굴표정에 대한 평정에 큰 영향을 미쳤다. 주인공이 활짝 웃고 있을 경우, 주변 인물들도 웃고 있을 때는 '행복'에 높은 점수를 주었지만, 주변 인물들이 슬픈 표정이나 화난 표정을 짓고 있을 때는 그 점수가 훨씬 낮았다. 요컨대 만화 속 주인공이 지은 얼굴표정의 의미가 '주변 상황', 즉 그 주변 사람들이 짓고 있는 얼굴표정에 따라 달라졌다(Masuda et al., 2008). Masuda의 연구진은 참여자들이 만화를 들여다보는 동안 그들의 안구 움직임도 추적해보았다. 그 결과 일본인들이 미국인들에 비해 주변 인물의 표정을 살피는 데 더 많은 시간을 보내는 것으로 드러났다. 두 집단 모두 주인공의 표정을 바라보는 데서 시작했다. 그러나 1초 후부터는 시선이 주변 인물의 표정에 고정되는 횟수가 미국인보다 일본인에서 훨씬 많이 기록되었다(Masuda et al., 2008).

사회신경과학적 증거 Masuda의 연구진(2008)이 확보한 안구 움직임에 관한 연구결과는 생각을 분석적으로 하는 사람들과 전체적으로 하는 사람들 사이에 적어도 생리적 차원에서는 아주 재미나는 일이 벌어진다고 암시한다. 안구 움직임에 관한 연구를 떠나, 다른 연구자들은 문화에 따른 사고방식의 차이로 사회적 자극에 대한 뇌의 반응 방식을 예측할 수 있는지를 탐구하였다(Knowles, Morris, Chiu, & Hong, 2001; Mason & Morris, 2010). Trey Hedden의 연구진(2008)은 fMRI(기능적 자기공명영상)를 이용하여 문화적 경험이 지각과정에 미치는 영향이 뇌의 어느 부위에서 나타나는지를 밝혀내려 했다. 이 연구진은 동아시아인들과 미국인들로 구성된 참여자들에게 네모상자 속에 들어 있는 선분의 길이를 판단해야 하는 과제를 부과하고는 참여자들이 과제를 수행하는 동안 fMRI를 촬영했다. 참여자 중 일부에게는 선분을 둘러싸고 있는 상자를 무시하라고(상황 무시) 주문했고 나머지 일부에게는 선분을 둘러싸고 있는 상자에 주의를 기울이라고(상황 주시) 주문했다. 선분에 대한 판단의 정확성에서는 집단 간 차이가 발견되지 않았다. 그러나 자신이 자란 문화권의 사고방식과 상반되는 행동을 하라는 지시/주문을 받은 참여자들의 머릿속 활동이 훨씬 더 활발했던 것으로 드러났다. 구체적으로 상황에 주의를 기울이라고 지시한 조건의 경우, 미국인들은 고차원성 정보를 처리하는 피질 영역(전두 영역과 두정 영역)의 활동이 훨씬 활발한 데 반해, 동아시아인들은 상황을 무시하라는 주문을 받은 조건에서 고

차원성 정보를 처리하는 피질 영역이 훨씬 활발하게 활동한 것으로 밝혀졌다. 피질의 활동이 활발했다는 것은 주의를 더 많이 기울였다(정신적인 노력을 더 많이 했다)는 뜻이다. 그러니까 미국인들은 상황을 고려하는 일이, 그리고 동아시아인들은 상황을 무시하는 일이 평상시에 물체를 지각하던 방식과는 다른 방식이었기 때문에 피질에서는 더 많은 노력을 투자해야 했던 것이다(Hedden et al., 2008).

다른 연구진은 상이한 문화권에서 표집된 참여자를 대상으로 그들의 뇌 활동을 측정하기 위해 사건관련전위(ERP)를 기록하였다(Goto, Ando, Huang, Yee, & Lewis, 2010; Goto, Yee, Lowenberg, & Lewis, 2013). 두개골에 부착된 전극/센서를 통해 fMRI는 뇌의 어느 영역이 활동 중인가를 알려주는데, ERP는 신경반응이 언제 시작되어 언제 끝나는지를 알려준다. 한 연구에서는 참여자들에게 '표적'과 상황에 관한 정보를 처리해야 하는 일련의 단순한 지각 과제를 제시하였다(Lewis, Goto, & Kong, 2008). 참여자들은 모두 미국 문화권에서 자란 미국인이었다. 그러나 그들 중 일부는 유럽계 미국인이었고 나머지는 동아시아계 미국인이었다. ERP의 양상을 분석한 결과, 유럽계 미국인들은 주의를 표적에 더 많이 기울이는 데 반해, 동아시아계 미국인들은 표적을 둘러싼 상황에 주의를 더 많이 기울이는 것으로 드러났다.

기본적 귀인 오류의 문화 간 차이

앞에서 우리는 사람들이 기본적 귀인 오류를 범하는 경우가 잦다는 사실을 알았다. 즉, 사람들은 내적인 기질이 타인의 행동에 미치는 영향은 과대평가하는 반면 상황적 요인의 영향은 과소평가한다는 사실을 알았다. 그럼 기본적 귀인 오류를 범하는 경향성은 서양 문화권에서 더 강할까, 동양 문화권에서 더 강할까?

개인주의 문화권에서 자란 사람들은 기질 귀인을 선호하는 데 비해 집단주의 문화권에서 자란 사람들은 상황 귀인을 선호하는 것으로 드러났다(Newman & Bakina, 2009; Tang, Newman, & Huang, 2014). Joan Miller(1984)는 인도 사람들과 미국 사람들에게 자기 친구들이 행한 여러 가지 행동을 생각해내고는, 왜 그런 행동을 했을 것 같은지를 설명해보라고 요구했다. 친구의 행동을 설명할 때 미국인들은 기질적 설명을 선호하는 데 반해, 인도인들은 상황적 설명을 선호하는 것으로 밝혀졌다. 그러나 미국인들과 인도인들이 기억해낸 행동이 달랐을 수도 있지 않을까? 구체적으로 인도인들이 회상해낸 행동의 원인은 실제로 상황적 요인에 있었으며, 미국 사람들이 생각해낸 행동은 그 원인이 실제로 친구의 성격특질에 있었던 것 아닐까? 이 가능성을 검증하기 위해 Miller(1984)는 인도 사람들이 생각해낸 행동 중 일부를 미국인들에게 들려주고 설명해보라고 주문했다. 여기서도 내부 귀인과 외부 귀인 간 차이가 발견되었다. 인도 사람들은 그 원인이 외적 상황적 요인에 있다고 판단했던 행동을 두고 미국 사람들은 내적 기질적 요인에서 그 원인을 찾으려 했던 것이다.

얼굴표정 변화에서 진화가 맡았던 역할에 대한 논의를 기억할 것이다. 문화 간 연구에서 확보된 Miller(1984)의 발견은 환경의 힘—여기서는 문화적 경험—이 사회지각에서도 주된 역할을 수행한다는 사실을 상기시키는 중요한 증거라 할 것이다. 사실 Miller의 연구에서 가장 재미나는 발견 몇 가지는 미국 및 인도 아이들을 검토한 결과에서 확보되었다. 이 두 문화권에 살고 있는 성인들의 귀인경향을 비교했을 뿐 아니라 Miller는 8세, 11세, 15세 아동들의 귀인행동도 분석했다. 타인의 행동을 설명하는 방식에서 어른들의 경우에는 두 문화 간 차이가 유의했지만, 아이들의 경우에는 차이가 거의 나지 않았다. 단적으로 말해 사회지각에서 나는 문화 간 차이는 선천적인 차이가 아닌 것 같다. 우리는 유연한 사고방식을 가지고 태어나고, 그 사고방식은 우리 각자가 성장과정에서 겪게 되는 문화 및 다른 요인의 영향을 받으며 개별적으로 굳어진다는 게 합리적인 결론인 것 같다.

이러한 융통성을 검토하는 연구가 Ying-Yi Hong의 연구진(2003)에 의해 수행되었다. 이들은 홍콩에 있는 중국인 대학생들을 상대로 기본적 귀인 오류를 검토하였다. 연구자들은 그 학생들을 이중 문화권에서 자란 사람들로 생각했다. 다시 말해 그 학생들의 정체성 확립에는 홍콩 내 중국 문화와 서구 문화 둘 모두가 작용했을 것이라는 뜻이다. 학생들은 일련의 사진을 보고 각각에 대한 간단한 질문에 답을 해야 했다. 사진을 제시한 목적은 학생들이 가진 문화적 정체성 중 한쪽을 점화(prime)하기 위함이었다. 참여 학생 중 절반에게는 미국 국기와 미국 의회의사당 같은 미국 문화를 대변하는 사진을 보게 했고, 나머지 절반에게는 만리장성이나 용 같은 중국 문화를 대변하는 사진을 보여주었다. 그리고 통제집단은 어느 쪽 문화도 점화하지 못할 기하학적 도형이 담긴 사진을 보게 했다. 그런 다음 전혀 관련이 없을 것으로 생각되는 과제를 이용하여 참여자들에게 한 무리의 물고기 앞에서 헤엄을 치고 있는 물고기 한 마리가 담긴 사진을 보여주었다. 그리고는 "왜 이 물고기는 다른 물고기들 앞에서 헤엄을 치고 있는 것일까?"라는 질문을 던져 귀인을 짓게 했다. 이 질문에 대한 반응을 분석하여 기질적 이유(예 : 그 물고기가 다른 물고기들을 이끌고 있다) 또는 상황적 이유(예 : 그 물고기는 다른 물고기들에 의해 쫓기고 있다)로 분류하였다. 통제집단 참여자들은 약 30%가 상황 귀인을 지었다. 그런데 문화적으로 서로 다른 점화를 받은 참여자들의 반응 양상은 크게 달랐다. 중국 문화적 이미지로 점화를 받은 참여자들은 상황 귀인을 지을 가능성이 더 컸다(참여자의 약 50%). 하지만 미국 문화적 이미지로 점화를 받은 참여자들은 상황 귀인을 지을 가능성이 더 작았다(참여자의 약 15%). 기질 귀인을 지을 가능성이 더 컸다는 뜻이다(Hong, Chiu, & Kung, 1997; Hong, Morris, Chiu, & Benet-Martinez, 2000).

따라서 서양 문화는 사람들을 성격심리학자(다른 사람들의 행동을 기질적으로 바라보는 심리

연구 참여자들에게 이 사진들을 보여준 후, 물고기 떼의 맨 앞에 있는 물고기의 행동에 관한 귀인을 지어보라고 주문했다. 그 물고기의 행동을 두고 짓는 귀인이 기질 귀인일지 상황 귀인일지를 결정하기 위함이었다.

학자)처럼 생각하게 만들고 동양 문화는 사람들을 사회심리학자(행동의 상황적 원인을 강조하는 심리학자)처럼 생각하게 만드는 것 같다. 그러나 집단주의 문화권에서 자란 사람이라고 해서 기질 귀인을 전혀 짓지 않는다고 주장할 수는 없다. 정도의 차이일 뿐이다. 최근 연구에 따르면 다른 사람에 관해 기질적으로 생각하는 경향성은 모든 문화권에서 강하게 작용하고 있다. 하지만 집단주의 문화권의 사람들은 개인주의 문화권의 사람들에 비해 상황이 행동에 미치는 영향력에 대한 의식이 더 강하고, 따라서 행동을 설명할 때 상황의 영향력을 고려할 가능성이 더 크다(Choi, Dalal, Kim-Prieto, & Park, 2003; Choi & Nisbett, 1998; Choi, Nisbett, & Norenzayan, 1999; Krull et al., 1999; Miyamoto & Kitayama, 2002). 그러므로 차이점이 있다면 그것은 집단주의 문화권 내 사람들이 기질성 설명을 넘어서 상황에 관한 정보까지 고려할 가능성이 더 큰 점이라 할 것이다.

무리의 맨 앞에 있는 물고기가 거기에 위치한 이유는 무엇일까?(무리를 이끄는 것일까? 무리에 쫓기는 것일까?)

문화와 기타 귀인 편파

문화와 귀인 편파와의 관계에 관한 후속 연구에서 사회심리학자들은 이기적 편파에도 강한 문화적 요소가 가미됨을 발견하였다. 전 세계에 걸쳐 실시된 266편의 연구를 이용한 메타분석에서 Amy Mezulis의 연구진(2004)은 이기적 편파가 미국을 비롯한 일부 서구 국가(캐나다, 호주, 뉴질랜드)에서 가장 강하다는 사실을 발견했다. 이기적 편파는 아프리카와 동유럽 및 러시아에도 널리 퍼져 있었다. 그리고 미국 내의 인종(예 : 유럽계, 아시아계, 아프리카계, 라틴아메리카계, 아메리카계 원주민) 간에도 이기적 편파의 정도에는 차이가 없었다. 그런데 일부 아시아 문화권(예 : 일본, 태평양 군도, 인도)에서는 이기적 편파의 정도가 매우 낮거나 심지어는 없는 경우도 있었다(Mezulis et al., 2004).

전통적 아시아 문화권에서는 겸양 및 다른 사람들과의 어울림을 높이 평가한다. 중국 학생들은 자신의 성공을 남(예 : 스승이나 부모)의 덕으로 아니면, 자기 학교의 우수성 같은 상황적 속성 덕으로 돌려야 하는 것으로 알고 있다(Bond, 1996; Leung, 1996). 미국이나 다른 서구의 국가와는 달리 중국에서는 자신의 성공을 자신의 재능이나 지능 때문이라는 귀인행동은 환영받지 못한다는 뜻이다. 따라서 연구에 참여한 중국인들은 미국인 참여자들에 비해 자신의 성공을 자신의 공으로 생각하는 경향이 낮았다(Anderson, 1999; Lee & Seligman, 1997). 다시 말해 자기들이 성장한 문화권의 가치를 반영하듯, 중국 학생들은 자신의 성공을 상황의 속성 때문이라고 귀인 지었다.

올림픽 금메달 획득을 설명하는 방식에서도 개인주의 문화와 집단주의 문화 사이에 차이가 발견될까? 이전 연구에서는 '문화적 상품'(예 : 광고, 노랫말, TV 쇼, 그림)의 내용은 문화적 가치를 반영하는 것으로 드러났다. 서구 문화권에서는 개인주의적인 내용이 더 많고, 한국·중국·일본·멕시코 같은 나라에서는 집단주의 문화를 반영하는 내용이 더 많았다(Morling & Lamoreaux, 2008). Hazen Markus의 연구진(2006)은 이러한 결과가 TV와 신문에서 스포츠를 다룰 경우에도 적용된다는 사실을 발견했다. 그들은 올림픽에서 금메달을 수상한 자국 선수들을 다룬 미국과 일본의 매체를 분석하였다. 그 결과 미국에서는 자국 금메달 수상자들의 성적을 선수 각각의 능력과 재주로 설명한다는 사실을 발견했다. 이에 비해 일본 언론은 자국의 금메달 수상자들을 설명할 때 훨씬 포괄적인 용어를 이용했다. 선수 개인의 능력은 물론 선수들의 과거 승패 경험 그리고 코치, 동료 선수, 가족의 역할까지 소개했다. 그리고 미국의 언론은 부정적인 측면보다는 주로 긍정적인 측면(예 : "끈기와 저력으로 그는 끝까지 달릴 수 있었다.")을 집중적으로 다루었다. 이러한 설명은 귀인에서 발견되는 이기적 귀인 양식과 일치한다. 이에 반해 일본 매체는 긍정적인 특성과 부정적인 특성을 대등하게 조명하였다(예 : "그의 두 번째 올림픽은 후회막급이었다. 일등을 할 수 있었는데, 끝내 완벽한 경기를 펼치지 못했다."; Markus et al., 2006, pp. 106-107). 다음 두 토막의 글은 금메달 수상자들의 말을 인용한 것이다. 읽어보면 자신의 행동을 정의하는 방식에 문화가 미치는 영향력을 쉽게 음미할 수 있을 것이다.

> 나는 모든 정신을 집중하고 있었습니다. 내가 할 수 있는 것이 무엇인지를 보여줄 시간이었습니다. …… 나는 내가 이길 수 있다고 알고 있었습니다. 마음속 깊은 곳에서부터 그것을 기정사실로 믿고 있었습니다. …… 그래도 두려움이 머리를 내밀라치면, "무슨 생각 하고 있는 거야! 오늘밤은 나를 위한 밤이라고!"하며 스스로를 다그쳤습니다.(미스티 하이먼, 여자 200m 접영 금메달리스트)(Markus et al., 2006, p. 103).

> 바로 이 자리에는 세계 최고의 코치가 있고 세계 최고의 감독이 있으며, 저를 믿고 지지해주신 많은 사람이 있습니다. 이들 모두가 한데 어우러져 금메달을 만들어낸 것입니다. 그러니까 이 금메달은 저 혼자서 딴 것이 아니라 우리 모두에게 주어지는 것입니다.(나오코 타카하시, 여자 마라톤 일본인 금메달리스트)(Markus et al., 2006, p. 103)

실패에 대한 귀인은 어떠할까? 미국인 같은 개인주의 문화권 사람들은 실패를 설명할 때 자신의 외부 상황을 바라보는 경향, 즉 이기적 편파에 빠지는 경향이 강하다는 사실을 기억하고 있을 것이다. 중국과 같은 집단주의 문화권 사람들은 이와는 반대되는 경향성을 가지고 있다. 이쪽 사람들은 실패의 원인을 외적 요인이 아닌 내적 요인에서 찾으려 한다는 말이다(Anderson, 1999; Oishi, Wyer, & Colcombe, 2000). 한국과 일본 같은 일부 아시아 문화권 사람들은 자기 비판적 귀인을 짓는 경우가 매우 흔해, 집단 구성원을 함께 묶어주는 중요한 '접착제'로 작용하고 있다. 스스로를 비판하는 데(이기적 귀인과 정반대의 귀인을 지은 데) 대한 반응으로 주변 사람들은 동정과 온정을 베풀게 되고, 그 결과 집단 구성원 간에는 상호 의존성이 더욱 강화된다(Kitayama & Uchida, 2003).

끝으로 '공평한 세상에 대한 신념'도 방어적 귀인임을 기억할 것이다. 그런 믿음을 가진 사람들로 하여금 자신의 미래도 안전하고 희망이 있다는 생각을 하게끔 해준다는 말이다. 그럼 이러한 믿음의 정도도 문화에 따라 달라진다고 할 수 있을까? Adrian Furnham(1993)의 주장에 따르면, 대부분의 사람들이 세상은 공평하다고 믿고 있는 사회에서는 사회경제적 불평등까지 '공평한' 것으로 받아들인다. 그런 사회에서는 가난하고 불리할수록 가진 것이 적은 이유는 그것이 그들이 가질 수 있는 한계 때문이라고 생각한다. 세상은 공평하다는 믿음이 불공정을 정당화하는 데 쓰일 수 있다는 뜻이다. 예비연구의 결과 이러한 가능성이 실제로 구현되고 있는 것으로 드러났다. 빈부의 격차가 극심한 사회에서는 부의 분배가 비교적 균등한 사회에서보다 세상은 공평하다는 믿음이 더 흔한 것으로 드러난 것이다(Dalbert & Yamauchi, 1994; Furnham, 1993; Furnham & Procter, 1989). 예컨대 여러 나라 사람들을 대상으로 세상은 공평하다는 믿음의 강도를 측정한 결과 인도와 남아프리카 사람들은 미국, 호주, 홍콩, 짐바브웨 사람들보다 그 척도에서 더 높은 점수를 받았다.

복습문제

1. Masuda와 동료들(2008)이 수행한 정서 지각에 대한 문화 간 연구에서는
   a. 주변 인물을 관찰하는 시간이 일본인 참여자보다 미국인 참여자들이 더 짧다는 것을 입증하기 위해 안구추적기술이 사용되었다.
   b. 미국인 참여자들의 경우 중심에 있는 인물의 정서 상태를 지각하는 일이 주변 인물의 정서 상태에 의해 크게 달라지는 것으로 드러났다.
   c. 참여자들의 사회지각이 주변 상황의 영향을 거의 받지 않았다.
   d. 미국인 참여자들은 먼저 주변 인물을 살펴본 후 중심에 있는 인물로 주의를 돌렸다.

2. 다음 중 fMRI를 이용해 뇌의 활동을 영상화한 연구에서 밝혀진 것은?
   a. 판단을 내릴 때 동아시아인들은 미국인들에 비해 뇌의 앞쪽과 정수리 쪽을 훨씬 더 많이 이용한다.
   b. 미국인들은 물론 동아시아인들도 주변 상황에 주의를 기울이거나 간과하도록 학습된 자신들만의 방식을 극복할 수 없었다.
   c. 자신들이 평소에 사용하지 않던 방법으로 물체를 지각하게 했을 때는 문화권에 관계없이 모든 참여자의 뇌에서 고차적인 피질 영역이 보다 활발하게 활동하는 것으로 나타났다.
   d. 사회신경과학에서 확보된 증거는 문화에 따라 사람들의 사고방식이 전체적 또는 분석적으로 바뀐다는 가설을 지지하지 않는다.

3. 미국인과 인도인을 대상으로 귀인 양식을 검토한 Miller(1984)의 문화 간 연구에서는
   a. 미국 아이들은 외부 귀인을 지을 가능성이 더 크고 인도 아이들은 내부 귀인을 지을 가능성이 더 크지만, 성인의 경우에는 두 문화 간 차이가 거의 없는 것으로 드러났다.
   b. 미국 아이들은 내부 귀인을 지을 가능성이 더 크고 인도 아이들은 외부 귀인을 지을 가능성이 더 크지만, 성인의 경우에는 두 문화 간 차이가 거의 없는 것으로 드러났다.
   c. 아이들의 경우에는 문화 간 차이가 거의 없지만, 성인의 경우에는 미국인들은 외부 귀인을 지을 가능성이 더 크고 인도인들은 내부 귀인을 지을 가능성이 더 큰 것으로 드러났다.
   d. 아이들의 경우에는 문화 간 차이가 거의 없지만, 성인의 경우에는 미국인들은 내부 귀인을 지을 가능성이 더 크고 인도인들은 외부 귀인을 지을 가능성이 더 큰 것으로 드러났다.

4. 주어진 행동의 원인을 두고 외부 귀인을 지을 가능성이 가장 큰 사람은 다음 중 누구일 것 같은가?
   a. 미국에서 나고 자란 백인
   b. 인도에서 나고 자란 8세 아동
   c. 홍콩내 중국인 대학생 중 중국 문화와 관련된 그림/사진을 방금 본 학생
   d. 홍콩내 중국인 대학생 중 미국 문화와 관련된 그림/사진을 방금 본 학생

5. 서양 문화권 사람들은 _____처럼 생각하는 경향이 더 강한 데 반해, 동양 문화권 사람들은 _____처럼 생각하는 경향이 더 강하다.
   a. 아이들, 어른들
   b. 심리학자, 사회학자
   c. 성격심리학자, 사회심리학자
   d. 내향적인 사람, 외향적인 사람

정답은 537~539쪽 참조

요약

4.1 사람들은 타인을 이해하려 할 때 비언어적 단서를 어떻게 이용하나

- **비언어적 의사소통** 비언어적 의사소통은 정서를 표출하고 태도를 전달하고 성격특질을 전하고자 할 때 이용된다. 사람들은 비언어적 단서를 아주 정확하게 해독한다.
  - **얼굴표정에 담긴 정서** 주요 정서 여섯 가지는 보편적이어서 전 세계에 걸쳐 이들을 표명하는 얼굴표정도 비슷하고 그 표정에서 읽어내는 정서도 비슷하다. 이들 정서는 진화적으로 중요한 의미를 갖는다. 얼굴의 각 부분에서 표출되는 정서가 서로 다를 때 **복합 정서**가 일어난다.
  - **문화와 비언어적 의사소통 채널** 비언어적 의사소통의 또 다른 경로에는 시선, 접촉, 개인적 공간, 몸짓, 목소리 등이 포함된다. 주어진 상황에서 어떤 정서를 표명해야 하는지를 결정하는 **정서 표명 규칙**은 문화에 따라 달라진다. 의미가 분명하고 문화에 의해 결정되는 의미가 분명한 몸짓을 **엠블럼**이라 한다.

4.2 첫인상은 얼마나 빨리 형성되며, 왜 그렇게 오래 지속되는가

- **빠르지만 오래 지속되는 첫인상** 우리는 타인의 얼굴표정, 소지품, 옷차림새, 그리고 기타 다양한 단서를 기초로 그 사람에 대한 인상을 형성하는데, 이 작업은 1/10초 내에 완료된다. **단편기반 지각능력**에 대한 연구결과에 따르면 단박에 내리는 이 판단은 신속할 뿐만 아니라 중요한 정보가 이용되고, 따라서 관심대상을 오래 경험한 사람들이 형성한 인상과도 별로 다르지 않다.
  - **첫인상의 지속적 영향** 일단 형성되고 나면 첫인상은 오랫동안 영향력을 행사하게 된다. 그 이유는 다른 사람한테서 우리가 맨 먼저 지각하는 특성이 그 사람과 관련된 후속 정보를 해석하는 데 영향을 미치는 **초두 효과**가 때문이다. 또한 우리는 신념을 고수하는 경향이 강해, 한 번 내린/믿은 결론은 잘못되었음을 지적하는 증거가 있는데도 버리지 않고 지키려고 하는 **신념집착** 때문이다.
  - **첫인상과 비언어적 의사소통을 이롭게 활용하기** 사회지각에 영향을 미치는 것이 무엇인지를 알고 나면 우리는 다른 사람들이 우리를 지각하는 방식을 관리할 수 있고 또 우리 자신의 자세를 이용하여 자신감도 확보할 수 있다.

4.3 우리는 다른 사람들이 왜 그런 일을 하는지를 어떻게 판단하나

- **귀인 : '왜'라는 질문에 답하기** 귀인 이론에 따르면 우리는 특정 행동을 하는 사람을 보면, 그 행동 뒤에 깔려 있는 느낌이나 성격특질을 파악하기 위해 그 사람이 왜 그런 행동을 하는지를 판단하려 한다. 이런 과정을 거쳐 우리는 사회적 세계를 이해하고 예측할 수 있게 된다.
  - **귀인과정의 본질** 다른 사람들이 하는 행동의 원인을 결정하려 할 때, 우리는 **내부**(또는 기질) **귀인** 아니면 **외부**(또는 상황) **귀인** 중 하나를 취한다.
  - **공변 모형 : 내부 귀인 대 외부 귀인** **공변 모형**은 시간, 장소, 행위자, 그리고 행동 표적 등이 서로 다른 여러 가지 조건에서의 행동 관찰을 강조한다. 이 모형은 사람들이 외적 또는 내부 귀인 중 하나를 어떻게 선택하는지를 검토한다. 그 선택을 할 때 우리는 **일치성·독특성·일관성 정보**를 이용한다.
  - **기본적 귀인 오류 : 성격심리학자로 행세하는 사람들** 귀인을 지을 때 사람들은 스키마와 이론뿐 아니라 다양한 휴리스틱(지름길)을 이용한다. 흔히 발견되는 휴리스틱으로는 **기본적 귀인 오류**가 자주 꼽힌다. 기본적 귀인 오류란 사람들의 행동과 그들의 기질이 일치한다고 생각하는 경향성을 일컫는다. 이런 편파가 발생하는 이유 중 하나는 사람들의 행동이 그 행동이 벌어지는 상황보다 훨씬 뛰어나기(즉, **지각적 돌출성**) 때문이다. **귀인과정의 두 단계** 이론에서는 첫 단계에서 이루어지는 자동적 귀인은 기질적 경향이 강하지만, 두 번째 단계에서 고려되는 상황적 정보에 의해 바뀔 수 있다고 가정한다.
  - **이기적 귀인** 사람들의 귀인행동은 각자의 개인적 욕구에 따라 달라지기도 한다. 자신의 성공에 대해서는 내부 귀인을 짓고 실패에 대해서는 외부 귀인을 지을 때 **이기적 귀인**이 생성된다. 방어적 귀인을 통해 사람들은 죽음에 대한 두려움을 피한다. 방어적 귀인 중 하나로 **공평한 세상에 대한 신념**(좋은 사람에게는 좋은 일만 일어나고 나쁜 일은 나쁜 사람한테만 일어난다는 생각)이 자주 꼽힌다.
  - **'편파 맹점'** **편파 맹점**은 우리보다 다른 사람들이 귀인

편파에 빠질 위험성이 더 훨씬 크다고 생각하는 경향성을 일컫는다.

4.4 문화는 사회지각 및 귀인과정에서 어떤 역할을 하나

- **문화와 사회지각** 사람들이 주변 세상을 해석하는 방식에서 발견되는 문화 간 차이에 대한 사회심리학자들의 관심이 점증하고 있다.

  - **전체적 사고 대 분석적 사고** 미국 같은 개인주의적 문화권 사람들은 관심대상의 속성에 더 많은 주의를 기울이는 경향이 있다. 동아시아 같은 집단주의 문화권 사람들은 관심대상이 들어 있는 상황의 전체적 그림, 즉 상황과 관심대상은 물론 관련 대상 및 그들 서로 간 관계에까지 주의를 기울이는 경향이 있다. 이러한 결과는

fMRI 및 ERP를 이용한 **사회신경과학적 연구**를 통해서도 입증되었다.

- **기본적 귀인 오류의 문화 간 차이** 집단주의 문화권 사람들도 또 개인주의 문화권 사람들도 기본적 귀인 오류를 범하지만, 상황 변인이 두드러지기만 하면 집단주의 문화권 사람들이 상황의 원인에 더 민감하게 반응한다.

- **문화와 기타 귀인 편파** 문화와 기타 귀인 편파에서 발견되는 문화 간 차이는 이기적 귀인과 공평한 세상에 대한 신념에서도 발견된다. 이러한 차이는 일반적으로 서구의 개인주의 문화권과 아시아의 집단주의 문화권 사이에서 발견된다.

평가문제

1. 귀인에 대한 Kelley의 공변 모형의 주요 가정은?
   a. 우리는 타인의 행동 사례를 하나만 관찰한 후 곧장 귀인을 짓는다
   b. 우리는 인과 귀인을 지을 때 문화적 스키마를 이용한다.
   c. 우리는 타인이 감행한 행동의 원인을 추론할 때 내성법을 이용한다.
   d. 우리는 인과 귀인을 합리적으로 그리고 논리적으로 내리기 위해 정보를 수집한다.

2. 다음 진술된 심리적 현상 중 문화에 따른 차이가 가장 적은 것은?
   a. 이기적 귀인
   b. 눈 맞춤과 개인적 공간의 선호도
   c. 화나는 얼굴표정
   d. 기본적 귀인 오류

3. 민주는 토론 수업에서 앞줄에 앉았을 때는 실제로 토론에 참여하고 하지 않고와는 관계없이 참여점수가 높다는 사실을 발견했다. 담당교수 바로 앞에 앉았던 것 때문에 교수는 민주가 토론에 기여한 바가 매우 컸다고 생각하게 된 것인데, 그 이유는 _____ 때문이다.
   a. 담당교수가 스키마를 사용했기
   b. 지각적 돌출성
   c. '아름다운 게 곧 좋은 것'이라는 스키마
   d. 귀인과정의 두 단계

4. 다음 중 신념집착이라는 생각을 가장 잘 예증하는 것은?
   a. 새롬이가 창호를 처음 만났을 때는 그의 지적인 행동 및 야망에 깊은 인상을 받았으나, 오래지 않아 창호에게 실증을 느끼게 되면서 그를 게으르고 무능한 사람으로 보게 된다.
   b. 갑수는 민정이를 처음 만났을 때 홀딱 반해버렸으나 둘만의 데이트를 시작하면서 자기가 큰 실수를 저질렀다는 느낌이 들기 시작한다.
   c. 은영이에 대한 명호의 첫인상은 부정적이었는데, 명호는 은영이한테 다양한 능력이 있다는 것을 발견한 후에도 은영이는 별로일 것이라는 자신의 확신을 버리지 못한다.
   d. 병주는 어릴 때부터 부끄럼이 많고 겁도 많은 아이였는데, 어른이 된 지금도 거의 그대로이다.

5. 탁준호 씨와 민다미 씨가 첫 데이트를 하게 되었다. 영화를 보러 가기 위해 탁 씨의 검은색 BMW를 탈 때까지는 모든 일이 순조로웠다. 그러나 차를 타는 순간부터 헤어질 때까지 민다미 씨는 아무 말을 하지 않았다. 사실인 즉, 최근에 민 씨의 동생이 큰 교통사고를 당했는데, 교통사고를 낸 그 차가 바로 탁 씨의 BMW와 동일한 차종이었고 탁 씨 차를 보는 순간 자신도 모르게 동생의 사고 때 겪었던 감정에 휩싸이고 말았던 것이다. 탁 씨는 민 씨의 성격이 차갑고 말이 없는 내성적이라는 생각을 하게 되었다.

이 사례를 _____을(를) 예시한다.

a. 공평한 세상에 대한 신념

b. 기본적 귀인 오류

c. 지각적 돌출성

d. 불충분한 정당화

6. 한진수라는 학생은 화학수업 시간만 되면 존다고 하자. 이 수업시간에 조는 학생은 한진수뿐이고, 사실 한진수는 다른 수업시간에도 졸지 않는 경우가 드물다고 하자. 귀인에 대한 Kelley의 공변 모형에 따르면 사람들은 한진수의 행동을 어떻게 설명할까?

a. 화학수업이 이상했기 때문이라고 봐야 한다. 왜냐하면 한진수의 행동은 일치성은 낮은데 독특성과 일관성은 높기 때문이다.

b. 화학수업이 지겨운 수업이기 때문이다. 왜냐하면 한진수의 행동은 일치성도 독특성도 일관성도 높기 때문이다.

c. 한진수가 이상했기 때문이라고 봐야 한다. 왜냐하면 한진수의 행동은 일치성과 독특성은 낮은데 일관성은 높기 때문이다.

d. 그날의 특정 상황이 이상했기 때문이다. 왜냐하면 한진수 행동의 일치성이 높기 때문이다.

7. 지금 여러분이 홍콩에서 조간신문을 읽다가 간밤에 일어난 두 건의 살인사건을 다룬 표제를 읽었다고 하자. 혐의자는 구금 상태에 있다. 다음 표제 중 그 이야기에 들어갈 가능성이 가장 큰 것은?

a. 도박 빚을 둘러싼 논쟁 끝에 벌어진 살인

b. 정신이 이상한 살인마가 두 사람을 상해하다

c. 살인광이 순진한 사람을 추적하다

d. 피에 굶주린 조폭이 저지른 보복

8. 밍은 중국 출신이고 제이는 미국 출신이다. 같은 실험에 참여한 두 사람은 검사를 받고 피드백을 받았는데, 둘 다 잘했다는 말을 들었다. 그런 후 자기들의 성취 수준에 대한 귀인을 지어보라는 요구를 받았다. 이기적 편파에 대한 문화 간 연구를 기초로 예상되는 그들의 반응은?

a. 밍 말고 제이는 검사점수가 좋은 것은 자신의 능력이 뛰어나기 때문이라고 말할 것이다.

b. 둘 다 검사점수가 높은 것은 자기 능력이 뛰어나기 때문이라고 말하지 않을 것이다.

c. 둘 다 검사점수가 높은 것은 자신의 능력이 뛰어나기 때문이라고 말할 것이다.

d. 제이 말고 밍은 검사점수가 좋은 것은 자신의 능력이 뛰어나기 때문이라고 말할 것이다.

9. 다음 진술 중 기본적 귀인 오류에서 나는 문화 간 차이를 가장 잘 묘사한 것은?

a. 집단주의 문화권의 구성원들은 기질 귀인을 거의 짓지 않는다.

b. 서양 문화권 구성원들은 기질 귀인을 거의 짓지 않는다.

c. 집단주의 문화권의 구성원들은 기질 귀인을 넘어 상황에 관한 정보도 고려할 가능성이 크다.

d. 서양 문화권 구성원들은 기질 귀인을 넘어 상황에 관한 정보도 고려할 가능성이 크다.

10. 오전 10시인데 토니라는 미국 대학생이 밤새워 작성한 보고서를 제출하기 위해 지친 몸을 끌고 다음 수업이 있는 건물로 가고 있다. 토니는 비몽사몽 중에 어떤 학생이 미끄러져 넘어지는 것을 목격한다. 토니는 그 학생이 넘어진 원인을 무엇이라고 설명할 가능성이 가장 큰가?

a. 토니의 귀인은 자신의 성격에 따라 가장 많이 좌우될 것이다.

b. 토니의 인지능력과 문화적 배경을 감안할 때, 그 이유는 그 학생이 바보 같기 때문이라고 할 가능성이 가장 크다.

c. 토니는 그 이유를 상황(예 : 비가 온 후여서 인도가 미끄러웠다)으로 돌릴 가능성이 크다.

d. 토니는 너무 피곤하여 어떤 식의 인과 귀인도 짓지 않을 것이다.

정답은 537-539쪽 참조

S O C I A L   P S Y C H O L O G Y

 ## 개요 및 학습목표

자신 : 사회적 상황에서 자신 이해하기

"**박**태환의 체형을 가진 사람은 백만 명 중 한 명 있을까 말까 하다."라는 말이 있듯이, 뛰어난 운동선수는 만들어지는 게 아니라 타고나는 것 같다. 물론 운동선수로 성공하는 데는 재능이 중요하다. 그러나 재능만 있으면 되는 걸까? 자신의 전성기 때 세계 최고의 여자 축구선수였던 미아 햄을 고려해보자. 미아는 10세 때 11세 남자아이들의 팀에 들어가 득점을 이끌어내기도 했다. 대학에 가서는 스스로를 대단한 선수라고 생각한 적이 한 번도 없다. 그러나 국내 최고의 선수들과 대결하면서 미아는 자신이 "스스로가 생각했던 것보다 훨씬 빠르게 향상되고 있다."는 사실을 발견했다(Hamm, 1999, p. 4). 월드컵에서 우승을 하고 올림픽에서는 금메달을 획득한 팀에서 선수생활을 했던 미아는 자신을 세계 최고의 선수라고 칭찬해준 사람들을 두고 이렇게 말했다. "그분들이 말을 잘못한 겁니다. 저에게 최고의 선수가 될 잠재력은 있을지 몰라도, 아직도 저는 최고의 선수라는 말을 듣기에는 부족한 점이 많습니다."(Hamm, 1999, p. 15) 또 한 명, 열아홉 시즌을 뉴욕 양키즈 팀에서 뛰었던 올스타 메이저리그 유격수였던 데릭 제터를 고려해보자. 어릴 적 미시간 주 칼라마주라는 작은 도시에 살고 있을 때는 데릭이 프로 야구선수가 될 재능을 지녔다고 생각한 사람은 거의 없었다. 이에 대한 데릭의 반응은? "사람들이 나의 능력을 의심할 때 나는 그걸 좋아했다. 그 사람들이 틀렸음을 입증하기 위해 더 열심히 노력할 빌미를 주었으니까." 중요한 건 노력이라는 게 데릭의 말이다. "모든 일이 끝난 다음에 절대 해서는 안 될 말 중 하나는 '아! 조금만 더 열심히 했더라면 이렇게 나쁘진 않았을 텐데'라는 말이다."(Zimmerman, 2008)

이런 이야기를 하는 이유는 "연습을 해야만 완벽해진다."는 말보다는 사람들이 자신과 자신의 능력을 어떻게 보는지가 얼마나 중요한지를 강조하기 위함이다. 어떤 사람들은 운동선수의 재능을 선천적인 것이라고 생각한다. 이 세상에는 그런 재능을 지니고 태어난 사람도 있고 지니지 못한 채 태어난 사람도 있다고 생각한다는 말이다. 모든 운동선수가 그렇듯 누구나 성적이 안 좋을 때가 있는데 이런 생각을 가진 선수들이 그런 경우에 처하면 심각한 문제가 발생한다. 그들은 자기에게는 그런 재능이 없다는 자멸적인 생각을 하게 된다. "내게는 그런 재능이 없고, 그 누구도 이 사실을 바꾸어놓을 순 없다. 그런데 연습을 해선 뭐 해? 심리학 수업이나 수강해야 할 것 같은데!"라는 생각을 하게 된다는 뜻이다. 이에 반해 미아 햄이나 데릭 제터 같은 선수들은 운동능력을 연습을 통해 향상시켜야 하는 기능으로 간주한다. 이들은 실패를 더 열심히 연습하라는 신호로 생각한다. 포기하라는 신호로 간주하지 않는다. 여러분은 이 장을 통해 사람들이 자신의 능력을 어떻게 생각하고 또 자신의 행동을 어떻게 해석하는지가 성패를 좌우하는 결정적인 요인이라는 사실을 알게 될 것이다. 우선 사람들은 자신을 어떻게 알게 되는지부터 살펴보자. 다시 말해 자신의 본질은 무엇이고 사람들은 어떻게 자신의 본질을 깨닫게 되는 것일까라는 문제의 답부터 찾아보기로 하자.

자기-개념의 근원과 본질

5.1 자기-개념이란 무엇이며, 어떻게 발달하나

연구자들은 인간 이외의 동물도 자기-개념을 지니고 있는지를 검토하기 위해 거울 속의 상이 같은 종의 다른 구성원이 아닌 자신의 모습을 반영한다는 사실을 인식하는지를 조사하였다. 인간 유아에게도 동일한 기법이 이용돼 왔다.

나는 누구인가? 우리는 어떻게 우리가 '자신'이라고 부르는 사람이 된 것일까? 먼저 우리 인간이 '자신'이라는 개념을 가진 유일한 종(種)인지부터 고려해보기로 하자. 다른 종도 사람처럼 자신을 유일한 종으로 생각한다고 말하기는 어렵다. 하지만 다른 동물도 미숙하나마 자신이라는 감(感) 정도는 가지고 있는 것 같다고 말하는 연구는 있다(Gallup, 1997). 동물이 자기-개념을 가지고 있는지를 판단하기 위해 연구자들은 우리에다 거울을 넣어두고 그 우리 속 동물이 거울과 친숙해지기를 기다린다. 그런 후 그 동물을 잠깐 동안 마취시키고는 눈썹이나 귀에다 무취의 빨간색 물을 들여놓는다. 그런 다음 마취에서 깨어난 그 동물이 거울을 들여다볼 때 어떤 행동을 하는지를 살핀다. 침팬지나 오랑우탄 같은 고등 영장류는 자기 몸에서 빨갛게 변한 부분을 금방 알아보고 만져본다. 그러나 긴팔원숭이 같은 하등 영장류는 그런 행동을 하지 않는다(Suddendorf & Butler, 2013).

이들 연구는 적어도 침팬지와 오랑우탄은 원시적인 자기-개념 정도는 가졌다고 암시한다. 이들은 거울 속의 영상이 자기들이고 또 그전의 모습과 지금의 모습이 다르다는 사실을 깨달은 것이다(Gallup, Anderson, & Shillito, 2002; Heschl & Burkart, 2006; Posada & Colell, 2007). 그럼 다른 동물은 어떨까? 앞서 언급했듯이 하등 영장류는 거울 검사를 통과하지 못하는 경우가 많다. 그러나 돌고래, 아시아 코끼리, 그리고 때까치 중에는 거울 검사를 통과하는 경우도 있다. 그러나 유인원을 제외한 다른 동물은 거울 검사를 일관성 있게 통과하지 못한다(Anderson & Gallup, 2011; Suddendorf & Butler, 2013).

인간의 경우 자기-개념이 언제부터 발달하기 시작하는 것일까? 연구자들은 아이들을 대상으로 거울 검사의 변형을 실시하여, 생후 약 18~24개월경에 자기-개념이 발달하기 시작한다는 사실을 밝혀냈다(Hart & Matsuba, 2012; Lewis & Ramsay, 2004). 아이들이 성장함에 따라 이러한 원시적 자기-개념은 완전한 자기-개념으로 발달한다. **자기-개념**(self-concept)이란 자신의 개인적 속성에 관한 각자의 믿음을 일컫는다. 심리학자들은 나이에 따라 이런 자기-개념이 어떻게 바뀌는지를 검토했다. 상이한 연령대의 사람들에게 "나는 누구인가?"라는 질문을 던지는 방법을 이용해 왔다. 일반적으로 아이들의 자기-개념은 구체적이어서 이 질문에 대한 답으로 쉽게 관찰할 수 있는 특징(예 : 나이, 성별, 이웃, 취미 등)을 댄다. 다음은 어떤 9세 아동의 대답이다. "나는 갈색 눈을 가졌다. 나는 머리카락도 갈색이다. 눈썹도 갈색이며, ……나는 남자이다. 나에게는 키가 2m에 가까운 삼촌도 있다."(Montemayor & Eisen, 1977, p. 317)

사람들이 성장하면서 신체적 특징을 강조하는 일이 줄어든다. 대신 마음상태(예 : 느낌과 믿음 등)와 다른 사람들이 자신을 어떻게 판단하는가를 더욱 중요하게 생각한다(Hart & Damon, 1986; Livesley & Bromley, 1973; Montemayor & Eisen, 1977). 다음 인용문은 "나는 누구인가?"라는 질문에 대한 고등학교 3학년의 반응이다.

> 나는 인간이다. …… 나는 기분파다. 나는 우유부단한 사람이다. 나는 야망이 큰 사람이다. 나는 호기심이 많은 사람이다. 나는 홀로이기를 좋아하는 사람이다. 나는 미국인이다(신이 나를 돕는다). 나는 민주주의자이다. 나는 자유주의자이다. 나는 진보적인 사람이다. 나는 보수적이다. 나는 자유주의자인 체하는 사람이다. 나는 무신론자이다. 나는 분류할 수 없는 사람(분류당하기 싫은 사람)이다.(Montemayor & Eisen, 1977, p. 318)

이 학생은 자신의 취미와 외모를 소개하는 수준을 훨씬 넘어선 학생임이 분명하다(Harter, 2003). 그럼 어른들은 '자신'이라는 존재의 핵심 속성으로 무엇을 꼽을까? 우선 여러분이 25세였을 때 아주 좋은 친구가 있었다고 해보자. 그러나 어쩌다 연락이 끊기고 40년이 지난 후에야 그것도 우연히 만나게 되었다. 친구가 많이 변해 있었다고 하자. 여기서 우리의 관심사는 이러한 변화가 그 친구의 '진정한 자아'에 대한 여러분의 견해를 어떻게 바꾸어 놓았느냐는 것이다. 참여자들에게 바로 이 질문을 던진 최근의 한 연구에서 신체적 노화, 작은 인지적 결함, 새로운 선호도 같은 변화는 그 사람이 누구인지에 대한 기본적 견해를 바꾸지 못하는 것으로 밝혀졌다. 우리 친구 봉호가 이제 도수 높은 안경을 껴야 하고, 기억력도 예전보다 못하고, 채식주의자로 변했다 해도 우리는 그를 약간 변했지만 예전의 그 봉호임이 틀림없다고 간주한다. 그러나 옛 친구가 윤리적인 면에서 변해 있었다면, 예컨대 예전에는 친절하기 그지없던 봉호가 잔인해졌다거나 예전에는 인류평등주의자였던 봉호가 인종차별주의자로 변해 있었다면, 우리는 그를 예전의 그 봉호가 아니라고 인식한다(그림 5.1 참조). 간단히 말해 도덕성/품행이 자기-개념의 핵심 속성, 인지활동이나 욕망보다 더 중요한 속성으로 간주된다(Goodwin, Piazza, & Rozin, 2014; Strohminger & Nichols, 2014).

문화가 자기-개념에 미치는 영향

우리의 자기-개념에 중요한 영향을 미치는 것 중 하나는 우리가 자란 문화이다. 마사코 오와다의 경우를 생각해보자. 마사코 오와다는 1993년 29세의 나이에 일본의 왕자 나루히토와 결혼했다. 그 당시 마사코는 일본 외무성에서 일하는 총명한 외교관이었다. 하버드와 옥스퍼드에서 교육받고, 5개 국어를 구사할 수 있는 마사코는 외교관이라고 하는 남부럽지 않은 직업을 가지고 장래가 촉망되는 위치에서 일하고 있었다. 왕자와 결혼하기로 한 마사코의 결정에 많은 사람들

자기-개념
자신의 개인적 속성에 관한 각자의 믿음

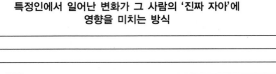

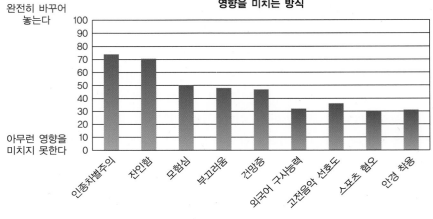

특정인에서 일어난 변화가 그 사람의 '진짜 자아'에 영향을 미치는 방식

그림 5.1 우리는 무엇을 다른 사람 자아의 핵심 속성으로 간주하나

참여자들에게 25세였을 때 헤어진 옛 친구를 40년이 지난 지금에야 만났다고 상상하라는 주문을 했다. 그 친구가 변해 있는 여러 가지 방식을 제시하고는, 각각의 변화가 그 친구의 진짜 자아에 관한 자기들의 견해를 얼마나 바꾸어 놓았는지 그 정도를 평정해보라고 했다. 평정치를 매기는 데 이용된 척도의 눈금은 0%(이 변화는 그 친구의 진정한 자아에 아무런 영향을 미치지 않는다)에서 100%(이 변화는 그 친구의 진정한 자아를 완전히 바꾸어 놓았다)까지 있었다. 사람들은 그들 친구의 다른 변화보다 윤리성/품행(예 : 얼마나 잔인했던가) 변화가 그 친구의 진짜 자아를 바꾼다고 생각했다. 그리고 시력 쇠퇴 같은 지각능력의 변화가 친구의 진정한 자아에 미치는 영향은 가장 작은 것으로 생각했다.

출처 : Strohminger & Nichols(2014)

독립적 자기
다른 사람들의 생각, 느낌, 행동은 무시한 채 자신의 생각과 느낌과 행동만을 기초로 자신을 정의하는 방식

의존적 자기
자신의 행동이 다른 사람들의 생각과 느낌 및 행동에 의해 결정될 때가 많다는 사실을 인정하면서 다른 사람들과의 관계 속에서 자신을 정의하는 방식

이 놀라움을 금치 못했다. 그 결정은 곧 자신의 생애를 포기한다는 뜻이었기 때문이다. 실제로 마사코는 독립적인 삶을 모두 포기하고 왕자와 왕실을 돕는 일을 하게 되었고 자신의 시간 대부분을 엄격한 왕실 의례에 참여하는 데 보냈다. 일부 사람들은 마사코가 군주제를 근대화시키기를 바라기도 했다. 하지만 "왕자비는 왕족이 자기를 변화시킨 만큼 자신은 왕족을 변화시키지 못했다."("Girl Born to Japan's Princess," 2001)

왕자와 결혼하기로 작정한 마사코의 결정에 대해 여러분은 어떻게 생각하는가? 이 질문에 대한 여러분의 대답에는 여러분이 자란 문화와 여러분이 지닌 자기-개념을 이해하는 데 필요한 단서가 들어 있을 수 있다. 많은 서구문화권 사람들은 **독립적 자기**(independent view of the self)를 가지는 경우가 많다. 독립적 자기란 자기를 정의할 때 그 기준을 다른 사람이 아닌 자신의 사고와 느낌과 활동에 두는 방식을 일컫는다(Kitayama & Uchida, 2005; Markus & Kitayama, 1991, 2010; Nisbett, 2003; Oyserman & Lee, 2008; Triandis, 1995). 그 결과 많은 서구인은 마사코의 결혼 결정을 듣고 의아해했다. 즉, 많은 서구인은 마사코의 결정을 자신만의 삶을 가진 개인으로서의 가치를 인정하지 않는, 성차별주의에 의해 강요된 처사라고 생각했다.

이에 반해 많은 아시아인과 비서구문화권 사람들은 **의존적 자기**(interdependent view of the self)를 가진다. 즉, 이들은 자기를 정의할 때 다른 사람들과의 관계를 기준으로 정의하며, 자신의 행동이 다른 사람들의 생각과 느낌과 활동에 의해 결정될 때가 많다는 사실도 알고 있다. 이들은 사람들 간 연계와 상호 의존성을 중요하게 생각하고, 독립성과 개별성은 달갑지 않게 생각한다. 예를 들어 '나는'으로 시작되는 문장을 완성하라는 과제를 주면, 아시아문화권 사람들은 서구문화권 사람들보다 그 문장 속에다 가족이나 종교집단 같은 사회집단을 언급할 가능성이 훨씬 높다(Bochner, 1994; Triandis, 1989). 자신의 생애를 포기하기로 한 마사코의 결정은 일본인은 물론 다른 아시아문화권 사람들에게도 전혀 놀라운 일이 아니었다. 자신을 부모와 왕실 사람들과 연관된 사람으로 간주하고 또 그들의 뜻을 존경해야 할 의무를 지닌 사람으로 간주하는 마사코의 입장에서 보면, 그 결정은 당연한 결정이었다고 생각한다. 여기서 우리는 한 문화권 사람들이 보기에는 지극히 정상적인 행동도 다른 문화권 사람들이 보기에는 도통 이해할 수 없는 행동이 될 수 있다는 사실을 깨닫는다.

Ted Singelis(1994)는 사람들이 자기 자신을 독립적으로 보는지 의존적으로 보는지를 측정하는 질문지를 개발하였다. 이 척도에 포함된 문항 중 일부가 다음 '해보기 : 독립성 및 의존성 척도'에 소개되어 있다. 연구의 일반적인 결과를 보면 동아시아 국가에 사는 사람들은 상호 의존성 항

해보기! 독립성 및 의존성 척도

지시문 : 다음 각 진술과 여러분의 생각이 같은 정도를 지적해주세요.

	전혀 그렇지 않다						매우 그렇다
1. 나의 행복은 내 주변 사람들의 행복에 달려 있다.	1	2	3	4	5	6	7
2. 나는 내가 속한 집단을 위해 자신의 이득을 희생할 수 있다.	1	2	3	4	5	6	7
3. 나는 집단의 결정을 존중해야 한다고 믿는다.	1	2	3	4	5	6	7
4. 나는 형이나 누나 또는 동생이 잘못되면 내게도 책임이 있다고 생각한다.	1	2	3	4	5	6	7
5. 집단 구성원들과 나의 생각이 많이 달라도 나는 말다툼을 피하는 편이다.	1	2	3	4	5	6	7
6. 나는 홀로 상을 받는 일을 즐기는 편이다.	1	2	3	4	5	6	7
7. 스스로를 책임질 수 있는 능력이 내게는 가장 중요하다.	1	2	3	4	5	6	7
8. 나는 처음 보는 사람도 직설적이고 솔직하게 대하길 좋아한다.	1	2	3	4	5	6	7
9. 나는 나 자신이 특유하고 여러모로 다른 사람과 다르다는 점을 좋아한다.	1	2	3	4	5	6	7
10. 나는 다른 사람과는 관계없이 나 자신만의 정체성을 매우 중요하게 생각한다.	1	2	3	4	5	6	7

주 : 위의 문항은 사람들이 자기 자신을 볼 때 의존적으로 또는 독립적으로 보는 정도를 측정하기 위해 Singelis(1994)가 개발한 척도에서 발췌한 것이다. 실제 척도는 의존성을 측정하는 12문항과 독립성을 측정하는 12문항으로 구성돼 있다. 그 24개 문항 중 10문항이 위에 소개되어 있다. 1~5번까지는 의존성을, 6~10번까지는 독립성을 측정한다.
출처 : Singelis(1994)

목에 동의하는 편인데, 서양 국가에 사는 사람들은 독립성 항목에 동의하는 편이다(Taras et al., 2014).

그렇다고 해서 아시아 문화권의 모든 구성원이 의존적 자기-개념을 가졌고 서구 문화권 모든 구성원은 독립적 자기-개념을 가졌다는 뜻은 아니다. 미국의 경우를 예로 들면 유럽계 미국인에 의해 정착이 보다 최근에 이루어진 오클라호마나 유타에 사는 사람들은 오래전에 정착한 동부 해안의 매사추세츠나 코네티컷 주에 사는 사람들에 비해 자신을 독립적으로 보는 경향이 더 강하다. 최근의 한 연구에서는 그 표시의 하나로 보다 최근에 정착한 주에서 태어난 아이들은 다른 주에서 태어난 아이들보다 색다른 이름이 많다는 사실을 꼽고 있다. 다시 말해 자신을 독립적인 존재로 해석하는 표시 중 하나는 아이들의 이름을 색다르게 짓는 것이며, 그럴 가능성은 코네티컷에 사는 부모보다 오클라호마에 사는 부모가 더 크다(그림 5.2 참조). 캐나다에서도 오래전에 정착한 지역과 최근에 정착한 지역 간에 동일한 차이가 발견되었다(Varnum & Kitayama, 2011).

그럼에도 불구하고 서구 사람들의 자신에 대한 관념과 아시아 사람들의 자신에 대한 관념은 실제로 많이 다르다. 그 차이 때문에 문화 간 의사소통에서 흥미로운 현상이 벌어지기도 한다. 자신에 대한 관념에서 나는 이러한 차이는 매우 근본적이어서 독립적 자기-개념을 가진 사람들은 의존적 자기-개념을 가진다는 것이 어떠할 것 같은지를 인식하기 어렵고, 의존적 자기-개념을 가진 사람들은 독립적 자기-개념을 가진다는 것이 어떠할 것 같은지를 인식조차 하지 못한다. 한 심리학자가 일본 학생들을 대상으로 자신/자아에 대한 서구인들의 견해를 강의한 적이 있다. 강의가 끝난 후 그 심리학자는 학생들이 "강의가 끝나자 깊은 한숨을 쉬면서 '이게 진짜일까?'" (Kitayama & Markus, 1994, p. 18)라고 반문을 하더라고 말했다. 셰익스피어의 말을 빌리면, 서구사회에서는 자신이 만물의 척도로 작용한다. 자신에 대해 이러한 개념을 가지는 것이 자연

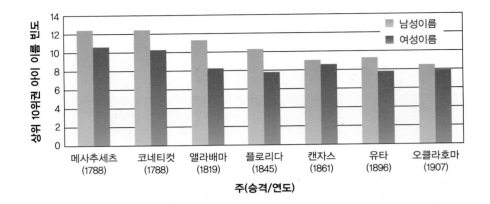

그림 5.2 미국의 한 주로 승격된 연도와 흔한 이름의 빈도

이 그래프는 미연방의 몇몇 주와 그 주가 주로서의 지위를 정식으로 확보한 해를 보여준다. 미연방의 한 주로 합병된 기간이 짧을수록 부모가 아이들에게 흔한 이름을 지어줄 가능성이 낮다는 사실을 볼 수 있다. 연구자들은 이러한 사실을 이들 주의 주민들이 자신/자아에 대해 보다 독립적인 견해를 가졌다는 증거로 해석한다.

출처 : Varnum & Kitayama(2011)

스러울 수도 있다. 그러나 그 개념은 사회적으로 형성된 것이고 그렇기 때문에 문화에 따라 달라질 수 있다는 사실을 명심해야 한다.

자신/자기의 기능

그럼 자신/자기는 정확하게 무슨 일을 하는 것일까? 자기/자신이 하는 일(기능)은 네 가지이다. 자기-인식(self-knowledge)은 나는 누구인가를 이해하고 이 정보를 조직하는 자신만의 방식이고, 자기통제(self-control)는 계획을 세우고 결정을 실행하는(예 : 영화 보러 극장에 가지 않고 책상 앞에 앉아서 이 책을 읽는 것 같은) 방식이고, 인상 관리(impression management)는 남에게 자신을 내보이고 남들이 내가 원하는 대로 나를 봐주게 하려고 노력하는 방식을 일컬으며, 자존감(self-esteem)은 자신에 대한 긍정적인 생각/느낌을 유지하기 위해 노력하는 방식을 일컫는다. 이 장의 나머지 부분에서는 이들 기능 네 가지가 모두 논의될 것이다.

복습문제

1. 다음 중 '거울' 검사(초보적인 자기-개념이나마 지녔는지를 평가하는 검사)를 통과할 확률이 가장 낮은 것은?
   a. 오랑우탄
   b. 침팬지
   c. 12개월 난 유아
   d. 세 살 먹은 아동
2. 다른 사람에 관한 생각을 하고 있을 때, 우리가 그들의 자기-개념에 대한 가장 중요한 속성으로 보게 될 것은 다음 중 어느 것인가?
   a. 그들의 도덕성
   b. 그들이 선호하는 것과 태도
   c. 그들의 신체적 속성
   d. 그들의 기억력

3. 다음 중 자신/자기에 대한 독립적 견해를 가장 적절하게 정의한 것은?
   a. 자기 자신을 다른 사람들과의 관계로 내린 정의
   b. 자기 자신을 자신만의 지적 사고와 느낌과 활동으로 내린 정의
   c. 댄스나 단체 운동 같은 열정적인 활동을 좋아하는 사람
   d. 독서나 창작 같은 지적 활동을 즐기는 사람
4. 다음 중 자신/자기에 대한 상호 의존적 견해를 가장 적절하게 정의한 것은?
   a. 자기 자신을 다른 사람들과의 관계로 내린 정의
   b. 자기 자신을 자신만의 지적 사고와 느낌과 활동으로 내린 정의
   c. 댄스나 단체 운동 같은 열정적인 활동을 좋아하는 사람
   d. 독서나 창작 같은 지적 활동을 즐기는 사람

정답은 537-539쪽 참조

내성을 통한 자기 알기

5.2 내성을 통해 자신을 아는 정도는 얼마나 되고, 내성의 결말은 무엇인가

위에서 우리는 사람들이 그 속에서 자란 문화에 따라 자기-개념이 다르게 형성된다는 사실을 알았다. 그러면 우리는 우리가 누구이며, 우리가 하는 일을 왜 하는 것인지를 어떻게 알게 되는 것일까? 한 가지 방법은 내성을 해보는 것이다. **내성**(introspection)이란 나 자신만 가질 수 있는 나만의 사고와 느낌과 동인에 관한 '내부 정보'를 검토하기 위내 내 마음을 들여다보는 일이다. 여러분도 모든 걸 잊고 대학에서 무엇을 전공해야 할 것인지 또는 이와 비슷한 일을 두고 자신만의 느낌을 곰곰이 생각해본 적이 있는가? 또는 과제나 시험공부를 하는 대신 밤새워 게임을 하는 자신을 두고 왜 그러는지를 생각해본 적이 있는가? 그런 적이 있다면 그때 여러분이 한 일이 바로 내성이었다. 인간의 마음에 관한 가장 놀라운 능력 중 하나가 스스로를 검토하기 위해 내성을 사용하는 능력이다.

　그처럼 놀라운 내성도 완벽한 것은 못된다. 무엇보다도 스스로에 관해 생각해보는 일이 항상 즐거운 건 아니라는 점이다. 또 하나의 이유는 우리가 어떤 느낌을 갖고 어떤 행동을 감행하는 이유가 의식의 세계로 들어오지 않을 수 있다는 점이다. 내성의 결말과 한계를 일부나마 살펴보기로 하자.

자신에 대한 집중 : 자의식 이론

때로는 우리의 생각이 자연스럽게 내부로 향하여 자신에 관한 생각을 해보기도 한다. 또 어떤 때는 거울 속이나 친구의 스마트폰으로 친구와 함께 찍은 비디오 속의 우리를 볼 때처럼 외적 상황 때문에 그런 일이 벌어지기도 한다. 이런 일이 벌어질 때 우리는 우리가 자각 상태에 있다고 말한다. **자의식 이론**(self-awareness theory)에 따르면, 이런 일이 벌어지면 우리는 자신의 현재 행동을 자신의 내적 기준 및 가치관과 비교하고 평가한다(Carver, 2003; Duval & Silvia, 2002; Duval & Wicklund, 1972; Morin, 2011; Phillips & Silva, 2005). 간단히 말해 우리는 자신을 객관적으로 판단하기 위해 스스로를 관찰하는 사람이 되어 본다는 뜻에서 스스로를 의식하게 된다.

　예를 들어 여러분이 담배를 끊어야겠다는 생각을 하게 되었다고 해보자. 그런데 어느 날 유리창에서 담배를 피우고 있는 자신의 모습을 보게 된다면, 여러분은 어떤 느낌이 들 것 같은가? 여러분은 여러분의 행동과 여러분이 세운 내적 기준이 일치하지 않는다는 사실을 깨닫게 될 것이다. 이때 담배를 끊겠다는 내적 기준에 맞추어 행동을 바꿀 수 있다면 그렇게 할 것이다. 그러나 행동을 바꿀 수 없다고 생각하게 되면, 자각 상태 자체가 불편함을 초래할 것이다. 왜냐하면 그 상태가 제공하는 자기 자신에 관한 피드백이 마음에 들지 않을 것이기 때문이다(Duval & Silvia, 2002). 이런 일은 흔하게 벌어지는 것 같다. 사람들은 자신에 관한 생각을 얼마나 자주 할까? 한 연구에서 미국의 고등학교 3학년(한국의 경우 고등학교 2학년) 365명에게 특정한 날 무작위로 선택된 시점에서 무슨 생각을 하고 있었느냐고 물어보았다(Mor et al., 2010). 그림 5.3은 자각이 우리의 내적 기준을 의식하게 해주고 그에 따른 행동 관리방식을 예시하고 있다.

　사람들이 부정적인 상태에 대한 자각을 하고 있을 때는 친구의 페이스북에 올라와 있는 자기 사진에서 눈을 돌리는 식으로 그 상태를 회피하려 한다. 자신을 회피하기 위해 보다 강력한 시도를 감행할 때도 있다. 예컨대 알코올 남용이나 폭식 또는 성적 피학대 행동 같은 활동을 통해 자기의 내적 상태를 비추고 있는 조명을 꺼버리려 한다(Baumeister, 1991). 사람들이 이런 위험한

내성
자신의 생각과 느낌과 동기를 분석하기 위해 자신의 내부를 들여다보는 작업 (방법)

자의식 이론
우리의 주의를 우리 자신에 집중할 때는 우리의 행동을 우리의 내적 기준 및 가치관을 기초로 평가하고 비교한다는 이론

그림 5.3 자의식 이론 : 주의를 자신에게 집중한 결말

사람들이 자신에게 주의를 집중할 때는 자신의 현재 행동을 자신이 가지고 있는 마음속 기준과 비교해보게 된다.

출처 : Carver & Scheier(1981)

행동을 규칙적으로 감행한다는 사실은 자신에게 관심을 집중하는 일이 매우 혐오스러운 일이 될 수 있다는 것을 암시한다(Hull, Young, & Jouriles, 1986; Leary & Tate, 2010).

그러나 자신을 회피하는 모든 수단이 그렇게 파괴적인 것은 아니다. 여러 가지 종교적 표현 및 영성 역시 자신에 대한 관심집중을 효과적으로 회피하는 방법이다(Baumeister, 1991; Leary, 2004a). 그리고 자신에 대한 관심집중이 언제나 혐오감을 자아내는 것도 아니다. 만약 여러분이 이제 막 막중한 과제를 성공적으로 완수했다면, 자신에게 관심을 집중함으로써 여러분은 더 큰 기쁨을 만끽할 수도 있다. 그 관심집중을 통해 여러분의 긍정적 성취가 더욱 부각될 것이기 때문이다(Greenberg & Musham, 1981; Silvia & Abele, 2002). 자신에 대한 관심집중은 자신의 옳고 그름에 대한 느낌을 상기시켜 줌으로써, 우리가 곤경에 빠지는 일을 예방하기도 한다. 예를 들어 자각 상태(예 : 거울 앞에 서 있을 때처럼)에 있는 사람들이 자신의 도덕률을 준수(예 : 시험에서 부정행위의 유혹에 빠지지 않는 일)할 가능성이 더 크다(Beaman, Klentz, Diener, & Svanum, 1979; Diener & Wallbom, 1976; Gibbons, 1978). 그러므로 자각이 특히 혐오스러울 때는 자각을 통해 자신의 단점이 부각된 경우이며, 이러한 경우(예 : 시험을 망치고 난 직후) 사람들은 자각을 피하기 위한 노력을 한다. 그러나 또 다른 경우, 예컨대 내 마음속의 악마가 나를 유혹할 때는 자각을 통해 우리의 윤리관과 이상을 다시 한 번 되새겨볼 수 있기 때문에 자각이 그렇게 나쁘게만 작용하는 건 아니다. 여러분 자신의 자각 상태를 알고 싶으면, '해보기 : 각자의 사적 자의식 측정'을 따라 해보라.

해보기! 각자의 사적 자의식 측정

여러분은 혼자 있을 때 자신에게 주의를 얼마나 기울이는가? 다음 문항은 Fenigstein, Scheier, Buss(1975)가 사적 자의식(즉, 자각의 일관성)을 측정하기 위해 개발한 질문지에서 발췌한 것이다.

지시문 : 다음 각 진술과 여러분의 생각이 같은 정도를 지적해주세요.

	전혀 아니다	약간 그렇다	그런 것도 아닌 것도 아니다	약간 그렇다	아주 그렇다
1. 나는 언제나 나 자신을 이해하려고 노력한다.	1	2	3	4	5
2. 일반적으로 나는 나 자신에 대한 자각을 못하는 편이다.	1	2	3	4	5
3. 나는 자신에 대한 반성을 많이 하는 편이다.	1	2	3	4	5
4. 나는 나 자신을 두고 공상을 할 때가 많은 편이다.	1	2	3	4	5
5. 나는 나 자신을 세밀하게 조사하지 않는 편이다.	1	2	3	4	5
6. 일반적으로 나는 나의 내적 느낌에 관심을 집중하는 편이다.	1	2	3	4	5
7. 나는 항상 나 자신의 동기를 검토하는 편이다.	1	2	3	4	5
8. 나는 나 자신과 동떨어진 상태에서 자신을 바라본다는 느낌을 가질 때도 더러 있다.	1	2	3	4	5
9. 나는 나 자신의 기분 변화를 금방 알아차린다.	1	2	3	4	5
10. 나는 문제를 해결하기 위해 노력하는 동안 내 마음이 작동하는 방식을 알고 있다.	1	2	3	4	5

주 : 2, 5번 항목은 역채점. 점수가 높을수록 자신에게 주의를 많이 기울인다는 의미임
출처 : Fenigstein, Scheier, & Buss(1975)

느낌을 유발한 이유 판단 : 알 수 있는 것보다 더 많이 말하기

내성의 또 다른 기능 하나는 우리가 느끼는 지금의 느낌이 왜 생긴 것인지를 밝혀내는 일이다. 문제는 그 '왜'를 알아내는 게 쉽지 않다는 데 있다. 왜 어떤 사람을 사랑하게 되었는지를 결정하려 한다고 해보자. 누군가를 사랑하게 되면, 누구나 행복감에 취하여 그 사람에 열중하게 된다. 문제는 무엇 때문에 우리는 이런 느낌을 가지게 되느냐는 것이다. 다시 말해 우리가 사랑하는 사람의 그 무엇이 우리를 그 사람과 사랑에 빠지게 만든 것일까? 우리는 그 무엇이 그 사람의 외모, 성격, 가치관, 배경 등과 관련된 것이라는 정도는 알고 있다. 그러나 보다 구체적으로는 무엇이라고 해야 할까? 두 사람 사이에만 존재하는 그 특별한 화학물질을 어떻게 해야 묘사할 수 있을까? 자기의 여자 친구가 첼로를 켜기 때문에 그녀와 사랑에 빠졌다고 고백하는 친구도 있다. 그러나 그게 진짜 이유일까? 우리의 가슴이 작동하는 방식은 너무나 신기하여 쉽게 말로 표현하기가 매우 어렵다.

말로 설명하기 어려운 게 어디 사랑뿐인가? 제3장에서 봤듯이 인간의 기본적 정신작용은 의식 밖에서 벌어진다(Vazire & Wilson, 2012; Wilson, 2002; Wilson & Dunn, 2004). 그렇다고 우리는 우리가 생각한 것을 아무것도 모른다는 말은 아니다. 대개 우리는 생각이 전개되는 과정은 의식하지 못하지만 그 과정을 거쳐 산출되는 결과(즉, 우리가 사랑에 빠졌다는 사실)는 인식한다. 마술사가 모자에서 토끼를 끄집어내는 일과 같다고나 할까. 우리는 마술사의 손에 잡힌 토끼는 볼 수 있지만, 그 토끼가 어떻게 그의 손에 잡혀 있게 됐는지는 알지 못한다. 그러면서도 그렇게 될 수 있는 여러 가지 방식을 생각해낼 수는 있다. 같은 이치로 사람들은 어떤 상황에서 자신

이 겪는 느낌을 왜 느끼게 됐는지는 모르면서도 그 이유는 만들어낼 수 있을 것이다. 우리는 지구상에서 가장 강력한 뇌를 가졌다. 그런 뇌를 잘만 이용하면 충분히 해낼 수 있는 일 아닐까? 문제는 우리의 뇌를 사용하는 데 필요한 사용설명서를 가지고 있지 않다는 점이다. 그리고 내성으로는 우리의 느낌과 행동을 초래한 진짜 원인을 찾아내지 못할 수도 있다. 그런데도 우리는 그렇게 했다고 믿곤 한다. Richard Nisbett과 Tim Wilson은 이 현상을 "알 수 있는 것보다 많이 말하기(telling more than we can know)"라고 칭했다. 대개의 경우 자신의 행동이나 느낌에 대한 설명은 자신이 합리적으로 알 수 있는 범위를 벗어난다는 뜻이다(Nisbett & Ross, 1980; Nisbett & Wilson, 1977; Wilson, 2002).

예를 들어보자. 한 연구에서 대학생들에게 5주 동안 자신이 겪은 나날의 기분을 기록해보라고 했다(Wilson, Laser, & Stone, 1982). 기분을 기록하는 일 외에도 학생들은 나날의 기분을 예측할 수 있는 일/사건(예 : 날씨, 작업량, 전날 밤에 잠을 잔 시간 등)도 기록해야 했다. 5주째 마지막 날에는 학생들에게 자신의 기분이 이들 변인(예 : 날씨, 작업량 등)과 관련된 정도를 추정하게 했다. 이렇게 수집된 자료를 분석한 결과, 자신의 기분과 관련이 깊다고 판단했던 변인(자신의 기분을 예측했다는 변인)에 관한 학생들의 생각은 잘못된 경우가 많았다. 예를 들어 대부분의 학생들은 간밤에 잤던 수면의 양으로 그다음 날 자신의 기분을 예측할 수 있다고 생각했으나 분석의 결과는 이 생각과 달랐다. 수면의 양과 기분과는 무관했다. 그렇다고 학생들이 무식한 것도 아니었다. 예컨대 친구들과 어떻게 지냈느냐가 기분을 예측하는 중요한 요인이라는 것은 거의 모두가 알고 있었다. 전반적으로 학생들은 무엇으로 자기의 기분을 예측할 수 있는지를 잘 모르고 있었다(Johansson, Hall, Skiström, & Olsson, 2005; Wegner, 2002; Wilson, 2002).

왜 그렇게 잘 모르는 것일까? 이 연구에 참여한 학생들은 기분에 관한 자기들의 **인과 이론**(causal theory)을 이용하는 것으로 드러났다. 학생들은 무엇이 자기의 느낌과 행동에 영향을 미치는지에 관한 많은 이론을 가지고 있다(예, "나의 기분은 간밤에 얼마나 많이 잤느냐에 따라 달라진다."). 그리고 자신들의 느낌이 왜 그런지를 설명할 때 이 이론을 이용하곤 했다(예 : "오늘 기분이 별로 안 좋은데, 어젯밤에 잠을 4시간밖에 못 자서 그런 게 분명해."). 우리는 이들 이론 대부분을 우리가 그 속에서 자란 문화에서 배운다. 예를 들어 "안 보면 그리워진다.", "월요일 아침에는 사람들의 기분이 별로 좋지 않다.", "이혼한 사람들은 적절한 재혼 대상이 못 된다." 등의 생각이 이런 이론에 속한다. 문제는 제3장에서 지적했듯이, 이런 이론이 항상 옳은 것은 아니라는 점이다. 따라서 행동이나 느낌의 원인에 관한 판단이 그릇될 수도 있다.

그렇다고 사람들이 자신의 행동과 느낌의 원인을 내성할 때 자기들이 지닌 인과 이론만 이용한다는 뜻은 아니다. 문화 속에서 습득한 인과 이론 외에도 사람들은 자신에 관한 많은 정보(예 : 과거의 반응방식 및 특정 선택을 하기 전에 무슨 생각을 하고 있었는지에 관한 정보 등)을 가지고 있다(Andersen, 1984; Wilson, 2002). 그렇다고 해도 과거 활동과 현재 생각에 관한 내성으로 왜 우리가 그런 느낌을 갖게 되었는지에 대한 옳은 답을 찾아내지 못할 때도 많다는 사실은 변하지 않는다(Hassin, 2013; Wilson & Bar-Anan, 2008).

이유에 대한 내성의 결말

일상생활을 하다 보면 쉽게 내리기 힘든 결정을 해야 할 때가 많다. 헤어졌던 남자/여자 친구가 다시 시작하자고 조르는 경우도 그런 경우에 해당한다. 이런 경우 우리는 그 여자/남자 친구에 대한 호감(예 : 풍부한 유머감각)과 반감(예 : 종종 풍기는 고약한 입 냄새)을 나열한 후 비교해보고 결정하는 게 바람직하다는 충고를 듣기도 한다. 흔히들 그런 충고를 따르곤 한다. 과연 이런 충고를 따르는 것이 도움이 될까? 구체적으로 여러 가지 이유를 종이에 나열하여 비교해보면, 우리의 생각이 분명해지고 우리가 원하는 결정을 쉽게 내릴 수 있을까? Tim Wilson의 연구진은 느낌의 원인을 분석하는 일이 반드시 최선의 전략은 아니며, 실제로 사태를 악화시키기도 한다고 밝혔다(Wilson, 2002; Wilson, Dunn, Kraft, & Lisle, 1989; Wilson, Hodges, & La Fleur, 1995; Yamada et al. , 2014).

문제는 특히 남녀 간의 관계에서 발생하는 느낌(호/불호)의 경우, 그 원인을 정확하게 찾아내기가 힘들다는 데서 발생한다. 예컨대 풍부한 유머감각도 경우에 따라 호감을 유발할 수(예 : 따분한 자신의 기분을 전환시켜 줄 때)도 있지만 반감을 유발할 수(예 : 내 친구의 관심을 사는 데 이용될 때)도 있다. 그리고 어떤 일(예 : 고약한 입 냄새)은 글로 표현하기가 쉬운데 어떤 일(예 : 묘한 매력)은 글로 표현하기가 쉽지 않다. 그러나 더 심각한 문제는 일단 특정 느낌에 대한 이유를 생성해낸 다음에는, 그 이유가 실제로는 방금 우리 머릿속에 떠오른 것이었는데도, 우리는 그 이유가 우리의 느낌을 그대로 반영한다고 스스로를 확신시키는 경향이 있다.

연구결과에 의하면 **이유생성 태도변화**(reasons-generated attitude change), 즉 자신의 태도에 대한 이유를 생각해본 후 그 결과에 따라 태도를 바꾸는 일이 실제로 일어나고 있다. 이런 태도변화가 일어나는 이유는 자신의 태도에 대한 이유를 분석할 때 사람들은 (a) 실제로 자신의 느낌과 무관한 이유를 마음에 떠올린다. 그런 후 (b) 바로 그 이유 때문에 자신이 그런 느낌을 갖게 되었다고 스스로를 설득시키기 때문이다. 예를 들어 Wilson과 Kraft(1993)는 연애 중인 대학생들에게 파트너와의 관계에서 벌어진 일을 두고 왜 그런 식의 일이 벌어졌는지를 글로 적어보라고 주문했다. 그런데 이 과제 수행이 파트너와의 관계가 전개되는 방식에 관한 학생들의 마음을 바꾸어 놓았다. 그들의 관계에서 벌어진 일을 두고 긍정적인 이유를 적은 학생들은 그 관계에서 보다 적극적으로 변해 있었는데, 부정적인 이유를 적은 학생들은 보다 소극적으로 변해 있었다. 그러나 시간이 지나면서 이유를 분석해본 효과는 사라지고, '설명하기 힘들다'는 원래의 태도로 되돌아갔다. 따라서 여러 가지 이유를 분석한 직후에 중요한 결론(예 : 남자/여자 친구와 헤어질 것인지)을 내리면 나중에 후회할 가능성이 커진다고 할 것이다. 그 이유는 이렇다 : 사람들이 이유를 분석한 직후에는 말로 표현하기 쉬운 일(예 : 입 냄새)은 강조하면서 설명하기 어려운 느낌(예 : 묘한 매력)은 무시하는 경향이 강하다. 그런데 장기적 안목에서 보면, 더 중요한 것은 말로 표현하기 쉬운 느낌이 아니라 설명하기 힘든 느낌이기 때문이다(Halberstadt & Levine, 1997; Sengupta & Fitzsimons, 2004; Wilson, Lindsey, & Schooler, 2000).

요약건대 우리는 우리가 느낀 느낌을 알면서도 왜 그런 느낌을 갖게 되었는지를 정확하게 알지 못할 때가 많다. 그리고 그런 느낌을 갖게 된 이유에 관한 생각을 너무 많이 하는 것도 위험한 일이다. 내성법의 한계가 이처럼 분명할진대, 우리는 어떻게 다른 방법을 취해야 우리가 어떤 사람이고 우리의 태도가 어떠한지를 알아낼 수 있을까? 이제 자신에 관한 지식을 터득하는 또 다른 방법인 자기 행동 관찰법을 살펴보기로 하자.

이유생성 태도변화

자신의 태도에 대한 이유를 생각해본 후 그 결과에 따라 바뀌는 태도. 사람들은 자신의 태도와 그럴듯한 말로 표현하기 쉬운 이유가 일치한다고 생각한다.

복습문제

1. 사람들이 주의를 자기 자신에게 집중할 때, 사람들은
   a. 자기의 행동을 자신의 내적 기준 및 가치관과 비교하여 평가한다.
   b. 과음이나 폭식을 덜한다.
   c. 자신의 도덕적 기준에 맞는 행동을 덜한다.
   d. 거의 언제나 눈에 뜨이는 자신을 좋아한다.

2. "나는 잠을 8시간 이상 못 자면, 그 뒷날은 기분이 엉망이 된다."라고 민주가 말했다고 하자. 사회심리학자들의 연구결과를 기초로 판단했을 때, 다음 중 민주의 이 말에 대한 최적의 결론은?
   a. 사람들은 보통 자기가 왜 그런 느낌을 느끼게 됐는지를 알기 때문에 민주의 말이 옳을 것이다.
   b. 사람들은 보통 자기가 왜 그런 느낌을 느끼게 됐는지를 모르기 때문에 민주의 말은 옳지 않을 것이다.
   c. 전형적인 하루를 잡아 그날 기분이 좋았던 이유와 좋지 않았던 이유를

일일이 열거해봤다면 민주의 말이 옳을 것이다.
   d. 민주의 진술은 옳을 수도 있고 그를 수도 있는 인과 이론에 기초를 두고 있을 것이다.

3. 다음 중 사실에 가장 가까운 것은?
   a. 연인 관계를 끝내야 할 것인지를 결정할 때는 그 관계의 장단점을 모두 나열하여 일일이 비교해보는 것도 좋은 방법이다.
   b. 사람들은 보통 자신들이 느끼는 느낌을 왜 느끼게 되었는지를 안다.
   c. 사랑하는 사람을 두고 왜 그 사람을 사랑하게 되었는지를 너무 많이 생각하는 것도 위험한 일이다.
   d. 자신의 느낌에 대한 이유를 분석하는 사람들은 일반적으로 자신의 느낌에 대한 보다 명쾌한 생각을 가지게 된다.

정답은 537-539쪽 참조

자신의 행동 관찰을 통한 자기 발견

5.3 사람들은 어떻게 자기의 행동 관찰을 통해 자신을 알게 되는 것일까

친구가 고전음악을 얼마나 좋아하느냐고 물었다. 자라면서 고전음악을 들어본 적이 없지만 최근에는 이따금씩 고전음악을 들어왔기 때문에 나는 쉽게 답을 못하고 망설인다. 그러다가 "어, 잘 모르기는 해도, 어떤 건 좋아하는 것 같아. 바로 어제 등교하면서 스마트폰에서 베토벤의 교향곡을 들어봤거든."이라고 말한다. 이 예에서 나는 자기-인식의 중요한 원천, 즉 자신의 행동을 관찰한 결과(여기서는 여러분이 들어보기 위해 선택한 것)를 이용하고 있다.

자기-지각 이론 | **자기-지각 이론**(self-perception theory)에 따르면, 어떤 것에 대한 우리의 태도나 느낌이 확실하지 않을 경우, 우리는 그것과 관련된 우리의 행동과 그 행동이 벌어진 상황을 관찰한 후, 그것에 대한 느낌이나 태도를 추론한다(Bem, 1972). 이 이론의 주장을 부분부분으로 나누어 고려해보자. 첫째, 우리는 우리의 느낌을 정확하게 표현할 수 없을 때에만 행동을 기초로 우리 느낌을 추론한다. 지금까지 쭈~욱 고전음악을 좋아하고 있었다면, 고전음악을 얼마나 좋아하는지를 알아내기 위해 자신의 행동을 관찰할 필요가 없다는 뜻이다(Andersen, 1984; Andersen & Ross, 1984). 그러나 고전음악에 대한 자신의 느낌(예 : 호감)이 분명하지 않다면, 즉 고전음악을 얼마나 좋아하는지를 한 번도 생각해본 적이 없다면, 우리는 우리 자신의 행동을 관찰하여 그 결과를 기초로 고전음악에 대한 우리의 느낌이 어떠한지를 결정할 것이라는 게 이 이론의 주장이다(Chaiken & Baldwin, 1981; Wood, 1982).

둘째, 자신의 행동이 자신의 실제 느낌을 반영하는지 아니면 그 상황이 그런 행동을 하게 한 것인지를 결정해야 한다. 아무도 시키지 않았는데 고전음악이 방송되는 채널을 선택한 사람 같으면, 자기가 그런 행동(교향곡을 듣고 있는 행동)을 하게 된 이유는 고전음악을 좋아하기 때문이라고 해석할 가능성이 크다. 그러나 베토벤의 교향곡이 방송되는 채널을 선택한 사람이 자신이 아니고 배우자였다면, 그 사람은 고전음악을 좋아해서 베토벤의 교향곡을 듣고 있다고 결론지을 가능성이 작다.

자기-지각 이론
우리의 태도 및 느낌이 불확실하거나 모호할 때는 우리의 행동과 그 행동이 벌어진 장면에 대한 관찰을 통해 느낌과 태도를 추론한다는 이론

귀에 익은 이야기 같다고? 그렇다면 제4장에서 공부한 내용이 여러분의 머릿속에 되살아난 것일 것이다. 그때 귀인 이론을 소개하면서 우리는 다른 사람의 행동을 관찰한 결과를 기초로 그 사람의 느낌과 태도에 관한 추론을 짓는다고 배웠다. 자기-지각 이론에 따르면, 사람들은 자신의 태도와 느낌을 추론할 때에도 귀인 원리를 이용한다. 친구가 고전음악을 좋아하는지를 알고 싶을 때도 우리는 그 친구의 행동을 관찰하고 왜 그런 식으로 행동했는지를 설명한다는 말이다. 예를 들어 어떠한 외적 압력이나 제약이 없었는데도(예 : 아무도 그 친구에게 모차르트 음악을 들어보라고 말하지 않았는데도) 그 친구는 언제나 고전음악을 즐겨 듣는다고 하자. 그러면 우리는 그 친구의 행동을 두고 내부 귀인을 지어, 그 친구는 고전음악을 좋아한다는 결론을 짓게 된다는 게 귀인 이론의 설명이었다. 자기-지각 이론에 따르면, 우리 자신의 느낌을 추론할 때도 이와 똑같은 과정이 전개된다. 우리는 우리 행동을 관찰한 후 우리 자신에게 설명을 한다. 즉, 우리가 왜 그런 식으로 행동하게 됐는지에 관한 귀인을 짓는다(Critcher & Gilovich, 2010; Laird, 2007; Olson & Stone, 2005; Wilson, 2002). 사실 우리가 우리 행동을 기초로 추론하는 것은 태도와 느낌이 다가 아니다. 곧 알게 되겠지만 어떤 일을 하고 싶은 동기가 유발된 정도도 관찰한 행동을 기초로 추론한다.

내재적 동기와 외재적 동기

여러분이 초등학교 교사라고 해보자. 지금 여러분은 학생들을 책을 즐겨 읽는 사람으로 만들고 싶다. 많은 책을 읽게 하고 싶을 뿐 아니라 책을 좋아하게도 하고 싶다. 어떻게 하면 이런 목적을 달성할 수 있겠는가? 쉽지만은 않을 것이다. 아이들의 관심은 책 말고도 TV, 비디오 게임, 사회매체(social media)를 이용한 사회활동 등 다양한 것에 끌릴 수 있기 때문이다.

대부분의 교육자들이 그렇듯, 아이들의 독서활동을 보상하는 전략이 좋을 것 같다고 생각할 수도 있다. 그렇게 하면 아이들이 TV나 스마트폰을 내려놓고 책을 집어들 확률이 높아질 수 있고, 그러다 보면 읽기를 좋아하게 될 수도 있다. 대부분의 교사들은 학생들이 숙제를 잘할 때마다 미소나 도장을 보상으로 제공해 왔고, 최근에는 과자나 장난감 같은 보다 강력한 유인가를 이용하기도 한다(Perlstein, 1999). 특정 학군 내에 있는 피자 가게에서는 초등학생들이 그 가게에서 정해 놓은 책을 다 읽고 나면 공짜로 피자를 제공한다. 또 어떤 곳에서는 교사들이 성적이 우수한 아이들에게 사탕이나 과자나 장난감을 보상으로 주기도 한다. 어떤 학군에서는 한 술 더 떠서 배치고사 점수가 높은 고등학생들에게 보상으로 현금을 주기도 한다(Hibbard, 2011).

보상이 동기를 부여한다는 점에는 의심의 여지가 없다. 피자와 현금으로 학생들이 더 많은 책을 읽게 할 수도 있다. 가장 기본적이면서도 가장 오래된 심리학 원리 중 하나는 특정 행동이 일어날 때마다 보상을 주면 다음에는 그 행동이 더 자주 일어나게 된다는, 이른바 효과의 법칙이다. 그 보상이 발판을 누르는 쥐에게 주는 먹이든 책을 읽은 학생에게 주는 피자든 보상은 행동을 바꾸

아이들로 하여금 더 많은 책을 읽게 하기 위해 읽는 행동에 대한 보상을 제공하는 프로그램이 많다. 그러나 이런 보상 때문에 아이들이 읽는 일 그 자체를 좋아하게 되는지는 의문이다.

어 놓을 수 있다.

그런데 사람은 쥐나 비둘기와는 다르다. 따라서 우리는 보상받는 사람들의 내면세계, 즉 사람들의 자신에 관한 생각, 자기-개념, 미래에 책을 읽게 할 동기 등에 보상이 어떤 효과를 미치는지도 고려해야만 한다. 예컨대 독서를 돈으로 보상하는 일이 아이들이 글을 읽는 목적/이유에 대한 그들의 생각을 바꾸어 놓는 것은 아닐까? 위에서 소개한 다양한 읽기 보상 프로그램의 위험은 아이들로 하여금 독서가 즐거워서 책을 읽는 게 아니라 보상을 받기 위해 책을 읽는다는 생각을 갖게 할 수 있다는 점이다. 보상 프로그램이 끝나서 책을 읽어도 피자를 보상으로 주지 않게 되면, 아이들은 그전보다 책을 덜 읽게 될 수도 있다는 뜻이다.

아이들이 이미 읽기를 좋아하고 있었을 경우에는 이런 역효과가 발생할 가능성이 더욱 커진다. 그런 아이들은 높은 **내재적 동기**(intrinsic motivation)를 가지고 있다. 다시 말해 이런 아이들은 특정 활동을 외적 보상이나 압력이 아니라 특정 활동 그 자체를 즐기거나 그 활동이 재미있기 때문에 감행하는 아이들이다(Harackiewicz & Elliot, 1993, 1998; Harackiewicz & Hulleman, 2010; Hirt, Melton, McDonald, & Harackiewicz, 1996; Hulleman, Schrager, Bodmann, & Harackiewicz, 2010; Lepper, Corpus, & Iyengar, 2005; Ryan & Deci, 2000; Vansteenkiste et al., 2010). 이들이 그런 활동을 하는 이유는 그들 자신에게 있다. 책을 읽으면서 느끼는 즐거움이나 재미가 그런 예에 속한다. 달리 말하면 이런 아이들은 독서를 놀이로 생각하지 일로 생각하지 않는다.

아이들이 책을 읽은 대가로 보상을 받기 시작하면 어떤 일이 벌어질까? 원래는 내적 욕구에서 시작됐던 이 아이들의 독서활동이 이제 **외재적 동기**(extrinsic motivation)의 자극도 받게 된다. 외재적 동기란 어떤 활동을 할 때 그 활동이 재미있거나 즐거워서가 아니라 외적 보상이나 압력 때문에 그 활동을 하려는 욕구를 일컫는다. 자기-지각 이론에 따르면, 보상은 내재적 동기를 해칠 수 있다. 전에는 아이들이 독서를 좋아해서 책을 읽었는데, 이제는 보상을 받기 위해 책을 읽게 된다는 뜻이다. 이러한 유감스러운 결말은 내재적 동기를 외재적 동기로 대체한 것이 아이들로 하여금 그들이 그냥 좋아했던 활동에 흥미를 잃게 만들었기 때문에 초래된 것이다. 이 결과를 **과잉정당화 효과**(overjustification effects)라 하는데, 이 효과는 사람들이 자신의 행동이 외재적 이유(예 : 보상)에 의해 유발되었다고 간주함으로써, 자신의 행동이 내재적 동기에 의해 유발된 정도를 과소평가할 때 발생한다(Deci, Koestner, & Ryan, 1999a, 1999b; Harackiewicz, 1979; Lepper, 1995; Lepper, Henderlong, & Gingras, 1999; Warneken & Tomasello, 2008).

예를 들어보자. 초등학교 4~5학년 교사들이 자기 학생들에게 4개의 새로 나온 수학 게임을 소개한 실험이었다. 그 실험에서 기저선 확보 기간인 첫 13일 동안은 학생들이 새로 소개받은 수학 게임을 하는 데 소비한 시간을 기록하였다. 그림 5.4의 왼쪽을 보면 그 기간에 아이들이 게임

내재적 동기
외적 보상 또는 압력 때문이 아니라 특정 활동이 즐겁거나 좋아서 감행하려는 욕망

외재적 동기
특정 활동이 즐겁거나 좋아서가 아니라 외적 보상 또는 압력 때문에 감행하려는 욕망

과잉정당화 효과
자신의 행동이 내적 요인에 의해 유발됐을 가능성은 무시한 채 강력한 외적 요인에 의해 유발됐다고 보는 경향성

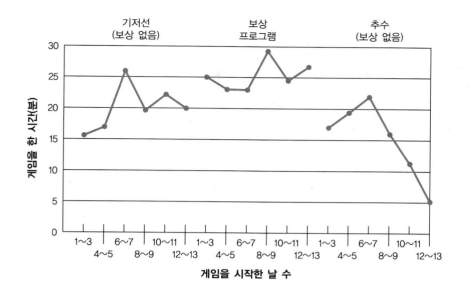

그림 5.4 과잉정당화 효과
연구자들은 기저선 확보 단계에서 초
등학생들이 수학 게임에 보내는 시
간을 측정했다. 보상 프로그램에서는
아이들이 게임을 하는 데 대한 보상
으로 상을 주었다. 보상이 제공되지
않은 추수 단계에서 아이들이 게임에
보낸 시간을 보면, 기저선 확보 단계
에서 보낸 시간보다 훨씬 짧다. 이 결
과는 보상이 아이들의 내적 관심을
감퇴시켰음을 뜻한다.
출처 : Greene, Sternberg, & Lepper
(1976)

을 하면서 보낸 시간은 약 20분 정도였음을 알 수 있다. 아이들은 처음부터 그 수학 게임에 어느 정도의 내적인 관심을 보였다는 뜻이다. 그다음 몇 날 동안은 보상 프로그램이 도입되었다. 이제 아이들은 게임을 하고 난 후 상장과 트로피를 받는 데 필요한 점수를 획득할 수 있었다. 게임을 하며 보낸 시간이 길어질수록 아이들은 더 많은 점수를 받았다. 그림 5.4의 중간을 보면, 아이들이 수학 게임에 보낸 시간이 길어졌음을 알 수 있다.

연구의 주된 관심은 보상 프로그램이 끝나서 아이들이 게임을 하고도 더 이상 보상을 받을 수 없게 되었을 때는 어떤 일이 벌어질 것인가 하는 것이었다. 과잉정당화 가설의 예측대로 아이들이 게임에 보내는 시간이 처음(보상 프로그램이 도입되기 전)보다 훨씬 줄어들었다(그림 5.4 오른쪽 참조). 연구자들은 이 결과와 통제집단 결과를 비교한 후 수학 게임에 대한 학생들의 호감을 감퇴시킨 것은 보상이지, 게임에 보낸 시간이 길어지면서 저절로 생성된 싫증이 아니라고 결론지었다. 간단히 말해 보상 때문에 수학 게임에 대한 아이들의 내재적 동기가 파손돼 버렸다. 연구가 끝날 즈음에는 아이들이 게임을 거의 하지 않았다(Greene, Sternberg, & Lepper, 1976).

그럼 우리 사회에 만연한 보상 시스템의 위험에서 내재적 동기를 보호하기 위해서는 무엇을 어떻게 해야 할까? 과잉정당화 효과를 피할 수 있는 조건이 없는 건 아니다. 보상이 내재적 동기를 손상시키는 일은 애초의 내재적 동기가 강할 때만 발생하기 때문이다(Calder & Staw, 1975; Tang & Hall, 1995). 독서에 관심이 없는 아이들의 경우에는 보상을 제공하여 책을 읽게 하는 일도 나쁘지 않다. 이 경우에는 보상으로 훼손될 동기/관심이 아예 없는 상태이기 때문이다.

또한 보상의 종류에 따라서도 결과는 달라진다. 지금까지는 **과제 근거 보상**(task-contingent rewards), 즉 잘했든 못했든 과제를 수행했다는 이유만으로 제공되는 보상을 논의하였다. 예를 들어 피자를 보상으로 사용한 경우, 아이들이 얼마나 책을 잘 읽었는지는 따지지 않고 몇 권 읽었느냐를 따져 보상을 받았다. 그러나 과제 수행 수준에 따라 보상이 결정되는 **수행 근거 보상**(performance-contingent rewards)이 이용될 때도 있다. 수행 근거 보상의 보기로는 배치고사에서 높은 점수를 받은 학생들에게 지급된 현금을 꼽을 수 있다. 현금은 배치고사를 봤다고 지급된 것이 아니라 시험 점수가 매우 높은 학생들에게만 주어지는 보상이었기 때문이다. 이런 유의 보상 때문에 과제에 대한 관심이 줄어들 가능성은 낮다. 그보다 관심이 증대될 가능성이 높다. 이런 보상에는 "과제를 아주 잘 수행했다."는 전갈이 담겨 있기 때문이다(Deci & Ryan, 1985;

과제 근거 보상
수행의 수준은 따지지 않고 과제를 수행했다는 것 자체에 제공되는 보상

수행 근거 보상
과제 수행의 수준을 기초로 제공되는 보상

Pulfrey, Darnon, & Butera, 2013). 그러므로 아이들이 수학 게임을 얼마나 잘했는가와는 관계 없이 게임을 했다는 이유만으로 보상(과제 근거 보상)을 주기보다는 아이들이 수학 게임을 잘했을 때만 보상을 주는 편이 훨씬 효과적일 것이다. 그러나 수행 근거 보상을 제공할 때도 조심해야 할 일이 있다. 역기능을 초래할 수 있기 때문이다. 사람들은 이러한 보상이 전달하는 피드백을 좋아한다. 그러나 평가를 받는다는 불안감이 압력으로 작용하여 수행 수준이 낮아지고 그 결과 활동에 대한 관심 자체가 낮아질 수 있다(Harackiewicz, 1989; Harackiewicz, Manderlink, & Sansone, 1984). 결국 비결은 평가를 받는 데서 야기되는 불안감을 불식시키면서 긍정적인 피드백을 제공하는 데 있다고 할 것이다.

마음가짐과 동기부여

자기-지각이 사람들의 동기유발에 영향을 미치는 방식은 또 하나 있다. 바로 자신의 능력을 지각하는 방식이다. 어떤 사람들은 자신의 능력이 정해져 있다고 믿는다. 있는 사람과 없는 사람으로 양분된다는 믿음이다. Carol Dweck(2006)은 이러한 믿음을 일컬어 **고정형 마음가짐**(fixed mindset)이라 했다. 고정형 마음가짐이란 사람들은 누구나 정해진 만큼의 능력을 가지고 태어났고 그 정도는 변하지 않는다는 생각이다. 이 견해에 따르면 우리가 가진 지적능력, 운동능력, 음악 재능 등은 정해져 있다. 이와는 달리 미아 햄이나 데릭 제터처럼, 자신의 능력은 가변적이어서 갈고 닦을수록 커진다고 생각하는 사람들도 있다. Dweck은 이런 사람들의 생각을 **성장형 마음가짐**(growth mindset)이라 칭했다. 성장형 마음가짐이란 우리의 능력은 가변적이어서 수련을 통해 향상시킬 수 있다는 믿음이다. 사람들이 가진 마음가짐은 그 사람의 성패에 결정적인 역할을 하는 것으로 드러났다. 고정형 마음가짐을 가진 사람들은 실패를 겪고 나면, 쉽게 포기할 가능성이 크고 자신의 능력을 개발하려는 노력을 할 가능성은 작다. 이런 사람들은 실패를 자신에게는 그 일을 하는 데 필요한 능력이 없다는 징조로 받아들인다. 그러나 미아 햄이나 데릭 제터 같이, 성장형 마음가짐을 가진 사람들은 실패를 더 많은 노력을 통해 스스로를 향상시켜야 할 기회로 간주한다(Cury, Da Fonseca, Zahn, & Elliot, 2008).

마음가짐은 운동에만 중요한 것이 아니다. 학업을 포함한 모든 능력을 바라보는 관점에도 중요하게 작용한다. 대학생활을 처음 시작할 때는 모두가 어려움을 겪게 된다. 사람에 따라 다르겠지만, 심리학이나 수학 중간고사 점수가 예상했던 점수보다 낮아 힘들어하는 학생들도 있다. 여러분은 중간고사 점수가 실망스러울 때 어떻게 반응했는가? Dweck의 연구결과에 따르면, 지능에 관한 고정형 마음가짐을 가진 학생들은 포기하거나 기말고사에서 더 못할 가능성이 컸다. 그러나 성장형 마음가짐을 가진 학생들은 노력을 배로 늘리고 기말고사에서는 잘할 가능성이 훨씬 컸다. 그리고 Dweck은 마음가짐도 바뀔 수 있다는 사실을 발견했다. 고정형 마음가짐을 가진 학생들도 학습을 통해 성장형 마음가짐을 가질 수 있게 된다는 뜻이다(Yeager, Pauneska, Walton,

딸이 기말고사를 잘 치르도록 엄마가 동기를 북돋우고 있다. 그러나 엄마의 이 행동은 잘한 행동일까? 본문에서 소개한 고정형 마음가짐과 성장형 마음가짐에 대한 연구결과를 기초로 이 질문에 답해보라.

SALLY FORTH © King Features Syndicate, Inc. World Rights reserved.

& Dweck, 2014). 그러므로 여러분도 나중에 어떤 조건(운동경기, 중요한 시험, 연인 관계)에서든 실패를 겪게 되면, 그 실패를 자신의 능력이나 재능이 부족하다는 징후로 간주하지 말고, 노력을 배가하여 필요한 능력이나 재능을 향상시켜야 할 기회로 간주해야 할 것이다.

자신의 정서 이해 : 두 요인 정서 이론

우리는 특정 시점에서 우리가 경험하는 정서가 어떤 정서인지를 어떻게 아는 것일까? 두려움일까 즐거움일까? 어리석은 질문으로 들릴 수도 있다. 우리는 생각해보지 않아도 알 수 있는 것이 느낌이라고 생각하기 때문이다. 그러나 우리가 정서를 경험하는 방식은 우리가 앞서 논의한 자기-지각 과정과도 공통점이 많다.

Stanley Schachter(1964)가 제안한 정서 이론에 따르면, 우리는 자신의 정서 상태를 추론을 통해 깨닫고, 그 추론은 우리가 자신이 어떤 사람인지를 알고 싶을 때나 수학 게임에 대한 자신의 관심도를 알고 싶을 때 이용되는 추론과 동일하다. 이들 각각의 경우 우리는 자신의 행동을 관찰한 후, 왜 자신이 그런 행동을 했는지를 설명한다. 이들 추론에서 나는 차이가 있다면 그것은 관찰대상 행동이 다르다는 점뿐이다. Schachter의 이론에서는 우리가 관찰하는 행동이 내적 행동(우리가 느끼는 생리적 흥분/각성의 정도)이라고 말한다. 흥분됐다는 느낌이 들면, 우리는 무엇 때문에 흥분하게 되었는지를 알아내려 한다. 예를 들어 아침에 일어나 5km를 달리고 난 후 막 기숙사로 들어오다가 아주 매력적인 사람과 부딪칠 뻔했다. 심리학 수업시간에 만난 사람이다. 지난주 수업시간에 인사까지 나누었던 사람이다. 심장이 콩닥거리며 식은땀이 흐르고 있음을 느낀다. 어떻게 된 일일까? 두 사람 사이에 사랑이 싹트고 있기 때문일까, 아니면 방금 끝낸 달리기 때문일까?

Schachter(1964)의 이론을 **두 요인 정서 이론**(two-factor theory of emotion)이라 한다. 이 이론에서는 자신의 정서 상태에 대한 이해가 두 가지 요인에 의해 결정된다고 가정하기 때문이다. 먼저 생리적 각성/흥분을 경험하고, 그 각성이 야기된 적절한 이유를 찾아내야만 우리가 경험하는 정서의 정체를 알게 된다는 생각이다. 생리적 흥분 상태의 정체는 그 자체만으로는 파악하기 어렵다. 이 때문에 왜 그런 각성 상태에 들게 되었는지를 추론해야 하는데, 그때 상황에 관한 정보가 이용된다는 게 Schachter가 주장하는 두 요인 정서 이론의 핵심이다(그림 5.5 참조).

여러분은 지금 이 이론을 검증하기 위한 Schachter와 Singer(1964)의 실험에 참여했다고 해보자. 실험실에 도착하자 연구자가 이렇게 말한다. "이 실험은 수프록신이라는 비타민이 사람의 시각에 미치는 영향을 검토하기 위한 실험입니다. 소량의 수프록신이 들어 있는 주사를 맞고 나면, 실험자가 주사약의 효과가 나타날 때까지 잠시 기다리라고 할 것입니다. 기다리는 동안 실험자는 여러분에게 이 연구에 참여한 또 한 사람을 소개할 것입니다. 물론 이 사람도 비타민 용액 주사를 맞은 사람입니다." 그런 후 실험자는 여러분 두 명에게 질문지를 나눠주며 작성하라고 주문하고는 실험실 밖으로 나가면서 잠시 후 돌아와 시력검사를 할 것이라고 말한다.

질문지를 살펴보자. 그 속에는 아주 사적이면서도 모욕적인 문항이 들어 있었다. 예컨대 문항 중에는 "여러분의 어머니가 혼외 관계를 맺은 남자는 몇 명이나 되는가?"(Schachter & Singer, 1962, p. 385)라는 질문도 있었다. 옆에서 질문지를 작성하던 참여자는 이런 문항을 보고, 화를 내기 시작하더니, 화가 머리끝까지 치솟는지 결국에는 질문지를 찢어 바닥에 내던져 버리고는 실험실을 나가 버렸다. 이런 상황에 처한 여러분의 느낌은 어떠했을 것 같은가? 여러분도 분을 참지 못할 정도로 화가 났을까?

알아차렸을 수도 있지만, 이 연구의 진짜 목적은 시력에 미치는 수프록신의 효과를 검사하는

두 요인 정서 이론
우리의 정서 경험을 두 단계에 걸친 자기-지각 과정(생리적 각성에 대한 경험과 각성을 유발한 원인을 찾는 작업)의 산물로 간주하는 견해

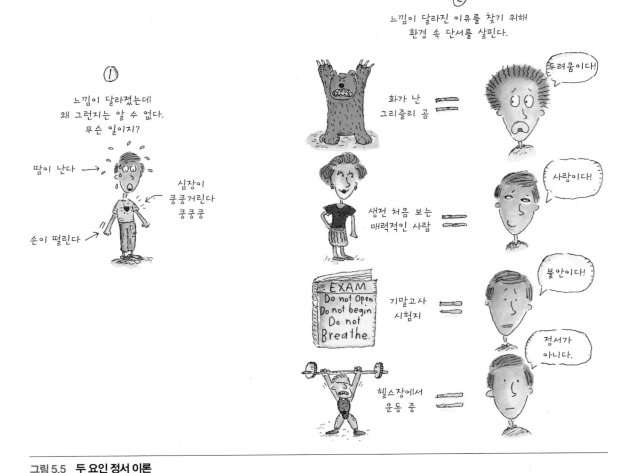

그림 5.5 두 요인 정서 이론
사람들이 자신의 생리적 각성 수준이 변했음을 경험하게 되면, 자기가 그런 변화를 느끼게 되는 이유를 만들어낸다.

것이 아니었다. Schachter와 Singer는 두 가지 독립변인(즉, 흥분 정도와 그 흥분에 대한 정서적 설명)의 유무를 조작하는 데 필요한 실험상황을 설정했던 것이다. 그리고는 각 실험조건에서 참여자들이 경험하는 정서를 관찰했다. 참여자들이 맞은 주사액에 든 것은 비타민 성분이 아니었다. 절반의 참여자가 맞은 주사액 속에는 에피네프린이 들어 있었다. 에피네프린은 인간의 생체에서 자연스럽게 생성되는 호르몬으로 생리적 흥분을 높이는(체온과 심박률 및 호흡률을 높인다) 역할을 한다. 나머지 절반의 참여자가 맞은 주사액에는 생리적 효과가 없는 위약이 들어 있었다.

여러분이 에피네프린 주사를 맞았었다면 이런 조건에서의 느낌이 어떠했을 것 같은지를 상상해보자. 모욕적인 질문지를 읽어 나가는 동안 생리적 흥분/각성 수준이 고조되고 있음을 느끼기 시작한다. (알고 있겠지만 실험자는 여러분이 에피네프린 주사를 맞았다는 사실을 알려주지 않았다. 따라서 여러분은 에피네프린 때문에 여러분의 흥분이 고조되고 있다는 사실을 모르고 있다.) 화를 내며 실험실을 뛰쳐나간 다른 참여자는 사실상 이 실험의 협력자였다. 이 경우 여러분도 여러분의 생리적 흥분이 고조된 것은 화가 났기 때문이라는 추론을 하게 될 가능성이 크다. 이제 여러분도 Schachter(1964)가 말하는 '정서를 경험할 조건'을 갖추었다. 즉, 체내의 생리적 흥분은 고조됐고, 여러분은 흥분이 고조된 이유를 찾다가 주변 상황에서 그럴듯한 이유를 하나 발견했다. 이들 두 가지 조건이 갖추어졌기 때문에 여러분은 화라는 느낌을 경험하게 된 것이라는 게 Schachter의 주장이다. 그런데 실제로 이런 일이 벌어졌다. 위약 주사를 맞은 참여자보다 에피네프린 주사를 맞은 참여자 중에서 화난 반응을 보인 사람이 훨씬 많았던 것이다.

Schachter(1964)의 이론에 숨어 있는 매력적인 함의 중 하나는 우리가 경험하는 정서가 제멋대로일 수 있다는 점이다. 고조된 흥분에 대한 가장 그럴듯한 설명에 따라 정서경험이 달라진다는 뜻이다. Schachter와 Singer(1962)는 이러한 그들의 생각을 두 가지 방식으로 입증했다. 첫째, 흥분이 고조된 이유에 대해 당사자들에게 비정서적 설명을 제공하면 그 사람들은 화를 내지 않게 된다는 사실을 보여주었다. Schachter와 Singer는 에피네프린 주사를 맞은 사람 중 일부에게는 주사약 때문에 심장박동이 올라가고 얼굴이 후끈거리며 붉어질 것이고 손이 떨릴 수도 있다고 말해주었다. 이 사람들이 실제로 이런 느낌을 느끼기 시작하자, 그런 느낌을 갖게 된 이유가 화가 났기 때문이 아니라 주사약의 효과 때문이라는 추론을 했던 것이다. 그 결과 이들은 질문지에 대해서도 그렇게 화난 반응을 보이지 않았다.

둘째, Schachter와 Singer(1962)는 참여자들의 고조된 흥분에 대한 그럴듯한 설명을 바꿈으로써 참여자들이 경험하는 정서도 바뀔 수 있음을 보여주었다. 또 다른 실험조건에 배치된 참여자들은 모욕적인 질문지도 받지 않았다. 그리고 이 조건에서는 실험 협력자도 화난 반응을 보이는 대신 아주 천연덕스럽게 기분이 아주 좋은 것처럼 행동했다. 종이를 말아 만든 농구공을 쓰레기통에 던져 넣기도 하고, 종이비행기를 만들어 던지기도 하고, 실험실 한쪽 구석에 있던 훌라후프를 돌리기도 했다. 그럼 진짜 참여자의 반응은 어떠했을 것 같은가? 에피네프린 주사를 맞고 그 효과에 대한 설명을 듣지 않은 참여자들은 자기들도 행복하다고 추론했고 실험보조자가 하는 놀이에 가담하기도 했다.

Schachter와 Singer(1962)의 이 연구는 사회심리학에서 가장 유명한 연구 중 하나가 되었다. 정서도 자기-지각의 결과일 수 있음을 보여준 연구였기 때문이다. 사람들은 자신의 흥분 상태를 설명할 수 있는 가장 그럴듯한 설명을 찾아낸다는 주장을 펼칠 수 있게 되었다는 뜻이다. 그리고 때로는 가장 그럴듯한 설명이 잘못된 것이어서 우리는 엉뚱한 정서를 경험할 수도 있다는 생각이기도 하다. Schachter와 Singer의 실험에 참여했던 사람들이 화를 내거나 행복해했던 것은 자기의 흥분이 고조됐음을 느꼈고, 자기들의 흥분이 이렇게 고조된 것은 불쾌한 질문지 때문이라고 생각했거나 실험보조자의 낙천적인 행동 때문이라고 생각했기 때문이다. 참여자들의 흥분을 고조시킨 진짜 요인은 에피네프린이었지만, 그들은 그 사실을 모르고 있었고, 그랬기 때문에 자신의 행동(각성 수준이 변하고 있다는 느낌)을 설명하기 위해 상황 단서를 이용할 수밖에 없었다는 설명이다.

엉뚱한 원인 찾아내기 : 각성에 대한 오귀인

우리는 일상생활에서도 Schachter와 Singer(1962)의 연구에 참여한 사람들과 같이 정말 엉뚱한 정서를 경험하게 되는 것일까? 일상생활에서 흥분이 고조되면 우리는 그 이유를 알 수 있는 것 아닌가라고 생각할 수도 있다. 길거리에서 만난 노상강도가 총을 겨누며 "지갑 내놔!"라고 소리치면, 우리의 가슴은 두근거리기(흥분이 고조되기) 시작하고, 각성 수준이 이렇게 고조되면 우리는 그것이 두렵기 때문이라고 정확하게 집어낸다. 그런데 사랑하는 사람 말고는 아무도 없는 해변의 달빛 아래서 가슴이 두근거리기 시작하면, 이번에는 흥분이 이렇게 고조된 것을 두고 사람들은 두려움 때문이라고 해석하지 않고 성적 충동 때문이라고 정확하게 해석한다.

그러나 일상생활에서는 많은 경우 우리의 각성 수준을 고조시켰을 그럴듯한 이유가 두 가지 이

상이고, 이들 중 어떤 이유 때문에 각성 수준이 얼마만큼 올라갔는지를 판단하기 어려울 때도 많다. 아주 매력적인 상대와 공포영화를 관람하고 있다고 해보자. 영화관에 앉아 있는데, 심장이 두근거리고 호흡이 가빠지기 시작한다. 데이트 상대의 매력에 끌렸기 때문일까, 아니면 영화 속 무서운 장면 때문일까? "내가 흥분한 이유의 57%는 내 옆에 앉은 사람이 너무 매력적이기 때문이고, 32%는 영화 속 장면이 무섭기 때문이며, 나머지 11%는 팝콘 과식으로 소화가 잘 되지 않기 때문이다."라고 말하는 사람은 아무도 없을 것이다. 이처럼 흥분 상태의 이유를 정확하게 꼬집어내기란 사실상 무척 어렵고, 때문에 우리는 우리가 경험하는 정서를 오해하기도 한다. 그러니까 영화를 관람하는 남녀 쌍의 경우, 자신의 각성 수준을 높인 주된 원인은 실제로 영화 속 무서운 상황이었는데도, 옆에 앉은 상대의 매력 때문이라고 생각할 가능성이 크다는 뜻이다.

만약 그런 일이 벌어졌다면 여러분은 **각성에 대한 오귀인**(misattribution of arousal)을 경험한 셈이다. 여러분이 무엇 때문에 지금 그런 느낌을 느끼고 있는지를 두고 잘못된 추론을 했다는 말이다(Anderson, Siegel, White, & Barrett, 2012; Bar-Anan, Wilson, & Hassin, 2010; Hütter & Sweldens, 2013; Oikawa, Aarts, & Oikawa, 2011; Rydell & Durso, 2012; Zillmann, 1978). Donald Dutton과 Arthur Aron(1974)이 수행한 현장연구를 통해 이런 일이 벌어지고 있는 실생활을 살펴보기로 하자. 매력적인 젊은 여성이 캐나다 태평양 연안 브리티시 콜럼비아 주에 있는 공원을 찾은 남자들에게 설문지를 작성해달라고 주문했다. 그 설문조사는 자기가 수행하고 있는 심리학 과제의 일부인데, 자연경관이 사람들의 창의성에 미치는 효과를 검토하기 위한 것이라고 덧붙였다. 남자들이 설문지를 다 작성하고 나면, 이 여성은 연구에 대해 더 알고 싶은 것이 있으면 나중에 얼마든지 자세하게 설명해주겠다고 말했다. 그러고는 설문지 여백을 찢어 자신의 이름과 전화번호를 적은 후, 연구에 대해 더 알고 싶은 게 있으면 전화를 해도 좋다면서 설문 작성자에게 그 종이쪽지를 건네주었다. 여러분 생각에는 설문을 작성해준 남성들이 이 여성의 매력에 얼마나 끌렸을 것 같은가? 그 여성에게 전화를 해서 데이트를 신청하는 남자들이 얼마나 될 것 같은가?

사실 이 질문에 답하기가 그렇게 쉽지만은 않을 것이다. 설문 작성자들이 전화를 하고 하지 않고는 그들이 사귀는 여성이 있는지, 있다면 얼마나 친한지, 또 얼마나 바쁜지 등등 여러 가지 요인에 따라 달라질 것이기 때문이다. 그뿐만 아니라 그 여성이 쪽지를 건네줄 때 남자들이 경험한 자신의 신체적 변화를 어떻게 해석했는지에 따라서 달라질 수도 있을 것이다. 그리고 그 신체적 변화(생리적 각성 수준 고조)가 외적 요인에 의해 유발된 것이라면, 그 외적 요인에는 그 젊은 여성의 매력도 포함되었다는 엉뚱한 생각을 할 수도 있을 것이다. 이 가설을 검증하기 위해 Dutton과 Aron(1974)은 앞서 소개한 그 여성이

각성에 대한 오귀인
우리가 느끼는 느낌을 유발한 원인을 두고 잘못된 추론을 짓는 과정

이 출렁다리를 건널 때처럼 우리의 각성 수준이 높아지면 우리는 그 이유를 엉뚱한 곳(예 : 그때 다리를 함께 건넜던 사람의 매력)으로 돌리기도 한다.

남성들에게 접근하는 작업을 두 가지 상이한 조건에서 벌어지도록 조작했다.

한 조건에서는 실험에 참여한 남성들이 아주 깊은 계곡을 잇는 150m 길이의 출렁다리를 건넌 후에 그 여성과 만났다. 그 다리의 바닥은 나무로 되어 있고 다리를 건너는 사람들은 줄 난간을 잡고 걸어야 했다. 그리고 계곡의 바람 때문에 다리가 심하게 좌우로 흔들리는 경우도 많았다. 따라서 이 다리를 건넌 사람들은 대부분 생리적 각성 수준이 매우 고조되어 있어, 심장이 두근거리고 숨도 가쁘고 식은땀을 흘릴 정도였다. 바로 이때 그 매력적인 여인이 연구를 핑계 삼아 남자들에게 접근했던 것이다. 이 경우 남자들은 자기들이 그 여성의 매력에 얼마나 끌렸다고 생각할 것 같은가?

다른 조건에서는 남자들이 다리를 건너와 공원의 벤치에서 한참 동안 휴식을 취한 후에야 그 여성이 접근했다. 두려움에 떨면서 다리를 건너느라 고조됐던 생리적 각성 수준이 가라앉기를 기다렸던 것이다. 이때 설문지를 작성한 남자들의 심장은 두근거리지도 않았고 호흡도 정상 수준으로 되돌아온 상태였다. 그러니까 그 여성이 설문지를 작성해달라는 부탁을 받을 당시는 차분하게 자연경관을 즐기고 있는 상태였다. 이 조건의 남자들은 자기들이 그 여성의 매력에 끌린 정도가 얼마라고 생각할 것 같은가? Schachter의 두 요인 정서 이론은 분명한 예측을 내놓는다. 다리를 건너자마자 설문지를 작성한 남자들은 각성 수준이 매우 고조된 상태였고, 자신의 각성 수준이 높아진 이유 중 적어도 일부는 그 여인이 매력적이었기 때문이라는 엉뚱한 생각을 했을 가능성이 훨씬 크다고 예측한다. 이 예측은 사실로 드러났다. 다리를 건넌 직후 설문지를 작성한 남자 중에서는 많은 사람이 나중에 그 여성에게 전화를 걸어 데이트를 신청했다(그림 5.6 참조). 많은 후속 연구에서 이와 같은 유의 각성에 대한 오귀인이 발견됐고, 이런 현상은 남녀를 불문하고 관찰되었다(예 : Meston & Frohlich, 2003; Zillmann, 1978). 이러한 연구결과에서 우리가 배우는 교훈은? 매력적인 이성을 만났을 때 심장이 두근거리기 시작하면, 왜 심장이 두근거리는지부터 조심해서 따져봐야 할 것이다. 그렇게 하지 않으면 전혀 엉뚱한 이성과 사랑에 빠질 수도 있으니까!

요약하면 사람들이 자신에 대해 알게 되는 한 가지 방법은 자신의 행동과 그 행동이 벌어진 조건을 관찰하는 것이다. 그리고 이 관찰을 통해 알게 되는 것에는 자신의 태도와 동인과 정서도 포함되고 그 관찰대상에는 외적 행동(예 : 책을 읽는 활동 및 그에 대한 보상을 받는 일)과 신체 반응(예 : 낯선 사람과 이야기를 할 때 심장이 두근거리는지)이 포함된다. 아래서는 자기-인식의 또 다른 중요한 근원인 다른 사람들에 대해 논의될 것이다.

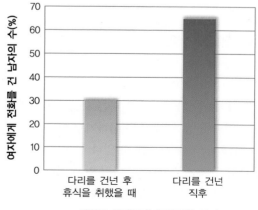

여자가 참여자에게 접근한 시기

그림 5.6 각성에 대한 오귀인

건너기가 무서운 출렁다리를 건넌 남자에게 매력적인 여자가 다가와서 설문지를 작성해달라고 부탁했다. 설문지를 작성한 남자 중 많은 사람이 그 여자의 매력에 홀려 나중에 그 여자에게 전화를 걸어 데이트를 신청했다. 그런데 그 여자가 같은 출렁다리를 건너고 한참 동안 휴식을 취한 후의 남자들에게 접근했을 때는 나중에 그 여자에게 전화를 걸어 데이트를 신청하는 남자들이 몇 명 없었다.

출처 : Dutton & Aro(1974)

1. 다음 진술 중 자기-지각 이론을 가장 잘 예시하고 있는 것은?
   a. "그 이유는 몰라도 나는 내가 무엇을 좋아하는지를 안다."
   b. "내가 하는 행동을 보기 전에는 내가 좋아하는 것이 무엇인지를 모를 때도 많다."
   c. "아내가 항상 클래식 음악을 연주하기 때문에 클래식 음악을 좋아한다."
   d. "내가 좋아하는 노래를 들을 때면 마음이 따뜻해짐을 느낀다."

2. 아이가 학교에서 잘하기를 바라는 학부모가 감행할 수 있는 다음 행동 중 가장 효과적일 것으로 생각되는 것은?
   a. 아이들에게 아주 뛰어난 지능을 가졌다고 말해준다.
   b. 공부를 잘하고 못하고는 얼마나 열심히 노력하느냐에 달렸다고 말해준다.
   c. 아이가 어릴 때 책을 한 권 읽을 때마다 용돈을 준다.
   d. 지능은 물려받는 것인데 우리 가족은 모두 뛰어난 지능을 가졌다고 말해준다.

3. 다음 중 경석이가 혜주와 사랑에 빠질 가능성이 가장 높은 조건은?
   a. 경석이는 혜주와 데이트를 할 것인지 말 것인지를 두고 장단점을 열거한 후에 결정을 내리기로 한다.
   b. 경석이는 혜주와 데이트를 할 것인지 말 것인지 망설이다가 혜주의 친구가 혜주와 데이트를 하면 나중에 수학 숙제를 도와주겠다고 하자 그렇게 하기로 한다.
   c. 경석이와 혜주가 10km를 함께 달린 후, 두어 시간 동안 충분한 휴식을 취하고는 혜주가 경석이를 껴안으며 정말 좋아한다고 말한다.
   d. 경석이와 혜주가 대형 자동차 사고를 일으킬 뻔했다. 두 사람 모두 너무 놀랐다. 그때 혜주가 경석이를 껴안으며 정말 좋아한다고 말한다.

4. 자기-지각 이론에 따르면, 다음 청중 중 누가 김경호 쇼를 가장 좋아할까?
   a. 박수 신호판 바로 앞에 앉아 신호가 뜰 때마다 박수를 치고 있는 자신을 목격한 대수
   b. 누구보다도 더 많이 웃고 있는 자신의 모습을 목격한 수진이
   c. 친구들이 옆구리를 쿡쿡 찌르자 박수를 따라 치는 지니
   d. 자기 친구 은영이를 즐겁게 해주기 위해 많이 웃었던 진규

정답은 537-539쪽 참조

자신을 알기 위해 타인을 이용하기

5.4 사람들은 자신을 알기 위해 타인을 어떤 방식으로 이용하나

자기-개념은 고립된 상태에서 발달하는 것이 아니다. 주변 사람들에 의해 조형되는 것이다. 그러니까 다른 사람들과의 상호작용이 없었다면, 자신에 대한 이미지가 흐릴 수밖에 없다. 자신을 보면서도 그 속에서 다른 사람들과는 다른 자신의 독특성을 보지 못했을 것이기 때문이다. 빨간 물감과 거울 검사를 기억할 것이다. 동물에게도 자기-개념이 있는지를 결정하기 위해 이용되는 검사이다. 사회적 접촉이 자기-개념 발달에 결정적인 역할을 수행한다는 사실을 입증하는 데도 이 검사의 변형이 이용되었다. Gordon Gallop(1997)은 정상적인 가족에서 자란 침팬지와 사회적으로 고립되어 홀로 자란 침팬지의 행동을 비교해보았다. 사회적 경험을 하면서 자란 침팬지들은 거울 검사를 '통과'했다. 즉, 빨간 물감을 얼굴에 칠한 후 거울을 들여다보게 하자, 곧바로 그 거울 속에 비친 모습을 이용하여 자기 얼굴에 물감이 묻은 곳을 탐색하는 행동을 보였다. 그러나 홀로 자란 침팬지들은 거울 속 자기의 이미지에 대해 아무런 반응도 하지 않았다. 이들은 거울 속 자신을 알아차리지 못했던 것이다. 자기-개념이 발달하지 않았다는 뜻이다.

타인과의 비교를 통한 자신 알기

자신을 정의할 때 우리는 다른 사람들을 어떻게 이용할까? 한 가지 방법은 다른 사람들을 기준으로 자신의 능력과 태도를 저울질해보는 것이다. 자선기금을 정기적으로 지급하기로 한 사무실에서 일을 하고 있다고 가정하자. 월급에서 원하는 만큼의 금액을 기부할 수 있다. 여러분은 매월 5만 원씩 기부하기로 했다. 여러분의 이 결정은 얼마나 관대한 결정일까? 다시 말해 이런 결정을 내린 자신의 행동을 두고 여러분은 자신의 박애주의 정신을 얼마나 자랑스럽게 생각할 것 같은가? 이 질문의 답을 찾는 한 가지 방법은 다른 사람들과 자신을 비교해보는 것이다. 예컨대 옆자

리에서 근무하는 지나는 매달 1만 원씩 기부하기로 했다는 사실을 알고 나면, 스스로를 매우 관대한 사람으로 느낄 가능성이 크다. 그러나 지나가 기부하기로 한 금액이 매달 10만 원씩이었다면, 여러분은 스스로를 별로 관대한 사람이 못 된다고 판단하게 될 것이다.

이 보기는 **사회비교 이론**(social comparison theory)을 예시하고 있다. 이 이론은 Leon Festinger (1954)가 처음 주장한 이후 많은 연구자(Bruchmann & Evans, 2013; Buunk & Gibbons, 2013; Hoorens & Van Damme, 2012; Lockwood, Shaughnessy, Fortune, & Tong, 2012; Suls & Wheeler, 2000)에 의해 수정되었다. 이 이론에 따르면 사람들은 자신을 다른 사람과 비교함으로써 자신의 능력과 태도를 알게 된다. 이 이론에서는 두 가지 문제를 중요하게 다루는데, 그중 하나는 남과의 비교 시점이 언제냐는 것이고 다른 하나는 누구를 비교 대상으로 선택하느냐는 것이다. 첫 번째 문제에 대한 답은 자신에 대한 측정치를 비교할 객관적인 기준이 없고 또 특정 분야에서 자신의 능력에 관한 확실한 정보가 없을 때로 알려져 있다(Suls & Fletcher, 1983; Suls & Miller, 1977). 이 이론이 옳다면, 앞서 소개한 자선기금의 경우 그 회사에서는 자선행사가 처음 있는 일이어서 후한 금액이 얼마인지를 알 수가 없다면, 그 회사 사람들은 자신을 알기 위해 자기와 다른 사람들을 비교할 가능성이 커져야 한다.

두 번째 문제, 즉 누구를 비교 대상으로 삼을 것이냐는 문제의 경우, 그 답은 목적에 따라 달라진다. 구체적으로 비교의 목적이 자기 능력에 대한 정확한 평가인지, 최고 수준을 결정하여 무엇을 목표치로 삼아야 할 것인지를 알고 싶은지, 또는 자신에 대해 좋은 느낌을 갖고 싶은 것인지에 따라 비교 대상은 다르게 선정된다. 예를 들어보자. 여러분은 올해 갓 대학에 입학했고, 지금은 대학에서의 맨 처음 수업시간이며 그 과목명은 독일어라고 하자. 지금 여러분은 이 수업에서 얼마나 잘할 수 있을지가 궁금하다. 이 경우 여러분은 누구를 여러분과의 비교 대상으로 선택해야 할 것 같은가? 독일에서 2년 동안 살았었다고 자랑하는 학생? 아니면 자기는 이 과목을 재미로 신청했으며 독일어의 '독'자도 모른다고 말하는 학생? 그것도 아니면 여러분과 배경이 비슷한 학생? 대부분의 사람들은 그 분야에서 자기와 배경이 비슷한 사람을 비교 대상으로 선택해야 가장 중요한 정보를 확보할 수 있다고 생각한다(Goethals & Darley, 1977; Miller, 1982; Suls, Martin, & Wheeler, 2000). 다시 말해 여러분처럼 고등학교 2학년 때 독일어를 1년 동안 공부한 적은 있지만 독일에는 가본 적이 없는 그런 학생들과 비교해야 가장 정확한 정보를 확보할 수 있고, 그 학생이 잘하면 여러분도 잘할 것이라고 믿을 것이라는 뜻이다(Thornton & Arrowood, 1966; Wheeler, Koestner, & Driver, 1982; Zanna Goethals, & Hill, 1975).

많은 사람이 갈망하는 최고 수준, 즉 탁월성이 무엇인지 알고 싶어 한다면, 여러분은 **상향비교**(upward social comparison)를 감행하고 있는 셈이다. 상향비교란 특정 특질 또는 능력 면에서 우리보다 나은 사람들과 비교하는 일을 일컫는다(Johnson, 2012). 다시 말해 우리가 언젠가 그곳에 도달할 수 있기 위해 '최고 중 최고'를 알고 싶어 한다면, 우리 자신을 독일에서 살았던 학생과 비교해야 하고 그러기 위해서는 그 학생이 얼마나 잘하는지를 알아야만 한다. 그러나 상향비교의 한 가지 문제는 그런 비교를 통해 열등감이 더욱 커질 수 있다는 점이다. 그러니까 '아무리 노력해도 독일에서 공부했던 학생만큼 독일어를 잘할 수는 없을 거야!'라는 생각을 갖게 될 수도 있다(Beer, Chester, & Hughes, 2013; Chan & Sengupta, 2013; Normand & Croizet, 2013; Ratliff & Oishi, 2013). 따라서 만약 우리의 목적이 자신에 대한 호감을 높이고 자신감을 고조시키는 데 있다면, **하향비교**(downward social comparison), 즉 특정 특질이나 능력 면에서 우리보다 못한 사람들과 비교하는 편이 더 나을 것이다(Aspinwall & Taylor, 1993; Bauer & Wrosch, 2011; Brakel, Dijkstra, & Buunk, 2012; Chambers & Windschitl, 2009; Guenther & Alicke,

사회비교 이론
우리는 자신을 다른 사람들과 비교함으로써 자신의 태도와 능력에 관해 알게 된다는 관념

상향비교
특정 특질이나 능력 면에서 우리보다 나은 사람을 기준으로 자신을 평가하는 일

하향비교
특정 특질이나 능력 면에서 우리보다 못한 사람을 기준으로 자신을 평가하는 일

2010; Wehrens, Kuyper, Dijkstra, Buunk, & Van Der Werf, 2010). 다시 말해 여러분의 독일어 성적을 독일어를 처음 수강하는 그 학생의 성적과 비교하면, 여러분 자신의 능력을 두고 좋게 생각할 가능성이 크다는 뜻이다. 왜냐하면 여러분의 성적이 그 학생의 성적보다는 나을 게 확실하기 때문이다. 다른 예를 들어보자. 연구자들이 면담한 암환자들의 거의 모두는 스스로 자신보다 증상이 더 심한 환자들과 자신을 비교했던 것으로 드러났다. 자신이 겪어야 할 과정에 대해 보다 낙관적인 느낌을 갖고 싶었기 때문이었을 것이다(Wood, Taylor, & Lichtman, 1985).

스스로에 대한 호감을 높일 수 있는 또 다른 방법은 자신의 현재를 자신의 과거와 비교하는 것이다. 어떤 의미에서 이 역시 하향비교에 속한다. 비교의 대상이 다른 사람이 아닌 '과거의 나'라는 점만 다르다. 사람들은 실제로 이런 하향비교를 감행함으로써 자신에 대한 감정을 고조시키기도 하는 것으로 밝혀졌다. 예컨대 한 학생은 '지금의 자신'이 '고등학생 때의 자신'보다 훨씬 더 사교적이다. 고등학생 때는 부끄럼도 많고 매우 보수적이었다고 말했다(Ross & Wilson, 2003; Wilson & Ross, 2000).

요컨대 우리가 우리 자신을 어떤 사람과 비교할 것인지는 우리의 목적이 무엇이냐에 따라 결정된다. 자신의 능력과 의견을 정확하게 평가하고 싶을 때는 자신과 비슷한 사람들과 비교한다. 우리가 성취하기 위해 노력해야 할 것이 무엇인지를 알고 싶을 때는 상향비교를 감행한다. 그 결과에 따라 우리는 스스로에 대한 열등감을 가지게 될 수도 있다. 우리가 원하는 것이 자신에 대한 만족감 고양일 때는 우리보다 못한 사람들(여기에는 과거의 우리 자신도 포함된다)과 비교한다. 그런 하향비교를 통해 우리는 우리 스스로를 보기 좋게 만들 수 있기 때문이다.

타인의 관점을 통한 자신 알기

위에서 보았듯이 우리는 우리 자신의 능력을 평가할 때 다른 사람을 잣대로 이용하기도 한다. 그러나 사회를 보는 관점의 경우 친구들의 관점을 취하기도 한다. 매일 같이 붙어 다니는 사람들은 세상을 바라보는 방식도 똑같다는 생각을 해본 적은 없는가? '끼리끼리 모인다'는 말로 이런 현상을 설명할 수 있을 것이다. 즉, 우리는 자신과 견해가 다른 사람들보다는 견해가 비슷한 사람들에게 끌리고, 그 결과 친구관계로 발전할 가능성이 크기 때문이라는 해석이다. 끼리끼리 모인다는 가설을 지지하는 증거는 제10장에서 소개될 것이다(Newcomb, 1961).

그러나 사람들은 적어도 특정 조건에서는 함께 다니는 다른 사람의 견해를 취하기도 한다. Charles Cooley(1902)는 이런 현상을 일컬어 '거울 속 자신(looking glass self)'이라고 했다. 그는 사람들이 자신과 사회를 남의 입장에서 바라보기도 하며, 가끔은 남의 견해를 수용하기도 한다는 뜻으로 거울 속 자신이란 말을 사용했다. 최근의 연구결과에 의하면, 이런 일은 특히 두 사람이 서로 친해지고 싶을 때 발생하는 것으로 밝혀졌다(Hardin & Higgins, 1996; Huntsinger & Sinclair, 2010; Shteynberg, 2010; Sinclair & Lun, 2010; Skorinko & Sinclair, 2013). 여러분의 절친한 친구가 EBS 방송의 교육 프로그램보다 더 바보 같은 TV 프로그램은 이 세상에 없을 것이라고 생각하면, 여러분도 그렇게 생각하게 될 가능성이 크다는 뜻이다.

우리가 친한 친구의 생각에 영향을 받는다는 것은 자명한 일인 것 같다. 그러나 다른 사람의 태도를 취하는 일, 즉 **사회적 조율**(social tuning)이 언제나 그렇게 뻔한 현상은 아니다. 처음 만난 사람의 태도를 취하는 일도 벌어지기 때문이다. 물론 이런 사회적 조율은 특히 우리가 그 사람과 친해지고 싶을 때 벌어진다. 그리고 사회적 조율은 우리가 알지 못하는 사이에 벌어지기도 한다. 예를 들어보자. 여러분이 Stacey Sinclair의 연구진이 수행한 연구(Sinclair, Lowery, Hardin, & Colangelo, 2005)의 참여자였다고 하자. 약속된 장소에 도착하자 실험자가 여러분을 맞이한

사회적 조율
사람들이 다른 사람의 태도를 취하는 과정

다. 그런데 그 실험자의 행동이 호감이 가는 경우도 있고 호감이 가지 않는 경우도 있다. 호감이 가는 조건에 참여한 사람들에게는 감사의 인사와 함께 두어 개의 사탕을 집어주었다. 그러나 호감이 가지 않는 조건에 참여한 사람들을 대할 때는 사탕 그릇을 한쪽으로 밀어놓으며 한다는 말이 "그냥 무시하세요. 실험자 중에는 참여자들에게 사탕을 주며 감사하다는 인사를 하는 사람도 있어요. 그러나 나는 참여자들에게 가산점을 주는 것만으로도 충분하다고 생각하는 사람이거든요."란다(Sinclair et al., 2005, p. 588). 그런 후 여러분은 컴퓨터 앞에 앉아 아주 단순한 과제, 즉 화면에 'good'이라는 단어가 나타날 때는 예컨대 'P' 키를 누르고 'bad'라는 단어가 나타날 때는 'Q' 키를 누르는 과제를 수행한다.

단순해 보이는 그 과제는 여러분의 자동적 편견을 측정하고 있었다. 물론 여러분은 모르고 있었겠지만, 'good' 혹은 'bad'라는 단어가 나타나기 직전에 백인 얼굴 또는 흑인 얼굴을 담은 사진 하나가 화면에 떴다 사라지는 일이 벌어지고 있었다. 그 사진은 아주 잠시잠깐 동안만 제시되기 때문에 여러분은 그런 사진이 제시됐었다는 사실을 알 수가 없었다. 그리고 컴퓨터는 'good'이나 'bad'이 화면에 제시된 시점에서 여러분이 'P' 또는 'Q'를 누를 때까지의 시간 간격(반응시간)을 측정하고 있었다. 이런 식으로 제시된 자극도 참여자의 행동에 영향을 미친다는 사실은 선행연구에서 이미 밝혀졌다(제7장 참조). 이 실험을 통해 검증하고자 했던 가설은 "만약 사람들이 흑인에 대한 편견을 가지고 있다는 말이 사실이라면, 흑인 얼굴이 제시된 다음에 'bad'라는 단어가 떴을 때의 반응시간이 'good'이라는 단어가 떴을 때의 반응시간보다 짧아야 한다."였다.

참여자들의 견해가 실험자의 견해에 맞추어 조율되는지를 검토하기 위해, 연구자들은 이 실험에서 독립변인을 하나 더 조작했다. 실험회기 중 절반에서는 실험자가 입은 티셔츠에 'eracism'이라는 단어가 적혀 있었다. 인종차별주의를 반대한다는 의미의 단어였다. 나머지 절반의 회기에서는 실험자가 입은 티셔츠에 그런 단어가 적혀 있지 않았다. 이 실험을 통해 해결하고자 했던 문제는 "참여자들이 실험자의 반인종차별주의 견해를 채택하게 될 확률이 언제(실험자가 호감이 가는 행동을 할 때 혹은 호감이 가지 않는 행동을 할 때) 더 클까?"였다. 그림 5.7을 보면, 호감이 가는 행동을 할 때 그런 일이 벌어질 확률이 더 높았다. 실험자가 호감이 가는 행동을 했을 때는 실험자의 티셔츠에 'eracism'이라는 단어가 없는 경우보다 있는 경우에 자동적 편견에 빠지는 확률이 더 낮았다. 이 조건에 배치된 참여자들은 자신도 모르는 사이에 실험자의 견해를 취하고 있었던 것이다. 그럼 실험자의 행동에 호감이 가지 않을 때는 어떤 일이 벌어졌을까? 그림 5.7을 보면, 참여자들이 실험자의 견해에 반하는 쪽으로 반응하는 경우가 많았음을 알 수 있다. 이 조건에서는 실험자의 티셔츠에 'eracism'이라는 단어가 없는 경우보다 있는 경우에 자동적 편견에 빠지는 확률이 더 높았다. 이 결과에서 우리는 사람들은 자기가 좋아하는 사람의 견해는 자동적으로 수용하지만, 자기가 좋아하지 않는 사람의 견해는 자동적으로 기각해버리는 경향이 있다는 사실을 알게 된다.

조언을 통한 미래 느낌 알기

면접시험을 보는 일 같은 미래에 벌어질 일에 대한 우리의 느낌을 예측하려 할 때는 어떻게 할까? 같은 일에 대한 다른 사람들의 느낌을 믿어도 되는 것일까? 이는 **정서 예측**(affective forecasts), 즉 우리 각자가 미래에 겪게 될 정서적 사건에 대해 어떤 느낌을 갖게 될 것인지에 대한 예측과 관련된 질문이다. 예를 들어 친구의 소개로 낯선 두 사람과 데이트할 기회가 생겼다. 그런데 시간 관계상 둘 중 한쪽만 선택할 수밖에 없다. 친구 A는 자기가 소개하는 사람에 대해 인물도 좋고 성격도 좋다고 말한다. 이 조건은 조건 A라 하자. 친구 B는 자기가 소개하는 사람에

정서 예측
우리 각자가 미래에 겪게 될 정서적 사건에 대해 어떤 느낌을 갖게 될 것인지에 대한 예측

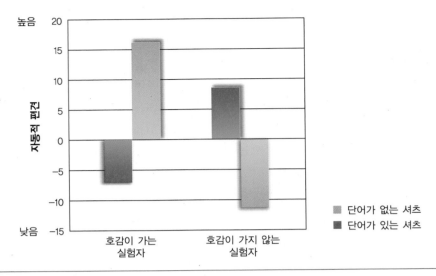

그림 5.7 호감이 가는 실험자와의 사회적 조율

참여자들은 호감이 가는/가지 않는 행동을 하는 실험자가 반인종차별주의를 표명하는 단어 'eracism'이 적혀 있는/적혀 있지 않은 티셔츠를 입은 실험조건에서 흑인에 대한 자동적 편견 검사를 받았다. 실험자의 행동에 호감이 갈 때는 실험자가 입은 티셔츠에 'eracism'이 없을 때보다 있을 때 자동적 편견이 더 낮았다. 실험자의 행동에 호감이 가지 않을 때는 참여자들이 실험자의 견해에 반하는 반응을 하는 경우가 많았다. 이 조건에서는 티셔츠에 'eracism'이 없는 경우보다 있는 경우에 자동적 편견이 더 높았다. 이 결과는 사람들은 자기가 좋아하는 사람의 견해는 자동적으로 수용하지만, 좋아하지 않는 사람의 견해는 자동적으로 기각해 버리는 경향이 있음을 보여준다.

출처 : Sinclair, Lowery, Hardin, & Colangelo(2005)

대해 아무것도 말해주지 않아 그 사람에 대해 아는 게 아무것도 없다. 그러나 하나는 안다. 친구 B도 그 사람을 좋아한다는 사실이다. 이 조건은 조건 B라 하자. 여러분 같으면 조건 A와 조건 B 중 어느 조건을 택하겠는가?

이런 경우 대부분의 사람들은 조건 A를 선택한다. 데이트 대상에 관한 정보가 더 많아 그 상대가 어떨 것 같은지에 대한 자신만의 판단을 세울 수 있기 때문이다. 이에 반해 조건 B의 경우에는 상대에 관해 아는 게 없기 때문에 보다 위험한 선택으로 인식된다. 물론 친구 B는 그 사람을 좋아한다고 해도 당사자인 나도 그 사람을 좋아하게 될 것이라는 보장이 없지 않은가? 그러나 연구결과에 따르면, 대부분의 사람들이 선호하는 이런 선택이 반드시 가장 현명한 선택은 아닌 것 같다. 친구 B의 주관적 의견 같은 다른 사람들의 반응을 따르는 게 보다 현명한 선택일 것이라는 뜻이다.

한 연구에서 한 무리의 여자 대학생에게 한 남학생의 프로필을 살펴보게 하고는 그 남학생과의 5분짜리 스피드 데이트가 얼마나 즐거울 것 같은지를 예상해보라고 주문했다. 그 프로필 속에는 사진과 나이, 키, 몸무게, 좋아하는 책, 좋아하는 영화 등에 관한 정보가 들어 있었다(Gilbert, Killingsworth, Eyre, & Wilson, 2009). 이 조건은 사실상 위에서 소개한 조건 A와 같다. 또 한 무리의 여학생에게는 그 남학생에 관한 정보는 아무것도 제공하지 않고, 그와 5분짜리 스피드 데이트를 했던 한 여학생이 그 데이트를 즐거워했던 정도를 알려주었다. 그런 후 역시 그 남학생과의 5분짜리 스피드 데이트가 얼마나 즐거울 것 같은지를 예상해보라고 지시했다. 이 조건은 위에서 소개한 조건 B와 같다. 그런 후 이 두 무리의 여학생 모두가 그 남학생과 스피드 데이트를 가졌고, 각자는 그 데이트가 즐거웠던 정도를 평정해야 했다. 어느 무리의 예측이 더 정확했을까? 누군가가 그 남학생을 좋아했던 정도를 안 집단의 예측이 프로필을 읽은 집단보다 더 정확했다. 다른 학생이 그 사람을 좋아한 정도에 관한 정보가 자신의 느낌이 어떠할 것인지에 대한 보다 정확한 정보원으로 작용했다는 뜻이다. 기실 실험에 협조했던 이 남학생이 만약 거만하고 자기 중심적이었다면, 거의 모든 여학생이 스피드 데이트에서 그 점을 꼬집었을 것이고, 그 남자의 그런 점을 알게 된 여학생(실험 참여자)들 또한 그 남자를 좋아하지 않게 됐을 것이다. 비슷한 이치로 그 남학생이 장동건 같이 잘생기고 따뜻하고 재미있었다면, 대부분의 여학생이 그를 좋아했을 것이고, 그 사실을 알게 된 것만으로 다른 여학생(실험 참여자)들은 자기도 그 남학생을 좋아하게 될 것으로 예측했을 것이다. 그럼 프로필을 읽은 조건에서는 어떤 일이 벌어졌던 것일까? 어떤 사람이 어떠한가에 대한 소량의 정보에는 허점이 많을 수 있다. 이 때문에 그 남학생의 프로필 역시 그 사람이 어떠한지를 정확하게 포착하지 못했을 수 있다. 그러므로 첫 데이트나 영화나 책 같은 것에 대한 많은 사람의 반응이 완벽하게 일치하는 경우는 드물지만, 그런 반응을 아는 것만으로도 우리는 우리가 그런 것들을 얼마나 좋아할 것인지를 예측하는 데 매우 유용한 정보가 될 수 있으며 사실, 그 대상에 대해 조금 아는 것보다 더 정확한 정보가 된다(Eggleston, Wilson, Lee, & Gilbert, 2014).

복습문제

1. 고등학교 1학년인 민주는 자기 학교 배구팀에 입단하기 위해 자신의 실력을 평가해보고 싶다. 자신의 실력을 정확하게 측정하기 위해 민주는 자신의 실력을 다음 중 누구와 비교해봐야 할까?
   a. 작년에 최고 선수로 뽑혔던 3학년 선수
   b. 자기보다 배구에 경험이 적은 1학년 학생
   c. 자기 학교 배구 팀의 코치
   d. 자기와 배구를 경험한 정도가 비슷한 1학년 학생
2. 사회적 조율에 관한 다음 진술 중 진실에 가장 가까운 것은?
   a. 사람들은 다른 사람들의 태도를 수용할 것인지에 대한 결정을 의식적으로 내린다.
   b. 사람들은 처음부터 타인의 입장에 동의할 때만 그 사람의 태도를 취한다.
   c. 사람들은 다른 사람과 잘 지내고 싶을 때 그 사람의 태도를 취할 가능성이 크다.
   d. 아시아 문화권 사람들보다 서구 문화권 사람들이 사회적 조율을 감행

할 가능성이 크다.
3. 다음 중 진실에 가장 가까운 것은?
   a. 어떤 사람에 대한 프로필을 살피고 나면, 우리는 우리가 그 사람을 만난 후 어떤 느낌을 갖게 될 것인지를 비교적 정확하게 예측할 수 있다.
   b. 우리가 데이트할 상대를 어떤 사람이 얼마나 좋아했는지를 안다고 해도 별 소용이 없다. 왜냐하면 사람마다 데이트 상대에 대한 취향이 다르기 때문이다.
   c. "극과 극은 통한다."는 말, 즉 성격이 판이한 사람들끼리 서로 매력을 느끼곤 한다는 말은 일반적으로 사실에 가깝다.
   d. 다른 사람과의 데이트에서 얼마나 즐거운 시간을 보내게 될 것인지를 예상하기 위해서는 그 사람의 프로필과 사진을 보는 것보다 다른 사람들이 그 사람을 얼마나 좋아했는지를 알아보는 게 훨씬 낫다.

정답은 537-539쪽 참조

자기통제 : 자신을 관리하는 기능

5.5 자기통제의 성패 확률이 높은 때는 언제이고 실패 확률이 높은 때는 언제인가

지나는 옛 남자 친구 진규를 용서하기로 굳게 마음먹었다. 과거는 잊어버리자. 진규가 했던 바보 같은 짓도 모두 잊어버리자고 다짐했다. "그건 오래된 과거지사이고 이제는 앞으로 나가야 할 때잖아!"라는 게 지나의 생각이었다. 그러던 어느 날 지나는 생각지도 못했던 파티에서 진규를 만났다. 그런데 진규가 지나 친구 소라와 같이 있는 게 아닌가? 소라한테는 추호의 관심도 없다고 맹세했던 진규가 소라와 함께 나타난 것이다. 한바탕 소란을 일으켜 두 사람을 쫓아내고 싶은 맘이 굴뚝같았지만, 지나는 입술을 깨물고 환한 미소를 지으며, 그 파티의 주인공처럼 행동한다.

지나는 자신이 잘하고 있다고 생각한다. 그러나 얼마 지나지 않아 감자 칩을 게걸스럽게 먹고 있는 자신을 발견한다. 지나는 건강식품만 먹기로 자신과 약속한 지 얼마 되지 않았는데도 이미 체중이 몇 kg 늘어 있는 상태였다. 이 보기에서 지나는 우리 모두에게 친근한 일을 하고 있다. 즉, 자신을 통제하려 노력하고 있다. 한편으로는 지나의 노력이 성공하고 있다. 진규를 쫓아내고 싶은 욕구는 억누르고 있었다. 그러나 다른 한편에서는 그 노력이 실패하고 있다. 체중을 줄이려는 욕구는 다스리지 못했다. 자신을 통제하려는 노력의 성패는 어떻게 결정되는 것일까?

자신/자기의 중요한 기능 중 하나는 현재 그리고 미래에 무엇을 할 것인지를 선택하는 최고 경영자(CEO)의 역할이다(Baumeister, Schmeichel, & Vohs, 2007; Carver & Scheier, 1998; Higgins, 1989, 2005; Vohs & Baumeister, 2011). 아직 일어난 적이 없는 사건을 상상하고 장기적인 계획을 수립할 수 있는 동물은 인간뿐인 것 같다. 그리고 그러한 계획을 수립하고 행동을 제어하려고 노력하는 것은 자신이다(Gilbert, 2006; Gilbert & Wilson, 2007). 자신의 행동과 선택을 최적의 방식으로 제어하는 일은 말로는 쉬워도 실행하기는 어렵다. 금연이나 다이어트를 시도해본 사람은 누구나 이 사실을 알고 있다.

자기통제(self-control) 방법의 하나인 사고 억압(thought suppression), 즉 생각을 마음속에서 지워버리려는 노력은 실패할 확률도 또 역효과를 초래할 가능성도 매우 크다. 어떤 것(예 : 옛 남자 친구, 감자 칩)에 대한 생각을 마음속에서 지워버리려고 노력하면 할수록 그에 대한 생각은 더욱 선명하게 부각된다(Baird, Smallwood, Fishman, Mrazek, & Schooler, 2013; Wegner, 1992, 1994, 2011). 이 때문에 생각하고 싶지 않은 주제가 머릿속에 떠오르면, 그 주제에 관한 생각을 따라가면서 자신의 의지력을 최대한 발휘하는 게 더 효과적인 전략이 된다. 자신의 행동을 통제하려 하는 동안 통제에 필요한 에너지를 충분히 지니고 있을 때 우리의 의지력도 최강일 가능성이 크다(Baumeister & Hetherington, 1996; Schmeichel & Baumeister, 2004). 자기통제가 성공하기 위해서는 에너지가 필요한데, 우리가 가진 에너지는 한정돼 있다. 때문에 한 과제에 에너지를 많이 소비하면 다른 과제에 투자할 수 있는 에너지가 그만큼 줄어든다. 축구시합을 하고 난 직후에는 농구시합을 잘하기가 어렵다. 이것이 바로 지나가 감자 칩의 유혹을 떨칠 수 없었던 이유이기도 하다. 즉, 옛 남자 친구였던 진규에게 꺼지라는 상말을 참느라고 너무 많은 자원을 소비했기 때문에, 감자 칩의 유혹에서 벗어나기 위한 노력을 할 여력이 없었다는 뜻이다.

연구자들은 이 가설을 검증하기 위해 참여자들에게 과제를 제공하고 그 과제에 자제력을 한껏 발휘하게 하고는, 이 과제와는 무관한 두 번째 과제에 투자할 자제력이 감소하는지를 검토하였다. 예컨대 실험집단의 참여자들에게 특정 생각을 억압하라고 지시했고(예 : 흰곰에 대한 생각을 하지 않기) 통제집단의 참여자들에게는 그런 지시를 하지 않았다. 그런 후 '웃기는 영화를 보면서 웃지 않기'와 같은 정서반응을 억제해야 하는 두 번째 과제에서 이 두 집단 간 차이를 비교하였다. 그 결과 통제집단보다 실험집단의 수행 수준이 더 저조한 것으로 드러났다(Muraven, Tice, & Baumeister, 1998). 이 실험에 이용된 두 과제는 판이했지만, 첫 번째 과제를 수행하는 데 너무 많은 자원을 투자했기 때문에 정서적 반응을 제어하는 데 필요한 자원이 부족했고, 그로 인해 두 번째 과제 수행이 어려워졌다는 게 이 결과에 대한 연구자들의 해석이다.

이런 '고갈 효과'의 또 다른 보기로는 보통 사람들은 오후보다는 오전에 자제력이 더 강하다는 사실을 들 수 있다. 오후가 되면 사람들은 정신적 자원을 빼앗기는 경우가 더 많다는 뜻이다. 예를 들어 인터넷에서 음원을 불법 다운로드하는 일 같은, 해서는 안 될 부정한 일을 하고 싶은 욕구가 생겼다고 해보자. 사람들이 이런 유혹에 넘어갈 가능성이 오전에 더 높을까 아니면 오후에 더 높을까? 사람들이 부정한 일을 할 확률은 오전보다 오후가 더 높다는 게 연구결과이다. 오후가 되면 그런 유혹에 저항할 정신적 에너지가 적어지기 때문이라는 게 이 결과에 대한 설명이다 (Kouchaki & Smith, 2014).

그러나 이런 '고갈 효과'도 불가피한 현상은 아닌 것 같다. 기실 사람들은 어떠한 상황에서도 자신의 의지력을 어느 정도는 통제할 수 있는 것으로 밝혀졌다(Egan, Hirt, & Karpen, 2012). 예컨대 의지력은 끝이 없다는 믿음만으로도 도움이 되는 것 같다. 어려운 과제를 만났을 때도 지나치게 힘들지 않는 한, 이런 믿음을 가진 사람들이 더 오래 버티면서도 고갈 상태에 쉽게 빠져들지 않는 것으로 드러난 것이다(Job, Dweck, & Walton, 2010; Vohs, Baumeister, & Schmeichel, 2012).

또 하나의 방법은 기도를 하는 것이다. 최근에 실시된 한 연구에서 참여자들에게 많은 노력을 요구하는 과제를 부여한 후, 그 과제를 수행하기 전에 참여자 중 일부는 기도를 하게 하고 나머지는 기도를 하지 못하게 해보았다(Friese & Wänke, 2014). 기도하는 조건에 배치된 사람들에게는 "특정 인물, 한 무리의 사람, 자기들의 희망과 소망, 현재의 걱정거리, 또는 어떤 방식으로든 자기들이 원하는 어떤 것"을 두고 5분 동안 기도하거나 생각해보라고 주문했다(Friese & Wänke, 2014, p. 57). 종교가 없는 사람도 할 수 있는 기도임을 주목하자. 그런 후 모든 참여자가 부여된 어려운 과제(코미디 영화를 보면서 정서와 웃음을 억압하는 일)를 수행했다. 그런 다음에는 또 하나의 어려운 인지과제를 수행해야 했다. 첫 번째 과제를 수행할 에너지는 기도를 했든 안 했든 모두에게 충만했다. 그러나 두 번째 과제에 에너지를 투자하는 일은 기도를 한 사람들이 더 잘했다. 두 번째 과제를 더 잘 수행했다는 뜻이다. 이에 반해 기도를 하지 않은 사람들은 고갈 효과를 보였다. 두 번째 과제 수행이 저조했다는 뜻이다. 어떻게 기도가 도움이 된 것일까? 기도가 그 사람들에게 자기들에게는 계속할 수 있는 자원과 의지력이 있다는 확신을 갖게 했을 수도 있다. 앞서 봤듯이 믿음은 그 자체만으로도 사람들의 의지력을 높일 수 있다. 따라서 지나가 파티에 앞서 몇 분 동안 기도만 했더라도 또는 자기 자신은 의지력이 강한 사람임을 머릿속에 떠올리기만 했더라도 옛 애인을 무시하고 또 감자 칩도 먹지 않았을 것이다.

자제력을 향상시키기 위해 우리가 할 수 있는 다른 일은 없을까? 스스로를 통제하기 위해 애를 써야 할 상황을 마주치기 전에 미리 구체적인 이행 의도를 생성하는 방법이 있다(Gollwitzer & Oettingen, 2011; Oettingen, 2012). 다시 말해 "사회심리학 기말고사 때는 공부를 충분하게 해야지!"라고 말하지 말고, 언제 그리고 어떻게 공부를 하고, 유혹은 어떻게 뿌리칠 것인지를 구체적으로 명시해 놓으라는 뜻이다. 이를테면 "목요일에는 수업이 끝나는 대로 도서관에 간다. 만약의 경우 친구가 그날 밤에 파티에 가자고, 꼭 같이 가야 한다고 졸라대면, 정해둔 공부를 마친 다음에 가겠다고 말해야지!"라고 적어둘 수도 있을 것이다.

복습문제

1. 어제 오후 나희는 간부회의에서 누가 봐도 웃을 것 같은 옷차림으로 앉아 있는 사장을 만났다. 나희는 웃음을 꾹 참았지만 사장을 놀려주고 싶은 생각이 들었다. 좋은 생각이 아니라는 것도 알았다. 다음 중 나희가 사장을 놀려주고 싶은 심정을 억누를 가능성이 가장 큰 조건은?
   a. 나희는 어제 어려운 보고서를 작성한다고 오전을 다 보냈다.
   b. 나희는 어제 어려운 보고서를 작성한다고 오전을 다 보냈다. 그러나 나희는 의지력에는 한이 없고 또 자기는 막강한 의지력을 가진 사람이라

고 믿고 있다.
   c. 나희는 "사장이 입은 옷에 신경을 쓰지 말자!"라는 말을 몇 번이고 반복했다.
   d. 어제 친구가 피자를 가져와 같이 먹자고 했지만 나희는 다이어트 중이어서 점심을 굶었다.
2. 은수는 룸메이트의 책상 위에 놓인 초콜릿이 먹고 싶어졌다. 그런데 그 친구는 그걸 먹으면 안 된다고 말했었다. 다음 중 은수가 초콜릿을 먹고 싶

은 그 충동을 이겨낼 가능성이 가장 큰 조건은?

a. 그때는 오후였고 은수는 몹시 바쁜 오전을 보냈다.

b. 은수는 의지력은 정해져 있고 사람들은 한정된 양의 의지력을 지닌다고 믿는다.

c. 은수는 그날 오전에 체육관에 가서 운동하느라 땀을 많이 흘렸다.

d. 은수는 그날 아침 기도하는 데 3~4분을 보냈다.

3. 태수는 세탁을 해야 하는데 최근 몹시 바쁘게 지내고 있다. 다음 중 어떤 조건에서 태수가 2~3일 내에 세탁할 가능성이 가장 큰가?

a. 자신에게 이렇게 말한다. "내일 저녁 7 : 00시에 세탁을 한다. 그때 친구가 영화 보러 가자고 하면, 그다음 날 가자고 말할 것이다."

b. 내일 중으로 반드시 짬을 내서 세탁을 하겠다고 맹세를 한다.

c. 2일 안으로 적당한 시간을 잡아 세탁을 하겠다고 맹세를 한다

d. 내일은 세탁 말고는 어떤 다른 일도 하지 않겠다고 맹세를 한다.

정답은 537-539쪽 참조

인상 관리 : 세상은 무대다

5.6 남이 우리를 우리가 원하는 대로 보게 하기 위해 우리는 자신을 어떻게 묘사하나

미국 공화당에서도 보수파에 속하는 데이비드 듀크는 1991년 루이지애나 주지사 선거에 출마했다. 그런데 그는 성인기의 대부분을 백인지상주의자 및 반유대주의자로 활동했다. 1989년에는 자기의 사무실에서 나치 서적을 판매하기도 했다(Applebome, 1991). 이 때문에 그는 표를 확보하기 위해 여러 가지 장해물을 넘어야 했다. 유권자들의 환심을 사기 위해 그는 나치주의나 Ku Klux Klan(사실 그는 1970년대 KKK단의 지도자로 일한 적도 있다)을 더 이상 지지하지 않는다고 주장했다. 성형수술을 통해 외모까지 바꾸었다. 그러나 유권자들은 속지 않았고, 그는 민주당 후보인 에드윈 에드워드에게 패하고 말았다. 2003년에는 지지자들의 성금을 사적인 사업에 투자하고 도박으로 유용했다는 혐의로 연방 감옥 15개월 수감이라는 선고를 받았다(Murr & Smalley, 2003).

물론 모든 정치인이 데이비드 듀크처럼 극단적인 변신을 하는 것은 아니다. 하지만 정치에서 여론 관리는 오래된 개념이다. 미국인들은 F. 루스벨트 대통령이 소아마비를 앓았다는 사실을 알고 있었다. 그러나 그가 겪은 장애의 정도는 몰랐다. 사생활을 할 때는 휠체어를 타고 다녔지만, 대중 앞에서는 절대 휠체어를 이용하지 않았기 때문이다. 연단에 서서 연설을 할 때도 도우미의 부축을 받으면서까지 서 있었다. 보다 최근에는 수많은 정치인이 스캔들에 휘말린 후 자신에 대한 대중의 이미지를 바꾸기 위해 노력하고 있다. 예컨대 미국 하원의원 앤터니 와이너는 여러 명의 여성에게 음란 메시지를 보냈다는 사실이 알려진 후인 2011년에 사직서를 냈다. 2년 후 정계에 복귀하기 위해 뉴욕시장 선거에 출마하면서 과거는 과거일 뿐이라고 주장했다. 그러나 '카를로스 데인저'라는 별명으로 아직도 음란 메시지를 보낸다는 사실이 밝혀진 후 민주당 예비투표에서 5%밖에 득표하지 못했다.

인상 관리

다른 사람들이 자기를 볼 때 자기가 그들에게 보이기를 원하는 대로 보게 하려는 노력

이들 보기는 **인상 관리**(impression management)의 극단적인 경우에 해당한다. 인상 관리란 다른 사람들이 자신을 볼 때 자신이 원하는 대로 보게 하려는 시도를 의미한다(Gibson & Poposki, 2010; Goffman, 1959; Ham & Vonk, 2011; Phelan & Rudman, 2010; Schlenker, 2003; Uziel, 2010). 마치 정치가들이 자신의 행동을 자기에게 가장 유리한 쪽으로 돌리기 위해 자신에 대한 대중의 인상을 관리하려고 애쓰는 것처럼 우리도 일상생활에서 그들과 똑같은 노력을 한다. Erving Goffman(1959)이 지적했듯이, 우리는 모두 배우와 다르지 않다. 어떤 면에서 보면 우리도 '관객들'(우리 주변에 있는 사람들)에게 우리가 어떤 사람인가를, 실제로는 그렇지 않은데도, 확신시키려고 최선을 다해 노력한다는 뜻이다.

환심 매수와 구실 만들기

사람들은 여러 가지 인상 관리 전략을 사용한다(Jones & Pittman, 1982). 그중 하나가 **환심 매수**(ingratiation)이다. 환심 매수란 특히 자기보다 높은 지위에 있는 사람에게 아부를 하거나 비위를 맞춰줌으로써 자신을 좋아하게 만드는 전략을 일컫는다(Jones & Wortman, 1973; Proost, Schreurs, De Witte, & Derous, 2010; Romero-Canyas et al., 2010). 다른 사람의 생각에 동의를 하거나, 함께 슬퍼하거나 공감을 하는 등 칭찬을 이용해서 환심을 살 수도 있다. 사장이 간부회의에서 너무 무미건조하게 말을 하는 바람에 회의에 참석한 거의 모든 직원이 잠들 뻔했는데도, "아주 훌륭했습니다. 사장님, 멋진 발표였습니다."라고 말하는 사람은 환심 매수 전략을 쓰는 중일 것이다. 환심 매수 전략은 강력한 전략이다. 왜냐하면 우리는 누구나 우리에게 잘해주는 사람을 옆에 두고 싶어 하는데, 바로 이 일을 가장 잘하는 사람이 환심 매수자이기 때문이다. 그러나 환심 매수 행동에 진정성이 없다는 사실을 깨닫게 되면 그런 책략도 오히려 화를 불러오기도 한다(Jones, 1964; Kauffman & Steiner, 1968).

많은 연구자의 관심을 끌어모은 또 다른 전략은 **구실 만들기**(self-handicapping)이다. 구실 만들기는 과제를 제대로 수행하지 못했을 경우에도 비난을 면할 수 있도록 스스로가 장해물을 만들어 놓는 전략을 일컫는다. 과제를 완수하지 못하면 자존심이 훼손된다. 성취도가 높아도 그 수준이 예상보다 못하거나 과거 성취 수준보다 낮아도 우리는 당황하게 된다. 어떻게 하면 우리는 이런 실망을 예방할 수 있을까? 구실 만들기가 놀라운 해결책이 될 수 있다. 만일의 경우를 위해 빌미를 미리 조작해 놓을 수 있다는 말이다(Arkin & Oleson, 1998; Jones & Berglas, 1978; Schwinger, Wirthwein, Lemmer, & Steinmayr, 2014; Snyder, Malin, Dent, & Linnenbrink-Garcia, 2014).

여러분이 수강하고 있는 통계학 기말고사 전날 밤이라고 하자. 어려운 과목이긴 하나 전공 필수 과목이기 때문에 좋은 성적을 받고 싶다. 현명한 전략 중 하나는 저녁식사를 적당히 하고 공부를 한 후, 일찌감치 잠자리에 들어 숙면을 취하는 방법일 것이다. 이에 비해 신나게 놀다가 밤을 새워 공부한 후 잠이 덜 깬 흐리멍덩한 정신 상태로 고사장에 어슬렁어슬렁 들어서는 것은 구실 만들기 전략에 속한다. 이제 시험을 망쳐도 변명거리가 생긴 것이다. 다시 말해 여러분의 시험 결과를 두고 다른 사람들이 지을 부정적인 내부 귀인(똑똑하지 못한 사람)을 면할 수 있게 되었다. 시험을 잘 치르는 행운을 얻었다면 사정은 더없이 좋아진다. 실컷 놀고도 좋은 점수를 받는 일은 특출한 재주를 가진 아주 총명한 사람만 해낼 수 있는 일이기 때문이다.

구실 만들기 전략에는 두 가지 유형이 있다. 보다 극단적인 유형은 **행동적 구실 만들기**(behavioral self-handicapping)이다. 성공 가능성을 감소시키는 방향으로 행동하고서는, 나중 실패했을 경우 그 실패의 원인을 자신의 능력 부족이 아니라 자신이 만들어놓은 장해물 때문이라고 변명하는 전략이다. 사람들이 자주 사용하는 장해물로는 약물, 알코올, 노력 삭감, 부실 준비 등이 꼽힌다(Deppe & Harackiewicz, 1996; Lupien, Seery, & Almonte, 2010). 재미있는 것은 여성보다 남성들이 행동적 구실 만들기 전략을 구사할 가능성이 더 크다는 사실이다(Hirt & McCrea, 2009; McCrea, Hirt, & Milner, 2008).

두 번째 유형인 **언어적 구실 만들기**(reported self-handicapping)는 덜 극단적이다. 성공을 방해하는 장해물을 만들기보다는 실패했을 경우 기존의 변명을 끄집어낸다(Baumgardner, Lake, & Arkin, 1985; Hendrix & Hirt, 2009). 중요한 시험을 앞두고 밤을 새워가며 공부할 정도는 아니고 그냥 몸이 좋지 않다고 불평하는 정도가 이런 유형의 구실 만들기에 속한다. 우리는 누구나 자기를 방어하기 위한 많은 변명거리(예 : 지나치게 부끄럼을 많이 타는 성격, 실험 불안, 좋지 않은 기분, 신체적 증상, 과거에 겪었던 혐오성 사건 등)를 마련할 수 있다.

그러나 자신을 방어하기 위한 변명거리를 미리 마련하는 일의 문제점은 이런 변명거리를 믿게 됨으로써 과제 수행을 위한 노력을 하지 않게 될 수 있다는 점이다. 어차피 잘하지 못할 일을 무엇 때문에 열심히 해야 한단 말인가? 구실 만들기 전략을 구사하면, 실패를 해도 체면은 살릴 수 있다. 그러나 우리가 처음부터 두려워했던 수행 저조라는 엉뚱한 효과를 초래하곤 한다. 더욱이 이 전략을 자주 구사하는 사람은 자신의 성취 수준이 낮아도 달갑지 않은 귀인을 피할 수는 있지만, 또래들이 자신을 싫어하게 될 위험을 감수해야 한다. 사람들은 구실 만들기를 감행했다고 판단되는 사람들을 좋아하지 않는다(Hirt, McCrea, & Boris, 2003; Rhodewalt et al., 1995). 특히 여성들은 구실 만드는 사람들을 좋아하지 않는다. 그러므로 여자들은 구실 만들기를 감행할 가능성이 낮고, 또 그런 일을 자행하는 사람들에 대해서는 더욱 비판적이다(Hirt & McCrea, 2009; McCrea, Hirt, & Milner et al., 2008). 왜일까? 연구결과에 의하면 남성들보다 여성들이 주어진 일을 완수하기 위해 열심히 노력하는 행동을 더 높이 평가하며, 노력은 하지 않고 변명만 늘어놓는 사람을 더욱 싫어한다.

문화, 인상 관리, 그리고 자기 향상

사람들은 그들이 속한 문화권에 관계없이 누구나 다른 사람들의 눈에 비친 자신의 모습(인상)에 관심이 많다. 그러나 그 관심의 본질과 그들이 사용하는 인상 관리의 전략은 문화에 따라 많이 다르다(Lalwani & Shavitt, 2009). 예컨대 아시아 문화권 사람들은 서구 문화권 사람들에 비해 자신에 대한 상호 의존성 견해가 강한 편이다. 정체성에 대한 이러한 차이 때문에 아시아 문화권 사람들은 체면을 지극히 중요하게 생각한다. 예를 들어 일본 사람들은 결혼식에는 '옳은' 하객이 모였는지 그리고 장례식에는 적절한 수의 조문객이 다녀갔는지를 너무 염려한 나머지 하객이나 조문객의 수가 적다고 판단될 경우, '대행사'에 가서 돈을 주고 사 오기도 한다. 이들 대행사에서 일하는 사람들은 돈을 받고 고용인의 가장 친한 친구처럼 행동한다. 예를 들어 히로코라는 여인은 자기의 두 번째 결혼식에 참석할 손님이 너무 적은 것 같아 걱정했다. 대행사에 가서 1,500달러를 주고 6명을 사왔고, 그중 한 명은 자기 회사 사장으로 행세했다. 그 '사장'은 식장에서 히로코를 극찬하는 연설까지 해주었다(Jordan & Sullivan, 1995). 이러한 인상 관리 전략이 서구인들에게는 지나친 것으로 보일 수도 있지만, 앞서 듀크의 사례에서 봤듯이 다른 사람들의 눈에 비친 자신의 인상을 관리하고 싶은 욕구는 서구인이라고 다르지 않다.

복습문제

1. 민정이가 속한 축구팀은 코치와 함께 단체 야유회를 갔다. 거기서 벌어진 다음 일 중 환심 매수의 가장 좋은 보기에 속하는 것은?
   a. 민정이는 코치가 만든 샐러드가 맛이 없다고 생각하면서도 맛있다고 말한다.
   b. 민정이는 코치에게 "요리 강습을 좀 받아야 할 것 같은데요."라고 말한다.
   c. 민정이는 팀-메이트의 열 살 먹은 남동생이 신고 있는 예쁘게 보이는 운동화를 보고 "신발 예쁘네"라고 말한다.
   d. 코치가 민정이에게 넌 훌륭한 선수니까 부지런히 연습해서 실력을 향상시키라고 말한다.

2. 병주는 사회심리학 시험을 잘못 보면 어쩌나 하고 걱정한다. 그런 병주가 한 다음 행동 중 행동적 구실 만들기의 가장 좋은 보기에 속하는 것은?
   a. 공부하는 데 두어 시간을 더 보낸 후, 시험 직전에 자기는 진짜 열심히 공부했다고 친구에게 말한다.
   b. 시험 전날 밤 공부는 하지 않고 늦게까지 컴퓨터 앞에 앉아 영화를 본다. 시험 직전에 친구한테 자기는 공부는 하지 않고 재미있는 영화만 봤다고 말한다.
   c. 공부하는 데 두어 시간을 더 보낸 후, 시험 직전에 몸이 아파 오는 것 같다고 친구에게 말한다.
   d. 병주는 시험 직전에 이 수업이 자기가 수강한 많은 수업 중에서 가장

훌륭한 수업이라고 사회심리학 담당교수에게 말한다.

3. 병주는 사회심리학 시험을 잘못 보면 어쩌나 하고 걱정한다. 그런 병주가 한 다음 행동 중 언어적 구실 만들기의 가장 좋은 보기에 속하는 것은?

   a. 공부하는 데 두어 시간을 더 보낸 후, 시험 직전에 자기는 진짜 열심히 공부했다고 친구에게 말한다.

   b. 시험 전날 밤 공부는 하지 않고 늦게까지 컴퓨터 앞에 앉아 영화를 본다. 시험 직전에 친구한테 자기는 공부는 하지 않고 재미있는 영화만

봤다고 말한다.

   c. 공부하는 데 두어 시간을 더 보낸 후, 시험 직전에 몸이 아파 오는 것 같다고 친구에게 말한다.

   d. 병주는 시험 직전에 이 수업이 자기가 수강한 많은 수업 중에서 가장 훌륭한 수업이라고 사회심리학 담당교수에게 말한다.

정답은 537-539쪽 참조

자존감 : 자신에 대한 느낌

5.7 높은 자존감의 장점과 단점은

도브 비누 회사에서는 "Real Beauty Sketches"라는 광고 캠페인의 일환으로 여성들이 자존감을 높일 수 있도록 제작된 비디오를 공개했다. 그 비디오에서는 스케치 아티스트가 동일 인물에 대한 두 장의 초상화를 그린다. 그 초상화는 실제 인물을 보지 않고 주인공에 대한 언어적 묘사를 기초로 그린 것인데, 한 장은 주인공이 자신을 묘사한 내용을 바탕으로 그리고 다른 한 장은 주인공 친구가 주인공을 묘사한 내용을 바탕으로 그린 것이다. 놀랍게도 자신의 묘사를 바탕으로 그린 초상화보다 친구의 묘사를 바탕으로 그린 초상화가 더 매력적인 것으로 드러났다. 예외는 없었다. 이러한 결과를 바탕으로 광고는 "당신은 당신이 생각하는 것보다 더 아름답습니다."라는 표어로 끝난다. 그러나 남성이 주인공인 경우에는 이야기가 정반대로 변해 버린다. 자신에 대한 묘사를 기초로 그린 초상화는 조지 클루니 또는 브랜드 피트를 닮았는데, 친구의 묘사를 기초로 그린 초상화는 디즈니 영화에 나오는 이상한 동물 같았다. 이러한 결과를 기초로 그 비디오는 "당신은 당신이 생각하는 것만큼 잘생기지 못했을 겁니다."라는 표어로 막을 내린다(www.snotr.com/video/10987/Dove_Commercial_Parody__Guy_Version).

도브에서는 자기들이 이 비디오를 만든 것은 도브가 "여성들이 긍정적인 자존감을 구축하고 또 자기들이 가진 잠재력을 완전히 발휘할 수 있도록 돕기"로 약속했기 때문이라고 말한다(http://realbeautysketches.dove.us). 그러나 여성들의 **자존감**(self-esteem) 고취가 필요하다는 게 진실일까? 다시 말해 자신의 가치에 대한 스스로의 평가라고 하는 자존감(즉, 사람들이 스스로를 훌륭하고 유능하고 품위 있는 사람으로 평가하는 정도)을 향상시킬 필요가 있을까? 사실 자신을 훌륭한 사람이라고 느끼느냐는 문제를 두고 대부분의 우리는 그렇다고 느낄 것이기 때문에 위의 질문에 대한 바른 반응은 "아니요"일 수도 있다. 최근에 실시된 메타분석 결과에서는 남성들이 여성들보다 자신의 외모를 더 긍정적으로 보는 것으로 밝혀졌다. 그러나 같은 연구에서 일정 분야(예 : 자신의 도덕성 및 윤리성에 대한 지각)에서는 여성의 자존감이 더 높은 것으로 드러났고 또 다른 분야(예 : 학업 성취도와 사회의 수용성)에서는 남녀의 자존감에 차이가 나지 않는 것으로 드러났다(Gentile et al., 2009).

남녀 차이는 제쳐두고 보다 근본적인 질문을 해볼 수도 있다. 우리 모두는 자존감을 최대한으로 높이기 위해 애를 써야만 하는 것일까? 물론이다. 자존감이 낮아지는 일은 반드시 피해야 한다. 자존감이 낮아지면 우울증 및 자신은 쓸모도 없고 자신의 삶도 통제할 수 없는 사람이라는 느낌을 가지게 되는 매우 불쾌한 상태에 처하게 되기 때문이다(Baumeister, Campbell, Krueger, & Vohs, 2003). 또한 높은 자존감은 죽음에 대한 생각으로부터 우리를 지켜준다. 이게 바로

자존감

자기 자신의 가치(자신을 훌륭하고 유능하고 잘난 사람으로 간주하는 정도)에 대한 평가

두려움 관리 이론(terror management theory)의 기본 신조이다. 두려움 관리 이론은 죽음이라는 무서운 생각을 막아주는 완충장치로 작용하는 것이 자존감이라고 주장한다(Greenberg, Solomon, & Pyszczynski, 1997; Pyszczynski, Greenberg, Solomon, Arndt, & Schimel, 2004; Schimel & Greenberg, 2013). 다시 말해 사람들은 누구나 죽음을 생각하면 두려움을 느끼게 되는데, 죽음에 대한 이런 불안감을 예방하기 위해 사람들은 문화적 세계관을 이용한다. 문화적 세계관을 지니게 되면, 사람들은 스스로를 의미 있고 목적 있는 이 세상에서 매우 유능한 배우처럼 느끼게 된다. 그러므로 이 이론에 따르면, 자존감이 높은 사람들은 낮은 사람들에 비해 자신의 죽음에 관한 생각의 영향을 훨씬 덜 받게 된다(Schmeichel et al., 2009).

스스로를 긍정적으로 평가하는 데서 오는 또 하나의 장점은 높은 자존감이 어려움을 견뎌내는 데 필요한 동인으로 작용한다는 점이다. 높은 자존감은 우리의 능력을 과장하게 해주며 우리의 미래를 낙관적으로 평가하게 해줌으로써, 어려운 장해물을 만났을 때 더욱 열심히 일하도록 동기를 유발하기도 한다(Taylor & Brown, 1988). 졸업 후 취업 전망에 관해 걱정하고 있는 두 학생을 고려해보자. "잘 모르겠는데! 경제는 좋아질 기미를 보이지 않고, 취업전선에 뛰어들 많은 젊은 인재들과 겨루어 이길 재주도 내게는 없는 것 같고! 졸업 후 금방 내가 원하던 직장에 취직할 확률은 20%나 될까?"라는 게 학생 1의 생각이다. 그러나 학생 2의 생각은 다르다. "물론 취업전선의 상황이 좋지 않은 건 사실이야. 그러나 공부를 열심히 해서 실력을 쌓으면, 나도 가능성이 충분하다고 생각해. 나는 내가 원하는 직장을 충분히 구할 수 있을 것 같은데!" 일단 학생 1의 생각이 학생 2의 생각보다 더 정확하다고 가정해보자. 사실 작금의 전반적 현실을 고려했을 때 대학 졸업자 중 자신이 원하는 직장을 금방 구할 수 있는 학생은 얼마 되지 않는다. 그리고 이 사실에 아무도 부정하지 못할 것이다. 하지만 이들 중 누가 원하는 직장을 구하기 위해 더 열심히 노력할 것 같은가? 지나칠 정도라고 하더라도 낙관적인 사람이 비관적인 사람보다 더 열심히 노력하고, 실패를 해도 더 잘 견뎌내며, 목표도 더 높게 설정하는 것으로 드러났다(Nes & Segerstrom, 2006; Scheier, Carver, & Bridges, 2001; Shepperd, Klein, Waters, & Weinstein, 2013). 물론 학생 2는 자신의 전망을 지나치게 과장하지 말아야 한다. 자신이 음치인 줄도 모르

그리스 신화에 의하면 나르키소스는 연못에 비친 자신의 모습과 사랑에 빠지게 되고, 그 이미지를 너무 좋아한 나머지 그곳을 뜨지 못해 결국에는 그 자리에서 죽고 말았다. 오늘날에는 자기도취증을 지나친 자기애가 타인에 대한 공감 결여와 조합되어 생성되는 현상으로 간주한다.

고 자기는 반드시 전국노래자랑에서 대상을 차지할 것이라고 굳게 믿는다고 대상을 받을 수는 없을 것이기 때문이다. 그러나 지나치지 않은 낙관성과 자신감은 우리로 하여금 목표달성을 위해 더욱 열심히 일하게 한다는 점에서 바람직한 태도에 속한다.

그러면 낙천성과 자신감이 지나치면 어떤 일이 벌어질까? 높은 자존감 중에는 건전하지 못한 **자기도취증**(narcissism)이라는 것도 있다. 자기도취증이란 지나친 자기애와 타인에 대한 공감 결여가 조합되어 나타나는 현상이다(Furnham, Richards, & Paulhus, 2013; Schriber & Robins, 2012; Twenge & Campbell, 2009). 자기도취증에 걸린 사람은 지극히 자기중심적이며 남보다는 자기 자신만을 걱정한다. 그리고 그들은 자기도취 성격검사(Narcissistic Personality Inventory)에 실린 문항 중 "나는 누군가가 나의 자서전을 써주기를 원한다."라거나 "남을 조종하는 일이 내게는 식은 죽 먹기나 같다."는 문항에 '그렇다'고 답한다(Raskin & Terry, 1988). 그러니까 자기도취증에 걸린 사람들은 자신에 대한 평가에서 극단적 낙천주의자에 속한다.

1980년 이후 출생한 사람들은 듣고 싶지 않은 말일 수도 있다. 최근 대학생들 사이에 자기도취증이 높아지고 있다. Jean Twenge의 연구진(Twenge, Konrath, Foster, Campbell, & Bushman, 2008; Twenge & Foster, 2010)은 1982년에서 2008년 사이에 미국에서 대학생들을 대상으로 실시된 자기도취 성격검사 결과를 추적해보았다. 그림 5.8을 보면 알 수 있듯이, 1980년대 중반 이후부터 이 검사의 점수가 꾸준히 높아지고 있다. 그리고 다른 문화권보다 미국 문화권에서 자기도취증이 더 심하다는 증거도 확보되었다(Campbell, Miller, & Buffardi, 2010; Foster, Campbell, & Twenge, 2003).

자기도취증이 심해지는 이유는 무엇일까? 아무도 정확히 모르지만 Twenge의 연구진(2008)은 미국 문화가 점점 더 자기중심적으로 변해 왔기 때문이라고 생각한다. 이를 예증하기 위해 그들은 1980년부터 2007년까지 가장 유명했던 노래 10곡의 노랫말을 분석하여 그중 1인칭 단수 대명사(예 : 나, 나를, 나의)의 빈도를 세어보았다. 1인칭 단수 대명사의 빈도는 그 기간에 꾸준히 증가했던 것으로 드러났다(그림 5.8 참조; DeWall, Pond, Campbell, & Twenge, 2011). 사실 비틀즈도 1970년에 "I, Me, Mine"이라는 노래를 발표한 바 있다. 자기를 지칭하는 말의 빈도가 점점

자기도취증

지나친 자기 사랑과 다른 사람에 대한 공감 결여가 조합됐을 때 나타나는 증상

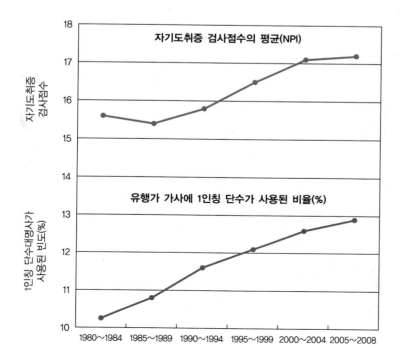

그림 5.8 사람들의 자기도취증이 심해지고 있는가

위에 있는 (붉은) 선분은 대학생들의 자기도취 성격검사 점수(흔히 이용되는 자기도취증 측정치) 평균이 1980년대부터 2008년까지 변하는 모습을 보여준다. 아래에 있는 (파란) 선분은 1980년부터 2007년까지 가장 유명했던 노래 10곡의 노랫말 중 1인칭 대명사(예 : 나, 나를, 나의)의 빈도(백분율)를 보여준다. 그림을 보면 이 두 가지 측정치가 시간과 함께 꾸준히 증가하고 있다. 이 현상은 자기도취증이 늘어나고 있음을 암시한다.

출처 : Twenge & Foster(2010)

더 높아지고 있다. 이러한 경향성은 책에서도 나타난다. Google Books Ngram Viewer를 이용하여 1960~2008년 사이에 출판된 책을 검색한 결과 그 기간에 1인칭 단수 대명사('I, me')의 사용 빈도가 42% 증가한 것으로 드러났다(Twenge, Campbell, & Gentile, 2013). 물론 그 이유가 분명한 건 아니다. 하지만 미국인들이 점점 더 자기중심적인 사람으로 변해 가는 것 같다.

"자기중심적으로 변하는 게 뭐가 문제인데요? 그래야 우리가 원하는 것을 얻을 기회가 많아지는 것 아닌가요?" 그러나 실상은 그렇지 않다. 자기도취자들은 다른 학생들보다 학업성적 및 사업 성공률은 낮은데 폭력성 및 공격성은 더 높고 다른 사람들, 특히 자기를 아는 다른 사람들은 그들을 싫어한다(Bushman, Baumeister, 2002; Twenge & Campbell, 2009).

물론 자기중심적이 아닌, 자선사업 등을 통해 많은 시간을 남을 돕는 데 보내는 젊은이들도 많다. 이상하게 들릴지 모르지만, 이들은 이런 일을 통해 자기도취성 행복감보다 더 깊은 행복감을 느끼곤 한다. Dunn, Aknin, Norton(2008)의 실험에 참여했다고 상상해보자. 어느 날 오전 교정을 걷고 있는데 연구자 한 명이 다가오더니 현금 2만 원이 든 봉투를 하나 건네주며, 그날 오후 5시까지 자기 자신을 위해 그 돈을 쓰라고 주문한다. 자신을 위한 선물을 사도 좋고 빌린 돈을 갚아도 좋단다. 이때 여러분의 기분이 어떠할 것 같은가? 이번에는 실험의 다른 조건에 무작위로 배치되었다고 하자. 여기서도 2만 원을 받았는데, 이 연구자는 그날 오후 5시까지 그 돈을 다른 사람을 위해 쓰라고 한다. 친구에게 점심을 사줘도 좋고 자선단체에 기부해도 좋단다. 이번에는 어떤 기분일 것 같은가? 그날 저녁 연구자가 그 학생들을 다시 만나 얼마나 행복했었냐고 물었다. 자신을 위해 돈을 쓰라는 주문을 받은 학생들보다 남을 위해 쓰라는 주문을 받은 학생들이 더 행복했다고 대답했다. 자기중심성을 약간 줄이고 남을 위한 배려를 약간 늘리면 우리는 더욱 행복해진다는 뜻이다.

요약하면 일반적으로는 자존감을 높게 가지는 편이 좋다. 그러나 그 높은 자존감 덕분에 자신의 미래를 낙관적으로 보게 되고, 또 삶의 목적을 달성하기 위해 더욱 열심히 노력하게 될 때만 그렇다. 특히 남에 대한 공감 결여와 지나치게 높은 자존감이 겹쳤을 때 생성되는 자기도취증이라는 자존감은 문제로 작용할 여지가 매우 크다. 자신에 대해서는 좋게 생각하면서도 다른 사람들에 대한 배려를 아끼지 않는 데서 행복은 싹튼다고 할 것이다.

복습문제

1. 자존감에 관한 다음 진술 중 가장 진실에 가까운 것은?
   a. 자존감은 낮아야 좋다. 그래야 자신을 향상시키기 위한 노력을 할 것이기 때문이다.
   b. 일반적으로 남성보다 여성의 자존감이 더 낮다.
   c. 낙관적인 사람들이 그렇지 않은 사람들보다 노력도 더 많이 하고 실패도 더 잘 견뎌내며 목표도 더 높게 설정한다.
   d. 자존감이 높은 사람일수록 삶이 더 부유하다.

2. 두려움 관리 이론의 기본 신조는 _____ 이다.
   a. 사람들이 점점 더 자기도취에 빠져든다는 믿음
   b. 정부가 국민을 테러리스트의 공격에서 보호해야 한다는 믿음
   c. 사람들이 종교를 가지게 되면 죽음에 대한 두려움이 줄어든다는 믿음

   d. 자존감이 자신의 죽음에 대한 두려움에서 사람들을 보호해준다는 믿음
3. 자기도취증에 관한 다음 진술 중 가장 사실에 가까운 것은?
   a. 일반적으로 대학생들의 자기도취증이 감소하는 추세이다.
   b. 자신에 대한 지나친 사랑과 타인에 대한 공감의 부족이 그 주된 특징이다.
   c. 자기도취적인 사람이 그렇지 않은 사람보다 학업성적이 우수하다.
   d. 자기도취적인 사람이 그렇지 않은 사람보다 친구도 더 많고 사회생활도 더 원만하다.

정답은 537-539쪽 참조

요약

5.1 자기-개념이란 무엇이며 어떻게 발달하나

- **자기-개념의 근원과 본질** 하등 영장류는 거울 검사를 통과하지 못하는데, 침팬지나 오랑우탄 같은 고등 영장류는 거울을 이용한 자기-인식 검사를 통과하기 때문에 조잡한 자기-개념 정도는 지닌 것으로 밝혀졌다. 인간의 자기-인식 능력은 생후 18~24개월 사이에 발달하고, 청소년기의 자기-개념은 훨씬 복잡해진다. 나이가 많아지면서 자기-개념은 더욱 발달하여, 자기의 개인적 속성에 관해 본인이 가지고 있는 신념의 총체로 정의되는 완전한 자기-개념은 갖추게 된다. 성인기의 사람들은 인지능력이나 욕망보다는 도덕성을 더 중요한 자기-개념의 핵심 속성으로 간주한다.
  - **문화가 자기-개념에 미치는 영향** 서구 문화권에서 자란 사람들은 자신에 대한 독립적 견해를 가지는 편인 데 반해, 아시아 문화권에서 자란 사람들은 자신에 대한 상호 의존성 견해를 가지는 경향이 강하다.
  - **자신/자기의 기능** 자신이 제공하는 기능은 네 가지이다. 자기-인식 : 내가 누구인가에 대한 자신의 믿음과 자신에 관한 정보가 형성되고 조직되는 방식에 관한 믿음. 자기통제 : 계획을 수립하고 그 계획을 실행하는 방식, 인상 관리 : 남들에게 자신을 제시하는 방식, 자존감 : 자신에 대해 느끼는 방식.

5.2 내성을 통해 자신을 아는 정도는 얼마나 되고, 내성의 결말은 무엇인가

- **내성을 통한 자기 알기** 우리는 본인의 느낌, 동인, 정서에 관해 알기 위해 내성을 이용할 수 있다. **내성**이란 자신의 생각과 느낌과 동인에 관해 본인만 가지고 있는 '내적 정보'를 검토하기 위해 내부 세계를 들여다보는 작업이다.
  - **자신에 대한 집중 : 자의식 이론** 사람들이 자신에 관심을 집중할 때는 자신의 현재 행동을 자기의 내적 기준 및 가치관과 비교하고 평가한다.
  - **느낌을 유발한 이유 판단 : 알 수 있는 것보다 더 많이 말하기** 사람들이 자기가 가진 느낌을 두고 그 원인을 내성할 때는 인과 이론을 자주 이용한다. 그런데 이들 이론 중 대부분은 자신이 처한 문화에서 학습한 것들이다.
  - **이유에 대한 내성의 결말** 자신의 태도를 두고 그 이유를 생각할 때는 그럴듯하고 말로 표현하기 쉬운 이유를 택함으로써 이유생성 태도변화를 초래하게 된다.

5.3 사람들은 어떻게 자기의 행동 관찰을 통해 자신을 알게 되는 것일까

- **자신의 행동 관찰을 통한 자기 발견** 사람들은 자신의 행동을 관찰함으로써 자신에 대한 지식을 확장시키기도 한다. **자기-지각 이론**은 우리의 태도나 느낌이 확실하지 않을 때는 우리의 행동과 그 행동이 일어나는 상황을 관찰한 후 그 결과를 기초로 그런 태도나 느낌을 추론해낸다고 주장한다.
  - **내재적 동기와 외재적 동기** 자기가 행한 행동을 두고 그 외재적 이유는 과소평가하면서 내재적 이유를 강조하게 되어 과잉정당화 효과가 발생한다.
  - **마음가짐과 동기부여** 어떤 사람들은 자신은 변하지 않는 정해진 크기의 능력을 가지고 있다고 생각한다. 즉, **고정형 마음가짐**을 가지고 있다. 또 어떤 사람들은 **성장형 마음가짐**, 즉 자신의 능력은 가변적이어서 스스로 성장시키고 개발할 수 있다는 생각을 가지고 있다. 마음가짐이 고정형인 사람들은 좌절을 겪고 난 다음에 포기할 가능성이 크고 자신의 기술을 연마할 가능성은 작다. 그러나 성장형 마음가짐을 가진 사람들은 실패를 했을 경우, 그것을 자기 계발의 기회로 간주하고 더욱 열심히 노력한다.
  - **자신의 정서 이해 : 두 요인 정서 이론** 우리의 정서 경험은 두 단계를 거쳐 전개되는 자기-지각 작용의 결과에 해당한다. 첫 단계에서는 각성/흥분을 경험하고 다음 단계에서는 각성/흥분을 유발한 적절한 설명을 찾아낸다.
  - **엉뚱한 원인 찾아내기 : 각성에 대한 오귀인** 사람들은 그 각성을 유발한 이유를 추론할 때 오류를 범하곤 한다.

5.4 사람들은 자신을 알기 위해 타인을 어떤 방식으로 이용하나

- **자신을 알기 위해 타인을 이용하기** 우리의 자기-개념은 우리 주변 사람들에 의해 조형된다.
  - **타인과의 비교를 통한 자신 알기** 사회비교 이론에 따르면, 우리는 자신을 다른 사람들과 비교함으로써 우리 자신의 태도와 능력에 관해 배운다.
  - **타인의 견해 관점을 통한 자신 알기** 또한 사람들은 자기가 좋아하거나 자기가 사귀고 싶어 하는 사람들의 태도

를 자기도 모르는 사이에 습득하는 경향이 있다.

- **조언를 통한 미래 느낌 알기** 나중에 벌어질 정서적인 사건에서 어떤 느낌이 유발될 것인지에 대한 예상, 즉 정서 관련 예측을 할 때는 그 사건에 대한 다른 사람들의 반응이 어떠했는지를 아는 게 유용하다.

5.5 자기통제의 성패 확률이 높은 때는 언제이고 실패 확률이 높은 때는 언제인가

- **자기통제 : 자신을 관리하는 기능** 일반적으로 자기통제(자제)에는 에너지가 소모된다. 한 과제에다 에너지를 소비하고 나면 다른 과제 수행에 이용될 수 있는 자제력이 그만큼 줄어든다. 그러나 의지력은 무한한 자원이라는 믿음만 가져도 더 큰 자제력을 발휘할 수 있고 이런 효과는 과제 수행에 앞서 기도를 올리거나 이행 의도를 형성해도 발생한다.

5.6 우리는 남이 우리를 우리가 원하는 대로 보게 하기 위해 자신을 어떻게 묘사하나

- **인상 관리 : 세상은 무대다** 사람들은 남들이 자기가 원하는 대로 보도록 하기 위해 애를 쓴다.
  - **환심 매수와 구실 만들기** 사람들은 인상을 관리하기 위해 여러 가지 전략을 쓴다. 그중 하나인 **환심 매수**는 아부나 칭찬을 통해 남들(주로 자기보다 높은 지위에 있는 사람)이 자기를 좋아하게 만드는 전략이다. 다른 하나인 **구실 만들기**는 일이 잘못되었을 때 책임을 면할 수 있도록 미리 장해물을 만들어 변명의 여지를 설정해두는 전략을 일컫는다.
- **문화, 인상 관리 그리고 자기 향상** 남에게 보이는 이미지를 관리하고 싶어 하는 욕구는 문화권에 관계없이 누구에게나 강하다. 그러나 우리가 남에게 보여주고 싶어 하는 이미지는 문화에 따라 달라진다.

5.7 높은 자존감의 장점과 단점은

- **자존감 : 자신에 대한 느낌** 대부분의 사람들은 자존감이 높다. 그 장점은 우울증을 피할 수 있고 실패의 시련을 견뎌낼 수 있게 해준다는 점이다. 그리고 **두려움 관리 이론**에 관한 연구에서 밝혀졌듯이, 높은 자존감은 우리로 하여금 죽음에 대한 생각에서 오는 두려움을 막아주기도 한다. 그러나 높은 자존감 중에는 문제로 작용하는 유형도 있다. 지나친 자존감이 타인에 대한 공감 결여와 조합되어 생성되는, 이른바 **자기도취증**이 그런 경우에 속한다. 행복은 스스로를 좋게 생각함과 동시에 남에 대한 배려를 아끼지 않을 때 싹트기 시작한다.

평가문제

1. 자기-인식에 관한 연구에 따르면 다음 진술 중 진실과 거리가 가장 먼 것은?
   a. 자신을 아는 가장 좋은 방법은 자신에 관한 내성을 하는 것이다.
   b. 가끔씩 본인이 무엇을 하는지를 보는 것도 자신을 아는 좋은 방법이 된다.
   c. 우리는 자신과 다른 사람을 비교함으로써 자신을 알아내려 하기도 한다.
   d. 우리가 자신을 알아내는 한 가지 방법은 우리가 그 속에서 자라난 문화에서 배운 이론을 이용하는 것이다.

2. 다음 중 자신의 기능에 속하지 않는 것은?
   a. 자기-인식
   b. 자기-통제(자제)
   c. 인상 관리
   d. 자아-비판

3. 내일은 어린이날이다. 초등학교 3학년 담임인 지니는 어린이날 선물로 자기반 학생들에게 별사탕을 하나씩 나누어 주기로 했다. 별사탕이 가득 든 그릇을 교실 앞문과 뒷문 바로 옆에 있는 책상 위에 놓아두고 하교할 때 하나씩만 집어가라고 말했다. 번호가 홀수인 사람들은 앞문으로 그리고 짝수인 사람은 뒷문으로 한 명씩 차례로 나가라고 지시했다. 그리고 뒷문 옆 책상 위에 놓인 사탕 그릇 뒤에는 커다란 거울을 하나 세워두었다. 그러니까 학생들 중 절반은 거울을 보면서 캔디를 집어야 했고 나머지는 거울을 보지 않고 캔디를 집어갈 수 있었다. 모든 아이들이 사탕을 두어 개 더 집어가고 싶은 유혹을 받았을 것이다. 다음 중 그 유혹에 말려들 가능성이 가장 작은 아이는?
   a. 거울을 보며 사탕을 집어야 했던 아이들
   b. 여학생들
   c. 거울을 보지 않고 사탕을 집어야 했던 아이들

　　　d. 하향식 사회비교를 경험한 아이들

4. 다음 중 사실에 가장 가까운 것은?

　　a. 서구 문화권의 구성원은 모두가 자신에 대한 독립적인 견해를 지니며 아시아 문화권의 모든 구성원은 자신에 대한 상호 의존적 견해를 지닌다.

　　b. 서구 문화권의 구성원들은 아시아 문화권의 구성원들에 비해 자신에 대한 더 강한 상호 의존적 견해를 지닌다.

　　c. 자신에 대해 독립적인 견해를 가진 사람들은 상호 의존적 견해를 가진다는 것이 어떨 것 같은지를 쉽게 이해할 수 있다.

　　d. 미국인과 캐나다인 중 유럽인들에 의해 보다 늦게 정착된 곳에 사는 사람들은 초창기에 정착된 곳에 사는 사람들보다 자신을 독립적으로 보는 경향이 강하다.

5. 어린 여동생이 지금 구슬 목걸이를 만든다고 여념이 없다. 내 생일이 며칠 남지 않았다. 나는 생일날 축하 파티에 오는 모든 사람에게 목걸이를 하나씩 돌리기로 마음먹었다. 여동생은 그 목걸이를 자기가 만들어주겠다고 나선 것이다. 그러나 나는 동기도 강화할 겸 목걸이 하나당 1,000원씩 주었다. 다음 중 일어날 가능성이 가장 큰 것은?

　　a. 파티가 끝난 후, 여동생은 보상을 받았기 때문에 그 전보다 구슬 목걸이를 만드는 일을 더 즐길 것이다.

　　b. 파티가 끝난 후, 여동생은 자기가 이미 좋아하는 일로 보상을 받았기 때문에 그 전보다 구슬 목걸이를 만드는 일을 덜 즐길 것이다.

　　c. 여동생은 이미 구슬 목걸이 만드는 일을 즐기고 있기 때문에, 보상을 준다고 해도 그 활동을 좋아하는 데는 아무런 영향을 미치지 못할 것이다.

　　d. 여동생이 구슬 목걸이를 만들어 줬다는 이유로 보상을 지급하면 동생의 자각 수준이 높아질 것이다.

6. 창수는 지난 번 수학 시험에서 아주 높은 점수를 받았다. 나중에 혹시 창수에게 수학이 어려워져도 쉽게 포기하는 일이 벌어지지 않게 하려면, 창수 어머니는 창수에게 다음 중 어떤 말을 해야 할까?

　　a. "열심히 공부했구나! 그럼, 열심히 공부하면 반드시 성적이 좋아지게 마련이지!"

　　b. "역시 우리 창수는 똑똑해, 하는 일마다 뛰어나다니까!"

　　c. "역시 우리 창수는 수학 천재야! 수학을 잘하는 재주를 타고난 게 확실해!"

　　d. "반에서 일등 하는 모습을 보니 엄마는 정말 기쁘다, 창수야!"

7. 내 친구 진호가 법률회사에서 인턴으로 일하고 있다. 할 만하냐고 물었더니 이렇게 말했다, "나보다 한 달 먼저 시작한 다른 인턴보다 훨씬 잘하고 있기 때문에 즐겁게 일하고 있어." 진호가 하고 있는 비교는 어떤 비교인가?

　　a. 상향비교

　　b. 하향비교

　　c. 인상비교

　　d. 자기-인식 비교

8. 구실 만들기에 관한 다음 진술 중 진실에 가장 가까운 것은?

　　a. 구실 만들기를 하는 사람들은 일을 할 때는 더욱 열심히 하는 경향이 있다.

　　b. 남성보다 여성이 보고적 언어적 구실 만들기를 감행할 가능성이 더 크다.

　　c. 남성보다 여성이 구실 만들기 전략을 쓰는 사람들에 대해 더 비판적이고 행동적 구실 만들기 전략을 구사할 가능성도 작다.

　　d. 동아시아인들이 서양인들보다 행동적 구실 만들기 전략을 구사할 가능성이 크다.

9. 새롬이는 예컨대 공부에 더 많은 시간을 할애할 수 있게 자기의 자제력을 더 높이고 싶어 한다. 다음 중 성공 확률이 가장 높은 것은?

　　a. 공부를 할 때는 그 시간에 갔을 법한 파티에 관한 생각을 강하게 억압해야 한다.

　　b. 공부를 시작하기 직전에 어려운 수수께끼 같은 강한 집중력을 요구하는 일을 해야 한다.

　　c. 공부를 시작하기 전에 달콤한 간식을 조금 먹어야 한다.

　　d. 의지력은 무한하다는 믿음을 굳혀야 한다.

10. 자존감과 자기도취증에 관한 다음 진술 중 옳은 것은?

　　a. 행복하게 사는 가장 좋은 방법은 자신과 자신의 욕구에 관심을 집중하는 것이다.

　　b. 다른 사람들은 자기도취증에 빠진 사람들을 싫어하지만, 그들은 학업에서도 또 사업에서도 보통 사람들보다 더 잘한다.

　　c. 낙관적이지만 자기도취증에 빠지지 않는 사람들은 다른 사람들보다 실패를 더 잘 견뎌내며 목표도 더 높이 설정한다.

　　d. 미국 대학생들 사이에서 자기도취증은 지난 30년에 걸쳐 감소해 왔다.

정답은 537-539쪽 참조

 ## 개요 및 학습목표

인지부조화 이론

6.1 인지부조화 이론은 무엇이며, 사람들이 긍정적 자기상을 유지하기 위해서 어떻게 부조화를 회피하는가?

언제 인지가 충돌하는가

부조화와 자기-개념

결정, 결정, 결정

부조화, 문화 및 뇌

일상에서의 자기정당화

6.2 일상에서 인지부조화가 어떻게 작동되며, 인지부조화를 줄일 수 있는 건설적인 방법은 무엇인가

노력정당화

외적 정당화 대 내적 정당화

처벌과 자기설득

위선 패러다임

선행과 악행의 정당화

부조화에 관한 마지막 생각 : 우리의 실수로부터 배우는 교훈

행동정당화 욕구 :
부조화 감소의 이득과 손실

캘리포니아의 란초 산타페에 있는 호화 저택에서 39명의 사람이 집단자살을 했다는 충격적인 뉴스가 있었다. 그들 모두는 '천국의 문'이라는 사이비 종교집단의 신도들이었다. 각 시신은 단정하게 누워 있었고, 최신 상품인 검정 나이키 신발을 신고, 얼굴은 자주색 수의로 덮여 있었다. 이들은 자살의 이유를 담은 비디오테이프를 남겨두고, 평온하게 자살하였다. 그들은 최근에 밤하늘을 밝게 지나간 헤일 밥(Hale-Bopp) 혜성이 자신들을 새로운 삶의 낙원으로 데려간다고 믿었다. 그들은 헤일 밥이 지나간 자리가 그들을 새로운 삶으로 데려가는 임무를 띤 대형 우주선일 것이라 확신했다. 그들은 그 우주선을 타기 위해서 현재의 '육신'을 벗어나야 했다. 즉, 그들은 자신의 육신을 떠나기 위해서는 자신의 생애를 마쳐야 했다. 그러나 우주선은 결코 오지 않았다.

집단자살이 있기 몇 주 전, 일부 광신도들은 고가의 고성능 망원경을 구입하였다. 그들은 혜성과 그들이 타고 갈 것이라 믿는 뒤따르는 우주선을 또렷하게 보고 싶어 했다. 며칠 후 그들은 상점 주인에게 정중하게 망원경의 환불을 요청했다. 상점 주인이 그들에게 망원경이 사용상 문제가 있었냐고 물었을 때, 그들은 "네, 혜성은 보았지만 그 뒤를 따르는 어떤 것도 볼 수 없었어요."(Ferris, 1997)라고 말했다. 상점 주인은 망원경에는 아무런 문제가 없고, 혜성을 뒤따르는 무엇도 없었다는 사실을 확신시키려 했지만, 그들은 받아들이지 않았다. 그들의 전제를 보면 논리적으로 아무런 문제가 없었다. 즉, "우리는 외계의 우주선이 헤일 밥 혜성을 뒤따라온다는 사실을 알고 있다. 만약 고가의 망원경으로 우주선이 보이지 않는다면, 그 망원경에 문제가 있다."는 것이다.

당신이 보기에 그들의 사고가 이상하고 비합리적이고 어리석게 보이겠지만, 일반적으로 말해 '천국의 문' 신도들은 전혀 그런 사람들이 아니다. 그들을 아는 이웃 사람들은 그들이 쾌활하고,

똑똑하고, 이성적인 사람들이라고 믿고 있다. 이같이 지적이고 제정신을 가진 사람이 환상적인 사고와 자기 파괴적인 행동을 하게 되는 과정은 무엇인가? 우리는 이 장의 끝부분에서 그들의 행동이 결코 신비스러운 것이 아님을 당신에게 보여줄 것이다. 그들의 행동은 정상인들이 하는 행동경향 중 하나(자신의 행동과 헌신을 정당화하려는 욕구)의 극단적인 사례일 뿐이다.

인지부조화 이론

6.1　인지부조화 이론은 무엇이며, 사람들이 긍정적 자기상을 유지하기 위해서 어떻게 부조화를 회피하는가

지난 반세기 동안 사회심리학자들은 인간행동을 결정해주는 매우 중요한 결정요인 중 하나는 우리가 안정적이고 긍정적인 자기상을 유지하려는 욕구에서 비롯된다는 사실을 발견하였다(Aronson, 1969, 1998). 대부분의 사람들은 자신이 평균 이상의 사람이라고 생각한다. 즉, 자신이 대다수의 사람들보다 더 윤리적이고, 더 유능하며, 더 운전을 잘하고, 더 훌륭한 리더이고, 더 좋은 판단자이며, 더 매력적이라고 생각한다(Brown, 2012; Fine, 2008; Gilovich, 1991). 그러나 만약 우리 대부분은 자신을 이성적이고, 도덕적이고, 똑똑하다고 알고 있는데, 우리가 비이성적이거나 비도덕적이거나 혹은 멍청한 행동을 했다는 사실에 접한다면 어떤 일이 벌어질까? 이것이 이 장의 주제이다.

언제 인지가 충돌하는가

인지부조화
두 개의 인지(신념, 태도)가 갈등을 일으키거나, 사람들이 자기-개념과 불일치하는 행동을 했을 때 느끼는 불편함

오래전 Leon Festinger(1957)는 사회심리학에서 가장 중요하고 관심을 불러일으킨 이론이라고 할 수 있는 **인지부조화**(cognitive dissonance) 이론을 정립하고, 정교한 연구들을 통해 이를 검증하였다. 그는 부조화를 두 개의 인지(신념, 태도)가 충돌하거나 혹은 우리의 행동이 우리의 태도와 충돌할 때 생기는 불편한 마음이라고 정의하였다. 인지부조화는 항상 불편함을 만들고, 우리는 그 불편함을 감소시키려는 반응을 한다. 그러나 먹고 마심으로써 배고픔과 갈증이 줄어드는 것과는 달리, 부조화를 감소시키는 방법은 늘 간단하거나 분명하지는 않다. 사실 그것은 우리가 세상에 대해서 생각하고 행동하는 방식을 놀랍게 변화시키도록 만든다. 어떻게 우리가 부조화를 감소시키는가? 세 가지 기본적인 방법이 있다(그림 6.1 참조).

- 부조화 인지와 일치하도록 행동을 바꾸는 방법
- 부조화를 유발한 인지 중 하나를 변화시켜, 우리의 행동을 정당화하는 방법
- 새로운 인지를 추가하여 우리의 행동을 정당화하는 방법

이것들을 예시하기 위해서 수많은 사람이 하루에도 몇 번씩 하는 흡연을 예로 들어보자. 당신이 흡연가라면 흡연이 폐암, 폐기종 및 조기 사망의 위험을 상당히 증가시킨다는 사실을 알고 있기 때문에 부조화를 경험할 가능성이 크다. 어떻게 부조화를 감소시킬 것인가? 가장 직접적인 방법은 행동을 바꾸어 금연하면 된다. 그러면 당신의 행동은 흡연과 암 간의 관계에 대한 지식과 일치하게 될 것이다. 많은 사람이 금연에 성공하지만 금연은 쉬운 일이 아니다. 많은 사람이 노력은 해보지만 실패한다. 그럼 이 사람들은 무엇을 할까? 그들이 그냥 침을 삼키고, 담뱃불을 붙이고, 죽기만 기다린다고 가정하면 오산이다. 그렇지 않다. 연구자들은 금연 클리닉에 다녔다가 다시 골초로 돌아온 사람들의 행동과 태도를 연구하였다. 이 연구자들이 어떤 발견을 하였을까? 금연에 실패했던 골초들은 흡연의 위험을 낮게 보고 있었다. 그들은 이런 방식으로 흡연에 대한

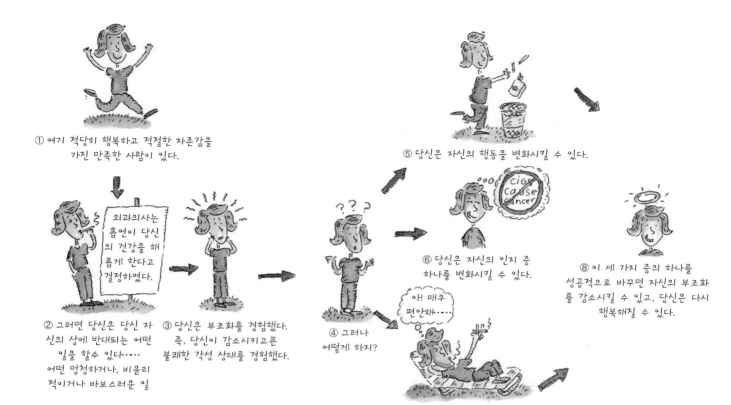

① 여기 적당히 행복하고 적절한 자존감을 가진 만족한 사람이 있다.

② 그러면 당신은 당신 자신의 상에 반대되는 어떤 일을 할 수 있다⋯⋯ 어떤 멍청하거나, 비윤리적이거나 바보스러운 일

③ 당신은 부조화를 경험했다. 즉, 당신이 감소시키고픈 불쾌한 각성 상태를 경험했다.

④ 그러나 어떻게 하지?

⑤ 당신은 자신의 행동을 변화시킬 수 있다.

⑥ 당신은 자신의 인지 중 하나를 변화시킬 수 있다.

⑦ 아니면 당신은 조화로운 인지를 추가할 것인가?

⑧ 이 세 가지 중의 하나를 성공적으로 바꾸면 자신의 부조화를 감소시킬 수 있고, 당신은 다시 행복해질 수 있다.

그림 6.1 우리는 인지부조화를 어떻게 감소시키나

여기에 부조화를 감소시키는 세 가지 방법이 있다 : 당신의 행동 변화, 당신의 인지 변화, 새로운 인지 추가

두려움 없이 흡연을 계속할 수 있었다(Gibbons, Eggleston, & Benthin, 1997).

360명 이상의 청소년 흡연자를 대상으로 한 연구에서도 같은 결과를 얻었다. 즉, 흡연에 대한 의존도가 높을수록, 그리고 금연이 힘든 청소년일수록, 흡연을 계속하기 위해 정당화를 더 많이 하였다(Kleinjan, van den Eijnden & Engels, 2009). 또한 흡연가들은 상당히 창의적인 정당화를 하였다. 그들은 흡연이 즐겁고, 긴장을 완화시키고, 신경계의 긴장을 줄여줌으로써, 실제로는 그들의 건강을 증진시키기 때문에 흡연이 암과 폐기종의 위험에 오히려 도움이 된다고 말한다. 어떤 사람은 생생한 예외적 사례에 초점을 맞춘 인지를 추가하기도 한다. "우리 할아버지를 보세요. 그분 연세는 87세이며, 12세부터 하루에 한 갑을 피워 오셨어요. 이게 바로 담배가 늘 해로운 것만은 아니라는 사실을 증명하는 것 아니겠어요?" 어떤 흡연자들은 심지어 항상 경고를 들어온 임산부까지도, 흡연과 암 간의 관계에 대한 자료나 금연하면 위험이 감소한다는 사실을 최종 결론이 나지 않은 것이라고 생각한다(Naughton, Eborall, & Sutton, 2012). 이 같은 흡연자들의 자기정당화는 전 세계 연구에서 모두 나타난다(Fotuhi et al., 2013).

부조화를 감소시키는 또 다른 흔한 방법은 새로운 인지

10대 흡연 청소년들은 "흡연은 큰 문제없어.", "나는 내 친구들이 좋아해 주길 바라", "영화에서는 모든 사람이 흡연해", "난 건강해, 나에게 아무 일도 생기지 않아" 혹은 "어른들은 항상 내가 하는 일들을 걱정해."라는 인지로서 자신의 행동을 정당화한다.

자기확증
자신의 어리석은 행동으로 인한 부조화의 고통을 감소시키기 위해서 자신의 좋은 면을 강조하는 것

를 추가하는 **자기확증**(self-affirmation)이다. 이는 자신의 어리석은 행동으로 인한 부조화의 고통을 감소시키기 위해서 자신의 좋은 면을 강조하는 것이다. "그래, 나는 여전히 흡연하고 있는 어리석은 놈이지만, 나는 훌륭한 요리사야. 이 새로운 레시피에 대해 물어봐……"(McConnell & Brown, 2010; Steele, 1988). 이런 정당화는 비흡연자에게는 썰렁하게 들릴지 모르지만, 이것이 우리가 전하고자 하는 핵심이다. 흡연자의 합리화에서 보듯, 부조화를 경험한 사람들은 종종 그것을 감소시키기 위해 현실을 부인하거나 왜곡시킬 것이다.

당신이 부조화를 이해하고 나면, 실제로 주변에서 그런 행위를 보게 될 것이다. 다음에 세 가지 사례가 나와 있다.

- '술을 진탕 마시는 것은 재미있는 일이다.'와 '술자리에 가는 것은 시간낭비이다.' 중에서 당신은 어떤 생각이 먼저 드는가? 음주에 대한 태도가 행동을 이끄는가, 아니면 행동이 태도를 이끄는가? 대학생들을 대상으로 한 종단연구에서 밝혀진 바는 후자였고, 이는 부조화 이론을 지지하는 것이었다. 매주 몸이 상하도록 술을 마시는 것은 매우 어리석은 짓이라고 생각하는 학생들이 친구의 유혹에 이끌려 밤에 폭음하는 것을 생각해보자. 자신을 줏대 없는 동조자라고 인정하고 싶지 않기 때문, 그들은 그날 밤 술자리가 상당히 재미있었다고 생각함으로써 자신의 태도와 행동 간의 불일치로 생기는 부조화를 감소시킨다. 그들은 음주에 대한 자신의 태도를 변화시킨다(Van Zwaluw et al., 2013).
- 세상의 종말을 예상하고 자신의 재산을 다 팔고, 산꼭대기에서 종말의 그날을 기다리던 사람들에게 다행스럽게도 그들의 예상이 틀렸다는 사실이 밝혀졌을 때 어떤 일이 생길까? 몇 사람이나 자신이 잘 속는 어리석은 사람이었다고 인정할까? 그 대신 그들은 대개 "우리의 예상은 정확했었다. 단지 우리가 성경의 잘못된 챕터에서 나온 숫자를 사용했기 때문이다."와 같이 말함으로써 부조화를 감소시킨다.
- 사람들이 자신의 정체성에서 중요한 두 측면이 갈등을 일으킬 때 발생하는 부조화를 어떻게 해결할까? 한 연구에서 연구자들은 기독교 교회에 강한 정체성을 지닌 게이 남성들이 그 교회 목사의 동성애 반대 주장을 어떻게 다룰지 궁금하였다. 부조화를 해결하는 한 가지 방법은 그들의 행동을 바꾸는 것이다. 즉, 다니는 교회를 다른 곳으로 바꾸든지, 아니면 아예 그 종교를 떠나는 것이다. 그러나 그 교회에 계속 다니기를 원하는 사람은 그 목사의 단점에 초점을 맞춤으로써 부조화를 해결한다. 예를 들어 그들은 "이런 편견을 권장하는 것은 내가 믿는 종교가 아니다. 동성애 반대 주장은 이 같은 특정 목사의 편협한 생각이다."라고 말한다 (Pitt, 2010).

간단히 말해, 부조화를 이해하면 왜 인간의 수많은 생각이 '합리적'이지 않고, '합리화'하는 것들인지가 설명된다. 그 사람이 얼마나 똑똑한 사람인가에 상관없이, 그들은 자주 비이성적이고 부적응적인 행동을 함에도 불구하고 자신들이 옳다고 확신하게 된다(Stanovich, West, & Toplak, 2013). 물론 가끔은 우리의 생각이 정확하길 원하거나 혹은 가장 현명한 결정을 원하기 때문에 새로운 정보를 찾을 때도 있다. 그러나 일단 우리의 견해나 신념에 몰입되면, 우리 대부분은 새로운 정보를 기존의 입장을 지지하는 것으로 왜곡시킨다(Hart et al., 2009; Ross, 2010). 과학적으로 믿을 수 없는 생각(예 : "바이러스가 자폐증을 유발한다."라는 잘못된 생각)을 포기하지 않는 사람들, 혹은 자신의 건강에 대해 나쁜 소식을 들은 사람들은 모두 다 그 증거를 부정하고 자신들의 불편함을 줄이기 위해 '창의적'일 수 있다(Aronson, 1997; Croyle & Jemmott, 1990; Pratarelli, 2012).

예를 들어 당신은 '사형이 살인을 막을 수 있다.' 혹은 '그렇지 못하다.' 중 어느 쪽에 확고한 생각을 갖고 있다고 하자. 이제 우리는 당신에게 양측에 대한 일련의 주장을 줄 것이다. 주장 중 어떤 것은 타당하고, 어떤 것은 유치하다. 당신은 어떤 주장을 가장 잘 기억할까? 만약 당신이 이성적으로 생각하고 있다면, 당신의 입장과 상관없이 타당한 주장을 가장 잘 기억하고, 타당하지 못한 주장을 가장 기억하지 못해야 한다. 그러나 부조화 이론은 무엇을 예언할까? 당신의 입장을 지지하는 유치한 주장은 부조화를 유발시킨다. 왜냐하면 그것은 그 입장이 진리라는 사실 혹은 그 입장에 동의하는 사람들이 똑똑한 사람들이라는 사실에 의문을 일으키기 때문이다. 마찬가지로 당신과 반대쪽의 타당한 주장도 부조화를 일으킨다. 왜냐하면 반대쪽이 당신의 생각보다 더 똑똑하거나 더 정확할 가능성이 제기되기 때문이다. 이런 주장들이 부조화를 일으키기 때문에, 우리는 그런 생각을 하지 않으려 한다. 연구자들이 반복적으로 발견한 것도 바로 이것이다. 사람들은 자신의 입장을 지지하는 타당한 주장과 반대 입장을 지지하는 타당하지 못한 주장을 기억하고 있었다(Biek, Wood, & Chaiken, 1996; Edwards & Smith, 1996; Hart et al., 2009; Jones & Kohler, 1959).

우리가 실망의 고통을 과대평가하는 이유 부조화 감소과정은 대개 무의식적이다. 의식 아래에서 빠르게 진행되고, 생각하지도 못한 상태로 우리의 태도들이 조화롭게 유지되고 있다.

방금 당신이 꿈꾸는 직장의 면접시험을 치렀다고 상상해보자. 합격하지 못한다면 당신은 매우 실망할 것이다. 깜짝 놀랍게도 당신은 불합격하였다. 당신은 그 실망감이 얼마나 오래 지속될 것이라고 생각하는가? 대답은 이렇다. 그것은 당신이 그 직업을 얻지 못함으로써 발생하는 부조화를 얼마나 성공적으로 감소시킬 수 있는지에 달려 있다. 당신이 나쁜 소식을 처음 접했다면 실망할 것이다. 그러나 생각보다 쉽게 곧 당신은 편안하게 생각하게 될 것이다. 그것은 장래 비전이 없는 직업이었다. 그 면접관은 미친놈이었다.

흥미롭게도 사람들은 자신이 부조화를 얼마나 성공적으로 감소시킬 수 있는지에 대한 예상을 자주 하지는 않는다. 사람들은 미래의 부정적인 사건에 어떻게 반응할 것인가를 생각할 때, 부정적 감정의 강도와 지속기간을 과대평가하는 **충격 편향**(impact bias)을 보인다. 예를 들어 사람들은 애정 파탄, 실직, 원하는 기숙사 방을 배정받지 못한 것에 뒤따르는 끔찍한 느낌을 과대평가한다(Dunn, Wilson, & Gilbert, 2003; Gilbert & Ebert, 2002; Mellers & McGraw, 2001; Wilson & Gilbert, 2005). 그들은 부조화 감소 — 즉 그 까다로운 파트너로부터 벗어나는 것이 얼마나 좋은지, 그 직업이 얼마나 좋지 않은지, 처음에 생각했던 기숙사 사람들이 얼마나 매력 없는 사람들인지 알게 되는 것 — 가 궁극적으로 미래의 고통으로부터 자신들을 구해준다는 사실을 알지 못한다.

사람들은 과거에 부조화를 성공적으로 감소시켰다면, 왜 미래에도 역시 그럴 수 있을 것이라고 깨닫지 못하는가? 이는 부조화 감소가 대개 무의식적이기 때문이다. 실제로 부조화 감소는 무의식적으로 더 잘 일어난다(Gilbert & Ebert, 2002). 우리 자신에게

충격 편향
미래의 부정적인 사건에 어떻게 반응할 것인가를 생각할 때, 부정적 감정의 강도와 지속기간을 과대평가하는 편향

우리는 미래에 대해 생각할 때, 애정관계의 파탄과 같은 부정적 사건에 대해 우리가 어떻게 느낄 것인지를 과다추정한다. 우리는 부조화 감소가 종종 우리를 부정적 감정으로부터 빠르게 회복하도록 돕는다는 사실을 인식하지 못하고 있다.

"나는 나를 배척하는 사람들을 바보라고 생각함으로써 내 기분을 전환하려 한다."라고 말하는 것은 효과적이지 않다. 만약 우리가 무의식적으로 그 면접관에 대한 평가를 왜곡시킬 수 있다면, 그것이 더 효과적이다. 즉, 누가 보더라도 그 면접관은 바보라고 생각하면, 우리의 기분이 더 좋아진다(Bem & McConnell, 1970; Goethals & Reckman, 1973).

부조화와 자기-개념

Festinger의 원래 이론에 따르면, 어떤 두 인지도 부조화를 일으킬 수 있다. 그가 옳긴 했지만 그의 제자 Eliot Aronson은 두 인지 중 하나가 자기(self)와 관련된 것일 때의 부조화가 가장 고통스럽고, 우리는 그것을 감소시키려고 가장 동기화된다는 사실을 보여주었다. 즉, 우리가 우리 자신에 대해 갖고 있는 생각에 반하는 어떤 행동을 했다는 사실로 인해 자기-개념 혹은 자존감이 위협받을 때이다(Aronson, 1969).

그 이론에 대한 이런 진전으로 인해 중요하고도 명백한 사실들이 밝혀졌다. 자존감이 높은 사람과 낮은 사람 중에서 어떤 사람이 잔인하고, 어리석고, 무능한 일을 하고 난 다음에 더 부조화를 크게 느낄까? 정답은 자존감이 높은 사람이다. 자존감이 높은 사람은 자신의 높은 평가에 상반되는 방식으로 행동할 때 가장 큰 부조화를 경험하며, 보통 정도의 자존감을 지닌 사람보다도 더 열심히 부조화를 감소시키려고 노력한다. 대조적으로 자존감이 낮은 사람이 어리석거나 비도덕적인 행동을 하였다면, 그들은 그렇게 큰 부조화를 느끼지 못한다. 왜냐하면 "내가 끔찍한 일을 저질렀어."라는 인지는 "나는 원래 그런 놈이야, 나는 늘 끔찍한 일을 저지르지."라는 인지와 일치하기 때문이다. 사이코패스는 부조화에 매우 둔감하다. "나는 차갑고, 인정머리 없는 행동을 하는 사람"이라는 인지는 "나는 나를 제대로 알아보지 못하는 어리석은 사람들을 정말 잘 다룬다."라는 인지와 일치하기 때문이다(Murray, Wood, & Lilienfeld, 2012).

고전적인 한 실험에서 Aronson과 Mettee(1968)는 자존감을 높게 만든 사람들은 자신에 대한 평가가 낮은 사람들에 비해, 기회가 있더라도 부정행위를 덜하게 될 것이라고 예상하였다. 결국 당신이 자신을 정직한 사람으로 생각한다면, 부정행위는 그런 자존감과 부조화를 일으키게 된다. 그러나 일시적으로 자존감을 낮추어 자신을 낮게, 가치 없는 사람으로 느끼게 만든 사람들은 카드게임에서의 부정행위, 자신의 개를 발로 차는 행위, 또는 자신에 대한 낮은 평가와 일치하는 다른 많은 행위들을 더 쉽게 할 것이다. 이 실험에서는 대학생에게 그들의 성격에 대한 거짓 정보를 제공함으로써 일시적으로 그들의 자존감 수준을 만들었다. 성격검사를 실시한 다음, 학생의 1/3에게는 그들의 검사결과가 성숙하고, 흥미롭고, 생각이 깊다 등으로 나타났다고 말해줌으로써 긍정적 피드백을 주었고, 다른 1/3에게는 부정적 피드백을 주었다. 그들에게는 검사결과, 그들은 미성숙하고, 재미없고, 생각의 깊이가 낮은 것으로 나타났다고 말했고, 나머지 1/3에게는 검사결과에 대한 아무런 정보를 주지 않았다. 잠시 후 학생들은 성격검사와는 아무런 관련이 없는 다른 심리학자의 실험에 참여하도록 하였다. 이 두 번째 실험의 일부에서 참가자는 그들의 동료 학생들과 카드게임을 하였다. 그들은 돈을 걸 수 있도록 하였고 돈을 따면 가져가도록 하였다. 게임을 하는 동안 그들에게 부정행위를 하면 상당한 돈을 딸 수 있는 몇 차례의 기회가 주어졌다. 실험결과는 부조화 이론의 예상을 확증시켰다. 즉, 이전에 긍정적 피드백을 받은 학생들은 부정행위를 할 수 있는 기회를 가장 적게 사용하였고, 부정적 피드백을 받은 학생들은 부정행위를 할 수 있는 기회를 가장 많이 사용하였으며, 통제집단은 그 중간이었다. 긍정적 피드백은 실제로 그들로 하여금 부정행위를 하지 않도록 면역시켰다.

보다 최근에 이루어진 일련의 실험에서 연구자들은 사람들이 '속임수를 쓰지 않는 사람'이라는 자기-개념을 지니고 있을 때, 속임수(실험자에게 요구할 수 없는 돈을 요구하는 것)를 사용할 가능성이 더 낮다는 사실을 발견하였다. 일부 학생들은 그들의 정체성에 초점을 둔 지시문을 읽었고("사기꾼이 되지 말아주십시오."), 다른 학생들은 그들의 행위에 초점을 둔 지시문을 읽었다("속임수를 쓰지 말아주십시오."). "사기꾼이 되지 말아주십시오." 집단이 속임수를 덜 사용하였다. 왜냐하면 속임수는 정직한 사람이라는 자기-개념과 부조화를 일으키기 때문이다. 단순히 속임수 행동을 하지 말도록 요청한 두 번째 집단은 사기꾼이 되지 말아달라고 요청한 사람들보다 2배나 많은 돈을 요구하였고, 이런 차이는 사적인 온라인 상황에서 뿐만 아니라 대면 상황에서도 일어났다(Bryan, Adams, & Monin, 2013).

만약 사람들이 자신의 행위와 일치하는 자기-개념을 유지하려 하기 때문에 높은 자존감이 정직하지 못하고 자기 기만적인 행동을 막는 완충 작용을 하였다면, 이 연구결과는 널리 적용될 수 있다. 예를 들어 많은 아프리카계 미국 어린이는 그들이 학문적으로 성공하려 해도 '가진 것이 없다.'고 믿기 때문에, 열심히 공부하지도 않고 아무것도 하지 않는다. 비극적이지만 이 모든 것이 완벽하게 조화롭다. 한 사회심리학자 팀은 세 학급에서 세 번을 반복하여 간단한 개입을 실시하였다(Cohen et al., 2009). 그들은 자기확증 글쓰기 숙제를 사용하여 아프리카계 미국 어린이의 자존감을 북돋워주었다. 그 어린이들에게 그들이 공부 이외의 영역과 그들이 가장 중요한 가치를 두는 영역(예 : 종교, 음악, 가족사랑)에서 좋은 자질을 지녔다는 사실에 주목하도록 하였다. 이러한 자기확증은 그들의 자존감을 증진시키고, 그 결과 공부에 대한 불안감을 감소시켜서 더 좋은 결과를 낳았다. 이러한 개입으로 성취도가 가장 낮았던 흑인 학생이 가장 큰 이득을 보았고, 그 이득은 적어도 이후 2년은 지속되었다. 즉, 학생들의 부정적인 자기지각을 변화시키는 것이 자존감과 객관적인 시험성적에 장기적인 도움을 주었다.

그러나 이 결과를 일반화할 때는 주의가 필요하다. 인위적인 방법으로 자존감을 증진시킬 수는 없다. 부조화 이론이 예언하듯, 잘못하면 자기확증은 부작용을 일으킬 수 있다. 자존감이 낮은 사람들을 대상으로 한 두 실험에서 긍정적인 자기 진술문을 반복적으로 말하도록 하고(예 : "나는 사랑스러운 사람이다."), 자신이 실제로 그렇다고 주장하도록 했을 때("그것은 실제의 나야."), 그 주장을 반복하지 않은 사람이나 혹은 그 진술들이 진짜 자신인 것과 아닌 것이 모두 있다는 사실에 주목하도록 한 사람들과 비교했을 때, 실제로 그들의 자존감은 더 낮아졌다(Wood, Perunovic, & Wood, 2009). 마찬가지로 자존감이 낮은 어린이들에게 과도한 칭찬("너는 믿을 수 없을 만큼 그림을 잘 그린다.")을 하면, 그 칭찬은 부작용을 일으켜, 그들은 자신이 달성하지 못할 것이 두려워서 새로운 도전을 하지 않게 된다(Brummelman et al., 2014). 자기확증이 효과적이려면 사실에 기반을 두어야 한다(Kernis, 2001). 즉, 자신의 실제의 장점, 긍정적 가치 및 좋은 자질에 초점을 맞추고 있어야, 그 사람은 자신의 행동을 그것에 맞추려 할 것이다.

결정, 결정, 결정

우리는 매 순간 결정을 내리고 부조화를 경험한다. 당신이 차를 구입하려 한다고 가정하자. 승합차와 경차 사이에서 망설이게 된다. 당신은 각각의 장단점을 알고 있다. 승합차는 더 편리하다. 장거리 여행 동안 잠을 잘 수 있고, 출력도 충분하지만, 연비가 낮고 주차하기도 어렵다. 경차는 실내가 무척이나 협소하고 안전도 걱정이다. 그러나 가격이 저렴하고, 빠르게 주행할 수 있고, 고장률도 낮다. 결정을 내리기 전에 당신은 가능한 한 많은 정보를 수집할 것이다. 당신은 온라인으로 각 모델의 안전도, 연비, 신뢰도 등에 대한 전문가의 평가를 읽을 것이다. 당신은 승합차나 경차를 소유한 친구들과 대화도 할 것이다. 당신은 아마 자동차 영업소를 방문하여 각각이 어떻게 느껴지는지를 알아보기 위해서 시승도 할 것이다. 모든 이런 결정 이전의 행동은 완벽히 합리적이다.

이제 당신이 경차를 사기로 결정했다고 하자. 우리는 당신의 행동이 특정 방식으로 변할 것이라고 예상한다. 즉, 연비가 마치 세상에서 가장 중요한 일인 것처럼 연비를 우선하여 따지게 될 것이다. 동시에 당신은 경차에서 취침할 수 없다는 사실을 중요하지 않게 생각하게 될 것이다. 누가 장거리 여행할 때 차 안에서 잠을 자나? 마찬가지로 당신은 경차가 충돌 시 안전의 위험성이 있다는 사실을 거의 기억하지 않을 것이다. 어떻게 이런 생각의 변화가 발생하였을까?

좋아함과 싫어함의 왜곡 두 자동차, 두 대학, 두 애인 사이에서 결정해야 하는 경우 선택한 대안이 전적으로 긍정적이고, 포기한 대안은 전적으로 부정적인 경우는 거의 없다. 결정 후에는 당신이 똑똑하다는 당신의 인지는 당신이 선택한 자동차, 대학, 애인의 부정적인 사실들과 부조화를 일으킨다. 그 인지는 당신이 포기한 자동차, 대학, 애인의 긍정적인 사실들과도 부조화를 일으킨다. 우리는 이것을 **결정후 부조화**(postdecision dissonance)라 부른다. 인지부조화 이론은 그 결정에 대해서 당신이 좋은 느낌을 갖도록 돕기 위해, 스스로 부조화를 감소시키는 무의식적인 정신적 작업을 할 것이라고 예상한다.

어떤 작업인가? 고전적인 실험에서 Jack Brehm(1956)은 소비자 평가원의 직원인 척하고 여성들에게 여러 종류의 소형 가전제품에 대한 매력도와 만족도를 평정하도록 요청했다. 각 여성은 조사에 참여한 보상으로 그 제품 중 하나를 선물로 받을 수 있다고 알려주었다. 각 여성에게 자신이 동등하게 매력적이라고 평정한 두 제품 중 하나를 선택하게 하였다. 각 여성이 선택을 한 후에, 그들에게 모든 제품을 재평정하도록 하였다. 그들이 선택한 제품을 받은 후에, 그들은 처음보다 그 제품을 약간 더 높게 평정하였다. 그뿐만 아니라 그들이 선택하지 않고 포기한 제품의 평정은 상당히 낮아졌다.

결정 후에 우리는 이런 방식으로 우리가 선택한 것에 대해 더 좋은 기분을 느끼기 위해서 부조화를 감소시킨다.

결정의 영속성 결정이 중요할수록 부조화도 크다. 어떤 차를 구입할지 결정하는 것은 토스터와 커피메이커 중에서 하나를 선택하는 것보다 분명히 더 중요하다. 결혼할 상대를 결정하는 것은 구입할 차를 결정하는 것보다 훨씬 더 중요하다. 결정은 그것이 얼마나 영속적인가에 따라서도 다르다. 즉, 그 결정을 취소하는 것이 얼마나 어려운가에 따라서 다르다. 새로운 차를 다른 차로 바꾸는 일은 불행한 결혼을 끝내는 일보다는 훨씬 쉽다. 더 영속적이고 취소가 어려운 결정일수록 부조화를 감소시키려는 욕구가 강하다(Bullens, van Harreveld, Forster, & van der Pligt, 2013).

간단하지만 훌륭한 한 실험에서, 사회심리학자들은 경마장에서 2달러를 배팅하러 가고 있는 사람들에게 그들이 배팅할 경마가 우승할 확률이 얼마나 되는지 물었다(Knox & Inkster, 1968). 또한 연구자들은 방금 2달러를 배팅하고 나오는 사람에게도 다가가

인생은 어느 대학을 가야 할지를 선택하는 것과 같은 선택의 연속이다. 일단 우리가 선택하고 나면, 우리가 선택한 것(예 : 선택한 대학)의 좋은 면은 부풀리고, 다른 대안(예 : 선택하지 않은 대학)의 좋은 면은 축소한다.

서 같은 질문을 하였다. 한결같이 이미 배팅을 한 사람은 아직 배팅을 하지 않은 사람보다 그들이 선택한 기수가 우승할 확률을 더 높게 보았다. 단지 두 집단은 몇 분의 차이이기 때문에 우승확률이 높아질 어떤 일도 일어나지 않았다. 유일하게 변화를 일으킨 것은 최종 결정을 했느냐의 여부뿐이었다. 우승확률을 높아지게 만든 것은 부조화이다.

다른 연구자들은 사진수업에서 취소불가 가설 (irrevocability hypothesis)을 검증하였다(Gilbert & Ebert, 2002). 그 연구는 모집광고를 통해, 심리학 실험에 참가하면서 사진 공부에 관심이 있는 학생들을 참가자로 모집했다. 학생들은 사진을 몇 장 찍고, 그 중 두 장만 인화할 것이라고 지시받았다. 그들은 두 장의 사진을 평정하고, 한 장을 선택하여 갖고, 다른 한 장은 행정상의 이유로 학교에서 보관될 것이라고

모든 판매는 최종적인 것이다. 언제 이 소비자들이 새 차를 더 좋아할 것인가 : 구입 10분 전? 구입 10분 후?

하였다. 학생들은 둘 중 한 조건에 무선적으로 할당되었다. 조건 1에서는 학생들은 5일 내에 사진을 교환할 수 있는 선택권이 있다는 지시를 받았다. 조건 2에서는 학생들은 그들의 결정이 최종 결정(취소불가)이라는 지시를 받았다. 연구자들은 학생들이 사진을 선택하기 전에는 두 사진을 똑같이 좋아하고 있다는 사실을 확인하였다. 그런 다음 실험자는 좋아하는 사진을 교환할 수 있는 선택권을 준 학생들이 그런 선택권을 주지 않은 조건의 학생에 비해서 자신이 선택한 사진을 더 좋아하는지 혹은 덜 좋아하는지를 알아보기 위해, 그들이 선택을 한 며칠 후에 그 학생들을 다시 만났다. 그 결과 첫날 최종 선택을 해야 했던 학생들에 비해 사진을 교환할 수 있는 선택권이 있었던 학생들이 자신이 선택했던 사진을 덜 좋아하고 있었다.

재미있게도 학생들에게 자신이 내린 결정을 그대로 유지하는 것이 더 행복할 것인지 혹은 덜 행복할 것인지를 예상하도록 했을 때, 그들은 자신의 결정을 그대로 유지하는 것이 더 행복할 것이라고 예상하였다. 틀렸다! 그들이 부조화가 주는 불편함을 과소평가하였기 때문에, 취소가 불가한 최종 결정이 자신을 더 행복하게 만든다는 사실을 알지 못했다.

해보기! 최종 결정의 이점

이 수업을 듣지 않는 5명의 친구에게 다음 질문을 해보라. 당신이 스마트폰을 사기 위해 두 상점에 갔다고 상상해보라. 두 상점의 폰 가격은 똑같지만, A상점에서는 30일 이내에 폰을 교환할 수 있는 선택권을 주었고, B상점에서는 모든 판매된 물건은 교환불가였다. 폰을 구입한 일주일 후, 당신은 A상점(교환이 가능)과 B상점(교환 불가능) 중 어떤 상점에서 구입한 폰에 대해 더 행복할까?

취소불가의 착각 만들기 결정의 취소불가는 부조화와 그것을 감소하려는 동기를 증가시킨다. 그러나 이것를 이용하여 부도덕한 판매원은 취소불가의 착각을 만드는 기법들을 개발하였다. 그런 기법 중 하나가 **낮은 가격 기법**(lowballing)이라고 하는 것이다(Cialdini, 2009; Cialdini et al., 1978; Weyant, 1996). 유명한 사회심리학자인 Robert Cialdini는 이 기법을 가까이 관찰하기 위해서 일시적으로 자동차 영업소의 판매 조직에 들어갔다. 그 기법은 이렇게 작동한다. 당신이 어

낮은 가격 기법

부도덕한 판매전략 중 하나로써 판매원이 소비자에게 낮은 가격으로 제품을 구매하도록 유인한 후, 나중에 오류가 있어서 가격이 올랐다고 주장하고, 소비자가 높아진 가격에 구매하도록 하는 것

떤 차를 구입하려고 자동차 매장에 들어갔다. 이미 당신이 여러 영업소와 온라인에서 얻은 가격 정보를 갖고 있다면, 그 차를 대략 18,000달러에 구입할 수 있다고 알고 있다. 성격이 좋아 보이는 한 중년 남자가 당신에게 다가와, 당신에게 그 차를 17,679달러에 팔겠다고 제안한다. 할인에 흥분되어 당신은 계약금 수표를 작성하기로 하고, 그는 당신이 실제 구매자임을 증명하려고, 당신의 수표를 매장 매니저에게 갈 것이다. 그러는 동안 당신은 협상을 잘 마치고 집으로 돌아가는 상상을 하고 있다. 10여 분 후에 판매원이 비참한 모습으로 돌아온다. 그는 당신과 좋은 거래를 하려는 욕심으로 자신이 차 가격을 잘못 계산하였고, 매장 매니저가 그것을 찾아냈다고 말한다. 그 차의 실제 가격이 18,178달러라는 것이었다. 당신은 실망하게 된다. 하지만 당신은 그래도 다른 곳보다 조금은 싸게 구입하는 거라고 확신한다. 구입 결정이 취소불가는 아니다. 그러나 이 상황에서 할인된 가격이 없기 때문에 이 사람에게 그 차를 구매할 이유가 없어졌음에도 불구하고, 처음부터 가격을 18,178달러로 제시한 경우보다 훨씬 더 많은 사람들이 거래를 계속하게 될 것이다.

낮은 가격 기법이 작동하는 이유는 적어도 세 가지이다. 첫째, 소비자가 구매결정을 취소할 수 있더라도 일종의 약정이 존재한다. 잘 생각해보면 계약금 수표에 날인한 것이 구속력이 없는 계약임을 금방 알게 됨에도 불구하고 구매자는 취소불가의 착각을 하게 된다. 하지만 강매 세계에서 일시적인 착각도 실제 결과로 나타날 수 있다. 둘째, 이미 약정했다는 느낌은 (새 차를 운전하는) 흥분된 사건을 상상하도록 만든다. 만약 (거래가 중단되어) 상상했던 사건이 좌절되면, 큰 허탈감이 온다. 셋째, 최종 가격이 소비자가 생각한 것보다 훨씬 높더라도 다른 영업소보다는 약간 높은 정도일 것이다. 이 상황에서는 실제로 소비자는 "에라 모르겠다. 나는 여기에 있고, 이미 계약서를 작성했고, 수표를 끊었잖아. 뭘 기다려?"라고 말한다. 그래서 강매 영업사원은 부조화 감소와 취소불가의 착각을 이용하여, 자신이 제시한 가격으로 당신에게 그 제품을 판매할 가능성을 높인다.

비도덕적 행동의 결정 물론 자동차, 가전제품, 경주마, 심지어 대통령 후보에 대한 결정도 쉬운 일이다. 그러나 종종 우리의 선택이 도덕과 윤리 문제와 연관되는 경우가 있다. 언제 친구에게 거짓말을 하는 것이 괜찮고, 언제는 그렇지 않나? 언제 어떤 행위가 도둑질이며, 언제는 그 행위가 단지 '모든 사람이 하는 것'인가? 앞서 우리는 높은 자존감을 지니는 것이 부정행위의 유혹을 이기게 할 수 있다는 사실을 보았다. 그러나 때로는 그 유혹이 너무 강하다. 사람들이 어떤 방식으로 어려운 도덕적 결정 이후에 생기는 부조화를 감소시키는지를 보면, 그들이 장래에 더 윤리적으로 행동할지 아니면 덜 윤리적으로 행동할지를 알 수 있다.

시험에서 부정행위를 살펴보자. 당신이 대학 2학년이고 유기화학 기말시험을 본다고 가정하자. 당신은 의사가 되고 싶고, 의학전문대학원 입학은 당신이 이 과목에서 얼마나 성적을 잘 받는지에 크게 달려 있다. 어떤 문제는 당신이 잘 아는 것이지만, 이 시험에 대한 부담으로 인해 당신은 매우 불안해져서 아무 생각도 나지 않는다. 우연히 당신 옆자리에는 공부 잘하는 친구 중 한 명이 앉아 있었고, 당신이 슬쩍 그 친구의 답안지를 쳐다보았을 때, 그 친구가 핵심문

부정행위를 하고 난 후, 이 학생은 누구나 기회가 있으면 부정행위를 했을 것이라고 확신하려고 할 것이다.

제에 대해 이제 막 작성한 정답이 보였다. 당신은 눈을 돌렸다. 당신의 양심은 부정행위를 하는 것은 잘못이라고 말하지만, 당신이 부정행위를 하지 않으면 성적이 좋지 않을 것이 확실하다. 만약 당신이 나쁜 학점을 받으면, 의학전문대학원은 물 건너가는 것도 확실하다.

당신이 부정행위를 하든 안 하든 간에 당신의 자존감에 대한 위협이 부조화를 일으킨다. 당신이 부정행위를 한다면, "나는 선량하고 도적적인 사람"이라는 당신의 신념이나 인지는 "나는 지금 비도덕적인 행위를 했다."라는 인지와 부조화를 일으킨다. 만약 당신이 그 유혹을 뿌리쳤다면, "나는 의사가 되기를 원한다."라는 당신의 인지는 "나는 좋은 학점을 받아서 의학전문대학원에 입학할 수 있었지만, 나는 그 선택을 하지 않았다. 나는 참으로 어리석다!"라는 인지와 부조화를 일으킨다.

어려운 혼란 끝에 당신은 부정행위를 하기로 결정했다고 가정하자. 부조화 이론에 따르면 당신은 그 행위의 부정적 측면을 최소화시키는 방법을 찾음으로써 그 행위를 정당화하려 할 것이다. 이 경우 부조화를 줄이는 효과적인 방법은 부정행위에 대한 당신의 태도를 바꾸는 것이다. 당신은 시험 부정행위가 다른 사람의 신체를 해치지 않는 희생자 없는 잘못이고, 누구나가 하는 것이고, 그래서 그렇게 나쁜 것은 아니라고 생각함으로써 부정행위에 대해 한층 너그러운 태도를 갖게 될 것이다.

만약 반대로 당신이 부정행위를 하지 않기로 결정했다고 가정하자. 당신은 부조화를 어떻게 감소시킬 수 있을까? 다시 당신은 그 행위의 도덕성에 대한 태도를 바꾸지만, 이 경우에는 방향이 정반대이다. 즉, 좋은 학점의 포기를 정당화하기 위해서 당신은 부정행위가 극악한 범죄이며, 인간이 할 수 있는 가장 저질 행동 중 하나이며, 부정행위를 저지른 사람이 근절되어야 하고, 엄하게 처벌해야 한다고 스스로를 확신시킨다.

부조화로 인해 일어난 일이 단순히 자신의 행동에 대한 합리화뿐만 아니라 자신의 가치 체계의 변화도 초래한다. 두 가지 각기 다른 방식으로 행동하는 두 사람은 처음에는 부정행위에 대해 거의 같은 태도를 지니고 있을 수 있다. 한 사람은 부정행위를 할 뻔했지만 저항하기로 결정하였고, 다른 사람은 저항할 뻔했지만 부정행위를 저지르기로 결정하였다. 그러나 그들이 결정한 이후, 부정행위에 대한 그들의 태도는 자신의 행위 결과에 따라 극명하게 달라질 것이다(그림 6.2 참조).

이런 예상은 Judson Mills(1958)가 한 초등학교에서 실시한 실험에서 검증되었다. Mills는 먼저 부정행위에 관한 6학년 학생의 태도를 측정하였다. 그런 다음 응시자 중 우승자에게 상이 주어지는 경쟁 시험을 치도록 하였다. 그러나 부정행위 없이는 우승자가 될 수 없는 상황을 만들었다. Mills는 학생들이 그 상황에서 부정행위를 쉽게 하도록 만들고, 학생들에게는 들키지 않을 것이라는 착각을 하도록 만들었다. 예상대로, 이 상황에서 어떤 학생은 부정행위를 하였고, 어떤 학생은 하지

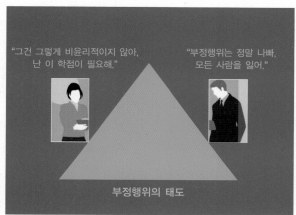

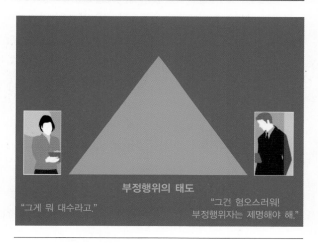

그림 6.2 부정행위 피라미드

두 학생이 시험을 본다고 상상해보자. 둘은 부정행위에 유혹되었다. 처음에는 그들의 부정행위에 대한 태도가 같지만 한 사람은 충동적으로 부정행위를 저질렀고 다른 사람은 그렇지 않았다. 그들의 태도는 예상 가능한 바대로 변화할 것이다.

출처 : Carol Tavris

않았다. 다음날 6학년 학생들은 다시 그들이 부정행위에 대해서 어떻게 생각하는지를 물었다. 말할 것도 없이 부정행위를 한 학생은 부정행위에 더 관대해졌고, 부정행위의 유혹을 뿌리친 학생은 더 엄격한 태도를 갖게 되었다.

그림 6.2의 다른 예를 보면서 당신이 현재의 연인과 헤어질 것인지 아닌지, 불법 마약을 사용할 것인지 아닌지, 이 전공과 저 전공 중 어떤 것을 선택할 것인지, 비윤리적인 행동을 할 것인지 말 것인지 같은, 중요한 결정을 해야 하는 피라미드의 맨 위에서 있다고 상상해보라. 한 번 결정을 내리면 당신은 부조화를 감소시키려고 정당화하려 할 것이며, 그 정당화로 인해 나중에는 당신이 마음을 바꾸어야 할 때조차 마음을 바꾸기 어렵게 된다는 사실을 명심하라.

부조화, 문화 및 뇌

인지부조화 이론은 많은 연구에서 지지되었다. 어떤 연구는 인지(어떻게 뇌가 정보를 처리하는데 있어 편향을 보이는지) 영역, 어떤 연구는 기억(우리가 어떻게 현재의 기억을 자신의 자기-개념과 일치시키는지) 영역, 그리고 어떤 연구는 태도(제7장 참조) 영역의 연구들이다. 연구자들은 인지부조화의 양상들은 보편적이며, 뇌에 내장되어 있으며, 문화에 따라 다르다는 사실을 알게 되었다(Cohen, 2014).

뇌에서의 부조화　원숭이와 침팬지를 사용한 실험은 인지부조화가 어느 정도 내장된 적응 기능이라는 생각을 지지해준다. 주부들이 먼저 가전제품의 매력도 순위를 정하고, 그들이 가전제품을 선택하여 가진 후에는, 그들이 선택하지 않은 제품의 순위를 낮춘 연구를 기억하는가? 인간은 두 선택 중 일단 하나를 선택하면 다른 선택권이 있더라도 지금의 선택을 유지하려 한다(Arad, 2013). 영장류로 이루어진 연구들은 그 이유가 이미 유효성이 증명된 것을 유지하고 새로운 대안(적어도 인간의 과거에서 보면 모험적이고 위험한 것)을 뿌리치는 것이 진화적으로 이점이 있기 때문일지도 모른다는 사실을 시사하고 있다. 원숭이와 침팬지를 가전제품 대신에 색깔이 다른 M&M 초콜릿을 선택하는 비슷한 상황에 놓았을 때, 그들은 자신이 선택하지 않은 색깔의 초콜릿에 대한 선호도를 낮추었다(Egan, Santos, & Bloom, 2007; West et al., 2010 참조). 원숭이와 침팬지는 자기-개념을 보호하려고 그런 것은 분명히 아니다. 적어도 음식 선택에 있어서 그들이 '이전에 선택한 것을 고수하는' 전략은 진화적으로 적응적이며, 이는 그들의 생존과 번식 능력을 높여주는 것으로 보인다.

신경과학자들은 사람이 부조화 상태에 놓이고 그것을 해소하려는 무언가를 할 때, 뇌의 어떤 부위가 활성화되는지를 알아보기 위해서 뇌의 활동을 살펴보았다(Harmon-Jones & Amodio, 2012). 그들은 기능적 자기공명영상(fMRI)을 사용하여, 사람들이 선택하였고 선택하지 않았던 것들에 대한 선호도를 평가하는 동안, 그들이 불편했던 과거 경험을 실제로 즐거웠다고 주장하는 동안, 또는 그들이 반갑지 않은 정보에 접하는 것과 같은 여러 종류의 부조화를 경험하는 동안에 그들의 특정 뇌부위에서 신경활동이 있음을 확인할 수 있었다. 부조화 동안에 활동하는 뇌의 부위는 선조체와 전전두피질이라는 부위였다. 그 부위는 계획수립과 의사결정과 깊은 관련이 있는 부위이다(Izuma et al., 2010; Kitayama et al., 2013; Qin et al., 2011).

그들이 선호하는 대통령 후보에 대한 조화 정보와 부조화 정보를 처리하고 있는 사람들을 대상으로 한 연구에서, Drew Westen과 동료들(2006)은 사람들이 부조화 정보를 접하면, 뇌의 사유(reasoning) 영역이 실제로 활동을 정지하며, 조화가 복원되면 뇌의 정서회로가 즐겁게 활동하게 된다는 사실을 발견하였다. Westen이 주장한 것처럼 사람들은 조각들이 그들이 원하는 모양으로 맞추어질 때까지 '인지적 만화경(cognitive kaleidoscope)'을 돌리게 되며, 뇌는 즐거움을 담당하는 회로를 활성화시켜 그 사람에게 보답한다. 말 그대로 인지부조화 감정이 당신의 뇌를 병들게 한다!

문화에 따른 부조화   거의 모든 세상에서 부조화가 작동하고 있는 것을 볼 수 있지만(예 : Beauvois & Joule, 1996; Imada & Kitayama, 2010; Sakai, 1999), 문화에 따라 똑같은 형태를 띠고 있지 않으며, 부조화를 만드는 인지의 내용도 다를 수 있다. 집단의 욕구가 개인의 욕구보다 더 중요한 '집합주의' 사회에서는 ('개인주의' 사회에서보다) 적어도 표면적으로는 부조화를 감소시키려는 행동이 덜 나타난다(Kokkoris & Kuhnen, 2013; Triandis, 1995). 이런 문화에서 우리는 집단조화를 유지하기 위한 행동을 더 추구하며, 자신의 개인적인 잘못을 정당화하려는 사람을 찾아보기 어렵다. 그러나 자신의 행동이 창피하거나 남들을 실망시킬 때는 부조화를 경험하는 사람들을 많이 볼 수 있다.

일본 사회심리학자인 Haruki Sakai(1999)는 그의 부조화에 대한 관심과 그가 지닌 일본 사회에 대한 지식을 결부하여, 일본에서는 많은 사람이 그들이 알고 좋아하는 사람의 입장에서 대리적으로 부조화를 경험한다는 사실을 발견하였다. 관찰자는 부조화를 감소시키려는 친구의 태도에 동조하기 위해 자신의 태도를 바꾸었다. 또한 후속 실험에서 일본인 참가자들은 자신이 의사결정을 하는 것을 다른 사람이 보고 있다고 느끼는 동안에는 자신의 선택을 정당화하려 하지만, 이후에는 그렇지 않았다. 미국인들에게는 반대 형태가 나타났다(Imada & Kitayama, 2010). 그 선택을 혼자만이 알고 있는 것인가 혹은 다른 사람이 보고 있는 것인가 하는 문제가 문화와 상호작용하여, 부조화가 발생하는지 그리고 그 선택을 정당화할 필요가 있는지를 결정한다.

그럼에도 불구하고 부조화를 일으키는 대부분의 원인은 국제적이고 세대를 넘어선다. 예를 들어 다문화 국가인 미국에서는 이민자 부모와 그들의 청소년 자녀들은 문화적 가치에서 자주 충돌한다. 아이들은 자신이 또래 친구들과 비슷하기를 바라지만, 부모는 자녀들이 자신과 비슷하기를 원한다. 아이들은 부모를 사랑하지만 부모의 모든 가치를 수용할 수 없기 때문에 이런 갈등은 종종 상당한 부조화를 일으킨다. 미국에 거주하는 베트남과 캄보디아 청소년들을 대상으로 한 종단연구에서, 인지부조화를 많이 경험하는 청소년들은 혼란에 빠지기 쉽고, 학교 성적이 나쁘고, 부모와 다툼도 더 많았다(Choi, He, & Harachi, 2008).

복습문제

1. 결정후 부조화와 관련된 다음의 기법 중 어느 것이 옷가게에서 소비자의 만족을 높이는 방법인가?
   a. 가격을 반으로 깎아준다.
   b. 소비자에게 이 가게가 얼마나 유명한 가게인지를 말해주는 라디오 광고를 듣도록 한다.
   c. 이 가게에서 구매하는 멤버십 비용을 부과한다.
   d. 모든 판매는 최종적이라 말한다.
2. 영숙이는 최고의 두 대학 입학시험에 합격하였다. 그녀는 어떤 조건에서 가장 부조화를 경험할까?
   a. 그녀가 학교를 결정하기 전에 두 대학의 장단점에 대해 생각할 때
   b. 그녀가 입학하려는 학교는 결정했지만, 아직 그 학교에 통지를 하지는

않았을 때
   c. 그녀가 입학하려는 학교를 결정하여 막 그 학교에 그 사실을 통지했을 때
   d. 위의 모든 상황에서 똑같이 부조화를 경험할 것이다
3. 당신이 한 클럽의 기금모금을 위해 30달러짜리 기념책을 판매하고 있다. 당신은 판매를 높이기 위해 낮은 가격 기법을 어떻게 사용할 수 있나?
   a. 그 책 가격을 한 권당 70달러로 시작하여, '최종 가격'을 30달러로 함으로써 소비자가 사도록 만든다.
   b. 그 책 가격을 한 권당 25달러로 팔기 시작하지만, 일단 소비자가 수표책을 꺼내면, 그 사람에게 당신이 실수를 했고, 실제로 그 책은 당신이 생각한 가격보다 5달러 더 높다고 말한다.

c. 그 책을 구입하는 소비자에게 무료 과자와 같은 추가적인 인센티브를 제공한다.

d. 그 책 가격을 한 권당 40달러로 팔기 시작하지만, 3주 후에 10달러를 소비자에게 되돌려 주겠다고 말한다.

4. 철수의 교수는 철수에게 시험에서 부정행위를 하다가 적발되면, 퇴학당하게 될 것이라고 말한다. 은희의 교수는 그녀에게 시험에서 부정행위를 하다가 적발되면, 부정행위가 왜 나쁜 행위인지에 대한 짧은 에세이를 쓰게 될 것이라고 말한다. 두 학생 모두 부정행위를 하지 않았다면, 부조화 이론은 어떻게 예언하는가?

a. 은희가 철수보다 자신이 더 정직하다고 느낄 것이다.

b. 철수가 은희보다 자신이 더 정직하다고 느낄 것이다.

c. 철수와 은희는 똑같이 정직하다고 느낄 것이다.

d. 둘 모두 사전에 위협을 받았기 때문에, 철수와 은희는 똑같이 정직하지 못하다고 느낄 것이다.

5. 문화와 인지부조화에 관한 다음의 설명 중 어떤 것이 사실인가?

a. 일본인은 부조화를 거의 경험하지 않는다.

b. 어디서나 부조화는 발생하지만, 문화가 사람들로 하여금 그것을 어떻게 경험하게 하는지에 영향을 준다.

c. 인지부조화는 미국인에게 나타나는 독특한 현상이다.

d. 인지부조화는 개인주의 문화보다는 집합주의 문화에서 더 많이 발생한다.

정답은 537-539쪽 참조

일상에서의 자기정당화

6.2 일상에서 인지부조화가 어떻게 작동되며, 인지부조화를 줄일 수 있는 건설적인 방법은 무엇인가

당신이 많은 노력 끝에 특정 동호회에 가입했는데, 그 동호회가 별 볼일 없는 행위나 하는 지겹고 거만한 사람들로 구성되어 있는, 하찮은 조직이라는 사실을 알게 되었다고 가정해보자. 당신은 매우 어리석다고 느끼지 않을까? 똑똑한 사람은 가치 없는 것을 얻기 위해서 그렇게 열심히 노력하지는 않을 것이다. 그런 상황은 심각한 부조화를 일으킨다. 당신이 똑똑하고 사려 깊은 사람이라는 평소의 생각과 형편없는 동호회에 들어오기 위해 열심히 노력했다는 인지가 부조화를 일으키게 된다. 어떻게 당신은 이 부조화를 감소시킬 것인가?

노력정당화

노력정당화
사람들이 얻기 위해 노력한 것에 대한 호감을 증가시키는 경향성

당신은 처음 볼 때보다는 그 동호회와 동호회 멤버들이 더 좋고, 재미있고, 가치 있다고 스스로를 확신시킬 방법을 찾으려고 할 것이다. 어떻게 지루한 사람을 재미있는 사람으로, 그리고 보잘것없는 동호회를 가치 있는 동호회로 바꿀 수 있나? 쉽다. 대부분의 지루한 사람과 보잘것없는 동호회라도 어떤 장점은 있다. 행위와 행동은 여러 해석이 가능하다. 만약 당신이 사람과 사물을 좋게 보려고 하면, 애매한 것들을 좋은 쪽으로 해석한다. 우리는 이것을 **노력정당화**(justification of effort)라고 부르는데, 이는 사람들이 얻기 위해 노력한 것에 대한 호감을 증가시키는 경향성을 말한다.

고전적 실험에서, Elliot Aronson과 Judson Mills (1959)는 노력과 부조화 감소 간의 관련성을 알아보았다. 이 실험에서는 대학생들이 성 심리의 다양한 측면을 논의하는 정기적 모임을 갖는 집단에 자원하였다. 그러나 그 집단에 가입하기 위해서 그들은 선발절차를 거쳐야 했다. 참가자의 1/3은 그 절차가 힘들고 불쾌하였고, 1/3은 약간 불쾌하였고, 나머지

해병이 되기 위한 혹독한 훈련은 지원자의 해병에 대한 응집력과 자부심을 증가시킨다.

1/3은 아무런 선발절차 없이 그 집단에 가입하였다.

각 참가자에게는 그들이 가입한 집단의 구성원들이 토론하는 내용을 듣도록 하였다. 비록 참가자들은 그 토론이 실시간 진행되는 것이라고 믿고 있지만, 사실은 사전에 녹음된 것이었다. 녹음된 토론은 매우 따분하고 허황된 내용으로 준비된 것이었다. 토론이 끝난 다음 각 참가자에게 그 토론이 얼마나 좋았는지, 얼마나 재미있었는지, 토론자들이 얼마나 똑똑한 사람들인지 등을 평정하게 하였다.

그림 6.3에서 보듯, 그 집단에 가입하기 위해 노력을 들이지 않았던 참가자는 그 토론을 즐기지 않았다. 그들은 그 토론을 따분하고 지루한 시간낭비였다고 보았을 수 있다. 그러나 혹독한 가입절차를 거친 참가자는 똑같은 토론을 기대한 만큼 흥미진진한 것은 아니지만, 어느 정도 재미도 있고, 그래서 대체로는 가치 있는 경험이었다고 생각하고 있었다. 이 결과는 여러 상황에서 재확인되었다. 즉, 사람들은 쓸모없는 자조 프로그램에서부터 물리치료까지 자신이 기울인 노력을 정당화하였다(예 : Coleman, 2010; Conway & Ross, 1984; Cooper, 1980; Gerard & Mathewson, 1966).

노력의 정당화에 대한 놀랄 만한 예는 다문화 국가인 모리셔스(아프리카 동쪽의 섬나라)에서 이루어진 관찰연구에서 볼 수 있다(Xygalatas et al., 2013). 매년 타이푸삼 힌두교 축제에서는 고난의 크기가 다른 두 가지 의식이 열린다. 고난이 적은 의식은 노래하고 집단적으로 기도하는 의식이고, 가혹한 고난은 카바디(Kavadi)라고 부르는 의식이다. '가혹한'이라는 표현은 약과이다. 바늘, 갈고리, 꼬챙이로 피어싱한 참가자들이 여러 시간 동안 그들의 피부에 달려 있는 갈고리로 무거운 짐이나 수레를 끌고 다닌다. 그들은 무르간(Murugan) 사원에 가기 위해 맨발로 산을 오른다. 그런 다음, 연구자들은 고난이 적은 의식에 참가한 사람과 가혹한 의식에 참가한 사람들에게 익명으로 사원에 돈을 기부할 기회를 주었다. 가혹한 의식은 고난이 적은 의식보다 더 많은 기부를 하도록 만들었다. 고통이 클수록 사원에 대한 그들의 헌신도 컸다.

우리는 대부분의 사람들이 힘들고 불쾌한 경험을 즐긴다고 생각하지도 않고, 불쾌한 경험과 연관되었다고 해서 사람들이 그 경험을 좋아할 것이라고도 생각하지 않는다. 그보다는 만약 어떤 사람이 어떤 목표나 대상을 얻기 위해서 힘들고 불쾌한 경험을 겪는 것에 동의하면, 그 목표나 대상이 더 매력적이 된다. 앞서 언급한 성 토론집단을 생각해보라. 만약 당신이 그 토론집단에 가기 위해 걸어가는 동안에 지나가는 차가 당신에게 흙탕물을 잔뜩 튀었다고 해서, 당신이 그 집단을 더 좋아하지는 않을 것이다. 그러나 만약 당신이 나중에 지루한 집단으로 밝혀진 그 집단에 가입하기 위해, 자발적으로 진흙 구덩이에 뛰어들었다면, 당신은 그 집단을 더 좋아하게 될 것이다('해보기 : 당신이 한 행동을 정당화하기' 참조).

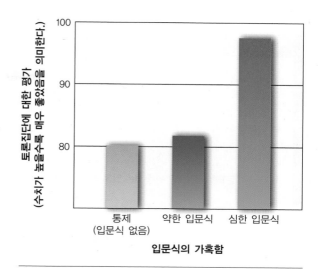

그림 6.3 노력정당화

우리가 어떤 집단의 구성원이 되기 위해서 노력을 하거나 입문이 어려울수록 설령 그 집단이 쓸모없는 집단일지라도, 우리는 그 집단에 가입한 것을 더 좋아하게 된다.

출처 : Aronson & Mills(1959)

타이푸삼 힌두교 축제 중 한 의식에 참석한 열성 참가자

당신이 한 행동을 정당화하기

당신이 과거에 했던 일 중 많은 노력을 요구했거나 혹은 상당히 어려움을 겪었던 일을 생각해보라. 아마도 당신은 어떤 콘서트의 표를 사기 위해, 길게 늘어선 줄에서 몇 시간을 기다린 적도 있고, 절친과의 약속을 지키기 위해 나갔을 때 엄청난 교통체증으로 차 안에 오래 앉아 있은 적도 있을 것이다.

1. 당신의 목표를 달성하기 위해 겪은 일들의 목록을 만들어라

2. 당신은 그 노력을 정당화하려 했는가? 당신이 그 목표의 좋은 점을 과장했던 방법들의 목록을 만들고, 당신이 그 목표의 부정적인 측면을 어떻게 최소화했는지를 목록으로 만들어라

3. 당신이 그 목표를 달성하기 위해 많이 노력한 이후, 당신은 그 목표가 진짜 가치 있는 것인지 아니면 거기에 자기정당화가 포함되어 있는지의 여부를 알기 위해서는 당신의 행동과 인지를 주의깊게 살펴볼 필요가 있다.

외적 정당화 대 내적 정당화

당신 친구 젠이 당신에게 비싼 옷을 보여주면서 당신의 의견을 물었다고 가정하자. 당신은 그 옷이 끔찍하다고 생각하고, 그녀에게 다른 사람이 보기 전에 환불하라고 조언하려고 할 때, 그녀가 당신에게 그 옷이 이미 바꾼 것이라고 말하였고, 이는 그 옷을 환불할 수 없다는 것을 의미한다. 당신은 어떤 말을 해줄 것인가? 당신은 다음과 같은 사고과정을 겪을 수 있다. "젠은 자신의 새 옷에 대해 매우 행복하고 흥분되어 보인다. 그녀는 비싼 돈을 주고 그 옷을 샀으며, 그래서 되돌릴 수가 없다. 내가 내 생각을 말하면, 그녀는 뒤집어질 것이다."

그래서 당신은 젠에게 그 옷이 좋다고 말한다. 당신은 큰 부조화를 경험하는가? 우리는 그것에 의문을 갖고 있다. 이 같은 거짓말을 하는 것과 조화를 이루는 많은 생각이 있다. 사실 당신이 좋아하는 사람에게 당황스럽거나 고통을 주지 않는 것이 중요하다는 당신의 인지는 해롭지 않은 거짓말을 하는 것에 대한 충분한 **외적 정당화**(external justification)를 제공한다.

외적 정당화
개인 밖에 있는 이유로 부조화 행동을 설명하는 것(예 : 큰 보상을 받기 위해 혹은 처벌을 피하기 위해)

만약 당신의 생각과 다른 가식적인 말을 하는 것에 대한 좋은 외적 정당화가 없다면, 어떤 일이 발생할까? 당신 친구 젠이 부유하여 자신의 추한 새 옷의 비용을 그냥 허비해도 될 만한 여유가 있는 사람이라면, 어떤 일이 생길까? 만약 그녀가 당신의 생각을 진지하게 알기를 원한다면, 어떤 일이 생길까? 그러면 그 옷에 대해 젠에게 거짓말을 하는 행동의 외적 정당화는 최소화된다. 이때에도 여전히 당신이 진실된 의견을 말하지 않는다면, 당신은 부조화를 경험할 것이다. 당신이 자신의 행동에 대한 외적 정당화를 찾지 못한다면, **내적 정당화**(internal justification)를 찾으려 할 것이다. 즉, 당신은 태도 혹은 행동 같은 당신의 어떤 것을 변화시켜서 그 부조화를 감소시키려 노력할 것이다.

내적 정당화
자신에 관한 것을 바꿈으로써 부조화를 감소시키는 것(예 : 자신의 태도나 행동)

역태도적 주장 어떻게 내적 정당화를 할 수 있나? 당신은 그 옷에 관해서 이전에 주목하지 않았던 긍정적인 면을 열심히 찾기를 시작할 것이다. 금새 당신의 태도는 당신이 말한 쪽으로 이동할 것이다. 그래서 말하는 것이 믿는 것이 된다. 이것의 공식적인 용어는 **역태도적 주장**(counterattitudinal advocacy)이다. 이는 우리가 자신의 실제 태도와 다른 의견이나 태도를 주장을 할 때 발생한다. 우리가 그 주장을 외적 정당화로 해결할 수 없을 때, 즉 우리 자신의 밖에 있는 어떤 것 때문에 그렇게 했다고 정당화할 수 없을 때, 우리는 우리가 말한 거짓말을 점점 믿기 시작한다.

역태도적 주장
자신의 개인적 믿음이나 태도에 반하는 의견이나 태도를 진술하는 것

이 명제는 Leon Festinger와 J. Merrill Carlsmith(1959)의 기념비적인 실험에서 처음으로 검증되었다. 대학생들에게 한 시간 동안 일련의 매우 지루하고 반복적인 과제를 수행하도록 하였다. 실험자는 참가자에게 사람들이 사전에 그 과제가 재미있는 과제라고 알고 있다면, 수행을 더 잘

하는지 혹은 아닌지를 알아보기 위한 것이 실험이라고 알려주었다. 그들에게는 사전에 어떤 말도 듣지 않은 통제조건에 무선적으로 할당된 사람들이라고 알려주었다. 실험자는 대기실에 방금 도착한 젊은 여성인 다음 참가자는 실험조건에 속하도록 되어 있다고 설명하였다. 실험자는 그녀가 그 과제를 재미있고, 즐겁다고 생각하도록 만들어야 한다고 설명하였다. 이를 위해 실험자보다는 동료 학생이 그 메시지를 전달하는 것이 그녀를 더 확신시킬 수 있기 때문에, 참가자에게 그렇게 해줄 수 있는지를 물었다. 실험자의 요청으로 참가자들은 다른 학생에게 거짓말을 하게 되었다.

학생의 반은 거짓말을 하는 대가로 20달러를 받았고(외적 정당화가 큰 조건), 다른 학생들은 거짓말을 하는 대가로 1달러를 받았다(외적 정당화가 작은 조건). 실험이 끝난 다음, 면접관이 거짓말을 한 참가자들에게 앞의 실험에서 수행한 과제가 실제로 얼마나 즐거웠는지를 물어보았다. 결과는 그 가설을 입증해주었다. 그 과제가 즐겁다고 거짓말한 대가로 20달러를 받았던 학생은 그것이 재미없고 지루했다고 평가했다. 그러나 그 과제가 즐겁다고 거짓말한 대가로 1달러를 받았던 학생은 그 과제가 상당히 즐거웠다고 평가했다. 즉, 거짓말을 한 충분한 외적 정당화를 제공받았던 사람은 그 거짓말을 믿지 않았지만, 충분한 외적 정당화 없이 거짓말을 한 사람은 그들이 말한 것이 진실에 가깝다고 믿었다.

연예인들은 어떤 제품을 홍보하면서 많은 돈을 받는다. 당신은 브래드 피트가 이 고가의 시계에 대해 전달하는 메시지를 실제로 믿는다고 생각하나? 그의 홍보에 대한 정당화는 내적 정당화인가 아니면 외적 정당화인가?

당신은 마리화나의 합법화나 경찰에 대한 태도와 같은 사안에서 어떤 사람의 태도변화를 이끌어낼 수 있는가? 대학생들이 인종차별, 성차별, 베트남 전쟁 반대, 등록금 인상, 월스트리트 기업을 규탄하는 데모를 할 때마다 경찰은 학생들을 해산시키기 위해 곤봉, 최루탄, 페퍼 스프레이를 사용한 강제력으로 대응해 왔다. 당신은 경찰의 그런 행위가 데모 군중과 이를 지지하는 사람들을 얼마나 분노하게 만들었는지를 상상할 수 있을 것이다. 학생들이 경찰을 더 이해하도록 그들의 태도를 변화시킬 수 있을까? 한편 마리화나가 해롭고 금지되어야 한다고 생각하는 사람들의 태도를 변화시킬 수 있을까?

대답은 두 경우 모두 '그렇다.'이다. 그래서 당신은 사람들에게 많은 돈을 주고 경찰에 대한 태도나 마리화나 합법화를 지지하는 강력한 글을 쓰도록 할 것이 아니라, 적은 인센티브를 주고 그렇게 하도록 함으로써 가능하다. 예일대학교 학생이 지방경찰의 과잉진압을 지지하는 에세이를 쓴 대가로 많은 돈을 받았을 때, 그들은 자신들이 쓴 것을 그대로 믿을 필요가 없었다. 즉, 외적 정당화가 충분하였다. 그러나 그들에게 적은 보상을 받고 지지 에세이를 쓰도록 했을 때, 실제로 경찰의 행위에 대한 태도가 부드러워졌다(Cohen, 1962). 마리화나의 합법화에 반대하는 텍사스 대학교의 학생을 대상으로 한 또 다른 연구에서도 같은 결과가 나왔다. 합법화를 지지하는 에세이를 쓴 대가가 충분했을 때, 그들의 실제 태도는 변하지 않았다. 그러나 적은 돈을 주었을 때, 그들은 자신이 쓴 것에 어느 정도 진실이 있다고 생각할 필요가 있었고, 그 결과 그들의 태도는 마리화나 합법화 찬성 쪽으로 더 변화하였다(Nel, Helmreich, & Aronson, 1969). 다른 많은 연구와 같이 이 연구들에서도 외적 보상이 적을수록 태도변화는 더 컸다.

　　역태도적 주장에 관한 실험은 편견감소에서부터 섭식장애의 위험을 줄이는 데까지 광범위한 실생활 문제들에 적용되었다. 전자의 경우 아프리카계 미국 대학생들에게 지원되는 장학금을 2배로 지원하는, 논란의 소지가 있는 안건에 대해 백인 대학생들에게 자신의 태도와는 반대인 역태도적 에세이를 공개적으로 쓰도록 하였다. 기금이 한정되어 있기 때문에, 이는 백인 학생들에게 돌아갈 장학금이 줄어듦을 의미한다. 당신이 상상할 수 있듯이 이것은 매우 부조화 상황이다. 어떻게 그 대학생들이 부조화를 감소시킬 수 있을까? 그들은 자신이 에세이를 쓴 이유에 대해 더 많이 생각할수록, 자신이 주장한 정책을 더 믿게 되었다. 또한 그들은 그것을 믿을 뿐만 아니라 아프리카계 미국인에 대한 일반적인 태도도 더 호의적으로 변하였다(Leippe & Eisenstadt, 1994, 1998). 아시아 학생에 대한 백인의 편견감소(Son Hing, Li, & Zanna, 2002)와 독일에서 터키인에 대한 독일인의 편견감소처럼, 다양한 집단으로 이루어진 이후의 실험들에서도 같은 결과가 나타났다(Heitland & Bohner, 2010).

　　역태도적 주장은 과식증 같은 섭식장애와 자신의 신체에 대한 불만족과 같은 문제를 다루는 데도 효과적이었다. 깡마른 사람을 아름답게 여기는 미국 사회에서 많은 여성은 자신의 신체 크기나 형태에 불만이 있으며, 방송이 만드는 '마른 이상형'을 내면화하는 사람들을 불행하게 만들 뿐 아니라 지속적인 다이어트와 섭식장애를 초래한다. 이런 형태를 파괴하기 위해 한 팀의 연구자들이 몸매에 관심 있는 여자 고등학생과 대학생들을 부조화조건 혹은 통제조건에 배정하였다. 부조화조건의 여성들에게는 그들이 비현실적으로 이상적인 신체를 만드는 데 드는 정서적이고 신체적인 비용을 기술하는 에세이를 작성하고, 여성들이 마른 신체를 이상형으로 추구하지 않아야 한다는 주장을 실연하도록 함으로써, 그들이 생각하는 '마른 것이 아름답다'는 이미지에 반대하는 주장을 하도록 했다. 통제조건의 여성들에 비해 부조화조건의 여성들이 만성적인 다이어트 행동을 줄였고, 더 행복하고, 덜 불안해하였을 뿐만 아니라 자신의 신체에 대한 만족도가 상당히 증가하였다. 더욱이 과식증의 위험이 크게 감소하였다(McMillan, Stice, & Rohde, 2011; Stice et al., 2006). 이런 개입의 효과는 라틴계·아프리카계 미국인, 아시아/하와이/태평양 섬의 여성들뿐만 아니라(Rodriguez et al., 2008; Stice et al., 2008), 12~13세 영국 여학생들에게도 반복하여 입증되었다(Halliwell & Diedrichs, 2014).

처벌과 자기설득

모든 사회는 어느 정도 처벌이나 처벌의 위협을 사용하고 있다. 당신은 고속도로에서 약 130km로 달리다가 경찰에 단속되면 상당한 범칙금을 물게 되며, 여러 번 적발되면 면허를 정지당한다는 사실을 알고 있다. 그렇기 때문에 당신은 주변에 경찰차가 있으면 제한속도를 준수하게 된다. 마찬가지로 학교에서 아이들은 시험 도중 부정행위를 하다 걸리면, 교사로부터 야단을 맞고 처벌을 받게 된다. 그래서 교실에서 교사가 보고 있으면 부정행위를 하지 않게 된다. 그러나 가혹한 처벌이 성인에게 제한속도를 준수하도록 할까? 가혹한 처벌이 아이들에게 정직한 행동을 하도록 가르칠 수 있을까? 우리는 그렇지 않다고 생각한다. 가혹한 처벌이 가르치는 것은 들키지 말라는 것일 뿐이다.

　　아이 괴롭히기를 보자. 아이들에게 다른 아이를 때리는 것은 정당하거나 즐거운 일이 아니라고 설득하는 것은 매우 어렵다. 그러나 이론적으로는 어떤 조건에서 그들의 그런 행동이 즐거운 일이 아니라고 스

부모는 한 아이가 다른 아이를 괴롭힐 때, 당장은 못하도록 개입할 수 있다. 그러나 미래에 이런 일이 다시 일어나지 않도록 하는 방법은 무엇인가?

스로를 설득할 수 있다. 당신이 네 살 된 동생을 자주 때리는 여섯 살 남자아이의 부모라고 생각해보라. 당신은 큰아들의 잘못을 타이르려고 할 것이고, 별효과가 없을 것이다. 그 아이를 좋은 사람으로 만들기 위해서(그리고 동생의 건강과 복지를 보호하기 위해서), 당신은 그 아이의 공격성을 처벌하기 시작한다. 당신은 부모로서 약한 처벌(눈살을 찌푸리기)에서부터 심한 처벌(두 시간 동안 구석에 벌세우기, 한 달 동안 특권 빼앗기)까지 다양한 처벌을 사용할 수 있다. 당신이 지켜보는 동안에는 처벌 위협이 클수록 그 아이는 공격을 멈출 가능성이 더 크다. 그러나 당신이 보이지 않으면 그 아이는 곧 다시 동생을 때릴 것이다. 마치 대부분의 운전자들이 고속도로 경찰차가 없을 때 다시 과속하는 것처럼, 당신의 큰아들은 여전히 동생 괴롭히기를 즐길 것이다. 그 아이는 당신이 처벌하려고 주변에 있는 동안에만 그 행동을 하지 않아야 한다는 것을 배울 뿐이다.

자기설득의 지속 효과 당신이 큰아들을 약한 처벌로 위협한다고 가정하자. 심한 처벌이나 약한 처벌의 위협 어느 경우라도 그 아이는 부조화를 경험한다. 그 아이는 자신이 동생을 때리지 않고 있다는 사실을 알고 있고, 동생을 때리고 싶다는 것도 알고 있다. 그가 동생을 때리고 싶은데 그러지 않았다면, 그 아이는 속으로 자신에게 "내가 어떻게 동생을 때리지 않고 있나?"라고 묻는다. 심한 위협 상황에서는 "내가 동생을 때리면, 부모님이 나를 처벌하기 때문에 나는 그를 때리지 않고 있다."라고 충분한 외적 정당화의 형태로 대답을 할 수 있다. 이것이 부조화를 감소시켜준다.

약한 위협상황에서도 그 아이는 역시 부조화를 경험한다. 그러나 자신에게 "내가 왜 동생을 때리지 않고 있지?"라고 물을 때 그는 확실한 대답을 가지고 있지 않다. 왜냐하면 그 위협이 너무 약해서 그것만으로 충분히 정당화가 되지 못한다. 이를 **불충분한 처벌**(insufficient punishment)이라 부른다. 그 아이는 하고 싶은 것을 자제하고 있고, 자신이 그것을 하지 않는 이유에 대해 충분히 정당화하지 못하고 있다. 이런 상황에서 그 아이는 계속적으로 부조화를 경험하게 되며, 자신이 동생을 때리지 않았다는 사실을 정당화하는 또 다른 방법을 찾아야만 한다. 당신이 위협을 덜할수록 그 아이에게 외적 정당화는 적어지며, 외적 정당화가 적어질수록 내적 정당화가 더 필요해진다. 그 아이는 자신이 동생을 때리고 싶지 않다고 생각함으로써, 자신의 부조화를 감소시킬 수 있다. 결국 그는 내적 정당화에서 더 나아가, 어린 동생을 때리는 것이 재미없다고 생각한다.

이런 일이 실제로 일어나는지를 알아보기 위해서 Elliot Aronson과 J. Merrill Carlsmith(1963)는 학령전 아동을 대상으로 하나의 실험을 하였다. 그들은 과학을 목적으로 어린아이들이 서로 때리도록 할 수는 없었기 때문에 어린아이들에게 유익한 행동을 이용하여 실험하기로 결정하였다. 예컨대 아이들이 좋아하는 장난감을 갖고 놀고 싶은 마음을 바꿔 보기로 하였다. 우선 실험자는 아이들에게 여러 장난감의 매력도를 평정하도록 하였다. 그런 다음 그는 아이가 가장 매력적이라고 평가한 장난감을 가리키면서, 그것을 갖고 놀지 못하도록 하였다. 절반의 아이들에게는 그들이 말을 듣지 않으면 약한 처벌을 받을 것이라고 위협하였고, 다른 절반의 아이들에게는 심한 처벌로 위협하였다. 실험자는 몇 분 동안 방을 떠나면서, 아이들에게 다른 장난감을 갖고 놀 시간과 기회를 주어 금지된 장난감을 갖고 놀고 싶은 유혹을 뿌리칠 수 있게 하였다. 아이들은 누구도 금지된 장난감을 갖고 놀지 않았다.

그다음 실험자가 돌아와서 아이들에게 각각의 장난감을 얼마나 좋아하는지 평가하도록 하였다. 처음에는 모든 아이들이 금지된 장난감을 갖고 놀기를 원했고, 유혹기간에도 기회가 있었지

불충분한 처벌
개인이 원하는 행위나 대상을 취하지 않은 것에 대한 외적 정당화가 충분하지 못할 때 생기는 부조화는 통상 그 금지된 행위나 대상을 평가절하하도록 만든다.

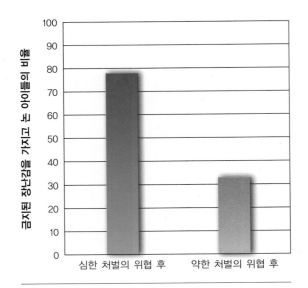

그림 6.4 금지된 장난감 실험

약한 처벌의 위협을 받은 아이(빨간색 막대)는 심한 처벌 위험을 받은 아이(파란색 막대)보다 금지된 장난감을 가지고 놀기를 훨씬 적게 하였다. 약한 위협을 받은 아이들은 장난감의 매력을 평가절하하여 자신을 정당화하였다("나는 어떻게든 그것을 갖고 놀지 않는다."). 자기설득의 결과는 몇 주일간 지속되었다.

출처 : Freedman(1965)

자기설득
자기 정당화로 인해 발생하는 오래 지속되는 형태의 태도변화

만 누구도 그것을 갖고 놀지 않았다. 분명히 그 아이들은 부조화를 경험하였다. 그들은 이런 불편한 느낌에 어떻게 반응하였을까? 심한 위협을 받았던 아이들은 그들의 억제에 대해 충분한 정당화를 갖고 있었다. 그들은 왜 그 장난감을 갖고 놀지 않았는지를 알고 있었기 때문에, 그것에 대한 태도를 바꿀 이유가 없었다. 이 아이들은 금지된 장난감을 여전히 좋게 평가하였다. 실제로 어떤 아이는 위협을 받기 전보다 그것을 더 좋게 평가하였다.

다른 아이들에게는 어떤 일이 생겼을까? 그 장난감을 회피한 것에 대한 큰 외적 정당화가 없었기 때문에, 즉 그들이 그 장난감을 갖고 놀더라도 처벌이 별로 무섭지 않았기 때문에, 약한 위협조건의 아이들에게는 부조화를 감소시킬 내적 정당화가 필요하였다. 오래지 않아 그들은 자신이 그 장난감을 갖고 놀지 않은 이유를 그것을 좋아하지 않았기 때문이라고 자신을 설득하였다. 그들은 실험이 시작할 때보다 금지된 장난감을 덜 매력적으로 평가하였다.

금지된 장난감 연구는 어떻게 자기정당화가 **자기설득**(self-persuasion)을 이끄는지를 보여주는 좋은 예이다. 금지된 장난감을 갖고 놀고 싶었지만, 그 유혹을 뿌리친 아이들은 결국에는 그 장난감을 그리 좋은 것이 아니라고 생각하게 되었다. 그들은 어른에게 복종하여 자신들이 하고 싶은 것을 포기하였다는 사실을 정당화하기 위해 스스로를 설득하였다. 자기설득은 그 설득이 내부적으로 발생하고, 외부의 유혹, 위협, 혹은 압력으로 인한 것이 아니기 때문에 노골적인 설득보다 그 효과가 더 오래간다.

더욱이 어린아이들의 자기설득 효과는 지속적일 수 있다. 금지된 장난감 실험을 반복한 연구에서, 아이들이 엄청 좋아하는 장난감을 갖고 놀지 못하도록 약한 위협을 받은 절대 다수의 아이들은 몇 주 후에도 기회가 있더라도 자기 스스로 그것을 갖고 놀지 않았다. 심한 위협을 받았던 대부분의 아이들은 가능한 한 곧바로 금지된 장난감을 갖고 놀았다(Freedman, 1965)(그림 6.4 참조). 당신이 부모가 되면 이 사실을 기억해야 한다! 자기 아이가 바람직한 가치를 수용하게 하려면 약한 처벌을, 즉 행동에 변화를 줄 만큼만 사용해야 아이가 그 가치를 따르게 된다.

가시적인 보상이나 처벌이 전부는 아니다 앞서 보았듯이 큰 보상이나 심한 처벌은 행위에 대한 강력한 외적 정당화를 제공한다. 그것들은 사람들을 따르도록 만들기는 하지만, 실제 태도를 변화시키지는 못한다. 그래서 만약 당신이 어떤 사람이 한 번만 어떤 행동을 하도록 혹은 하지 않도록 만들길 원한다면, 가장 좋은 전략은 큰 보상을 주거나 심한 처벌로 위협하는 것이다. 그러나 만약 당신이 어떤 사람의 진정한 태도나 행동을 원한다면, 일시적인 복종을 이끄는 보상이나 처벌을 적게 줄수록 궁극적으로는 태도변화가 더 크고, 효과도 더 지속적이다.

이런 현상은 가시적인 보상이나 처벌에만 국한되지 않는다. 정당화는 더 미묘한 형태로 나타날 수도 있다. 친구 관계를 보자. 우리는 자신의 친구를 좋아하고, 친구를 믿고, 친구에게 호의를 베푼다. 가령 당신이 가까운 친구 집에서 열린 파티에 갔다고 하자. 당신 친구는 이상하게 생긴 에피타이저를 돌리고 있고, 당신은 "이게 뭐야?"라고 묻는다. "아, 이건 튀긴 메뚜기야, 먹어봐." 그녀는 당신의 좋은 친구이며, 당신은 다른 사람 앞에서 그녀를 당황하게 만들기를 원치 않을 것이다. 그래서 그것을 하나 집어 먹는다. 당신은 이 새로운 음식을 얼마나 좋아할까? 이번엔

그림 6.5 외적 정당화와 내적 정당화

그림으로 요약한 것처럼 작은 보상이나 약한 처벌은 자기정당화를 유도하여 자기설득과 변화를 지속시킨다. 큰 보상이나 심한 처벌은 일시적인 응종을 이끌지만 거의 지속되지 않는다.

당신이 잘 모르는 사람의 집에 초대된 손님이며, 그가 당신에게 똑같은 튀긴 메뚜기를 에피타이저로 주며 먹어 보라고 했다. 당신은 그 요구에 응했다.

여기에 결정적인 질문이 있다. 당신은 두 상황 중에서 어느 상황에서 튀긴 메뚜기의 맛을 더 좋아할까? 상식적으로는 친구가 추천한 튀긴 메뚜기가 더 맛있을 것으로 예상되지만, 부조화 이론은 그 반대로 예언한다. 그 이유를 생각해보자. 어떤 조건에서 외적 정당화가 더 안 될까? 첫 번째 경우에서는, 당신이 자신에게 "어떻게 내가 혐오하는 곤충을 먹게 되었을까?"라고 물을 때, 당신은 충분한 정당화를 갖고 있다. 즉, 당신은 자신이 좋아하는 친구가 요구했기 때문에 그것을 먹은 것이다. 두 번째 경우에서는, 당신은 이 같은 외적 정당화를 갖고 있지 않기 때문에 정당화를 만들어야만 한다. 즉, 당신은 튀긴 메뚜기를 좋아서 먹은 것이라고 생각해야만 한다.

비록 이 부조화 감소행동이 매우 특이한 사례로 보일지 모르지만, 당신이 생각하는 것처럼 전혀 터무니없는 것은 아니다. 실제로 한 실험에서 예비군들에게 생존 음식에 관한 연구 과제의 일환으로 튀긴 메뚜기를 먹도록 요구했다(Zimbardo et al., 1965). 가혹하고 마음에 들지 않는 장교의 요구로 메뚜기를 먹었던 예비군들은 그들이 좋아하는 유쾌한 장교의 요구로 메뚜기를 먹었던 사람들보다 메뚜기에 대한 호감이 훨씬 증가하였다. 불친절한 장교의 요구에 응했던 사람들은 자신의 행위에 대한 외적 정당화가 거의 없었다. 결과적으로 그들은 부조화를 유발한 자신의 이상한 행동을 정당화하기 위해서 메뚜기를 먹는 것에 대해 긍정적인 태도를 갖게 되었다(그림 6.5 참조).

위선 패러다임

자기정당화를 이해하면 놀라운, 때로는 웃기는, 때로는 경각심을 주는 위선현상이 설명된다. 인기 있는 한 수상이 동성애를 강력히 비난하지만, 자신은 게이 연인이 있다. 어떤 정치인은 많은 사람의 주목을 받고 있는 매춘 반대 캠페인을 후원하지만, 정작 자신은 비싼 콜걸과 있는 현장에서 붙잡힌다. 어떤 여자가 상대방의 바람 때문에 그와의 관계를 청산한다면, 자신은 어떻게 하든지 똑같은 외도할 생각을 하지 않아야 한다.

"똥 묻은 개가 겨 묻은 개를 나무란다."라는 문제를 다룬 일련의 연구에서, 연구자들은 사람들이 남에게 윤리적 문제를 저지름으로써 생기는 부조화를 어떻게 감소시키는지에 대해 궁금해하였다. 당신은 금방 추측할 수 있나? 비윤리적 행위를 저지르지 않은 사람들보다 위선자들은 남들을 더 나쁘게 판단하고, 스스로를 다른 사람들보다 더 도덕적이고 윤리적인 사람으로 생각한다. 즉, 대개 그들의 판단은 양극적이 되어 남들은 더 악한 사람으로, 자신은 더 정의로운 사람으로 본다(Barkan, Ayal, Dino, & Ariely, 2012).

좀 더 깊게 파헤쳐 보자. 사람들은 종종 자신의 태도나 자신의 이익과 반대되는 방식으로 행동하기 때문에 위선이 어떻게 작동하는지를 이해하는 것은 중요하다. 예를 들어 대학생들은 전염

부조화를 이해하면 사람들이 건강하고 안전한 선택을 할 수 있도록 도울 수 있다.

위선유도

사람들에게 자신의 행위에 반하는 진술을 하도록 하여, 자신의 말과 행동 간의 불일치로 인한 부조화를 유발시키는 것. 개인의 행동에 더 책임지도록 만드는 것이 목적이다.

성 성병(STDs)이 심각한 문제라는 사실을 알고 있지만, 적극적으로 콘돔을 사용하는 학생의 비율은 매우 낮다. 놀랄 일이 아니다. 그들은 마지막까지 뜨거운 정열을 느끼기를 원하는데, 콘돔은 불편하고, 낭만적이지 않고, 질병을 떠오르게 한다. 당연히 "성병이 분명 문제이긴 하지만, 나에게는 해당되지 않는다."라는 부정과 함께 성행위가 이뤄진다.

당신은 어떻게 이 부정의 벽을 허물 수 있는가? 1990년대에 Elliot Aronson과 그의 제자들은 **위선유도**(hypocrisy induction)라고 부르는 연구설계를 개발하였다(Aronson, Fried, & Stone, 1991; Cooper, 2010; Stone et al., 1994). 그들은 두 집단의 대학생들에게 AIDS와 다른 성병의 위험성을 기술하고, 성행위를 할 때마다 콘돔의 사용을 촉구하는 연설문을 작성하도록 하였다. 한 집단의 학생은 단지 자신의 주장을 작성하도록 하였고, 두 번째 집단에게는 자신의 주장을 작성한 후에 비디오카메라 앞에서 낭독하고, 고등학생 시청자들이 그 영상물을 볼 것이라고 말해주었다. 또한 각 집단의 절반은 자신이 콘돔을 사용하기 어려웠거나, 어색하였거나, 불가능했던 상황들을 목록으로 만들게 함으로써 자신이 콘돔을 사용하지 못했던 사실들을 기억나게 만들었다.

실험자의 지시에 따라 고등학생들을 위해 비디오를 촬영했지만, 정작 자신은 콘돔을 사용하지 않았다는 기억이 떠오르도록 만든 참가자들은 매우 큰 부조화를 느꼈다. 왜? 그들은 자신의 위선을 알게 되었다. 그들은 다른 사람들에게 스스로가 실천하지 않은 행동을 하도록 설교하고 있다는 사실을 해결해야 했다. 위선을 벗어버리고 자존심을 유지하기 위해서, 그들은 자신이 설교하고 있는 행동을 실천할 필요가 있었다. 바로 이것이 연구자가 발견한 것이다. 그들이 각 학생에게 콘돔을 싸게 구입할 기회를 주었을 때, 위선조건의 학생들은 다른 조건의 학생보다 콘돔을 구입하는 비율이 훨씬 더 높았다(그림 6.6 참조). 더욱이 실험 이후 수개월이 지난 다음, 연구자들이 그 학생들에게 전화를 했을 때에도 그 효과가 지속되고 있음을 발견했다. 인지부조화를 크게 경험했던 위선조건의 학생들은 통제조건의 학생들보다 콘돔 사용률이 현저히 높았다.

그 이후로 사람들로 하여금 자신이 행하는 것과 다른 사람에게 연설하는 것 간에 부조화를 만드는 위선유도는 사람들을 금연하도록 하는 것, 피부암을 방지하기 위해 자외선 차단제를 사용하도록 하는 것, 잘못된 식습관을 고치는 것, 다른 건강문제를 다루는 것과 같은 여러 문제에 적용되었다(Cooper, 2012; Freijy & Kothe, 2013; Peterson, Haynes, & Olson, 2008). 위선유도는 심지어 매년 수많은 교통사고와 사망자를 내는 보복운전자를 돕는 데도 적용되었다. 대체로 화난 운전자들은 "저렇게 끼어드는 개자식 봐라! 이기적인 놈, 똑같이 당할 거야!"라고 생각한다. Seiji Takaku(2006)는 이 문제에 위선유도 패러다임을 적용해보기로 하였다. 그는 한 운전자가 다른 운전자에게 끼어들어, 분노를 유발시키는 고속도로 상황이 나오는 비디오를 사용하여 모의운전을 하도록 하였다. 실험조건에서 참가자들이 먼저 우연히 다른 운전자 앞으로 끼어들었고, 우리 모두 이런 실수를 할 수 있다는 사실을 상기하도록 하였다. Takaku는 사람들이 자신도 잘못할 수 있다는 사실을 상기할 때, 그 사실을 상기하도록 유도하지 않았을 때보다 더 빨리 분노를 멈추고 상대방을 용서하게 된다는 사실을 발견하였다. 그 사실을 상기하도록 하면 보복할 마음이 줄어든다.

당신도 나중에 운전 중 열 받을 때 Takaku의 방법을 명심하

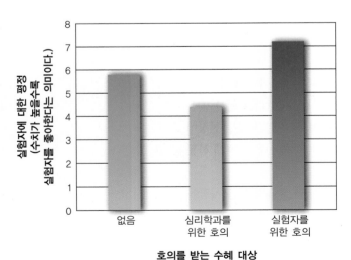

그림 6.6 친절함의 정당화

우리가 요청에 의해 어떤 사람에게 호의를 베풀었다면(파란색 막대) 우리가 호의를 베풀지 않았거나(주황색 막대) 사람이 아닌 대상에게 호의를 베푼 경우(노란색 막대)보다 더 긍정적인 감정을 느낀다.

출처 : Jecker & Landy(1969)

라. 그나저나 스마트폰으로 문자하면서 운전하는 사람에 대해 느끼는 분노는 어떻게 해야 하지?

선행과 악행의 정당화

우리가 어떤 사람을 좋아하면 그 사람에게 호의를 베푼다. 우리가 어떤 사람을 싫어할 때도 때로는 그 사람에게 호의를 베풀거나, 싫어하는 내색을 하지 않는 경우가 있다. 그러나 그것은 다른 방법으로 작동할 수도 있다. 어떤 사람에 대한 우리의 행동이 그 사람에 대한 호감에 영향을 줄 수 있다. 우리가 어떤 사람에게 친절하게 혹은 불친절하게 행동할 때마다 자기정당화는 우리가 그 사람에 대해서 전혀 느끼지 못했던 것을 깨닫게 해준다.

벤 프랭클린 효과 : 친절한 행위를 정당화하기   당신이 어떤 사람에게 호감이 있으면, 어떤 일이 벌어질까? 특히 실제로는 당신이 별로 좋아하지 않는 사람을 좋아하도록 미묘하게 유도한다면, 어떤 일이 벌어질까? 당신이 그 사람을 더 좋아할까, 아니면 덜 좋아할까? 부조화 이론은 당신이 그를 더 좋아하게 될 것이라고 예상한다. 당신은 그 이유를 알고 있나?

이 현상은 오랫동안 대중의 지혜 중 하나였다. 벤자민 프랭클린은 정치적 전략으로 이것을 사용했다고 고백했다. 펜실베이니아 주 의회에 재직하는 동안, 프랭클린은 동료 의원과의 정치적 대립과 반감으로 어려움을 겪었다. 그는 상대방을 어떻게든 회유하고 싶었다. 그래서 그는 상대방에게 '굽신거리며 떠받들기'보다는 상대방이 자신을 좋아하도록 유도하였다. 즉, 프랭클린은 상대방에게 자신이 읽고 싶었던 귀한 책을 빌렸다. 곧 프랭클린은 따뜻한 감사의 편지와 함께 책을 돌려주었다. 프랭클린은 "우리가 다음번에 의회에서 서로 만났을 때, 그는 (그전에는 전혀 그런 일이 없었는데) 나에게 대단히 정중하게 말하였고, 항상 나를 도와주려고 했다. 그래서 우리는 좋은 친구가 되었으며, 우리의 우정은 죽을 때까지 계속되었다. 여기서 내가 배운 또 다른 오래된 격언 중 하나는 '당신에게 은혜를 입은 사람보다는 당신에게 먼저 호의를 베푼 사람이 또 다른 호의를 베풀 가능성이 크다.'는 것이다."(Franklin, 1868/1900)라고 기록했다.

벤자민 프랭클린은 자신의 노골적인 전략이 성공하자 매우 기뻐하였다. 그러나 과학자로서 우리는 그의 일화를 확신할 수가 없다. 우리는 프랭클린의 성공이 특정 전략 때문인지 혹은 그의 다양한 매력 때문인지 알 방법이 없다. 이것이 매력과 같은 것들을 통제하는 실험을 해야 하는 중요한 이유이다. 240년이 지난 후에 마침내 이 같은 실험이 실시되었다(Jecker & Landy, 1969). 참가 학생들은 상당한 상금을 탈 수 있는 퀴즈 대회에 참가했다. 그런 다음 실험자는 그들 중 1/3에게 접근하여, 자신의 실험 기금이 조금 부족하여 사전에 실험을 그만둘 수도 있다고 말하였다. 그는 "당신이 나에게 특별히 호의를 베풀어, 당신이 승리하면 받게 되는 상금을 되돌려줄 수 있나요?"라고 물었다. 다른 집단의 참가자들에게는 실험자가 아닌 심리학과의 행정직원이 학생들에게 그들의 상금을 (사람이 아닌) 고갈되고 있는 심리학과의 연구기금으로 되돌려줄 수 있는지를 물었다. 나머지 참가자들에게는 우승 상금을 되돌려 달라는 요청을 하지 않았다. 마지막으로 모든 참가자에게 실험자를 평가하는 문항이 있는 설문지를 작성하도록 하였다. 실험자에게 특별한 호의를 베풀어 달라고 부탁한 조건의 참

비록 벤자민 프랭클린이 부조화이론을 알지는 못했지만, 이 이론을 처음 사용한 사람일지도 모른다.

해보기! **선행에 대한 정당화의 결과**

당신이 길을 걸어가다가 길가에 앉아서 구걸하고 있거나, 쇼핑카트 주변에서 남들이 버린 물건 중 쓸 만한 것이 있는지를 뒤지고 있는 사람을 보았을 때, 당신은 그들에 대해 어떤 느낌이 드는가? 잠시 생각해보고, 당신의 느낌을 적어보라. 만약 당신이 대부분의 대학생과 같다면, 당신이 적은 목록에는 약간 혼합된 감정들이 있을 것이다. 즉, 당신은 그들에게 동정심도 느끼지만, 그들을 가치 없는 사람들이라고 생각할 것이다. '그들도 열심히 일하면

잘살 텐데……'라는 생각이 들 것이다. 그런 다음 당신은 구걸을 하거나 먹을 것을 찾기 위해 쓰레기를 뒤지는 사람을 보고, 남보다 앞서 1달러를 주었다. 당신은 그들에게 친절하게 말하고, 그들이 잘 지내길 바란다. 다시 당신의 느낌을 적어보라. 당신의 그 사람에 대한 지각이 변하였나? 당신이 발견한 변화를 인지부조화 이론으로 분석해보라.

가자들이 그를 가장 매력적으로 보았다. 그들은 실험자를 멋지고, 좋은 사람이라고 생각하였다. 다른 참가자들도 실험자를 어느 정도 괜찮은 사람으로 생각하였지만, 자신에게 특별한 호의를 요청한 실험자만큼은 아니었다(그림 6.6 참조).

아프리카계 미국 학생들에게 특혜를 주는 것에 대해 공개적으로 지지발언을 한 이후에, 아프리카계 미국인에 대한 백인 학생들의 태도가 더 호의적으로 바뀐 실험을 다시 생각해보자. 당신은 여기에 '벤 프랭클린 효과'를 어떻게 적용할 수 있으며, 이러한 도움행동이 그들의 태도변화에 어떻게 기여하는지 알고 있나('해보기 : 선행에 대한 정당화의 결과' 참조)? 그 기제는 어릴 때 발달하기 시작한다. 4세 아동으로 이루어진 실험에서 일부 아이들에게는 그들이 좋아하는 강아지 인형 스티커를 '오늘 슬픈 사람'에게 주도록 말하였고, 다른 아이들에게는 강아지 인형 스티커를 나눠줄지의 여부를 선택할 수 있도록 하였다. 슬픈 사람에게 강아지 인형 스티커를 나눠주는 너그러움을 선택할 수 있었던 아이들이, 그것을 나눠 갖도록 지시받은 아이들에 비해 후에 또 다른 새 인형도 함께 갖고 놀았다(Chernyak & Kushnir, 2013). 일단 아이들은 자신이 너그러운 사람이라고 알고 나면, 계속해서 너그럽게 행동한다.

우리는 남을 돕는 것이 우리의 자기-개념과 태도를 바꾼다는 사실을 알 수 있게 되었다. 그러나 만약 당신이 다른 사람에게 해를 끼쳤다면, 당신의 생각에 어떤 일이 생길까?

적의 비인간화 : 잔인함의 정당화   보편적이지만 슬픈 현상 중 하나는 모든 문화에서 자신들의 적을 잔혹한 이름으로 부르고, 그들을 '해충', '동물', '짐승' 그리고 비인간적인 존재로 간주함으로써 비인간화하는 경향이 있다는 사실이다. 제2차 세계대전 동안에 미국인은 독일인을 '독일놈'이라 불렀고, 선전물에는 그들을 짐승으로 묘사하였으며, 일본인을 '일본놈'으로 불렀으며 그들을 교활하고 악마 같은 존재로 묘사하였다. 베트남 전쟁에서 미군은 월맹군을 '베트콩'이라 불렀고, 이라크와 아프가니스탄 전쟁이 시작된 이후에, 일부 미국인은 많은 아랍인과 무슬림들이 '터번'이나 '머리 장식'을 하기 때문에 그들을 '넝마머리'로 불렀다. 이런 언어를 사용하는 것은 부조화를 감소시키는 한 방법이다. "나는 좋은 사람이지만, 우리는 이들과 싸우고 이들을 죽여야 한다. 그러므로 그들은 우리 같은 온전한 인간이 아니기 때문에, 그들을 그렇게 대하는 것은 당연하다." 물론 반대편에서도 똑같이 한다. 예를 들어 나치는 유대인들을 쥐로 묘사하였다. 냉전 시대에 소련 사람들은 미국인을 '탐욕스러운 돼지'라고 불렀다. 9·11 사건 이후에 반미 시위대들은 미국인을 '미친 개'라고 불렀다. 물론 많은 사람들은 평소에도 어떤 집단에 대해서 부정적인 편견 태도를 갖고 있으며, 그들을 잔인하게 취급하기 쉽도록 해주는 이름으로 부른다. 우리는 자기정당화가 잔인한 행동을 일으키는 원인이 아니라, 오히려 잔인한 행동의 결과로 자기정당화가 뒤따라온다는 것을 어떻게 확신할 수 있나? 이 가능성을 검증하기 위해서 사회심리학자는 복잡

한 실제 세계에서 잠시 벗어나 실험실이라는 보다 잘 통제된 상황으로 들어가야 한다.

부조화 감소 욕구가 무고한 희생자에 대한 태도를 바꿀 수 있다는 사실을 보여준 첫 번째 연구 중 하나에서, 연구자들은 학생들에게 먼저 인터뷰를 한 젊은 남성(실제로는 실험 협조자)을 보고, 그에 대한 일반적인 의견을 쓰도록 하였다. 그런 다음 학생들에게 그 사람이 지닌 인간으로서의 단점들을 분석해보도록 하였다(Davis & Jones, 1960). 학생들은 자신이 보기에 그 남성은 '생각이 가볍고, 진실되지 못하고, 지루하다'와 같이 분명히 그에게 상처 주는 말을 하고 난 후, 그 남성은 이런 모욕을 받을 만했다고 생각하였다. 왜냐하면 그가 실제로 생각이 가볍고, 지루했었으니까. 학생들의 그 남성에 대한 태도는 그에게 상처가 되는 말을 하기 전보다 훨씬 더 부정적으로 변하였다.

실험실과 전쟁터는 큰 차이가 있어 보이지만 부조화가 둘을 연결시켜 준다. 다음의 두 장면을 생각해보라. (1) 한 군인이 전투에서 적군을 죽인다, (2) 한 군인이 잘못된 시간에 잘못된 장소에서 무고한 시민을 죽인다. 어떤 군인이 부조화를 더 크게 경험할 것인가? 우리는 후자라고 예상한다. 이유는? 적군과의 전투는 '너 아니면 나' 상황이다. 만약 그 군인이 적을 죽이지 못하면, 적이 그를 죽일 것이다. 그래서 다른 사람에게 부상을 입히거나 죽이는 일이 결코 하찮은 일은 아니지만, 그것이 큰 부담을 주는 것도 아니고, 희생자가 무장하지 않은 시민, 어린아이, 혹은 노인인 경우만큼 부조화가 큰 것도 아니다. 실제로 아프가니스탄과 이라크 전쟁 참전용사들이 겪는 PTSD(외상후 스트레스)의 주요 원인 중 하나는 정규군보다는 게릴라와 싸워야 하는 어려움 속에서, 그들이 어린아이, 방관자, 다른 무고한 시민들을 죽였다는 사실이 일으키는 부조화를 감소시키지 못하기 때문이다(Klug et al., 2011).

1860년대, 펜실베이니아에서 있었던 선거의 인종차별적 광고에서 볼 수 있듯, 백인들이 흑인들을 비인간화시키려는 노력은 흑인들을 잔인하게 취급하고, 차별과 야만적 행위를 정당화하기 쉽게 해주었다. 불행하게도 외집단, 소수집단 혹은 적을 비인간화하는 것은 부조화를 감소시키는 흔한 방법이다.

어떤 군인이 더 큰 부조화를 느낄 것인가에 대한 이러한 예상은 실험 참가자로 하여금 동료 학생에게 고통스러운 전기충격을 주도록 만든 실험에서 지지되었다(Berscheid, Boye, & Walster, 1968). 예상할 수 있듯이 이 학생들은 자신이 희생자에게 전기충격을 준 결과로 인해 그들을 폄하하였다. 한편 절반의 학생들에게는 이 실험에 반전이 있어, 희생자들이 나중에 보복할 기회가 있을 것이라고 말해주었다. 희생자가 나중에 보복할 수 있다고 들은 학생들은 희생자를 폄하하지 않았다. 가해자에게 희생자를 평가하도록 했을 때도 부조화가 거의 없기 때문에, 그들은 희생자가 그런 대접을 받을 만한 사람이라고 생각하기 위해 그들을 깎아 내릴 필요가 없었다. 이 실험결과는 전쟁 시 군인들이 적군보다는 (보복할 수 없는) 시민에게 악행을 저지를 가능성이 크다는 사실을 시사하고 있다.

잔인성의 정당화 효과를 더 극적으로 보여주는 실험에서 고문과 비난의 관련성을 알아보았다. 당신이 매우 끔찍한 범죄의 용의자로부터 정보를 캐기 위해 고문이 있었다는 사실을 읽었다고 가정하자. 그는 자신의 결백을 주장하였지만, 심문자들은 그의 말을 무시한 채 더 심한 고문을 가했다. 당신은 심문자에게 공감하고 자백하지 않는 용의자를 비난할 것인가, 아니면 고통받은 용의자를 동정할 것인가? 부조화 이론은 고문을 관찰한 교도관과 같이 그 상황에 가장 가까이 있는 사람들은, 희생자가 유죄이고 그렇기 때문에 그런 고통을 당한 것이라고 생각함으로써 부조화를 감소시킬 것이라고 예상한다. 그러나 라디오를 통해 그 소식을 듣는 사람과 같이, 그 상황에서 좀 더 멀리 떨어져 있는 사람은 희생자가 결백하다고 보는 경향이 더 크다. 실험자들이 발견한 것은 바로 이것이다(Gray & Wegner, 2010). 잔인한 행위를 저지른 사람과 가까운 사람일수록, "나는 좋은, 친절한 사람이다."와 "나는 다른 사람에게 고통을 주고 있다." 사이에서 생기는 부조화를 감소시키기 위한 욕구가 더 크다. 가장 쉬운 길은 "그는 유죄이고, 그가 고문을 시작하도록 만들었고, 모든 것은 그의 잘못이고, 그는 결코 우리 같은 사람이 아니다."라고 희생자를 비난하는 것이다.

이 연구의 오싹한 의미를 생각해보라. 즉, 그 사람들은 잔인한 행동을 하지 않은 것이고, 멀쩡한 사람이 된다. 희생자를 비인간화하는 데 성공하면, 실제로 계속 그렇게 해도 되는 것이고, 심지어 잔인성이 더 커진다. 끊임없는 폭력의 사슬이 만들어지고, 그런 다음 (희생자를 비인간화하고 비난하는 형태로) 자기정당화가 뒤따르고, 또다시 더 심한 폭력과 비인간화가 뒤따른다 (Sturman, 2012).

이런 방법으로 600만 명의 유럽 유대인을 학살한 나치의 '최종 해결'처럼, 인간의 잔인한 행동은 믿을 수 없을 정도로 커질 수 있다. 그렇지만 폭군과 탄압자들은 자신의 잔인성을 정당화함으로써 부조화를 감소시킨다. 이것이 그들이 밤에 잠을 잘 수 있는 이유이다. 전쟁범죄, 비인간적 범죄, 종족학살로 4년형을 선고받은 '발칸반도의 살인자' 슬로보단 밀로셰비치는 20만 명 이상의 크로아티아인, 보스니아 무슬림, 알바니아인을 죽음으로 몰아낸 자신의 인종청소 정책을 정당화하였다. 그는 법정에서 줄곧 자신은 그들의 죽음에 대해 책임이 없으며, 자신은 그들이 세르비아인에게 저지른 공격에 대응한 것뿐이라고 말하였다. Riccardo Orizio(2003)는 이디 아민, 장-끌로드, 뒤발리에, 미라 마르코비치(밀로셰비치의 부인), 중앙아프리카공화국의 장베델 보카사가 포함된 7명의 폭군을 인터뷰하였다. 그들 모두는 정적을 고문하고 죽인 것, 자유로운 선거를 막은 것, 자국 국민을 도탄에 빠뜨린 것, 자국의 국부를 거덜 낸 것, 종족전쟁을 일으킨 것과 같은 그들이 행한 모든 것이 자기나라를 위한 것이라고 주장하였다. 그들은 자신이 그렇게 하지 않았다면 혼란, 무정부 상태 및 유혈사태가 있었을 것이라고 말하였다. 자신들을 폭군으로 보기는커녕 자신을 희생적인 애국자로 보았다. 불행하게도 잔혹행위는 과거의 일이 아니라 오늘 뉴스에도 나오는 일이다.

부조화에 대한 몇 가지 마지막 생각 : 우리의 실수로부터 배우는 교훈

이 장을 시작하면서 우리는 '천국의 문' 신도들(제1장에서 나오는 짐 존스 목사의 추종자처럼)에 관련된 중요한 물음을 제기하였다. 어떻게 지적인 사람들이 누가 보더라도 무의미한 집단자살을 할 수 있는가? 물론 리더의 카리스마적인 권력, 다른 구성원들이 주는 사회적 지지, 그리고 반대 견해를 지닌 집단으로부터 상대적으로 고립되어 있고 거울로 가득 찬 방에서 사는 것 같은 폐쇄된 체제와 같은 여러 요인이 작용했을 것이다.

그러나 이것들 외에도 가장 강력한 요인 중 하나는 참가자 마음속에 있는 상당한 크기의 인지부조화이다. 우리가 보았듯이 사람들이 중요한 결정을 하고 그 결정에 많은 시간, 노력, 희생, 그리고 헌신을 투자를 했을 때, 이 행동들과 투자를 정당화하려는 강한 욕구가 생긴다. 사람들이 더 많은 것을 포기하고 더 열심히 할수록, 그들은 자신의 입장이 옳다고 믿으려는 욕구가 더 커진다. '천국의 문' 신도들은 자신들의 믿음을 위해 엄청난 희생을 하였다. 그들은 친구와 가족을 버렸고, 직장을 떠났고, 재산을 포기하였고, 다른 곳으로 이사하였고, 오랫동안 열심히 믿었다. 이 모든 행위는 그들의 신념에 대한 헌신을 증가시키는 것들이었다.

인지부조화를 이해함으로써 당신은 있지도 않은 우주선을 보기 위해 망원경을 구입했던 '천국의 문' 신도들이 그 망원경에 문제가 있다고 결론을 내리는 이유를 이해할 수 있을 것이다. '우주선은 절대로 없다.'라고 생각하는 것은 이들에게 너무나 큰 부조화를 만들 것이다. 그들이 더 좋은 세상으로 가기 위해서는 우주선을 타야 한다는 믿음으로 자살을 감행한 것은 기이한 일이지만, 이해가 전혀 안 되는 것은 아니다. 이 일은 우리가 계속 보았던 과정이 극단적으로 드러난 것에 불과하다.

많은 경우에 인지부조화 감소행동이 자존감을 유지할 수 있도록 해주지만, 만약 우리가 우리의 자아를 방어하기 위해 모든 시간과 노력을 소비한다면, 우리는 결코 우리의 실수, 잘못된 결정 및 옳지 못한 믿음으로부터 아무것도 배울 수 없을 것이다. 그 대신 우리는 우리의 실수를 무시하거나, 정당화하거나, 혹은 여전히 나쁜 것임에도 미덕으로 돌리려 할 것이다. 우리는 우리의 좁은 마음에 갇혀서 발전하지 못하거나 변화하지 못한다. 그리고 극단적인 경우, 자신과 다른 사람들을 위험에 빠트릴 수 있는 자신의 더 작은 '천국의 문'을 정당화하는 잘못으로 끝마칠 수도 있다.

정치인과 자기정당화 보통 사람들이 자기정당화 순환에 사로잡혀 있는 것도 충분히 나쁜 일이지만 정치 지도자가 그렇게 하면, 그 나라와 세계를 망칠 수 있다(Tavris & Aronson, 2007). 2003년에 조지 W. 부시 대통령은 이라크의 지도자인 사담 후세인이 미국과 유럽을 위협하는 대량살상무기(WMD), 핵무기 및 화학무기를 갖고 있다고 믿었다. 이라크가 미국에 즉각적인 위협을 가하지 않았고, 어떤 이라크인도 9/11 공격에 가담하지 않았지만, 부시 대통령은 자신의 이라크 침공 결정을 정당화하기 위해 자신의 믿음을 입증할 필요가 있었다. 백악관 관리 스콧 매클렐런(2009)에 따르면, CIA 보고서가 애매하였고 다른 증거들과 모순이 있었음에도 불구하고, 이러한 욕구는 대통령과 그의 조언자들로 하여금 그 보고서를 이라크에 대량살상무기가 있다는 결정적인 증거로 해석하도록 만들었다(Stewart, 2011; Wilson, 2005).

이라크 침공 이후, 수개월 동안 대량살상무기를 찾으려 했지만 아직도 발견하지 못하였고, 행정부 관리들은 무기는 없다는 점을 인정해야만 했다. 지금은 어떤가? 부시 대통령과 그의 참모들은 "우리는 침공이 정당하다는 대량살상무기의 존재를 믿는다."와 "우리가 틀렸다." 사이에서 생기는 부조화를 어떻게 감소시키는가? 그들은 침공을 정당화하는 새로운 인지를 첨가함으로써 그렇게 하였다. 지금 그들은 잔인한 독재자로부터 그 나라를 해방시키고, 이라크 국민들에게 민주주의라는 축복을 주는 것이 미국의 임무라고 말한다. 설령 지금은 나아진 것이 없어도 10년, 20년, 아니면 50년 이후에는 역사가 우리를 입증해줄 것이라고 말한다. 객관적으로 보면 이런 정당화는 적절하지 못하다. 결국 세상에는 많은 잔인한 독재자가 있고, 누구도 단기적 목적으로 시작된 전쟁의 장기적인 결과를 예상하지 못한다. 그러나 부시 대통령과 그의 참모들에게는 그 정당화가 타당하게 보였다(Bush, 2010).

물론 우리는 부시 대통령의 마음에 무엇이 들어 있는지 확신할 수 없다. 그러나 50여 년의 인지부조화 연구는 대통령과 그의 참모들이 미국 국민을 의도적으로 속이려 했던 것은 아니고, '천국의 문' 신도들처럼 스스로를 속이고, 자신들이 틀렸을 가능성에 눈을 감고 있을 가능성이 크다. 말할 필요도 없이 부시 대통령이 이 같은 자기정당화 행동을 한 유일한 리더는 아니었다. 민주당이든 공화당이든 모두, 궁지에 몰렸던 몇몇 대통령의 회고록은 "만약 내가 다시 한다고 해도 나는 크게 다르지 않을 것이다. 실제로 나를 반대하는 사람들이 나를 불공평하게 취급한 것을 제외하고는, 어떤 것도 변하지 않을 것이다."라는 말로 잘 요약할 수 있는, 자기보호적이고, 자기정당화하는 말들로 가득 차 있다(Johnson, 1991; Nixon, 1990). 버락 오바마는 아직 대통령으로서 내린 자신의 결정에 대한 회고록을 쓰지 않았다.

'천국의 문' 신도들은 여러 인종, 배경 및 인생경로를 지닌 평범한 사람들이었다. 그러나 자신들의 그 종교에 대한 헌신과 믿음으로 인해 대부분은 결국 자살하였다. 이는 우리 모두가 경험하는 인지부조화 기제의 극단적인 결과 중 하나이다.

부조화 극복하기 우리 중 세계의 리더가 되어 권력을 행사하거나, 다른 행성으로 자신을 데려갈 우주선을 기다리는 사이비 이단자로 인생을 마감할 사람은 거의 없다. 그러나 좁혀서 보면 우리는 자기-개념을 보호하고자 하는 열망으로 종종 바보 같은 실수를 하고, 그것으로부터 배울 수 있는 기회를 눈감아 버림으로써 그 실패를 덮어버린다. 희망은 있는가? 우리는 그렇다고 생각한다. 비록 자기정당화의 과정은 무의식적이지만, 일단 우리가 자신의 행동을 정당화하는 경향이 있다는 것을 알고 나면, 자신의 생각을 검토하기 시작하고, 실제로 "그런 행위에 빠지는 우리 자신을 붙잡을 수 있다.". 만약 우리가 우리의 행동을 비판적으로 그리고 냉정하게 검토하는 것을 배운다면, 우리는 자신의 행동에 대해 자기정당화를 하고, 다시 그 행동을 더 하게 되는 연쇄사슬을 깨뜨릴 가능성이 있다.

당연히 우리의 실수를 인정하고 그것을 책임져야 한다고 말하는 것은, 실제로 인정하고 책임지는 것보다 쉽다. 당신이 '나쁜 놈'을 교도소에 넣기 위해서 수년 동안 열심히 노력한 검사라고 상상해보라. 당신은 좋은 사람이다. 그런데 이들 중 몇 명은 무죄임을 보여주는 DNA 검사결과가 일으키는 부조화 정보에 대해 당신은 어떤 반응을 보일 것인가? 당신은 정의가 바로잡혔기 때문에 열린 마음으로 그 증거를 환영할 것인가, 아니면 그 증거는 당신이 틀렸다는 것을 보여주는 것이기 때문에 그것을 받아들이지 않을 것인가? 불행하게도 인지부조화 이론을 이해한 사람들에게는 놀라울 것도 없이, 미국의 많은 검사들은 후자를 선택한다. 즉, 그들은 사건을 재조사하고 DNA 검사를 받고 싶어 하는 제소자의 노력에 저항하고, 이를 차단하려 한다. 그들이 부조화를 감소시키는 논리는 이렇다. "글쎄, 비록 그가 이 범죄에서는 유죄가 아니더라도, 그는 분명히 다른 죄가 있다. 어차피 그는 나쁜 놈이다."

그러나 적어도 한 검사는 더 용기 있는 방법으로 부조화를 해결하고자 하였다. 토마스 베인은 강력범죄로 기소된 피고에게 통상 사형이나 법정 최고형을 선고하였다. 래리 메이스는 DNA 검사로 무죄임이 밝혀지기 전까지 강간죄로 20여 년을 복역하였다. 베인은 DNA 검사가 메이스의 유죄를 확증해줄 것

23년을 복역한 후 David Lee Wiggins는 강간을 저지르지 않았다는 DNA 검사결과 2012년 텍사스 감옥에서 석방되었다. 잘못된 기소를 한 검사들이 종종 피고가 실제로 무죄라는 사실을 받아들이지 못하는 이유를 부조화는 어떻게 설명하나?

라고 확신하였다. 그러나 베인은 "그가 옳았고, 내가 틀렸다."라며 다음과 같이 기록하고 있다. "명확한 사실이 내가 믿었던 것을 이겼다. 이것은 냉정한 교훈이며, 쉽게 할 수 있는 어떤 합리화(나는 내 일을 한 것뿐이고, 그에게 유죄를 선고한 사람은 배심원들이었고, 상고법원도 유죄를 확정하였다.)도 무고한 사람을 기소한 데 대한 법적 책임은 아니더라도, 도덕적 책임을 완전히 줄여줄 수는 없다."(Tavris & Aronson, 2007에서 인용).

우리는 평생 한 사람의 가족, 노동자, 전문직 직장인, 시민으로 살면서, 우리가 했거나 믿었던 중요한 어떤 일이 잘못되었다는 증거에 봉착하게 될 것이다. 이때 당신은 그 잘못을 정당화하는 피라미드에 빠질 것인가…… 아니면 그것을 수정하려고 노력할 것인가?

복습문제

1. 은호와 영미는 2년 동안 그들의 낡은 집을 힘들게 수리한 후, 자신들이 그 집을 구입한 결정이 옳았다고 더 확신하게 된다. 그들의 느낌은 다음 중 어떤 예에 해당하나?
   a. 역태도적 주장
   b. 불충분한 처벌
   c. 벤 프랭클린 효과
   d. 노력정당화

2. 은희는 마약중독 치료를 받고 있다. 다음 중 병원에서의 어떤 경우에 그녀가 병원을 떠난 후에도 마약에 손대지 않을 가능성이 가장 큰가?
   a. 비자발적이었고(치료명령을 받았고), 힘든 치료 과정을 겪었을 때
   b. 비자발적이었고(치료명령을 받았고), 수월한 치료 과정을 겪었을 때
   c. 자발적이었고(그녀가 치료를 선택했고), 힘든 치료 과정을 겪었을 때
   d. 자발적이었고(그녀가 치료를 선택했고), 수월한 치료 과정을 겪었을 때

3. 당신 친구 경희가 당신에게 자신이 산 신발이 어떤지를 물었다. 당신은 속으로 그 신발이 당신이 본 신발 중 최악이라고 생각하지만, 당신은 그 신발이 좋다고 말한다. 과거에 경희는 항상 당신이 해주는 솔직한 의견을 중시했었고, 그 신발은 비싼 것도 아니어서 큰 기대도 하지 않았다. 당신의 거짓말에 대한 외적 정당화가 _____ 때문에, 아마도 당신은 _____ 것이다.
   a. 높기, 그 신발을 좋아한다고 결정할
   b. 높기, 그 신발이 형편없다는 당신의 입장을 고수할
   c. 낮기, 그 신발을 좋아한다고 결정할
   d. 낮기, 그 신발이 형편없다는 당신의 입장을 고수할

4. '벤 프랭클린 효과'에 근거하여, 다음 중 어떤 경우에서 당신의 민주에 대한 호감이 증가할 가능성이 가장 큰가?
   a. 당신이 민주에게 만 원을 빌려준 경우
   b. 민주가 당신에게 만 원을 빌려준 경우
   c. 민주가 당신에게 빌린 만 원을 갚은 경우
   d. 민주가 길에서 만 원을 주운 경우

5. 다음 중 어떤 사람이 부조화를 가장 크게 경험할 것인가?

a. 시민 한 명을 죽인 군인

b. 상대편 조폭 한 명을 죽인 조폭

c. 적군 3명을 죽인 군인

d. 돈 때문에 모르는 사람을 죽인 청부업자

6. 다음 중 어떤 사람이 자신의 실수를 인정할 가능성이 가장 큰가?

a. 검사이다. 왜냐하면 그는 어떤 경우에도 정의를 추구하도록 훈련받았기 때문이다.

b. 정치인이다. 왜냐하면 그는 그렇게 하지 않으면 선거에서 낙선하기 때문이다.

c. 종교인이다. 왜냐하면 그는 언제든지 그 종교를 떠날 수 있기 때문이다.

d. 위의 모든 경우, 잘못을 인정하기 어려울 것이다.

e. 대부분의 사람들보다 검사와 정치인이 잘못을 인정하기 쉬울 것이다.

정답은 537-539쪽 참조

요약

6.1 인지부조화 이론이란 무엇이며, 사람들이 긍정적 자기상을 유지하기 위해 어떻게 부조화를 피하는가

• **인지부조화 이론** 모든 사람은 자신을 진실되게 행동하는 지적이고, 합리적이고, 고상한 사람으로 보고 싶어 한다. 이 장은 우리가 지적이고, 합리적이고, 고상한 사람으로 행동하지 않았다는 증거에 직면했을 때, 긍정적인 자기상을 유지하려는 정신적 노력으로 발생하는 행동변화와 인지적 왜곡에 관한 것이다.

• **언제 인지가 충돌하는가 인지부조화**는 2개의 인지(신념, 태도)가 충돌하거나 혹은 사람들이 자신에 대한 개념(자기-개념)과 불일치하는 방식으로 행동할 때 느끼는 불편함(부조화)이다. 그런 부조화를 줄이기 위해, 사람들은 (1) 자신의 행동을 자신에 대한 인지와 일치하도록 바꾸거나 (2) 자신의 인지를 변화시켜 행동을 정당화하거나 (3) 새로운 인지를 추가하여 행동을 정당화하려 한다. 일반적으로 새로운 인지는 바보 같은 행동을 했다는 느낌을 상쇄시켜 주는 긍정적인 자질에 초점을 맞춘 **자기확증**이다. 사람들의 자존감이 일시적으로 높아지면, 자신의 행동을 자기-개념과 일치시키기 위해, 남을 속이거나 비윤리적인 행위를 저지를 가능성이 더 작으며, 성적을 올리기 위해서 열심히 공부할 가능성이 더 커진다. 그러나 사람들은 미래에 부정적 사건을 만나면, 자신이 어떻게 대응할지에 대해서는 제대로 예상하지 못한다. 그들은 자신이 부조화를 감소시키려 할 것이라는 사실을 알지 못하기 때문에, 자신이 미래에 부정적 사건을 만나면 부정적 감정을 크게 느낄 것이라고 과잉추정하는 **충격 편향**을 보인다. 사람

들은 종종 자신이 기존에 갖고 있는 선입관에 맞도록 편향된 방식으로 정보를 처리한다. 우리 인간은 합리적 행동이나 정확한 신념을 희생시켜 가면서까지 부조화를 피하기 위해 자신의 행동을 합리화하길 좋아한다.

• **부조화와 자기-개념** 어떤 정보나 행동이 자기-개념의 중요한 부분과 충돌하거나 자존감을 위협할 때 발생하는 부조화가 가장 고통스럽고, 이때 그것을 감소시키려는 동기가 가장 크다. 자존감이 낮은 사람보다 높은 사람이 자기가치를 떨어뜨림으로써 발생하는 부조화를 감소시키려는 동기가 더 크다. 일시적으로 사람들의 자존감이 높아지거나 자신이 정직한 사람이라는 자기-개념이 발동되면, 자신의 행동을 자기-개념과 일치시키기 위해, 남을 속이거나 비윤리적인 행위를 저지를 가능성이 더 작아지고, 성적을 올리기 위해서 열심히 공부할 가능성이 더 커진다.

• **결정, 결정, 결정** 어떤 것은 선택하고 다른 것은 선택하지 않아야 하는 결정은 부조화를 일으킨다. 우리가 잘못된 선택을 했을지도 모른다는 생각은 불편함(**결정후 부조화**)을 일으킨다. 왜냐하면 그것은 자신이 옳은 결정을 내리는 사람이라는 자기상을 위협하기 때문이다. 최종 선택을 하고 나면, 자신이 선택한 것과 선택 과정을 공고히 함으로써 불편한 마음을 줄인다. 이것은 부조화 감소가 그 사람의 가치와 도덕성을 변화시킬 수 있는 이유이다. 사람들이 일단 비윤리적인 행위를 저지르면 부조화를 경험하고, 그것을 정당화하고, 이는 또다시 그런 행위를 저지를 가능성을 증가시킨다.

• **부조화, 문화 및 뇌** 부조화는 뇌에 내장되어 있는 것처

럼 보인다. 사람이 정신적 갈등 상태에 있거나 선택을 해야 할 때 활성화되는 뇌의 부위가 다르다. 결정후 부조화는 원숭이에서도 발견되었기 때문에, 그것은 영장류에서 진화적으로 적응의 목적을 지닌 것일지도 모른다. 서양뿐만 아니라 서양 이외의 문화에서도 인지부조화가 발생하지만, 문화 차이를 반영하듯 부조화를 일으키는 인지의 내용과 부조화 감소의 과정과 강도는 문화에 따라 다르다.

6.2 일상에서 인지부조화가 어떻게 작동되며, 인지부조화를 줄일 수 있는 건설적인 방법은 무엇인가

- **일상에서의 자기정당화** 연구자들은 인지부조화 감소의 여러 형태와 많은 일상장면에서 그것들이 어떻게 적용되고 있는지를 연구하였다.

- **노력정당화** 사람들은 얻기 위해 많은 노력을 기울인 것이라면, 비록 자신이 얻은 것이 좋지 않더라도, 그것에 대한 호감을 증가시키는 경향이 있다. 이것은 신입회원들이 가혹한 신고식을 겪고 난 이후에, 그 모임이나 군대에 대해 강한 충성심이 생기는 이유를 설명해 준다.

- **외적 정당화 대 내적 정당화** 우리가 충분한 외적 보상 때문에 어떤 행동을 했을 때, 그 행동은 자신의 태도나 신념에 거의 전혀 영향을 미치지 않는다. 그러나 보상이 그 행동을 정당화하기에 충분치 않으면, 자신이 한 행동에 대한 **외적 정당화**가 거의 없기 때문에 우리는 인지부조화를 경험한다. 이때 자신의 행동을 정당화하기 위해서 **내적 정당화** 과정을 활성화시킨다. 자기정당화의 내적 과정은 외적 정당화가 분명한 상황보다 한 개인의 장기적인 가치와 행동에 더 큰 영향을 미친다. 사람들이 공개적으로 자신이 믿거나 행동하는 것과 반대로 주장하면(**역태도적 주장**), 부조화를 느끼게 된다. 역태도적 주장은 편견의 감소에서부터 패배의식, 폭식 같은 해로운 행위까지 여러 방식으로 사람들의 태도를 변화시키는 데 사용되고 있다.

- **처벌과 자기설득** 사람들을 변화시키는 또 다른 방법은 금지된 장난감 실험에서 보듯, 엄한 처벌을 사용하는 것이 아니라 불충분하거나 약한 처벌을 사용하는 것이

다. 위협이 덜 엄하거나 보상이 적을수록 그 사람의 그에 따른 외적 정당화는 작아지고, 내적 정당화 욕구는 커진다. 이러한 자기설득은 처벌을 피하기 위한 일시적 복종보다 내면화되어 더 오래 지속된다.

- **위선 패러다임** **위선유도**는 사람들에게 자신이 행동과 다르게 말하도록 만드는 방법이다. 이 방법은 부조화 감소 욕구를 이용하여 사회적으로 유익한 행동을 키우는 장점이 있다. AIDS 예방실험의 경우 참가자가 콘돔 사용의 중요성에 대한 연설을 녹화하고, 정작 자신은 콘돔을 사용하지 않았던 사실을 자각하도록 하였다. 그들은 이런 부조화를 감소시키기 위해서 자신의 행동을 변화시켰다. 그들은 콘돔을 구입하였다.

- **선행과 악행의 정당화** 인지부조화 이론을 현명하게 이용하는 한 가지 방법은 어떤 사람이 당신에게 호의를 베풀도록 하여, 그 사람이 당신을 좋아하도록 만드는 것이다. 이것이 작동하는 이유는 그 사람이 당신에게 긍정적인 행동을 했다는 사실을 내적으로 정당화하게 할 필요가 있기 때문이다. 그 반대도 사실이다. 만약 당신이 누군가에게 해를 끼쳤다면, 나쁜 짓을 했다는 사실이 주는 당신 이미지의 위협을 줄이기 위해, 그 사람은 그렇게 당할 만한 이유가 있다고 혹은 그 사람은 우리 같은 사람이 아니라고, 그 희생자를 폄하함으로써 당신의 행동을 정당화하려는 경향이 있다. 갈등이나 전쟁과 같은 극단적인 경우, 많은 사람들은 희생자나 적이 인간 이하이기 때문에 그들이 당한 모든 것은 그럴 만한 이유가 있다고 생각하게 된다.

- **우리의 실수로부터 배우는 교훈** 부조화 감소가 그 사람의 부정적인 가치와 행동을 공고히 해줄 때, 그것은 반생산적이 된다. 이는 작은 사이비 종교의 신도들부터 국가 지도자에 이르기까지 모든 사람에게 똑같다. 인간이 부조화를 감소시키는 동물이란 사실을 알면, 우리는 그 과정에 대해 더 자각할 수 있다. 다음에 우리가 자신의 가치에 반하는 행동을 해서 불편함을 느끼면, 우리는 의식적으로 자기정당화를 멈추고, 자신의 행동을 되돌아볼 수 있게 된다.

평가문제

1. 당신은 자신이 정크음식을 너무 많이 먹고 있고, 그것이 몸에 나쁘다는 사실을 알고 있다. 다음 중 어떤 것이 당신의 부조화를 감소시키지 못하는가?
   a. 좋아하는 달콤한 오후 간식을 하지 않는다.
   b. 건강에 대한 모든 경고를 어리석은 과장이라고 생각한다.
   c. 당신이 단 것을 너무 많이 먹는다는 것을 인정하지만, 그것이 공부하는 데 에너지를 준다고 주장한다.
   d. 당신의 태도와 행동이 단지 충돌하고 있다는 사실을 수용한다.

2. 당신이 블로그에서 당신을 화나게 만드는 주장을 읽고 있다. 당신은 그 주장 중 어떤 것을 가장 주목하고 기억할 것인가?
   a. 가장 멍청한 주장, 왜냐하면 그 사람은 멍청한 사람이기 때문
   b. 가장 멍청한 주장, 왜냐하면 그 주장이 그 사람이 멍청한 사람이라는 당신의 생각과 조화롭기 때문
   c. 가장 똑똑한 주장, 그래야 당신이 반박하는 댓글을 달수 있기 때문
   d. 가장 똑똑한 주장, 왜냐하면 그 주장은 멍청한 사람한테서는 나오기 어렵기 때문

3. 다음 중 어떤 사람이 큰 실수를 저지른 후에 부조화를 가장 크게 느낄까?
   a. 자존감이 높은 사람
   b. 자존감이 낮은 사람
   c. 사이코패스
   d. 자기 도취자

4. 당신이 다가올 중요한 선거에서 당신 친구를 투표하도록 설득하려 한다. 다음 중 어떤 설득 방법이 가장 효과적일까?
   a. "제발 투표해라, 정말 중요한 선거다."
   b. "너는 유권자이다. 선거일이 화요일이라는 사실을 잊지 마라."
   c. "만약 투표하지 않으면, 너는 비애국적인 사람이다."
   d. "투표에 신경쓰지 마라. 너 같은 사람의 투표 여부는 별로 중요하지 않다."

5. 결정후 부조화는 누구에게서 발생하는가?
   a. 원숭이들
   b. 구매자들
   c. 사기친 사람들
   d. 방금 자동차를 구매한 사람들
   e. 위 모두
   f. a와 d

6. 언제 '말하는 것이 믿는 것'이 되나?
   a. 그럴 만한 이유도 없는데 당신이 자신의 실제 태도와 다른 주장을 했을 때
   b. 당신이 생각한 것을 그대로 말했을 때
   c. 누군가가 강요하여 당신이 생각과 다른 말을 했을 때
   d. 당신이 큰 돈을 받고 거짓말을 했을 때

7. 실험연구에서 '위선 패러다임'이란 무엇인가?
   a. 합리화를 연구하기 위해 위선자인 참가자를 선발하는 것
   b. 참가자들에게 위선을 비판하는 글을 쓰도록 하는 것
   c. 참가자들에게 누구나 위선자라는 사실을 이해시키는 것
   d. 참가자들에게 자신이 역설한 것을 실천하지 않는 위선자임을 자각하게 만드는 것

8. 부조화 이론으로 볼 때 '우리'(우리 편)가 종종 '저들'(적)을 동물, 짐승 혹은 괴물로 비인간화하는 가장 주된 이유는 무엇인가?
   a. 적이 폭력적이고 잔인하여 우리가 그들을 그렇게 취급할 만하기 때문
   b. 적이 전쟁을 시작했기 때문
   c. 우리 편이 적을 난폭하게 대해 왔고, 그런 행동들을 정당화할 필요성 때문
   d. 우리 편이 저들보다 더 도덕적이고 인간적이기 때문

9. 당신의 절친이 어떤 사이비 종교집단에 가입했다. 그는 한 달 동안 800만 원의 회비납부, 늙은 회원 보살피기, 노숙자 학대하고 때리기, 그전에는 이들을 '쓸모없는 동물' 취급하기와 같은 점점 가혹해지는 신고식을 거쳤다. 당신의 친구는 이 집단을 사랑하고, 당신에게도 가입을 권하고 있다. 당신의 친구에게 부조화의 어떤 원리가 작동하고 있나? 있는 대로 모두 선택하라.
   a. 노력정당화
   b. 잔인성의 정당화
   c. 낮은 자존감
   d. 결정후 부조화

e. 위선유도

f. 불충분한 정당화

10. 오랫동안 당신은 금귤이 정말로 건강에 좋다고 믿고 있었다. 당신은 금귤주스를 마시고, 최고급 금귤을 구입하고, 수년간 친-금귤 사이트를 운영해 왔다. 이제 막 당신은 18개 연구의 개관을 통해 금귤이 건강에 유익하지 않으며 심지어 유해할 수 있다는 사실을 알게 되었다. 이런 사실이 당신에게 일으킨 부조화를 줄이는 가장 건설적인 방법은 무엇인가?

a. "그 연구는 편향된 것이다. 나는 보다 과학적인 연구가 나올 때까지 기다릴 것이다."

b. "그렇게 오랫동안 금귤을 먹은 나는 정말 어리석은 사람이다."

c. "나는 올바른 행동을 했다고 생각하지만, 더 좋은 정보를 알게 되어 기쁘다."

d. "나는 화가 난다. 그래서 당장 반-금귤 블로그를 시작할 것이다."

정답은 537-539쪽 참조

태도와 태도변화 : 사고와 감정에 미치는 태도와 태도변화

우 리는 어디서나 광고를 볼 수 있다. 광고는 인터넷 팝업 창, 운동선수의 유니폼, 공중화장실, 주유기의 스크린, 심지어 비행기 멀미약 가방에도 있다(Story, 2007). 미국 네브라스카의 오마하 출신인 20세 청년 앤드류 피셔는 광고 혁신으로 상을 받았다. 피셔는 이베이(인터넷 경매 사이트)에 광고를 실었는데, 30일 동안 회사의 로고나 메시지를 (영구적이지는 않은 문신의 형태로) 자신의 이마에 붙이고 다니겠다는 내용이었다. 특히 신문에 피셔가 보도된 이후에 입찰은 불이 났고, 결과적으로 코골이 방지 제품을 생산하는 'SnoreShop'이라는 회사가 입찰에서 이겼다. 그 회사는 피셔에게 엄청난 액수인 37,375달러를 지불하였고, 피셔는 그 회사의 로고를 자기 이마에 새겨 넣었다. 피셔는 "4만 달러를 위해서라면 나는 한 달 동안 바보처럼 보여도 후회하지 않는다."라고 말했다(Newman, 2009, p. B3).

이 사례는 광고업자들이 해를 끼친 것은 아니지만, 우리의 태도와 행동에 영향을 주기 위해 황당한 시도를 했다고 웃어넘기기가 쉽다. 그러나 우리는 광고가 막강한 효과가 있음을 명심해야 한다. 담배 광고들의 역사를 살펴보자. 19세기에는 담배 제품을 포함한 대부분의 소비재는 그 지역에서 생산되고 판매되었다. 하지만 산업혁명으로 많은 소비재들의 대량생산이 가능해지자, 생산자들은 보다 큰 시장을 찾아야 했다. 이 상황에서 광고는 자연스러운 결과였다. 1880년대에 담배가 처음으로 대량생산되기 시작하였고, 제임스 뷰캐넌 듀크와 같은 거물들은 공격적으로 자신의 브랜드를 판매하기 시작했다. 듀크는 신문에 자신의 브랜드를 광고하였고, 수천 개의 광고판을 대여했고, 유명한 여배우를 고용하여 자신의 브랜드를 홍보하였으며, 자신의 제품을 파는 소매상들에게 선물도 제공했다. 다른 담배 생산자들도 곧바로 따라 하였다(Kluger, 1996).

이러한 노력들은 크게 성공하였고, 미국에서 담배 판매가 급등하였다. 그러나 여성이라는 방대한 미개척 시장이 남아 있었다. 20세기 초반까지는 담배를 사는 사람의 99%는 남성이었다. 여

사람들은 자신의 신체를 광고판으로 제공하기 시작했다. 유타 주의 한 여성은 만 달러를 받고 자신의 이마에 골든 팰리스 카지노를 광고하였다. 그녀는 그 돈으로 자기 아들을 사립초등학교에 보낼 계획이다.

성이 흡연하는 것은 사회적으로 용납되지 않았다. 흡연 여성들은 도덕적으로 의심스러운 사람으로 간주되었다. 이런 생각은 여성인권운동의 시작과 여성의 선거권 쟁취 투쟁과 함께 변하기 시작했다. 역설적으로 여성의 흡연이 여성해방의 상징이 되었다(Kluger, 1996). 담배 생산자들은 광고에서 여성을 표적대상으로 할 수 있게 되어 기뻐하였다. 왜냐하면 여성들이 공공장소에서 흡연하는 것이 허용되지 않았기 때문에, 초기 담배 광고들은 절대 여성들이 실제 흡연하는 모습을 보여주지 않았다. 대신 그들은 흡연을 세련됨과 글래머와 연합시키거나 담배가 체중 조절에 도움이 된다는 것("단 음식 대신 Lucky에 손을 내미세요.")을 전달하려 했었다. 1960년대까지 담배 광고들은 여성해방과 흡연을 직접적으로 연결시켰고, 특히 새 상표(Virginia Slims)는 이런 목적을 위해 출시되었다("당신은 발전한 것입니다."). 여성들이 담배를 무더기로 구매하기 시작했다. 1955년에는 미국의 남성 52%와 여성 34%가 담배를 피웠다(질병관리예방센터). 다행스럽게도 그 이후 전체 흡연율은 감소해 왔지만, 남성과 여성의 차이는 좁혀졌다. 2012년에 성인 여성은 16%인 데 비해서 성인 남성은 21%가 흡연자이다(질병관리예방센터, 2014).

미국의 축소된 시장을 메꾸기 위해서 담배 회사들은 공격적으로 다른 나라에 담배를 판매하였다. 세계보건기구는 아시아에서만 하루 5만 명의 10대 청소년들이 담배를 피우기 시작하고, 흡연이 현재 아시아에 살고 있는 청년들의 1/4을 죽음으로 몰아갈 것이라고 추정하고 있다(Teves, 2002).

이 같은 공공건강의 위기가 광고의 책임인가? 실제로 광고가 어느 정도까지 사람들의 태도와 행동을 형성할 수 있을까? 정확히 태도란 무엇이고, 어떤 과정을 통해 태도를 바꿀 수 있을까? 사회심리학에서 매우 오래된 이런 질문들이 이 장의 주제이다.

태도의 본질과 기원

7.1 태도의 종류는 어떤 것들이 있으며, 태도의 기원은 무엇인가

우리 각자는 우리 주변의 세계를 평가한다. 우리는 우리가 만나는 거의 모든 것에 대하여 좋아함과 싫어함을 형성한다. 실제로 어떤 사람이 "나는 멸치, 초콜릿, 방탄소년단, 버락 오바마에 대해 완벽하게 중립적인 느낌"이라고 말하는 것을 들으면 이상할 것이다. 대부분의 사람들은 이런 대상 중 적어도 하나의 대상에 대해서는 강력한 태도를 갖고 있을 것이다. 간단하게 말해 **태도**(attitudes)는 사람, 사물, 생각에 관한 평가이다(Banaji & Heiphetz, 2010; Bohner & Dickel, 2011; Eagly & Chaiken, 2007; Petty & Krosnick, 2014). 태도는 종종 우리가 어떤 행동을 할지를 결정해주기 때문에 중요하다. 예를 들어 태도는 우리가 멸치와 초콜릿을 먹을지, 방탄소년단의 노래를 구매할 것인지 아니면 그 노래가 나오는 방송국의 채널로 돌릴 것이지, 버락 오바마에

태도
사람, 사물(대상), 생각(아이디어)에 관한 평가

게 투표할지 아닐지를 결정한다.

태도는 어디에서 생기는가

'태도는 어디에서 생기는가?'라는 질문에 대한 도발적인 답변은 어떤 태도는 부분적으로 우리의 유전자와 연관되어 있다는 것이다(Dodds et al., 2011; Lewis, Kandler, & Riemann, 2014; Schwab, 2014; Tesser, 1993). 이런 결론을 내린 증거는 서로 다른 가정에서 자랐고 서로가 한 번도 본 적이 없을 때조차도 일란성 쌍둥이가 이란성 쌍둥이보다 더 많은 태도를 공유하고 있다는 사실에서 찾을 수 있다. 한 연구에서 이란성 쌍둥이와 비교했을 때 일란성 쌍둥이가 사형제도와 재즈음악과 같은 태도가 비슷하다는 것을 발견하였다(Martin et al., 1986). 그러나 우리가 이런 증거를 어떻게 해석할지에 대해서는 조심할 필요가 있다. 누구도 태도를 결정하는 특정 유전자가 존재한다고 주장하지 않기 때문이다. 예를 들어 당신의 음악 선호를 결정해 주는 '재즈 애호' 유전자가 존재할 가능성은 거의 없다. 그렇지만 어떤 태도들은 우리가 지닌 유전적 구조의 간접적인 영향으로 형성되는 것으로 보인다. 그러한 유전적 구조는 우리의 유전자와 직접 관련되어 있는 기질과 성격 같은 것들이다(Olson et al., 2001). 사람들은 부모에게서 기질과 성격을 물려받고, 이것이 대중음악보다는 재즈음악을 더 좋아하는 성향을 갖게 만든다.

설령 유전적 요소가 존재한다 하더라도, 분명히 우리의 사회 경험들이 태도 형성에 중요한 역할을 한다. 사회심리학자들은 어떻게 이런 경험들이 다양한 태도를 만드는지에 초점을 두고 있다. 사회심리학자들은 태도에는 세 가지 요소가 있음을 밝혀냈다. 인지적 요소(cognitive component)는 사람들이 태도대상에 대해 형성하는 사고와 신념이며, 감정적 요소(affective component)는 태도대상에 대한 사람들의 정서적 반응이며, 행동적 요소(behavioral component)는 태도대상에 대해 사람들이 어떻게 행동하는지에 관한 것이다. 중요한 것은 어떤 태도이든 세 가지 요소 중 어느 하나, 혹은 그 요소들의 조합을 기반으로 하고 있다는 점이다(Zanna & Rempel, 1988).

인지에 기반을 둔 태도 때로 우리의 태도는 어떤 자동차의 객관적 장점과 같이 적절한 관련이 있는 사실에 주로 기반을 두고 있다. 리터당 몇 킬로미터를 갈 수 있는가? 안전장치는 무엇인가? 사람들의 평가가 주로 태도대상의 속성에 대한 신념에 기반을 두고 있다면, 그것은 **인지기반 태도**(cognitively based attitude)이다. 이런 태도는 어떤 태도대상의 장단점을 분류하여, 그것이 우리가 원하는 것인지 아닌지를 빨리 결정할 수 있게 해준다. 진공청소기와 같은 실용적인 물건에 대한 당신의 태도를 살펴보자. 아마도 당신의 태도는 그 청소기가 얼마나 섹시해 보이는지가 아니라, 얼마나 먼지를 잘 빨아들이는지와 가격이 어느 정도인지와 같은 객관적인 장점에 대한 생각에 기반을 두고 있을 것이다.

정서에 기반을 둔 태도 어떤 대상에 대한 장단점에 대한 객관적인 평가보다는 정서와 가치에 기반을 둔 태도는 **정서기반 태도**(affectively based attitude)이다(Breckler & Wiggins, 1989; Bülbül & Menon, 2010; Zanna & Rempel, 1988). 때로 우리는 어떤 차가 리터당 몇 킬로미터를 가는지와 상관없이 그냥 그 차를 좋아하기도 한다. 때로는 우리가 어떤 사람에 대해 부정적인 생각(예 : 그는 '나쁜 영향'을 주는 사람)을 갖고 있으면서도 그에게 강한 매력을 느낄 수도 있다.

태도가 정서에 기반을 둘 가능성이 있다는 사실을 염두에 두고 디너파티에서 예의상 절대 이야기해서는 안 되는 정치, 섹스, 종교 같은 주제를 생각해보자. 사람들은 자신의 지성(mind)보다 감성(heart)에 따라 투표하는 경향이 있다. 예로 사람들은 후보자들의 정책에 대한 자신의 신념

인지기반 태도
태도대상의 속성에 관한 믿음에 우선적으로 기반을 둔 태도

정서기반 태도
태도대상의 본질에 관한 믿음보다는 느낌이나 가치에 기반을 둔 태도

어떤 태도는 사실과 수치보다는 정서와 가치에 더 기반을 두고 있다. 이런 사례 중 하나가 동성애자 결혼에 대한 태도이다.

보다 그 후보자에 대해 어떻게 느끼는지에 더 관심이 많다(Abelson et al., 1982; Westen, 2007). 사실 유권자의 1/3 정도는 특정 정치인들에 대해 거의 아무것도 모르고 있음에도 불구하고, 그 정치인에 대해 강한 정서를 갖고 있는 것으로 추정된다(Redlawsk, 2002; Wattenberg, 1987).

만약 정서기반 태도들이 사실들을 알아보고 만들어지는 것이 아니라면, 그 태도는 어디에서 유래된 것일까? 그 태도의 원천은 다양하다. 그 태도들은 사람들의 기본적인 종교적 및 도덕적 신념과 같은 가치로부터 나올 수도 있다. 종종 사람들의 낙태, 사형제도, 혼전 성관계와 같은 쟁점에 관한 감정들은 어떤 사실에 대한 냉정한 조사보다는 자신의 가치에 기초하고 있다. 이런 태도들의 기능은 세상을 정확하게 묘사해주기보다는 자신의 기본적인 가치체계를 표현하고, 그것이 타당하다는 사실을 보여주는 것이다(Maio et al., 2001; Smith, Bruner, & White, 1956; Snyder & DeBono, 1989). 또 다른 어떤 정서기반 태도들은 (칼로리 수치에도 불구하고) 초콜릿 맛을 좋아하는 것과 같은 감각적 반응이거나 어떤 그림이나 자동차의 모양이나 색상을 감탄하는 것 같은 심미적 반응으로부터 나올 수도 있다. 또 어떤 태도는 조건형성의 결과일 수 있다(Hofmann et al., 2010).

고전적 조건형성(classical conditioning)은 다음과 같은 방식으로 작동한다. 즉, 정서적 반응을 유발하는 자극을 정서적 반응을 유발시키지 않는 중립적 자극과 같이 제시한다. 궁극적으로 중립적 자극이 스스로 정서적 반응을 유발할 때까지 함께 제시한다. 예를 들어 여러분이 어린아이였을 때, 할머니 집을 방문할 때, 포근함과 사랑의 감정을 경험했다고 가정해보자. 또한 할머니 집은 항상 좀약 냄새가 어렴풋이 났다고 가정해보자. 고전적 조건형성 과정을 통해서 궁극적으로는 좀약 냄새만으로도 당신이 할머니 집을 방문했을 때 경험했던 감정이 생길 것이다(De Houwer, 2011; Walther & Langer, 2010).

조작적 조건형성(operant conditioning)에 따르면, 우리가 자유롭게 선택한 행동을 더 많이 할 것인지 아니면 덜하게 될 것인지는, 그것에 뒤따르는 보상(정적 강화) 혹은 처벌에 달려 있다. 이것이 어떻게 태도에 적용되나? 네 살짜리 백인 여자아이가 아빠와 놀이터에 가서 아프리카계 미국인 여자아이와 놀기 시작한다고 상상해보자. 백인 여자아이의 아빠는 "우리는 저런 애랑 놀면 안 돼."라고 딸에게 말하면서 매우 못마땅해한다. 곧 그 아이는 아프리카계 미국인과의 상호작용을 반감과 연합하여, 자기 아빠의 인종차별적 태도를 채택하게 된다. 그림 7.1에서 보듯 태도는 고전적 조건형성이나 조작적 조건형성을 통해서 긍정적 혹은 부정적 정서를 갖게 된다(Cacioppo et al., 1992; Kuykendall & Keating, 1990).

정서기반 태도의 원천은 다양하지만 하나로 묶을 수 있다. 왜냐하면 (1) 그 태도는 이성적인 조사를 통해 형성된 것이 아니다, (2) 논리에 지배받지 않는다, (3) 종종 그 사람의 가치와 연결되어 있기 때문에, 그 태도를 변화시키려는 노력은 그 사람의 가치에 도전하는 것이 된다(Katz, 1960; Smith, Bruner, & White, 1956). 어떤 태도가 정서기반 태도인지 인지기반 태도인지를 어떻게 구분할 수 있나? '해보기 : 정서기반 태도와 인기기반 태도'에 사람의 태도기반을 측정하는 한 가지 방법이 나와 있다.

고전적 조건형성
중립자극을 정서적 반응을 유발하는 자극과 반복적으로 짝지음으로써 중립자극이 정서적 반응을 유발하게 되는 현상

조작적 조건형성
우리가 자유롭게 선택한 행동이 자주 보상(정적 강화)이나 처벌에 의존하는 현상

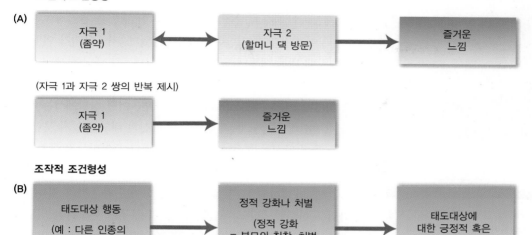

그림 7.1 태도의 형성 : 고전적 및 조작적 조건형성
정서기반 태도는 고전적 혹은 조작적 조건형성의 결과일 수 있다.

해보기! 정서기반 태도와 인지기반 태도

심리학자가 태도의 정서와 인지 요소를 어떻게 측정하는지를 알아보고자 하면 이 질문지에 응답해보라.

1. 뱀에 대한 당신의 느낌을 가장 잘 기술하는 척도의 숫자에 동그라미를 쳐라.

미움	-3	-2	-1	0	+1	+2	+3	사랑스러운
슬픈	-3	-2	-1	0	+1	+2	+3	기쁜
짜증나는	-3	-2	-1	0	+1	+2	+3	행복한
긴장한	-3	-2	-1	0	+1	+2	+3	차분한
지루한	-3	-2	-1	0	+1	+2	+3	흥분한
화난	-3	-2	-1	0	+1	+2	+3	느긋한
혐오스러운	-3	-2	-1	0	+1	+2	+3	수용
비통한	-3	-2	-1	0	+1	+2	+3	즐거운

2. 뱀의 특질이나 특징을 가장 잘 기술하는 척도의 숫자에 동그라미를 쳐라.

쓸모없는	-3	-2	-1	0	+1	+2	+3	쓸모있는
멍청한	-3	-2	-1	0	+1	+2	+3	현명한
위험한	-3	-2	-1	0	+1	+2	+3	안전한
해로운	-3	-2	-1	0	+1	+2	+3	유익한
가치없는	-3	-2	-1	0	+1	+2	+3	가치있는
불완전한	-3	-2	-1	0	+1	+2	+3	완전한
몸에 나쁜	-3	-2	-1	0	+1	+2	+3	몸에 좋은

질문 1의 반응을 합산하고 별도로 질문 2의 반응을 합산하라.

질문 1은 뱀에 대한 당신의 정서기반 태도를 측정하는 반면에, 질문 2는 인지기반 태도를 측정한다. 뱀에 대한 대부분 사람의 태도는 인지적보다 감정적이다. 이것이 사실이면 당신의 질문 1의 합산 점수는 질문 2보다 0에서 멀어질 것이다. 대부분 부정적인 방향으로 향할 것이다.

대상을 뱀 대신에 진공청소기로 대치하고 처음부터 그 척도를 다시 응답해보라. 진공청소기 같은 유용한 대상에 대한 대부분의 태도는 감정적보다 인지적이다. 만약 이것이 사실이면 질문 2의 전체 점수는 질문 1의 전체 점수보다 0에서 더 멀어질 것이다.

사람들은 같은 주제에 대해서도 명시적 태도와 암묵적 태도를 모두 지닐 수 있다. 사회심리학자들은 타인종에 대해 사람들이 지닌 명시적 태도와 암묵적 태도에 대해 특별히 관심을 갖고 있다.

행동기반 태도
대상에 대한 행동의 관찰에 기초한 태도

명시적 태도
의식적으로 알고 있으며, 쉽게 보고할 수 있는 태도

암묵적 태도
비자발적이고 비통제적이고 때로는 무의식적인 태도

행동에 기반을 둔 태도 **행동기반 태도**(behaviorally based attitude)는 사람들이 태도대상에 대해 자신이 한 행동을 관찰하여 형성된다. 이것은 약간 이상하게 보일 수 있다. 즉, 우리가 어떤 태도대상에 대해 어떻게 느낄지를 모른다면, 그 대상에 대해 어떤 행동을 할지를 어떻게 알 수 있나? Daryl Bem(1972)의 자기-지각 이론(self-perception theory)에 따르면, 어떤 상황에서는 사람들이 자신의 행동을 보기 전까지는 자신의 태도를 알지 못한다. 예를 들어 당신이 친구에게 운동을 얼마나 좋아하는지 물었다고 가정해보자. 만약 그 친구가 "음, 나는 내가 운동을 좋아한다고 생각해. 왜냐하면 난 항상 달리기를 하거나 운동하러 체육관에 가려고 하니까."라고 대답한다면, 그 친구는 행동기반 태도를 갖고 있다고 말할 수 있다. 그 친구의 태도는 자신의 인지나 정서보다 자신의 행동 관찰에 더 기반을 두고 있다.

제5장에서 언급한 바와 같이, 사람들은 어떤 특정 조건들에서만 자신의 행동으로부터 자신의 태도를 추론한다. 첫째, 그들의 최초 태도가 약하거나 애매해야 한다. 당신의 친구가 운동에 대하여 이미 강한 태도를 갖고 있다면, 그 친구는 자신이 운동을 좋아하는지를 추론하기 위해 자신의 행동을 관찰할 필요가 없다. 둘째, 사람들은 자신의 행동을 설명해주는 그럴듯한 이유가 없을 때만 자신의 행동으로부터 자신의 태도를 추론한다. 만약 당신 친구가 체중을 줄이기 위해 운동한다고 생각하거나 혹은 주치의가 그렇게 하도록 지시했기 때문에 운동한다고 생각한다면, 그 친구는 자신이 좋아서 달리거나 운동한다고 생각하지 않을 것이다(자기지각 이론의 세부적인 설명은 제5장 참조).

명시적 태도 대 암묵적 태도

일단 어떤 태도가 형성되면 태도는 두 수준에서 존재할 수 있다. **명시적 태도**(explicit attitudes)는 우리가 의식하고 있으며 쉽게 말할 수 있는 것이다. 즉, 누군가가 "차별철폐 조치에 대한 당신의 의견은 무엇입니까?"와 같은 질문을 했을 때, 우리가 우리의 태도라고 생각하는 것이 명시적 태도이다. 반대로 **암묵적 태도**(implicit attitudes)는 비자발적이고, 통제할 수 없으며, 어떤 때는 무의식적인 평가이다(Gawronski & Bodenhausen, 2012; Gawronski & Payne, 2010; Greenwald & Banaji, 1995; Hahn & Gawronski, 2014; Hahn et al., 2014; Wilson, Lindsey, & Schooler, 2000).

모든 인종이 평등하며 어떤 유형의 인종편견도 혐오한다고 굳게 믿고 있는, 백인 대학생인 로버트를 생각해보자. 이는 그가 선택할 행동을 결정해주는, 다른 인종 사람들에 대한 의식적 평가라는 점에서 로버트의 명시적 태도이다. 예를 들어 로버트는 자신의 명시적 태도와 일치하게도, 최근 자기 학교에서 차별철폐 조치를 촉구하는 탄원서에 서명하였다. 그러나 로버트는 소수집단에 관한 부정적 고정관념이 강한 문화에서 자랐기 때문에, 그가 자각하지 못하는 사이에 이러한 부정적인 생각의 일부가 그에게 스며들었을 가능성이 있다(Devine, 1989; Xu, Nosek, & Greenwald, 2014). 예를 들어 그가 아프리카계 미국인들 주변에 있을 때, 아마도 일부 부정적 정서가 자동적으로 촉발될 것이다. 만약 그렇다면 그는 아프리카계 미국인에 대해 부정적인 암묵적 태도를 지니고 있는 것이고, 그 태도는 그가 그들과 얼마나 눈맞춤을 잘할 것인지 혹은 그가 얼마나 불편한 내색을 하는지와 같은, 그가 신경쓰지 못하는 행동에 영향을 줄 가능성이 있다

(Dovidio, Kawakami, & Gaertner, 2002; Greenwald et al., 2009). 사람들은 타인종에 대해서뿐만이 아니라 사실상 거의 모든 대상에 대해 명시적 태도와 암묵적 태도를 갖고 있을 수 있다. 예를 들어 학생들은 명시적으로는 수학을 싫어한다고 생각하지만, 암묵적 수준에서는 수학에 대해 긍정적인 태도를 지닐 수 있다. 그래서 그들은 수학을 싫어한다고 말하면서도, 실제로는 어떤 유형의 수학문제를 즐겁게 푼다(Galdi, Arcuri, & Gawronski, 2008; Ranganath & Nosek, 2008; Steele & Ambady, 2006). 우리는 어떻게 이것을 아는가? 사람들의 암묵적 태도를 측정하기 위한 다양한 기법이 개발되어 왔으며, 이 중 가장 유명한 것은 제13장에서 논의하게 될 **암묵 연합검사**(implicit association test, IAT)이다.

Laurie Rudman, Julie Phelan 및 Jessica Heppen(2007)은 사람들의 암묵적 태도는 아동기 경험에 뿌리를 두고 있는 반면, 명시적 태도는 최근 경험에 뿌리를 두고 있다는 증거를 발견하였다. 한 연구에서 연구자들은 비만인에 대한 대학생들의 암묵적 태도와 명시적 태도를 측정하였다. 또한 연구자들은 학생들에게 그들의 현재 체중과 성장기였던 과거 체중을 보고하도록 하였다. 참가자들의 아동기 체중으로 비만인에 대한 암묵적 태도를 예측할 수 있었지만, 현재의 체중으로는 그것을 예측할 수 없었다. 반면, 참가자들의 현재 체중으로 비만인에 대한 명시적 태도를 예측할 수 있었지만, 아동기 체중으로는 그것을 예측할 수 없었다. 이 연구의 추가적인 결과는 설령 비만에 대한 그들의 명시적 태도가 부정적일지라도, 자신의 어머니가 비만이고 어머니와 가까이 지내는 사람은 비만인에 대해 긍정적인 암묵적 태도를 지니고 있었다는 사실이다. 간단히 말해 사람들은 같은 태도대상에 대해서도 다른 암묵적 태도와 명시적 태도를 갖고 있을 수 있으며, 암묵적 태도는 어린 시절의 경험에 더 뿌리를 두고 있고, 명시적 태도는 성인 시절의 경험에 더 뿌리를 두고 있다.

요약하면 암묵적 태도에 관한 연구는 비교적 새로운 영역이고, 사회심리학자들은 암묵적 태도의 본질, 암묵적 태도를 측정하는 방법, 언제 그것이 명시적 태도와 일치하고 언제는 다른지, 암묵적 태도가 어느 정도나 행동을 예언해주는지 등을 의욕적으로 연구하고 있다(Briñol & Petty, 2012; Fazio & Olson, 2003; Greenwald et al., 2009; Payne, Burkley, & Stokes, 2008). 암묵적 태도는 고정관념과 편견에도 적용되기 때문에 우리는 제13장에서 다시 논의할 것이다. 이 장 나머지 부분에서는 태도와 행동 간의 일반적 관계와 태도변화가 이루어지는 과정을 다룰 것이다.

복습문제

1. 다음 중 태도의 유전에 관한 연구결과와 가장 일치하는 것은?
   a. 우리의 태도는 우리의 주변 환경에 의해 형성되고, 어떤 유전적인 요소를 지닌 것으로 보이지 않는다.
   b. 우리의 태도는 환경 요인의 영향은 거의 받지 않고, 유전되는 것이고 유전자 구조에 따른다.
   c. 우리는 종종 우리와 유전적으로 관계가 있는 사람들과 유사한 태도를 형성하도록 해주는 기질과 성격을 물려받는다.
   d. 이란성 쌍둥이도 일란성 쌍둥이만큼 서로 태도가 유사하다.
2. 어떤 대상에 대한 사람들의 정서반응은 태도의 _____ 기반이라 한다.
   a. 정서적
   b. 행동적
   c. 인지적
   d. 조작적
3. 태도대상에 대한 사실을 조사하고, 객관적인 장점에 비중을 두는 과정과 가장 관련되어 있는 태도 요소는 무엇인가?
   a. 정서적 요소
   b. 행동적 요소
   c. 인지적 요소
   d. 조작적 요소
4. 어른들이 아이스크림 트럭에서 들리는 음악을 들을 때, 행복하고 향수에 젖는 경험을 하는 경향은 무엇과 태도 간의 관계로 가장 잘 설명되나?
   a. 고전적 조건형성
   b. 조작적 조건형성
   c. 자기지각

d. 가치

5. 옥희는 현재 비만이지만 어렸을 때는 마른 몸매였다. 현재 그녀의 비만에 대한 명시적 태도는 _____일 가능성이 크고, 그녀의 비만에 대한 암묵적 태도는 _____일 가능성이 크다.

a. 행동기반 태도, 인지기반 태도

b. 인지기반 태도, 행동기반 태도

c. 부정적 태도, 긍정적 태도

d. 긍정적 태도, 부정적 태도

정답은 537-539쪽 참조

언제 태도가 행동을 예언하는가

7.2 태도가 행동을 예언해주는 조건은

앞서 언급한 담배 광고를 기억하는가? 회사나 집단이 광고에 많은 돈을 쓰는 있는 이유는 간단하다. 즉, 사람들이 태도(예 : 담배에 대한 여성들의 태도)를 바꾸면, 행동도 바뀔 것(예 : 여성들이 흡연을 시작함)이라는 가정 때문이다. 사실 한 고전적인 연구에서 볼 수 있듯 태도와 행동 간의 관계는 그렇게 단순하지 않다. 1930년대 초반, Richard LaPiere는 젊은 중국인 커플과 함께 국토 횡단 여행을 갔다. 그 당시 미국에서 그들이 들어가는 호텔, 야영장, 식당에서는 아시아인에 대한 편견이 퍼져 있었다. LaPiere는 자신의 친구들을 받아주지 않을지 걱정하였다. 놀랍게도 그들이 방문했던 251개의 시설 중 단 한 곳만 그들을 거절하였다(LaPiere, 1934).

이처럼 너무나 편견이 없었다는 사실에 충격을 받은 LaPiere는 다른 방식으로 사람들의 아시아인에 대한 태도를 탐색해보기로 하였다. 그 여행 이후 그는 자신들이 방문했던 모든 시설에 편지를 보내, 중국인 손님에게 서비스를 제공할 것인지 물었다. 많은 답장 중에서 단 한 곳만 그렇게 하겠다는 답장이 왔다. 90% 이상은 중국인에게 절대 서비스를 제공할 수 없다는 답장이 왔고, 나머지는 미정이라고 답장하였다. 왜 그들이 보낸 답장의 태도가 그들의 실제 행동과 반대인가?

물론 LaPiere의 연구는 통제된 실험은 아니었다. 그도 인정한 바와 같이, 그의 연구결과가 사람들의 태도와 행동 간의 불일치를 보여준 것에는 몇 가지 이유가 있다. 그는 그 편지에 답장을 보낸 사람이 자신들을 받아준 사람과 동일인물이었는지 전혀 알 길이 없었고, 심지어 동일인물이었다 하더라도 중국인 커플에게 서비스를 제공했던 시기와 그들이 편지를 받았던 시기 간의 몇 달 사이에 사람들의 태도가 변화했을 수도 있다. 그럼에도 불구하고 사람들의 태도와 그들이 실제 행동 간의 일치가 부족한 것은 매우 놀라운 일이어서, 통상 우리가 행동은 태도에 따라 일어난다는 가정을 의심하게 만들었다. 실제 최근의 연구도 사람들의 태도는 그들의 행동을 예언하는 좋은 변인이 되지 못함을 발견하였다(Fishbein & Ajzen, 2010; Wicker, 1969). 실제로 한 연구에서 민박집 주인에게 남자 게이커플의 신혼여행을 위해 그들에게 방을 제공할 의사를 물었을 때, 연구자들은 LaPiere의 연구와 비슷한 결과를 얻었다(Howerton, Meltzer, & Olson, 2012).

어떻게 이럴 수 있을까? 특정 인종, 정치 출마자, 혹은 담배에 대한 사람들의 태도는 그가 어떻게 행동할지를 전혀 알려주지 않을까? 우리는 행동과 태도가 일치할 때도 많다는 사실과 LaPiere의 발견(그 비슷한 다른 연구들도)을 어떻게 조화시킬 수 있을까? 실제로 태도가 행동을 예언하지만 특정 조건에서만 그렇다(DeBono & Snyder, 1995; Glasman & Albarracín, 2006). 한 가지 핵심 요인은 우리가 예언하려는 행동이 즉흥적인 행동인지 아니면 계획적인 행동인지를 알아야 한다(Fazio, 1990).

즉흥적 행동의 예언

우리는 종종 자신이 하는 행동에 대해 별 생각 없이 즉흥적으로 행동한다. LaPiere와 중국 친구들이 식당에 들어갔을 때, 매니저는 그들에게 서비스를 제공할 것인지 말 것인지를 생각할 시간 여유가 없었다. 그들은 즉각 결정해야 했던 것이다. 비슷하게 어떤 사람이 거리에서 우리에게 어떤 청원서에 서명을 요청했을 때, 통상 우리는 멈추지 않은 채 5분가량 생각하여 그 자리에서 청원서에 서명할지 결정한다.

사람들이 접근하기 용이한 태도만이 즉흥적 행동을 예언할 것이다(Fazio, 1990, 2007; Petty & Krosnick, 2014). **태도 접근성**(attitude accessibility)은 어떤 대상과 그것에 대한 평가 간의 연합강도를 말하는 것으로, 통상 이는 사람들이 그 태도대상과 쟁점에 관하여 어떻게 느끼는가를 보고하는 속도로 측정한다(Fazio, 2000; Young & Fazio, 2013). 접근성이 높으면, 당신이 태도대상을 보거나 그것에 대해 생각하면 즉각 당신의 태도가 생각난다. 접근성이 낮으면, 당신의 태도가 더 느리게 떠오른다. 접근성이 높은 태도가 즉흥적 행동을 예언해줄 가능성이 크다. 왜냐하면 사람들이 행동을 해야 할 때는 자신의 태도를 생각할 가능성이 크기 때문이다. 그렇다면 우선 태도 접근성을 만드는 것은 무엇인가? 한 가지 중요한 결정 요인은 사람들이 태도대상에 대해 행동하였던 경험의 수준이다. 예를 들어 노숙자 쉼터에서 자원봉사를 한 경험이 있는 사람의 노숙자에 대한 태도와 같이, 어떤 태도는 실제 경험에 기반을 두고 있다. 또는 노숙자에 대한 신문기사를 읽고 노숙자에 대해 형성된 태도와 같이, 어떤 태도는 많은 경험 없이도 형성된다. 태도대상에 대한 직접적 경험이 많을수록 그들의 태도 접근성은 더 높고, 태도 접근성이 높을수록 사람들의 즉흥적 행동은 자신의 태도와 일치할 가능성이 크다(Glasman & Albarracin, 2006).

태도 접근성
어떤 대상과 그것에 대한 평가 간의 연합강도. 이는 사람들이 그 대상에 대해 어떻게 느끼는지를 얼마나 빨리 보고하는지로 측정한다.

심사숙고한 행동의 예언

어떤 결정과 행동은 즉흥적이지 않다. 예를 들어 우리가 어느 대학을 갈지, 어떤 과목을 수강할지, 어떤 직업을 선택할지와 같은 문제에 직면하면 우리는 시간을 갖고 심사숙고한다. 이런 조건 하에서 우리의 태도 접근성은 덜 중요하다. 한 쟁점에 관해 생각할 시간과 동기가 충분하다면 접근성이 낮은 태도도 떠오르고, 그것은 내려야 하는 결정에 영향을 준다. 충분히 생각할 시간도 없이 즉각적으로 행동을 결정해야 할 때에만 접근성이 중요하다(Eagly & Chaiken, 1993; Fazio, 1990).

언제 그리고 어떻게 태도가 심사숙고한 행동을 예언하는지에 관한 가장 유명한 이론은 **계획된 행동이론**(theory of planned behavior)이다(Ajzen & Fishbein, 1980; Ajzen & Sheikh, 2013; Fishbein & Ajzen, 2010). 이 이론에 따르면 사람들이 어떻게 행동할지를 결정해야 하는 시점에, 그 행동에 대한 가장 좋은 예언변인은 세 가지로 결정되는 그의 의도이다. 즉, 구체적 태도, 주관적 규범, 그리고 지각된 행동통제이다(그림 7.2 참조). 이 세 가지를 차례

계획된 행동이론
심사숙고한 행동의 가장 좋은 예언변인은 사람들의 행동의도라는 이론. 행동의도는 구체적인 행동에 대한 태도, 주관적 규범 및 지각된 행동통제로 결정된다.

어떤 행동은 즉흥적으로 나오는 행동인 반면, 어떤 행동은 우리가 장단점을 주의 깊게 따진 이후에 나온다. 계획된 행동이론은 우리가 태도와 심사숙고한 행동 간의 관계를 이해하는 데 도움을 준다.

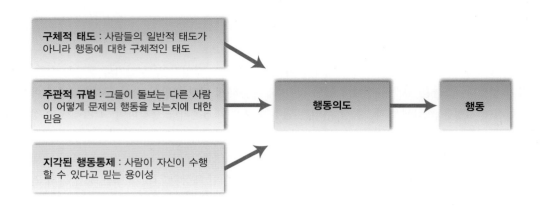

그림 7.2 계획된 행동이론

이 이론에 따르면 사람들의 계획된, 심사숙고한 행동의 가장 좋은 예언변인은 행동의도이다. 행동의도의 가장 좋은 예언변인은 구체적 태도, 주관적 규범 및 자신의 행동에 대한 지각된 행동통제이다.

출처 : Ajzen(1985)

로 살펴보자.

구체적 태도 계획된 행동이론은 쟁점이 되는 그 행동에 대한 태도가 구체적일수록 태도가 행동을 더 잘 예언한다고 주장한다. 한 연구에서 연구자들은 기혼 여성들을 대상으로 산아제한에 대한 일반적인 태도에서부터 구체적으로 향후 2년 동안 피임약을 사용할 것인지에 이르기까지 피임약 사용에 대한 태도를 물었다(표 7.1 참조). 2년 후, 연구자들은 기혼 여성들이 마지막 인터뷰 이후에 항상 피임약을 사용했었는지 질문하였다. 표 7.1에서 보는 바와 같이 2년 전의 일반적 태도는 향후의 피임약 사용을 예측하지 못했다. 이 일반적 태도는 피임약의 장기적 효과에 관한 것부터 다른 형태의 산아제한에 관한 태도에 이르기까지 여러 결정에 영향을 줄 수 있는 어떤 요인들도 설명하지 못하였다. 질문이 피임약 사용 행동에 대해 구체적일수록, 그 태도는 실제 행동을 잘 예언하였다(Davidson & Jaccard, 1979).

이 연구와 이 같은 또 다른 연구들은 왜 LaPiere(1934)가 사람들의 태도와 행동 간 불일치를 발견하였는지 설명하는 데 도움을 준다. 그가 시설 주인들에게 했던 질문('중국인들'에게 서비스를 제공할 것인지의 여부)은 매우 일반적인 질문이었다. 만약 그가 질문을 더 구체적으로 했다면(그 중국인 커플이 학력이 높고, 말끔한 옷을 입고, 부유하며, 백인 미국 대학교수와 동행한다면 서비스를 제공할 것인지의 여부), 그 주인들은 자신의 행동을 더 잘 예언해주는 대답을 했을 것이다.

주관적 규범 우리가 어떤 사람의 행동에 대한 태도를 측정하는 것과 함께 그가 신경쓰는 사람

표 7.1 구체적 태도는 행동에 대한 더 좋은 예언변인이다

각기 다른 집단에게 산아제한에 대한 태도를 물었다. 질문이 구체적일수록, 그 태도는 향후 2년간의 실제 피임약 사용 행동을 잘 예언하였다.

태도 측정	태도–행동 상관
산아제한 태도	0.08
피임약 태도	0.32
피임약 사용 태도	0.53
향후 2년간 피임약 사용 태도	0.57

주의 : 여기서 상관관계가 0에 가까우면 두 변인 간의 관계성이 없음을 의미한다. 상관이 1에 가까울수록 태도와 행동의 관계성은 강하다.
출처 : Davison & Jaccard(1979)

들이 그의 행동을 어떻게 볼 것인지에 대한 그의 생각인, 주관적 규범을 측정할 필요가 있다(그림 7.2 참조). 누군가의 의도를 예측하기 위하여, 이러한 신념을 아는 것은 그 사람의 태도를 아는 것만큼 중요할 수 있다(Hood & Shook, 2014; Park & Smith, 2007). 예컨대 우리는 디파가 바이올린 연주회에 갈 의도가 있는지를 알고 싶고, 우리는 그가 클래식음악을 좋아하지 않는다는 것을 알고 있다고 가정해보자. 우리는 그녀가 가지 않을 것이라고 말할 것이다. 그러나 우리가 디파의 가장 친한 친구인 크리스틴이 연주회에서 연주를 한다고 가정하고, 디파는 자신이 객석에 없으면 크리스틴이 실망할 것이고, 뺨을 맞을지도 모른다고 생각하고 있다고 가정해보자. 이 주관적 규범(친한 친구가 그녀의 행동을 어떤 식으로 보고 있는지에 대한 디파의 생각)을 안다면, 우리는 그녀가 연주회에 갈 것이라고 예언할 것이다.

지각된 행동통제 마지막으로 그림 7.2와 같이 사람들의 의도는 그들이 그 행동을 얼마나 쉽게 할 수 있느냐, 즉 지각된 행동통제에 의해 영향을 받는다. 예를 들어 성관계를 할 때 콘돔 사용을 상기하는 것과 같이 사람들이 그 행동을 하기 어렵다고 생각하면, 그렇게 행동할 강력한 의도가 생기지 않을 것이다. 퇴근길에 우유 사오는 것을 상기하는 것 같이, 만약 사람들이 그 행동을 하기 쉽다고 생각하면 사람들은 그렇게 할 의도를 갖게 될 것이다.

상당히 중요한 연구가 이 아이디어를 지지하고 있다. 사람들에게 그들의 의도를 결정해주는 요인들(구체적 태도, 주관적 규범, 지각된 행동통제)을 질문하면, 그들의 행동에 대한 예언력이 높아진다는 것이다. 특히 이 요인들은 어떤 직업을 선택할 것인지, 안전벨트를 착용할 것인지, 누구에게 투표할 것인지, 성관계 시에 콘돔을 사용할 것인지와 같은 계획된, 심사숙고하는 행동을 예언하는 데 도움을 준다(Albarracín et al., 2001; Hood & Shook, 2014; Rise, Sheeran, & Hukkelberg, 2010; Manning, 2009).

복습문제

1. 편견과 호텔/식당 주인들이 지닌 태도와 행동 간의 관계를 다룬 LaPiere의 고전적 연구의 주요 결과는?
   a. 사람들의 편견은 그들이 말한 태도보다 더 심하였다.
   b. 사람들의 태도가 항상 그들의 행동에 대한 믿을 만한 예언변인은 아니다.
   c. 태도 접근성이 낮을수록 그것이 행동을 조성할 가능성이 크다.
   d. 특히 인종편견과 관련된 사람들의 태도는 그들의 행동에 대한 강력한 예언변인이다.

2. 특히 언제 태도 접근성이 행동에 대한 훌륭한 예언변인인가?
   a. 그 행동이 즉흥적인 경우
   b. 그 행동이 심사숙고한 행동인 경우
   c. 일반적 태도일 때
   d. 흔한 태도가 아닐 때

3. 다음 중 어떤 것이 심사숙고한 행동의 좋은 예인가?
   a. 식품점의 계산대 선반에 있는 사탕을 살 때
   b. 당신에게 전화를 건 판매원에게 당신은 그 상품에 관심이 없다고 말할 때
   c. 당신의 친구가 당신이 원하는 영화를 보러 가자고 말하는 바람에 마지막에 수업을 빼먹기로 결정하는 것

   d. 당신이 다음 휴가 때 어디로 여행갈 것인지를 결정하는 것

4. 박철우는 대학의 정치동아리 회원이고, 다음 대통령 선거에 얼마나 많은 학생들이 투표할 것인지에 대해 관심이 있다. 계획된 행동이론에 따르면, 철우가 묻는 질문 중 어떤 것이 다음번 선거에서 그 학생이 투표할지의 여부를 가장 잘 예언해주는가?
   a. "대한민국 정치에 대한 당신의 태도는?"
   b. "투표하기에 대한 당신의 태도는?"
   c. "다음번 대통령 선거에서 투표하기에 대한 당신의 태도는?"
   d. "전직 대통령에 대한 당신의 태도는?"

5. 심사숙고한 행동을 예언할 때, 우리가 평가해야 하는 세 가지 고려할 점은 무엇인가?
   a. 인지기반 태도, 행동기반 태도, 정서기반 태도
   b. 구체적 태도, 주관적 규범, 지각된 행동통제
   c. 고전적 조건형성, 조작적 조건형성, 자기지각 이론
   d. 태도 접근성, 명시적 태도, 암묵적 태도

정답은 537-539쪽 참조

어떻게 태도가 변하는가

7.3 태도변화를 이끄는 내적 요인과 외적 요인은 무엇인가

우리는 지금까지 다양한 태도를 정의했고 태도가 행동을 예언해주는 상황에 대해 논의했다. 그러나 태도와 관해 주목해야 할 또 하나의 중요한 점은 태도가 늘 일관되지는 않는다는 점이다. 태도는 때때로 변화한다. 예를 들어 미국에서 대통령의 인기는 종종 놀랄 만한 속도로 오르락내리락한다. 2009년 1월에 오바마 대통령이 취임한 직후, 미국인의 67%가 오바마의 업무수행을 지지하는 것으로 나타났다. 미국에서 경기 회복이 식어가던 2010년 11월경에는 오바마의 지지율은 47%로 떨어졌다. 그 후 2011년 5월에 미 해군 특수부대가 급습하여 오사마 빈 라덴을 사살한 직후 그의 지지율은 60%까지 다시 수직 상승하였고, 2012년 10월, 그가 재선에 성공했을 때는 57%를 기록하다가, 2014년에 40% 선으로 떨어졌고(AP-GfK Poll, 2014), 2015년 초에 다시 조금 상승하였다.

태도는 종종 사회적 영향으로 인해 변화한다. 대통령 후보에서부터 세제 상표에 이르기까지, 모든 것에 대한 우리의 태도는 다른 사람들의 행동과 말의 영향을 받을 수 있다. 이것이 태도가 사회심리학자들에게 관심을 받는 이유이다. 즉, 태도는 개인적이고 내적인 것이지만, 가상 타인 혹은 실제 타인의 영향을 많이 받는 사회적 현상이다. 예를 들어 광고의 대전제는 소비 상품에 대한 당신의 태도가 매스컴의 영향을 받을 수 있다는 점이다. 앤드류 피셔를 기억하는가? 그가 자신의 이마에 'SnoreStop'을 문신한 이후, 전국 신문에서 피셔의 기이한 행동을 크게 보도한 덕분에, 그 제품의 인터넷 판매가 500%가량 증가하였다(Puente, 2005). 그러나 이런 외적 영향이 우리의 태도를 바꾸는 유일한 힘은 아니다. 지금부터 어떤 조건에서 태도변화가 가장 잘 일어나는지를 살펴보자.

행동변화를 통한 태도변화 : 인지부조화 이론과의 재회

우리는 이미 태도를 변화시키는 한 가지 방법을 논의한 바 있다. 즉, 사람들이 자신의 태도와 불일치하는 행동을 했고, 그 행동에 대한 외적 정당화를 찾을 수 없을 때이다. 당연히 인지부조화 이론이다. 우리가 제6장에서 논의한 바와 같이 사람들은 스스로를 고상하고, 친절하고, 정직하다고 생각하는 자기상을 위협하는 행동을 했을 때, 부조화를 경험한다. 특히 그들이 이 행동을 외부 환경 때문으로 설명할 길이 없을 때 부조화를 경험한다.

만약 당신이 친구의 흡연, 일광욕 침대 사용, 운전 중 문자하기와 같은 문제행동에 대한 태도를 바꾸고 싶었다면, 좋은 한 가지 방법은 그 친구들에게 흡연 반대와 같은, 그가 하는 행동을 반대하는 연설을 하도록 하는 것이다. 당신은 친구들이 그 연설을 한 것에 대한 외부적인 이유를 찾기 어렵게 만들고 싶었을 것이다. 예를 들어 당신은 친구들이 "난 내 친구가 특별히 부탁해서 그렇게 했다." 혹은 "나는 돈을 받고 그렇게 했다."라는 말로 자신의 행위를 정당화하기를 원치 않을 것이다. 제6장에서 보았듯이 그렇게 하는 이유는 당신 친구가 그 연설을 한 것에 대해 내적 정당화(internal justification)를 찾도록 하기 위

때때로 태도는 단기간 내에 급격히 변한다. 예를 들어 미국인들의 오바마 대통령의 직무수행에 대한 평가는 오르락내리락하였다.

함이다. 그렇게 함으로써 친구들은 자신이 말하는 것을 실제로 믿음으로써 부조화를 감소시켜야 한다. 하지만 당신의 목표가 대규모로 태도를 바꾸는 것이라면? 당신이 미국 암협회에 취직하여, 이 장의 초반에서 논의했던 여러 담배 광고에 대응하기 위한 금연 캠페인을 벌이는 일을 맡았다고 가정해보자. 부조화 기법이 강력하기는 하지만, 그 기법을 대규모로 적용하는 것은 매우 어려운 일이다(예 : 내적 정당화가 일어나기 좋은 조건하에서 모든 미국인 흡연자들에게 금연 연설을 하도록 만들기는 어려울 것이다). 가능한 한 많은 사람의 태도를 바꾸려면, 당신은 태도변화에 관한 다른 기법들에 의존할 수밖에 없다. 당신은 아마도 그 주제의 한쪽을 옹호하는 연설이나 TV 광고와 같은, 일종의 **설득 커뮤니케이션**(persuasive communication)을 만들어야 할 것이다. 당신은 사람들의 태도를 변화시킬 메시지를 어떻게 만들 것인가?

설득 커뮤니케이션
어떤 주제의 한쪽을 지지하는 메시지

설득 커뮤니케이션과 태도변화

미국 암협회가 당신에게 광고 캠페인을 개발하기 위해 10만 달러 이상의 예산을 주었다고 가정해보자. 당신은 어떤 사실과 어떤 수치들로 공익광고를 만들어야 하나? 아니면 당신은 메시지에 섬뜩하게 병든 폐 사진을 포함시키는 것처럼 좀 더 정서적인 접근을 해야 하나? 당신의 메시지를 전달할 영화배우나 노벨 의학상을 받은 연구자를 고용해야 하나? 부드러운 목소리로 담배를 끊는 게 어렵다고 인정해야 하나? 아니면 강경한 태도로 흡연자들에게 즉각 담배를 끊으라고 말해야 하나? 효과적인 설득 커뮤니케이션을 만드는 것이 매우 복잡하다는 사실을 알 수 있을 것이다.

다행히도 Carl Hovland와 동료들의 시작과 함께, 사회심리학자들은 설득 커뮤니케이션을 효과적으로 만드는 것에 관해 여러 해 동안 많은 연구를 수행하였다(Hovland, Janis, & Kelley, 1953). 제2차 세계대전 동안의 경험에 따르면, 그들이 미 육군에서 병사들의 사기를 진작시키는 일을 할 때(Stouffer et al., 1949), Hovland와 동료들은 사람들이 설득 커뮤니케이션의 영향을 가장 많이 받는 조건들을 알아내기 위해 여러 실험을 수행하였다. 본질적으로 그들의 "누가, 무엇을, 누구에게 말하는가?"를 연구하였다. 즉, 커뮤니케이션의 원천(예 : 전달자가 얼마나 전문적이고 매력적인가), 커뮤니케이션 그 자체(예 : 전달자가 쟁점의 양면을 제시하는지의 여부와 같은 주장의 질), 청중의 본질(예 : 청중이 어떤 입장에 대해 적대적인지 혹은 호의적인지)을 알아보는 것이었다. 이 연구자들은 예일대학교에 근무하고 있었기 때문에, 그들의 설득 커뮤니케이션 연구 접근법은 지금도 **예일 태도변화 접근법**(Yale Attitude Change approach)으로 알려져 있다.

이 접근법은 사람들이 어떻게 설득 커뮤니케이션에 대한 반응으로 태도를 변화시키는지에 대한 많은 유용한 정보를 제공하였다. 이 정보들의 일부가 그림 7.3에 요약되어 있다. 그러나 연구가 쌓이면서 문제가 명백해졌다. 설득 커뮤니케이션의 많은 측면이 중요한 것으로 밝혀졌지만, 어떤 것이 더 중요한지는 분명하지 않았다. 즉, 어떤 요인이 다른 요인보다 더 강조되어야 할 때가 불분명하였다.

예를 들어 미국 암협회에서 맡은 일로 되돌아가 보자. 홍보 매니저가 다음 달에 당신의 광고를 보고 싶어 한다. 당신이 많은 예일 태도변화 연구들을 읽어 보았다면, 설득 커뮤니케이션을 구성하기 위하여, 누가 무엇을 누구에게 말해야 하는지에 대한 여러 유용한 정보를 발견했을 수도 있다. 그러나 이런 말을 하고 있는 자신을 발견할지도 모른다. "여기 많은 정보가 있다. 그런데 무엇을 강조해야 하는지 모르겠다. 광고를 전달할 사람에게 초점을 맞춰야 하는가, 아니면 메시지 내용에 더 신경 써야 하는가?"

예일 태도변화 접근법
설득 메시지에 대한 반응으로 사람들의 태도를 변화시키는 조건을 연구하였다. 커뮤니케이션의 원천, 커뮤니케이션의 본질 및 청중의 본질에 초점을 두었다.

예일 태도변화 접근법

설득 커뮤니케이션의 효과성은 누가, 누구에게, 무엇을 말하느냐에 달려 있다.

누가 : 커뮤니케이션의 원천
- 신뢰로운 전달자(예 : 객관적인 전문가)가 신뢰성이 부족한 사람보다 더 설득적이다(Hovland & Weiss, 1951; Jain & Posavac, 2000).
- (신체적으로든 성격적으로든) 매력적인 전달자가 비매력적인 전달자에 비해 더 설득적이다(Eagly & Chaiken, 1975; Khan & Sutcliffe, 2014).
- 사람들은 때로 메시지의 원천보다는 메시지 그 자체를 더 오래 기억한다. 이런 문제로 신뢰도가 낮은 원천에서 나온 정보는 시간이 지나고 나서 더 설득적이 되는 경우가 있고, 이런 현상을 잠복효과(sleeper effect)라고 부른다(Kumkale & Albarracin, 2004; Pratkanis, Freenwald, Leippe, & Baumgardner, 1988).

무엇을 : 커뮤니케이션의 본질
- 사람들은 자신에게 영향을 주려고 만든 것이 아닌 듯한 메시지에 더 잘 설득된다(Perrt & Cacioppo, 1986; Walster & Festinger, 1962).
- 일반적으로 일방적 커뮤니케이션(오로지 당신의 입장을 지지하는 주장만 있는)보다는 양방적 커뮤니케이션(당신의 입장에 대한 찬반 주장이 있는)을 제시하는 것이 더 좋다. 특히 당신이 그 주제의 어느 한쪽 주장을 반박하려 할 때 그렇다(Cornelis, Cauberghe, & De Pelesmacker, 2014;

Igou & Bless, 2003; Lumsdaine & Janis, 1953).
- 연설의 순서로 볼 때 연설이 차례로 진행되고, 사람들이 결정하기 전까지 시간이 있다면, 어떤 사람이 어느 한쪽을 주장하기 이전에 하는 것이 더 좋다. 이런 조건에서 사람들은 먼저 듣는 것에 의해 더 많은 영향을 받는 초두효과(primacy effect)가 나타날 가능성이 크다. 만약 연설 사이에 시간간격이 있고, 사람들이 두 번째 연설을 듣고 곧바로 결정해야 한다면 나중에 하는 것이 좋다. 이런 조건에서 사람들은 먼저 듣는 것보다 나중에 들은 것을 더 잘 기억하는 최신효과(recency effect)가 나타날 가능성이 크다(Haugtvedt & Wefenewr, 1994; Miller & Campbell, 1959).

누구에게 : 청중의 본질
- 설득 커뮤니케이션을 듣는 동안, 산만한 청중은 그렇지 않은 청중보다 더 잘 설득된다(Albarracin & Wyer, 2001; Festinger & Maccoby, 1964).
- 지능이 낮은 사람들은 지능이 높은 사람들에 비해 더 잘 설득되고, 자존감이 중간 정도인 사람이 자존감이 높거나 낮은 사람에 비해 더 잘 설득된다(Rhodes & Wood, 1992).
- 18~25세인 사람들이 특히 태도변화에 취약하다. 이 나이가 지나면 태도가 보다 안정적이고 변화에 저항적이 된다(Krosnick & Alwin, 1989; Sears, 1981).

그림 7.3 예일 태도변화 접근법
예일대학교의 연구자들은 "누가, 누구에게, 무엇을 말하는가"에 초점을 두고, 무엇이 설득 커뮤니케이션을 효과적으로 만드는지를 연구하기 시작하였다.

정교화 가능성 모형
설득 커뮤니케이션이 두 방식으로 태도변화를 일으킨다고 설명하는 모형. 사람들이 주장에 주의를 기울이는 동기와 능력이 있는 경우는 중심경로를 통해 태도변화가 일어나고, 주장에 대해 주의를 기울이지 않는 경우는 피상적인 특징들에 의해 주변경로를 통해 태도변화가 일어난다.

설득의 중심경로
이 경우는 사람들이 설득 커뮤니케이션을 정교화할 수 있는 능력과 동기가 있는 경우로서 제시된 주장을 주의 깊게 듣고 생각한다.

설득의 중심경로와 주변경로 보다 최근의 태도 연구자들은 똑같은 질문을 하고 있다. 즉, 어떤 때 주장의 강도와 같은 커뮤니케이션의 핵심 요인들을 강조하는 것이 가장 좋으며, 어떤 때 메시지 전달자의 신뢰성이나 매력과 같은, 주장의 논리가 아닌 주변적 요인을 강조하는 것이 가장 좋은지에 대한 질문이다(Chaiken, 1987; Chaiken, Wood, & Eagly, 1996; Petty & Wegener, 2014). 예를 들어 설득의 **정교화 가능성 모형**(elaboration likelihood model)(Petty, Barden, & Wheeler, 2009; Petty & Cacioppo, 1986)은 언제 사람들이 말의 내용(주장의 논리)에 의해 영향을 받고, 언제 더 피상적인 특성(누가 그 말을 하고, 그 말의 길이가 어느 정도인지)에 의해 영향을 받는지를 잘 세분하고 있다.

그 이론은 다음과 같이 주장한다. 사람들이 커뮤니케이션에 담긴 사실에 주의를 기울이도록 동기화된 조건에서는, 이 사실을 논리적으로 주목하도록 만들면 설득이 더 잘 된다. 때로 사람들은 자신이 들은 메시지를 신중하게 생각하고, 그 커뮤니케이션의 내용을 정보처리하여 정교화한다. Petty와 Cacioppo(1986)는 이것을 **설득의 중심경로**(central route to persuasion)라고 부른다. 다른 조건에서는 사람들은 어떤 사실에 주의를 기울일 동기가 없다. 대신에 그들은 메시지가 얼마나 긴가, 누가 그 메시지를 전달했는가와 같은 메시지의 표면적 특성에만 주목한다. 이 경우 사람들은 주장의 논리에 의해 좌우되지는 않을 것이다. 왜냐하면 사람들은 전달자가 어떤 말을 하는지에는 주의를 크게 기울이지 않기 때문이다. 대신에 그들은 메시지의 표면적 특성(예 : 메시지가 길다는 사실이나 전문가나 매력적인 전달자가 그 메시지를 전달한다는 사실)이 괜찮아

보이면 설득된다. Petty와 Cacioppo는 이것을 **설득의 주변경로**(peripheral route to persuasion)라고 부른다. 왜냐하면 사람들이 메시지의 주변적인 것들에 의해 흔들리기 때문이다. 예를 들어 당신이 리얼리티 TV 스타인 클로에 카다시안의 트위터를 팔로우한다면, 당신은 특정 상표의 청바지가 "당신의 엉덩이를 멋지게 만들어 줄 거예요."와 같은 특정 제품에 관한 여러 트윗을 보게 될 것이다. 이 같은 커뮤니케이션은 증거가 부족하다. 만약 그것이 누군가에게 그 상표의 청바지를 사도록 설득한다면, 이는 주변경로를 통한 설득이다. 실제로 어떤 회사들은 유명인사가 여러 제품의 좋은 점을 트위터에 게재해주는 대가로 하나당 1만 달러 이상을 지급한다고 보고하고 있다 (Rexrode, 2011).

사람들이 중심경로와 주변경로 중 어떤 경로로 설득되는지를 결정해주는 것은 무엇인가? 그 핵심은 사람이 사실에 주의를 기울일 동기와 능력을 모두 가지고 있는지의 여부이다. 사람들이 그 주제에 진짜 관심이 있고 그 주장에 대해 주의를 기울이려는 동기가 있고, 그리고 사람들이 주의를 기울이는 능력이 있다면(예 : 그들을 방해하는 것이 없다면), 사람들은 중심경로를 선택할 가능성이 더 크다(그림 7.4 참조).

주장에 주의를 기울이려는 동기　사람들이 커뮤니케이션에 주의를 기울이려는 동기가 있는지를 결정해주는 한 가지는 '사람의 웰빙이 그에게 얼마나 중요한가?'와 같은, 그 주제에 관한 개인적인 관련성이다. 예를 들어 사회보장 혜택을 줄여야 하는지에 관한 주제를 생각해보자. 이 주제가 당신과 얼마나 개인적으로 관련되어 있는가? 만약 당신이 72세이고, 사회보장 혜택이 유일한 수입원이라면 그 주제는 매우 관련성이 높다. 그러나 만약 당신이 유복한 집안의 20세라면 그 주제는 개인적 관련성이 거의 없다.

개인적 관련성이 높은 주제일수록 사람들은 주장에 더 주의를 기울이려고 하며, 따라서 사람들은 설득의 중심경로를 취할 가능성이 크다. 예를 들어 한 연구에 따르면, 대학생들에게 대학졸업을 위해서는 4학년 때 각자의 전공 졸업시험을 도입할 필요가 있다는 주장을 듣도록 하였다(Petty, Cacioppo, & Goldman, 1981). 참가자의 절반은 자신들이 다니는 대학이 졸업시험의 도입을 진지하게 고려하고 있다고 말하였다. 이 학생들에게 그 주제는 개인적으로 관련이 있는 것이었다. 참가자의 다른 절반에게는 이 주제는 '관심없는' 주제였다. 즉, 그들에게는 대학이 졸업시험을 도입할 것이지만, 10년 동안은 시행하지는 않을 것이라고 말해주었다.

그런 다음 연구자들은 사람들이 그 말에 동의할지의 여부에 영향을 줄 수 있는 두 가지 변인을 소개하였다. 첫 번째 변인은 제시된 주장의 강도였다. 참가자의 절반은 강력하고 설득력 있는 주장을 들었고(예 : "이 시험으로 학부 수업의 질이 향상된다."), 참가자들의 나머지 절반은 약하고 설득력 없는 주장을 들었다(예 : "시험에 탈락할 수도 있다는 모험은 모든 학생이 환영하는 하나의 도전이다."). 두 번째 변인은 전달자의 명성 같은 주변적 단서였다. 참가자들의 절반에게는 그 연설의 주

설득의 주변경로
이 경우는 사람들이 설득 커뮤니케이션을 정교화하지 않고, 대신에 피상적인 단서에 의해서 흔들린다.

때때로 태도는 주변경로를 통해서 변화한다. 예를 들어 한 연예인이 어떤 제품을 트윗하였기 때문에 소비자가 그 제품을 구입하는 것과 같이, 메시지 그 자체의 강도보다는 그 메시지를 누가 전달했느냐에 의해 흔들리기도 한다.

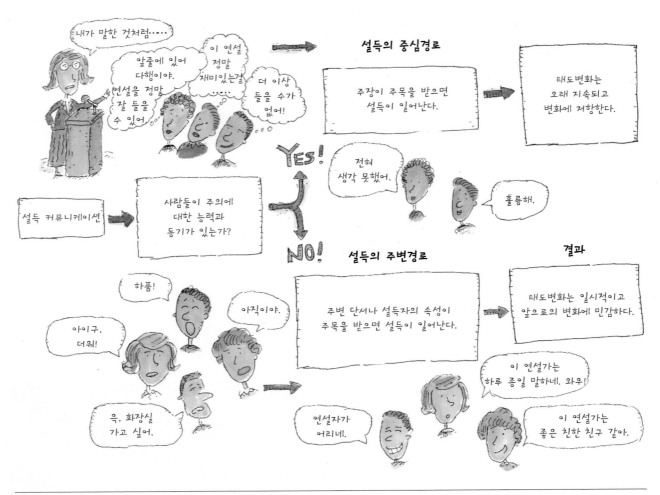

그림 7.4 정교화 가능성 모형

정교화 가능성 모형은 사람들이 어떻게 자신들이 설득 커뮤니케이션을 들을 때 그들의 태도를 변화하는지를 기술한다.

인공이 프린스턴대학교의 명예교수였다고 말해준 반면, 다른 절반에게는 그 연설의 주인공이 한 고등학생이라고 말해주었다.

학생들이 전달자의 입장에 얼마나 동의할지를 결정할 때, 여러 상이한 다른 정보들을 사용하였다. 참가자들은 그 주장을 진지하게 들었고, 그 주장이 얼마나 신빙성 있는지를 생각하였고, 혹은 누가 그 주장을 했고, 그 출처가 얼마나 권위 있는 것인지는 그냥 지나쳤을 수도 있다. 정교화 가능성 모형의 예언처럼 사람들이 설득되는 방식은 그 주제의 개인적 관련성에 달려 있었다. 그림 7.5의 왼쪽 그림은 그 주제가 듣는 사람에게 매우 관련성이 높을 때, 어떤 일이 일어나는지를 보여준다. 이 학생들은 그 주장의 질에 의해 큰 영향을 받았다(중심경로를 통한 설득이 일어났다). 이때 강한 주장을 들었던 사람들은 약한 주장을 들었던 사람들보다 그 주장에 더 동의하였다. 프린스턴 교수든 고등학생이든 그 주장을 누가 했느냐는 문제가 되지 않았다. 심지어 권위가 없는 사람의 주장이라도 훌륭한 주장은 훌륭한 주장이었다.

주제의 관련성이 낮다면 어떤 일이 발생할까? 그림 7.5의 오른쪽 그림과 같이 졸업시험 연구에서 중요한 것은 주장의 강도가 아니라 전달자가 누구였는지였다. 강한 주장을 들었던 학생들은 약한 주장을 들었던 학생들보다 그 주장에 약간 더 동의하였지만, 프린스턴대학교 교수의 주장

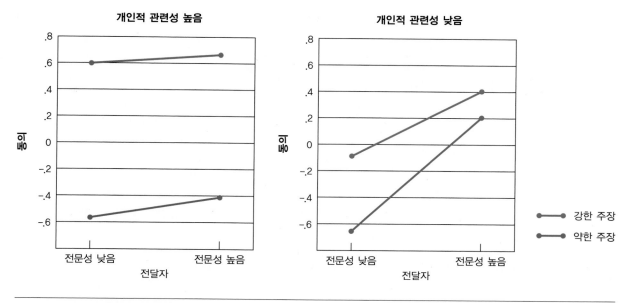

그림 7.5 개인적 관련성이 태도변화에 미치는 효과

숫자가 높을수록 사람들이 설득 커뮤니케이션에 더 많이 동의한 것이다. 왼쪽 그림 : 관련성이 높을 때 사람들은 전달자의 전문성보다는 주장의 질에 의해서 좌우되었다. 이것은 설득의 중심경로이다. 오른쪽 그림 : 관련성이 낮을 때 사람들은 주장의 질보다는 전달자의 전문성에 좌우되었다. 이것은 설득의 주변경로이다.

출처 : Petty, Cacioppo, & Goldman(1981)

을 들었던 사람들은 고등학생의 주장을 들었던 학생들보다 훨씬 더 설득되었다.

이 결과는 일반적 규칙을 보여준다. 즉, 그 주제가 개인적으로 관련된 것이라면 사람들은 연설 속의 주장에 주의를 기울이고, 그 주장이 타당한 정도만큼 설득될 것이다. 개인적으로 관련성이 없는 주제라면, 사람들은 그 주장에 별 관심이 없을 것이다. 대신 "권위 있는 사람은 믿을수 있다."는 주변적 규칙을 따르는 것과 같은 정신적 지름길을 선택할 것이다(Chen & Chaiken, 1999; Fabrigar et al., 1998).

주장에 주의를 기울이는 능력 때때로 우리는 설득 커뮤니케이션에 주의를 기울이고 싶어도 그렇게 하기 어려울 때가 있다. 우리가 피곤할 수도 있고, 덥고 사람이 붐비는 방에 앉아 있을 수도 있고, 창문 밖의 건설현장에서 오는 소음으로 산만할 수도 있고, 그 주제가 너무 복잡하여 평가하기 어려울 수도 있다. 사람들이 주장에 주의를 기울일 수 없을 때는 주변적 단서의 영향을 받는다(Petty & Brock, 1981; Petty et al., 2009). 예를 들어 복잡한 과학적 증거가 포함되어 있는 사건을 다루어야 하는 힘든 일을 맡은 배심원이라고 가정해보자. 피고의 집에서 마약이 나왔기 때문에 재판에서 피고가 유죄평결을 받을 수 있다. 하지만 대부분의 배심원들은 과학자가 아니다. 그들은 그들이 원하더라도 이 사례에서 어떤 주장을 주의 깊게 중요시해야 하는지를 판단할 수 있는 전문성을 지니고 있지 않다.

실제로 바로 이 시나리오를 조사한 연구에서, Cooper와 동료들(1996)은 모의 배심원들에게 제조물 책임 재판을 재현한 비디오를 보여주었다. 확인해 봐야 하는 결정적 증거 중 하나는 문제의 제품이 피고의 질병을 유발하였다고 배심원들을 설득하기 위해 피고가 고용한 전문 생물학자의 주장이었다. 연구자들은 그 전문가가 얼마나 자격 있는 사람인지를 다르게 하여 제시하였다. 어떤 배심원들에게는 그 전문가가 45개의 논문을 출간하였고, 저명한 대학에서 여러 개의 학위를 받은 사람이라고 말해주었다. 다른 배심원들에게는 그가 거의 논문을 쓰지 않은 사람이고, 비교적 이름 없는 대학에서 학위를 받은 사람이라고 알려주었다. 과학적 검증이 비교적 간단하고 이해하기 쉬운 경우, 참가자들은 전문가의 자격에 거의 주의를 기울이지 않았고, 그가 제시한 주장의 강도에 초점을 두었다. 그들은 설득 메시지를 이해할 수 있기 때문에 중심경로를 사용하였다. 그러나 과학적 증거가 매우 복잡하고, 분자생물학자만이 제대로 이해할 수 있는 전문용어가 가득한 경우, 모의 배심원들은 그의 증거를 얼마나 중시할 것인지를 결정하기 위해 전문가의 자격에 의존하였다. 설득 커뮤니케이션에 주의를 기울일 수 없었기 때문에 그들은 주변적 단서의 영향을 받았다(Cooper et al., 1996).

간단히 말해 당신 자신의 전문성과 개인적 성향이 설득 주장에 주의를 기울이는 능력을 만든다. 하나의 예를 더 들자면, '오전형'인 사람은 이른 아침에는 중심경로를 통한 설득이 더 잘 이루어진다. 그러나 '오후형'인 사람은 늦은 시간에 중심경로를 통한 설득이 더 잘 이루어진다(Martin & Marrington, 2005).

장기적 태도변화를 이끄는 방법 이제 당신은 설득 커뮤니케이션으로 사람들의 태도를 변화시키는 방식이 두 가지(중심경로 혹은 주변경로)라는 것을 알았다. 당신은 어떤 차이로 인해 두 가지 중 어느 경로로 태도변화가 일어나는지 궁금할 것이다. Petty와 동료들(1981)의 연구에서 졸업시험에 관한 학생들의 마음을 변화시킨 것이 주장의 논리였는지 아니면 그 주장을 한 출처의 전문성이었는지가 정말 중요한 문제가 아닐까? 간단히 말해 왜 사람들이 그런 태도를 갖도록 변화되었는지를 살펴보아야 하지 않을까?

만약 우리가 장기적 태도변화를 이끄는 것에 관심이 있다면 살펴보아야 할 것들이 많다. 주변적 단서에 근거한 태도보다는 어떤 주장의 세심한 분석에 기반을 둔 태도는 오래 지속될 가능성이 더 크고, 이 태도와 일치하는 행동을 할 가능성이 더 크고, 설득에 더 저항적이다(Mackie, 1987; Petty & Briñol, 2012; Petty & Wegener, 1999). 예를 들면 한 연구에서 사람들은 주장의 논리를 분석하여 자신의 태도를 변화시키거나 혹은 주변적 단서를 이용하여 자신의 태도를 변화시켰다. 10일 후 참가자들에게 전화를 걸어 살펴본 결과, 주장의 논리를 분석했던 사람들은 그들의 바뀐 새 태도를 유지할 가능성이 컸다. 즉, 설득의 중심경로를 통해 변화된 태도가 더 오래 지속되었다(Chaiken, 1980).

정서와 태도변화

이제 당신은 미국 암협회를 위해 당신의 광고를 만드는 방법을 잘 알게 되었다. 진짜 그런가? 그다지 그런 것 같진 않다. 사람들이 당신이 신중하게 만든 주장들을 고려하기 전에 당신은 그들의 주의를 끌어야 한다. 예를 들어 만약 당신이 TV에서 금연 광고를 할 예정이라면, 그 광고가 나갈 때 그들이 채널을 돌리거나 디지털 영상장치를 되감기하지 않고, 그 광고를 시청할 것이라고 어떻게 확신할 수 있는가? 한 가지 방법은 사람들의 정서를 건드려서 그들의 주의를 붙잡는 것이다.

공포유발 커뮤니케이션 사람들의 주의를 끄는 한 가지 방법은 그들에게 겁을 주는 것이다. 예를 들어 병든 폐 그림을 보여주고 흡연과 폐암의 관련성을 경고하는 데이터를 보여주는 것이다. 공포를 자극하여 태도변화를 시도하는 것을 **공포유발 커뮤니케이션**(fear-arousing communication)이라고 한다. 사람들이 보다 안전하게 성관계를 하고, 안전벨트를 착용하고, 일산화탄소 배출을 줄이고, 마약에 손대지 않도록 만들기 위해 사람들에게 겁을 주는 공익광고에서 종종 이 방법을 채택하고 있다. 예를 들어 2001년 1월부터 캐나다에서는 판매되는 모든 담배에 적어도 담뱃갑의 50% 정도를 병든 잇몸과 다른 신체 부위 사진으로 싣도록 하였다. 몇 년 전 미국 식품의약국은

공포유발 커뮤니케이션
사람들에게 공포를 유발함으로써 그들의 태도를 바꾸고자 시도하는 설득 메시지

미국에서 판매되는 모든 담배에 이와 유사한 이미지를 포함시키는 규정을 만들었지만 담배회사의 법적 반대에 부딪혀 이를 포기하였다(Felberbaum, 2013).

공포유발 커뮤니케이션은 효과가 있을까? 그 커뮤니케이션은 공포가 사람들이 주의를 기울이고 메시지에 담긴 주장을 정보처리하는 능력에 영향을 주는지의 여부에 달려 있다. 만약 공포의 크기가 적당하고 그 메시지가 공포를 감소시키는 방법을 알려준다고 생각하면, 그들은 그 메시지를 주의 깊게 분석하고, 중심경로를 통하여 자신의 태도를 바꾸려고 동기화될 것이다(Emery et al., 1995; Petty, 1995; Rogers, 1983).

흡연자들에게 폐암을 보여주는 영상을 보게 한 후, 금연하는 방법에 관한 구체적인 설명이 담긴 팸플릿을 읽도록 했던 연구를 살펴보자(Leventhal, Watts, & Pagano, 1967). 그림 7.6의 아래쪽에 나와 있는 것처럼, 이 수준의 사람들은 단지 영상만 보았거나 혹은 팸플릿만 보았던 사

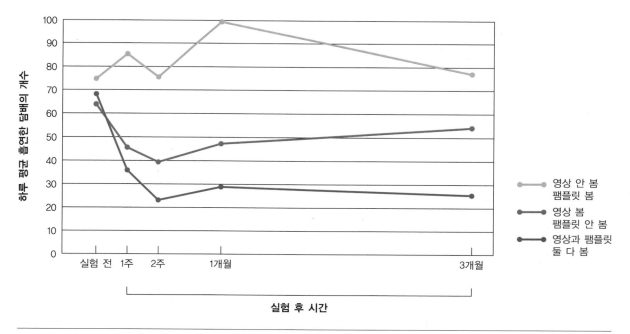

미국 식품의약국은 미국 내에서 판매되는 모든 담뱃갑에 그림과 같이, 흡연의 위험성을 경고하는 사진을 실을 것을 권고하였다. 당신은 이런 광고가 사람들에게 담배를 끊도록 겁을 줄 것이라고 생각하나?

람들보다 흡연이 더 줄었다. 왜 그럴까? 그 영상을 시청함으로써 사람들은 겁이 났고, 이 공포를 감소시키는 방법(담배를 끊는 방법에 관한 설명)이 나와 있는 팸플릿을 제공하여 사람들을 안심시켰다. 팸플릿만 보는 것은 별 효과가 없었다. 왜냐하면 사람들이 팸플릿을 주의 깊게 읽도록 동기화시키는 공포가 거의 없었기 때문이다. 영상만 보는 것도 역시 별 효과가 없었다. 왜냐하면 사람들은 공포를 유발하지만 흡연을 감소시키는 방법에 관한 정보를 제공하지 않는 메시지를 무

그림 7.6 공포유발이 태도변화에 미치는 영향
사람들은 흡연의 결과에 관한 무서운 영상을 보거나, 흡연을 멈추는 방법에 관한 팸플릿을 보거나, 양자를 모두 경험하였다. 양자를 모두 경험한 사람들이 흡연한 담배의 개수가 가장 크게 감소하였다.

출처 : Leventhal, Watts, & Pagano(1967)

시할 가능성이 크기 때문이다. 이것이 왜 때로는 사람들의 태도와 행동을 변화시키기 위해 그들을 겁먹도록 만드는 시도가 실패하는지를 설명해준다. 즉, 사람들을 겁먹게 만드는 것은 성공했을지 모르지만, 그들의 공포를 감소시키도록 도와주는 구체적인 방법을 제공하지 않았기 때문이다(Aronson, 2008; Hoog, Stroebe, & de Wit, 2005; Ruiter, Abraham, & Kok, 2001).

또한 공포를 유발하는 주장이 너무 강력해서, 사람들이 공포에 압도당한다면 실패할 것이다. 만약 사람들이 극단적으로 두려워하면 그들은 방어적이 될 것이고, 위협의 중요성을 부인하게 된다. 그러면 그 문제를 이성적으로 생각할 수 없게 될 것이다(Feinberg & Willer, 2011; Janis & Feshbach, 1953; Liberman & Chaiken, 1992). 따라서 만약 미국 암협회를 위한 당신의 광고에서 사람들에게 공포를 일으키고자 한다면, 이 점을 명심해야 한다. 즉, 사람들이 당신의 주장에 주의를 기울일 정도의 충분한 공포를 만들되, 사람들이 당신이 말하는 것을 무시하게 될 정도로 너무 큰 공포가 아니어야 한다. 그리고 금연하는 구체적인 방안을 포함시켜야, 사람들이 당신의 주장에 주의를 기울이며, 그 주장이 공포를 줄이는 데 도움이 될 것이라고 안심하게 될 것이다.

휴리스틱으로서의 정서   정서가 태도변화를 유발할 수 있는 또 다른 방법은 우리가 어떤 것에 대해 어떻게 느끼는지에 관한 신호로서 정서를 사용하는 것이다. **설득의 휴리스틱-체계 모형** (heuristic-systematic model of persuasion; Chaiken, 1987)에 따르면, 사람들은 설득의 주변경로를 선택할 때 종종 휴리스틱을 사용한다. 휴리스틱은 심리적 지름길이며, 사람들이 빠르고 효과적으로 판단하기 위해 이것을 사용한다는 제3장의 내용을 상기해보라. 현재의 맥락에서 휴리스틱은 어떤 사안에 대한 모든 세부사항을 하나하나 분석하기 위해 많은 시간을 소모하지 않고, 자신의 태도를 결정하는 단순한 규칙이다. 그러한 휴리스틱의 예는 "전문가의 주장은 항상 옳다." 와 "말을 빨리 하는 사람은 틀림없이 자신이 말하는 것을 잘 알고 있다."이다.

흥미롭게도 우리의 정서와 기분은 그 자체로 우리의 태도를 결정하게 해주는 휴리스틱 역할을 한다. 우리가 어떤 대상에 대한 태도를 결정하려 할 때, 우리는 종종 "그것에 대한 나의 느낌은?"이라는 휴리스틱에 의지한다(Forgas, 2013; Kim, Park, & Schwarz, 2010; Storbeck & Clore, 2008). 만약 우리가 기분이 좋으면 긍정적 태도를 갖게 되고, 기분이 나쁘면 그것을 반대한다. 대부분의 휴리스틱처럼 아마도 이것은 따르기에 매우 좋은 규칙이다. 만약 당신이 새 소파가 필요하여, 이를 둘러보기 위해 가구점에 간다고 가정해보자. 당신은 당신이 생각한 가격범위 내에서 소파를 살펴보고, 어떤 것을 구입할지 결정하려 하고 있다. 당신이 "그것에 대한 나의 느낌은?"이라는 휴리스틱을 사용하기 위해, 당신은 당신의 느낌과 정서를 신속하게 점검한다. 만약 당신이 그 가게의 소파에 앉아 있는 동안 기분이 좋으면, 그 소파를 구입할 가능성은 클 것이다.

유일한 문제는 종종 우리의 감정이 어디서 오는지를 알기 어렵다는 점이다. 당신을 기분 좋게 만든 것이 정말 소파 때문인가, 아니면 그것과는 전혀 상관없는 어떤 것 때문인가? 아마도 처음부터 기분이 좋았을 수도 있고, 상점으로 가는 도중에 라디오에서 당신이 좋아하는 음악을 들어서 그럴 수도 있다. "그것에 대한 나의 느낌은?"이라는 휴리스틱이 지닌 문제는 우리가 우리의 기분을 만든 원인에 대해 잘못 판단하여, 그 감정을 일으킨 원인(라디오에서 나온

설득의 휴리스틱-체계 모형
설득 커뮤니케이션이 태도변화를 야기하는 두 가지 설명. 주장의 장점을 체계적으로 처리하거나 "전문가의 주장은 항상 옳다."와 같은 심리적 지름길(휴리스틱)을 사용한다.

주빈을 기다리는 동안 제가 수제 스위스 초콜릿을 배심원들께 드려도 될까요?

Henry Martin/The New Yorker Collection/www.cartoonbank.com

음악)을 다른 원인(소파)에 의한 것으로 오귀인
할 수 있다는 점이다(오귀인에 관해서는 제5장
참조, Claypool et al., 2008). 이런 일이 생기면
당신은 나쁜 결정을 하게 된다. 당신이 새 소파
를 집으로 가져온 후, 더 이상 좋은 기분이 들지
않는다는 것을 발견할 수도 있다. 당연히 판매
상들은 물건을 파는 동안 고객의 기분을 좋게 만
들려고 노력할 것이다. 판매상들은 좋은 음악을
틀어 놓고, 벽에 그림을 걸어 놓는다. 부동산 중
개인은 오픈하우스를 하기 전에 부엌에서 과자
를 굽기도 한다. 그들의 희망사항은 소비자들이
즐거운 감정을 자신들이 파는 물건으로 귀인하
도록 하는 것이다.

많은 광고는 사람들을 설득하기 위해 정서를 이용한다. 불길한 날씨 이미지를 사용한 기후변화 광고가 과학적 데이터를 강조한 광고와는 다른 효과를 줄까?

　일반적으로 정서는 사람들이 설득 메시지를
생각하는 방식에도 영향을 줄 수 있다(Petty &
Briñol, 2015). 예를 들어 우리가 기분이 좋을 때 우리는 편안하게 우리가 사는 세상은 안전한 곳
이라고 가정하고, 그런 가정은 정보원천의 신뢰성과 전문성 같은 휴리스틱 단서에 의지하도록
만들 수 있다. 그러나 기분이 나쁘면 우리는 경계심이 발동하고 비관론이 우세해져서, 메시지
의 질에 더 많은 주의를 기울이게 된다. 우리가 행복한 상태일 때는 매력적인 전달자의 약한 메
시지에도 설득되고, 우리가 슬플 때는 통상 강한 메시지에 흔들린다(Schwarz, Bless, & Bohner,
1991).

정서와 다양한 유형의 태도　　다양한 태도변화 기법의 성공 여부는 우리가 바꾸고자 하는 태도의
유형에 달려 있다. 앞서 보았듯이 모든 태도가 똑같이 형성된 것은 아니다. 즉, 어떤 것은 태도대
상에 대한 신념에 더 근거하고 있고(인지에 기반한 태도), 어떤 태도는 정서와 가치에 더 근거하
고 있다(정서에 기반한 태도). 여러 연구들이 '불은 불로써 진압하는 것이 가장 좋다는 것'을 보
여주었다. 즉, 태도가 인지에 기반한 것이라면, 합리적 주장으로 태도를 변화시키는 방법이 가장
좋다. 만약 태도가 정서에 기반한 것이라면, 정서에 호소하여 태도를 변화시키는 방법이 더 좋을
것이다(Conner et al., 2011; Fabrigar & Petty, 1999; Haddock et al., 2008; Shavitt, 1989).

　각기 다른 유형의 광고에 관한 효과성을 다룬 연구를 살펴보자(Shavitt, 1990). 어떤 광고는 제
품의 가격, 효용성, 신뢰도를 언급하며, 그 제품의 객관적인 장점을 강조한다. 다른 광고는 그
제품의 객관적인 장점을 언급하기보다는 디자이너의 청바지 브랜드를 성, 아름다움, 젊음과 연
합시키는 것과 같이 정서와 가치를 강조한다. 어떤 광고가 가장 효과적일까? 그것을 알아보기
위하여 참가자들에게 다양한 유형의 광고를 보여주었다. 어떤 사람들은 에어컨과 커피와 같이
'실용적인 제품'에 대한 광고를 보았다. 그러한 제품에 대한 사람들의 태도는 제품의 실용적인
측면을 평가하여 형성되기 때문에 인지에 기반한 태도라고 할 수 있다. 다른 제품은 향수와 연하
장 같이 '사회 정체성에 관한 제품들'이었다. 이러한 유형의 제품들에 대한 사람들의 태도는 자신
이 남들에게 어떻게 보이는지에 대한 관심을 반영하고 있기 때문에 정서에 기반한 태도이다.

　그림 7.7에서 보듯, 사람들은 자신이 갖고 있는 태도 유형과 일치하는 광고에 가장 호의적으
로 반응했다. 만약 사람들의 태도가 인지에 기반한 것이라면, 에어컨의 에너지 효율성과 같은,

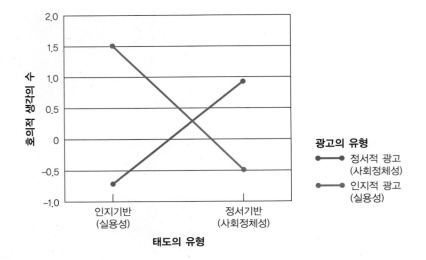

그림 7.7 정서적 정보와 인지적 정보가 정서기반 태도와 인지기반 태도에 미치는 효과

사람들이 인지기반 태도를 지닌 경우는 제품의 유용성 측면을 강조한 인지적 광고가 가장 효과적이었다. 사람들이 정서기반 태도를 지닌 경우에는 가치와 사회정체성을 강조한 정서적 광고가 가장 효과적이었다. 숫자가 높을수록 사람들이 광고를 읽은 후에 그 제품에 대한 호의적인 생각의 수가 많은 것이다.

출처 : Shavitt(1990)

그 제품의 실용적인 측면에 초점을 맞춘 광고가 가장 성공적이다. 만약 사람들의 태도가 정서에 기반한 것이라면, 가치와 사회정체성에 관한 관심에 초점을 맞춘 광고가 가장 성공적이다. 그림 7.7의 그래프는 여러 유형의 광고를 보고, 사람들이 반응한 호의적인 생각의 수를 보여준다. 얼마나 많은 사람들이 제품을 구매할 의도가 있는지를 측정했을 때도 결과는 비슷했다.

태도변화와 신체

지금쯤은 당신이 미국 암협회의 설득적 메시지를 구성할 방법에 관하여 많이 알았겠지만, 당신이 설명해야 할 것이 하나 남아 있다. 그 메시지를 들은 사람들이 무엇을 해야 하는지를 설명해주어야 한다. 거실 소파에 편안히 앉아 있으라고 할 것인가? 복잡한 학교 강당에 소집하여 앉아 있으라고 할까? 물리적 환경과 심지어 우리의 몸자세는 태도변화 과정에 중요한 역할을 한다(Briñol & Petty, 2009, 2012). 예를 들어 여러 문화권에서 이루어진 몇몇 연구에서, 참가자들에게 인상을 쓰고 입술을 오므려서 물체를 입에 물도록 했을 때, 제시된 만화를 덜 재미있는 것으로 보았다. 웃는 얼굴이 되도록, 물체를 이빨로 물도록 했을 때는 그 만화를 더 재미있다고 하였다(Dzokoto et al., 2014; Strack, Martin, & Stepper, 1998). 때로는 태도가 얼굴표정을 변화시키기보다는 얼굴표정이 우리의 태도를 변화시킨다.

참가자들에게 몇몇 새 헤드폰의 내구성을 시험하는 것이라고 알려준, Briñol과 Petty(2003)의 연구를 살펴보자. 어떤 참가자들에게는 헤드폰을 쓰고 좌우로 머리를 흔들게 한 반면, 다른 참가자들에게는 머리를 위아래로 끄덕이도록 하였다. 그렇게 하면서 참가자들은 모든 학생들이 학내에서 개인 신분증을 소지해야 한다고 주장하는 논설문을 들었다. 또한 참가자의 절반은 강한, 즉 설득력 있는 주장(개인 신분증은 캠퍼스를 더 안전하게 만들 것이라는 것)을 들었던 반면, 나머지 절반은 약한, 믿음이 안 가는 주장(학생들이 신분증을 소지하면 안전요원들이 점심시간을 더 많이 가질 수 있을 것)을 들었다.

당연히 연구의 핵심은 헤드폰을 시험하는 것이 아니라, 설득 커뮤니케이션을 듣는 동안 사람들이 머리를 좌우나 위아래로 흔드는 것이 설득에 영향을 주는지를 알아보는 것이었다. 심지어 머리 움직임이 그 논술문과 아무 상관이 없었음에도 불구하고, 이런 행동이 그들이 들었던 주장에 대해 느끼는 확신의 정도에 영향을 주었다. 사람들이 "아니요."라고 말할 때와 같이 머리를 좌우로 흔들 때에 비해, 사람들이 "네."라고 말할 때와 같이 머리를 위아래로 끄덕거리는 것이 메시지에 대한 신뢰감을 증가시켰을 것이다. 이것은 정확히 그 이유이고 재미있는 결과이다. 논설문에 담긴 주장이 강한 주장일 때, 머리를 위아래로 끄덕였던 사람들은 머리를 좌우로 흔든 사람들보다 그 주장에 더 동의하였다. 왜냐하면 머리를 위아래로 끄덕인 사람들은 그들이 들은 강한 주장에 더 믿음이 갔기 때문이다(그림 7.8의 왼쪽 그래프 참조). 그러나 그 주장이 약한 것일 때는 머리를 끄덕이는 것은 효과가 반대로 나타났다. 즉, 머리를 좌우로 흔들었던 사람들보다 머리를 끄덕인 사람들은 그들이 들었던 주장이 사실은 약하고 믿기 힘든 것이라는 생각을 더 확신하게 만들었다(그림 7.8의 오른쪽 그래프 참조).

　당신이 다른 사람을 설득한다는 것은 그들이 하는 행동을 바꾸는 것이다. 이것이 도덕적인가? 컴퓨터 가게의 푹신한 의자에 앉으면, 당신의 원래 예산을 초과하는 새 컴퓨터에 대해 더 호감을 갖게 된다. 어떤 제품에 대해 듣기도 전에 소비자를 웃게 만들면, 그 감정은 당신이 그들에게 판매하려는 제품으로 전이될 수도 있다. 당신이 전달하는 메시지에 대한 청중의 신뢰를 높이는 방법은 여러 가지가 있겠지만, 그러기 위해서는 당신의 주장이 처음부터 강한, 신뢰할 만한 것이어야 한다.

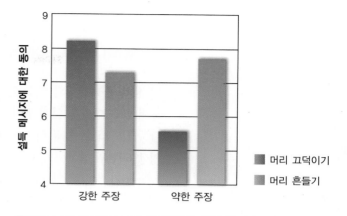

그림 7.8 자신의 생각에 대한 확신이 설득에 미치는 효과
자신의 머리를 위아래로 끄덕인 사람은 좌우로 흔든 사람에 비해서 메시지에 관한 자신의 생각에 대한 확신이 높았다(주장이 강할 때, "그래 이것이 정말 믿을 만한 것이다." 주장이 약할 때, "그래 이것은 정말 멍청한 것이다.")
출처 : Briñol & Petty(2003)

복습문제

1. 누군가의 태도를 바꾸는 한 가지 방법은 그 사람에게 자신의 실제 입장과는 상반되는 연설을 하도록 하는 것이다. ＿＿＿이(가) 있는 한, 이 전략은 인지부조화를 통해 태도변화를 이끌어낼 수 있다.
   a. 설득의 주변단서
   b. 개인적인 관련성을 느끼는 동기화된 청중
   c. 찬반 모두가 포함된 주장
   d. 그 연설을 한 것에 대한 불충분한 정당화

2. 다음 중 어떤 것이 예일 태도변화 접근에서 고려된 세 가지 요인이 아닌가?
   a. 청중의 본질
   b. 메시지 출처
   c. 공포
   d. 커뮤니케이션 그 자체의 본질

3. 새 공립학교 건물을 지원하기 위해 지방의 토지세를 인상해야 하는지를 다루는 토론이 시청에서 열린다. 다음 중 어떤 사람이 토론 중 주변경로를 통해 설득정보를 처리할 가능성이 가장 큰가?
   a. 학교에 보낼 아이도 없고, 토지도 없는 사람
   b. 공립학교를 졸업하려면 아직도 3년이나 남은 딸이 있는 사람
   c. 지역세율의 영향을 받는 사업을 하는 토지 사업자
   d. 현재의 학교건물이 등록된 학생에 비해 너무 협소하기 때문에 임시교실에서 일하는 교사

4. 다음 중 설득 커뮤니케이션의 원천이 지닌 신체적 매력을 가장 잘 표현한 것은?
   a. 체계적 단서
   b. 중심단서
   c. 주변단서
   d. 이성적 단서

5. 언제 공포유발 커뮤니케이션이 가장 효과적인가?
   a. 매우 높은 수준의 공포가 포함되어 있을 때
   b. 매우 낮은 수준의 공포가 포함되어 있을 때
   c. 공포를 줄일 수 있는 방안이 포함되어 있을 때
   d. 커뮤니케이션 표적대상이 실용적이거나 기능적인 물건일 때

6. Briñol과 Petty(2003)는 헤드폰을 쓰고 설득문을 듣도록 하는 연구를 하였다. 참가자들의 절반에게는 설득문을 듣는 동안 좌우로 머리를 흔들게 한 반면, 나머지 절반에게는 설득문을 듣는 동안 머리를 위아래로 끄덕이도록 하였다. 이 연구에서 어떤 집단의 참가자들이 설득문에 표현된 주장에 대해 가장 동의하였나?
   a. 약한 주장을 들으면서 머리를 좌우로 흔든 사람
   b. 강한 주장을 들으면서 머리를 좌우로 흔든 사람
   c. 약한 주장을 들으면서 머리를 위아래로 끄덕인 사람
   d. 강한 주장을 들으면서 머리를 위아래로 끄덕인 사람

정답은 537–539쪽 참조

광고의 힘

7.4 광고가 태도변화에 어떻게 작용하는가

이 장의 곳곳에 나와 있듯 언제, 왜, 어떻게 우리가 태도를 바꾸는지는 광고의 영향을 살펴봄으로써 많은 예들을 얻게 된다. 여러 가지 면에서 광고는 사회심리학의 직접적인 응용 중 하나이다. 즉, 광고는 특정 제품에 대한 소비자들의 생각과 행동을 바꾸려는 데 관심이 있다. 예를 들어 1960년의 광고권위자이고 인기 TV 쇼 '미친 남자(Mad Man)'를 이끌었던 돈 드레이퍼(Don Draper)가 말하는 인간본성에 관한 통찰("사람들은 자신이 바라는 것을 다른 사람이 말해주기를 원한다.")을 생각해보자.

이것은 과장인가? 물론 그렇다. 당신도 이미 앞에서, 사람들이 메시지를 들을 것인지의 여부는 메시지 원천과 커뮤니케이션 그 자체의 본질과 같은 요인들에 달려 있다고 배운 바 있다. 그 문제에 대해서 가끔 정신 상태가 온전해 보이지 않는 사람인 돈 드레이퍼에게 인간심리에 대한 조언을 들어야 하나? 그렇지 않을 것이다. 그러나 드레이퍼의 말 속에 뼈가 있다. 광고는 강력하다. 그래서 놀랍게도 사람들은 광고의 영향에 취약하다.

광고에 관한 한 가지 의아한 점은 대부분의 사람들은 광고가 자신을 제외한 모든 사람에게 영향을 준다고 생각한다는 점이다(Wilson & Brekke, 1994). 사람들은 보통 "광고를 시청하는 것은 아무런 해가 없다. 어떤 광고는 재미있고, 광고가 나에게는 영향을 주지 않는다."라고 말한다. 설령 우리를 성가시게 하는 온라인 팝업 광고일지라도, 광고는 우리가 생각하는 것보다 사람들에게 더 많은 영향을 주는 것으로 밝혀졌다(Capella, Webster, & Kinard, 2011; Courbet at al., 2014; Ryan, 1991; Wells, 1997; Wilson, Houston, & Meyers, 1998). 광고의 영향력에 대한 가장 좋은 증거 중에는 소위 분할 유선방송 시장조사(split cable market tests)를 사용한 연구가 있다. 유선방송과 식품가게에서 함께 일하는 광고주들이 무선적으로 선정된 사람들에게 특정 광고를 보여주었다. 그들은 사람들에게 소비자 ID 카드를 주어, 그들이 무엇을 구매하는지를 추적하였다. 이런 방법으로 광고주들은 ScrubaDub 세탁기용 세제 광고를 보았던 사람들이 실제로 ScrubaDub을 더 많이 구매하는지의 여부를 알 수 있었다. 이것은 광고효과의 가장 좋은 측정치이다. 300개 이상의 분할 유선방송 시장조사의 결과는 광고의 효과가 있다는 것이다. 특히 신제품일 때 광고효과가 있다는 사실을 알려주고 있다(Lodish et al., 1995).

광고가 태도(그리고 행동)를 변화시킬 수 있다는 또 다른 증거는 공공건강 캠페인의 성공에서도 볼 수 있다. 앞서 논의한 것과 같이 광고, 간접광고, 존경받는 사람의 행동은 담배와 마약 사용을 포함한 사람들의 행동에 막강한 효과를 줄 수 있다(Pechmann & Knight, 2002; Saffer, 2002). 이는 중요한 물음을 유발한다. 즉, 술, 담배, 마리화나와 같은 약물사용을 줄이려는 공익광고가 효과가 있을까? 미디어 메시지가 청소년의 약물사용에 미치는 효과를 검증한 연구

돈 드레이퍼와 같은 성공한 광고주는 어떤 제품을 매력적으로 보이게 하고 개인적으로 관련성이 있으며, 유용하고, 심지어 필수품으로 여기게 하는 데 있어, 태도변화에 관한 사회심리학 원리를 사용한다.

들을 메타분석한 결과는 고무적이었다(Derzon & Lipsey, 2002). 담배와 같은 구체적인 물질을 표적으로 한 미디어 캠페인을 한 이후, 아이들은 그것을 덜 사용하였다. TV와 라디오 메시지가 인쇄 미디어보다 효과가 훨씬 더 컸다. 이는 더 건강한 행동을 촉진시키기 위한 미디어 캠페인이 성공할 것이라는 희망을 준다.

광고가 어떻게 영향을 주나

광고는 어떻게 작동하고, 어떤 유형의 광고가 가장 효과가 큰가? 대답은 태도변화에 대한 앞서의 논의에서 찾을 수 있다. 만약 광고주들이 정서기반 태도를 변화시키고자 한다면, 우리가 본 바와 같이 정서와 정서가 싸우도록 하는 것이 가장 좋다. 많은 광고가 정서적 접근법을 취하고 있다. 각기 다른 상표의 청량음료 광고를 예로 들어보자. 다른 상표의 콜라마다 별 차이가 없고 홍보할 영양가도 없기 때문에, 많은 사람들이 각 상표의 객관적인 질에 근거하여 구매결정을 하지 않는다. 따라서 청량음료 광고는 사실과 수치를 강조하지는 않는다. 한 광고책임자가 언급한 대로, "청량음료 광고는 사실 말할 것이 아무것도 없다."("Battle for Your Brain," 1991) 사실을 제시하는 것 대신에 청량음료 광고는 사람들의 정서를 노려 흥분감, 젊음, 에너지, 성적 매력을 그 상표와 연합시키려 한다.

만약 사람들의 태도가 인지에 기반을 둔 제품이라면 우리는 '그 주제가 얼마나 개인적으로 관련된

이 광고는 역사상 가장 유명한 광고 중 하나이다. 비록 오늘날에는 이 광고가 성차별적이고 모욕적인 것이지만, 1930년대의 사람들에게 대인관계의 공포와 불안감을 이용하여, 누구에게나 입냄새를 개인적으로 관련된 문제로 만드는 데는 성공하였다. 당신은 비슷한 공포를 유발할 수 있는 현대적 광고를 생각해낼 수 있나?

것인가?'라는 추가적인 질문을 할 필요가 있다. 예를 들어 속쓰림 문제를 생각해보자. 이 문제는 대부분의 사람들에게 강한 정서나 가치를 유발하는 주제는 아니다. 즉, 인지에 기반을 둔 것이다. 하지만 빈번히 속쓰림을 경험하는 사람들에게 그 주제는 분명히 직접적인 개인적 관련성이 있다. 이 경우에 사람들의 태도를 바꾸기 위한 가장 좋은 방법은 논리적이고, 사실에 기반을 둔 주장을 사용하는 것이다. 사람들에게 당신의 제품이 가장 잘, 그리고 빠르게 속쓰림을 진정시킨다는 확신을 심어주면 사람들이 그것을 구매할 것이다(Chaiken, 1987; Petty & Cacioppo, 1986).

만약 사람들에게 개인적으로 직접적인 관련성이 없는 인지기반 태도는 어떻게 해야 할까? 만약 당신이 어쩌다 한 번 속쓰림을 경험하는 사람들에게 속쓰림 약을 팔고자 하고, 큰 거래는 생각할 수도 없을 때 어떻게 될까? 여기서는 한 가지 문제가 있다. 왜냐하면 사람들은 당신의 광고에 큰 관심이 없을 가능성이 있기 때문이다. 당신은 매력적인 영화배우로 하여금 당신의 제품을 홍보하게 하는 것과 같이, 주변경로를 통해 그들의 태도를 바꾸는 데 성공할 수도 있다. 우리가 본 바와 같이, 이 방법의 문제는 주변단서에 의해 일어난 태도변화는 오래 지속되지 않는다는 점

이다(Chaiken, 1987; Petty & Cacioppo, 1986). 그래서 만약 당신이 사람들의 정서를 촉발시키지도 않고, 그들의 일상생활과 직접적인 관련성도 없는 제품을 갖고 있다면 당신은 난처해진다.

그러나 포기하지 마라. 당신의 제품을 개인적으로 관련 있는 것으로 만드는 책략이 있다. 이것이 어떻게 가능한지를 보여준 몇 가지 실제 광고를 살펴보자. 20세기 초에 후두염 치료에 사용되는 외과용 소독약(리스테린)을 제조하던 회사를 상속받은 제럴드 램버트의 경우를 보자. 그 제품의 시장확충을 추구하던 램버트는 그것을 구강청결제로 홍보하기로 결정하였다. 유일한 문제는 그 시절에 누구도 구강청결제를 사용해 보지 않았고, 심지어 구강청결제가 무엇인지 몰랐다는 점이었다. 그래서 램버트는 그 문제의 해결책으로 병을 만들었다. 수년 동안 수없이 많은 잡지에 등장하는 리스테린 광고를 보라. 비록 오늘날에는 이 광고가 매우 성차별적임을 알 수 있지만, 그 시절에 이 광고는 사람들의 사회적 배척과 실패에 관한 공포를 성공적으로 만들어냈다. "신부 들러리를 자주 하면, 결코 신부가 될 수 없다(Often a bridesmaid, never a bride)."는 문구는 광고 역사상에서 가장 유명한 문구 중 하나가 되었다. 매우 영리하게 선택한 몇 개의 단어를 이용하여, 수백만 명의 사람들에게 입냄새를 개인적으로 관련 있는 문제로 만드는 데 성공하였다.

식역하 광고 : 일종의 세뇌인가

효과적인 광고는 소비자들에게 그들이 알기를 원하는 것을, 심지어 그들이 알기를 원하기 전에 미리 말해주는 것이다. 그러나 우리가 설득시도가 깔려 있다는 사실을 인식하지 못하고 있을 때는 어떤 일이 생기나? 이 질문이 식역하 광고라는 생각을 하게 만든다. 예를 들어 2000년 9월, 조지 W. 부시와 앨 고어의 미국 대통령 선거운동이 최고조일 때, 시애틀에 사는 한 남자가 TV로 정치 광고를 시청하고 있었다. 처음에 그 광고는 아나운서가 부시의 처방약 계획의 이점을 칭찬하고 고어의 계획을 비판하는, 평범한 정치 광고처럼 보였다. 그러나 그 남자는 광고에서 이상한 것을 보았다고 생각했다. 그는 다음번에 그 광고가 나올 때 녹화를 하였고, 느린 속도로 되돌려 보았다. 그리고 자신이 이상한 무언가를 본 게 맞다고 확신하게 되었다. 아나운서가 "고어의 처방약 계획 : 정부 관료들이 결정하기를……."이라고 말할 때, '제기랄(RATS)'이란 단어가 화면에 1/30초 동안 매우 빠르게 깜빡였다. 이 시청자는 고어 선거본부 담당자에게 이를 알렸고, 그 담당자는 이 사실을 신속하게 언론에 퍼트렸다. 곧 온 나라는 부시의 선거본부가 고어의 부정적인 인상을 만들기 위해 식역하 메시지를 사용했을 가능성을 놓고 떠들썩하였다. 부시 선거본부는 누군가가 제기랄(RATS)이라는 단어를 고의로 삽입했다는 사실을 부인했으며, 이 사건은 '순전히 우연한 사고'였다고 주장했다(Berke, 2000).

식역하 메시지
의식적으로 지각되지 않음에도 불구하고 판단, 태도 및 행동에 영향을 줄 수도 있는 단어나 그림

제기랄(RATS) 사건은 의식적으로는 지각되지 않는 단어나 그림이지만 사람들의 판단, 태도 및 행동에 영향을 미칠 수도 있는 **식역하 메시지**(subliminal message)의 사용에 대한 첫 번째 논란도 아니었고 마지막 논란도 아니었다. 1950년대 후반, James Vicary는 극장에서 영화가 상영되는 동안 "코카콜라를 마셔라(Drink Coca-Cola)."와 "팝콘을 먹어라(Eat popcorn)."는 메시지를 순간적으로 제시했더니, 구내매점 판매가 급등하였다고 주장하였다(어떤 보고에 따르면 Vicary가 이 주장을 지어낸 것이라 한다; Weir, 1984). Wilson Bryan Key(1973, 1989)는 숨겨진 설득기법에 관한 여러 권의 베스트셀러를 저술하였고, 그는 이 저서들에서 광고업자들이 통상 인쇄물 광고에 성적 메시지를 심어 넣는다고 주장한다. 예를 들면 진(gin) 광고 속 각얼음에 'sex'라는 단어를 넣고, 버터에서부터 케이크 믹스 광고에 이르기까지, 모든 것에 남성과 여성의 성기를 끼워넣는다는 것이다. Key(1973)는 이러한 이미지는 의식적으로 지각되지 않지만 사람들을 기분 좋게 만들어서 광고에 더 주목하게 만든다고 주장한다. 보다 최근에는 캐나다의 도박 카지노들이 어

떤 상표의 슬롯머신은 그 기계가 회전할 때마다 이긴다는 기호를 도박하는 사람들이 의식적으로 볼 수 없을 정도로 빠르게 제시했다는 사실이 밝혀진 이후, 그 상표의 슬롯머신을 모두 제거하는 일이 벌어졌다(Benedetti, 2007).

식역하 메시지가 시각적인 것만은 아니다. 청각적으로도 가능하다. 사람들의 체중조절, 금연, 공부 습관의 향상, 자존감 향상, 심지어 골프게임의 타수를 줄이는 데 도움을 주는 식역하 메시지를 담고 있는 오디오테이프 시장이 크다. 그러나 식역하 메시지가 효과적일까? 실제로 식역하 메시지가 소비자로 하여금 그 제품을 구매하게 하거나, 우리가 살을 빼고 금연하는 데 도움을 줄까? 대부분의 사람들은 식역하 메시지가 자신의 태도와 행동에 영향을 줄 수 있다고 생각한다 (Zanot, Pincus, & Lamp, 1983). 그들의 생각이 옳은가?

식역하 광고에 대한 폭로   식역하 광고를 지지하는 사람들 중 자신들의 주장을 뒷받침할 통제된 연구를 수행한 사람은 거의 없다. 다행히 식역하 지각에 관한 많은 연구가 수행되어, 우리가 그들의 때로는 기이한 주장을 평가할 수 있게 되었다. 간단히 말해 우리가 일상에서 만나는 식역하 메시지가 사람들의 행동에 어떤 영향을 준다는 증거가 없다. 숨겨진 명령이 우리가 평소보다 더 줄 서서 팝콘을 사도록 만들지도 않고, (불행하게도!) 자조 테이프의 식역하 명령도 우리가 금연하도록 혹은 살을 빼도록 도와주지 않는다(Brannon & Brock, 1994; Nelson, 2008; Pratkanis, 1992; Theus, 1994; Trappey, 1996). 예를 들어 한 연구에서 사람들을 두 가지 식역하 자조 테이프를 듣는 조건 중 하나에 무선적으로 할당하였다. 한 조건의 사람들은 기억을 향상시키기 위해 만든 테이프를 들었고, 다른 조건의 사람들은 자존감을 높이기 위해 만든 테이프를 들었다 (Greenwald et al., 1991). 어느 테이프도 사람들의 기억이나 자존감에 아무런 영향을 주지 않았다. 그런데도 참가자들은 그 테이프들이 영향을 미쳤다고 믿었고, 이는 왜 여전히 사람들이 온라인이나 서점에서 판매하는 식역하 자조 테이프를 구매하는 데 매년 수백만 달러를 쓰는지를 설명해준다. 만약 단순히 식역하 메시지가 담긴 음악을 듣는 것만으로 우리 모두가 향상될 수 있다면 좋겠지만, 이 연구와 또 다른 연구들은 우리의 문제를 해결하기 위해 식역하 테이프를 구매하는 것은 점쟁이를 찾아가는 것보다 나을 것이 없다는 것을 보여주고 있다.

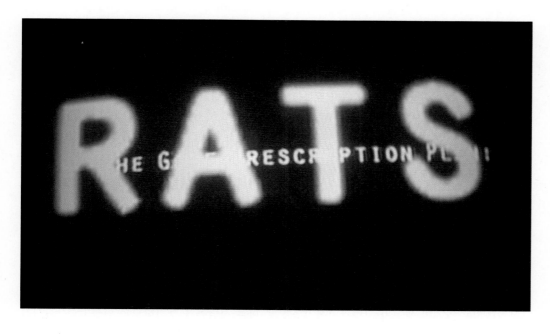

2000년 미국 대통령 선거에서, 조지 부시는 자신의 처방약 계획에 대한 TV 광고를 내보내면서, RATS(제기랄)라는 단어를 매우 짧은 시간 동안 스크린에 노출시켰다. 이 같은 식역하 메시지가 사람들의 태도에 영향을 줄 수 있나?

PEOPLE HAVE BEEN TRYING TO FIND THE BREASTS IN THESE ICE CUBES SINCE 1957.

The advertising industry is sometimes charged with sneaking seductive little pictures into ads.

Supposedly, these pictures can get you to buy a product without your even seeing them.

Consider the photograph above. According to some people, there's a pair of female breasts

hidden in the patterns of light refracted by the ice cubes.

Well, if you really searched you probably *could* see the breasts. For that matter, you could also see Millard Fillmore, a stuffed pork chop and a 1946 Dodge.

The point is that so-called "subliminal advertising" simply

doesn't exist. Overactive imaginations, however, most certainly do.

So if anyone claims to see breasts in that drink up there, they aren't in the ice cubes.

They're in the eye of the beholder.

ADVERTISING
ANOTHER WORD FOR FREEDOM OF CHOICE.
American Association of Advertising Agencies

광고에 성적 이미지를 심는 것이 제품판매를 높여준다는 과학적 증거는 없다. 사실상 식역하 광고는 거의 사용되지 않으며, 많은 나라에서는 불법이다. 대중은 식역하 기법을 매우 잘 알고 있지만, 때로는 광고주들이 자신의 광고에 식역하 메시지를 끼워넣어 대중을 기만하기도 한다.

식역하 메시지의 영향에 대한 실험실 증거 당신은 식역하 메시지가 '일상생활에서' 작동하지 않는다는 것을 알게 되었을 것이다. 정교하게 통제된 실험실 조건하에서, 사람들이 식역하 메시지의 영향을 받을 수 있다는 증거가 있다(Dijksterhuis, Aarts, & Smith, 2005; Verwijmeren et al., 2011). 예를 들어 한 연구에서 독일 대학생들은 '립톤 아이스'(아이스티 상표)라는 단어를 식역하 수준에서 보았거나 혹은 같은 글자들로 만든 무의미 단어를 식역하 수준에서 보았다(Karremans, Stroebe, & Claus, 2006). 그런 다음 모든 학생에게 립톤 아이스를 선택할지 아니면 독일 미네랄워터 상표를 선택할지를 물었다. 그때 학생들이 목이 마르지 않을 경우 식역하 자극은 그들의 선택에 영향을 주지 않았다. 그러나 학생들이 목이 마를 경우에는 립톤 아이스라는 식역하 자극을 보았던 사람들이 무의미 단어를 보았던 학생들보다 립톤 아이스를 더 많이 선택하였다. 그림이나 단어를 식역하 수준으로 제시한 몇몇 또 다른 연구들에서도 비슷한 효과를 발견하였다(Bargh & Pietromonaco, 1982; Bermeitinger et al., 2009; Snodgrass, Shevrin, & Abelson, 2014; Strahan, Spencer, & Zanna, 2002).

이것은 광고업자들이 일상적 광고에서 식역하 메시지를 어떻게 사용해야 하는지를 알게 될 것이라는 의미인가? 그럴지도 모르지만 그런 일은 아직 일어나지 않았다. 식역하 광고의 효과를 얻으려면, 연구자들은 그 방의 조명이 딱 맞는지, 사람들이 스크린으로부터 정확한 거리를 두고 앉아 있는지, 식역하 자극이 순간적으로 제시되는 동안 사람들을 방해하는 것이 하나도 없는지와 같은 점들을 확실히 해야 한다. 더 나아가 실험실에서도 식역하 메시지가 사람들의 바람, 가치, 성격과 다른 행동을 하도록 만든다는 증거는 없다(Neuberg, 1988). 따라서 부시 선거광고에서 나온 '제기랄(RATS)'이라는 단어가 고어 지지자를 부시에게 투표하도록 만들었을 가능성은 희박하다. 자동적 사고와 소비자 태도 간의 관계에 대해 더 알고 싶으면 '해보기 : 소비자의 상품에 대한 태도'를 살펴보라.

광고, 고정관념 및 문화

역설적으로 식역하 메시지를 둘러싼 소동은 사람들이 광고를 의식적으로 지각하면 광고효과가 더 강력해진다는 사실을 가리게 되었다. 그 문제에 대해서 광고를 하는 것은 단지 우리 소비자의 태도 그 이상에 영향을 준다. 광고는 단어와 이미지로서 문화적 고정관념을 전달한다. 즉, 제품과 추구하는 이미지, 감정, 바람을 미묘하게 연결한다. 다시 돈 드레이퍼로 돌아가 보자. "광고는 행복이라는 한 가지에 기초한다. 당신은 행복이 무엇인지 아는가? 행복은 새 자동차의 냄새이다. 행복은 공포로부터의 해방이다. 행복은 당신이 하는 모든 일이 다 잘될 것이라고 안심시켜주는 길가의 광고판이다."

유쾌하지는 않지만 광고가 고정관념적 방식으로 다른 사람들을 생각하도록 만들고, 강화시키

소비자의 상표에 대한 태도

다음의 자동적 사고과정이 소비자의 태도에서 어떤 역할을 하는지를 검증하기 위한 두 가지 실습이 나와 있다. 당신 혼자서 실습해볼 수 있지만, 특히 첫 번째 것은 친구에게 해보는 것이 더 쉽다.

A. 기저선 기억평가부터 시작하자. 아래에 4개의 단어쌍이 있다. 각 단어쌍을 주의를 기울여서 기억하라고, 큰 소리로 친구에게(혹은 자신에게) 읽어준다. 자, 검사해보라.

> a. 파랑-오리
> b. 바다-달
> c. 창문-망치
> d. 스키-등산

오케이, 당신 친구가 4개의 쌍을 암송하여 기억하고 있는 동안, 당신은 그에게 다음의 질문들을 읽어주고, 즉각적으로, 본능적으로 반응하도록 해야 한다.

> 1. 기억나는 첫 번째 자동차 상표는?
> 2. 기억나는 첫 번째 세탁기용 세제 상표는?
> 3. 기억나는 첫 번째 청량음료 상표는?

당신 친구가 세탁기 세제로 타이드(Tide)라고 말하지 않았나? 청량음료로는 마운틴 듀(Mountain Dew)? 실제로 기억 테스트는 없다. 우리의 관심은 전반부의 단어쌍들이 후반부에서 특정 상표를 점화시키는지의 여부이다. 아마도 '바다-달'은 당신 친구에게 의미적으로 유사한 타이드(조류)를 생각나게 했을 가능성이 크다. 아마도 '하늘-등산'은 당신 친구에게 산을 생각나게 만들어서, 마운틴 듀라고 했을 것이다. 우리에게 특정 소비제품을 생각나게 만들기 위해 정보가 식역하일 필요는 없다. 제3장에서 논의한 점화는 어떤 사고, 개념 및 태도에 대한 접근성을 더 높여줄 수 있고, 이는 우리가 하는 구매와도 관련된다.

B. 다음 8개의 회사를 생각해보라. 당신은 이 목록에서 2013년 전체 매출액(이익이 아닌) 기준으로, 상위 3위 회사는 어떤 회사들이라고 생각하나?

- Berkshire Hathaway
- Valeo Energy
- Cardinal Health
- Archer Daniels Midland
- Microsoft
- Target
- Pepsi
- Amazon.com

준비됐나? 3회사를 선택했나? 정답을 보려면, 다음을 계속해서 읽어라……

위의 리스트는 이미 매출액 순서로 정리한 것이다. 위에서부터 매출액이 큰 회사 순서이기 때문에, 정답은 Berkshire Hathaway, Valeo Energy, Cardinal Health이다. 당신의 대답은 틀렸을 것이다. 우리는 우리가 추측했던 회사들이 아니라는 것을 알게 되었다. 문제는 당신이 위 목록의 상위권 회사들은 들어보지 못했다는 사실이고, 거기에 지금 일어난 일에 대한 설명이 들어 있다. 제3장에 나온 가용성 휴리스틱을 기억해보라. Microsoft, Target, Pepsi, Amazon.com 이것들은 친숙한 상호명이다. 상호명이 쉽게 떠오를수록 우리는 그 상호가 더 유명하고, 더 성공적이고, 심지어 무조건 더 좋다고 생각한다. 물론 어떤 회사의 성공에 기여하는 경제적 요인들은 너무나 많기 때문에, 이와 관련된 질문들은 지금의 논의를 넘어서는 것들이다. 그러나 우리의 목적상, 이 예는 광고가 오랫동안 효과가 있는 이유를 보여준다. 즉, 우리는 친숙한 것에 대해 즐거운 생각을 하는 경향이 있기 때문이다.

고, 침투시킬 수 있다. 최근까지 대부분의 광고는 백인 집단이고 이성애자 커플 가족을 '전통적인' 가족으로 묘사하는 경향이 있었다. 당신은 이혼 가족, 중년과 노인들, 유색 인종, 레즈비언과 게이, 신체장애인 등이 거의 존재하지 않았다고 생각할 수도 있다. 제너럴 밀스가 2013년 치리오스 광고에 타인종 간 커플을 등장시키고, 그들의 사랑스러운 딸이 혐오스러운 인종차별적 반응에 대한 인터넷상의 비판을 촉발시킨 것 같이, 틀을 깨는 일이 항상 쉬운 것은 아니다. 다행히 그 광고가 긍정적인 반응을 많이 만들었고, 2014년 슈퍼볼 경기 기간에, 제너럴 밀스는 또 다른 치리오스 광고를 위해 그 가족을 재등장시켰다.

성 고정관념과 기대 성 고정관념은 특히 영상광고에서 흔하다. 전달하는 메시지 속의 남성은 행동가이고 여성은 관찰자이다. 몇몇 연구에서 세계 TV의 상업광고를 조사하여 남성과 여성이 어떻게 묘사되어 있는지를 알아보았다. 그림 7.9에서 보듯, 한 개관연구에 따르면 조사된 모든 나라에서 남성보다 여성은 더 의존적인 역할(권력위치에 있지 않고, 누군가에게 의존적인)로 묘사되고 있었다(Furnham & Mak, 1999). 보다 최근의 연구들은 여성에 대한 이런 고정관념적 관점이 광고에서 계속되고 있다는 사실을 보여주고 있다(Conley & Ramsey, 2011; Eisend, 2010;

2013년 다인종 가족을 등장시킨 치리오스 광고에 대한 다양한 반응에서 볼 수 있듯 광고는 현재 우리 사회에 존재하는 편견을 반영하기도 하고 만들기도 한다.

성역할
남성과 여성의 행동에 관한 사회적 신념

Shaw, Eisend, & Tan, 2014).

남성과 여성에 대한 이런 차별적인 묘사는 남성과 여성의 행동에 관한 사회적 신념인 **성역할**(gender roles)을 반영한다. 예를 들어 많은 문화권에서 여성은 아내와 어머니의 역할이고, 다른 경력을 추구할 기회가 제한된 것으로 기대된다. 미국과 다른 나라에서, 이런 기대가 나아져서 여성은 이전보다는 더 많은 기회를 갖고 있다. 그러나 기대가 어떤 역할은 변화시키지만, 같은 사람의 또 다른 역할은 변화시키지 않을 때 갈등은 여전히 존재한다. 예로 인도에서 여성은 전통적으로 아내, 어머니, 농부, 가사 일 하는 사람의 역할만 할 수 있었다. 여성의 권리가 확장되어 감에 따라, 여성들은 점차 다른 직업에서도 일하게 되었다. 그러나 가정에서 여전히 많은 남편이 심지어 자기 부인이 다른 직업을 갖고 있음에도 불구하고, 자기 부인에게 아이를 돌보고 집안일을 하는 전통적인 역할을 기대한다. 많은 여성이 직업을 갖고, 아이를 키우고, 집안 청소를 하고, 남편의 욕구에 신경쓰기와 같은 '모든 것을 하기를' 기대하기 때문에 갈등이 생긴다(Brislin, 1993; Wax, 2008). 이 같은 갈등이 인도에 국한된 것은 아니다. 많은 미국인도 이런 역할 갈등과 친숙할 것이다(Eagly & Diekman, 2003; Kite, Deaux, & Haines, 2008; Marks, Lam, & McHale, 2009; Rudman, 1998; Sandberg, 2013). 또한 연구는 이 같은 사회적 역할이 사람들의 감정, 행동 및 성격의 강력한 결정요인이 될 수 있음을 시사하고 있다(Eagly, Diekman, Johannesen-Schmidt, & Koenig, 2004; Eagly & Steffen, 2000).

광고로 다시 돌아와 보자. 당신은 광고가 한 사회의 고정관념과 기대를 반영하고 있지만, 그것이 사람들의 태도나 행동에 영향을 주는 역할을 하지는 않을 것으로 생각할지도 모르겠다. 실제로는 광고에 담긴 이미지가 무해한 것은 아니다. 예를 들어, 광고와 방송에서는 비현실적으로

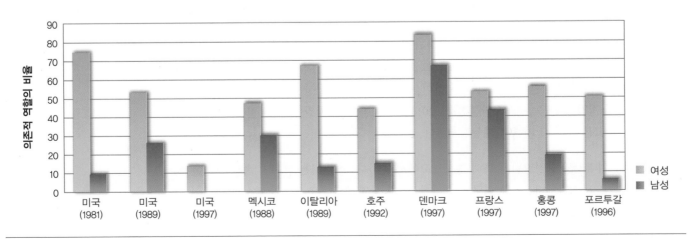

그림 7.9 TV 광고에 등장하는 남성과 여성의 묘사
여성과 남성이 TV 광고에서 어떻게 묘사되는지를 세계적으로 조사하였다. 모든 나라에서 여성이 남성보다 권력이 더 약하고 의존적인 역할로 묘사되었다.

출처 : Furnham & Mak(1999)

날씬한 여성이 대체로 더 미화되고 있다. 대부분은 아닐지라도 역사적으로 많은 사회는 풍만한 여성을 매력적으로 간주해 왔지만 서양문화, 특히 미국 문화에서는 현재 여성의 비현실적 날씬함에 가치를 두고 있다(Grossbard et al., 2009; Jackson, 1992; Weeden & Sabni, 2005). 서양의 광고, 잡지, 영화에 나오는 여성들은 늘 날씬하고, 실제 모집단 여성들보다 더 날씬하고, 때로는 너무 날씬하여 거식증 진단을 받을 정도이다(Fouts & Burggraf, 1999, 2000; Wiseman et al., 1992). 이것이 여성과 소녀들에게 주는 메시지는? 아름다워지려면 날씬해야 한다. 그 메시지는 가정을 강타하고 있다. 미국의 소녀와 여성은 그들의 모습에 점점 불만을 갖게 되었고(Bearman, Presnell, & Martinez, 2006), 종종 그 불만은 그들의 실제 신체 사이즈와 무관하였다(Grabe & Hyde,

광고는 현재 우리 사회에 존재하는 성역할을 반영하기도 하고 만들기도 한다. 광고 속에서 여성은 종종 아내 혹은 엄마로 묘사된다(물론 중요한 역할이지만). 그러나 통상 여성은 자신보다는 다른 사람의 욕구를 우선시하는 역할로 묘사된다. 반면에 남성은 다른 사람에게 권력을 행사하는 것과 같은 다양한 역할로 묘사되고 있다.

2006). 더 나쁜 것은 신체에 대한 불만은 섭식장애, 낮은 자존감, 그리고 우울증의 위험요인이 될 수 있다는 점이다(Slevec & Tiggemann, 2011; Stice et al., 2011). 그렇다면 여성이 미디어에 묘사되는 방식과 여성 자신의 신체에 대한 느낌 간에는 인과관계가 있나? 인과관계가 있는 것으로 보인다. 실험연구들에서 무선적으로 배정되어 미디어에 묘사된 날씬한 여성을 본 여성들은 자신의 신체상이 낮아지는 것으로 나타났다(Grabe, Ward, & Hyde, 2008). 또한 최근의 메타분석은 미국인들이 지닌 여성에 대한 '날씬한 것이 아름답다.'라는 기준이 1990년대에 비해 2000년대에 한층 더 강해졌음을 보여주었다(Grabe et al., 2008).

광고에서 매력적인 남성 몸매에 대한 묘사가 사람들에게 어떤 영향을 주는가? 최근까지도 이 물음에 대한 연구가 거의 없었으나, 최근에 이뤄진 연구는 수십 년 동안 여성들이 경험했던 것과 똑같이 남성들도 이상적인 몸을 만들어야 한다는 압력을 받기 시작했음을 시사하고 있다(Cafri et al., 2005; Cafri & Thompson, 2004; Grossbard et al., 2008; Morry & Staska, 2001; Wieseman & Moradi, 2010). 특히 Harrison Pope와 동료들(1999)은 남성과 여성 모델들이 벗은 모습으로 얼마나 등장하는지를 알아보기 위해, 1950년부터 나온 두 여성잡지(Glamour와 Cosmopolitan)의 광고를 분석하였다. 여성의 경우는 수십 년간 계속 약 20% 정도를 유지하고 있었지만, 남성의 경우 변화가 뚜렷하였다. 1950년대는 5% 미만의 광고에서 어느 정도 옷을 벗은 남성이 등장하였지만, 1995년에는 그 수치가 35%로 증가하였다(Pope, Phillips, & Olivardia, 2000).

이처럼 비현실적으로 이상적인 남성의 몸을 (거의) 나체로 보여주는 것이 남성들의 자기지각에 영향을 줄까? Ida Hatoum과 Deborah Belle(2004)은 남자 대학생을 대상으로 미디어 노출시간과 몸에 대한 관심 간의 관계를 알아보았다. 그들은 남성잡지(근육질의 남성 몸매가 주로 등장하는)를 많이 보는 학생일수록 자신의 몸매에 대해 부정적 느낌이 크다는 사실을 발견하였다. 더구나 이들은 남성잡지에 많이 노출된 남성일수록, 여성의 날씬함에도 더 많은 가치를 둔다는 사실을 발견하였다.

문화와 광고 성과 광고의 문제와 관련하여, 제5장에서 논의한 자기-개념의 차이가 반영되어, 문화에 따라 사람들이 제품에 대해 지닌 태도가 다른지의 여부도 하나의 물음이다. 이미 살펴보았듯이 서양문화는 독립성과 개인주의를 강조하는 경향이 있는 반면, 많은 아시아 문화는 상호 의존성과 집합주의를 강조한다. 아마도 이런 차이가 사람들이 지닌 태도에 영향을 주고, 광고가 그들의 태도에 영향을 주는 방식에도 영향을 줄 것이다(Aaker, 2000; de Mooij, 2014).

이 가능성을 알아보기 위해 같은 제품에 대한 두 가지 인쇄광고물을 제작하였다. 하나는 독립성을 강조하는 것(예 : 한 신발광고에서 "이 신발은 똑바로 신기가 쉽다."라고 말하고 있다)이었고, 다른 하나는 상호 의존성을 강조하는 것이었다(예 : "당신 가족을 위한 신발"). 그런 다음 미국인과 한국인들에게 그 광고들을 보여주었다(Han & Shavitt, 1994). 미국인들은 독립성을 강조한 광고에 설득되었고, 한국인들은 상호 의존성을 강조한 광고에 설득되었다. 또한 연구자들은 미국과 한국의 실제 잡지광고를 분석하여 이 광고들이 실제로 다르다는 사실을 발견하였다. 즉, 미국 광고들은 개성, 자기발전, 그 제품이 소비자에게 주는 이점을 강조하는 경향이 있는 반면, 한국 광고들은 가족, 타인에 대한 관심, 소비자의 사회집단에게 주는 이점을 강조하는 경향이 있었다. 일반적으로 다른 설득 커뮤니케이션과 마찬가지로 광고도 그들이 변화시키려는 태도와 표적인 청중의 기대와 사고 스타일에 꼭 맞도록 만들어야 가장 효과가 크다.

복습문제

1. 다음 중 건강증진을 위한 공익광고에 관한 연구는 보여준 사실은?
   a. 거의 실패한다.
   b. 여성에 비해 남성의 태도변화에 더 효과적이다.
   c. 표적대상이 젊은 사람일 때는 인쇄 광고보다는 TV 광고가 더 효과적이다.
   d. 광고가 식역하일 때 가장 효과적이다.

2. 정서기반 태도를 변화시키는 가장 좋은 광고는 ＿＿＿＿＿ 호소를 사용하는 것이다.
   a. 인지적
   b. 행동적
   c. 감정적
   d. 사실에 근거한

3. 식역하 광고의 영향에 관한 연구에 따르면, 그것은 설득에 어떤 영향을 주나?
   a. 사람들이 생각하는 것보다 효과적이지 않다.
   b. 사람들이 생각하는 것보다 더 효과적이다.
   c. 집합주의 문화보다는 개인주의 문화권에서 더 효과적이다.

   d. 개인주의 문화보다는 집합주의 문화권에서 더 효과적이다.

4. 날씬한 여성을 묘사하고 있는 미디어를 보도록 무선적으로 배정된 여성들은 ＿＿＿＿.
   a. 반드시 섭식장애가 생긴다.
   b. 자신의 신체상이 하락한다.
   c. 남성의 신체적 외모를, 특히 그가 얼마나 근육질인가를 중시하게 된다.
   d. 자존감이 높아진다.

5. 광고의 문화비교에 관한 내용 중 사실인 것은?
   a. 한국 광고가 미국 광고보다 신발과 같은 실용적 제품에 더 초점을 두고 있다.
   b. 한국 광고가 미국 광고보다 남성과 여성을 완전 나체 혹은 부분 나체로 더 많이 등장시키고 있다.
   c. 한국 광고가 미국 광고보다 가족과 타인에 대한 관심에 더 초점을 두고 있다.
   d. 한국 잡지가 미국 잡지보다 광고가 더 적다.

정답은 537~539쪽 참조

설득적 메시지에 저항하기

7.5 설득에 저항하는 방법은 무엇인가

지금쯤 당신은 더 긴장되어 있을지도 모른다(그 이유가 이 장이 아직 끝나지 않았기 때문만은 아닐 것이다). 당신이 태도를 변화시키는 이 모든 영리한 방법을 알고 있다고 해서, 당신이 설득 커뮤니케이션으로부터 안전할까? 만약 당신이 스스로 대응전략을 사용하고 있거나 사용할 수 있다면 그럴 수 있다. 쏟아지는 모든 설득 메시지로부터 당신을 흔들리지 않게 해주는 확실한 방법이 있다.

태도면역

당신이 할 수 있는 한 가지는 누군가 당신의 태도를 공격하기 전에 당신의 태도에 반하는 주장을 생각해보는 것이다. 사람들이 **태도면역**(attitude inoculation)(Ivanov, Pfau, & Parker, 2009; McGuire, 1964)이라고 알려진 기법을 사용하여, 사전에 찬반주장에 대해 생각을 많이 할수록, 논리적 주장을 사용하여 자신의 마음을 변화시키려는 시도를 더 잘 막을 수 있다. 그 과정은 사람들을 바이러스성 질환에 걸리지 않도록 예방하기 위해 소량의 바이러스에 노출시키는 의학적 면역과 같은 기능을 한다. 태도면역이 태도변화를 막는 데 있어 어떻게 작동하는지 알아보자. 자신의 입장에 반하는 주장의 '소량(small doses)'을 검토함으로써, 사람들은 이후에 오는 자신의 태도를 변화시키고자 하는 전면적인 공격에 저항하게 된다. 다시 말해 사전에 반론을 생각해봄으로써, 사람들은 이후에 오는 설득 커뮤니케이션의 효과에 비교적 면역이 된다. 반대로 사람들이 그 당시에 그 쟁점에 대해 많은 생각을 하지 않았다면(예 : 그들이 주변경로를 통해 자신의 태도를 형성한 경우), 그들은 논리적인 호소를 사용하여 태도를 공격하는 것에 특히 취약하다.

예를 들어 한 연구에서 William McGuire(1964)는 사람들에게 문화적으로 자명한 사실(cultural truism; 식사 후에는 이를 닦아야 한다와 같이 한 사회 구성원의 대부분이 무비판적으로 수용하는 신념)에 반하는 짧은 주장을 줌으로써 그들을 '면역시켰다'. 이틀 후, 사람들은 다시 돌아와서 그 자명한 사실을 더 강력하게 공격하는 글을 읽었다. 그 글에는 당신의 치아를 너무 자주 닦는 것이 왜 안 좋은 생각인지에 관한 일련의 논리적 주장이 담겨 있었다. 이러한 주장에 대해 이전에 면역된 사람들은 면역되지 않은 통제집단의 사람들보다 태도변화가 훨씬 적었다. 왜 그럴까? 약한 주장을 사용하여 면역된 사람들은 왜 그런 주장들이 잘못된 것인지를 생각할 시간이 있었고, 이것이 이틀 후의 강한 공격을 더 반박할 수 있도록 만들었던 것이다. 사람들이 얼마나 자주 치아를 닦아야 하는지에 대해 생각해보지 않았던 통제집단은 자주 양치하는 것을 반대하는 강한 커뮤니케이션에 특히 취약하였다.

간접광고 경계하기

TV 쇼 도중에 광고가 나타나면 사람들은 종종 리모컨의 무음 버튼을 누르거나, 그 광고를 넘기기 위해 DVR의 빨리감기 버튼을 누른다. 우리는 우리가 온라인상에 있을 때, 팝업 광고와 우리를 설득하려는 다른 노력들을 무시하는 방법을 알고 있다. 광고를 회피하려는 이런 노력들에 대응하기 위해 광고회사들은 쇼나 영화가 진행되는 동안 자회사 제품을 보여주는 방법을 강구한다. 많은 회사가 자회사 제품을 대본에 포함시키려고 프로듀서들에게 돈을 지불하고 있다(Kang, 2008). 만약 당신이 '아메리칸 아이돌(American Idol)'을 시청해 왔다면, 심사위원 앞에 늘 놓여 있는 코카콜라 컵을 보았을 것이다. 수년 동안 심사위원 그룹은 계속 바뀌었지만! 물론 이들 모두가 원래부터 개인적으로 코카콜라를 좋아했을 수도 있다. 그러나 코카콜라 회사가 자사제품이 두드러지게 보이도록 돈을 지불했을 가능성이 더 크다. 코카콜라만이 아니다. 유사한 간접광고를 위해 매년 30억 달러 이상이 쓰이는 것으로 추정된다. 보도에 따르면 하이네켄은 제임스 본드가 2012년 영화 '007 스카이폴'에서 그가 좋아하는 마티니와 독일 맥주 대신에 하이네켄 맥주를 마시도록 하기 위해, 단 한 편의 영화에 4,500만 달러를 사용했다(Olmstead, 2012; Van

태도면역
사람들에게 사전에 자신의 입장에 반하는 주장을 조금 노출시켜 자신의 태도를 변화시키려는 시도에 면역되도록 만드는 것

영화나 TV 쇼 장면에 담긴 상품에 대한 간접광고는 점점 더 많아지고 있다.

Reijmersdal, Neijens, & Smit, 2009).

간접광고가 영향을 미칠 수 있는 한 가지 이유는 사람들이 누군가 자신의 태도와 행동에 영향을 주려고 한다는 사실을 늘 인식하지는 않기 때문이다. 우리의 방어력은 약해져 있다. 우리는 제임스 본드 같은 배우가 어떤 상표의 맥주를 마시고 있는 것을 볼 때, 누군가가 우리 태도를 변화시키려 한다는 사실보다는 영화 그 자체에 주목한다. 그 결과 우리는 반론을 만들지 않는다(Burkley, 2008; Levitan & Visser, 2008; Wheeler, Briñol, & Hermann, 2007). 특히 아이들이 취약하다. 예를 들어 한 연구에 따르면 초중등 학생들은 어른들이 담배를 피우는 영화를 많이 볼수록 흡연에 대한 태도는 더 긍정적이었다(Heatherton & Sargent, 2009; Wakefield, Flay, & Nichter, 2003).

이 결과는 누군가 그들의 태도를 변화시키려 한다고 사전경고를 하는 것이 간접광고에 대항하는 효과적인 도구인지, 아니면 일반적으로 설득이 더 잘 되도록 하는 것인지의 여부에 관한 궁금증을 유발시킨다. 전자라는 사실이 밝혀졌다. 여러 연구에서 밝혀진 바에 따르면, 사람들에게 그들의 태도를 바꾸고자 하는 시도가 곧 있을 것이라고 경고하면, 그들이 그 시도에 덜 취약하도록 만들었다. 사람들에게 사전경고를 하면, 그들은 무엇을 보고 들을 것인지 주의 깊게 분석하고, 그 결과 태도변화를 피하기 쉬워진다. 그러한 경고가 없으면 사람들은 설득하려는 시도에 거의 주의를 기울이지 않기 때문에 메시지를 액면 그대로 수용하는 경향이 있다(Sagarin & Wood, 2007; Wood & Quinn, 2003). 따라서 아이들이 TV를 시청하거나 혹은 영화를 보기 위해 나가기 전에 그들의 태도를 변화시키기 위해 여러 시도가 있을 것이라는 사실을 상기시켜 주는 것이 좋다.

또래압력에 저항하기

우리는 우리의 태도를 변화시키려는 많은 노력이 정서에 호소하고 있음을 보았다. 우리가 논리적 호소의 효과를 막아내는 것만큼, 이런 종류의 태도변화 기법을 막아낼 수 있을까? 태도와 행동의 많은 중대한 변화가 논리에 의한 반응으로 생기는 것이 아니라, 보다 정서적인 호소 때문에 일어나기 때문에 이것은 중요한 물음이다. 많은 청소년들이 어떻게 흡연하고, 술을 마시며, 마약을 시작하는지를 생각해보자. 또래집단의 압력에 취약한 나이인 청소년들은 또래압력으로 인해 그 행동을 시작한다. 실제로 한 연구는 청소년들이 마리화나를 피우는지를 가장 잘 예언해주는 변인은 그의 친구 중 마리화나를 피우는 친구가 있는지의 여부였다고 밝혔다(Allen, Donohue, & Griffin, 2003; Yamaguchi & Kandel, 1984).

이런 현상이 어떻게 일어나는지 생각해보자. 또래들이 많은 논리적 주장을 제시하지는 않았을 것이다(예 : "야, 제이크, 최근 연구에서 적당한 음주는 건강에 좋다고 밝혀진 사실을 알고 있니?"). 그 대신 또래집단의 압력이 사람들의 가치와 정서에 더 긴밀하게 연결되어, 아이들의 배척에 대한 두려움과 자유와 자율성을 이용한다. 청소년들에게 또래는 사회적 평가의 중요한 원천(아마 가장 중요한)이기 때문에, 그것이 긍정적이든 혹은 마약사용이나 무방비적 성관계를 갖는 것과 같은 문제든 간에, 어떤 태도를 갖고 있거나 어떤 방식으로 행동하는 것은 강력한 보상이 될 수 있다. 젊은 사람들이 위험한 행위에 덜 참여할 수 있도록, 또래압력을 이용한 태도변화 시도에 더 저항하게 만드는 기법이 필요하다.

한 가지 가능성은 McGuire의 면역접근법(inoculation approach)을 또래압력과 같은 정서에 기반한 설득기법으로 확장하는 것이다. 사람들에게 논리적 주장을 소량으로 투약하여 그들이 나중에 듣게 될 주장을 면역시키는 것과 같이, 우리는 정서적 호소의 일부로서 그들이 나중에 만나게 될 정서적 호소를 면역시킬 수 있다. 담배를 피우는 학급 친구들과 많은 시간을 보내는 13세의 제이크를 보자. 반 친구들은 흡연하지 않는 제이크를 겁쟁이라고 부르면서 놀리기 시작했다. 심지어 친구 중 한 명은 담배에 불을 붙여 제이크의 입에 대고 한 모금 빨아보라고 하였다. 그런 압력에 직면하는 많은 13세 청소년들이 굴복하여 그 담배를 피우게 된다. 그러나 우리는 미리 제이크를 낮은 수준의 압력에 노출시키고, 이러한 압력에 대항하여 싸우는 방법을 보여줌으로써, 제이크가 사회적 압력에 면역되도록 만들 수 있다. 우리는 담배를 피우지 않는 것 때문에 친구들이 제이크를 닭이라고 부르는 상황을 역할극으로 만들고, 제이크에게 "단지 너에게 잘 보이려고 내가 담배를 피운다면, 그런 내가 오히려 더 닭이 되는 거야."라고 말함으로써 대응하도록 가르칠 수도 있을 것이다. 이것이 그가 반 친구들이 가하는 더 강한 압력을 견디도록 도와줄 수 있지 않을까?

청소년의 금연을 위한 많은 개입은 어느 정도 성공을 거두었다. 이를 위해 대만의 흡연반대운동 홍보대사였던 성룡과 같은 많은 연예인들이 자신의 이름과 사진을 빌려 주었다.

청소년들의 흡연을 예방하기 위해 설계된 다양한 프로그램들은 이 방법이 도움이 된다는 사실을 시사하고 있다. 한 프로그램에서 심리학자들은 중학생들에게, 우리가 방금 설명한 것과 거의 같은 역할극 기법을 사용하였다(McAlister et al., 1980). 연구자들은 프로그램에 참여하지 않았던 통제집단과 비교하여 이 학생들이 그 연구 이후 3년 동안 흡연을 훨씬 덜 한다는 사실을 발견하였다. 이 결과는 고무적이며 흡연과 약물남용을 감소시키기 위해 만든 유사 프로그램에서 반복적으로 확인되었다(Botvin & Griffin, 2004; Chou et al., 1998).

설득의 역효과 : 반발이론

당신의 자녀가 절대 흡연하지 않기를 바란다고 가정해보자. 당신은 자녀가 담뱃갑을 쳐다보지도 못하도록 '지나치게 강한 메시지를 주는 편이 더 낫겠다.'라고 생각할 수도 있다. 당신은 '이것이 뭐가 나빠?'라고 생각한다. '적어도 이 방식으로 우리 아이는 담배가 얼마나 심각한 것인지는 알게 될 것이다.'

실제로 강하게 금지하는 것이 해롭다. 강하게 금지하면 할수록 역효과가 생겨, 실제로는 금지된 행위에 대한 관심을 증가시킨다. **반발이론**(reactance theory)(Brehm, 1966)에 따르면, 사람들은 그들이 원하는 것을 행하거나 생각하는 자유가 위협받는다는 느낌을 좋아하지 않는다. 자유를 위협받는다고 느끼면 반발이라는 불쾌한 상태가 유발되고, 사람들은 위협받은 행동(예 : 흡연, 당신의 부모가 만나지 말라고 하는 사람과의 데이트)을 함으로써 이러한 반발을 감소시킬 수 있다. 당신은 식당에서 종업원이 당신에게 "주의하세요. 그릇이 뜨겁습니다."라고 경고했지만, 그것을 일부러 만져본 적은 없는가? 혹은 단지 당신의 부모, 교사, 혹은 또 다른 권위자가 당신

반발이론

사람들이 어떤 행동을 할 자유가 위협받았다고 느끼면 저항하려는 불편한 상태가 되고, 사람들은 금지된 행동을 함으로써 불편한 상태를 감소시킨다는 이론

이 할 수 없을 것이라고 말했기 때문에 당신이 어떤 일을 한 적은 없나? 그런 것들이 반발이다.

한 연구에서 연구자들은 대학 캠퍼스의 화장실 벽에 낙서를 하지 않도록 하기 위해 두 개의 안내문 중 하나를 붙여두었다(Pennebaker & Sanders, 1976). 하나의 안내문에는 "절대 벽에 낙서하지 말 것"이라고 적혀 있었고, 다른 안내문은 "벽에 낙서하지 말아 주세요."라고 좀 더 부드럽게 금지하는 문구였다. 연구자들이 2주 후에 돌아와 그들이 안내문을 붙여둔 이후 얼마나 많은 낙서가 적혀 있는지 관찰하였다. 예상대로 "벽에 낙서하지 말아 주세요."라는 안내문이 있는 화장실보다 "절대 벽에 낙서하지 말 것"이라는 안내문이 있는 화장실에 낙서가 더 많았다. 유사하게도 흡연, 마약, 코 피어싱을 못하도록 하는 강력한 경고를 받은 사람들은 자신의 개인적 자유와 선택에 대한 느낌를 회복하기 위해, 이러한 행동을 할 가능성이 더 커진다(Erceg, Hurn, & Steed, 2011; Miller et al., 2007). 최근 연구에 따르면 서비스 사원들이 소비자에게 구매 후 만족도 평가에서 특별히 좋은 평가를 부탁할 때, 소비자들은 오히려 더 낮은 평가를 하였다(Jones, Taylor, & Reynolds, 2014). 반발이 생긴 것이다!

이 장에서 많은 태도변화 전략이 제시되었지만, 설득 노력이 항상 효과를 거두는 것은 아니다. 우리는 우리의 생각과 행동을 바꾸려는 사람들에게 속수무책인 희망 없는 존재는 아니다. 그래서 나중에 당신이 TV를 보다가(혹은 영화에서 간접광고로), 특정 상표의 진통제를 볼 때, 당신은 능동적으로 그 광고의 영향에 저항하기 위한 다음 단계를 생각할 수 있을 것이다. 당신이 광고회사에 속수무책인 사람이 되길 원하지는 않겠지만, 방어 노력을 발휘하여 진통제 광고에 대항하는 것은 가치 없는 일이라고 생각할 것이다. 그러나 당신을 특정 정치 후보자에게 투표하도록 혹은 담배에 대해 긍정적 태도를 갖도록 만들려는 시도에 대해서는 어떻게 해야 할까? 광범위한 연구들이 우리의 태도변화에 영향을 주는 많은 요인을 제시하고 있지만, 우리는 메디슨가, 돈 드레이퍼, 혹은 우리의 생각에 영향을 주려는 누군가의 주악에 맞추어 무조건 움직이는 로봇이 아니란 사실을 기억하라. 때로 우리가 얼마나 설득 커뮤니케이션의 영향을 받길 원하는지를 스스로에게 물어본 다음, 그 영향을 피하기 위한 구체적인 단계를 취하는 것도 가치 있는 일이다.

복습문제

1. 태도면역이란 우리가 처음에 어떤 주장에 노출되었을 때, 나중에 오는 태도변화 시도에 더 잘 저항할 수 있다는 것이다. 어떤 주장인가?
   a. 우리의 기존 태도를 지지하는 주장
   b. 우리가 나중에 듣게 될 주장보다는 좀 약한 주장
   c. 이후의 대안적 입장을 고려하지 못하게 하는 주장
   d. 주변단서에 더 많은 주의를 기울이도록 하는 주장
2. 태도를 변화시킬 때, 간접광고가 효과적인 이유에 대한 가장 좋은 설명은?
   a. 중심경로를 통한 설득이기 때문
   b. 청중이 종종 태도변화 노력을 자각하지 못하기 때문
   c. 대개 반발반응을 이끌기 때문
   d. 설득을 위한 인지기반 노력은 장기간 지속되는 효과가 있기 때문
3. 어떤 유형의 태도에서 또래압력 효과가 가장 잘 나타나는가?
   a. 인지기반 태도
   b. 정서기반 태도
   c. 면역된 태도
   d. 부정적 태도

4. 어떤 태도나 행동에 대한 경고가 강할수록 사람들은 그것을 더 하려고 한다는 역설적인 연구결과를 무엇이라 부르나?
   a. 태도면역
   b. 또래압력
   c. 암묵적 태도
   d. 반발이론
5. 경수와 영미 부부는 자기 딸들이 장난감을 온 방안에 늘어놓지 못하게 하고 싶었다. 그래서 장난감 박스에 문구를 적어 두었다. 반발이론에 따르면, 다음 중 어떤 문구가 가장 효과가 클까?
   a. "너희가 다 갖고 논 장난감을 깨끗이 정돈해야 함을 기억하라."
   b. "너희가 다 갖고 논 모든 장난감은 반드시 갖다 놓을 것!"
   c. "장난감을 흩어놓고 가지 말 것!"
   d. "깨끗하게 치우는 것은 너희들의 일이다."

정답은 537-539쪽 참조

요약

7.1 태도의 종류는 어떤 것들이 있으며, 태도의 기원은 무엇인가

- **태도의 본질과 기원** 태도는 한 사람의 어떤 사람, 대상, 아이디어에 대한 영속적인 평가이다.
  - **태도는 어디에서 생기는가** 비록 어떤 태도는 유전적 요소를 지니고 있을 수도 있지만, 대부분은 주로 우리의 경험에 기반하고 있다. **인지기반 태도**는 주로 태도대상의 속성에 대한 사람의 생각에 기반하고 있다. **감정기반 태도**는 **고전적 조건형성**이나 **조작적 조건형성**으로 만들어 진 사람의 정서와 가치에 주로 기반하고 있다. **행동기반 태도**는 태도대상에 대한 사람들의 행동에 기반하고 있다.
  - **명시적 태도 대 암묵적 태도** 일단 태도가 형성되면, 두 수준으로 존재할 수 있다. **명시적 태도**는 의식할 수 있고, 쉽게 보고할 수 있는 태도이다. **암묵적 태도**는 의식 밖에서 작동한다.

7.2 태도가 행동을 예언해주는 조건은

- **언제 태도가 행동을 예언하는가** 사람들의 태도로서 그가 실제로 어떻게 행동할지 알 수 있는 조건은?
  - **즉흥적 행동에 대한 예언** 비교적 접근하기 쉬운 태도가 즉흥적 행동을 예언한다. **태도 접근성**이란 태도대상과 그것에 대한 평가 간의 연합강도를 말한다.
  - **심사숙고한 행동에 대한 예언** **계획된 행동이론**에 따르면, 심사숙고한 행동(즉흥적이지 않은 행동)은 구체적 태도, 주관적 규범(다른 사람들이 그 행동을 어떻게 보는지에 대한 생각) 및 사람들이 지각된 행동통제를 얼마나 잘할 수 있다고 믿는지의 함수이다.

7.3 태도변화를 이끄는 내적 요인과 외적 요인은 무엇인가

- **어떻게 태도가 변하는가** 내적 요인과 외적 요인이 모두 우리의 태도에 영향을 준다.
  - **행동변화를 통한 태도변화 : 인지부조화 이론과의 재회** 태도변화의 한 방법은 사람들이 낮은 외적 정당화 상태에서, 역태도적 주장을 하도록 하는 것이다. 이 경우 사람들은 자신의 행동에 대한 내적 정당화를 찾게 되어, 그들의 태도를 자신의 행동과 일치시킨다.
  - **설득 커뮤니케이션과 태도변화** **설득 커뮤니케이션**에 대한 반응으로 태도가 변할 수도 있다. 예일 태도변화 접

근법 연구들에 따르면, 설득 커뮤니케이션의 효율성은 전달자나 메시지의 원천, 메시지 자체(내용), 그리고 청자의 측면에 달려 있다. **정교화 가능성 모형**은 어떤 때 사람들이 커뮤니케이션에 담긴 주장의 강도에 의해 더 잘 설득되고, 어떤 때 표면적인 특징에 의해 더 잘 설득되는지를 명시하였다. 사람이 메시지에 주의를 기울일 동기와 능력을 모두 갖고 있을 때, 그들은 **설득의 중심경로**를 취하여, 주장의 강도에 더 주의를 기울인다. 동기나 능력이 낮으면, 그들은 **설득의 주변경로**를 취하여, 전달자의 매력도와 같은 표면적 특징에 의해 영향을 받는다.

- **정서와 태도변화** 정서는 여러 방식으로 태도변화에 영향을 준다. **공포유발 커뮤니케이션**은 공포의 크기가 적당하고, 그들이 메시지의 내용으로 안심할 수 있다고 생각하면, 지속적인 태도변화를 일으킬 수 있다. 또한 정서는 자신의 태도를 측정하기 위한 휴리스틱으로 사용될 수도 있다. 즉, 만약 어떤 대상이 있을 때, 사람들의 기분이 좋았다면, 종종 그들은 자신이 그것을 좋아한다고 추론한다. 심지어 좋은 기분이 다른 것으로 인해 일어난 것일 때도 그렇다. 마지막으로, 설득 커뮤니케이션의 효과성은 사람들이 지니고 있는 태도 유형에도 달려 있다. 만약 태도가 정서와 사회적 정체성에 기반한 것이라면, 정서와 사회적 정체성에 호소하는 것이 가장 효과적이다.

- **태도변화와 신체** 태도대상에 대한 자기 생각의 확신은 그가 얼마나 설득 커뮤니케이션의 영향을 받는지에 영향을 준다. 사람들의 확신은 설득 메시지를 듣는 동안, 자신의 머리를 위아래로 끄덕였는지 아니면 좌우로 흔들었는지와 같은 것의 영향을 받을 수 있다.

7.4 광고가 태도변화에 어떻게 작용하는가

- **광고의 힘** 광고주가 유선방송 가입자들에게 각기 다른 광고를 내보내고, 그들이 어떤 것을 사는지를 알아본 분할 유선방송 시장조사에서 지적된 것처럼, 광고는 사람들의 태도를 변화시키는 데 상당한 효과가 있다고 알려졌다.

- **광고가 어떻게 영향을 주나** 광고는 정서기반 태도에 대해서는 정서를 표적으로 하고, 인지기반 태도에 대해서는 사실을 표적으로 해서 어떤 제품을 소비자에게 개

인적으로 관련된 것으로 보이도록 만들어 작동한다.

- 식역하 광고 : 일종의 세뇌인가 **식역하 메시지**가 사람들의 행동에 어떤 영향을 준다는 증거는 없다. 그러나 통제된 실험실에서는 식역하 자극의 효과가 발견되었다.
- 광고, 고정관념 및 문화 광고는 어떤 제품에 대한 태도를 변화시키는 것뿐만 아니라 성 고정관념과 남성과 여성에 대한 기대와 같은 사회적 고정관념을 전달해준다. 문화와 광고에 대한 분석은 사회적 지각과 자기지각에서의 문화차이가 반영된 재미있는 차이를 보여주고 있다.

7.5 설득에 저항하는 방법은 무엇인가

- 설득 메시지에 저항하기 연구자들은 사람들이 설득 메시지의 영향을 피할 수 있는 다양한 방법을 연구하였다.
  - 태도면역 한 가지 방법은 먼저 사람들을 자신의 입장에 반하는 주장에 약간 노출시켜, 다음에 오는 설득 메

시지로부터 자신을 방어하기 쉽게 만드는 것이다.

- 간접광고 경계하기 점점 더 많은 광고주가 자기 제품을 TV 쇼와 영화에 눈에 띄게 하려고 비용을 쓰고 있다. 간접광고 같이 사람들에게 태도변화에 대한 시도가 있을 것이라고 미리 알려주면, 태도변화에 대해 덜 취약하게 된다.
- 또래압력에 저항하기 아이들에게 미리 또래압력에 저항하는 방법을 가르치면, 나중에 그것에 덜 취약하도록 만들 수 있다.
- 설득의 역효과 : 반발이론 반발이론에 따르면, 사람들은 자신의 선택 자유가 위협받으면 반발이라는 불쾌한 상태를 경험한다. 만약 사람들이 자신의 선택권이 제한되었다고 느끼면, 그들의 태도를 움직이려는 시도는 역효과를 가져올 수 있다.

평가문제

1. 다음 태도와 관련된 설명 중 옳지 않은 것은?
   a. 태도는 우리의 기질과 성격과 관련이 있다.
   b. 태도는 시간이 지나도 거의 변하지 않는다.
   c. 태도는 설득 커뮤니케이션에 의해 변할 수 있다.
   d. 조건이 충족된다면 태도는 그의 행동을 예언한다.

2. 경희는 강아지를 하나 구입하려 한다. 그녀는 알아본 후, 그레이트데인보다는 잉글리시 스프링어를 사기로 결정한다. 왜냐하면 그 개가 더 작고, 더 능동적이고, 아이들과 잘 지내기 때문이다. 어떤 유형의 태도가 그녀의 결정에 영향을 주었나?
   a. 정서기반 태도
   b. 행동기반 태도
   c. 명시적 태도
   d. 인지기반 태도

3. 종호는 한 설문조사에서 안전벨트 착용에 동의한다고 응답하였다. 계획된 행동이론에 따르면, 다음 중 어떤 것이 종호가 그날 이후 안전벨트를 착용할 것인지를 가장 잘 예언해주는가?
   a. 그는 안전운행이 중요하다는 점에 대체로 동의한다.
   b. 늘 안전벨트 착용의 중요성을 말하는 그의 친구인 익수

가 같이 타고 있다.
   c. 안전벨트에 대한 그의 태도 접근성이 그리 높지 않다.
   d. 종호는 자신이 안전벨트를 착용한 기억이 없다고 생각한다.

4. 다음 중 어떤 금연 광고에서 사람들이 흡연에 대한 태도를 바꿀 가능성이 가장 큰가?
   a. 흡연이 몸에 얼마나 해로운지를 보여주는 그래프 그림을 사용하여 흡연의 위험성을 경고하는 광고
   b. 사람들에게 흡연의 위험성에 관한 식역하 메시지를 전달할 뿐만 아니라 금연하는 방법을 추천하고 있는 광고
   c. 흡연이 신체에 미치는 피해를 보여주는 그래프 그림을 사용하고, 금연하는 구체적인 방법을 추천해주는 광고
   d. 금연한 사람들의 성공담을 사용한 광고

5. 다음 중 어떤 경우에 미진이는 AIDS의 위험성에 관한 사실들에 대해 주의를 기울이고, 학교 강당에서 들었을 때뿐만 아니라 오래도록 이를 기억할 것인가?
   a. 전달자가 전 세계 AIDS 통계정보를 강조한 경우
   b. 전달자가 어떻게 이 병이 전파되는지를 강조하였고, 미진이가 듣는 것을 방해하는 것이 없는 경우
   c. 전달자가 어떻게 이 병이 전파되는지를 강조하였고, 그

때 미진이의 친구가 그녀에게 주말에 놀러가는 일에 대해 속삭인 경우

d. 전달자가 전국적으로 유명한 AIDS 전문가인 경우

6. 당신이 공항에서 바쁘고 정신없는 여행객들에게 새로 나온 전동칫솔을 판매하려 한다. 다음 중 어떤 전략이 이들에게 전동칫솔을 판매할 가능성이 가장 작은가?

a. 전동칫솔이 좋은 이유를 적은 광고전단을 만든다.

b. "치과의사 10명 중 9명은 이 전동칫솔을 추천한다."라고 적힌 큰 안내문을 만든다.

c. 그 전동칫솔로 인해 브래드 피트처럼 보이는 당신 친구의 사진이 담긴 큰 배너를 붙인다.

d. 사람들을 붙잡고, "이것이 할리우드 배우들 대부분이 사용하고 있는 칫솔이라는 것을 아세요?"라고 말한다.

7. 다음 중 어떤 조건에서 사람들이 그 후보에게 투표할 가능성이 가장 큰가?

a. 사람들이 그 후보자를 좋아하지만, 그 사람에게 부정적인 감정이 있을 때

b. 사람들이 그 후보자의 정책에 대해서는 잘 모르지만, 그 사람에게 긍정적인 감정이 있을 때

c. 사람들이 전국 TV 방송에서 그 후보자를 지지하는 식역하 광고를 보았을 때

d. 사람들이 자기 아이들에 의해 산만한 상태로 그 후보자를 지지하는 TV 광고를 보았을 때

8. 당신이 극장에서 영화를 보는 동안, 화면에 "코카콜라를 마셔라."라는 글자가 당신이 의식적으로는 보지 못할 정도로 빠르게 비쳤다고 가정하자. 식역하 지각에 관한 연구에 따르면, 다음 중 어느 것이 사실인가?

a. 당신은 일어서서 코카콜라를 사러 나갈 것이다. 그러나 다른 사람이 먼저 그렇게 할 때만 그럴 것이다.

b. 당신은 일어서서 코카콜라를 사러 나갈 것이다. 그러나 당신이 펩시콜라보다 코카콜라를 더 좋아할 때만 그럴 것이다.

c. 당신이 일어서서 코카콜라를 사러 나갈 가능성은 거의 없다.

d. 당신이 코카콜라를 사러 나갈 가능성은 식역하 메시지가 없었을 때보다 더 높지 않다.

9. 다음 중 설득에 저항하는 방법이 아닌 것은?

a. 처음에 사람들의 태도에 반하는 일부의 주장에 노출시켜 그들을 면역시킨다.

b. 사람들에게 간접광고와 같은 광고기법에 대해 경고한다.

c. 사람들에게 그 제품을 사지 못하도록 한다.

d. 실생활에 존재하는 사회적 압력의 약한 형태를 이용하여 역할시연을 하도록 한다.

10. 반발이론에 따르면, 다음 중 어느 공익 메시지가 사람들에게 안전벨트를 착용하게 만들 가능성이 가장 작은가?

a. "운전 중에는 항상 안전벨트를 착용해 주십시오."

b. "목숨을 구하려면 안전벨트를 착용하라."

c. "당신은 반드시 안전벨트를 착용해야 한다. 이것이 법이다."

d. "당신 아이들에게 안전벨트를 착용시켜라. 그러면 그들의 목숨을 구하게 될 것이다."

정답은 537-539쪽 참조

개요 및 학습목표

동조 : 타인에게 영향을 주는 행동들

2004년 4월 9일, 한 남자가 켄터키 주의 마운트 워싱턴 시에 있는 한 맥도날드 매장에 전화를 걸었다. 그는 부매니저인 51세의 도나 진 서머즈에게 자신을 형사라고 밝히며, 해당 지점의 한 종업원이 매장의 돈을 훔쳤다고 말했다. 그는 맥도날드 본사와 그리고 지점장의 이름을 정확히 언급하며 그 둘에게는 이미 이 사실을 알렸다고 했다. 그 경찰은 범인에 대한 대략의 정보(10대 여성이라는 것)를 서머즈 씨에게 말하며 한 종업원을 지목했다(그녀의 신원 보호를 위해 여기서는 수잔이라고 부르겠다). 그 형사는 훔쳐간 돈을 찾기 위해 수잔을 당장 찾아야 한다고 했다. 그렇지 않으면 수잔은 체포되어 감옥에 가게 될 것이라고 말했다(Wolfson, 2005).

당신은 아마도 이 사건이 좀 이상하다고 생각할지 모른다. 서머즈 씨는 후에 말하기를, 처음엔 본인도 혼란스러웠지만 전화를 건 사람이 아주 권위 있고 설득력 있게 정보를 전달했기에 믿었다고 했다. 어쨌거나 그는 경찰이었다. 시민들은 경찰이 하라는 대로 따라야만 한다. 통화 중 서머즈 씨는 전화기 너머로 경찰 무전기 소리가 들리는 것 같았다.

그래서 그녀는 수잔을 작은 방으로 불러 문을 잠갔다. 수잔은 18세였고, 지난 몇 개월 동안 아주 성실히 일해 온 직원이었다. 그 경찰은 서머즈 씨에게 어떻게 해야 할지, 무슨 말에 해야 할지에 대해 지시했다. 지시에 따라 그녀는 수잔에게 완전 벌거벗을 때까지 옷을 하나씩 벗도록 명령했다. 서머즈 씨는 그 옷들을 가방에 넣어 문밖에 내놓았다. 수잔은 자신에게 씌워진 혐의로 인한 공포, 그리고 알몸 수색으로 인한 수치심으로 울고 있었다. 이때가 오후 5시경이었다. 불행히도 그 이후 4시간 동안 그녀는 더 심한 모멸과 성적 학대를 당해야 했다. 이 모든 게 단지 전화 통화로 자신을 '경찰관'이라고 밝힌 사람의 명령 때문이었다(Barrouquere, 2006).

이런 식으로 피해를 당한 사람은 수잔이 처음이 아니었다. 식당 매니저에게 전화를 걸어 종업원을 학대하게 하는 일은 1999년부터 나라 곳곳에서 일어나기 시작했다. 이 사건에 대한 전말이 밝혀지기까지는 시간이 다소 걸렸다. 왜냐하면 경찰이 추적하기 어렵도록 범인은 공중전화를 사용했기 때문이었다. 총 32개 주의 12개 체인 레스토랑의 총 70명의 매니저가 이 전화를 받았고, 그들의 지시에 따랐다(Barrouquere, 2006; Gray, 2004; Wolfson, 2005). 이미 눈치챘겠지만 그 발신자는 경찰이 아니었다. 그저 아주 끔찍한 장난 전화였다.

이제 6시가 되었다. 그때까지 수잔은 작은 방에 감금되어 1시간 동안 벌거벗은 채로 서 있었다. 서머즈 씨는 주방에 감독하러 돌아가야 했기에 그 '경찰관'은 그녀에게 수잔을 지킬 다른 사람을 찾으라고 하였다. 그녀는 자신의 약혼자인 42세의 월터 닉스 주니어를 불렀다. 그는 벌거벗은 채로 겁에 질린 10대 아이를 방문을 걸어 잠그고 지키고 있었다. 이 시점에서 이 사건은 훨씬 더 엽기적이며 충격적인 사건이 되었다. 닉스 씨 역시 발신자의 신분을 경찰이라 믿었고, 더 열심히 복종했다. 그 '경찰관'은 닉스 씨가 수잔에게 여러 성적인 요구들을 행하도록 명령했는데, 3시간이 흐르는 동안 점점 더 심한 요구를 했다. 발신자는 수잔과 직접 통화하기도 하면서 수잔이 순순히 따르지 않는다면 어떤 일이 일어날지 말하며 협박하였다. "전 너무 두려웠어요. 그들은 저보다 더 높은 사람들이었거든요. 그리고 저는 제게 법적인 문제가 있다고 생각했기 때문에 제 안전에 대해서도 두려웠어요." 그녀가 말했다(Wolfson, 2005, p. 3).

3시간 후, 그 발신자는 닉스 씨에게 다른 남자와 교대하라고 했다. 58세의 종업원인 토거스 심즈가 그 방으로 불려왔다. 그가 왔을 때 그는 '이 상황이 뭔가 옳지 않은 것'을 바로 알아챘다(Wolfson, 2005, p. 7). 그는 전화한 남자의 명령을 거절했다. 그리고 서머즈 씨를 불러서 뭔가 잘못되었다고 설득했다. "그제서야 제가 저지른 일을 알았어요."그녀가 말했다. "제정신이 아니었어요. 수잔에게 용서를 빌었죠. 미쳤었던 것 같아요."(Wolfson, 2005, p. 7) 이때 그 '경찰관'은 전화를 끊었다. 수잔을 향한 학대가 마침내 끝이 난 것이다.

몇몇 주에서 형사들이 이 사건을 조사한 후 플로리다에 거주하는 38세의 데이비드 스튜어트라는 남성이 장난 전화의 용의자로 체포되어 기소되었다. 그는 기혼자였고, 다섯 아이의 아버지였다. 그는 교도관으로 일했었고, 전직 경비원이며, 자원 예비역 보안관이었다. 2006년에 재판이 열렸는데, 그는 정황상의 증거만 있을 뿐 증거 부족으로 배심원 평결 무죄로 풀려났다. 그 후 패스트푸드 장난 전화는 더 이상 일어나지 않았다(ABC News, 2007). 부매니저 도나 서머즈와 그녀의 전 약혼자인 월터 닉스 주니어는 여러 혐의로 유죄판결을 받았다. 서머즈 씨는 보호관찰을 선고받았고, 닉스 씨는 5년형을 선고받았다. 공황발작과 불안, 우울증에 시달리고 있던 수잔은 맥도날드 본사를 대상으로 소송을 제기했다. 매장에서 일어난 장난 전화 사건이 처음이 아님에도 불구하고 전국의 종업원들에게 주의를 주지 않은 것에 대한 책임을 물은 것이다. 켄터키 배심원단은 그녀에게 위자료로 610만 달러를 주도록 명했다(Barrouquere, 2006; Neil, 2007; Wolfson, 2005).

이 사건에서 가장 안타까운 점이 있다. 수잔을 담당하는 상담가가 말하기를, 그녀는 '착한 아이는 말을 잘 듣는 아이'라고 배웠기 때문에 그날 밤 사람들이 하는 지시들을 다 따랐다고 했다(Wolfson, 2005). 실제로 일상생활에서 사람들은 자신들이 원하는 대로 다른 사람들이 행동하게 하기 위해—자신들의 영향력에 다른 사람들이 동조하게 하기 위해—때로는 직접적으로, 때로는 우회적으로 노력한다. 가장 강력한 형태의 사회적 영향은 복종을 낳는데, 특히 막강한 실력자가 명령을 내릴 때 잘 나타난다. 이 패스트푸드 레스토랑의 장난 전화는 지나치게 말을 잘 듣는 사람들이 어떻게까지 될 수 있는지를 보여준다. 사회적 영향이 보다 우회적으로 나타나는 형태로는 동조가 있다. 이때 사람들은 무엇이 적절한 것인지 직접적으로 언급하지 않지만 다른 사람들을 따라 하는 것이 가장 유리한 것임을 알게 된다. 이 장에서는 이러한 사회적 영향 과정들이 미칠 수 있는 긍정적·부정적 영향들을 알아보도록 하겠다.

동조 : 언제 그리고 왜 하는가

8.1 동조는 무엇인가, 그리고 동조는 왜 일어나는가

옆의 두 명언 중 어떤 것이 더 좋은가? 동조라는 단어에 대해 당신이 느끼는 바를 잘 묘사하는 것은 둘 중 어떤 것인가? 만약 당신이 미국인이라면 아마 두 번째 명언을 선택할 것이다. 미국 문화는 동조하지 않는 것을 중요하게 생각하는 문화이기 때문이다(Kim & Markus, 1999; Kitayama et al., 2009; Markus, Kitayama, & Heiman, 1996). 미국인들은 자기 자신을 철저히 개인주의적이고, 자주적인 사고를 하며, 약자들의 편에 서고, 옳은 일을 위해 투쟁할 줄 아는 사람이라고 생각한다. 이러한 자화상은 국가의 건국방식과 정부의 시스템, 그리고 황량한 서부를 '길들이면서' 확장했던 역사적 경험 등에 의해 형성되었다(Kitayama et al., 2006; Turner, 1932).

미국의 신화를 보면 개인주의자들을 찬양해 왔다. 미국에서 가장 오랫동안 성공한 광고인 '말보로 맨(Marlboro Man)'이 그 예다. 1955년 당시, 카우보이가 홀로 목장에 있는 사진은 하나의 전형적 이미지였다. 담배 매출의 급증은 말할 것도 없었다. 이것은 우리가 무엇을 듣기 원하고 좋아하는지에 대해 말해준다. 그것은 바로 우리가 스스로 결정을 내리는 존재, 즉 줏대가 있고, 동조하지 않는 자라는 것이다(Cialdini, 2005; Pronin, Berger, & Molouki, 2007). 좀 더 최근의 예로는 현재 전 세계 시장에서 가장 높은 부가가치를 올리고 있는 애플컴퓨터를 들 수 있다(Rooney, 2012). 몇 년 동안 애플의 광고 슬로건은 동조하지 않는 것에 대한 것이었다 : "다르게 생각하라."

하지만 우리는 정말 비동조자들인가? 우리의 결정은 항상 우리가 생각하는 것을 바탕으로 내려지는가, 아니면 우리는 때로 다른 사람의 행동들을 보고 무엇을 할지 결정하는가? 애플 광고에서 소비자들에게 "다르게 생각하라."고 말을 하지만, 다음에 강의실에 가서 주위를 한번 둘러보라. 똑같은 애플 로고가 박힌 노트북을 얼마나 많은 사람들이 사용하고 있는지를. 동조에 반대하던 컴퓨터가 이제 곳곳에 있게 되었다.

제6장에서 보았듯이 천국의 문이라는 이단종교집단에서 수많은 사람들이 집단자살을 했다. 이것은 사람들이 심지어 죽고 사는 문제와 같은 중요한 결정을 할 때도 극단적으로 동조하는 것을 보여준다. 아마 당신은 이것은 극단적인 예일 뿐이지 일반적인 경우가 아니라고 말할 것이다. 그리고 카리스마가 있는 리더가 하라고 한다고 해서 이단집단의 추종자들이 진짜 그대로 했다는 점을 이상하게 여길 것이다. 그러나 무서운 가능성은 우리 중 대부분이 지속적이고 강력한 동조의 압력하에 있다면 천국의 문이라는 이단 추종자들이 한 것과 같은 행동을 똑같이 하게 될 것이라는 것이다. 이러한 관점에 의하면 거의 모든 사람이 이러한 극단적인 상황에서 동조하게 될 것이다.

만약 이것이 사실이라면 우리는 강력한 사회적 압력 아래에 있는 사람들이 강한 동조를 하게 되는 여러 상황도 찾을 수 있을 것이다. 사실이다. 예를 들면 1961년에 미국 시민운동가들은 인종분리를 반대하는 데모를 간디의 비폭력주의 형식으로 하고자 하였다. 그들은 '자유 승차자'(이렇게 이름 붙여진 이유는 그들이 버스에 탈 때 뒷자리에 앉아야만 한다는 규칙을 따르지 않았기 때문이다)가 폭력적인 대우를 받는 것을 수용하도록 훈련시켰다. 수천 명의 남부 흑인들 그리고 소수의 북부 백인들, 많은 대학생들은 남부의 인종분리주의법에 대항했다. 계속된 비폭력적 대항 중 많은 시민운동가들이 맞고, 묶이고, 채찍질당하고, 강간당하고, 심지어 남부 경찰과 보안 강력한 사회적 압력하에서 개인들은 조직에 동조하는데, 부도덕적인 행동을 할 때도 마찬가지이다. 2004년에 아부그라이브 교도소에서 일어난 미군의 이라크 포로 학대는 국제적인 이슈가 되었다. 왜 군인들은 죄수들에게 모욕을 주었을까? 본 장에서 당신은 동조에 대한 사회적 영향의 압박으로 멀쩡한 사람도 이상한 행동을 하게 된다는 것을 알게 될 것이다.

관들에 의해 죽임을 당하기까지 했다(Nelson, 2010; Powledge, 1991). 새로 온 사람들이 비폭력적인 반응에 동조하게 되고, 이러한 비폭력적 저항에 합류하는 분위기가 확산됨으로써 미국에 인종평등을 위해 싸우는 새로운 시대가 열리게 되었다.

그러나 몇 년 후 이번에는 사회적 압력이 끔찍한 사건을 야기했다. 1968년 3월 16일, 베트남에 파병간 미국 병사들이 헬리콥터를 타고 마이라이라는 마을에 도착하게 되었다. 조종사가 무전을 치기를, 지상에 베트콩들이 있다 했고, 병사들은 헬리콥터에서 점프하강을 하였다. 하지만 그들은 곧 조종사가 잘못 알았던 것을 깨닫게 되었다. 거기에는 적군이 전혀 없었고, 오직 민간인 여성과 아이들, 노인들만이 불을 피우며 아침식사를 준비하고 있었다. 소대장은 병사 중 한 명에게 마을 주민을 죽이라고 명령했다. 곧 다른 병사들도 함께 총을 쏘기 시작했다. 이렇게 대학살은 시작됐고, 결국 450~500명의 베트남 주민들이 죽임을 당했다(Hersh, 1970). 사회적 영향으로 발생한 비슷한 사건들이 최근에 군대에서도 일어났다. 2003년에 이라크 포로들을 아부그라이브 교도소에서 학대한 것(Hersh, 2004), 2004년에 파루자에서 몇천 명의 이라크 시민들을 죽이고 몇만 채의 집을 파괴시킨 것(Marqusee, 2005), 2011년에 미군들이 아프가니스탄에서 탈레반군의 시체에 오줌을 눈 것(Martinez, 2012), 이 모든 것이 비슷한 맥락이다.

위의 예들에서 사람들은 사회적 영향 아래에 있었다. 그 결과 그들은 자신의 행동을 바꾸고 다른 사람의 기대에 따라 행동했다(O'Gorman, Wilson, & Miller, 2008). 사회심리학자들은 이것이 **동조**(conformity)의 핵심이라고 말한다. 동조란 다른 사람으로부터 실제 또는 가상의 영향을 받아서 자신의 행동을 바꾸는 것을 말한다(Aarts & Dijksterhuis, 2003; Kiesler & Kiesler, 1969 Sorrentino & Hancock, 2014). 이러한 예들에서 보듯이 동조의 결과는 유용하고 용감한 행동에서부터 정신병적이고 비극적인 행동에 이르기까지 다양하다. 그런데 이 사람들은 왜 동조했을까? 어떤 사람은 아마 그러한 혼란스럽고 특별한 상황하에서 어떻게 행동해야 할지 몰랐기 때문에 동조했을 수 있다. 내가 어떻게 행동해야 할지에 대한 단서를 다른 사람에게서 찾아내 자기도 그렇게 비슷하게 행동하기로 결정했을 수도 있는 것이다. 아니면 다른 사람들에게 웃음거리가

동조
다른 사람으로부터 실제 또는 가상의 영향을 받아서 자신의 행동을 바꾸는 것

되지 않기 위해서 또는 다른 사람들과 다르게 행동해서 처벌을 받지 않기 위해서 동조했을 수도 있다. 조직이 기대하는 대로 행동하기를 선택했을 때 그들은 조직원으로부터 배척당하거나 무시 당하지 않았을 것이다. 동조가 일어나는 이유에 대해서 이제 하나씩 살펴보자.

복습문제

1. 다음 중 어떤 것이 사회적 영향을 가장 직접적이고 강력하게 보여주는가?
   a. 친구의 정중한 요청에 응하는 것
   b. 집단의 규범에 따르는 것
   c. 권위적인 인물의 명령에 복종하는 것
   d. 감정에 기반한 태도
2. 다음 중 어떤 내용이 문화적 믿음과 동조의 관계를 잘 설명하는가?
   a. 동조에 대해서는 다양한 문화에서 온 사람 간의 견해 차이가 거의 없다.
   b. 다른 문화에 비해 미국인들은 동조에 대해 비교적 부정적인 태도를 가지고 있다.
   c. 다른 문화에 비해 미국인들은 동조에 대해 비교적 긍정적 태도를 가지

고 있다.
   d. 세월이 갈수록 미국인들은 동조에 대해서 더 부정적이 되어 가고 있다.
3. 동조는 항상 _____을 포함한다.
   a. 긍정적이고 도덕적인 행동
   b. 부정적이고 비도덕적인 행동
   c. 다른 사람으로부터 오는 실제적 또는 상상의 영향력
   d. 권위적 인물

정답은 537-539쪽 참조

정보적 사회영향 : 무엇이 '옳은가'에 대해 알고자 하는 욕구

8.2 정보적 사회영향이 어떻게 사람들을 동조하게 하는가

삶에는 애매하고 혼란스러운 상황들이 많다. 당신은 심리학 교수님을 어떻게 부르는가? 교수님, 박사님, 선생님? 학생회비를 인상시키게 될 교내 학생회장 선거에서 당신은 누구를 뽑을 것인가? 당신은 초밥을 반 베어 먹는가 한입에 먹는가? 방금 복도에서 들은 비명소리는 어떤 사람이 친구와 장난치다가 지른 소리인가, 아니면 누군가 성추행을 당해 지르는 소리인가?

여러 상황에서 우리는 어떻게 생각해야 하고 어떻게 행해야 할지에 대해서 잘 모른다. 정확하고 좋은 결정을 내리고자 하지만 단순히 아는 것이 없을 수 있다. 다행히 우리에게는 유용하고도 강력한 지식의 원천이 있다. 바로 다른 사람의 행동이다. 종종 우리는 어떻게 행동해야 하는지 단도직입적으로 묻는다. 저자 중 한 명은 몇 년 전에 한 신입생이 했던 재미있는 질문을 기억하고 있다. "대학교는 해리포터에 나오는 데랑 비슷한가요? 저희는 '교수님'이라고 부르면 되나요?" ("그럼 해리포터랑 똑같단다. 이제 마술지팡이를 내리고 마법의 약과 솥을 가져와라."라고 답했다.) 그러나 많은 경우에 상황을 더 잘 파악할 수 있도록 다른 사람의 행동을 관찰한다 (Kelley, 1955; Thomas, 1928). 이렇게 우리가 다른 사람과 비슷하게 행동하게 될 때, 결과적으로 우리는 동조하고 있는 것이다. 그렇다고 우리가 약하고 줏대 없는 인간이라는 말은 아니다. 그보다는 다른 사람의 영향을 받는다는 것인데, 우리는 다른 사람의 행동을 정보의 원천으로 삼아 자기가 할 행동을 결정한다. 우리는 다른 사람이 애매한 상황을 해석한 것이 우리보다 더 정확해서 우리가 적절한 행동을 할 수 있게 도울 것이라 믿기에 동조한다. 이것을 **정보적 사회영향** (informational social influence)이라고 부른다(Cialdini & Goldstein, 2004; Deutsch & Gerard, 1955; Kuan, Zhong, & Chau, 2014).

다른 사람이 어떻게 하는가를 정보의 원천으로 사용하는 예를 들기 위해 당신이 Muzafer

정보적 사회영향
다른 사람의 행동을 자신의 행동을 결정하기 위한 정보의 원천으로 보기 때문에 일어나는 동조이다. 애매한 상황에 대한 타인의 해석이 자신의 해석보다 더 정확할 것이며, 이를 통해 적절한 행동을 선택하게 될 것이라 믿기 때문에 동조하게 된다.

8천 개의 호박이 에펠타워 앞에 놓여 있다. 이 축제는 고대 영국과 아일랜드의 *All Hollow' Eve*의 전통에 바탕을 둔 것인데, 오늘날 우리가 알고 있는 핼러윈은 1997년 10월까지 완전히 미국적인 축제가 되었다. 프랑스 소비자들의 소비를 자극하기 위한 노력의 일환으로 소매업자들은 프랑스에 'Ah-lo-ween'을 소개했다. 프랑스 사람들이 이 축제가 무엇에 관한 것인지 알게 된 것은 바로 정보적 사회영향을 통해서였다. 1997년 핼러윈 당시 사람들은 "Trick or treat(사탕을 주지 않으면 장난칠 거야)"가 무슨 말인지 전혀 몰랐다. 그러나 2000년 핼러윈에는 많은 프랑스 가게들이 검은색과 주황색으로 꾸며서 호박을 전시하였고, 나이트클럽에서는 가장 경연대회를 열기도 했다.

출처 : Associate Press(2002)

Sherif(1936)의 실험에 참가한 피험자라고 상상해보자. 실험의 첫 번째 단계에서 당신은 혼자 어두운 방에 앉아서 4m가량 떨어진 곳에 있는 불빛 한 점에 집중하도록 요청받았다. 실험자는 당신에게 그 불빛이 어느 정도 움직이는지 가늠해보라고 했다. 당신은 그 불빛을 유심히 보고서는 정확히는 모르겠지만 "약 2인치요."라고 대답했다. 이 불빛은 곧 없어졌다가 다시 나타났다. 당신은 또 판단해야 했다. 불빛은 이번에는 조금 더 움직이는 것 같아서 "4인치요."라고 대답했다. 이러기를 여러 차례 하고 나니 불빛이 매번 같은 정도 —약 2에서 4인치— 로 움직이는 것 같았다.

이 과제의 흥미로운 점은 불빛이 사실은 전혀 움직이지 않았다는 것이다. 자동운동효과라는 착시에 의해 마치 움직이는 것처럼 보이는 것이었다. 만약 당신이 완전히 어두운 곳에서 밝은 빛을 뚫어지게 쳐다본다면(예 : 어두운 밤에 별 하나), 그 빛은 앞뒤로 움직이는 것처럼 보일 것이다. 이것은 그 불빛이 어느 지점에 있는지를 가늠할 고정된 참조점이 없기 때문에 일어나는 착시 현상이다. 불빛이 움직인다고 추정하는 거리는 사람마다 다르지만, 각 사람이 말하는 수치는 시간이 지날수록 점점 일관된다. Sherif의 실험에서 피험자들은 실험 첫 단계를 마친 후 각자 일관된 추정 거리를 가지게 되었다. 이때 추정치는 사람마다 달랐다. 어떤 사람들은 그 불빛이 1인치 정도만 움직인다고 보았고, 또 어떤 사람들은 그것이 약 10인치 정도 움직인다고 생각했다.

Sherif가 자동운동효과를 선택한 이유는 애매한 상황이 필요했기 때문이다. 그래서 피험자가 상황에 대한 명확한 정의를 내리기 힘들게 만들려 했다. 며칠 후 실험의 두 번째 단계에서 피험자들은 다른 두 사람과 함께 실험에 참가했다. 이번 상황은 사회적 상황이어서 모든 사람이 자기의 판단을 소리내어 말했다. 전에 개인적으로 할 때 자동운동효과는 사람마다 달랐다는 것을 기억하라. 어떤 사람들은 많이 움직였다고 보았고, 다른 어떤 사람들은 그만큼 움직였다고 보지 않았다. 다른 판단을 들었을 때 그들은 어떻게 할까?

여러 번 하는 동안 사람들은 집단 공통의 추측치를 하나 형성하게 되었고, 각각의 구성원은 그 추측치에 대해 동조했다. 이러한 결과는 사람들이 다른 사람들을 정보의 원천으로 삼는다는 것을 보여준다(그림 8.1 참조). 정보적 사회영향의 중요한 측면은 **개인적 수용**(private acceptance)으로 이끈다는 것인데, 이것은 사람들이 다른 사람들이 옳다고 순전하게 믿기 때문에 다른 사람의 행동에 동조할 때 생긴다.

개인적 수용
다른 사람들이 하는 말이나 행동이 옳다고 순전하게 믿기 때문에 다른 사람의 행동에 동조하는 것

이 결과로 볼 때 사람들이 집단에 동조는 하지만 속으로는 다르게 생각할 수 있다고 해석할 수도 있다. 예를 들면 어떤 사람이 그 불빛은 10인치로 움직였다고 믿지만 집단에게 3인치 움직였다고 말할 수도 있다. 집단에서 튀지 않기 위해서 또는 바보처럼 보이지 않기 위해서 그럴 수 있다. 이것을 **공개적 수용**(public acceptance)이라고 한다. 공개적으로는 동조하지만 집단이 말하

공개적 수용
다른 사람들이 하는 말이나 행동을 믿는 것과 상관없이 다른 사람의 행동에 겉으로 동조하는 것

거나 행하는 것에 대한 믿음은 없을 수도 있다. Sherif는 이러한 해석을 불식시켰다. 그는 집단으로 판단하게 한 후, 사람들에게 다시 그 불빛이 움직인 거리를 혼자 판단해보라고 했다. 그들은 더이상 다른 피험자들 앞에서 웃음거리가 될 수 있다는 염려를 하지 않아도 되었지만, 그들은 앞서 집단 내에서 했던 대답을 그대로 유지했다. 1년이 지난 후에도 사람들은 집단 내에서 했던 그 대답을 유지하기까지 했다(Rohrer et al., 1954). 이러한 결과는 사람들이 현실을 해석하기 위해서 서로에게 의지하며, 집단의 추측을 개인적으로 받아들였다는 것을 의미한다.

개인적 수용까지 이끄는 동조의 힘은 삶의 여러 분야에서 나타난다. 전기 소비에서도 나타난다. 예를 들면 Jessica Nolan과 동료들(2008)은 캘리포니아 주민들에게 가정의 전기를 아껴쓸 것을 촉구하는 정보지를 제공했다. 주민들은 네 가지 중 한 개

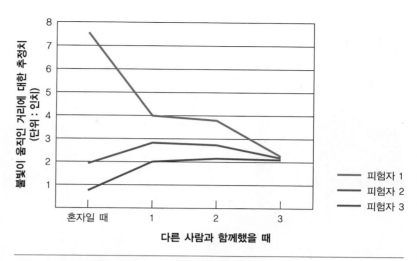

그림 8.1 Sherif(1936)의 자동운동효과 연구에서 한 집단의 응답 결과
어두운 방에서 사람들은 불빛 한 점이 어느 정도 움직인 것으로 보이는지 추정하였다. 그들이 혼자서 그 불빛을 보았을 때의 추정치는 다양하게 달랐다. 그들이 집단으로 함께 모여서 다른 사람들의 추정치를 서로 들었을 때, 개인들은 다른 집단 구성원이 제공한 정보에 근거해 그들의 개인적인 믿음을 조정함으로써 동조하였다.

출처 : Sherif(1936)

의 메시지를 받았는데, 이 중 세 가지는 절약을 해야 하는 기본적 이유에 대한 것이다 : 환경을 보호하고, 사회를 이롭게 하고, 비용절감을 위해서. 마지막 네 번째 메시지는 동조를 일으키기 위한 정보였는데, 거기에는 그들 이웃 대부분이 전기를 절약한다는 메시지가 담겨 있었다. 이 메시지를 전달한 후 연구자들은 실제로 가정의 전기량을 측정해보았는데, 네 번째 메시지를 받은 가정은 다른 세 개의 메시지를 받은 가정보다 훨씬 더 전기를 절약한 것을 발견했다(Nolan et al., 2008). 비슷하게 Goldstein, Cialdini와 Griskevicius(2008)는 "수건을 다시 써서 전기를 절약하자."는 캠페인에 투숙객들이 동참하기를 바랐다. 일반적으로 말하는 방법은 투숙객에게 크게 인기가 없었기에, 연구자들은 투숙객의 욕실에 조금 다른 안내사항을 붙여놓았는데, 거기에는 "이방에 머무르는 투숙객 대부분은 수건을 다시 씁니다."라고 써놓았다. 그것은 일반적으로 호텔측에서 쓰는 방법("환경을 보호합시다.")보다 훨씬 더 효과가 있었다.

정확성의 중요성

정보적 동조에 대한 Sherif의 고전적 연구는 후에 재미있는 여러 연구로 확장되었다(Baron, Vandello, & Brunsman, 1996; Levine, Higgins, & Choi, 2000). 연구들은 자동운동효과보다 실제 생활과 더 유사한 판단 과제를 사용하였다. 그리고 정보적 사회영향에 영향을 미치는 또 다른 변인도 밝혀냈다. 바로 그 개인에게 한 과제를 정확하게 해내는 것이 얼마나 중요한가이다.

예를 들면 한 연구에서 피험자들은 증인분별이라는 애매한 과제를 부여받았다(Baron, Vandello, & Brunsman, 1996). 실제 범죄의 증인들이 하는 것과 같이 피험자는 줄 세워진 용의자 중에 범인을 찾아내야 했다. 총 13개의 과제를 수행할 때 피험자는 먼저 범인에 대한 슬라이드를 보았다. 그다음 그들은 4명이 줄 세워진 용의자 선상에서 범인을 찾아내야 했다. 이렇게 줄세워졌을 때 범인은 때로 옷을 바꿔 입었다. 피험자는 그를 찾아내야 했는데 슬라이드가 아주 빨리 지나갔기 때문에 범인을 찾기가 아주 애매하고 어려웠다. 피험자들은 0.5초 동안만 슬라이드를 볼 수 있었다. 이 연구는 집단으로 진행되었는데, 한 집단에 피험자 1명과 실험보조자 3명으

목격자가 범인을 구분해내고자 할 때와 같은 아주 중요한 판단에 있어서도 정보적 사회영향은 우리의 지각에 영향을 미친다.

로 구성되었다. 4명 각각은 한 쌍의 슬라이드를 보고 나서 자신의 대답을 소리내어 말해야 했다. 특정 7번의 시행 때 정보적 사회영향이 측정되었는데, 이 시행에서 3명의 실험보조자는 동일한 오답을 피험자가 하기 전에 항상 먼저 말하였다.

연구자들은 피험자가 그 과제에서 피험자가 정확히 맞히는 것이 얼마나 중요한지도 조작하였다. 높은 중요도 조건에서 연구자들은 피험자들에게 이 과제가 실제 범인을 구분해내는 과제이고, 경찰과 법원 측은 이 방법을 좋은 목격자와 나쁜 목격자를 구분하는 데 사용할 것이라고 말했다. 그래서 이번 과제에서 피험자들의 수행점수가 향후 목격자 자료평가의 기준으로 쓰일 것이라 말했다. 덧붙여 그 과제를 가장 잘하는 사람은 20달러의 보너스도 받게 될 것이라고 말했다. 반대로 낮은 중요도 조건에서 연구자들은 피험자들에게 이 연구가 증인 파악에 관한 첫 번째 시도이고, 이 슬라이드 과제는 아직 개발 중이라고 알려주었다. 이렇게 하여 피험자는 아주 다른 두 가지 마음자세를 가지고 과제에 임하게 되었다. 반은 그들의 수행이 아주 중요해서 법조계에 영향력을 미칠 것이라고 여겼다. 또 잘해서 20달러를 벌고자 하는 마음도 있었다. 나머지 반은 이 실험이 아주 일반적인 실험이라 여겼고, 그들의 수행 결과가 실험자에게 그렇게 중요한 것 같지도 않다고 생각했다.

높은 중요도 조건은 일상생활 중 우리의 판단과 결정이 중요한 결과를 낳는 상황과 유사하다. 이런 상황에서 우리는 '잘하려고' 노력한다. 이것이 정보적 사회영향과 관계가 있을 것인가? 연구자들은 이때 우리가 더 동조하기 쉽다고 말한다. 낮은 중요도 조건에서 피험자들은 실험보조자들에게 동조하여서 35%가 오답을 말했다. 높은 중요도 조건에서 피험자들은 실험보조자들에게 더욱 동조하여 51%나 오답을 말했다.

다른 사람을 정보의 원천으로 사용하는 것은 위험을 수반하는 전략이다. 또 다른 목격자 실험에서 목격자 두 명은 같은 사건이라고 여겨지는 비디오를 각자 보았는데, 사실 피험자는 알아차리지 못했지만 그들이 본 비디오는 조금씩 달랐다(Gabbert, Memon, & Allan, 2003). 피험자들은 각자가 본 비디오에 대해서 토론하는 시간을 가진 후 개인적으로 사건 기억 검사를 하였다. 그 결과 피험자의 71%는 자기의 파트너가 보았고, 사실 자기는 못 보았던 내용에 대해서 자기도 기억하고 있다고 허위보고 하였다. 이 결과는 다른 사람에게서 정보를 얻을 때 발생하는 위험성에 대해 경고한다. 만약 다른 사람들이 틀렸다면 어떻게 할 것인가? 이런 이유로 실제로 경찰청 조사에서 목격자들은 개인적으로 인터뷰를 진행하게 되며, 용의자 사진도 개별적으로 보게 된다. 목격자 사이에 정보적 사회영향이 있다는 것은 법정에서도 환영받지 못한다(Levett, 2013).

정보적 동조가 역효과를 일으킬 때

정보적 사회영향은 위기상황에서 극적인 형태로 일어난다. 두렵고 위험할 수 있는 상황을 만났으나 대응할 준비가 되어 있지 않는 상황이다(Killian, 1964). 그 사람은 무슨 일이 일어나고 있는 것인지, 어떻게 대처해야 하는지에 대해 전혀 모른다. 특히 사람들의 안전과 관련된 문제일 때 정보에 대한 필요는 절실하다. 그리고 다른 사람의 행동은 아주 중요한 정보이다.

1938년 핼러윈 밤에 무슨 일이 일어났는지 생각해보라. 오손 웰즈는 뛰어난 연기자였고 영화감독이었다. 그는 H.G. 웰스의 '우주전쟁'이라는 공상과학 소설을 바탕으로 머큐리 극장의 라디오 방송을 맡고 있었다. 이때는 TV가 아직 보급되지 않을 때라 라디오는 오락의 주요 매체였다(음악, 코미디, 드라마). 라디오는 또 긴급뉴스를 들을 수 있는 유일한 매체이기도 했다. 그날 밤에 웰즈와 동료 연기자들이 방송한 드라마는 화성침공을 다루었는데—거친 화성인들이 지구를 침략한 내용—그것은 아주 현실적이어서 100만 청취자들은 공포에 휩싸여 경찰을 부르기까지 했다. 몇천 명의 시민들이 그들의 자동차에서 그 '침공'에 대해 두려워하며 공황 상태에 빠졌다(Cantril, 1940).

어떻게 이렇게 많은 미국인들이 라디오에서 나오는 드라마를 실제 외계인의 침공뉴스라고 여겼을까? Hadley Cantril(1940)은 실제 '위기'를 연구한 학자로 두 가지 이유를 제시했다. 하나는 그 드라마에서 배우들이 실제 뉴스를 아주 잘 패러디했다는 것이다. 물론 다른 채널에서 나오는 인기 쇼를 듣고 있던 많은 청취자들이 방송 초반에 이것은 소설이라고 말하는 부분을 듣지 못하기도 했다. 또 다른 이유는 정보적 사회영향이다. 많은 사람들은 친구들과 가족과 함께 그것을 듣고 있었다. 우주전쟁의 시나리오가 점점 더 무서워졌을 때, 그들은 비확실성에서 자신이 들은

오손 웰즈는 1938년 '우주전쟁'이라는 라디오 방송을 한 유명 배우이자 감독이었다. 우주전쟁은 대중을 공포 속으로 몰아넣었는데, 정보적 사회영향 때문이 크다.

것을 믿어야 할지 말아야 할지 혼란스러워하며 서로를 바라보았다. 사랑하는 사람의 얼굴에서 걱정과 근심을 보자 사람들은 점점 더 공포에 질리기 시작했다. 한 청취자는 이렇게 말했다. "우리는 서로 키스하며 우리가 곧 죽을지도 모른다고 느꼈다."(Cantril, 1940, p. 95)

19세기 후반 사회과학자인 Gustav Le Bon(1895)은 어떻게 정서와 행동이 군중에게 빠르게 퍼질 수 있는지를 처음으로 정리한 학자이다. 이 효과를 전염(contagion)이라고 부른다(Dezecache et al., 2013; Hatfield, Cacioppo, & Rapson, 1993; Levy & Nail, 1993). 우리가 배웠듯이 사람들은 아주 애매한 상황에서 다른 사람의 해석에 더 의존하게 된다. 하지만 아주 모호하고 혼란스러운 상황에서는 다른 사람들이라 해서 우리보다 더 잘 알거나 정확히 알지는 못한다. 만약 다른 사람들이 잘못된 정보를 준다면 우리는 실수하게 될 것이고 잘못 해석하게 될 것이다. 그러므로 다른 사람에게 의존하는 것은 상황을 정의하는 데 있어서 심각한 부정확성을 초래할 수 있다.

언제 사람들은 정보적 사회영향에 동조하는가

정보적 사회영향으로 일어날 수 있는 동조에 대해 살펴보자.

상황이 불확실할 때 상황의 불확실성은 사람들이 어느 정도로 서로를 정보의 원천으로 삼을 것인가를 정하는 데 있어 가장 중요한 요인이다. 정확한 대답, 적절한 행동이나 올바른 생각에 대해 당신에게 확신이 없을 때, 당신은 다른 사람을 보게 된다. 당신이 더 불확실할수록 당신은 다른 사람에게 더욱 의존하게 된다(Allen, 1965; Renfrow & Gosling, 2006; Tesser, Campbell, &

Chesley 'Sully' Sullenberger 기장은 2009년 1월 US 항공 여객기 1549편이 엔진 이상으로 멈추자 여객기를 허드슨 강에 안전하게 착륙시킨 영웅이다. 인터뷰에서 Sully기장은 항상 기내승무원 덕분이라고 말했다. 공중에서 위기상황이 왔을 때 승객들은 무슨일이 벌어지고 있는지 알기 위해 비행승무원의 전문성을 보는데, 이것은 정보적 사회영향 때문이다. 비행승무원들이 침착하게 절차를 따르자 승객들은 진정되었고 비상착륙 시 안전한 탈출이 가능했다.

Mickler, 1983; Walther et al., 2002). 앞서 언급하였던 군인들이 저지른 대량 학살에 대한 사건도 불확실한 상황이라 할 수 있다. 대부분의 병사들은 어리고 경험이 없었다. 다른 병사들이 주민들을 향해 총을 쏘는 것을 보았을 때, 또는 포로들을 학대하는 것을 보았을 때, 많은 사람들은 그 상황에서 그렇게 해야 하는 것으로 생각했고, 그들 역시 그렇게 행동했다.

상황이 위기일 때 위기상황은 종종 불확실하다. 위기상황에서 보통 우리는 어떠한 행동을 취해야 할 것인가에 대해 멈추고 생각할 여유가 없다. 우리는 즉시 행동해야만 한다. 우리가 무서워하거나 공포에 떤다면 그래서 무엇을 해야 할지 모르면 다른 사람들이 어떻게 반응하는가를 보고 그것을 따르는 것은 당연하다. 불행히도 우리가 참고하는 그 사람도 무섭고 두려워서 이성적으로 행동하지 않을 수도 있다.

예를 들어 병사들은 의심의 여지 없이 두려웠으나 업무 수행 중에 있었다. 그리고 전쟁에서 누가 적인지를 구분하는 것도 쉽지 않다. 베트남전에서 베트콩을 지지하는 주민들은 미국 군인들이 가는 길에 지뢰를 심고, 숨어서 총을 쏘고, 수류탄을 던지기도 하였다. 이라크와 아프가니스탄에서도 주민인지 전사인지, 아군인지 적군인지 구분하는 것이 힘들었다. 병사들이 주위를 둘러보고 사람들이 어떻게 하는지를 참고하는 것은 놀랍지 않다. 이 사람들이 혼란스러운 위기상황에 있지 않았다면, 그리고 그들의 행동에 대해 생각할 시간이 더 있었다면, 아마 그런 비극은 없었을 것이다.

다른 사람이 전문가일 때 일반적으로 전문성이나 지식이 있는 사람이 불확실한 상황에서 가이드 역할을 하게 된다(Allison, 1992; Cialdini & Trost, 1998). 예를 들면 비행기 엔진에서 연기가 나는 것을 본 한 승객은 옆자리에 앉은 사람보다 비행승무원의 반응을 살필 것이다. 그러나 전문가라 해서 항상 정확한 정보를 제공하는 것은 아니다. '우주전쟁'에 대해 라디오 방송을 듣고 있던 그 청년을 생각해보라. 그는 경찰에게 전화를 해서 상황을 물었지만 경찰도 역시 라디오에서 말하고 있는 것이 실제 일어나고 있는 것이라고 믿을 뿐이었다(Cantril, 1940)!

복습문제

1. 정보적 사회영향에 대한 설명으로 맞는 것은?
   a. 다른 사람들의 반응을 통해서 어떤 상황에 대한 정확한 해석을 할 수 있을 것이라고 믿을 때 일어난다.
   b. 공적일 때 일어나고 사적일 때는 일어나지 않는다.
   c. 위기상황일 때만 일어난다.
   d. 자동반사적으로 일어난다.
2. 다음 중 어떤 것이 Sherif(1936)의 자동운동효과에 대한 올바른 설명인가?

   a. 피험자들이 공적으로 동조하나 개인적으로는 동조하지 않았다.
   b. 피험자들은 동조했으나 이 효과는 단기적이어서 집단이 아니라 개인적으로 응답할 때는 곧 자기 원래의 입장으로 돌아갔다.
   c. 피험자들은 자기의 친구들과 함께 있었기 때문에 동조했다. 집단에 소속되고 싶었기 때문이다.
   d. 피험자들은 다른 사람의 반응이 정확하다고 믿었기 때문에 동조했다.
3. 정확한 결정을 내리는 것이 중요할수록 _____ .

a. 사람들은 정보적 사회영향에 덜 동조하는 경향을 보였다.

b. 사람들은 정보적 사회영향에 더 동조하는 경향을 보였다.

c. 사람들은 자신만의 결정을 하고자 하였고 주위의 다른 사람들이 하는 말에 영향을 덜 받았다.

d. 사람들은 개인적 동조보다 공적인 동조를 더 선호할 것이다.

4. 다음 중 어떤 것이 정보적 사회영향과 법정에서 증언하는 것과의 관계를 잘 설명하는가?

a. 형법재판에서는 위험부담이 크기 때문에 증인들은 정보적 사회영향에 동조하지 않는다.

b. 사람들은 증인이 법정에서 증언할 때 정보적 사회영향을 받도록 부추긴다.

c. 법 체계는 종종 증인 간에 정보적 사회영향에 동조하는 것을 방지하는 절차를 행한다.

d. 정보적 사회영향은 항상 증언을 더욱 정확하게 해준다.

5. 정보적 사회영향은 다음 중 언제 가장 잘 일어나는가?

a. 애매모호하지만 위기가 아닌 상황

b. 주위 다른 사람들이 전문가가 아니고 상황이 위기가 아닐 때

c. 주위 다른 사람들이 전문가이고 상황이 애매할 때

d. 위기상황이지만 애매하지 않을 때

정답은 537-539쪽 참조

규범적 사회영향 : 받아들여지고 싶은 욕구

8.3 규범적 사회영향이 어떻게 사람들을 동조하게 하는가

폴라플런지(polar plunge)라는 이벤트는 한 자선단체 모금운동으로 시작되었다. 기부자를 끌어모으기 위해서 얼음물에 뛰어들어가는 것인데, 이 이벤트는 사람들의 주의를 끄는 데 효과가 있었다. 스페셜 올림픽과 같은 단체에서도 폴라플런지를 진행했는데, 이때 사람들이 찬물에서 너무 오랫동안 머물지 않도록 시간을 제한하고, 만약의 상황을 위해서 의료팀을 대기시켜 놓는 등의 준비를 철저히 했다. 그러나 2014년 초에 뉴잉글랜드 지역과 인근 학교에서 학부모들에게 폴라플런지에 대한 경고문을 이메일로 보냈다. 소셜미디어를 통해 청소년들 사이에서 폴라플런지가 급속히 퍼지고 있었기 때문이었다(Wilson, 2014). 10대 아이들은 구명조끼 없이 그리고 어른들의 감독 없이, 그리고 때로는 기온이 더 떨어지고 시야가 잘 확보되지 않는 밤에 차가운 물에 뛰어들도록 서로를 부추겼다. 많은 아이들이 이 도전을 받아들였고, 그 위험한 상황을 촬영한 영상을 페이스북과 유튜브에 올렸다. 어떤 아이들은 운이 좋지 않아 심각하게 부상을 입었으며, 결국 뉴헴프셔에서는 사망사고까지 발생하게 되었다. 눈이 녹아 수위가 높아졌고, 강의 물살 속도가 빨라져 강에 뛰어드는 것이 생명을 위협하게 된 것이다(Phillip, 2014).

사람들은 왜 그런 위험한 행동을 할까? 집단을 따라가게 되면 비상식적인 행동을 하게 되고, 때로 심지어 죽을지도 모르는데 왜 따라 하게 되는 것일까? 우리는 폴라플런지를 한 사람들이 정보적 동조로 인해 위험감수를 했다고 생각하지 않는다. 고등학교 학생이 한 겨울에 살얼음이 끼어 있는 굽이치는 강을 바라보며 친구에게 "아, 뭘 할지 모르겠다. 물에 빠지는 게 옳은 것 같다."라고 말했을 것 같지는 않다. 이 예는 동조를 설명할 수 있는 정보적 욕구 외에 무언가 다른 것이 있을 것이라는 것을 제안한다. 실제로 그렇다. 우리는 다른 사람이 좋아할 것 같아서, 그래서 받아들여질 것 같아서 동조한다(Maxwell, 2002). 우리는 집단의 사회적 규범에 동조한다. 여기서 **사회적 규범**(social norms)이란 용인되는 행동, 가치, 믿음에 관한 암묵적인(그리고 때로 드러난) 규칙이다(Deutsch & Gerard, 1955; Kelley, 1955; Miller & Prentice, 1996; Stanfey, Stallen, & Chang, 2014). 집단은 구성원들이 어떻게 행동해야 한다는 것에 대한 기대를 가지고 있고, 구성원들은 그 규칙에 동조한다. 그것에 동조하지 않는 구성원들은 다르다고 인식되며, 결국 떨어져 나간다. 소셜미디어에서 이러한 규범은 더 빠르게 전달된다. 뉴헴프셔의 한 학교장이 말한 바를 주목해보자. 오늘날에는 "당신은 이런 유행을 금방 시작시킬 수 있다. 그러면 기하

사회적 규범

받아들여지는 행동, 가치, 구성원들에 대한 믿음에 대해서 한 집단이 가지고 있는 암묵적 혹은 외재적 규칙

이 사진에서 보는 것처럼 처음에 폴라플런지는 철저히 계획되고 준비된 기부금 모금가에 의해 시작되었다. 그러나 10대들이 얼음장 같은 물에 자기들끼리 뛰어들고 또 그것을 비디오로 찍어 온라인상에 올리기 시작했다. 다른 사람에게 수용되고 싶고 사랑받고 싶은 마음에 10대들은 아주 위험하고 치명적인 행동까지도 불사하게 된 것이다.

급수적으로 늘어나게 된다. 내 생각에 여기 일어났던 일이 바로 그런 것 같다."(Wilson, 2014)

물론 사회적 규범에 동조하는 것이 항상 위험한 것은 아니다. 항상 나쁜 것도 아니다. 최근 아주 널리 퍼진 얼음물과 관련된 또 다른 현상을 생각해보라. 이를 통해 모금액이 최대 기록을 세우게 되었다. 바로 2014년 여름 소셜미디어를 강타했던 아이스버킷 챌린지이다. 루게릭병으로 투병하고 있는 전직 대학 야구 선수 Pete Frates의 온라인 포스팅으로 시작해 페이스북에는 사람들이 얼음물을 뒤집어 쓰고 다음 친구도 하도록 도전하는 영상이 넘쳐나게 되었다. 이 챌린지의 한 버전에서는 이름이 거론된 사람이 24시간 안에 이 챌린지를 하면 10달러를 루게릭 단체에 기부하고, 챌린지를 거부하면 100달러를 기부하도록 하였다. 2014년 8월까지 아이스버킷 챌린지는 빌 게이츠, 저스틴 비버, 레이디 가가, 조지 부시 전 대통령까지 합세하며 미국 전역에 퍼지게 되었다. 어떤 사람들은 이 현상을 슬랙티비즘(최소한의 노력만 요하는 프로젝트나 명분을 위한 운동)이라 묘사하며 사람들이 생명을 구하는 것보다 온라인으로 재미를 추구하는 데만 관심이 있다고 비난했다. 그러나 숫자가 엄청난 것은 확실했다. 루게릭 재단에 의하면 아이스버킷 챌린지를 통해 300만 명의 새로운 기부자들이 연결되었고, 이들로부터 모금된 돈은 1억 달러가 넘었다고 한다(그 전해에는 280만 달러였다; ALSA, 2014).

이러한 페이스북을 통한 열풍으로 묘사된 규범적 동조가 왜 그렇게 강력할까? 한 가지 이유는 집단에서 떨어져나간 구성원들은 종종 웃음거리가 되거나 처벌받거나, 또는 다른 집단구성원들에 의해 배척된다(Abrams, Palmer, Rutland, Cameron, & Vajn de Vyer, 2014; James & Olson, 2000; Miller & Anderson, 1979). 예를 들면 일본에서는 반 전체가(또는 학교 전체가) 조금 다르다고 여겨지는 한 학생을 따돌린다. 아니면 학대하거나 무시해 버린다. 일본과 같이 아주 집결적이고, 집단중심의 문화에서 이러한 종류의 행태는 비극적인 결과를 이끈다. 1년에 12명이나 되는 10대들이 따돌림으로 자살한다(Jordan, 1996). 일본의 또 다른 사회적 현상은 히키코모리인데, 모든 사회적 인간관계로부터 배제된 10대(대부분 남자)들을 지칭한다. 그들은 대부분 자기 방에 틀어박혀 혼자 지낸다. 어떤 히키코모리는 10년 이상을 그렇게 지냈다. 일본 심리학자들은 히키코모리의 대부분이 왕따의 피해자들이라고 말한다(Jones, 2006). 최근 미국과 영국의 연구자들은 중고등학교의 인터넷 왕따에 대해서 연구하기 시작했다. 이러한 형태의 왕따는 스마트폰과 인터넷을 통해서 일어나는데, 점점 그 빈도가 높아져서 중학생의 경우 11%까지 영향을 받는다고 보고되었다(Kowalski & Limber, 2007; Smith et al., 2008; Wilton & Campbell, 2011).

인간은 본질적으로 사회적인 동물이다. 우리 중 다른 사람과 떨어져서 말도 하지 않고 보지도 않고 혼자서 행복하게 살 수 있는 사람은 거의 없다. 다른 사람과의 상호작용을 통해서 우리는 정서적 지지, 사랑을 받기도 하며 즐거운 경험을 공유한다. 다른 사람들의 존재는 우리의 정신건강을 위해서도 아주 중요하다. 인간관계에서 분리된 개인들은 스트레스를 많이 받고 심리적 고통을 받는 것으로 나타났다(Baumeister & Leary, 1995; Schachter, 1959; Williams & Nida, 2011).

사회적 관계에 관한 인간의 기본적 욕구를 생각할 때 우리가 다른 사람들에게 용납받기를 원한다는 사실은 놀랍지 않다. 규범적 이유로 일어나는 동조는 다른 사람이 하는 대로 따라 할 때 일어난다. 그것은 우리가 그들을 정보의 원천으로 삼기 때문이 아니라, 웃음거리가 되고 싶지 않고, 문젯거리가 되고 싶지 않고, 거부당하고 싶지 않기 때문에 일어난다. 그래서 **규범적 사회영향**(normative social influence)은 다른 사람들이 좋아하는 방향으로 행동하고자 하고 다른 사람에게 용납되고자 할 때 일어난다(Cialdini, Kallgren, & Reno, 1991; Deutsch & Gerard, 1955; Levine, 1999; Nail, McDonald & Levy, 2000).

사람들이 때로 다른 사람에게 용납되고 잘 보이기 위해서 동조한다는 것은 아마 놀랍지 않을 것이다. 그러면 나쁜 점은 무엇인가? 집단이 우리에게 중요하다면, 또 알맞은 옷을 입고 알맞은 말을 하여서 용납된다는 기분을 가지게 된다면, 동조하지 않을 이유가 있는가? 만약 중요한 문제—예를 들면 다른 사람을 해하려 하는 것—에 있어서 동조의 압력을 받는다면, 우리는 동조적 압력에 저항해야 한다. 어떤 행동이 옳은 것인지에 대해서 확실히 알고 있을 때 우리는 당연히 동조하지 않는다. 그리고 우리가 별로 중요하게 생각하지 않는 집단으로부터 오는 압력에도 당연히 동조하지 않는다. 아니면 그래도 동조하게 될까?

2014년 8월에 아이스버킷 챌린지는 소셜미디어에 넘쳐나게 되었다. 이것은 규범적 동조를 일으켜 ALS재단에 전례없는 액수의 모금액이 모였다. 이 사진은 몇만 명의 참여자 중 한 명이 챌린지를 받아들이고 있는 장면이다.

규범적 사회영향

다른 사람에게 받아들여지고 좋게 여겨지기 위해서 하는 동조. 이러한 종류의 동조는 집단의 믿음과 행동에 공개적 수용을 하게 만들지만 반드시 개인적 수용을 수반하는 것은 아니다.

동조와 사회적 승인 : Asch의 선 길이 판단 연구

Solomon Asch(1951, 1956)는 규범적 사회영향의 힘을 알아보는 일련의 연구를 하였다. Asch는 사람들이 동조하는 것에 대해 한계가 있을 것이라고 가정했다. Sherif 연구에서 불빛이 얼마나 움직였는가를 추측할 때와 같이 사람들은 자연스럽게 동조한다. 그러나 상황이 아주 확실할 때,

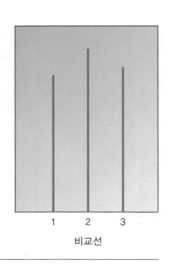

기준선

비교선

그림 8.2 Asch의 선 길이 판단 연구

규범적 사회영향 연구의 일환으로 피험자들은 오른쪽에 있는 세 선 중 어떤 것이 왼쪽에 있는 기준선과 길이가 가장 비슷한지 판단했다. 여기서도 보듯이 정답은 너무나 명백했다. 그러나 집단의 구성원들(실제로는 실험보조자들)은 오답을 말했다. 이제 피험자들은 딜레마에 빠지게 되었다. 정답을 말하고 전체 집단과 다르게 나갈 것인가, 아니면 그들의 행동에 동조하여 명백한 오답을 말할 것인가?

출처 : Asch(1956)

Asch는 사람들이 이성적이고 객관적으로 문제를 해결할 것이라 생각했다. 집단이 완전히 틀린 답을 이야기한다면, 사람들은 분명 사회적 압력에 저항할 것이고 무슨 일이 일어나고 있는지 스스로 결정하려 할 것이라 여겼다.

이러한 가설을 검증하기 위해서 Asch는 다음과 같은 실험을 하였다. 당신이 피험자라면, 당신은 이 실험이 지각판단에 관한 것이라고 들었을 것이다. 그리고 당신은 7명의 다른 학생과 함께 이 실험에 참가할 것이다. 여기 시나리오가 있다. 실험자는 모든 사람에게 2개의 카드를 보여준다. 한 장의 카드에는 한 선이 그려져 있고, 다른 하나에는 세 선이 '1, 2, 3' 번호를 붙여서 그려져 있다. 실험자는 각자에게 두 번째 카드에 있는 세 선 중 어느 선이 첫 번째 카드에 있는 선과 같은지를 물었다(그림 8.2 참조).

너무도 명확하게 정답은 두 번째 선이다. 당연히 피험자들은 "2번 선"이라고 말했다. 당신 차례는 끝에서 두 번째였고, 당신도 당연히 "2번 선"이라고 말했다. 마지막 피험자도 동일했다. 실험자들은 새로운 세트의 카드를 보여주고는

피험자들에게 판단 후 소리내어 답을 말하라고 했다. 또다시 대답은 확실했고, 모든 사람은 정답을 말했다. 이때 당신은 아마 생각할 것이다. "아이고, 시간 낭비야. 내일까지 해야 할 보고서도 있는데 그만 가야겠다."

당신이 이런 생각을 할 동안 놀라운 일이 일어났다. 실험자가 세 번째 선 세트를 보여주었고, 답은 이번에도 분명했다. 3번 선이 확실히 비슷한 길이였다. 그러나 첫 번째 피험자는 1번이라고 답을 했다! 두 번째 사람도 1번 선이라고 답했다. 세 번째도, 네 번째도, 다섯 번째, 그리고 여섯 번째 피험자도 모두 동의했다. 이제 당신이 할 차례이다. 당신은 놀라서 당신이 무엇을 잘못 본 것인지 다시 한 번 선을 자세히 보려 할 것이다. 그러나 아니다. 3번 선이 확실히 맞는 답이다. 당신은 어떻게 할 것인가? 당신이 믿는 바를 밀고 나가서 "3번 선"이라고 얘기할 것인가, 아니면 당신은 집단을 따라서 확실히 틀린 답인 "1번 선"이라고 말할 것인가?

당신이 보듯이 Asch는 사람들이 올바른 답이 절대적으로 분명한데도 동조가 일어나는 상황을 만든 것이다. 각 집단에서 실제 피험자를 빼고 나머지는 다 실험보조자로서 12에서 18세트까지

Asch의 선 길이 실험의 피험자들. 실제 피험자는 중앙에 앉은 사람이다. 그 옆에는 실험보조자들이다. 이 사진은 실험보조자가 선 길이 과제에서 잘못된 대답을 한 직후의 장면이다.

잘못된 답을 말하도록 지시받았다. 무슨 일이 일어났을까? Asch가 기대했던 것과는 다르게 상당한 수준의 동조가 일어났다. 76%의 피험자들은 동조했고, 적어도 한 번 이상 명백히 틀린 답을 얘기했다. 평균적으로 사람들은 전체 세트의 1/3 정도 동조했다(그림 8.3 참조).

사람들은 왜 그렇게 많이 동조했을까? Sherif의 실험과는 다르게 피험자들은 결정하기 위해 서로에게서 정보를 받을 필요가 없었다. 왜냐하면 상황이 불확실하지 않았기 때문이다. 올바른 답은 너무도 분명해서 통제집단의 사람들이 그들 혼자서 판단을 했을 때 98% 이상 모두 정확하게 답했다. 여기서는 대신 규범적 압력이 작용했다. 낯선 사람인데도 불구하고, 그 사람들 사이에서 혼자 다른 답을 말하는 것에 대한 두려움이 아주 컸기 때문에, 대부분의 사람들은 집단의 의견에 동조했다. 한 피험자는 말하기를 "집단이 있었고, 그들은 분명한 생각을 가지고 있었다. 나는 그들에게 동의하지 않았다. 그것은 화를 불러일으킬 수도 있었다.…… 나만 달랐다.…… 나는 바보가 되고 싶지 않았다.…… 나는 내 답이 확실히 맞다고 생각했

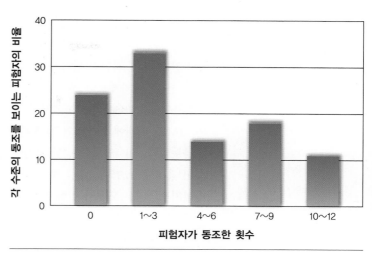

그림 8.3 Asch의 선 길이 판단 실험의 결과

Asch의 선 길이 판단 실험에서 피험자들은 높은 수준의 동조를 보였는데, 집단의 답이 너무도 명백하게 틀렸다는 것을 고려할 때 아주 놀라운 결과이다. 76%의 피험자들은 적어도 한 번 이상 동조했다. 오직 24%의 피험자들만이 한 번도 동조하지 않았다(0이라고 표시된 항목을 보라). 대부분의 피험자들은 12번의 시도 중 1번에서 3번까지 집단의 잘못된 대답에 동조했다. 그리고 집단의 오답에 거의 매번 동조한 사람들도 적지 않게 많다(그래프의 제일 오른쪽 두 막대를 보라).

출처 : Asch(1957)

다.…… [그러나] 그들은 내가 이상하다고 생각했을 것이다."(Asch, 1956, Whole No. 416)

이것은 동조를 하는 규범적 이유들이다. 사람들은 그들이 하는 것이 나쁜 것인지 알지만 별종으로 또는 바보같이 보이지 않기 위해서 그냥 따라간다. 확실히 정보적 사회영향과는 다르게 규범적 압력은 개인적 수용 없이 공개적 수용을 이끌어낸다. 사람들이 그들이 하는 것에 대해 믿지 못하고 그것이 잘못되었다고 생각할 때라도 집단을 따라간다.

Asch의 결과에서 특별히 놀라운 사실은 사람들이 자기가 바보같이 보이는 것에 대해서 걱정한다는 것이다. 낯선 사람들 앞이고, 중요한 집단으로부터 분리되는 것에 대한 위험이 있는 것이 아닌데도 말이다. Asch의 연구 이후에 이루어진 몇십 년간의 추후 연구에서 밝혀진 것은 사람들이 사회적 비승인의 위험을 원하지 않기 때문에 다시 볼 일이 없는 낯선 사람들 사이에서도 규범적 동조가 일어날 수 있다는 것이다(Bond & Smith, 1996; Chen, Wu, Tong, Guan, & Zhou, 2012; Cialdini & Goldstein, 2004).

Asch(1957)는 초기 연구를 변형한 연구들에서 사회적 비승인이 얼마나 사람의 행동을 강력하게 바꾸는지 보여주었다. 전과 같이 실험보조자들은 18번 중에서 12번 정도 잘못된 답을 했다. 그러나 이번에 피험자들은 소리내서 말하는 대신에 종이에 쓰게 했다. 이제 사람들은 집단이 그에 대해 어떻게 생각할지에 대한 걱정을 할 필요가 없었다. 동조는 극적으로 감소되어 12번 중에 1.5번만 동조가 일어났다(Insko et al., 1985; Nail, 1986). Serge Moscovici(1985)가 관찰하였듯이 Asch의 연구는 "동조를 가장 드라마틱하게 보여주는 것 중에 하나이다. 무작정 집단과 함께 가는데, 심지어 그렇게 함으로써 현실과 진실을 등지게 될 때도 그렇게 한다."

Gregory Berns와 그의 동료들이 한 연구는 규범적 사회영향에 저항하는 것이 얼마나 불쾌하고 불편한 것인지에 대한 생리적 증거를 제공하였다(Berns et al., 2005). Berns와 그의 연구팀은 기능적 자기공명영상(fMRI)을 사용하여 집단의 판단에 규범적으로 동조할 때와 그들 자신의 의견을 고수하고 집단에 동의하지 않을 때 피험자의 뇌활동 변화 차이를 조사하였다.

선 길이 판단 실험 대신 이 실험에서는 공간변환 능력을 조사하였다. fMRI 기계 안에서 피험자들은 3차원 도형을 보았고 두 번째 도형(다른 방향으로 돌려진 것)이 첫 번째 도형과 같은 것인지 다른 것인지 답해야 했다. 피험자들은 버튼을 눌러서 답을 표시했다. 이 과제는 Asch의 선 판단 과제보다 조금 더 어려웠다. 피험자들은 혼자서 판단을 했고 오답률은 13.8%였다. Asch(1951, 1956)의 실험에서 오답률은 2%였다.

fMRI 기계에 들어가기 전에 피험자들은 4명의 피험자, 사실은 실험보조자들과 함께 이야기를 나누었다. 이 4명도 동일한 공간변환 과제를 수행했지만, 피험자의 뇌 활동만 측정 기록되었다. 이 과제 중 1/3의 시도를 하는 동안 피험자는 다른 4명이 무슨 답을 했는지 전혀 알지 못했다. 나머지 2/3의 시도에서 피험자들은 4명의 집단 구성원이 하는 답을 스크린으로 보게 되었다. 전체 중 반 정도 시도에서 4명의 실험보조자는 잘못된 대답을 내놓았다. 그리고 다른 반 정도 시도에서 그들은 올바른 대답을 내놓았다.

자, 이제 피험자는 어떻게 했을까? 그리고 동조할 때 뇌의 어떤 부분이 활성화되었을까? 첫 번째로 Asch의 원래 실험에서 피험자들은 때로(정확히는 전체 시도 중 41%) 집단이 한 잘못된 대답에 동조했다. 피험자들이 혼자 대답했을 때 fMRI 결과는 시각과 지각을 담당하고 있는 후두엽 영역의 활동이 증가하는 것을 보여주었다. 피험자가 집단의 틀린 답에 동조했을 때도 같은 영역이 활성화되었다. 그러나 피험자들이 올바른 대답을 해서 집단의 답과 다를 때 시각/청각 영역은 활성화되지 않았다. 대신 부정적 정서에 관여하고, 편도체 영역과 사회적 행동 조절에 관여하고 있는 우측 미상핵 영역이 활성화되었다(Berns et al., 2005). 이와 같이 최근 뇌 이미지 연구는 약 60년 전에 Asch가 처음 시험해보았던 그 주제에 대해 검증하고 있으며, 사람들이 집단에 반대할 때 불편함과 긴장과 같은 부정적 정서를 느끼기 때문에 규범적 동조가 일어나는 것이라는 견해의 근거를 제시한다(Chen et al., 2012; Shestakova et al., 2013).

정확성의 중요성 재검토

이제 당신은 이렇게 생각할지 모른다. "좋아, 우리는 규범적 사회영향에 동조한다. 하지만 사소한 일에만 그렇다. 당신이 선 길이 판단 실험에서 옳은 대답을 하는지 아닌지 누가 신경이라도 쓰는가? 그것은 상관없다. 만약 어떤 중요한 일이라면, 나는 집단의 잘못된 대답에 대해서 절대로 동조하지 않을 것이다!" 이것은 아주 좋은 비판점이다. 우리가 정보적 사회영향과 관련해서 한 논의의 중요성을 기억해보라. 불확실한 상황에서 중요한 결정을 내려야 한다면, 사람들은 정보적 이유로 더 많이 동조한다는 것을 발견했다. 그러면 확실한 상황에서는 어떨까? 중요한 결정일수록 사람들은 덜 동조할 것인가? 정확성이 중요한 상황이라면, 당신은 집단의 압력에 저항하고 반대할 수 있는가?

앞에서 논의했던 목격자 연구를 생각해보자. 거기서 Baron과 그의 동료들(Baron et al., 1996)은 실험적으로 사회적 영향을 이끌어냈다. 그 실험에서 피험자들은 범인 사진이 있는 슬라이드를 한 장 본 후, 범인이 다른 용의자들 함께 한 줄로 서 있는 슬라이드를 다른 두 실험보조자와 함께 보았다. 정보적 동조를 실험할 때 연구자들은 과제를 아주 어렵게 만들어서 답이 무엇인지 불확실하게 만들었다. 슬라이드는 0.5초 동안 비춰졌고, 그들은 각 슬라이드를 두 번씩 보았다. 이제 과제는 Asch의 선 판단 과제에서처럼 쉽게 바뀌어, 당신이 자지 않고 깨어만 있다면 정답을 찾을 수 있게 했다. 통제집단에 있는 개인들은 혼자서 그 슬라이드를 보았고, 97% 정확도를 보였다.

Baron과 그의 동료들은 또다시 정확도의 중요성을 조작하였다. 앞에서 설명하였듯이 피험자 중 반은 옳은 답을 하는 것이 아주 중요하다고 믿게 되었고, 나머지 반은 그들이 어떻게 하든지 중요해하지 않았다. 이제 피험자들은 실험보조자들이 확실하게 틀린 답을 얘기할 때 어떻게 반응할 것인가? 그들은 Asch의 실험에서처럼 몇몇 시도에서 동조할 것인가? 아니면 정확도가 중요하다고 믿어서 집단에 반대하고 규범적 압력을 무시하는 답을 할 것인가?

연구자들은 낮은 중요도에 있는 피험자들은 집단에 33% 정도로 동조하는 것을 발견했다. 이것은 Asch의 선 길이 판단 실험과 비슷한 수치이다. 높은 중요도에 있는 피험자는 어떨까? 집단에 완전 반대하기보다 몇몇 시도에서만 반대했다. 오직 16%만이 집단의 오답에 동조했다. 그러나 그들은 여전히 때로 동조했다! 이러한 사실은 규범적 사회영향의 힘을 보여준다. 집단이 잘못될 때라도, 그리고 올바른 답이 너무도 명확하고 정확하게 답하면 이득이 있음에도 불구하고 사람들은 사회적 비승인의 위험에 대해 두려워했다. 심지어 낯선 사람에게까지도(Baron et al., 1996; Hornsey, Majkut, Terry, & McKimmie, 2003)! 폴라플런지의 예에서도 볼 수 있듯이, 사회에 받아들여지고자 하는 욕구는 비극적 결과를 초래할 수도 있다.

규범적 사회영향은 동조가 갖는 부정적 고정관념을 가장 잘 반영한다. 동조하는 사람은 줏대 없고 약한 사람이라는 믿음이다. 아이러니하게도 사람들은 사회적 압력에 저항하기 힘들지만, 그들이 규범적 영향을 받았다는 것은 부정한다. Nolan과 동료들(2008)이 한 전기절약 실험을 생각해보라. 이 연구에서 연구자들은 캘리포니아 사람들의 전기사용 감소에 관한 여러 메시지들의 효과성을 조사했다. 그중 가장 설득적인 메시지는 소비자에게 그들의 이웃이 전기를 아껴 쓴다는 것을 말하는 것이었다. 그러나 피험자들은 이 메시지가 그들에게 영향을 거의 미치지 않는다고 믿었다. 특별히 환경을 보호하고 돈을 절약한다는 메시지를 받은 피험자보다 더욱 그러했다. Nolan과 동료들은 사람들이 종종 규범적 사회영향의 힘을 과소평가하는 경향이 있다고 결론지었다.

규범적 압력이 당신에게 영향을 미친다는 사실을 부정한다고 해도 그 영향을 막을 수는 없다. TV 오락 프로그램 제작자들이 왜 전문방청객을 불러서 코미디언을 더 웃기게 보이도록 만드는지 이것 외에 다른 것으로 설명할 수 있는가(Warner, 2011)? 또는 스포츠팀이 왜 광적인 팬들을 홈게임에 초대해서 다른 관객까지 흥분하게 만드는지 설명할 수 있는가(Sommers, 2011)? 확실한 것은 사회에 적응하려 하고 받아들여지려고 하는 것은 인간 본성 중 일부라는 점이다. 우리가 그것을 인정하든 인정하지 않든. 가령 우리가 유행하는 최신 패션을 열심히 굳이 따라가려고 노력하지는 않더라도, 시대에 맞는 적절한 스타일로 여겨지는 옷을 입으려 한다. 1970년대에 유행했던 넓은 남성 넥타이는 1980년대에 좁은 넥타이로 대체되었고, 1990년대에는 넓은 넥타이가 다시 유행하게 되었다. 그리고 요즘에는 좁은 넥타이가 다시 나타나고 있다. 여성들의 치마는 미니스커트에서 롱스커트로 길어졌다가 그 후 다시 짧아졌다. 어떤 집단의 사람들이 입고 있는 특징적인 모습이 눈에 들어온다면 그것은 규범적 사회영향 때문일 것이다. 그게 무엇이든 몇 년 후에는 그것도 철 지난 구식 패션이 되어버릴 것이다. 패션업계에서 그것을 새로운 유행으로 다시 부활시킬 때까지 말이다.

유행은 규범적 사회영향의 한 예이다. 2007년에 크록스 유행이 일어난 것은 거의 모든 아이들이 이 구멍 뚫린 플라스틱 신발을 신었기 때문이다. 몇 년 후에 크록스에 대한 평은 엇갈리기 시작했고 크록스를 반대하는 페이스북과 트위터 팔로워 수는 100만 명이 넘게 되었다.

규범적 사회영향에 저항할 때 초래되는 결과

규범적 사회압력을 관찰하는 한 가지 방법은 사람들이 규범에 저항했을 때 일어나는 결과를 조사하는 것이다. 사실 모든 TV 프로그램은 이러한 바탕 위에 만들어진 것이다. 규범을 어기는 것은 재밌는 결과를 초래한다. 나말고 다른 사람이 고생하는 것을 보는 것이기 때문에 그렇다. '사인 필드', '커브 유어 엔수지애즘', '루이' 같은 프로그램은 규범적 사회영향을 거부했을 때 일어나는 코믹한 상황을 통해 시청자들에게 웃음과 민망함을 안겨준다.

우리의 삶에서 만약 어떤 사람이 집단이 원하는 것을 하지 않고 규범을 어겼을 때 무슨 일이 일어나는가? 당신 친구들 사이에 있는 규범을 생각해보라. 어떤 친구들은 집단에서 결정을 내릴 때 평등주의적 규범을 가지고 있다. 예를 들면 영화를 고를 때 모든 사람이 일치하는 의견이 나올 때까지 토의하게 된다. 이러한 규범을 가진 집단에서 당신 혼자서 '이유 없는 반항'이라는 영화를 보고 싶다고 우기면 어떻게 될까? 다른 사람은 아무도 동의하지 않는다. 당신 친구들은 당신의 행동에 놀랄 것이다. 그리고 그들은 당신에게 화낼지도 모른다. 당신이 만약 친구 집단의 규범을 계속 무시하고 동조하지 않으면, 두 가지 일이 생길 것이다. 첫째, 집단은 당신을 동조하도록 설득하려 할 것이다. 긴 토론과 비아냥거림을 통해 친구들은 왜 당신이 그렇게 이상하게 행동하는지를 알아내려 하고 당신을 동조시키기 위해 노력할 것이다(Garfinkle, 1967). 만약 이런 전략이 소용없을 때 당신 친구들은 당신에 대해 부정적인 말을 할 가능성이 크다. 그리고 당신을 제외시키기 시작할 것이다(Festinger & Thibaut, 1951). 그러면 이제 당신은 사실상 집단에서 따돌림당하는 것이다(Abrams, Margues, Brown, & Henson, 2000; Hornsey, Jetten, McAuliffe, & Hogg, 2006; Jetten & Hornsey, 2014; Marques, Abrans, & Serodio, 2001; Milgram & Sabini, 1978).

Stanley Schachter(1951)는 집단의 규범적 영향을 무시하는 한 개인에 대해 집단이 어떻게 대응하는지를 묘사했다. 그는 대학생 집단에게 청소년 범죄자인 '조니 로코'의 인생에 대해 읽고 토론하게 했다. 대부분의 학생들은 로코가 사랑과 훈육을 받았어야 한다고 믿으면서 그에 대해 중립적인 입장을 취했다. 그러나 피험자 모르게 Schachter는 집단의 의견에 반대하는 사람들을 심어 놓았다. 그 사람들은 로코가 혹독한 처벌을 받았어야 한다고 지속적으로 주장했다. 집단의 다른 구성원들이 뭐라고 하든지 상관하지 않았다.

루이스 CK는 스탠드업 코미디나 시트콤을 통해서 사람들이 공적으로 밝히기를 꺼리는 부끄러운 관계나 사회적으로 터부시하는 주제를 다루는 코미디언이다. 그는 햄튼에서 열리는 엄숙한 갈라쇼에 티셔츠와 청바지를 입고 오기도 하는 등 규범을 깨는 것을 통해 웃음을 유발시킨다.

이 반대자들은 어떠한 대우를 받았을까? 그들은 토론에서 실제 피험자가 하는 대부분의 코멘트와 질문의 대상이 되었다. 그리고 끝으로 갈수록 그들과 나누는 대화가 현격히 줄어들게 되었다. 다른 집단 구성원들은 그 반대자를 설득시키려 했다. 그것이 잘 안 되자 그들은 반대자들을 무시하기 시작했다. 그들은 반대자를 처벌하기까지 했다. 토론 후에 그들은 향후 토론을 위한 설문지에 답하도록 요청받았는데, 다음 토론에서 인원수를 줄여야 한다면 누구를 제외시켜야 할지 한 사람을 추천하도록 하는 질문에 피험자들은 그 반대자를 꼽았다. 또 향후 토론에서 각자가 맡을 다양한 역할을 배정하도록 요청받았을때, 피험자들은 중요하지 않은 일, 또는 필기하기 같은 지겨운 일을 반대자에게 배정했다. 사회적 집단은 비동조자를 어떻게 처리할지 잘 알고 있었다. 규범적 사회영향에 저항하는 것이 어떤 것인지 '해보기 : 규칙을 깸으로써 규범적 사회영향 드러내 보기' 연습을 통해 당신도 알 수 있을 것이다.

해보기! 규칙을 깸으로써 규범적 사회영향 드러내 보기

매일 당신은 많은 사람과 이야기한다. 친구와 교수님과 동료와 낯선 사람과 당신이 대화를 할 때, 대화가 길든 짧든 당신은 그 문화에서 작동하는 '규칙'이라는 것을 따르고 있다. 이러한 대화의 규칙은 비언어적 행동을 포함하는데, 그것은 사람들이 '보통' 또는 '예의 바른'으로 여기는 것이다. 당신은 이러한 규범이 얼마나 강력한 것인지는 규칙을 깬 행동을 한 후, 사람들이 당신에게 어떻게 반응하는가를 보면 알 수 있다. 그들의 반응은 규범적 사회영향의 힘을 보여주는 것이다.

예를 들면 당신은 대화할 사람들과 일정한 거리를 둔다. 너무 멀지도 않고 가깝지도 않게 약 60~90cm가 일반적이다. 또 우리는 우리가 다른 사람의 말을 들을 때 눈을 맞춘다. 반대로 자신이 이야기할 때는 상대방보다 다른 것을 더 많이 본다.

당신이 이러한 규범적 규칙을 어긴다면 어떻게 될까? 친구와 대화를 할 때 아주 가깝게 서거나 아주 멀리 한번 서보라(30cm나 2m 정도). 그리고 친구와 일반적인 내용의 대화를 나눠보라. 그리고 당신의 친구가 어떻게 반응하는지 보라. 당신이 너무 가까이서 이야기한다면 당신의 친구는 아마도 뒤로 물러설 것이다. 만약 당신이 계속 가까운 거리를 유지하고자 한다면 친구는 아마 불편하게 느껴서 보통 때보다 더 빨리 대화를 끝내려 할 것이다. 당신이 만약 멀찍이 서 있다면 당신의 친구는 당신이 이상한 기분이라고 생각할 것이다. 두 경우 모두 당신 친구는 아마 혼란스러운 얼굴을 하고 당신을 자주 쳐다볼 것이다. 그리고 불편하고 혼란스러운 몸짓을 하고 보통 때보다 말을 적게 하거나 대화를 빨리 끝낼 것이다.

당신은 비규범적으로 행동했다. 그리고 당신의 대화상대는 무슨 일이 일어나고 있는지를 먼저 알아내려고 할 것이다. 그러고 나서는 당신이 하는 이상한 행동을 멈추기 위해 반응할 것이다. 이러한 간단한 연습을 통해, 당신은 당신이 항상 이상하게 행동한다면 무슨 일이 일어날지에 대해 대충 감을 잡을 수 있을 것이다. 사람들은 당신을 변화시키려고 할 것이고 그들은 당신을 피하거나 무시하기 시작할 것이다.

끝낼 때는 당신의 친구에게 이 연습에 대해 설명해주어서, 당신의 행동을 이해할 수 있도록 하라. 당신이 왜 그렇게 특이하게 행동했는지에 대해 밝히면 당신은 속이 시원함을 느낄 텐데, 이것은 규범적 압력의 힘과 그것에 저항했을 때 느껴지는 어려움을 반증하는 또 하나의 현상이라 할 수 있다.

사람들은 언제 규범적 사회영향에 동조하는가

동조가 사회 여러 곳에서 일어나는데도 불구하고, 사람들이 항상 동료들의 압력에 굴복하지는 않는다. 모든 사람이 낙태, 차별금지법, 동성결혼 등 많은 주요 이슈들에 대하여 동의하지 않는 것을 보면 알 수 있다. 그러면 정확히 언제 사람들이 규범적 압력에 더 동조하는가? Bibb Latané(1981)는 이 문제에 대해서 **사회적 영향 이론**(social impact theory)으로 설명한다. 이 이론에 따르면 당신이 사회적 영향에 반응하는 것은 집단에 대한 세 가지 변인에 달려 있다.

사회적 영향 이론

사회적 영향에 동조하는 것은 집단의 강도, 집단의 크기(구성원의 수)에 달려 있다고 하는 주장

1. **강도** : 당신에게 그 집단이 얼마나 중요한가?
2. **근접성** : 시공간적으로 당신은 그 집단과 얼마나 가까운가?
3. **크기** : 그 집단에 얼마나 많은 수의 사람들이 있는가?

사회적 영향 이론은 집단의 강도와 근접성이 증가할수록 동조가 증가할 것이라고 말한다. 확실히 그 집단이 우리에게 중요할수록, 그리고 집단 구성원들과 물리적으로 더 가까울수록 우리는 그 규범적 압력에 더욱 동조할 것이다.

사회적 영향은 집단의 크기에 따라 다르게 작동한다. 집단의 크기가 커질수록, 새롭게 들어오는 사람 한 명 한 명이 집단에 미치는 영향은 더 적다. 3명에서 4명이 되는 것은 53명에서 54명이 되는 것과는 다른 것이다. 만약 우리가 동조에 관한 집단의 압력을 느낀다면, 한 사람이 더해지는 것은 그 집단의 크기가 클 때보다 작을 때 더 큰 영향을 미칠 것이다. Latané는 강도와 근접성, 크기에 대한 가설을 설명하는 수학적 모델을 만들었다. 그리고 이 공식을 많은 동조실험 결과에 적용하였다(Bourgeois & Bowen, 2001; Latané, 1981; Latané & Bourgeois, 2001; Latané & L'Herrou, 1996; Wolf, 2014).

예를 들면 에이즈에 대한 사회적 각성을 일으키는 운동에 많이 관련된 동네(강도, 즉시성, 크기가 모두 큰 집단)에 살고 있는 게이 남성은 그러한 운동에 덜 관련된 동네에 살고 있는 게이 남

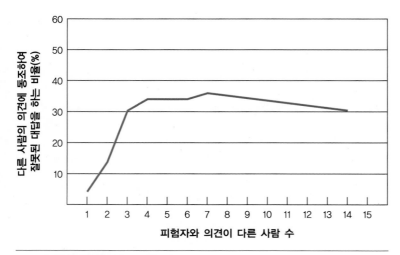

그림 8.4 집단 크기가 동조에 미치는 영향
Asch는 만장일치하는 다수 집단의 크기를 다르게 해보았다. 그 결과 인원수가 4명일 때, 그 이후에 인원을 더 추가하는 것은 동조에 거의 영향을 미치지 않았다.

출처 : Asch(1955)

성보다 위험한 성적 활동을 피해야 한다는 사회적 압력을 더욱 많이 느낀다고 보고하였다(Fishbein et al., 1993). 비슷하게 최근 연구는 데이트를 하는 연인 사이(일반적으로 강도와 즉시성이 높은 관계)에서 한 명이 지나친 음주행위를 하는 경향은 다른 한 명이 가지고 있는 음주 규범에 의해 유의미하게 예측되는 것으로 나타났다(Mushquash et al., 2011).

규범적 사회동조가 커지는 조건들에 대해 사회적 영향 이론은 어떻게 설명하고 있는지 더 알아보자.

집단이 커질 때 집단의 크기가 어느 정도 커졌을 때 동조가 일어나는가? Asch(1955)와 후의 연구자들은 집단에 속한 사람들의 수가 증가할 때 동조도 증가한다는 것을 발견하였다. 그러나 집단의 숫자가 4명 또는 5명이 되면 동조는 더 증가하지 않았다. 이는 사회적 영향이 제안하는 바와 동일하다(Bond, 2005; Campbell & Fairey, 1989; Gerard, Wilhelmy, & Conolley, 1968)(그림 8.4 참조). 간단히 말하면 아주 큰 크기의 집단이 있어야 규범적 사회영향을 받는 것은 아니다. 그러나 집단이 클수록 사회적 압력은 커진다.

집단이 중요할 때 사회적 영향 이론의 또 다른 가정은 집단의 강도이다. 집단의 강도란 집단이 우리에게 얼마나 중요한가를 말한다. 규범적 압력은 사람들의 우정, 사랑, 존경에서 나온다. 왜냐하면 사랑이나 존경을 잃는 것에 대해 치러야 할 대가가 크기 때문이다(Abrams et al., 1990; Guimond, 1999; Hogg, 1992; Nowak, Szamrej & Latané, 1990; Wolf, 1985). 이러한 결론의 한 가지 현상은 응집성이 높은 집단에서 내리는 정책 결정이 아주 위험할 수 있다는 것이다. 왜냐하면 그들은 서로를 기쁘게 하는 데 더 신경을 쓰고 가장 논리적 결정을 내리기보다 갈등을 피하려고 하기 때문이다. 우리는 이 현상에 대해서 제9장에서 알아볼 것이다.

그러나 중요한 집단의 규범에 동조하는 바로 그 행위는 대부분의 경우 심각한 문제없이 집단 의견과 달리할 수 있는 권리를 부여해준다는 것을 알아야 한다. 이러한 흥미로운 현상은 Edwin Hollander(1960, 1985)에 의해 발견되었다. 그는 집단에 대한 동조를 오랫동안 하게 되면, 당신에게 특이할 수 있는 **특혜**(idiosyncrasy credits)가 부여된다고 설명한다. 이것은 마치 미래를 위해 은행에 돈을 저축하는 것과 같다. 예를 들어 당신의 친구들 모두 중국 음식점에 가서 식사하는 것에 동의한다고 하자. 그러나 당신은 오늘은 멕시코 음식을 먹고 싶다. 당신은 집단에 동의하기보다 당신의 의견을 고수하여 멕시코 음식을 먹기로 했다. 당신이 일반적으로 과거에 친구들의 의견을 따라왔다면 친구들은 당신이 이번에 동조하지 않는 것에 대해서 크게 화를 내지 않을 것이다. 왜냐하면 그 동안의 동조로 인해, 이러한 경우에 한 번 정도 규범에서 벗어나도 될 신용을 얻었기 때문이다(Hornsey, Grice, Jetten, Paulsen, & Callan, 2007).

집단에서 같은 편이 하나도 없을 때 규범적 사회영향은 그 집단의 모든 사람이 같은 것을 말하거나 믿을 때 가장 강력하게 느껴진다. 이를테면 당신 친구들이 모두 다 '반지의 제왕'이 최고의 영화라고 믿을 때이다. 그러한 만장일치하는 사회적 영향에서 당신 편이 하나도 없다면 그 의견에 저

특혜

한 사람이 집단의 규범에 오랜 시간 동조한 후에 얻게 되는 관용. 만약 독특함에 대한 신용이 충분히 쌓이면, 그 사람은 때로 집단의 응징을 받지 않고도 일탈적인 행위를 할 수 있다.

항하는 것은 거의 불가능하다. 만약 어떤 한 사람이 그 집단에 동의하지 않는다면, 예컨대 '스타워즈'가 최고의 영화라고 한다면 그 사람의 행동은 당신에게 그 대세를 거스를 용기를 준다.

같은 편을 갖는 것의 중요성을 시험해보기 위해서 Asch(1955)는 다른 종류의 동조실험을 하였다. 그는 7명 중 6명의 실험보조자에게 매회 오답을 말하게 하였고, 나머지 한 사람에게는 정답을 말하게 하였다. 이제 피험자는 혼자가 아니었다. 집단 전체에 여전히 동의하지 않지만, 한 명의 같은 편을 가지는 것은 피험자가 규범적 압력에 저항하도록 돕는다. 이 실험에서 사람들은 평균 6%만이 동조현상을 보였는데, 모든 실험보조자가 오답을 말할 때는 32%가 동조현상을 보였다. 다른 비슷한 연구들에서도 다른 사람이 규범적 사회영향에 저항하는 것을 관찰할 때 개인도 역시 저항하였다(Allen & Levine, 1969; Morris & Miller, 1975; Nemeth & Chiles, 1988).

혼자서 반대의견을 내놓는다는 어려움은 미국 헌법재판소에서도 마찬가지이다. 사건을 들은 후, 9명의 판사는 그 사건에 대해 그들이 만장일치인지 아닌지를 먼저 비공식적으로 알아본다. 그다음 몇몇의 판사들이 자기의 주장에 대한 개요를 쓰면, 나머지 판사들은 그중 어떤 개요에 동의하여 사인을 할지 결정한다. 그리고 마지막으로 최종 결정이 내려지게 된다. 헌법재판소의 결정에 대한 내용분석에 따르면, 1953년에서 2001년에 이르기까지(29명의 법관이 내린 4,178건의 판결) 가장 많은 결론은 9-0으로 결정된 만장일치였다(전체의 35%). 그리고 가장 적었던 판결은? 나머지 모든 사람에 대해 반대하는 의견인 8-1로 분할된 결정이었다. 이것은 48년 동안 단 10%밖에 없었다(Granberg & Bartels, 2005).

집단주의 문화를 가진 집단일 때 "미국에서 소리 나는 바퀴에는 기름칠을 해준다. 일본에서 튀어나온 못은 정을 맞는다."(Markus & Kitayama, 1991, p. 224) 한 사람이 양육되어 키워진 사회가 규범적 사회영향에 영향을 줄까? 아마도 답은 '그렇다'일 것이다. Stanley Milgram(1961, 1977)은 Asch의 실험을 노르웨이와 프랑스에서 똑같이 해보았다. 노르웨이 피험자들은 프랑스 피험자들에 비해서 더 많이 동조하는 것이 발견되었다. Milgram(1961, p. 51)은 노르웨이 사회는 응집력이 더 있고 집단 정체성이 더 강한 반면, 프랑스 사회는 이에 비해 정치사회적 불일치가 있다고 했다. 규범적 사회영향을 알아본 또 다른 비교문화 연구에서 레바논, 홍콩, 브라질 피험자들은 미국 피험자들에 비해서 더 낮은 수준의 동조를 보였고, 짐바브웨의 반투족의 피험자들은 높은 수준의 동조를 보였다(Whittaker & Meade, 1967). 연구자들은 반투 문화에서는 동조가 높은 사회적 가치를 지닌다고 지적했다.

일본 문화가 많은 영역에서 높은 수준의 동조를 보이지만, Asch의 실험과 같은 연구(Frager, 1970; Williams & Sogon, 1984)에서 집단이 만장일치로 오답을 말했을 때, 일본 학생들은 미국 학생들만큼 동조를 하지 않았다(Frager, 1970; Williamms & Sogon, 1984). 일본에서 협조성과 충성은 자기가 소속된 집단을 향한 것이지, 낯선 사람들에게가 아니다. 그러므로 일본인들은 낯선 사람들에게는 동조할 필요가 없다. 게다가 심리학 실험과 같은 인위적인 상황에서는 더욱 그럴 것이다. 또 영국인 표본에서 다른 사람들이 예술역사 전공자일 때보다 자기와 같은 심리학 전공자들일 때 동조는 더 많이 일어났다(Abrams et al., 1990). 또 독일인 피험자들은 북미 피험자들보다 Asch 실험에서 동조가 덜 일어났는데(Timaeus, 1968), 독일에서는 낯선 사람에게 동조하는 것은 잘 아는 사람에게 동조하는 것에 비해 덜 가치 있게 여기기 때문이다(Moghaddam, Taylor, & Wright, 1993).

동조에 있어서 문화의 역할에 대한 체계적인 리뷰는 17개국(미국, 캐나다, 영국, 프랑스, 네덜란드, 벨기에, 독일, 포르투갈, 일본, 홍콩, 피지, 짐바브웨, 콩고, 가나, 브라질, 쿠웨이트, 레

동조라는 개념이 얼마나 가치 있게 여겨지느냐는 문화에 따라 다르다. 2008년 베이징 올림픽 개막식 때, 세계의 TV 시청자들은 2008명의 북치는 사람들이 완벽히 같은 동작을 동시에 하는 것을 보며 놀라움을 금치 못했다.

바논; Bond & Smith, 1996)에서 이루어진 133개의 Asch의 선 길이 판단 연구의 메타분석에 잘 나와 있다. 개인주의 문화에서 온 피험자들보다 집단주의 문화에서 온 피험자들은 선 길이 판단 실험에서 더 높은 동조를 보였다. 집단주의 문화에서 동조는 가치 있는 것으로 여기며, 미국에서와 같이 부정적인 것으로 여기지 않는다. 다른 사람에게 동의하는 것은 복종이나 겁쟁이와 같은 것으로 비춰지지 않고, 요령 있고 센스 있는 것으로 여겨진다(Hodges & Geyer, 2006; Smith & Bond, 1999). 집단에 대한 강조 때문에 집단주의 문화의 사람들은 규범적 사회영향을 가치 있게 여긴다. 왜냐하면 그것이 집단 안에서 조화롭고 상호 의존적인 관계를 촉진하기 때문이다(Guisinger & Blatt, 1944; Kim, Triandis, Kagitcibasi, Choi, & Yoon, 1994; Markus et al., 1996; Zhang, Lowry, Zhou, & Fu, 2007).

　J. W. Berry(1967; Kim & Berry, 1993)는 음식을 저장하는 아주 다른 전략을 가진 두 문화를 비교함으로써 동조를 문화적 가치 측면에서 알아보았다. 그는 사냥과 낚시에 의존하는 사회에서는 독립성, 적극성, 모험성이 가치 있게 여겨진다고 가정하였는데, 이것은 음식을 찾고 집으로 가져오기 위해서 필요한 특성이다. 반대로 농경문화에서는 주로 협동과 동조와 묵인이 가치 있게 여겨진다고 가정하였는데, 이것은 서로 모여 살고 상호 의존적인 농업에서 필요한 특성이다. Berry는 사냥과 낚시를 주업으로 하고 있는 캐나다 배핀섬의 이누이트족의 사람들과 농경사회인 아프리카 시에라리온의 템네족 사람들이 Asch의 동조실험에 어떻게 반응하는지를 비교해보았다. Berry의 가설과 일치하게 템네족 사람들은 동료가 내놓은 의견을 수용하는 경향이 아주 컸으나, 이누이트족 사람들은 동료들의 의견을 거의 무시했다. 템네족의 한 사람은 말하기를 "템네족 사람이 어떤 것을 선택하면 우리는 그 의견에 반드시 동의해야 한다. 이것이 우리가 부르는 협동이란 말의 의미이다." 반대로 이누이트족 사람들이 그들의 동료가 하는 잘못된 대답에 몇 번 동조할 때 그들은 '조용하게 알고 있다는 의미의 웃음'을 내보였다(Berry, 1967, p. 417).

소수의 영향 : 몇 명이 전체에게 영향을 미칠 때

우리는 규범적 사회영향을 논함에 있어서, 집단은 개인에게 영향을 미치지만 개인은 집단에 영향을 미칠 수 없다는 생각에 대해서 짚고 넘어갈 필요가 있다. Serge Moscovici(1985, 1994; Moscovici, Mucchi-Faina, & Maass, 1994)가 말하였듯이, 집단이 비동조자를 침묵하게 하고, 의견이 다른 사람을 배척하고, 모든 사람이 다수의 의견을 따르게 하는 데 항상 성공한다면, 그 시스템(구조)에 한 번이라도 변화가 일어날 수 있을까? 우리가 다른 사람들과 발맞추어 똑같이 행진하는 로봇과 같다면 현실을 절대 바꿀 수 없을 것이다. 이것은 확실히 아닌 것 같다(Imhoff & Erb, 2009).

소수의 개인이나 집단이 다수의 행동이나 믿음을 바꿀 수 있다(Moscovici, 1985, 1994; Mucchi-Faina & Pagliaro, 2008; Sinaceur et al., 2010). 이것을 **소수의 영향**(minority influence)이라고 부른다. 핵심은 일관성이다. 소수의 사람들이 가지고 있는 시각은 시간이 지나도 같아야 한다. 그리고 소수의 구성원들끼리도 서로 동의해야 한다. 소수집단의 한 사람이 만약 두 가지의 다른 견해를 가지고 있거나, 아니면 두 사람이 서로 다른 의견을 표현하게 되면, 다수는 그들이 이상하고 근거 없는 견해를 가지고 있다고 생각하며 무시할 것이다(Moscovici & Nemeth, 1974). 예를 들면 1970년대에 과학자들 몇 명이 인간으로 인한 기후변화에 대해 사회적 환기를 불러일으키기 시작했다. 오늘날 대다수는 여기에 관심을 가지고 있으며, 선진국의 정치 지도자들은 해결책을 논의하기 위해서 노력하고 있다. 다른 예로서 1960년대에 여성주의자 몇몇이 여성을 미스나 미세스 대신 미즈(Ms.)로 부르는 캠페인을 시작했다. 오늘날 미즈(Ms.)는 업무상황이나 다른 많은 상황에서 표준형식으로 쓰이고 있다(Zimmers, 2009).

약 100개의 연구를 바탕으로 한 메타연구에서 Wendy Wood와 그녀의 동료들은 어떻게 소수가 다수에 영향을 미치는지에 대해 설명했다(Wood et al., 1994). 주류의 사람들은 규범적 영향을 통해 사람들을 동조하게 만들 수 있다. Asch의 실험에서와 같이 이러한 규범적 동조는 개인의 수용 없이 공개적 수용을 이끌 수 있다. 그러나 소수 의견을 가진 사람들이 규범적 동조로 다른 사람에게 영향을 미친다는 것은 거의 불가능하다. 주류집단의 사람들은 소수의 의견에 동의한다고 공공연하게 말하는 것을 꺼릴 가능성이 크기 때문이다. "저 사람은 이상한 견해를 가졌다."라고 여겨지기를 원치 않기 때문이다. 그래서 소수 의견자는 다른 수단을 통해서 집단에 영향을 미치는데, 바로 정보적 사회영향을 통해서이다. 소수 의견자는 기대하지 않았던 새로운 정보를 집단에게 알려준 후 집단이 그 이슈를 더 자세하게 검토하게 만들 수 있다. 그러한 면밀한 검토 후에 다수는 소수 의견자들의 견해에도 장점이 있다는 것을 깨달을 수 있다. 이렇게 하면 집단이 소수 의견자의 견해를 부분적으로 또는 전체적으로 수용하게 할 수 있다. 요약하면 주류는 종종 규범적 사회영향으로 공개적 수용을 하게 되는 반면, 소수 의견자들은 정보적 사회영향으로 개인적 수용을 이끌어내는 경향이 있다(De Dreu & De Vries, 2001; Levine, Moreland, & Choi, 2001; Wood, Pool, Leck, & Purvis, 1996).

소수의 영향
소수집단의 구성원들이 다수의 행동이나 믿음에 영향을 미치는 경우

복습문제

1. 수용할 만한 사회적 규칙을 무엇이라고 하는가?
   a. 감염
   b. 사회적 규범
   c. 소수의 영향
   d. 수렴

2. Asch의 선 판단 실험이 의미하는 바는 무엇인가?
   a. 피험자들은 개인적 수용 없이 공적인 동조를 보였다.
   b. 모든 피험자가 적어도 한 번 이상은 동조했다.
   c. 피험자가 소리내서 말할 때보다 종이에 자신의 응답을 썼을 때 동조가 더 많이 일어났다.
   d. 동조는 개인에게 중요성을 지니는 과제를 할 때에만 일어났다.

3. 정보적 사회영향에 비하여 규범적 사회영향은 어떤 특징을 지니는가?
   a. 더 암묵적이고 개인적인 태도변화를 일으킨다.
   b. 다양한 문화 간 차이가 덜하다.
   c. 정확하고자 하는 것보다는 소속되고자 하는 것과 더 관련이 있다.
   d. 이것에 대해 대부분의 미국인들이 긍정적인 태도를 가지고 있다.

4. 12명으로 구성된 배심원이 살인에 대한 재판에 참여하고 있다. 그중 11명은 유죄에 표를 던졌으나 한 명의 배심원은 무죄에 표를 던지고자 한다. 그 사람은 자신의 주장을 확고히 하고 마음을 바꿀 생각이 전혀 없다. 연구에 의하면 나머지 11명이 이 한 명의 이견에 대해서 어떻게 반응할 것인가?
   a. 그들은 끝내 그를 무시하고 그에게 기분 나쁨을 표현함으로써 그를 응징하려 할 것이다.
   b. 그가 자신의 입장을 오랫동안 고수한다면 그들은 그의 소신 있는 입장을 높이 평가할 것이다.
   c. 그들은 그의 태도를 바꾸려 할 것이다.
   d. 그들은 소수의 영향을 사용하여 그의 마음을 바꾸게 하려 할 것이다.

5. 다음 중 어떤 결론이 사회적 영향 이론과 일치하는가?
   a. 동조는 중요한 사람들로 구성된 집단에서보다 낯선 사람들로 이루어진 집단에서 더 잘 일어날 것이다.
   b. 사회적 영향은 집단의 크기가 커질수록 그에 선형 비례하여 증가할 것이다. 다시 말하면 새로운 구성원이 더해질 때마다 사회적 영향의 크기는 일정량 커질 것이다.
   c. 집단이 즉흥적일수록 사회적 영향은 더 크게 발휘될 것이다.
   d. 동조는 개인주의 문화에서보다 집단주의 문화에서 덜 나타난다.

6. 소수의 영향의 핵심은 무엇인가?
   a. 규범적 사회압력
   b. 즉흥성
   c. 창의성
   d. 일관성

정답은 537-539쪽 참조

사회적 영향을 이용한 전략

8.4 사회적 영향에 대한 지식을 활용하여 타인에게 어떻게 영향을 미칠 수 있을까

우리는 정보적 동조와 규범적 동조가 어떻게 일어나는지 알아보았다. 미국과 같은 지극히 개인주의적 문화권에서도 두 종류의 동조는 흔히 일어나고 있다. 이것을 긍정적이고 생산적인 방향으로 사용하는 방법이 있을까? 동조를 통해 공공의 선을 이루는 방향으로 사람들의 행동을 유도할 수 있을까? 답은 '예스'이다.

　2010년에 미국 국회의원 선거 기간에 일어난 6,100만 명이 참가한 실험을 생각해보자(Bond et al., 2012). 선거 기간에 연구자들은 몇백만 명의 페이스북 사용자들에게 투표에 관한 정보적 또는 사회적 메시지를 보냈다. (통제집단은 아무 메시지도 받지 않았다.) 투표에 관한 정보적 메시지에는 '새로운 뉴스'라는 제목이 제일 위에 보이게 했고, 가까운 투표소 위치를 찾을 수 있는 링크를 제공했다. 그리고 "나는 투표했습니다."라는 버튼을 누르면 자기가 투표했다는 소식을 친구에게 전할 수 있게 했다. 사회적 메시지에는 동일한 정보를 포함시켰는데 한 가지만 달랐다. 페이스북 친구 중 몇 명이 투표했는지를 알려주고, 투표한 친구 중 6명을 임의로 뽑고 그들의 사진이 보이게 했다. 통제집단에 비해 정보적 메시지를 받은 집단의 투표율은 그렇게 높지는 않았다. 그러나 사회적 메시지를 받은 페이스북 사용자들은 통제집단에 비해 훨씬 더 높은 투표율을 보였고, "나는 투표했습니다."라는 버튼도 훨씬 더 많이 눌렀다(Bond et al., 2012). 이러한 결과는 다른 사람이 무엇을 하는가를 아는 것이 얼마나 강력하게 작용할 수 있는지를 보여준다. 심지어 Bond 등(2012)은 자기가 받은 것이 아닌, 친구가 받은 사회적 메시지를 보는 것만으로도 투표에 간접적인 영향이 있는 것을 발견했다.

금지적 규범과 기술적 규범의 역할

Robert Cialdini, Raymond Reno, Carl Kallgren은 사회적 규범이 긍정적이고 사회적으로 바람직한 행동을 유도하는 데 특히 유용하다고 제안했다(Cialdini, Kallgren, & Reno, 1991; Jacobson, Mortensen, & Cialdini, 2011; Kallgren, Reno, & Cialdini, 2000; Schultz et al., 2007). 예를 들면 쓰레기를 함부로 버리는 행위는 옳지 않다는 것을 우리 모두 알고 있다. 그러나 해변가에서나 공원에서 과자를 먹고 난 후 그 봉지를 바닥에 그냥 버릴지, 아니면 쓰레기통을 발견할 때까지

공공의 선을 위한 행동 변화에 동조를 활용하려는 경향은 소셜미디어 글을 사용해 투표한 사람들을 드러내려는 노력에서 찾을 수 있다.

들고 다닐 것인지 당신은 어떻게 결정하는가? 쓰레기 투기를 줄이거나, 투표율을 올리거나, 사람들이 헌혈하는 것을 독려하려고 한다고 하자. 어떻게 하면 될까?

Cialdini와 그의 동료들(1991)은 먼저 그 상황에서 어떤 종류의 규범이 작동하고 있는지를 알아야 한다고 말한다. 그러면 그러한 규범을 자극하여 사회적으로 유익한 방법으로 동조를 이끌 수 있다는 것이다. 한 문화의 사회적 규범은 두 가지 형태를 띤다. **금지적 규범**(injunctive norms)은 사람들이 용인하는 행동이 무엇인지와 관련된다. 금지적 규범은 규범적인(비규범적인) 행동에 대한 보상(처벌)을 함으로써 행동에 동기부여를 한다. 예를 들면 우리 사회의 금지적 규범은 쓰레기를 길에 버리는 것은 잘못되었고, 헌혈은 바람직한 것이라고 한다. **기술적 규범**(descriptive norms)은 어떤 상황에서 사람들이 하는 실제 행동에 대한 우리의 인식에 관한 것이다. 기술적 규범은 사람들에게 무엇이 효과적 또는 적응적 행동인지를 알려줌으로써 그 행동을 독려한다. 이때 그 행동이 다른 사람에게 용인되는가 아닌가는 상관이 없다. 예를 들면 야구 경기장에 가서 사람들이 땅콩껍질을 바닥에 버리는 것을 보거나 영화관에서 자기 자리에 쓰레기를 두고 나오는 것을 보면 우리도 그렇게 한다. 기술적 규범은 비교적 적은 수의 사람들이 헌혈하고 유권자의 일부만 투표를 하는 이유에 대해서 설명해준다. 요약하면 금지적 규범은 한 문화의 대부분의 사람들에 의해 용인되는 행동이 무엇인가와 관련되어 있고, 기술적 규범은 사람들이 실제로 하는 행동이 무엇인가와 관련되어 있다(Kallgren et al., 2000; White, Smith, Terry, Greenslade, & McKimmie, 2009).

일련의 연구에서 Cialdini와 그의 동료들은 금지적 규범과 기술적 규범이 쓰레기를 버리는 행동에 어떻게 영향을 미치는지 알아보았다. 예를 들면 한 현장실험에서 사람들이 도서관 주차장에 주차된 자기 차로 돌아올 때 한 실험보조자가 그들에게 다가갔다(Reno, Cialdini, & Kallgren, 1993). 통제집단에서 실험보조자는 그냥 지나갔다. 기술적 규범 조건에서 실험보조자는 피험자가 보는 앞에서 패스트푸드점에서 가져온 빈 봉지를 바닥에 떨어뜨렸다. 쓰레기를 버림으로써 실험보조자는 암묵적으로 의사소통하는 것이다. "이것이 이 상황에서 사람들이 하는 행동이야." 라고. 금지적 규범 조건에서 실험보조자들은 휴지를 버리지 않고, 바닥에 떨어진 패스트푸드 봉지를 주웠다. 이때는 "쓰레기를 버리는 것은 잘못된 것이야."라고 암묵적인 메시지를 보내는 것이다. 이러한 세 가지 조건은 총 두 가지 환경에서 실행되었다. 하나는 쓰레기가 많이 버려진

금지적 규범
어떠한 행동이 타인에 의해 용인되거나 용인되지 않는지에 대한 사람들의 인식

기술적 규범
주어진 상황에서 사람들이 실제로 어떻게 행동하는지에 대한 사람들의 인식. 이때 그 행동이 타인에 의해 용인되거나 용인되지 않는지는 상관이 없다.

사회적 규범에 대해 동조를 일으키는 것은 쓰레기 투기와 같은 사회적 문제를 해결하는 노력의 일환으로 사용될 수 있다.

주차장이었고(실험자가 종이컵, 사탕 봉지를 버려놓았다), 다른 하나는 깨끗하고 휴지가 버려지지 않은 주차장이었다(실험자가 깨끗하게 치워놓았다).

요약하면 피험자는 세 가지 조건(금지적 규범, 기술적 규범, 규범 없음) 중 하나에 있게 된다. 그리고 이것이 깨끗한 환경 또는 쓰레기가 버려진 환경에서 일어난다. 이 조건과 환경에 따라 쓰레기를 버리는 행위가 달라질까? 사람들이 자기의 차로 돌아왔을 때 그들은 운전석 창문에 끼워진 큰 종이를 발견하게 된다. 주위를 둘러보니 다른 차들에도 끼워져 있다(이것도 당연히 실험자가 거기 끼워놓은 것이다). 피험자는 이제 두 가지 선택을 할 수 있다. 그것을 바닥에 버리거나, 아니면 차 안에 넣어두고 나중에 버린다. 그들은 어떻게 했을까? 누가 쓰레기를 그냥 바닥에 버렸을까?

통제집단은 사람들이 일반적으로 몇 퍼센트 정도 이러한 상황에서 쓰레기를 버리는가에 대한 기본 비율을 말해준다. 그림 8.5에서 보는 바와 같이 1/3보다 약간 더 많은 사람들이 그 봉지(쓰레기)를 바닥에 버렸다. 그곳의 환경이 쓰레기가 많은지 깨끗한지는 상관이 없었다. 기술적 규범 조건에서는 주차장의 상태에 따라 쓰레기 버리는 행위가 달라졌다. 쓰레기가 많이 버려진 주차장에서 실험보조자가 피험자의 눈앞에서 쓰레기를 버렸을 때, 피험자들은 '사람들이 쓰레기를 여기에 잘 버린다.'고 생각하게 된다. 그 주차장이 그렇게 지저분한 이유가 사람들의 행동 때문

그림 8.5 쓰레기 투기에 대한 금지적 규범과 기술적 규범의 효과

주차장이 지저분한지 깨끗한지에 따라 통제집단(좌측) 중 37~38%의 사람들은 자동차 앞유리에 끼워진 종이를 버렸다. 기술적 규범이 분명할 때, 쓰레기를 버리는 행위는 깨끗한 환경일 때만(중간) 확실히 줄어들었다. 금지적 규범이 분명할 때 쓰레기를 버리는 행위는 지저분하거나 깨끗한 환경 두 조건 모두에서 줄어들었다. 이것은 금지적 규범이 행동을 바꾸는 데 더 일관성이 있음을 시사한다.

출처 : Reno, Cialdini, & Kallgren(1993)

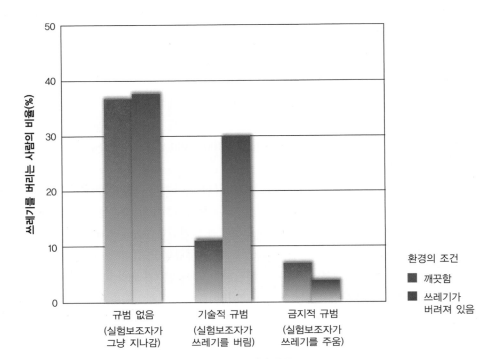

이라고 생각하는 것이다. 반면 깨끗한 주차장에서는 똑같은 실험보조자의 행동이 전혀 다른 메시지로 피험자에게 다가가게 된다. 깨끗한 주차장에서 쓰레기를 버리는 행동은 흔하지 않는 행동으로 보이기 때문에, 피험자들은 '사람들이 이 지역에 쓰레기를 버리지 않아서 여기가 이렇게 깨끗하구나.'라고 생각하게 된다. 그래서 실험보조자의 쓰레기 버리는 행동이 피험자에게 쓰레기를 버리지 않는 것에 대한 기술적 규범을 상기시키는 것 같다. 마지막으로 금지적 규범 조건은 어떻게 되었는가? 이러한 종류의 규범은 맥락에 달려 있지 않았다. 실험보조자가 피험자의 눈앞에서 다른 사람이 버린 쓰레기를 줍는 것은, '쓰레기를 버리는 것은 나쁜 것'이라는 금지적 규범을 작동시켜서, 깨끗한 환경이든 쓰레기가 많은 환경이든 쓰레기를 버리는 것이 잘못된 것이라고 생각하게 만든다. 그래서 이 조건에서 쓰레기 투기 행위 빈도가 가장 낮았다(Reno et al., 1993).

이 연구를 통해 연구자들은 바람직한 행동을 양산함에 있어서 금지적 규범이 기술적 규범보다 더욱 강력하다고 결론 내렸다(Kallgren et al., 2000). 이 결론은 그리 놀랍지 않은데, 그 이유는 금지적 규범은 규범적 동조를 유도하기 때문이다. 누군가의 행동이 쓰레기 투기를 금한다는 사회적 규범을 상기시켜 주기 때문에 우리는 그 규범에 동조한다. 만약 우리가 쓰레기를 버린다면 이기적인 게으름뱅이로 보일 것이고, 만약 쓰레기를 버리다가 다른 사람에게 들키면 부끄러움을 느끼게 될 것이다. 이와 같이 쓰레기 버리는 행위가 나쁜 것임을 모두 알고 있지만, 그것이 항상 두드러지게 마음에 떠오르는 것은 아니다(Jonas et al., 2008; Kallgren et al., 2000). 따라서 사회적으로 유익한 행동을 촉진하기 위해서는 그에 해당되는 규범을 상기시킬 어떤 것이 필요하다. 이런 의미에서 금지적 규범―사회가 인정하고 인정하지 않는 것―을 상기시켜 주는 어떤 것이라도 행동의 긍정적 변화를 일으키는 데 사용될 수 있다.

규범을 이용해 행동 바꾸기 : 부메랑 효과를 조심하라

그러나 규범을 사용하여 행동을 바꾸려는 노력의 부작용도 있다. 한 예로 최근 몇 년간 대학 측은 학생들의 과음 방지를 위한 대책 마련을 위해 고심해 왔다. 학생들은 보통 자기 친구들이 한 주에 술을 얼마나 먹는지에 대해서 과대평가하고 있었기에(Berkowitz, 2004; Lewis et al., 2007; Perkins, 2007), 학생들에게 "당신 또래 친구들은 보통 일주일에 X량 정도의 술밖에 먹지 않는다."고 알려주었다. 이렇게 함으로써 친구들의 음주량에 동조하여 더 적은 양의 술을 마시도록 유도하고자 하였다. 그러나 연구자들은 이 시도에 큰 문제점이 있다는 것을 지적했는데, 그것은 때로 역효과 또는 부메랑 효과를 일으킬 수 있다는 것이다. 바로 이미 술을 적게 마시는(아예 안 마시는) 학생들에게 캠퍼스에서 학생들이 평균적으로 자기보다 술을 더 많이 마신다는 것을 깨닫게 해주어서 그들이 술을 더 마시게 한다는 것이다! 다시 말하면 평균음주량을 알려준 이유는 음주량을 줄이려는 의도였으나 실제로는 음주량을 증가시킨 결과를 낳았다(Perkins, Haines, & Rice, 2005; Wechsler et al., 2003). 따라서 당신이 다른 사람의 행동을 동조를 통해 변화시키려고 할 때 당신의 메시지를 원래 의도와 다른 형식으로 받아들이는 사람이 존재한다는 것을 반드시 고려해야 한다. 즉, 평균 이상 수준의 바람직하지 못한 행동을 하는 사람들(그래서 당신이 그 행동을 줄이고 싶을 때)도 있지만, 그 바람직하지 못한 행동을 평균 이하 수준으로 하는 사람들(그래서 당신이 그들이 이미 하고 있는 것을 계속 하도록 원하는 사람들)도 있다는 것이다.

P. Wesley Shultz와 그의 동료들은 이 아이디어를 이 장에서 이미 논의하였던 전기 절약(바람직한 행동)에 초점을 맞추어 알아보았다(Shultz et al., 2007). 먼저 연구자들은 이 연구에 참여하기로 한 캘리포니아 주민들의 평균전기사용량을 측정한 후, 전기사용량이 평균 이상인 주민들과

❄ **지난겨울 사용량 비교** | 당신은 알뜰한 이웃보다 **5% 더 적게** 가스를 사용하셨습니다.

당신의 지난겨울 사용량 :

당신	664 Therms*
알뜰한 이웃	700
전체 이웃	862

지난겨울 당신은
▶ **아주 훌륭함** ☺ ☺
잘했음 ☺
평균 이상

* 덤(therms) : 열에너지 측정 단위

웃는 얼굴은 아이들만을 위한 것이 아니었다. 이 경우에, 웃는 얼굴은 금지적 규범을 사용하여 소비자들의 에너지 사용을 감소시키려는 노력의 일부로 사용되었다.

평균 이하인 주민들로 나누었다. 몇 주가 지난 후 주민들은 그들이 쓴 전기사용량에 대해서 두 종류의 피드백을 받았다. 기술적 규범 조건에서는 그들이 지난 몇 주 동안 어느 정도의 전기를 사용했고, 그들의 이웃들은 평균 어느 정도를 썼는지(기술적 규범 정보), 그리고 전기를 절약할 수 있는 방법들은 어떤 것들이 있는지 안내받았다. 기술적 규범＋금지적 규범 조건의 주민들도 위와 동일한 정보를 받았는데, 거기에 추가로 얼굴 그림을 피드백으로 받았다. 만약 그들이 평균사용량보다 전기를 더 적게 소비하였다면 웃는 얼굴을, 평균보다 전기를 더 많이 소비하였다면 슬픈 얼굴을 안내문에 그려주었다. 웃는 또는 슬픈 얼굴은 금지적 메시지의 한 부분이다. 받는 사람은 그것을 그들이 사용한 전기량에 대한 승인 또는 비승인의 메시지로 받아들였다.

몇 주가 지난 뒤 연구자들은 전기사용량을 다시 측정하였다. 그 메시지가 전기 절약에 도움을 주었을까? 이미 전기를 아껴 쓰는 사람에게서 부메랑 효과가 나타나서 그들도 이웃처럼 전기사용량을 늘릴 것인가? 결과를 요약하면, 전기를 더 많이 쓰는 사람들에게 기술적 규범 메시지는 긍정적 효과를 일으켰다. 그들은 절약하기 시작했다. 그러나 전기를 적게 쓰는 사람들에게 기술적 규범 메시지는 부메랑 효과를 초래했다. 자기 이웃들이 전기를 얼마나 많이 쓰는지를 알게 된 후 그들은 전기사용량을 마음 편히 늘려갔다!

반대로 '기술적 규범＋금지적 규범'의 메시지는 일괄적으로 성공적이었다. 평균보다 더 많이 소비하는 사람들은 그 메시지를 받았을 때 소비량을 줄이기 시작했다. 가장 재미있는 결과는 평균보다 적게 쓴 사람들에게서 발견되었다. 그들은 그 메시지를 받았을 때 부메랑 효과를 보이지 않고, 원래의 전기절약 수준을 유지했다. 웃는 얼굴은 그들이 잘하고 있다는 것을 상기시켜 주었고, 그들은 그것을 지속해 나간 것이다(Schultz et al., 2007). 이 연구는 미국의 전기소비 전략에 주요한 영향을 미쳤다. 웃는 얼굴, 슬픈 얼굴의 사용은 금지적 규범에 대한 피드백을 주었고, 이제는 많은 주요 도시(보스턴, 시카고, 새크라멘토, 시애틀 등)의 전기 회사에서 기술적 규범과 함께 사용되고 있다(Kaufman, 2009).

사회적 영향과 관련한 그 외의 전략

다른 사람의 행동을 바꾸는 방법에 규범을 이용하는 것만 있는 것은 아니다. 다른 방법 중 하나는 일련의 요청을 계속함으로써 사회적 영향의 효과성을 높이는 것이다. 다음의 시나리오를 생각해보라. 안전운전 연합의 일원이라고 자신을 소개하는 한 사람이 당신에게 다가왔다고 생각해보라. 그는 당신이 안전운전 연합에서 하는 캠페인에 동참하여 앞마당에 약 일주일 동안 안내판을 설치했으면 한다. 그는 안내판 사진도 보여주었다. 아주 큰 안내판이었다! 그 사진에서 보면 안내판이 거의 현관문을 가리는 수준이었다. 솔직히 말하면 그 안내판은 예쁘지도 않았고, "안전운전 하세요."라고 써 있는 글씨는 좀 삐뚤어진 것 같기도 했다. 아이고…… 결정적으로 마당에다가 큰 구멍을 내야 한단다.

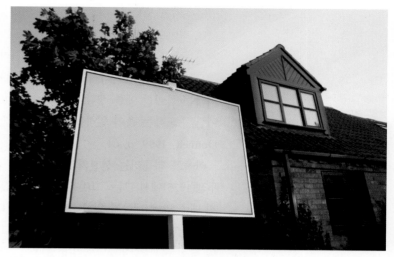

앞을 가로막는 커다란 안내판을 집 앞에 놓는것을 허락할 것인가? 문간에 발들여놓기 기법에 의하면 당신이 이 요청을 수락할 것인가 말 것인가는 이 요청이 있기 전에 당신이 작은 요청을 먼저 받아들였었는가에 달려 있다.

아마도 당신은 집 앞에다 이런 안내판을 세우는 것을 별로 안 좋아할 것이다. 단지 며칠만이라도 말이다. 실제로 Jonathan Fredman과 Scott Fraser(1966)가 캘리포니아 팰로앨토라는 도시에서 집주인들에게 이런 요청을 했을 때, 17%만이 자기 앞마당에 그 안내판을 세우는 데 동의했다. 그러나 연구자들은 사람들이 이 같은 요청에 더 잘 수락하도록 하는 방법을 생각해냈다. 그것은 처음에 작은 요청을 먼저 수락하게 만드는 것이다. 다른 조건에서 연구자들은 처음에 참여자들에게 창문에다가 10cm짜리 작은 안내판을 놓도록 요청했다. 그리고 2주 후에 커다랗고 이상하게 생긴 안내판을 놓아도 되는지 물어본 것이다. 그러자 이때 76%가 동의했다(Freedman & Fraser, 1966). 이러한 수락의 증가는 처음에 했던 **문간에 발들여놓기 기법**(foot-in-the-door technique) 때문이다. 이 기법은 영업직원들이 일단 문간에 발을 들여놓는다면 적어도 문전박대는 당하지 않는다는 전략을 보고 이름 지어졌다.

이것은 어떻게 작동되는 것인가? 당신이 어떤 사람에게 쉬운 요청을 했더니 그 사람이 그 요청을 들어주었다고 생각해보자. 이때부터 그 사람은 자기 자신을 호의적인 사람으로 보기 시작한다. 그리고 다른 사람을 돕는 데 참여했다는 기분이 들게 된다. 그런데 만약 그다음에 이어진 요청을 거절한다면 — 심지어 또 다른 사람이 요청한다 하더라도 거절한다면 — 자기불일치 또는 부조화의 불편한 감정을 느끼게 될 것이다(Burger, 1999; Cialdini, 2009; Pascual, Gueguen, Pujos, & Felonneau, 2013).

흥미롭게도 정반대의 전략도 있다. 처음에 사람들이 거절할 만한 아주 부담스러운 요청을 하는 것이다. 이것은 **머리부터 들이밀기 기법**(door-in-the-face technique)이다. 한 연구에서 Cialdini와 동료들(1975)은 대학생들에게 최소 2시간 동안 불우아동들이 동물원에 소풍가서 노는 것을 돌봐줄 수 있는지 물었다. 17%의 학생들만이 이 요청을 수락했다. 그러나 이 질문에 앞서 최소 약 2년 동안 매주 청소년 보호수감센터에 나가줄 수 있겠냐는 요청을 들은 참여자들을 생각해보라. 모든 학생들이 이러한 부담스러운 요구를 거절했다. 그러나 그들이 그다음에 동물원에 2시간 동안 가서 돌봐줄 수 있냐는 요청을 듣자 50%가 동의했다.

요약하면 사람들은 처음에 엄청난 노력을 요구하는 일을 거절하고 나면, 그다음에 당신이 관심 있어 하는 분야에 대한 요청을 했을 때 동의할 가능성이 더 크다. 한 가지 이유로 생각할 수 있는 것은 처음에 부담스러운 요청을 받게 되면 상대적으로 그다음에 이어지는 요청이 그렇게 어려워 보이지 않는다. 또 다른 이유로 생각할 수 있는 것은 상호성의 느낌이다(Chan & Au, 2011; Pascual & Gueguen, 2005). 결과적으로 요청하는 사람이 부담스러운 것을 경감해준 것이다. 상대방은 자기가 할 수 있을 만한 작은 일을 함으로써 서로 양보해서 절충한 것이다. 당연히 상대방은 요청자가 실제로 원했던 것이 이 두 번째 요청이라는 것을 모를 것이다.

사회적 영향에 관한 전략들을 생활에서 현실화할 수 있을까? 다른 사람을 조종하려는 시도가

문간에 발들여놓기 기법
먼저 부담 없는 요청을 한 후 다음에 어려운 요청을 하여 이에 응할 가능성이 커지도록 하는 사회적 영향 전략

머리부터 들이밀기 기법
먼저 어려운 요청을 한 후 다음에 더 쉬운 요청을 함으로써 이에 응할 가능성이 커지도록 하는 사회적 영향 전략

있었을지도 모른다는 생각에 아마 머리끝이 곤두설 수도 있다. 사회적 영향의 존재를 인식하고 나면 적어도 다른 사람들이 당신을 조종하려고 할 때 알아챌 수는 있을 것 같다. 이러한 전략에 관한 윤리적 문제들은 흥미로운 논의거리이다. 한 가지 분명한 점은 사회적 영향은 불법적이고, 부도덕적이고, 무의식적인 목적을 위해서 사용될 수 있다는 것이다. 정치적 **선전**(propaganda) 이라는 특이한 예를 생각해보자. 특히 1930년대에 나치 정권이 한 정치적 선전이 그렇다. 선전 이란 주도하는 측이 원하는 행동 반응을 유도하는 의도적이고 체계적인 시도이다(Jowett & O' Donnell, 1999, p. 6).

선전
정보를 호도하거나 감정적인 정보를 제공함으로써 대중의 태도와 행동을 조종하여 운동을 일으키고자 하는 정교하고 조직적인 시도

아돌프 히틀러는 선전의 효과를 매우 잘 알고 있었다. 히틀러가 권력을 잡기 전에 쓴 책 나의 투쟁(1925)에서 그는 "그것은 진실에 관한 객관적 연구를 하는 것…… 그리고 학문적 공정성을 가진 대중 앞에 내놓기 위한 것이 아니다. 그것은 우리의 권리를 위해 항상, 거침없이 쓰이도록 하는 것이다."(pp. 182-183)라고 말했다. 1933년 히틀러는 요세프 괴벨스를 나치 정부의 대중계몽 및 선전 분과의 장관으로 임명했다. 그곳은 독일인들의 삶의 모든 측면에 영향을 미치는 효율적 기관이었다. 나치는 뉴스, 영화, 라디오를 포함한 모든 형태의 미디어를 조종했다. 또한 그들은 포스터를 사용하고 '스펙타클'—대중에게 강력한 충성심과 애국심을 일으키게 하는 화려한 대규모 집회—을 열어서 나치 사상을 퍼뜨렸다(Jowett & O'Donnell, 1999; Zeman, 1995). 나치 선전은 학교에서 교육되었고, 히틀러 청소년 집단이라는 모임에서도 홍보되었다. 선전은 항상 일관적이고 독단적으로 전해졌다. 독일인은 반드시 자신들의 인종적 고유성을 지켜야 하고, 정복을 통해 삶의 터전을 확장해야만 한다고 선전했다(Staub, 1989).

삶의 터전에 관한 관심은 제2차 세계대전으로 이어졌다. 인종적 고유성에 대한 우려는 홀로코스트로 이어졌다. 어떻게 독일인들은 유럽계 유대인들의 학살을 묵인하게 되었을까? 주요한 요인 하나는 편견이다. (이에 대해서는 제13장에 더 자세히 토의할 것이다.) 반유대주의는 나치가 만들어낸 새로운 이념이 아니었다. 독일과 많은 유럽국가들에 이미 몇백 년간 존재해 오던 이념이었다. 선전은 청중이 이미 가지고 있는 믿음을 건드릴 때 가장 효과적이다. 그래서 독일인들이 가졌던 반유대주의가 괴벨스의 정책에 의해 쉽게 더 강화되고 확대될 수 있었던 것이다. 나치 선전에서 유대인들은 아리아인들의 순수성을 파괴하고 독일의 생존에 위협이 되는 존재로 묘사되었다. 그들은 '전염병, 기생물, 흡혈귀'였고(Staub, 1989, p. 103), '소탕되어야 할 쥐 떼'에 비유되었다(Jowett & O'Donnell, 1999, p. 242). 그러나 반유대주의만으로는 유대인을 말살시키는 충분한 이유가 되지 못했다. 1930년대에 독일이 다른 주변국들(또는 미국)보다 유대인에 대해 특별히 더 편견을 가지고 있었던 것은 아니었다. 그러나 다른 나라들은 독일이 했던 것처럼 '최후의 수단'이라는 개념에 이르지는 않았다(Tindale, Munier, Wasserman, & Smith, 2002).

홀로코스트를 가능하게 한 것이 도대체 무엇이었는지에 대한 한 설명은 우리가 제7장에서 토의하였듯이 정치적 선전이 설득적 메시지의 형식으로 태도변화를

1930년대와 1940년대에 나치의 선전은 모든 독일인의 삶에 스며들었다. 여기 수많은 군중이 1934년 뉘른베르크 행진에 참가하고 있다. 이러한 거대한 군중은 괴벨스와 히틀러가 나치당에 대한 충성과 동조를 이끌어내기 위해 자주 사용했던 방법이었다.

일으켰다는 것이다. 그러나 선전은 또한 사회적 영향을 이끌어내기도 하였다. 전체주의적이고 파시스트적 정권하에서 정부는 '전문가'였다. 항상 존재하고, 언제나 옳으며, 언제나 복종해야 할 대상인 것이다. 선전은 많은 독일인들을 정보적 동조를 통해 설득했다. 그들은 유대인에 관한 새로운 '사실들'(사실은 거짓인 것들)을 배웠고 나치가 규정한 '유대인 문제'에 관한 새로운 해결책에 관해 배웠다. 선전의 효과는 아주 커서 독일인들에게 유대인은 위협적인 존재라는 것을 설득하는 데 성공했다. 우리가 앞에서 살펴보았듯이 사람들은 위기를 경험할 때—이 경우에는 지속되는 인플레이션과 독일의 경제 붕괴—전문가의 의견에 더 동조하게 된다.

그러나 우리는 아마도 나치 선전에 동의하지 않은 독일인들도 있었을 것이라고 생각한다. 그렇다. 그러나 그것은 쉽지 않았다. 그들이 있었던 위치를 생각해보라. 나치 이데올로기는 일상생활에 깊이 침투해 있어서 히틀러 청소년 집단에 속한 아이들과 10대들은 자신의 부모를 감시하고, 부모가 '좋은' 나치가 아니라면 게슈타포에 보고하도록 길러지고 있었다(Staub, 1989). 이웃들, 동료들, 가게 점원들, 또는 거리에 지나가는 사람들—만약 당신이 불충스러운 어떤 말을 하거나 행동을 하면 이런 사람들이 모두 당신을 쳐다볼 것이다. 이러한 상황은 규범적 동조의 상황이어서 공개적 수용이 개인적 수용 없이 일어나게 된다. 거부, 따돌림, 심지어 고문이나 죽음까지 규범적 동조를 돕는 요인들이 있었기에, 많은 일반 독일인은 나치 선전에 동조하게 되었다. 그들이 정보적인 이유로 그랬든 규범적 이유로 그랬든 간에 그들이 한 동조를 통해 홀로코스트가 일어나게 되었다.

복습문제

1. _____ 규범은 사회적으로 용인되는 행동에 대한 인식을 포함한다. _____ 규범은 사람들이 실제로 어떻게 행동하는가에 대한 것이다.
   a. 공개적, 개인적
   b. 개인적, 공개적
   c. 기술적, 금지적
   d. 금지적, 기술적

2. _____ 규범은 사람들의 행동을 바꾸는 데 있어 가장 강력하다.
   a. 정보적
   b. 규범적
   c. 금지적
   d. 기술적

3. 다음 중 어떤 것이 규범을 사용하여 행동을 바꿀 때 '부메랑 효과'라는 역효과가 나타날 수 있다는 것을 잘 설명하는가?
   a. 은선은 같은 건물 안에 있는 모든 사람이 절수 샤워기를 설치해서 물을 절약하고 있다는 것을 알았다. 그래서 그는 자기는 물절약에 대해 신경 쓸 필요가 없다고 생각하고 평소보다 더 오래 샤워를 하기 시작했다.
   b. 지연은 사무실에 새로 온 매력적인 남성이 일회용 생수가 아니라 재사용이 가능한 컵을 들고 다니는 것을 보았다. 그래서 그에게 관심을 받고자 근처에 그가 있는 것을 보면 재사용 가능한 컵을 보란듯이 들고 다닌다.

   c. 성원은 그가 이웃들보다 더 많이 전기를 쓰는 것을 알게 되었다. 그래서 그는 집을 나설 때마다 컴퓨터, 전기, 보일러를 꺼서 사용량을 줄이고 있다.
   d. 향미는 그의 이웃 모두가 케이블 TV를 돈 안 내고 훔쳐서 본다는 것을 알게 되었다. 그래서 그도 불법적으로 케이블을 끌어서 쓰기로 결정했다.

4. 문간에 발들여놓기 기법이란?
   a. 첫 번째 요청을 했던 같은 사람이 두 번째 요청을 했을 때만 제대로 된다.
   b. 사람들이 일관성을 가지고자 하는 욕구에 기반한다.
   c. 선전의 한 예이다.
   d. 권위자의 위치에 있는 사람이 요청할 때만 제대로 된다.

5. 머리부터 들이밀기 기법이란?
   a. 정보적 사회영향의 한 예이다.
   b. 정확한 정보를 얻고자 하는 욕구의 중요성을 나타낸다.
   c. 상호성의 규범에 일부 의존한다.
   d. 위기 시에 주로 작동한다.

정답은 537-539쪽 참조

권위에 대한 복종

8.5 연구들에서는 권위자에게 복종하고자 하는 사람들의 심리를 어떻게 묘사했나

본 장에서 인간 본성의 어두운 측면을 다루고 있다. 10대의 죄 없는 패스트푸드 매장직원을 학대하고 희생시키는 것에서부터 시작해서 나치가 주도한 정치적 선전과 대학살에 대한 동조까지 논의했다. 이러한 예들의 공통점은 강압적인 권위자 또는 리더에 의해 일어났다는 것이다. 사실 권위에 대한 복종은 가장 강력한 사회적 영향력의 한 형태이다. 우리는 어릴 때부터 합당한 권위를 가진 인물에게 복종하도록 배웠다(Blass, 2000; Staub, 1989). 우리는 복종에 대한 사회적 규범을 내재화했고, 그 결과 권위적 인물이 눈앞에 있지 않더라도 규칙과 법을 준수한다. 당신은 교통경찰이 없더라도 적신호에서 멈출 것이다. 그러나 복종은 심각한, 때로 비참한 결과를 낳을 수도 있다. 사람들은 권위자로부터 다른 사람을 해치거나 죽이라는 명령을 들을 수도 있다.

지난 세기 많은 지역에서 반복되는 학살이 자행되었다—독일과 그 외 유럽국가들, 아르메니아, 우크라이나, 르완다, 캄보디아, 보스니아, 수단 등등에서. 인류가 던지는 가장 중요한 질문 중의 하나는 도대체 어디서 복종과 개인의 책임이 시작되는가에 관한 것이다. 철학자 한나 아렌트(1965)는 홀로코스트(유대인 대학살)의 원인에 대해 의문을 가졌다. 어떻게 히틀러의 나치가 600만 유대인을 살해할 수 있었을까? 단지 그들의 인종과 정치적 믿음 때문에? 아렌트는 주장하기를, 홀로코스트를 감행한 모든 사람이 무고한 사람을 죽이기를 좋아하는 새디스트나 정신병자는 아니었다고 말한다. 보통 아주 일반적인 사람이며 강력한 사회적 압력을 받는 대상이었다고 말한다. 저널리스트로서 그녀는 아돌프 아이히만의 재판에 대해서 다루었는데, 아돌프 아이히만은 유대인들을 죽음의 캠프로 데리고 가는 수송을 책임진 나치 교관이었다. 그는 그가 잔인한 괴물이 아니었고, 자기가 받은 명령에 반발하거나 의문을 품지 않고 하라는 대로 하는 흔한 관료 중 하나였다고 말한다(Miller, 1995).

여기서 우리의 초점은 만행을 저지른 아이히만, 또는 마이라이나 캄보디아, 보스니아의 학살자들을 위해 어떠한 변명을 해주고자 하는 것이 아니다. 핵심은 미친 사람의 행위라는 것만으로는 그들의 행동을 설명하기가 쉽지 않다는 것이다. 그들의 행동을 특별한 사회적 영향에 노출된 일반 사람의 행동으로 바라본다면 그것은 더 의미 있고 사실 놀랍다. 그렇다면 우리는 어떻게 이러한 대학살이 악마나 미친 사람에 의해서 일어난 것이 아니라 모든 사람에게 영향을 미치는 강력한 사회적 힘에 의해 일어난 것이라고 확신할 수 있는가? 이것을 연구할 수 있는 방법은 실험실에서 사회적 압력을 연구해보는 것이다. 우리는 평범한 사람을 표본으로 삼아서 그들을 다양한 종류의 사회적 영향하에 두고 그들이 어느 정도 동조하고 복종하는지를 관찰할 수 있다. 과연 실험자는 보통 사람이 부도덕한 일(예 : 무고한 주변인에게 고문을 주는 것)을 저지르도록 종용할 수 있을까? Stanley Milgram(1963, 1974, 1976)은 그것을 알아보기로 하였고, 이것은 사회심리학의 아주 유명한 실험이 되었다.

베르겐-벨젠 수용소에서 1945년 홀로코스트로 숨진 피해자들

좌 : Milgram의 실험에 쓰인 전기충격기
우 : 학습자(실험보조자)가 의자에 묶이고 있는 장면. 이 의자에는 전극이 연결되어 있다.

출처 : Milgram(1974)

당신이 Milgram 연구의 피험자라고 상상해보라. 당신은 기억과 학습에 대한 연구의 피험자를 모은다는 신문광고를 보고 지원했다. 당신이 실험실에 도착했을 때 당신은 다른 피험자를 만나게 된다. 47세 정도 되고 조금 체구가 큰, 밝은 표정의 사람이었다. 실험자는 흰색 가운을 입고 당신 둘 중 한 명은 선생 역할을, 다른 한 명은 학습자 역할을 할 것이라고 설명했다. 제비뽑기를 하여 당신이 선생 역할로 배정되었다. 당신이 해야 할 일은 다른 피험자에게 단어(예 : 파란색-상자, 좋은-날씨)를 읽어주고 그것을 검사하는 것이다. 실험자는 그가 실수할 때마다 전기충격을 가하라고 당신에게 지시했다. 왜냐하면 이 연구의 목적이 학습에 있어서 처벌의 효과를 보는 것이기 때문이라고 했다.

당신은 다른 피험자(학습자)가 바로 옆방에서 의자에 묶여 있고 전기충격장치와 연결된 전극이 그의 팔에 부착되어 있는 것을 보았다. 당신은 전기충격기 앞에 앉아 있는데, 그 기계에는 15볼트부터 450볼트까지 15볼트씩 증가하는 30개의 스위치가 장착되어 있다. 각 스위치에는 라벨이 다 붙어 있는데 '약한 충격'에서부터 '위험 : 심각한 충격', 마지막으로 'XXX'라고까지 써 있었다(위 사진 참조). 실험자는 당신에게 학습자가 처음 실수를 했을 때 15볼트의 충격을 주어야 한다고 말했다. 이것은 약한 강도이다. 그리고 그 후에 학습자가 틀릴 때마다 15볼트씩 높여 가야 한다고 말했다. 실험자는 당신이 45볼트 강도가 어느 정도인지 샘플로 맛보게 하였는데, 그것은 꽤 고통스러웠다.

당신은 학습자에게 단어를 읽어주었고, 이제 검사가 시작되었다. 첫 번째 단어를 말하고 난 후 4개의 선택지를 주었다. 학습자가 4개 중 하나의 버튼을 누르자, 당신 앞에 있는 응답기에 불이 들어왔다. 학습자가 처음 몇 개를 맞혔을 때 모든 것은 문제없이 잘 돌아갔다. 그런데 그가 오답을 말하기 시작하자, 당신은 지시받은 대로 틀릴 때마다 전기충격을 주었다. 이때 당신은 전기충격의 강도에 대해 걱정되기 시작할 것이다. 75볼트 수준까지 올라갔을 때 당신은 학습자가 고통스럽게 "으악!" 하는 것을 듣게 되었다. 아마 당신은 잠시 멈추고 실험자에게 이제 어떻게 해야 할지 물을지도 모른다. 그러면 "계속하십시오."라고 실험자는 주저 없이 대답한다. 학습자가 계속 실수하자 당신은 전기충격을 계속 가했다. 학습자는 저항하면서 소리친다, "으악! 실험자! 이제 난 그만하겠어. 여기서 내보내 줘!"라고 외치고 있다. 당신은 걱정스러운 얼굴로 다시 한 번 실험자를 바라본다. 그는 당신에게 차분하게 말한다. "당신은 반드시 계속해야만 합니다."(그림 8.6 참조).

당신은 어떻게 할 것인가? 몇 명의 사람들이 실험자에게 복종하고 최대 전기충격치인 450볼트까지 계속 진행했을까?

이 질문을 예일대학교 심리학 전공자들에게 물어봤을 때 피험자 중 약 1%만이 그렇게 극단으로 갔을 것이라고 예상했다. 그러나 지금껏 우리가 논의해 온 동조현상에 따르면 당신은 아마 그

학습자의 저항

75볼트 : 으아!

90볼트 : 으아!

105볼트 : 으아!(더 크게)

120볼트 : 으아! 이봐요, 이거 진짜로 아파요.

135볼트 : 으아!

150볼트 : 으아! 실험자! 이제 그만. 여기서 내보내 줘요. 내가 심장에 문제가 있는 사람이라고 말했잖소. 심장에 지금 문제가 있는 것 같아. 제발 여기서 내보내 줘요. 심장에 문제가 있다고. 이 실험은 이제 거부하겠어. 나가게 해줘.

165볼트 : 으아! 나가게 해줘! (소리 지름)

180볼트 : 으아! 고통을 더 이상 못 참겠어. 여기서 내보내 달라고! (소리 지름)

195볼트 : 으아! 여기서 내보내 줘. 심장이 아파. 여기서 내보내 줘! 당신은 나를 여기 가둬놓을 자격이 없어! 날 여기서 내보내 줘! 내보내 줘! 내보내 줘! 날 내보내 줘! 심장이 아프다고! 여기서 내보내 줘! 내보내 줘!

210볼트 : 으아! 실험자! 여기서 내보내 줘. 이제 더 이상 못 참아. 이제 실험을 할 수가 없어.

225볼트 : 으아!

240볼트 : 으아!

255볼트 : 으아! 여기서 내보내 줘.

270볼트 : 으아! (괴로워하는 비명) 여기서 내보내 줘. 날 내보내 줘. 날 내보내 줘. 여기서 내보내 줘. 내 말 들려? 여기서 내보내 줘.

285볼트 : 으아! (괴로워하는 비명)

300볼트 : 으아! (괴로워하는 비명) 나는 이제 더 이상 절대 답하지 않을 거야. 여기서 내보내 줘. 당신은 나를 잡아둘 수 없어. 여기서 내보내 줘. 여기서 내보내 달라고.

315볼트 : 으아! (아주 심각하게 괴로워하는 비명) 대답을 거부하겠다고 말했잖소. 나는 더 이상 이 실험에 참가하지 않겠다고.

330볼트 : (아주 심각하게 괴로워하는 긴 비명) 여기서 내보내 줘. 여기서 내보내 줘! 심장이 아프다고. 다시 말하는데, 나를 여기서 내보내 줘. (신경질적으로) 여기서 내보내 줘. 여기서 내보내 줘. 당신은 이럴 권리가 없어. 날 내보내 줘! 날 내보내줘! 내보내 줘!

실험자가 복종을 유도하기 위해 했던 지시문

1번 : 계속하십시오 또는 진행하십시오.

2번 : 실험상 당신은 계속해야 합니다.

3번 : 당신은 반드시 계속해야 합니다.

4번 : 당신은 선택권이 없습니다. 당신은 반드시 계속해야 합니다.

이 지시문은 항상 순서를 따랐다. 1번이 성공적이지 않을 때만 2번이 사용되었다. 만약 피험자가 4번 이후에도 실험자에게 복종하지 않으면, 실험은 끝이 났다. 실험자의 목소리는 항상 단호했지만 무례하지는 않았다. 순서는 피험자가 멈추거나 계속하기를 꺼리는 모습을 보였을 때마다 처음부터 다시 시작되었다.

특별한 지시 : 만약 피험자가 학습자가 아마 심각한 신체장애가 생길지 모른다고 말하면, 실험자는 다음과 같이 대답했다.

전기충격이 고통스러울 수는 있지만 세포에 영구적인 손상을 가져오지는 않으니, 계속하십시오. (그 후 필요에 따라 2번, 3번, 4번을 이어간다.)

만약 피험자가 학습자는 계속하기 원치 않는다고 말하면, 실험자는 대답했다. 학습자가 원하든 원하지 않든 당신은 그가 모든 단어를 정확하게 학습할 때까지 계속해야 합니다. 그러니 계속하십시오. (그 후 필요에 따라 2번, 3번, 4번을 이어간다.)

그림 8.6 Milgram의 복종실험에서 학습자의 저항에 대한 지시문과 실험자가 전기충격을 계속하도록 강요하는 지시문

출처 : Milgram(1963, 1974)

렇게 낙관적인 예측을 하지는 못할 것이다. 사실 Milgram의 피험자 대부분은 권위자의 압력에 굴복했다. 가해진 전기충격의 전체 평균은 360볼트였고, 62.5%의 피험자는 최고치인 450볼트까지 진행했다. 전체 중 80%의 피험자는 학습자가 그가 "나를 내보내 줘! 내보내 달라고! 심장에 지금 문제가 있는 것 같아. 여기서 꺼내 줘! …… 꺼내 달라고! 이제 그만! 이제 더 이상 실험을 못하겠어!"(Milgram 1964, p. 56)라며 심장질환을 호소했음에도 전기충격을 이어갔다.

사실 이 학습자는 실험자로부터 고통스러운 연기를 하도록 부탁받은 실험보조자였다. 그는 실제 전기충격을 받지 않았다. 이 실험은 아주 정교하게 짜여 있어서, 피험자들은 자기가 학습자에게 실제로 전기충격을 주는 것으로 믿고 있었다. 여기 피험자 중 한 명이 한 말이다.

"나는 중년 사업가로 보이는 한 남자가 실험실로 웃으며 자신감 있게 들어오는 것을 보았다. 그러나 그는 약 20분 후에 몸을 비틀며, 말을 더듬으며, 정신이 나간 것처럼 보이는 상태에까지 갔다. 그는 귓불을 계속 당겼고, 손을 비틀었다. 어느 순간 주먹으로 이마를 치면서 중얼거렸다. '오 세상에, 이제 끝냅시다.'

그러나 그는 실험자가 하는 모든 질문에 답을 했고, 끝까지 복종했다."(Milgram, 1963, p. 377)

이 연구 참여자들은 20대에서 50대까지 다양했고 다양한 직업을 가진 사람들이었다. 1963년의 최초 실험 참여자들은 모두 남자였는데, 후속 연구에서 여자를 대상으로 했을 때도 거의 같은 수준의 복종이 일어났다. 왜 많은 피험자들(나이는 20대에서 50대까지였고, 공장근로자, 사무직, 전문직을 모두 포함시켰다)이 실험자가 하라는 대로 동조했을까? 왜 대학생, 중산층, 장년, 임상심리학자들은 이러한 결과를 전혀 예측하지 못했을까? 왜 사람들이 동조하는가에 대한 설명은 왜 Milgram의 피험자들이 복종하는가를 설명한다. 홀로코스트 중에 독일인들이 그랬고, 이라크와 아프가니스탄에서 최근 병사들이 그랬던 것처럼. 이것이 어떻게 Milgram의 연구에 적용되는지 자세히 알아보자.

규범적 사회영향의 역할

첫째, Milgram의 실험에서 피험자들이 전기충격을 중지하기 힘들었던 것은 규범적 압력이다. 우리가 봤듯이 어떤 사람이 우리에게 무엇을 하기를 요구할 때 싫다고 말하기 힘들다. 이것은 그 사람이 권위적인 인물일 때 더욱 그렇다. Milgram의 피험자들은 그들이 계속하기를 거부한다면 실험자가 실망하고, 화를 내기까지 할지도 모른다 여겼을 것이다. 이 모든 것이 피험자들이 계속하게 하는 압력으로 작용했다. 이 연구에서 중요한 것은 Asch의 실험과는 다르게 실험자가 직접적으로 피험자들이 반드시 동조해야 한다고 말한 것이다. "당신은 반드시 계속해야 합니다." 어떤 권위자가 당신에게 복종하라고 강하게 말한다면 싫다고 말하기가 매우 힘들다(Blass, 1991, 2000, 2003; Hamilton, Sanders, & McKearney, 1995; Meeus & Raaijmakers, 1995; Miller, 1986).

Milgram의 실험에서 규범적 압력이 있다는 것은 다른 추가적 실험을 통해 더욱 분명히 밝혀졌다. 이번에는 3명의 교사가 있었는데, 그중 2명은 실험보조자였다. 한 실험보조자는 단어를 읽도록 지시받았고, 다른 한 명은 학습자의 대답이 정답인지 아닌지를 말해주는 역할을 했다. 실제 피험자의 역할은 전기충격을 주는 것이었다. 원래 실험처럼 실수할 때마다 강도는 높아졌다. 150볼트에서 학습자가 괴로워하며 저항했을 때 첫 번째 실험보조자는 실험자가 계속하라고 했지만 계속하기를 거부했다. 210볼트에서는 두 번째 실험보조자가 계속하기를 거부했다. 결과는? 그들의 동료가 복종하지 않는 것을 보고 실제 피험자 역시 쉽게 불복종했다. 10%의 피험자만이 최대치 전기충격을 주었다. 이 결과는 Asch의 실험결과와 비슷하다. 다수에게 저항하는 한 사람만 있어도 동조는 사라진다.

정보적 사회영향의 역할

Milgram의 실험에서 규범의 압력이 크기는 하지만 그것이 사람들이 동조하는 이유는 아니다. 실험자는 권위자였고, 명령적이었다. 그러나 그는 피험자에게 총을 겨누면서 "동조하라. 그렇지 않으면……."이라고 말하지는 않았다. 피험자는 원한다면 일어나서 그곳을 떠날 수 있었다. 그렇다면 그들은 왜 그러지 않았을까? 특별히 실험자는 그들이 한 번도 만난 적이 없던 낯선 사람이고, 그리고 아마 다시 볼 사이가 아닌데도?

우리가 앞에서 보았듯이 사람들은 혼란스러운 상황이거나 어떻게 해야 할지 모르는 상황에서 다른 사람들을 이용해서 상황을 정의한다. 정보적 사회영향은 상황이 불확실하거나 위기이거나 다른 사람들이 전문성을 가질 때 특별히 영향력이 있다. 이 세 가지 특징 모두가 Milgram 실험의 피험자들이 마주했던 상황을 잘 설명한다. 학습에 있어서 처벌의 효과를 알아보는 것이라고 실험자가 본 실험의 목적을 설명했을 때 모든 것은 분명해 보였다. 그러나 일이 다르게 흘러갔다. 학습자는 고통에 울부짖었으나 실험자는 피험자에게 전기충격이 어떤 영구적 피해를 미치지 않는다고 말했다. 피험자는 누구도 해치기 원하지 않았지만 실험에 참가해서 안내에 따르기로 동의한 상태이다. 그러한 갈등 상황에서 피험자는 전문가를 따르는 것이 당연했다. 실험자는 과학자로 보이는 흰색 가운을 입고 있었다. 그리고 피험자들은 그 상황에서 전문가를 통해 무엇이 옳은 일인가 결정하게 되었다(Hamilton et al., 1995; Krakow & Blass, 1995; Miller 1986; Miller, Collins, & Brief, 1995).

Milgram 실험의 또 다른 버전은 이 상황에서 정보적 영향도 있는 것을 발견하였다. 이 버전은 세 가지 중요한 점에서 원래의 실험과 달랐는데, 먼저 실험자는 어느 정도의 전기충격을 주어야 하는지 피험자에게 말해주지 않았다. 그래서 피험자 스스로 그 결정을 해야만 했다. 둘째, 연구자는 실험이 시작되기 전에 어떤 전화를 받고 그 방을 떠나버렸다. 그래서 피험자는 그 없이 실험을 계속하도록 지시받았다. 셋째, 교사 역할을 하는 실험보조자가 한 명 더 존재했다. 그의 역할은 학습자가 얼마나 빨리 대답하는지를 기록하는 것이었다. 실험자가 떠나자 이 가짜 교사는 좋은 생각이 났다고 얘기하면서 학습자가 틀릴 때마다 전기충격 수준을 높이면 어떻겠냐고 피험자에게 제안했다. 그는 실험 내내 피험자에게 이렇게 해야만 한다고 줄곧 주장했다.

이 상황에서 명령을 하는 사람의 전문성은 없다. 그는 보통 사람이고 피험자 자신보다 지식이 있는 사람도 아니었다. 전문성이 없었기 때문에 피험자들은 어떻게 이 상황에 대처해야 하는지 결정할 때 그를 정보의 원천으로 사용하지 않았다. 그림 8.7에 나온 것처럼 이 버전에서 완전한 동조는 62.5%에서 20%로 떨어졌다(20%가 여전히 최대 전기충격치까지 갔다는 것은, 어떤 사람들은 아주 불확실한 상황에서 어찌할 바를 모를 때 비전문가를 가이드로 사용하였다는 것을 의미한다).

Milgram은 복종을 이끌어내는 권위자의 중요성을 강조하는 추가적인 실험을 하였다. 변형된 실험에서 2명의 실험자가 피험자에게 명령을 내렸다. 150볼트에서 학습자가 처음으로 그만두고

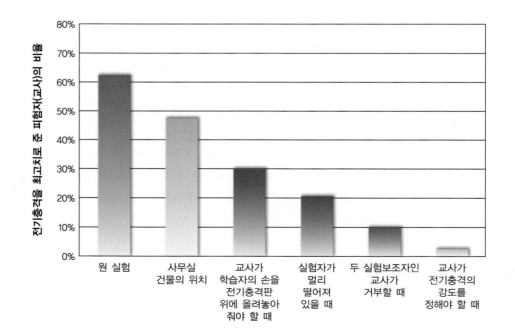

그림 8.7 Milgram 실험을 다양하게 변형한 결과

Milgram의 원 실험에서 복종의 비율은 64%였다. 이 실험을 예일대학교 심리학과가 아닌 외딴곳의 사무실에서 실시하자 복종의 비율은 확 감소되었다. 그리고 피험자가 학습자의 손을 직접 충격판 위에 올려야 하자 이 비율은 더 떨어졌다. 그리고 명령을 하는 실험자가 멀리 떨어져 있을 때, 2명의 다른 교사(실제로는 실험보조자)가 실험을 계속하는 것을 거부할 때 더더욱 감소했다. 마지막으로 피험자가 직접 전기충격의 강도를 결정하도록 내버려둘 때 전기충격을 끝까지 준 사람은 거의 없었다. 그림에 나타난 다양한 막대 길이는 상황맥락에 따라 권위에 대한 복종의 수준이 얼마나 달라지는지 보여준다.

출처 : Milgram(1974)

싶다고 소리쳤을 때 2명의 실험자는 실험을 계속해야 하는지에 대해 서로 의견이 달랐다. 이때에 이르자, 모든 피험자들(교사 역할)이 말을 듣지 않았다. 피해자의 외침이 피험자(교사 역할)를 멈추게 하지 못했다는 것에 주목하라. 권위자가 상황에 대한 확신이 없는 것을 알게 될 때 피험자들은 즉각 동조를 멈추었다.

우리들이 복종하는 다른 이유

Milgram의 실험에서 규범적 사회영향과 정보적 사회영향이 모두 강력했다. 그러나 이러한 이유는 아직도 왜 사람들이 비인간적으로 보이는 행동을 하게 되는지에 대해서 완전히 설명해주지는 못한다. 그것은 왜 사람들이 처음에 실험자의 지시를 따라가기 시작했는가를 설명할 수는 있겠지만, 왜 피험자들은 학습자에게 무슨 일이 일어나고 있는지가 확실해진 후에도 자신이 하고 있는 일이 끔찍하게 나쁜 일인 것을 깨닫지 못하고 그만두지 못할까에 대해서는 설명하지 못한다. Milgram 실험의 피험자 중 많은 수는 같은 동료가 고통을 부르짖음에도 불구하고 왜 계속해서 전기충격 버튼을 눌렀을까?

잘못된 규범에 동조하기 이렇게 계속되는 동조를 이해하기 위해서 우리는 이 상황에 대한 추가적인 측면을 고려할 필요가 있다. 우리는 Milgram 실험의 피험자들이 완전히 정신나간 사람이라든가 그들이 무슨 짓을 하는지 깨닫지 못하는 인간이라고 말하는 것이 아니다. 그들 모두는 피해자의 곤경한 상황을 심각하게 걱정했다. 문제는 그들이 규범이 서로 대립되는 상황에 처했다는 것이다. 그리고 그 대립되는 규범 중 어느 것을 따라야 하는지 결정하는 것이 어려웠다는 것이다. 실험 초반에 "합당한 권위를 지난 인물인 전문가에게 복종하라."라는 규범에 따르는 것은 완벽하게 합리적인 상황이었다. 실험자는 확신이 있어 보였고 지식이 있어 보였다. 그 연구는 마치 흥미 있는 주제에 대한 합리적인 실험으로 보였다. 그래서 하라는 대로 하지 않을 이유가 없었다.

그러나 점점 게임의 룰이 바뀌었다. 권위에 복종하라는 규범은 더 이상 적절하지 않았다. 전에 너무도 합리적으로 보였던 실험자가 이제는 동료 피험자에게 고통을 주라고 요청하고 있다. 그러나 사람들이 일단 하나의 규범을 따르게 되면 생각을 바꾸는 것이 어려울 수 있다. 그리고 이 규범이 더 이상 적절하지 않고 "동료에게 필요 없는 고통을 주지 마라."라고 하는 또 다른 규범을 따라야 한다는 것을 깨닫는 것이 어려울 수 있다. 예를 들면 실험자가 그가 사람들에게 치명적인 전기충격을 주는 것을 좋아하기 때문이라고 말했다고 치자. 얼마나 많은 사람이 동의할 것인가? 아마 거의 없을 것이다. 왜냐하면 이것은 중요한 사회적 규범, 즉 다른 사람을 해하는 것에 대한 규범을 어기는 것이기 때문이다. 이렇게 하는 대신 실험자는 일종의 '미끼' 방식을 취해서 처음에는 권위에 복종하는 규범이 적절한 것으로 보이게 했다가 점차 그 규범을 어겼다 (Collins & Brief, 1995).

Milgram 연구에서 권위에 복종하는 규범을 어기는 것은 무척 어려웠다. 왜냐하면 세 가지의 상황적 측면 때문이었다. 첫째, 그 연구는 빠른 속도로 진행되어 피험자들이 자기가 무엇을 하고 있는지 생각할 틈이 거의 없었다. 피험자들은 학습자의 반응을 기록하는 데 바빴고, 단어를 이어가는 데 바빴고, 학습자의 응답이 맞는지 틀린지 체크하는 데 바빴다. 이런 여러 가지에 세심한 주의를 기울이면서 빨리 진행될 때 피험자들은 자신의 행동을 주관하고 있는 규범(권위에 따르라)이 결국 적절하지 않은 것이라는 것을 깨닫기 힘들다(Conway & Schaller, 2005; Modigliani & Rochat, 1995). 만약 실험이 반쯤 진행되었을 때 피험자들이 잠시 휴식을 취하든가 방에 자기들만 홀로 남겨지든가 했었다면, 많은 피험자는 상황을 제대로 파악하게 되어 전기충격 실험을 계속하기를 거부했을지 모른다.

자기 합리화 두 번째 중요한 상황적 측면은 실험자가 피험자들에게 전기충격을 아주 조금씩 올리도록 요청했다는 것이다. 피험자는 약한 충격을 주다가 갑자기 위험수위의 충격을 주지 않았다. 그들은 매번 15볼트만큼의 전기를 더할까 말까를 결정해야 했다. 제6장에서 보았듯이 아주 중요하거나 어려운 결정을 내릴 때 사람들은 인지부조화를 경험한다. 그리고 그것을 줄이려 한다. 인지부조화를 줄이는 효과적인 방법 중 하나는 그 결정을 합리화시키는 것이다. 인지부조화를 줄이면 계속할 수 있는 합리화가 되므로 때로 그것은 사람들이 이미 선택된 활동을 계속하도록 만든다.

Milgram의 실험에서 피험자들은 초기에 전기충격을 주는 것에 동의했기 때문에 계속해서 복종해야 한다는 내부적 압력을 받았다. 피험자는 충격을 조금씩 늘려갈 때마다 그들 스스로 그 행동을 합리화해야 했다. 어느 순간이 지나자 그들은 선을 긋고 중지해야 할 지점이 언제인가를 결정하는 것이 아주 어려워졌다. "좋아 200볼트 충격을 주었어. 그러나 215는 안 돼, 215는 절대 안 돼."라고 어떻게 말할 수 있을까? 각 단계에서 준 전기충격은 다음 단계를 위한 기반이 되었고 이런 식으로 계속되자 인지부조화는 멈췄다. 215는 200과 그렇게 다르지 않아. 230은 215와 크게 다르지 않아. 이러한 연결을 끊을 수 있는 사람들은 수많은 내부압력도 이겨냈다(Darley, 1992; Gilbert, 1981; Miller et al., 1995). Milgram 실험에서 전기충격 강도를 점차적으로 늘려가며 복종하도록 한 것은 '문간에 발들여놓기 기법'과 같은 원리로 요청을 점차 증가시켰기에 가능한 것이었다.

연구에 의하면 사형집행수들이 겪을 수 있는 인지부조화와 스트레스는 일과 도덕성은 별개인 것으로 생각하는 것과 그 행위에 대한 개인적 책임을 부인하는 것으로 해소될 수 있다고 한다.

개인적 책임의 부재 Milgram의 실험에서 '권위에 복종하기'를 어기는 것이 왜 어려운가를 설명하는 세 번째 이유는 좀 문제 있는 부분이다. 당신이 연구 피험자(또는 직원)이고 다른 사람이 합당한 권위자(실험자, 보스, 군대 장교, 경찰관)일 때 당신은 그저 꼭두각시일 뿐 책임자는 그들이다. 그들은 당신이 무엇을 해야 하는지 말해주고 그 결과에 대한 책임은 그들에게 있다. 결국 그것은 그들의 생각이고 당신은 '단지 명령에 따르는 것'일 뿐이다. Milgram(1974)은 개인이 한 행동에 대한 책임의 부재를 강조했고 그것이 복종실험의 결과를 설명하는 핵심 요소라고 설명했다.

좀 불쾌하고 꺼려지는 일을 해야 할 때 그 행위에 대한 개인적 책임을 지지 않게 되면 훨씬 가벼운 마음으로 그 일을 할 수 있다. 특별히 힘든 직업 중 하나는 사형집행수이다. 이 간수들은 다른 사람을 죽이라는 명령에 대해서 어떻게 반응하는가? 그들은 자신들의 인지부조화를 줄일 필요가 있다. 한 사람의 목숨을 취하는 것은 지극히 문제 있고 괴로운 행위이다. 그래서 그들은 자기 일을 수행하기 위해서는 반드시 자기 합리화를 거쳐야 한다. Michael Osofsky, Albert Bandura, Philip Zimbardo(2005)는 남부지방의 주립감옥 3개의 사형집행팀 간수와 사형집행을 하지 않는 동료 간수들을 비교해보았다. 모든 간수는 익명으로 일련의 진술문에 동의하는 정도를 표시하는 설문지에 응답했다. 진술은 "범죄를 저지름으로써 살인자는 살 권리를 잃었다.", "사형을 집행하는 사람들은 사회가 바라는 것을 하는 것뿐이니 비난받아서는 안 된다." 등이다.

연구자들은 두 종류의 간수들의 태도에 큰 차이를 발견하였다. 집행팀은 그들의 일에 대해서 '도덕적 무관함'을 보였다. 집행팀은 집행에 대한 개인적 책임을 모두 부인했다. 그들은 단지 명령(이 경우 판사와 배심원들)을 따르는 것뿐이라고 느꼈다. 그들은 또한 다른 분야에서도 상당한 합리화의 경향을 보였다. 일반 간수에 비해서 그들은 죄수들을 더 비인간화하여 인간의 주요 특성을 갖지 못한 것으로 보았다. 그들은 죄수들이 사회에 위협적인 존재라고 보았고, 그렇기에 그들을 죽이는 것이 필요하다고 여겼다. 이러한 모든 태도는 집행수들이 그들이 하는 일이 도덕성과는 관련이 없다고 생각하도록 만든다. 한 간수는 "그것이 내 직업이었고, 나는 할 일을 했다. 우리 일은 사형을 집행하는 것이고 우리는 그것을 전문적으로 해낼 것이다."(Osofsky, Bandura, & Zimbardo, 2005, p. 386)라고 말했다.

복종 연구의 과거와 현재

Milgram의 복종실험은 심리학에 가장 큰 기여를 한 연구 중 하나로 꼽힌다(Benjamin & Simpson, 2009). 그의 연구는 1960년대에 이루어졌고 그 후 11개 국가에서 3,000명의 피험자를 대상으로 계속 연구되었다(Blass, 2009). 그러나 Milgram의 연구 패러다임은 연구자들의 윤리성을 두고 큰 논란을 일으켰다.

Milgram의 연구가 비윤리적이라고 비판받는 데는 몇 가지 이유가 있다. 첫째, 피험자들을 속였다. 예를 들면 피험자들은 그 연구가 기억과 학습에 관한 것이라고 들었다. 사실은 아니었다. 또 피험자들은 전기충격이 실제라고 생각했지만 그것도 사실이 아니었다. 둘째, 피험자의 입장에서 연구참가 동의서 같은 것이 없었다. 그들이 연구에 동의했을 때 그들은 그 실험이 실제로 어떤 실험에 참가하게 되는지에 대한 정보는 듣지 못했다. 그러므로 피험자들은 사실 그 시나리오에 참가하기를 동의한 적은 없다고 할 수 있다. 셋째, Milgram의 실험에서 교사라는 역할은 그 연구 진행 동안 피험자의 정신적 스트레스를 유발했다. 많은 피험자들은 높은 수준의 스트레스를 보고했다. 넷째, 실험을 어느 때라도 중지할 수 있다는 것을 피험자에게 분명히 말해주지 않았다. 사실상 연구자는 그 반대로 말했다. 예를 들면 그들은 "반드시 계속해야 합니다."라고 했다. 다섯째, 원치 않는 깨달음을 겪었다. 그 실험이 끝났을 때 일부 피험자들은 자기 자신이 해서는 안 될 일을 해버린 것을 알고 자신의 나쁜 점을 깨닫게 되었다(Baumrind, 1964, 1985; Milgram, 1964; Miller, 2009). 최근에 일어난 비판은 Milgram이 자신이 게재한 논문에 밝힌 바와 같이 실험 후에 피험자들에게 설명을 하지 않았다는 것이다. 많은 피험자가 학습자가 실제로는 실험보조자였다는 것, 그리고 전기충격이 가짜였다는 것을 모른 채 집으로 돌아갔다.

Milgram 실험을 둘러싼 비윤리성이 1966년에 미국에서 만들어진 연구 피험자 윤리 가이드라인 설정에 직접적 원인이 된 것은 아니지만(이것은 원래 의료실험의 피험자를 보호하기 위해 만들어졌다), 이러한 새로운 윤리 가이드라인은 Milgram 실험과 같은 복종 연구를 하는 것이 문제가 있다고 지적했다(Benjamin & Simpson, 2009). 실제로 Milgram이 했던 절차를 사용한 복종실험은 이후 몇십 년 동안 행해지지 않았다(Blass, 2009). 그리고 많은 학생들은 그러한 종류의 연구는 다시 행해질 수 없다고 배웠다. 그러나 2006년에 모든 것이 바뀌었다.

2006년에 Jerry M. Burger(2009)는 30년 만에 처음으로 미국에서 복종실험을 했다. 이 시간 동안 나라에는 많은 사회적 변화가 있었는데, 다른 사람을 해할 수 있을 정도에 이르게 하는 복종 경향도 바뀌었을까? 복종 연구가 윤리적 가이드라인에 맞게 진행되기 위해서 Burger(2009)는 실험 절차에 많은 수정을 해야 했다. 첫째, 그는 연구를 150볼트에서 학습자가 처음으로 소리를 지르며 멈추고자 할 때 실험을 중지함으로써 피험자들의 정신적 스트레스를 줄였다. Milgram의 실험 중 여덟 가지 버전의 실험 분석에 의하면, 불복종이 일어난다면 불복종이 일어날 가능성이 가장 큰 시점이 이때였다. 150볼트를 넘어간 대부분의 이전 피험자들은 끝까지 갈 확률이 높았다 (Packer, 2008). 그래서 Burger는 150볼트 전까지 복종과 불복종을 비교할 수 있었다. 둘째, 피험자들은 임상심리학자들에 의해 선별되어서, 경험에 대한 부정적인 반응을 보인 사람들은 미리 제외되었다(38%가 제외됨). 마지막으로 Burger(2009)는 학습자나 피험자나 실험을 그만두고 싶으면 언제든지 그만둘 수 있다고 반복해서 명확하게 공지해주었다.

여러 가지 측면에서 Burger(2009)의 실험은 원래 실험과 흡사했다. 실험자는 Milgram이 사용했던 네 가지 지시문을 그대로 사용했다(예 : 당신은 반드시 계속해야 합니다). 그리고 Burger의 피험자들도 Milgram의 피험자들처럼 성인이었고 신문광고와 전단지를 통하여 모집되었다. 그들의 나이는 20세에서 81세로 Milgram의 실험보다 폭이 더 넓었고, 평균 나이는 43세로 비슷했다. 그들은 Milgram의 실험보다 인종이 더 다양했고 교육 수준이 더 높았다. Burger의 표본에서 40%는 대학졸업자였고, 20%는 석사학위 소지자였다. 남녀 모두 교사 역할로 참여했다(Milgram의 연구 중에서는 한 버전에서만 여성 피험자가 있었다). 마지막으로 Milgram의 복종실험은 아주 유명하기 때문에 대학 수준 심리학 강의를 두 과목 이상 들은 사람은 제외시켰다.

Burger(2009)는 무엇을 알아냈는가? 45년 전 피험자들보다 오늘날 사람들이 덜 복종적일까? 그동안 많은 미국인이 시민권리향상운동에 참가하고 반전운동에 참여하면서 권위에 대해 의문을 가지는 것에 대한 규범을 받아들였다. 또한 미국인들은 주정부나 연방정부에 덜 만족하고, 덜 수용적인 경향이 되어 갔다(Cohen, 2008). 이러한 문화적 경험이 불복종적이고 힘 있는 피험자를 만들었을까? 안타깝게도 대답은 '아니다'이다. 그들은 그렇지 않았다. Burger(2009)는 자신의 피험자들과 Milgram의 피험자들 사이에 큰 차이를 발견하지 못했다. 150볼트의 전기충격을 준 후에(학습자는 그 전기충격에 소리쳤다) 70%의 피험자들은 복종하고 계속하려 했다(여기서 Burger의 실험은 끝이 난다). Milgram의 연구에서는 같은 시점에서 82.5%가 복종하고 실험을 계속했다. 차이점은 70%와 82.5%의 차이이다. 이것은 통계적으로 유의미한 차이가 아니다. 또 Burger(2009)는 남녀 피험자 사이에 차이점을 발견하지 못했는데, 이것은 Milgram의 실험에서도 마찬가지였다.

윤리적 문제로 인해 Berger의 연구가 방법적으로 많이 수정되었기 때문에 Milgram의 실험결과와 직접적인 비교는 하기 어렵다(Miller, 2009). Burger의 실험에서 방법적 변화가 많았기 때문에 복종의 경향성이 좀 낮아진 것일지도 모른다. 만약 그렇지 않았다면 복종이 더 증가했을지도 모른다. 예를 들면 피험자들에게 언제든 그만둘 수 있다고 반복적으로 상기시켜 주었는데, 이것은 불복종하기를 쉽게 만들었다. 그러나 Burger가 한 실험의 가장 큰 변화는 아무래도 150볼트에서 멈췄다는 것이다. 이것으로 인해 실험은 더욱 윤리적이 되었지만, 오늘날 얼마나 많은 피험자가 450볼트까지 갈지에 대해서 우리는 이제 알 수 없다(Twenge, 2009). Milgram의 복종실험의 특별한 점은 피험자가 150볼트 이후에 전기충격기의 마지막 스위치까지 조금씩조금씩 진행해 간 것을 보여준 데 있다. 가장 혼란스럽고 불안하게 느끼는 부분도 바로 이 부분이다. 그들의 반응에서 도덕적 갈등을 보는 부분이다(Miller, 2009). 이러한 정보는 오늘날의 실험에서는 볼 수 없다. 그래서 과학적 탐구에 두 가지 대립하는 목적이 있음을 우리에게 상기시킨다. 새로운 지식을 발견할 것인가, 해를 주지 않을 것인가?

공격성이 아니다 Milgram의 연구에 대한 논의를 마치기 전에 우리는 그 결과에 대해 할 수 있는 가능한 해석 한 가지를 더 살펴보려고 한다. 피험자들은 아주 비인간적인가? 인간 본성에 내려오고 있는 악이 있기 때문에 어떠한 적당한 핑곗거리가 생기면 그 악이 금방 표현되는가? 이 가설을 검증하기 위해서 Milgram은 또 다른 버전의 실험을 하였다. 모든 것은 같고, 실험자는 피험자에게 학습자가 틀렸을 때 그들이 어떤 수준의 전기충격을 줄지는 스스로 정할 수 있다고 말했다. Milgram은 사람들에게 높은 레벨을 쓸 수 있도록 허가했다. 이러한 지시는 막힘 없이 공격성이 표현될 수 있도록 하기 위한 것이다. 실제 피험자들은 낮은 전기충격을 주는 것을 선택했다 (그림 8.7 참조). 오직 2.5%의 피험자만이 최대치 충격을 주었다. 그래서 Milgram의 연구가 말해주는 것은 모든 사람이 악을 가지고 있어 그 숨겨진 악을 가린 표면에 조금이라도 틈이 생기면 악이 새어나오는 것은 아니라는 것이다(Reeder, Monroe & Pryor, 2008). 대신 이런 연구들은 사회적 압력이 교묘한 방법으로 연합하여 사람이 비인간적인 행동을 하게 만든다는 것을 보여준다. 이 장이 주는 메시지를 Milgram의 말로 마무리하자.

아이히만이라도 그가 유대인 수용소를 돌아보았을 때 마음이 아팠을 것이다. 그러나 대량 학살에 참여하기 위해서 그가 한 일은 단순히 책상에 앉아서 종이서류를 뒤적거리는 것밖에 없었다. 마찬가지로 수용소에서 실제로 가스실에 독가스를 넣는 사람들도 그의 행동을 합리화할 수 있었다. 그는 위에서 내려오는 명령을 따랐을 뿐이다. 이와 같이 인간행위의 분할이 있기에 어떤 한 사람 혼자서 악한 행동을 결정하고 그 결과를 대면하는 것이 아니다. 그 행동에 대해 총 책임을 져야 할 사람은 없어진다. 아마도 이것이 현대사회에서 사회조직적으로 일어나는 악한 일에 대한 가장 일반적인 특징일 것이다.

복습문제

1. Milgram 복종실험의 목적을 잘 나타낸 것은?
   a. 가학적 행동과 관련된 비정상적 성격을 파악하기 위해서
   b. 대학살과 비인간적인 법률과 관련된 행위를 정당화하기 위해서
   c. 파괴적이고 비도덕적 행동을 하게 하는 사회적 힘에 대해 이해하기 위해서
   d. 공격성에 관한 문화적 차이를 파악하기 위해서
2. Milgram 실험의 피험자들이 보인 복종에 있어 규범적 사회영향의 역할에 대해서 가장 잘 설명한 것은?
   a. 다른 '교사(실제로는 실험보조자)'들이 실험을 계속하는 것을 거부할 때 피험자들의 복종률은 현저히 감소되었다.
   b. 남성과 여성들은 비슷한 정도의 복종을 보였다.
   c. '학습자(실제로는 실험보조자)'는 실험이 시작되기 전에 심장에 문제가 있다는 것을 알렸다.
   d. 많은 피험자들은 연구 진행 중에 신경질적인 반응을 보였다.
3. 다음 중 Milgram 연구의 실험에 사용된 지시문이 아닌 것은?
   a. "실험상 당신은 계속해야 합니다."
   b. "계속하십시오."

   c. "당신은 반드시 계속해야 합니다."
   d. "계속하지 않으면 실험 참가비를 받지 못합니다."
4. Milgram 연구를 두고 제기된 일반적인 윤리문제는 무엇인가?
   a. 피험자들의 보상액이 적었다.
   b. 피험자들은 미리 동의하지 않았던 자기 자신에 대한 불쾌한 측면에 대해 알게 되었다.
   c. 피험자들은 학습자의 역할을 할 기회가 없었다.
   d. 피험자들은 실험이 시작되기 전에 75볼트의 전기충격을 받았다.
5. Burger(2009)가 Milgram의 실험을 몇십 년 후에 다시 실시하였을 때 변형했던 부분은 무엇인가?
   a. 그는 여성 피험자들만 모집했다.
   b. 이 연구는 150볼트까지만 진행되었다.
   c. 실험자는 피험자에게 이 연구가 학습에 있어서 처벌의 효과에 대한 연구의 일부라고 말했다.
   d. 그는 피험자에게 참가비를 지불했다.

정답은 537-539쪽 참조

요약

8.1 동조는 무엇인가, 그리고 동조는 왜 일어나는가

- **동조 : 언제 그리고 왜 하는가** 동조는 사람들이 다른 사람의 영향으로 자신의 행동을 바꾸는 것이다. 동조의 두 가지 이유는 정보적 사회영향과 규범적 사회영향이다.

8.2 정보적 사회영향은 어떻게 사람들을 동조하게 하는가

- **정보적 사회영향 : 무엇이 '옳은가'에 대해 알고자 하는 욕구** 사람들이 무엇이 옳은(또는 가장 좋은) 행동인지 알지 못할 때 생긴다. 사람들은 다른 사람의 행동을 중요한 정보의 원천으로 보기 때문에, 다른 사람의 행동을 자기에게 적용한다. 정보적 사회영향은 일반적으로 **개인적 수용**을 이끄는데, 이것은 다른 사람이 하거나 말하는 것을 순전하게 믿는 것을 말한다.
  - **정확성의 중요성** 정확성이 중요할 때, 정보적 사회영향을 통해 다른 사람들에게 동조하려는 경향이 있다.
  - **정보적 동조가 역효과를 일으킬 때** 사람들이 무슨 일이 일어나고 있는지에 대해 틀리게 알고 있을 때, 다른 사람들의 정보를 원천으로 삼는 것을 역효과라 부른다. 이때 감정과 행동이 집단 전체로 감염되는데, 집단 심인성 질환이 한 예이다.
  - **언제 사람들은 정보적 사회영향에 동조하는가** 사람들은 상황이 불확실하거나, 위기상황에 있거나, 전문가가 있을 때 정보적 사회영향에 동조하는 경향이 있다.

8.3 규범적 사회영향이 어떻게 사람들을 동조하게 하는가

- **규범적 사회영향 : 받아들여지고 싶은 욕구** 규범적 사회영향은 사람들이 집단의 일원으로 남고 싶고, 집단의 일원으로서의 혜택을 유지하고 싶을 때 다른 사람의 행동을 따라 함으로써 일어난다. 우리는 받아들여질 만한 행동, 가치관, 태도에 관한 **사회적 규범** 또는 명시적/암묵적 규칙에 동조한다. 규범적 사회영향은 보통 **공개적 수용**을 이끌어내지만, 다른 사람의 생각이나 행동에 대한 개인적 수용은 일어나지 않는다.
  - **동조와 사회적 승인 : Asch의 선 길이 판단 연구** 여러 고전적인 연구에서 Asch는 사람들은 때로 집단이 하는 명백히 잘못된 대답에도 동조한다는 것을 발견했다.
  - **정확성의 중요성 재검토** 정확성이 중요할 때 사람들은 규범적 사회영향에 저항하고 집단과 다른 방향으로 가

서 올바른 답에 이른다. 그러나 공적인 동조는 계속 일어난다.
  - **규범적 사회영향에 저항할 때 초래되는 결과** 규범적 사회영향에 저항하면 집단에게 웃음거리가 될 수도 있고 따돌림을 당할 수도 있고 배척당할 수도 있다.
  - **사람들은 언제 규범적 사회영향에 동조하는가** 사회적 영향 이론은 정보적 사회영향은 집단의 강도, 근접성, 크기에 따라 일어난다고 설명한다. 우리가 소중히 여기는 집단일 때, 집단 일원들이 그 생각과 행동에 만장일치를 이룰 때, 집단에 서너 명 정도 있을 때, 우리가 집단주의적 문화에 있을 때 동조가 잘 일어난다. 과거에 동조해 온 사람에게는 **특혜**가 생겨서 후에 큰 문제 없이 집단에서 벗어나는 것이 용납된다.
  - **소수의 영향 : 몇 명이 전체에게 영향을 미칠 때** 어떤 특정한 조건하에서 개인(또는 적은 수의 사람들)은 다수에게 영향을 미칠 수 있다. 핵심은 소수의 관점이 일관되는가 하는 것이다.

8.4 사회적 영향에 대한 지식을 활용하여 타인에게 어떻게 영향을 미칠 수 있을까

- **사회적 영향을 이용한 전략** 동조하는 경향성에 대해 안다면 다른 사람의 행동을 바꾸려는 노력을 전략적으로 할 수 있다.
  - **금지적 규범과 기술적 규범의 역할** 사회가 인정한 행동에 대한 기대를 **금지적 규범**이라고 하고, 사람들이 실제로 어떻게 행동하는가에 대한 기대를 **기술적 규범**이라고 한다. 금지적 규범은 기술적 규범보다 더 큰 영향력을 미친다.
  - **규범을 이용해 행동 바꾸기 : 부메랑 효과를 조심하라** 기술적 규범은 부메랑 효과를 일으키지 않고 바람직한 행동을 더 유도한다.
  - **사회적 영향과 관련한 그 외의 전략** 사람들의 행동을 바꾸려는 다른 방법들로는 **문간에 발들여놓기 기법**이 있는데, 이것은 첫 번째 동의할 만한 쉬운 요청을 한 후 어려운 요청을 하는 방법이고, **머리부터 들이밀기 기법**은 처음에는 거절할 만한 부담스러운 요청을 해놓고 두 번째로 작은 요청을 하는 것이다. 다른 전략으로는 독일 나치가 사용한 정치적 **선전**도 있다.

8.5 연구에서는 권위자에게 복종하고자 하는 사람들의 심리를 어떻게 묘사했나

- **권위에 대한 복종** 사회심리학의 가장 유명한 실험은 Stanley Milgram의 복종실험이다. 그는 대부분의 피험자들은 그들이 생각하기에 사람을 죽일 정도의 치명적인 수준에 이르기까지 복종하는 것을 발견했다.
  - **규범적 사회영향의 역할** 규범적 압력은 사람들이 권위자에게 복종하는 것을 멈추기 어렵게 만든다. 그들은 자기 업무에 충실함으로써 권위자들을 기쁘게 만들기를 원한다.
  - **정보적 사회영향의 역할** 복종실험들은 피험자가 혼란스러워할 만한 상황을 만들었다. 무슨 일이 일어나고 있는지에 대해 정의하는 것이 불확실할 때 그들은 전문가의 의견을 따랐다.

- **우리들이 복종하는 다른 이유** 피험자들은 잘못된 규범에 동조했다. '권위에 복종하라.'는 규범이 더 이상 적절하지 않을 때에도 그들은 계속 그 규범을 따랐다. 그들에게 있어 이 규범을 따르지 않는 것은 다음 세 가지 이유로 어려웠다 : 빠르게 진행되는 실험, 전기충격이 조금씩 증가했다는 것, 그리고 개인적 책임이 없다는 느낌.

- **복종 연구의 과거와 현재** Milgram의 연구는 윤리적 이유로 비판을 받았다. 피험자를 속였고, 동의서가 없었고, 심리적 스트레스를 유발했고, 실험을 중지할 권리에 대해 말하지 않았고, 원치 않는 깨달음을 주었다. 최근 미국에서 Milgram의 실험을 다시 해보았는데, 2006년의 결과는 1960년대에 나온 결과와 크게 다르지 않았다. 남녀 피험자 간에도 차이는 여전히 없었다.

평가문제

1. 다음 중 정보적 사회영향에 속하지 않는 것은?
   a. 경주를 하고 있는데, 길을 몰라서 다른 선수들을 따라가기 위해 기다리고 있다.
   b. 출근 첫날 막 자리에 앉아 일을 하려는데 화재경보음이 울려서 다른 사람들이 어떻게 하는지를 살펴보고 있다.
   c. 대학에 입학한 후 다른 사람들에게 잘 보이기 위해 옷을 차려입는 방식을 바꾼다.
   d. 지도교수를 찾아가 다음 학기에는 어떤 과목을 수강해야 하는지 물어본다.

2. 사회적 영향 이론에 따르면 다음 중 진실에 가장 가까운 진술은?
   a. 동조는 멀리 있는 사람보다 가까이 있는 사람에게 더 강하게 일어난다.
   b. 동조는 자기에게 더 중요한 사람에게 더 강하게 일어난다.
   c. 동조는 두세 사람보다 세 사람 이상에게 더 강하게 일어난다.
   d. 이들 모두 참이다.

3. Asch의 선분 연구에서 한 사람씩 선분의 길이를 보고하라고 했을 때는 전체 응답수 중 98%가 옳은 반응이었다. 그러나 가끔씩 틀린 반응을 하는 실험보조자와 함께 있을 때는 참여자 중 76%가 적어도 한 번은 그릇된 반응을 했다. 이 결과는 다음 중 _____을 예시한다.
   a. 개인적 수용과 함께하는 공개적 수용
   b. 개인적 수용 없이 하는 공개적 수용
   c. 정보적 영향력
   d. 개인적 수용

4. 정보적 사회영향에 관한 다음 진술 중 사실에 가장 가까운 것은?
   a. 동조를 할까 말까를 결정할 때 우리는 다른 사람들이 당면 상황에 관한 우리보다 아는 것이 더 많은지를 자문해봐야만 한다.
   b. 우리는 동조에 저항하기 위한 노력을 반드시 해야 한다.
   c. 다른 사람들의 전문성이 우리 자신의 전문성과 비슷할 때 우리가 동조할 가능성이 더 크다.
   d. 우리는 겉으로는 동조를 하면서도 속으로는 그런 영향을 수용하지 않을 때도 많다.

5. 병수는 우리 사회가 미성년자의 음주행동을 수용하지 않는다는 사실을 알고 있다. 그러나 주말의 야밤에는 자기 친구들 중 다수가 술을 마신다는 것도 안다. 대중의 대다수가 미성년자 음주를 인정하지 않는다는 병수의 믿음은 _____이고 미성년자 중 많은 아이들이 조건에 따라 술

을 마시기도 한다는 그의 지각/인식은 _____이다.

a. 금지적 규범, 기술적 규범

b. 기술적 규범, 금지적 규범

c. 기술적 규범, 동조

d. 금지적 규범, 동조

6. 동호는 이번 학기에 편입한 대학에 등교했다. 수업이 시작된 첫 주에 동호는 자기와 같은 수업을 듣는 학생 한 명이 수업이 끝난 후 버스를 타는 것을 보았다. 동호는 그 학생을 따라 버스를 타고 가면 다음 수업이 시작하는 곳으로 가게 되는지를 알아보기로 했다. 동호의 이런 행동은 어떤 유의 동조에 해당하는가?

a. 권위에 복종

b. 정보적 사회영향

c. 공개적 수용

d. 규범적 사회영향

7. 다음 중 규범적 사회영향의 보기를 가장 잘 묘사하는 것은?

a. 강수는 친구들과 공부를 하고 있다. 연습문제의 답을 비교해보니 친구들은 모두 강수와 다르게 답했다. 친구들의 답이 잘못됐다고 우기는 대신 강수는 친구들의 답을 받아들였다. 왜냐하면 친구들의 답이 틀림없이 옳다고 생각했기 때문이다.

b. 상수는 친구들과의 모임에 포도주를 가져가기로 했다. 그러나 자신은 어떤 포도주가 좋은 포도주인지 모르기 때문에 가게 주인에게 적당한 포도주를 추천해달라고 했다.

c. 민지와 동료들은 자기 부서 부장을 모시고 점심을 먹기 위해 밖으로 나왔다. 그 부장이 특정 인종을 놀리는 농담을 던지자 다른 사람 모두가 웃었다. 민지는 그 농담이 재미없다고 느끼면서도 함께 웃어주었다.

d. 차희는 난생처음 비행기를 타고 있었다. 엔진에서 나는 이상한 소음을 듣고는 적이 놀랐으나 승무원들은 아무도 놀라지 않는 것을 보자 마음이 놓였다.

8. 미국의 신화와 문화는 _____의 중요성을 강조한다.

a. 동조 거부

b. 권위 순종

c. 기술적 규범 설정

d. 규범적 사회영향

9. 다음 사회적 영향 전략 중 Milgram의 연구에서 조성된 상황과 비슷한 상황을 조성하는 것은? 그 연구에서는 처벌용 전기충격의 강도를 조금씩 높여갔다.

a. 전염

b. 문간에 발들여놓기 기법

c. 머리부터 들이밀기 기법

d. 기술적 규범

10. 다음 중 Milgram의 연구 참여자들로 하여금 전기충격을 계속하여 높여가게 하는 일에 영향을 가장 적게 미친 것은?

a. 개인 책임감 상실

b. 자기 정당화

c. 정보적 사회영향

d. 참여자의 공격성

정답은 537-539쪽 참조

S O C I A L   P S Y C H O L O G Y

집단 : 사회적 집단에 대한 영향

2003년 3월 19일 워싱턴 DC의 맑고 시원한 봄날 조지 W. 부시 대통령은 백악관의 중추라 할 수 있는 상황실에서 최고 참모 회의를 소집했다. 몇 달간의 노력의 결과로 이 순간까 지 오게 되었다. 바로 이라크 공습에 대한 최후 승인이다. 대통령은 먼저 참모들에게 어떤 생각 이나 제안이 있는지를 물었다. 아무도 말이 없었다. 그는 중동에 있는 미군기지 총 명령자인 토 미 프랭크스를 보안 비디오 링크를 통해 연결하도록 했다. 프랭크스와 그의 현장 지휘관은 사우 디아라비아의 공군기지인 프린스 술탄에 있었다. 그는 부시 대통령에게 최후 브리핑을 했고, "군 대는 모두 준비되었습니다. 대통령 각하."라는 말로 끝맺었다. 부시 대통령은 이에 준비된 선언 을 하였다. "세계 평화를 위해서, 그리고 이라크인들의 자유와 번영을 위해서, 나는 지금 이라 크 자유 작전을 실행하기를 명령한다. 우리 군에 주님의 축복이 있기를!"(Woodward, 2004, p. 379).

이로써 부시 대통령은 역사적으로 한동안 논란이 될 이라크 전쟁을 선언하게 되었다. 사회심리 학자들이 관심 있는 부분은 이라크를 침공하는 결정이 어떠한 방식으로 이루어졌는가이다. 사실 모든 종류의 중요한 결정이 다 마찬가지이다. 그런데 과연 전문가 집단은 개인보다 더 좋은 결 정을 내릴 것인가? 미국 정부에는 세계 정세, 국가 안보, 인권, 군 기술 등 각 분야 최고의 전문 가들이 모여 있다. 이 전문가들이 함께 모였을 때 가장 최선의 결과를 이끌 것이라 기대된다. 그 러나 그들이 집단 응집성을 유지하고자 할 때, 또는 한 지도자를 기쁘게 하고자 할 때 그들은 종 종 장님이 되어 버린다. 이 장에서는 집단의 속성과 그것이 사람의 행동에 어떻게 영향을 미치는 지를 알아볼 것이다. 이것은 사회심리학의 오래된 주제 중 하나이다(Forsyth & Burnette, 2010; Hackman & Katz, 2010; Kerr & Tindale, 2004; Wittenbaum & Moreland, 2008; Yuki & Brewer, 2014).

집단이란 무엇인가

9.1 집단이란 무엇이며 왜 사람들은 집단에 속하는가

집단
필요와 목적에 의해서 서로 영향을 미치며 상호 의존적인 셋 이상의 사람

도서관에서 공부하고 있는 6명의 학생은 집단이 아니다. 그러나 그들이 심리학 기말고사를 위해서 함께 공부한다면 그들은 집단이다. **집단**(group)이란 3명 이상의 사람들로 이루어져 있고, 공통의 필요나 목표가 있어 서로 영향을 미치는 상호 의존적인 사람들이다(Cartwright & Zander, 1968; Lewin, 1948). (두 사람은 집단이라기보다 짝으로 여겨진다; Moreland, 2010). 해외정책 결정을 위한 대통령 자문위원들, 지역사회의 문제를 해결하기 위해 모인 시민들이나 파티를 준비하기 위해 모인 사람들, 이렇게 어떠한 공통의 목적을 위해 모인 사람들은 모두 집단이다.

당신이 속한 집단들을 잠깐 생각해보라. 당신의 가족, 캠퍼스의 집단(동아리나 정치적 조직들), 지역사회 집단(교회나 회당), 스포츠 팀, 그리고 일시적 모임(세미나 수업의 수강생)이 집단이라 할 수 있을 것이다. 왜냐하면 당신은 이 집단 안에서 다른 사람들과 상호작용을 하며, 구성원들 간에 상호 의존하기 때문이다. 당신은 그들에게 영향을 미치고 그들은 당신에게 영향을 미친다.

왜 사람들은 집단에 속하는가

개인적으로 하면 어려웠을 일도 다른 사람들과 함께하면 잘할 수 있다. (기숙사를 옮기거나 아파트로 이사해본 적이 있는가? 도와줄 사람이 있다면 훨씬 빨리, 덜 힘들게 이사할 수 있다.) 다른 사람들과 관계를 형성하는 것은 인간의 기본적 욕구 중 하나이기도 하다. 아주 기본적이기 때문에 그것은 아마 우리의 본능일지 모른다. 어떤 학자들은 진화론적 고대시대에 다른 사람과의 유대를 형성한 사람이 생존 확률이 높았을 것이라고 주장한다(Baumeister & Leary, 1995; DeWall & Richman, 2011). 서로 유대를 가진 사람들과 함께 있을 때 사람들은 사냥을 더 잘하고, 식량을 재배하거나 짝을 찾고 아이를 키우는 데 유리하다. 결과적으로 소속되고자 하는 욕구는 본능적인 것이며 모든 사회에 존재한다고 그들은 주장한다. 이 관점에서 보면 모든 문화의 사람들은 다른 사람과 관계를 형성하고자 하고 이러한 관계로부터 소외되기를 거부한다(Gardner, Pickett, & Brewer, 2000; Manstead, 1997). 그래서 사람들은 집단 안에서 자기의 위치를 모니터링하고, 그들이 거부당할 수도 있는 어떠한 조짐이 있는지를 살피게 된다(Blackhart et al., 2009; Kerr & Levine, 2008; Leary & Baumeister, 2000; Pickett & Gardner, 2005). 한 연구에서 피험자들은 과거 다른 이로부터 거부된 경험을 회상한 후 방의 현재 온도를 추정해보도록 요청받았다. 이 사람들은 다른 사람에게 받아들여진 경험을 회상한 사람들에 비해서 방의 온도를 5도나 더 낮게 추정했다(IJzerman & Semin, 2010; Zhong & Leonardelli, 2008). 사회적 분리는 생각만 해도 말 그대로 으스스한 일이다.

사람들은 사회적 집단에 속하기를 원하는 욕구뿐만 아니라 같은 집단에 속하지 않은 사람들과는 구별되고자 하는 욕구도 있다. 당신이 큰 대학에 가게 되면, 당신은 소

집단은 여러 장점을 가진다. 그들은 우리가 누구인지를 정의하는 정체성을 구성하는 중요한 일부분이자, 무엇이 용인되는 행동인가를 구분하게 하는 명시적 또는 암묵적 사회 규범의 원천이다.

속감을 느끼게 될 것이다. 그러나 큰 집단의 구성원이 되는 것은 당신을 다른 사람과 차별화시키지 못한다. 비교적 작은 집단에서는 이 두 가지가 다 충족된다. 소속감도 주고, 당신이 특별하고 구별된다고도 느끼게 해준다. 그래서 사람들이 대학 내에서 동아리 같은 작은 집단을 선호하는 것이다(Brewer, 1991, 2007; Tasdemir, 2011).

집단의 또 다른 중요한 기능은 집단이 개인의 정체성을 정의하는 데 도움을 준다는 것이다. 제8장에서 보았듯이 다른 사람들은 중요한 정보의 원천이며, 사회의 상황에 대한 불확실성을 해결하는 데 도움을 준다(Darley, 2004). 모든 집단은 사회에 대한 어떤 가정을 가지고 있으며, 그것을 통해 우리는 세상을 이해하는 시각(렌즈)를 가지게 된다. 그래서 집단은 우리 정체성의 중요한 한 부분이 되는 것이다(Hogg, Hohman, & Rivera, 2008). 자신이 속한 집단의 이름이 새겨진 티셔츠를 입고 다니는 사람들을 보라(예 : 대학교 티셔츠). 또 집단은 사회적 규범, 즉 사회적으로 수용되는 행동이 무엇인가에 대한 명시적 또는 암묵적 규칙을 만드는 데 도움을 주기도 한다.

집단의 구성과 기능

당신이 속한 집단은 숫자 측면에서 5~6명에서 몇십 명에 이르기까지 다양할 수 있다. 대부분의 집단은 일반적으로 3명에서 6명으로 구성된다(Desportes & Lemaine, 1988; Levine & Moreland, 1998; McPherson, 1983). 만약 집단이 너무 커지면, 당신은 모든 구성원과 상호작용을 할 수 없게 된다. 예를 들면 대학교는 집단이 아니다. 당신이 모든 학생과 만나거나 상호작용을 할 수 없기 때문이다. 이제 우리는 개인이 집단 내에서 어떻게 행동하느냐에 영향을 미치는 요인과 집단이 어떻게 기능하는지에 영향을 미치는 요인에 대해 알아볼 것이다.

사회적 규범 우리가 제8장에서 보았듯이 사회적 규범은 우리의 행동을 결정하는 강력한 요인이다(Hogg, 2010; Kameda, Takezawa, & Hastie, 2005; Sanfey, Stallen, & Chang, 2014). 모든 사회에는 어떤 행동이 바람직한지에 대한 규범이 있는데, 그중 일부는 모든 구성원이 따르도록 기대되는 것이 있고(예 : 우리는 도서관에서 조용해야 한다), 또 어떤 것은 집단마다 다른 것이 있다(예 : 결혼식과 장례식에서 무엇을 입어야 하는지에 대한 규칙들). 만약 당신이 동아리에 소속되어 있다면 아마 그 집단에서 요구되는 행동 규범, 가령 동아리에서 술을 마시는지, 경쟁 동아리에 대해 어떻게 느끼는지 등에 대해 생각해 볼 수 있을 것이다. 하지만 당신이 속한 다른 집단에는 동아리와는 다른 규범이 있을 것이다. 우리의 행동을 결정하는 규범의 힘은 우리가 그것을 어겨 보면 알 수 있다. 우리는 다른 집단 구성원들에게서 거부되고 극단적인 경우에는 그 집단을 떠나도록 압력을 받는다(Marques, Abrams, & Serodio, 2001; Schachter, 1951).

사회적 역할 대부분의 집단에는 다양한 **사회적 역할**(social role)이 있는데, 그것은 집단 내에서 어떤 사람들이 어떻게 행동해야 하는지에 대한 공통의 기대를 말한다(Hare, 2003). 규범이 집단 구성원 모두가 어떻게 행동해야 하는지에 대해 규정한다면, 역할은 집단 내에서 특정 위치를 가진 사람들이 어떻게 행동해야 하는지에 대한 규정이다. 보스와 직원은 각자 다른 역할을 가지고 있기에 특정 상황에서 다른 방식으로 행동하도록 기대된다. 사회적 규범과 마찬가지로 역할은 아주 유용하다. 왜냐하면 사람들은 서로에게 무엇을 기대해야 하는지 알게 되기 때문이다. 집단 내의 구성원들이 명확히 규정된 규칙을 따를 때, 그들은 만족하고 또 잘 수행하게 된다(Barley & Bechky, 1994; Bettencourt & Sheldon, 2001).

그러나 사회적 역할에 대한 대가 지불도 있을 수 있다. 그 역할에 너무 몰입하게 되면 사람들

사회적 역할

특정 사람들이 어떻게 행동해야 하는지에 대한 집단의 공통된 기대

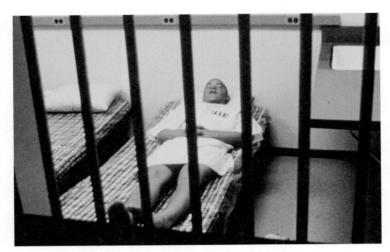

Philip Zimbardo와 그의 동료들은 학생들을 가상감옥에 죄수와 간수로 무작위로 배정했다. 그 학생들은 이 역할을 지나치게 잘 받아들였다.

은 자기의 정체성이나 성격을 잃어버리게 된다. 당신이 죄수와 간수에 무작위로 배정되어서 해당 역할을 하는 가상감옥실험에 2주간 참여하게 된다고 가정해보자. 당신은 당신에게 배정된 역할이 그렇게 중요하지 않을 것이라 생각했다. 어차피 이것은 실험일 뿐이라는 것을 모두가 알고 있고, 사람들은 그저 간수인 척, 또는 죄수인 척하는 것뿐이기 때문이다. 그러나 Philip Zimbardo와 그의 동료들은 다르게 생각했다. 그들은 사회적 역할이 아주 강력하기 때문에 그 역할이 개인의 정체성을 뛰어넘게 될 것이라 믿었다.

그것이 사실인지 알아보기 위해서 Zimbardo와 그의 동료들은 특이한 실험을 하나 설계했다. 그들은 스탠퍼드대학교 심리학과 건물 지하에 가상감옥을 만들고 학생들에게 돈을 주고 간수와 죄수의 역할을 하도록 하였다(Haney, Banks, & Zimbardo, 1973; Zimbardo, 2007). 역할 배정은 동전을 던져서 앞뒤로 정해졌다. 간수에게는 카키색 셔츠와 바지를 입히고, 호루라기와 경찰 야광봉을 들고 짙은 선글라스를 착용하게 했다. 그리고 죄인들에게는 죄수 번호가 새겨진 헐렁한 작업복을 입히고, 고무 샌들을 신고 나일론 스타킹으로 만든 모자를 쓰게 했다. 그리고 한쪽 발목은 사슬로 채웠다.

연구자들은 학생들이 실제로 간수와 죄수처럼 행동하기 시작하는지 보기 위해 2주 동안 그들을 관찰할 계획을 세웠다. 막상 실험이 시작되자 학생들은 아주 빠르게 그 역할에 몰입했다. 사실 그들이 지나치게 역할에 몰입하게 되어 실험자는 그 실험을 6일 만에 끝내고 말았다. 간수들은 죄수들을 학대하고 모욕했으며, 죄수들을 희롱하는 기발한 방법들을 생각해냈다. 죄수들은 수동적이 되었고 힘없이 낙오되기 시작했다. 어떤 죄수들은 실제로 심한 불안과 우울증세를 보이게 되어 다른 사람보다 일찍 실험을 중단하고 빠지게 되었다. 기억하라! 거기 있는 모든 사람들이 그것이 그저 심리학 실험일 뿐이라는 것을 알고 있었다. 그러나 간수와 죄수라는 역할은 아주 강력해서 이러한 사실은 종종 간과된다. 사람들이 자신에게 주어진 역할에 지나치게 몰입하게 되면, 어느 순간 자신의 정체성이나 품위를 잃어버리게 된다. 사실상 Zimbardo 연구에 대한 방법론적 비판점은 (연구 참가자들에 대한 비윤리적 문제점을 넘어서) 학생들이 이 연구가 무엇인지에 대해서 금방 알아차렸다는 것이다. 그래서 참가자들은 그들에게 기대되는 바대로 역할을 행했다고 할 수 있다.

그러나 분명한 점은 아무도 강요하지 않았다는 것이고, 그것이 간수 역할과 죄수 역할에 몰입하기 위해서 몇 주 동안 훈련한 결과가 아니라는 점이다. 특히 학생 간수 중 일부는 상황을 너무 심하게 받아들였다. 이 상황이 익숙하게 들리는가? 제8장에서 언급한 대로 2004년에 미국 군인들이 이라크에 있는 아부그라이브 교도소에서 죄수들을 학대한 것이 세상에 알려졌다(Hersch, 2004). 학대 사건을 조사한 미군 장군 타구바의 보고서에 의하면, 거기서 많은 신체적 구타, 성적 학대, 심리적 모독행위가 일어났다고 한다. 마치 관광 명소를 배경으로 사진을 찍듯이, 벌거벗겨진 이라크 죄수들 앞에서 포즈를 취하며 웃고 있는 미군의 사진을 보고 미국 대중은 충격을 받았다. 그 시설에 있던 몇몇 나쁜 사람들이 이런 일을 저지른 것일까? Philip Zimbardo(2007)에 의하면 아니다. Zimbardo는 "나쁜 것은 그릇이다."라고 말했다. "그 그릇은 바로 내가 만든 감옥이다. 이라크 감옥에서 그랬듯이 우리는 거기에 착한 아이들을 두었다. 그 그릇은 썩어 버렸고, 이제 사악한 감옥이라는 그릇이 되어 버렸다. 거기에는 비밀도 없고 책임감도 없다. 이러한 상황은 사람들이 평소에는 하지 않을 일들을 하도록 허가해주었다."(O'Brien, 2004에서 인용)

이것은 그들이 한 행동에 대해 변명의 여지를 주어야 한다는 말은 아니다. 학대 사실은 아부그라이브의 예비군으로 있었던 24세인 조 다비에 의해 세상에 알려지게 되었는데, Zimbardo의 연구에서와 같이 거기서도 죄수들을 잘 대우하는 간수들도 있었다. 그러므로 모든 사람이 사회적 역할에 사로잡혀서 그 힘에 저항할 수 없었던 것은 아니다. 그러나 Zimbardo의 감옥실험이나 제8장에 나오는 Milgram의 복종실험에서와 마찬가지로

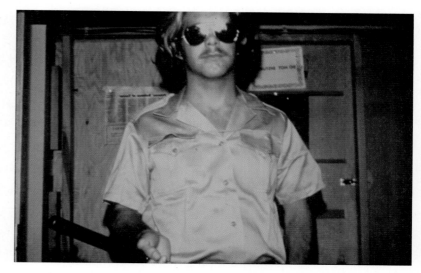

Zimbardo의 스탠퍼드 감옥실험의 간수 중 한 명

대부분의 사람들은 그러한 사회적 영향에 저항하지 못한 채, 평소에는 절대 못할 것이라고 생각했었던 일까지도 하게 될 것이다.

집단 응집성 집단을 구성하는 또 다른 중요한 측면은 그 집단이 얼마나 응집성이 있느냐는 것이다. 집단 구성원들을 하나로 모으고, 상호 호감을 촉진하는 성질을 **집단 응집성**(group cohesiveness)이라 한다(Dion, 2000; Friedkin, 2004; Hogg, 1993; Holtz, 2004). 주말에 영화를 함께 보러 가기 좋아하는 친구 집단처럼 사회적인 이유로 형성된 집단은 응집성이 클수록 좋다. 이것은 너무나 당연한 것이다. 당신은 서로 별로 관심이 없는 여러 사람과 당신의 여가시간을 보내고 싶은가, 아니면 당신과 다른 집단 구성원들에게 헌신된 소수의 사람들과 시간을 보내고 싶은가? 예상하는 대로 한 집단이 더욱 응집성이 있을수록 사람들은 그 집단에 머무를 확률이 더 높아지며, 집단 활동에 더 참가하며, 새로운 비슷한 구성원을 영입하는 데 더 힘쓰는 경향이 있다(Levine & Moreland, 1998; Pickett, Silver, & Brewer, 2002; Sprink, Ulvick, Crozier, & Wilson, 2014).

그러나 집단의 기능이 함께 일하며 문제해결을 위한 것이라면(군대나 한 회사의 판매팀과 같이), 이야기는 그렇게 단순하지 않다. 업무를 잘하는 것이 그 집단을 더욱 응집되게 한다(Mullen & Cooper, 1994). 그러면 반대는 어떨까? 응집성이 높으면 집단이 일을 더 잘하게 될까? 만약 그 업무가 구성원 간 고도의 협동을 요한다든가, 어려운 경기를 하는 축구팀이나 복잡한 전술을 수행하고 있는 군대조직이라면 그렇다(Gully, Devine, & Whitney, 1995). 그러나 때때로 문제해결을 위한 해결책을 찾기보다 구성원 간의 좋은 관계 유지를 더 중요하게 생각한다면 응집성은 적절한 수행을 방해한다. 예를 들어 부시 대통령과 그의 참모들이 가졌을 응집성이 이라크 침공을 결정하기 위한 명확한 사고과정에 방해가 되었을 수도 있다. 이 질문에 대해서는 집단 의사결정 부분에서 다시 다루겠다.

집단 다양성 집단 응집성과 관련이 있는 것은 집단 구성원이 얼마나 다양하게 이루어졌는가이다. 집단 구성원끼리는 종종 나이, 서열, 믿음, 견해가 비슷하다(Apfelbaum, Phillips, Richeson, 2014; George, 1990; Levine & Moreland, 1998). 집단 구성원들이 비슷한 데에는 적어도 두 가지 이유가 있다. 첫 번째, 비슷한 사람들끼리 모이는 경향이 있다(Alter & Darley, 2009; Feld, 1982). 제10장을 참조하면 사람들은 자기와 비슷한 태도를 가진 사람들에게 더 끌리는데, 그

집단 응집성
한 집단에서 구성원들을 하나로 모으고 상호 호감을 촉진하는 성질

러한 이유로 사람들은 자기와 비슷한 사람들을 집단의 새 구성원으로 뽑으려고 한다. 두 번째로, 집단은 구성원 간 유사성을 증가시키려는 경향이 있다. 이것은 다양한 방법으로 일어나는데(Moreland, 1987), 그에 대해서는 제8장에서 우리가 일부 논의하였다.

요약하면 사람들은 서로 비슷한 사람들끼리 끌리는 경향이 있고, 그러한 유사성은 보통 집단 응집성으로 이어진다. McLeod, Lobel과 Cox(1996)의 연구를 생각해보자. 그 연구에서 대학생들은 3~5명으로 구성된 집단에서 아이디어를 내도록 지시받았다. 이 집단 중 반은 백인 학생들로만 이루어졌는데, 이 집단은 인종적 측면에 있어서 다양성이 전혀 없었다(인종적으로 동질한 집단). 다른 집단들은 다양한 인종으로 구성되었다. 백인, 아시아계 미국인, 아프리카계 미국인, 라틴계 미국인 학생들이 모두 포함된 것이다. 이 모든 집단은 동일한 과제를 수행했는데, 그것은 15분 동안 미국으로 많은 여행객이 오게 하려면 어떻게 해야 하는지에 대해 아이디어 회의를 하는 것이었다. 각 회기가 끝나면 참여자들은 집단 구성원들이 얼마나 좋은지에 대해 평가하게 했다. 결과는 예측한 대로 다양성이 없는 집단은 응집성이 강했고, 다양성이 있는 집단에 비해서 서로를 더 좋게 평가했다.

그러나 집단 응집성이 높다고 수행을 잘한다는 의미는 아니다. 사실 McLeod와 동료들(1996)은 각 집단이 관광을 활성화시키기 위한 아이디어를 분석하였는데, 다양성이 높은 집단이 더 현실적이고 효과적인 방안을 제시한 것을 발견했다. 실험 참여자들은 비슷한 사람들과 함께 있는 것을 즐겼을지 모르나 수행 측면에서는 다양성이 있는 집단에서 더 높았다. 이러한 결과는 다양성(꼭 인종뿐만 아니라 여러 종류의 다양성)이 집단의 동실성은 낮출지 모르지만, 다양한 배경이나 관점이 집단의 창의성이나 정보 공유, 유연적인 문제해결 측면에서 수행을 향상시킬 수 있다는 것을 지지한다.

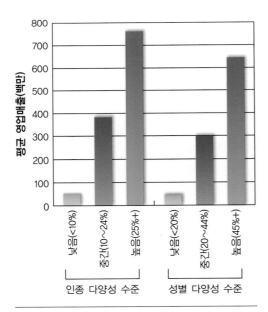

그림 9.1 인종·성별 다양성과 사업성과

사업성과와 인종·성별 다양성의 관계를 알아보기 위해서 Herring(2009)은 1,000명 이상의 미국 사업장에서 상관관계 연구를 진행하였다. 그 결과 두 종류 모두의 다양성이 판매 수익, 고객수와 정적 상관관계가 있었다. 이러한 결과는 다양성과 사업성과 기저선이 관련이 있다는 것을 보여준다. 그러나 이것은 상관관계이므로 인과관계에 대해서는 알 수 없다.

다양성이 집단에 미치는 영향에 대해서 하나의 단순한 답이 있는 것은 아니다(Apfelbaum et al., 2014; Mannix & Neale, 2005; van Knippenberg, van Ginkel, & Homan, 2013). 방금 알아본 바와 같이 집단의 다양성을 정의하는 데는 여러 가지 방법이 있다. 인종과 다른 사회인구학적 요인으로 나눌 수도 있지만 경력, 교육 태도 등 다른 측면으로도 나눌 수 있다. 많은 조직에서 다양성에 대해 긍정적인 가능성을 점치고 있다. 대학이나 군기관 그리고 포춘지가 선정한 500대 기업이 다양성을 얻기 위해 노력하는 이유가 있다. 바로 환경에 대해 배우거나 기초적인 협동을 할 때나 다양성이 수행을 향상시킬 것이라고 믿기 때문이다(Herring, 2009; Page, 2008). 그림 9.1을 보면, 적어도 상관관계에서 이러한 결과가 나온다. 주식시장 시뮬레이션을 이용한 최근 실험연구를 보면, 다양한 인종이 있는 주식시장에 배정된 거래자들이 동일한 인종이 있는 주식시장에 배정된 거래자들보다 수행을 더 잘하고 주식 가격을 더 정확하게 결정내리는 것으로 나타났다. 결과는 다양성이 동조를 깨고 의사결정을 향상시킨다고 할 수 있다(Levine et al., 2015). 그리고 다른 연구들을 보면 다양성이 일시적으로 응집성을 위협하고 사기를 떨어뜨리지만, 시간이 갈수록 집단 구성원들이 함께 일하는 것을 배우고 집단 다양성에 자부심을 느끼게 되어 다양성으로 인한 부정적 영향력이 줄어든다고 한다(Allmendinger & Hackman, 1995; Jehn, Northcraft, & Neale, 1999). 요약하면 다양성을 다룬다는 것이 쉽지는 않지만 연구결과들은 집단 다양성이 장기적 수행에 긍정적 혜택을 종종 가져올 수 있음을 지지한다.

복습문제

1. 다음 중 집단의 예가 아닌 것은?
    a. 함께 시험공부를 하는 6명의 학생
    b. 뮤지컬 공연을 하는 12명의 주인공
    c. 웹을 통해 프로젝트를 하는 4명의 팀원
    d. 버스 정류장에서 조용히 함께 기다리는 7명의 통근자
2. 사람들이 집단에 속하는 이유 중 한 가지는 무엇인가?
    a. 규범적 사회영향을 피하기 위해서
    b. 혼자 하기에는 어렵고 불가능한 목적을 달성하기 위해서
    c. 응집성을 감소시키기 위해서
    d. 잘 정의된 사회적 역할을 피하기 위해서
3. 집단 응집성이 특히 중요할 때는 언제인가?
    a. 집단이 사회적 이유로 형성되었을 때
    b. 집단의 주된 목적이 문제해결일 때
    c. 집단 구성원의 성별이 다양하나 인종은 다양하지 않을 때
    d. 경제적 의사결정과 관련되었을 때
4. 집단에 대한 진화론적 관점을 잘 설명한 것은?

    a. 두세 사람일 때가 집단이 클 때보다 더 생산적이다.
    b. 집단은 인간의 기본적 욕구인 소속의 욕구를 충족시킨다.
    c. 죄수학대 사건과 같이 집단은 때로 비도덕적 행동을 하게 한다.
    d. 집단은 개인보다 사회적 규범의 영향을 피할 수 있게 해준다.
5. 학교 구역을 재정비하면서 축구팀 학생들의 사회경제적 지위, 인종, 가정환경, 축구 경력 등이 기존보다 더 다양해졌다. 아래 중 집단의 다양성에 관하여 올바른 결론은 무엇인가?
    a. 이 팀은 다양성이 낮은 팀보다 경기에서 더 많이 승리할 것이다.
    b. 이 팀은 다양성이 낮은 팀보다 수행, 창의력, 문제해결에 있어 부족함을 경험할 것이다.
    c. 이 팀의 사기가 낮아지거나 집단 응집성이 약화될 수 있지만, 이러한 문제는 경기가 계속될수록 해결될 것이다.
    d. 이 팀은 사회적 역할에 의존하지 않으려 할 것이다.

정답은 537-539쪽 참조

집단 안에서 개인의 행동

9.2 사람들은 다른 사람이 주위에 있을 때 어떤 식으로 다르게 행동하는가

지금까지 우리는 왜 집단에 속하려 하는지, 그리고 어떻게 집단이 기능하는지에 대해 초점을 두었다. 그러나 또 다른 질문은 집단 가운데 있다는 것이 개인 수행에 어떠한 영향을 미치는가이다. 당신은 다른 사람들이 주위에 있을 때 다르게 행동하는가? 다른 사람들이 우리를 볼 때 심리적 압박을 받아 숨이 막힐 것 같은가? 다른 사람들이 주위에 있으면 평소보다 더 게임이나 일을 잘하게 되는가? 다른 사람의 존재만으로 당신의 행동에 아주 흥미 있는 다양한 변화를 가져올 수 있다. 우리는 이제 집단이 당신의 수행에 어떠한 영향을 미치는지 알아볼 것이다. 예컨대 당신이 아주 익숙한 상황(바로 교실에서 시험을 치르는 것)부터 알아보자.

사회적 촉진 : 다른 사람의 존재가 우리에게 힘을 불어넣어 줄 때

이제 심리학 수업의 기말고사를 칠 시간이라고 생각해보자. 당신은 시험공부를 하느라 많은 시간을 보냈고, 이제 준비가 되었다고 느낀다. 강의실에 도착했을 때 강의실은 학생들로 가득 차 있었다. 당신은 옆사람과 거의 부딪칠 듯 빽빽한 강의실에서 좁은 자리 하나를 겨우 찾아서 앉았다. 교수님이 도착했고, 만약 좁은 자리 때문에 힘들면 누구든지 복도 끝에 있는 조그마한 방 중 하나에 들어가서 개인적으로 시험을 봐도 된다고 말했다. 당신은 어떻게 할 것인가?

이 질문은 다른 사람과 함께 있는 것이 당신의 수행에 영향을 미칠 것인가 하는 질문이다 (Geen, 1989; Guerin, 1993; Zajonc, 1965). 다른 사람의 존재는 다음 두 가지 중 하나를 의미한다 : (1) 같은 일을 하는 다른 동료와 함께 한 작업을 같이하는 것, (2) 다른 사람이 지켜보는 가운데 나 혼자 어떤 일을 하는 것. 위에서 한 질문은 다른 사람의 존재에 관한 기본적인 질문인 것에 주목하라. 여기서 다른 사람이란 꼭 상호작용을 하는 집단 구성원일 필요는 없다. 다른 사람이

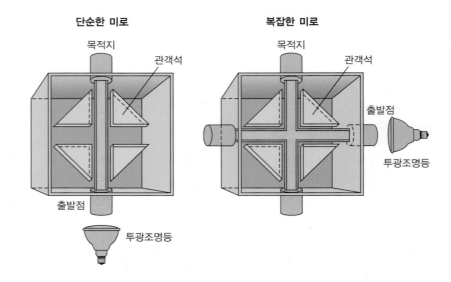

그림 9.2 바퀴벌레와 사회적 촉진
왼쪽의 미로에서 바퀴벌레는 아주 간단한 과제를 수행했다. 출발점에서부터 출발하여 어두운 쪽으로 가는 것이다. 그들은 혼자 있을 때보다 다른 바퀴벌레들이 보고 있을 때 더 빨리 목적지에 도달했다. 오른쪽에 있는 미로는 더 어려웠다. 이 경우에는 다른 바퀴벌레들이 보고 있을 때 목적지에 도달하는 시간이 더 오래 걸렸다.

출처 : Zajonc, Heingartner, & Herman (1969)

주위에 있다는 단순한 사실만으로 어떤 차이가 발생할까? 그들과 말하거나 어떤 교류가 있는 것도 아닌데?

이 질문에 답하기 위해서 우리는 곤충에 관해 이야기할 필요가 있다. 사실은 바퀴벌레이다. 믿거나 말거나, 아주 고전적인 연구에서 바퀴벌레를 피험자로 하여 이 질문에 대한 답을 찾고자 하였다. Zajonc와 그의 동료들은 복잡한 미로를 만들어서 한 마리 바퀴벌레의 행동이 다른 바퀴벌레들의 존재에 의해 영향을 받는지를 알아보았다(Zajonc, Heingartner, & Herman, 1969). 연구자들은 미로 끝에 밝은 빛을 비추고는, 바퀴벌레가 빛을 피해서 어두운 다른 끝으로 탈출하는 데 걸리는 시간을 측정하였다(그림 9.2의 왼쪽). 연구자가 알고자 했던 것은 바퀴벌레가 다른 바퀴벌레와 함께 있을 때 혹은 혼자 있을 때 더 빨리 탈출할 수 있는지를 보는 것이었다.

당신은 아마 다른 바퀴벌레가 관찰자가 되는 것을 어떻게 조작했는지 궁금할지 모른다. 연구자들은 다른 바퀴벌레를 복도를 따라 투명한 플라스틱 박스에 넣어 두었다. 그래서 이 바퀴벌레는 말하자면, 혼자 있는 바퀴벌레가 어떻게 길을 찾는지 관람하였던 것이다(그림 9.2 참조). 예상했던 대로 바퀴벌레는 혼자 있었을 때보다 다른 바퀴벌레와 있을 때 더 빨리 수행했다.

우리는 바퀴벌레를 이용한 이 한 가지 실험을 바탕으로 당신이 심리학 시험을 어디에서 쳐야 할 것인가에 대해 조언할 수는 없다. 그러나 이야기는 여기서 끝이 아니다. 수십 개의 후속 연구들에서 다른 사람의 존재만으로 수행에 영향을 미친다는 것이 발견되었다(예 : Aiello & Douthitt, 2001; Krasheninnikova & Schneider, 2014; Sharma, Booth, Brown, & Huguet, 2010). 이 현상은 인간뿐만이 아니고 개미나 새와 같은 동물에게서도 발견되었다. 이 연구들의 결과는 아주 일관적인데, 과제가 비교적 쉬울수록 그리고 숙달된 과제일수록 타인의 존재

사회적 촉진에 관한 연구들은 사람들이 혼자 있을 때보다 다른 사람이 있을 때 숙달된 과제를 더 잘 수행한다는 것을 발견해냈다. 만약 학생들이 열심히 공부했고 내용에 대해 숙지했다면, 많은 다른 사람들이 있는 방에서 시험을 보는 것이 더 나을지 모른다.

가 수행을 향상시킨다는 것이다.

단순한 과제와 복잡한 과제   당신이 복잡한 교실에 머물러야 한다고 결론짓기 전에 우리는 다른 연구결과들을 좀 보아야 한다. 다른 사람의 존재가 단순하고 숙달된 과제일 때 수행을 향상시킨다고 했던 것을 기억하라. 만약 사람들에게 보다 어려운 과제를 수행하게 하고, 그들을 다른 사람과 함께 있게 했을 때는 어떤 일이 일어날까? 이것을 알아보기 위해서 Zajonc와 동료들(1969)은 길을 여러 개 만들고, 그중 한 가지 길만이 어두운 쪽으로 연결되게 만들었다(그림 9.2의 오른쪽). 이 어려운 과제를 수행할 때는 반대 결과가 나왔다. 바퀴벌레는 혼자 있었을 때보다 다른 바퀴벌레와 함께 있었을 때 빠져나오는 데 시간이 더 오래 걸렸다. 사람과 동물을 대상으로 한 많은 후속 연구들에서도 역시 과제가 어려울 때 다른 사람의 존재가 수행을 저하시키는 것이 발견되었다(예 : Augustinova & Ferrand, 2012; Bond & Titus, 1983; Geen, 1989).

각성과 주반응   Zajonc(1965)는 한 영향력 있는 논문에서 왜 다른 사람의 존재가 숙달된 반응을 촉진시키고 덜 숙련된 반응이나 새로운 반응은 저하시키는지에 대한 이론적 설명을 제시하였다. 다른 사람의 존재는 물리적 각성을 일으킨다(우리의 몸에 더 힘이 생기는 것이다). 그러한 각성 상태에서 주 반응(우리가 잘할 줄 아는 것)을 하는 것은 더 쉬워지지만 복잡하거나 새로운 어떤 것은 하기가 더 어려워진다. 예를 들어 자전거를 타는 것이라든지 당신의 이름을 쓰는 것 같은 행동을 생각해보라. 당신을 바라보는 다른 사람들의 존재로 인해 각성이 일어나는데, 이 각성은 숙련된 과제를 더욱 쉽게 수행하게 만든다. 그러나 당신이 새로운 스포츠를 배우거나 어려운 수학문제를 푸는 것과 같이 좀 더 복잡한 일을 해야 한다고 생각해보자. 이제 각성은 당신을 더 허둥대게 하고, 혼자 있을 때 하는 것보다 더 일을 못하게 만든다(Schmitt et al., 1986). 사람들이 다른 사람과 함께 있을 때 단순한 것은 더 잘하고, 복잡한 일은 더 못하는 경향을 **사회적 촉진**(social facilitation)이라고 한다.

왜 다른 사람의 존재가 각성을 야기할까   왜 다른 사람의 존재가 각성을 야기할까? 연구자들은 사회적 촉진에 있어서 각성의 역할을 설명하는 세 가지 이론을 제시했다. 다른 사람들은 우리를 깨어 있고 두리번거리게 만든다. 다른 사람은 우리가 어떻게 평가되고 있는지 알게 한다. 그리고 다른 사람은 지금 하고 있는 일들로부터 우리의 주의를 분산시킨다.

첫 번째 설명은 다른 사람의 존재가 우리를 더 깨어 있게 한다는 것이다. 우리가 혼자는 책을 읽을 때 그저 책에만 집중을 하면 되지, 책상 스탠드가 나에게 질문을 할까 봐 걱정하지 않는다. 그러나 방에 누군가와 함께 있다면 그가 우리에게 질문할 가능성에 대해 생각하고 있어야 한다. 사람들은 책상 스탠드보다 더 예측 불가능하므로, 우리는 타인의 존재가 있을 때 더욱 깨어 있는 상태에 있게 되는 것이다. 이러한 깨어 있음은 약한 수준의 각성을 일으킨다. 이 설명의 핵심은 그것이 동물과 사람을 대상으로 한 연구결과를 모두 설명할 수 있다는 것이다[Zajonc(1980)이 선호했던 설명방식이다]. 혼자 있던 바퀴벌레는 다른 바퀴벌레가 다른 방에서 무엇을 하는지에 대해 걱정할 필요가 없다. 그러나 그들은 다른 바퀴벌레의 존재하에서는 깨어 있어야 한다. 사람도 그러하다.

두 번째 설명은 사람들은 바퀴벌레가 아니며 다른 사람들이 자기를 어떻게 평가하는가에 대해 신경을 쓴다는 점에 중점을 두고 있다. 다른 사람들이 당신이 어떻게 하고 있는가 보게 될 때 긴장이 발생된다. 다른 사람들이 당신을 평가하고 있는 것처럼 느끼고, 당신이 잘못하면 부끄러움을 느끼게 된다. 그리고 당신이 잘하면 기뻐하게 된다. 이러한 평가에 대한 염려를 평가불안

사회적 촉진
사람들이 다른 사람과 함께 있을 때 그리고 자신의 개인적 수행이 평가되는 상황일 때 단순한 과제의 수행은 향상되고 복잡한 과제의 수행은 저하되는 경향성

(evaluation apprehension)이라고 부르는데, 이것은 약간의 긴장을 일으킬 수 있다. 이러한 시각에 따르면 단순히 사람의 존재가 아니라 당신을 평가하는 타인의 존재가 긴장을 일으키고 사회적 촉진을 일으키게 되는 것이다(Blascovich, Mendes, Hunter, & Salomon, 1999; Muller & Butera, 2007).

세 번째 설명은 다른 사람이 주의를 분산시킨다는 것이다(Feinberg & Aiello, 2006; Muller, Atzeni, & Fabrizio, 2004). 다른 사람과 함께 있을 때 우리는 깨어 있는 상태가 된다는 점에서 이 설명은 Zajonc(1980)의 개념과 비슷하지만, 주의분산은 우리를 혼란스럽게 할 수 있다는 점에서 그것과는 다르다. 다른 사람이 있거나 아파트 위층에서 파티로 인한 소음이 들리거나 하는 것들은 모두 우리의 주의를 분산시키는데, 이렇게 되면 우리는 두 가지 일에 동시에 집중하기가 힘들기 때문에 갈등상황에 처하게 된다. 이렇게 분산된 주의는 각성을 일으키는데 시끄러운 음악을 듣거나 큰 소리로 전화를 하는 등 집중하기 어렵게 만드는 어떤 일을 하고 있는 룸메이트를 두고 공부하려고 한 적이 있는 대학생이라면 이 말이 무슨 말인지 알 수 있을 것이다. 이 설명과 일관되게 불빛과 같이 비사회적 주의분산 요인이 있을 때에도 사회적 촉진과 같은 효과가 일어나는 것이 발견되었다(Baron, 1986).

사회적 촉진에 대한 연구결과는 그림 9.3에 요약되어 있다(표의 아랫부분은 곧 설명할 것이다). 이 그림은 타인의 존재가 각성을 일으키는 이유에 대한 여러 설명이 있는 것을 보여준다. 그러나 이러한 각성의 결과는 같다. 사람들이 주변에 있으면 단순하고 숙련된 일은 더 잘하게 되고, 복잡하거나 새로운 일을 배울 때는 더 못하게 된다.

그러면 당신은 심리학 시험을 어디서 봐야 할까? 당신이 수업내용을 잘 안다는 가정하에, 그래서 당신이 그것을 잘 기억해낼 것이라는 가정하에, 우리는 당신이 수업을 같이 듣는 친구들과 함께 시험을 보라고 추천하고 싶다. 따닥따닥 붙어 있는 교실에서 발생되는 각성은 당신의 수행을 높일 것이다. 그러나 당신이 시험공부를 할 때는 혼자 있는 것이 좋을 것이다. 이 상황에서 다른 사람으로 인해 야기된 각성은 집중하기 어렵게 만들 것이다. 그리고 한 가지 더 말할 것은 우리의 행동에 영향을 주는 것은 실제 사람의 존재만이 아니라 좋아하는 TV 인물의 존재도 그럴 수 있다는 것이다. 최근 연구에서 대학생들은 컴퓨터 화면에 TV 인물사진을 열어둔 상태에서 단순과제 또는 복잡과제를 수행하였다. 실제 사람이 그 방에 있을 때의 효과와 마찬가지로 사람들은 단순과제는 더 잘하였고, 복잡한 과제는 더 못하였다. TV 인물이 당신이 좋아하지 않는 사람이면 그들의 수행은 영향을 받지 않았다. 흥미롭게도 이러한 결과는 사람과 만화 주인공에서도 동일했다. '그레이 아나토미'라는 의학 드라마에 나오는 인기 의사가 있을 때뿐만 아니라 '패밀리 가이'라는 애니메이션을 좋아하는 사람들은 그 주인공 캐릭터가 있을 때 사회적 촉진이 일어났다(Gardner & Knowles, 2008).

사회적 태만 : 다른 사람의 존재가 우리의 긴장을 풀리게 할 때

당신이 심리학 시험을 치른다면, 당신 개인의 노력이 평가될 것이다(시험 점수를 받게 된다). 이것은 사회적 촉진에 관한 연구의 전형적인 조건이다. 사람들이 어떤 일을 하게 되고(혼자 또는 다른 사람의 존재하에), 그들의 개인적인 노력은 쉽게 관찰되고 평가된다. 그러나 때로 사람들이 다른 사람과 있을 때, 그들의 개인적 노력은 다른 사람과 구분되지 않는다. 콘서트 후에 박수를 친다든지(아무도 당신이 얼만큼 크게 박수를 치는지 모른다) 또는 당신이 악단에서 악기를 연주하는 것(당신의 악기 소리는 다른 사람들의 악기 소리와 섞여 버린다)이 그 예이다.

이러한 상황은 사회적 촉진과 반대되는 현상이다. 사회적 촉진에서 다른 사람의 존재는 당신

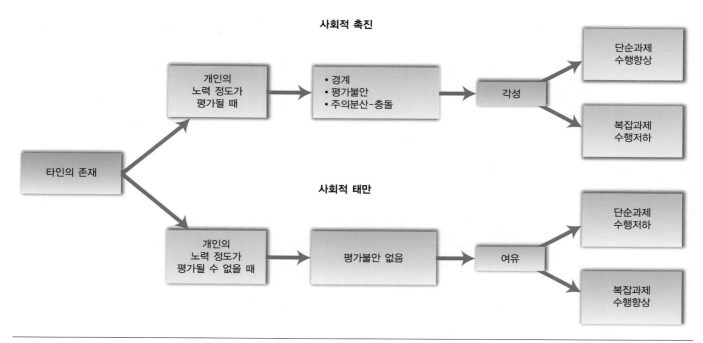

사회적 촉진

타인의 존재 → 개인의 노력 정도가 평가될 때 → • 경계 • 평가불안 • 주의분산-충돌 → 각성 → 단순과제 수행향상 / 복잡과제 수행저하

사회적 태만

타인의 존재 → 개인의 노력 정도가 평가될 수 없을 때 → 평가불안 없음 → 여유 → 단순과제 수행저하 / 복잡과제 수행향상

그림 9.3 사회적 촉진과 사회적 태만
다른 사람의 존재는 사회적 촉진 또는 사회적 태만을 일으킨다. 이 두 가지를 구분하는 중요한 변인들은 평가, 각성, 과제의 복잡성이다.

을 주목시켜서 당신을 각성하게 만든다. 그러나 다른 사람과 함께 있다는 말이 당신이 어떤 집단 안에 있다는 것을 의미하고, 집단 안에서 혼자 있을 때보다 주목을 덜 받게 된다면, 당신은 아마 긴장이 풀릴 것이다. 아무도 당신이 얼마나 잘하는지 말할 수 없기 때문에 당신은 평가불안을 덜 느끼고 당신이 할 수 있는 최선을 다하려 하지 않을 것이다. 그러면 어떤 일이 일어날까? 이러한 긴장 풀림은 수행을 더 좋게 할까 나쁘게 할까? 여기서도 역시 대답은 우리가 단순한 일을 하느냐 복잡한 일을 하느냐에 달려 있다.

단순한 일부터 생각해보자. 밧줄을 세게 당기는 일이다. 다른 사람과 일하는 것이 수행에 미치는 영향에 대한 첫 연구는 1880년대 프랑스 농업공학자인 Max Ringelmann(1913)에 의해 연구되었다. 그는 집단이 밧줄을 당길 때 집단 구성원 한 사람이 한 노력은 한 사람이 혼자서 당길 때 들인 노력보다 더 적다는 것을 발견했다. 한 세기 후에 사회심리학자인 Bibb Latané, Kipling Williams, 그리고 Stephen Harkins(1979)는 그것을 **사회적 태만**(social loafing)이라고 불렀다. 이것은 사람들이 다른 사람과 함께 있을 때 그리고 그들의 개인적 수행이 평가될 수 없을 때 일어나는 현상으로 단순한 과제에서는 더 못하고, 복잡한 과제에서는 더 잘하게 된다. 사회적 태만은 박수 치기, 응원하기, 한 사물의 용도에 대해 할 수

사회적 태만

사람들이 다른 사람들과 함께 있을 때 그리고 자신의 개인적 수행이 평가될 수 없을 때 태만해져서 단순한 과제의 수행은 저하되고 복잡한 과제의 수행이 향상되는 경향성

사람들에게 둘러싸여 있으면 우리는 때로 게을러진다(또는 태만해진다). 이것은 다른 사람의 존재가 개인의 수행에 어떠한 영향을 미치는가라는 질문에 단순한 하나의 답이 있는 것은 아니라는 것을 보여준다.

있는 만큼 생각해보기 등 다양한 단순 작업에서 발견되었다(Karau & Williams, 2001; Lount & Wilk, 2014; Shepperd & Taylor, 1999).

복잡한 과제에서는 어떨까? 한 집단에서 개인이 한 수행이 파악되지 않을 때 사람들은 더 긴장을 풀게 된다. 긴장과 수행에 관한 초기 연구를 생각해보라. 각성은 단순한 과제에서 수행을 높이고 복잡한 과제에서 수행을 저하시킨다. 같은 논리로 긴장을 푸는 것은 단순한 과제에서 수행을 저하시키고, 복잡한 과제에서 수행을 증가시킨다(Jackson & Williams, 1985). 이러한 과정은 그림 9.3의 아랫부분에 설명되어 있다.

사회적 태만에 있어서 성차와 문화차 : 누가 가장 게으름을 피우는가

세은이와 성원이는 어떤 수업에서 프로젝트를 위해 다른 몇 명의 수강생과 함께 일하고 있는데, 아무도 그들의 개인적 기여 정도를 가늠할 수 없다. 누가 더 참여를 안 하고 다른 사람이 일을 하도록 만들까? 세은이일까 성원이일까? 당신이 성원이라고 말한다면 당신이 맞을 가능성이 크다. 사회적 태만에 관한 150개 이상의 연구 리뷰에서 태만한 경향은 여성보다 남성에게서 더 많이 발견되었다(Karau & Williams, 1993). 제5장에서 논의하였듯이 여성은 남성에 비해 관계 의존도가 높다. 이는 인간관계에 더욱 신경을 쓰는 경향이다. 아마도 이러한 관계에 대한 집중이 여성이 사회적 태만을 덜하게 하는지도 모른다(Eagly, 1987; Wood, 1987).

연구들은 사회적 태만이 아시아 문화보다 서구 문화에서 더욱 강력하게 나타난다는 것을 발견했는데, 그것은 아마 그 사회에 퍼져 있는 자기에 대한 정의가 다르기 때문일 것이다(Karau & Williams, 1993). 아시아 사람들은 더 상호 의존적 자기를 가지고 있다. 그것은 한 사람을 다른 사람과의 관계성 안에서 정의하는 것이다(제5장 참조). 이러한 자아의 정의는 집단 안에서 사회적 태만을 줄일 것이다. 그러나 우리는 성차와 문화차를 과대평가해서는 안 된다. 여성도 아시아 문화권 사람도 그들이 집단 속에 있을 때 사회적 태만을 보인다. 단지 남성보다 또는 서구 문화권 사람보다 덜하는 것뿐이다(Chang & Chen, 1995; Hong, Wyer, & Fong, 2008).

요약하면, 우리는 다른 사람의 존재가 우리의 수행을 돕는지 방해하는지에 대해 두 가지를 알 필요가 있다. 당신의 개인적인 노력이 평가될 때, 다른 사람의 존재는 당신을 깨어 있게 하고 각성하게 만들 것이다. 이것은 사회적 촉진 효과를 일으키는데, 사람들은 단순한 과제를 더 잘하고, 복잡한 과제를 더 못하게 한다(그림 9.3의 윗부분). 만약 당신의 노력이 평가되지 않는다면, 당신은 긴장을 늦추게 될 것이다. 이것은 사회적 태만 효과를 일으키는데, 사람들은 단순한 과제를 더 못하고 복잡한 과제를 더 잘하게 된다(그림 9.3의 아랫부분).

이러한 발견은 집단이 어떻게 조직되어야 하는지에 대한 함의를 제공한다. 당신이 비교적 단순한 업무를 하는 직원들을 관리하는 매니저라면, 평가불안을 주는 것은 좋은 방법이다 — 수행을 높일 수 있다. 이때 각자가 한 수행을 파악할 수 없는 집단 안에 직원들을 배치하면 안 된다. 왜냐하면 사회적 태만이 일어날 가능성이 있기 때문이다. 반면 당신 직원들이 어렵고 복잡한 일을 하기 원한다면 평가불안을 줄이고, 개인의 수행이 관찰되지 않는 집단 안에 직원을 배치하라. 그것이 더 좋은 수행으로 연결될 것이다.

몰개성화 : 군중 속에 묻히기

몰개성화
(군중 속에 있을 때와 같이) 사람들이 익명화될 때 행동에 대한 규범의 제약을 덜 받게 되는 것

그러나 사람들이 익명성을 감지한 결과는 사회적 태만보다 집단 활동에 더 심각할 결과가 초래될 수 있다. 집단 안에 있는 것은 **몰개성화**(deindividuation)를 야기하기도 한다. 몰개성화란 사람들이 익명이 될 때 행동에 대한 규범적 제약을 약화시키게 되는 것을 말한다(Lea, Spears, & de

Groot, 2001). 역사적으로 개인이 혼자서는 할 수 없는 많은 극악한 일들이 집단으로 이루어졌다. 약탈, 방화, 폭력적 행위들이 군인들에 의해 일어나기도 했고, 한 록 콘서트에서는 히스테릭한 팬들이 서로 짓밟아서 사망하게 되기도 했다. 이 외에도 '군중 (또는 폭도) 멘탈'로 일어났다고 할 수 있는 예들이 종종 일어났다.

미국에서 일어난 한 문제적 사건은 백인들에 의한 부끄러운 역사이다. 가운을 걸친 익명의 폭도들이 아프리카계 미국인들을 집단폭행한 것이다. Brian Mullen(1986)은 미국에서 1899년~1946에 일어난 60개의 폭도 사건 관련 뉴스의 내용을 분석하였다. 그리고 아주 흥미로운 점을 발견했는데, 더 많은 수의 군중이 모일수록 그들이 피해자를 살해하는 데 더욱 야만적이고 사악한 방법이 사용된다는 것이었다. 이와 비슷하게 Robert Watson(1973)은 24개 문화에서 전쟁터에 나가기 전 자신의 정체를 숨긴 전사들이 더 많은 포로들을 죽이고, 고문하거나 토막낸다는 것을 발견하였다.

몰개성화는 사람들에게 책임감을 덜 느끼게 만든다 왜 몰개성화가 충동적이고 폭력적인 행동을 하게 하는가? 한 가지 이유는 어떤 한 개인이 부각되어서 비난받는 것이 아니기 때문에 사람들이 자신의 행동에 대해 책임감을 덜 느끼게 되는 것이다(Diener, 1980; Postmes & Spears, 1998; Zimbardo, 1970). 하퍼 리의 소설인 앵무새 죽이기(*To Kill a Mockingbird*)를 예로 들면 백인 남부 폭도들은 강간범으로 오인된 톰 로빈슨을 집단폭행하기 위해 모여들었다. 때는 밤이었고, 사람들은 비슷하게 옷을 입어 모두 비슷하게 보였다. 이것은 몰개성화의 고전적인 예이다. 그러나 로빈슨의 변호를 맡은 변호사의 8살짜리 딸인 스카웃이 폭도들 속에 있던 농부 한 명을 알아보았고 이름을 부르며 인사하였다. 그녀는 의도하지 않게 아주 똑똑한 방법으로 폭도들이 자신의 행동에 책임이 있다는 의식을 높여주게 되었다. 그래서 마침내 폭도들은 해산되어 집으로 돌아가게 되었다.

몰개성화는 집단 규범에 대한 복종을 높인다 60개 이상의 연구를 종합한 메타분석에서 연구자들은 몰개성화가 집단의 규범에 복종하는 정도를 높인다는 것을 발견했다(Postmes & Spears, 1988). 때로 한 집단의 규범은 다른 집단이나 사회의 규범과 충돌될 때가 있다. 집단 구성원이 함께 있고 몰개성화되면, 그들은 더욱 자기 집단의 규범에 따라 행동하게 된다. 예를 들어 앵무새 죽이기를 보면 지금 그들이 따르고 있는 규범은 집단폭력이지만, 그것은 분명 다른 규범과 대치된다(예 : 살인하지 마라). 그러나 그들이 몰개성화를 촉진하는 조건하에 있었기 때문에 개인을 감추고 집단의 규범을 따라 행동하려 하였고, 스카웃이 끼어들어서 그들이 개인이라는 것을 다시 상기시켜 줬을 때까지 다른 규범은 무시하려 하였다. 이처럼 몰개성화는 한 사람이 드러나고 한 사람이 비난받는 경향을 줄이는 것뿐 아니라 특정 집단의 규범을 더 지키게 하는 경향도 있다.

결론적으로 볼 때 몰개성화가 항상 공격적이고 반사회적 행동을 이끄는 것은 아니다.

Ku Klux Klan의 망토와 후드는 멤버들을 익명화시켰다. 그들의 폭력적인 행동은 몰개성화에 대한 연구와 일치한다.

그것은 그 집단이 어떠한 규범을 가지고 있느냐에 달려 있다. 당신이 음악 소리를 크게 틀어놓고 모든 사람이 춤추고 있는 그런 시끌벅적한 대학 파티에 있다고 생각해보라. 당신이 몰개성화를 크게 느낄수록(어두운 밤이고, 당신은 다른 사람들과 비슷하게 옷을 입었다) 당신은 그 집단에 들어가서 정신없이 춤을 출 가능성이 크다. 그러므로 몰개성화가 긍정적 행동을 이끄느냐 또는 부정적 행동을 이끄느냐를 결정하는 것은 집단의 규범이다(Hirsh, Galinsky, Zhong, 2011; Johnson & Downing, 1979). 만약 한 집단이 화가 나 있고, 그 집단의 규범은 폭력적인 행동을 하는 것이라면, 몰개성화는 그 집단의 사람들을 폭력적으로 행동하게 만들 것이다. 만약 당신이 파티에 있고, 그 집단의 규범은 많이 먹는 거라면, 몰개성화되었을 때 당신은 거기에 있는 음식을 접시째로 다 먹어버릴 가능성이 크다.

사이버상에서의 몰개성화 몰개성화가 면대면 상황에서만 일어나는 것은 아니다. 실제로 만나지 않는 곳에서 사실상 더 많이 일어난다. 온라인 뉴스나 유튜브 영상에 달린 댓글을 보면, 익명성으로 인해 사람들이 자기가 어떤 글을 쓰는지에 대해 주저함이 없는 것을 보았을 것이다. 많은 측면에 있어서 인터넷은 몰개성화를 쉽게 일으킨다(Lee, 2004). 온라인 토론장에서 서로 모독하고 공격적인 코멘트들이 금새 줄을 이어 올라는 것을 보고, 많은 웹사이트에서는 익명으로 참가하는 것을 금지시키고 대신 페이스북 계정이나 본인 식별이 가능한 아이디로 로그인해서 글을 남기도록 했다.

인터넷이 보급되지 않았던 시절에는 화난 독자들이 편집자에게 편지를 쓰거나, 아니면 직장 음료자판기 앞에서 동료들에게 기분을 털어놓음으로써 화를 풀었다. 이 두 경우 모두 온라인 토론방에 남긴 답글보다 대개 예의 바르고, 비속어나 악의가 없는 말들이었다. 그 시절에는 익명이 아니었다는 것이 아마 부분적 이유일 것이다. 이제 인터넷을 통해 익명으로 서로 의사소통하는 새로운 길이 열렸기에, 어려운 주제에 대해 자유롭고 개방된 토론을 할 수 있다는 장점이 생겼다. 그러나 치러야 할 대가도 있는데, 바로 시민의식의 전반적 감소이다. 이에 대한 책임은 몰개성화에 있다.

인터넷에서 막말을 하는 현상은 현대 사회의 몰개성화를 보여주는 한 예이다. 온라인에서 종종 갖게 되는 익명성의 느낌이 몰개성화를 만들어낸다.

복습문제

1. 사회적 촉진이라는 것은 다른 사람들의 존재가 각성을 야기할 때 어떠한 것을 본 따 이름 지어진 것인가?
   a. 각성이 수행을 향상시키는 것
   b. 각성이 잘 학습되고, 주반응을 향상시키는 것
   c. 어려운 과제는 향상시키고, 쉬운 과제는 저하시키는 것
   d. 몰개성화가 촉진되는 것

2. 다음 중 다른 사람의 존재가 각성을 일으키는 이유에 대해 잘못 설명한 것은?
   a. 개인이 어디에 주의를 두어야 할지 결정할 때 다른 사람의 존재가 주의를 분산시키고 혼란을 야기한다.
   b. 사람들이 주위에 있을 때 개인은 이제 다음에 무슨 일이 있을 것인지 기대하면서 각성하게 된다.
   c. 사람들이 주위에 있을 때 개인은 자신이 어떻게 평가될 것인지에 대해 걱정하게 된다.
   d. 사람들이 주위에 있을 때 개인은 개인의 행동에 대해 책임감을 덜 느끼게 된다.

3. 당신의 사회심리학 교수가 당신을 강의실 앞으로 불러서 수업과 관련된 여러 질문에 대해 소리내어 답하게 하였다. 강의실에 함께 있는 학생들의 시선에도 불구하고 당신은 질문이 쉽다고 느꼈다. _____의 모델

에 따르면, 당신이 이 질문을 다른 학생들 없이 개인적으로 풀었었다면 더 _____.
   a. 사회적 촉진, 못했을 것이다.
   b. 사회적 촉진, 잘했을 것이다.
   c. 사회적 태만, 못했을 것이다.
   d. 사회적 태만, 잘했을 것이다.

4. 다음 중 개인이 사회적 태만을 하게 될 가능성이 가장 큰 사람은?
   a. 마리, 미국 여성
   b. 샤오리, 중국 여성
   c. 앤디, 영국 남성
   d. 세이하라, 일본 남성

5. 몰개성화를 경험하는 개인에 대한 설명 중 맞는 것은?
   a. 자신의 행동에 대한 강한 책임감을 느낀다.
   b. 특정 집단의 규범에 대해 강한 동조를 보인다.
   c. 파괴적이고 비도덕적인 행동을 할 경향이 적다.
   d. 온라인상에서는 몰개성화를 훨씬 덜 느끼기 때문에 온라인에서는 이런 몰개성화를 잘 경험하지 않는다.

정답은 537-539쪽 참조

집단 의사결정 : 한 명보다 둘 이상이 나은가

9.3 의사결정에 있어서 한 명보다 둘 이상이 나은가, 그리고 리더는 집단의 결과물을 어떻게 이끄는가

우리는 다른 사람의 존재가 개인의 행동에 다양한 방법으로 영향을 미치는 것을 알아보았다. 이제 집단의 주요 기능 중 하나인 의사결정에 대해 살펴볼 것이다. 집단은 개인보다 더 좋은 결정을 한다는 가정하에서 오늘날 중요한 결정들은 집단으로 이루어지고 있다. 미국은 한 사람이 아니라 여러 배심원 시스템을 통해 법적 판결을 내린다. 미국 헌법재판소도 한 사람의 법관이 아닌 9명의 재판관으로 구성되어 있다. 정부와 기업의 의사결정도 역시 대부분 집단으로 이루어지며, 미국 대통령도 각료들과의 국가안보회의를 통해 여러 사람의 의견을 듣게 된다.

두 명 이상이 모일 때가 한 명보다 더 좋다는 게 사실일까? 대부분의 사람들이 이 질문에 그렇다고 답할 것이다. 한 사람의 개인은 편향되었을지 모르지만 여러 사람은 서로의 생각을 교환할 수 있고, 상대방의 오류를 집어낼 수 있기에 더 좋은 결정에 다다를 수 있다. 우리는 집단에 속해 있고, 다른 사람의 생각을 듣고 속으로 이런 생각을 한다. '음, 정말 좋은 지적이다. 나는 저 생각을 절대 하지 못했을 텐데.' 만약 전문가 집단이고, 집단 구성원들이 집단 전체를 위한 최선의 답을 찾기 위해 노력한다면 일반적으로 집단은 개인보다 낫다(De Dreu, Nijstad, & van Knippenberg, 2008; Surowiecki, 2004). 그러나 때때로 둘 이상이 모인다 해도 한 사람이 일하는 것보다 낫지 않다(Hackman & Katz, 2010; Kerr & Tindale, 2004). 집단이 개인보다 더 못한 결정을 하게 되는 몇 가지 요인이 있다.

과정손실 : 집단의 상호작용이 좋은 문제해결을 방해할 때

한 집단에서 가장 똑똑한 사람 하나가 다른 사람을 설득시킬 수 있다면 참 좋을 텐데, 문제는 그 것이 쉽지 않다는 것이다. 왜냐하면 우리는 대부분 잘못되었다는 것을 인정하기 싫어하는 고집 센 황소 같기 때문이다. 당신의 의견을 따르라고 집단을 설득하는 것이 얼마나 힘든 것인지 당신 은 아마 알고 있을 것이다. 반대와 불신에 대해서 맞서야 하고, 그 후에 집단이 잘못된 결정을 내 린다면 그것을 그저 바라보고 있을 수밖에 없다. 이것을 **과정손실**(process loss)이라고 부르는데, 이는 좋은 문제해결을 가로막는 집단 내 상호작용을 지칭하는 말이다(Steiner, 1972; Tidikis & Ash, 2013). 과정의 누락은 여러 가지 이유로 나타날 수 있다. 먼저 집단은 누가 가장 능력 있는 사람인지 찾으려는 노력을 충분히 하기보다는 자기가 무슨 말을 하는지도 제대로 알지도 못하는 사람의 의견에 의존해 결정을 내릴 수도 있다. 그리고 가장 능력 있는 사람의 입장으로 보면, 그 집단 내 다른 사람들의 의견에 반대하는 것이 어렵게 느껴질 수도 있다(제8장에서 다룬 규범적 사회압력을 생각해보라). 과정손실을 이끄는 다른 이유로 집단 내 의사소통의 문제가 있는데, 어 떤 집단에서는 사람들이 서로의 의견을 들으려 하지 않는다. 또 어떤 집단에서는 한 사람이 토론 을 장악하는 것이 허용되기도 한다(Sorkin, Hays, & West, 2001; Watson, Johnson, Kumar, & Critelli, 1998).

과정손실
바람직한 문제해결을 저해하는 집단 내 상호작용의 측면

고유한 정보 공유의 실패　어떤 학생회 회장 후보를 지지할지 결정하기 위해서 당신이 3명의 학 생을 만난다고 가정해보라. 당신과 3명의 다른 학생은 모두 회장 후보에 대해 동일한 것을 알고 있다 — 그녀가 3학년 학생회장이라는 것과 경제학을 전공한다는 것. 그러나 당신들 각각이 알고 있는 고유한 정보도 있다. 그가 1학년 때 기숙사에서 미성년자 음주로 처벌받았다는 사실은 아마 당신밖에 모를 것이다. 또 다른 한 학생은 그녀가 홈리스를 도우러 매주 자원봉사하러 간다는 것 을 아는 유일한 사람일지 모른다. 확실한 것은 당신을 포함한 4명이 각자가 회장 후보자에 대해 알고 있는 모든 것을 공유한다면 가장 최선의 결정을 내릴 수 있게 될 것이라는 것이다.

　그러나 집단에 관한 재밌는 점이 하나 있다. 사람들은 공유된 정보에만 집중하고, 몇몇에게만 알려진 사실은 무시하는 경향이 있다(McLeod, 2013; Toma & Butera, 2009; Wittenbaum & Park, 2001). 방금 후보자 중 누가 학생회장으로 적절할 것인가를 결정하는 상황을 설명했는데, 이와 비슷한 상황이 한 연구에 사용되었다(Stasser & Titus, 1985). 정보 공유 조건에서 4명의 피 험자로 이루어진 집단은 같은 정보를 담은 내용을 읽었다. 거기에는 후보자 A가 가장 좋은 선택 이라는 내용이 써 있었다. 예상한 대로 후보자 지지에 관해 토론을 하러 모였을 때, 모든 피험자 들은 후보자 A를 선택했다. 비공유 정보 조건에서는 각각의 피험자는 각각 다른 정보를 받게 되 었다. 거기에는 후보자 A가 네 가지 부정적 성격이 있다는 것에 대한 내용이 담겨 있었다. 이러 한 공통의 정보 외에 각각의 피험자는 후보자 A에게 있는 두 가지 고유한 긍정적 특징에 대해서 도 알게 되었다. 이 긍정적인 특징은 다른 피험자가 알고 있는 부정적 특징과 반대되는 내용이었 다. 그래서 만약 4명의 피험자가 그들이 받은 자료에 있는 내용을 서로 공유한다면, 그들은 후 보자 A가 갖고 있는 총 여덟 가지 긍정적 특징을 알게 되고, 네 가지 부정적 특징을 알게 될 것이 다. 그러나 실제로는 비공유 조건의 대부분의 피험자들이 후보자 A에게 있는 많은 긍정적 특징 을 알아채지 못했다. 왜냐하면 그들이 만나서 토론할 때 그들은 공유된 정보에만 집중하고 각각 이 알고 있는 고유한 정보에 대해서는 집중하지 않았기 때문이다. 그 결과 이 집단에서 후보자 A 를 선택하는 사람은 거의 없었다.

　추후 연구들은 집단 내에서 비공유된 정보에 초점을 두는 방법을 알아보았다(Campbell &

Stasser, 2006; Scholten, van Knippenberg, Nijstad, & De Dreu, 2007). 비공유된 정보는 토론에 있어서 후반부에 제기될 가능성이 크기 때문에 집단토론을 할 때는 모든 사람이 아는 내용이 다 나올 수 있도록 토론이 충분히 길게 지속되어야만 한다(Fraidin, 2004; Larson et al., 1998). 그리고 토론을 시작할 때, 자기 자신이 초기에 가지고 있는 선호도에 대해서는 공유하지 말라고 말하는 것도 도움이 된다. 만약 자기의 선호를 공유한다면 고유한, 비공유 정보에 대해 집중하지 못하게 될 것이다(Mojzisch & Schulz-Hardt, 2010). 또 다른 접근으로는 다른 분야의 전문가를 불러서 특정 정보에 대해 각자 책임을 지도록 하는 방법도 있다(Stasser, Stewart, & Wittenbaum, 1995; Stewart & Stasser, 1995).

이 마지막 방법은 많은 부부 사이에서도 사용되고 있다. 서로가 기억하고 있는 다른 종류의 기억에 서로 의존하는 것이다. 부부 중 한 명은 사람들과 만나기로 한 약속을 기억하기로 담당하고, 다른 사람은 세금을 내는 때를 기억하기로 담당하는 식이다. 두 사람의 연합된 기억은 각자의 기억보다 훨씬 더 효과적인데, 이것을 **교류기억**(transactive memory)이라고 한다(Peltokorpi, 2008; Rajaram & Pereira-Pasarin, 2010; Wegner, 1995). 자기가 어떤 부분을 기억해야 하고, 자기의 파트너가 어떤 것을 담당하고 있는지 알면, 부부는 종종 중요한 정보를 효율적으로 기억할 수 있다. 같은 논리가 집단에도 적용된다. 만약 어떤 시스템을 만들어서 업무의 각기 다른 부분을 서로 분담해서 기억하게 한다면 가능하다(Ellis, Porter, & Wolverton, 2008; Lewis et al., 2007; Moreland, 1999). 요약하면 집단 구성원 일부에게 알려진 자료가 전체 공유가 되지 않을 때에는 사람들이 서로 다른 종류의 정보를 책임지게 한다든지 비공유된 정보가 토의될 수 있도록 충분한 시간을 가진다든지 함으로써 그 문제를 극복할 수 있다(Stasser, 2000).

교류기억
두 사람의 연합된 기억. 이것은 각자가 기억하는 것보다 더 효율적이다.

집단사고 : 많은 머리, 한마음 앞에서 우리는 집단 응집성이 명확한 사고와 좋은 의사결정을 가로막는다고 언급했었다. 실제 역사적 사건을 사용하여 Irving Janis(1972, 1982)는 집단 의사결정에 관한 영향력 있는 이론을 만들었는데, 바로 **집단사고**(groupthink)이다. 집단사고란 현실적으로 상황을 고려하는 것보다 집단의 응집성과 연대를 유지시키는 것을 더 중요하게 여기는 사고의 형태를 말한다. Janis의 이론에 따르면 집단사고는 몇 가지 전제조건이 충족되었을 때 나타난다고 했는데, 그 전제조건은 (1) 집단의 응집력이 높아서 반대 의견이 없을 때, (2) 자기의 바람을 밝히는 지시적인 리더가 있을 때이다. 그가 사용한 예 중 하나는 케네디 대통령과 그의 참모들이 1961년 쿠바를 침공하기로 결정한 것이다. 이때는 냉전 중이라 소련과 미국 사이에 긴장감이 돌던 때였고, 공산 혁명을 거친 쿠바가 거대한 위협으로 다가오던 시기였다. 그들의 전략은 CIA에서 훈련된 쿠바 망명자들을 쿠바해협에 몰래 상륙시킨 후, 쿠바의 리더인 카스트로를 반대하는 대규모 봉기를 일으키게 하는 것이었다. 케네디와 그의 참모들에게 서면상으로 좋게 보이던 그 계획은 결국 대실패로 끝이 났다. 침공 후에 카스트로의 군대는 침투한 미군 거의 전부를 생포하거나 죽였다. 우호적인 남미 국가들은 미국이 그들의 이웃 국가를 침략한 것에 대해서 분노했고 쿠바는 소련과 더욱 긴밀한 공조를 이루게 되었다. 후에 케네디 대통령은 물었다. "우리가 어떻게 그런 바보 같은 결정을 하게 되었을까?"(Sorenson, 1966)

집단사고
현실적으로 상황을 고려하는 것보다 집단의 응집성과 연대를 유지시키는 것이 더 중요하다고 생각하는 것

Janis(1982)는 그 이유로 집단사고를 지적했다. 케네디와 그의 팀은 1960년 선거에서 승리하였고 서로 긴밀한 관계를 가진 동질화된 집단이었다. 그리고 대통령 당선 후 얼마 되지 않은 시점이라 많은 정치적 결정들을 하지 않은 상태였고, 의사결정을 잘 유도할 시스템이 마련되지 않은 상태였다. 게다가 케네디는 침략을 선호한다고 명확히 말해놓은 상태였기 때문에, 그 집단에게 침략할지 말지를 묻기보다는 침략할 수 있는 방법이 구체적으로 무엇이 있을까를 물었다.

"찬성하시는 분은 '예' 라고 해주세요."

"예"   "예"   "예"
        "예"   "예"

출처 : Henry Martin/The New Yorker Collection/The Cartoon Bank)

이러한 집단사고의 전제조건이 충족될 때 몇 가지 증상이 나타난다(그림 9.4 참조). 그 집단은 자신들의 결정이 완벽하기 때문에 나빠질 가능성이 없다고 느낀다. 사람들은 집단의 높은 사기를 낮출까 두렵거나 다른 사람에게 비판받을까 두려워하기 때문에 반대되는 의견을 말하지 않는다. 예를 들면 아서 슐레신저는 케네디의 참모 중 하나였는데, 그는 피그스만 침공에 대해 몇 가지 석연찮은 의문점을 가지고 있었다. 그러나 회의 중에 그러한 염려를 표현하지 않았다. "대학 교수인 그가 정부의 수장들이 논하는 일에 대해서 건방지게 문제삼는다."라고 다른 사람들이 볼까 봐였다(Janis, 1982, p. 32). 만약 누구라도 반대 의견을 말했었다면, 나머지 사람들은 그를 비판하면서 다수의 의견에 동조하도록 압력을 넣었을 것이다. 이러한 행동들은 마치 모든 사람이 동의하는 것 같은 착각을 만든다. 침공을 할지에 대한 투표를 할 때, 케네디 대통령은 모두에게 자신의 의견을 말하라고 했다. 아서 슐레신저만 빼고!

집단사고의 위험한 상태는 효율적 의사결정 과정을 저해한다. 그림 9.4의 가장 오른쪽에 나타낸 것처럼 집단은 모든 가능한 대안에 대해서 고려하지 않고, 만약의 사태에 대비한 계획도 세우

집단사고의 선행조건	집단사고의 증상	잘못된 의사결정
집단의 응집성이 아주 강하다 : 해당 집단은 가치 있게 여겨지고 매력적이며 사람들은 그 집단 구성원이 되기를 몹시 원한다. **집단 분리** : 집단이 분리되어 있고 다른 관점에 대해 들을 수 없게 되어 있다. **지시적 지도자** : 지도자가 토론을 조정하며 자신의 바람을 알린다. **높은 스트레스** : 구성원들은 집단을 향한 위협을 인지하고 있다. **열악한 의사결정 과정** : 다양한 관점을 고려할 표준화된 과정이 없다.	**잘못될 수 없다는 착각** : 천하무적이며 어떤 것도 잘못될 수 없다고 느낀다. **도덕적으로 옳다는 것에 대한 믿음** : "하나님은 우리 편이다." **외집단에 대한 고정관념적 사고** : 반대편은 단순하고 고정관념적일 것이라 여긴다. **자체 검열** : 사람들은 '문제를 일으키지' 않기 위해서 반대 의견을 말하지 않기로 결정한다. **반대자들에 대한 직접적인 압력** : 만약 어떤 사람들이 반대 의견을 말한다면, 다수에 동조하는 이들에게 압력을 받을 것이다. **만장일치에 대한 착각** : 모든 사람이 찬성할 때 이 착각이 들게 된다. 예를 들면 반대하는 사람을 부르지 않는 것이다. **마음지킴** : 집단 구성원들은 반대 의견으로부터 지도자를 보호한다.	다른 의견들에 대한 불충분한 조사 선호되는 의견에 따르는 위험에 대해 파악하지 않음 미약한 정보 수집 만일의 사태에 대한 계획수립 실패

그림 9.4 집단사고 : 선행조건, 증상, 결과
어떤 조건에서는 집단의 응집성과 견고함을 유지하고자 하는 것이 상황을 현실적으로 보는 것보다 더 중요하게 여겨진다(선행조건 참조). 이러한 조건에서는 집단사고의 증상들이 나타나는데, 실패하지 않을 것이라는 착각이 그 예이다(증상 참조). 이러한 증상들은 잘못된 의사결정을 내리게 한다.

출처 : Janis & Mann(1977)

지 않고, 선호하는 선택에 대한 위험 정도를 적절하게 고려하지 않는다. 이와 같은 집단사고에 전염된 정부의 결정이 생각나는 게 또 있는가? 아마 어떤 이들은 2003년 이라크 침공에 대한 부시 대통령의 결정을 말할지 모른다. 부시 대통령의 전직 언론담당 비서인 스콧 매클렐런은 대통령께서 자신의 생각이 "의문의 여지가 없다."라고 했는데, 그 이유는 "그것이 바로 부시 대통령이 기대하는 바였고, 이를 수석 자문관들도 알기 때문이다."라고 말했다(McClelland, 2008, p. 128). 그렇다고 부시 대통령이 집단토론을 장악하는 지시적 스타일의 리더는 아니었다. 이 중요한 결정이 훌륭한 의사결정 과정인지 집단사고의 증상인지에 대해서는 후세의 역사학자에게 맡겨야 하겠다.

집단사고에 대한 이론이 처음 소개된 후에 많은 시간이 흘렀고, 그동안 많은 연구자들은 그 것을 시험해보았다(Packer, 2009; Tetlock et al., 1992; Turner, Pratkanis, Probasco, & Leve, 2006). 이러한 연구결과로 알아낸 것은 집단사고가 원래 이론이 가정했던 것보다 훨씬 더 우리 사회에 팽배해 있다는 것이다. 집단사고가 일어나기 위해서는 몇 가지 구체적인 조건들이 맞아야 한다—그림 9.4의 왼쪽 부분에 열거된 선행조건이 바로 그것이다(예 : 집단은 아주 응집력이 강해야 한다). 그런데 이제는 심지어 선행조건들이 모두 충족되지 않아도 집단사고가 일어나는 것으로 보인다. 단지 사람들이 집단에 대해 강한 소속감을 가지고 있고, 그 집단이 무엇을 해야 하는지에 대한 명확한 규범을 가지고 있고, 그리고 집단이 그 문제를 해결할 수 있다는 것에 대한 신뢰가 낮기만 하다면, 집단사고는 충분히 일어날 수 있다(Baron, 2005; Henningsen, Henningsen, Eden, & Cruz, 2006; Mok & Morris, 2010).

이제 우리는 집단사고에 빠지지 않게 하는 몇 가지 단계가 있다는 것을 알고 있다(Flowers, 1977; McCauley, 1989; Zimbardo & Andersen, 1993).

- 공정함을 유지한다. 지도자는 명령하는 역할을 하지 않고 공정함을 유지한다.
- 의견을 구한다. 리더는 집단 밖의 사람, 즉 집단의 응집성을 유지하는 것에 대해 크게 신경을 쓰고 있지 않는 사람으로부터 의견을 구해야 한다.
- 하위집단을 만든다. 리더는 집단을 하위집단 몇 개로 나누어서 처음에는 각각 만나고, 다음에는 같이 만나서 그들의 서로 다른 제안에 대해 토론해야 한다.
- 무기명 의견을 구한다. 리더는 무기명 투표를 하거나 조직원이 그들의 의견을 익명으로 쓰게 한다. 이렇게 하는 것은 사람들이 자신의 진정한 의견을 나누게 하고, 개인이 집단으로부터 비난을 받는 것에 대한 부담에서 벗어나게 만든다.

케네디 대통령은 쿠바침공 명령을 내린 실수에서 배우게 되었고, 다음 주요 해외정책 결정 시에는 집단사고를 방지하기 위한 다양한 장치를 마련하였다. 다음 안건은 쿠바의 미사일 위기였는데, 케네디 대통령은 소련이 핵무기를 탑재한 미사일을 미국 방향으로 쿠바에 배치한 것에 대해

집단사고라는 개념은 일반적으로 많이 알려지게 되어 작가나 논필가들은 많은 잘못된 결정이 집단사고 때문에 일어난다고 말한다. 예를 들면 뉴욕타임스의 한 기사는 정부의 전문가들이 2007년에 모기지론으로 인해 발생된 경제적 위기를 예측했었어야 했다고 주장했다. 그리고 예측하지 못한 이유는 집단사고 때문이라고 지적했다(Shiller, 2008).

어떻게 대처해야 할지를 자문위원에게 물었다. 케네디 대통령은 종종 토론장을 빠져나가서 토론 내용을 제한하지 않고자 했다. 또 그는 내집단 구성원이 아닌 외부 전문가를 초청했다. 결국 케네디는 소련 미사일을 없애는 안을 성공적으로 협상했는데, 아마도 이것은 향상된 집단 의사결정 시스템의 결과일 것이다.

집단극화 : 극으로 치닫다

아마 당신은 집단이 때로 훌륭한 의사결정을 하지 못한다는 것을 이제 인정할 것이다. 그래도 집단은 개인보다 위험한 결정을 내리지는 않을 것이라고 본다. 어떤 한 사람이 위험한 결정을 내리고자 할지 모르나 만약 다른 사람들이 그 사람을 설득한다면 상황은 중재될 것이다. 그런데 과연 그럴까? 초기의 많은 연구들은 놀랍게도 집단이 개인보다 더 위험한 결정을 하는 것을 발견했다.

예를 들면 한 연구에서 사람들은 다음과 같은 시나리오를 고려해보도록 했다. 전국 체스 대회에서 낮은 순위를 기록하고 있는 한 참가자는 우승 확률이 아주 높은 상대편과 대결하게 되었다. 그가 선택할 수 있는 것은 상대방을 속이면서 살짝 위험한 전략을 시도해 볼지 말지이다. 이 전략이 성공하면 바로 승리를 얻을 수 있겠지만, 만약에 실패하면 패배는 거의 확실시된다. 이에 대해 개인적으로 결정할 때, 사람들은 체스 선수에게 적어도 30%의 성공확률이 있을 때 위험한 수를 두어야 한다고 말했다. 그러나 다른 사람들과 집단으로 그 문제를 토론한 후, 사람들은 체스 선수에게 10%의 성공확률만 있어도 그 수를 두어야 한다고 말했다(Wallach, Kogan, & Bem, 1962). 이러한 발견은 위험이동(risk shift)이라고 알려져 있다. 그러나 추후 연구들은 그러한 위험이동이 전체를 다 설명하는 것은 아니라는 것을 발견했다. 집단은 개인이 초기에 한 결정과 같은 방향으로 더욱 극단으로 가는 경향이 있다고 밝혀졌다. 체스 경기의 경우에는 더 위험한 쪽으로 간 것이다. 만약 사람들이 초기에 보수적이었다면 어떻게 될까? 이 경우 집단의 결정은 개인일 때보다 더 보수적이 될 것이다.

이 문제를 생각해보라. 로저는 두 자녀를 둔 유부남이다. 그는 안정되긴 하지만 보수가 낮은 직장에 다니고 있다. 은행에 저축해 둔 돈은 거의 없다. 어떤 사람이 그에게 주식에 대한 팁을 알려주었는데, 그 내용은 어떤 한 회사의 신상품이 성공할 경우 주식값이 3배로 뛴다는 것이고, 만약 실패한다면 주식은 쓰레기가 된다는 것이다. 로저는 자신의 생명보험을 팔아서 그 회사에 투자를 해야 할까? 대부분의 사람들은 안전한 선택을 원하기 때문에, 로저스는 그 신제품이 성공할 확률이 아주 높을 때만 그 주식을 사야 한다고 생각했다. 그러나 그들이 그 주제에 대해 집단으로 토론했을 때, 그들은 더욱더 보수적이 되어서 신제품의 성공할 확률이 거의 100%가 되어야만 투자를 해야 한다고 결정했다.

개인보다 집단의 결정이 더욱 극단적인 경향—사람들의 초기 경향성이 위험감수라면, 위험감수로 더 가는 경향, 그리고 사람들의 초기 경향성이 조심스러운 것이라면, 집단일 때 더욱 조심하는 경향—을 **집단극화**(group polarization)라고 한다(Brown, 1965; Palmer & Loveland, 2008; Rodrigo & Ato, 2002).

집단극화
집단 구성원의 초기 결정이 집단에서 더욱 극단화되는 것

집단에 들어가게 되면 집단극화 과정을 통해 개인의 태도가 더 극단적이 된다.

집단극화는 크게 두 가지 이유로 일어난다. 설득론적 주장(persuasive arguments) 해석에 의하면 모든 개인은 집단으로 다양한 논점을 가지고 오는데, 그중에 몇은 다른 사람들이 고려해보지 않았던 것이다. 다른 사람의 새로운 논점이 자신의 초기 논점을 지지하는 것을 알게 될 때 결정은 더욱 견고해지고 극단화된다. 예를 들면 어떤 한 사람은 생명보험을 판 후에 로저가 갑자기 죽게 된다면, 로저의 아이들이 큰 경제적 부담을 떠안는 것에 대해 강조할 것이다. 이것을 듣고 있던 다른 사람은 이 가능성은 생각해보지 않았던 것을 깨닫게 되고, 이 논점을 들은 후에 더 보수적이 될 것이다. 집단극화에 대한 일련의 연구들이 이 해석을 지지했다(Burnstein & Vinokur, 1977; El-Shinnawy & Vinze, 1998).

사회적 비교(social comparison) 해석에 의하면 사람들이 한 가지 주제에 대해 집단으로 토론할 때 그들은 먼저 다른 사람이 어떻게 느끼는지를 체크하려고 한다. 이 집단이 중요시하는 가치는 위험감수인가 조심하는 것인가? 다른 사람과 비슷해지기 위해서 사람들은 타인과 비슷한 입장을 취하려 하는데, 이때 조금 더 극단적이 되고자 한다. 이런 식으로 개인은 집단의 가치를 지지하고, 자신을 긍정적으로 보이고자 한다. 이것은 그 사람을 칭찬받고 지지받아 마땅할 '좋은' 멤버로 보이게 한다. 집단극화에 관한 설득론적 주장 해석과 사회적 비교 해석 모두 지지를 받고 있다(Boos, Schauenberg, Strack, & Belz, 2013; Brauer, Judd, Gilner, 1995; Isenberg, 1986).

집단의 리더십

우리가 아직 알아보지 않은 중요한 질문은 집단 의사결정에 있어서 리더의 역할이다. 훌륭한 리더란 무엇인가에 대한 질문은 심리학자, 역사학자, 정치가 모두에게 흥미로운 질문이다(Bass, 1998; Chemers, 2000; Fiedler, 1967; Haslam, Reichen, & Platow, 2013; Klenke, 1996; Simonton, 1987). 잘 알려진 대답 중에 하나는 **위인 이론**(great person theory)이다. 이것은 특정한 핵심 성격이 한 사람을 좋은 지도자로 만든다는 것이다. 이때 리더가 처한 상황이 어떠한지는 상관이 없다.

만약 위인 이론이 사실이라면, 우리는 위대한 리더를 만드는 핵심 성격에 대해서 알아야만 한다. 그것은 지능과 카리스마와 용기가 합해진 것인가? 외향성이 좋은가 내향성이 좋은가? 마키아벨리가 왕자(*The Prince*)라는 책에서 리더십에 대해서 제안한 바와 같이 무자비함을 더해야 할까, 아니면 아주 도덕적인 사람이 최고의 리더일까?

리더십과 성격　어떤 유형의 성격을 가진 사람이든지 성공적인 리더가 될 수 있다. 리더가 아닌 사람들에 비해 리더들은 조금 더 똑똑하고, 외향적이고, 권력에 대한 욕구가 있었고, 카리스마가 있었고, 사회적인 기술을 갖췄고, 새로운 경험에 대해 개방적이었고, 자신의 리더십 능력에 대해 자신이 있었고, 덜 신경증적이었으며 중간 정도의 적극성이 있었다(Ames & Flynn, 2007; Chemers, Watson, & May, 2000; Judge et al., 2002; Van Vugt, 2006). 그러나 가장 확실한 사실은 강한 상관은 거의 없다는 것이다. 놀랍게도 리더십 효과성과 강력한 상관을 보이는 성격특질은 거의 없었다. 상관이 발견되었다 해도 모두 중간 정도의 상관일 뿐이었다(Avolio, Walumbwa, & Weber, 2009; von Wittich & Antonakis, 2011). 예를 들면 Dean Simonton (1987, 2001)은 미국 대통령에게 있는 약 100여 개의 개인적 요인(가정 배경, 교육 경험, 직업, 성격) 정보를 수집하였다. 이 중에 단지 세 가지 변인(키, 가족 규모, 당선 전에 출판한 책의 권수)이 집권한 대통령의 효과성과 관련이 있었다. 키가 크고, 소가족이며, 책을 출판한 적이 있는 대통령들은 영향력(역사학자가 평가한 영향력) 있는 리더가 될 가능성이 더 컸다. 성격특질을 포

위인 이론

상황에 상관없이 어떠한 결정적인 성격 특질이 한 사람을 좋은 지도자로 만든다는 생각

마틴 루터 킹 주니어와 같은 위대한 지도자를 만드는 것은 무엇일까? 어떤 성격특질의 조합일까, 아니면 적절한 사람이 적절한 상황에 적절한 시기에 있어야 하는 것일까?

거래적 리더
명확한 단기적 목표를 세우고 그 목표를 달성하는 사람에게 보상하는 리더

변혁적 리더
사람들이 공통의 장기적 목표에 집중할 수 있도록 자극하는 리더

상황적 리더십 이론
리더십의 효율성이 리더가 과제중심이냐 관계중심이냐와 리더가 얼마만큼의 통제력과 영향력을 발휘하는지 둘 다에 달려 있다는 생각

과제중심 리더
사람들의 감정이나 관계보다 임무를 완성하는가를 더 중시하는 리더

관계중심 리더
사람들의 감정과 관계를 더 중시하는 리더

함한 다른 97개의 특징은 리더십 효과성과 관계가 없는 것으로 나타났다.

리더십 스타일   위대한 리더들이 특정 성격을 갖추고 있지 않을지는 모르지만, 특정한 리더십 스타일은 있는 것으로 보인다. **거래적 리더**(transactional leader)는 명확한 단기적 목표를 세우고, 그 목표를 달성하는 사람에게 보상을 준다. **변혁적 리더**(transformational leader)는 사람들이 공통의 장기적 목표에 집중할 수 있도록 고무시킨다(Bass, 1998; Haslam et al., 2013). 거래적 리더는 조직의 필요가 잘 채워졌는지를 살피고, 일이 잘 흘러갈 수 있게 하고, 변혁적 리더는 틀에서 벗어난 생각을 하고 큰 그림을 그려서 사람들이 그 목표를 따라오도록 고무시킨다.

흥미로운 점은 이러한 리더십 스타일은 성격특질과 크게 연결되어 있지 않으며, 거래적/변혁적 리더십 스타일은 '타고나는 것'이 아니라는 점이다(Judge, Colbert, & Ilies, 2004; Nielsen & Cleal, 2011). 더욱이 이러한 스타일은 상호 배타적인 것이 아니다. 사실상 대부분의 효과적인 리더들은 두 가지 스타일을 모두 갖춘 사람들이다(Judge & Piccolo, 2004). 만약 조직을 매일 운영해 나가는 데 대해 아무도 신경 쓰지 않는다면, 그리고 단기적 목표를 달성한 것에 대해 아무런 보상도 없다면 그 조직은 유지하기 힘들 것이다. 또한 카리스마적인 리더십으로 장기적 목표에 대해서 사람들을 고무하는 것 또한 중요하다.

상황에 맞는 적절한 사람   당신도 이미 알고 있듯이 사회심리학의 중요한 축 중 하나는 사회적 행동을 이해하는 것인데, 이를 위해서는 성격특질만을 고려하는 것은 충분하지 않다. 사회적 상황도 반드시 고려해야 한다. 예를 들어 한 사업가는 어떤 상황에서 아주 성공적일 수 있지만 다른 상황에서는 그렇지 않을 수 있다. 21세에 스티브 워즈니악과 함께 애플 컴퓨터를 창립한 스티브 잡스를 생각해보라. 잡스는 양복을 입고 넥타이를 매고 출근하는 여느 전형적인 리더와는 전혀 달랐다. 1960년대 반문화의 영향으로 그는 마약을 했고, 인도를 여행하고, 집단 농장을 경험했었다. 개인컴퓨터가 없던 시절 잡스의 그런 자유분방한 스타일은 새 산업을 시작하기에 적격이었다. 5년 후 그는 천만 달러 수익을 내는 회사의 사장이 되었다. 그러나 비권위적 성격의 잡스가 치열한 경쟁시장에서 큰 회사를 경영하는 것은 맞지 않았다. 애플의 수익률은 떨어졌고, 1985년에 잡스는 회사에서 쫓겨나게 되었다. 그 후 잡스는 1986년에 픽사를 설립하게 되었고 컴퓨터로 애니메이션을 제작하는 회사를 최초로 만들었다. 그 후 2006년에 그 회사를 디즈니 사에 7,400만 달러에 팔았다. 1990년대에 이르러 애플은 초창기와 같은 기술적 위기를 맞이하게 되었고, 매킨토시 컴퓨터용 운영체제를 개조하고 시장 점유율을 높여야 했다. 이 새로운 도전을 이끌기 위해 애플이 누구를 영입했는지 아는가? 당연히 스티브 잡스이다! 창의적으로 생각할 줄 알고 사람들에게 위험을 감수하도록 영감을 주는 스티브 잡스는 새로운 방향 제시가 필요한 시기에 회사를 이끌 적임자였던 것이다.

리더, 따르는 자, 그리고 상황 모두를 고려하기 위해서는 리더십에 관한 총체적 이론이 필요하다. 가장 잘 알려진 이론은 **상황적 리더십 이론**(contingency theory of leadership)이다. 이는 리더십의 효율성이 과제중심적인지 관계중심적인지 그리고 리더가 집단에 대해 얼마만큼의 통제력과 영향력을 발휘하는지 둘 다에 달려 있다고 주장하는 이론이다(Fiedler, 1967, 1978). 이 이론에 따르면 두 종류의 리더가 있는데, **과제중심 리더**(task-oriented leader)는 사람들의 감정이나 관계보다 임무를 완수하는 데 더 관심이 있다. **관계중심 리더**(relationship-oriented leader)는 사람들의 감정이나 관계에 더 신경을 쓴다. 과제중심 리더들은 높은 통제가 필요한 상황에서 일을 잘한

다. 높은 통제가 필요한 상황이란 회사에서 리더는 권력이 있다고 인식되고 있으며, 해야 할 업무가 조직화되어 있고 분명히 정의되어 있을 때이다(예 : 각 사람의 작업 수행을 감찰하고 향상시킬 수 있도록 하는 회사 관리직). 그들은 낮은 통제가 필요한 상황, 즉 리더가 권력이 있다고 인식되지 않으며 해야 할 일이 분명히 정해져 있지 않을 때에도 성공적이다(예 : 새로 조직된 자원봉사자 집단의 관리자). 그러면 관계중심 리더는 어떨까? 그들은 중간 정도의 통제가 필요한 상황에서 효과적이다. 이러한 상황에서 업무가 전체적으로 알아서 돌아가기는 하지만 해야 할 중요한 일도 있다. 이때는 개별 직원 간의 관계를 돈독히 할 수 있는 리더가 성공적일 것이다(그림 9.5 참조). 상황적 리더십 이론은 사업 매니저나 대학교 행정직, 군대 하사관, 우체국장 등 다양한 형태의 분야에서 지지되었다(Ayman, 2002; Chemers, 2000; Van Vugt & DeCremer, 1999; Yukl, 2011).

성과 리더십 제7장에서 우리는 1960년대의 광고회사에 관한 이야기를 담은 TV 쇼 '매드 맨'을 언급했었다. 이 쇼를 본 적이 있다면, 그때까지만 해도 '사업가' 하면 남자를 지칭하는 말이었음을 알 수 있을 것이다. 그 이후 집 밖에서 일하는 여성의 숫자는 증가하게 되었고, 이제 미국 노동력의 반은 여성이 되었다. 그러나 여성들은 남성과 마찬가지로 사업, 정치, 그리고 다른 조직에서 리더가 되었는가? 아직은 아니다. 그러나 바뀌고 있다. 여성의 진출을 막는 장벽들은 무너지고 있다. 예를 들면 2008년에 한 여성(힐러리 클린턴)은 민주당 대표로 뽑혀서 대통령 선거에 출마할 뻔하였다. 다른 여성(사라 페일린)은 공화당 대표로 최초로 부통령 후보로 출마하게 되었다. 힐러리 클린턴은 주지사로 있다가 2016년에는 대통령 후보로 출마하였다. 그러나 불행히도 장벽은 아직 완전히 사라지지 않았다. 2014년에 포춘지가 선정한 500개 회사에서 여성 CEO는 단지 24명뿐이었고, 미국 기업의 주주 중 17%만이 여성이었다(Catalyst, 2014). 다른 분야에서도 크게 다르지 않았다. 17%라는 수치는 스칸디나비아 제도 나라들을 제외하고 전 세계적으로 가장 높은 수치이다(노르웨이는 기업 주주들의 41%, 스웨덴은 27%, 핀란드는 27%, 영국은 21%, 프랑스는 18%가 여성이다).

여성이 리더십을 갖기 힘든 이유 중 하나는 많은 사람들이 좋은 리더는 관리자적인 특성(적극적이고, 통제적이고, 지배적이고, 독립적이고, 자신감 있는)을 가져야 한다고 믿기 때문이다. 이러한 특성은 전통적으로 남자와 관련되어 있다. 반대로 여성은 더 공동체적(다른 사람의 복지에 신경을 쓰며, 따뜻하고, 도움이 되고, 친절하고, 다정한)일 것이라 생각된다. 그래서 만약 여성이 '여성적으로' 행동하면 리더십이 없는 것으로 여겨진다. 그러나 여성들이 리더십을 차지하고 리더가 행동하듯이 '관리자적'으로 행동하게 되면, '여성답게 행동하지 않는다'고 비판받는다(Brescoll, Dawson, & Uhlmann, 2010; Eagly, Johannesen-Schmidt, & van Engen, 2003; Eagly & Karau, 2002; Koenig et al., 2011).

여성 리더들이 겪게 되는 또 다른 위험은 이것이다. 여성은 더욱 공동체적으로 인식되기 때문에 그들은 위기(특별히 임원 간 불화와 같은 대인관계적 문제)에 잘 대처할 것이라고 여겨진다. 이것은 여성 리더를 문제해결자로 본다는 점에서 좋게 보인다. 그러나 성공률이 낮고 위험부담이 큰

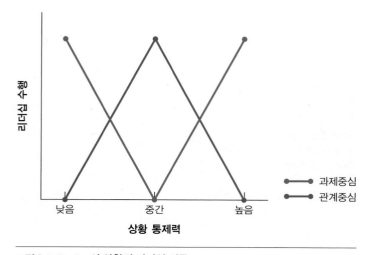

그림 9.5 Fiedler의 상황적 리더십 이론
Fiedler에 의하면, 과제중심 리더는 상황 통제가 높거나 낮을 때 적합하고, 관계중심 리더는 상황 통제가 중간 정도일 때 적합하다.

만약 리더십 위치에 서고자 하는 여성들이 사회가 기대하는 방식대로 따뜻하고 공동체적으로 행동하게 되면, 잠재적인 리더십이 없다고 인식된다. 만약 그들이 관리자적이고 강압적 방법으로 행동하게 되면, '여성답게 행동하지 않는다'라고 종종 부정적으로 인식된다.

위치에 여성을 배치한다는 점에서 여성에게 불리하다. Michelle Ryan과 그의 동료들은 이것을 '유리절벽'이라고 불렀다(Ryan et al., 2011; Ryan, Haslam, Hersby, Kulich, & Atkins, 2008). 여성들이 '유리천장'을 깨고 높은 리더십 자리에 오른다고 하더라도 여성은 남성에 비해서 위기상황에 있는 집단의 책임자로 가거나 실패의 위험이 큰 곳에 배치되는 경향이 크다. Ryan과 그녀의 동료들은 이것이 실제 회사들의 고용시장에서 일어나고 있는 현실이며, 실험실 상황에서도 동일하게 나타나는 것을 발견하였다. 실험자들은 피험자들에게 회사의 상황에 대한 묘사를 읽고 사람들을 리더로 추천하게 하였는데, 피험자들은 여성을 위험군에 있는 조직에 추천하였고, 남자를 더 잘 돌아가고 있는 조직에 추천하였다. 이것은 여성들이 리더십 자리에서 실패할 가능성을 높인다.

좋은 소식은 여성 리더에 대한 편견은 시간이 지날수록 덜해지는 것으로 보이는 것이다. 1953년에 행해진 갤럽조사에 의하면, 66%의 사람들이 남성 리더를 선호한다고 말했다. 그중 5%만 여성을 선호했다(25%는 특정 성별에 대한 선호가 없었다). 2011년에 실시된 비슷한 여론조사에서 32%는 자기의 보스로 남성을 선호했고, 22%는 여성을 선호했다. 46%는 선호가 없었다. 게다가 사람들은 여성이 기존에 남성들이 했던 식으로 행동하는 것에 대해 더욱 수용적이 되었다(Twenge, 1997). 그리고 효과적인 리더는 남성적(관리자적) 고정관념을 따르는 방식뿐만 아니라 여성적(공동체적) 고정관념을 따르는 방식의 행동도 할 수 있어야 한다는 인식이 커지고 있다(Eagly & Karau, 2002; Koenig et al., 2011).

문화와 리더십　대부분 리더십 연구는 서양 국가들에서 이루어졌다. 그래서 다른 문화권에서는 이 결과들이 어느 정도 적용될 수 있을 것인가에 대해서 의문이 생겼다. 이러한 이유로 연구자들은 리더의 성격, 리더십 스타일이 문화에 따라 어떻게 다른지에 대해 관심을 갖기 시작했다(Aycan, Schyns, Sun, Felfe, & Saher, 2013; Ayman & Korabik, 2010; Eagly & Chin, 2010; Gelfand, Erez, & Aycan, 2007). 한 연구는 62개 국가에서 리더십 훈련, 리더를 향한 태도를 조사했다. 연구자들은 그 나라들에 있는 951개 조직에 속한 17,000명의 매니저에게 질문지를 배포하고, 심층인터뷰를 하고, 집단토론을 진행하고, 각 나라의 미디어 내용을 분석하였다. 예상했던 대로 문화권마다 각기 다른 성격을 리더의 자질로 가치 있게 여겼다. 이를테면 자율적 리더십(상사로부터 독립적이고, 부하와 거리를 유지하며, 많은 시간 혼자 일하는)은 남미 국가들에서보다

2014년에 메리 바라는 세계적인 자동차 제조회사인 제너럴모터스(GM)의 첫 여성 CEO가 되었다. 몇 달 후에 그녀는 부품결함 문제로 GM이 약 1,100만대 이상의 자동차를 리콜할 것이라는 계획을 발표하게 되었다. 이 문제는 회사 측이 거의 10년 동안 알고 있었던 문제였다. 바라는 유리천장을 깬 후 유리절벽에 부딪힌 하나의 예가 아닐까?

동부 유럽국가들에서 가치 있게 평가되었다. 그러나 리더십의 두 자질은 공통적으로 가치 있게 평가되었는데, 바로 카리스마와 팀 중심적 성격이다(House et al., 2004). 리더십과 문화차에 관한 질문은 계속적인 관심을 받고 있는데, 세계 경제에서 업무조직이 점점 다양해지고 있으며 다른 문화에서 온 임원들과의 접촉이 점점 증가되고 있기 때문이다.

복습문제

1. 다음 중 과정손실에 대한 예가 아닌 것은?
   a. 교류기억
   b. 집단극화
   c. 고유한 자료를 공유하지 않음
   d. 집단사고
2. 집단사고를 감소시킬 수 있는 방법은 무엇인가?
   a. 강하고 지도적인 리더를 세운다.
   b. 비밀스럽게 또는 무명으로 하지 않고 소리내어 공개적으로 투표한다.
   c. 큰 집단이 전체적으로 토론하기 전에 하위 집단을 나누어 먼저 논의한다.
   d. 만장일치의 중요성을 강조한다.
3. 영리, 토영, 태경, 진주는 사업 파트너이다. 이들은 위험부담이 있는 새로운 방향으로 투자를 할 것인가를 결정하려고 한다. 토영은 동료들이 점점 위험감수 쪽으로 의견이 모아진다고 느끼고 있다. 토영은 자신이 '좋은' 멤버라는 것을 피력하기 위해서 위험감수를 지지하는 강력한 발언을 하였다. 그리고 이전보다 더 위험감수를 지지하는 마음으로 회의를 마치고 돌아갔다. 토영의 위험감수 정도가 변화된 것을 설명하는 것을 집단극화에 대한 _____ 설명이라고 한다.
   a. 사회적 비교

   b. 역태도
   c. 설득론적 주장
   d. 사회적 촉진
4. 성격 유형과 리더십에 관한 연구가 발견한 바는?
   a. 위인 이론이 리더십의 성공을 가장 잘 설명한다.
   b. 어떤 성격 유형의 인물이든지 성공적인 리더가 될 수 있다.
   c. 역사학자들의 높은 평가를 받는 성공적인 미국 대통령은 외향성, 개방성, 동정심이라는 공통적인 성격특질을 지닌다.
   d. 대부분의 성공적인 리더들은 독특한 성격을 가지려 했고 공통적인 성격특질은 꺼렸다.
5. _____ 리더는 명확한 단기 목표를 설정하고 그 목표를 달성한 사람들에게 보상을 준다.
   a. 상황적
   b. 변혁적
   c. 공통적
   d. 거래적

정답은 537–539쪽 참조

갈등과 협력

9.4 개인이나 집단의 갈등을 심화시키거나 감소시키는 것은 무엇인가

우리는 사람들이 올바른 의사결정을 위해서 함께 노력하는 것에 대해 살펴보았다. 이것은 집단 구성원이 하나의 공통된 목표를 가진 상황이다. 그러나 사람들은 종종 양립할 수 없는 목표를 가지고 서로 대립하기도 한다. 이러한 대립은 두 사람 또는 두 집단 사이에서도 일어난다. 누가 주방을 치울 것인지에 대해 의견이 나뉜 부부나 임금과 업무조건을 두고 의견이 일치하지 않는 노조와 회사 측이 그 예이다. 나라 사이에서도 마찬가지이다. 이스라엘과 아랍주변국 간의 오랜 갈등, 그리고 이라크의 시아파족과 수니파, 그리고 쿠르드파 간의 갈등이 그 예이다. 즉, 두 사람 이상이 상호작용을 할 때마다 인간관계상의 갈등이 일어날 가능성이 존재하는 것이다. Freud(1930)는 현대화의 피할 수 없는 산물이 바로 갈등이라고까지 얘기했는데, 왜냐하면 개인의 목표와 필요는 종종 다른 사람의 목표와 충돌하기 때문이다. 갈등의 본질, 그리고 갈등이 어떻게 해결될 것인가 하는 것은 사회심리학 연구의 큰 주제이다(Cohen & Insko, 2008; De Dreu, 2014; Deutsch, 1973; Thibaut & Kelley, 1959).

때로 사람들은 분쟁을 평화적으로 해결할 수 있다. 합의 이혼을 하는 커플이 그 예이다. 그러나 때로 분쟁은 적대감으로 발전하고 폭력을 낳는다. 사회심리학자들은 분쟁이 원만히 해결될 수 있는 방안들에 대해 알아보고자 실험을 진행한다.

많은 갈등은 큰 원한을 남기지 않고 평화적으로 해결된다. 부부는 서로 용납하는 자세를 취함으로써 서로의 차이점을 줄여나가는 방안을 찾을 수 있으며, 노조분쟁은 때로 악수하면서 합의를 본다. 그러나 갈등은 자주 적대감으로 표출된다. 미국의 이혼율은 지독히 높다. 사람들은 때로 서로의 다름을 풀기 위해서 폭력을 쓰는데, 미국의 높은 살인범죄율에서도 나타난다(미국은 선진국 중에서 살인의 본고장이라고 불린다). 나라 간의 전쟁은 국제사회의 분쟁을 해결하기 위해 흔히 쓰이는 방법이다. 갈등을 평화적으로 해결하는 방법을 찾는 것은 분명 대단히 중요하다.

사회적 딜레마

우리가 갈등을 겪는 이유 중 하나는 개인에게 최고의 것이 집단 전체에게도 항상 최고인 것은 아닐 수 있기 때문이다. 스티븐 킹이라는 소설가를 생각해보라. 그는 두 권으로 된 소설 *The Plant*를 집필했다. 그는 이 소설을 인터넷에 올리고 독자들에게 한 권당 1달러를 내게 하였다. 그가 내놓은 제안은 아주 단순한 것이다. 만약 다운로드받은 사람 중에 적어도 75%의 사람이 돈을 낸다면, 그는 집필을 계속하여 다음 권을 인터넷에 올리겠다고 했다. 만약 75%보다 적은 수의 사람들이 돈을 내면 그는 글쓰기를 중단하고, 소설의 나머지 부분은 발간하지 않을 것이라 하였다.

사회적 딜레마

개인적으로 하였을 때 가장 유익한 일이 많은 사람이 하였을 때 모든 사람에게 악영향을 끼치게 되는 현상

킹은 **사회적 딜레마**(social dilemma)를 만들어낸 것이다. 사회적 딜레마는 개인에게 가장 유익한 행동이 여러 사람에 의해 선택된다면, 모든 사람에게 피해를 주게 된다는 것을 설명한다(Weber, Kopelman, & Messick, 2004). 어떤 개인이 킹의 소설을 공짜로 다운로드받고 다른 사람들이 돈을 지불하게 한다면 이것은 그 개인에게 경제적 이득이다. 그러나 너무 많은 사람이 이러한 접근을 하게 되면 모든 사람이 손해를 보게 된다. 왜냐하면 킹은 소설을 중단할 것이라고 했기 때문이다. 초반에 사람들은 다수의 선을 위한 행동을 했다. 75% 이상의 사람들이 1권을 다운로드하고 돈을 냈다. 그러나 다른 사회적 딜레마와 마찬가지로 사람들은 결국 자신의 이익만을 위해 행동하게 되었고, 모든 사람이 해를 입게 되었다. 2권을 다운로드한 후에 돈을 내는 사람은 75% 이하로 떨어졌고, 킹은 후속작을 올리는 것을 중단했다. 그리고 그의 웹사이트에 소설은 '중단됨'이라고 써놓았다.

파네라 식당 체인은 이러한 접근으로 성공을 거두었다. 몇 년 전 파네라 케어스라는 식당이 오픈했는데 그것은 다른 파네라 식당과 한 가지 점에서 달랐다. 사람들은 그들이 내고 싶지 않다면 돈을 내지 않아도 되었다. 모든 메뉴에는 제안 가격이 쓰여 있으나 소비자들은 그들이 원하는 만큼만 내면 되었다. CEO이자 식당 체인 설립자인 로날드 샤이치는 도움이 절실히 필요한 사람들이 와서 좋은 음식을 먹고 그들이 낼 수 있는 만큼만 돈을 내는 곳을 만들고자 하는 비전을 가지고 있었다. 그리고 나머지 비용은 제안 가격보다 더 지불할 수 있는 손님들에 의해 충당되기를 바랐다. 지금까지 이 시스템은 잘 운영되고 있다. 처음에 문을 연 파네라 케어스 식당 세 곳(세인트루이스, 디트로이트, 포틀랜드)을 보면 손님 5명 중 3명은 제안 가격에 따라 돈을 내고, 다섯 중에 하나는 덜 내고, 다섯 중에 하나는 더 낸다. 덜 내는 사람들은 대개 다른 방법으로는 먹을 수 없는 사람들이다. 예를 들면 25년 근무 후 퇴직당한 교사나 생일 기념으로 외식하는 저소득

층 가정의 사람들이다. 사실 어떤 사람들은 이 시스템을 악용한다. 예를 들면 40달러짜리 음식에 3달러만 내는 대학생들이다. 그러나 많은 사람들이 제안된 가격보다 더 내기 때문에 그 부분이 충당되고, 이 식당 세 곳은 보조금 없이 자체적으로 잘 운영되고 있다(Salter, 2011). 무엇이 사회적 딜레마 상황에서 사람들이 이렇게 반응하도록 하는 것일까? 그 원인과 해결책을 알아보기 위해 사회학자들은 실험실 상황에서 이러한 갈등을 연구하였다.

사회적 딜레마를 실험실에서 연구하는 가장 흔한 방법 중 하나는 '죄수의 딜레마'를 이용하는 것이다. 회기마다 두 명의 선수는 다른 한 사람이 어떤 것을 선택할지 모른 채 두 가지 중 하나의 옵션을 선택해야 한다. 그들이 이기는 포인트는 두 사람 모두의 선택에 달려 있다. 당신이 친구와 그 게임을 한다고 가정해보라. 당신은 X나 Y 중에 선택을 해야 한다. 이때 당신의 친구가 무엇을 선택하는지는 알 수 없다. 당신이 이기거나 지거나 해서 얻게 되는 금액은 당신과 당신 친구가 무엇을 선택하는지에 달려 있다. 예를 들면 당신과 친구 둘 다 X를 선택하게 되면, 당신은 3달러를 얻게 된다. 그러나 만약 당신은 Y를 선택하고, 당신의 친구는 X를 선택하면 당신은 6달러를 얻고, 당신의 친구는 6달러를 잃게 된다. 당신은 어떤 선택을 할 것인가?

많은 사람들은 Y를 선택하는 것으로 시작한다. 나빠 봤자 당신은 1달러를 잃게 되고, 잘하면 6달러까지 벌 수 있다. X를 선택하면 둘 모두 돈을 좀 얻게 되지만 위험하기도 하다. 만약 당신의 파트너가 Y를 선택하고, 당신은 X를 선택하면 당신은 큰 손실을 입게 된다. 사람들은 종종 그들의 파트너를 어느 정도 신뢰해야 할지 모르기 때문에 Y를 선택하는 것이 안전한 옵션처럼 보인다(Rapoport & Chammah, 1965). 두 사람 모두 이렇게 생각하기 때문에 둘 다 결국 돈을 잃게 된다.

이 게임을 하는 사람들의 반응은 일상생활의 많은 갈등을 반영하는 것 같다. 양쪽 모두가 만족하는 해결책을 찾기 위해서 사람들은 서로 신뢰해야 한다. 많은 경우 사람들은 서로를 신뢰하지 못하기 때문에, 신뢰의 부재는 점점 치열한 경쟁으로 이끌어 결국 승자가 없는 게임이 되어 버린다(Insko & Schopler, 1998; Kelley & Thibaut, 1978; Lount et al., 2008). 예를 들어 두 국가가 군비확장 경쟁 중에 있다면 어느 한쪽이 군비축소를 하기가 어렵다. 왜냐하면 다른 한편이 그 약해진 틈을 타 악용할지도 모른다는 생각에 두렵기 때문이다(Deutsch, 1973). 이러한 경쟁의 심화는 이혼하는 부부에게서도 발견할 수 있다. 때때로 그들의 목표는 필요를 채우는 것보다 서로를 더 상처주는 것처럼 보인다. 마지막에는 양쪽 모두 괴로울 수밖에 없다. 그들 둘 다 Y를 너무 자주 선택한 것이다.

죄수의 딜레마에서 협동 증가시키기 이러한 갈등의 심화는 불가피한 것이 아니다. 죄수의 딜레마 게임을 할 때 사람들은 특정 조건하에서 더욱 협동적인 반응(옵션 X)을 선택하는 것이 발견되었다. 이것은 양쪽 모두에게 긍정적인 결과를 가져오는 선택이다. 연구결과 만약 친구와 함께 게임을 하거나 미래에 어떤 교류가 있을 것으로 기대되는 사람과 함께 게임을 한다면, 자신과 상대방 모두의 이득을 최대화시키는 협동적 전략을 선택할 가능성이 크다(Cohen & Insko, 2008). 또한 규칙을 살짝 바꾸는 것도 협동에 큰 효과를 미친다. 한 연구에서 게임의 이름을 '월스트리트 게임'에서 '커뮤니티 게임'으로 바꿨을 때 사람들이 협동을 선택하는 비율이 33%에서 71%로 증가하였다(Liberman, Samuels, & Ross, 2004). 또, 홍콩에 있는 중국 대학생들을 대상으로 한 연구에서 게임 전에 중국 문화의 상징을 보았을 때(예 : 중국의 용) 사람들은 더 협동적이 되었고, 미국 문화의 상징을 보았을 때(예 : 미국 국기) 그들은 더욱 경쟁적이 되었다(Wong & Hong, 2005).

해보기! 죄수의 딜레마

	당신 친구의 의견	
당신의 의견	옵션 X	옵션 Y
옵션 X	당신이 3달러 획득 당신 친구가 3달러 획득	당신이 6달러 획득 당신 친구가 6달러 손실
옵션 Y	당신이 6달러 손실 당신 친구가 6달러 획득	당신이 3달러 손실 당신 친구가 1달러 손실

위와 같은 버전의 죄수의 딜레마를 친구와 함께 한번 해보라. 첫째, 이 표를 그 친구에게 보여주고 어떻게 게임을 하는지 설명해주라. 게임의 시도 때마다 당신과 당신 친구는 옵션 X나 옵션 Y를 선택할 수 있다. 이때 서로가 무엇을 했는지는 알 수 없어야 한다. 각자 자기의 선택을 접힌 종이에 적고 후에 동시에 펴보라. 이 표에 쓰인 돈은 가상으로 쓴 액수이다. 예를 들면 첫 시도에서 당신이 옵션 X를 선택하고 당신 친구가 옵션 Y를 선택하게 되면,

당신은 가상의 돈 6달러를 잃게 되며, 당신 친구는 가상의 돈 6달러를 얻게 된다. 만약 둘 다 옵션 Y를 선택한다면, 둘 모두 가상의 돈 1달러를 얻게 된다. 이것을 10회 해보고 당신이 얼마를 얻었는지 또는 잃었는지 기록해보라. 당신과 당신 친구는 협력(옵션 X)을 더 많이 선택했는가 아니면 경쟁(옵션 Y)을 더 많이 선택했는가? 왜 그런가? 게임이 진행되면서 신뢰 또는 불신의 패턴이 점점 더 강화되었는가?

맞대응 전략
먼저 협력적으로 행동함으로써 협력을 장려한 후 상대방이 반응하는 방식을 따라 하는 것(협력 또는 경쟁)

협동을 높이기 위해서 **맞대응 전략**(tit-for-tat strategy)을 시도해볼 수도 있다. 맞대응 전략은 처음에 먼저 협동을 선택함으로써 협동을 장려하는 분위기를 만들면, 그다음부터는 당신의 파트너가 앞서 한 반응 그대로를 따라 하게 되는 것을 말한다(협동이면 협동, 경쟁이면 경쟁). 이러한 전략은 협동을 위한 의지를 표현하고 방관하지 않겠다는 의지를 보이는 것이다. 그러나 상대방이 협조하지 않으면 이 전략은 이용당한다. 맞대응 전략은 상대방이 협동적이고 신뢰하는 반응을 유도할 때 대개 성공적이다(Klapwijk & Van Lange, 2009; Leite, 2011; Messick & Liebrand, 1995; Wubben, De Cremer, & van Dijk, 2009). 이러한 전략을 군사력에 적용한다는 것은 비우호국에서 하는 군비확장에 대응한다는 것뿐만 아니라 핵실험 반대와 같은 회유적 제스처에 맞춰 가는 것을 의미하기도 한다.

또 다른 전략은 집단보다 개인이 갈등을 해결하도록 하는 것이다. 왜냐하면 죄수의 딜레마를 하고 있는 두 명의 개인은 같은 게임을 하는 두 집단보다 더 협조할 가능성이 크다(Schopler & Insko, 1999). 사람들은 개개인들은 협력할 마음이 있고, 믿을 만하다고 여기지만, 집단은 틈만 나면 우리를 배신할 것이라고 여기는 경향이 있다. 그러면 세계 지도자들이 일대일로 협상할 때가 두 나라의 자문단이 모여서 회의할 때보다 더 협조적이라는 말일까? 아마 그럴 것이다. 1985년 스위스에서 레이건과 고르바초프(미국과 소련의 지도자)가 무기 감축을 논의하기 위해서 처음으로 만났다. 그의 참모들과 수행원들이 공식 회의를 한 뒤에 레이건과 고르바초프는 통역원과 함께 호숫가를 걸었다. 보고에 의하면 두 사람은 모든 핵미사일을 폐기하는 것에 거의 동의했다고 한다 — 수행원들이 와서 이러한 파격적인 아이디어에 찬물을 끼얹기 전까지는(Korda, 1997).

위협을 통해 갈등 해결하기

갈등에 휘말렸을 때 많은 사람은 상대편을 위협하여 우리가 바라는 바를 이루려 한다. 테디 루스벨트가 한 말과 같이, "말은 부드럽게, 무기는 큰 것으로" 가지고 가야 한다고 믿으면서 말이다. 부모는 자녀들을 훈육할 때 흔히 위협을 이용한다. 걱정스러운 것은 미국에서 무기를 소지한 청소년들이 늘어가고 있는데, 그 무기를 갈등 해소에 사용한다는 것이다. 위협은 국제분쟁 시 자국에 유리한 방향으로 갈등을 해결하고자 할 때도 사용된다(Turner & Horvitz, 2001).

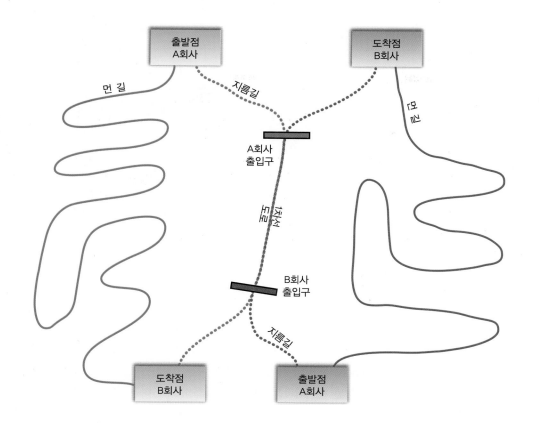

그림 9.6 트럭 게임
Deutsch와 Krauss(1962)는 트럭 게임을 통해서 협동에 대해 연구했다. 그 게임에서 참가자들은 한 지점에서 다른 지점으로 최대한 빨리 트럭을 운전해 가서 돈을 벌어야 했다. 그림에서 보여주는 바와 같이 가장 단거리는 1차선 도로를 지나는 길이다. 그러나 양쪽이 이 도로를 동시에 사용할 수는 없다. 상대편이 그 1차선 도로를 사용하지 못하도록 서로 막았을 때 결과적으로 양쪽 모두 더 적은 돈을 벌게 되었다.

Morton Deutch와 Robert Krauss(1960, 1962)에 의해 이루어진 한 고전적 연구는 위협이 갈등을 줄이는 효과적인 도구가 아님을 보여준다. 연구자들은 게임을 하나 개발했는데, 그 게임에서 두 사람의 피험자는 애크미와 볼트라는 트럭 회사의 책임자 역할을 각각 맡게 된다. 각 회사의 목적은 상품을 최대한 빠르게 목적지에 수송하는 것이다. 피험자는 수송 횟수마다 60센트를 받았다. 그러나 수송할 때 걸리는 시간에 따라 1초당 1센트가 차감되었다. 가장 빠른 지름길은 한 차만이 통과할 수 있는 1차선 도로였다. 그림 9.6에서 보다시피, 만약 애크미와 볼트가 1차선 지름길에 동시에 진입하고자 하면 두 트럭 모두 통과하지 못하고, 결국 둘 다 돈을 잃게 된다. 각 회사는 다른 길을 찾아야 하는데, 그러면 시간이 더 많이 걸리기 때문에 그들은 수송마다 적어도 10센트를 잃게 된다.

잠시 후 대부분의 피험자들은 두 트럭 모두 적절한 수준의 돈을 벌 수 있는 해결책을 찾는다. 그들은 양쪽 트럭을 한 번씩 번갈아가며 들어가게 했다. 한 트럭이 1차선을 먼저 지나가면, 그 뒤에 다음 트럭이 통과하는 방식이다. 비슷한 다른 연구에서 연구자들은 애크미 회사에 길을 막아서 다른 차가 그 길을 이용하지 못하게 막는 출입구를 주었다. 이 문을 사용하면 애크미의 이익이 증가할 것이라고 생각할지 모른다. 왜냐하면 애크미는 볼트를 위협하면서, "1차선에서 물러서!"라고 말할 것이기 때문이다. 사실 그 반대 결과가 나타났다. 1차선에 출입구가 있을 때 두 피험자 모두 이득이 줄어들었다. (그림 9.7의 왼쪽. 이 그림은 양쪽 트럭회사의 남은 총액을 보여준다. 애크미가 볼트보다 출입구가 있을 때 이윤이 조금 더 높다. 그러나 둘 다 문이 없었을 때 훨씬 더 많은 이득을 남겼다.) 볼트는 위협당하는 것을 좋아하지 않았고 종종 1차선에 주차하면서 시간을 끌었다. 이것은 다른 트럭의 진로를 방해하는 것이다. 그러는 동안 양쪽 모두의 시간은 경과되었고 양쪽 모두 돈을 잃게 되었다.

양쪽 회사 모두 출입구가 있어서 상황이 좀 더 공평했다면 어떻게 되었을까? 양쪽 모두 출입구

그림 9.7 트럭 게임의 연구결과

그림 9.7 트럭 게임의 연구결과
왼쪽 표는 피험자들이 서로 의사소통을 할 수 없었을 때 번 돈의 액수이다. 한쪽에서 위협을 주었을 때(한 방향 위협) 또는 양쪽 다 위협을 서로에게 가할 때(쌍방 위협), 둘 다 돈을 잃게 되었다. 오른쪽 표는 피험자들이 매회 서로 의사소통을 할 수 있었을 때 번 돈의 액수이다. 이때도 역시 출입구(위협의 도구)를 주는 것은 그들의 수입을 줄어들게 했다.

출처 : Deutsch & Krauss(1962)

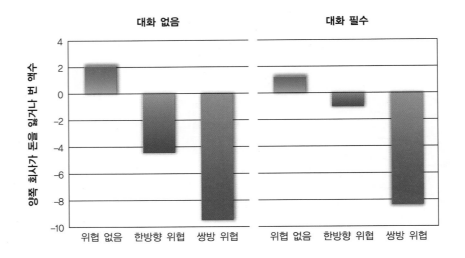

를 사용하게 되면 교착 상태에 빠지게 될 것을 인식하면서, 서로 협동하는 것을 더 빨리 배웠을 것이다. 그렇지 않을까? 실제로는 정반대였다(그림 9.7의 왼쪽에서 보듯이). 쌍방 위협조건일 때 두 회사 모두 가장 큰 돈을 잃었다. 양쪽 회사 모두 출입구를 이용해 서로를 매우 자주 위협했다.

의사소통의 효과 Deutsch와 Krauss의 트럭 게임이 현실과 다른 점이 있다. 그것은 양쪽이 서로 의사소통을 하도록 허락되지 않았던 것이다. 그들이 서로 대화하도록 허용되었다면 결과가 다를까? 이를 알아보기 위해 Deutsch와 Krauss는 피험자 간에 매회 의사소통을 하게 하였다. 확실히 사람들이 서로 대화했을 때 더 협동했다. 그러나 그림 9.7에 오른쪽에 보이는 대로 이윤에 큰 증가는 없었다. 의사소통은 애크미 회사만 출입구를 가졌을 때 애크미 회사의 손실을 줄였지만, 위협이 없는 조건이나 양쪽 모두 위협을 받는 조건에서는 협동을 크게 증가시키지 못했다. 그래서 전체적으로 볼 때 의사소통은 이윤을 크게 높이지는 못했다. 왜일까?

이 트럭 연구에서 의사소통의 문제는 그것이 신뢰를 높이지 않는다는 것이다. 사실상 그 연구에서 피험자 간의 의사소통은 서로를 위협하는 데 사용했다. Deutsch와 Krauss는 후속 연구에서 양쪽 간 의사소통을 하게 하였고, 공정하게 해결책을 찾으라고 지시했다. 이때 언어적 의사소통을 통해 양쪽 회사의 이윤은 증가되었다. 왜냐하면 이때는 의사소통이 경쟁을 불러일으키는 대신 신뢰를 갖게 하였기 때문이다(Deutsch, 1973; Deutsch, Coleman, & Marcus, 2011; Krauss & Deutsch, 1966).

협상과 조정

방금 논의한 실험실 게임에서 사람들의 선택은 제한되어 있다. 죄수의 딜레마에서는 X 또는 Y를 선택해야 하고 트럭 게임에서는 목적지에 다다르는 두세 가지 길 중에 선택해야 했다. 그러나 실제 생활에서 우리는 다양한 선택 옵션을 가진다. 두 사람이 차 가격을 흥정하는 것을 생각해보라. 차를 사는 사람과 파는 사람은 상대방의 요구를 모두 들어줄 수도 있고, 조금 들어줄 수도 있고, 또는 아무것도 안 들어줄 수도 있다. 양측 모두 딜을 하지 않고 언제든지 가버릴 수도 있다. 갈등을 해결하는 수많은 방법이 존재한다고 할 때, 양쪽의 의사소통은 너무도 중요하다. 이야기하고, 흥정하고, 협상하는 것을 통해 사람들은 만족할 만한 합의점에 이르게 된다. **협상**(negotiation)은 갈등상황에서 반대 의견을 가진 양측 사이에 오가는 의사소통의 한 형태로서, 제안과 반대 제안이 만들어지고, 양측이 모두 동의할 때 해결책이 생긴다(De Dreu, 2010; Menon,

협상
갈등상황에서 반대 의견을 가진 사람들 사이에 오가는 대화의 형식. 이때 제안과 반대 제안이 제시되며, 양쪽이 모두 동의할 때 해결책이 마련된다.

Sheldon, & Galinsky, 2014; Thompson, Wang, & Gunia, 2010). 상호 이득적인 대안을 만들기 위해서 사람들은 협상을 얼마나 잘하는가?

성공적인 협상을 막는 한 가지 제한점은 사람들이 종종 한편만 살아남는 갈등상황에 처해 있다고 가정하는 것이다. 부부가 이혼을 하는 것을 예로 들자면, 두 사람의 경제적 분할에 대한 해결책을 찾는 것은 불가능해 보인다. 그러나 그들이 서로 다른 우선순위를 갖는다는 것을 깨달으면 가능하다. 아마 한 사람에게는 가구와 오케스트라 시즌 티켓을 갖는 것이 중요하고, 다른 사람은 도자기 그릇과 레코드판 컬렉션을 갖기 원할지 모른다. 이러한 종류의 협상을 **통합적 해결책**(integrative solution)이라고 한다. 서로 다른 관심사에 따라서 양쪽이 주고받는 거래를 함으로써 갈등을 극복하는 것이다. 이때 각자는 한쪽에서 중요한 것이 다른 쪽에서는 아니라는 것을 인정한다.

이러한 상호 결론은 쉽게 얻을 수 있는 것으로 보일지도 모른다. 양쪽은 단순히 함께 앉아서 각자에게 중요한 것이 무엇인지를 알아내면 되니까 말이다. 그러나 통합적 해결책을 찾기가 쉽지 않다(Moran & Ritov, 2007; Thompson, 1997). 예를 들면 사람들은 협상에서 위험을 감수할수록 상대방에 대해 가지는 인식이 더 편향된다. 그래서 상대측에서 제안한 해결책을 신뢰하지 못하고, 양측 공동이 가질 수 있는 이득에 대해 무시하는 경향이 클 것이다(O'Connor & Carnevale, 1997; Ross & Ward, 1995). 이 때문에 사람들은 노사분쟁이나, 법적 분쟁, 이혼소송에서 종종 중재자를 두게 된다. 중재자는 갈등에 대해 상호 동의 가능한 해결책이 있다는 것을 잘 파악한다(Carnevale, 1986; Kressel & Pruitt, 1989; Ross & LaCroix, 1996).

의사소통 스타일은 협상 중에 신뢰를 구축할 수 있는 핵심적 측면이다. 신뢰는 이메일이나 문자, 채팅, 비디오 토론 같은 온라인 의사소통 방식보다 오래된 방식인 면대면 협상에서 더 잘 생기는 것 같다. 물론 현대 기술은 많은 장점이 있지만, 사람들을 알아가고 신뢰하기 어렵게 만드는 단점이 있다. 메타분석 연구에 따르면 온라인 미디어로 한 협상은 면대면 협상에 비해서 더 적대적이었고, 더 낮은 이득을 초래했다(Stuhlmacher & Citera, 2005).

핵심은 무엇인가? 당신은 누군가와 협상할 때 많은 경우 통합적 해결책이 가능하다는 것을 명심하라. 상대방의 신뢰를 얻도록 노력하고, 당신의 관심사에 대해 열린 마음으로 대화하라(개인적으로 또는 중재자의 도움을 받아). 그리고 상대방의 관점을 가지도록 노력하라(Trötschel et al., 2011). 상황을 보는 당신의 방식이 상대방과는 다를 수 있다는 것을 기억하라. 그러면 상대방도 자기의 관심사를 더 자유롭게 말할 수 있을 것이다. 그러면 양측 모두에게 유익한 해결책을 찾을 가능성이 더 커질 것이다.

통합적 해결책

각자 서로 다른 관심사에 대해서 서로 주고받는 거래를 함으로써 갈등을 해결하는 방법. 각자는 한쪽에서 중요한 것이 다른 쪽에서는 아니라는 것을 인정한다.

중립적 중재자는 종종 노사분쟁, 법적 분쟁, 이혼소송을 해결하는 것을 돕는다. 중재자는 갈등에 대해 상호 동의 가능한 해결책이 있다는 것을 잘 파악하게 된다.

복습문제

1. 사회적 딜레마에 대한 설명은?
   a. 협동적 전략을 채택한 개인은 이기적인 사람보다 이윤을 항상 더 남긴다.
   b. 개인에게 가장 유익한 행동이라도 그것을 많은 사람들이 하게 되면 결국에는 모두에게 해로운 행동이 되어 버린다.
   c. 한 사람이 항상 이겨야 하면 다른 쪽은 항상 져야만 한다.
   d. 실험실연구는 집단 갈등의 심화와 지속성에 대해 이해하는 데 도움이 되지 않는다.

2. 죄수의 딜레마를 생각해보라. 당신이 어떻게 했을때 가장 최악의 결과를 받게 될 것인가?
   a. 당신이 협동적이고 당신 동료도 협동적일 때
   b. 당신은 협동적이나 당신 동료가 이기적일 때
   c. 당신이 이기적이고 당신 동료도 이기적일 때
   d. 당신은 이기적이나 당신 동료는 협동적일 때

3. 두 낚시 회사가 같은 강에서 낚시를 한다. 두 회사는 댐을 만들어서 강물이 상대편 회사 쪽으로 공급되지 않게 하려고 한다. 위협의 힘에 관한 연구 결과에 따르면, 만약 두 회사가 댐을 만들어서 상대편 회사 쪽으로 물이 못 흘러들어 가게 할 때 어떤 일이 일어나겠는가?

   a. 각자 위협할 거리가 있으므로 갈등은 감소된다.
   b. 각자 위협할 거리가 있으므로 갈등이 증가된다.
   c. 갈등이 살짝 증가할 것이지만, 만약 한쪽만이 댐을 건설해서 위협할 거리를 갖게 되는 것보다는 아니다.
   d. 두 회사 간에 의사소통이 차단될 때만 갈등이 증가될 것이다.

4. _____ 해결책은 각자가 자기에게는 중요하지 않지만 상대편에는 중요한 이슈에 대해 협력하여 협상하게 될 때 그 결과로써 나타난다.
   a. 맞대응 전략
   b. 거래적
   c. 통합적
   d. 공통적

5. 프로이트에 따르면 _____은 필수적으로 문명화의 부산물이다.
   a. 협상
   b. 협동
   c. 갈등
   d. 심리학

정답은 537-539쪽 참조

요약

9.1 집단이란 무엇이며 왜 사람들은 집단에 속하는가

- **집단이란 무엇인가** 집단은 서로 교류하며, 상호의존적인 셋 이상의 사람들을 말한다.
  - **왜 사람들은 집단에 속하는가** 소속감의 욕구는 아마 본능적인 것인지도 모른다. 집단은 사회생활을 위한 정보의 원천이며, 사회적 정체성의 주요한 부분이다. 사람들은 집단으로부터 거부당하는 것에 대해 아주 민감하기에 거부당하지 않기 위해서 노력한다. 집단은 또 사람들이 다른 집단에 속한 사람들과 구분되도록 느끼게 한다.
  - **집단의 구성과 기능** 집단은 동일한 구성원으로 구성되어 있는데, 집단에는 **사회적 규범**이 있어 사람들이 그것에 복종하도록 기대하기 때문이기도 하다. 집단은 잘 정의된 사회적 역할도 있는데, 이것은 사람들이 어떻게 행동해야 할지에 대한 공동의 기대이다. 사람들은 사회적 역할에 너무 몰입해서 개인의 정체성과 성격을 잃어버릴 수도 있다. 집단 응집성과 집단의 특질은 구성원들을 하나로 묶고 구성원 간에 호의성을 높인다. 그리고 집단 응집성은 집단의 수행에 영향을 미치는 중요한 특성이다. 집단 구성원이 다양하면 때로 집단의 사기를 떨어뜨릴 수 있지만 다양한 수행 결과물과 관련되기도 한다.

9.2 사람들은 다른 사람들이 주위에 있을 때 어떤 식으로 다르게 행동하는가

- **집단 안에서 개인의 행동** 연구들은 개인과 집단이 있을 때 사람들의 수행을 비교하였다.
  - **사회적 촉진** : 다른 사람의 존재가 우리에게 힘을 불어넣어 줄 때 어떤 일을 할 때 사람들의 개인적 노력이 평가되면, 다른 사람의 존재는 **사회적 촉진**을 일으킨다. 단순한 과제일 때 그들의 수행은 향상되고, 복잡한 과제일 때 수행은 저하된다.
  - **사회적 태만** : 다른 사람의 존재가 긴장을 풀리게 할 때

사람들의 개인적인 노력이 평가되지 않을 때 다른 사람의 존재는 긴장을 풀리게 하고 **사회적 태만**을 불러일으킨다. 단순한 과제일 때 수행은 저하되고 복잡한 과제일 때 수행은 향상된다.

- 사회적 태만에 있어서 성차와 문화차 : 누가 가장 게으름을 피우는가 사회적 태만은 여성보다 남성에게서 더 많이 일어난다. 그리고 아시아 문화보다 서양 문화에서 더 많이 일어난다.
- 몰개성화 : 군중 속에 묻히기 다른 사람의 존재는 **몰개성화**와 같이 좀 심각한 결과를 초래하기도 한다. 이것은 사람들이 군중 속에 있을 때 규범적 제약을 풀어버리기 때문이다.

9.3 의사결정에 있어서 한 명보다 둘 이상이 나은가, 그리고 리더는 집단의 결과물을 어떻게 이끄는가

- 집단 의사결정 : 한 명보다 둘 이상이 나은가 연구들은 사람들이 개인으로 있을 때와 집단으로 있을 때 의사결정이 다른지를 비교해 보았다.
  - 과정손실 : 집단의 상호작용이 좋은 문제해결을 방해할 때 사람들이 서로의 아이디어를 잘 모으고 집단의 전문가에게 귀를 기울인다면 개인보다 집단일 때 더 좋은 결정을 내린다. 그러나 종종 **과정손실**이 일어난다. 이것은 집단 상호작용이 좋은 의사결정을 방해하는 측면을 지칭한다. 예를 들어 집단이 그들이 가진 공동의 정보에 집중하고 개인이 가진 고유한 정보가 나누어지지 않을 때 일어난다. 응집성이 있고 확고함을 가진 집단 역시 **집단사고**를 할 가능성이 크다. 이것은 사실을 현실적으로 생각하기보다 집단의 응집성을 유지하고 확고함을 더 중요하게 여길 때 발생한다.
  - 집단극화 : 극으로 치닫다 **집단극화**는 개인이 초기에 했던 결정이 집단일 때 더 극단적인 방향으로 가게 되는 것을 말한다. 이러한 집단 의사결정은 더욱 위험할 수도 있고, 더욱 조심스러울 수도 있다. 그것은 개인들이 처음에 어떤 쪽이었느냐에 달려 있다.
  - 집단의 리더십 좋은 리더십을 리더의 성격 문제라고

여기는 것이 **위인 이론**인데, 이를 지지하는 자료는 많지 않다. 대신 리더는 **거래적 리더십** 또는 **변혁적 리더십**과 같은 특정한 리더십 스타일을 가진다. 리더십의 효과성은 그 사람이 어떤 사람인가와 상황이 어떠한지에 의해 모두 영향을 받는다. 많은 변화들이 이루어졌지만, 아직도 여성 리더의 비율이 크지 않다. 여성 리더들은 종종 유리절벽을 마주하게 되는데, 이것은 여성들은 종종 위험도가 높거나 실패 확률이 높은 조직의 리더가 된다는 것이다. 게다가 여성 리더에게는 이중고가 있다. 만약 그들이 여성은 어떻게 행동해야 하는가에 대한 사회적 기대(예 : 따뜻하게 대하고, 공동체적인 성격)에 부응하게 되면, 리더십 자질이 낮은 것으로 인식되기 쉽다. 반대로 여성 리더들이 관리자적으로 행동하고 힘 있게 행동하게 되면, 그들은 여성답게 행동하지 않는 것에 대해서 부정적으로 인식되기 쉽다.

9.4 개인이나 집단의 갈등을 심화시키거나 감소시키는 것은 무엇인가

- 갈등과 협력 많은 연구에서 사람들이 상호 대립되는 목표를 가졌을 때 어떻게 갈등을 풀 것인가를 조사해 보았다.
  - 사회적 딜레마 개인에게 이득을 주는 어떤 행동이 있는데, 그것이 많은 사람들이 다 그렇게 행동하게 된다면 모두에게 해를 입힐 수 있다. **사회적 딜레마**를 연구하기 위해 많이 사용되는 방법 중 하나는 죄수의 딜레마이다. 이것은 두 사람이 그들 자신의 이득만을 찾고자 할 것인가, 아니면 파트너의 이득도 고려할 것인가를 결정해야만 하는 게임이다. 이러한 종류의 갈등을 해결하기 위해서는 신뢰를 쌓는 것이 필수이다.
  - 위협을 통해 갈등 해결하기 연구자들은 상대방을 위협하는 것은 갈등을 해소하기보다 증가시킨다는 것을 발견했다.
  - 협상과 조정 양쪽이 협상을 하고 조정을 할 때 **통합적 해결책**을 찾는 것이 중요하다. 한쪽이 중요하게 생각하는 이슈가 다른 쪽에는 중요하지 않을 수 있을 때 통합적 해결책을 찾을 수 있다.

평가문제

1. 동질적인 집단(나이, 성, 믿음, 의견 등이 비슷한 사람들 끼리의 모임)이 많은 이유는 무엇일까?
   a. 서로 비슷한 사람들끼리 동일 집단에 가입하도록 끌리는 경향이 있기 때문이다.
   b. 유전자가 비슷한 사람들끼리는 동일 집단으로 모이고 다른 사람들은 서로를 멀리하게 하는 진화의 압력 때문이다.
   c. 동질적인 집단일수록 생산성이 높아지기 때문이다.
   d. 사회적 태만이 사람들로 하여금 새로운 사람 및 경험을 추구하는 일을 방해하기 때문이다.

2. 집단 응집성은 _____(으)로 정의된다.
   a. 사람들이 어떻게 행동해야 하는가에 대한 집단 구성원들의 기대/예상
   b. 구성원 서로를 함께 묶어주고 좋아하게 만드는 특질
   c. 남성과 여성의 역할 및 행동에 관한 기대/예상
   d. 다른 사람들 앞에서는 단순한 과제 수행은 향상되는 데 반해 복잡한 과제 수행은 저조해지는 경향

3. 조용한 방에서 혼자 시험을 칠 것인지 많은 사람이 있는 큰 강의실에서 시험을 칠 것인지를 정해야 한다. 공부도 많이 했고 학습 내용도 쉬웠다면, _____에서 치는 것이 더 유리할 것이다. 왜냐하면 _____을 초래할 것이기 때문이다.
   a. 혼자 조용한 방, 사회적 태만
   b. 혼자 조용한 방, 사회적 촉진
   c. 큰 강의실, 사회적 태만
   d. 큰 강의실, 사회적 촉진

4. 사회적 태만에 빠지는 경향성은 _____이 더 강하고 그리고 _____더 강하다.
   a. 여성보다 남성, 서양 문화보다 아시아 문화에서
   b. 남성보다 여성, 서양 문화보다 아시아 문화에서
   c. 남성보다 여성, 아시아 문화보다 서양 문화에서
   d. 여성보다 남성, 아시아 문화보다 서양 문화에서

5. 상수는 교실로 가는 길에 학생회관 내 식당으로 돌진하며 음식물 개선을 요구하는 화난 군중과 마주쳤다. 상수는 현재의 음식에 만족하고 있기 때문에 군중을 해산시키고 싶다. 다음 중 가장 효과적인 해결책으로 간주되는 것은?
   a. 전체 군중을 자기 집으로 초대하여 차를 대접함으로써 집단 응집성을 높인다.
   b. 모든 사람에게 청색 셔츠를 나누어 주며 입으라고 한다.
   c. 전문가적 구성원들에게 가장 큰 영향력을 줘어 주어 집단 내 과정손실을 줄인다.
   d. 구성원 중에서 친구를 하나 찾은 후 불러내어 군중 앞에서 친구에게 큰 소리로 이야기한다.

6. 조별 과제를 수행할 목적으로 심리학 전공자 4명이 모였다. 그 과제에 관한 결정을 지을 때 어떻게 하면 집단사고에 빠져들지 않을까를 두고 고민을 하고 있다. 다음 중 도움이 가장 덜 되는 생각은?
   a. 과제를 시작하기 전에 함께 영화를 관람함으로써 결속을 다진다.
   b. 각자가 교과서 내 서로 다른 장을 맡아 요약정리함으로써 모든 내용을 자세히 다룬다.
   c. 그 집단에 속하지 않은 다른 학생에게 과제에 대한 비평을 부탁한다.
   d. 비지시적이며 정직한 피드백으로 구성원을 다독거릴 수 있는 사람을 리더로 정해 과제를 관장하게 한다.

7. 얼마 전에 결혼하여 집을 장만하려 하는 진희 씨와 판수 씨는 사양을 두 가지로 줄였다. 진희 씨는 부엌이 아름다운 집을 기억하고 있는데, 판수 씨는 화장실에 바퀴벌레가 돌아다니고 있었다는 사실을 기억하고 있다. 진희 씨와 판수 씨는 이들 두 가지 정보를 공유함으로써 _____을 이용하여 _____을(를) 피하고자 한다.
   a. 반대불용, 집단사고
   b. 사회적 역할, 몰개성화
   c. 교류기억, 과정손실
   d. 소집단, 집단극화

8. 다음 중 특정 위원회에서 과정손실로 끝날 가능성이 가장 큰 것은?
   a. 위원회의 모든 위원은 다른 위원들의 의견을 주의 깊게 경청한다.
   b. 위원회의 모든 위원은 절친한 친구로 오랫동안 서로 알고 지내는 사이이다.
   c. 위원회의 모든 위원은 위원이 아닌 사람들은 모르는 정보를 공유한다.
   d. 특정 주제에 가장 유능한 위원은 자신 있게 큰소리칠 수

있다.

9. 리더십을 다룬 연구에 관한 다음 진술 중 가장 진실에 가까운 것은?

 a. 남성보다 여성 지도자들이 불안정하고 위험도가 높아 성공하기 어려운 그런 지위에 놓이는 가능성이 더 크다.

 b. 최고의 지도자는 리더십 능력을 지니고 태어난다.

 c. 훌륭한 지도자가 갖추어야 할 특질은 문화에 관계없이 동일한 것으로 드러났다.

 d. 특정 조직의 리더로 성장하여 냉철하게 행동하는 데 성공한 여성 리더는 남성 리더와 같은 방식으로 평가된다.

10. 커뮤니케이션이 갈등해소에 가장 효과적일 때는 _____ 이다.

 a. 전자 매체(예 : 이메일)를 이용할 때

 b. 커뮤니케이션이 필요할 때

 c. 불화의 결말이 막대하고 양측 모두 위협을 발할 능력을 지니고 있을 때

 d. 중재자에 의해 이용될 때

정답은 537-539쪽 참조

 ## 개요 및 학습목표

대인 매력 : 첫인상에서 친밀한 관계까지

제니 이건과 크리스 조지는 모두 농구 광팬이다. 그래서 두 사람을 잘 아는 친구들은 솔트레이크시티에서 NCAA 2회전 토너먼트 게임을 보러 가는 것이 그들의 첫 데이트라는 것에 놀라지 않는다. 제니는 친구에게 티켓을 얻었고, 이모티콘으로 가득 찬 문자 메시지에서 크리스가 기존의 계획을 변경하고 대신 자신과 농구를 보러 갈 것이라고 확신했다. 사실 그렇게 확신은 없었지만, 이틀 후 그들은 3회전 경기를 보러 같은 경기장에 왔다. 그들은 7개월 만에 약혼을 했고, 2014년 초에 크리스와 제니는 결혼을 했다.

그러나 불꽃 튀는 로맨스에 한 가지 장해물이 있었다. 크리스는 장차 그의 장인이 될 제니의 아버지를 처음 만났을 때 거짓말을 했다. 사실 제니가 그렇게 하도록 시켰다. 제니는 크리스가 과거의 일면을 자신의 부모님에게 숨기기를 바랐다. 그녀는 크리스의 말 못할 비밀이 너무 커서 자신의 아버지가 견디지 못할 것이라고 생각했다. 제니가 자신의 가족에게 비밀을 지켜달라고 크리스에게 요구한 것은 무엇인가? 그것은 이들이 Tinder(데이트 만남 앱—역주)에서 만났다는 것이다.

어쩌면 당신은 Tinder에 친숙할지도 모른다. 아마도 스마트폰에서 사용해봤을 수 있다. 2012년 후반에 론칭한 이 애플리케이션은 사용자의 페이스북 계정과 연결되어 사진과 간략한 설명을 요구한다. 그러면 짝찾기 과정이 시작된다. 당신은 일련의 다른 Tinder 사용자들의 사진을 보게된다. 당신이 관심 있는 사람은 스크린을 오른쪽으로, 관심 없는 사람은 왼쪽으로 밀면 된다. 한편 지역의 다른 사용자들도 당신의 사진을 보고 있으며, 두 사람이 서로를 오른쪽으로 밀었다면, 앱이 두 사람에게 일치를 통보한다. 거기서부터 어떻게 될지는 두 사람에게 달려 있다.

크리스와 제니가 Tinder에서 만난 유일한 커플은 아니다. 앱 개발자 중 한 사람에 따르면, 2014년 초까지 하루에 천만 쌍씩 창립 이래로 10억 쌍 이상이 사용자들에게 제안되었다(Ha,

2014). 여전히 제니는 크리스를 처음 만나게 된 이런 사실을 부모님이 알기 원하지 않았다. 이 것은 부모님이 Tinder가 무엇인지 이해하지 못할 것이란 의미가 아니다. 그와는 반대로 부모님 은 앱을 너무 잘 알았다. 그들은 그녀가 얼마나 오랜 시간 앱을 사용하는지 알고 있었고, 그것을 사용하는 동안 그녀가 만났던 몇몇 남자들을 좋아하지 않았다. 사실 그들이 첫 데이트하던 그날 밤, 제니의 아버지는 크리스를 보고 "자네는 그 Tinder에서 만난 녀석 중 하나는 아니겠지, 그렇 지?"라고 인사를 했다. 그래서 미래의 아내가 될 여성의 경고에 주의하면서 크리스가 미래의 장 인에게 한 첫 번째 말은 거짓말이 되었다. 그는 "아닙니다."라고 말했다.

이후 제니와 크리스는 그녀의 아버지에게 실토했고, 전 세계가 알게 되었다. 그들은 (그들의 결혼 또한 기록한) "오른쪽으로 밀기 : 궁극적인 Tinder 성공담"이란 제목의 블로그를 만들었다. 부부의 뒷이야기가 보여주듯이, 매력은 다양한 형태를 취하고 수많은 장소에서 나타난다. 대학 기숙사나 파티장, 현지 술집에서 즐거운 시간. 댄스 클럽, 체육관, 상점······ OkCupid, Match.com 또는 eHarmony'와 같은 데이트 웹사이트 형태이든, 아니면 'Tinder, Grindr, How About We 등 의 스마트폰 앱이든, 오늘날에는 온라인이 증가하고 있다. 그리고 많은 인간의 본질과 마찬가지 로 그 또한 과학적으로 연구될 수 있다.

이 장에서 논의하겠지만 매력과 사랑에 관한 우리의 많은 가정이 거짓으로 판명되었기 때문에 이것은 좋은 일이기도 하다. 한 가지 예시는 반대라서 끌린다는 신념이다. 연구는 우리가 끌리 게 되는 가장 강력한 예측요인이 유사성이라는 명확한 결론을 보여준다(Heine, Foster, & Spina, 2009; West et al., 2014). 짝을 선택할 때 남성보다 여성이 더 까다롭다는 생각은 어떤가? 이것 이 종종 사실이지만, 당신이 가정하는 그 이유 때문은 아니다(Finkel & Eastwick, 2009).

우리가 이후에 더 상세하게 탐색하겠지만 사회심리학자들은 데이트 웹사이트 자체를 연구한 다. (Tinder와 같은 앱은 당신이 그것에 관해 발표된 연구를 읽기 위해 이 책의 다음 편집본을 기 다려야 할 새로운 현상이다!) 한 예로, Eli Finkel과 동료들은 최근에 온라인 데이트에 관한 자료 를 검토하여 그런 행위가 오늘날보다 더 인기가 있었던 것은 아니었지만 이런 웹사이트에서 만 들어진 많은 약속이 충족되지 않았다고 결론을 내렸다. 구체적으로 잘 맞는 이상적인 짝을 알려 줄 수 있는 수학적 알고리즘의 개념은 거의 경험적 지지를 얻지 못했다. 물론 어느 때보다 더 많 은 미국인들이 데이트 웹사이트를 통해 짝을 찾고 있지만 이런 방식으로 진행되는 데이트의 성공 률은 술집에서 만나거나 친구가 주선하는 것 같은 고전적인 방식으로 시도된 데이트보다 더 높은 것은 아니다(Finkel et al., 2012).

Finkel과 동료들에 따르면, 데이트 웹사이트의 적합성 분석은 다양한 이유로 그들의 약속을 지 키지 않았다. 첫째, 제5장에서 읽은 것처럼 우리는 때때로 우리가 왜 행동을 하는지 또는 무엇이 우리를 행복하게 만들지에 관한 분별력이 없다. 마찬가지로 만족스러운 관계로 이어지게 될 짝 의 특성을 예측하려고 할 때 항상 정확한 것이 아니다. 둘째, 대부분의 데이트 웹사이트의 알고 리즘은 성격특질이나 다른 안정적인 특성에 따라 짝을 짓는 것에 초점을 맞춘다. 하지만 의사소 통 양식과 성적 적합성과 같은 관계 만족의 가장 좋은 예측요인들은 실제로 서로를 잘 알게 될 때 까지 평가할 수 없다(Finkel et al., 2012). 따라서 자기-인식의 한계와 상황의 힘과 같은 사회심 리학의 기본 원리들은 사랑에 빠지고 인생의 파트너를 선택하는 것 같은 가장 친밀한(어떤 이들 은 신비롭다고 말하겠지만) 인간 과정에 적용된다.

물론 어느 것도 온라인 데이트와 Tinder 짝짓기가 곧 사라질 것을 시사하지 않는다. 누구도 그 렇게 될 것이라고 하지 않는다. 관계를 시작하는 다른 방식과 마찬가지로 제니와 크리스의 경우 처럼, 때로는 온라인에서 시작된 관계가 잘 진행되지만, 때로는 그렇지 않다. 그러나 광고가 얼마나 설득력 있게 주장하는지와 상관없이, 웹사이트와 앱은 인간의 매력에 대한 신비한 코드를 깨뜨리지 않는다. 그들은 연구자들에게 사랑에 빠지는 심리에 관한 질문을 추구하는 새롭고 흥미진진한 방향성을 제공하였다. 분명히 많은 사람들이 사랑에 대해 마술적이고 낭만적인 관점을 가지고 있기 때문에, 누군가에게 빠지는 경험은 여전히 심리학적 이론과 방법을 사용해서 연구될 수 있다. 이 장에서 우리는 무엇이 친구든, 연인이든, 다른 사람에게 매력을 느끼도록 만드는지, 그리고 온라인과 실제에서 관계가 어떻게 발달하고 진전되는지를 탐색할 것이다.

무엇이 매력을 예측하는가

10.1 사람들은 좋아하고 더 친해지고 싶은 사람을 어떻게 결정하는가

사회심리학자 Ellen Berscheid가 다양한 연령대의 사람들에게 무엇이 그들을 행복하게 만드는지 질문했을 때 목록의 최상위 또는 최상위에 가까이 위치한 것은 친구를 사귀고 긍정적이고 따뜻한 관계를 맺는 것이었다(Berscheid, 1985; Berscheid & Reis, 1998). 타인과의 의미 있는 관계의 부재는 사람을 외롭고 무가치하고 절망적이며 무력하고 무능하게 느끼도록 만든다(Baumeister & Leary, 1995; Cacioppo & Patrick, 2008; Hartup & Stevens, 1997). 사실 사회심리학자 Arthur Aron은 '자기 확장(self-expansion)'이 중요한 인간의 동기라고 하였다. 이것은 다른 사람들과 어울리고자 하는 바람이며, 그래서 당신은 그 사람의 지식, 통찰, 경험에 접근하고 당신 자신의 인생 경험을 확장시키고 깊이 있게 만든다(Aron, Aron, & Norman, 2004; Fivecoat et al., 2014). 우리는 처음 만난 사람에 대한 초기 호감에서 친밀한 관계에서 발달하는 사랑에 이르기까지 매력의 선행조건을 논의함으로써 이 장을 시작할 것이다.

옆집 사람 : 근접성 효과

대인 매력의 가장 간단한 결정요인 가운데 하나는 근접성이다. 우연히 당신이 가장 자주 보고 상호작용하는 사람은 친구와 애인이 될 가능성이 크다(Berscheid & Reis, 1998).

지금 이것은 명백한 것처럼 보인다. 근접성과 매력 또는 **근접성 효과**(propinquity effect)에 관한 놀라운 것은 그것이 아주 협소한 의미에서 작용한다는 것이다. 예를 들어 MIT에서 결혼한 학생을 위한 주거단지에서 수행된 고전적 연구를 고려해보자. Leon Festinger, Stanley Schachter와 Kurt Back(1950)은 다양한 아파트 건물에서 커플 간에 우정의 형성을 추적하였다. 복합단지의 한 구획인 웨스트게이트 웨스트는 17개의 2층 건물로 구성되었고, 각 건물에는 10개의 방이 있었다. 거주자들은 무작위로 방에 배치되었고, 그들이 이주했을 때 거의 모든 이들이 낯선 사람들이었다. 연구자들은 거주자들에게 단지에서 가장 친한 3명의 친구를 거명하도록 했다. 근접성 효과가 예측하는 것처럼 다른 건물들이 멀리 떨어지지 않았음에도 언급된 친구의 65%가 같은 건물에 살았다.

심지어 더 놀라운 것은 건물 내에서 우정의 양상이었다. 각각의 웨스트게이트 웨스트 건물은 현관문이 6m가량 떨어져 있었고 현관문 간에 가장 먼 거리가 27m가 되도록 설계되었다. 연구자들은 옆집 이웃의 41%, 한 집 건너 이웃의 22%가 친한 친구인 데 비해, 복도의 반대 끝에 사는 이웃의 10%만이 친한 친구라고 언급했음을 발견하였다.

Festinger와 동료들(1950)은 실제 물리적 거리뿐만 아니라 '기능적 거리'에 매력과 근접성이 좌우됨을 보여주었다. 기능적 거리란 당신이 어떤 사람을 가장 자주 마주치는지를 결정하는 건축

근접성 효과
우리가 더 많이 보고 더 많이 상호작용 하는 사람일수록 우리의 친구가 될 가능성이 더 크다는 결과

해보기! 당신의 삶에서 근접성 효과의 지도 만들기

친구와 지인들, 그리고 당신이 정기적으로 시간을 보내는 장소 사이에 관계를 조사해보라. 근접성이 당신의 친구가 누구인지를 설명하는 데 도움이 될까?

먼저, 초점을 맞출 실제 공간을 선택하라. 당신은 기숙사, 아파트 또는 직장을 선택할 수 있다. (우리는 예를 들어 설명하기 위해 기숙사를 사용할 것이다.) 대략적인 평면도를 그려라. 모든 문, 계단이나 엘리베이터, 욕실, 휴게실, 세탁실 등을 포함하라. 당신의 방은 대문자 X로 표시하라.

둘째, 층이나 건물에서 친한 친구에 대해 생각하라. 그들의 방에 숫자 1을 표시하라. 다음으로 친하지 않은 친구에 대해 생각하고, 그들의 방에 숫자 2를 표시하라. 마지막으로, 지인에 대해 생각하라. 지인은 인사를 하거나 이따금 간단한 대화를 하지만 진짜 친구라고 여길 정도로 친하지 않은 사람이다. 그들의 방에는 숫자 3을 표시하라.

이제 지도에서 우정의 양상을 검토하라. 당신의 친구들이 실제 공간에서 당신의 방 근처에 모여 있는가? 실제 공간에서 당신의 방과 가장 가까운 곳에 숫자 1과 2가 적힌 방이 있는가? 그들은 숫자 3이 적힌 방보다 당신의 방과 물리적으로 더 가까운가? 그리고 숫자를 못 받은 기숙사 방(당신이 이 사람들을 정말 알지 못하거나 상호작용하지 않음을 의미함)은 어떤가? 이 방은 대체로, 당신의 방과 가장 멀리 떨어져 있는가?

마지막으로, 기능적 거리의 존재를 위해 당신의 근접성 지도를 검토하라. 기숙사의 건축 설계 측면에서 당신은 다른 거주자보다 어떤 거주자와 마주칠 가능성이 더 높은가? 예를 들어, 욕실과 주방, 거실, 계단, 우편함의 위치는 근접성과 우정의 형성에 중요한 역할을 할 수 있다. 이곳은 당신이 자주 가는 장소이다. 그곳을 오갈 때 당신은 다른 사람의 방보다 어떤 사람의 방을 지나간다. 당신은 동선을 따라 위치한 사람을 더 잘 아는가? 만일 그렇다면 근접성이 당신의 관계를 결정하는 데 중요한 역할을 한 것이다!

학적 설계의 측면을 말한다. 예를 들어 계단 옆이나 우편함 근처에 사는 것은 2층의 거주자를 꽤 자주 만난다는 것을 의미한다. 확실히 복합단지 내에서 그런 방의 거주자들은 다른 1층 거주자들보다 2층 친구가 더 많았다('해보기 : 당신의 삶에서 근접성 효과의 지도 만들기'를 통해 당신 자신의 삶에서 근접성 효과를 발견할 수 있다).

단순 노출 효과
자극에 더 많이 노출될수록 그것을 좋아하기 더 쉽다는 결과

근접성의 효과는 친숙성 또는 **단순 노출 효과**(mere exposure effect) 때문이다. 즉, 우리는 어떤 자극에 더 많이 노출될수록 그것을 좋아하기 쉽다(Kawakami & Yoshida, 2014; Moreland & Topolinski, 2010; Zajonc, 1968). 현실에서 친숙성은 대개 경멸이 아니라 호감을 야기한다. 우리는 전형적으로 편안한 음식, 어린 시절부터 기억하는 노래, 어떤 기업의 로고, 스포츠 실황중계 아나운서의 목소리처럼 친숙한 것에 긍정적인 감정을 연합한다. 우리가 만나는 사람도 마찬가지이다. 우리가 어떤 사람을 더 자주 만날수록 그들은 더 친숙해지고 더 많은 우정이 꽃핀다. 그러나 한 가지 경고가 존재한다. 문제의 인물이 몹시 싫은 사람이라면 놀랄 것도 없이, 더 많이 노출될수록 당신의 반감은 더 커질 것이다(Norton, Frost, & Ariely, 2007). 그러나 그런 부정적 특질이 없으면 친숙성은 매력과 호감을 유발한다(Bornstein, 1989; Moreland & Beach, 1992; Lee, 2001; Reis et al., 2011).

근접성과 단순 노출 효과의 또 다른 좋은 예시는 대학의 교실이다. 모든 학기 내내 당신은 같은 사람들을 본다. 이것이 그들에 대한 호감을 증가시키는가? 연구자들은 수업 첫날 무작위 할당해서 그 학기에 계속해서 그 자리에 앉게 한 독일 학생들과 함께 이 가설을 검증하였다(Back, Schmukle, & Egloff, 2008). 첫째 날, 그들은 학생들로 하여금 호감도와 서로 얼마나 친해지고 싶은지에 따라 서로를 평정하도록 하였다. 이러한 초기 평정은 멀리 떨어져 앉은 학생들보다 가까운 자리나 같은 줄에 앉은 학생들의 초기 매력 점수가 더 높다는 것을 보여주었다. 1년 후, 그들은 이 학생들로 하여금 원래 수업의 구성원들에 대해 그들을 얼마나 좋아하는지, 얼마나 잘 아는지, 얼마나 친한지 측면에서 다시 평정하도록 하였다. 이전 학기에 멀리 떨어져 앉았던 경우보다 옆자리나 같은 줄에 앉았던 학생들은 1년 후 친구가 될 가능성이 다시 한 번 유의하게 더 높았다. 근접성 효과는 우리 관계 중 일부가 단순히 '그 시간, 그 장소에' 있었기 때문에 발전함을 의미한다.

당신의 사회생활은 당신이 생각하는 것보다 평면도와 더 많은 관계가 있다! 건물의 물리적 배치는 관계 형성에서 놀라운 역할을 할 수 있다. 연구에 따르면, 이 사진과 같은 주거용 건물에서 두 사람의 아파트가 가까울수록 그들이 친구가 될 가능성이 커진다. 그리고 계단이나 엘리베이터 근처에 사는 거주자들은 건물의 다른 층에 사는 사람들과 친구가 될 가능성이 더 크다.

유사성

우리가 보았듯이 근접성은 친숙성을 증가시키고, 이것은 호감을 유발하지만 우정이나 낭만적 관계의 성장을 자극하려면 그 이상의 것이 필요하다(그렇지 않으면 모든 룸메이트가 가장 친한 친구가 될 것이다!). 유사성, 즉 우리의 관심, 태도, 가치, 배경 또는 성격과 또 다른 사람의 성격 간에 유사성은 종종 '자극제'가 된다. 제1장에서 논의했듯이, 전통적인 지혜는 '끼리끼리 모인다.'(유사성의 개념)라는 표현에 이런 생각을 담고 있다. 그러나 전통적인 지혜는 또한 '극과 극은 통한다.'(상보성의 개념)라는 또 다른 속담을 포함한다. 다행히 우리는 속담의 상반된 조언에 계속 혼란스러워하지 않아도 된다. 이 장의 초반에 언급한 것처럼 연구 증거는 사람들을 서로 압도적으로 *끄*는 것은 상보성이 아니라 유사성이라는 것을 보여준다(Berscheid & Reis, 1998; Heine et al., 2009; McPherson, Smith-Lovin, & Cook, 2001; Montoya & Horton, 2013).

의견과 성격　상당한 연구들은 누군가의 의견이 당신의 의견과 더 유사할수록 당신은 그 사람을 더 많이 좋아하게 될 것임을 보여준다(Byrne & Nelson, 1965; Lutz-Zois et al., 2006; Tidwell, Eastwick, & Finkel, 2013). 예를 들어 고전적 연구에서 Theodore Newcomb(1961)은 학기 초에 특정 기숙사에 룸메이트로 미시간대학교의 남자 대학생을 무작위 할당하였다. 유사성이 우정의

친밀한 우정은 종종 대학교에서 형성되는데, 그 이유는 부분적으로 지속적인 근접성 때문이다.

형성을 예측할 것인가? 그 대답은 "그렇다."였다. 참가자들은 태도와 가치에서 유사한 사람(예 : 기계 전공 또는 비슷한 정치적 견해)뿐만 아니라 인구통계학적으로 유사한 사람(예 : 같은 시골 배경)과 친구가 되었다. 중요한 것은 단지 태도 또는 인구통계변인이 아니었다. 유사한 성격특질 또한 호감과 매력을 상승시켰다. 예를 들어 게이 남성의 관계에 관한 연구에서 정형화된 남성 특질 검사에서 높은 점수를 받은 사람은 무엇보다 논리적인(정형화된 남성 특질) 상대를 원했다. 정형화된 여성 특질 검사에서 높은 점수를 받은 게이는 무엇보다 표현적인(정형화된 여성 특질) 상대를 희망했다(Boyden, Carroll, & Maier, 1984). 유사한 성격특질은 이성애 커플과 친구 관계에서도 중요했다(Gonzaga, Campos, & Bradbury, 2007; Smith et al., 2014; Weaver & Bosson, 2011).

관심과 경험 당신이 참석하기로 선택한 상황은 비슷한 이유 때문에 그것을 선택한 사람들로 대개 채워진다. 사회심리학 시간에 앉아 있는 당신 주변에는 이번 학기에 사회심리학을 수강하기로 한 사람들로 그득하다. 당신이 살사 댄스 수업에 등록했다면, 그 수업의 다른 사람들 또한 라틴 댄스를 배우고 싶어 한다. 즉, 우리가 선택한 사회적 상황에서 비슷한 다른 사람들을 발견하게 된다. 예를 들어 '트랙킹(학업 능력에 따라 학생들을 분류하는 것)' 효과에 초점을 맞춘 학생들의 우정 양상에 관한 연구에서 연구자들은 학생들이 그들의 트랙 외부보다는 내부에서 친구를 선택할 가능성이 유의하게 높다는 것을 발견하였다(Kubitschek & Hallinan, 1998). 명백하게 근접성과 초기 유사성은 이러한 우정 형성에서 중요한 역할을 담당한다. 그러나 연구자들은 유사성이 또 다른 역할을 담당한다는 것을 덧붙였다. 시간이 흐름에 따라 동일한 학업 트랙의 학생들은 동일한 경험을 공유하고, 이것은 다른 트랙의 학생들의 경험과 다르다는 것이다. 따라서 새로운 유사성이 만들어지고 발견되며, 이것이 우정을 발전시키게 한다. 요약하면 경험의 공유는 매력을 촉진한다(Pinel et al., 2006; Pinel & Long, 2012).

외모 더 표면적인 것을 고려할 때도 유사성이 작용한다. Sean Mackinnon, Christian Jordan과 Anne Wilson(2011)은 신체적 유사성과 좌석 선택을 조사한 일련의 연구를 수행했다. 한 연구에서 그들은 도서관 컴퓨터실에서 며칠에 걸쳐 다양한 시기에 대학생들의 좌석 배치를 관찰하여 분석했다. 그 결과, 안경 쓴 학생이 안경을 쓴 학생 옆에 앉는 것이 무작위의 우연 수준보다 더 자주 예측되었다. 두 번째 연구는 머리카락 색깔에서 똑같은 양상을 발견하였다.

세 번째 연구에서 참가자들은 심리학 실험실에 도착해서 이미 앉아 있는 상대에게 소개되었다. 그들에게 의자가 건네지고 그들은 의자에 앉아서 대화를 나누었고, 그 후 연구팀은 상대방의 의자에 얼마나 가깝게 자신의 의자를 놓는가를 비밀리에 측정하였다. 이후 다른 연구자들은 참가자와 상대방의 사진을 평가했다. 대체로 신체적으로 더 닮은 것으로 평가된 쌍들이 서로 더 가깝게 앉았다. 그것을 깨닫지 못하더라도 당신은 당신과 닮은 사람에게 자주 끌리며 사람들은 매력 수준의 측면에서 닮은 사람에게 데이트를 신청할 가능성이 더 크다(Taylor et al., 2011; Walster et al., 1966).

유전적 특징   사람들은 또한 유전적으로 유사한 타인에게 끌리는 경향이 있다. 즉, 친구들은 낯선 사람보다 더 유사한 DNA를 가지는 경향이 있다. 적어도 이것은 Nicholas Christakis와 James Fowler(2014)가 수행한 최근 연구의 놀라운 결론이다. 그들의 연구에는 2천 명의 참가자가 포함되었는데 그들 중 일부는 친구였고 일부는 낯선 사람이었으며, 150만 개의 유전자 변이 표지자가 분석되었다. Christakis와 Fowler(2014)는 참가자들이 낯선 사람보다 친구들과 더 많은 DNA를 공유하였음을 발견했는데, 참가자들은 5대조 조상을 공유한 사람들만큼, 평균적인 친구와 유전적으로 유사하였다. 물론 이런 자료가 우리의 유전자가 우정을 유발하거나 우리의 DNA가 타인

"난 그녀가 테이프 절단기라도 상관없어. 난 그녀를 사랑해."
Sam Gross/The New Yorker Collection/The Cartoon Bank

을 향하도록 이끈다는 것을 입증하지 않는다. 결국 이것은 상관연구이지 실험이 아니다. 연구자들은 유전적 조건을 조작할 수 없고 참가자들을 유전적 조건에 무작위 할당할 수 없다. 앞서 언급한 것처럼 사람들은 근처에 사는 타인과 친구가 되는 경향이 있고, 유사한 유전적 조상을 가진 사람들이 그런 지리학적 근접성을 공유하기 쉽다. 아마도 어떤 유전적 소인(예 : 운동능력과 뛰어난 폐기능)으로 인해 특정 활동을 선택하고 특정 장소(예 : 달리기 클럽)를 자주 방문하기 쉬운데, 이것은 유전적으로 유사한 사람들이 종종 같은 장소, 같은 시간에 같은 일을 하게 된다는 것을 의미한다. 이들과 다른 가능성은 Christakis와 Fowler(2014)의 도발적인 결과에 대해 매우 흥미로운 설명을 제공하는데, 이는 유전적 및 사회적 경향 사이에 흥미로운 상호작용을 시사한다.

유사성에 관한 몇 가지 마지막 언급   유사성에 관한 두 가지 추가 사항이 있다. 첫째, 유사성이 친밀한 관계에서 매우 중요한 반면, '실제'(또는 현실적) 유사성과 '지각된' 유사성(서로 비슷하다고 믿는 정도; Morry, 2007; Tidwell et al., 2013)을 구별하는 것이 중요하다. 최근 메타분석에서 R. Matthew Montoya와 동료들은 지속적인 관계에서 '지각된' 유사성이 '실제' 유사성보다 호감과 매력을 더 잘 예측함을 발견하였다. 따라서 자기 자신과 친밀한 타인 간에 유사성이 존재하지 않을지라도, 서로 닮았다고 느끼고 그렇게 믿는 것이 실제로 중요하다(Montoya, Horton, & Kirchner, 2008).

둘째, 유사성의 부족은 한 유형의 관계에서 중요한 역할을 담당하는 것처럼 보인다. 때때로 연애관계를 시작할 때 우리는 진지하고 헌신적인 관계를 원한다. 하지만 때로는 단지 '잠깐 동안 즐기기'를 원한다. David Amodio와 Caroline Showers(2005)는 유사성 또는 상보성의 중요도는 연구 참가자들이 그들의 연애 상대를 향해 느끼는 헌신의 수준에 따라 달라짐을 발견하였다. 참가자들이 헌신적인 관계를 원한다면 그들은 유사한 상대를 선택한다. 하지만 그들이 관계에 낮은 수준의 헌신을 느낀다면 유사하지 않은 상대를 선호했다. 따라서 낮은 헌신 관계(즉, 하룻밤 상대 또는 성관계를 위한 만남)에서 우리는 놀라울 정도로 우리와 다른 누군가를 선택하려고 할 수 있다. 이런 종류의 사람과의 관계는 더 많은 모험을 나타낸다. 그러나 이 장을 통해 알게 되겠지만, 유사성보다 차이에 기초한 관계는 지속되기 어려울 수 있다.

우리는 장기간의 관계와 잠깐 즐길 관계를 구할 때 낭만적 파트너에게 종종 다른 특성을 선호한다. 사실, 최근 몇 년 동안 많은 언론 매체들은 젊은 층에서 그런 단기간의 즐기는 관계가 이전보다 더 빈번하다고 제안하면서 많은 대학 캠퍼스에서 흔한 '훅업(hook-up) 문화'라고까지 언급하였다. 그러나 흥미롭게도, 연구는 이것이 새로운 발전이 아님을 보여준다. 연구자들이 1988년에서 1996년까지 대학생과 2004년에서 2012년까지의 대학생들의 설문 응답을 비교했을 때 성적 파트너의 수나 보고된 성관계의 빈도에서 차이가 없음을 발견했다(Monto & Carey, 2014).

상호 호감

우리는 호감을 얻기를 원한다. 사실 어떤 사람이 우리를 좋아한다는 것을 알면 그 사람에 대한 매력이 증가한다. 호감은 너무나 강력해서 유사성의 부족도 만회할 수도 있다. 예를 들어 한 실험에서 젊은 여성이 단지 눈을 계속 맞추고 몸을 기울이고 주의 깊게 경청함으로써 남성 연구 참가자에게 관심을 표현했을 때 남성은 중요한 이슈에 대해 자신과 그녀의 의견이 다름을 알았음에도 불구하고 그녀에게 큰 호감을 표현했다(Gold, Ryckman, & Mosley, 1984). 단서가 비언어적이든 언어적이든 우리가 A를 좋아하게 될지에 대한 가장 중요한 결정요인은 A가 우리를 좋아한다고 믿는 정도이다(Berscheid & Walster, 1978; Kenny & La Voie, 1982; Luo & Zhang, 2009; Montoya & Insko, 2008).

상호 호감은 얼마나 강력한가? 최근 연구에 따르면, 그것은 매력적인 얼굴에 더 많은 주의를 기울이는 우리의 기본적인 경향을 무효화시킬 정도로 강력하다. Nicolas Koranyi와 Klaus Rothermund(2012)는 독일의 연구 참가자들에게 컴퓨터 프로그램을 사용해서 이성의 얼굴 사진들을 보여주었다. 각 사진이 제시된 직후, 기하학적 도형이 나타나고 참가자들은 키보드를 사용해서 가능한 한 빠르게 반응하라는 요청을 받았다. 이 절차는 또한 어느 얼굴이 반응자들에게 가장 많은 시각적 주의를 끄는지를 연구자들이 측정할 수 있도록 하는데, 결과는 예측한 대로 잘생긴 얼굴을 더 오래 응시하는 경향이 있음을 보여주었다.

그러나 모든 반응자가 매력적인 얼굴을 더 오래 응시하는 이런 편향을 보이는 것은 아니었다. 누가 예쁜 얼굴의 마법을 깰 수 있는가? 그것은 그들이 호감을 가졌던 누군가가 그들에게 호감이 있음을 알게 되었다고 상상하도록 사전에 요청을 받았던 참가자들이었다. 연구자들이 제시한 것처럼 다른 누군가

매력에서 신체적 외모가 얼마나 중요한지를 보여주는 한 가지 지표는 우리 눈앞의 매력적인 타인에게 시각적 주의를 전환하는 거의 만성적인 경향이다.

에게 받은 이런 유형의 관심은 매력적인 얼굴에 오래 주의를 기울이는 것을 방해함을 의미한다. 다음을 생각해보라. 만일 우리가 예쁘고, 잘생긴 얼굴이 지나갈 때마다 주의를 빼앗긴다면 초기의 상호작용을 더 의미 있고 지속적인 연애관계로 진전시킬 수 있는 기회를 얻지 못할 것이다. 상호 호감을 누리는 것은 연애 대상을 찾는 시선을 중단시키고 적어도 잠시 동안, 남의 떡이 커 보이지 않는다는 것을 당신에게 확신시키기에 충분하다. 그리고 더 일반적으로 당신에게 끌리고 있는 사람을 아는 것보다 누구에게 끌릴지에 대한 더 강력한 예측요인은 거의 없다.

신체적 매력

예쁜 얼굴, 근접성, 유사성, 그리고 상호 호감이 누구를 좋아할지의 유일한 결정요인은 아니다. 신체적 외모는 첫인상에 얼마나 중요한가? (어떻게 할 것인지 말하도록 하기보다) 실제 행동을 조사하는 현장실험에서 사람들은 신체적 매력을 엄청 선호했다. 예를 들어 고전적인 연구에서 Elaine Walster Hatfield와 동료들(Walster et al., 1966)은 신입생 오리엔테이션 주간의 댄스파티에서 소개팅을 목적으로 미네소타대학교의 신입생 752명을 무작위로 짝을 지었다. 학생들은 사전에 성격 및 적성 검사를 받았지만 연구자들은 그들을 무작위로 짝지었다. 댄스파티가 있던 밤, 커플들은 몇 시간 동안 함께 춤을 추고 이야기를 나누었다. 그런 다음, 그들은 자신의 데이트를 평가하고 상대를 다시 만나고 싶은 바람의 강도를 표시하였다. 상대의 지능, 독립성, 민감성, 진실성처럼 그들이 서로에게 호감을 느끼도록 할 수 있는 수많은 특성 가운데 가장 중요한 결정요인은 신체적 매력이었다.

우리는 우리를 좋아하는 사람들을 좋아한다는 사실은 '애태우기' 전략이 때로는 역효과를 낼 수 있음을 시사한다. 최근 연구에 따르면, 줄곧 그 사람이 당신과 함께하기를 원하는 정도를 증가시킨다고 여겼던 그 전략은 다른 사람이 당신을 좋아하는 정도를 감소시키는 경향이 있다(Dai, Dong, & Jia, 2014). 주의하기를.

무엇보다 이런 측면에서 성차는 크지 않았다. 이것은 흥미로운 점인데, 몇몇 연구는 남녀가 타인의 신체적 매력에 똑같은 관심을 기울인다는 것을 발견했지만(Duck, 1994a; Eastwick et al., 2011; Lynn & Shurgot, 1984), 다른 연구들은 남성이 여성보다 매력에 더 많은 가치를 둔다고 보고했기 때문이다(Buss, 1989; Howard, Blumstein, & Schwartz, 1987; Meltzer et al., 2014). 많은 연구에 대한 메타분석은 남녀 모두 매력을 중시하지만 남성이 그것에 좀 더 가치를 둔다는 것을 보여주었다(Feingold, 1990). 그러나 남녀의 실제 행동을 측정할 때보다 태도를 측정할 때 이러한 성차는 더 커졌다. 따라서 여성보다 남성은 자신에게 신체적 매력이 중요하다고 말하는 경향이 많지만 남녀가 타인의 신체적 매력에 어떻게 반응하는지는 꽤 유사하다. 사실 여러 연구에서 남녀 모두 성적 욕망을 유발하는 가장 중요한 단일 특성으로 신체적 매력을 꼽았으며(Graziano et al., 1993; Regan & Berscheid, 1997), 결과는 여성뿐 아니라 게이 남성에게도 똑같이 관찰되었다(Ha et al., 2012; Sergios & Cody, 1985).

무엇이 매력적인가　신체적 매력은 '보는 사람의 눈에 달렸나' 아니면 우리 모두 무엇이 아름답고 잘생겼는지에 관해 같은 개념을 공유하는가? (지금부터 미국의 문화에 초점을 맞추자. 우리는 잠시 잠재적인 문화 간 차이를 보게 될 것이다.) 미디어는 초기 아동기부터 우리에게 무엇이 아름다운 것인지를 말하고, 아름다움은 선함과 관계있다고 이야기했다. 예를 들어 디즈니 영화는 물론, 대부분의 전통적인 아동 도서를 그리는 삽화가는 여주인공은 (그리고 그녀에게 구애하고 그녀를 쟁취하는 왕자는) 특출한 외모라는 것을 우리에게 가르쳤다. 여주인공들은 바비 인형처럼 작고 앙증맞은 코, 커다란 눈, 예쁜 입술, 깨끗한 피부, 날씬하고 탄탄한 몸매의 소유자들이다.

매력에 관한 미디어의 묘사가 쏟아지면서 아름다움을 정의하는 기준을 공유하고 있음을 아는 것은 놀랄 만한 일이 아니다(Fink & Penton-Voak, 2002; Tseëlon, 1995; Yan & Bissell, 2014). Michael Cunningham(1986)은 아름다움의 표준을 결정하기 위한 창의적 연구를 고안하였다. 그는 남자 대학생에게 대학 졸업앨범과 국제적 미인대회에서 얻은 50장의 여성 사진의 매력도를 평정하도록 하였다. 그런 다음 Cunningham은 각 사진에서 이목구비의 상대적 크기를 조심스럽게 측정하였다. 그는 여성 얼굴에 대한 높은 매력 평정은 큰 눈, 작은 코, 갸름한 턱, 돌출된 광대뼈, 가녀린 뺨, 짙은 눈썹, 큰 눈동자, 환한 미소와 연관이 있음을 발견하였다. 그런 다음 연구자들은 동일한 방식으로 남성의 아름다움에 대한 여성의 평정을 조사하였다(Cunningham, Barbee, & Pike, 1990). 그들은 큰 눈, 돌출된 광대뼈, 큰 턱, 환한 미소를 가진 남성의 얼굴이 더 높은 매력도 평가를 받았음을 발견하였다.

미의 문화적 표준 무엇이 아름다운지 혹은 잘생겼는지에 관한 사람들의 지각은 문화에 따라 비슷한가? 대답은 놀랍게도 "그렇다."이다(Coetzee et al., 2014; Cunningham et al., 1995; Jones & Hill, 1993; Rhodes et al., 2001; Zebrowitz et al., 2012). 인종 및 종족집단마다 특정 이목구비가 다양할지라도, 다양한 문화의 사람들은 사람의 얼굴에서 신체적으로 매력적인 것에 대해 동의한다. 다양한 국가, 민족 및 인종집단의 사람들이 사진의 매력도를 어떻게 평가하는지를 비교한 문헌들에 관한 고찰연구는 참가자들의 평가 간에 상관이 0.66~0.93의 범위임을 발견하였다(Langlois & Roggma, 1990). 몇몇 연구에 대해 Judith Langlois와 동료들(2000)이 수행한 메타분석도 무엇이 아름다운 또는 잘생긴 얼굴을 구성하는지에 대한 범문화적 합의의 증거를 발견하였다. 즉, 지각자들은 문화적 배경과 상관없이 어떤 얼굴을 다른 얼굴보다 더 보기 좋다고 생각한다는 것이다.

이러한 결과를 어떻게 설명할 수 있을까? 연구자들은 진화 과정 동안에 인간이 매력적 얼굴의 어떤 차원을 발견하게 되었음을 제안하였다(Langlois & Roggman, 1990; Langlois, Roggman, & Musselman, 1994). 예를 들어 유아들조차 비매력적인 얼굴보다 매력적인 얼굴 사진을 선호하고 성인과 똑같은 사진을 선호한다(Langlois et al., 1991). 그렇다면 사람들은 구체적으로 어떤 얼굴 특징을 매력적이라고 여기는가? 남녀 모두에게 선호된 아름다움의 한 가지 측면은 대칭성으로, 얼굴 한쪽의 속성의 크기, 형태 및 위치가 다른 쪽의 그것과 잘 어울리는 것을 말한다(Langlois et al., 2000; Little et al., 2008; Rhodes, 2006). 진화심리학자들은 우리가 대칭적 속성에 끌리는 것은 그들이 좋은 건강과 번식 적합성의 지표로 작용하기 때문이라고 제안하였다. 즉, 얼굴의 대칭성은 '좋은 유전자'의 지표이다(Jones et al., 2001; Nedelec & Beaver, 2014).

일련의 연구들은 얼굴사진을 합성함으로써 이런 선호도를 탐색했다. 얼굴은 여러 얼굴의 속성을 수학적으로 평균하여 디지털로 합성되었다. 궁극적으로 32개의 얼굴이 결합하여 하나의 합성사진이 만들어졌다. 합성사진이 연구 참가자들에게 제시되었을 때

사진 모델들은 남성과 여성의 아름다운 얼굴의 표준을 나타낸다.

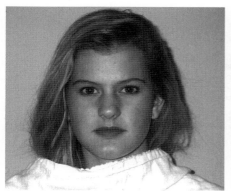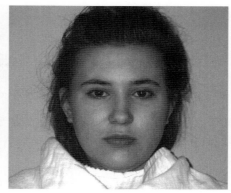

합성된 얼굴의 신체적 매력. Langlois와 Roggman(1990)은 컴퓨터를 사용해서 얼굴을 합성했다. 여기 사진은 그 과정의 첫 단계이다. 처음 두 여성의 사진이 합성되어 가장 오른쪽의 '합성된 사람'을 만든다. 이 합성 얼굴은 원래 두 사람의 얼굴 특징을 수학적으로 평균한 얼굴 특징을 보여준다.

그들을 만든 개별 얼굴보다 더 매력적이라는 평가를 받았고, 이것은 남녀 사진 모두에서 그러했다(Langlois & Roggman, 1990; Langlois et al., 1994). '평균화된' 합성 얼굴은 더 매력적이었는데, 그 이유는 개별 얼굴에 존재하는 일부 비전형적 또는 비대칭적 변이가 상실되었기 때문이다.

이것은 '평균적인' 얼굴이 가장 매력적이라는 것을 의미하는가? 우리는 영화배우와 모델의 신체적 외모에 반응한다는 점에서 꼭 그렇지 않은데, 그 이유는 그들의 외모가 대부분의 사람들에 비해 '평균 이상'이기 때문이다. David Perret과 동료들은 다음 연구에서 이 점을 명확히 했다(Perret, May, & Yoshikawa, 1994). 그들은 두 종류의 합성 얼굴을 만들었다. 한 합성사진은 매력도가 평균이라고 평가받은 60장의 사진으로 만들어졌다. 다른 합성사진은 매우 매력적이라 평가받은 60장의 사진으로 만들어졌다. 이런 두 종류의 합성사진은 백인 여성, 백인 남성, 일본인 여성, 일본인 남성의 사진을 사용해서 만들어졌다. 그런 다음 영국과 일본의 연구 참가자들이 합성 얼굴의 매력도에 대해 평가하도록 하였다. 연구자들은 매우 매력적인 얼굴의 합성사진이 매력도가 평균인 얼굴의 합성사진보다 유의하게 더 매력적인 것으로 평가된다는 것을 발견하였다. 일본과 영국의 참가자들은 얼굴을 판단할 때 동일한 양상을 보였는데, 이는 얼굴 매력도에 대한 유사한 지각이 범문화적으로 존재한다는 생각을 강화한다(Perrett et al., 1994). 물론 이 연구가 보르네오나 이집트, 엘살바도르의 사람들이 동일한 방식으로 반응할 것인가 하는 질문에 답하지 않은 채, 두 문화만을 포함했다는 것에 주목해야 한다.

친숙성의 힘 결국 대인 매력을 설명하는 중요한 변인은 실제로 친숙성일 수 있다. 우리는 '평균화된' 얼굴이 전형적이고 친숙하며 신체적으로 매력적으로 보이는 하나의 얼굴을 만든다는 것을 보았다(Halberstadt & Rhodes, 2000). 연구들은 또한 친숙성 효과에 대한 더 놀라운 증거를 발견하였다. 참가자들이 얼굴의 매력도를 평가할 때 그들은 자신의 얼굴과 가장 닮은 얼굴을 선호한다! 연구자들은 각 참가자의 얼굴 사진을 (참가자들 모르게) 반대 성별의 얼굴로 변형시켰다. 반대 성별의 '복제인간' 사진을 제시하자 참가자들은 매력도에서 높은 점수를 부여했다(Little & Perrett, 2002). 친숙성은 또한 우리가 지금까지 논의했던 다른 개념들, 즉 근접성(우리가 자주 보는 사람들은 단순 노출을 통해 친숙해짐), 유사성(우리와 비슷한 사람들은 우리에게 또한 친숙하게 보일 것임) 및 상호 호감(서로 좋아하는 사람들은 서로에 대해 잘 알고 친숙해짐)의 기초가 된다. 매력을 예측하는 이 모든 요인은 '낯설고 모르는 것에 비해 편안하고 친숙하고 안전한 것을 기본적으로 선호하는' 또 다른 표현일 수 있다.

매력적인 사람에 대한 가정   비록 그래선 안 될 때조차 아름다움이 중요하다는 것을 깨닫는 것이 중요하다. 우리는 아름다운 것에 매료되고, 이것이 일상생활에서 불평등을 초래할 수 있다. 아름다움에 대한 불공평한 이득에 관한 적절한 예는 Lina Badr와 Bahia Abdallah(2001)에 의해 발견되었는데, 그들은 레바논, 베이루트의 병원에서 태어난 미숙아의 얼굴 매력도와 건강 상태를 평가했다. 그들은 의학적 상태와 같은 요인 외에 신체적 매력이 이런 유아의 건강을 유의하게 예측했음을 발견하였다. 유아가 더 매력적일수록 체중 증가가 더 빠르고 입원기간이 더 짧았다. 그 이유는? 신생아실 간호사들이 '더 예쁜' 유아에게 더 반응적이고 더 양질의 보살핌을 제공했기 때문이다.

신체적 매력은 다양한 이득과 관련된다. 평균 이상의 외모를 가진 사람들은 평균 이하의 외모를 가진 사람들보다 10~15% 더 많은 돈을 버는 경향이 있다(French, 2002; Judge, Hurst, & Simon, 2009; Mobius & Rosenblat, 2006). 매력적으로 지각된 대학교수는 학생들에게 더 높은 평가를 받는 경향이 있다(Rinolo et al., 2006). 매력도는 선거에서 승리하는 데에도 도움이 된다. Niclas Berggren과 동료들(2010)은 핀란드의 정당 후보의 사진을 보여주고 (이 후보에 대한 사전 지식이 없는) 많은 다른 국가의 연구 참가자들에게 매력도를 포함한 다양한 속성에 대해 그들을 평가하도록 요청하였다. 그들은 매력도 평가가 실제 선거에서 각 후보자가 획득한 실제 득표수의 가장 좋은 예측요인임을 발견하였다. 더 높은 아름다움 평가는 여성 후보에 대해 2.5~2.8%, 남성 후보에 대해 1.5~2.1%의 득표 증가를 예측했는데, 이는 박빙의 선거에서 균형을 깰 수 있는 수치이다(Berggren, Jordahl, & Poutvaara, 2010).

많은 연구들은 신체적 매력이 다른 사람에 대해 만드는 귀인에 영향을 준다는 것(그리고 그 반대도 성립함)을 발견하였다. 이 경향은 심리학자들이 일반적으로 **후광 효과**(Forgas, 2011; Thorndike, 1920)라고 언급하는 것이다. 후광 효과는 어느 개인이 한 가지 긍정적인 특성을 지니고 있다는 지각이 그(그녀)가 다른 (이와 무관한) 긍정적인 특성 또한 지니고 있을 거라고 믿도록 만드는 인지적 편향이다. 구체적으로 매력에 관한 한 우리는 아름다운 사람에게 그들의 외모와 관계가 없는 다른 긍정적 속성이 있다고 생각하는 경향이 있으며, '아름다운 것이 좋은 것'이란 고정관념을 믿는다(Ashmore & Longo, 1995; Dion, Berscheid, & Walster, 1972; Lemay, Clark, & Greenberg, 2010; Zebrowitz & Franklin, 2014). 메타분석은 신체적 매력이 사회적 유능성과 관련된 귀인에 가장 큰 영향을 준다는 것을 발견했다. 즉, 아름다운 사람은 덜 매력적인 사람보다 더 사교적이고 외향적이며 인기가 많은 것으로 간주되었다(Eagly et al., 1991; Feingold, 1992b). 그들은 또한 더 성적이고 더 행복하며 더 적극적인 것으로 보였다. 외모가 만든 '후광'은 온라인 영역에까지 확장된다. 데이트 웹사이트에 관한 한 연구는 더 매력적인 사진을 포스팅한 사용자들이 더 매력적인 프로필을 작성한 것으로 평가됨을 보여주었다(Brand et al., 2012).

아름다움에 대한 이런 고정관념은 문화마다 적용되는가? 대답은 "그렇다."인 것 같다 (Anderson, Adams, & Plaut, 2008; Chen, Shaffer, & Wu, 1997). 예를 들어 한국의 대학생들은 졸업앨범의 수많은 사진을 평가하라는 요청을 받았다(Wheeler & Kim, 1997). 남녀 참가자들 모두 신체적으로 더 매력적인 사람이 더 사교적이고 친절하며 잘 적응할 것이라고 생각했다. 북미 참가자들도 신체적 매력에 동일한 특질이 동반될 것이라 생각했다(표 10.1 참조). 그러나 한국과 북미 학생들은 아름다움에 부여한 일부 특질에서 차이가 있었는데, 이는 각 문화에서 중요하다고 간주되는 것에 차이가 있음을 보여준다(Markus et al., 1996; Triandis, 1995). 독립성, 개별성, 자립성을 중시하고 더 개인주의적 문화에서 살고 있는 미국과 캐나다 학생들의 경우,

후광 효과
하나의 긍정적인 특성을 가진 개인이 다른 (심지어 무관한) 긍정적인 특성들을 가졌다고 가정하는 경향이 있는 인지적 편향

'아름다움' 고정관념에는 개인적 강점 특질이 포함되었다. 이런 특질이 한국의 '아름다움' 고정관념에는 포함되지 않았다. 대신 조화로운 집단 관계를 중시하고 더 집단주의 문화에 살고 있는 학생들의 '아름다움' 고정관념에는 타인에 대한 관심과 성실성이 포함되었다(표 10.1 참조).

흥미롭게도 아름다운 사람이 사회적 유능성의 영역에서 재능이 있다는 고정관념은 몇몇 연구의 지지를 받았다. 즉, 매우 매력적인 사람들은 덜 매력적인 사람보다 양호한 사회적 상호작용 기술을 발달시키고 다른 사람들과 더 만족스러운 상호작용을 한다고 보고한다(Feingold, 1992b; Langlois et al., 2000; Meier et al., 2010; Reis et al., 1982). 고정관념에서 왜 이런 '진실의 일면'이 나타나는가? 가장 중요한 설명은 아름다운 사람들은 어릴 때부터 상당한 관심을 받

아동용 영화에서 주인공은 전통적으로 매력적이고 악당은 추하게 생긴 것이 우연이 아니다. 매력적인 타인을 보는 것은 즐거울 뿐만 아니라 우리는 또한 '아름다운 것이 좋은 것'이라고 가정하는 경향이 있다.

는데, 이것이 좋은 사회적 기술을 발달시키도록 돕기 때문이라는 것이다. 당신은 아마도 여기에 자기 충족적 예언이 작용하고 있음을 인식할 수 있을 것이다(제3장 참조). 다시 말해 사람들에 대한 기대가 그들이 실제로 어떻게 행동할지에 영향을 줄 수 있다. 만일 다른 사람들이 항상 당신이 사회적으로 유능할 것이라는 기대를 가진 것처럼 당신을 대한다면(당신의 신체적 외모 때문

표 10.1 문화가 '아름다운 것이 좋은 것'이라는 고정관념에 어떻게 영향을 미치는가

'아름다운 것이 좋은 것'이라는 고정관념은 개인주의 문화(예 : 북미)와 집단주의 문화(예 : 아시아)에서 탐색되어 왔다. 미국과 캐나다, 한국의 남녀 참가자들은 다양한 신체적 매력을 가진 사람들의 사진을 평가했다. 반응은 고정관념을 구성하는 몇 가지 특질이 문화에 걸쳐 동일한 반면, 고정관념과 관련된 다른 특질들은 두 문화에서 다르다는 것을 보여주었다. 두 문화에서 신체적 매력이 적은 사람보다 신체적으로 매력적인 사람은 그 문화에서 중요시하는 특성을 더 많이 가진 것으로 간주된다.

한국, 미국, 캐나다 고정관념에서 공유된 특질		
사교적	외향적인	호감이 가는
행복한	인기 있는	잘 적응하
친절한	성숙한	침착한
성적으로 온화하고 반응적인		
미국과 캐나다 고정관념에 나타난 부가적 특질		
강인한	적극적인	지배적인
한국 고정관념에 나타난 부가적 특질		
민감한	공감적인	
정직한	믿을 만한	관대한

출처 : Eagly, Ashmore, Makhijani, & Longo(1991); Feingold(1992b); Wheeler & Kim(1997)

이든 아니든), 이것은 당신이 실제로 우수한 사회적 기술을 발달시킬 수 있는 풍부한 기회를 제공할 것이다.

'보통' 사람도 자기 충족적 예언을 통해 '아름다운' 사람처럼 행동하도록 만들 수 있을까? 이를 알아내고자 연구자들은 남자 대학생들에게 그들이 전화 통화를 하게 될 여성에 대한 정보와 사진을 주었다(Snyder, Tanke, & Berscheid, 1977). 그러나 사진은 조작되었다. 남성은 이전 평정자 집단이 매력적이라고 판단한 또는 매력적이지 않다고 평가한 사진을 무작위로 받았다. 두 경우 모두 사진은 그들이 대화할 실제 여성이 아니었다. 사진 실험의 목적은 '아름다운 것이 좋은 것' 이라는 남성의 고정관념을 유발하는 것이었다. 즉, 남성 대화 상대가 그녀가 매력적이지 않다고 믿을 때보다 매력적이라고 믿을 때 그 여성에게 더 호감을 느끼며 대화하고 싶고 대화에 재미를 느낄 것인지를 검증하기 위한 것이었다. 다시 말해 여기서 예측은 단지 남성이 여성을 매력적이라고 생각할 때 대화가 더 재미있다고 지각하는 것이 아니라, 여성의 외모에 대한 남성의 신념이 여성이 어떻게 행동하는지의 현실을 실제로 바꿀 수 있을 것이란 것이었다.

연구자들은 매력에 기반한 자기 충족적 예언의 증거를 발견했는가? 간단히 말하면, 그렇다! 매력적인 여성과 대화한다고 믿은 남성은 매력적이지 않은 여성과 대화한다고 믿은 남성보다 상대에게 더 따뜻하고 더 사교적인 방식으로 반응했다. 그뿐만 아니라 남성의 행동은 실제로 여성의 행동에 영향을 주었다. 독립적인 관찰자가 (남성이 보았던 사진에 대해 아무것도 모른 채) 여성의 대화만 녹음한 기록을 청취했을 때 그들은 상대 남성이 매력적이지 않다고 생각한 여성보다 신체적으로 매력적이라고 생각한 여성을 더 자신감 있고 활기차고 따뜻한 것으로 평가했다. 다시 말해 상대 남성이 매력적인 여성과 대화한다고 생각했기 때문에 그는 그녀의 가장 좋고 빛나는 특성을 끌어내는 방식으로 그녀에게 말을 했다. 후속연구들은 성 역할이 바뀌어도 결과가 유사함을 보여주었고(Andersen & Bem, 1981), 이는 신체적 매력이 남성이 여성을 어떻게 지각하는가에만 영향을 준다는 것이 잘못된 믿음임을 상기시켰다. 실제로 수백 편의 연구들을 검토한 메타분석에 따르면, 남성이 지각되고 다루어지는 방식에서 신체적 매력은 중요한 요인이었다(Eagly et al., 1991; Feingold, 1992b; Langlois et al., 2000; Zhang et al., 2014).

진화와 배우자 선택

시인 로버트 브라우닝은 "내가 당신을 얼마나 사랑하느냐고요? 한번 헤아려볼게요."라고 했다. 심리학자들이 궁금하게 여기는 것은 "내가 왜 당신을 사랑할까요?"이다. 일부 연구자들은 배우자 선택에 대한 진화적 접근에 해답이 있다고 믿었다. 진화생물학의 기본 공식은 동물의 '적합성'이 번식 성공(자신의 유전자를 다음 세대에 전달하는 능력)에 의해 측정된다는 것이다. 번식 성공은 단지 게임의 일부가 아니라 게임 그 자체이다. 심리학자들은 **진화심리학**(evolutionary psychology)을 자연 선택의 원리에 따라 오랜 시간 진화한 유전적 요인의 측면에서 사회적 행동을 설명하려는 시도로 정의하였고, 이러한 심리학자들에 의해 생물학적 개념이 사회적 행동에 적용되었다. 예를 들어 앞에서 언급한 것처럼, 대칭적 얼굴을 더 매력적으로 보는 경향에 대한 한 가지 설명은 대칭성이 건강함과 '좋은 유전자'를 나타낸다는 것이다.

진화심리학
자연 선택의 원리에 따라 시간이 흐르면서 진화하는 유전적 요인의 측면에서 사회적 행동을 설명하려는 시도

진화와 성차 진화심리학은 또한 배우자 선호에서 성차에 관한 몇 가지 흥미로운(그리고 논쟁적인) 예측을 했다. 구체적으로 진화심리학자들은 자손을 생산하는 데(양육하는 데) 있어 그들의 역할이 다르기 때문에 남성과 여성이 배우자 선택에서 매우 다른 의제를 가진다고 주장한다. 여성에게 번식은 시간, 에너지와 노력 측면에서 치러야 할 대가가 크다. 그들은 임신과 출산의 불

편함과 위험을 견디어야 하며, 성숙할 때까지 유아를 돌봐야 할 일차적인 책임은 전통적으로 그들의 몫이다. 따라서 번식은 중대한 일이므로 이론에 의하면 여성은 언제, 누구와 번식을 할 것인지 신중하게 고려해야 한다. 이에 비해 남성에게 번식은 저비용의 단기 투자이다. 배우자 선택에 대한 진화적 접근은 남녀의 번식 성공이 두 가지 매우 다른 행동 양상으로 전환된다고 결론을 내린다. 동물의 세계에서 수컷의 번식 성공은 자손의 수로 측정된다. 그들은 살아 있는 자손의 수를 최대화하기 위해 많은 암컷과 빈번한 짝짓기를 추구한다. 반면에 암컷의 번식 성공은 각각의 자손이 성숙할 때까지 성공적으로 키우는 것에 있다. 그들은 덜 빈번하게, 신중하게 선택된 수컷과만 짝짓기를 하는데, 그 이유는 자손 하나를 양육하고 생존하도록 하는 데 비용이 매우 많이 들기 때문이다(Griffith, Pryke, & Buettemer, 2011; Symons, 1979).

그래서 이 모든 것이 사람들이 어떻게 사랑에 빠지는가와 어떤 관계가 있는가? David Buss와 동료들은 진화적 접근이 연인관계에서 남녀의 다른 전략 및 경향을 설명한다고 주장한다(Buss, 1985, 1988a; Buss & Schmitt, 1993). Buss(1988b)는 짝을 찾는 것(유지하는 것)은 자신의 자원, 즉 잠재적인 배우자에게 매력적으로 보일 수 있는 자신의 측면을 과시할 것을 요구한다고 설명한다. 그는 수천 년에 걸쳐 진화를 통해 인류가 반대 성별의 어떤 외부 단서에 반응하도록 선택되어 왔다고 주장한다. 높은 번식 비용에 직면하는 여성은 그녀가 아이를 키우는 데 필요한 자원과 지지를 제공해줄

연구는 매력에 대한 지각과 번식 문제를 연결시켰다. 예를 들어 여성은 배란이 가까워지면서 매우 남성적인 얼굴과 체형을 가진 남성을 더 매력적으로 평가하는 경향이 있다(Gildersleeve et al., 2014).

수 있는 남성을 찾을 것이다. 남성은 번식을 성공적으로 할 수 있는 여성을 찾을 것이다. 더 정확하게는 나이와 건강이 번식 적합성을 의미하기 때문에 남성은 여성의 신체적 외모에 반응할 것이고, 여성은 남성의 경제적 · 직업적 성취에 반응하게 되는데, 이러한 변인이 그들과 그들의 자손이 필요로 하는 자원을 나타내기 때문이다(Buss, 1988b).

많은 연구들은 이러한 예측에 대한 지지를 제공해 왔다. 예를 들어 Buss와 동료들(Buss, 1989; Buss et al., 1990)은 37개국 9,000명 이상의 성인에게 다양한 특성이 결혼 상대에게 얼마나 바람직한지를 질문했다. 일반적으로 남성에 비해 여성은 잠재적인 배우자의 야망, 근면성, 재력을 중요시했다. 남성은 여성에 비해 배우자의 신체적 매력을 중요시했다. 그러나 남녀의 목록에서 최고의 특성은 동일했다는 점에 주목해야 하는데, 여기에는 정직성, 신뢰성, 유쾌한 성격이 포함된다(Buss & Barnes, 1986; Hatfield & Sprecher, 1995; Regan & Berscheid, 1997; Sprecher, Sullivan, & Hatfield, 1994). 인간의 매력에서 번식 고려사항의 중요성에 관한 더 많은 증거는 여성의 월경주기, 잠재적 배우자에 대한 그녀의 지각 및 그녀에 대한 잠재적 배우자의 지각 사이의 관계를 살펴본 최근 연구에서 도출되었다. 예를 들어 Kelly Gildersleeve와 동료들(2014)은 50개 연구를 검토한 메타분석을 실시하였고 여성이 배란기가 다가와 출산 가능성이 최고에 이를수록 대칭적인 얼굴, 남성다운 얼굴(예 : 예리하고 뚜렷한 턱선)과 건장한 체격과 같은 번식 적합성의 징후가 겉으로 드러난 남성에 대해 더 큰 호감을 보이는 경향이 있다는 가설에 대한 신뢰로운 지지를 발견했다(Gildersleeve, Haselton, & Fales, 2014).

성차에 대한 다른 관점   매력과 사랑에 관한 진화적 접근은 일부 논쟁을 고무시켰다. 예를 들어 여러 상대와 성적 관계를 맺는 진화적 이점은 남성에게만 한정된 것이 아니라 여성에게도 적용

된다고 주장할 수 있다. 여성은 상대가 여럿 있으면 유전적 다양성의 이점뿐만 아니라 자손을 위한 자원을 얻을 가능성도 증가할 것이다. 여성은 아이를 낳을 '좋은 유전자'를 가진 매력적인 남성과 자손을 양육할 또 다른 남성을 선택할 수 있다(Campbell, 2002; Gangestad & Simpson, 2000). 또한 남성이 상대의 신체적 매력을 중시하는 것은 진화된 경향성 때문이 아니라 단순히 그들이 그것을 중시하는 사회에서 학습되었기 때문일 수 있다. 즉, 그들은 여성의 아름다움을 중시하고 성에 대해 더 오락적 접근을 하는 광고와 미디어 이미지에 조건화되었다(Hatfield & Rapson, 1993; Lefkowitz et al., 2014). 유사하게 몇몇 상황에서는 여성이 남성만큼이나 신체적 매력을 중시한다는 연구결과도 있다. 구체적으로, 여성이 잠재적인 결혼 상대가 아니라 잠재적인 성적 상대를 고려할 때 그렇다(Regan & Berscheid, 1997; Simpson & Gangestad, 1992).

다른 연구자들은 배우자의 다른 특질에 대한 선호가 진화원리에 의존하지 않고도 설명될 수 있다는 부가적인 주장을 제공한다. 전 세계의 여성들은 남성에 비해 대개 더 적은 힘과 지위, 부, 기타 자원을 가진다. 따라서 많은 사회에서 여성은 경제적 안전을 이루기 위해 남성에게 의존해야 하며 남편을 선택할 때 이런 특성을 고려해야 한다(Rosenblatt, 1974). 이 가설을 검증하기 위해 Steven Gangestad(1993)는 여러 국가의 여성이 재정적 자원에 접근하는 정도와 여성이 배우자의 중요한 변인으로서 신체적 매력을 보고하는 정도 간의 상관을 구했다. 그 결과는 해당 문화에서 여성이 더 많은 경제적 권력을 가질수록, 여성은 남성의 신체적 매력을 더 우선시하는 경향이 있음을 보여주었다.

알다시피 배우자의 선호를 논할 때 '천성'(타고난 선호)과 '양육'(문화적 규범과 젠더 역할)을 구분하기란 어렵다. 배우자 선택 및 매력과 관련된 성차에 대해 들으면 우리는 일차적으로 생물학적 또는 진화적 설명에 자주 의지하게 된다(Conley et al., 2011). 그러나 더 면밀한 관찰은 이러한 차이의 많은 것들이 상황적 요인 때문임을 보여준다. 여성은 남성에 비해 배우자를 선택할 때 더 까다롭다는 명제를 예로 들자. 온라인 데이트나 스피드 데이트 이벤트, 또는 옛날식 면대면 데이트 신청이든, 연구는 남성보다 여성이 데이트 상대를 고를 때 더 까다롭다는 것을 보여준다(Clark & Hatfield, 1989; Hitsch, Hortaçsu, & Ariely, 2010; Schützwohl et al., 2009). 이것은 진화적 관점에서 중요하다. 여성은 실수를 하면 안 되기 때문에 까다로울 것이라는 주장이다. 남성과 달리 여성의 번식력은 전 생애에 걸쳐 상대적으로 제한적이고 번식 결정은 더 많은 시간과 자원을 요구한다.

그러나 Eli Finkel과 Paul Eastwick(2009)이 최근에 수행한 스피드 데이트 연구의 놀라운 결과를 살펴보자. 이 연구에서 대학생들은 12명의 이성과 짧은 대화를 나눴다. 이러한 스피드 데이트 회기에서 남성이 각각의 미래 데이트 상대와 4분씩 보낸 후 다음 상대를 만나는 방식으로, 돌아가며 교체되는 동안 여성은 계속해서 앉아 있었다. 12명의 남녀가 모두 만난 후, 모든 참가자는 잠재적인 연인에 대한 매력을 평가하는 질문지를 작성하였다(이후에 그들은 상대를 다시 만나고 싶은지 여부를 연구 웹사이트에, 자신의 집에서 편하게 기록했다). 다시 한 번 여성은 남성보다 더 선택적이었는데, 낭만적 욕구의 수준이 더 낮았고 더 알기를 원하는 장래의 연인이 더 적다는 것을 확인하였다.

그러나 연구자들이 스피드 데이트 상황에서 사소한 것을 변경했을 때 흥미로운 일이 일어났다. 두 번째 이벤트에서 그들은 남녀가 역할을 바꾸도록 했다. 이제 남성은 자리에 앉아 있고 여성이 돌면서 교체되었다. 간단한 변경이었으나 일상적인 데이트를 완전히 뒤집는 것이었다. 남성 구혼자가 돌 때 여성이 계속 앉아 있는 것이 아니라, 이제는 남성이 앉아 있고 여성이 그들에게 접근하였다. '데이트' 자체는 계속 동일했다. 4분 대화 후 남녀 모두 그들의 인상에 대한 질문을 받았다. 그러나 상황에 따른 입장은 전통적인 데이트와 달랐다(Conley et al., 2011). 그리고 여성이 접근하는 이런 특이한 데이트 세계에서 여성은 남성보다 더 이상 까다롭지 않았다. 여성 참가자들은 오히려 상대에 대해 더 많은 끌림을 보고하였고 다시 만나기를 원하는 장래의 연인이 더 많다는 것을 발견했다.

Finkel과 Eastwick(2009)의 연구결과는 배우자 선택에서 성차가 단순히 진화나 생물학을 반영하는 것이 아니라 대부분의 사회에서 형성된 남성이 여성에게 다가가는 데이트 패러다임 때문임을 시사한다. 성별이나 젠더와 상관없이, 데이트 세계에서는 누군가 당신에게 다가오면 통제권은 당신에게 있게 되고, 이는 요구하고 선택권을 가지고 있음을 의미한다. 많은 인간의 본질과 마찬가지로, 매력과 배우자 선택의 심리학을 완전히 이해하기 위해서는 '천성'과 '양육'의 설명이 모두 필요하다.

복습문제

1. 다음 예시 중 근접성 효과에서 기능적 거리가 어떤 역할을 담당하는지를 가장 잘 표현한 것은?
   a. 철민이는 옆집 이웃을 좋아하지 않는다. 그 이유는 크게 음악을 연주하는 그의 습관이 밤에 잠들기 어렵게 만들기 때문이다.
   b. 상희의 방은 부엌과 엘리베이터 바로 옆에 있는데, 그는 전체 사무실에서 가장 인기 있는 사람 중 한 명이다.
   c. 유정이는 엘리베이터보다 계단으로 다니기를 선호한다. 왜냐하면 성가신 사람들을 만날 가능성이 작기 때문이다.
   d. 민수는 1학년 기숙사보다 2학년 기숙사에서 더 많은 친구를 사귀었다.

2. _____은(는) 우리가 누군가 또는 뭔가를 더 자주 접할수록 더 좋아하는 경향이 있음을 시사한다.
   a. 진화론 관점
   b. 후광 효과
   c. 단순 노출 효과
   d. 상호 호감 효과

3. 다음 차원 중 어느 측면에서 유사성이 증가된 매력을 예측하는 것으로 밝혀졌는가?
   a. 태도
   b. 매력 수준
   c. 유전자
   d. 위의 모든 것

4. 다음 중 신체적 매력에 대해 옳은 것은?
   a. 비대칭적인 얼굴은 너무 뚜렷하기 때문에 전형적으로 더 매력적인 것으로 간주된다.
   b. 인간의 얼굴에서 무엇이 신체적으로 매력적으로 보이는 측면에서 큰 문화적 차이가 있다.
   c. 누군가 우리와 더 유사할수록 전형적으로 덜 매력적으로 느낀다.
   d. 지각자들은 매력적인 사람이 다양한 다른 (무관한) 긍정적인 특성을 지니고 있다고 믿는 경향이 있다.

5. 다음 중 장기적인 낭만적 관계에서 매력의 주요 예측요인으로 확인되지 않은 것은?
   a. 유사성
   b. 상호성
   c. 상보성
   d. 근접성

6. 연구에 따르면 얼굴의 대칭성은 얼마나 매력적으로 보일지에 대한 신뢰로운 예측요인이다. 이 결과에 대한 진화심리학의 설명은?
   a. 대칭적 얼굴은 우리 자신을 상기시켜 긍정적 감정을 유발한다.
   b. 대칭성은 건강의 신호이며 잠재적인 배우자가 좋은 유전자를 가지고 있다는 신호이다.
   c. '서양' 문화는 '동양' 문화에 비해 신체적 매력을 더 강조한다.
   d. 위의 모든 것

7. 당신과 친구들은 캠퍼스에서 '스피드 데이트' 행사를 개최하기로 결정했다. 이 행사에서 남학생은 원으로 배열된 테이블에 앉아서 일련의 여성들과 3분씩 대화를 나눈다. 3분이 끝날 때마다 여성은 시계방향으로 돌면서 새로운 남학생과 앉는다. 행사 후 그들의 '데이트' 경험에 대해 물었을 때 결과는?
   a. 남성은 그들이 다시 만나고 싶은 여성을 평가할 때 다소 더 까다로울 것이다.
   b. 여성은 그들이 다시 만나고 싶은 남성을 평가할 때 다소 더 까다로울 것이다.
   c. 남성은 데이트의 매력을 평가할 때 얼굴의 대칭성에 초점을 덜 맞출 것이다.
   d. 여성은 데이트의 매력을 평가할 때 얼굴의 대칭성에 초점을 덜 맞출 것이다.

정답은 537-539쪽 참조

과학기술 시대에서 친분 쌓기

10.2 새로운 기술은 매력과 사회적 친분을 어떻게 형성하는가

이 장에서 상세하게 설명한 것처럼 심리학자들은 지금까지 수십 년간 매력을 연구해 왔다. 그리고 사회심리학의 여타 주제와 마찬가지로, 수십 년 전에 관찰된 연구결과가 오늘날에도 적용되는지 여부를 궁금해하는 것이 당연하다. 특히 Tinder에서 맺어진 커플인 제니와 크리스 조지의 사례처럼, 우리는 지금 면대면이 아니라 문자 메시지, 트위터, 인터넷 채팅, 인스타그램, 대화형 게임, 가상현실, 그리고 아마도 이 책이 출판된 이후 개발될 새로운 기술과 앱을 통해 많은 사회적 상호작용이 일어나는 시대에 살고 있다. 이 장에 묘사된 원리, 과정 및 이론이 계속해서 진화하는 기술 분야에서 어떻게 실행될 것인가? 이 단락은 이런 질문에 대한 몇 가지 초기 답변을 제공하는 것 외에도 대인 매력 연구에 관심이 있는 사회심리학자들에게 가용한 흥미로운 미래 연구 방향을 풍부하게 제공한다.

확실한 한 가지는, 15~20년 전에서 온 시간여행자는 오늘날 사회적 상호작용으로 통하는 많은 것들을 거의 인식하지 못할 것이다. 스마트폰 시대에 외식하러 나가서 스마트폰에 얼굴(과 엄지)을 묻고 있는 사람들을 보는 것이 드문 모습이 아니며, 어쩌면 모두 식사 중에 다른 사람들과 이런 유형의 대화를 하고 있을지도 모른다. 이런 놀라운 손안의 기술이 제공하는 기회가 풍부하여 우리가 통근길에 일을 끝내거나 멀리 떨어져 있는 애인과 연락하고 지내고 웨이터가 저녁식사에 대한 계산서를 가져오기 전에 커피와 디저트를 위한 가까운 장소를 찾을 수 있도록 한다. 그러나 스마트폰에 점점 더 얽매인 생활에서 사회적 비용이 존재하는가? 연구결과는 그럴 수 있음을 제시한다. 연구자들이 워싱턴 DC의 커피숍과 카페를 방문하여 100쌍의 실제 상호작용을 관찰한 다음, 관련된 개인들에게 그들이 방금 전 참여한 대화에 대해 질문을 한 최근의 현장실험을 고려해보자. 대화하는 동안에 적어도 하나의 모바일 장치(예: 스마트폰, 노트북, 태블릿)가 있었던 경우 상대에 대한 유대감과 공감은 그런 장치가 없이 상호작용하는 경우에 비해 유의하게 낮은 것으로 평가되었다(Misra et al., 2014).

이 결과는 상관연구이기는 하다. 어쩌면 스마트폰을 항상 가까이에 두고 면대면 대화만큼의 투자를 하지 않는 사람들이 있을 것이다. 어쩌면 당신은 자신에게 '나는 그런 사람이 아니야, 내가 스마트폰을 가지고 있을 때조차 나는 내 주변 사람들에게 관심을 갖고 있어.'라고 말할 것이다. 그러나 실험은 또한 모바일 장치의 존재와 사회적 유대의 감소 간에 인과적 관계를 증명하였다. 한 실험에서 Andrew Pryzbylski와 Netta Weinstein(2013)은 낯선 사람들을 한 쌍씩 실험실로 데려와서 10분간 대화를 하도록 했다. 이 대화의 절반은 참가자들 사이에 둔 작은 탁자 위에 휴대전화나 태블릿을 올려놓고 진행되었고, 다른 조건에서는 휴대전화가 없었다. 연구자들은 단지 모바일 장치의 존재가 대화 상대에 대한 참가자들의 신뢰감, 친밀감과 공감을 감소시킨다는 것을 발견하였다. 휴대전화가 없을 때 처음 만난 낯선 사람들의 친밀감을 향상시킬 것으로 기대되는 시나리오, 즉 개인적으로 의미 있는 주제를 논의하라고 지시했을 때 이러한 효과가 특히 두드러졌다(Pryzbylski & Weinstein, 2013).

우리는 이런 정보를 알고 나서 당신의 스마트폰을 던지라고 제안하거나 그럴 것이라 기대하지 않는다. 솔직히 말하면 저자들 역시 휴대전화를 포기하지 않을 것이다. 그러나 이 결과들은 잠시 생각할 거리를 제공한다. 휴대전화의 단순한 존재가 심지어 당신들의 것이 아닌데도 사회적 상호작용을 손상시킬 수 있다면, 휴대전화의 벨이나 진동이 크게 울리지 않을지라도, 우리 자신의

기술이 놀라운 만큼, 스마트폰과 같은 모바일 장치는 또한 면대면 상호작용을 하는 동안 일어나는 다른 사람들과의 사회적 유대감을 손상시킬 수 있다.

장치가 얼마나 주의를 산만하게 할 수 있을지를 상상해보라! 이와 같은 기술은 우리 생활의 일부이고, 이것이 대체로 좋은 것이라는 데에는 의문의 여지가 없다. 그러나 사회심리학 연구는 가끔이라도 전원을 끄고 우리의 휴대전화와 태블릿, 컴퓨터에서 벗어나 정기적인 휴가를 보내라는 새로운 운동에 대한 부가적인 지지를 제공한다(Huffington, 2014).

매력 2.0 : 온라인 시대에서 배우자 선호

기술 세상의 빠른 발달이 매력과 관계 형성의 과정에 어떤 영향을 주는지 탐색하는 한 가지 방식은 근접성, 유사성, 친숙성과 같은 요인이 인터넷 시대에 어떻게 작동하는지를 검토하면서 이들에 대한 고전적 연구결과를 재고하는 것이다. 예를 들어 물리적 거리가 더 이상 예전만큼 상호작용의 장해물이 되지 않는 시대에 근접성이 어떻게 작동하는지를 고려해보자(Chan & Cheng, 2004; Dodds, Muhamad, & Watts, 2003). Jure Leskovec과 Eric Horvitz는 오늘날 우리는 다른 사람들과 얼마나 연결되어 있는지를 검증한 연구를 수행하였다. 그들은 '관계의 거리(degree of separation)', 즉 사람들 간의 사회적 거리의 척도를 조사하였다. 당신은 당신이 아는 모든 사람으로부터 1단계 떨어져 있고, 그들이 아는 모든 사람으로부터 2단계 떨어져 있는 식이다. 이 연구자들은 메신저 메시지 관계망을 분석해서 누가 누구에게 메시지를 보내는지 조사하고 두 명의 무작위 이용자가 서로 연결되는 데 평균 얼마나 많은 다른 사람들이 '연결'에 필요한지 계산하였다. 그들은 2억 4천 만 명 간에 300억 개의 대화를 분석한 후, 어떤 두 사람을 연결하는 데 필요한 '연결'의 평균치는 7이었고 연결 쌍의 90%는 단지 8단계 만에 연결될 수 있음을 밝혔다(Leskovec & Horvitz, 2007). 이 연구는 대부분의 사람들이 지금은 당연하게 여기는 것을 경험적으로 증명하였다. 현 시대에는 예전만큼 낯선 사람들 간에 많은 연결 단계가 있어야 하는 것은 아니며, 이는 앞서 논의한 근접성과 매력 사이의 관계에 완전히 새로운 견해를 제공한다.

유사성은 과학기술에 기반을 둔 관계에서 계속해서 가치가 있다. 이 장의 전반부에서 우리는 유사한 외모의 사람에게, 정확히 당신과 동일한 수준의 신체적 매력을 가진 타인에게 매력을 느

매력에 관한 한 가지 질문은 여러 세대에 걸쳐 진화된 배우자 선호의 경향이 현대의 인터넷 데이트, 스피드 데이트 이벤트 및 페이스북의 시대에 어떻게 작용하는가이다.

끼는 경향에 대해 논의하였다. 최근 연구는 '우리들만의 리그'에 있는 타인에게 끌리는 이런 경향이 온라인 관계에서도 뚜렷하다는 것을 보여준다. Lindsay Taylor와 동료들(2011)은 데이트 웹사이트에서 3천 명 이상의 이성애 이용자들의 인기를 평가하여 프로필이 매력 수준이 동일한 이용자들에게 가장 인기가 높을 것이란 가설을 검증했다. 그들은 특정 프로필에 자발적인 메시지를 보낸 이성의 수로 인기를 정의했다. 이 측정치의 타당도를 높이기 위해 연구자들은 한 사용자가 시작한 접촉에 반응하여 보낸 메시지(또는 지속적인 교류를 하는 동안 보낸 후속 메시지)는 계산에 넣지 않았으며, 이는 이 연구에서 사용자가 일단 프로필을 게시하고 나면 자신의 인기를 높이기 위한 방법이 없음을 의미한다.

Taylor와 동료들(2011)은 사이트에서 인기 많은 이용자는 우연 수준보다 더 큰 비율로 다른 인기 많은 이용자와 접촉함을 발견했는데, 이것은 어쩌면 당신에게 그리 놀라운 결과는 아닐 것이다. 누가 인기 많은 잠재적 배우자와 연결되기를 원치 않겠는가? 그들은 바로 사이트의 인기가 없는 이용자였다. 연구자들은 또한 인기가 없는 이용자가 다른 인기 없는 이용자와 더 자주 접촉한다는 것을 발견했다. 백만 명이 넘는 이용자에 대한 추적 연구는 유사한 결과를 산출하였다. 사람들은 비슷한 수준의 인기를 가진 타인을 선택하고(그들의 선택을 받으며), 인기가 비슷한 배우자와 '짝'이 되려는 이런 경향은 남녀가 다르지 않았다. 연구자들의 결론에 따르면, "맺어진 커플이 비슷한 경향이 있는 한 가지 이유는 최초의 데이트 단계부터 어울리는 짝을 찾았기 때문이다."(Taylor et al., 2011, p. 952)

그러면 친숙성은 어떤가? 기억하겠지만 연구는 친숙성이 일반적으로 매력을 촉진하며 사물이나 사람에 대한 단순 노출조차 호감을 증가시킨다는 것을 보여주었다. 그러나 추가 노출이 해당 사물이나 사람의 부정적 특성을 나타낼 때 단순 노출은 반대 효과를 일으킨다는 것을 기억할 것이다. 이 결론은 온라인 데이트에 관한 또 다른 연구에서 지지되었다. 이 연구에서 Michael Norton과 동료들(2007)은 데이트하기 전후 참가자들에게 조사를 했다. 데이트 전 참가자들은 상대에 대해 웹사이트 프로필에서 읽은 것만 알고 있었고, 그래서 데이트를 한 후 상대에 대해 얼마나 많이 알게 되었나에 대한 평정이 증가했다. 그러나 그들이 상대를 얼마나 많이 좋아하는가에 대한 평정은 데이트 후에 감소했다. 그 이유는? 참가자들이 데이트하는 동안 상대와 더 친숙해질수록 그들은 (데이트 웹사이트의 모호한 프로필에 기초한) 초기 인상이 정확하지 않다는 것을 더 많이 깨닫게 되기 때문이다. 그들은 데이트하는 동안 추가 정보를 얻게 되면서 그들의 불일치와 비유사성을 인식하게 되고, 이로 인해 평균 호감도가 감소하게 된다(Norton et al., 2007; Finkel et al., 2015).

온라인 데이트의 전망과 함정

온라인 데이트 보고서에 대한 최근 고찰에 따르면, 지난 10년간 "친구 소개로 만나는 것보다 온라인으로 새로운 연인 관계가 시작되는 경우가 더 많았다."(Finkel et al., 2012, p. 11) 데이트 웹사이트와 앱에 참여하는 것이 사상 최고이고 인터넷 데이트에 대한 태도가 오늘날만큼 긍정적인 적이 없었다. 데이트 웹사이트가 세 가지 주요 서비스를 광고한다는 점을 고려하면 이러한 발전을 이해할 수 있다. 즉, (1) 브라우징을 위해 다수의 프로필을 모으고, (2) 잠재적인 배우자와 의사소통할 수 있는 기회를 제공하며, (3) 적합성 분석에 기초해서 이용자들을 매칭시킨다는 것(Finkel et al., 2012)이다.

확실히 온라인 데이트 서비스는 사랑을 찾고 있는 사람들에게 많은 것을 제공한다(Blackhart, Fitzpatrick, & Williamson, 2014). 그럼에도 불구하고 온라인 데이트의 몇 가지 가능성은 심리학 연구결과에 의해 경감된다. 예를 들어 이 장의 초반에 논의되었던 것처럼, 더 오래된 기술력이 낮은 매칭 방법들(예 : 친구 소개나 상호 활동을 통해 누군가를 알게 되는 것)보다 적합성에 따라 잠재적인 짝들을 매칭하는 데이트 웹사이트의 알고리즘이 관계의 성공률을 더 높이지 않는다. 더욱이 사람들이 데이트 웹사이트에 사진과 프로필을 게시할 때 얼마나 솔직할까? Norton과 동료들(2007)은 프로필만 봤을 때보다 데이트하면서 상대에 대해 더 많은

"인터넷에서는 네가 개라는 걸 아무도 모를 거야!"

은 것을 알게 되는 것이 그 사람을 덜 좋아하게 만든다는 것을 발견하였고, 이는 처음부터 프로필이 매우 정확하지 않았음을 시사한다.

Catalina Toma와 Jeffrey Hancock은 온라인 데이트 프로필에 관한 이런 질문을 평가하기 위해 일련의 조사를 수행했다. 그들의 연구 중 일부는 남녀가 자신을 온라인에 어떻게 기술했는가에 잠재적 차이를 조사한 것이었다. 한 연구에서 그들은 84명의 온라인 데이트 이용자를 면담하면서 그들 자신의 데이트 프로필의 인쇄물을 제시하고 그들의 키, 체중, 연령에 대한 기술이 얼마나 정확하다고 생각하는지를 질문했다(Toma, Hancock, & Ellison, 2008). 물론 연구자들은 이런 자기 평가의 정확성을 참가자의 실제 키, 체중, 연령의 객관적 측정치와 비교할 수 있었다. 결과는 전체 참가자의 81%가 프로필에 적어도 한 가지 특징에 대해 부정확한 정보를 제공했음을 보여주었다. 가장 많은 거짓말은 체중에 관한 것이고, 다음으로 연령, 키 순이었다. 흥미롭게도 성차는 나타나지 않았다. 남성과 여성이 똑같이 진실을 왜곡하려고 하였다. 프로필 정확성에 대한 참가자들의 자기 보고 추정치는 실제 정확성의 꽤 좋은 예측요인이었으며, 이는 관찰된 차이가 낙관적으로 자기를 보려는 무의식적 경향이 아니라 사실을 과장하려는 의도적 노력에서 비롯되었음을 시사한다.

데이트 프로필에 사용된 사진 분석은 다소 다른 양상을 보여주었다. 여기서 Hancock과 Toma(2009)는 왜곡이 종종 덜 의식적이고 특히 여성들에게서 그렇다는 것을 발견했다. 연구자들은 이전 연구에서 사용한 것과 유사한 절차를 따라 온라인 데이트 이용자들에게 프로필 사진이 얼마나 정확하다고 생각하는지에 대해 질문했다. 그런 다음 별개의 대학생 집단에 나란한 2장의

이미지, 즉 (1) 각 참가자의 데이트 프로필 사진과 (2) 각 참가자가 최근 면담하는 동안 찍힌 사진을 보도록 했다. 대학생들은 프로필 사진이 참가자의 현재 신체적 외모를 얼마나 정확히 묘사하는지를 평가하라는 요구를 받았다. 전체적으로 프로필 사진의 32%는 기만적이거나 오해의 여지가 있고, 남성보다 여성의 사진이 더 부정확한 것으로 나타났다. 공통적인 부정확성에는 데이트 이용자들의 프로필 사진이 현재보다 더 날씬해 보이고, 머리카락이 더 많고, 수정되거나 보정된 프로필 사진을 사용하는 것을 포함했다. 글로 쓴 프로필과 달리, 이용자가 스스로 평가한 정확성은 (학생들이 평가한) 그들 사진의 실제 정확성에 대한 신뢰로운 예측요인이 아니었으며, 이런 경향은 여성 이용자에게 두드러졌다.

의도적이든 비의도적이든 이런 부정확성을 고려할 때 사랑에 번민하는 인터넷 데이트 이용자는 어떻게 해야 하는가? 다행히 프로필과 사진의 부정확성을 밝힌 것과 동일한 연구기법이 잠재적 온라인 배우자가 최대로(혹은 최소로) 솔직한지를 확인하는 데 사용될 수 있다. Toma와 Hancock(2012)은 진실성 검증에서 불합격인 온라인 프로필을 확인하는 세 가지 증거를 제안한다. 첫째, 기만적 프로필은 '나는', '나를'과 같은 1인칭 대명사를 더 적게 사용하는 경향이 있다. 연구자들은 이것이 거짓말을 하거나 과장을 하는 사람들이 반쯤 진실인 것과 자신을 심리적으로 거리를 두는 한 가지 방식이라고 설명했다. 둘째, 기만적 프로필은 부정어나 부정문을 더 많이 사용한다(예 : '너그러운' 대신에 '판단적이지 않은', '모험적인' 대신에 '위험을 무릅쓰길 두려워하지 않는'). 셋째, 기만적 프로필은 정확한 프로필보다 전체 단어를 더 적게 포함한다. 진실을 왜곡하는 것은 힘든 일이고 인지적으로 부담이 크다. 당신이 프로필에 부정확한 문장을 적게 쓸수록 나중에 누군가를 개인적으로 만날 때 기억해야 할 거짓말이 더 적어진다. 요약하면 개인적 접촉과 물리적 지형으로 인한 제약이 있는 좀 더 전통적인 방법보다 온라인 데이트는 이용자에게 더 많은 잠재적 배우자들을 제공한다. 동시에 몇 가지 중요한 측면에서 데이트 사이트와 앱은 그들이 데이트 이용자에게 약속한 것에 미치지 못한다.

복습문제

1. 휴대전화 기술이 사회적 상호작용에 미치는 영향에 관한 연구가 보여주는 것은?
   a. 일부 비판자들이 믿는 것과 달리, 휴대전화와 스마트폰의 가용성은 사회적 유대에 부정적 영향을 미치지 않는다.
   b. 대화를 하는 동안 휴대전화가 있으면 남성은 여성보다 더 쉽게 산만해진다.
   c. 대화하는 동안 휴대전화가 사용되지 않을지라도, 사회적 유대를 훼손하면서 계속해서 산만하게 만들 수 있다.
   d. 면대면 상호작용을 하는 동안 노트북과 태블릿 컴퓨터는 주의를 산만하게 할 수 있지만 스마트폰은 그렇지 않다.

2. 사람들 사이에 사회적 거리에 대한 한 가지 척도는 _____(으)로 알려져 있다.
   a. 관계의 거리
   b. 사회적 관여
   c. 배우자 선호
   d. 후광 효과

3. 데이트 웹사이트의 효과에 관한 연구가 제시하는 것은?
   a. 수학적 알고리즘을 사용해서 적합성에 따라 커플을 매칭하는 웹사이트

는 친구 소개처럼 좀 더 전통적인 방식으로 파트너를 만나는 것보다 더 성공적이다.
   b. 사람들은 매력과 인기 수준이 자신과 유사한 웹사이트 이용자에게 메시지를 보내는 경향이 있다.
   c. 이런 사이트가 게이와 레즈비언 이용자 사이에서 매우 인기가 있지만 이성애자 사이에서는 그렇지 않다.
   d. 당신이 온라인에서 만난 사람에 대해 더 많을 것을 발견할수록 당신은 그 사람을 더 좋아하는 경향이 있다.

4. 다음 중 온라인 데이트 프로필에서 사람들이 자신을 나타내는 경향에 대한 옳은 진술은?
   a. 온라인 프로필의 허위 진술은 의도적인 것과 비의도적인 것이 모두 있다.
   b. 기만적인 웹 프로필은 정확한 프로필보다 더 길고 더 상세한 경향이 있다.
   c. 온라인에서 남녀가 자신을 나타내는 방식에서 성차가 없다.
   d. 대다수의 사람들은 온라인 프로필에 부정확하거나 오해의 소지가 있는 자신의 사진을 게시한다.

정답은 537-539쪽 참조

사랑과 친밀한 관계

10.3 사랑이란 무엇이고, 무엇이 친밀한 관계에서 만족감을 주는가

지금까지 당신은 누군가를 다음에 또 만날 수 있도록 좋은 첫인상을 만드는 매력에 대해 충분히 학습했다. 소피아가 당신을 좋아하길 원한다고 가정하자. 당신은 친숙해지도록 그녀의 주변을 맴돌고 그녀와 유사성을 강조하고 당신이 그녀와 함께하는 것을 좋아한다는 것을 그녀가 알도록 해야 할 것이다. 그러나 좋은 인상을 남기는 것 이상을 원한다면 어떻게 해야 하는가? 당신이 진한 우정이나 연애 관계를 원한다면 어떻게 해야 하는가?

최근까지 사회심리학자들은 이러한 질문에 거의 답을 하지 않았다. 매력에 관한 연구는 거의 첫인상에 집중되었다. 왜? 그 이유는 첫인상에 비해 장기적 관계는 과학적으로 연구하기 더 어렵기 때문이다. 제2장에서 보았듯이 각 조건에 대한 무작위 할당은 실험연구의 전형적인 특징이다. 첫인상 연구에서 연구자들은 당신과 유사하거나 유사하지 않은 누군가와 친목도모를 위한 모임에 당신을 무작위 할당할 수 있다. 그러나 연구자가 유사한 또는 유사하지 않은 '연인' 조건에 당신을 무작위 할당하여 관계를 형성하도록 할 수는 없다! 더욱이 친밀한 관계와 관련된 감정과 친밀성은 측정하기 어려울 수 있다. 사랑이나 열정 같은 복잡한 감정을 분석하는 것은 심리학자들에게 벅찬 과제이다.

사랑의 정의 : 동료애와 열정

친밀한 관계 연구에 내재된 어려움에도 불구하고 사회심리학자들은 사랑의 본질, 그리고 그것이 어떻게 발달되고 어떻게 번창하는가에 관한 몇 가지 흥미로운 발견을 하였다. 아마도 가장 어려운 질문, 즉 '사랑은 정확히 무엇인가?'라는 질문으로 시작해보자. 사랑을 정의하려는 초기 시도는 좋아하는 것과 사랑하는 것을 구분하는 것이었고, 기대할 수 있듯이 단지 성욕 측면에서가 아니라 사랑은 호감과 많은 것이 다르다는 것을 보여준다(Rubin, 1970; Sternberg, 1987).

셰익스피어의 로미오와 줄리엣에서 사랑은 열정적이고 격정적이며 갈망으로 가득 차 있다. '트와일라잇' 시리즈의 삼각관계인 벨라와 에드워드, 제이콥도 마찬가지이다. 당신의 조부모가 오랜 기간 결혼을 유지해 왔다면 아마도 그들은 더 평온하고 안정된(아마도 덜 신비한) 종류의 사랑을 보여줄 것이다. 각각은 다른 종류인 것처럼 보이지만, 우리는 모든 관계를 묘사할 때 사랑이란 단어를 사용한다(Berscheid & Meyers, 1997; Fehr, 2013; Fehr & Russell, 1991; Vohs & Baumeister, 2004).

사회심리학자들은 사랑의 좋은 정의에는 결혼한 부부나 오랜 친구, 형제의 깊고 장기적인 헌신뿐만 아니라 낭만적 사랑에서 열정적이고 들떠 있는 감정이 포함된다는 것을 인식하였다. 따라서 사랑을 정의할 때 우리는 일반적으로 동반자적 사랑과 열정적 사랑을 구분한다(Hatfield & Rapson, 1993; Hatfield & Walster, 1978). **동반자적 사랑**(companionate love)은 열정이나 생리적 각성이 동반되지 않은 누군가에 대해 친밀감과 애정을 가지는 것이다. 사람들은 성적이지 않은 친밀한 관계에서, 또는 한때 느꼈던 흥분과 열정이 사라졌지만 상당한 친밀감을 경험하는 연애 관계에서 동반자적 사랑을 경험할 수 있다.

열정적 사랑(passionate love)은 또 다른 사람에 대한 강렬한 갈망을 포함하며, 누군가의 존재에 숨이 가쁘고 심장이 뛰는 생리적 각성을 경험하는 것이 특징이다(Fisher, 2004; Ratelle et al., 2013; Regan & Berscheid, 1999). 일이 잘 풀리면(상대도 우리를 사랑하면), 우리는 큰 충만감

동반자적 사랑
열정이나 생리적 각성이 동반되지 않고 누군가에 대해 갖는 친밀감과 애정

열정적 사랑
생리적 각성이 동반된 강렬한 갈망

'트와일라잇' 시리즈의 이 장면은 열정적 사랑의 초기 단계를 잘 보여준다.

과 환희를 느낀다. 일이 잘 풀리지 않으면(상대가 우리의 사랑을 알아주지 않으면) 우리는 큰 슬픔과 절망을 느낀다. 개인주의(미국)와 집단주의(중국) 문화를 비교한 문화 간 연구는 미국인 부부가 중국인 부부보다 열정적 사랑에 더 큰 가치를 두는 경향이 있으며, 중국인 부부는 미국인 부부보다 동반자적 사랑을 더 중요하게 여기는 경향이 있음을 시사한다(Gao, 1993; Jankowiak, 1995; Ting-Toomey & Chung, 1996). 동아프리카 케냐의 타이타는 두 가지를 똑같이 중시하였다. 그들은 동반자적 사랑과 열정적 사랑의 결합으로 낭만적 사랑을 개념화한다. 타이타는 이것을 최고의 사랑으로 간주하고, 이것을 이루는 것이 그들의 사회에서 일차적 목표이다(Bell, 1995). William Jankowiak과 Edward Fischer(1992)는 166개 사회에 대한 인류학 연구를 검토한 후 147개 사회에서 열정적 사랑에 대한 증거를 발견하였다(표 10.2 참조).

Elaine Hatfield와 Susan Sprecher(1986)는 열정적 사랑을 측정하기 위한 질문지를 개발하였다. 이 척도가 측정하는 것처럼 열정적 사랑은 강하고 통제할 수 없는 생각, 강렬한 감정, 애정의 대상을 향한 외현적 행동으로 구성된다. '해보기 : 열정적 사랑 척도'에서 질문지를 작성함으로써 열정적 사랑을 경험하고 있는지(또는 경험한 적이 있는지) 알아보라.

문화와 사랑

연인을 찾는 과정은 전 세계에 걸쳐 다양하다. 예를 들어 네팔의 마을에서는 데이트가 금지되어 있고, 심지어 젊은 남녀의 일상적 만남도 부적절한 것으로 간주된다. 전통적으로 미래의 배우자는 부모가 선택하며, 그들은 잠재적 배우자의 사회적 지위, 가족, 신분, 경제력에 초점을 맞춘다. 이러한 중매결혼에서 신랑과 신부는 결혼식 당일 서로 처음으로 이야기를 나누곤 한다. 신부가 결혼식을 하는 동안 눈물을 흘리고 신랑이 어리둥절하거나 체념한 듯 보이는 일은 흔하다

표 10.2 166개 사회에서 인류학 연구에 기초한 열정적 사랑에 관한 문화 간 증거

문화적 지역	열정적 사랑 있음	열정적 사랑 없음
지중해	22(95.7%)	1(4.3%)
사하라 사막 이남 아프리카	20(76.9%)	6(23.1%)
유라시아	32(97.0%)	1(3.0%)
태평양 군도	27(93.1%)	2(6.9%)
북아메리카	24(82.8%)	5(17.2%)
중남부아메리카	22(84.6%)	4(15.4%)

출처 : Based on data from Jankowiak & Fischer(1992)

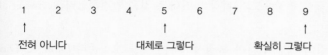

해보기! 열정적 사랑 척도

다음 문항들은 당신이 열정적으로 사랑에 빠졌을 때 어떻게 느끼는지 묘사할 것을 요구합니다. 당신이 지금 열정적으로 사랑하고 있는 사람을 생각하십시오. 당신이 지금 사랑에 빠지지 않았다면 당신이 가장 최근에 열정적으로 사랑했던 사람에 대해 생각하십시오. 당신의 감정이 가장 강렬할 때 당신이 어떻게 느꼈는지를 기억해서 응답하십시오.

15문항에 대해 당신의 감정을 가장 정확하게 표현하고 있는 정도에 따라 1점에서 9점 사이의 숫자를 선택하십시오. 응답은 1점(전혀 아니다)에서 9점(확실히 그렇다)의 범위이며, 각 문항에 대해 보기와 같이 숫자를 선택해서 기입하십시오.

```
1     2     3     4     5     6     7     8     9
↑                       ↑                       ↑
전혀 아니다           대체로 그렇다           확실히 그렇다
```

1. 나는 그(그녀)가 나를 떠난다면 깊은 절망을 느낄 것이다. _____
2. 나는 때때로 내 생각을 통제할 수 없다고 느낀다. 그(그녀)에 관한 생각에 사로잡혀 있다. _____
3. 나는 그(그녀)를 행복하게 하는 뭔가를 하고 있을 때 행복을 느낀다. _____
4. 나는 다른 누구보다 그(그녀)를 지지한다. _____

5. 그(그녀)가 다른 누군가와 사랑에 빠진다고 생각하면 질투를 느낀다. _____
6. 그(그녀)에 대해 모든 것을 알고 싶다. _____
7. 나는 신체적, 정서적, 정신적으로 그(그녀)를 원한다. _____
8. 나는 그(그녀)로부터 끊임없는 애정 욕구를 가진다. _____
9. 나에게 그(그녀)는 완전한 연인이다. _____
10. 나는 그(그녀)가 나를 접촉할 때 내 몸이 반응하고 있음을 느낀다. _____
11. 그(그녀)가 항상 내 마음속에 있는 것 같다. _____
12. 나는 그(그녀)가 나에 대해, 즉 나의 생각, 나의 두려움, 나의 희망에 대해 알아주기를 바란다. _____
13. 나는 그(그녀)가 나에 대해 바라는 징후를 열심히 찾는다. _____
14. 그(그녀)에게 나는 강력한 매력을 지녔다. _____
15. 그(그녀)와 관계가 좋지 않을 때 나는 매우 우울해진다. _____

채점 : 15문항의 점수를 합산하라. 총점의 범위는 최소 15점에서 최고 135점이다. 점수가 높을수록 그 사람에 대한 당신의 감정은 열정적 사랑을 반영한다. 당신이 특히 높은 점수를 부여한 문항들은 당신이 가장 강력하게 경험하는 열정적 사랑의 구성요소를 반영한다.

출처 : Hatfield & Sprecher(1986)

(Goode, 1999). 그러나 시작이 불길해 보임에도 불구하고 다수의 이런 결혼이 성공적인 것으로 판명되었으며, 미국의 연애결혼에서 이혼율이 높은 것을 고려할 때 특히 그렇다. 그렇긴 해도 불행한 결혼에서 이혼을 고려할 자유가 문화마다 다르다고 지적하는 사람도 있을 것이다.

관습과 의식에서의 차이를 넘어서 문화는 또한 사람들이 사랑을 어떻게 생각하고 정의하고 경험하는가 측면에서 차이를 만든다. 이 책의 전반에 걸쳐 논의했듯이 서양과 동양 문화는 그들이 개인과 집단, 사회의 욕구를 어떻게 개념화하는가 측면에서 다양하다(Kim & Markus, 1999; Markus, Kitayama, & Heiman, 1996; Triandis, 1995). 사회심리학자들은 개인주의 사회에서 낭만적 사랑이 결혼에 중요한, 심지어 결정적인 토대인 반면, 집단주의 사회에서는 덜 강조된다는 것에 주목했다. 개인주의 사회에서 낭만적 사랑은 자극적이고 매우 사적인 경험이다. 사람들은 한동안 친구와 가족에게 실제로 소홀하면서 새로운 상대에게 몰두한다. 누구와 사귈지 또는 결혼할지의 결정은 대부분 개인적인 것이다. 이에 비해 집단주의 사회에서 사랑에 빠진 개인은 가족과 다른 집단 구성원의 바람을 고려해야 하고, 이는 때때로 중매결혼에 동의하는 것을 포함한다(Dion & Dion, 1993; Kamble et al., 2014; Levine et al., 1995). 하지만 흥미롭게도 최근 수십 년 동안에 배우자를 찾는 서양 방식이 미디어를 통해 집단주의 문화에 침투하기 시작했다(Hatfield & Rapson, 2002). 예를 들어 네팔에서 미래의 신랑과 신부는 이제 결혼 전에 서로를 좀 더 알고자 서로에게 편지를 쓴다(Goode, 1999).

낭만적 사랑이 어떻게 정의되는가는 개인주의 및 집단주의 문화에 따라 다양하다. 연구자들은 캐나다 대학생들의 사랑에 대한 태도가 그들의 민족문화적 배경에 따라 다르다는 것을 발견하였다. 다른 캐나다인들과 달리 아시아계 캐나다인들은 동반자적, 우애에 기초한 낭만적 사랑, 즉

'기존의 가족관계의 복잡한 관계망을 붕괴시키지 않는 사랑의 유형'과 동일시하는 경향이 유의하게 높았다(Dion & Dion, 1993, p. 465). 다른 연구자들은 서아프리카에서 자신의 배우자와 형성한 더 최근의 관계보다 부모, 형제 및 다른 친척과의 관계가 더 중요하고 필연적인 것으로 간주됨을 발견하였다. 서아프리카의 많은 지역에서 행복하게 결혼한 부부는 같은 집에서 함께 살지 않고 매일 밤 함께 잠을 자는 것을 기대하지 않는다. 개인주의 문화에서 친밀한 관계의 패턴과 아주 대조적으로 확대 가족 구성원에 대한 그들의 관계와 의무는 배우자와의 그것보다 우선한다(Adams, Anderson, & Adonu, 2004). 문화 간 연구의 또 다른 예로, 세계 도처의 11개국 대학생들에게 "만일 남성(여성)이 당신이 바라는 특성을 모두 갖추고 있다면 당신이 그(그녀)와 사랑에 빠지지 않았더라도 결혼을 할 것인가?"라고 질문하였다. 이 연구는 사랑을 위한 결혼이 서구 국가(예 : 미국, 브라질, 영국, 호주)의 참가자들에게 중요도가 가장 높았고 아시아 국가(예 : 인도, 파키스탄, 태국)의 참가자들에게 중요도가 가장 낮았다는 것을 발견하였다(Levine et al., 1995).

이러한 연구결과는 낭만적 사랑의 개념이 문화 특정적이라는 것을 보여준다(Dion & Dion, 1996; Hatfield & Rapson, 2002; Hatfield & Sprecher, 1995; Li et al., 2010). 우리 모두 사랑을 하지만 반드시 모두 동일한 방식으로 사랑하지 않는다. 또는 적어도 우리는 그것을 동일한 방식으로 기술하지 않는다(Landis & O'Shea, 2000). 예를 들어, 일본인들은 극히 긍정적 정서 상태에 대해 아마에(あまえ, amae)라는 단어를 사용한다. 여기서 사람들은 엄마-유아의 관계에서처럼, 전적으로 수동적인 애정 대상이 되고 그들의 연인은 응석과 보살핌을 다 받아준다. 영어나 다른 서양 언어에는 '아마에'와 같은 단어가 없다. 가장 유사한 것이 의존성인데, 이는 서양 문화에서 건강하지 않은 성인들의 관계로 간주하는 정서적 상태이다(Dion & Dion, 1993; Doi, 1988; Farrer, Tsuchiya, & Bagrowicz, 2008).

유사하게 중국어 깐칭(感情, gan qing)의 개념은 낭만적 사랑에 대한 서양의 관점과 다르다. 깐칭은 또 다른 사람을 돕고 그를 위해 일함으로써 획득된다. 예를 들어 '낭만적' 행동은 누군가의 자전거를 수리하거나 누군가 새로운 내용을 학습하는 것을 돕는 것이다(Gao, 1996). 한국에서 특별한 종류의 관계는 정(情)의 개념으로 표현된다. 정(情)은 사랑 이상으로 두 사람을 함께 결속시키는 것이다. 새로 맺어진 부부는 서로에게 강한 사랑을 느낄 수 있지만 그들에게 시간과 서로에 대한 경험이 요구되는 진한 정(情)은 아직 생기지 않았다. 흥미롭게도 정(情)은 서로 싫어하는 사업 경쟁자와 같이 부정적 관계에서도 생길 수 있다. 시간이 흐르면서 부지불식간에 정(情)이 쌓이는데, 그 결과 그들은 자신들 사이에 이상한 유대감이 존재한다고 느끼게 된다(Kline, Horton, & Zhang, 2008; Lim & Choi, 1996).

몇몇 연구자들은 미국과 중국의 인기 있는 사랑 노래의 가사가 각 문화의 사랑 경험을 나타내는지를 연구했다(Rothbaum & Tsang, 1998). 연구자들은 중국의 사랑 노래가 미국의 사랑 노래보다 고통과 부정적 결과와 더 유의한 관련성이 있음을 발견하고 중국의 연(因緣, yuan)이라는 개념을 고려하였다. 연(因緣, yuan)은 대인관계가 미리 정해져 있다는 신념이다. 전통적인 불교의 신념인 카르마(karma)에 따라 운명이 관계에서 일어나는 일을 결정한다. 연인들은 이 과정에 대한 통제권이 거의 없다(Goodwin, 1999). 관계가 좋지 못하더라도 그것을 피할 수 없다. 사람들은 그에 수반되는 운명과 고통을 받아들여야 한다(Rothbaum & Tsang, 1998). 중국의 노래는 미국의 노래보다 더 슬프지만 두 국가에서 사랑이 묘사되는 강도에는 차이가 없었다. 연구자들은 중국 노래에서 사랑은 미국 노래에서 표현된 사랑과 마찬가지로 '열정적이고 에로틱'함을 발견했다.

따라서 낭만적 사랑은 인류에게 거의 보편적인 것처럼 보이지만 문화적 규칙은 정서 상태가 어떻게 경험되고 표현되고 기억되는가를 변화시킨다(Higgins et al., 2002; Jackson et al., 2006). 마지막 예로서 Shuangyue Zhang과 Susan Kline(2009)은 미국과 중국의 데이트 상대가 결혼을 결정할 때 두 가지 주요 차이가 있음을 발견했다. 그들이 상대와 결혼 여부를 어떻게 결정하는지를 묘사할 때 중국 학생들은 그들의 집단주의 문화에 두 가지 중심 개념, 즉 시아오(효[孝], xiao; 부모에 대한 자녀의 복종과 헌신)와 관시(關系, guanxi; 유대 관계망으로서 관계)를 더욱 강조했다. 반면, 미국 학생들은 지지와 보살핌을 얻고 '더 나은 삶을 사는 것'을 중시하였다. Robert Moore(1998)는 중국에서의 연구결과를 "젊은 중국인들은 젊은 서양인들처럼 깊은 사랑에 빠지고 연애의 즐거움과 슬픔을 똑같이 경험한다. 그러나 그들은 가족을 위해 개인적 관심을 희생할 것을 요구하는 규범에 따라 그렇게 한다. 이것은 잠깐 동안의 사랑의 열병, 가벼운 성관계, 가족의 관심사가 잊히는 데이트 상황을 없던 일로 한다는 것을 의미한다."(p. 280)라고 그의 연구를 요약했다.

세계 도처에 있는 사람들이 사랑을 경험하지만 사랑이 어떻게 정의되는가는 문화에 따라 다양하다.

친밀한 관계에서 애착유형

생애 초기에 부모나 양육자와의 상호작용만큼이나 우리가 성장한 문화는 우리가 사랑에 대해 어떻게 생각하고 경험할지를 결정짓는다. 구체적으로 성인 간에 친밀한 관계를 검토하기 위한 한 가지 접근은 **애착유형**(attachment styles)에 초점을 맞추고 유아가 그들의 주양육자(주로 어머니나 아버지)와 유대를 어떻게 형성하는가에 관한 John Bowlby(1969, 1973, 1980)와 Mary Ainsworth(Ainsworth et al., 1978)의 획기적인 연구에 의존하는 것이다.

Ainsworth와 동료들(1978)은 유아와 양육자 간에 세 가지 유형의 관계를 확인하였다. 그들은 양육자가 친숙하지 않은 방에 낯선 사람과 함께 유아를 잠시 두고 떠났다가 되돌아오는 상황을 만들었다. 부모와의 분리와 재결합에 대한 유아의 반응이 관찰되었다. **안전 애착유형**(secure attachment style)을 보인 유아는 부모가 방을 떠나자 울면서 고통을 표현하다가 부모가 돌아오자 행복해한다. 이런 유아는 양육자를 신뢰하고 그들과 상호작용할 때 긍정적인 정서를 보이며 버림받을까 봐 걱정하지 않는 경향을 보인다. **회피 애착유형**(avoidant attachment style)을 가진 유아는 부모의 분리나 복귀에 별로 반응하지 않는다. 그들은 양육자와 가까워지기를 바라지만 마치 그런 시도가 차갑고 거리를 두거나 바쁜 양육자에게 거절당할 것을 아는 것처럼, 이런 욕구를 억제하는 것을 배운다. **불안/양가적 애착유형**(anxious/ambivalent attachment style)의 유아는 부모가 방을 떠나기 전에도 고통스러워하는 것 같고 부모가 돌아오더라도 진정하기 어려우며 그들의 반응은 종종 분노와 무관심이 뒤섞여 있다. 이런 유아는 양육자가 그들의 욕구에 언제, 어떻게 반응할지 예측할 수 없기 때문에 대개 불안해한다.

애착 이론의 핵심 가정은 우리가 유아기에 학습한 특정 애착유형이 관계가 어떨지에 대한 작동 모델 또는 스키마가 된다는 것이다(제3장에서 논의했듯이). 이런 초기 관계 스키마는 전형적

애착유형
사람들이 유아기에 주양육자와 맺었던 관계에 기초해서 타인과의 관계에서 발달시키는 기대

안전 애착유형
신뢰, 버림받을 것이란 걱정의 부재, 자신이 가치 있고 호감을 얻을 것이란 관점을 특징으로 하는 애착유형

회피 애착유형
친밀하고자 하는 이전의 시도가 거부되었기 때문에 친밀한 관계를 발달시키는 데 어려움이 있는 애착유형

불안/양가적 애착유형
다른 사람이 친밀감에 대한 바람에 화답하지 않을까 봐 걱정하는 애착유형으로 평균 이상의 높은 불안을 초래함

애착 이론은 유아와 어린 아동일 때 우리가 학습한 애착유형이 전 생애에 걸쳐 계속 사용되고 다른 사람과 모든 관계에 일반화된다는 것을 예측한다.

으로 생애에 걸쳐 지속되고 성인기에 다른 사람과의 관계에 일반화된다(Fraley & Shaver, 2000; Konrath et al., 2014; Mikulincer et al., 2009). 따라서 아동기에 부모 또는 양육자와 안정적인 관계를 형성한 사람은 성인기에 성숙하고 지속적인 관계를 발달시키기 쉽다. 부모와 회피적 관계를 형성한 사람들은 다른 사람을 잘 믿지 못하고 친밀하고 가까운 관계를 형성하기 어렵다. 부모와 불안/양가적 관계를 맺은 사람은 성인기에 파트너와 친밀하기를 원하지만 파트너가 그들의 애정을 돌려주지 못할까 봐 자주 걱정한다(Collins & Feeney, 2000; Rholes, Simpson & Friedman, 2006; Simpson et al., 2007). 이것은 질문지를 사용해서 성인의 애착유형을 측정하고 애정 관계의 질과 애착유형 간에 상관을 보여준 수많은 연구에서 지지되었다. 예를 들어 연구자들은 성인들에게 그들의 연인 관계에서 전형적으로 느끼는 것에 따라 표 10.3에 제시된 세 가지 진술문 중 하나를 선택하라고 요구했다(Hazan & Shaver, 1987). 각 진술문은 우리가 기술했던 세 종류의 애착유형 중 하나를 나타내도록 고안되었다.

연구자들이 애착유형 질문에 대한 성인의 반응과 그들의 현재 관계에 대한 반응의 상관을 구했을 때, 결과가 애착 이론 관점과 일치함을 발견했다(Feeney, Cassidy, & Ramos-Marcuse, 2008; Feeney, Noller, & Roberts, 2000; Hazan & Shaver, 1994a). 예를 들어 안전 애착의 개인은 세 가지 애착유형 중 가장 지속적인 연인 관계를 맺는 경향이 있었다. 그들은 관계에 가장 높은 수준의 헌신과 가장 높은 수준의 관계 만족도를 경험한다. 불안/양가적 애착의 개인의 경우 낭만적 관계가 가장 짧게 지속되었다. 그들은 종종 상대에 대해 잘 알기도 전에 가장 빨리 관계를 시작한다. 결혼허가국에서 수행된 한 연구는 불안형 남성이 안전형 또는 회피형 남성에 비해 더 짧은 교제기간 이후 결혼허가증을 획득함을 발견하였다(Senchak & Leonard,

---

표 10.3 애착유형 측정

신문에서 발표된 사랑에 대한 태도 조사의 일부로 사람들은 그들의 연인 관계를 가장 잘 묘사한 진술문을 선택하라는 요청을 받았다. 각 문장이 측정하고자 하는 애착유형과 각 보기를 선택한 사람들의 비율이 제시되었다.

안전형	56%	"나는 다른 사람들과 친해지는 것이 비교적 쉽고 내가 그들에게 의지하고 그들이 나에게 의지하도록 하는 것이 편안하다고 생각한다. 나는 버림을 받거나 누군가와 너무 가까워지는 것에 대해 자주 걱정하지 않는다."
회피형	25%	"나는 다른 사람들과 친해지는 것이 다소 불편하다고 생각한다. 나는 그들을 완전히 신뢰하기가 어렵고 나 자신이 그들에게 의지하는 것이 어렵다. 누군가와 가까워질 때, 그리고 연인이 내가 편안하게 느끼는 것보다 더 친밀하기를 원할 때 나는 두렵다."
불안형	19%	"나는 내가 좋아하는 만큼 다른 사람들이 친밀해지려 하지 않는다고 생각한다. 나는 내 파트너가 정말로 나를 사랑하지 않거나 나와 함께 있지 않을까 봐 자주 걱정한다. 나는 다른 사람과 완전히 융합되기를 원하고, 이런 바람이 때때로 사람들을 겁을 줘서 쫓아 버린다."

출처 : Adapted from Hazan & Shaver(1987)

1992). 또한 그들은 그들의 사랑이 응답받지 못할 때 세 가지 유형 중 가장 흥분하고 분노한다. 세 번째 범주인 회피형 애착의 개인은 관계를 시작할 가능성이 가장 작고 사랑에 빠지지 않았다고 보고할 가능성이 크다. 그들은 정서적 거리를 유지하고 세 유형 중 관계에 가장 낮은 수준의 헌신을 보인다(Campbell et al., 2005; Collins et al., 2006; Feeney & Noller, 1990; Keelan, Dion, & Dion, 1994).

그러나 애착 이론은 부모와 불행한 관계를 맺었던 사람들이 그들이 만나는 모든 사람과 동일한 불행한 관계를 반복할 운명이라거나, 유아기의 안전 애착이 성인기의 건강한 애정 생활을 보장한다는 의미가 아니라는 점에 주목하는 것이 중요하다(Simms, 2002). 일부 연구자들은 원래 연구를 하고 몇 개월이나 몇 년 후 연구 참가자들을 다시 만나서 애착유형 척도를 다시 실시하였다. 그들은 참가자의 25~30%에서 애착유형이 변화했음을 발견했다(Feeney & Noller, 1996; Kirkpatrick & Hazan, 1994). 사람들은 변할 수 있고 변한다. 관계에서 그들의 경험은 아동기에 경험한 것보다 새롭고 더 건강한 방식으로 다른 사람과 관계를 맺는 것을 학습하도록 도울 수 있다(Baldwin & Fehr, 1995). 더욱이 다른 연구는 특정 시기에 사람들이 보인 애착유형은 커플로서 그들이 만든 관계의 유형과 파트너의 행동에 따라 표현되는 것이라고 제안한다. 따라서 사람들은 어떤 관계에서 안전 애착유형을, 다른 관계에서 불안 애착유형을 더 많이 나타내는 것처럼, 그들의 관계에서 상황적인 변인에 반응할 수 있다(Fraley, 2002; Hadden et al., 2014; Simpson et el., 2003).

사랑에 빠진…… 뇌

사랑에 빠지는 것은 특별한 감정이다. 당신은 아찔하고 행복하고 에너지가 넘치고 새로운 사랑에 사로잡히게 된다. 수많은 문화에서 매우 다른 초기 아동기 경험을 가진 사람들이 이 강렬한 정서를 경험하며, 이는 낭만적 사랑이 인간의 짝짓기 체계의 주요 구성요소로서 진화했을 수 있음을 시사한다. 우리가 사랑에 빠질 때 뇌에서는 어떤 특별한 일이 일어나는가?

이를 알아내기 위해 한 연구팀은 현재 '강렬하게 사랑하고 있다.'고 자신을 묘사한 뉴욕 지역의 대학생들을 모집했다(Aron et al., 2005). 그들은 연구 참가자들에게 실험회기에 두 장의 사진, 즉 사랑하는 연인 사진과 연인과 나이와 성별이 같은 지인의 사진을 가지고 오라고 요청했다. 몇 가지 질문지('해보기 : 열정적 사랑 척도' 포함)를 작성한 후, 참가자는 본 연구를 위한 준비가 되었다. 그들은 fMRI 스캐너에 들어갔는데, 이것은 뇌 혈류의 증가와 감소를 기록하여 특정 시기에 뇌의 어느 부위의 신경 활동이 변화했는지를 보여준다. 참가자들이 스캐너 안에 있는 동안, 실험자는 스크린에 한 사진을 비춘 다음, 다른 사진을 번갈아 비추었고, 그 사이에 수학 방해 과제를 배치하였다.

연구자들은 참가자들이 연인 사진을 볼 때 뇌 속에 깊이 있는 두 가지 특정 영역에서 증가된 활성화의 증거를 보였으나 지인의 사진을 볼 때(또는 수학 문제를 풀 때)에는 활성화되지 않음을 발견하였다. 더욱이 자기 보고에서 낭만적 사랑이 더 낮았던 참가자들보다 더 높은 수준의 낭만적 사랑을 보고한 참가자들은 연인을 볼 때 더 큰 활성화를 보였다(Aron et al., 2005). 두 가지 뇌 영역은 복측 피개 영역(ventral tegmental area, VTA)과 미상핵(caudate nucleus)으로, 이들은 회로의 일부로 서로 소통한다. 이 뇌 영역이 발화하도록 하는 것이 무엇이고, 이들이 어떤 종류의 처리를 하는지에 대해서는 이미 많이 알려져 있다. 그리고 이제 이 지식이 열정적 사랑의 경험에 적용될 수 있다.

구체적으로, 이전 연구들은 코카인을 섭취했을 때처럼 보상적인 행동에 참여할 때도 VTA가

사랑에 빠지면 초콜릿을 먹을 때 활성화되는 뇌의 보상 중추에서 활성화가 증가할 것으로 예측된다.

활성화된다는 것을 발견했다. 코카인은 쾌락, 다행감, 초조, 불면, 식욕 상실을 유발하는 약물이다(생각해보라, 이 반응은 또한 사랑에 빠졌을 때를 연상시킨다). 도파민이 풍부한 VTA는 초콜릿을 먹을 때도 발화한다. 따라서 VTA와 미상핵은 뇌의 주요 보상과 동기 중추를 구성한다. 예를 들어 도박을 하는 도박꾼의 뇌에 관한 fMRI 연구는 그들이 승리할 때(즉, 보상적이고 동기부여가 되는 사건) 이 도파민이 풍부한 영역에서 활성화가 크게 증가됨을 보여준다(Aron et al., 2005). 따라서 사람들이 사랑에 빠지는 것에 대해 '중독되었다', '마약 같다', 또는 '복권에 당첨된 것 같다'고 할 때 그것은 맞는 말이다. 이 모든 경험은 도파민이 풍부한 동일한 뇌 영역, 즉 쾌락, 보상과 동기 중추에서 활성화가 증가할 것을 예측한다(Bartels & Zeki, 2000, 2004; Fisher, 2004; Scheele et al., 2013).

관계 만족의 이론 : 사회교환과 공정성

지금까지 우리는 문화적 기대와 개인적 애착유형이 사랑을 정의하고 경험하는 방식을 어떻게 예측하는지를 검토하였다. 그러나 실제 관계에서 어떤 측면이 관계 만족도에 영향을 주는가? 어떤 요인들이 더 일반적으로 현재 배우자 또는 '애정 생활'에서 얼마나 행복감을 느끼는지 결정하는가? 우리는 이제 이런 상세한 질문에 경험적으로 기초한 답을 제공하기 위한 시도로 관계 만족의 이론을 살펴볼 것이다.

사회교환 이론 우리가 앞에서 매력의 선행조건으로 논의했던 많은 변인들은 사회적 보상의 예로 간주될 수 있다. 우리 태도가 타당화되면 기분이 좋다. 따라서 사람들의 태도가 우리와 더 유사할수록 함께 시간을 보냄으로써 우리가 느끼는 보상은 더 크다. 이와 비슷하게 우리를 좋아하는 사람들과 함께 있는 것은, 특히 그 사람이 신체적으로 매력적이라면 보상이 된다. 즉, 함께 있는 사람이 우리에게 제공하는 사회적 보상이 클수록(비용이 작을수록) 우리는 그 사람을 더 많이 좋아하게 된다. 이 방정식의 이면은 관계가 제공하는 것(예 : 타당화 또는 칭찬의 측면에서)보다 지불해야 할 것(예 : 정서적 불안정 측면에서)이 더 많다면 그것이 지속되지 않을 가능성이 있다는 것이다.

　다른 시장과 마찬가지로 비용과 이득의 경제 모델에 따라 관계가 작동한다는 이 단순한 개념은 연구자들에 의해 사회교환이라는 복잡한 이론으로 확장되었다(Blau, 1964; Cook et al., 2013; Kelley & Thibaut, 1978; Thibaut & Kelley, 1959). **사회교환 이론**(social exchange theory)은 사람들이 관계에서 어떻게 느끼는가가 그들이 관계로부터 받는 보상에 대한 지각, 그들이 지불할 비용에 대한 지각, 그리고 가치 있는 관계의 종류에 대한 믿음, 그리고 다른 누군가와 더 좋은 관계를 찾을 수 있는 가능성에 따라 달라질 것이라고 여긴다. 본질적으로 우리는 우리가 얻을 수 있는 최상의 관계, 즉 가장 값진 정서적 가치를 우리에게 주는 관계를 '구입한다'. 사회교환 이론의 기본 개념은 보상, 비용, 결과와 비교수준이다.

　보상은 관계를 가치 있게 만들고 강화하는, 관계의 만족스러운 측면이다. 그들은 우리가 이미 논의했던 관계 파트너의 행동과 개인적 특성의 유형, 그리고 이 사람을 알게 됨으로써 외부 자

사회교환 이론
관계에 대한 느낌은 관계의 보상과 비용에 대한 지각, 가치 있는 관계의 종류, 그리고 다른 누군가와 더 좋은 관계를 맺을 수 있는 기회에 따라 달라진다는 견해

원(예 : 돈, 지위, 활동, 관심 있는 타인에 대한 접근성)을 얻는 우리의 능력을 포함한다(Lott & Lott, 1974). 예를 들어 브라질에서 우정은 교환 가치로 공개적으로 사용된다. 브라질인들은 그들이 *pistolão*(문자 그대로 크고 강력한 권총)을 요구한다는 것을 쉽게 인정할 것인데, 이는 그들이 개인적 유대를 사용해서 자신이 원하는 것을 얻도록 도와줄 사람이 필요함을 의미한다(Rector & Neiva, 1996). 비용은 명백하게 동전의 이면이고, 모든 우정과 낭만적 관계는 타인의 짜증나는 습관과 특성을 참고 견디는 것과 같은 비용이 따른다. 관계의 결과는 보상과 비용의 직접적인 비교이다. 결과는 보상에서 비용을 뺀 것이라는 수학 공식으로 생각할 수 있다. 만일 음수가 산출된다면 당신의 관계는 좋은 상태가 아니다.

보상과 비용에 더해 관계에 대한 만족도는 **비교수준**(comparison level) 또는 비용과 보상 측면에서 관계의 결과에 대한 기대에 따라 달라진다(Kelley & Thibaut, 1978; Thibaut & Kelley, 1959). 시간이 흐르면서 당신은 다른 사람과 관계의 긴 역사를 축적해 왔고, 이 역사는 당신의 현재 및 미래 관계가 어떠할 것인지에 관한 어떤 기대를 하도록 한다. 어떤 사람들은 높은 비교수준을 가지고 관계에서 많은 보상과 작은 비용을 기대한다. 해당 관계가 이런 기대했던 비교수준과 불일치한다면 불행과 불만족이 빠르게 증가할 것이다. 반면 낮은 비교수준을 가진 사람은 동일한 관계에서 행복할 텐데, 그 이유는 그들의 관계가 힘들고 비용이 클 것이라고 기대하기 때문이다.

마지막으로, 관계에 대한 만족도는 더 좋은 관계로 대체할 수 있는 가능성 또는 **대안 비교수준**(comparison level for alternatives)에 대한 지각에 달려 있다. 이른바 바다에는 많은 물고기가 있다. 다른 사람과의 관계가 현재 관계보다 더 좋은 결과를 제공할 수 있는가? 높은 대안 비교수준을 가진 사람은, 세상이 자신을 만나고 싶어 하는 멋진 사람들로 가득 차 있다고 믿기 때문에 또는 자신을 만나고 싶어 하는 한 명의 멋진 특정인을 알기 때문에, 과감하게 뛰어들어 변화를 주고 새 친구나 연인을 찾아나설 가능성이 있다. 대안 비교수준이 낮은 사람은 비용이 큰 관계에 머무를 가능성이 더 높은데, 그 이유는 자신은 가진 것이 많지 않지만 이 관계가 다른 관계에서 기대할 수 있는 것보다 더 나을 것이라 생각하기 때문이다(Etcheverry, Le, & Hoffman, 2013; ; Lehmiller & Agnew, 2006; Simpson, 1987).

사회교환 이론은 상당한 경험적 지지를 얻어 왔다. 친구와 연인들은 그들의 관계에서 비용과 보상에 주의를 기울이고, 이 지각은 사람들이 관계의 상태에 대해 얼마나 긍정적으로 느끼는가에 영향을 준다(Bui, Peplau, & Hill, 1996; Rusbult, 1983; Rusbult, Martz, & Agnew, 1998). 이런 발견은 대만과 네덜란드만큼 다른 문화의 친밀한 관계에서도 관찰되어 왔다(Le & Agnew, 2003; Lin & Rusbult, 1995; Rusbult & Van Lange, 1996; Van Lange et al., 1997). 일반적으로 말하면, 사람들은 관계가 많은 보상을 제공한다고 지각할 때 행복감과 만족감을 느낀다고 보고한다.

그러나 많은 사람들은 관계가 불만족스럽고 다른 대안의 전망이 밝을 때조차 배우자를 떠나지 못한다. 연구에 따르면 친밀한 관계를 이해하기 위해 적어도 한 가지 부가적 요인, 즉 관계에 대한 개인의 투자 수준을 고려할 필요가 있다(Carter et al., 2013; Goodfriend & Agnew, 2008; Rusbult et al., 2001). 친밀한 관계에 대한 **투자모형**(investment model)에서 Caryl Rusbult(1983)는 관계에 포함된 사람이 그것을 떠난다면 잃게 될 어떤 것으로 투자를 정의했다. 예시는 재정적 자산과 소유물(예 : 집), 재산과 같은 유형의 것뿐만 아니라 관계를 확립하는 데 필요한 시간과 정서적 에너지, 자녀의 정서적 안녕감, 그리고 이혼을 하게 된다면 상실하게 될 개인적 온전성과 같은 무형의 것을 포함한다. 그림 10.1에서 보듯이 개인이 관계에 투자한 것이 클수록, 심지어

비교수준
특정 관계에서 받을 가능성이 큰 보상과 비용 수준에 관한 사람들의 기대

대안 비교수준
대안적 관계에서 받게 될 보상과 비용 수준에 관한 사람들의 기대

투자모형
관계에 대한 헌신은 관계에 대한 만족뿐만 아니라 관계가 끝나면 잃게 되는 관계에 투자한 정도에 따라 달라진다는 이론

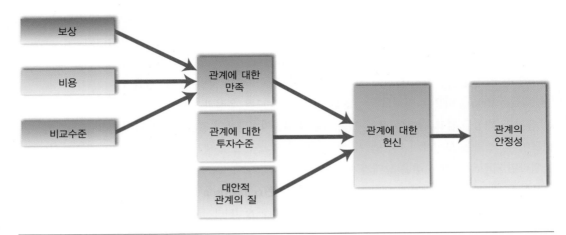

그림 10.1 헌신의 투자모형
관계에 대한 사람들의 헌신은 몇 가지 변인에 따라 다르다. 먼저 관계에 대한 만족은 보상과 비용의 비교와 결과가 그들이 관계에서 얻게 될 일반적인 기대를 초과하는지에 대한 결정에 기초한다(또는 비교수준). 다음으로 관계에 대한 헌신은 세 가지 변인에 따라 다르다. 차례로 이런 헌신 변인들은 관계가 얼마나 안정적일지를 예측한다. 예를 들어 자신이 수용할 수 있는 것보다 관계가 더 큰 비용과 더 적은 보상을 준다고 느낀 여성은 만족도가 낮을 것이다. 또한 그녀가 관계에 거의 투자하지 않았다고 느끼는데 아주 매력적인 사람이 데이트를 요청한다면 그녀의 헌신 수준은 낮을 것이다. 궁극적 결과는 안정성의 저하이다. 그녀는 현재 파트너와 깨질 가능성이 크다.
출처 : Rusbult(1983)

만족도가 낮고 다른 대안이 확실할 때조차 관계를 떠날 가능성이 작다. 요약하면 사람들이 친밀한 관계에서 머물 것인지 여부를 예측하기 위해서 우리는 (1) 그들이 관계에 얼마나 만족하는가, (2) 그들은 대안에 대해 어떻게 생각하는가, (3) 관계에서 투자를 얼마나 많이 했는가를 알아야 한다.

이 모형을 검증하기 위해 Rusbult(1983)는 이성과 데이트 중인 대학생들에게 7개월 동안 질문지를 작성하도록 했다. 사람들은 3주마다 그림 10.1에서 제시한 모형의 각 구성요소에 대한 질문에 답을 했다. Rusbult는 또한 학생들의 관계가 유지됐는지 아니면 깨졌는지 여부를 추적했다. 그림 10.2에서 볼 수 있듯이 만족도, 대안 및 투자 모두 사람들이 관계에 얼마나 헌신하고 그것이 얼마나 지속되는지를 예측했다. (척도에서 수치가 더 높을수록 각 요인은 관계에 대한 헌신과 유지기간을 잘 예측하였다.) 이후 연구들은 다양한 연령의 부부, 레즈비언과 게이 커플, 비성적인 우정, 그리고 미국과 대만의 거주자에서 그림 10.2에서 제시한 것과 유사한 결과를 발견하였다(Kurdek, 1992; Lin & Rusbult, 1995; Rusbult, 1991; Rusbult & Buunk, 1993).

동일한 모형이 파괴적 관계에서 유지되는가? 이를 알아보기 위해 Rusbult와 동료는 매 맞는 여성을 위한 쉼터에 피난을 온 여성을 면접해서 학대적인 애정 관계에 대해 질문하였다(Rusbult & Martz, 1995). 이 여성 중 일부는 쉼터를 떠난 후에도 학대적 배우자에게 되돌아가는데, 왜 이런 관계가 유지되는 것인가? 이론이 예측하는 것처럼, 학대적 관계에 대한 헌신의 느낌은 관계에 대한 경제적 대안이 더 빈약하거나 관계에 더 많은 투자를 한 여성에게서 더 컸다. 지속적인 관계에서 헌신은 배우자가 준 보상과 비용의 양 이상이었다. 그것은 또한 관계에 대한 투자, 만족도 및 대안에 대한 지각에 따라 달라진다.

공정성 이론

공정성 이론
양측이 경험한 보상과 비용이 대략 동일한 관계에서 사람들이 가장 행복하다는 견해

공정성 이론   일부 연구자들은 사회교환 이론이 관계에서 필수적인 변인인 공평성 또는 공정성의 개념을 무시한다고 비판했다. **공정성 이론**(equity theory)의 지지자들은 사람들이 보드 게임을 하는 방식으로 관계를 맺지 않으며 그들이 할 수 있는 것을 할 때 결국 가장 큰 보상을 얻게 된다고

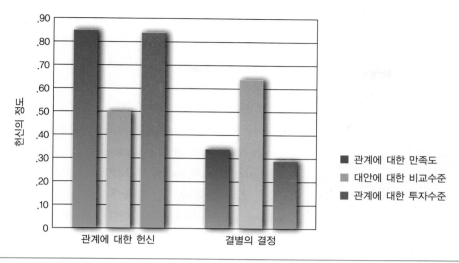

그림 10.2 투자모형의 검증

이 연구는 대학생의 관계에 대한 만족도, 대안에 대한 비교수준, 관계에 대한 투자수준이 관계에 대한 헌신과 파트너와 헤어질지 여부에 대한 결정을 예측했다. 수치가 높을수록, 각 변인은 두 개의 다른 변인과 별개로 헌신과 파경을 더 많이 예측했다. 세 가지 변인은 모두 사람들이 얼마나 헌신할지, 그리고 그들이 헤어질지 여부에 대한 좋은 예측요인이었다.

출처 : Rusbult(1983)

주장한다. 우리는 최소 비용으로 최대 보상을 얻으려고 애쓰지 않는다. 또한 우리는 우리가 경험하는 보상과 비용이 관여된 다른 사람의 그것과 대략 동일해야 한다는 생각 또는 공정성에 대해 관심이 있다(Kalmijn & Monden, 2012; Walster, Walster, & Berscheid, 1978). 이 이론가들은 동등한 관계가 가장 행복하고 가장 안정적인 반면, 비동등한 관계는 과잉이득(많은 보상을 얻고 거의 비용이 들지 않고 관계에 대한 시간이나 에너지를 거의 쏟지 않는 것)과 과소이득(보상이 거의 없고 큰 비용이 들고 관계에 대한 많은 시간과 에너지를 쏟는 것)을 느끼도록 한다고 기술한다.

공정성 이론에 따르면, 과소이득과 과잉이득의 배우자 모두 이 상태에 대해 불편감을 느끼고 관계에서 공정성을 회복하기 위한 동기를 가지게 될 것이다. 이것은 과소이득인 사람에게 중요하다. 어쨌든 누가 비참하게 느끼고 인정받지 못하는 것을 원하겠는가? 그러나 과잉이득인 개인은 사회교환 이론이 작은 비용과 적은 업무에 비해 큰 보상, 즉 손 쉬운 거래라고 언급하는 것을 왜 포기하길 원하는 걸까? 이론가들은 공정성이 강력한 사회적 규범이며 사람들은 관계에서 얻을 만한 것 이상을 얻는다면 궁극적으로 불편감과 죄책감을 느끼게 될 것이라고 주장한다. 여전히 과잉이득은 과소이득만큼 나쁘지 않으며, 연구는 불공정성이 과소이득인 개인에게 더 많은 문제로 지각된다는 것을 보여준다(Buunk & Schaufeli, 1999; Guerrero, La Valley, & Farinelli, 2008; Sprecher & Schwartz, 1994).

물론 공정성의 온전한 개념은 관계에서 배우자 중 누가 얼마나 많은 이득을 얻고 누가 부당하게 다루어지는지에 관해 파악하고 있어야 함을 의미한다. 어떤 이들은 행복한 관계에 있는 많은 사람들이 이런 방식으로 기여와 이득을 계산하는 데 많은 시간과 에너지를 쓰지 않는다고 제안한다. 실제 우리는 누군가에 대해 더 많이 알수록 모든 표현에 대해 즉각적 보상을 기대하거나 단순히 호의를 교환하고 있다고 믿는 것을 꺼리는 경향이 크다. 확실히 가벼운 관계에서 우리는 '동등한 것'을 주고받는다. 당신이 누군가에게 강의 노트를 빌려주었다면 그녀는 당신에게 점심을 살 것이다. 그러나 친밀한 관계에서 우리는 다른 종류의 자원을 주고받으며, 우리가 원한다고 해

친밀한 관계는 교환 또는 공동의 특성을 지닐 수 있다. 가족 관계는 전형적으로 공동의 특성을 지닌다.

교환 관계
공정성 욕구(즉, 보상과 비용의 동등한 비율)에 의해 지배되는 관계

공동의 관계
사람들의 일차적 관심이 다른 사람의 욕구에 반응적인 관계

도 공정성이 성취되었는지 여부를 결정하가 어려워진다. 하룻밤 근사한 저녁식사에 중요한 타인을 데려가는 것은 이틀간 밤늦게까지 일을 하느라 함께 시간을 보낼 수 없었다는 사실과 균형이 맞는가? 다시 말해 지속적이고 친밀한 관계는 엄격한 맞교환 전략보다 좀 더 느슨한 주고받기 개념의 지배를 받는다(Kollack, Blumstein, & Schwartz, 1994; Laursen & Hartup, 2002; Vaananen et al., 2005).

Margaret Clark과 Judson Mills(1993)에 따르면, 새로운 친분에서 상호작용은 공정성 주제에 의해 좌우되며 **교환 관계**(exchange relationships)라고 불린다. 그림 10.3에서 볼 수 있듯이, 교환 관계에서 사람들은 누가 무엇에 기여하는지를 파악하고 있으며, 관계에서 얻는 것보다 더 많은 것을 쏟는다고 느낄 때 이용당했다고 느낀다. 이에 비해 친한 친구와 가족 구성원, 연인 간의 장기간의 상호작용은 공정성 규범에 영향을 덜 받고 필요할 때 서로 돕고자 하는 욕구에 더 많이 좌우된다. 이런 **공동의 관계**(communal relationships)에 있는 사람들은 그들이 갚을지 여부와 상관없이 타인의 욕구에 반응한다(Abele & Brack, 2013; Clark & Mills, 1993; Mills & Clark, 2011; Vaananen et al., 2005). 이런 식의 공동의 상호작용은 장기적이고 친밀한 관계의 특징이다. 이성 커플과 동성 커플을 비교한 연구는 그들이 관계에 똑같이 헌신하고 관여함을 발견하였다. 오히려 게이 남성과 레즈비언은 이성애 커플보다 더 큰 친화성과 더 적은 갈등을 보고하였다(Balsam et al., 2008; Roisman et al., 2008).

공동의 관계에 있는 사람들은 공정성에 완전히 무관심한가? 반드시 그렇지는 않다. 앞서 보았듯이 사람들은 그들의 친밀한 관계가 공정하지 않다고 믿는다면 불편감을 느낀다(Canary &

그림 10.3 교환 관계 대 공동의 관계

교환 관계

공정성 주제에 지배를 받는다.

(a) 우리는 우리의 호의에 즉각 보답 받기를 원한다.

(b) 우리의 호의가 돌아오지 않으면 우리는 이용당했다고 느낀다.

(c) 우리는 관계에서 누가 무엇에 기여하고 있는지를 기억한다.

(d) 그 사람을 도울 수 있는 것이 우리 기분에 영향을 주지 않는다.

공동의 관계

타인의 욕구에 대한 반응에 지배를 받는다.

(a) 우리는 우리의 호의에 즉각 보답 받기를 원하지 않는다.

(b) 우리의 호의가 돌아오지 않아도 이용당했다고 느끼지 않는다.

(c) 우리는 관계에서 누가 무엇에 기여하고 있는지를 기억하지 않는다.

(d) 그 사람을 도울 수 있는 것이 우리를 기분 좋게 만든다.

Stafford, 2001; Walster et al., 1978). 그러나 덜 친밀한 관계에 비해 공동의 관계에서 공정성은 다소 다른 형태를 취한다. 공동의 관계에서 배우자는 특정 시기에 무엇이 공정한가에 관해 더 느긋하며, 이는 결국 균형이 맞춰질 것이고 장기적으로 공정성이 대략 성취될 것이라고 믿기 때문이다(Lemay & Clark, 2008; Lemay, Clark, & Feeney, 2007). 만일 그렇지 않다면, 즉 계속해서 불균형이 존재한다고 느낀다면 관계는 궁극적으로 깨질 것이다.

복습문제

1. _____ 사랑은 친밀감과 애정을 특징으로 하는 반면, _____ 사랑은 강렬한 갈망과 생리적 각성을 포함하는 경향이 있다.
   a. 플라토닉, 낭만적
   b. 조용한, 성적인
   c. 동반자적, 열정적
   d. 공허한, 에로틱한

2. 다음 중 이 장에서 보고된 사랑과 관계에 관한 문화 간 연구결과 중 하나가 아닌 것은?
   a. 결혼한 부부가 함께 사는 것이 보편적인 미국과 달리, 서아프리카의 많은 지역에서는 배우자와의 관계보다 확대 가족과의 유대를 더 우선시하면서 결혼한 부부가 떨어져 생활한다.
   b. 연(因緣, yuan)이라는 개념에서 알 수 있듯이, 중국인은 미국인보다 관계의 결과가 운명에 의해 결정된다고 믿는 경향이 있다.
   c. 문화가 그런 정서적 상태가 어떻게 경험되고 표현되는지를 결정하기는 하지만, 낭만적 사랑이 사람들 사이에서 보편적인 것처럼 보인다.
   d. 이혼율은 개인이 자신의 배우자를 찾는 결혼에서 보다 중매결혼에서 더 높다.

3. 다음 의견은 어느 애착유형을 가장 잘 표현한 것인가? "나는 다른 사람과 친밀해지는 것이 불편하고 사람들을 완전히 신뢰하기 어려워요. 누군가 가까이 다가오면 긴장되고, 종종 내 파트너는 내가 편안하게 느끼는 것보다 더 친밀해지길 원해요."
   a. 안전 애착유형
   b. 회피 애착유형
   c. 불안/양가적 애착유형
   d. 교환 애착유형

4. 낭만적 사랑의 감정을 생각할 때 활동이 증가하는 뇌 영역과 동일한 뇌 영역의 활성화를 초래하는 경우는?
   a. 수면을 취할 때
   b. 코카인을 섭취할 때
   c. 울 때
   d. 관심의 초점이 되는 것에 대해 불안할 때

5. 소영이는 남자 친구가 잘해주고 항상 그녀의 욕구를 우선적으로 생각하고 관계 노력에서 그녀에게 많은 것을 요구하지 않지만, 그녀는 관계에 불만족을 느낀다. 왜냐하면 그녀의 마음속에서 어딘가에서 더 좋은 짝이 있을 것이라고 속삭이고 있기 때문이다. 소영이가 가지고 있는 것은?
   a. 높은 비교수준
   b. 낮은 비교수준
   c. 낮은 대안 비교수준
   d. 높은 투자 느낌

6. 관계가 공정하지 않을 때 공정성 이론이 제안하는 것은?
   a. 초과 이득을 얻은 개인은 계속해서 그 관계에 만족할 것이다.
   b. 이득이 부족하거나 넘치는 개인들 모두 그 관계에 만족할 것이다.
   c. 이득이 부족하거나 넘치는 개인들 모두 그 관계에 불만족할 것이다.
   d. 공동의 관계에서 교환 관계로 전환될 것이다.

정답은 537–539쪽 참조

친밀한 관계의 종료

10.4 연인과 헤어짐에 관한 연구는 무엇을 말해주는가

미국의 이혼율은 거의 50%로, 과거 20년 동안 줄곧 그랬다(Kennedy & Ruggles, 2014; National Center for Health Statistics, 2005). UN의 연간 인구통계 보고서에서 얻은 58개 사회의 자료를 검토한 결과, 대다수의 별거와 이혼이 결혼 4년 차 즈음에 일어난다는 것을 보여준다(Fisher, 2004). 물론 미혼 간의 낭만적 관계는 매일 셀 수도 없이 깨진다. 사회심리학자들은 사랑이 무엇이고 그것이 어떻게 꽃을 피우는지를 연구한 지 많은 해가 지난 후 이제야 그 이야기의 종결, 즉 사랑이 어떻게 끝나는지를 탐색하기 시작했다.

헤어짐의 과정

연애 관계의 종료는 인생에서 매우 고통스러운 경험 중 하나이다. 연구자들은 무엇이 커플이 헤어지도록 하는지, 그리고 헤어지기 위해 사용하는 파경 전략을 계속해서 검토하였다(Baxter, 1986; Femlee, Sprecher, & Bassin, 1990; Frazier & Cook, 1993; Rusbult & Zembrodt, 1983; Sprecher, Zimmerman, & Fehr, 2014). 예를 들어 Steve Duck(1982)은 우리에게 관계의 파경이 단일 사건이 아니라 여러 단계를 거치는 과정임을 상기시켰다(그림 10.4 참조). Duck은 개인내적 단계(관계 불만족에 대해 많이 생각함)에서 상호적 단계(파트너와 헤어짐에 대해 논의함), 사회적 단계(헤어졌음을 다른 사람에게 알림)로, 그리고 다시 개인내적 단계(개인은 헤어짐으로부터 회복되어 왜, 어떻게 그런 일이 일어났는지 내적 설명을 함)로 돌아가는 파경의 4단계가 존재한다고 이론화했다. 이 과정의 마지막 단계 측면에서 John Harvey와 동료들(Harvey, 1995; Harvey, Flanary, & Morgan, 1986)은 '왜 관계가 끝났는지'에 대해 친한 친구한테 털어놓는 솔직한 이유와 동료나 이웃에게 얘기하는 공식적 이유가 매우 다를 수 있음을 발견하였다.

관계가 끝나는 이유는 몇 가지 각도에서 연구되었다(Bui et al., 1996; Drigotas & Rusbult, 1992). 예를 들어, Caryl Rusbult는 문제가 있는 관계에서 발생하는 네 가지 유형의 행동을 확인했다(Rusbult, 1987; Rusbult & Zembrodt, 1983). 처음 두 가지 유형은 파괴적인 행동으로, 적극적으로 관계를 해치는 행동(예 : 파트너를 학대하고, 헤어지겠다고 위협하고, 실제로 떠나는 것)과 수동적으로 관계가 악화되도록 허용하는 것(예 : 문제를 다루는 것을 거부하고, 파트너를 무시하고, 함께 시간을 보내지 않고, 관계에 헌신하지 않는 것)이다. 다른 두 가지 반응은 긍정적이고 건설적인 행동인데, 관계를 개선하기 위해 적극적으로 시도하는 것(예 : 문제에 대해 논의하고, 변화를 시도하고, 치료자를 찾아가는 것)과 수동적으로 관계에 대한 충성심을 유지하

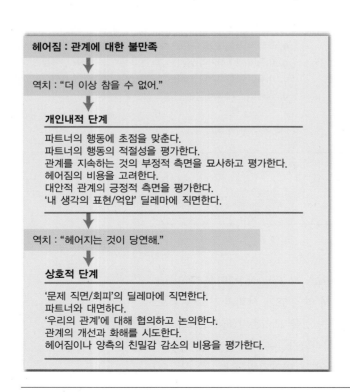
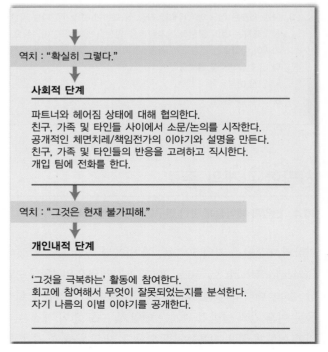

그림 10.4 친밀한 관계의 파경 단계

출처 : Duck(1982)

는 것(예 : 상황이 나아지길 바라면서 기다리고, 싸우기보다 지지적이며, 낙관성을 유지하는 것)
이다. Rusbult와 동료들은 건설적 행동이 도움이 되는 것보다 파괴적 행동이 관계에 해를 끼치는
것이 더 큼을 발견하였다. 한 명이 파괴적으로 행동하고 다른 한 명이 관계를 지키기 위해 반응
할 때(일반적 양상) 관계는 지속될 가능성이 높지만, 두 명 모두 파괴적으로 행동할 때 관계는 전
형적으로 파경을 맞이한다(Rusbult, Johnson, & Morrow, 1986; Rusbult, Yovetich, & Verette,
1996).

관계가 끝나는 이유를 연구하는 또 다른 접근은 무엇이 처음에 서로에게 매력을 느끼게 했는
지를 고려한다. 예를 들어, 한 연구에서 대학생 남녀에게 헤어진 연인 관계에 대해 그 사람에
게 처음 매력을 느꼈던 특성과 헤어질 때 그 사람에 대해 가장 싫었던 특성을 나열하도록 했다
(Femlee, 1995, 1998a). 파경의 30%는 '치명적인 매력'의 예시였다. 처음에 그렇게 매력적이었던
그 특성이 헤어지게 된 바로 그 이유였다. 예를 들어 "그는 너무 비범하고 특이해."가 "그와 나는
공통점이 하나도 없어."가 되었다. "그녀는 너무 재미있고 예측할 수 없어."가 "나는 그녀를 믿
을 수 없어."가 되었다. 이런 형태의 파경은 우리에게 성공적인 관계에서 파트너 간의 유사성이
중요함을 다시 상기시킨다.

만일 연인 관계가 시들해졌다면 누가 관계를 끝낼지 예측할 수 있는가? 이성애 관계에서 여
성이 남성보다 더 자주 관계를 끝내는 경향이 있다고들 말한다. 그러나 연구는 어느 성별이 다
른 성별보다 더 빈번하게 연인 관계를 끝낸다는 것을 발견하지 못했다(Akert, 1998; Hagestad
& Smyer, 1982; Rusbult et al., 1986). 관계가 끝날 것인지, 언제 끝날 것인지의 더 좋은 예측
요인은 커플이 갈등을 어떻게 다루는가인 것 같다. 모든 관계는 갈등을 겪지만 모든 커플이 그것
을 동일한 방식으로 다루지 않는다. John Gottman과 동료들은 신혼부부에 대한 연구에서 관계
의 갈등과 관련된 이슈를 논의할 때 의사소통에서 경멸, 비꼬기, 비판의 징후를 보인 부부가 다
른 커플에 비해 깨질(그리고 곧 깨질) 가능성이 높음을 발견하였다(Gottman, 2014; Gottman &
Levenson, 2002). 갈등의 폭풍을 잘 견뎌낼 수 있는 커플은 불일치를 해소하기 전에 진정되기를
기다렸고 자동으로 방어하지 않고 경청할 수 있는 능력을 보인 커플이었다.

헤어짐의 경험

관계가 끝날 때 사람들이 느끼게 될 것을 예측할 수 있는가? 한 가지 핵심은 관계를 끝내는 결정
에서 사람들이 담당한 역할이다(Helgeson, 1994; Lloyd & Cate, 1985). Robin Akert는 344명의
남녀 대학생에게 가장 중요한 헤어진 연인 관계에 관한 질문지를 작성하도록 요청했다. 한 가지
질문은 그들 또는 그들의 파트너가 헤어지자는 결정에 얼마나 책임이 있는가에 관한 것이었다.
그 결정에 높은 수준의 책임을 보인 참가자는 '이별을 고한 자(breakers)'로, 낮은 책임을 보고한
사람은 '이별을 당한 자(breakees)'로, 파트너와 의사결정을 똑같이 공유한 사람은 '상호합의자
(mutuals)'로 명명되었다.

Akert는 사람들이 관계를 끝낸 결정에 담당한 역할이 이별 경험의 가장 강력한 단일 예측요인
이었음을 발견하였다. 놀랄 것도 없이 이별을 당한 자는 비참했고 높은 수준의 외로움, 우울, 분
노를 보고했으며, 실제 모든 이들이 헤어지고 몇 주 안에 신체적 질병을 경험했다고 보고하였다.
세 집단 중 이별을 고한 자들은 관계의 종말에 속상함이나 고통스러움, 스트레스가 가장 적었다.
이별을 고한 자들은 죄책감과 불행감을 보고했지만 두통, 복통, 수면 불규칙과 같은 부정적인 신
체증상이 가장 적었다(39%).

의사결정을 공유하는 상호합의는 파경에 대한 부정적인 정서적·신체적 반응의 일부를 회피하

"아무튼 나는 이것을 다르게 기억해."

Steve Duenes/The New Yorker Collection/www.cartoonbank.com.

도록 돕는 역할을 한다. 상호합의자들은 이별을 당한 자처럼 속상해하거나 상처를 받는 것은 아니지만 이별을 고한 자만큼 영향을 안 받는 것도 아니었다. 상호합의자의 60%는 신체증상을 보고하였으며, 이는 연인 관계에 대해 함께 내린 결론이 단순히 혼자 관계를 끝내기로 결정한 것보다 더 스트레스가 큰 경험임을 의미한다. 마지막으로 성별은 응답자의 정서적·신체적 반응에 중요한 역할을 하였으며, 여성은 남성에 비해 헤어짐에 대해 다소 더 많은 부정적 반응을 보고하였다.

일단 헤어지고 나면 사람들은 친구로 남기를 원하는가? 그것은 성별뿐만 아니라 헤어짐에서 담당한 역할에 따라 달라진다. Akert(1998)는 이성애 남성은 자신이 이별을 고했든 당했든 간에 전 연인과 친구로 남는 것에 그다지 관심이 없음을 발견하였다. 여성은 특히 그들이 이별을 당했을 경우, 친구로 남는 것에 더 많은 관심을 보였으며 친밀한 관계가 플라토닉한 우정으로 전환되기를 바랐다. 마지막으로, 더 최근 연구는 사귀는 동안 더 높은 만족과 투자를 경험한 커플이 이후에 친구로 남을 가능성이 높은 것처럼, 투자가 헤어진 후 상호작용에 중요한 역할을 한다고 제안한다(Tan et al., 2014).

복습문제

1. 다음 중 관계의 파경에서 개인내적 단계의 예시는?
   a. 헤어짐을 다른 사람들에게 공표한다.
   b. 커플 중 한 명이 자신의 관계 불만족에 대해 많이 생각한다.
   c. 커플 중 한 명이 다른 사람과 헤어질 가능성에 대해 논의한다.
   d. 커플이 다시 함께하기로 결정한다.

2. 다음 이성애 관계에서 성차와 헤어짐에 관한 결과 중 사실인 것은?
   a. 남성은 여성보다 헤어지는 동안 경멸을 드러내고 빈정대는 경향이 더 많다.
   b. 여성은 남성보다 헤어진 후 친구로 남고 싶어 하는 경향이 더 강하다.
   c. 남성은 이별을 당한 자보다 이별을 고한 자가 될 가능성이 더 크다.
   d. 여성은 남성보다 관계의 파경을 주도하는 경향이 더 강하다.

3. '치명적 매력'에 관한 연구결과가 시사하는 것은?
   a. 처음에 우리를 매료시켰던 동일한 특성이 시간이 흐르면서 헤어짐에 기여하는 특성이 될 수 있다.
   b. 이성애 커플은 동성애 커플보다 헤어진 후 친구로 남을 가능성이 더 크다.
   c. 파괴적인 행동이 관계를 해치는 것보다 건설적인 행동이 관계에 도움이 되는 측면이 더 크다.
   d. 소위 '상호합의' 헤어짐은 종종 관계의 파경 중 정서적으로 가장 파괴적인 유형이다.

정답은 537-539쪽 참조

요약

10.1 사람들은 좋아하고 더 친해지고 싶은 사람을 어떻게 결정하는가

- 무엇이 매력을 예측하는가
  - **옆집 사람 : 근접성 효과** 이 장의 첫 절에서 우리는 두 사람 사이에 초기 매력을 유발하는 변인들에 대해 논의했다. 그런 변인 중 하나는 물리적 근접성 또는 **근접성 효과**인데, 그것은 가장 많이 접촉하는 사람이 친구와 애인이 될 가능성이 높다는 것이다. 이것은 **단순 노출 효과**, 즉 어떤 자극에 대한 노출이 그것에 대한 호감을 유발하는 것으로 인해 발생한다.
  - **유사성** 사람들 간에 유사성은 그것이 태도, 가치, 인구통계학적 특성, 신체적 외모, 심지어 유전이든, 매력과 호감의 강력한 예측요인이다. 유사성은 상반된 것이 매력적이라는 생각, 즉 상보성보다 매력과 더 밀접한 관련이 있다.
  - **상호 호감** 일반적으로 우리는 우리를 좋아하는 것처럼 행동하는 사람들을 좋아한다.
  - **신체적 매력** 신체적 매력은 또한 호감에서 중요한 역할을 담당한다. 문화가 달라도 사람들은 얼굴의 매력을 꽤 유사하게 지각한다. '아름다운 것이 좋은 것'이라는 고정관념은 긍정적인 특성을 지닌 사람이 이와 무관한 다른 긍정적인 특성도 가지고 있다고 믿는 경향, 즉 **후광 효과**의 예이다. 구체적으로 사람들은 신체력 매력이 다른 바람직한 특성과 관계가 있다고 가정하며, 이것이 때로는 자기 충족적 예언으로 이끈다.
  - **진화와 배우자 선택** 진화심리학은 자연 선택의 원리에 따라 오랜 시간에 걸쳐 진화한 유전적 요인 측면에서 사랑을 설명한다. 비판이 없는 것은 아니지만 이 관점에 따르면, 남성과 여성은 다른 특성에 매료되는데, 이것이 그들의 번식 성공을 최대화하기 때문이다.

10.2 새로운 기술은 매력과 사회적 친분을 어떻게 형성하는가

- 과학기술 시대에서 친분 쌓기
  - 새로운 과학기술은 스마트폰과 다른 모바일 장치가 사회적 유대를 약화시킬 수 있는지 여부를 포함하여 사회심리학자들에게 매력과 관계에 대해 새로운 질문을 제기한다.
  - **매력 2.0 : 온라인 시대에서 배우자 선호** 문자 메시지, 인터넷, 소셜 미디어의 시대에 근접성, 유사성 및 친숙성과 같은 매력의 기본적인 결정요인은 다르게 표현된다.
  - **온라인 데이트의 전망과 함정** 온라인 데이트는 잠재적인 배우자들을 확대하지만 고유의 위험을 수반한다. 여기에는 입증되지 않은 적합성 알고리즘과 기만적인 프로필 작성과 사진이 포함된다.

10.3 사랑이란 무엇이고, 무엇이 친밀한 관계에서 만족감을 주는가

- 사랑과 친밀한 관계
  - **사랑의 정의 : 동료애와 열정** 사랑의 한 가지 정의는 강렬한 갈망과 각성이 수반되지 않는 친밀감인 **동반자적 사랑**과, 강렬한 갈망과 각성을 수반하는 친밀감인 **열정적 사랑**을 구분한다.
  - **문화와 사랑** 사랑은 보편적인 정서이지만 사랑의 행위와 정의에서 문화적 다양성이 존재한다. 집단주의와 개인주의 문화에서 사랑에 대한 강조점이 다소 다르다.
  - **친밀한 관계에서 애착유형** 과거 양육자와의 관계는 성인기에 친밀한 관계의 질을 예측하는 중요한 요인이다. 애착 관계에는 **안전 · 회피 · 불안/양가적 유형**이 있다.
  - **사랑에 빠진…… 뇌** 사랑에 빠지는 경험은 뇌 수준에서 또한 검토될 수 있다. fMRI 연구는 사랑하는 누군가를 생각하는 것은 다른 쾌락적 보상에 의해 활성화되는 뇌 부위에 큰 활성화를 초래함을 보여준다.
- **관계 만족의 이론 : 사회교환과 공정성** 사회교환 이론은 사람들이 그들의 관계에 대해 어떻게 느끼는가는 그들이 받은 보상과 그들이 지불한 비용에 대한 지각에 기초한다고 말한다. 사람들이 관계를 유지할 것인지 말 것인지 결정하기 위해 우리는 관계에 대한 투자뿐만 아니라 **비교수준**(관계의 결과에 대한 기대)과 **대안 비교수준**(다른 관계에서 느끼게 될 행복에 대한 기대)을 알아야 한다. **공정성 이론**은 만족의 가장 중요한 결정요인은 양측이 관계에서 보상을 받았다고 동등하게 느끼는 것이라고 말한다. 사람들은 **교환 관계**에서보다 **공동의 관계**에서 보상과 비용을 좇을 가능성이 더 작다.

10.4 연인과 헤어짐에 관한 연구는 무엇을 말해주는가

- 친밀한 관계의 종료
  - **헤어짐의 과정** 애정 관계에서 문제에 반응하는 전략은

건설적이고 파괴적인 행동을 모두 포함한다. 헤어짐의 과정은 종종 단계로 구성된다.

• **헤어짐의 경험** 헤어짐을 어떻게 견뎌낼지를 예측하는

강력한 변인은 관계를 끝내기로 한 결정에서 각자가 담당한 역할이다.

평가문제

1. 민수는 지영이를 주시하고 그녀가 자신을 좋아하기를 바란다. 사회심리학 연구에 따르면 다음 중 효과가 가장 적은 것은?
   a. 그들의 태도가 얼마나 유사한지를 강조한다.
   b. 그가 그녀와 함께 시간을 보낼 수 있도록 수업 프로젝트를 함께할 계획을 한다.
   c. 그들은 상보적인 성격을 지니고 있고 반대에게 끌린다는 것을 강조한다.
   d. 가능한 한 신체적으로 매력적으로 보이도록 만든다.

2. 다음 중 온라인 데이트의 장점은?
   a. 다양한 사람들과 근접성을 얻을 수 있는 능력
   b. 적합성에 따라 매칭하는 데 매우 효과적인 수학 공식
   c. 사람들은 온라인에서 더 정직한 경향이 있다.
   d. 온라인 데이트에서 '격에 맞지 않는' 느낌을 주는 이성은 없다.

3. 다음 중 틀린 것은?
   a. 공동의 관계에 있는 사람들은 누가 관계에 무엇을 기여했는지 파악하는 경향이 있다.
   b. 사람들은 평범하지 않은 얼굴보다 '평균적인' 얼굴이 더 매력적이라 느낀다.
   c. 사람들은 자신을 좋아하는 타인을 좋아한다.
   d. 우리가 더 많이 보고 더 많이 상호작용한 사람일수록 우리는 더 많이 좋아한다.

4. 현수와 수진이는 데이트를 하고 있다. 친밀한 관계의 투자모형에 따르면, 다음 중 관계에 대한 그들의 헌신에 영향을 주는 것은?
   a. 관계에 대한 그들의 만족
   b. 관계에 대한 그들의 투자수준
   c. 다른 파트너의 가용성과 특성
   d. 위의 모든 것

5. _____은(는) 다른 사람에 대한 강렬한 갈망을 포함하고 생리적 각성을 동반한다.
   a. 열정적 사랑
   b. 동반자적 사랑
   c. 교환적 사랑
   d. 공동체적 사랑

6. 다음 중 애착유형에 관한 설명으로 옳은 것은?
   a. 일단 성인기에 도달하게 되면 애착유형이 바뀌는 경우가 거의 없다.
   b. 대다수의 성인들은 회피 애착유형을 보여주고 있다.
   c. 성인이 보이는 애착유형은 파트너의 행동과 커플로서 그들이 만든 관계의 유형에 따라 결정된다.
   d. 유아기 애착유형은 전형적으로 성인기 관계에서 애착유형과 관계가 거의 없다.

7. 영호와 진수는 학년 초부터 친구였다. 공정성 이론에 따르면 그들의 우정이 고통을 겪게 될 경우는?
   a. 도움을 필요로 할 때 진수가 영호를 돕는 것이 영호가 진수를 돕는 것보다 더 많다.
   b. 진수가 '변신'을 해서 갑자기 영호보다 더 매력적이 된다.
   c. 진수와 영호는 비슷한 관심사 갖기를 중단한다.
   d. 진수와 영호는 같은 사람에게 낭만적인 관심이 있다.

8. 정호는 그의 여자 친구가 자신을 정말로 사랑하지 않는다고 걱정하며 관심으로 그녀를 질식시킨다. 애착 이론에 따르면 정호가 가지고 있는 애착유형과 그가 유아였을 때 양육자의 태도로 옳은 것은?
   a. 회피형, 냉담하고 거리를 둔
   b. 안전형, 그의 욕구에 반응적인
   c. 공동형, 질식시키지만 매우 개방적인
   d. 불안/양가형, 비일관적이고 고압적인

9. 당신은 커플이 된 지 1개월 후 당신의 애인과 헤어질 것을 고려하고 있다. 관계가 당신에게 많은 보상을 주고 비용은 거의 들지 않지만, 최근에 더 적은 비용으로 더 큰 보상을 줄 것이라 기대하는 새로운 사람을 만났다. 당신의 딜레마는 당신이 _____과 _____을 가지고 있다는 사실에서 유

래한다.

a. 낮은 비교수준, 높은 대안 비교수준

b. 높은 비교수준, 높은 대안 비교수준

c. 낮은 비교수준, 낮은 대안 비교수준

d. 높은 비교수준, 낮은 공정성 수준

10. 다음 중 헤어진 후 친구로 남고 싶어 할 가능성이 가장 큰 사람은?

a. 기영, 헤어짐을 주도한 남성

b. 승민, 이별을 당한 남성(그의 파트너가 헤어짐을 주도)

c. 민경, 상호 합의하에 헤어진 여성

d. 혜지, 이별을 당한 여성(그의 파트너가 헤어짐을 주도)

정답은 537–539쪽 참조

친사회적 행동 : 사람들은 왜 돕는가

유나이티드 항공 93편 비행기가 충돌한 세계무역센터, 미 국방부, 그리고 펜실베이니아 지역에서 엄청난 인명 손실이 있었던, 2001년 9월 11일은 미국 역사상 참으로 큰 오점을 남긴 날이었다. 또한 그들의 동료 인류를 돕는 데 주저하지 않고 믿기 어려운 용기와 희생을 보여준 날이기도 하다. 많은 사람이 다른 사람을 돕느라 자신의 생명을 잃었으며, 여기에는 세계무역센터에서 사람들을 구조하다가 사망한 403명의 소방대원과 경찰관이 포함되었다.

9·11의 많은 영웅들은 이례적인 상황에 처한 평범한 시민들이었다. 항공기가 충돌했을 때 당신이 세계무역센터 건물에서 일하고 있었다면 도망가서 개인적 안전을 도모하고픈 욕구가 얼마나 강했을지 상상해보라. 윌리엄 윅의 아내는 윅이 공격을 당한 직후 남쪽 타워 92층에서 그녀에게 전화를 걸었을 때 그에게 그렇게 하라고 재촉했다. 그는 "아니, 난 그렇게 할 수 없어요. 여기에는 여전히 사람들이 있어요."라고 대답했다(Lee, 2001, p. 28). 윅의 시신은 남쪽 타워가 붕괴된 후 건물 더미에서 발견되었다. 그는 업무용 장갑을 끼고 손전등을 들고 있었다.

아베 제마노비츠는 북쪽 타워 27층에서 일을 했는데 비행기가 고층에 부딪쳤을 때 안전한 곳까지 계단으로 쉽게 내려올 수 있었다. 대신 그는 사지마비 친구인 에드 베이어와 함께 남아서 그를 계단 아래로 옮겨줄 도움을 함께 기다렸다. 타워가 붕괴되었을 때 두 사람 모두 사망했다.

릭 레스콜라는 모건 스탠리 중개회사의 보안책임자였다. 첫 번째 비행기가 북쪽 타워에 부딪친 후, 남쪽 타워에 있던 레스콜라와 다른 직원들은 자리를 지키라는 지시를 받았다. 타워의 안전에 대해 수년간 연구를 했던 레스콜라는 이와 같은 응급상황에서 무엇을 해야 할지, 즉 동료를 찾고 엘리베이터를 피해 건물에서 철수하는 것에 대해 직원들을 반복해서 훈련시켰었다. 그는 이 계획을 즉각 시행했고, 날개가 남쪽 타워에 부딪칠 때 그는 44층에서 확성기를 통해 지시를 하면서 탈출을 감독하였다. 대부분의 모건 스탠리 직원들이 건물 밖으로 나온 후, 레스콜라는 아무도 남아 있지 않음을 확인하기 위해 마지막으로 사무실을 점검하였고, 남쪽 타워가 붕괴되면서 사망했다. 레스콜라는 그가 안전하게 안내한 3,700명의 직원의 생명을 구한 공로를 인정받았다 (Stewart, 2002).

그리고 유나이티드 항공 93편의 탑승객들이 있었다. 항공기가 납치된 후 운명적인 몇 분 안에 비행기로부터 걸려온 전화에 기초하면 몇몇 탑승객은 조종실에 진입하여 테러범과 싸웠다. 여기에는 토드 비머, 제레미 글릭, 토마스 버넷이 포함되었는데, 이들은 모두 어린 자녀를 둔 아버지였다. 그들은 항공기 충돌을 막지 못해 탑승객 전원이 사망했지만 항공기가 수행할 임무, 즉 백악관 또는 국회의사당으로의 충돌을 막았다.

친사회적 행동에 내재된 기본 동기 : 사람들은 왜 돕는가

11.1 다른 사람을 도울지 여부를 결정하는 기본 동기는 무엇인가

친사회적 행동
다른 사람을 이롭게 하는 목적에서 수행된 행동

이타주의
돕는 이에게 비용이 포함될지라도 다른 사람을 돕고자 하는 바람

사람들이 배려 없고 무정하게 행동할 수 있을 때 보이는 큰 자기희생 행동과 영웅적 행동은 어떻게 설명할 수 있을까? 이 장에서 우리는 **친사회적 행동**(prosocial behavior), 즉 다른 사람을 이롭게 하는 목표를 가지고 수행하는 행동의 주요 원인을 고려할 것이다(Batson, 2012; Penner et al., 2005). 우리는 돕는 이가 대가를 치러야 할지라도, 다른 사람을 돕고자 하는 바람인 **이타주의**(altruism)에 의해 동기화된 친사회적 행동에 특히 관심이 있다. 어떤 사람들은 보답으로 뭔가 얻기를 기대하면서 자기 이익을 떠나 친사회적으로 행동할 것이다. 이타주의는 자신에게 아무런 이득 없이(종종 대가를 치르고) 다른 누군가를 이롭게 하고자 하는 바람에서 순수하게 돕는 것이다. 낯선 사람을 도우면서 자신의 생명을 희생한 9·11의 영웅들이 명백한 사례이다.

우리는 친사회적 행동과 이타주의의 근본적인 기원을 고려함으로써 시작할 것이다. 돕고자 하는 의지는 유전적 뿌리를 가진 기본 충동인가? 아동기에 배우고 육성된 것인가? 돕고자 하는 순수한 동기가 있는가? 아니면 전형적으로 자신을 위한 뭔가가 있을 때만 돕는가? 심리학자들이 이러한 구태의연한 질문을 어떻게 다루는지 살펴보자(Keltner, Kogan, Piff, & Saturn, 2014; McCullough & Tabak, 2010; Piliavin, 2009; Tomasello & Vaish, 2013).

진화심리학 : 본능과 유전

찰스 다윈(1859)의 진화론에 따르면, 자연 선택은 개인의 생존을 향상시키는 유전자를 선호한다(제10장 참조). 우리의 생존을 돕고 자손을 생산할 가능성을 증가시키는 유전자는 세대에서 세대로 전달될 가능성이 크다. 생명을 위협하는 질병을 일으키는 것처럼 생존 기회를 낮추는 유전자는 자손을 생산할 기회를 감소시키고, 따라서 전달될 가능성이 작다. Wilson(1975)과 Richard Dawkins(1976)와 같은 진화생물학자는 진화론의 원리를 사용해서 공격성과 이타주의와 같은 사회적 행동을 설명하였다. 몇몇 심리학자들은 이런 생각을 이어나가 진화심리학 분야를 발달시켰는데, 이는 자연 선택 원리에 따라 시간이 흐르면서 진화되는 유전적 요인 측면에서 사회적 행동을 설명하는 시도라고 볼 수 있다(Buss, 2005; Neuberg, Kenrick, & Schaller, 2010; Tooby & Cosmides, 2005). 제10장에서는 진화심리학이 사랑과 매력을 설명하려는 시도를 논의했고 여기서는 친사회적 행동에 대한 설명을 논의할 것이다(Rand & Nowak, 2013; Simpson & Beckes, 2010).

다윈은 진화론에 문제가 있다는 것을 초기에 깨달았다. 진화론이 이타주의를 어떻게 설명할

수 있을까? 인간의 최우선 목표가 자신의 생존을 보장하는 것이라면 그들은 왜 자신을 희생해서 남을 돕는 것일까? 그런 방식으로 행동하는 사람들은 이기적으로 행동하는 사람보다 자신을 위험에 놓이게 함으로써 더 적은 자손을 생산하기 때문에 인간의 진화 과정에서 이타적 행동은 사라질 것처럼 보였다. 이기적 행동을 촉진하는 유전자는 더 쉽게 전달될 것이다. 그렇지 않은가?

진화심리학에 따르면 친사회적 행동은 부분적으로 친족 선택 때문에 일어난다.

친족 선택　진화심리학자들이 이런 딜레마를 해결하기 위해 시도한 한 가지 방법은 **친족 선택**(kin selection)의 개념인데, 이것은 유전적 친족을 돕는 행동이 자연 선택에 의해 일어난다는 개념이다(Breed, 2014; Hamilton, 1964; Vasey & VanderLaan, 2010). 사람들은 자신의 자녀들을 갖는 것뿐만 아니라 유전적 친족이 자녀를 갖도록 보장함으로써 그들의 유전자가 전달될 기회를 증가시킬 수 있다. 혈족은 유전자의 일부를 공유하기 때문에, 그들의 생존을 더 많이 보장할수록 자신의 유전자가 미래 세대에서 번성할 기회가 증가한다. 따라서 유전적 친족을 향한 이타적 행동은 자연 선택으로 설명될 것이다.

친족 선택

유전적 친족을 돕는 행동이 자연 선택에 의해 일어난다는 견해

예를 들어 한 연구에서 사람들은 화재처럼 생사가 달린 상황에서 비친족보다 유전적 친족을 도울 가능성이 더 높다고 보고했다. 사람들은 생명이 위태로운 상황이 아닐 때는 유전적 친족을 도울 가능성이 더 높다고 보고하지 않았는데, 이는 사람들이 자신의 유전자의 생존을 보장하는 방식으로 도울 가능성이 높다는 생각을 지지한다. 흥미롭게도 남녀를 불문하고 미국인과 일본인 참가자들 모두 생명이 위태로운 상황에서 친족 선택의 규칙을 따랐으며, 이는 친족 선택이 성별이나 특정 문화에 제한되는 것이 아님을 시사한다(Burnstein, Crandall, & Kitayama, 1994).

물론 이 연구에서 사람들은 자신이 그렇게 할 것 같다는 생각을 보고했다. 이것은 실제 화재에서 그들이 사촌보다 형제를 구할 가능성이 진짜 높은지 입증한 것은 아니다. 그러나 실제 응급상황에서의 일화적 증거는 이런 결과와 일치한다. 휴양지 복합건물의 화재 생존자들은 불이 났다는 것을 인식했을 때 건물에서 탈출하기 전에 친구를 찾기보다 가족 구성원을 찾는 경향이 더 높았다(Sime, 1983).

진화심리학자들은 사람들이 도움 여부를 결정하기 전에 그들 행동의 생물학적 중요성을 의식적으로 평가한다는 것을 주장하는 것이 아니다. 그러나 진화론에 따르면 친족 선택은 인간행동에 깊이 뿌리박혀 있으며, 그 결과 친족을 돕는 사람들의 유전자가 그렇지 않은 사람들의 유전자보다 생존할 가능성이 높다(Archer, 2013; Vasey & VanderLaan, 2010).

상호성 규범　이타주의를 설명하기 위해 진화심리학자들은 또한 **상호성 규범**(norm of reciprocity)을 언급했는데, 이는 타인을 돕는 것이 미래에 그들이 우리를 돕게 될 가능성을 증가시킬 것이라는 기대이다. 이 생각은 인류가 진화함에 따라 각자 자신의 동굴에서 사는 완전히 이기적인 개인들의 집단이 협동을 배운 집단보다 생존하기 더 어렵다는 것이다. 물론 사람들이 너무 쉽게 협동을 한다면 보답으로 돕지 않는 상대에 의해 착취를 당할 것이다. 주장에 따르면 생존할 가능성이 높은 사람들은 상호성에 대해 이웃과 이해를 발달시킨 사람들이었다. 다시 말해 "내가 도움이 필요할 때 당신이 호의를 되돌려줄 것이란 동의하에 내가 지금 당신을 돕겠습니다." 상호성 규범은 그 생존가치 때문에 유전적 토대가 되었을 수 있다(Gray, Ward, & Norton, 2014; Halali, Bereby-Meyer, & Meiran, 2014; Trivers, 1971; Zhang & Epley, 2009). 일부 연구자들은 감사의 정서, 즉 타인에게 도움을 받았다는 지각에 의해 유발된 긍정적 감정이 상호성을 조절

상호성 규범

타인을 돕는 것이 미래에 그들이 우리를 도울 가능성을 증가시킬 것이라는 기대

독재자 게임

당신이 다음 연구에 참여한다고 상상하라. 실험자는 당신에게 10달러짜리 지폐를 주고 돈을 전부 가지거나, 만나지 않겠지만 다음 참가자에게 그중 일부를 기부할 수 있다고 말한다. 실험자는 밀봉된 봉투에 다음 참가자에게 주고 싶은 금액을 넣고 떠날 수 있다고 지시를 한 후, 당신을 혼자 남겨둔다. 얼마를 기부할 것인가?

독재자 게임이라 불리는 이 절차는 인간의 관대함을 연구하기 위해 수십 편의 연구에 사용되었다. 모든 돈을 갖는 것이 자기 이익이기는 하지만 대부분의 사람들은 그중 일부를 만나지도 않을 익명의 낯선 사람에게 기부한다. 평균 2.80달러를 기부한다(Engel, 2010). 다시 말해, 사람들은 이 상황에서 약간의 비용을 들여 또 다른 사람을 도움으로써 이타적으로 행동한다. 이제 이 게임에서 약간의 전환을 상상하라. 당신이 도착하면 실험자는 또 다른 방의 참가자가 독재자 게임의 일부로 당신에게 보낸 돈이 든 봉투를 당신에게 건넨다. 즉, 다른 사람이 10달러를 받았고 전부 갖거나 그중 일부를 당신에게 주라는 얘기를 들었고, 기부한 금액은 당신 손에 들어왔다. 금

액은 4달러라고 하자.

이제 실험자가 당신에게 10달러를 주고 전부 갖거나 옆방에 있는 같은 참가자에게 그중 일부를 주라고 요구한다. 그런데 당신은 이 사람을 결코 만나지 않을 것이고, 실험자는 당신이 얼마를 주었는지 모를 것이다. 당신이 결정한 후 당신은 다른 참가자를 보지 않고 떠날 것이다. 10달러 중 얼마를 다른 참가자에게 줄 것인가?

만일 당신의 대답이 다른 참가자가 당신에게 준 것과 같은 4달러라면, 이 정확한 절차를 따른 연구에서 대부분의 사람들처럼 답한 것이다. 그 연구에서 거의 모든 참가자는 그들이 받은 것과 같거나 유사한 금액을 다음 방의 사람에게 주었다(Ben-Ner, Putterman, Kong, & Magan, 2004). 따라서 당신이 4달러를 받았다면 당신은 그들에게 4달러를 돌려주고, 1달러를 받았다면 그보다 많은 돈을 돌려줄 가능성이 크다. 이 연구는 사람들이 상호성 규범에 얼마나 민감한지를 보여준다. 우리는 다른 사람이 우리를 도와준 만큼 다른 사람을 돕는다.

하기 위해 진화되었음을 제안한다(Algoe, 2012; Algoe, Fredrickson, & Gable, 2013; Bartlett & DeSteno, 2006; Grant & Gino, 2010). 즉, 누군가가 우리를 돕는다면 우리는 감사를 느끼고, 이는 우리로 하여금 미래에 호의를 되돌려주도록 동기화된다. '해보기 : 독재자 게임'은 상호성 규범이 경제 게임을 사용해서 어떻게 연구되는지를 기술한다.

집단 선택 고전적 진화론은 자연 선택이 개인에게 영향을 미친다고 주장한다. 그들이 생존할 가능성을 높이는 특질을 가진 사람은 번식해서 미래 세대에게 이런 특질을 전달할 가능성이 높다. 어떤 사람들은 자연 선택이 집단 수준에서도 작동한다고 주장한다. 예를 들어 서로 자주 전쟁을 하는 이웃 마을을 상상해보라. A마을은 마을을 돕기 위해 스스로 위험에 뛰어들기를 거부하는 완전히 이기적인 개인들로 구성되었다. 반면, B마을은 동료들에게 생명의 위협을 무릅쓰고 침략을 경고하는 헌신적인 감시병을 두었다. 어느 집단이 전쟁에 이기고 그들의 유전자를 후속 세대에 전달할 가능성이 높은가? 당연히 헌신적인(이타적인) 감시병을 둔 마을이다. B마을의 개개인의 감시병들은 위험에 빠져 잡혀 죽을 가능성이 있을지라도, 그들의 헌신적인 행동은 그들의 집단, 즉 이타주의를 중요시한 집단이 생존할 가능성을 증가시킨다. 집단 선택이란 개념이 논란이 되고 모든 생물학자의 지지를 얻지 못할지라도 확실한 옹호자들이 있다(Rand & Nowak, 2013; Wilson, Van Vugt, & O'Gorman, 2008; Wilson & Wilson, 2007).

요약하면 진화심리학자들은 우리 유전자에 깊이 뿌리박힌 요인들로 인해 타인을 돕는다고 믿는다. 제10장에서 보았듯이 진화심리학은 비록 비판을 받기는 하지만, 친사회적 행동을 이해하기 위한 도전적이고 창의적인 접근이다(Batson, 2011; Buller, 2005; Caporael & Brewer, 2000; Confer et al., 2010; Panksepp & Panksepp, 2000; Wood & Eagly, 2002). 예를 들어, 심지어 동일한 유전자를 공유하거나 그들의 호의가 되돌아올 것이라고 가정할 만한 이유가 없을 때, 완전히 낯선 사람들이 때때로 서로를 돕는 이유를 진화론은 어떻게 설명할 수 있는가? 타인을 구하면서 자신의 생명을 잃은 9·11의 영웅들이 도움을 결정하기 전에 그들이 타인과 유전적으로 얼마나 유사한지 계산했다고 말하는 것은 어리석은 것처럼 보인다. 더욱이 사람들이 화재로부터 낯선 사람보다 가족 구성원을 구하기 쉽다는 것이 유전적 친족을 돕도록 유전적으로 프로그램되

어 있음을 반드시 의미하는 것은 아니기 때문이다. 그들은 단지 사랑하는 사람을 잃는다는 생각을 견딜 수 없고 그래서 그들이 만난 적 없는 사람에 비해 그들이 사랑하는 사람을 구하기 위해 무슨 짓이든 하는 것일 수 있다. 이제 반드시 사람들의 유전자에 기원하지 않는 친사회적 행동 이면의 다른 가능한 동기로 넘어가자.

사회교환 : 도움행동의 비용과 보상

일부 사회심리학자들은 친사회적 행동에 대한 진화적 접근에 반대할지라도 그들은 이타적 행동이 자기 이익에 기초할 수 있다는 관점을 공유한다. 사실 사회교환 이론(제10장 참조)은 우리 행동의 많은 것들이 보상을 극대화하고 비용을 최소화하고자 하는 바람에서 비롯된다고 주장한다 (Cook & Rice, 2003; Homans, 1961; Lawler & Thye, 1999; Thibaut & Kelley, 1959). 사회교환 이론에서 이런 바람이 진화에 뿌리를 두거나 유전에 기초한다고 가정하지 않는 것이 진화적 접근과의 차이이다. 사회교환 이론가들은 경제적 시장에서 사람들이 순간 손실 대비 순간 이익의 비율을 최대화하려고 하듯, 타인과의 관계에서도 사회적 비용 대비 사회적 보상의 비율을 최대화하려고 한다고 가정한다.

도움행동은 수많은 방식으로 보상적일 수 있다. 상호성 규범에서 본 것처럼, 그것은 누군가 보답으로 우리를 도울 가능성을 증가시킬 수 있다. 누군가를 돕는 것은 미래를 위한 투자이며, 사회교환은 우리가 필요로 할 때 누군가 우리를 도울 것이라는 것을 의미한다. 또한 도움행동은 방관자의 개인적 고통을 완화시킬 수 있다. 사람들은 다른 사람이 고통을 겪는 것을 볼 때 각성되고 불안하며 적어도 부분적으로 그들 자신의 고통을 완화시키기 위해 돕는다는 상당한 증거가 있다(Dovidio, 1984; Dovidio et al., 1991; Eisenberg & Fabes, 1991). 우리는 타인을 도움으로써 타인으로부터 사회적 인정과 자기 가치감의 증가와 같은 보상을 얻을 수 있다.

물론 동전의 이면은 도움에 비용이 들 수 있다는 것이다. 우리를 신체적 위험에 처하게 하고 통증이나 당혹감을 초래하거나 단지 너무 많은 시간을 필요로 하는 것처럼 비용이 크면 도움행동이 감소한다(Dovidio et al., 1991; Piliavin et al., 1981; Piliavin, Piliavin, & Rodin, 1975). 아마도 세계무역센터에서 친구인 에드 베이어와 함께 있던 아베 젤마노비츠는 도망가서 친구를 죽게 남겨두는 것이 너무 고통스러웠을 것이다. 기본적으로 사회교환 이론은 행동에 비용이 너무 많이 들 때조차 돕는 진정한 이타주의가 존재하지 않는다고 주장한다. 사람들은 이득이 비용을 초과할 때 돕는다.

많은 우리 학생들처럼 당신은 이것이 인간의 본성에 대해 지나치게 냉소적인 관점이라 생각할 수 있을 것이다. 다른 누군가를 돕고자 하는 바람에 의해서만 동기화되는 진정한 이타주의는 정말로 신화적 행위인가? 돕는 이의 자기 이익과 비교하여 부자들이 한 거액의 자선기부와 같은 모든 친사회적 행동을 추적해야 하는가? 사회교환 이론가의 답변에 의하면, 사람들이 만족을 얻을 수 있는 많은 방식이 존재하고, 한 가지는 다른 사람을 도움으로써 감사하게 된다는 것이다. 하

Study: Cavemen helped disabled

United Press International

NEW YORK—The skeleton of a dwarf who died about 12,000 years ago indicates that cave people cared for physically disabled members of their communities, a researcher said yesterday.

The skeleton of the 3-foot-high youth was initially discovered in 1963 in a cave in southern Italy but was lost to anthropologists until American researcher David W. Frayer reexamined the remains and reported his findings in the British journal Nature.

Frayer, a professor of anthropology at the University of Kansas at Lawrence, said in a telephone interview that the youth "couldn't have taken part in normal hunting of food or gathering activities so

he was obviously cared for by others."

Archaeologists have found the remains of other handicapped individuals who lived during the same time period, but their disabilities occurred when they were adults, Frayer said.

"This is the first time we've found someone who was disabled since birth . . . . .", Frayer said. He said there was no indication that the dwarf, who was about 17 at the time of his death, had suffered from malnutrition or neglect.

He was one of six individuals buried in the floor of a cave and was found in a dual grave in the arms of a woman, about 40 years old.

초기 인류의 친사회적 행동에 관한 이 감동적인 이야기는 친사회적 행동의 다양한 이론 측면에서 생각해보도록 흥미를 유발한다. 진화심리학자는 돌보는 사람이 친족이고 사람들은 유전자를 공유한 사람을 돕도록 프로그램되어 있기 때문에(친족선택) 난쟁이를 도왔다고 주장할 것이다. 사회교환 이론은 난쟁이를 돌보는 사람이 돌보는 비용을 넘어서는 충분한 보상을 받았다는 주장을 견지할 것이다. 공감-이타주의 가설은 그에 대한 강한 공감과 연민의 느낌에서 도움을 주었다고 주장할 것이다.

지만 부자들이 사치스러운 휴가, 값비싼 자동차, 멋진 레스토랑에서의 식사로부터만 쾌락을 얻겠다고 할 수도 있다. 우리는 불우한 사람에게 돈을 주기로 한 결정이 궁극적으로 그들 자신이 좋은 기분을 느끼기 위해서라고 할지라도, 그런 행동에 박수를 보낸다. 친사회적 행동은 도움을 주는 자와 받는 자 모두를 돕는다는 점에서 두 배로 보상적이다. 따라서 그런 행동을 촉진하고 칭찬하는 것은 모든 사람에게 이롭다.

모든 도움행동이 자기 이익에서 나온다는 주장에 여전히 많은 사람이 불만족한다. 9·11의 많은 영웅들처럼 사람들이 타인을 위해 자신의 생명을 포기한 이유를 어떻게 설명할 수 있는가? 몇몇 사회심리학자들에 따르면 사람들은 아름다운 마음을 가졌고 단지 돕기 위해 돕는다.

공감과 이타주의 : 돕고자 하는 순수한 동기

Daniel Batson(1991)은 사람들이 순수하게 친절한 마음으로부터 돕는다는 생각의 가장 강력한 옹호자이다. Batson은 사람들이 때때로 다른 사람이 고통스러워하는 것을 보는 것에 대한 자신의 고통을 완화하기 위한 것처럼, 이기적인 이유로 타인을 돕는다는 것을 인정했다. 그러나 그는 또한 도움을 주는 것이 얼마간 비용이 들지라도, 그들의 유일한 목표가 다른 사람을 돕는 것이라는 점에서 사람들의 동기가 때로는 순수하게 이타적이라고 주장했다. 그는 우리가 다른 사람의 입장에 서서 그 사람이 경험한 대로 사건과 감정을 경험하면서 도움을 필요로 하는 사람에게 **공감**(empathy)을 느낄 때 순수한 이타주의가 작동하기 쉽다고 주장했다(Batson, 2011; Batson, Ahmad, & Stocks, 2011).

당신이 음식 쇼핑을 하는 동안 기저귀, 장난감, 딸랑이로 가득 찬 가방과 아기를 안고 있는 남자를 본다고 가정하자. 그가 시리얼 상자에 손을 뻗쳤을 때 가방이 떨어져 바닥에 모든 것이 쏟아졌다. 당신은 그가 물건을 줍는 것을 도울 것인가? Batson에 따르면, 그것은 우선 당신이 그에게 공감을 느끼는지에 따라 달라진다. 당신의 목표는 당신 자신을 위해 뭔가를 얻고자 하는 것이 아니라, 타인의 고통을 완화시키는 것일 것이다. 이것이 Batson의 **공감-이타주의 가설**(empathy-altruism hypothesis)의 핵심이다. 즉, 당신이 다른 사람에게 공감을 느낄 때 우리는 우리가 무엇을 얻을 것인가와 상관없이 순전히 이타적 이유로 그 사람을 도우려고 한다는 것이다.

Batson에 따르면, 만일 당신이 공감을 느끼지 않는다면 사회적 교환 주제가 작동하기 시작한다. 당신에게 이로운 뭔가가 있는가? 그 남자나 구경꾼들로부터 인정을 얻는 것처럼, 뭔가 얻는 것이 있다면 당신은 그 남자가 물건을 줍는 것을 도울 것이다. 만일 도움으로부터 이득이 없다면, 멈추지 않고 가던 길을 갈 것이다. Batson의 공감-이타주의 가설은 그림 11.1에 요약되어 있다.

Batson과 동료들은 먼저 복잡한 사회적 행동 이면에 있는 정확한 동기를 분리하기가 매우 어렵다는 것을 인정하였다. 그 남자가 소지품 줍는 것을 돕는 사람을 봤다면, 공감적 관심에서 행동하는지 아니면 어떤 종류의 사회적 보상을 얻기 위해 행동하는지 어떻게 말할 수 있는가? 에이브러햄 링컨의 유명한 이야기를 살펴보자. 어느 날, 링컨과 동료 승객은 마차를 타고 가던 중 지금 우리가 검토하고 있는 바로 그 질문, 즉 도움행동은 진정 이타적인가에 대해 논쟁을 했다. 링컨은 도움행동이 항상 자기 이익에서 비롯된다고 주장한 반면, 다른 승객은 진정한 이타주의가 존재한다는 관점을 취했다. 갑자기 돼지가 수로에 빠진 새끼를 구하려고 소리를 지르는 바람에 그 남자는 말을 중단했다. 링컨은 마차를 세우라고 하고 뛰어나가 수로로 내려가서 안전한 둑으로 새끼 돼지를 건져 올렸다. 그가 돌아왔을 때 그의 동료가 "에이브러햄, 지금 이 작은 일화에 이기심이 있는 건가요?"라고 물었다. 링컨은 "글쎄요, 신의 은총이 있기를, 에드."라고 대답했다. "그것이 바로 이기심의 본질이요. 내가 그냥 지나가서 괴로워하는 늙은 암돼지가 저 돼지를 걱정

공감

자기 자신을 또 다른 사람의 입장에 두고 그 사람이 경험한 대로 사건과 정서(예 : 기쁨과 슬픔)를 경험하는 능력

공감-이타주의 가설

우리가 누군가에게 공감을 느낄 때 우리가 얻게 될 것과 상관없이 순전히 이타적인 이유에서 그 사람을 도우려 할 것이라는 견해

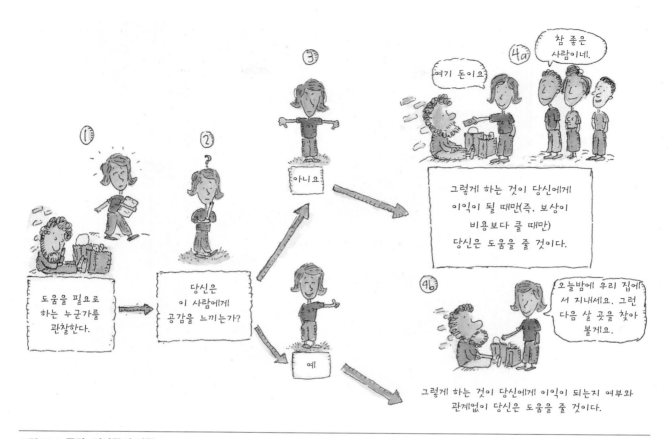

그림 11.1 공감-이타주의 이론

출처 : Batson(1991)

하도록 내버려뒀다면 나는 하루 종일 마음의 평화를 얻지 못했을 거요. 나는 마음의 평화를 얻기 위해 그렇게 행동한 것이요, 그렇지 않소?"(Sharp, 1928, p. 75)

이 사례가 보여주듯 진정 이타적으로 보이는 행동이 때로는 자기 이익에 의해 동기화된다. 우리는 어떻게 구별할 수 있을까? Batson과 동료들은 인간의 동기를 밝히기 위한 일련의 영리한 실험을 고안했다(Batson, Ahmad, & Stocks, 2004; Batson & Powell, 2003). 당신이 이 연구의 하나에서 심리학개론 수강생이라고 상상하라(Toi & Batson, 1982). 당신은 '개인적 관점의 뉴스(News from the Personal Side)'라는 대학교 라디오 방송국의 새로운 프로그램의 몇 가지 테이프를 평가하라는 요청을 받았다. 이 프로그램을 위한 많은 견본 테이프가 있었는데, 당신은 한 사람이 하나의 테이프를 듣게 될 것이라는 이야기를 들었다. 당신이 들은 것은 캐롤 머시라는 학생의 인터뷰이다. 그녀는 두 다리가 부러진 끔찍한 자동차 사고를 묘사했고, 사고의 결과로 아직 휠체어를 타고 있기 때문에 학업을 유지하기가 얼마나 힘든지에 대해 말한다. 캐롤은 자신이 심리학개론 수업에서 얼마나 뒤처졌는지 특히 걱정하고 있다고 말하고 자신이 놓친 부분을 설명해 줄 친구를 찾지 못한다면 수업에서 낙제할 것이라 언급한다.

당신이 테이프를 들은 후, 실험자는 당신에게 '캐롤 머시에 대한 견본 테이프를 경청한 학생에게'라고 적힌 봉투를 건넨다. 실험자는 봉투에 뭐가 있는지 모르지만 연구를 감독하는 교수님에게 그것을 건네 달라는 부탁을 받았다고 말한다. 당신은 봉투를 열고 교수님으로부터의 메모를 발견하는데, 거기에는 캐롤의 테이프를 들은 학생이 그녀의 심리학 수업을 도울 수 있는지 궁금

도움행동은 모든 종의 동물에서 실제로 일반적이고, 때로는 종 간에 나타나기도 한다. 1996년 8월, 일리노이주 브룩필드 동물원에서 3세 남아가 7마리 고릴라가 있는 우리에 떨어졌다. 빈티라는 7살짜리 고릴라는 즉각 소년을 들어올렸다. 빈티는 팔로 그를 떠받친 후 출입구 가까이로 데리고 가서 사육사가 접근할 수 있도록 하였다. 빈티는 왜 도움을 주었나? 진화심리학자는 친사회적 행동이 선택되고 많은 종의 유전적 구성의 일부가 되었다고 주장할 것이다. 사회교환 이론가는 빈티가 과거에 도움을 준 것에 대해 보상을 받았었다고 주장할 것이다. 사실 그녀는 어미에게 거부당하여 사육사에게 양육 기술 훈련을 받았고, 그때 인형을 돌보는 것에 대해 보상을 받았었다(Bils & Singer, 1996).

하다고 적혀 있었다. 그의 말에 따르면 캐롤은 도움을 요청하기 꺼렸지만 그녀가 수업에 뒤처져 있기 때문에 그녀의 테이프를 들은 사람에게 메모를 남기는 것에 동의했다는 것이다. 메모는 당신이 그녀를 만나서 심리학개론의 강의노트를 공유할 수 있는지 질문한다.

당신이 추측하듯이 연구의 핵심은 캐롤을 돕는 데 동의한 조건을 찾고 두 가지 동기, 즉 자기이익 대 공감을 서로 경쟁시키는 것이었다. 연구자들은 각 참가자가 테이프를 들었을 때 다른 관점을 취하도록 지시함으로써 사람들이 캐롤에 대해 얼마나 공감을 느끼는지를 달리했다. 높은 공감 조건의 사람들은 캐롤이 자신에게 일어난 일에 대해 어떻게 느끼고 그것이 그녀의 삶을 어떻게 변화시켰는지에 대해 상상하도록 했다. 낮은 공감 조건의 사람들은 객관적이고자 노력하고 캐롤이 어떻게 느끼는지에 관심을 두지 말라는 말을 듣는다. 기대한 것처럼 높은 공감 조건에서는 낮은 공감 조건에서보다 캐롤에 대해 더 많은 공감을 느꼈다고 보고했다.

또한 연구자들은 캐롤을 돕지 않는 것이 얼마나 비용이 들지를 달리함으로써 자기 기익을 살펴보았다. 한 조건에서 참가자들은 다음 주에 그녀가 수업에 돌아올 것이고 그들과 동일한 심리학반에 있을 것임을 알았다. 따라서 그들은 수업에 올 때마다 그녀를 만나게 될 것이고 그녀가 도움을 필요로 했음을 기억하게 될 것이다. 캐롤을 돕는 것을 거절하고 매주 수업에서 그녀와 부딪혀야 하는 것은 불쾌하기 때문에, 이것은 높은 비용 조건이었다. 낮은 비용 조건의 사람들은 캐롤이 집에서 공부를 하게 될 것이고 수업에 오지 않을 것임을 알게 된다. 따라서 그들은 휠체어를 탄 그녀와 마주치지 않고 그녀를 돕지 않은 것에 대해 죄책감을 느끼지 않을 것이다.

공감-이타주의 가설에 따르면, 사람들은 이타적 관심에 의해 순전히 동기화되고 공감이 높으면 비용과 상관없이 도움을 준다(그림 11.1 참조). 그림 11.2의 오른쪽에서 볼 수 있듯이, 이 예측은 확증되었다. 높은 공감 조건에서는 수업에서 캐롤을 보지 않을 것이라 생각할 때는 그녀를 볼 것이라 생각할 때만큼 그녀에게 도움을 주겠다고 동의했다. 이것은 사람들이 그들 자신이 아니라 캐롤의 이익을 염두에 두었음을 시사한다. 그러나 낮은 공감 조건에서는 그들이 수업에서 캐롤을 보지 못할 것이라 생각했던 때보다 수업에서 그녀를 보게 될 것이라 생각할 때 더 많은 사람이 돕는 것에 동의했다(그림 11.2의 왼쪽 참조). 이것은 공감이 낮을 때 사람들이 돕고자 하는 결정이 자신에 대한 비용과 이익에 기초한다는 측면에서 사회교환 주제가 작동함을 시사한다. 그들은 그렇게 하는 것이 이익이 될 때(휠체어를 탄 캐롤을 보게 되고 돕지 않은 것에 대해 죄책감을 느낄 때) 돕지만 그렇지 않을 때(그들이 그녀를 다시 보지 않을 것이라 생각할 때)는 돕지 않는다. 이러한 결과는 사람들이 타인의 고통에 대한 공감을 경험할 때 진정한 이타주의가 존재함을 시사한다.

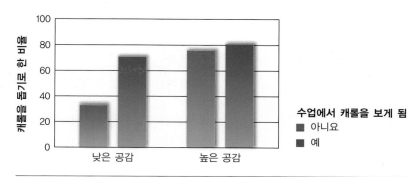

그림 11.2 이타주의 대 자기 이익

사람들은 어떤 조건에서 캐롤이 놓친 심리학개론 수업에 대해 그녀를 돕는 것에 동의했는가? 공감이 높을 때 사람들은 비용과 보상과 관계없이(즉, 그들이 심리학 수업에서 그녀를 만나게 될지 여부와 상관없이) 도움을 주었다. 공감이 낮을 때 사람들은 자신에게 주어질 보상과 비용에 더 관심이 많았다. 즉, 그들은 심리학 수업시간에 캐롤을 만나고 돕지 않는 것에 죄책감을 느낄 때만 도움을 주었다.

출처 : Toi & Batson(1982)

요약하면 우리는 친사회적 행동에 내재된 세 가지 기본적인 동기를 확인했다.

1. 도움행동은 우리와 유전적으로 유사한 사람의 복지를 향상시키는 본능적 반응이다(진화심리학).
2. 도움행동의 보상이 비용보다 큰 경우가 많고, 따라서 자기 이익에 의해 돕는다(사회교환 이론).
3. 몇몇 조건하에서 피해자에 대한 강한 공감과 연민은 헌신적인 도움을 촉진한다(공감-이타주의 가설).

복습문제

1. 다음 중 이타적 행동의 가장 좋은 예시는?
   a. 은주는 다른 사람들이 기부하기 때문에 교회의 헌금주머니에 천 원을 넣는다.
   b. 동일 씨는 아들의 학교에서 수업을 돕는 자원봉사를 한다.
   c. 재희는 익명으로 노숙자 쉼터에 10만 원을 기부한다.
   d. 은영이는 남편이 저녁식사 때 요리를 더 자주 해주기를 바라면서 남편의 설거지를 돕는다.

2. 진화심리학이 다음 중 어떤 사건을 설명하기 가장 어려울까?
   a. 정희 씨는 불길에 사로잡힌 빌딩 안에 있었을 때 비록 그녀가 모르는 사람들이었지만 다른 사람들이 자신보다 먼저 대피하도록 한다.
   b. 경철 씨는 생명을 무릅쓰고 물에 빠진 자신의 조카를 구한다.
   c. 현아 씨는 자신의 딸이 차에 치이는 것을 막기 위해 달리는 차에 뛰어든다.
   d. 윤호 씨는 보트 사고로 그의 사촌이나 아들을 구해야 하는 불행한 상황에 처했을 때 아들을 구하기로 결정한다.

3. 사회교환 이론에 따르면 다음 중 누가 노숙자에게 돈을 주기 가장 쉬운가?
   a. 유진, 노숙자에게 공감을 느낀다.
   b. 종우, 노숙자를 도움으로써 그의 데이트 상대에게 깊은 인상을 주기를 원한다.
   c. 성수, 노숙자와 관계가 있다.
   d. 은진, 사람들을 돕는 유전적 소인을 지니고 있다.

4. Batson의 공감-이타주의 이론에 따르면, 다음 중 누가 노숙자에게 돈을 주기 가장 쉬운가?
   a. 유진, 노숙자에게 공감을 느낀다.
   b. 종우, 노숙자를 도움으로써 그의 데이트 상대에게 깊은 인상을 주기를 원한다.
   c. 성수, 노숙자와 관계가 있다.
   d. 유진과 종우

정답은 537-539쪽 참조

개인적 자질과 친사회적 행동 : 어떤 사람은 다른 사람보다 왜 더 많이 돕는가

11.2 특정 개인이 도움을 줄 것인지 여부에 영향을 미치는 개인적 자질은 무엇인가

인간의 기본적인 동기가 친사회적 행동을 설명한다면 어떤 사람들은 다른 사람보다 왜 더 많이 돕는가? 확실히 도움을 주는 사람과 이기적인 사람을 구별하는 개인적 자질을 고려해야 한다.

개인차 : 이타적 성격

이타적 성격
광범위한 상황에서 타인을 돕고자 하는 자질

제2차 세계대전 중 엄청난 위험을 무릅쓰고 죽음의 수용소에서 유대인들의 생명을 구한 사람들처럼, 유사 이래 믿을 수 없는 이타적 행동으로 두각을 나타낸 사람들이 있다(Oliner & Oliner, 1988). 9·11 영웅들은 다른 사람들을 구하기 위해 자신의 목숨을 바친 배려 깊고 이타적인 사람들의 또 다른 예이다. 그런 사람들이 **이타적 성격**(altruistic personality), 즉 다양한 상황에서 타인에게 도움을 주는 자질을 지니고 있다고 가정하는 것은 당연하다(Boer & Fischer, 2013; Davis, 1983; Eisenberg, Spinrad, & Sadovsky, 2006; Penner & Orom, 2010).

확실히 어떤 사람들은 다른 사람보다 이타적 성격을 더 많이 지니고 있으며, 심리학자들은 이런 자질을 측정하기 위한 도구를 개발하였다. 이 차원에서 당신의 위치를 알고자 한다면 '해보기 : 공감적 관심'에서 질문지를 작성해보라.

연구는 이 척도에서 높은 점수를 받았을지라도 사람들이 실제로 얼마나 도움행동을 할지 예측하려고 할 때 성격이 전부가 아니라는 것을 보여준다(Batson, 1998; Eisenberg, Hofer, Sulik, & Liew, 2014; Piliavin & Charng, 1990). 우리는 사람들에게 영향을 주는 상황적 압력, 젠더, 그들이 성장한 문화, 그들이 얼마나 종교적인가, 그리고 심지어 그들의 현재 기분과 같은 몇 가지 다른 결정적 요인들을 고려해야 한다(Graziano et al., 2007).

어떤 사람은 다른 사람들보다 더 이타적인 성격을 지녔다. 예를 들어 비욘세와 테일러 스위프트는 자선기금 마련을 돕는 '가장 관대한 유명인사' 명단에 올랐다. 사회적 상황의 본질은 사람들이 도움을 줄지 여부를 결정한다.

해보기! 공감적 관심

지시 : 다음은 다양한 상황에서 당신의 생각과 느낌에 관한 것입니다. 각 문항에 대해 당신을 얼마나 잘 묘사하는지 해당 숫자에 ○표 해주세요. 각 문항을 신중하게 읽고 반응해주세요. 가능한 한 솔직하게 답해주세요.

	전혀 아니다				매우 그렇다
1. 나는 종종 나보다 운이 나쁜 사람에게 동정하고 걱정하는 감정을 느낀다.	1	2	3	4	5
2. 다른 사람들이 문제를 겪을 때 나는 그들에게 때로는 별로 유감스럽게 생각하지 않는다.	1	2	3	4	5
3. 나는 누군가 이용당한 것을 보았을 때 그들을 보호해야 하는 마음을 느낀다.	1	2	3	4	5
4. 다른 사람들의 불행이 나를 크게 괴롭히지는 않는다.	1	2	3	4	5
5. 누군가 불공평한 대우를 받는 것을 볼 때 나는 때때로 그들에게 별로 동정심을 느끼지 않는다.	1	2	3	4	5
6. 나는 일어난 일에 꽤 자주 감명을 받는다.	1	2	3	4	5
7. 나는 꽤 인정 많은 사람이라고 할 수 있다.	1	2	3	4	5

채점 : 일부 질문에 높은 점수가 낮은 동정심을 반영하므로, 먼저 해당 질문에 대한 답을 '역채점'해야 한다. 먼저 문항 2, 4, 5에 대한 당신의 반응을 역채점하라. 즉, 당신의 답이 1이라면 5로, 2라면 4로 바꾸고 3이라면 그대로, 당신의 답이 4라면 2로, 5라면 1로 바꿔라. 이제 모든 문항에 대한 답을 합한 후 평균을 구하기 위해 7로 나눠라.

해석 : Davis(1983)의 척도에서 발췌한 이 질문들은 공감적 관심, 즉 도움이 필요한 다른 사람에 대한 동정심을 측정한다. 점수가 높을수록 더 많은 공감적 관심을 표현한 것이다.

공감과 연령 : 연구에 따르면 점수는 연령의 영향을 받는다. 지난 수십 년간 대학생들의 자기도취가 높아지고 있음을 보았던 것(제5장)을 기억하라. 불행하게도, 사람들의 공감적 관심은 같은 기간에 감소하고 있다(Konrath, O'Brien, & Hsing, 2011). 공감은 왜 감소하는가? 저자들은 사람들이 타인과 의미 있는 면대면 상호작용에 보내는 시간이 감소하고 개인적 기술과 미디어에 보내는 시간이 증가한 것과 관련이 있다고 추측하지만, 누구도 확실히 알지 못한다. 또한 자기 자신에게 주로 관심 있는 자기도취적 사람들을 묘사하는 정도로, 리얼리티 TV 쇼의 증가가 역할을 하고 있다.

친사회적 행동에서 성차

두 가지 시나리오를 고려해보자. 하나는 누군가 유나이티드 항공 93편의 조종실을 습격해서 테러범과 싸우는 것처럼, 극적이고 영웅적인 행동을 수행하는 것이다. 다른 하나는 누군가 집 근처의 장애인 이웃이 허드렛일을 하는 것을 돕는 것처럼, 장기적인 도움 관계를 맺는 것이다. 남성 또는 여성이 각 상황에서 더 많은 도움을 줄 가능성이 있는가?

첫 번째 상황에서는 남성, 두 번째 상황에서는 여성이 더 많은 도움을 주었다(Eagly, 2009; Eagly & Crowley, 1986; Eagly & Koenig, 2006; Einolf, 2011). 실제로 모든 문화에서 규범은 남녀에게 다른 특질과 행동을 지시하고 소년과 소녀는 성장하면서 이를 배운다. 서구 문화에서 남성의 성역할은 기사도적이고 영웅적인 것을 포함하며 여성에게는 양육적이고 보살핌을 줄 것이라 기대하고 친밀하고 장기적인 관계를 중요시한다. 실제 생명의 위협을 무릅쓰고 낯선 사람을 구하여 카네기 영웅재단위원회에서 메달을 받은 7천 명의 사람 중 91%가 남성이었다. 반면, 남성보다 여성은 친구들에게 사회적 지지를 제공하고 타인을 돕는 것을 포함하는 자원봉사 활동에 참여하는 경향이 더 높았다(Eagly & Koenig, 2006; McGuire, 1994; Monin, Clark, & Lemay, 2008; Volunteering in the United States, 2013). 범문화적 증거는 동일한 양상을 보여준다. 7개국 청소년에 대한 조사에서 소년보다 소녀들이 지역사회에서 자원봉사활동을 더 많이 한다고 보고하였다(Flanagan et al., 1998).

남성은 기사도적이고 영웅적인 행동을 수행하기 쉬운 반면, 여성은 더 큰 헌신을 포함하는 장기적인 관계에서 돕는 경향이 더 많았다.

내집단
개인이 구성원으로 속한 집단

외집단
개인이 구성원으로 속하지 않은 집단

친사회적 행동에서 문화적 차이

당신이 다니는 대학의 학생이 아파트 화재로 모든 재산을 잃어서 도움을 필요로 한다는 것을 알게 되었다고 가정하자. 그녀는 보험 도 들지 않았고 돈도 거의 없었으며, 그래서 그녀가 옷과 다른 생 필품을 살 수 있도록 돕는 기금을 모으자는 전화가 걸려왔다. 당신 은 돈을 기부할 것인가? 자, 이 사례를 조금 더 들어가 보자. 한 사 례에서 학생은 당신과 매우 유사하다고 가정하자. 그녀는 같은 인 종에 유사한 배경을 가졌다. 아니면 그녀는 다른 문화집단의 구성 원이라고 가정하자. 당신은 미국에서 성장했는데, 그녀는 다른 국 가에서 온 학생이고, 혹은 그 반대 경우이다. 이것이 그녀를 돕고자 하는 당신의 의지에 차이를 만들 것인가?

한편, 사람들은 종종 자신의 **내집단**(in-groups), 즉 자신이 구성 원으로 속한 집단을 선호하고 자신이 속하지 않은 집단인 **외집단** (out-groups)의 구성원을 차별한다는 풍부한 증거가 있다. 실제로 제13장에서 살펴보겠지만, 다른 성적 지향을 가진 사람뿐만 아니라 다른 인종, 문화, 성별을 가진 사람을 포함해서 외집단 구성원에 대 한 차별과 편견의 오랜 역사가 있다. 하지만 다른 한편, 사람들은 종종 외집단 구성원을 돕기 위해 각별히 노력한다. 사람들은 불우한 낯선 사람을 돕는 자선단체에 기부하고 개인이 도움을 필요로 할 때, 심지어 그/그녀가 다른 집단에 속해 있을지라도 잘 도와준다.

최근 연구는 이런 난제를 해결한다. 사람들은 내집단과 외집단 구성원을 모두 돕지만 그 이유는 다르다는 것이 판명되었다. 우리 는 도움이 필요한 내집단 구성원을 향해 공감을 느끼는 경향이 있

다. 따라서 아파트 화재로 재산을 잃은 학생이 내집단의 구성원이라면 당신은 그녀에게 아마 도 공감을 느끼고, 당신이 더 많이 공감할수록 도움을 주기 더 쉽다. 우리는 다른 이유에서 외 집단 구성원을 돕는 경향이 있다. 솔직하게, 우리 자신에 대해 기분 좋게 느끼거나 타인에게 좋 은 인상을 남기는 것처럼, 우리를 위한 뭔가가 있을 때 우리는 그렇게 한다. 친숙하게 들리는가? Batson의 공감-이타주 이론이 타인을 돕는 두 가지 경로를 가정했다는 것을 기억하라. 우리 가 공감을 느낄 때 우리에게 뭐가 이로운지와 상관없이 돕지만, 공감을 느끼지 못할 때는 우리에 게 뭔가가 이로울 때에만 돕는다(그림 11.1 참조). 집단 간 도움행동에 관한 연구에 따르면 도움 이 필요한 사람이 내집단 구성원일 때는 첫 번째 경로를 취하는 경향이 있지만 도움이 필요한 사 람이 외집단 구성원일 때는 두 번째 경로를 취하는 경향이 있다(van Leeuwen & Täuber, 2010; Stürmer & Snyder, 2010).

더 일반적으로 한 문화의 사람이 다른 문화의 사람보다 더 많은 도움을 주는 문화적 가치에서 차이가 있는가? 그런 가치의 하나는 *simpatía*이다. 스페인어를 쓰는 국가에서 현저한 *simpatía* 는 친절하고 예의 바르고 온화하고 유쾌하고 타인에게 도움을 주는 것을 포함하는 광범위한 사 회적·정서적 특질을 말한다(흥미롭게도 직접적으로 번역할 수 있는 영어가 없다). 한 연구는 *simpatía*를 강조하는 문화에서 그렇지 않은 문화보다 돕는 경향이 더 강하다는 가설을 검증했다 (Levine, 2003; Levine, Norenzayan, & Philbrick, 2001; Ramirez-Esparza, Chung, Sierra-Otero,

표 11.1 23개 도시에서의 도움행동

전 세계 23개 도시에서 연구자들은 얼마나 많은 사람들이 세 가지 상황에서 도움을 주는지를 관찰했다. 그 상황은 잡지 파일을 떨어뜨린 다리 보조기를 착용한 사람을 돕는 것, 펜을 떨어뜨린 것을 알아차리지 못한 사람을 돕는 것, 그리고 붐비는 교차로를 건너는 맹인을 돕는 것이었다. 표에서 비율은 세 가지 상황의 평균이다. 진한 글씨의 도시는 친절함, 예의 바름, 타인을 돕는 것을 중시하는 *simpatía*의 문화적 가치를 지닌 도시이다.

도시	도움행동의 비율
브라질의 리우데자네이루	**93**
코스타리카의 산호세	**91**
말라위의 릴롱궤	86
인도의 캘커타	83
오스트리아의 비엔나	81
스페인의 마드리드	**79**
덴마크의 코펜하겐	78
중국의 상하이	77
멕시코의 멕시코시티	**76**
엘살바도르의 산살바도르	**75**
체코공화국의 프라하	75
스웨덴의 스톡홀름	72
헝가리의 부다페스트	71
루마니아의 부쿠레슈티	69
이스라엘의 텔아비브	68
이탈리아의 로마	63
태국의 방콕	61
대만의 타이베이	59
불가리아의 소피아	57
네덜란드의 암스테르담	54
싱가포르	48
미국의 뉴욕	**45**
말레이지아의 쿠알라룸푸르	40

출처 : Levine, Norenzayan, & Phibrick(2001)

& Pennebaker, 2012). 연구자들은 23개국의 대도시에서 도움사건을 연출해서 사람들의 행동을 관찰했다. 예를 들어 한 시나리오에서 맹인을 가장한 연구자는 붐비는 교차로에 멈춰 섰고 보행자가 연구자에게 파란불이 켜졌을 때를 알려주거나 길을 건너는 데 도움을 주는지 관찰했다.

표 11.1을 보면 *simpatía*가 더 높은 국가에서 도움을 준 사람의 비율이 그렇지 않은 국가보다 83% 대 66%로 더 높았다. 5개의 라틴아메리카와 스페인어 사용 국가들은 *simpatía*에 대한 가치 외에 다른 방식에서 달랐기 때문에, 연구자들은 이런 결과가 암시적일 뿐이라고 언급했다. 그리고 *simpatía*에 대해 모르는 일부 국가들도 높은 비율의 도움을 나타내었다. 그럼에도 불구하고 문화가 친절과 친사회적 행동을 매우 중요시한다면 사람들은 도시 길거리의 낯선 사람을 더 많이 도울 것이다(Janoff-Bulman & Leggatt, 2002).

종교와 친사회적 행동

대부분의 종교는 타인이 우리에게 해주기를 바라는 것처럼 타인에게 하라는 것 같은 몇 가지 황금률을 가르친다. 종교적인 사람들은 비종교인들보다 이런 충고를 더 많이 따르는가? 즉, 종교적인 사람들은 친사회적 행동에 더 많이 참여하는가?

사람들은 의심의 여지없이 답이 '그렇다.'라고 믿는다. 종교적인 사람들이 비종교인보다 더 도덕적이고 타인을 향한 공감을 더 많이 느낄 것이라는 고정관념이 만연되어 있다(Galen, 2012). 미국에서 실시한 한 조사에서 사람들은 무슬림보다 더 싫어하는 유일한 집단이 무신론자라고 보고했다(Edgell, Gerteis, & Hartmann, 2006). 그러나 종교적인 사람들이 실제로 더 공감적인가 하는 질문은 많은 논쟁이 되는 주제였다(Bloom, 2012; Brooks, 2006; Galen, 2012; Putnam & Campbell, 2010).

대답은 조건부 '그렇다.'로 판명되었지만, 그것이 종교 자체와 관련 있는 것처럼 보이지 않는다. 종교의 매우 중요한 특징은 사람들을 결속시키고 강한 사회적 유대감을 형성한다는 것이다. 그 결과 도움을 필요로 하는 사람이 그들의 신념을 공유한다면 종교적인 사람들은 다른 사람들보다 더 많은 도움을 주는 경향이 있다(Galen, 2012; Graham & Haidt, 2010). 그러나 헌혈을 하거나 식당 종업원에게 팁을 주는 것처럼 낯선 사람을 돕는 데 있어서 종교적인 사람들이 비종교인들보다 더 많은 도움을 주는 것은 아니다(Batson, Schoenrade, & Ventis, 1993; Galen, 2012; Preston, Ritter, & Hernandez, 2010). 도움행동의 문화적 차이처럼, 이것은 사람들이 외집단 구성원보다 내집단에 대해 더 많은 공감을 느끼는 것, 즉 내집단 선호의 또 다른 예일 가능성이 있다. 따라서 신앙심 자체가 사람들이 더 많은 도움을 주게 만드는 것은 아니며, 사람들은 오히려 자신과 같은 집단에 속한 사람을 더 많이 돕게 된다.

예를 들어 당신이 지역사회 봉사 프로젝트를 조직해서 토요일 아침에 공원을 청소하는 것을 도울 자원봉사자를 모집하고 있다고 상상하라. 지역사회 교회에 가서 교인들에게 도와달라고 부탁할 때, 아니면 종교가 없는 지역의 소프트볼 팀 구성원에게 부탁할 때, 어디서 자원봉사자가 모집될 가능성이 더 높을까? 답은 당신이 그 집단의 일원이 되지 않는 한, 한 집단이 다른 집단보다 자원 봉사할 가능성이 더 높지 않다는 것이다. 따라서 당신이 소프트볼 팀이 아니라 교회에 소속되어 있다면 동료 교인들에게 도움을 청하라. 그러나 당신이 교회에 속하지 않고 소프트볼에서 유격수로 뛰고 있다면 팀 동료들에게 요청하라.

기분이 친사회적 행동에 미치는 영향

또한 교인이나 소프트볼 선수가 어떤 기분에 있는지가 중요한 것으로 밝혀졌다. 기분이 좋은지, 나쁜지 혹은 중립적인지 하는 것은 사람들이 도움을 줄 것인지에 놀라운 영향을 미칠 수 있다.

긍정 기분의 효과 : 좋은 기분, 좋은 행동　고전적 연구에서 연구자들은 사람들의 기분이 실제 상황에서 낯선 사람을 도울 가능성에 영향을 주는지 알고자 했다(Isen & Levin, 1972). 이를 밝히고자 그들은 쇼핑몰에서 도움행동의 기회를 연출했는데, 한 남자가 낯선 사람 앞에서 서류폴더를 '우연히' 떨어뜨린다. 그때 연구자들은 낯선 사람이 멈춰서 그가 서류를 줍는 것을 돕는지 여부를 관찰하였다. 그런데 그들은 낯선 사람의 기분을 실험적으로 어떻게 조작했을까? 그들은 매우 기발한 방식을 사용했는데, 쇼핑몰 공중전화의 동전반환구에 동전을 놓아두고 누군가 동전을 발견하기를 기다렸다. (이 연구가 수행된 당시 휴대전화가 없어서 사람들은 공중전화에 의존했고 10센트는 오늘날 50센트에 상응한다는 것에 주목하라.) 실험보조자의 절반은 놓아둔 동전

을 막 발견하고 일시적으로 기분이 좋아진 낯선 사람 앞에서 서류폴더를 떨어뜨렸고, 절반은 동전을 놓아두지 않은 전화를 사용한 낯선 사람 앞에서 서류폴더를 떨어뜨렸다. 동전을 발견한 것이 사람들의 기분에 아주 큰 영향을 주거나 낯선 사람을 도울 가능성에 영향을 줄 것처럼 보이지 않지만, 그 결과는 극적이었다. 동전을 발견하지 않은 사람의 4%만이 그 사람이 서류 줍는 것을 도와준 반면에, 동전을 발견한 경우 84%라는 엄청 많은 사람이 멈춰 서서 도움을 주었다.

이러한 '좋은 기분, 좋은 행동' 효과는 사람들의 기분을 북돋우는 다양한 방식(시험에서 좋은 성적 받기, 선물 받기, 즐거운 음악 듣기를 포함함; North, Tarrant, & Hargreaves, 2004)과 다양한 종류의 도움행동(예 : 잃어버린 콘택트렌즈 찾는 것 도와주기, 다른 학생 가르치기, 헌혈하기, 직장에서 동료 돕기; Carlson, Charlin, & Miller, 1988; Isen, 1999; Kayser et al., 2010)을 사용해서 여러 차례 반복되었다.

좋은 기분은 세 가지 이유에서 도움행동을 증가시킬 수 있다. 첫째, 좋은 기분은 우리로 하여금 인생의 밝은 면을 보도록 한다. 즉, 우리는 기분이 좋을 때 미심쩍은 점을 선의로 해석하면서 다른 사람들의 좋은 측면을 보는 경향이 있다. 보통 어설프거나 짜증스러워 보이는 희생자도 우리가 즐거운 기분일 때는 도울 만한 가치가 있는 괜찮은, 어려운 사람처럼 보일 것이다(Carlson et al., 1988; Forgas & Bower, 1987). 둘째, 타인을 돕는 것은 우리의 좋은 기분을 지속시키는 훌륭한 방법이다. 우리가 도움을 필요로 하는 누군가를 본다면 착한 사마리아인이 되는 것이 더 좋은 기분을 유발하게 되고, 우리는 기분 좋게 떠날 수 있다. 이에 비해 우리가 도와야 한다는 것을 알 때 돕지 않는 것은 우리의 좋은 기분을 망치는 확실히 '우울한 경험'이다(Clark & Isen, 1982; Isen, 1987; Lyubomirsky, Sheldon, & Schkade, 2005). 마지막으로, 좋은 기분은 우리가 우리 자신에게 기울이는 주의의 양을 증가시키고, 이런 요인은 차례로 우리가 우리의 가치와 이상에 따라 행동하기 쉽도록 만든다(제3장 참조). 우리 대부분은 이타주의를 가치 있게 생각하고 좋은 기분은 이런 가치에 대한 우리의 주의를 증가시키기 때문에 좋은 기분은 도움행동을 증가시킨다(Carlson et al., 1988; Salovey & Rodin, 1985). 따라서 당신이 지역사회의 봉사 프로젝트에 자원봉사자를 구하려고 한다면, 사람들의 기분이 좋을 때 그들을 만나려고 시도하라.

나쁜 기분, 좋은 행동 사람들의 기분이 나쁠 때 도와달라고 부탁하지 말아야 할까? 행복한 기분이 더 큰 도움행동을 유발함을 고려하면, 슬픈 기분은 그것을 저하시킬 것 같다. 그러나 놀랍게도 슬픔은 도움행동을 증가시킬 수 있는데, 그것은 사람들이 슬플 때 기분을 더 좋아지게 만드는 활동에 참여하도록 동기화되기 때문이다. 그리고 타인을 돕는 것은 보상적이기 때문에, 사람들이 침울함에서 벗어나게 할 수 있다. 따라서 사람들이 (중립적 기분에 비해) 슬픈 기분에 있을 때 지역사회 봉사 프로젝트에 도움을 요청하면 행운이 따를 것이다(Carlson & Miller, 1987; Cialdini & Fultz, 1990; Kayser et al., 2010; Wegener & Petty, 1994).

도움행동을 증가시키는 또 다른 종류의 나쁜 기분은 죄책감이다(Ahn, Kim, & Aggarwal, 2014; Xu, Begue, & Bushman, 2012). 사람들은 종종 착한 행동이 잘못한 행동을 상쇄한다는 생각에 따라 행동한다. 그들이 죄책감을 느끼도록 만든 일을 했을 때 또 다른 사람을 돕는 것은 죄책감을 감소시키면서 균형을 잡는다. 한 연구는 가톨릭 신자가 고해성사를 한 이후보다 고해성사 이전에 자선단체에 돈을 기부하는 경향이 크다는 것을 발견했는데, 아마도 신부님에게 하는 고해성사가 그들의 죄책감을 감소시키기 때문일 것이다(Harris, Benson, & Hall, 1975).

복습문제

1. 다음 중 사실인 것은?
   a. 이타주의 검사에서 높은 점수를 받은 사람은 낮은 점수를 받은 사람보다 다른 사람을 도울 가능성이 훨씬 크지는 않다.
   b. 이타주의 검사에서 높은 점수를 받은 사람은 낮은 점수를 받은 사람보다 다른 사람을 도울 가능성이 훨씬 크다.
   c. 만일 어떤 사람이 이타적 성격을 지녔다면, 그들은 누군가를 돕는 것을 막는 상황적 압력을 극복하기 쉽다.
   d. 이타적 성격의 유전자는 진화심리학자에 의해 확인되었다.
2. _____은(는) 물에 빠진 아이를 돕기 위해 연못에 뛰어들 가능성이 가장 높은 반면, _____은(는) 매주 이웃 노인을 위해 심부름을 할 가능성이 가장 크다.
   a. 여성, 남성
   b. 남성, 여성
   c. 동아시아 시민, 서양 시민

   d. 서양 시민, 동아시아 시민
3. 다음 중 사람들이 길을 건너는 시각장애인에게 도움을 줄 가능성이 가장 큰 도시는?
   a. 미국 뉴욕
   b. 네덜란드 암스테르담
   c. 헝가리 부다페스트
   d. 브라질 리우데자네이루
4. 길을 건너는 시각장애인에게 도움을 줄 가능성이 가장 작은 사람은?
   a. 성준, 보통의 하루를 보내고 있고 중립적인 기분이다.
   b. 현지, 보고서에서 방금 A점수를 받고 기분이 좋다.
   c. 미아, 보고서에서 방금 D점수를 받아서 슬프다.
   d. 지욱, 방금 여자 친구를 속이고 바람을 피우고 죄책감을 느낀다.

정답은 537-539쪽 참조

친사회적 행동의 상황적 결정요인 : 사람들은 언제 도움을 줄 것인가

11.3 사람들은 어떤 상황에서 더 많이 혹은 더 적게 다른 사람을 돕는가

성격, 젠더, 문화, 기분 모두 사람들이 왜 타인을 돕는가 하는 퍼즐에 한 조각을 더하지만 그들이 그림을 완성하지는 못한다. 사람들이 도움행동을 하는 이유를 더 충분히 이해하기 위해서 우리는 또한 사람들이 처한 사회적 상황을 고려해야 한다.

환경 : 시골 대 도시

여기에 또 다른 도움 시나리오가 있다. 당신이 어느 날 길을 걷고 있는데 갑자기 넘어져 고통으로 울부짖는 한 남자를 봤다고 가정하자. 그가 바지를 걷어 올리자 붕대가 감긴 정강이에 심한 출혈이 있는 것이 보였다. 당신은 무엇을 할 것인가? 이 사건이 작은 마을에서 일어났을 때, 지나가던 사람의 약 절반이 멈춰서 그 사람에게 도움을 주었다. 그러나 대도시에서는 오가는 사람의 15%만이 도움을 주었다(Amato, 1983). 다른 연구들에서 밝혀진 바에 따르면, 미아를 찾고 길을 알려주고 분실한 편지를 돌려보내 달라는 요청을 받았을 때 작은 마을의 사람들이 도움을 주기 더 쉬운 경향이 있었다. 미국, 캐나다, 이스라엘, 호주, 터키, 영국 및 수단을 포함한 여러 국가에서 도움행동은 작은 마을에서 더 많이 일어나는 것으로 밝혀졌다(Hedge & Yousif, 1992; Oishi, 2014; Steblay, 1987).

작은 마을의 사람들이 더 쉽게 돕는 이유는 무엇인가? 한 가지 가능성은 작은 마을에서 성장한 사람들이 이타적 가치를 더 많이 내재화했다는 것이다. 만일 그렇다면 작은 마을에서 성장한 사람들은 그들이 큰 도시를 방문할지라도 더 많이 도움을 줄 것이다. 그렇지 않으면 사람들에게 내재화된 가치가 아니라 즉각적 상황이 핵심이다. 예를 들어 Stanley Milgram(1970)은 도시에 사는 사람들이 끊임없이 자극 공세를 받고 그것에 압도당하지 않으려고 남과 어울리지 않는다고 제안했다. 이 **도시 과부하 가설**(urban overload hypothesis)에 따르면, 더 평온하고 덜 자극적인 환경의

도시 과부하 가설
도시에 거주하는 사람들이 끊임없이 자극 공세를 받고 그것에 압도당하는 것을 피하기 위해 혼자 지낸다는 이론

사람들은 작은 도시보다 대도시에서 더 적게 돕는데, 이것은 가치의 차이 때문이 아니라 도시생활의 스트레스가 교제를 피하도록 하기 때문이다.

도시 거주자라면 그들은 다른 누구만큼 타인에게 관심을 보일 것이다. 연구는 도시에 사는 것이 본질상 사람들을 덜 이타적이 되도록 한다는 생각 이상으로 도시 과부하 가설을 지지했다. 따라서 사람들이 도움을 줄 것인지 예측하기 위해서는 그들이 어디에서 성장했는가를 아는 것보다 그들이 현재 시골 또는 도시 지역에 있는지를 아는 것이 더 중요하다(Levine et al., 1994; Steblay, 1987).

주거 이동성

세계 많은 지역의 사람들은 자신이 자란 곳에서 멀리 떨어져 지내는 것이 일반적이다(Hochstadt, 1999). 2000년에 미국인 5명 중 거의 1명(18%)은 1995년에 살았던 곳과 다른 주에서 거주하고 있었고("Migration and Geographic Mobility", 2003) 많은 도시 지역에서 거주자의 절반 미만이 1995년에 그들이 살았던 같은 집에 살고 있었다(Oishi et al., 2007). 판명된 것처럼 한곳에 오래 사는 사람들이 지역사회를 돕는 친사회적 행동에 참여할 가능성이 크다. 한 장소에 거주하는 것은 지역사회에 대한 더 큰 애착, 이웃들과의 더 많은 상호 의존, 지역사회의 평판에 대한 더 큰 관심을 유발한다(O'Brien, Gallup, & Wilson, 2012; Oishi, 2014; Tahlheim & Oishi, 2014). 이런 모든 이유로 장기간 거주자들은 친사회적 행동에 참가할 가능성이 크다. 예를 들면 Shigehiro Oishi와 동료들(2007)은 미니애폴리스 성바울 지역에 오래 살아온 사람들이 최근 그 지역에 이주한 사람과 비교해서 '보존 서식지(critical habitat)' 인가번호판을 더 많이 구입함을 발견하였다. (이 인가번호판에 매년 30달러의 추가 비용을 지불하고 자연 서식지를 구입하고 관리하기 위한 지역 기금을 마련한다.)

아마도 오랫동안 한 장소에 살아온 사람들이 지역사회에 더 많은 이해관계를 가진다는 것은 놀랍지 않을 것이다. 또한 Oishi와 동료들(2007)은 비록 한 번의 실험실 상황이었지만 이런 도움행동의 증가가 꽤 빠르게 일어날 수 있음을 발견했다. 당신이 다른 4명의 학생과 퀴즈대회를 하는데 우승자는 10달러의 상품권을 받게 되는 연구에 참여하고 있다고 상상해보자. 실험자는 집단의 사람들이 원한다면 서로를 도울 수 있지만 그런 행동은 돕는 이가 우승할 기회를 감소시킬 것이라고 말한다. 게임이 진행됨에 따라 동료 집단원 중 한 명이 한숨을 쉬고 질문에 대한 정답을 모르겠다고 말한다. 당신은 그에게 도움을 줄 것인가, 아니면 계속해서 혼자서 경쟁하도록 할 것인가?

당신이 경쟁 중인 학생과 집단에 얼마나 오랫동안 있었는지에 따라 답변이 달라지는 것으로 밝혀졌다. Oishi와 동료들의 연구는 전체 4개의 과제를 포함시켰고, 퀴즈대회는 그중 마지막 것이었다. 참가자의 절반은 연구 내내 함께 남아서 모든 과제를 한 반면, 다른 절반은 각 과제 후 새로운 집단으로 전환했다. 따라서 첫 번째 조건에서 사람들은 서로를 알고 공동체 의식을 형성할 기회가 더 많은 반면, 두 번째 집단은 한 지역사회에서 다른 곳으로 이주하는 것과 더 유사하다. 연구자들이 예측한 것처럼 '안정적 지역사회' 조건의 사람들은 '일시적 집단' 조건의 사람들에 비해 힘들어하는 동료를 더 많이 도왔다. 사람들이 큰 도시에서 도움을 덜 주는 또 다른 이유는 시골보다 도시에서 주거 이동성이 더 높기 때문이다. 사람들은 도시로 이사를 할 가능성이 높고 따라서 지역사회에서 이해관계를 덜 느낀다.

방관자의 수 : 방관자 효과

제2장에 나온 키티 제노비스를 기억하는가? 그녀는 뉴욕시에서 수많은 이웃들에게 아무런 도움을 받지 못한 채 잔인하게 살해당한 여성이다. 제2장에서 논의했던 것처럼, 이웃들의 반응에 대한 신문의 설명이 지금은 전적으로 정확하지 않은 것 같다. 그러나 불행하게도 방관자들이 도움을 필요로 하는 사람을 돕지 않는 이와 유사한 사건이 너무 흔하다. 2011년 3월 11일, 메릴랜드주 베서스다에서 제이나 머레이는 의류 매장에서 함께 일하는 동료에게 잔인하게 살해당했다. 바로 옆 애플 스토어에서 일하는 2명의 직원이 도와달라는 머레이의 비명을 포함해서 벽을 통해 살인이 일어나는 소리를 들었지만 아무런 도움을 주지 않았다(Johnson, 2011). 2011년 10월에 중국 남부에서 2세 여아가 몇 분 간격으로 두 대의 다른 밴에 치여 길에 쓰러져 죽었다. 어느 밴도 멈춰 서지 않았고, 10여 명의 사람들이 멈춰서 그녀를 돕지 않고 지나쳐 갔다(Branigan, 2011). 2013년 9월에 필라델피아에서 교통경찰이 체포하려던 남자에게 폭행을 당했는데, 주변에 10여 명 이상의 구경꾼이 있었지만 그중 누구도 말리거나 911에 신고하지 않았다(Ubinas, 2013).

방관자들이 절실하게 도움이 필요한 사람을 돕지 못하는 이유는 무엇인가? 우리는 방금 한 가지 가능성, 즉 행인들이 도시 자극으로 과부하되어서 혼자 있으려 하는 것에 대해 논의했다(모든 사건이 대도시에서 발생했다). 이것이 이유의 일부일지 모르지만, 이런 종류의 도움행동 결여는 대도시에만 국한되지 않는다. 예를 들어, 2만 8천 명이 거주하는 마을인 버지니아 주의 프레데릭스버그에서 편의점 점원이 고객들 앞에서 폭행을 당했는데, 가해자가 도망치고 점원이 피를 흘리면서 바닥에 쓰러진 이후에도 아무도 도움을 주지 않았다(Hsu, 1995).

어쩌면 사람들이 너무 무서워서 또는 겁이 나서 아무것도 할 수 없었을지도 모른다. 이것이 바로 영화 '킥 애스(Kick-Ass)'의 전제로, 영화에서는 괴롭힘을 당하는 찌질한 고등학생인 주인공이 도움이 필요한 사람들을 돕기 위해 슈퍼히어로가 되기로 결심한다. 만화에서의 슈퍼히어로들과 달리, 그는 초능력이 없지만 의상을 입고 다른 신분을 가장하는 것은 가해자나 악당들과 대면할 수 있는 용기를 준다. 영화는 재미있지만 핵심적인 사회심리학적 요점을 놓치고 있다. 즉, 많은 사람들은 자신이 어떤 사람인가가 아니라, 사회적 상황의 본질 때문에 응급상황에서 자주 도움을 주지 못한다는 사실이다.

Bibb Latané와 John Darley(1970)는 제노비스 살인사건 때 뉴욕에 있는 대학에서 강의를 하던 두 명의 사회심리학자로, 이런 생각을 처음 제안하고 검증하였다. 그들이 생각한 핵심 상황적 요인은 응급상황을 목격한 방관자의 수였다. 역설적으로, 그들은 응급상황을 관찰한 방관자의 수가 많을수록 그들 중 한 명이 도움을 줄 가능성이 작다고 생각했다. 앞서 기술한 세 건의 잔인한 사건에서 1명보다 많은 방관자가 위급상황을 목격했으며, 이것이 아무도 개입하지 않은 핵심적인 이유일 수 있다.

지금은 고전이 된 일련의 실험에서 Latané와 Darley(1970)는 이 가설에 대한 지지 증거를 발견했다. 제2장에서 논의했던 발작 실험으로 돌아가 보자. 그 연구에서 사람들은 개별 부스에 앉아서 다른 부스의 학생들과 (인터콤 시스템으로) 대학 생활에 관한 집단토론에 참가하였다. 다른 학생들 중 한 명이 갑자기 발작을 일으키면서 도움을 요청하고 질식하다가 결국 조용해졌다. 연구에서 한 명만이 실제로 진짜 참가자였다. 발작을 일으킨 사람을 포함해서 다른 '참가자들'은 사전에 녹음된 목소리였다. 연구의 핵심은 실제 참가자가 그를 찾으려고 시도하거나 실험자를 호출함으로써 발작 경험자를 도우려고 시도하는지, 아니면 키티 제노비스의 이웃들처럼 단지 앉아서 아무것도 안 하는지 여부를 알아보는 것이었다.

Latané와 Darley가 예견했던 것처럼, 답은 참가자들이 얼마나 많은 사람이 위급상황을 목격했다고 생각하는지에 따라 달라졌다. 사람들이 발작을 일으킨 학생의 소리를 들은 유일한 사람이었다고 믿을 때 그들의 대부분(85%)이 60초 이내에 도움을 주었다. 그들이 유일한 방관자라고 생각한 사람들의 100%가 2.5분쯤에는 도움을 주었다(그림 11.3 참조). 이에 비해 실험 참가자들이 소리를 들은 학생이 한 명 더 있다고 믿을 때 도움을 준 사람이 더 적었다. 60초 이내에 단지 62%만이 도움을 주었다. 두 명의 방관자가 있을 때 도움은 더 느리게 일어났으며, 실험이 끝난 6분 후에도 100%에 도달하지 못했다. 결국 참가자들이 그들 자신 외에 소리를 들은 학생이 4명 더 있다고 믿었을 때 도움을 준 사람의 비율은 더 극적으로 떨어졌다. 31%만이 첫 60초에 도움을 주었고, 6분 후 62%만이 도움을 제공했다. 실험실과 현장에서 수행된 다른 10여 개의 연구결과도 동일했다. 이는 위급상황을 목격한 방관자의 수가 많을수록 그들 중 누군가 희생자를 도울 가능성은 더 작아진다는 것으로, **방관자 효과**(bystander effect)라고 하는 현상이다(Fischer et al., 2011).

타인이 존재할 때 사람들은 왜 도움을 주지 않는가? Latané와 Darley(1970)는 사람들이 위급상황에 개입할지 여부를 어떻게 결정하는지를 5단계로 기술했다(그림 11.4 참조). 이 기술의 일부는 방관자의 수가 어떻게 차이를 만들 수 있는지에 관한 설명이다. 그러나 첫 단계, 즉 사람들이 누군가 도움을 필요로 함을 알아차리는지 여부로 시작해보자.

방관자 효과
위급상황을 목격한 방관자 숫자가 많을수록 그들 중 누군가 도움을 줄 가능성이 더 작아진다는 결과

사건의 알아차림 만일 당신이 붐비는 거리를 서둘러 가고 있다면, 누군가 출입구에 쓰러져 있다는 것을 알아차리지 못할 것이다. 만일 위급상황이 발생했음을 알아차리지 못한다면, 개입을 하지도 도움을 주지도 못할 것이 확실하다. 사람들이 위급상황을 알아차리는지 여부를 결정하는 것은 무엇인가? John Darley와 Daniel Batson(1973)은 바쁘게 오가는 사람들이 얼마나 많은지와 같이 겉보기에 사소한 어떤 것이 그들이 어떤 사람인가보다 더 큰 차이를 만들 수 있음을 보여주었다. 이 연구자들은 착한 사마리아인의 우화를 반영한 연구를 수행했는데, 거기서 많은 행인이 도로 한쪽에 의식 없이 누워 있는 사람을 돕기 위해 멈추지 않았다. 실험 참가자들은 목사로서 자신의 삶을 바치려고 준비 중인 신학대 학생처럼, 극히 이타적일 것이라 생각할 수 있는 사람들이었다. 학생들은 또 다른 건물로 걸어가서 짧은 연설을 하면 연구자들이 그것을 녹음할 것이라는 요청을 받았다. 어떤 사람들은 그들이 늦었고 약속을 지키려면 서둘러야 한다는 얘기를 들었다. 다른 사람들은 다른 건물에서 조교가 예정보다 몇 분 늦게 진행하고 있기 때문에 서두를 필요가 없다는 얘기를 들었다. 그들이 다른 건물로 걸어갈 때 학생들은 출입구에 쓰러져 있는 남

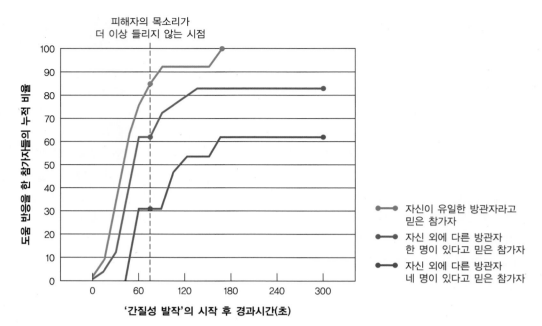

자를 지나갔다. 각 학생이 지나갈 때 그 남자(실험의 공모자)는 기침을 하고 신음하였다. 신학대 학생들은 멈춰서 그에게 도움을 줄 것인가? 그들이 바쁘지 않으면 그들 중 대부분(63%)은 도움을 주었다. 그러나 그들이 약속을 지키기 위해 서둘러 가고 있다면 도움을 주기 위해 멈춰선 사람이 10%에 불과했다. 서둘러 가고 있던 많은 학생들이 그 남자를 알아차리지 못했다.

신앙심 깊은 사람들은 확실히 자신이 얼마나 바쁜지와 같은 작은 문제에 영향을 덜 받을 것이다. 놀랍게도 Darley와 Batson(1973)은 가장 종교적인 신학대 학생들이 가장 종교적이지 않은 학생들보다 더 많은 도움을 주는 것이 아니라는 것을 발견하였다. 그들은 어려움에 처한 사람을 돕는 것에 대해 어떻게 생각하고 있는가? 연구자들은 또한 학생들이 해야 하는 연설 주제를 다양화했다. 어떤 이들은 신학대 학생들이 선호하는 직장의 종류에 대해 토론하라는 요청을 받았고, 다른 이들은 착한 사마리아인의 우화에 대해 토론하라는 요청을 받았다. 아마도 당신은 이 사건과 착한 사마리아인 우화의 유사점을 고려할 때 이 우화에 대해 생각하고 있는 신학대 학생들이 멈추어 출입구에 쓰러져 있는 남자에게 도움을 주기가 더 쉬울 것이라 생각할 것이다. 그러나 연설의 주제가 그들의 도움행동에 차이를 거의 초래하지 않았다. 서둘러 가고 있던 학생들은 매우 종교적이고 착한 사마리아인에 대한 연설을 하게 될지라도, 그 남자를 거의 알아차리지 못하고 도움을 주지 못했다.

사건을 위급상황으로 해석하기 사람들은 누군가 출입구에 쓰러져 있음을 알아차리더라도, 멈춰서 돕지 않는다. 도움의 다음 결정인은 방관자가 그 사건을 위급, 즉 도움이 필요한 상황으로 해석하는지 여부이다(그림 11.4 참조). 물론, 자동차 사고를 목격하거나 심각하게 부상당한 사람을 보는 경우에는, 위급상황임을 의심할 여지가 거의 없다. 이런 상황에서 사람들은 도움이 필요하다는 것을 알기 때문에 방관자의 수가 거의 문제가 되지 않을 것이다(Fischer et al., 2011). 그러나 종종 더 모호한 상황이 존재한다.

출입구에 있는 사람은 술에 취한 것인가, 아니면 심각하게 아픈 것인가? 파티에서 즐거운 시간을 보내는 누군가가 비명을 지른 것인가, 아니면 공격을 당한 누군가가 비명을 지른 것인가? 사람들이 목격한 것이 응급상황이 아니라고 가정한다면, 그들은 확실히 도움을 주지 않을 것이다.

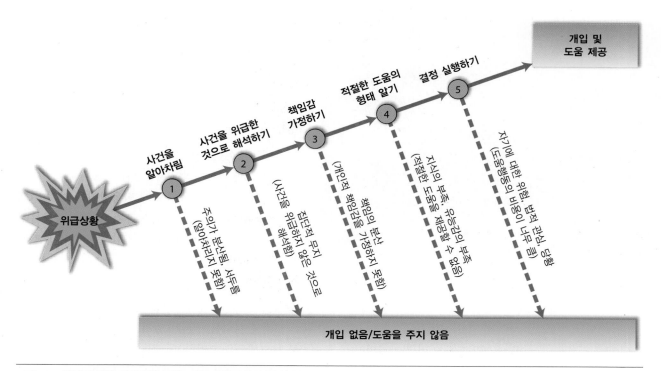

그림 11.4 방관자 개입 의사결정 모형 : 위급상황에서 도움행동에 이르는 5단계

Latané와 Darley(1970)는 사람들이 위급한 누군가를 돕기 전에 5단계의 의사결정을 거친다는 것을 보여주었다. 방관자들이 5단계 중 어느 하나를 취할 수 없다면 그들은 도움을 주지 않을 것이다. 사람들이 개입하지 않기로 결정하는 이유와 함께 각 단계가 기술되었다.

출처 : Based on Darley & Latané(1968)

　　모호한 상황에서 방관자의 수는 이상하게도 차이를 만든다. 위급상황을 목격한 사람의 수가 많을수록 그것이 위급상황임을 알아차릴 가능성이 작다. 그 이유를 이해하기 위해서 제8장의 정보적 사회적 영향에 대한 논의로 거슬러 올라가 보자. 우리가 현실을 정의하기 위해 타인을 참조할 때 이런 유형의 사회적 영향이 발생한다. 이를테면 당신이 어느 날 교실에 앉아 있는데, 에어컨 환풍구에서 흰 연기가 새어 나오고 있는 것을 알아차렸다고 가정하자. 당신은 무엇 때문에 이런 일이 일어났는지 확신하지 못하기 때문에, 우리 모두가 쉽게 할 수 있는 일을 한다. 즉, 당신은 주변을 둘러보고 다른 사람들이 어떻게 반응하고 있는지를 살핀다. 당신 왼쪽의 사람이 환풍구를 쳐다보고 전혀 걱정하지 않는 것처럼 보인다면, 당신은 걱정할 일이 없다고 결론을 내릴 것이다. 당신은 '에어컨에서 나온 약간의 수증기'라고 생각할 것이다. 제8장에서 본 것처럼 모호한 사건을 해석하기 위해 다른 사람을 참조하는 것은 종종 좋은 전략이다. 위험한 것은 무슨 일이 일어나고 있는지 아무도 정확하게 알지 못하는데 다른 사람들이 알고 있다고 잘못 가정할 때이다. 예컨대 교실에서 당신 왼쪽에 앉아 있는 남자는 당신이 놀라지 않는 것을 봤기 때문에 걱정하지 않는 것처럼 보일 수 있다. 위급상황은 종종 혼란스럽고 갑작스러운 사건이기 때문에, 방관자들은 무슨 일이 일어나고 있는지 이해하려고 할 때 멍한 표정으로 쳐다보면서 얼어붙는 경향이 있다(Van den Bos & Linds, 2013). 그들이 서로 눈길을 주고받을 때 모든 사람이 크게 걱정을 하지 않는 것을 본다. 이것은 **집합적 무지**(pluralistic ignorance) 상태를 초래하는데, 이는 다른 사람들이 상황을 확실하게 해석하고 있다고 생각하지만 사실은 그렇지 않은 것이다.

　　이 흰 연기 시나리오는 Latané와 Darley(1970)의 또 다른 고전적 실험에서 가져왔는데, 집합적 무지의 위험을 잘 보여준다. 이제 당신은 실험 참가자인데, 도시생활의 문제에 관한 사람들의 태

집합적 무지

사실과 달리, 다른 모든 사람이 상황을 확실하게 해석하고 있다고 생각하는 경우

위급상황은 혼란스러울 수 있다. 이 남자는 도움이 필요한가? 방관자들은 그를 알아채지 못했거나, 타인의 행동이 그 상황을 비응급으로 해석하도록 할 수 있다. 이것은 집합적 무지의 예시인가?

도 연구를 위해 약속 시간에 도착했다고 상상하라. 당신이 실험이 시작되기를 기다리는 동안 질문지를 작성하라는 신호가 있어 자리에 앉아 시작했다. 그런데 당신은 뭔가 이상하다는 것을 눈치챈다. 흰 연기가 벽의 작은 통풍구로 방 안에 흘러들어온다. 머지 않아 질문지를 보기 힘들 정도로 방 안이 연기로 가득 찼다. 당신은 무엇을 할 것인가?

사실 실제 위험은 없었다. 실험자들은 사람들이 이런 잠재적 위급상황에 어떻게 반응할지를 보기 위해 방 안에 연기를 주입했다. 놀랍지 않게도 사람들이 혼자 있을 때는 대부분 행동을 취했다. 2분 내에 참가자의 50%가 방을 떠났고 아래 홀에 있는 실험자를 발견하고는 건물에 불이 났다고 보고했다. 6분 내에 참가자의 75%가 방을 떠나서 실험자에게 알렸다.

그런데 사람들이 혼자 있지 않았다면 무슨 일이 일어났을까? 혼자 있던 참가자의 75%가 연기를 보고했음을 고려할 때, 집단이 클수록 누군가 연기를 보고할 가능성이 더 큰 것처럼 보인다. 사실 이것은 수학적으로 계산될 수 있다. 만일 어느 한 사람이 연기를 보고할 확률이 75%라면, 3인 집단에서 적어도 한 사람이 그럴 가능성은 98%이다.

숫자상의 안전성이 실제로 존재하는지를 알아보기 위해 Latané와 Darley(1970)는 3명의 참가자가 동시에 참여하는 조건을 포함시켰다. 연기가 스며들기 시작할 때 방 안에 세 사람이 앉아 있다는 것을 제외하고 모든 것이 동일했다. 놀랍게도, 2분 내에 누군가 연기를 보고한 것은 3인 집단의 12%에 불과했고, 6분 내에 누군가 연기를 보고한 것은 집단의 38%에 불과했다. 나머지 집단에서 참가자들은 자신이 작성하고 있는 것을 보기 위해 손을 저으며 연기를 몰아내야 했지만 그 자리에 앉아서 질문지를 계속 작성했다. 무엇이 잘못되었는가?

연기가 위급상황을 의미하는지 여부가 불확실하여 참가자들은 서로를 정보의 원천으로 사용했다. 당신의 옆 사람이 연기를 보고 계속해서 질문지를 작성한다면, 당신은 잘못된 것이 없다고 안심하게 될 것이다. 그렇지 않으면 그들이 왜 그렇게 개의치 않고 행동했겠는가? 문제는 그들 또한 당신을 보고 당신이 개의치 않는 것 같으면 그들 역시 모든 것이 괜찮다고 안심한다는 것이다. 간략하게 말하면 각 집단 구성원은 자신보다 다른 모든 사람이 무슨 일이 일어나고 있는지에 대해 더 많이 알고 있다고 가정하기 때문에 안심한다. 그리고 통풍구에서 연기가 나오는 것처럼 사건이 모호할 때 집단을 이룬 사람들은 잘못된 것이 없다고 서로를 확신시킬 것이고, 이것이 집합적 무지의 잠재적인 비극을 초래한다(Clark & Word, 1972; Solomon, Solomon, & Stone, 1978).

책임감 가정하기 필라델피아에서 교통경찰이 체포하려고 한 남자에게 공격당하는 것을 구경꾼들이 목격한 경우처럼, 때로는 위급상황이 발생한 것이 명백한 경우가 있다. 그들이 아무것도 하지 않았다는 사실은 우리가 그 사건을 위급상황으로 해석한다고 해도, 뭔가 행동하는 것이 다른 누군가가 아닌, 우리의 책임이라고 결정해야 함을 의미한다. 방관자의 수는 여기서 다시 결정적인 변인이다.

참가자들이 자신이 발작하는 학생의 소리를 듣는 유일한 사람이라고 믿는 Latané와 Darley

(1968)의 발작 실험으로 돌아가 보자. 책임감은 전적으로 그들의 어깨에 달려 있다. 그들이 돕지 않는다면 아무도 돕지 않을 것이고 그 학생은 죽을 수도 있다. 결과적으로 이 상황에서 대부분의 사람들이 거의 즉시 도움을 주었고, 도움행동은 모두 몇 분 안에 일어났다.

그러나 많은 목격자가 있을 때는 어떨까? **책임분산**(diffusion of responsibility)이 일어난다. 목격자의 수가 증가함에 따라 각 방관자가 도움을 줘야 하는 책임감은 감소한다. 다른 사람들이 존재하기 때문에 한 명의 방관자가 행동을 취해야 할 강한 책임을 느끼지 않는다. 도움이 종종 비용을 지불한다는 초기 논의를 회상해보라. 우리는 자신을 위험에 빠뜨리거나, 과잉반응을 하거나 잘못된 일을 함으로써 우스워지는 것으로 끝날 수 있다. 도움을 줄 수 있는 다른 사람이 많이 있는데 왜 그런 비용을 감수할 것인가? 문제는 모든 사람이 똑같은 방식으로 느끼고 모든 방관자가 도움을 주지 않을 수 있다는 것이다. 이것은 사람들이 다른 누군가 이미 개입했는지 여부를 말할 수 없다면 더욱 그렇다. 발작 실험에서 참가자들이 다른 학생 또한 목격을 했다고 믿을 때 또 다른 학생이 이미 도움을 주었는지 여부를 알 수 없다. 왜냐하면 인터콤 시스템이 발작을 겪는 학생의 목소리만을 전달하기 때문이다. 각 학생은 확실히 다른 누군가 이미 도왔다고 생각하면서 자신이 도움을 줘야 할 필요가 없다고 가정했을 수도 있다. 현실의 수많은 응급상황도 이와 마찬가지이다. 우리가 고속도로에서 교통사고 현장을 목격한다면, 누군가 911에 이미 신고했을 것이라 가정한다.

돕는 방법 알기 사람들이 지금까지 도움의 순서를 따랐을지라도, 또 다른 조건이 충족되어야 한다(그림 11.4에서 단계 4). 그들은 어떤 종류의 도움이 적절한지 결정해야 한다. 더운 여름날 길거리에서 쓰러진 여성을 보았다고 가정하자. 아무도 도움을 주는 것 같지 않아 당신이 책임을 지기로 결정했다. 그러나 당신은 무엇을 해야 하는가? 그 여성은 심장마비가 온 것인가? 그녀는 열사병을 겪는 것인가? 당신은 구급차를 불러야 하는가, CPR을 실시해야 하는가, 아니면 그늘로 그녀를 옮겨야 하는가? 사람들이 어떤 유형의 도움을 줘야 하는지 모른다면 도움을 줄 수 없을 것이다.

도움 실행 결정하기 마지막으로 어떤 종류의 도움이 적절할지 정확하게 알지라도, 당신이 개입하지 않기로 결정하는 이유가 여전히 존재한다. 한 가지는 당신이 바로 그 도움을 제공할 자격이 없을 수 있다. 여성이 심장마비가 의심되는 흉통을 호소할지라도, 당신은 CPR을 어떻게 하는지 모를 수 있다. 혹은 당신이 바보짓을 하거나 잘못해서 문제가 더 심해지거나, 도움을 주려다가 오히려 자신이 위험에 빠지는 것이 두려울 수 있다. 1982년에 뉴욕의 주차장에서 여성을 때리는 남자를 보고 개입을 시도했다가 강도에게 총을 맞고 사망한 3명의 텔레비전 방송국 직원의 운명을 생각해보자. 우리는 어떤 종류의 개입이 필요한지를 알 때조차 돕는 데 드는 비용을 따져볼 것이다.

비응급상황에서 도움 주기는 어떤가? Latané와 Darley의 모델은 여기서도 적용된다. 누군가 소프트웨어 사용법을 이해하기 위해 도움을 청하는 인터넷 채팅방을 생각해보자. 채팅방에 사람 수가 증가함에 따라 서로 도울 가능성은 작아지는가? 한 연구에서 연구자들은 2~19명이 다양한 주제에 대해 대화하는 야후 채팅방의 채팅 집단에 들어갔다(Markey, 2000). 연구자들은 남자 또는 여자 참가자인 척했으며 "누가 다른 사람의 프로필을 보는 방법을 말해줄 수 있나요?"라고 도움을 요청했다(p. 185). 메시지는 채팅방에서 무작위로 선택된 한 명 또는 전체 집단에게 보내졌다. 그런 다음 연구자들은 집단에서 그런 도움을 요청했을 때 누군가가 반응하는 데 걸린 시간을 측정하였다.

책임분산

목격자의 수가 증가함에 따라 각각의 방관자가 도움을 줘야 한다는 책임감이 감소하는 현상 요청이 전체 집단에 보내졌을 때 Latané와 Darley의 결과는 유사하게 반복되었다. 즉, 채팅방에 사람이 많을수록 도움 요청에 누군가 반응하는 데 더 긴 시간이 걸렸다. 그러나 특정인에게 요청했을 때 그 사람은 집단 크기와 상관없이 빠르게 반응했다. 이런 결과는 책임분산이 작동하고 있음을 시사한다. 일반적인 도움 요청이 있을 때 큰 집단은 자신이 반응할 큰 책임이 없다고 느끼도록 한다. 하지만 이름을 들먹이며 요청하면 사람들은 도와야 할 책임을 더 크게 느끼며, 다른 사람들이 많이 있을 때도 그렇다(van Bommel, van Prooijen, Elffers, & Van Lange, 2012).

미디어 효과 : 비디오 게임과 노래 가사

미디어가 행동에 미치는 영향을 고려할 때 TV 폭력물이나 폭력적인 비디오 게임이 사람을 더 공격적으로 만드는지 여부같이 보통 부정적인 영향을 생각한다. 정말 그런 부정적인 효과가 있으며, 이는 제12장에서 논의하게 된다. 그러나 친사회적으로 행동하는 사람을 보거나 친사회적 비디오 게임을 하는 것이 사람을 더 협조적으로 만드는 것처럼, 정반대 또한 발생할 수 있는가? 최근 연구는 그럴 수 있음을 제시한다.

Tobias Greitemeyer와 그의 동료들은 동일한 절차를 따르는 수많은 연구를 수행했다. 첫째, 참가자들이 실험실에 와서 10분간 비디오 게임을 한다. 절반은 친사회적 행동을 포함한 '레밍즈(Lemmings)' 같은 게임에 무작위 할당되었다. 이 게임의 목표는 일군의 작은 동물을 돌보고 어려운 세상에서 벗어나는 출구를 찾도록 도움을 줌으로써 동물을 구하는 것이다. 나머지 반은 '테트리스' 같은 중립적 비디오 게임을 한다. 이 게임의 목표는 떨어지는 기하학적 그림이 바닥을 채우도록 그것을 회전시키는 것이다. 그런 다음 참가자들에게 누군가를 도울 수 있는 기회가 주어지는데, 그들은 이와 무관한 연구에 참여한다고 생각한다. 도울 수 있는 기회는 실험자가 사고로 뒤엎은 연필통을 주워주는 것 같은 비교적 쉬운 행동, 보상 없이 앞으로 연구에 참가를 자원하는 것같이 더 시간이 필요한 참여, 그리고 옛 남자 친구가 방에 들어와 여성 실험자를 괴롭힐 때 그녀를 돕는 것같이 잠재적으로 위험한 행동을 포함한다. 그림 11.5에서 볼 수 있듯이, 친사회적 비디오 게임을 한 사람은 중립적 비디오 게임을 한 사람보다 모든 방식에서 더 많은 도움을 주었다(Greitemeyer & Osswald, 2010; Prot et al., 2014).

사람을 더 돕게 만들 수 있는 것이 친사회적 비디오 게임만은 아니다. 친사회적 가사의 음악을 듣는 것 또한 효과가 있다. 연구들은 마이클 잭슨의 'Heal the World' 또는 비틀즈의 'Help' 같은 노래를 듣는 사람은 비틀즈의 'Octopus's Garden' 같이 중립적 가사의 노래를 듣는 사람보다 누군가를 더 많이 돕는다는 것을 밝혔다(Greitemeyer, 2009, 2011; North et al., 2004).

친사회적 비디오 게임을 하거나 친사회적 노래 가사를 듣는 것이 왜 사람을 더 협조적으로 만드는가? 그것은 적어도 두 가지 방식에서, 즉 도움을 필요로 하는 누군가를 향한 공감을 증가시키고 다른 사람을 돕는 것에 대한 생각의 접근 가능성을 증가시킴으로써 효과적이다(Greitemeyer, Osswald, & Brauer, 2010). 그러므로 당신이 도움이 필요한데 MP3로 음악을 듣고 있는 누군가가 다가오는 것을 본다면, 그 또는 그녀가 친사회적 가사의 음악을 듣고 있기를 희망하라!

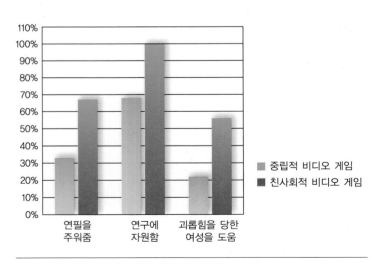

그림 11.5 친사회적 비디오 게임이 도움 가능성에 미치는 효과

출처 : Greitemeyer & Osswald(2010)

친사회적 가사의 음악이 누군가와 데이트를 하는 데 동의하는 것과 같은 다른 유형의 친사회적 행동에 영향을 미치는가? 당신이 특별히 마음에 두고 있는 사람이 있다면 한 단계 더 나아간 노래 가사에 관한 이 연구를 고려하라(Guéguen, Jacob, & Lamy, 2010). 이 연구는 프랑스에서 수행되었는데, 참가자들은 데이트를 하고 있지 않은 여대생이었다. 참가자들이 연구를 위해 도착했을 때 그녀는 음향장치에서 음악이 연주되고 있는 대기실로 안내되었다. 참가자의 절반에게 음악은 'Je l'aime à mourir'(대략 '나는 죽을 때까지 그녀를 사랑합니다'로 번역됨)라는 로맨틱한 노래였고, 나머지에게는 중립적 가사('L'heure du thé' 또는 '티타임')의 노래였다. 몇 분 후

(레밍즈 같은) 친화적 비디오 게임이 사람들의 행동에 미치는 효과는 무엇인가? 연구는 친사회적 비디오 게임을 한 사람이 중립적 비디오 게임을 한 사람보다 다른 사람을 더 많이 돕는다는 것을 보여준다.

참가자들은 또 다른 방에 들어가 평균적 매력의 남자 대학생들인 또 다른 참가자와 함께 소비자 미각 테스트를 수행했다. 휴식시간에 남성이 여성의 전화번호를 물었다. 그는 "저는 당신이 참 괜찮다고 생각하는데 전화번호를 줄 수 있는지 궁금합니다.", "제가 나중에 당신에게 전화를 할 텐데, 다음 주쯤에 함께 술 한잔하고 싶어요."라고 말한다(Guéguen, Jacob, & Lamy, 2010, p. 305). 로맨틱한 노래를 들은 여성은 수락할 가능성이 더 높은가? 'Je l'aime à mourir'를 들은 여성의 52%가 전화번호를 준 반면, 'L'heure du thé'를 들은 여성은 30%만이 수락했다.

복습문제

1. 다음 중 대도시의 공원을 청소하는 데 동의할 가능성이 가장 큰 사람은 누구인가?
   a. 영재, 방금 그 도시로 이사 왔다.
   b. 수경, 작은 마을에서 성장했다.
   c. 지안, 그 도시에서 평생 살았다.
   d. 재홍, 방금 폭력적인 비디오 게임을 했다.
2. 다음 중 방관자 개입 결정 트리의 일부가 아닌 것은?
   a. 이타적인 성격 가지기
   b. 사건을 위급으로 해석하기
   c. 책임감 가정하기
   d. 적절한 형태의 도움 알기
3. 진희가 자신의 아파트로 소파를 옮기는 것을 도와줄 사람을 구하는 트윗을 보낸다고 가정해보자. 다음 중 어느 조건에서 팔로워 중 하나가 도움을

줄 가능성이 가장 클까?
   a. 진희는 아주 많은 수의 팔로워가 있다.
   b. 진희는 방금 트위터를 시작해서 소수의 팔로워만 있다.
   c. 진희는 매우 큰 도시에 산다.
   d. 진희는 미국에서 자랐다.
4. 다음 중 수업에 가는 도중 서류폴더를 떨어뜨린 사람을 도울 가능성이 가장 작은 사람은?
   a. 미진, 방금 마이클 잭슨의 노래 'Heal the World'를 들었다.
   b. 재연, 방금 '레밍즈'라는 비디오 게임을 했다.
   c. 창수, 방금 비틀즈의 노래 'Help'를 들었다.
   d. 광수, 방금 '테트리스'라는 비디오 게임을 했다.

정답은 537-539쪽 참조

도움행동을 어떻게 증가시킬 수 있을까

11.4 친사회적 행동을 증가시키기 위해 무엇을 할 수 있을까

친사회적 행동이 지금보다 더 일반적이라면 살기가 더 나을 것이다. 위급한 상황에 직면했을 때 우리는 어떻게 사람들이 아베 제마노비츠처럼 행동하도록, 그리고 키티 제노비스의 이웃처럼 행동하지 않도록 할 수 있는가?

이 질문을 다루기 전에 우리는 사람들이 항상 도움 받기를 원하는 것은 아니라는 사실을 지적해야 한다. 당신이 커피숍에 앉아서 휴대전화로 소셜 미디어 사이트에 비디오를 업로드하는 방법을 찾고 있다고 상상하라. 당신이 업로드하느라 고전하고 있는데, 당신이 아는 한 남자가 걸어와 몇 분 동안 당신의 어깨 너머로 쳐다보고는 "당신은 많이 배워야겠네요. 제가 어떻게 하는지 보여줄게요."라고 말한다. 당신은 어떻게 반응하겠는가? 당신은 약간의 고마움을 느끼지만, 아마도 약간의 분노도 느낄 것이다. 그의 도움 제안은 "당신은 너무 바보 같아서 혼자서 이 정도도 이해하지 못하는군요."라는 메시지로 들린다. 도움을 받는 것은 부적절하고 의존적인 느낌을 초래할 수 있기 때문에 누군가 도움을 제안할 때 사람들은 항상 긍정적으로 반응하지는 않는다. 사람들은 무능해 보이기를 원치 않으며, 따라서 그들은 그렇게 하는 것이 성공적으로 과제를 완수할 기회를 낮출지라도 벙어리 냉가슴 앓듯 괴로운 것을 선택한다(Alvarez & Van Leeuwen, 2011; Halabi, Nadler, & Dovidio, 2013).

그럼에도 불구하고 더 많은 사람들이 도움을 필요로 하는 사람을 돕는다면 세상은 더 살기 좋은 곳이 될 것이다. 우리는 이웃 노인을 보살피거나 지역 학교의 아동에게 책 읽어주는 자원봉사 같이, 일상에서 친절한 행동을 어떻게 증가시킬 수 있는가? 이 질문에 대한 답은 친사회적 행동의 원인에 관한 논의에 있다. 예를 들어, 우리는 잠재적인 조력자들의 몇 가지 개인적 특성이 중요하고, 그런 요인을 촉진하는 것이 이들이 도움을 줄 가능성을 증가시킬 수 있음을 안다(Clary et al., 1994; Snyder, 1993). 그러나 친절하고 이타적인 사람도 도시 환경에서 살거나 수많은 방관자들과 함께 응급상황을 목격하는 것처럼 어떤 상황적 제약이 존재한다면 도움을 주지 않을 것이다.

방관자가 개입할 가능성 증가시키기

위급상황에서 도움에 대한 장벽을 단지 인식하는 것이 그런 장벽을 극복할 기회를 증가시킬 수 있다는 증거가 있다. 몇 년 전 코넬대학교에서 몇몇 학생들이 또 다른 학생이 자살을 시도하는 것을 막기 위해 개입했다. 대개의 응급 사례에서처럼 상황은 매우 혼란스러웠고 방관자들은 처음에 무슨 일이 일어나고 있는지 혹은 그들이 무엇을 해야 하는지를 몰랐다. 개입을 이끈 학생은 며칠 전 심리학개론 시간에 방관자 개입에 관해 들었던 강의를 떠올렸고 자신이 행동하지 않으면 아무도 하지 않을 것이라는 것을 깨달았다고 말했다(Savitsky, 1998). 또는 얼마 전 바사대학에서 학생들이 강도에게 공격당한 누군가를 목격한 사건을 고려해보자. 이와 같은 사건이 종종 일어났을 때와 마찬가지로, 그들 대부분은 다른 누군가가 이미 경찰에 신고했을 것이라 생각했기 때문에 아무것도 하지 않았다. 그러나 그중 한 학생은 그 상황이 사회심리학 강좌에서 읽었던 방관자 개입에 관한 연구와 매우 유사하다는 생각이 갑자기 떠올라서 즉시 캠퍼스 경찰에 신고했다. 그녀가 그 강좌를 수강한 것은 1년도 더 된 일이었다(Coats, 1998).

물론 이들은 통제된 실험이 아니며, 우리는 이런 도움을 주는 사람들이 심리학 강좌에서 배운 것에 자극을 받았는지 확신할 수 없다. 다행히 이 질문이 실험에서 다루어졌다(Beaman et al., 1978). 연구자들은 Latané와 Darley(1970)의 방관자 개입 연구에 관한 강좌 또는 무관한 주제에 관한 강좌를 듣도록 학생들을 무작위 할당하였다. 2주 후, 모든 학생이 전혀 무관하다고 생각한 사회학 연구에 참여했는데, 그들은 거기서 바닥에 누워 있는 학생을 맞닥뜨렸다. 그는 도움을 필요로 하는가? 그는 넘어져서 다친 건가, 아니면 밤새 공부를 한 후 잠든 학생인가? 앞에서 본 것처럼, 이와 같이 모호한 상황에서 사람들은 다른 사람들이 어떻게 반응하는지를 보게 된다. 실험 공모자(또 다른 참가자로 가정됨)가 의도적으로 무관심하게 행동하기 때문에 아무것도 잘못된 것이 없다고 가정하는 것이 당연한 일이다. 방관자 개입 연구에 대한 강의를 듣지 않은 참가자들은 대부분 정확하게 그렇게 했다. 이 조건에서 25%만이 학생을 돕기 위해 멈추어 섰다. 그러나 방관자 개입에 대한 강의를 들은 참가자의 경우, 43%가 학생을 돕기 위

몇몇 방관자들이 동일한 응급상황을 목격하고도 돕지 않았을 때조차 이 사람은 왜 도움을 주었는가? 아마도 이 사람은 사회심리학 강의에서 방관자 개입의 장벽에 대해 배웠을 것이다.

해 멈추어 섰다. 따라서 우리가 부지불식간에 다른 사람에게 얼마나 영향을 받을 수 있는지 아는 것은 그 자체로 이런 유형의 사회적 영향을 극복하는 데 도움이 될 수 있으며 가능한 응급상황에서 우리가 더 쉽게 개입할 수 있도록 만든다.

또 다른 접근은 거리낌(억제, inhibition)을 극복하고 옳은 일을 하는 것이 중요할 수 있음을 단지 우리 자신에게 상기시키는 것이다. 사람들이 놀랍고 이해하기 어려운 상황에 처할 때, 즉 확실히 응급상황이 발생한 경우에, 그들은 자연스럽게 '얼어붙고' 자신에게 무슨 일이 일어나고 있는지 이해하려고 시도한다(van den Bos & Lind, 2013). 이것은 사람들이 주목을 받고 다른 사람들 앞에서 '잘못된 일을 하는 것'에 대해 걱정할 때 특히 일어날 가능성이 크다. 그들은 도움을 주고 싶지만 무슨 일이 일어나고 있는지 파악하고 다른 사람들이 무얼 하는지 보려고 하는 동안 얼어붙는 것이 자연스러운 경향이다.

어쩌면 공개적으로 잘못을 저지르는 것에 대해 걱정하는 사람들은 그들의 거리낌을 극복한 과거의 시간에 대해 생각한다면 도움행동을 할 가능성이 높을 것이다. 이 가설을 검증하기 위해 Kees van den Bos와 동료들(2009)은 사람들에게 두 가지 설문지 중 하나를 작성하도록 요구했다. 비억제 조건의 사람들은 다른 사람들의 생각을 무시하고 제약 없이 행동했던 시기에 대해 글을 썼다. 억제 조건의 사람들은 평범한 날에 자신이 어떻게 행동했는지에 대해 글을 썼다. 다음으로 연구자들은 어느 집단의 사람들이 도움이 필요한 누군가를 돕게 되었는지를 알아보기 위해 도움 상황을 연출했다. 그들의 예측대로 그것은 비억제 조건의 사람들이었다. 예컨대 한 연구에서 비억제 질문지를 작성한 개인의 53%가 기차를 서둘러 타다가 펜을 떨어뜨린 남자가 펜을 줍는 것을 도왔던 반면, 통제조건에서 도움을 준 사람은 7%에 불과했다. 이와 같은 상황에서 망설이다가 아무것도 못하는 것이 당연하지만, 우리가 우리의 거리낌을 극복했던 과거의 시간을 되새기는 것은 우리가 도움을 줄 가능성을 더 높게 만들 수 있다(Van den Bos & Linds, 2013).

자원봉사활동 증가시키기

응급상황에 개입하는 것 외에 자원봉사와 지역사회 봉사를 포함하여 여러 가지 중요한 친사회적 행동이 존재한다. 사회심리학자들은 사람들이 좀 더 장기적으로 낯선 사람들을 돕는 일에 전념하는 것 같은 이런 종류의 도움행동을 연구했다(Mannino, Snyder, & Omoto, 2011; Penner, 2004; Piliavin, 2010).

서유럽과 북미 국가의 설문조사에 따르면 많은 사람들이 자원봉사활동에 참여하며, 그 비율은 미국에서 가장 높았다(47%; Ting & Piliavin, 2000). 물론 이것이 미국에서조차 자원봉사자가 인구의 절반에 미치지 못함을 의미하며, 이는 다른 사람을 돕는 데 시간을 할애하려는 사람들의 의지를 높이는 방법에 대한 질문을 제기한다. 일부 기관은 구성원들에게 지역사회 봉사를 수행하라고 요구함으로써 대응해 왔다. 어떤 고등학교, 대학 및 기업체는 그들의 학생이나 직원들이 자원봉사활동에 참여할 것을 요구한다.

이런 프로그램은 노숙자 쉼터, 진료소 및 탁아소 같은 지역사회 단체를 도울 수 있는 자원봉사자 수를 증가시키는 이점이 있다. 그러나 그런 '의무적인 자원봉사'가 도움을 주는 사람들의 동기에 미치는 효과에 관해서는 의문이 제기된다. 이 조직 중 상당수는 의무적인 자원봉사가 그들의 구성원이 미래에, 심지어 그들이 조직을 떠난 후에도 자원봉사를 하게 될 가능성을 높이고 있다고 가정한다. 즉, 사람들이 자원봉사를 하게 하는 것은 그 이득에 대해 사람들을 계몽함으로써 자원봉사활동을 육성한다고 가정한다.

제5장에서 논의했듯이 사람들에게 활동을 하는 강한 외적 이유를 부여하는 것은 실제로 그 활동에서 내재적 관심을 약화시킬 수 있다. 이것을 과잉정당화 효과(overjustification effect)라고 한다. 즉, 사람들은 자신의 행동이 강제적인 외재적 이유(예 : 자원봉사활동을 하라는 요구를 받음)로 야기되었다고 보는 것으로, 이는 자신의 행동이 내재적 이유(예 : 자신이 좋아서 자원봉사활동을 함)로 발생한 정도를 약화시킨다. 이 연구와 일관되게 사람들이 외부의 요구 때문에 자신이 자원봉사를 하고 있다고 느낄수록 미래에 기꺼이 자원봉사를 할 가능성이 감소한다(Batson et al., 1978; Bringle, 2005; Kunda & Schwartz, 1983; Stukas, Snyder, & Clary, 1999). 교훈은 조직이 자원봉사를 강제적으로 요구하는 것에 대해 주의해야 한다는 것이다. 사람들이 해야 하기 때문에 한다고 느낀다면, 실제로 그들이 미래에 자원봉사를 할 가능성이 줄어들 수 있다. 사람들이 자유롭게 선택할 수 있다는 느낌을 유지하도록 하면서 자원봉사를 장려하는 것은 사람들의 안녕감과 미래에 다시 자원봉사를 하고자 하는 의도를 증가시키는 것으로 나타났다(Piliavin, 2008; Stukas et al., 1999).

만일 당신이 자원봉사를 하고 있는 사람이라면, 다른 사람들이 당신의 행동을 어떻게 볼지 관심이 있을지도 모른다. 일반적으로 사람들은 당신이 다른 사람을 돕기 위해 자원봉사를 하고 당신이 자기 이익 때문에 그렇게 하는 것이라고 지각하지 않는 한 당신을 높게 평가할 것이다. 예를 들어 현수가 노숙자 쉼터에서 일주일에 5시간씩 자원봉사를 한다는 것을 당신이 알

점점 더 많은 학교와 기업이 사람들에게 지역사회 봉사를 하도록 요구하고 있다. 만일 사람들이 외부의 요구 때문에 돕는다고 느끼면 이 프로그램은 실제로 자원봉사에 대한 관심을 저하시킬 수 있다. 사람들이 자유롭게 선택한다는 느낌을 유지하면서 자원봉사를 하도록 격려하는 것이 장래에 다시 자원봉사를 하려는 의도를 증가시킬 것이다.

게 되었다고 가정하자. 당신은 아마도 "정말로 좋은 사람"이고 "그는 운이 좋지 않은 사람들을 진심으로 염려한다."고 생각할 것이다. 그러나 현수가 자원봉사를 하는 한 가지 이유가 다른 자원봉사자인 혜미에게 낭만적인 관심이 있고 그녀와 시간을 보내고 싶기 때문이라는 얘기를 들었다면 어떤가? 당신은 지금 현수를 얼마나 좋아하는가? 아마도 Newman과 Cain(2014)의 연구에 따르면, 그렇게 많이 좋아하지 않을 것이다. 그들은 사람들이 자선활동(예 : 쉼터에서 자원봉사)을 하는 것처럼 보이지만 실제로 자신의 이익(예 : 혜미와 시간을 보내고 싶음)을 위해 행동할 때 특히 가혹한 평가를 받는다는 것을 발견하였다. 현수는 두 가지 동기, 즉 혜미를 알고 싶으면서 또한 노숙자에게 깊은 관심을 갖고 있을 수 있기 때문에, 이것이 전적으로 논리적이지 않다는 것에 주목하라. 하지만 사람들은 친절한 행동이 자기 이익 때문이라 여길 때 친절을 빼고 자기 이익에 집중한다. 따라서 당신이 현수의 처지라면, 당신이 당장 해야 할 일은 혜미에게 그녀와 시간을 보내기 위해 자원봉사를 했다고 고백하는 것이다!

긍정심리학, 인간의 가치, 그리고 친사회적 행동

이 장에서 우리는 사람들은 왜 다른 사람에게 도움을 주는지 그리고 왜 도움을 주지 못하는지 수많은 이유를 살펴보았다. 이제 당신은 이것이 인간행동을 형성하는 사회적 영향에 초점을 맞춘 사회심리학 접근의 예라는 것을 알 것이다. 응급상황을 목격한 방관자의 수만큼 하찮은 어떤 것이 사람들이 도움을 줄지 여부에 큰 영향을 미칠 수 있다.

사회심리학 접근을 긍정심리학 접근(Mills, Fleck, & Kozikowski, 2013; Seligman, 2002; Waterman, 2013)과 비교할 만한 가치가 있다. 이 분야는 우울증과 불안과 같은 정신장애에 초점을 맞추는 임상심리학에 대한 대조로 시작되었다. 긍정심리학자들은 인간의 기능에 문제가 있을 수 있는 것에 초점을 맞추는 것에 더해, 인간의 강점과 미덕, 즉 잘될 수 있고 행복하고 충만한 삶에 기여할 수 있는 모든 것에 대한 이해를 추구해야 한다고 말한다. 많은 심리학자들이 이 접근을 채택하여 지금은 건강한 인간 기능의 본질, 인간의 강점을 정의하고 분류하는 방법, 그리고 인간의 삶을 향상시키는 방법과 같은 주제에 초점을 맞추고 있다(Lopez & Snyder, 2009).

긍정심리학 운동은 임상심리학에서 정신질환을 강조하는 것에 대해 유용한 교정을 하고 많은 매력적인 연구 프로그램을 이끌었지만 사회심리학 접근과 다른 가정을 하고 있음을 지적하는 것이 중요하다(McNulty & Fincham, 2012). 이 장의 주제인 친사회적 행동은 이런 차이를 보여주는 좋은 예시이다. 도움행동은 어떻게 증가될 수 있는가? 긍정심리학자는 인간의 자질에 초점을 맞추고 공감과 이타주의와 같은 인간의 미덕을 증가시키려고 할 것이다. 그러나 이 장에서 살펴보았듯이, 도움행동은 그런 상황에 처한 사람들의 성격보다 사회적 상황의 본질에 더 많이 의존한다. 따라서 사회심리학자들은 사람들이 다른 사람에게 도움을 주거나 도움을 주지 못하는 조건, 예컨대 Latané와 Darley(1970)의 도움행동의 5단계 모델, 비디오 게임과 미디어의 역할, 자원봉사활동을 향상시키는 조건에 초점을 맞추는 것이 최선이라고 믿는다. 그렇게 함으로써 우리는 도움을 필요로 할 때 우리 모두 필요한 도움을 받을 것이라 확신하며 도울 수 있다.

복습문제

1. 다음 중 사실인 것은?
   a. 사람들은 그들을 돕고자 하는 제안에 항상 감사한다.
   b. 친사회적 행동에 대한 사회심리학을 배운 결과 당신은 장래에 어려움에 처한 누군가를 도울 가능성이 높을 수 있다.
   c. 누군가 다른 사람을 돕고 싶어 하지 않는다면 그것을 바꾸기 위해 우리가 할 수 있는 일이 많지 않다.
   d. 친사회적 행동과 방관자 개입에 대한 강의를 듣는 것은 실제 응급상황에서 사람들이 어떻게 행동할지를 변화시킬 가능성이 없다.

2. 회사는 직원들에게 지역사회에 봉사할 기회를 제공할 것을 고려하고 있다. 다음 중 사회심리학 연구를 토대로 그들에게 권장할 만한 것은?
   a. 지역사회 봉사를 의무화하라.
   b. 지역사회 봉사활동에 대해 추가로 휴가를 주는 것 같은 인센티브를 제공하라.
   c. 사람들이 지역사회에 봉사하는 것이 자발적이라고 느끼는지 확인하라.
   d. 다양한 지역사회 기관에 사람들을 배정하라.

3. 다음 중 동료들에게 가장 찬사를 받을 것 같은 사람은?
   a. 영선이는 대학에 지원할 때 좋게 보일 것이라 생각해서 병원에서 자원봉사를 한다.
   b. 동수 씨는 직장에서 의무적인 지역사회 봉사 요구의 일부로 매주 무료 급식소에서 일한다.
   c. 준수는 다른 누군가가 이미 119에 전화를 했다고 생각했기 때문에 응급상황에서 돕지 않았다.
   d. 상미는 정말로 아이들과 일하는 것을 좋아하기 때문에 노숙자 가족을 위한 쉼터에서 자원봉사를 한다.

정답은 537–539쪽 참조

요약

11.1 다른 사람을 도울지 여부를 결정하는 기본 동기는 무엇인가

- **친사회적 행동에 내재된 기본 동기 : 사람들은 왜 돕는가** 이 장은 **친사회적 행동**, 즉 다른 사람을 이롭게 하고자 하는 목표를 가지고 수행한 행동의 원인을 검토한다. 무엇이 친사회적 행동의 근본 원인인가?
  - **진화심리학 : 본능과 유전** 진화 이론은 네 가지 방식으로 친사회적 행동을 설명한다. 첫 번째는 **친족 선택**으로, 유전적 친척을 돕는 행동이 자연 선택에 의해 선호된다는 생각이다. 두 번째는 **상호성 규범**인데, 이는 타인을 돕는 것이 그들이 미래에 우리를 돕게 될 가능성을 증가시킬 것이라는 기대를 말한다. 세 번째는 **집단 선택**, 즉 이타적 구성원을 가진 사회적 집단이 다른 집단과 경쟁에서 생존할 가능성이 높다는 생각이다.
  - **사회교환 : 도움행동의 비용과 보상** **사회교환 이론**은 친사회적 행동이 반드시 유전에 뿌리를 둔 것이 아니라고 주장한다. 대신 사람들은 사회적 보상을 최대화하고 사회적 비용을 최소화하기 위해 타인을 돕는다.
  - **공감과 이타주의 : 돕고자 하는 순수한 동기** 사람들은 **이타주의**, 즉 도움을 주는 데 비용이 들지라도 또 다른 사람을 돕고자 하는 바람에 의해 동기화될 수 있다. **공감-이타주의** 가설에 따르면, 사람들이 또 다른 사람에 대한 **공감**을 느낄 때(그들이 다른 사람이 경험한 사건과 정서를 경험할 때) 그들은 순전히 이타적인 이유로 그 사람을 돕고자 한다.

11.2 특정 개인이 도움을 줄 것인지 여부에 영향을 미치는 개인적 자질은 무엇인가

- **개인적 자질과 친사회적 행동 : 어떤 사람들은 다른 사람보다 왜 더 많이 돕는가** 친사회적 행동을 이해하는 데 기본 동기가 전부가 아니라 개인적 자질 또한 중요하다.
  - **개인차 : 이타적 성격** 몇몇 사람들은 다른 사람들보다 도움을 줄 가능성이 높은 성격을 가지고 있지만 성격 요인은 다양한 사회적 상황에서 누가 도움을 줄지의 강한 예측요인인 것 같지는 않다.
  - **친사회적 행동에서 성차** 많은 문화에서 남성의 성 역할은 기사도적이고 영웅적인 방식으로 도움을 주는 것을 포함하는 반면, 여성의 성 역할은 친밀하고 지속적인 관계에서 도움을 주는 것을 포함한다.
  - **친사회적 행동에서 문화적 차이** 사람들은 **내집단**과 **외집단** 구성원들을 모두 돕고자 하지만 그 이유는 다르다. 사람들은 도움을 필요로 하는 내집단의 구성원들에게

공감을 느끼는 경향이 있으며, 공감을 더 많이 느낄수록 도움을 줄 가능성이 크다. 사람들은 다른 이유 때문에 외집단 구성원을 돕는다. 즉, 그들이 자신에 대해 좋은 느낌을 갖거나 타인에게 좋은 인상을 주고자 하는 것처럼 뭔가 이득이 있을 때 돕는다.

- **종교와 친사회적 행동** 종교적인 사람이 비종교인보다 더 도덕적이고 친사회적 행동에 더 많이 참여할 것이라는 고정관념이 만연되어 있다. 실제 행동에 있어서는 도움을 필요로 하는 사람이 신념을 공유한다면 종교적인 사람이 다른 사람들보다 도움을 줄 가능성이 크지만 종교적인 사람이 낯선 사람을 도울 가능성이 더 크지 않은 것이 사실이다. 사람들이 외집단 구성원보다 내집단 구성원을 더 좋아한다는 측면에서 이것은 내집단 선호의 예이다. 따라서 종교성 자체가 사람들이 더 많은 도움을 주게 하는 것이 아니며 사람들은 자신과 같은 집단에 속한 사람에게 더 많은 도움을 준다.

- **기분이 친사회적 행동에 미치는 영향** 사람들은 기분이 매우 좋을 때 도움을 더 많이 줄 뿐만 아니라 기분이 매우 나쁠 때에도 도움을 준다.

11.3 사람들은 어떤 상황에서 더 많이 혹은 더 적게 다른 사람을 돕는가

- **친사회적 행동의 상황적 결정요인 : 사람들은 언제 도움을 줄 것인가** 사람들이 왜 다른 사람을 돕는지 이해하기 위해서 우리는 사회적 상황의 본질을 또한 고려할 필요가 있다.

  - **환경 : 시골 대 도시** 사람들은 도시에 사는 사람들이 끊임없이 자극 공세를 받고 그것에 압도당하지 않으려고 남과 어울리지 않는다는 생각, 즉 **도시 과부하 가설**로 인해 인구밀도가 높은 도시에서 도움을 더 적게 준다.

  - **주거 이동성** 한곳에 오랫동안 산 사람들은 최근에 이주한 사람들보다 친사회적 행동에 더 많이 참여한다.

  - **방관자의 수 : 방관자 효과** 응급상황에서 도움을 주려면 다섯 가지 조건이 충족되어야 한다. 즉, 사람들은 사건을 알아차리고, 그것을 응급상황으로 해석하고,

책임감을 가정하고, 돕는 방법을 알아야 하며, 돕기로 한 결정을 실행해야 한다. 응급을 목격한 방관자의 수가 증가함에 따라 이런 두 가지 조건, 즉 사건을 응급상황으로 해석하고 책임감을 가정하는 조건을 충족시키기가 더 어려워진다. 이것은 방관자의 수가 커짐에 따라 그들 중 한 명이 도움을 줄 가능성이 더 작아진다는 **방관자 효과**를 초래한다.

- **미디어 효과 : 비디오 게임과 노래 가사** 친사회적 비디오 게임을 하거나 친사회적 가사의 노래를 듣는 것은 사람들이 다양한 방식으로 다른 사람을 더 많이 돕도록 만든다.

11.4 친사회적 행동을 증가시키기 위해 무엇을 할 수 있을까

- **도움행동을 어떻게 증가시킬 수 있을까** 친사회적 행동은 다양한 방식으로 증가될 수 있다.

  - **방관자가 개입할 가능성 증가시키기** 연구는 방관자 개입의 장벽에 관하여 사람들을 교육하는 것이 위급할 때 도움을 줄 가능성을 증가시킴을 보여준다. 사람들이 거리낌 없이 행동했던 때를 상기시키는 것 또한 효과가 있을 수 있다.

  - **자원봉사활동 증가시키기** 직원들이 자원봉사활동에 참여할 것을 격려하는 조직은 어떻게 참여하도록 할 것인지에 대해 세심해야 한다. 만일 사람들이 해야만 하기 때문에 자원봉사를 하고 있다고 느낀다면 그들이 미래에 실제 자원봉사활동을 할 가능성이 감소한다. 자유롭게 선택한다는 느낌을 유지하면서 자원봉사활동을 격려하는 것이 사람들의 안녕감과 미래에 다시 자원봉사를 하려는 의도를 증가시키는 것처럼 보인다.

  - **긍정심리학과 인간의 가치, 그리고 친사회적 행동** 긍정심리학이라는 새로운 하위분야는 인간의 자질에 초점을 맞추고 공감과 이타주의와 같은 인간의 미덕을 증가시키고자 한다. 이에 반해 사회심리학 접근은 도움행동이 그 상황에 처한 사람들의 성격보다 사회적 상황의 본질에 더 많이 의존한다고 주장한다.

평가문제

1. 다음 중 진화론이 친사회적 행동을 설명하는 방식이 아닌 것은?
   a. 사회교환
   b. 친족 선택
   c. 상호성 규범
   d. 집단 선택

2. 영애는 캠퍼스를 걸어가던 중 누군가 무릎을 꿇고 손가락에서 빠져나온 반지를 찾고 있는 모습을 본다. 공감-이타주의 가설에 따르면, 영애가 반지를 찾고 있는 사람을 도울 가능성이 가장 작은 조건은?
   a. 영애는 그 사람에 대해 공감을 느낀다. 그래서 자기 이익과는 상관없이, 그녀는 아마도 멈춰서서 낯선 사람이 반지를 찾도록 도움을 줄 것이다.
   b. 영애는 그 사람에 대한 공감을 느끼지만 도움을 줌으로써 얻는 것이 많지 않다고 생각한다. 그래서 그녀는 그 사람이 반지 찾는 것을 돕지 않기로 결정한다.
   c. 영애는 그 사람에게 공감을 느끼지 않지만 그녀가 영어 수업의 조교임을 알았다. 영애는 진심으로 그 수업에서 좋을 성적을 받고 싶어서 그녀의 조교가 반지 찾는 것을 돕지 않기로 결정한다.
   d. 영애는 그 사람에게 공감을 느끼지 않으며 도움을 줌으로써 얻는 것이 많지 않다고 생각한다. 그래서 그녀는 그 사람이 반지 찾는 것을 돕지 않기로 결정한다.

3. 친사회적 행동에 관한 연구에서 종교적인 사람에 대해 발견한 것은?
   a. 종교적인 사람은 비종교인보다 사실상 모든 면에서 타인을 더 많이 돕는다.
   b. 종교적인 사람은 비종교인보다 가난한 낯선 사람에게 더 많은 연민을 보인다.
   c. 만일 어려움에 처한 사람이 그들과 신념을 공유한다면 종교적인 사람은 다른 사람보다 도움을 줄 가능성이 더 크지만, 낯선 사람을 도울 가능성은 더 크지 않다.
   d. 종교적인 사람은 비종교인보다 실제로 다른 사람을 더 적게 돕는다.

4. 경철 씨는 최근 대학을 졸업하고 서울에서 그가 자란 경북의 작은 마을로 이사를 했다. 그는 지금 친사회적 행동에 더 많이 참여하는 경향이 있음을 발견했다. 이런 변화의 가장 큰 이유는 무엇인가?
   a. 그는 작은 마을에서 자라서 이타적인 가치를 내면화시켰다.
   b. 주변 환경의 변화가 그가 도움을 줄 가능성을 변화시켰다.
   c. 대학생들은 방관자 효과의 영향을 받기 더 쉽기 때문에 도움을 줄 가능성이 작다.
   d. 경철 씨는 작은 마을에 있을 때 부정 상태 감소에 참여할 가능성이 더 크다.

5. 유리는 역사 수업에서 매우 혼란스러운 강의를 들었지만, 강의가 끝날 무렵 교수가 학생들이 이해하지 못한 부분이 있는지 질문했을 때 손을 들지 않았다. 누구도 손을 들지 않았기 때문에, 유리는 다른 학생들은 내용을 이해했고 자신이 주의를 충분히 기울이지 않았다고 생각했다. 사실 많은 학생들이 내용을 이해하지 못했는데 유리와 같은 상황이었다. 이것은 무엇의 예시인가?
   a. 공감-이타주의 가설
   b. 상호성 규범
   c. 사회교환
   d. 집합적 무지

6. 다음 중 좋은 기분이 친사회적 행동을 증가시키는 이유가 아닌 것은?
   a. 기분이 좋으면 우리는 상황을 더 긍정적으로 보고, 따라서 사람들에 대해 미심쩍은 것을 선의로 해석할 가능성이 커진다.
   b. 돕는 것은 좋은 기분을 연장한다.
   c. 기분이 좋으면 우리는 도움에 대한 가능한 보상에 더 많은 관심을 기울인다.
   d. 기분이 좋으면 우리는 우리 자신에 대한 관심이 증가하며, 이는 우리가 우리의 가치에 따라 행동할 가능성을 증가시킨다.

7. 다음 중 사실인 것은?
   a. 친사회적인 노래 가사를 듣는 것은 사람들이 더 많은 도움을 주도록 만든다.
   b. 우리가 데이트를 신청할 때 승낙하는 말을 듣고 싶다면 낭만적인 가사의 노래를 듣게 하는 것은 정말로 효과가 없다.

c. 친사회적 비디오 게임을 하는 것은 사람들이 얼마나 도움을 줄지에 영향을 미치지 않는다.

d. 폭력적인 비디오 게임을 하는 것은 사람들이 더 많은 도움을 주도록 만든다.

8. 민지는 대학 기숙사의 1인실에 살고 있다. 어느 늦은 밤, 그녀는 기숙사 밖에서 비명소리를 들었다. 누군가 "도와주세요! 내 다리가 부러진 것 같아요."라고 외쳤기 때문에, 그녀는 그 사람이 도움을 필요로 한다고 꽤 확신했다. 민지는 잠자러 돌아갔고 다음 날, 그 사람이 누군가의 도움을 받을 때까지 45분간 바닥에 있었다는 것을 알게 된다. 다음 중 민지가 도움을 주지 않은 이유를 가장 잘 설명한 것은?

a. 정보적 영향

b. 책임분산

c. 그녀는 그것을 위급상황으로 해석하지 않았다.

d. 집합적 무지

9. 다음 중 친사회적 행동에 대한 옳은 설명은?

a. 사람들이 얼마나 자주 이사하는지는 그들이 얼마나 도움을 주는지에 영향을 준다.

b. 성격이 친사회적 행동에 미치는 효과는 없다.

c. 기분이 나쁘면 친사회적 행동이 감소한다.

d. 기분이 좋으면 친사회적 행동이 감소한다.

10. 차량등록 사무소가 매우 바쁜 날이어서 많은 사람이 자신의 차례를 기다리고 있다. 한 남자가 떠나려고 일어설 때 우연히 그가 들고 있던 폴더가 떨어져서 서류가 사방으로 흩어졌다. 그가 서류를 줍는 것을 도울 가능성이 가장 작은 사람은?

a. 미애 씨, 그녀가 거리낌 없이 행동했던 과거의 시간에 대해 생각하고 있다.

b. 영석, 사회심리학을 수강하고 있는데 일주일 전 Latané와 Darley의 결정 트리에 관한 강의를 들었다.

c. 은혜, 룸메이트가 아파트 청소하는 것을 돕기 위해 집에 있어야 하는데 그러지를 못해서 죄책감을 느낀다.

d. 재연, 매우 종교적이지만 서류를 떨어뜨린 남자를 알지 못한다.

정답은 537-539쪽 참조

개요 및 학습목표

공격성 : 우리는 왜 다른 사람을 다치게 하는가, 그것을 예방할 수 있는가

콜로라도주 리틀턴 지역의 컬럼바인 고등학교의 대량 살인사건은 미국 문화에 중요한 의미가 있다. 1999년 에릭 해리스와 딜런 클레볼드는 동급생에게 무시당했다고 느끼고 공격용 무기로 무장한 채, 날뛰며 돌아다녔고 한 명의 교사와 12명의 동료 학생을 살해했다. 그런 다음 그들은 자신의 총으로 자살했다. 사상자 수는 참혹할 정도로 더 많을 수도 있었다. 두 명의 범인은 대학살을 일으키기 전에 95개의 폭발장치를 준비하고 설치했다고 발표하는 비디오테이프를 만들었다(다행스럽게도 기술적 오류로 폭발하지 않았다). 비디오테이프에서 범인들은 그날이 저물기 전에 250명을 죽일 것이라 예고하였다.

그 이후로 수십 명의 문제가 있는 10대들이 자신을 학대하거나 괴롭히고 거부했다고 믿는 급우들에 대한 복수의 본보기로 컬럼바인을 이용한 것 같다. 몇몇 연구자들은 이를 '컬럼바인 효과'라고까지 명명하였다. 예를 들어 2014년에, 미네소타주 와세카의 한 고등학교에서 존 데이비드 라두는 좌절을 경험한 후 비슷한 행패를 부렸다. 라두는 에릭 해리스를 '우상화'했다고 고백했고, 컬럼바인 대학살의 15주기 기념일에 공격 계획을 세웠다.

모든 대학살의 여파로 국가는 항상 비난할 누군가를 찾는다. 부모가 잘못한 것인가? 국가가 너무 쉽게 총기를 소지하도록 허용한 것은 아닌가? 미디어가 너무 폭력적이어서 실생활에서 시청자들의 행동에 영향을 준 것인가? 모든 저격수는 미친 것인가? 확실히 대량 살인을 저지른 사람이 정서적으로 안정적인 것은 아니지만 정신질환 자체가 대부분의 이런 비극적인 분출을 설명하지는 못한다. 어쨌든 정신질환이 있는 대부분의 사람이 대량 살인자는 아니다.

인류가 서로에게 가하는 폭력은 대량 살상, 주먹다짐과 언쟁, 살인, 성적 강제와 강간, 그리고 가정폭력과 같이 너무나 다양하게 나타난다. 이 장에서 우리는 공격성의 다양한 원인을 이해하고자 한다. 인류는 선천적으로 공격적인가? 아마도 당신은 여성이 총격사건을 벌였다는 것을 들어본 적이 없을 것이다. 이것은 여성보다 남성이 선천적으로 더 공격적임을 의미하는가? 건강한 사람이 영화에서 폭력적인 인물을 보거나 폭력적인 비디오 게임을 하면 폭력을 행사하게 될까? 사회, 학교 또는 부모는 공격성을 감소시키기 위해 어떤 조치를 취할 수 있는가? 만일 그렇다면 구체적으로 무엇을 할 수 있는가? 말할 필요도 없이 사회심리학자들은 모든 해답을 가지고 있지 않지만 그중 일부 해답을 가지고 있다. 이 장의 마지막에 이르게 될 때 우리는 당신이 이 이슈에 대해 몇 가지 통찰을 얻을 수 있게 되기를 희망한다.

공격성은 선천적인가, 학습되었는가, 아니면 선택적인가

12.1 공격성에 관한 진화적, 문화적, 학습 이론은 어떻게 다른가

공격성
다른 사람에게 신체적 손상 또는 심리적 고통을 유발하기 위한 목적을 가진 의도적 행위

사회심리학자들에게 **공격성**(aggression)이란 신체적 또는 심리적 고통을 유발하기 위한 목적을 가진 의도적 행위로 정의된다. 대부분의 사람들은 다른 사람들이 자신의 권리를 표현하거나 편집장에게 실제 또는 가상의 불공정에 대해 불평하는 편지를 쓰거나 매우 야심이 있어 보인다면 그들을 '공격적'이라고 대략 언급하는데, 그것은 주장성과 혼동되어서는 안 된다. 어떤 사람들은 서슴없이 말하거나 남자 동료에게 반대하는 여성을 '공격적'이라고 말할 것이다. 그러나 진정한 공격성은 타인을 해치고자 하는 의도를 포함한다. 행동은 신체적일 수도, 언어적일 수도 있다. 그 목표가 성공적일 수도, 아닐 수도 있다. 누군가 당신 머리에 맥주병을 던졌는데 당신을 살짝 피해서 비껴갔더라도 그것은 여전히 공격적 행동이다. 중요한 것은 의도이다. 마찬가지로 당신이 길을 건너려고 하는데 음주 운전자가 무심코 당신을 쳤다면, 비껴간 맥주병이 유발한 것보다 손상이 더 클지라도 그것은 공격 행위가 아니다. 전쟁과 살인, 폭행과 같은 '폭력'은 극단적인 형태의 공격성이다.

적대적 공격성
분노감에서 비롯되어 고통이나 상해를 가하려는 목적의 공격성

도구적 공격성
고통을 유발하는 것 이외의 다른 목적을 위한 수단으로써 공격성

또한 공격성의 유형을 구분하는 것이 유용하다(Berkowitz, 1993). **적대적 공격성**(hostile aggression)은 분노에서 나온 공격행위이며 고통이나 상해를 가하기 위한 목적을 가진다. **도구적 공격성**(instrumental aggression)의 경우, 타인을 해치려는 의도가 있지만 고통을 유발하기보다는 다른 목표를 위한 수단으로써 그런 가해행위가 발생한다. 미식축구에서 수비 라인맨은 상대(블로커)를 방해하는 것은 무엇이든 하고 공을 가진 선수에게 태클을 할 것이다. 그렇게 하는 것이 블로커를 제거하고 공을 가진 선수를 괴롭히는 데 유용하다면, 여기에는 상대에게 의도적으로 고통을 가하는 것이 전형적으로 포함된다. 이것이 도구적 공격성이다. 반면, 상대가 경기를 비열하게 한다는 생각이 들면 화가 나서 상대를 일부러 해치려고 할 것이고, 그런 행동이 공을 가진 선수를 태클할 기회를 증가시키지 않을지라도 그렇게 할 것이다. 이것이 적대적 공격성이다.

오늘날 사회심리학자와 다른 과학자들은 공격행동의 생물학적, 사회적, 문화적 및 상황적 원인을 이해하는 데 장족의 발전을 이루었다. 그러나 그들은 공격성에 많은 복잡한 원인이 있으며 직접적인 공격에서 간접적인 잔혹행위에 이르기까지 여러 형태를 취한다는 사실이 공격성의 변명이 되지 못하고 공격성이 불가피하다는 의미도 아니라는 것을 강조한다. 이 장의 마지막에 논의하게 되겠지만, 그런 행동이 바뀔 수 없다는 의미도 아니다.

진화론 관점

남성이 여성보다 더 공격적인 것은 명백한 것 같다. 남성이 전체 대량 살인(한 장소에서 적어도 4명을 살인한 것으로 정의됨)의 90% 이상을 저질렀다(Hillshafer, 2013). 여성보다 남성은 낯선

사람에게 즉흥적이고 정당한 이유 없이 '싸움을 거는' 행위를 하거나 파괴와 약탈에 혈안이 된 군중행위에 가담하고 폭력 범죄(살인, 가중 폭행, 강간)를 범할 가능성이 높다. 그러나 이 사실이 반드시 여성이 수줍어하고 숫기 없고 평화로운 성이란 의미는 아니다.

진화심리학자들은 신체적 공격성이 남성에게 유전적으로 프로그램되어 있다고 주장한다. 왜냐하면 그렇게 함으로써 남성이 그들의 집단을 지키고 그들의 유전자를 지속시킬 수 있게 되기 때문이다. 미국, 스위스, 에티오피아처럼 다양한 전 세계 문화에서 남성의 공격성은 아동기에 시작된다. 어린 남아는 여아보다 '비놀이적' 밀기, 떠밀기, 때리기에 참여할 가능성

전 세계의 소년은 소녀보다 서로를 거칠게 다루고 주먹질할 가능성이 높다. 이것은 적대적 또는 도구적 공격성의 증거인가, 아니면 단순히 신체적 놀이인가?

이 더 높다(Deaux & La France, 1998; Maccoby & Jacklin, 1974). 남성은 두 가지 이유에서 공격을 한다는 이론이 제시되었다. 첫째, 다른 남성에 대해 지배성을 확립하고 가능한 한 가장 높은 지위를 얻기 위해서, 둘째, 남성은 그들의 배우자가 다른 남성과 성관계를 갖지 못하도록 하기 위한 성적 질투에서 공격하며, 그 결과 그들의 부계를 지킨다(Buss, 2004, 2005; Kaighobadi, Shackelford, & Goetz, 2009). 진화론 관점에서 여성이 공격적으로 행동한다면 그것은 일반적으로 자신의 자손을 보호기 위한 것이다. 어미 곰이나 어미 새도 마찬가지이므로 방해하지 마라.

남성의 공격성을 자극하는 호르몬은 테스토스테론이며, 남성에게 비율이 더 높지만 남녀 모두 가지고 있다. 테스토스테론이 제거된 실험실 동물은 덜 공격적이고 테스토스테론을 주입하면 더 공격적이 된다(Moyer, 1983; Sapolsky, 1998). 테스토스테론 수준은 비폭력적 범죄보다 폭력적 범죄를 저지른 죄수들에게 유의하게 더 높았다(Dabbs, 2000; Dabbs, Carr, Frady, & Riad, 1995). 그러나 예컨대 남성이 '테스토스테론 중독'으로 고통받는다는 주장에 휩쓸리기 쉬운데, 그것은 틀렸다. 대부분의 연구들은 상관연구이며, 이는 인과성이 양방향으로 가능함을 시사한다. 즉, 테스토스테론 자체가 공격성을 약간 증가시킬 수 있지만 공격적, 경쟁적, 성적 상황에 있는 것도 테스토스테론의 생성을 증가시킨다(Mazur, Booth, & Dabbs, 1992; Thompson, Dabbs, & Frady, 1990).

다른 동물의 공격성 공격성이 선천적인지 아니면 학습된 것인지 그 정도를 결정하기 위해 일부 과학자들은 인간 이외의 종에 대한 실험에 관심을 가졌다. 고양이는 본능적으로 쥐를 쫓고 죽일 것이란 일반적인 믿음을 고려해보자. 반세기 전, 생물학자 Zing Yang Kuo(1961)는 간단한 실험을 수행했다. 그는 같은 우리에서 쥐와 새끼 고양이를 키웠다. 고양이는 쥐를 공격하지 못했을 뿐만 아니라 둘은 친밀한 동료가 되었다. 기회가 주어졌을 때도, 고양이는 다른 쥐를 뒤쫓거나 죽이지를 못했다. 따라서 유순한 행동이 친구 하나에 제한된 것이 아니라 고양이가 만난 적 없는 쥐에게도 일반화되었다.

이 실험이 매력적이었지만 공격행동이 고양이에게 본능적이 아님을 입증하지는 못했다. 그것은 단지 초기 경험이 그것을 능가할 수 있음을 보여주었다. 유기체가 다른 유기체와 접촉 없이 성장한다면 어떨까? 공격 경향을 보일 것인가, 아닌가? 다른 쥐와 싸우는 어떤 경험도 없이, 고립된 채 성장한 쥐는 우리에 들어온 다른 쥐를 공격하는 것으로 밝혀졌다. 고립되었던 쥐는 경험

사람들이 공격성을 '자연적'이라 말할 때 그들은 종종 우리 영장류 친척을 지칭한다. 챔팬지(위)는 정말로 매우 호전적이고 공격적이지만 보노보(아래)는 전쟁보다 사랑을 한다.

을 통해 배운 쥐가 사용하는 것과 똑같은 양상의 위협과 공격을 사용했다(Eibl-Eibesfeldt, 1963). 따라서 Kuo의 실험이 보여준 것처럼, 공격행동이 경험에 의해 수정될 수 있기는 하지만, 어떤 종류의 공격행동은 확실히 학습이 필요 없다.

우리는 가장 유전적 유사성이 있는 동물의 행동을 관찰함으로써 계속해서 생물학적 유전에 대한 더 큰 통찰을 얻을 수 있다. 동물의 세계에서 가장 유사한 종은 두 가지 영장류, 즉 침팬지와 보노보이다. 두 종 모두 DNA의 98%를 인간과 공유한다. 침팬지는 공격적 행동으로 유명하다. 암컷 또한 꽤 심술궂다(Watts, Muller, Amsler, Mbabazi, & Mitani, 2006). 침팬지는 실제로 수렵-채집 사회에서 인간이 서로를 죽이는 것과 거의 같은 비율로, 수컷 집단이 동종의 다른 구성원을 사냥하고 죽이는 인간 이외의 유일한 종이다(Wrangham, Wilson, & Muller, 2006). 침팬지에 관한 연구에 기초해서 우리는 인간, 특히 남성은 공격행동이 유전적으로 프로그램되어 있다고 결론을 내릴 수 있다.

그러나 침팬지로부터 강 건너편에 그들의 힘이 미치지 않는 곳에 살고 있는 보노보도 우리와 똑같이 가까운 유전적 친척이다. 보노보는 침팬지와 달리 비공격적인 행동으로 유명하다. 사실 보노보는 종종 '사랑을 하고 전쟁이 없는' 원숭이로 언급되곤 한다. 갈등을 초래할 수 있는 활동에 참여하기 전 보노보는 성관계, 즉 잠재적 갈등을 희석시키는 기능을 하는 활동을 한다(De Waal, 1995). 따라서 집단이 먹이가 있는 장소에 도착하면 그들은 먼저 어떤 성적 놀이를 즐기고 나서 평화롭게 먹기 시작한다. 반면, 침팬지는 먹이가 있는 장소에 도착하면 먹이를 두고 공격적으로 경쟁한다. 또한 보노보는 침팬지와 달리, 암컷 우위의 사회를 형성하고 수컷이 동조하도록 하고 집단 내 다른 동물에 매우 민감하게 행동한다(Parish & de Waal, 2000).

불행하게도, 보노보의 삶의 방식은 동물의 세계에서 드문 예외이다. 공격성이 거의 보편적이란 사실은 공격성이 진화하였고 생존 가치가 있기 때문에 유지되었음을 강하게 시사한다(Buss, 2004; Lore & Schultz, 1993). 동시에 거의 모든 유기체는 또한 공격성을 억제하는 것이 가장 이로울 때 그렇게 할 수 있는 강한 억제 기제를 진화시켜 온 것으로 보인다. 공격성은 동물이 있는 특정 사회적 맥락뿐만 아니라 동물의 이전 사회적 경험에 의해 결정된다.

문화와 공격성

따라서 대부분의 사회심리학자들은 공격성이 최적의 전략이라고 생각한다. 우리 인간은 공격행동을 위한 능력을 가지고 태어나고, 우리가 그것을 표현할지 여부와 언제, 어디서, 어떻게 표현할지는 학습되며 우리의 환경과 문화에 따라 달라진다(Berkowitz, 1993). 결국 전 세계의 남성이 테스토스테론을 가지고 있지만 공격성과 폭력의 비율은 크게 다르다. 마찬가지로 우리는 가해자에 맞서 행동함으로써 특정 도발 자극에 반응하는 선천적인 경향이 있는 것처럼 보이지만, 우리가 실제로 그렇게 할지 여부는 이런 선천적 경향성, 학습된 다양한 억제 반응, 사회적 상황의 정확한 본질 사이의 복잡한 상호작용에 따라 달라진다. 만일 경찰관이 과속으로 당신을 멈춰 세운다면 진짜진짜 화가 나겠지만, 당신은 화를 참고 행동을 조절할 가능성이 크다.

따라서 곤충에서 원숭이에 이르는 많은 동물들은 자신의 영역을 침범한 또 다른 동물을 공격하겠지만, 우리는 인류가 그들의 영역을 보호하고 특정 자극에 대한 반응으로 공격적으로 행동하도록 프로그램되었다고 결론을 내릴 수 없다. 세 가지 중요한 증거, 즉 시간에 따른 문화연구, 문화에 따른 연구 및 실험실연구는 이 관점을 지지한다.

시간과 문화에 따른 공격성의 변화　해당 문화 내에서 변화하는 사회적 조건은 공격행동의 놀라운 변화를 빈번하게 이끈다. 북미의 이로쿼이족을 고려해보자. 수백 년 동안 이로쿼이족은 사냥하는 부족으로 다른 종족과 싸우지 않고 평화롭게 살았다. 그러나 17세기에 들어오기 시작한 유럽인들과의 물물교환은 이로쿼이족이 이웃의 휴런족과 모피에 대해 직접 경쟁하도록 했는데, 모피와 제품을 거래할 수 있게 되면서 그 가치가 극적으로 증가했다. 휴런족과 일련의 작은 충돌이 계속되었고, 단기간 내에 이로쿼이족은 흉포한 전사로 변모했다. 그들이 타고난 공격 본능 때문에 흉포한 전사가 되었다고 주장하기 어렵다. 오히려 그들의 공격성은 사회적 변화가 심한 경쟁을 유발했기 때문에 발생한 것이 거의 확실하다(Hunt, 1940).

그것은 다른 방향으로도 작용한다. 심리학자 Steven Pinker(2011)는 전쟁, 범죄, 고문, 살인이 여전히 만연해 있는 것은 의문의 여지가 없지만 실제로 수세기에 걸쳐 꾸준히 감소하고 있음을 보여주는 증거를 수집했다. 홀로코스트와 현대의 전쟁 같은 대량 학살은 가족과 이웃에서 그리고 국가 간에 폭력이 감소했음을 보여주는 궤적을 중단시킨다. Pinker는 우리가 인류 역사 중 과거 어느 시기보다 덜 폭력적이고 덜 잔인하고 더 평화로운 시대에 살고 있다고 주장한다. 이런 변화가 일어났다면 그것은 '인간 본성'의 변화로 초래된 결과가 아니라 정착된 공동체와 민족국가의 문명화 과정, 인간의 권리에 대한 신념의 증대, 공감과 이성에 대한 인간의 역량 때문이다. 스칸디나비아인이나 포르투갈인처럼 한때 호전적이었던 많은 사회가 지구상에서 가장 평화로워졌다. 이제 '기분전환용 폭력'은 실제 사람이 관객들의 환호에 갈가리 찢기는 검투사 경기장이 아니라 영화 스크린에서 일어난다.

더욱이 모든 사회가 똑같이 호전적인 것은 아니다. 협조적이고 집단주의 가치가 내포된 문화는 유럽 사회보다 더 낮은 수준의 공격성을 보인다(Bergeron & Schneider, 2005). 시킴의 렙차, 중앙아프리카의 피그미, 뉴기니의 아라페시 같은 부족들은 뚜렷한 평화와 조화 속에 살았고 공격 행위가 극히 드물었다(Baron & Richardson, 1994). 집단의 생존이 협동에 좌우되는 굳게 단결된 문화에서 분노와 공격성은 위험하고 파괴적인 것으로 간주되고 공격자는 추방되거나 처벌받게 된다. 그렇다고 이 부족의 남성들에게는 테스토스테론이 없는가? 물론 있다. 그러나 남성이 생존에 대한 내적·외적 위협이 적은 문화에 살면 (당연히 그렇게 축복받은 문화가 많지 않지만) 그들은 공격적이도록 양육되지 않으며 성차가 최소화되고 협동이 격려된다(Gilmore, 1990).

예를 들어 필리핀 우림의 수렵-채집 문화를 가진 테듀레이 숲에서는 집단 내 폭력을 방지하기 위해 구체적으로 고안된 제도와 규범을 형성하였다. 그들 사회에서 사람들은 자신의 행동이 타인의 감정에 미치는 영향에 특별한 관심을 기울일 것으로 기대된다. 분노가 폭력을 초래할 위험이 높은 간통과 같은 상황이 발생할 때 테듀레이 부족의 특정 구성원은 상처 입은 개인을 달래는 일을 한다. 테듀레이족은 인간이 본질상 폭력적이지만 집단 내에서 공격성을 감소시키기 위해 최선을 다한다고 믿는다. 그러나 그들은 외부 집단의 공격으로부터 자신을 보호하기 위해서는 공격적으로 행동할 것이다(Schlegel, 1998).

명예의 문화 아마도 '남성이 테스토스테론 때문에 선천적으로 공격적'이라는 개념을 반대하는 가장 강한 증거는 문화적 규범과 기대가 말 그대로 인간의 내부에 어떻게 '잠입'해서 유사한 도발에 다르게 행동하도록 하는지를 보여주는 실험일 것이다.

예를 들어, 미국에서는 공격행동과 폭력을 촉발시키는 사건에서 놀라운 지역 차이가 있다. 남부와 남서부의 백인 남성의 살인율은 북부, 특히 농촌 지역의 백인 남성보다 상당히 높다. Richard Nisbett(1993)은 높은 폭력률이 경제적 원인에서 비롯된다고 가정했다. 농경에 기초한 문화와 달리, 목축에 기초한 문화에서 폭력률이 더 높다. 이것은 왜 그런가? 경제적으로 농경에

미국의 남부와 서부의 초기 경제는 '명예의 문화'를 만들었다. 여기서 남성은 다른 남성이 자신의 명성을 더럽혔다고 생각하거나 자신의 가축을 훔쳤다면 말 그대로 눈 깜짝할 새에 방아쇠를 당긴다.

의존한 사람들은 생존을 위해 협동적 전략을 발달시키는 경향이 있다. 그러나 목축에 의존한 사람들은 극히 취약하다. 가축 도둑에 의해 그들의 생계가 순간적으로 상실될 수 있다. 절도 가능성을 감소시키기 위해 Nisbett은 목동들이 어떤 (실제 또는 지각된) 위협적인 행동도 과잉경계하고 그것에 무력으로 즉각 반응할 것을 배운다고 가정했다. 이것은 소 도둑과 말도둑이 옛 서부에서 왜 중요한 범죄였는지, 그리고 지중해와 중동의 목축 문화가 오늘날 남성의 공격성에 왜 높은 가치를 부여하는지를 설명한다. 실제 Nisbett이 남부에서의 농경 관습을 살펴보았을 때 농장 지역보다 (목축을 하는) 언덕과 마른 평원에서 살인율이 2배 높은 것을 발견하였다.

목축사회에서 공격성과 경계에 대한 강조는 다시, 작은 분쟁조차 남성의 강인성의 평판을 위태롭게 하여 자신의 지위를 회복하기 위해 공격적으로 반응할 것을 요구하는 명예의 문화를 발전시켰다(Cohen, 1998). 목축 경제는 남부와 서부에서 덜 중요해졌지만, 명예를 중시하는 문화 유산은 남아 있다. 이 지역은 (가족에 대한 지각된 모욕에 복수하기 위한 살인 같은) 명예와 관련된 살인율이 다른 지역보다 5배 더 높다. 명예의 문화가 있는 지역의 고등학교 학생들은 다른 지역의 학생들보다 학교에 무기를 가지고 와서 그 무기를 사용하는 경향이 더 높았다. 다른 지역보다 이들 지역에서는 1인당 학교 총격이 2배 더 높았다(Brown, Osterman, & Barnes, 2009). Pinker(2011)는 정부가 공정성을 관장하고 범죄자에 대한 적절한 처벌을 결정하도록 하는 민주주의에서 폭력이 감소함(따라서 복수에 대한 개별 시민의 부담이 제거됨)을 발견한 반면, 명예의 문화에 있는 사람들은 정부를 불신하는 경향이 있고 그들이 개인적으로 때로는 폭력적으로 보복해야 할 의무가 있는 사람이라고 믿는다. 명예의 문화에서는 가정폭력의 비율 또한 더 높다. 그런 문화에서 여성이 외도를 하거나 남성을 버림으로써 남성의 명예와 평판을 위협하고 있다고 남성이 생각한다면 남녀 모두 남성이 신체적으로 여성을 공격하는 것이 적절하다고 믿는다(Vandello & Cohen, 2008).

미시간대학교의 남부와 북부 학생들을 대상으로 한 일련의 실험에서 Nisbett과 동료들은 인지, 정서, 행동, 심지어 생리적 반응에서 명예의 문화가 어떻게 나타나는지를 증명하였다. 각 참가자는 '우연히' 실험 공모자와 부딪혔는데, 공모자는 그를 폄하하는 이름을 부르며 모욕했다. 모욕을 무시하는 경향이 있는 북부 백인 남성에 비해, 남부 사람들은 남성으로서 평판이 위협받았다는 생각을 더 많이 하였고, 더 흥분했고(혈류에서 코르티솔 수준의 상승으로 나타남), 공격성에 대해 생리적으로 더 점화되었고(혈류에서 테스토스테론 수준의 상승으로 나타남), 공격성에 대해 인지적으로 더 점화되었으며, 궁극적으로 기회가 주어진다면 공모자에 대해 공격적으로 보복할 가능성이 더 높았다(Cohen, Nisbett, Bowdle, & Schwarz, 1996).

명예의 문화에 대한 연구는 남성의 공격성("날 건드리지 마!")이 강력한 남성의 역할과 정체성의 일부를 충족시킬 때 조장된다는 것을 시사한다. '남자가 되는 것'이 경쟁과 힘으로 정의될 때, 남성들은 공격성을 표현함으로써 자신의 남성성과 지위를 '입증'하려고 끊임없이 시도한다(Bosson & Vandello, 2011).

젠더와 공격성

여성이 주먹싸움을 하거나 폭동을 일으키거나 가족의 평판을 지키기 위해 누군가에게 총을 쏠 가능성이 크지 않다면, 이것은 그들이 남성보다 선천적으로 덜 공격적이라는 의미인가? 더 큰 사회에서 성차는 명백하지만 가족 관계와 같은 사적 세계에서 성차는 항상 뚜렷하지 않다.

신체적 공격성 극심한 가정폭력 사례는 대부분 남성이 저지르고 있다. 예컨대 가족 구성원을 살해한 살인자 10명 중 8명이 남성이다. 그리고 남성이 피해자에게 폭행을 가할 때 남성은 여성 가해자보다 더 심각한 부상을 입힌다. 파트너 간 폭력에 관한 질병통제센터의 전국 조사에 따르면, 친밀한 파트너에 의한 심각한 폭력의 평생 유병률은 남성(13.8%)에 비해 여성(24.3%)에서 현저히 높다(Breiding, Chen, & Black, 2014; 그림 12.1 참조). 그러나 치고 때리고 물건을 던지고 구타하는 것이라면 여성도 사정을 봐주지 않는다고 볼 수 있다. 미국 여대생 약 500명을 대상으로 남자 친구와의 폭력 경험을 조사한 연구에서 대부분은 상호 폭력을 보고했다(Testa, Hoffman, & Leonard, 2011). 몇 년 전, 지역사회 표본에 대한 200개 이상의 연구를 고찰한 결과 파트너와 신체적 공격을 경험한 남녀의 비율에서 유의한 성차가 나타나지 않았다(Straus, 2011). 성적 질투, 분노, 파트너의 관심을 끄는 것, 지각된 정서적 학대에 대한 복수, 자기 방어를 포함하여 두 당사자에게 원인은 동일하다(Langhinrichsen-Rohling, Misra, Selwyn, & Rohling, 2012).

따라서 파괴와 살인보다 덜 폭력적인 형태의 신체적 공격이라면 남녀 사이에 큰 중첩이 종종 존재한다. 실제로, 신체적 공격의 수준에서 소년과 소녀를 비교한 몇몇 연구에서 대부분의 소년소녀들은 유사하게 비공격적이었다. 성차는 주로 극도로 공격적인 소수의 소년 때문이었다 (Archer, 2004). 성인의 경우 남녀 모두 도발을 받고 보복할 권리가 있다고 느낄 때 신체적 위해를 가하고자 하는 의지에 성차가 종종 사라진다(Matlin, 2012). 64개의 개별 실험에 대한 메타분석은 일상적인 상황에서 남성이 여성보다 더 공격적일지라도, 남녀가 모욕을 당할 때, 그리고 여성에게 공격적으로 보복할 동일한 기회가 주어질 때, 특히 다른 사람들이 그들의 젠더를 인식하지 못할 때 성차는 더 적어진다(Bettencourt & Miller, 1996). 성인 여성은 그들의 자녀에게 소리

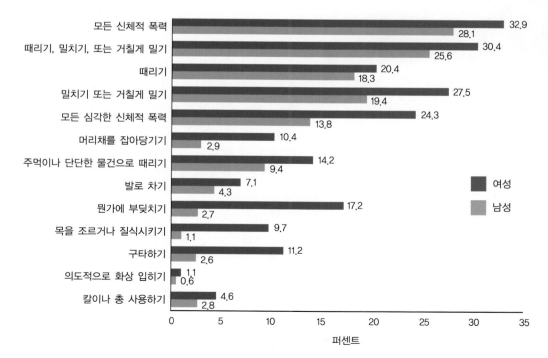

그림 12.1 친밀한 파트너에 의한 신체적 폭력의 평생 유병률

U.S. Women and Men, NISVS 2010

항목	여성	남성
모든 신체적 폭력	32.9	28.1
때리기, 밀치기, 또는 거칠게 밀기	30.4	25.6
때리기	20.4	18.3
밀치기 또는 거칠게 밀기	27.5	19.4
모든 심각한 신체적 폭력	24.3	13.8
머리채를 잡아당기기	10.4	2.9
주먹이나 단단한 물건으로 때리기	14.2	9.4
발로 차기	7.1	4.3
뭔가에 부딪치기	17.2	2.7
목을 조르거나 질식시키기	9.7	1.1
구타하기	11.2	2.6
의도적으로 화상 입히기	1.1	0.6
칼이나 총 사용하기	4.6	2.8

퍼센트

를 지르고, 언어적으로 학대하고, 창피를 주거나 처벌하는 데 있어 대체로 남성과 다르지 않고 유사한 방식으로 공격성을 표현한다(Archer, 2004).

남성의 공격성이 문화에 영향을 받는 것처럼 여성의 공격성도 그렇다. 때리고 찌르고 치는 것을 통해 여성에 대한 신체적 학대의 비율은 그런 학대를 남성의 특권으로 간주하고 여성에 대한 힘과 통제를 발휘하는 수단으로 합법화한 문화에서 가장 높다. 아프가니스탄이나 나이지리아와 같은 국가에서 볼 수 있듯이, 소녀는 학교에 가고 싶어 한다는 이유로 살해당할 수 있다(Eisenstat & Bancroft, 1999; Levy, 2008). 그러나 한 국제적인 연구에서 호주와 뉴질랜드 여성은 스웨덴과 한국의 남성보다 더 큰 공격성의 증거를 보였다(Archer & McDaniel, 1995). 신체적 공격성을 칭송하는 문화 공동체에서 남녀 모두 폭력적 전략에 의존할 수 있다. 로스엔젤레스의 멕시코계 미국 갱의 10대 여성 구성원은 방망이에서 총까지 손에 쥘 수 있는 무기를 가지고 다니고 연구자에게는 사회적 지지뿐만 아니라 복수를 위해 가입했다고 말했다(Harris, 1994). 1981년 이래로 전 세계적으로(아프가니스탄, 이스라엘, 이라크, 인도, 레바논, 파키스탄, 러시아, 소말리아, 스리랑카, 터키 포함) 여성 자살 폭파범에 관한 연구는 '그녀를 자살 폭파범으로 몰고 간 주요 동기와 상황이 국가나 종교에 대한 충성, 외국군의 주둔에 대한 분노, 적군에 의해 사망한 사랑하는 이에 대한 복수처럼 남성의 동기와 꽤 유사한' 것으로 밝혀졌다(O'Rourke, 2008).

또 다른 사람에게 해를 끼치려는 의도로 공격성이 정의된다면, 남성과 여성은 똑같이 공격적일 수 있다. 그러나 남성은 좀 더 신체적으로 공격적인 반면, 여성은 '관계적 공격성'에 빠지기 더 쉽다. 예를 들어 험담하기, 따돌리기, 표적대상에 대해 나쁜 소문 퍼뜨리기 등이다.

관계적 공격성 신체적 공격이 다른 사람에게 해를 끼치는 유일한 방법은 아니다. 소녀와 여성은 남성에 비해 관계적 공격성을 더 많이 범하는 경향이 있는데, 이는 험담하고 표적대상에 대해 잘못된 소문을 퍼뜨리고 그 사람을 피하거나 소외시키고 '매춘부'[1]란 불쾌한 용어를 사용하는 것처럼, 내현적 행동으로 대개 관계를 조종함으로써 다른 사람에게 해를 끼치는 공격성이다(Archer, 2004; Blakemore, Berenbaum, & Liben, 2009; Coie et al., 1999; Hess, 2014; McFadyen-Ketchum, Bates, Dodge, & Pettit, 1996; Richardson, 2014). 'Mean Girls'[2]는 책, TV 프로그램, 심지어 동명의 영화에서 다룬 주제이다. 포이베 프린스는 매사추세츠에 사는 15세 아일랜드계 소녀로, 학교에서 인기 있는 남학생과 짧게 사귄 후 'Mean Girls'로 알려진 집단의 표적이 되었다. 7명의 소녀와 2명의 소년은 그녀에 관한 언어적 공격(페이스북과 다른 사회적 미디어로 그녀를 '아일랜드 암캐'와 '매춘부'라고 부르는 것을 포함)과 신체적 손상 위협에 대해 끊임없는 활동을 시작했다. 비방과 괴롭힘을 당한 지 4개월 후 프린스는 자살했다.

신체적 대 관계적 공격성에서 성차는 일찍 시작된다. 3명씩 구성된 집단에서 놀이를 하는 3~5세 아동에 관한 한 연구에서 아이들은 흰 종이에 크레용을 사용해서 그림을 색칠하라는 지시를 받았다. 3개의 크레용이 제공되었지만 하나만 색(주황색)이 있었고 다른 2개는 흰색이었다. 당

---

[1] 역주 : 원문에서 용어는 'Slut-Shaming'으로 단순히 매춘부나 음탕한 여성을 지칭하는 것이 아니라 피해자를 비난하는 의미가 담겨 있음

[2] 역주 : 'Mean Girls'는 의미상 '못된 계집애들' 정도로 번안될 수 있지만 국내에서는 '퀸카로 살아남는 법'이란 제목으로 개봉되었음

연히 아이들은 모두 주황색 크레용을 원했다. 소년은 그것을 가지려고 주황색 크레용을 가진 아이를 때리거나 밀고 신체적 공격성을 사용했다. 소녀들은 관계적 공격성을 사용했는데, 주황색 크레용을 가진 아이에 대한 소문을 퍼뜨리거나 그녀를 무시해서 울게 만들었다(Ostrov, Woods, Jansen, Casas, & Crick, 2004).

특히 해로운 형태의 관계적 공격성은 온라인 괴롭힘이다. 더 강한 사람이 더 약한 사람을 고의로 모욕하거나 신체적으로 학대하는 신체적 괴롭힘은 오랫동안 학교생활에서 현실이었으며, 사이버괴롭힘에서는 단순히 그런 충동이 새로운 기술로 옮겨진다(Rivers, Chesney, & Coyne, 2011). 사이버괴롭힘은 덜 심각한 것(장난 전화, 채팅에서 가벼운 모욕)에서 매우 심각한 행동(웹사이트에 불쾌하거나 성적인 사진 게시하기, 위협적이고 폭력적인 장면의 사진이나 비디오 전송하기, 모욕이나 불쾌한 문자 메시지, 소문, 악질적인 비난을 널리 퍼뜨리기)에 이르기까지 광범위하다. 그것은 일회성 충동적인 행동일 수도 있고 계획된 괴롭힘일 수도 있다. 어린이 안전 및 온라인 기술 담당 정부를 위해 준비된 보고서에 따르면, 10대가 인터넷에서 직면하는 가장 큰 위험의 원천은 (많은 10대, 대개 나이 든 소년들이 찾는) 포르노그래피 또는 섹스팅은 말할 것도 없고 약탈적인 성인이 아니다. 보고서에 따르면, 온라인과 오프라인에서 미성년자들이 직면하는 가장 빈번한 위협은 괴롭힘과 희롱이고 대부분은 또래들에 의한 것이었다(Palfrey, boyd[sic], & Sacco, 2010).

신체적 공격성과 관계적 공격성에서 성차에 대한 당신의 경험은 어떠한가? '해보기 : 남녀는 공격성의 표현이 다른가'를 참조하라.

공격적으로 행동하는 것에 대한 학습

우리 대부분은 다른 사람들로부터 신호를 받는다. 공격적 행동이 괜찮은지 알고 싶다면 다른 사람들이 어떻게 행동하고 있고 다른 사람들이 그것에 대해 뭐라고 하는지, 그들이 빠져나가는지 아니면 처벌을 받는지를 살펴볼 것이다. 우리는 우리 문화의 규칙이 무엇이고 남성과 여성에 대한 규범이 무엇인지 거의 무의식적으로 학습한다. 어느 쪽이든 그런 상황은 사람들의 개인적 바람을 조형, 지시, 격려 또는 억제하여 공격적으로 또는 평화롭게 행동하도록 할 수 있다.

사회인지 학습 이론(social-cognitive learning theory)은 우리가 공격성에서 이타주의에 이르는 사회적 행동을, 대개는 타인을 관찰하고 모방함으로써 학습한다고 본다. 이 과정은 관찰학습으로 명명된다. 그러나 인간의 관찰학습은 학습자의 사고과정과 지각을 고려하지 않고 충분히 이해될 수 없다. 그것은 사회인지 학습 이론에서 '인지적' 부분이다(Mischel & Shoda, 1995). 그것은 당신과 친구가 똑같은 뱀파이어 영화를 보고 한 명은 어리석다고 생각하고 다른 한 명은 재미있다고 생각할 수 있는 이유이다.

사회인지 학습 이론
사람들이 다른 사람을 관찰하고 모방함으로써 그리고 계획, 기대와 신념과 같은 인지적 과정에 의해 사회적 행동(예 : 공격성 또는 이타주의)을 대부분 학습한다는 이론

아동은 관찰학습에 특히 영향을 받기 쉽다. Albert Bandura와 동료들은 고전적인 실험에서 아동의 공격행동에 관한 사회학습의 영향력을 보여주었다(Bandura, Ross, & Ross, 1961, 1963). 그들의 기본 절차는 성인으로 하여금 비닐 풍선으로 된 보보 인형, 즉 넘어진 후 다시 일어나는 종류의 인형을 마구 때리도록 하는 것이었다. 성인은 손바닥으로 인형을 때리고, 나무망치로 그 것을 치고, 발로 차고, 공격적으로 소리를 지르곤 했다. 그런 다음 아이들이 그 인형을 가지고 놀도록 했다. 이 실험에서 아동들은 공격적인 성인을 모방했고 그림 12.2에서 볼 수 있듯이, 거의 정확하게 동일한 방식으로 인형을 다뤘다. 그들 중 일부는 단순한 모방을 넘어서 창의적이고 새로운 형태로 인형을 때리는 행동을 보였다. 공격적인 행동을 한 성인을 보지 않았던 아이들은 보보 인형에게 공격성을 거의 보이지 않았다. 이 연구는 공격적인 행동의 사회학습, 즉 타인의 행동을 보고 모방하는 것의 영향력에 대한 강력한 지지를 제공한다.

일반적으로 사람이나 단체가 더 많은 존경을 받을수록 역할 모델로서 그들의 영향력은 커진다. Brad Bushman과 동료들(2007)은 폭력에 관한 종교적 제재의 영향을 탐색했다. 그들은 폭력적 이야기가 성경에 있다고 생각할 때, 그리고 그 이야기에서 하나님이 폭력을 용인할 때 독자들이 이후에 공격적으로 행동할 가능성이 높음을 발견했다. 그 효과는 종교가 있는 참가자뿐 아니라 종교가 없는 경우에도 유지되었다. 스포츠는 또 다른 신성한 제도로, 더 공격적인 선수들이 대개 최고의 명성과 연봉을 얻고 더 공격적인 팀이 더 많은 경기에서 승리한다. 스포츠에서 점잖은 영혼의 소유자는 불리하다. 유명한 야구선수 매니저인 레오 드로셔는 "사람이 좋으면 꼴찌를 한다."라고 언급한 바 있으며, 데이터는 그가 옳음을 증명한다. 프로 하키에서 지나치게 공격적인 플레이로 페널티 박스에 가장 빈번하게 보내진 선수들이 가장 높은 점수를 얻고 최고 연봉을 받았다(McCarthy & Kelley, 1978). 운동선수가 아동과 청소년의 역할 모델이 될 정도로, 모델이 되고 있는 것은 과도한 공격성에 부와 명예가 뒤따른다는 것을 의미한다.

그림 12.3 보보 인형 실험
아동은 모방을 통해 공격적 행동을 학습한다. 이 고전적 연구에서 실험자는 인형을 폭력적으로 대하는 모델이 되었고 아동은 실험자를 완벽하게 모방했다.

유사하게 아동이 그들의 부모나 다른 어른이 소리 지르고 발로 차고 다른 공격적인 방식으로 행동하는 것을 칭송하는 것을 본다면, 그들은 그 행동을 모방할 것이다. 예를 들어 여성이 남성 파트너에 대해 신체적 공격을 행사할지 여부를 예측하는 주요 요인 중 하나는 그들의 가정에서 어머니가 아버지를 때리는 것을 보고 자랐는가 하는 것이다(Testa et al., 2011).

반대로 아이들을 비공격적인 모델, 즉 도발했을 때 차분하고 합리적이고 예의바른 방식으로 자신을 표현하는 사람에게 노출시키면 어떻게 될까? 이 질문은 여러 실험에서 검증되어 왔다 (Baron, 1972; Donnerstein & Donnerstein, 1976; Vidyasagar & Mishra, 1993). 아이들은 처음 에는 도발했을 때조차 평화롭게 행동하는 아이를 지켜보았다. 이후 아이들이 도발을 당한 상황 에 놓이자 그들은 비공격적인 모델을 보지 않은 아이들에 비해 공격적으로 반응할 가능성이 더 작았다.

몇 가지 생리적 영향

사람들이 시원한 봄날 레모네이드를 마시면서 완전히 상쾌한 기분을 느낄 때보다 술에 취하거나 덥거나 상당한 통증을 느낄 때 타인을 비난하기 쉽고 싸움과 다툼을 시작하게 된다는 것은 전혀 새로운 정보가 아니다. 그런데 왜 이러한 물리적 영향하에서 공격성의 가능성이 증가하는가? 항 상 그런가?

알코올의 효과   대부분의 대학생들이 알고 있듯이, 알코올은 사회에서 공격적 행동을 포함하여 눈살 찌푸리게 하는 행동에 대한 억제를 낮추는 사회적 윤활유이다(Desmond, 1987; Taylor & Leonard, 1983). 알코올과 공격행동 간의 관계는 잘 기록되어 있는데, 그것은 술에 취하지 않았 을 때 화를 내지 않고 공격적으로 행동하지 않는 사람들에게도 나타난다(Bailey & Taylor, 1991; Bushman & Cooper, 1990; Graham et al., 2006). 이것은 술집과 나이트클럽에서 왜 주먹다짐 이 빈번하게 발생하는지, 그리고 가정폭력이 왜 알코올 남용과 자주 연관이 있는지를 설명한다.

알코올이 왜 공격행동을 증가시키는가? 알코올은 불안을 감소시키고 사회적 억제를 낮추 어 우리를 평소보다 덜 조심스럽게 만든다(MacDonald, Zanna, & Fong, 1996). 그러나 그것 은 그 이상이다. 알코올은 또한 행동을 계획하고 통제하는 데 관여하는 뇌 부위를 손상시킴으로 써 평소와 같이 정보를 처리하는 방식을 방해한다(Bushman, 1997; Bushman & Cooper, 1990; Hanson, Medina, Padula, Tapert, & Brown, 2011). 이는 만취한 사람들이 종종 사회적 상황 의 가장 뚜렷한 측면에만 반응하고 미묘한 부분은 간과하는 경향이 있는 이유이다. 당신이 술 취 하지 않았을 때 누군가 당신의 발을 밟는다면 그 사람이 고의로 그런 것이 아님을 알 것이다. 그 러나 술에 취하면 상황의 미묘한 부분을 간과하고 마치 그 사람이 고의로 당신 발을 밟은 것처 럼 반응한다. 당신과 공격자가 남성이라면 당신은 그에게 주먹을 휘두를 수도 있다. 이런 반응 은 남성이 특히 알코올의 영향하에서 도발적으로 해석하기 쉬운 모호한 상황에서 전형적이다 (Pedersen, Vasquez, Bartholow, Grosvenor, & Truong, 2014). 실험실연구는 술을 거의 마시지 않았거나 마시지 않은 사람보다 법적으로 취한 상태가 될 정도로 많은 술을 마셨을 때 자극에 더 폭력적으로 반응하는 경향이 있음을 보여주었다(Bushman, 1997; Lipsey, Wilson, Cohen, & Derzon, 1997; Taylor & Leonard, 1983).

하지만 알코올이 공격성을 조장하는 또 다른 방식이 있는데, 이는 소위 '싱크-드링크(think-drink)' 효과를 통해 일어난다. 사람들이 알코올이 그들에게 어떤 효과를 미칠 것이라 기대할 때 그것은 종종 그 효과를 발휘한다(Marlatt & Rohsenow, 1980). 정말 사람들이 알코올이 공격적

"이런, 그건 내가 말한 것이 아니라 술이 한 거야."

Dana Fradon/The New Yorker Collection/www.cartoonbank.com.

충동을 '방출'할 것이라 기대할 때 그들은 더 자주 공격적이 된다. 심지어 무알코올 음료를 마셨을 때조차도! 18~45세의 남성 116명에 대한 연구에서 실험자는 세 집단으로 나누어 각각 무알코올 음료, 중간 정도 혈중 알코올 수준에 이르는 술, 높은 혈중 알코올 수준에 이르는 술을 주었다. 각 집단 내에서 연구자들은 그들이 얼마나 많은 술을 마셨는지에 대한 음주자의 기대를 조작하였다. 그런 다음 그들에게 공격적으로 행동했던 실험 공모자에 대한 참가자들의 행동을 측정했다. 놀랍게도 남성들이 마셨던 실제 알코올의 양은 그들의 기대보다 공격행동과 관련성이 적은 것으로 나타났다. 남성들이 더 많은 술을 마셨다고 믿을수록 그들은 공모자를 향해 더욱 공격적으로 행동했다(Bègue et al., 2009).

물론 우리가 보았듯이 알코올은 인지와 행동에 강력한 생리적 효과를 발휘한다. 그러나 이런 효과는 술이 공격적으로(또는 성적으로) 행동하는 것에 대한 변명거리를 제공한다거나 음주 후 어떤 기분을 느낄 것으로 기대하는지와 같이, 사람들이 알코올에 대해 학습한 것과 상호작용한다(Davis & Loftus, 2004).

고통과 더위의 효과 동물이 고통을 겪고 그 상황에서 도망칠 수 없다면 거의 항상 공격을 할 것이다. 이것은 쥐나 햄스터, 여우, 원숭이, 가재, 뱀, 너구리, 악어, 다수의 다른 동물에게 해당된다(Azrin, 1967; Hutchinson, 1983). 그런 상황에서 동물들은 같은 종의 구성원이나 다른 종의 구성원, 봉제인형과 테니스공을 포함해서 시야에 들어온 다른 것들을 공격할 것이다. 이것이 인간에게도 해당된다고 생각하는가? 잠깐 생각해보면 그럴 만하다고 추측할 수 있을 것이다. 우리 중 대부분은 망치로 엄지손가락을 찧었을 때 순간 짜증이 나서 가장 가까이 있는 대상을 비난하고 싶은 느낌을 안다. 실제 일련의 실험에서 아주 차가운 물에 손을 담근 고통을 겪은 학생들은 고통을 겪지 않은 학생들보다 다른 학생들에 대해 공격적으로 행동할 가능성이 더 높았다(Berkowitz, 1983).

더위, 습기, 공기오염, 인구과밀, 악취와 같은 다른 형태의 신체 불편감 또한 공격행동의 역치를 낮춘다(Stoff & Cairns, 1997). 1960년대 후반과 1970년대 초반 동안, 베트남전과 시민권리운동의 증가로 미국의 긴장 상태가 고조되었고 국가 지도자들은 '길고 뜨거운 여름'에 대해 걱정했다. 그 문구는 여름 더위가 부글부글 끓고 있던 긴장을 폭발하게 만들 것이란 두려움의 신호였다. 그들의 두려움은 적중했다. 1967년과 1971년 사이에 79개 도시에서 소요에 대한 분석은 추운 날보다 더운 날에 폭동이 더 많이 발생했음을 보여주었다(Carlsmith & Anderson, 1979)(그림 12.3 참조).

유사하게 텍사스 주 휴스턴에서 아이오와 주 디모인에 이르는 미국의 주요 도시에서 해당 날 또는 연평균이 더울수록 폭력적인 범죄가 발생할 가능성이 더 높았다(Anderson, 2012; Anderson, Anderson, Dorr, DeNeve, & Flanagan, 2000; Rotton & Cohn, 2004). 작은 '범죄'도 역시 증가했다. 애리조나 주 피닉스와 같은 사막 도시에서 에어컨이 없는 차의 운전자들은 에어컨이 있는 차의 운전자들보다 차가 막힐 때 경적을 더 많이 울리는 경향이 있었다(Kenrick & MacFarlane, 1986). 야구장에서조차 더위와 적대감은 함께 상승했다. 메이저리그 야구 경기에서 기온이 32℃ 이상으로 상승하면 타자들에게 몸에 맞는 공이 유의하게 증가하고 투수들은 경기 초반에 같은 팀 타자가 상대 팀의 공에 맞을 때 타자에게 의도적으로 보복을 할 가

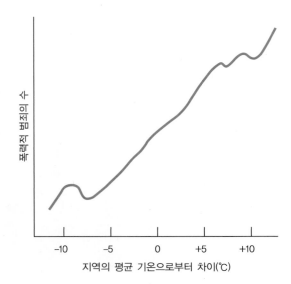

그림 12.3 길고 무더운 여름

따뜻한 기온은 폭력 범죄와 다른 공격적 행동의 가능성 증가를 예측한다.

출처 : Hsisang et al. (2013)

능성이 컸다(Larrick, Timmerman, Carton, & Abrevaya, 2011).

지금까지 살펴보았듯이, 실험실 밖 자연스러운 장면에서 일어나는 사건을 해석할 때 주의가 필요하다. 당신 안의 과학자는 공격성의 증가가 온도 자체로 인한 것인지, 아니면 단지 춥거나 비오는 날보다 더운 날에 더 많은 사람이 야외로 나가기 쉽다는 사실 때문인지 묻고 싶을 것이다. 그러면 단지 접촉할 기회가 더 많아서가 아니라 더위 때문에 공격성이 유발된다고 어떻게 결론을 내릴 수 있는가? 우리는 이 현상을 실험실로 가져갈 수 있다. 한 실험에서 학생들은 다른 조건하에서 동일한 시험을 치른다. 일부는 실내 온도가 보통인 방에서 공부를 한 반면, 다른 일부는 실내 온도가 32℃에 달하는 방에서 공부를 했다(Griffitt & Veitch, 1971). 더운 방의 학생들은 더 공격적인 느낌을 보고할 뿐만 아니라 그들이 기술하고 평가해야 할 낯선 사람에 대해 더 많은 적대감을 표현했다. 유사한 결과들이 많은 연구자들에 의해 보고되었다(Anderson, 2012; Anderson et al., 2000; Rule, Taylor, & Dobbs, 1987).

더위가 적대감을 증가시킨다면, 그것은 지구 온난화가 공격성에도 영향을 줄 것이라는 의미인가? 대답은 "그렇다."인 것처럼 보인다. 60개의 연구에 대한 분석은 따뜻한 기온이 가정폭력과 살인, 강간에서 폭동과 내전에 이르기까지 수많은 형태의 갈등의 위험을 상당히 증가시킴을 밝혔다(Hsiang, Burke, & Miguel, 2013). 기후와 공격성의 효과에 관한 세계적인 전문가인 Craig Anderson(2012)은 세 가지 이유에서 지구 온난화가 폭력 범죄의 주요 증가를 초래할 것이 거의 확실하다고 예측한다. 첫 번째 이유는 불쾌한 더위 자체가 과민성, 공격성 및 폭력에 미치는 영향을 포함한다. 두 번째는 아동·청소년이 폭력 성향을 갖게 될 위험을 높이는 것으로 알려진 경제적·사회적 요인에 대한 지구 온난화의 간접적 효과를 포함한다. 예를 들면 가난, 태내·아동기의 영양부족, 결손가정, 낮은 IQ, 폭력적 이웃, 빈약한 교육, 혼란스럽고 불안정한 지역에서 사는 것 등이다. 그리고 세 번째는 빠른 기후 변화가 인간에게 미치는 효과로 가뭄, 홍수, 기근으로 인해 생계와 생존이 위험해진다는 것이다.

복습문제

1. 사회심리학적 관점에서 공격성에 대한 진화론의 문제는 그들이 다음을 설명하지 못한다는 것이다. 다음은 무엇인가?
   a. 남성들 사이에 테스토스테론 수준의 차이
   b. 문화에 걸친 공격성의 비율 차이
   c. 유전이 행동에 미치는 영향
   d. 보노보와 침팬지 사이의 차이

2. 다음 중 그를 모욕한 사람에게 공격적으로 행동할 가능성이 가장 큰 사람은?
   a. 미네소타 주에서 성장한 레이
   b. 매사추세츠 주에서 성장한 랜디
   c. 루이지애나 주에서 성장한 리처드
   d. 메인 주에서 성장한 리키

3. 다음 중 공격성에서 성차에 관한 옳은 설명은?
   a. 가족에서 거의 모든 신체적 공격행위는 남성이 저지른다.
   b. 소녀는 소년보다 표적대상을 따돌리거나 험담하는 것처럼 공격적인 감정을 간접적으로 표현할 가능성이 더 크다.
   c. 남녀가 모욕을 당할 때 신체적 공격성에서 성차가 증가한다.

   d. 여성에게 폭력이 드물기 때문에 여성 자살 폭파범은 이런 공격을 수행하는 남성보다 훨씬 더 정신질환이 심각하다.

4. 10대의 형이 동급생을 주먹으로 때리고 친구들에게 찬사를 받는 것을 본 후, 어린 소년은 운동장에서 다른 소년을 힘껏 때렸다. 그는 이 행동을 어떤 과정을 통해 습득한 것인가?
   a. 인지학습
   b. 부모의 지지
   c. 폭력적인 비디오 게임
   d. 관찰학습

5. '싱크-드링크' 효과란 무엇인가?
   a. 술 한잔 마시고 싶다고 생각하면 당신은 그것을 얻게 될 것이다.
   b. 술이 당신의 분노를 해소한다고 생각하면 그렇게 될 것이다.
   c. 술이 해롭다고 생각하면 당신은 술을 마시지 않을 것이다.
   d. 술이 건강하다고 생각하면 당신은 너무 많이 마시게 될 것이다.

정답은 537-539쪽 참조

사회적 상황과 공격성

12.2 공격성의 몇 가지 상황적·사회적 원인과 성적 공격성은 무엇인가

당신 친구가 크리스마스 휴가를 위해 당신이 고향에 갈 수 있도록 공항까지 차를 태워준다고 상상해보라. 친구는 당신이 편안하게 느끼는 것보다 다소 늦게 당신을 차에 태웠다. 당신이 지나치게 불안해하는 것을 비난하면서 자신이 길을 잘 알으므로 시간이 넉넉하게 도착할 것이라고 장담한다. 공항까지 반쯤 남았을 때 당신은 차가 막혀서 계속 서있다. 친구는 시간이 많다고 장담했지만 이번에는 확신이 부족한 것처럼 들린다. 10분쯤 지나서 당신의 손바닥에는 땀이 흥건하다. 당신은 차문을 열고 나가 도로 전방을 조사한다. 멀리 보이는 어느 차도 움직이지 않는다. 당신은 차로 돌아와서 문을 쾅 닫고 친구를 노려본다. 그는 자신 없게 웃으면서 "이렇게 차가 막힐 줄 내가 어떻게 알았겠어?"라고 말한다. 그가 꼬리를 내릴 준비를 하는 것일까?

좌절과 공격성

좌절-공격성 이론

좌절, 즉 목표 달성을 방해받고 있다는 지각이 공격적 반응의 가능성을 증가시킨다는 이론

매우 친숙한 이야기가 제시하듯이 좌절은 공격성의 주된 원인이다. 기대했던 목표나 만족이 방해를 받을 때 좌절이 발생한다. 우리 모두는 때때로, 만일 하루에 서너 번이 아니라면 적어도 일주일에 서너 번씩 좌절감을 느낀다. **좌절-공격성 이론**(frustration-aggression theory)에 따르면, 사람들이 목표 성취가 방해를 받았다고 지각하면 공격반응이 일어날 가능성이 증가할 것이다 (Dollard, Doob, Miller, Mowrer, & Sears, 1939). 이는 좌절이 불쾌하고 달갑지 않고 통제할 수 없을 때 특히 그렇다.

몇 가지 요인이 좌절을 증가시킬 수 있으며, 그에 상응해서 어떤 형태의 공격성이 발생할 가능성은 증가할 것이다. 한 가지 요인은 목표 또는 당신이 바라는 대상에 대한 근접성을 포함한다. 목표에 근접할수록 좌절된 쾌락에 대한 기대가 더 크고, 기대가 클수록 공격성이 더 증가한다. 한 현장 실험에서 공모자가 영화 매표소, 사람 많은 레스토랑, 슈퍼마켓 계산대와 같은 다양한 장소에서 줄을 서서 기다리는 사람들 앞에서 새치기를 한다. 공모자는 줄에서 2번째 사람 앞에 끼어들기도 하고, 12번째 앞에 끼어들기도 한다. 결과는 분명했다. 즉, 공모자가 2번째 자리에 끼어들 때 새치기한 사람 바로 뒤에 서 있는 사람이 더 공격적이었다(Harris, 1974).

그러나 좌절이 항상 공격성을 유발하는 것은 아니다. 오히려 상황에 대한 다른 것들이 공격행동이 일어나기 쉽게 한다면, 좌절은 분노나 격노 및 공격할 준비성을 유발하는 것처럼 보인다(Berkowitz, 1989, 1993; Gustafson, 1989). 그 다른 것들은 무엇일까? 명백한 것은 당신의 좌절에 책임 있는 사람이 보복할 수 있는 능력뿐 아니라 그 사람의 크기와 힘이다. 의심할 여지없이 당신을 좌절시킨 사람이 그린베이 패커스의 중앙 수비수이고 목전에서 당신을 쳐다보고 있다면 그에게 분노를 표출하는 것보다, 당신이 누군지 모르고 수마일 떨어져 있는 힘 없는 고객 서비스 직원에게 참을성 없고 무례하게 구는 것이 더 쉽

도로의 분노는 다른 운전자에게 느낀 좌절감으로 인한 불가피한 결과인가? 만일 그렇다면 모든 운전자는 어떻게 이 여성만큼 화를 내지 않는가?

다. 유사하게 좌절이 이해할 만하고 정당하고 고의가 아니라면, 공격 경향성은 감소될 것이다. 한 실험에서 보청기가 작동하지 않아서 공모자가 문제를 해결하려는 팀 동료의 노력을 '무심코' 방해했는데, 팀 동료에게 초래된 좌절은 주목할 만한 정도의 공격성을 유발하지 않았다(Burnstein & Worchel, 1962).

우리는 좌절이 박탈과 동일하지 않음을 확실히 하고자 한다. 장난감이 없는 아이들은 장난감이 있는 아이들보다 더 공격적이지 않다. 장난감 실험에서 좌절과 공격성이 발생한 것은 아이들이 장난감을 가지고 놀 것을 기대할 만한 이유가 있었고, 그들의 그럴듯한 기대가 방해를 받았기 때문이었다. 이런 방해가 아이들이 파괴적으로 행동하게끔 한 것이었다.

또한 국가 수준에서 좌절과 결합된 방해받은 기대는 폭동과 혁명을 유발할 수 있다. 사회과학자들은 절대적 박탈이 아니라 상대적 박탈, 즉 자신이 가진 것과 가질 것이라 기대한 것 사이에 차이가 있을 때 분노와 공격성이 발생한다는 것을 밝혔다(Moore, 1978). 예를 들어, 1967년과 1968년에 한창 빈곤 퇴치에 대한 기대가 상승하고 사회적 지출이 증가하면서 전국적인 인종 폭동이 발생했다. 그 시기의 가장 심각한 폭동은 지리적으로 가장 빈곤한 지역이 아니라 로스앤젤레스와 디트로이트에서 발생했는데, 그 지역은 아프리카계 미국인들에게 다른 대도시 중심지만큼 나쁜 곳이 아니었다. 그

일상생활에서 많은 경험이 좌절스러우며, 이것이 공격성을 유발할 수 있다.

러나 백인들이 어떻게 했는지에 대한 폭동자들의 지각과 많은 아프리카계 미국인들이 당연히 기대했던 긍정적 변화에 비해서는 상황이 나빴다.

유사한 현상이 1991년 동유럽에서 발생했는데, 소련 정부가 인구를 통제하는 속박을 느슨하게 한 후 정부에 대한 심각한 폭동이 일어났다. 그리고 세계무역센터에 대한 9·11 공격을 이끈 모하메드 아타를 포함해서 현대 중동의 자살 폭파범에 대한 연구는 그들이 대개 정신병리가 없으며 교육수준이 꽤 높고 부유하다는 것을 보여준다(Krueger, 2007; Sageman, 2008; Silke, 2003). 그러나 그들은 자신의 국가와 종교가 마땅히 가져야 한다고 느낀 것과 그들이 가진 것 간에 지각된 차이에 대한 분노에서 동기화되었다. 따라서 공격성의 중요한 원인은 상대적 박탈, 즉 당신(또는 당신의 집단)이 받을 만한 것보다 덜 가졌고, 당신이 기대했던 것보다 덜 가졌고, 또는 당신과 비슷한 사람들이 가진 것보다 덜 가졌다는 지각이다.

도발과 보복

당신이 붐비는 패스트푸드 레스토랑에서 햄버거를 만들면서 카운터 뒤에서 시간제 일을 하고 있다고 가정하자. 오늘 즉석요리 요리사가 아파서 집에 갔기 때문에 당신은 평상시보다 더 열심히 일을 하고 있는데, 고객들은 자신의 버거를 외치면서 카운터에 줄을 서 있다. 열정적으로 속도를 내는 중에 당신이 너무 빨리 돌리다가 큰 피클 병을 엎었고 그것이 바닥에 떨어졌는데, 그 순간 사장이 주방에 들어왔다. 그는 "저런, 칠칠맞네!", "병 값으로 네 임금에서 10달러를 삭감할 거야. 얼간이 같은 놈, 빗자루 들고 깨끗이 치워! 여긴 내가 맡겠어!"라고 소리 지른다. 당신은 그를 노려본다. 당신은 너무 화가 나서 이 형편없는 일을 때려치우겠다고 그에게 말하고 싶을 것이다.

공격성은 빈번하게 또 다른 사람의 공격적 행동으로 도발된 후 보복하고픈 욕구에서 비롯된

다. "다른 쪽 뺨을 내주라."는 기독교의 간청은 훌륭한 조언이지만 실험실 안팎에서 수많은 실험
이 보여주었듯이, 대부분의 사람들은 그것을 따르지 않는다. 한 실험에서 참가자들은 새로운 상
품을 위한 광고를 준비했다. 그런 다음 그들의 광고는 실험 공모자의 평가와 비판을 받았다. 한
조건에서 비판은 강하지만 친절하고 사려 깊은 방식으로 행해졌고("제 생각으로는 개선의 여지
가 많습니다."), 다른 조건에서 모욕적인 방식으로 비판이 주어졌다("당신이 노력을 하더라도 독
창적일 수 없다고 생각합니다."). 보복할 기회가 제공되었을 때 '친절한 비판' 조건의 사람보다
가혹하게 비판받은 사람이 더 가혹하게 보복할 가능성이 더 컸다(Baron, 1988).

그러나 사회인지 학습 이론이 예측하는 것처럼 도발되었을 때조차 항상 보복하는 것은 아니
다. 왜 그럴까? 우리는 그것이 고의가 아니라고 확신할 때 혹은 정상 참작 상황이라면, 대부분은
보복하지 않을 것이다(Kremer & Stephens, 1983). 그러나 공격적 반응을 줄이려면 도발되었을
때 우리는 정상 참작 상황에 대해 인식해야 한다. 한 연구에서 학생들은 실험자의 조교에게 모욕
을 당했다. 그들 중 절반은 조교가 화학 시험에서 부당하게 낮은 점수를 받은 후 화가 나 있다는
이야기를 먼저 들었다. 다른 학생들은 모욕이 전달된 후에야 이런 정보를 받았다. 모든 참가자는
이후에 조교를 공격하는 불쾌한 소음 수준을 선택함으로써 보복할 기회를 가졌다. 모욕을 당하
기 전 정상 참작 상황에 대해 아는 학생들은 더 약한 소음을 전달했다(Johnson & Rule, 1986).
왜 그런 차이가 있을까? 모욕을 당할 때 사전 정보가 있는 학생들은 그것을 개인적으로 받아들이
지 않았고 따라서 보복할 필요를 느끼지 않았다. 이런 해석은 그들의 생리적 각성에 관한 증거에
의해 지지되었다. 모욕을 당할 당시 사전에 조교의 불행한 마음 상태에 대해 알고 있었다면 모욕
당한 학생들의 심박은 그렇게 빠르게 증가하지 않았다.

여러분 자신의 도발에 대한 계기와 반응을 확인하려면 '해보기 : 모욕과 공격성'의 질문에 답해
보라.

공격적 단서로서 무기

어떤 자극은 우리로 하여금 행동하게끔 하는 것 같다. 공격적 자극(aggressive stimulus), 즉 공격
적 반응과 연합된 대상의 단순한 존재가 공격 가능성을 증가시킨다고 생각할 수 있는가?

Leonard Berkowitz와 Anthony Le Page(1967)는 고전적인 실험에서 대학생들을 모욕함으로써
일부러 그들을 화나게 만들었다. 학생 중 일부는 (표면적으로는 이전 실험에서 쓴) 총이 아무렇
게나 놓여 있는 방에 있었고 다른 일부는 총 대신에 중립적 사물(배드민턴 라켓)이 있는 방에 있
었다. 그런 다음 참가자들은 동료 대학생에게 전기충격이라고 생각하는 것을 실시할 기회를 얻
었다. 총 앞에서 분노한 사람들은 라켓 앞에서 분노한 사람들보다 더 강한 전기충격을 주었다(그
림 12.4 참조). 좌절이나 분노로 인해 이미 공격적으로 반응하도록 점화되었을 때 총의 존재는

공격적인 반응을 촉발하는 것 같다(Anderson, Benjamin, & Bartholow, 1998).

미국과 유럽에서 여러 차례 반복 연구된 이런 도발적인 결과는 **무기 효과**(weapons effect)로 언급되는데, 이는 단순히 총이나 다른 무기의 존재로 인해 공격성이 증가하는 것을 일컫는다(Frodi, 1975; Turner & Leyens, 1992). 이 효과는 심리적일 뿐만 아니라 생리적이다. 15분간 총을 만지도록 요청된 남자 대학생들은 같은 시간 동안 아동용 게임을 한 학생들보다 테스토스테론의 수치가 더 높았다(Klinesmith, Kasser, & McAndrew, 2006). 그런 결과는 총기 규제 반대자들이 사용하는 친숙한 슬로건, 즉 '총이 살인을 하는 것이 아니라 사람이 하는 것이다.'와 정반대의 결론을 강조한다. Leonard Berkowitz(1981)가 지적하였듯이, '손가락이 방아쇠를 당기지만 방아쇠 또한 손가락을 끌어당길 수 있다.'

폭력, 특히 총을 포함한 폭력은 미국 사회에서 중요한 부분이고, 따라서 그것이 미국 젊은이들의 기대와 환상 속에서 주요 역할을 담당한다는 것은 놀랍지 않다. 미국과 10개의 다른 국가에서 10대들이 사람들 간의 갈등을 포함한 이야기를 읽고 갈등의 결과를 예측하라는 요청을 받았을 때 다른 국가의 10대들에 비해 미국의 10대들이 폭력적인 결론을 더 빈번하게 예측하였다(Archer, 1994; Archer & McDaniel, 1995). 더욱이 그런 결론은 '치명적이고 총기를 포함하고 있고 무자비할' 가능성이 더 컸다(Archer, 1994).

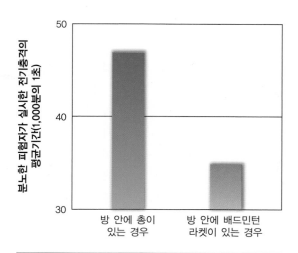

그림 12.4 촉발요인이 방아쇠를 당길 수 있다
무기와 같은 공격적인 단서는 공격성의 수준을 증가시키는 경향이 있다.

출처 : Berkowitz & Le Page(1967)

무기 효과

단순히 총이나 다른 무기의 존재 때문에 발생할 수 있는 공격성의 증가

요소 종합하기 : 성적 공격의 사례

공격성에서 가장 문제가 되는 것은 성적 폭력으로, 이는 다양한 형태를 취한다. '강간'은 많은 사람을 분노하게 하는 단어이지만, 그것이 무엇을 의미하는지 모든 사람이 동의하고 그래서 법이 그 의미를 반영할 수 있도록 정의하는 것이 중요하다. (예를 들면 법은 결혼한 남성을 면제하곤 하는데, 그는 합법적으로 자신의 아내와 강제적인 성관계를 가질 수 있다.) 2013년에 사법부는 피해자의 동의 없이 몸의 일부 또는 사물로 삽입하는 것을 포함하여 강간의 정의를 수정했다. 성폭행은 다양한 다른 행위를 포함하는 더 광범위한 용어로, 주요 판단 기준에 대해서는 여전히 합의가 부족하다. 이 절에서는 사회심리학자가 이 현상을 이해하는 데 도움이 되는 다양한 증거를 어떻게 끌어내는지를 살펴볼 것이다.

강간의 동기 일부 남성은 희생자들을 지배하거나 굴욕감을 주고 처벌하고자 하는 바람에서 강간을 저지른다. 이런 동기는 전쟁 동안 억류된 여성을 강간하고 난 다음 그들을 살해한 군인들(Olujic, 1998)과 대개 항문 삽입을 통해 다른 남성을 강간하는 남성들(King & Woollett, 1997)에게서 뚜렷하다. 후자 형태의 강간은 청소년 갱단에서 전형적으로 발생하

A lot of campus rapes start here.

는데, 이때 의도는 라이벌 갱 구성원들에게 굴욕감을 주는 것이고 동기는 분명하게 성적인 것에 더해, 희생자를 정복하고 비하하는 것이다. 많은 남성이 사실을 인정하는 것을 수치스럽게 여기지만, 남성 또한 여성에게 성폭행이나 강간을 당할 수 있다(Stemple & Meyer, 2014).

대부분의 사람들은 '강간범'을 생각할 때 약탈을 일삼는 낯선 사람이거나 미친 연쇄 살인범을 상상한다. 몇몇 강간범은 그렇다. 그들은 종종 여성을 공감하지 못하고 여성을 향한 적대감과 경멸을 느끼고 그들이 어떤 여성을 선택을 하든, 그녀와 성관계를 할 특권이 있다고 느낀다. 이것이 왜 성적 폭력이 성적 상대의 동의를 쉽게 구할 수 있는 스포츠 영웅, 고등학교와 대학교의 스타 운동선수, 권력을 가진 정치인, 유명인들을 포함하여 높은 지위에 있는 남성에게 자주 일어나는지에 대한 이유일 수 있다. 그들은 권력을 성욕과 동일시하고 자신을 도발한 여성을 분노로 비난하고 '여성은 강간당하기를 원한다'와 같은 강간 신화를 지지한다(Forbes, Adams-Curtis, Pakalka, & White, 2006; Malamuth, Linz, Heavey, Barnes, & Acker, 1995; Nunes, Hermann, & Ratcliffe, 2013; Thompson, Koss, Kingree, Goree, & Rice, 2011).

그러나 사실은 자신의 의지에 반하여 강제적으로 성행위를 하게 되는 모든 강간 또는 강간미수의 약 85%가 서로 아는 사람들 사이에서 발생한다. 피해자는 심지어 가해자와 사귀고 있을 수도 있다(Koss, 2011; McMullin & White, 2006). 강간은 물리적 강압의 결과로(실제 폭력을 가하거나 위협하여 성관계를 맺음) 또는 무력화를 통해 발생할 수 있다. 무력화를 통한 강간이란 로힙놀('루피스')을 사용해서 일시적으로 의식을 잃거나 술이나 마약에 취하거나 기절한 피해자와 성관계하는 것을 뜻한다(Breiding, Chen, & Black, 2014).

성적 각본과 동의의 문제 모든 사람이 뚜렷한 강압이나 폭력의 위협, 의식을 잃게 만드는 약물을 사용해서 여성을 강간한 성범죄자는 중범죄를 저지른 것이라고 알고 있다. 그러나 술과 다른 약물을 자발적으로 즐김으로써 유발된 '무력화'를 통해 폭행을 당한 많은 여성에게는 무슨 일이 일어나고 있는 것인가? 한 가지 대답은 미국 사회에서 성 역할의 일부로 남녀가 학습한 **성적 각본**(sexual scripts)의 차이에서 기인한다(Laumann & Gagnon, 1995). 성적 각본은 그들의 문화와 성적 취향, 인종, 지역에 따라 다양하고 시간이 흐름에 따라 변화한다. 미국의 젊은 이성애자들에게 한 가지 지배적인 각본은, 여성의 역할은 남성의 성적 접근에 저항하는 것이고 남성의 역할은 지속적이어야 한다는 것이다. 영화, TV, 잡지에서 남성 캐릭터는 전통적인 남성의 각본을 빈번하게 행동화한다. 많은 여성 캐릭터들은 여전히 '성적 대상'의 역할을 담당하고 그들의 성적 행위에 의해 판단된다(Hust et al., 2014; Kim et al., 2007). [동성애 남성과 여성의 성적 각본은 이성애 각본보다 좀 더 유연한 경향이 있는데, 그 이유는 파트너들이 전통적인 성 역할을 따르지 않기 때문이다(Kurdek, 2005).]

적절한 성적 행동의 개념에 영향을 주는 각본의 존재는 No(안 돼)라는 단어의 의미에 대해 왜 그렇게 많은 사람들이 혼란이나 분노를 느끼는지를 설명한다. '당신은 No(안 돼)의 어떤 부분을 이해하지 못하는가?'라는 강간 반대 집단의 반복적인 메시지는 분명해 보인다. 그러나 'No(안 돼)'라는 말은 남성이 이해하는 것만큼이나 여성이 말하기 어려울 수 있다. 전통적인 성적 각본을 따르고 있는 남성들에게 'No(안 돼)'는 경우에 따라 '글쎄' 또는 '조금 있다가'를 뜻한다. 몇몇 여성은 '성관계를 원하는 것은 괜찮은데 너무 빨리 좋다고 허락하는 것에 대해 조심하라. 그렇지 않으면 그들은 당신을 창녀라고 부를 것이다.'라는 각본을 따르면서 그들에 동의한다. 고등학생을 대상으로 한 어떤 조사에서 남성과 여성의 거의 100%가 여성이 No(안 돼)라고 하자마자 남성이 자신의 성적 접근을 중지해야 한다는 것에 동의했지만, 동일한 학생들의 약 절반은 여성이

성적 각본
특정 상황의 사람에게 적절한 성적 행동을 명시하는 일련의 암묵적 규칙들로 성별, 나이, 종교, 사회적 지위 및 또래 집단에 따라 다름

No(안 돼)라고 말할 때 항상 No(안 돼)를 의미하는 것은 아니라고 믿었다(Monson, Langhinrichsen-Rohling, & Binderup, 2002). 결과로 초래된 혼란은 또한 일부 여대생이 성관계를 갖기 위한 준비행위로 왜 술을 잔뜩 마셔야 한다고 느끼는지를 설명한다(Cole, 2006; Howard, Griffin, & Boekeloo, 2008; Villalobos, Davis, & Leo, 2015). 결국 그들이 술에 취하면 'Yes(좋아)'라고 말하지 않아도 되고, 그들이 'Yes(좋아)'라고 명확하게 말하지 않았다면 행실이 나쁜 것에 대해 누구도 그녀를 비난할 수 없게 된다.

더 복잡한 문제는 대부분의 커플이 힌트, 신체언어, 시선 접촉, 비언어적 행동을 통해 성관계를 맺고 싶지 않은 바람을 포함하여 성적 관심과 의도를 간접적으로 전달한다는 것이다. 심리학자 Deborah Davis와 그녀의 동료는 그 결과로 초래된 '모호성의 춤'이 '양측을 보호하는 역할을 한다'라고 썼다. 그녀가 '안 돼'라고 말하는 경우 그의 자아가 보호받고, 그녀는 자신이 원하는 것을 명확하게 인정하지 않고 받아들이거나 구혼자를 거부하지 않으면서 제안을 거절할 수 있다. 불행히도, 이 각본화된 춤은 양측 모두에게 연구자들이 '정직한 거짓 증언'이라고 부르는 상태를 초래할 수 있다. 즉, 그녀는 정말로 그가 멈출 줄 알았어야 한다고 생각하고, 그는 정말로 그녀가 동의했다고 생각한다(Villalobos, Davis, & Leo, 2015). 예를 들어, 연구결과에 따르면 젊은 여성은 '좋을 것'이라고 말하거나 제안자를 불쾌하게 하거나 화나게 해서는 안 된다고 하는 각본을 따르면서 No(안 돼)라고 말하지 않고, 즉 조금 뒤로 물러나거나, 저항하지 않지만 동의하지도 않고, 아니면 남성의 접근을 눈치채지 못한 척하는 것처럼, 비언어적인 방식으로 'No(안 돼)'를 전달하려고 한다. 많은 남성들로서는 여성의 비언어적 행동을 다정한 시시덕거림이나 단순한 호의가 아니라 성적인 관심의 신호로 과해석하도록 자극을 받게 된다(La France, Henningssen, Oates, & Shaw, 2009).

이 모든 이유가 잘못된 소통의 결과로, 남녀는 종종 강간 발생에 대해 의견이 완전히 다르다(Hamby & Koss, 2003; Villalobos, Davis, & Leo, 2015; Yoffe, 2014). 18~59세의 미국인 3천 명 이상을 대상으로 전국적으로 실시한 조사에서 여성의 약 1/4이 남성, 대개는 남편이나 남자 친구가 자신이 원하지 않는 성적인 행위를 하도록 강요했다고 했지만, 여성에게 성행위를 하도록 강요한 적이 있다고 말한 남성은 약 3%에 불과했다(Laumann, Gagnon, Michael, & Michaels, 1994).

종합하기 이 장에서 읽은 내용이 성적 동의에 관한 오해에 어떻게 적용될 수 있을지, 그리고 이러한 점을 이해하는 것이 데이트 강간과 친근자 강간을 줄이는 데 어떻게 도움이 될 수 있을지 생각해보자.

- 문화적 및 사회적 규범의 중요성 : 이는 남성이 내키지 않는 여성을 공격할 특권이 있다고 느끼는지 또는 그것이 동료들에게 비열한 행동으로 간주되는지 여부에 영향을 줄 수 있다. 대학이나 남학생 사교클럽, 국가가 남성을 자유롭게 하는 '강간 문화'를 지지하는가? 특히 남

성이 스포츠 영웅일 때 그런가? 두 명의 10대 소녀가 윤간을 당하고 목 졸려 죽임을 당한 사건을 두고 인도의 정치인은 '사내가 뭐 그렇지!'라고 말했다. 이것은 결코 인도에서만 볼 수 있는 태도가 아니다.

- 지각과 기대, 신념의 힘 : 이는 행동과 반응 사이를 중재한다. '그녀는 나와 시시덕거리고 있다. 그녀는 분명히 그것을 원한다.', '우리가 멀어지더라도, 그가 멈추기를 바란다고 내가 말해도 될까?'
- 남녀가 성적이고 인기 있는 '올바른' 방식을 어떻게 배울지를 형성하는 데 있어 관찰학습의 중요성. 주로 역할 모델, 동료, 미디어 이미지와 메시지를 통해 배운다.
- 남성은 "테스토스테론이 나를 그렇게 만들었다."라고 말하지 않는다. 테스토스테론은 (남녀의) 공격적·성적 경향을 자극하지만 단순하고 제어할 수 없는 방식으로 자극하지 않는다. 우리가 보았듯이 그것은 환경과 학습, 문화의 영향을 강하게 받는다.
- 성적, 공격적인 반응을 억제하지 못하는 '싱크-드링크' 효과와 알코올의 역할

아마도 데이트 강간과 친근자 강간을 줄이는 가장 중요한 단계는 남녀 모두가 성적 각본을 따르고 있는 것은 아닌지를 확인하는 것이다. 여성은 다른 사람의 감정을 상하게 하거나 화나게 만드는 것에 대해 걱정하지 않고 분명하고 직접적인 방식으로 자신의 바람을 표현하는 것을 배울 필요가 있다. 결정적으로 남성은 술에 취한 여성이 성관계에 법적으로 동의할 수 없고 비록 그녀가 술 마시기를 선택했을지라도, 무력화된 누군가와 성관계를 맺는 것은 용인되지 않는다는 것을 이해할 필요가 있다.

복습문제

1. 좌절-공격성 이론에 따르면,
   a. 사람들이 좌절하면 거의 항상 공격적이 된다.
   b. 사람들이 공격적으로 행동할 때 그들은 좌절을 느낀다.
   c. 좌절은 공격성의 가능성을 증가시킨다.
   d. 박탈에 의해 유발된 좌절은 공격성을 야기한다.

2. 은아는 이사하는 날 룸메이트인 지선이가 도와줄 것이라고 믿고 있었지만 지선이가 나타나지 않았고 그래서 은아는 많이 화가 났다. 지선이에게 복수를 하거나 소리를 지르고 싶은 바람을 줄이려면 마음속으로 뭐라고 말해야 하는가?
   a. "이건 지선이 성격이야. 지선이는 항상 사려 깊지 않아."
   b. "나는 지선이보다 더 나은 사람이야."
   c. "나는 지선이의 도움이 필요하지 않아."
   d. "지선이는 이번 주 시험에 대해 많은 스트레스를 받고 있다고 생각해."

3. 상대적 박탈이란 무엇인가?
   a. 사람들이 믿을 수 있는 가까운 친척을 잃었다고 느낄 때
   b. 사람들이 빈곤 속에 살면서 나아질 희망이 없다고 느낄 때
   c. 사람들이 자신이 가진 것과 얻을 것이라 기대한 것 사이에 불공평한 불일치가 있다고 느낄 때
   d. 똑같은 일을 하면서 어떤 사람들은 다른 사람들보다 상대적으로 더 적은 돈을 벌 때

4. '무기 효과'에 대한 설명은?
   a. 많은 사람들이 무기를 본 것에 대해 정서적으로 반응한다.
   b. 단순한 총의 존재만으로 공격적인 반응을 유발할 수 있다.
   c. 단순한 총의 존재만으로 사람들이 더 안전하게 느끼도록 한다.
   d. 일부 무기는 다른 것들보다 더 많은 공격성을 자극한다.

5. 다음 중 강간에 대한 옳은 진술은?
   a. 강간을 저지른 남성은 정신질환이 있는 경향이 있다.
   b. 대부분의 강간에서 남성이 모르는 여성을 공격한다.
   c. 대부분의 강간은 지인이나 지속적인 관계의 맥락에서 일어난다.
   d. 남성은 강간당할 수 없다.

6. 술에 취하거나 다른 방식으로 무력화된 여성과 성관계를 맺는 것은?
   a. 법에 위배된다.
   b. 도덕적으로 잘못되었지만 불법은 아니다.
   c. 여성이 동의한 것처럼 보이면 허용될 수 있다.
   d. 여성이 동의했다면 허용될 수 있다.

7. '성적 각본'이란 무엇인가?
   a. 사랑하는 장면에서 배우를 위한 무대 감독의 지시
   b. 성역할의 학습에서 사람들이 습득한 '적절한' 성적 행동에 대한 개념을 지배하는 일련의 규칙
   c. 남녀의 성적 행동을 지배하는 불변의 규칙
   d. 게이나 레즈비언이 아니라 이성애자들의 성적 행동을 지배하는 규칙

정답은 537-539쪽 참조

폭력과 미디어

12.3 폭력을 관찰하는 것이 폭력을 증가시키는가

대부분의 미국 아동들은 TV, 영화, 비디오 게임, 팝과 랩 음악, 뮤직 비디오, 만화, 인터넷 도처에서 폭력적 이미지에 빠져 있다. 그것에 빠져 있다? 그들은 그것들에 버무려져 있다! 그들은 좋은 사람들이 악당들을 잡기 위해 잔인한 행동을 하는 것뿐만 아니라 살인, 강간, 폭력, 폭발, 악당들이 하는 잔혹한 행동들의 끊임없는 퍼레이드를 본다. 영화에서 폭력은 1950년대 이래로 2배 이상 많아졌고, PG-13 등급[3]의 영화에서 총기를 사용한 폭력은 1985년 이후 3배 이상 증가했다. 사실 PG-13 등급 영화는 이제 R 등급[4] 영화만큼 끔찍한 폭력을 포함하고 있다(Bushman, Jamieson, Weitz, & Romer, 2013).

일반 대중은 물론 심리학자를 포함한 많은 사람들이 아동과 청소년이 관찰하는 모든 폭력에 대해 걱정하고 있다. 그들은 총이 멋지고 흥미롭게 보이는 것을 위시해서 중대한 영향을 미칠 것이라 생각한다(Bushman & Pollard-Sacks, 2014). 그들에게 보보 인형 연구만큼이나 분명한 것은 아이들이 TV와 영화에서 본 폭력을 모방하고 그렇지 않으면 정서적으로 영향을 받는다는 것이다. 만일 친사회적 비디오가 그것을 본 아이들의 도움행동을 증가시킨다면(제11장 참조) 분명히 더 일반적인 반사회적·폭력적 비디오들은 반사회적이고 폭력적인 행동을 증가시킬 수 있다.

그렇지만 많은 타인에게 이것은 사소한 문제일 수 있다. 그들이 묻기를 PG-13 등급 영화에서 총기 폭력이 3배 증가한 같은 기간에, 젊은 사람들에 의한 실제 총기 폭력과 전반적인 폭력 범죄가 사상 최저로 감소했다면 미디어 폭력이 얼마나 강력한 것인가? 게다가 그들은 미디어 폭력이 실제가 아니라는 것을 '모두가 알고 있는' 만화 같은 이야기와 이미지로 구성된다고 덧붙였다. 사실 이것은 인기 있는 '모탈 컴뱃(Mortal Kombat)'과 'GTA(Grand Theft Auto)' 시리즈를 포함한 비디오 게임들은 그것이 얼마나 폭력적인지 상관없이 미성년자에게 판매할 수 있다는 2011년 대법원의 판결에 대한 이유였다.

이러한 논쟁이 격렬하여 이 절에서 우리는 양측의 증거를 자세히 살펴본 후 우리가 생각하기에 가장 합리적인 해결책에 이르기를 원한다.

미디어 폭력의 효과 연구하기

미디어 폭력의 효과에 대해 어떻게 연구할 것인가? 뉴스에 나오는 수많은 이야기가 강력한 해답을 제공하는 것처럼 보이곤 한다. 몇 년 전 한 남자가 텍사스 주 킬린에 있는 혼잡한 카페테리아의 창문을 향해 트럭을 몰고 돌진했다. 그는 운전석에서 나와 사람들에게 무차별 총격을 시작했고, 그 결과 22명이 사망했다. 경찰은 그의 주머니에서 '피셔 킹(The Fisher King)'의 영화 티켓 조각을 발견했는데, 이 영화는 제정신이 아닌 한 남자가 혼잡한 바에 총격을 가해 몇 명의 사람을 죽인 사건을 그리고 있다. 컬럼바인 총격사건의 딜런과 에릭은 '둠(Doom)'이라는 비디오 게임을 즐겨 하였고, 컬럼바인의 살인자 당사자들도 미국 전역에 많은 모방자들의 행동을 자극했다(Aronson, 2000). 테네시 주에 사는 2명의 10대는 'GTA'라는 좋아하는 비디오 게임을 행동에 옮기기를 원했기 때문에, 총을 가지고 나가 고속도로를 지나가는 자동차를 저격하였고, 그 결과

---

[3] 역주 : 경미한 욕설, 폭력, 선정적 장면, 불법 약물 사용의 묘사 등, 13세 이하 아동에게 부적절한 내용을 담고 있어 부모의 엄격한 지도가 필요한 영화에 대한 등급

[4] 역주 : 17세 이하는 부모나 성인 보호자의 동반이 필요한 영화 등급으로, R 등급의 영화는 가볍거나 암시적인 성적 장면, 장시간의 나체, 심각한 폭력, 강한 공포, 불법 약물의 사용 장면을 포함하고 있음

폭력적인 영화를 시청하는 것은 폭력이 정말로 무엇을 하는지에 아동과 성인이 무감각해지도록 하는가?

한 명의 운전자가 사망했다. 그리고 춤추는 여성을 보여주는 영화를 보고 모든 여성이 부도덕하고 죽어 마땅하다고 확신하게 된 남자의 사례도 있다. 그는 체포되기 전까지 4건의 잔인한 강간 살인을 저질렀다. 그를 자극한 영화는 '십계(The Ten Commandments)'였다.

그러나 사회과학자들은 일화가 얼마나 흥미로운지와 상관없이, 미디어 폭력의 효과에 관한 질문에 해답을 제공하기에는 충분하지 않다는 것을 잘 알고 있다. 어느 한쪽을 입증해주는 사례를 선택하는 것은 너무 쉽다. 당신이 GTA를 한 후 숙제를 하고 피아노 레슨을 받으러 자리를 뜨는 아이들의 예를 선택할 수 있다. 이에 상응하여 연구자들은 이 복잡한 질문을 해결하기 위해 실험 및 현장연구를 수행해 왔다.

미디어 폭력에 관한 실험적 연구　실험연구의 장점은 미디어의 이미지가 무작위 표본의 행동에 영향을 주는지 여부를 우리가 판단할 수 있도록 해준다는 것이다(제2장 참조). 그런 실험에서 상황은 완벽하게 통제된다. 폭력에 대한 노출을 제외한 모든 요인이 일정하게 유지될 수 있다. 종속변인인 참가자의 행동은 마찬가지로 세심하게 측정될 수 있다.

대부분의 실험 증거는 폭력물 시청이 공격행동, 분노 정서, 적대적 사고의 빈도를 증가시킴을 보여준다(Anderson et al., 2003, 2010; Cantor et al., 2001; Greitemeyer & McLatchie, 2011; Huesmann, Dubow, & Yang, 2013). 초기의 한 실험에서 아동 집단은 경찰 드라마의 매우 폭력적인 TV 에피소드를 시청하였다. 통제조건에서 유사한 아동 집단은 흥미진진하지만 비폭력적인 TV 스포츠를 동일한 시간 동안 시청하였다. 그런 다음 각 아동은 또 다른 방에서 다른 아동 집단과 함께 놀도록 하였다. 폭력적 경찰 드라마를 본 아이들은 스포츠를 시청한 아이들보다 이후에 놀이친구에게 더 공격적으로 행동하였다. 즉, 보보 인형 효과를 보였다(Liebert & Baron, 1972). 그러나 연구는 일관성이 없는데, 실험연구에 대한 몇몇 고찰은 최소한의 효과 또는 효과 없음을 발견했다(Ferguson, 2009, 2013; Sherry, 2001).

그러나 폭력적 비디오 게임을 적극적으로 하는 것은 더 강력한 영향을 미치는 것처럼 보인다. 예컨대 '살인' 후 다음 단계로 올라가거나 점수를 획득함으로써 폭력을 직접 보상하는 게임들은 적대감, 공격적 사고와 공격적 행동을 증가시킬 가능성이 특히 높으며, 이것은 미국 아동뿐 아니라 다른 국가 아동들에게도 적용된다(Anderson et al., 2010; Carnagey & Anderson, 2005). 거의 37,000명의 참가자를 포함한 98개 연구에 대한 메타분석은 폭력적 비디오 게임과 친사회적 비디오 게임 모두 플레이어들에게 직접적인 영향을 미친다는 것을 발견했다(Greitemeyer & Mügge, 2014).

많은 폭력의 또 다른 해로운 결과는 사람들이 힘들거나 폭력적이고 불쾌한 사건에 무감각해질 수 있다는 것이다(Thomas, 1982). 이 이슈에 대한 최초 실험 중 하나에서 연구자들은 청년들이 잔인하고 유혈이 낭자한 권투경기를 보는 동안 그들의 생리적 반응을 측정했다(Cline, Croft, & Courier, 1973). 일상에서 TV를 많이 본 사람들은 링에서의 신체손상에 상대적으로 무관심한 것처럼 보였다. 즉, 그들은 흥분, 불안 또는 다른 각성의 생리적 증거를 거의 보이지 않았다. 그들은 폭력에 태연하였다. 그러나 상대적으로 TV를 거의 보지 않은 사람들은 큰 생리적 각성을 보였다. 폭력은 그들을 실제 불안하게 만들었다. 오늘날 40년 된 실험에서 '잔인하고 유혈이 낭자한 권투경기'는 '왕좌의 게임(Game of Thrones)'이나 '썬즈 오브 아나키(Sons of Anarchy)'[5]에 비하면 시시해 보인다. 경미한 폭력에 일단 반응을 한 관객에게 같은 반응을 얻기 위해서 폭력의 섬뜩함과 강도가 증가해야 한다는 바로 그 사실은 폭력의 무감각 효과를 완벽하게 보여준다.

1인칭 슈팅 비디오 게임을 하는 것은 사람들을 더 폭력적으로 만드는가, 아니면 폭력적인 경향이 있는 사람들이 그런 게임에 끌리게 되는 것인가? 또는 둘 다인가?

정신적 무감각이 우리가 혼란을 느끼는 것으로부터 보호할 수 있지만 그것은 또한 실제 폭력의 피해자와 도움이 필요한 사람에 대한 우리의 무관심을 증가시키는 의도하지 않은 효과를 초래할 수 있다. 한 현장연구에서 폭력 영화를 본 사람들은 비폭력적인 영화를 본 사람이나 두 영화 중 하나를 보기 위해 기다리고 있는 사람들보다 목발을 잡으려고 애쓰는 여성을 돕기까지 더 긴 시간이 걸렸다(Bushman & Anderson, 2009).

만일 도움이 필요한 사람이 '우리 중 하나'가 아니라면, 조심하라. 폭력적인 비디오 게임을 할 때 당신은 악당들을 무찌르는 영웅으로 자신을 보는 경향이 있다. 어느 정도까지는 재미있지만, 몇몇 연구는 그 이상일 수 있음을 제시한다. 일단 플레이어들이 '적'을 비인간화하는 습관에 빠지면 그 습관은 플레이어들이 로봇과 실물과 똑같은 만화가 아닌, 실제 사람을 대하는 방식에까지 이어질 수 있다. 영국의 두 실험에서 연구자들은 친사회적 게임(레밍즈)이나 중립적 게임(테트리스)을 한 학생들에 비해 폭력적인 비디오 게임(라메르)을 한 참가자들(남녀)이 본토 영국인보다 영국 이주민을 인간으로서 가치 있게 보지 못하고 그들을 비인간화하기 더 쉬움을 발견하였다(Greitemeyer & McLatchie, 2011; Greitemeyer, 2014).

미디어 폭력에 대한 노출, 특히 비디오 게임을 하는 것이 이러한 효과를 가지는 데에는 세 가지 이유가 있다. 그들은 생리적 각성과 흥분을 증가시키고, 적대적 또는 폭력적 캐릭터를 모방하는 자동적 경향을 촉발하며, 기존의 공격적 생각과 기대를 점화시키고, 그래서 사람들이 더 행동화할 가능성을 높인다(Anderson et al., 2003). 영화와 게임은 또한 우리의 사회적 각본, 즉 우리가 좌절하거나 화나고 상처받을 때 승인된 행동방식의 모델이 된다.

미디어 폭력의 종단적 효과 종합하면 이런 실험들은 통제된 조건하에서 미디어 폭력이 아동과 10대에게 영향을 미친다는 것을 보여준다. 실험은 우리에게 중요한 어떤 것이 일어나고 있음을 보여주지만 중요한 한계가 있다. 실험으로는 일주일에 20~30시간씩 비디오 게임을 하고 몇 주, 몇

---

[5] 역주 : 차밍타운이라는 가상의 마을에 모토 사이클 갱단인 썬즈 오브 아나키의 이야기를 다룬 미국 드라마

달, 몇 년에 걸쳐 꾸준하게 액션과 호러 영화를 보아온 사람에게 미치는 효과를 파악하기 어려울 수 있다.

그런 효과를 조사하려면 우리는 1년 이상 동안 아동을 추적하는 종단연구를 사용해야 한다. 연구자들은 연구되고 있는 요인에 대한 통제를 적게 하지만 이는 아동이 실제로 노출되고 있는 효과를 알 수 있는 더 좋은 방법이다. 더욱이 공격성에 대한 인위적인 측정(희생자에게 가짜 전기 충격이나 시끄러운 소음을 주는 것처럼)을 사용해야 하는 대부분의 실험실연구와 달리, 종단연구는 폭행과 같은 심각하게 공격적인 행동을 조사할 수 있다. 이 방법의 단점은 인간의 삶이 미디어 폭력의 효과를 증가 또는 감소시킬 수 있는 수많은 다른 요인들로 가득 차 있다는 것이다.

종단연구는 아동이 TV에서 더 많은 폭력물을 시청할수록 나중에 10대와 젊은 성인이 되었을 때 더 공격적으로 행동한다는 것을 발견했다(Anderson et al., 2003; Eron, 1987, 2001). 한 연구는 17년간 700가족 이상을 추적연구했다. 청소년기와 초기 성인기 동안 TV를 시청하는 데 소비한 시간량은 이후에 폭행을 포함해서 타인에 대해 폭력적 행위를 할 가능성과 강한 상관이 있었다. 이런 상관은 부모의 학력, 가족 수입, 이웃 폭력의 정도와 무관하게 유의하였다(Johnson, Cohen, Smailes, Kasen & Brook, 2002). 또 다른 최근 연구는 학령기 3~5학년 초등학생 430명을 추적연구하였다. 연구자들은 세 가지 유형의 공격성, 즉 언어적·관계적·신체적 공격성과 TV, 영화, 비디오 게임에서의 폭력에 대한 노출을 측정했다. 그들은 아동을 직접관찰할 뿐만 아니라 또래와 교사를 면담하여 1년간 2회 아동의 공격적 행동과 친사회적 행동을 측정했다. 그들은 학령기 초기 아동의 미디어 폭력물의 소비가 이후의 높은 비율의 공격성(언어적, 관계적, 신체적)과 낮은 친사회적 행동을 예측함을 발견하였다(Gentile, Coyne, Walsh, 2011).

인과관계 결정의 문제

종단연구는 대량의 미디어 폭력물 시청의 또 다른 결과, 즉 위험의 확대를 발견했다. 집 안의 스크린에서 모든 살인과 폭력을 시청한다면, 집을 떠나는 것이, 특히 어두워진 후라면 안전하지 않다고 결론을 내리는 것이 논리적이지 않은가? 이것이 바로 많은 습관적인 시청자의 결론이다. 하루에 4시간 이상 TV를 시청하는 청소년과 성인은 2시간 미만 시청하는 사람들보다 자신의 집 밖에서 일어나는 폭력의 정도를 과장하는 경향이 있으며, 그들은 개인적으로 공격을 당하는 것에 대한 더 큰 두려움을 지니고 있다(Gerbner, Gross, Morgan, Signorielli, & Shanahan, 2002).

이제 폭력물 시청은 사람을 두렵게 만들 가능성이 있다. 그러나 그들은 거리에 위험이 도사리고 있다고 생각하기 때문에 많은 시간을 집 안에서 보낼 가능성이 크다. 또한 집에서 할 일이 없기 때문에 TV를 많이 시청한다. 이 사례가 보여주듯이 대부분의 비실험적 종단연구와 조사연구에서 자료를 해석하려 할 때 가장 큰 도전은 원인과 결과를 이해하는 것이다. 통상적인 가정은 폭력물 시청이 사람들을 더 공격적으로 만든다는 것이지만, 공격적인 사람들 또한 폭력물 시청에 끌릴 수 있다. 더욱이 완전히 독립적인 또 다른 요인이 두 가지를 모두 초래할 수 있다. 어떤 아이들은 폭력에 대한 정신적 또는 정서적 소인을 가지고 태어났거나, 유아기에 학대적인 부모나 형제가 그들을 대한 방식을 배우거나, 다른 방식으로 공격성을 성격특질로 발달시킨다. 결국 이 특질이나 소인은 다시 공격적 행동과 폭력물 시청이나 공격적 게임을 즐기는 경향으로 표현된다(Bushman, 1995; Ferguson, 2013).

기질과 폭력물 노출 사이의 상호작용을 조사한 한 실험에서 아이들은 상당량의 경찰 폭력을 묘사한 영상 또는 흥분되지만 비폭력적인 자전거 경주 영상을 시청했다. 그런 다음 그들은 플로어 하키 경기를 했다. 폭력적 영상 시청은 하키 경기를 하는 동안 공격적 행동을 증가시키는 효과를 초래했지만, 이는 교사에게 매우 공격적이라는 평가를 이전에 받았던 아이들에게 주로 해당되었다. 이런 아이들은 폭력적인 영상을 봤지만 비공격적인 것으로 평가받은 아이들이나 비폭력적인 영상을 봤지만 공격적인 것으로 평가받은 아이들에 비해 스틱으로 타인을 때리거나 팔꿈치로 치고 상대에게 공격적으로 소리를 지르는 경우가 더 많았다(Josephson, 1987).

비슷하게 몇몇 종단연구들은 미디어나 비디오 게임에서 폭력 노출이 이미 폭력의 소인이 있는 아이들에게 가장 강력한 관계가 있음을 보여주었다(Anderson & Dill, 2000). 따라서 미디어 폭력물의 시청은 단순히 그들이 공격 성향을 표현하도록 기능하는 것일 수 있다(Ferguson & Kilburn, 2009). 동일한 결론은 (비폭력적 음란물과 달리) 폭력적인 음란물에 관한 연구에 적용된다. 메타분석의 반복적인 결론은 남성의 경우 폭력적 음란물 노출과 여성을 향한 적대적이고 공격적인 태도 간의 정적 상관이 있고, 상관은 주로 이미 높은 수준의 적대감을 지니고 있고 성적 공격성의 소인이 있는 남성들 때문이라는 것이다(Malamuth, Hald, & Koss, 2012).

이 모든 연구를 종합하면 폭력적인 미디어, 특히 폭력적인 비디오 게임에 대한 빈번한 노출이 평균적인 아동·청소년에게 영향을 미치지만, 그 영향은 이미 폭력적으로 행동하는 경향이 있는 사람들에게 가장 크다고 결론 내릴 수 있다. 확실히 대부분의 사람들은 자신이 관찰한 것의 결과로 공격적으로 행동하거나 폭력적인 행동을 하도록 동기화되는 것이 아니다. 사회인지 학습 이론이 예측한 것처럼, 관찰한 것에 대한 자신의 해석과 성격 소인, 사회적 맥락이 모두 사람들이 어떻게 반응할지에 영향을 줄 수 있다(Feshbach & Tangney, 2008). 아동과 10대들은 많은 다양한 프로그램과 영화를 시청하고 부모와 친구들을 포함해서 그들이 미디어에서 본 사람들 외에도 관찰할 수 있는 수많은 모델이 있다. 그러나 몇몇 사람은 비극적 결과와 더불어, 폭력적 오락물의 영향을 받는다는 사실은 부인할 수 없다.

미디어 폭력을 연구하는 선도적인 연구자 중 한 명은 "미디어 효과에 대한 더 정교한 관점을 향해 나아가야 할 시기이며, 특정 콘텐츠에 대한 도덕적 반대에 대한 초점을 줄이고 미디어 소비자와 그들의 동기에 더 초점을 맞추어야 한다."고 주장한다(Ferguson, 2014). 방금 논의된 연구를 고려할 때 우리는 폭력물에 대한 노출이 취약한 '미디어 소비자들'의 공격성을 증가시키는 이유를 설명하는 적어도 다섯 가지 뚜렷한 반응이 존재한다고 생각한다.

1. 그들이 그렇게 할 수 있으면 나도 할 수 있다. 사람들이 폭력적으로 행동하는 캐릭터를 볼 때 그들이 이전에 학습했던 폭력행동에 대한 억제가 약화될 수 있다.

2. 오, 그래서 당신이 그것을 어떻게 했는가! 사람들이 폭력적으로 행동하는 캐릭터를 보는 것은 그들이 그것에 대해 어떻게 할 것인지에 관한 생각을 제공하면서 모방을 촉발할 수 있다.

3. 내 느낌은 단지 스트레스 많은 날에 대한 반응이 아니라 실제 분노일 것이다. 폭력물 시청은 사람들이 분노감과 더 많이 연결되도록 하고 점화를 통해 공격적 반응을 하기 쉽게 만들 수 있다. 최근에 폭력물을 보았을 때 누군가는 자신의 가벼운 짜증을 강렬한 분노로 해석하고 그러면 마구 화를 내기 쉽다.

4. 아하, 또 다른 잔인한 구타. 다른 채널에 무엇이 있는가? 수많은 신체손상을 시청하는 것은 폭력에 관한 공포감과 희생자에 대한 동정심을 모두 감소시키는 것처럼 보인다. 그것은 우리가 폭력과 함께 살기 더 쉽게, 그리고 공격적으로 행동하기 더 쉽게 만든다.

5. 그가 나를 해치기 전에 내가 그를 해치는 것이 낫다! 많은 TV 시청이 사람들이 세상은 위험한 곳이라 생각하도록 만든다면, 그들은 길거리에서 그들에게 접근하는 낯선 사람에게 더 적대적으로 행동할 수 있다.

그러나 마지막으로, 더 큰 관점에서 이 이슈들을 살펴보자. 폭력에 대한 아동의 유전적 소인, 낮은 자기통제감, 동년배에 의한 사회적 거부, 범죄 기회, 아동기 신체적 학대의 피해자가 되는 것, 그리고 공격성이 삶의 방식인 공동체에서 사는 것처럼, 생물학적·사회적·경제적·심리적 요인이 공격적 행동의 더 강력한 예측요인이며 이들과 비교하면 미디어의 영향은 약하다 (Crescioni & Baumeister, 2009; Ferguson & Kilburn, 2009).

복습문제

1. 다음 중 사실인 것은?
   a. 폭력적인 프로그램 시청은 대부분의 어린아이들이 그것을 모방할 가능성을 높인다.
   b. 폭력적인 프로그램 시청은 일부 아동이 그것을 모방할 가능성을 높인다.
   c. TV나 영화에서 폭력물을 시청하는 것보다 폭력적인 비디오 게임을 하는 것이 아동에게 미치는 영향이 더 적다.
   d. TV 폭력물을 보는 것은 어려움이 있는 다른 사람에 대한 사람들의 반응에 아무런 영향을 미치지 않는다.
2. 사회인지 학습 이론에 따르면 미디어 폭력의 관찰과 그것을 모방할 가능성 사이를 중재하는 요인은?
   a. 종교적 이야기의 일부로 묘사된 폭력
   b. 정부가 승인한 폭력
   c. 관찰자가 폭력적인 이야기를 해석하는 방법
   d. 관찰자가 기분이 좋은지 여부
3. 미디어 폭력물 시청과 공격적인 행동은 정적 상관이 있다. 이것은 무엇을 의미하는가?
   a. 폭력적 프로그램 시청은 아동을 더 공격적으로 만든다.
   b. 공격적인 아동은 폭력적 프로그램을 시청할 가능성이 더 높다.
   c. 폭력적인 환경에서 성장하는 것은 아동을 더 공격적으로 만들고 폭력적인 프로그램을 시청할 가능성을 더 높게 만든다.
   d. a와 c
   e. 위의 모든 것
4. 미디어 폭력에 관한 실험연구는 무엇을 발견하고자 하는가?
   a. 폭력적인 영화를 보는 것은 공격적 행동에 거의 영향을 미치지 않는다.
   b. 폭력적인 비디오 게임을 하는 것은 폭력적인 프로그램을 시청하는 것보다 더 강한 효과가 있다.
   c. 폭력적인 비디오 게임을 하는 것은 아이들의 기분을 더 좋게, 화가 덜 나게 만든다.
   d. 아이들은 미디어 폭력에 빨리 익숙해져서 영향을 받지 않는다.
5. 미디어 폭력의 영향에 대한 종단연구를 해석할 때 주된 문제점은 무엇인가?
   a. 미디어 폭력이 공격성을 유발하는지 또는 공격적인 사람이 미디어 폭력에 끌리는지를 분리하는 것
   b. 폭력적인 비디오 게임과 TV 폭력에 대한 연구를 분리하는 것
   c. 아동이 TV 폭력물에 더 취약한지를 확인하는 것
   d. 비디오 게임을 하는 아이들이 폭력적인 음란물을 좋아하게 될지를 알아보는 것

정답은 537-539쪽 참조

공격성을 감소시키는 방법

12.4 공격성은 어떻게 감소될 수 있는가

"동생을 때리지 마라!", "TV를 끄고 지금 당장 방으로 들어가!" 많은 부모가 자녀들의 공격적인 행동을 억제하기 위해서 어떤 형태의 처벌을 사용한다. 어떤 이는 특권을 거부하고, 다른 이는 "귀한 자식 매 한 대 더 때린다."는 옛말을 믿고는 고함치고 위협하고 혹은 폭력을 행사한다. 처벌이 얼마나 효과가 있는가? 한편으로 당신은 어떤 행동을 처벌하는 것이 그 빈도를 감소시킨다고 생각할지 모른다. 반면에, 처벌이 공격적인 행위의 형태를 취한다면 벌칙을 관리하는 부모는 실제로 공격적인 행동의 모델이 되어 그들의 자녀가 부모의 행동을 모방하도록 한다.

공격성의 처벌은 공격성을 감소시키는가

처벌의 복잡성을 생각해보자. 제6장에서 논의했듯이, 학령 전 아동에 관한 여러 실험은 위반에 대해 비교적 강한 처벌의 위험이 아이들에게 그 위반의 매력을 감소시키지 않음을 보여주었다.

그러나 아동이 바람직하지 못한 행위를 일시적으로 멈출 만큼의 위력을 가진 약한 처벌의 위협만으로도 아동 자신의 규제를 정당화하도록 유도할 수 있고, 그 행동을 덜 매력적으로 만들 수 있다(Aronson & Carlsmith, 1963; Freedman, 1965).

그러나 아동이나 성인의 공격성을 감소시키기 위해 가혹한 처벌을 사용하는 것은 대개 역효과를 초래한다. 그것이 아동의 공격적 행동을 단기적으로 중단시킬 수 있지만 신체적으로 처벌받는 아동은 시간이 지남에 따라 더 공격적이고 반사회적이 되는 경향이 있다(Durrant & Ensom, 2012). 가혹한 처벌은 몇 가지 다른 이유로 역효과를 초래한다. 사람들은 자신이 뜻하지 않은 소리를 지르거나, 실망으로 인해 자신의 아이들 행동을 통제하기 위해서 가혹한 방법을 사용한다. 이러한 모든 소란과 학대의 대상은 "감사합니다. 당신이 싫어하는 공격적인 습관을 교정하겠

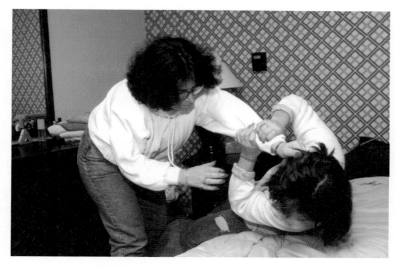

지치고 성난 많은 부모가 자녀들의 버릇없는 행동에 소리 지르거나 때리고 부여잡음으로써 처벌한다. 그러나 이것은 대개 역효과를 초래하는데, 바람직하지 않은 행동은 중단되지 않은 채 자녀를 화나고 격노하게 만든다. 반면에, 그것은 피곤하고 화가 날 때 무엇을 해야 하는지, 즉 누군가를 때리는 것을 자녀에게 가르친다.

습니다."는 반응보다는 불안이나 분노로 반응하기가 쉽다. 어떤 경우에는 분노의 관심이 위반자가 얻기를 바라는 것일 수 있다. 만약 엄마가 짜증을 부리는 딸에게 고함을 친다면, 고함치는 그 행위는 그 딸이 원하는 것, 즉 엄마의 반응을 제공할 수 있다. 더 심각하고 극단적인 처벌, 즉 신체적 학대는 아동에게 우울증, 낮은 자존감, 폭력적 행동 그리고 많은 다른 문제들을 발달시키는 위험요인이다(Gershoff, 2002; Widom, DuMont, & Czaja, 2007). 그리고 마지막으로, 처벌은 종종 실패하는데, 그 이유는 표적대상에게 하지 말아야 할 것은 말하지만 그 사람이 해야 할 것은 말해주지 못하기 때문이다. 누이를 때린 어린 소년을 때리는 것은 그 소년이 누이와 사이좋게 노는 것을 가르치지 않는다.

이러한 단점 때문에 많은 심리학자들은 심한 처벌이 공격적이거나 다른 바람직하지 못한 행동을 제거하는 데 좋지 않은 방법이라고 믿는다. 예를 들어, 어떤 경우에는 괴롭힘 가해자가 학급친구를 구타할 때, 일시적인 물리적 제재가 주로 요구된다. 그러나 이것이 어른이 그 방을 떠날 때 가해자가 공격적으로 행동하는 것을 방지하는 최선의 전략인가?

폭력적 성인에 대한 처벌 사용 대부분 문화에서 형사법 체계는 살인, 과실치사, 그리고 강간 같은 폭력적 범죄를 응징하고 억제하는 수단으로 가혹한 처벌을 집행한다. 가혹한 처벌의 위협이 극한 범죄를 감소시킬 수 있는가? 폭력적 범죄를 저지른 사람들이 자신에게 "나는 이것을 하지 않을 것이다. 왜냐하면 만약 체포되면 나는 오랜 시간 교도소에 가야 하기 때문이다. 심지어 처형될 수도 있다."라고 말할까?

실험실연구는 처벌이 실제로 억제자로 작용하려면 두 조건이 충족되어야 함을 보여준다. 처벌은 (a) 즉각적이고 (b) 확실해야 한다(Bower & Hilgard, 1981). 그것은 폭력이 일어난 직후에 즉각적으로 따라와야 하고 피할 수 없어야만 한다. 현실에서는 이러한 이상적인 조건이 거의 충족되기 어렵다. 대부분의 미국 도시에서 폭력적 범죄를 저지른 사람이 체포되고 기소되고 재판받고 유죄 판결을 받을 확률은 높지 않다. 법정에서 재판의 양을 고려하면, 처벌은 몇 달 혹은 몇 년까지 지연된다. 인구에서 청년층 대 노년층의 비율, 빈곤 수준, 마약 정책, 차별적인 체포 양상 등

많은 것이 범죄율에 영향을 주기 때문에, 미국의 구금률과 범죄율 사이의 관계는 주마다 상당히 다양하다(King, Maurer, & Young, 2005). 결과적으로 복잡한 형사법 체계에서는 엄중한 처벌이 실험실의 통제된 조건에서처럼 억제력을 갖기 어렵다.

이러한 현실을 감안하면 엄중한 처벌은 폭력적 범죄를 억제할 수 없다. 살인에 대해 사형선고를 실시하는 국가는 그렇지 않은 국가보다 1인당 살인자 수가 더 적지 않다. 전문가가 예상했듯이 사형선고를 폐지한 미국의 주에서는 1인당 범죄가 증가하지 않았다(Archer 1994; Nathanson, 1987). 사형이 잔인하고 비정상적인 처벌이라는 대법원 판결로 인해 사형선고 중단이 시작되었다가 1976년 대법원이 그 판결을 뒤집은 것으로 끝난 시기에, 미국에서 자연적 실험이 일어났다. 사형제도의 부활이 살인을 감소시킨다는 어떠한 조짐도 없었다(Peterson & Bailey, 1988). 실제로 국립과학원의 연구는 처벌의 일관성과 확실성이 사형제도를 포함하는 엄중한 처벌보다 폭력적 행동의 억제에 더 효과적임을 다시 한 번 증명하였다(Berkowitz, 1993).

카타르시스와 공격성

카타르시스
공격적으로 행동하거나 다른 사람이 그렇게 하는 것을 봄으로써 '화를 발산하는 것'이 쌓인 분노와 공격적 에너지를 완화하고 따라서 이후에 공격적 행동을 할 가능성을 감소시킨다는 개념

관습적인 지혜는 공격성의 느낌을 감소시키는 한 가지 방법은 공격적인 일을 행하는 것임을 제시한다. '표출하라'는 수십 년 동안 보편적인 충고가 되었다. 당신이 만약 분노를 느낀다면 벽에다 소리치고 절규하고 저주하고 접시를 던져라. 분노를 표현하라, 그러면 그것이 통제할 수 없는 뭔가로 쌓이지는 않을 것이다. 이러한 신념은 프로이트의 정신분석적 개념인 **카타르시스**(catharsis)에서 유래한다(Dollard, Doob, Miller, Mowrer, & Sears, 1939; Freud, 1933). 프로이트는 공격적 충동에 대한 '유압'의 개념을 제안하였다. 사람들이 무해하고 건설적인 방법으로 자신의 공격성을 표현('승화')하도록 허락되지 않는다면, 그는 그들의 공격적 에너지가 쌓이고, 억압이 만들어지고, 에너지는 탈출구를 찾게 되어, 극단적인 폭력행동으로 폭발하든지, 아니면 그 자체가 정신질환의 증상으로 드러날 것이라고 믿었다.

불행히도, 프로이트의 카타르시스 이론은 사람들이 분노를 분출하든지 혹은 신체적으로 그리고 정서적으로 고통을 받을 것이라는 개념으로 너무 단순화되었다. 그들은 분노를 분출함으로써 미래에 공격적인 행위를 범할 가능성이 작아질 것으로 믿었다. 우리가 좌절이나 분노를 느낄 때, 많은 사람들은 소리 지르고 저주하고 소파를 걷어찬 후에는 일시적으로 덜 긴장한다고 느낀다. 그러나 이 행동이 우리가 더 공격적으로 행동할 기회를 감소시키는가? 카타르시스의 개념이 자료와 일치할까?

공격적 행동이 이후 공격성에 미치는 효과 프로이트에 뒤이어 많은 정신분석학자들은 경쟁적 게임놀이가 공격적 에너지를 무해하게 발산한다고 믿었다. 그러나 그들은 틀렸다. 사실은 그 반대이다. 경쟁적인 게임은 종종 참가자와 관찰자를 더 공격적으로 만든다.

이 사실에 대한 입증에서 축구 시즌이 시작하기 1주일 전과 끝난 1주일 후에 고교 축구 선수들의 적대감 수준이 측정되었다. 만일 축구 경기의 한 부분인 강한 경쟁심과 공격적 행동이 억눌린 공격성에 의해 유발된 긴장감을 감소시킨다면, 선수들은 시즌 동안에 적대감의 감소를 보일 것으로 기대될 것이다. 하지만 결과는 적대감이 의미 있게 증가함을 보여주었다(Patterson, 1974).

공격적인 게임을 시청하는 것은 어떤가? 그것이 공격적 행동을 감소시킬까? 캐나다의 스포츠 심리학자는 특히 폭력적인 하키 경기에서 관중들의 적대감을 측정하여 이 명제를 검증하였다(Russell, 1983). 경기가 진행되면서 관중은 점점 더 호전적이 되었고, 경기가 끝을 향할수록 그들의 적대감 수준은 극단적으로 높았고, 경기가 끝난 후 몇 시간까지 경기 전 수준으로 회복되지

않았다. 유사한 결과가 축구와 레슬링 경기의 관중에서도 발견되었다(Arms, Russell, & Sandilands, 1979; Branscombe & Wann, 1992; Goldstein & Arms, 1971). 공격적인 스포츠에 참가한 것과 마찬가지로, 그것을 시청하는 것 역시 공격적 행동을 증가시켰다.

마지막으로, 분노의 근원에 대한 직접적인 공격은 이후의 공격성을 감소시키는가? 다시 그 대답은 '아니다'이다(Geen & Quanty, 1977). 사람이 공격행동을 할 때 그 행위는 미래의 공격 경향성을 증가시킨다. 초기의 실험에서 대학생이 실제 실험 공모자인 다른 학생과 짝이 되었다(Geen, Stonner, & Shope, 1975). 첫째, 그 학생은 공모자 때문에 화가 났다. 이 단계 동안에 여러 가지 문제에 대한 의견이 교환되는데, 그 학생은 공모자가 동의하지 않을 때마다 공모자에게 전기충격

카타르시스 가설과 달리 공격적인 스포츠를 시청한 많은 팬들이 덜 공격적이 되는 것은 아니다. 그들은 전혀 시청하지 않은 경우보다 더 공격적이 될 수 있다.

을 주라는 지시를 받았다(물론 그 충격은 거짓이었다). 그런 다음 '처벌이 학습에 미치는 효과'에 관한 속임 연구에서 그 학생은 교사로, 공모자는 학습자로서 역할을 담당하였다. 첫 학습 과제에서 학생들 중 일부는 공모자가 실수를 할 때마다 그에게 전기충격을 주라는 요구를 받았다. 다음 과제에서 모든 학생이 전기충격을 줄 수 있는 기회를 제공받았다. 만일 카타르시스 효과가 작용했다면, 이전에 공모자에게 전기충격을 주었던 학생들이 두 번째에는 더 적고 약한 충격을 줄 것이라 예측할 수 있다. 이런 일은 일어나지 않았다. 사실, 이전에 공모자에게 충격을 주었던 학생들은 계속 공격할 수 있는 기회가 주었을 때 더 큰 공격성을 표현하였다.

실험실 밖의 현실 세계에서도 우리는 같은 현상을 볼 수 있다. 언어적 공격행위는 그 이상이 뒤따른다. 많은 사람은 분노를 접한 후에는 신체적 · 정신적으로 기분이 나빠진다. 사람들이 자신의 분노를 곱씹고 반추하고, 자신이 얼마나 화가 나는지 다른 이에게 분노한 과정을 쉼 없이 말하고, 그들의 기분을 적대적 행위로 표명할 때, 그들은 혈압이 상승하고, 더 분노하게 되며, 분노가 가라앉은 느낌을 느낄 때보다 이후에 더 공격적으로 행동하게 된다(Bushman, Bonacci, Pedersen, Vasquez, & Miller, 2005). 역으로, 사람들이 자신의 기질을 통제하고 분노를 건설적으로 표현하는 것을 학습하면, 그들의 기분은 종종 더 나빠지지 않고 더 좋아진다. 그들은 더 분노하기보다 더 차분해진다. 대체로 상당한 증거들은 카타르시스 가설을 지지하지 않는다(Tavris, 1989).

공격성의 피해자 비난하기 지금 기술한 실험을 한다고 상상해보자. 당신이 다른 사람에게 전기충격을 주었다고 생각하거나 당신이 싫어하는 어떤 이에게 적대감을 표현한 후, 두 번째에는 그 일을 하는 것이 더 쉬워진다. 첫 번째 공격성은 두 번째 그런 행동을 하는 것에 대한 억제력을 감소시킬 수 있다. 어떤 의미에서 공격성이 합법화된다.

이것이 친숙하게 들리는가? 그럴 것이다. 누군가를 해치면 잔혹한 행위를 정당화하는 목적의 인지과정이 작동한다(제6장 참조). 당신이 다른 사람에게 상처를 주면 당신은 인지부조화를 경험한다. "나는 찰리에게 상처를 줬어."와 같은 인지는 "나는 품위 있고 친절한 사람이야."라는 인지와 부조화가 발생한다. 당신에게 부조화를 감소시키는 좋은 방법은 찰리에게 상처를 주는 것이 나쁜 일이 아니라고 자신을 확신시키는 것이다. 당신은 찰리의 장점을 무시하고 그의 단점을 부각시켜서, 해를 끼쳐도 되는 나쁜 사람이라고 확신한다. 그리고 찰리가 당신의 공격성에 대한 무고한 피해자였다면, 특히 이런 방법으로 부조화를 감소시킬 수 있다. 제6장에서 기술한 실

험에서 참가자들은 그들에게 해를 끼치지 않았던 무고한 사람에게 심리적 혹은 신체적 해를 끼쳤다(Davis & Jones, 1960; Glass, 1964). 참가자들은 피해자가 좋은 사람이 아니고 자업자득이라고 자신을 설득했다. 이것은 확실히 부조화를 감소시키지만, 싫은 사람에 대한 이유를 찾는 데 일단 성공하면 그 피해자에게 다시 해를 입히기 더 쉽기 때문에, 이것은 또한 이후의 공격을 위한 장을 마련한다.

그럼 피해자가 완전히 무고하지 않다면 어떤 일이 발생하는가? 만약에 피해자가 당신에게 해를 가하거나 혼란을 야기하는 어떤 일을 했다면, 당신의 견해로는 보복을 당해야 마땅하다면 어떤가? 여기서 상황은 더 복잡하고 흥미로워진다. 카타르시스 가설을 검증하기 위한 첫 실험의 한 결과를 살펴보자(Kahn, 1966). 의료기사인 척하는 한 젊은이가 대학생들에게 생리적 측정을 실시했다. 그가 측정을 할 때 학생들에 대한 비하 발언을 하면서 자연스럽게 그들을 짜증나게 만든다. 한 실험조건의 참가자들은 그의 고용주에게 의료기사에 대한 그의 느낌을 표현하게 하여 적개심을 분출하도록 했다. 그 행위는 의료기사를 심각한 곤경에 빠뜨리게 할 수 있어 직장을 잃게 할 수도 있는 것처럼 보인다. 다른 조건의 참가자들은 화나게 만든 사람에게 어떤 공격성도 표현할 기회를 제공받지 못했다. 계속해서 불평하는 것이 허용된 사람들은 짜증 표현을 차단당한 사람들보다 의료기사를 더 많이 싫어했다. 즉, 공격성을 표현하는 것은 그것을 '해소하지' 못했다. 표적대상이 단순히 결백한 피해자가 아닐 경우에도, 그것은 오히려 적대감을 증가시키는 경향이 있었다.

이런 결과는 사람들이 분노할 때 자주 과잉된 반응을 한다고 제안하였다. 이런 경우 모욕한 사람에게 가벼운 공격을 가하는 것보다는 의료기사가 실직하는 것은 치명적이다. 그래서 과잉반응은 결백한 사람에게 해를 끼치는 행위와 마찬가지 방식으로 부조화를 유발한다. 만일 그 사람이 당신에게 했던 행동과 당신의 보복 강도 사이에 큰 차이가 있다면, 당신은 보복이 정당화될 만큼 분노의 대상이 너무나 끔찍한 일을 저질렀다고 결정함으로써 그 차이를 정당화해야 할 것이다.

우리의 분노는 어떻게 다루어야 하는가

만약 공격성이 자기 정당화를 유도하여 차례로 더 많은 공격성을 낳는다면, 누군가를 향한 우리의 분노를 어떻게 처리해야 하는가? 분노를 억누르고 샐쭉하여 집을 배회하고 다른 사람이 자신을 이해하여 주기만 바라는 것은 좋은 해결책이 아닌 것 같다. 시무룩해져서 혼자 반추하는 것 역시 좋은 해결책이 아니며, 이들은 단지 분노를 연장시키고 강화할 뿐이다(Bushman et al., 2005; Rusting & Nolen-Hoeksema, 1998). 그러나 우리의 느낌을 억누르고 표현하는 것이 모두 해롭다면 대안은 무엇인가?

먼저 능동적으로 분산시킴으로써 분노를 조절할 수 있다. 능동적인 방법(actively enabling)은 당신이 입을 열기 전에 10(혹은 100)까지 세는 간단한 방법을 사용함을 의미한다. 깊이 호흡을 하거나 즐겁고 주의를 분산시키는 활동(십자말풀이, 자전거 타기, 아니면 착한 일 하기)에 가담하는 것은 분노를 사라지도록 하는 능동적인 방법이다. 만일 이런 조언이 당신의 할머니가 당신에게 들려주었던 이야기와 같다면 글쎄 그것은 이러한 이유 때문일 것이다!

"루이, 정말 놀라워요. 다음 화요일이면 37년이 되는데, 우리 사이에 말다툼 한 번 없었네요."

Charles Barsotti/The New Yorker Collection/The Cartoon Bank

당신의 할머니는 종종 자신이 무슨 얘기를 하고 있는지를 알고 있다. 그러나 앞으로 보겠지만, 그저 분노를 조절하는 것 이상으로 화나게 하는 것이 더 많다.

발산 대 자기 자각 당신이나 관계를 위해서 분노를 분산시키는 것이 항상 최선은 아니다. 가까운 친구나 파트너가 당신을 분노하게 만드는 어떤 일을 한다면, 당신이 자신에게 통찰을 얻고 관계의 역동성에 도움이 되는 방식으로 그 분노를 표현하기를 원할 것이다. 당신은 다른 사람에게 분노를 자극함으로써 문제를 악화시키지 않고 문제를 해결하는 방식으로 자신을 표현하기를 원할 수 있다. 그러나 그렇게 되려면 당신은 적대적이거나 비하하지 않는 방식으로 당신의 느낌을 표현해야 한다.

당신은 (10까지 센 다음) 당신이 분노를 느끼고 있다는 사실을 차분하게 진술하고 그 감정을 초래했다고 생각되는 다른 사람의 행동을 비판단적으로 묘사함으로써 이것을 할 수 있다. 그런 진술 그 자체는 '오해를 풀게' 하여 당신을 기분 좋게 만들 것이고, 당신은 언어나 신체적 학대로 분노의 대상에게 해를 끼치지 않았기 때문에, 당신의 반응은 친구를 조롱하거나 논쟁을 악화시킴으로써 당신이 자신의 행동을 정당화하도록 하는 인지과정을 유발하지 않을 것이다. 당신의 청자가 방어적 혹은 반격("당신이 나를 화나게 해? 그래, 네가 얼마나 잘못했는지 말해줄게!")을 하지 않는 방식으로 말하는 것이 중요하다. 대신 당신은 문제해결을 유도하는 방식으로 말하기를 원한다("봐, 우리는 집안일의 기준에 대한 개념이 다른 것 같아. 내가 당신의 강박적인 깔끔함에 대해서 분노를 느끼지 않고 당신은 나의 게으름에 분노를 느끼지 않도록 해결할 방법을 우리가 생각해볼 수 있을까?"). 친구 또는 파트너 사이에서 그런 감정이 명료하고 개방적이고 비처벌적인 방법으로 표현될 때 상호 이해가 더 커지고 우호 관계가 강화될 수 있다(Christensen, Doss, & Jacobson, 2014).

비록 화나게 만든 친구에게 당신의 분노를 표출하는 것이 최선이겠지만, 적어도 당신들 사이의 문제를 해결하기를 원한다면, 때로는 당신의 분노의 표적대상이 가용하지 않는 경우가 있다. 아마 그 사람이 매우 오래전에 화나게 했거나, 죽었거나, 아니면 멀리 이사를 갔을 수 있다. 연구에 따르면, 그때 당신의 감정에 대해 일기를 쓰는 것이 도움이 될 수 있다. 다양한 외상적 사건을 경험한 사람 또는 어느 누구와도 공유하지 못한 부담스러운 비밀을 가지고 있는 사람을 대상으로 한 실험에서, 그 사건이나 비밀에 대해 단지 자신의 '마음속 가장 깊은 생각과 느낌'을 쓰도록 지시받은 사람들은 조용히 고통을 감내한 사람이나 사소한 주제나 자신의 내재된 느낌을 표현하지 않고 외상적 사건의 세부에 관해서 쓰도록 한 사람에 비해서 보다 건강하다고 느꼈고 심지어 6개월에서 1년 이후의 신체적 질병도 훨씬 적었다. '마음 터놓기'의 이점은 감정의 발산 때문이 아니라, 주로 자기 폭로에 대개 동반되는 통찰과 자기 자각 때문이다(Pennebaker, 1990, 2002). 예를 들어 젊은 여성은 어린 시절부터 다른 아동이 그녀에게 행했던 것에 대한 많은 분노를 가지고 있었다고 생각했다. 그녀가 그 사건에 대해서 쓴 글을 보았을 때 "오 이런, 우리 모두

해보기! 당신의 분노 조절하기

당신은 인생에서 개인적인 문제에 대해 분노를 느끼고 있는가? 당신을 괴롭혀 온 그 사건에 대해 '가장 깊은 생각과 감정'을 글로 써보라. 감정이나 생각을 검열하지 마라. 며칠 동안 하루에 20분씩 글을 쓴 다음, 당신이 작성한 글을 다시 읽어보라. 상황을 다르게 볼 수 있는가? 당신이 생각하지 못했던 해결책들이 나왔는가?

단지 어린아이들이었잖아."라고 깨달았다. 이 기법이 표현하지 못한 경험이나 비밀에 대한 분노나 수치심을 풀어내는 데 도움이 될 수 있을지 알아보려면 '해보기 : 당신의 분노 조절하기'를 시도하라.

공감 형성에 의한 비인간화 대응하기   다음 장면을 그려보라. 긴 행렬의 차들이 복잡한 교차로에 있는 신호등에 멈춰 있다. 초록색등이 켜지고 선두 차가 10초 정도 지체했다. 무슨 일이 있어났을까? 거의 필연적으로 분노의 경적이 울릴 것이다. 한 실험에서 선두 차가 초록색등이 켜진 후에 움직이지 않으면 다음 차 운전자의 90%가 분노의 경적을 울렸다(Baron, 1976).

그러나 만약 신호등이 여전히 빨간색일 때, 보행자가 목발을 짚고 도로를 절룩거리며 횡단할 때는 운전자의 57%만이 경적을 울렸다. 목발을 짚은 사람을 보는 것이 공감의 느낌을 유발했고, 경적을 울릴 가능성이 있는 사람들의 의식에 스며들어 그들의 공격적인 충동을 감소시켰다.

우리가 보았듯이, 대부분의 사람들은 그것을 정당화할 수 없으면 낯선 사람에게 고통을 가하기가 어려우며, 정당화의 가장 보편적인 방법은 피해자를 비인간화하는 것이다(Caselman, 2007). 사람들 사이에 공감을 형성하는 것은 공격적인 행동을 더 하기 어렵게 만들 것이다. 연구 자료는 이런 주장을 강력하게 지지한다. 한 연구에서 공감을 훈련받은, 즉 다른 사람의 관점을 취하게 된 학생들은 그 훈련을 받지 않은 학생들보다 그 사람에 대해 훨씬 덜 공격적으로 행동하게 된다(Richardson, Hammock, Smith, & Gardener, 1994). 유사한 연구에서 일본 학생들은 학습실험이라 가장한 실험의 일부로 다른 학생에게 전기충격을 주라는 얘기를 들었다(Ohbuchi, Ohno, & Mukai, 1993). 한 조건에서 '피해자'는 자신에 관한 개인적인 어떤 것을 먼저 표현하였고, 다른 조건에서 피해자는 이런 기회를 제공받지 않았다. 참가자들은 개인적인 정보를 표현한 피해자에게 더 약한 충격을 주었다. 만일 당신이 그 사람과 개인적인 연결을 갖고 있으면 낯선 사람에게 해를 주기가 어렵고, 이것은 낯선 사람이 당신의 이웃이거나 노숙자이거나 외판원이거나 아니면 적군의 민간인이거나 관계없이 사실이다.

초등학교에서 공감 교육을 개척한 Norma Feshbach(1989, 1997)는 아동을 위한 30시간 공감훈련 프로그램을 개발했다. 아이들은 "여러분이 고양이처럼 작다면 여러분에게 세상은 어떻게 보일까요?", "어떤 생일선물이 여러분의 가족 구성원 각각을 가장 행복하게 만들 수 있을까요?"와 같은 질문에 대해 열심히 생각해야 한다. 질문에 대한 답을 생각하는 것은 자신을 또 다른 이의 상황에 대입하는 아동의 능력을 확장시킨다. 아이들은 또한 이야기에 귀를 기울이고 난 다음 각 이야기의 다양한 인물의 관점에서 이야기를 다시 말한다. 아이들은 각 인물의 역할을 연기하고 그들의 수행은 비디오로 녹화되었다. 그런 다음 아동은 테이프를 보면서 사람들이 그들이 다른 감정을 표현할 때 어떻게 보고 듣는지에 관해 이야기를 나눈다.

얼핏 보아서는 그런 프로그램이 학업과 무관해 보일 수 있다. 그러나 역할연기와 이야기에 대한 면밀한 분석은 연기가 상연되거나 문학을 분석할 때 학생들이 한 것이다. 노벨상 수상자인 물리학자 리처드 파인만은 어린 시절에 관한 추억에 잠길 때 아버지가 자신에게 거실 카펫에 살고 있는 작은 생명체인 것처럼 여기도록 요구함으로써 지능을 자극했다고 보고했다. 그렇게 해서 파인만은 작은 생명체의 피부로 기어들어 가야 했고 그런 환경에서 삶이 어떨지를 느꼈다. 그런 질문은 또한 공동의 창의성 프로그램에서 배운 일종의 인지적 유연성을 고무시킨다. 따라서 더 큰 공감능력을 발달시킨 학생들이 또한 더 높은 학업 성취를 보이는 경향이 있다는 것은 놀랍지 않다(Feshbach & Feshbach, 2009).

타인의 관점을 취하는 것을 배운 아이들은 공감 기술이 부족한 아이들보다 자존감이 더 높고 더 관대하고 덜 공격적이다.

거절-분노의 순환고리 끊기

이 장의 초반에 우리는 컬럼바인 고등학교에서 일어난 참사를 기술하였고, 무엇이 그런 충격적인 사건과 그와 유사한 많은 다른 학교 총기난사사건을 일으켰는지에 대한 몇 가지 추측을 논의하였다. 과연 이러한 비극을 예방할 수 없는가?

확실히 많은 총기범이 심한 정신질환이 있었다. 2007년 버지니아텍에서 또래 학생 32명을 살해한 조승희는 평생 정신적 문제와 망상, 일탈행동의 병력이 있었고 사건 전 해에는 악화된 상태였다. 소년이었을 때 그는 '컬럼바인을 반복하기'를 원한다고 썼다(Hillshafer, 2013). 아담 란자(2012년 코네티컷 주 뉴타운의 샌디후크 초등학교에서 20명의 아동과 5명의 성인을 살해함)와 엘리엇 로저(2014년 캘리포니아 주 샌타바버라에서 6명을 살해함)는 아동기 이후로 정신적 문제의 병력이 있었고 최근에 악화되었다. 일부 연구자들은 해리스가 자신의 정신과 의사를 포함해서 성인들을 쉽게 속일 수 있는 사이코패스였을 것이라고 결론을 내렸다. 클레볼드는 주요우울증으로 고통을 겪었다(Cullen, 2010). 그러나 컬럼바인 참사와 대부분의 다른 학교 총기난사사건을 개인적 병리의 결과로 일축하고 그 이상 문제를 삼지 않는 것은 잘못이다. 해리스와 클레볼드가 효과적으로 기능했었기 때문에 그런 설명은 성공적이지 않다. 그들은 좋은 성적을 받고, 정기적으로 출석하고, 자신의 부모나 학교 관계자에게 심각한 행동문제를 보이지 않았다. 클레볼드는 심지어 사흘 전 무도회에 갔었다. 사실, 그들은 외톨이였지만 컬럼바인 고등학교에는 많은 다른 학생들도 그랬다. 사실, 그들은 고스(Goth) 스타일의 옷을 입었지만 다른 학생들도 그랬다.

따라서 이런 충격적인 행위를 단순히 정신적 질환의 결과로 일축하는 것은 유사한 비극을 예방하는 데 도움이 되는, 결정적으로 중요한 뭔가를 놓치게 한다. Elliot Aronson(2000)은 해리스와 클레볼드가 배척과 조롱의 환경을 만든 학교 분위기에 극단적인 방법으로 반응한 것이고, 이런 학교 분위기는 수많은 학생들의 삶을 힘들게 만든다고 주장했다. 대부분의 고등학교는 학생들이 '잘못된' 인종집단에 속하거나, 가난한 빈민가 출신이거나, '잘못된' 옷을 입거나, 아니면 너무 작거나, 너무 뚱뚱하거나, 너무 크거나, 너무 똑똑해도 소외되는 폐쇄적인 장소이다. 총기난사사건 이후에 컬럼바인 학생들은 해리스와 클레볼드가 조롱과 괴롭힘을 당했다고 회고했다. 실제로 한 학생은 "모든 아이들이 그곳에서 그들을 원하지 않았다. 그들은 마법에 관심이 많았다. 그들은 부두교를 좋아했다. 확실히 우리가 그들을 괴롭혔다. 그러나 이상한 머리 모양을 하고 뿔 달린 모자를 쓰고 학교에 온 아이들에게 무얼 기대하는가? 만일 당신이 누군가를 제거하고 싶다면 대개 그들을 괴롭힌다. 그래서 전체 학교가 그들을 호모라고 부르곤 했다."라고 말함으로써 이 행동을 정당화했다(Gibbs & Roche, 1999).

해리스와 클레볼드가 남긴 동영상에서 그들은 컬럼바인에서 참아온 모욕과 괴롭힘에 화를 내어 소리쳤다. 클레볼드는 총신을 짧게 자른 산탄총을 휘두르면서 "아마도 지금쯤 우리가 받아 마땅한 존경심을 얻었을 것이다."라고 말했다. 실제로, 대다수 난폭한 살인 이면의 동기는 수치심과 굴욕감, 거부감을 자존감으로 변형시키려는 시도이다. 사회적 거부는 10대의 자살과 절망감, 폭력에 가장 위험한 요인이다(Crescioni & Baumeister, 2009; Leary, Twenge, & Quinlivan, 2006; Stillman et al., 2009). 한 연구팀이 1995년과 2001년 사이에 발생한 15개 학교 총기난사 사건을 조사하였을 때, 그중 13개 사건의 가해자가 괴롭힘과 사회적 거부에 분노했다고 보고하였다(Leary, Kowalski, Smith, & Phillips, 2003). 컬럼바인 참사 직후에 수많은 젊은이들이 그들의 일반 급우에게 거부당하고 조롱받은 것에 대한 괴로움을 기술하는 메시지를 포스팅했다. 10대 중 누구도 총기난사를 용납하지 않았지만, 그럼에도 그들의 인터넷 게시물은 해리스와 클레볼드가 견뎌야 했을 고통에 대한 높은 공감을 나타내었다. 한 16세의 소년은 다음과 같이 썼다. "나는 그들이 어떻게 느꼈는지를 안다. 부모는 자녀가 아무도 자신을 수용하지 않는다고 말할 때마다 그들이 과잉반응하는 것이 아니란 것을 알아야 한다. 또한 모든 대중적인 동조자들은 다른 사람들을 수용하는 것을 배워야 한다. 그들은 왜 차이가 있는 사람을 멀리하는가?"

몇 년 전, 노르웨이 정부는 괴롭힘의 젊은 피해자 3명의 자살과 몇몇 다른 자살미수자들에 대해 우려했다. 매일 모욕과 조롱, 괴롭힘을 당한 후 한 6학년 학생은 가해자에게 화장실로 끌려갔고, 그는 소변기에 얼굴을 묻도록 했다. 그는 집에 가서 자살을 시도했다. 그의 부모는 의식이 없는 그를 발견했다.

놀랍게도 노르웨이 정부는 심리학자 Dan Olweus(1991, 1996)에게 의뢰하여 전국의 괴롭힘 문제를 평가하고 그것을 감소시킬 수 있는 개입을 개발하도록 했다. 첫째, 문제를 설명하기 위해 공동체 차원의 회의가 열렸다. 부모들은 피해 증상을 상세하게 묘사한 팸플릿을 받았다. 교사들은 괴롭힘을 다루는 훈련을 받았다. 학생들은 괴롭힘을 당한 피해자들에게 동정을 일으키는 비디오를 시청했다. 둘째, 학급에서 학생들은 괴롭힘을 예방하고 소외된 아이들과 친구가 될 수 있는 방법을 토론했다. 교사들은 협동적인 학습집단을 조직하고 욕설과 다른 형태의 공격적인 괴롭힘을 중단시키기 위해 신속히 조치를 취했다. 학교장은 식당과 화장실, 운동장이 적절히 관리되도록 보장했다. 셋째, 이런 예방 조치에도 불구하고 괴롭힘이 발생했다면, 노련한 상담자들이 개입하여 가해자에 대한 가벼운 처벌과 집중적인 치료, 가해자의 부모에 대한 상담을 함께 제공했다. 캠페인이 시작된 지 20개월 후, 전 학년에서 개선과 함께 괴롭힘 행위는 절반으로 줄었다.

Olweus의 '괴롭힘 예방 프로그램'은 미국과 다른 국가로 건너가 다른 연구자들과 학교 시스템이 많은 요소들을 구현하도록 고무시켰다. 이 프로그램이 도입된 곳에서 괴롭힘은 20%에서 50%까지 유의하게 감소했다(Olweus & Limber, 2010; Ttofi & Farrington, 2011).

사회심리학의 연구는 부정적이고 배타적인 사회적 분위기에 변화를 가져옴으로써 그리고 학생들 사이에 공감을 형성함으로써 우리 학교를 더 즐겁고 인간적이면서 더 안전하게 만들 수 있음을 보여준다. 그건 그렇고 컬럼바인 고등학교는 현재 괴롭힘 방지 프로그램을 시행하고 있다.

지난 10년간 많은 학교에서 청소년들 사이에 위험하게도 만연되어 있는 한 형태의 공격성에 대한 규범을 변화시키기 위해 괴롭힘 예방 프로그램을 채택했다.

복습문제

1. 당신은 당신 자녀가 다른 사람에게 공격적으로 행동할 가능성을 줄이고 싶다고 가정하자. 다음 중 가장 효과적인 전략은?
   a. 좋은 역할 모델이 되어라. 언어적 또는 신체적으로 학대하지 마라.
   b. 자녀가 원하는 모든 폭력적인 비디오 게임을 하게 하라.
   c. 다른 아이들에게 친절하게 행동하라고 명령하고 아이들이 그렇게 하지 않을 때 처벌하라.
   d. 그들이 운동장에서 좌절감을 발산할 수 있는 스포츠를 하도록 권장하라.

2. 아라는 자신의 생일을 잊어버린 슬기에게 화가 났다. 아라가 화를 진정시키기 위해 해야 하는 것은?
   a. 아라는 슬기가 자신에게 화를 냈던 때를 생각한 후 그녀가 얼마나 나쁜 친구인지에 관한 모든 증거를 가지고 슬기를 직면시킨다.
   b. 아라는 다른 관점을 얻기 위해 며칠 동안 하루에 20분씩 개인적으로 자신의 감정에 대해 글을 쓴다.
   c. 아라는 슬기에 대한 감정을 자신의 페이스북 페이지에 게시한다.
   d. 아라는 모든 공통의 친구들에게 슬기에 대해 불평함으로써 그녀에게 복수한다.

3. 아라는 마침내 슬기와 직접 대면할 준비가 되었다고 결정한다. (우정을 유지하기 원한다고 가정할 때) 그녀는 분노를 어떻게 표현해야 하는가?
   a. 그녀는 그녀의 기분이 더 나아질 수 있도록 '모든 것을 털어놓아야' 한다. 그러면 슬기가 그녀의 감정을 정확히 알게 될 것이다.
   b. 그녀는 슬기를 초대해서 테니스 게임을 하고 정말 그녀를 완패시키려고 노력해야 한다.
   c. 그녀는 탓하고 비난하지 않고 가능한 한 침착하게 자신이 왜 화가 났고 상처를 받았는지 설명해야 한다.
   d. 그녀는 자신이 왜 화가 났고 상처를 받았는지 설명해야 하지만 슬기가 사려 깊지 못한 행동에 책임이 있다는 것을 알게 한다.

4. 다음 중 어떤 사과가 수용되고 믿음을 줄 가능성이 가장 큰가?
   a. "내가 너의 감정을 상하게 했다면 정말로 미안해."
   b. "내가 너의 감정을 상하게 해서 미안해. 하지만 여기에 우리 둘 다 책임이 있어."
   c. "정말로 미안해. 내가 잘못했다는 것 알고 있어. 이런 일이 다시는 없을 거야."
   d. "미안해."

5. 10대의 자살과 폭력에 가장 중요한 위험요인은 무엇인가?
   a. 학교 성적이 안 좋은 것
   b. 엄격한 부모를 둔 것
   c. 유전적 소인이 있는 것
   d. 사회적으로 거부당하는 것

정답은 537~539쪽 참조

요약

12.1 공격성에 관한 진화적, 문화적, 학습 이론은 어떻게 다른가

- **공격성은 선천적인가, 학습되었는가, 아니면 선택적인가** 공격성이란 다른 사람에게 가해하거나 신체적 또는 심리적 고통을 야기하기 위한 목적을 지닌 의도적 행동이다. **적대적 공격성**은 다른 이를 해치는 목적을 가진 것으로 정의되고, **도구적 공격성**은 몇 가지 다른 목적을 이루기 위한 수단으로 해를 끼치는 것이다.

  - **진화론 관점** 진화심리학자들은 공격성이 남성에게 유전적으로 프로그램되어 있다고 주장하는데, 그것이 그들의 집단을 보호하고 유전자를 보존하도록 하기 때문이다. 남성은 또한 그들의 부계를 보호하기 위한 성적 질투에서 공격을 한다. 남성의 공격성과 관련된 호르몬은 테스토스테론이지만(남녀 모두 다양한 수준의 테스토스테론이 있음), 공격성-테스토스테론의 연결은 그렇게 크지 않고, 각각은 서로에게 영향을 미친다. 인

간 남성들 사이에 그리고 가장 가까운 동물 친족인 침팬지와 보노보 사이에서 공격성의 정도는 상당히 다양하다. 공격적인 행동이 생존 가치가 있지만, 거의 모든 동물은 필요할 때 공격성을 억제하도록 하는 강력한 억제 기제를 또한 발달시켰다.

  - **문화와 공격성** 대부분의 사회심리학자들은 인간이 공격성을 지니고 태어났지만 그것이 표현되는지 여부는 상황적 · 문화적 요인의 영향을 받고, 따라서 수정 가능하다고 주장한다. 문화에 따라 공격성의 수준은 매우 다양하다. 어떤 조건하에서 집단은 더 공격적이 되어야 했는데, 다른 조건에서 그들은 더 평화로웠다. 협동적이고 집단적인 문화는 낮은 수준의 공격성을 지니고, 과거 몇 세기에, 전쟁, 살인, 고문은 전 세계적으로 점차 감소하고 있다. 그러나 미국 남부와 남서부, 그리고 중동과 같은 명예의 문화에서 남성은 위협과 무

례를 지각하면 공격적으로 반응하는데, 이는 경제적인 상태에서 유래한 반응이다. 그런 문화에서 여성에 대한 신체적 학대의 비율은 다른 지역보다 더 높은데, 그런 학대가 남성의 특권으로 간주되기 때문이다. 여러 요인이 남성의 공격성이 남성의 역할과 정체성의 중요한 부분을 충족시키는 정도를 포함해서 문화가 공격행동을 양성하는 경향이 있는지 여부를 정한다.

- **젠더와 공격성** 여성에 비해 남성과 소년은 도발적인 상황에서 신체적으로 공격하고 낯선 사람한테 싸움을 걸고 폭력 범죄를 저지를 가능성이 크다. 그러나 여성이 남성만큼 분개하거나 문화적 규범이 여성의 공격성을 조장할 때 신체적 공격성에서의 성차는 감소한다. 남편이 아내를 살해하는 것은 그 반대의 경우보다 더 많지만, 지역사회 연구들은 구타와 같은 덜 극심한 배우자 학대의 비율에서 유의한 성차를 발견하지 못했다. 소녀와 여성은 관계적 공격성을 범할 가능성이 큰데, 이는 관계의 조종(험담, 소문 퍼뜨리기, 따돌리기)을 통해 다른 사람을 해치는 행위이다.

- **공격적으로 행동하는 것에 대한 학습** **사회인지 학습 이론**은 사람이 관찰학습을 통하여(다른 사람, 특히 존경하는 사람이나 단체를 관찰하고 모방하는 것) 공격성을 포함한 사회적 행동을 학습한다고 본다. 그러나 그들의 실제 행동은 또한 그들의 신념과 지각, 그들이 관찰한 것에 대한 해석에 좌우된다.

- **몇 가지 생리적 영향** 알코올은 사람의 억제력을 감소시키는 탈억제제로 작용하기 때문에 공격적 행동을 증가시킬 수 있다. 알코올은 또한 사람들이 대개 정보를 처리하는 방식을 방해하여 사회적 상황의 가장 분명한 측면에는 반응하지만 미묘한 요소를 알지 못하게 한다. 그러나 '싱크-드링크' 효과 때문에 사람들이 알코올이 어떤 효과가 있을 것이라 기대할 때 종종 그렇게 된다. 사람들이 고통을 겪고 있거나 매우 더운 환경에 있을 때 공격적으로 행동할 가능성이 더 높다.

12.2 공격성의 몇 가지 상황적·사회적 원인과 성적 공격성은 무엇인가

- **사회적 상황과 공격성**

  - **좌절과 공격성** **좌절-공격성 이론**은 좌절이 공격적 반응의 가능성을 증가시킨다고 말한다. 불법적이거나 예상치 못한 방법으로 목표가 방해를 받는다면 좌절이 공격

성을 유발할 가능성이 더 높다. 또한 동유럽과 중동에 이르는 시민권 운동에서 시위와 혁명이 보여준 것처럼 **상대적 박탈**, 즉 당신이 마땅히 가져야 하는 것보다 덜 가졌거나 비슷한 사람보다 더 적게 가졌다는 느낌은 **절대적 박탈**보다 좌절과 공격적 행동을 유발할 가능성이 더 높다.

- **도발과 보복** 개인들은 자주 다른 사람들의 공격적 행동에 보복하기 위해 공격한다. 이 반응은 정상을 참작할 만한 상황이거나 상대가 다른 사람의 행동이 비의도적이라고 믿으면 감소된다.

- **공격적 단서로서 무기** 중립적 상황에서 공격적인 자극인 총이 단순히 존재하는 것만으로도 공격적인 행동이 증가하고, 그 사람이 이미 화가 났거나 좌절했다면 특히 그렇다. 고전적 연구에서 권총 앞에서 화가 난 참가자들은 권총이 테니스 라켓으로 대체된 동일한 상황에서 화가 난 참가자들에 비해 '피해자'에게 더 강한 전기 충격을 주었다.

- **요소 종합하기 : 성적 공격의 사례** 대부분의 강간 범죄는 피해자를 잘 아는 가해자에 의해 일어난다(친근자 또는 데이트 강간). 강간은 신체적 강압의 결과로 일어나거나, 피해자가 마약이나 술에 취하거나 의식을 잃었을 때 무력화를 통해 일어날 수 있다. 이런 행위를 하는 성적으로 공격적인 남성은 종종 여성에 공감할 수 없고 여성을 향한 적대감과 경멸을 느끼며 자신이 선택한 어떤 여성과도 성관계를 할 특권이 있다고 느낀다. 또한 데이트 강간은 남녀가 성적 규범으로 따르는 성적 각본에 대한 오해와 모호성 때문에 발생할 수 있다. 대부분의 커플은 힌트, 신체언어, 시선 접촉 및 기타 비언어적 행동을 통해 성관계를 갖고 싶지 않은 바람을 포함하여 성적 관심과 의도를 간접적으로 전달하기 때문에 서로를 오해할 가능성이 매우 크다. 사회적·문화적 규범의 중요성, 지각과 신념의 힘, 역할 모델, 또래 및 미디어로부터 관찰학습의 역할, "테스토스테론이 내가 그렇게 행동하게 만들었어."가 왜 설명이 아니라 변명인지, 그리고 알코올의 탈억제 효과와 '싱크-드링크' 효과와 같은, 이 장의 주제들은 성폭력과 관련된 요인들을 이해하는 데 도움이 된다.

12.3 폭력을 관찰하는 것은 폭력을 증가시키는가

- **폭력과 미디어**

- **미디어 폭력의 효과 연구하기** 미디어와 비디오 게임의 모든 폭력이 아동과 성인에게 어떤 영향을 미치는지 결정하기 위해 연구자들은 실험실연구와 종단연구를 수행해 왔다. 폭력물 시청은 공격적 행동, 특히 아동의 공격적 행동의 증가와 관련이 있었지만 모든 연구가 그런 관련성을 발견한 것은 아니었다. 비폭력적 음란물과 달리 폭력적인 음란물에 대한 노출은 여성에 대한 성적 폭력의 수용을 증가시킨다. 이 효과는 여성에 대한 적대적인 태도를 이미 지니고 있고 공격적으로 행동하는 소인이 있는 남성에게 가장 강력했다. 실험실에서 폭력 비디오 게임을 하면 적대감과 공격적 행동이 증가하고 '무감각' 효과가 발생하여 다른 사람의 욕구에 대한 무관심이 증가하고 다른 사람이 우리 중 한 사람이 아니라면 특히 그렇다. 종단연구는 아동이 TV 폭력물을 많이 볼수록 10대와 청년기에 보이는 폭력의 양이 더 컸음을 보여주었다. 또한 폭력물을 보는 것은 외부 세계에서 사람들의 위험 지각을 과장한다.

- **인과관계 결정의 문제** 그러나 미디어 폭력과 실제 폭력의 관계는 양방향적이다. 이미 공격성의 소인이 있는 아동은 공격적인 프로그램과 게임을 추구할 가능성이 더 높다. 미디어에서 폭력물의 영향은 유전적 소인, 폭력 가정에서 살고 있거나 성격특질 때문에, 이미 폭력성의 소인이 있는 아동에게 가장 크다. 그리고 폭력적이거나 학대하는 부모에게 양육되고, 폭력적인 지역사회에 거주하고, 사회적으로 거부당하는 것을 포함한 다른 많은 요인이 공격성에 더 강력한 영향을 미친다.

12.4 공격성은 어떻게 감소될 수 있는가

- **공격성을 감소시키는 방법**

- **공격성의 처벌은 공격성을 감소시키는가** 만일 처벌 그 자체가 공격적이면 실제로 그런 행동이 아동에게 모델이 되고 더 큰 공격성을 초래하게 된다. 처벌은 또한 실제로 아동에게 범법의 매력을 증가시키고 아동이 바라는 관심을 얻게 하고 아동을 불안하고 화나게 함으로써 역효과를 초래한다. 처벌은 종종 공격성을 감소시키는 데 실패한다. 왜냐하면 무엇을 해서는 안 된다고만 하지 무엇을 해야 하는지에 대해서는 얘기하지 않

기 때문이다. 아동과 10대에 상당한 고통을 주는 공격성의 형태가 증가하고 있는데, 이는 사이버괴롭힘이다. 처벌이 비행이나 범죄행위를 제지하도록 작용하려면 즉각적이고 분명해야 한다. 이런 이유로 형사 사법의 복잡한 세계에서 엄중한 처벌이 폭력적인 범죄를 저지하기 어렵다.

- **카타르시스와 공격성** **카타르시스** 이론은 분노를 발산하거나 다른 사람이 공격적으로 행동하는 것을 보는 것이 그것을 '표출하여' 공격적으로 행동할 가능성을 줄인다고 예측한다. 연구결과는 이와 상반된다. 공격적으로 행동하거나 공격적인 사건이나 스포츠를 관찰하는 것은 선수와 팬이 공격적으로 행동할 가능성을 증가시킨다. 당신을 모욕한 또는 화나게 만든 누군가를 향해 분노를 발산하는 것은 혈압과 분노감, 공격적 행동을 또한 증가시킨다. 결국 부조화를 감소시키기 위한 욕구와 자기 정당화 때문에, 자신이 저지른 '정당한 공격성'의 행위는 그것이 반복될 가능성을 증가시킨다.

- **우리의 분노는 어떻게 다루어야 하는가** 분노 발산은 대개 이점보다는 해로움을 더 많이 야기하지만 진지한 감정을 억압하는 것은 어느 경우든 유용하지 않다. 소리 지르고 때리는 것보다 분노를 자각하고 보다 건설적인 방식으로 다루는 것이 더 효과적이다. 마음을 가라앉히고, 더 자각하고(아마 당신의 감정에 대해 개인적인 글을 씀으로써), 당신의 감정을 분명하지만 비판단적인 방식으로 소통하는 것을 배우고, 이해와 사과를 통해 타인을 화나게 한 행동에 책임을 지고, 당신과 타인을 화나게 만든 문제를 해결하는 방법을 배우고, 공감 기술을 강화하는 것 등이다.

- **거절-분노의 순환고리 끊기** 사회적 거부는 10대의 자살과 절망감, 폭력에 가장 중요한 위험요인이다. 학교에서 충격적인 살인을 저지른 대부분의 10대들은 또래들에게 괴롭힘과 거부를 당한 것에 대한 분노와 복수심을 느꼈다. 자각과 공감훈련, 괴롭힘 감소 프로그램을 통해 학교의 구조와 분위기를 변화시키는 것은 괴롭힘을 감소시키고 아동과 10대의 삶을 증진시킬 수 있다.

평가문제

1. _____ 공격성은 분노감에서 유래되고 고통을 가하는 것이 목적인 반면, _____ 공격성은 고통보다는 다른 목적을 위한 수단 역할을 한다.
   a. 적대적, 도구적
   b. 직접적, 수동적
   c. 도구적, 적대적
   d. 수동적, 직접적

2. 명예의 문화에 대한 연구는 테스토스테론과 공격성 사이의 관계에 대해 무엇을 제안하는가?
   a. 그것은 여러 문화에서 남성이 여성보다 왜 더 공격적인지 이유를 설명한다.
   b. 그것은 테스토스테론과 공격성이 무관함을 보여준다.
   c. 그것은 문화가 남성이 언제 그리고 무엇 때문에 도발되어 공격적이 될 수 있는지에 영향을 미친다는 것을 보여준다.
   d. 그것은 문화가 남성의 테스토스테론의 기본 생물학에 거의 영향을 미치지 않는다는 것을 보여준다.

3. 관계적 공격성이란 무엇인가?
   a. 자신의 관계에 대해 폭력적으로 행동하는 것
   b. 자신의 관계에 대한 공격성의 부정적 영향
   c. 관계를 조종함으로써 공격성을 간접적으로 표현하는 것
   d. 공격성의 표적대상과 성관계를 맺는 것

4. 신체적 공격성 측면에서 남성이 여성보다 행할 가능성이 더 높은 것은?
   a. 폭력의 노골적인 표현에 참여하기
   b. 자신의 명예나 지위를 방어하기 위해 공격적으로 행동하기
   c. 배우자나 파트너를 치거나 때리기
   d. 위의 모든 것
   e. a와 b

5. 사회인지 학습 이론에 따르면 사람들은 언제, 어떤 이유로 도발되는가?
   a. 공격성이 정당하다고 생각한다면 그들은 공격적으로 반응한다.
   b. 그들이 피곤하거나 배고프면 공격적으로 반응한다.
   c. 그들은 자동적으로 공격적으로 반응한다.
   d. 그들은 무엇을 해야 하는지에 대해 친구의 의견을 구한다.

6. 지훈은 법적으로 만취한 정도의 술을 마셨다. 다음 중 그가 공격적이 될 가능성이 더 높은 조건은?
   a. 그는 친구들과 파티를 하고 있다.
   b. 낯선 사람이 그에게 인사를 한다.
   c. 그가 추운 겨울날 일하기 위해 걷고 있다.
   d. 낯선 사람이 붐비는 레스토랑에서 그와 충돌한다.

7. 연구에서 미디어 폭력의 효과에 대해 가장 합리적인 결론이라고 제안하는 것은?
   a. 효과가 있지만, 주로 이미 공격성의 소인이 있는 아이들에게 영향을 미친다.
   b. 대부분의 어린아이들을 더 공격적으로 만드는 강한 효과가 있다.
   c. 사실상 효과가 없다.
   d. 아이들이 만화, TV 또는 영화를 보는지 여부에 따라 그 효과는 다르다.

8. 미국에서 강간이 가장 자주 발생하는 이유는?
   a. 낯선 사람에 의한 강압 때문에
   b. 아는 사람에 의한 강압 때문에
   c. 강간범의 무력화 때문에
   d. 피해자의 무력화 때문에

9. 카타르시스 이론의 타당도에 대한 연구결과는 무엇인가?
   a. 지지됨. 분노를 분출하고 표현하는 것이 대개 이롭다.
   b. 지지됨. 폭력적인 스포츠를 하거나 시청하는 것은 공격성을 감소시킨다.
   c. 기각됨. 분노를 표현하는 것은 종종 사람들을 더 분노하게 만든다.
   d. 기각됨. 분노를 행동화하는 것은 신체적으로는 건강하지만 심리적으로는 그렇지 않다.
   e. a와 b

10. 재우는 폭행으로 유죄 판결을 받았는데 자신의 행동에 대한 여러 가지 이유를 제시한다. 다음 재우의 주장 중 사회심리학자들이 과학적으로 연구한 것은?
    a. "폭행이 일어날 때 방에 총이 있었다."
    b. "형이 동네 아이들을 때리는 것을 보곤 했다."
    c. "내가 정말로 원하는 직장에서 방금 해고당했다."
    d. "나는 남서부에 있는 소를 키우는 목장에서 자랐다."

e. "나는 정당하다. 다른 녀석이 폭행을 시작했다."

정답은 537-539쪽 참조

f. a, b, e

g. a, c, d

h. 위의 모든 것

개요 및 학습목표

편견 : 원인, 결과, 그리고 해결책

이 책에서 다루어지는 모든 사회적 행동 중에서 편견이 가장 보편적이자 가장 위험한 현상이다. 다음 예들을 보라.

- 9·11 사태로 무너진 터를 '그라운드 제로'라고 부르는데, 그라운드 제로 근처에 세워진 모스크를 두고 논란이 있었다. 이 논란의 연장선상에서 일어난 듯한 사건이 있는데, 그것은 한 대학생이 자신을 무슬림이라고 밝힌 택시기사를 칼로 찌른 사건이다. 그 학생은 모스크에 들어가서 바닥에 방뇨를 하며 무슬림을 타도하자고 소리쳤다. 테네시에서는 한 비행기 기장이 반무슬림 편견에 관한 컨퍼런스 참석차 가는 2명의 무슬림 지도자가 비행기에 오르는 것을 거부했다.

- 의상디자이너 존 갈리아노는 한 유대인 여성과 아시아인 남성 커플을 희롱한 후 크리스찬 디올 회사에서 쫓겨났다. 그는 그 커플을 향해 반유대주의적인 발언과 인종주의적 욕을 한 것이다. 목격자들은 갈리아노가 그 여성에게 "더러운 유대인 면상. 너는 죽어야 돼!"라고 말했으며 옆에 있는 남성에게 "XXX 동양인 새끼. 죽여버릴 거야."라고 말하는 것을 들었다고 했다. 이전에 유튜브에 올린 영상에서도 갈리아노는 또 다른 어떤 커플에게 "나는 히틀러를 사랑해…… 너 같은 사람들은 죽어야 해. 당신들 엄마와 조상들은 전부 다 가스실에서 죽어야 해."라고 소리치는 것이 찍혔다. (갈리아노는 게이였는데, 그런 식으로 치자면 자신도 게이로서 나치 가스실에 들어갔어야 한다는 것을 알지 못했다.)

- 시카고에서 실시한 한 설문에 의하면 아프리카계 미국인 대학졸업자는 많은 경우 자신의 이력서가 유럽계 미국인의 것처럼 보이도록 쓴다고 말했다. 한 젊은 여성은 자신의 이름이 타하니인데, 이력서에는 약자로 T.S.로만 썼다고 한다. 다른 사람들은 자신이 아프리카계 미

국인이라는 것을 말해주는 부분, 가령 '아프리카계 미국인 비즈니스학생연합'의 회원이라는 것은 이력서에 쓰지 않는다. 이렇게 하는 데는 이유가 있다. 아프리카계 미국인들의 취업률은 법적으로 보호되어야 한다는 법령에도 불구하고, 통계적으로 볼 때 아프리카계 미국인 대학졸업자들은 경제불황 시기에 여전히 불이익을 받고 있다고 한다.

우리 중에 누구도 편견이 전혀 없는 사람은 없다. 모든 사람에게 공통으로 존재하는 문제점이다. 편견이 극단적으로 되면 살인, 전쟁, 심지어 인종말살에까지 이를 수 있다. 지난 반세기 동안 사회심리학자들은 심리학적으로 편견을 이해하고 그 대책을 제시하는 데 큰 기여를 해왔다. 도대체 편견이란 무엇인가? 그것은 어디서 기인하는가? 우리는 그것을 어떻게 줄일 수 있을 것인가?

편견의 정의

13.1 편견의 세 가지 구성요소는 무엇인가

편견은 태도이며 강력한 정서적인 힘을 가지고 있다. 제7장에서 다루었듯이 태도는 세 가지 요소를 지닌다. 첫째는 정서적 요소로서 태도와 관련한 정서의 종류(예 : 화남, 따뜻함)와 정서의 강도를 나타낸다(예 : 조금 불편함, 강한 적대감). 둘째는 인지적 요소로서 태도를 형성하게 하는 신념 또는 생각을 말한다. 셋째는 행동적 요소로서 태도가 생각으로 머물지 않고 행동으로 나타나는 것을 말한다.

이러한 측면으로 볼 때 **편견**(prejudice)은 특정 집단에 대한 적대적이고 부정적인 태도로서 순전히 그 집단에 속해 있다는 사실에 바탕을 둔다. 그래서 우리가 어떤 사람이 아프리카계 미국인에 대한 편견을 가지고 있다고 말할 때 이는 그 사람이 아프리카계 미국인들에 대해 좋게 또는 적대적으로 생각한다는 것을 의미하며, 또 아프리카계 미국인들은 대개 다 비슷하다고 느끼는 것을 의미한다. 아프리카계 미국인들을 향한 부정적인 생각이 그룹 전체에 해당된다고 여기기 때문에 개인의 특성은 무시되는 것이다. 편견은 인지적인 측면(고정관념)을 포함하기 때문에 차별의 형태로 행동에도 영향을 미칠 수 있다.

우리는 모두 편견의 희생양이 될 수 있다. 어떤 집단에 속하는 것 자체로, 예컨대 인종, 피부색, 종교, 성별, 출신국가, 신체 특징, 장애 등 모든 것이 잠재적으로 편견의 대상이 될 수 있는 것이다. 소수집단뿐만 아니라 주류집단도 편견의 대상이 될 수 있다.

사실 그동안 어마어마한 진보가 이루어지긴 하였다. 아프리카계 미국인이 백인보다 열등하다고 믿는 것, 여성이 남성보다 열등하다고 믿는 사람들의 비율이 점차적으로 감소하고 있다(Weaver, 2008). 50년 전만 해도 대다수의 미국인들은 인종통합에 반대했고, 흑인 대통령은 차치하고서라도 흑인 후보자에게 투표를 한다는 것 자체를 상상하지도 못했다. 실제 2008년에 많은 사람들이 오바마 대통령에게 투표를 했지만 말이다. 지난 세기 동안 많은 다른 변화들도 있었다. 50년 전에는 언젠가 여성이 변호사, 의사, 바텐더, 헌법재판소 재판관, 우주비행사, 해양생물학자가 될 수 있을 거라고 상상하는 사람들도 거의 없었다. 게이와 레즈비언은 자신의 성적 성향이 드러날까 봐 노심초사했으며, 동성결혼이 가능할 거라고도 상상하지 못했다. 실제로 지금 몇몇 주와 나라에서 그것이 법적으로 가능하다. 인권운동의 영향으로 1969년에 전국 비만인협회는 '신체 사이즈와 관련된 모든 형태의 차별을 끝내기' 위해 설립되었으며, 이와 비슷하게 장애인

편견

특정 집단에 대한 적대적이고 부정적인 태도로서 순전히 그 집단에 속해 있다는 사실에 바탕을 둔다.

과 관련된 모든 차별과 싸우기 위해 장애인인권보호협회가 조직되었다.

그러나 편견은 아직도 계속되고 있다. 설문에 의하면 어떤 백인들은 인종주의가 제로섬 게임과 같아서 소수집단의 복지를 향상시키기 위해서는 백인들이 그 비용을 지불해야 한다고 여긴다. 그들은 반흑인주의 감소는 반백인주의를 유발한다고 믿는다(Norton & Sommers, 2011; Wilkins & Kaiser, 2014). 많은 백인은 나라가 점점 다문화되어 가고 있고 백인의 비율이 줄어들고 있다는 사실에 직면하자 관용이 아니라 공포와 편견으로 라틴계 사람들과 아프리카계 미국인들, 아시아계 미국인들을 대하고 있다(Craig & Richeson, 2014). 온라인에서 백인 민족주의자들은 게이, 흑인, 멕시코인, 유대인들에 대한 혐오를 자랑스럽게 표현한다(Stephens-Davidowitz, 2014). 때로 편견은 갑작스레 일어나는데, 위에서 언급한 이야기들과 같이 혐오범죄, 기물파손, 편견을 담은 농담으로 나타나기도 하고 연예인들이나 스포츠 스타들, 배우들, 정치가들이 하는 생각 없는 말들에 나타나기도 한다. 그러나 많은 경우 모호한 표현 속에 숨겨진 어떤 것이 있다. 이제 우리가 그것을 좀 살펴볼 것이다.

인지적 요인 : 고정관념

인간은 마음속으로 끊임없이 범주를 만든다. 그래서 어떤 사람들을 그들의 특징을 바탕으로 한 집단에 넣고, 또 다른 사람들을 또 다른 특징을 바탕으로 다른 집단에 넣는 것이다(Brewer, 2007; Dovidio & Gaertner, 2010). 사회신경과학자들은 범주를 만드는 것이 적응적인 메커니즘임을 발견했다. 인간의 뇌 속에서 범주를 만드는 것은 태어나자마자 시작된다고 한다(Cikara & Van Bavel, 2014). 신생아들은 특정 인종의 얼굴을 다른 인종의 얼굴보다 더 선호하지는 않는다. 그러나 만약 영아가 단일 인종인 세상에서 살게 된다면 그들은 그 인종에 대한 선호가 약 3개월 만에 생긴다고 한다(Anzures et al., 2013). 만약 영아가 두 가지 이상의 인종의 얼굴을 반복적으로 보게 된다면 특정 인종에 대한 선호를 가지지 않는다. 이 연구는 편견에 대한 사회심리학적 접근의 중심 주제를 나타내준다. 우리는 차이점으로 분류하는 능력을 타고났지만, 경험이 그 능력에 영향을 주게 된다는 것이다.

동물이나 식물을 분류하여 물리적 세계를 이해하듯이 비슷한 방식으로 우리는 성별, 나이, 인종 등의 특징에 따라 사람들을 집단으로 분류하여 사회적 세계를 이해한다. 어떤 특징을 지닌 사람들을 만날 때, 과거 비슷한 특징을 가졌던 사람들이 어떠했는지를 생각해내서, 그 인식을 바탕으로 그를 어떻게 대해야 할지를 판단하는 것이다(Anderson & Klatzky, 1987; Macrae & Bodenhausen, 2000). 이러한 범주는 유용하기도 하고 필요하기도 하다. 그러나 이것은 부정적 결과를 야기하기도 한다. 직접적으로 편견을 생성하는 것은 아니지만, 편견을 갖게 되는 첫걸음이 될 수 있기 때문이다.

범주에서 고정관념으로 잠시 눈을 감고 다음에서 설명하는 사람의 성격과 외모에 대해서 상상해보라 : 열정적인 간호사, 컴퓨터 과학자, 흑인 음악가. 이렇게 상상하는 것이 어렵지는 않을 것이다. 우리는 머릿속에서 다양한 유형의 사람들을 생각한다. Walter Lippmann(1922)은 고정관념이라는 개념을 처음으로 소개한 언론가이다. 고정관념은 우리 머릿속에서 생각하는 것과 실제로 존재하

"고양이 달력이네. 그렇다면 아마 정확하지 않을 거야."

Jack Ziegler/The New Yorker Collection/The Cartoon Bank

이 여성의 직업은 무엇일까? 대부분의 비무슬림권 서양인들이 길고 검은 *니캅*을 쓴 무슬림 여성들에 대해 가지고 있는 고정관념은 그들이 성적으로나 정치적으로 억압되어 있다는 것이다. 그러나 두바이에 살고 있는 이 위데드 루타라는 무슬림은 결혼 상담가이고 성관련 사회운동가이자 아랍인들의 섹스 매뉴얼을 펴낸 베스트셀러 작가이다.

고정관념
구성원 사이에 존재하는 개인차는 고려하지 않은 채 동일한 특성이 그 집단의 모든 구성원에게 적용될 것이라고 일반화하는 것

는 것과의 차이점을 의미한다. 한 문화 안에서는 머릿속에 그리는 그림이 매우 비슷하다. 아마 많은 사람이 응원단장을 생각할 때 발랄하고, 예쁘고, 머리는 좀 나빠 보이는 여성을 생각할 것이다. 그런데 간호사가 남자이고, 컴퓨터 과학자가 여자라면, 또는 흑인 음악가가 클래식을 연주한다고 한다면 좀 놀랄 것이다.

우리는 남자 응원단장이나 남자 간호사, 여자 컴퓨터 프로그래머, 흑인 클래식 음악가가 있다는 것을 알고는 있다. 그러나 우리는 우리가 일반적으로 생각하는 것에 따라서 구분하려는 경향이 있다. 한 문화권 안에서 사람들이 '일반적'이라고 생각하는 것은 아주 비슷하다. 왜냐하면 이러한 이미지들이 방송매체에서 계속 보도되고 양산되기 때문이다. 그러나 고정관념은 이러한 단순한 구분을 넘어선다. **고정관념**(stereotype)이란 개인차는 고려하지 않은 채 동일한 특성이 그 집단의 모든 구성원에게 적용될 것이라고 일반화하는 것이다. 고정관념은 신체적, 정신적, 직업적일 수 있다. 금발은 머리가 비었고, 운동선수는 머리가 나쁘며, 기술자는 괴짜라는 것이 그 예이다. 노동자들과 월스트리트 은행원들에 대해서도 우리는 각기 서로 다른 고정관념을 가지고 있다.

고정관념은 인지적인 과정이기 때문에 긍정적일 수도 있고 부정적일 수도 있다. 당신이 어떤 집단을 좋아한다면 당신의 고정관념은 긍정적일 것이나, 당신이 그 집단을 싫어한다면 같은 행동이라 하더라도 그 집단에 대한 당신의 고정관념은 부정적일 것이다. 즉, 보기에 따라 같은 행동이 인색하게 보일 수도 검소하게 보일 수도 있고, 가족을 사랑하는 것으로 보일 수도 가족 이기주의로 보일 수도 있으며, 적극적으로 보일 수도 지나치게 밀어부치는 것으로 보일 수도 있는 것이다(Peabody, 1985). 종종 고정관념은 우리가 세상을 볼 때 단순화하는 경향이 있기 때문에 생긴다. Gordon Allport(1954)는 고정관념을 '최소 노력의 법칙'으로 묘사했다. 세상은 너무나 복잡하기에 모든 것에 정확한 태도를 구분하여 행동하기는 어렵다. 그래서 특정 주제에 대해서만 제대로 된 정확한 태도를 만들고, 다른 사람들에 대한 단순하고 대략적인 믿음에 의존하는 것이 우리의 인지적 시간과 노력을 극대화하는 것이라 설명한다(제3장 참조). 우리의 제한된 정보처리 능력을 고려한다면 '인지적인 구두쇠'가 되어서 다른 사람들을 이해할 때 대략적이고 어림잡아 생각하는 것이 합리적이다(Ito & Urland, 2003; Macrae & Bodenhausen, 2000). 어떤 집단에 대한 우리의 생각과 일치하는 정보는 주의를 더 끌게 되고, 기억이 잘 될 것이며, 결과적으로 그 정보를 더욱 강화시키는 결과를 낳게 될 것이다. 그래서 그 집단의 구성원이 기대했던 대로 행동할 때마다 그 행동은 우리의 고정관념을 확증하고 강화시킬 것이다. 고정관념과 일치하지 않는 사람을 보게 되면 우리는 그 사람을 예외적이라고 여기기 때문에 고정관념을 수정할 필요성을 느끼지 못한다.

고정관념이 경험에 기인하고 정확하다고 한다면, 그것은 복잡한 환경을 다루는 아주 적응적이며 효과적인 방법이다(Jussim, Cain, Crawford, Harber, & Cohen, 2009; Lee, McCauley, & Jussim, 2013). 그러나 고정관념이 한 집단에 속한 개인의 개인차를 보지 못하게 만든다면, 고정관념을 가진 사람이나 그 대상에게나 모두 그것은 부적응적이고, 불공평하며, 위험하다('해보기 : 고정관념과 공격성' 참조).

고정관념과 공격성

눈을 감고 한 공격적인 공사판 노동자를 상상해보라. 이 사람은 옷을 어떻게 입었는가? 어디에 있는가? 그리고 특별히 이 사람이 공격성을 표현하기 위해서 무슨 행동을 하는가? 가능한 한 구체적으로 이 사람의 행동에 대해 다 적어보라.

이제 한 공격적인 변호사를 생각해보라. 이 사람은 옷을 어떻게 입었는가? 어디에 있는가? 그리고 특별히 이 사람이 공격성을 표현하기 위해서 무슨 행동을 하는가? 가능한 한 구체적으로 이 사람의 행동에 대해 다 적어

보라.

당신이 실제 이 실험의 피험자와 비슷하다면, 공사판 노동자와 변호사에 대해 가지고 있는 당신의 고정관념이 공격성을 해석하는 데 영향을 미칠 것이다. 대부분의 피험자들은 공사판 노동자는 물리적 공격을 사용할 것이고 변호사는 언어적 공격을 사용할 것이라고 상상했다(Kunda, Sinclair, & Griffin, 1997).

긍정적 고정관념은 괜찮지 않을까   고정관념은 '심리적 지름길(mental shortcut)'이기도 하지만, 이것은 직접적으로 또는 교묘하게 악용될 수 있다. 어떤 민족은 게으르고 어떤 민족은 폭력적이라고 여기는 것이 그 예이다. 악용은 주로 교묘하게 이루어지지만, 긍정적 속성에 관한 고정관념을 포함할 때도 있다.

예를 들면 아시아계 미국인들은 '소수집단의 대표격'이 되었다. 이들은 열심히 일을 하고, 야망이 있고, 머리가 좋다고 여겨지는 사람들이다. 그러나 많은 아시아계 미국인들은 자신들을 이렇게 싸잡아 보는 관점을 거부한다. 왜냐하면 학교 공부에 관심이 없는 사람들이나 과학이나 수학에 관심이 없는 사람들 또는 개인이라기보다 집단으로 구분지어 대우받는 것을 싫어하는 사람들에 대해서도 세상은 높은 기준 또는 기대치를 갖기 때문이다(Thompson & Kiang, 2010). 게다가 아시아계 미국인들을 싸잡아 생각하기 때문에 아시아인들 간의 차이는 생각하지 않는다. (스웨덴, 독일, 아일랜드, 프랑스, 그리스인들을 그저 유럽계 미국인으로 뭉뚱그려 생각하는 것과 마찬가지이다.) 미국에 살고 있는 캄보디아인, 중국인, 한국인, 라오스인, 베트남인 학생들에 대한 한 연구에 따르면 이들 간에 가치, 동기, 목표 등에 많은 차이가 있는 것으로 나타났다(Lee, 2009).

'백인들은 점프를 못한다.'라는 고정관념을 생각해보라. 이것은 동시에 흑인들이 점프를 잘한다는 것을 의미한다. 미국 인구 중 흑인 비율이 13%인데, NBA 선수 중 흑인이 80% 이상이다. 그러면 여기서 문제는 무엇인가? 이것은 많은 백인 아이들이 농구에 소질을 보이고, 또한 많은 흑인 아이들이 농구에 소질이 없다는 사실을 간과한다(NBA 선수 중 80%가 흑인이라고 해서 흑인 중 80%가 NBA 선수가 될 가능성이 있는 것은 아니다!). 그래서 농구에 소질이 없는 흑인을 본 백인이 그 사실에 대해 놀란다면 그는 지금 한 개인의 특성을 부인하는 것이나 마찬가지이다. 또한 흑인을 '똑똑한 전문가'가 아닌 '뛰어난 운동선수' 범주에 넣음으로써 그 흑인을 모독하고 있는 것이라고도 할 수 있다. 한 아프리카계 미국인 법조인은 아들 둘과 근사한 레스토랑에서 저녁식사한 것을 묘

동양 여성, 금발 여성, 문신한 여성, 근육질 여성에 대한 고정관념을 가지고 있는가? 이 여성은 이 네 가지를 다 가지고 있다. 당신은 이 고정관념 중 어떤 것이 긍정적 또는 부정적이라고 생각하는가?

사했다. 웨이터가 와서 아이들이 래퍼가 될 건지 농구 선수가 될 건지를 가볍게 물었다. 그녀는 아마 아이들이 의사나 변호사가 될 것 같다고 대답했다. 그러자 그 웨이터는 "그렇죠, 꿈은 높게 가져야죠?"라고 하는 것이다(Cashin, 2014).

이러한 타인비하적 고정관념화가 일어나고 있다는 많은 연구가 있다. 한 실험에서 대학생들은 20분 정도 길이의 농구경기 음성파일을 들었다. 그들은 마이크 플릭이라는 한 선수에 집중하도록 지시받았으며 그 선수의 정보파일과 사진을 보았다. 피험자 중 반은 백인의 사진, 나머지 반은 흑인의 사진을 보았다. 농구경기를 들은 후 그들은 마이클 플릭이라는 선수의 경기 내용을 평가하였다. 그들의 결과는 역시나 고정관념을 그대로 반영한 결과였다. 마이클 플릭이 흑인이라고 알고 있던 집단은 그를 운동능력이 더 탁월하고 경기 운영을 잘했다고 평가했다. 백인이라고 알고 있던 사람들은 그가 단점이 더 많다고 여겼고 농구감각은 있다고 생각했다(Stone, Perry, & Darley, 1997).

성에 대한 고정관념 사람들은 남성과 여성에 대해 고정관념을 가지고 있다. 그중 어떤 고정관념은 긍정적이고 어떤 것은 부정적이다. 여성은 동정심이 많고, 말이 많으며, 남성은 능력 있고, 공격적이다(Kite, Deaux, & Haines, 2008; Matlin, 2012). 그러나 고정관념이 항상 그렇듯이, 성차는 과장되고 단순화되어서 같은 성 내에서 발생하는 개인차를 무시한다. 예를 들면 여성은 실제로 동정심이 더 많을까? 어떤 여성이 그럴까? 누구를 향한 동정심일 때 그럴까? 다양한 상황에서 실제 행동을 체계적으로 관찰하였을 때 남녀 간에 동정심의 표현이나 행동에 차이가 없는 것으로 나타났다(Fine, 2010). 어떤 점들은 차이가 있어 보이지만 실제 자세히 살펴보면 차이가 없다. 여성은 남성보다 '더 수다스럽다'는 대중적 시각에 대해 생각해보라. 이 가정을 검증하기 위해 심리학자들은 남녀 표본을 수집하여 그들에게 녹음기를 부착한 후 일상생활을 하게 했다. 분석결과 남녀 간에 말하는 단어의 수에 차이가 없었다. 남녀 모두 하루에 평균 16,000단어를 말하였으며 개인차가 아주 컸다(Mehl, Vazire, Ramirez-Esparza, & Pennebacker, 2007).

남녀차에 대한 고정관념이 편견을 만들지 않는다면 이것은 그저 재미있는 게임과 같을 것이다. 그런데 현실은 그렇지 않다. 10년 이상 19개국에서 15,000명 남녀를 대상으로 이루어진 한 연구에서 Peter Glick과 Susan Fiske(2001)는 세계 곳곳에서 이루어지고 있는 성차별주의가 두 가지의 기본적 모양을 띠는 것을 발견했다. 첫 번째는 적대적 성차별과 자애로운 성차별이다. 적대적 성차별은 여성에 대한 부정적 고정관념을 말한다. 여성은 남성에 비해 머리가 좋지 않고, 능력이 없으며, 덜 용감하고 수학과 과학을 어려워한다 등등의 생각이다. 자애로운 성차별은 여성에 대한 긍정적 고정관념을 말한다. 여성은 남성에 비해 동정심이 많고, 더 친절하고, 더 잘 돌봐준다 등등의 생각이다.

Glick과 Fiske는 두 가지 형태의 고정관념 모두 여성을 비하시키는 것이라고 말한다. 왜냐하면 자애로운 성차별 역시 여성을 약한 존재로 보고 있기 때문이다. 자애로운 고정관념은 여성을 로맨틱하게 미화하며, 훌륭한 요리사이자 엄마로서 존경한다. 그리고 여성이 원하지 않을 때에도 여성을 보호하기를 원한다. 이러한 성차별은 다정하지만 깔보는 것이다. 여성은 착하고 친절하고 도덕적이고 훌륭하기 때문에 집에 머

"아니요, 저는 멜의 비서가 아니고요, 멜입니다."

Bacall Aaron/CartoonStock

물러야 하고 공격적이거나 경쟁적인 공적인 삶의 부패(그리고 권력, 수입)로부터 물러나 있어야 한다고 여긴다(Glick, 2006). 자애로운 성차별은 여성에 대한 적대감이 없기 때문에 많은 사람들이 이를 편견으로 여기지 않는다. 그리고 많은 여성은 여성이 남성보다 낫다고 여기기를 좋아한다. 그러나 두 종류의 성차별 모두 좋지 않다. 이는 여성에 대한 차별을 정당화하며, 여성은 전통적인 성역할로 돌아가야 한다는 주장을 뒷받침하는 데 사용될 수 있다(Christopher & Wojda, 2008).

　자애로운 성차별로 생명을 잃을 수도 있다. 여기 한 예가 있는데, 연구자들은 한 흥미로운 미스터리를 발견해냈는데, 1950년에서 2012년 사이에 남성이름으로 지어진 허리케인보다 여성이름으로 지어진 허리케인 때 거의 2배 이상의 사람들이 죽었다는 것이다(허리케인 카트리나처럼 몇몇 예외를 제외하고). 호기심에 과학자들이 사람들에게 남성이름의 허리케인(알렉산더, 크리스토퍼, 빅터)과 여성이름의 허리케인(알렉산드리아, 크리스티나, 빅토리아)의 위험성을 예측하게 했다. 사람들은 남성이름의 허리케인이 더 치명적이고 더 셀 것이라고 예측했다. 이 결과는 사람들이 남성이름의 허리케인 때 더 경각심을 가지고 더 철저히 준비하도록 만들었던 것이라 할 수 있다. 그리고 그 결과 허리케인이 왔을 때 사람들이 덜 죽었던 것이다(Jung, Shavitt, Viswanathan, & Hilbe, 2014). 심지어 사람들은 태풍에 대한 반응을 할 때 남성과

성 고정관념에 대한 영향은 매우 커서 허리케인에 여성이름을 붙이면 덜 위협적일 거라고 받아들이는 경향이 있다.

여성에 대한 고정관념과 일치하게 행동했다. 여성이름의 허리케인은 더 부드러울 것이라 생각하는 것이다.

　아마 당신은 '남성은 어때요? 남성에 대한 고정관념도 많아요. 그들은 성범죄자들이고, 무정한 사람들이며, 지배적이고, 교만한 사람들이에요.'라고 생각할 것이다. 실제로 16개국 사람들을 대상으로 한 연구에 따르면 사람들은 실제로 남성들이 더 공격적이고 범죄 성향이 더 강하며 전반적으로 여성만큼 따뜻하거나 친절하지 않다고 믿고 있었다(Glick et al., 2004). 이러한 태도는 남성에게 적대적일 뿐만 아니라 남성은 리더와 지배자 자리에 맞게 '원래' 만들어졌다고 규정하기에 남녀 불평등과 여성에 대한 편견을 지지하기도 한다.

정서적 요인 : 감정

우리는 편견에 사로잡힌 사람들을 만나게 되면 그들의 생각을 바꾸는 것이 얼마나 어려운 일인지 알게 된다. 보통 때는 아주 합리적이며 이성적인 사람도 자신이 가진 편견에 대해 얘기할 때는 속수무책이다. 왜 그럴까? 이것은 바로 편견의 감정적인 측면 때문이다. 당신이 만약 어떤 집단에 대한 고정관념을 가지고 있는데, 그 고정관념에 대해서 정서적으로 깊이 관여하고 있지 않다면 그것과 반대되는 정보에 대해 마음을 여는 것도 쉬울 것이다.

　당신 : 아휴, 나는 노르웨이에 가기 싫어. 거기 사람들은 냉정하고 무관심한 사람들이래. 나는 차라리 표현이 풍부한 이탈리아 사람이 더 좋아.

　친구 : 야, 아니야! 나 노르웨이에서 6년을 살았는데, 거기 사람들은 참 잘 도와주고 친절하고 영리하고 크게 베풀고 그래. 진짜 멋졌어.

　당신 : 진짜? 노르웨이인들에 대한 내 생각을 좀 바꿔야겠는걸. 그럼 우리 어디로 갈까?

반대로 편견을 바꾸는 게 얼마나 어려운지는 Goldon Allport(1954)가 쓴 *The Nature of Prejudice*라는 유명한 책에 나온 A와 B의 대화에 잘 묘사되어 있다.

> A : 유대인들은 문제가 자기네들만 잘살려고 한다는 거야.
>
> B : 그러나 기부단체의 기록에 의하면, 유대인들은 그 인구 비율에 비해서 훨씬 많은 기부를 하는 것으로 나타났어요.
>
> A : 그걸 보면 유대인들은 항상 사람들의 환심을 사서 기독교인들을 방해하려고 한다는 걸 알 수 있지. 그들은 돈밖에 생각 안 해. 그래서 유대인 금융업자가 그렇게 많은 거야.
>
> B : 최근 보고에 의하면 유대인 금융업자는 극히 소수이고 비율상으로도 비유대인에 비해서 아주 낮다고 하더라고요.
>
> A : 그것 봐. 그들은 사회적으로 존경받는 산업에 투자하지 않고 영화산업이나 나이트클럽에 투자한단 말이야.(pp. 13-14)

A는 유대인에 대한 믿음이 감정과 결부되어 있다. 사실 이 사람은 "나한테 사실적 자료들을 들이대지 마. 내 마음은 이미 결정되어 있어."라고 말하는 것과 같다. B가 반대 자료를 제시함에도 불구하고 그 자료를 왜곡하고, 유대인을 더 혐오하는 이유로 삼았으며, 또 새로운 논리를 만들어 유대인들을 공격하였다. A가 처음에 얘기했던 것은 다 말이 되지 않음이 밝혀졌어도 그의 편견적 태도는 여전히 그대로인 것이다.

이것은 편견에 있어 감정이 작용하는 것을 보여준다. 반유대주의의 상당 부분은 사실이 아님에도 불구하고 세대에 걸쳐서 내려오고 있으며 여러 나라에 퍼져 있다. 나치와 아르헨티나 공산주의하에서 유대인들은 탐욕적 자본주의를 가졌다고 공격당했다. 지나치게 세속적이고 신비스럽다고, 약하고 능력이 없다고, 또 세계를 지배할 만큼 강력하다고 비판받았다(Cohen, Jussim, Harber, & Bhasin, 2009).

이 책에서 논의한 바에 의하면 중요한 정보처리를 할 때 누구도 사회적 정보를 100% 처리하지는 못한다. 사람은 완전히 객관적일 수 없고 우리의 감정과 필요, 그리고 자아개념이 섞일 수밖에 없다(Fine, 2008; Gilovich, 1991; Westen et al., 2006). 그렇기 때문에 고정관념에 정서적인 것이 더해진다면 특정 집단에 대한 편견은 바뀌기가 아주 어렵다. 우리는 '그 사람들'에 대한 우리의 생각이 얼마나 맞는지를 확증하는 정보만을 본다. 마치 위의 대화에서 A가 자기 태도를 바꿔야 하는 정보에 대해서는 무시하는 것과 같다.

그 결과 Goldon Allport가 오래전에 관찰한 바와 같이 편견은 '지적인 것을 넘어서 정서적으로 뿌리내리고 있다.' 즉, 부정적 감정에 깊이 뿌리박혀 있는 편견은 그 사람이 의식적으로 편견이 잘못된 것이라고 알고 있다 하더라도 여전히 지속될 수 있다는 것이다. 그래서 어떤 사회심리학자들은 **명시적 편견이 감소되고 있는 점**에 대해서 기뻐하면서도, 암묵적이고 무의식적인 부정적 감정도 함께 감소되고 있는지에 대해 더 정밀하게 측정하는 쪽으로 관심을 돌리고 있다. (우리는 명시적·암묵적 태도에 대해 제7장에서 논의하였다.) 자동으로 작동되는 암묵적 태도는 마음속 깊이에 살아남아 있는 부정적 감정으로 나타나게 된다(Dovidio & Gaertner, 2008). 우리는 곧 암묵적 편견의 현상과 그것이 작동되는 조건에 대해서 알아볼 것이다. 우선은 당신이 어떤 집단에 대해 어떤 분명한 부정적 감정을 가지고 있는가부터 알아보자('해보기 : 당신의 편견 확인하기' 참조).

해보기! 당신의 편견 확인하기

당신이 "못 견뎌!" 하는 어떤 부류의 사람들이 있는가? 이런 편견을 가지게 한 사람은 누구인가? 그들의 외모나 몸무게, 나이, 직업, 민족, 종교, 성별 또는 인종에 바탕을 둔 것인가? 편견을 야기하는 요인에 대해서 생각해보

자. 어떤 것이 당신의 부정적 감정을 일으키게 하는가? 당신의 편견을 줄일 수 있는 어떤 경험이나 태도에 대해서 생각해보자. 당신의 편견을 없애 버리기 위해 선행되어야 할 조건은 무엇인가?

행동적 요인 : 차별

편견은 특정 집단을 불공평하게 대하도록 만든다. 우리는 이것을 **차별**(discrimination)이라고 부른다. 이것은 특정 집단의 일원이라는 이유만으로 그 사람에게 부당하게 행해지는 부정적이거나 적대적인 행동을 말한다. 사회에서 낙인찍힌 어떤 집단은 사회에서 공식적으로 또는 우회적으로 차별을 경험하게 된다. '마른 사람이 아름답다.'라고 주저 없이 인정하는 문화를 예로 들면 뚱뚱한 사람은 종종 조롱의 대상이 되며 모욕을 당하기도 한다. 그들은 마른 사람에 비해서 고용되고 승진되기가 더 힘들다(Finkelstein, DeMuth, & Sweeney, 2007; King et al., 2006; Miller et al., 2013). 오늘날 학교나 직장에서 드러나게 차별하는 것은 불법이다. 그러나 고정관념과 편견은 삶에 '스며들어' 있기에, 행동으로 잠재적으로 표현되고 있다. 아프리카계 미국인이나 여성에 대한 예처럼 말이다.

인종차별 흑인과 백인은 '마약과의 전쟁'에서 공평하게 대해지지 않는다는 점을 생각해보자(Fellner, 2009). 나라 전체적으로 인구비율에 비해 마약상 중 아프리카계 미국인들이 더 많이 체포되고 구속되고 마약으로 인해 처벌된다(Blow, 2011). 대표적인 사례로 시애틀에서는 70%가 백인이고, 독한 마약을 파는 대다수도 백인이다. 그러나 체포된 사람의 2/3를 보면 흑인이다. 백인들은 주로 독한 마약류를 사용하고 팔지만, 흑인들은 약한 마약을 다룬다. 그런데 경찰은 백인들의 마약시장은 무시하고, 흑인들을 체포하는 데 주력하고 있다. 연구자들은 이러한 차이를 인종차별 외에 다른 어떠한 것으로 설명할 수 없다고 한다. 연구자들은 경찰 조직의 마약 소탕 노력이 인종차별을 반영하고 있다고 말한다. 인종에 대한 무의식적 영향이 그 도시의 마약 문제의 원인 파악에 영향을 미친다는 것이다(Beckett, Nyrop, & Pfingst, 2006).

편견은 또한 미세한 공격을 통해 차별행동을 이끈다. 미세한 공격의 예로는 '무시하고, 깎아내리는' 행동이 있는데, 소수인종이나 육체적 장애인 등이 이것을 겪고 있다(Dovidio, Pagotto, & Hebl, 2011; Nadal et al., 2011; Sue, 2010). Derald Sue(2010)는 이러한 예를 들었다. 백인 교수는 아시아계 미국인이 "영어를 잘한다."고 칭찬한다. 그 학

차별
어떤 집단의 일원이라는 이유로 부당하게 행해지는 부정적이거나 해로운 행동

편견은 시대와 사건에 따라서 나타나고 사라지기를 반복하면서 전 세계에 퍼져 있다.

생은 미국에서 태어나서 평생 산 사람인데도 말이다. 한 백인 여성은 일을 마치고 엘리베이터에 탔을 때 흑인 남성이 안에 탄 것을 보고 손으로 목걸이를 가린다. 그리고 그녀는 책상 위에 무엇을 두고 온 것을 '기억해낸다'. 그리고 흑인 동료를 보고 그가 위험하고 도둑이 될 수도 있다고 생각한다. 집단토론에 있는 남성들은 한 명의 여성 멤버의 기여를 완전히 무시한다. 그녀는 넘어가고 다른 사람에게만 주의를 준다.

고용주들의 행동은 사회적 거리로 측정될 수 있는 일종의 차별을 반영한다. 즉, 어떤 그룹의 사람들과 '지나치게 가까이 하기'를 꺼리는 것이다. 사회적 거리를 재는 것은 많은 사회적 상황에 적용될 수 있다. 수업시간에 이성애자들이 이성애자 옆에 앉는 비율과 동성애자 옆에 앉는 비율이 같을까? 비장애인 여성은 휠체어를 탄 여성으로부터 멀리 물러날까? '이런 유의 사람'들과 당신은 얼마나 가깝게 지내는가? 그들과 함께 일하고, 그들과 이웃으로 살고, 그리고 그들과 결혼하는가? 미국에 살고 있는 히스패닉, 백인, 흑인, 유대인, 아시아인을 대상으로 한 설문을 종합해 보면 각 민족집단은 아직도 다른 민족과 이웃으로 산다거나 결혼을 하는 것에 대해 강한 거부감을 가지고 있다(Weaver, 2008). 그런데 이것이 실제로 '편견'을 반영하는 것일까 아니면 단순히 같은 민족이나 종교를 가진 사람을 향한 친근함이나 편안함을 말하는 것일까? 당신이나 당신의 친구들은 배우자로 어떤 인종도 선택할 수 있다고 생각하는가? 당신의 부모님도 다른 인종의 배우자를 받아들일 것인가? 당신의 부모님은 혹시 당신에게 어떤 특정 부류의 사람과는 절대 결혼하면 안 된다고 말한 적이 있는가?

성차별 이제 미국에서는 일어나지 않는다고 여겨지는 성차별은 어떠한가? 유명 대학교의 과학 교수가 실험실 매니저직에 지원한 학생 지원자를 평가할 때, 교수는 남자 지원자가 더 유능할 것이라고 생각한다. 이때 다른 조건은 동일하고 이름만 남성의 이름인지 여성의 이름인지만 차이가 있다고 해도 말이다. 교수들은 여자보다 남자를 더 뽑으려고 했고 남자의 초봉을 더 높게 제시했으며 업무적 멘토링을 더 해줄 것이라고 제안했다.여성 교수들도 남성 교수와 비슷한 반응을 보였다(Moss-Racusin, Dovidio, Brescoll, Graham, & Handelsman, 2012).

여성의 지위는 국가마다 다르다. 그리고 차별의 정도도 다르다. 직업군이 성별에 따라 갈리게 되면, 많은 사람은 어떤 직업에 대한 자격요건에 대한 성적 고정관념을 형성하게 된다. 여성이 갖는 직업은 친절함과 돌봄이 필요한 것이고, 남성이 갖는 직업은 힘과 유능함이 필요한 것이라 여기는 것이다. 이러한 고정관념은 사람들이 비전통적인 직업을 얻고자 하는 의지를 꺾게 된다. 그리고 고용주들이 편견을 가지고 차별하도록 부추기는 셈이 된다(Agars, 2004; Cejka & Eagly, 1999; Eccles, 2011).

직업군에 있어서 성비가 바뀔 때 편견과 차별도 함께 바뀌게 된다. 1950년대와 1960년대에는 변호사, 수의사, 약사, 부동산 중개인, 바텐더 들이 대부분 남성이었다. 그리고 간호사, 초등학교 교사, 아이돌봄 교사 들은 모두 여성이었고 남성 직업군에 가고자 하는 여성은 거의 없었다. 그러나 직업에 있어서 차별이 불법이 되면서 사람들의 동기도 변하게 되었다. 오늘날 여성 변호사, 수의사, 약사, 바텐더를 보는 것이 흔해졌다. 여성이 아직 공학, 수학, 과학 분야에서는 소수이기는 해도 그 수는 많이 상승했다. 1960년대에 여성 공학박사 학위 수여자의 수는 단 0.4%, 수학에서 5.2%, 생명공학에서 8.8%였으나, 2006년에 이르러 정부 통계자료에 의하면 각각 20.2%, 29.6%, 51.8%로 껑충 뛰었다. 그리고 그 후 더 증가되어 2010년에는 공학에서 학위를 받은 젊은 학자 중 43%가 여성이었다.

이 숫자가 증가함에 따라 예전에 존재했던 여성에 대한 편견, 즉 여성은 '원래' 공학, 수학, 과학에 맞지 않는다는 것은 점점 사라지게 되었다. 그러나 모든 분야에서 그렇지는 않으며, 차별도 계속되고 있다. 예를 들면 과학, 공학, 기술 분야에 있는 약 2,500명의 여성과 남성을 대상으로 많은 여성이 그 직업을 떠나는 이유에 대해 물어보았다. 그 직업을 떠나게 된 여성들은 분리된 느낌을 갖는다고 보고했다(많은 여성이 작업 집단에서 자신이 유일한 여자라고 답했다). 그리고 2/3 정도는 그들이 성희롱을 당했다고 보고했다(Hewlitt, Luce, & Servon, 2008). 다른 이유들로는 같은 일인데도 남성보다 돈을 덜 받는것, 가정일을 할 수 없도록 하는 업무상황 등을 꼽았다. 엄마들은 아빠들보다 업무시간을 줄이고 업무 스케줄을 바꾸고자 하고, 아이를 돌봐야 하는 문제로 업무에 집중하지 못하는 경향이 있다(Sabattini & Crosby, 2009).

편견의 작동 어느 늦은 겨울 밤, 브롱크스 남쪽의 아파트 계단에 서아프리카에서 온 이민자 아말도 디알로가 앉아 있었다. 잠시 후 운명적인 순간이 다가왔는데, 포드 자동차에서 잠복하고 있던 4명의 경찰이 디알로가 있는 거리 쪽으로 방향을 돌렸다. 경찰관 중 한 명은 디알로를 보고는 그가 1년 전에 일어났던 성폭행사건의 용의자 몽타주와 닮았다고 생각했다. 경찰관들은 차에서 내렸고 아파트 베란다 쪽으로 들어가는 디알로에게 멈추라고 소리쳤다. 디알로는 사실 전과 기록이 전혀 없었다. 그는 하루 종일 길가에서 노점상을 운영하였고, 틈틈이 고등학교 학점을 따면서 대학에 진학하기를 준비하는 사람이었다. 경찰관들이 그에게 다가가자 그는 손을 뒷주머니 쪽으로 옮겼다. 아마 뒷주머니에 있던 지갑에서 신분증을 보여주려고 했던 것 같다. 뒷주머니에 손을 대는 것을 보고 놀란 4명의 경찰은 주저하지 않고 디알로에게 41발의 총을 쏘았으며, 디알로는 즉사했다.

플로리다에서 조지 지멀만은 17세 아프리카계 미국인 고등학생인 트레이본 마틴을 쏴 죽였다. 지멀만은 히스패닉계였고 동네 방범요원이었다. 그는 마틴이 수상하게 행동한다고 생각했고 그를 뒤쫓아갔다. 그리고 그와 싸우게 되고, 지멀만은 총을 쏘게 되었다. 처음에 경찰은 지멀만을 체포하려 하지 않았다. 왜냐하면 플로리다에서는 법적으로 위험상황이라고 느낄 때 총을 쏘는 것이 허락되었기 때문이다. 전국적으로 시위가 일어나 재조사가 들어갔고 지멀만은 2급 살인죄로 기소되었다. 재판부는 그를 무혐의로 풀어주었다.

여기서 중요한 부분은 '위험상황이라고 느낄 때'이다. 경찰관 또는 자신을 경찰관으로 스스로 임명한 지멀만은 종종 극심한 스트레스 상황에서 빠른 판단을 내려야 한다. 이때 잠시 멈춰서 상대방이 위협을 가하는지 분석할 시간이 없다. 상대방이 총을 가지고 있는가 지갑을 가지고 있는 것인가? 이때 방아쇠를 당기는 결정이 피해자의 인종에 영향을 받는가? 경찰관이나 지멀만은 그들이 직면한 사람이 백인이었다면 다르게 행동했을까?

연구자들은 이 문제를 실험실 상황에서 재현하고자 하였다. 한 연구에서 백인 피험자들은 젊은 청년이 공원, 전철역, 시내 길가를 배경으로 찍은 사진을

총격 사건으로 숨진 트레이본 마틴 (2012년 플로리다, 왼쪽 사진)과 마이클 브라운(2014년 미주리, 오른쪽 사진). 아프리카계 미국인 남성을 위험인물로 인식하고 죽이는 비극이 계속되고 있음을 보여준다.

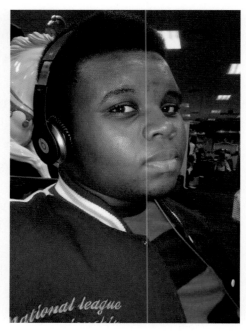

보았다(Correll, Park, Judd, & Wittenbrink, 2002). 사진의 반은 흑인 남자였고, 나머지 반은 백인 남자였다. 그리고 사진의 반은 남자가 손에 권총을 들고 있었고, 나머지 반은 휴대전화, 지갑, 카메라와 같은 비위협적인 물체를 들고 있었다. 피험자들은 만약 그 사진 속의 인물이 총을 들고 있으면 '발사' 버튼을 누르고, 아니면 '쏘지 마'라는 버튼을 누르라고 지시받았다. 경찰관처럼 그들은 1초도 안 되는 상황에서 결정을 해야 했다. 피험자들은 각 라운드에서 권총을 가지지 않은 사람을 쏘지 않으면 5점을 얻고, 권총을 가진 사람을 쏘면 10점을 얻었다. 그리고 총을 가지고 있지 않은 사람을 쏜다면 20점을 잃고, 총을 가진 사람을 쏘지 않으면 40점을 잃었다(이 상황이 경찰관의 목숨을 위협하는 가장 위험한 상황이기에 점수배점이 높았다).

결과는 어땠을까? 피험자들은 사진 속 인물이 총을 들고 있든지 아니든지 상관없이 흑인의 사진일 때 방아쇠를 당겼다. 이러한 '총쏘기 편향'은 사람들이 흑인이 권총을 가지고 있는 상황에서 상대적으로 오류를 적게 범한다는 것을 의미한다. 반대로 말하면, 사람들은 흑인들이 총을 가지고 있지 않을 때, 즉 비무장인 사람을 쏘는 오류를 가장 많이 범한다는 것이다(그림 13.1 참조). 사진 속의 인물이 백인일 때 피험자들은 그 사람이 총을 가지고 있는지 그렇지 않은지 상관없이 비슷한 수의 오류를 범했다. 경찰관을 대상으로 본 실험을 실시하였을 때도 결과는 비슷했다. 총을 든 백인보다 총을 든 흑인을 보았을 때 반응시간이 더 짧았다. 이것은 배경이 안전하거나 비위협적인 상황에서나 마찬가지였다. 조금씩 변형을 한 많은 후속 연구에서 초기의 연구결과가 반복적으로 검증되었다(Correll, Wittenbrink, Park, Judd, & goyle, 2011; Correll et al., 2007; Eberhardt, Goff, Purdie, & Davies, 2004; Ma & Correll, 2011; Payne, 2001; 2006; Plant & Peruche, 2005).

편견은 사람들이 화가 났을 때나 모욕을 당했을 때도 활성화된다(Rogers, Prentice-Dunn, 1981). 백인 학생들이 생리반응 실험의 일부로 백인 또는 흑인 학습자에게 전기충격을 가해야 한다고 들었을 때, 그들은 처음에 백인보다 흑인 학습자에게 낮은 강도의 전기충격을 주었다. 아마도 그들은 자기가 편견에 사로잡혀 있지 않다는 것을 보여주려 했는지 모른다. 그러나 그 학생들은 학습자들이 그들에 대해 아주 경멸적인 말을 했다는 것을 엿듣게 되었다. 이런 상황에서

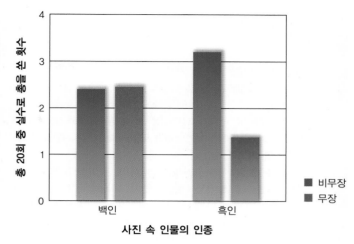

그림 13.1 총 쏘기 비디오 게임에서의 오류

피험자는 총을 들고 있는 사람을 보면 '쏘고', 휴대전화와 같은 물체를 쥐고 있을 때는 총을 쏘지 않는 비디오 게임을 했다. 그래프에서 보여주듯이 피험자는 백인이 총을 들었을 때나 안 들었을 때나 비슷하게 총을 쏘았지만, 사진에서와 같이 흑인이 비무장일 때 훨씬 더 많이 총을 쏘려 했다.

출처 : Correll, Park, Judd, & Wittenbrink(2002)

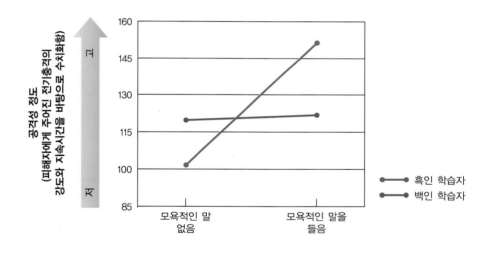

그림 13.2 흑인에 대한 편견이 드러날 때

사람들이 화가 났을 때 편견이 더 활성화될 수 있다. 이 실험에서 백인 학생들은 기분이 좋을 때 백인 학습자보다 흑인 학습자에게 전기충격을 덜 주었다. 그러나 화가 나자 백인 학생들은 흑인 학생들에게 더 강한 전기충력을 주었다.

출처 : Rogers & Prentice-Dunn(1981)

는 사람들은 보통 화가 나기 마련이다. 그리고 나서 전기충격을 줄 수 있는 기회가 다시 주어졌을 때, 그 학생들은 흑인에게 백인보다 더 높은 강도의 전기충격을 주려 했다(그림 13.2 참조). 같은 패턴이 영어권 캐나다인이 프랑스권 캐나다인에게, 그리고 이성애자가 게이들에게, 비유대인들이 유대인들에게, 남성이 여성에게 나타났다(Fein & Spencer, 1997; Maass, Guarnierni, & Grasselli, 2003; Meindl & Lerner, 1985).

이러한 발견들은 우리가 겉으로는 아니지만 그 밑에는 편견이 내재되어 있음을 보여준다. 그 편견을 활성화시키는 것은 어렵지 않다. 그리고 한 번 활성화되면 외집단 구성원을 대할 때 끔찍한 결과를 초래할 수 있다.

복습문제

1. 사회신경학적 발견은 다음 중 무엇인가?
   a. 뇌가 빠르게 범주를 구분할 수 있다는 것은 진화론적 관점으로 볼 때 유익하다.
   b. 범주를 구분하는 경향과 고정관념은 대부분 경험에 의해 결정된다.
   c. 어떤 문화의 사람들은 다른 문화의 사람들보다 더 고정관념을 잘 형성하는 경향이 있다.
   d. 다른 범주를 알아차리는 능력에 있어 경험의 영향은 거의 없다.

2. 당신이 바텐더이고, 팔 전체에 문신을 한 사람에 대해서 고정관념을 가지고 있다고 가정해보라. 당신은 문신하지 않은 사람에 비해서 문신을 한 사람들이 당신 가게에서 싸움에 휘말릴 가능성이 더 크다고 생각하고 있다. 당신의 이러한 생각은 고정관념의 어떤 측면을 설명하는 것인가?
   a. 당신은 자신의 고정관념과 일치하는 사람들을 눈여겨보고 그렇지 않은 사람들은 눈여겨보지 않는다.
   b. 당신은 문신을 하였지만 공격적이지 않은 사람들을 주목하고 있다.
   c. 당신은 문신이 없지만 공격적인 사람들에게 주목하고 있다.
   d. 당신의 고정관념은 정확하다.

3. 자애로운 성차별은 사람들이 여성은 선천적으로 남성보다 더 친절하고 보살핌을 잘 한다고 믿는 것이다. 이러한 믿음에 대해 조사한 결과 중 맞는 것은?
   a. 여성은 남성보다 더 높은 자존감을 가지고 있다.
   b. 남성은 여성이 더 긍정적인 성격을 지닌 것에 대해서 부러워한다.
   c. 이것은 여성들에 대한 차별을 합법적으로 여기게 하고 여성들을 전통적 역할을 맡아야 한다고 정당화한다.
   d. 이것은 남성에 대한 성차별을 간과하게 만든다.

4. 사회심리학자들의 견해에 따르면 일터에서 여성에 대한 차별을 야기하는 주된 요인은 무엇인가?
   a. 여성이 남성과 같은 일을 하기 원하지 않는 것
   b. 여성은 해당 직업군에서 소수인 것
   c. 생물학적으로 여성은 리더십에 있어 남성만큼 적절하지 않다는 것
   d. 여성과 남성이 해당 직업군에 적절히 섞여 있는 것

5. 미국에서는 차별에 대해 불법으로 규정했다. 이에 따라 편견에 대해 표현은 _____
   a. 현저히 감소했다.
   b. 미묘한 공격의 형태로 나타나는 경향이 커졌다.
   c. 변하지 않았다.
   d. 사람들이 스트레스 받거나, 화가 나거나, 좌절했을 때 주로 나타나게 되었다.
   e. 소수집단 구성원에게 더 영향력이 줄어들게 되었다.
   f. b, d 모두 맞음
   g. b, d, e 모두 맞음

정답은 537-539쪽 참조

숨겨진 편견 알아내기

13.2 사람들이 밝히고 싶어 하지 않는, 또는 자기도 모르게 가지고 있는 편견을 어떻게 측정할 수 있을 것인가

처음 버락 오바마가 당선되었을 때 많은 사람들은 미국이 이제 인종차별을 극복한 시대로 들어갈 것을 희망했다. 그러나 오래지 않아 우리가 아직은 그 시대에 도달하지 못했다는 것이 분명해졌다. 편견을 가진 사람들은 인종문제를 드러내놓고 그를 반대하는 것이 좋지 않은 방법이라 여겼기 때문에, 그들의 편견은 '미국적'인 것이 과연 무엇인지에 대해 묻는 질문으로 대체되었다. 오바마는 미국에서 태어났는가? 그가 합법적인 미국 시민인가? 한마디로 "그는 우리인가?"라는 질문을 하기 시작했다. 300명의 백인과 흑인 학생들을 대상으로 한 한 연구에 의하면, 백인에 대해 편견을 가지고 있는 사람들은 오바마 대통령의 '비미국성'에 대해 인식하는 정도에 따라 오바마의 업적 평가를 달리했다. 그러나 부통령인 조 비텐의 업적에 대해서는 그렇지 않았다(Hehman, Gaertner, & Dovidio, 2011). 실제로 이 학생들은 "나는 백인에 대해서 편견을 가지고 있지 않다. 단지 오바마가 미국인이 아니라는 사실 때문이며, 그리고 그가 문제가 많은 대통령이기 때문이다."라고 말할 것이다. 반대로 흑인 학생들과 편견

미국 최초로 아프리카계 미국인이 대통령에 당선된 것은 많은 미국인들이 기뻐해야 할 획기적인 사건이다. 그러나 이것은 타인에 대한 암묵적 편견에 대해 깨우치는 계기가 되기도 했다.

이 없는 백인 학생들 중에는 오바마를 지지하는 사람도 있고 반대하는 사람도 있었지만 그를 미국인이라고 믿는가가 그의 업적 평가에 영향을 미치지 않았다.

편견을 표현하는 것이 사회적으로 용인되지 않자 사람들은 편견을 드러내기를 조심스러워한다. 어떤 사람들은 편견을 갖지 말아야 한다는 순수한 동기로 자신의 감정을 억누른다. 또 어떤 사람들은 인종주의자, 성차별주의자, 동성애 혐오주의자로 불리는 것을 피하기 위해서 자신의 신념을 억누른다(Devine, Plant, Amodio, Harmon-Hones, & Vance, 2002; Plant & Devine, 2009). 그리고 어떤 사람들은 우리가 제7장에서도 다루었듯이 암묵적인 편견을 가지고 있어서 의식적으로는 깨닫지 못할 수도 있다. 사회심리학자들은 다양한 측정도구를 개발해서 사람들이 인정하고 싶지 않은 편견을 파악하려는 시도를 했다(De Houwer, Teige-Mocigemba, Spruyt, & Moors, 2009; Fazio, Jackson, Dunton, & Williams, 1995; Olson, 2009).

억압된 편견을 파악하는 방법

한 방법은 똑같은 이력서를 구인광고에 내보는 것이다. 단, 이때 성별을 나타내는 이름만 다르게 하거나(예 : 존이나 제니퍼), 아니면 인종에 대해서 알 수 있는 근거를 남긴다거나(예 : 아프리카계 미국인들의 조직에 소속되어 있다는 것), 종교에 대해서 언급하거나, 성적 지향성에 대해서, 그리고 비만에 대해서 언급하는 것을 다르게 해보는 것이다(Agerstrom & Rooth, 2011; Luo, 2009). 이력서를 받은 사람은 편향된 응답을 할 것인가?

여기에 대한 답은 여성의 경우 대부분 "그렇다"이다. 그러나 이 방법과 소셜미디어가 결합된다면 다른 종류의 편견도 드러낼 수 있다. 오늘날 미국 고용주의 1/3 이상이 지원자의 페이스북이나 다른 온라인 자료들을 통해 법에 저촉되어 직접적으로 물어보지 못하는 정보를 얻는다. 한 연구팀은 직원공고를 낸 전국 회사에 4,000부 이상의 조작된 이력서를 보냈다. 그들은 가짜 페이스북 페이지를 만들어서 그 지원자가 무슬림인지 기독교인인지, 게이인지 아닌지에 대한 정보를 거기에 올렸다. 연구자들은 게이와 레즈비언에 대한 수용성이 크게 높아진 것을 알게 되었다. 고용주들은 성적 지향성에 따라 차별을 하지 않았다. 그러나 아주 보수적인 지역의 고용주들은 무슬림에 대한 거부감을 보였다. 무슬림 지원자(2.3%)보다 기독교인 지원자들(17%)에게 더 많은 연락이 갔다(Acquisti & Fong, 2014).

사람들의 명시적이고 억압된 편견을 파악하는 한 가지 방법은 기계를 사용하는 것이다. 그것은 사람들이 자기가 기계를 속일 수는 없다고 믿는 믿음에 바탕을 둔다. 초기에 쓰인 기술은 가짜 파이프라인이다. 피험자들은 그럴듯한 모양의 기계를 보게 되고 그것이 일종의 거짓말 탐지기라고 듣게 된다. 사실 그것은 아무것도 아니고 그냥 전기제품들을 쌓아놓은 것뿐이었다. 피험자는 두 가지 조건 중 하나에 무선적으로 배치되었다. 첫 번째 조건에서는 피험자들이 종이와 연필로 질문지에 그들의 태도를 표시하는 것이었고(이 조건은 사회적으로 올바른 답을 하기 쉽다), 다른 조건에서는 가짜 파이프라인을 사용하여 응답하였다(이 조건에서 피험자들의 응답은 자기의 실제 태도이기가 쉽다. 왜냐하면 그들은 거짓말을 하면 이 기계가 거짓말임을 탐지해낼 것이라고 믿었기 때문이다). 학생들은 가짜 파이프라인 조건에서 인종적 편견을 확연히 드러내었다(Jones & Sigall, 1971; Roese & Jamieson, 1993; Sigall & Page, 1971). 이와 비슷하게 남녀 대학생들은 종이와 연필로 한 질문지에서 여성의 인권과 역할에 대해서 모두 긍정적 태도를 보였다. 그러나 가짜 파이프라인을 사용하였을 때, 대부분의 남학생들은 여성에 비해서 여성 문제에 대해 공감하는 정도가 훨씬 작았다(Tourangeau, Smith, & Rasinski, 1997). 가짜 파이프라인은 유대인과 이스라엘에 대한 적대감을 드러내는 데도 사용되었다(Cohen et al., 2009).

암묵적 편견을 파악하는 방법

방금 소개한 방법은 사람들이 자신의 감정을 알지만 숨기고자 한다는 가정하에 개발된 방법이다. 그러나 어떤 사람들은 스스로도 암묵적 편견에 대해서 모를 수 있다. 심리학자들은 암묵적 편견을 측정하는 여러 가지 방법을 개발해냈다.

암묵 연합검사

표적 얼굴(예 : 흑인 또는 백인, 젊은이 또는 노인, 아시아인 또는 백인)과 긍정적 단어 또는 부정적 단어를 연합시키는 속도에 따라 나타나는 무의식적(암묵적) 편견을 측정하는 검사

국가적이고 전 세계적인 주의를 끌게 된 방법은 **암묵 연합검사**(implicit association test, IAT)이다. 이 검사는 사람들이 특정 집단과 긍정성 또는 부정성을 연합시키는 속도를 측정한다(Banaji & Greenwald, 2013; Greenwald, McGhee, & Schwartz, 1998). 작동 원리는 이러하다. 당신이 책상에 앉아서 순차적으로 나오는 얼굴을 보고 최대한 빨리 얼굴을 분류해내야 한다. 예를 들면 흑인의 얼굴을 보면 왼쪽 키를 누르고 백인의 얼굴을 보면 오른쪽 키를 누른다. 이제 당신은 같은 과제를 긍정과 부정단어로 해야 한다. 긍정적 단어(예 : 승리, 기쁨, 겸손)을 볼 때 왼쪽 키를 누르고, 부정적 단어(예 : 악마, 구더기, 실패)를 볼 때 오른쪽 키를 누르면 된다. 이러한 분류과제를 익히게 되면 얼굴과 단어가 묶여서 나온다. 이제 최대한 빨리 흑인 얼굴 또는 긍정적 단어를 보면 왼쪽 키를 눌러야 하고, 백인 얼굴이나 부정적 단어를 보면 오른쪽 키를 눌러야 한다. 빠르게 '흑인+승리, 흑인+독, 백인+평화, 백인+증오' 자극에 반응해야 한다. 이 짝은 점점 어려워진다.

반복적으로 사람들은 백인 얼굴이 긍정적 단어와 짝이 지어졌을 때 더 빨리 응답한다. 이러한 속도의 차이는 흑인들에 대한 사람들의 암묵적 태도를 측정한다고 여겨진다. 왜냐하면 무의식적으로 사람들이 흑인과 긍정적 단어를 연결시키는 데 어려움을 느끼는 것이기 때문이다. IAT의 다양한 버전에서는 젊은이와 노인, 남성과 여성, 아시아인과 백인, 장애인과 비장애인, 게이와 이성애자, 뚱뚱한 사람과 날씬한 사람 등의 다양한 집단을 포함하여 실시되었다. 전 세계 다양한 연령의 1,500만 명 이상이 온라인으로, 또는 학교, 일터에서 이 검사에 참가한 결과 사람들이 대부분 암묵적 편견을 가지고 있다는 것이 드러났다(Nosek, Greenwald, & Banaji, 2007; Miller et al., 2013).

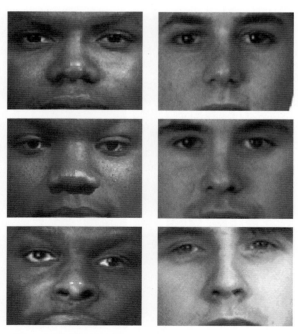

암묵적 인종차별주의를 측정하기 위해 IAT에 사용되는 전형적인 자극

IAT의 개발자인 Mahzarin Banaji와 Anthony Greenwald(2013)는 사람들이 자신이 깨닫지 못하고 있지만 편견을 가지고 있다는 것을 들을 때 종종 놀란다고 말한다. Banaji 본인도 인도에서 태어나고 자란 유색인종 여성이지만 인종 IAT에서 흑인 관련 편견이 있다고 나왔다고 한다. 한 게이 운동가는 자기 마음속에 게이와 부정적인 것에 대한 연합이 게이와 긍정적인 것에 대한 연합보다 더 강한 게 자리잡고 있음을 알고 크게 놀랐다고 한다. 젊은이들은 '늙음+나쁘다'에 '늙음+좋다'보다 더 빨리 반응하는데, 대부분의 어르신들 역시 더 빨리 반응한다. 그리고 말콤 글래드웰이라는 혼혈 작가 역시 자신의 IAT 응답에 충격을 받았다. 연구자들은 오프라 윈프리와의 인터뷰를 다음과 같이 인용했다, "내 인생에서 그 누구보다 사랑한 사람이 흑인이었는데, IAT 검사를 해보니 내가 솔직히 그렇게 흑인을 죽도록 사랑하는 것은 아니라고 나오네요."(Banaji & Greenwald, 2013, p. 57)

IAT 검사는 당신이 편견을 가지고 있다는 것을 뜻할 수도 있다. 그러나 그렇지 않을 수도 있다. 심리학자들은 이 검사에 대한 해석의 모호함 때문에 논쟁을 벌여왔다. 만약 '흑인+좋음'에 대한 반응이 '흑인+나쁨'에 대한 반응보다 몇백 분의 1초 더 빠르다는 것이 무의식적

편견을 측정하는 것은 아닐 수도 있기 때문이다(De Houwer et al., 2009; Kinoshita & Peek-O' Leary, 2005; Rothermund & Wentura, 2004). 어떤 심리학자들은 그것이 단순히 문화적 연합이나 고정관념을 측정하는 것이라고 생각한다. 사람들이 '빵＋버터'에 '빵＋아보카도'보다 더 빨리 반응하는 것과 같은 원리로 말이다. 그래서 나이드신 분들은 진짜로 나이든 사람에 대한 편견을 가질 수 있다. 그러나 그것은 젊은이나 나이 든 사람이나 같은 문화적 고정관념을 가진다는 것을 의미할 수도 있는 것이다(Arkes & Tetlock, 2004; Olson & Fazio, 2004).

IAT의 타당성을 검증하는 한 가지 방법은 IAT의 높은 점수가 실제 나이 드신 분들, 뚱뚱한 사람, 아프리카계 미국인, 또는 다른 집단에 대한 행동을 예측할 수 있는가를 보는 것이다. 몇몇 연구들은 IAT 점수가 높을수록 그 사람이 대상을 향해서 특정한 방법으로 차별을 하는 경향이 큰 것을 발견했다(Green et al., 2007; Greenwald, Poehlman, Uhlmann, & Banaji, 2009). 예를 들면 한 연구에서 IAT 결과 인종에 대한 편견을 가지고 있다고 점수가 높게 나온 백인은 흑인들에 대해 믿을 만한 존재가 못 된다고 여기는 경향이 있었다(Stanley, Sokol-Hessner, Banaji, & Phelps, 2011). 그리고 또 다른 연구에서는 IAT 점수가 높은 백인이 직업 현장에서 백인들을 대하듯이 흑인을 따뜻하게 대하지 않는 것을 발견했다(Cooper et al., 2012). 그러나 전체적으로 IAT와 행동의 관련성은 약했다. 이는 만약 어떤 개인이 IAT에서 높은 점수를 받았다고 해서 그것이 그 사람은 편견을 가지고 있다라는 말은 아님을 의미한다.

게다가 연구팀이 사람들에게 IAT의 다섯 집단에 대한 반응을 예측하게 했을 때 그들이 놀랍도록 정확하게 자신들의 반응을 예측한 것을 발견했다. 측정된 암묵적 태도가 실제 편견이라고 듣든지 아니면 문화적으로 학습된 연합이라고 듣든지 말이다. 연구자들은 이 연구결과가 IAT로 측정된 태도나 평가가 무의식적 태도를 반영한다는 믿음에 대해 의구심을 제기한다고 결론지었다 (Hahn, Judd, Hirsh, & Blair, 2014).

그래서 사람들이 자기가 인지하지 못하는 방식으로 행동하게 하는 암묵적 편견을 가지고 있다는 것은 분명하지만, 그것을 어떻게 잘 파악할 것이냐에 대한 논란은 계속되고 있다.

복습문제

1. 억압된 편견이란 무엇인가?
   a. 의식하고 있지는 않지만 가지고 있는 편견
   b. 올바른 상황에서 느끼는 편견
   c. 가지고는 있지만 공개적으로 표현하지 않는 편견
   d. 터놓고 말하지는 않지만 암시적으로 미묘하게 드러내는 편견
2. 암묵적 편견이란 무엇인가?
   a. 의식하고 있지는 않지만 가지고 있는 편견
   b. 올바른 상황에서 느끼는 편견
   c. 가지고는 있지만 공개적으로 표현하지 않는 편견
   d. 터놓고 말하지는 않지만 암시적으로 미묘하게 드러내는 편견
3. '가짜 파이프라인'이나 다른 기술적 '거짓말 탐지기' 검사는 피험자들의 편견 인정에 어떤 영향을 미치는가?
   a. 억압된 편견을 더 많이 인정하게 한다.
   b. 암묵적 편견을 더 많이 인정하게 한다.
   c. 어떠한 종류의 편견도 인정하지 않게 한다.
   d. 성차별주의는 드러나지 않지만 반유대주의를 드러나게 한다.

4. 암묵 연합검사의 주요 문제점 중 하나는 무엇인가?
   a. 사람들은 연합된 쌍에 신속하게 대응할 수 없다.
   b. 인종차별을 확인하는 데는 좋지만 다른 종류의 편견은 확인하지 못한다.
   c. 사람들이 실제로 행동하는 방식과는 크게 관계가 없다.
   d. 암묵적 편견보다는 명시적 편견에 더 나은 검사이다.
5. 암묵 연합검사는 암묵적 편견을 측정하는 것이지만, 그 검사 결과로 말할 수 있는 다른 가능한 설명에는 무엇이 있겠는가?
   a. 사람들의 실제 감정보다는 문화적 고정관념을 포착한다.
   b. 두 가지 특성 사이의 연합성은 반영하지만 그것이 반드시 편견은 아니다.
   c. 연합시키는 속도를 충분히 빠르게 측정하지 못한다.
   d. a, b, c 모두
   e. a와 b

정답은 537-539쪽 참조

피해자들에 대한 편견의 효과

13.3 편견은 어떠한 방식으로 대상에게 해를 끼칠까

지금까지 우리는 가해자의 입장에서 편견을 바라보았다. 그러나 이제 피해자들로 초점을 옮겨보자. 편견의 대상이 된 사람들의 공통적인 현상은 자존감이 감소되어 열등하고, 매력이 없고, 무능하다는 사회적 시각을 내재화하게 된다. 여기서는 이러한 내재화의 결과로 일어날 수 있는 두 종류의 자멸적 문제에 대해서 논의하겠다.

자기 충족적 예언

자기 충족적 예언

'어떤 사람은 어떠할 것'이라는 것에 대한 기대가 그 사람을 대하는 방식에 영향을 미쳐서, 그 사람이 그 기대에 맞게 지속적으로 행동하도록 이끌어 결국 그 기대가 실제가 되게 하는 경우

다른 조건은 다 같다고 할 때, 당신이 만약 에이미가 멍청하다고 믿고 그렇게 그를 대한다면, 그녀는 당신 앞에서 지적인 이야기를 안 하기가 쉽상이다. 이것은 제3장에서 다루었던 **자기 충족적 예언**(self-fulfilling prophecy)이라고 한다. 이것은 어떻게 작동하는가? 당신이 에이미가 멍청하다고 믿으면, 당신은 그녀에게 흥미 있는 질문들을 하지 않을 것이고, 그녀가 이야기할 때 제대로 듣지도 않을 것이다. 아마 먼 산을 바라보거나 하품을 할지도 모른다. 당신은 하나의 단순한 생각 때문에 이렇게 행동한다. '에이미가 똑똑하거나 흥미 있는 얘기를 할 리가 없는데 그녀에게 주의를 주며 에너지를 낭비할 필요가 뭐가 있어?' 이것은 에이미의 행동에 중요한 영향을 미친다. 만약 사람들이 그녀의 말에 귀 기울이지 않는다면 그녀는 마음이 불편할 것이다. 에이미는 그녀가 가지고 있는 모든 예술적 기질과 지혜를 드러내지 않고 아마 가만히 있으려 할 것이다. 그렇게 되면 당신이 처음 에이미에 대해 가지고 있었던 믿음이 확증되는 셈이 되어 버린다. 이런 악순환이 계속되면 자기 충족적 예언은 완성된다. 사람들이 계속 에이미를 무시해 버릴 때 에이미 안에는 자신이 멍청하고 지루한 사람이라는 자기-개념이 생겨 버린다.

연구자들은 이러한 현상이 고정관념화와 차별 현상에 적용된다는 것을 밝혀냈다(Word, Zanna, & Cooper, 1974). 한 연구에서 백인 대학생들이 백인 또는 흑인 취업지원자를 면접 보도록 하였다. 그들은 흑인 지원자를 면접할 때 불편해하고 흥미 없어 했다. 그들은 멀찍이 떨어져 앉아서 말끝을 흐렸으며, 백인 지원자보다 면접을 훨씬 더 빨리 끝내 버렸다. 이어진 두 번째 실험에서 연구자들은 면접관의 행동을 체계적으로 다양화하였다(사실 여기서 면접관은 실험보조자들이다). 그래서 두 번째 실험에서는 첫 번째 실험에서 흑인에게 했던 행동과 백인 취업지원자에게 했던 행동들을 섞어 버렸다. 그리고 취업지원자는 모두 백인으로 모집했다. 연구자들은 전 과정을 녹화하였고, 제3의 인물에게 취업지원자를 평가하게 하였다. 첫 번째 실험에서 흑인들을 대하는 태도로 인터뷰를 당했던 사람은 백인 취업지원자에게 하는 방식대로 인터뷰를 당한 사람에 비해서 더욱 불안해하고 비효과적인 것으로 평가되었다. 간단히 말하면 그들의 행동은 면접관의 기대가 반영된 것이다(그림 13.3 참조).

사회적 차원에서 보면 자기 충족적 예언의 악영향은 더욱더 크다. 특정 집단의 사람들은 아주 멍청하고, 교육이 불가하며, 저임금 노동에 적합하다고 믿는 일반적인 믿음이 있다고 해보자. 그들에게 왜 교육적 자원을 낭비하는가? 그러면 그들은 부적절한 학교교육을 받을 수밖에 없다. 그래서 좋은 보수를 받는 직업에 필요한 기술을 습득하지 못한 채 많은 사람들이 낙오되게 된다. 또 그러면 그들이 선택할 수 있는 직업군은 제한되게 된다. 그러면 편견이 심한 사람들은 "봤지? 내가 생각했던 게 맞았어."라고 말할 것이다. "우리의 소중한 교육자원을 그런 사람들에게 낭비하지 않았던 게 얼마나 다행이야!"라고 자기 충족적 예언을 또 한 번 강화시킨다.

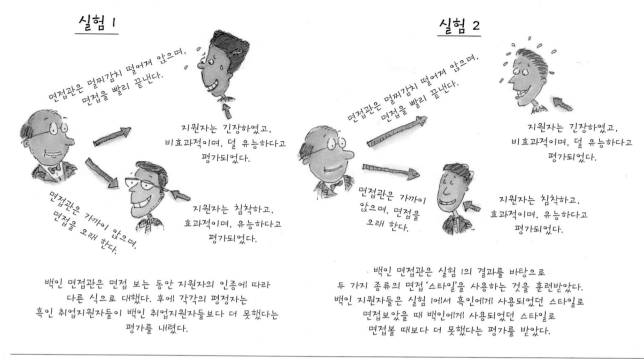

그림 13.3 자기 충족적 예언을 보여주는 실험

고정관념 위협

당신은 편견과 고정관념의 피해자들이 "이봐! 나는 당신이 생각하는 것보다 더 똑똑해! 내가 보여주지!"라고 말할 것이라고 생각할지 모른다. 그러나 그들은 잘 보여주지 않는다. 왜 그럴까?

미국 내에 있는 다양한 문화집단은 학업 수행 검사에서 차이를 보인다. 아시아계 미국인들은 유럽계 미국인보다 성적이 좋고, 유럽계 미국인은 아프리카계 미국인보다 성적이 좋다. 왜 그럴까? 경제적 · 문화적 · 역사적 · 정치적 설명들이 있다. 그러나 그중 중요한 요인 중 하나는 상황적인 것인데, 부정적 고정관념이 일으키는 불안에서 나온 것이다. Claude Steele과 Joshua Aronson, 그리고 그의 동료들은 일련의 실험을 통해 **고정관념 위협**(sterotype threat)이라는 현상을 발견했다(Aronson, Wilson, & Brewer, 1998; Aronson et al., 1999; Aronson & McGlone, 2009; Steele, 1997; Steele & Aronson, 1995a 1995b). 아프리카계 미국 학생은 교육평가 상황에서 '지적으로 열등하다.'라는 부정적 고정관념을 확증하게 될까 봐 우려하는 경향이 있다. 사실 "만약 내가 이 시험을 잘 못 치게 되면, 그것은 내가 못하는 것이고 내 인종이 못하는 것이야."라고 말하는 것이다. 이러한 평가에 대한 부담 때문에 그들은 능력을 제대로 발휘하지 못하게 된다.

Steele과 Aronson은 한 실험에서 스탠퍼드대학교의 아프리카계 미국인 학생들과 백인 학생들에게 난이도가 어려운 시험(GRE : 대학원 입학능력시험)을 치게 하였다. 각 인종 중 반은 이 검사가 그들의 지능을 측정하려는 것이라고 들었다. 다른 반은 이 검사지가 새로운 척도 개발을 위한 것이며, 검사지의 타당도와 신뢰도를 아직 모르기 때문에 검사결과와 그들의 능력과는 아무 관계가 없다고 들었다. 결과는 연구자의 기대와 일치했다. 백인 학생들은 그 시험이 자기의 능력 진단을 위해서든 아니든 상관없이 비슷한 점수를 기록했다. 그러나 아프리카계 미국인 학생들은 그들의 능력이 측정되는 것이 아니라고 믿었을 때는 백인 학생들과 비슷한 수준의 점수를 기록했으나 그 시험지가 그들의 지능을 측정하는 것이라고 들었을 때는 백인 학생들보다, 그리고 다

고정관념 위협
한 집단의 구성원이 경험하는 것으로서, 자신의 행동이 집단에 대한 문화적 고정관념이 사실이라는 것을 보여줄지도 모른다는 불안감

른 아프리카계 미국 학생들보다 더 낮은 점수를 기록했다. 비슷한 형태의 이후 실험에서 Steele과 Aronson은 인종이 더 부각될수록, 아프리카계 학생들의 성적은 더 낮아지는 현상을 발견했다. 이러한 차이는 백인 학생들에게는 나타나지 않았다.

고정관념의 효과는 다른 수행에서도 일반화될 수 있다. 미니골프 게임이 '스포츠 전략 능력'을 측정하는 것으로 소개될 때, 흑인 선수들은 백인에 비해 수행을 더 못했다. 그러나 그 게임이 '선천적 운동 능력'을 측정한다고 했을 때, 흑인 선수들은 백인에 비해 더 좋은 수행을 보였다(Stone et al., 1999).

고정관념은 남녀차에도 적용된다(Spencer, Steele, & Quinn, 1999). 일반적인 고정관념은 남성이 여성보다 수학을 더 잘한다는 것이다. [실제로는 수학성적에 있어서 남녀 차이보다 비슷한 점이 더 많다(Else-Quest, Hyde, & Linn, 2010).] 이에 따라 여성들에게 특정 시험이 남녀 간 수학 풀이 능력 차이를 보는 시험이라고 알려줬을 때, 여성들은 남성보다 낮은 점수를 받았다. 그러나 그 시험이 남녀차와 전혀 관계가 없다는 것을 들었을 때, 여성과 남성은 비슷한 높은 점수를 기록했다. 아시아계 미국인 여성들은 그들의 문화에 대해 언급할 때(고정관념 : 아시아인들은 수학을 잘한다)보다 그들의 성별에 대한 언급이 있을 때(고정관념 : 여자는 수학을 못한다) 수학을 더 못했다(Shih, Pittinsky, & Ambady, 1999). 이 현상은 백인 남성들에게도 발견되었다. 그들은 그들의 수학 시험점수가 아시아인 남성과 비교될 것이라고 들었을 때 점수가 낮았다(J. Aronson et al., 1999).

300개가 넘는 실험은 고정관념 위협이 아프리카계 미국인이나 소수인종의 여성에게만 해당되는 것이 아니고, 라틴계 사람, 저소득층, 노인층에도 적용된다는 것을 보여주었다. 이들은 부정적 고정관념을 지니는 집단에 대해 의식하지 않았을 때 더 높은 수행을 보였다(J. Aronson, 2010; Aronson & McGlone, 2009; Steele, 2010). 자기가 속한 집단의 고정관념에 대해 더욱 의식할수록 그들의 수행은 더 큰 영향을 받았다.

고정관념 위협의 효과가 어떻게 반대로 나타날 수 있을까? Joshua Aronson과 그의 동료들은 다음과 같이 추론하였다. 만약 고정관념에 대해 생각하는 것만으로도 수행에 영향을 미친다면, 대체할 수 있는 마인드 셋이 있다면 수행을 도울 수 있을 것이다. 만약 그것이 고정관념과 반대된다면 말이다. 한 실험에서 그들은 시험 치는 사람들에게(공간 능력에 관한 어려운 검사였다) 그들이 북동지역의 상위권 문학대의 학생임을 상기시켜 주었다. 이렇게 상기시켜 준 것만으로도 남녀 차이는 완전히 없어졌다. 통제집단에서는 그저 북동지역 주민임을 상기시켜 주기만 하였다. "나는 우수한 학생이다."라는 마인드 셋은 효과적으로 "여성은 수학에 열등하다."라는 것을 상쇄시켜 주었다(McGlone & Aronson, 2006). 비슷한 결과가 대학교의 고등수학 학생 집단과 실제 표준시험을 치는 중학교 학생들에게서도 나타났다 (Aronson & McGlone, 2009).

우리는 자기확증에 대해서 논의하였다. 자기확증이란 성공적이고 자신감 있게 만드는 자신의 자질이나 경험을 상기시켜 주는 것이다. 실험연구와 현장연구

'고정관념 위협'을 느끼느냐 느끼지 않느냐는 그 당시에 자신을 어떻게 정의하느냐와 관련이 있다. 수학시험을 볼 때 동양 여성이 자기를 '여성'으로 본다면(고정관념 = 여자는 수학을 못한다) 자기를 '동양인'(고정관념 = 동양인은 수학을 잘한다)으로 볼 때보다 더 낮은 점수를 받게 된다.

모두 이러한 자기확증이 낙인찍고, 무시하고, 열등하게 만드는 감정을 상쇄시킬 수 있다는 것을 밝혀냈다(Cohen, Garcia, Purdie-Vaughns, Apfel, & Brzustoski, 2009; Hall, Zhao, & Shafir, 2014). 자기확증이 고정관념보다 중요한 측면에 집중하도록 하기 때문이다. 그래서 폭넓은 관점을 가지게 하여, 그들의 가치가 한 가지 측면의 수행에만 달려 있지 않음을 알게 한다(Sherman et al., 2013). 다른 마인드 셋으로도 수행을 향상시킬 수 있다. 지능과 같은 능력이 고정되어 있는 것이 아니라 개발가능하다는 것을 상기시켜 주는 것이다. 그리고 시험상황에서 불안은 고정관념을 가진 집단 구성원들에게 흔히 일어나는 것이라고 말해주는 것이다(Aronson, Fried, & Good, 2002; Aronson & Williams, 2009; Johns, Schmader, & Martens, 2005). 고정관념 위협에 대해 이해하는 것 자체만으로도 시험이나 평가에 있어서 수행을 높일 수 있다.

우리는 지금까지 편견의 보편성과 결과를 보았다. 이제 그 원인을 알아볼 차례이다.

복습문제

1. 노아의 선생님은 노아가 그리 똑똑하다고 생각하지 않는다. 그래서 노아에게 큰 관심을 주지 않고 질문을 하지도 않는다. 몇 년 후에 노아는 자기가 멍청하기 때문에 학교생활을 열심히 할 필요가 없다고 여겨졌다. 그는 _____의 희생자라 할 수 있다.
   a. 노력정당화
   b. 자기 충족적 예언
   c. 암묵적 편견
   d. 고정관념 위협

2. 아시아계 미국인인 제니는 수학시험을 치르고 있다. 다음 중 어떤 조건에서 제니는 가장 좋은 성적을 낼 수 있을까?
   a. 여성은 남성만큼 수학을 잘하지 못한다는 것을 마음속으로 상기할 때
   b. 자기가 일류 대학에 다니고 있지 않다는 것을 마음속으로 상기할 때
   c. 자기가 동양인임을 마음속으로 상기할 때
   d. 제니는 수학을 아주 잘하기 때문에 이 중 어떤 조건들도 제니의 수학 성적에 영향을 미칠 수 없다.

3. 고정관념 위협이란 무엇인가?
   a. 우리가 가지지 않았으면 하는 우리에 대한 편견 때문에 위협을 느끼게 되는 것
   b. 우리가 다른 사람에 대해 가지고 있는 고정관념에 의해 위협을 느끼게 되는 것
   c. 우리의 고정관념을 확신시켜 주는 사람들에 의해 위협을 느끼게 되

는 것
   d. 자신이 속한 집단에 대해 다른 사람이 가지고 있는 고정관념에 의해 위협을 느끼게 되는 것

4. 시험을 칠 때 어떻게 하면 고정관념 위협이 성적에 영향을 주지 않을 수 있을까?
   a. 자기 자신의 능력과 좋은 성품들을 생각한다.
   b. 고정관념이 자신에게 영향을 미친다는 것을 부정한다.
   c. 더 열심히 공부한다.
   d. 사회에 존재하는 문화적 편견을 탓한다.

5. 다음 중 어떤 것이 생각을 통해 고정관념 위협의 영향을 감소시킬 수 있는 방법인가?
   a. 사람들의 능력이 고정되어 있다는 것을 받아들인다. 그래서 시험을 잘 못 친다 하더라도 기분 나빠 할 필요가 없다.
   b. 시험에 대한 불안이 정상적이라는 것을 이해한다. 고정관념의 대상 집단은 특히 더 그래야 한다.
   c. 문화적 고정관념은 실제 집단 차이를 반영하는 경우가 많다는 것을 받아들인다.
   d. 다른 사람들의 기대를 상쇄시킬 수 있도록 자기 자신의 능력에 대해 자신감을 갖는다.

정답은 537~539쪽 참조

편견의 원인

13.4 편견을 일으키는 사회적 측면 세 가지는 무엇인가

편견은 많은 사회적 영향을 받아 생성되고 유지된다. 어떤 편견은 집단이나 기관 차원으로 일어나서 그 사회의 규범이나 규칙에 동조하기를 요구한다(제8장 참조). 어떤 편견은 개인 안에서 일어나서 개인이 정보를 처리하고, 사건을 관찰할 때 의미를 부여하게 만든다. 그리고 경쟁, 대립, 좌절과 같은 효과는 모든 집단에서 작동하고 있다.

동조에 대한 압력 : 규범적 규칙

1930년대에 서드굿 마샬은 유색인종연합회(NAACP)에서 일하는 젊은 변호사였다. 그는 어떤 강력범죄 사건의 용의자로 기소된 흑인을 변호하기 위하여 남부의 작은 마을로 내려갔다. 그가 마을에 도착했을 때, 그는 피고인이 이미 죽은 것을 알고 깜짝 놀라고 경악했다. 피고인이 화난 백인 폭도들에게 구타당해 죽은 것이다. 무거운 마음으로 마샬은 기차역으로 돌아와 뉴욕으로 돌아가는 기차를 기다리고 있었다. 기다리는 동안 그는 배가 고파서 역에 있는 작은 가판대로 갔다. 가면서 그는 고민했다. 샌드위치 가판대 앞쪽으로 갈 것인가 아니면 뒤쪽으로 갈 것인가(이당시 흑인들은 가게 뒤쪽으로 가서 물건을 사는 것이 일반적이었다). 그러한 고민을 하는 중 그는 어떤 덩치 큰 흑인이 그를 의심스러운 눈으로 보는 것을 눈치챘다. 마샬은 그가 경찰관계자일 것으로 생각했다. 왜냐하면 그는 주머니에 권총을 넣은 듯 보였기 때문이다.

그 사람은 마샬에게 물었다. "야, 너 뭐 해?" 마샬은 "기차를 기다리고 있는데요."라고 대답했다. 그는 피식 웃은 후 몇 걸음 가까이 오더니 마샬을 째려보며 말했다. "그래, 너는 빨리 기차타고 가는 게 좋을걸. 되도록이면 빨리. 왜냐하면 이 마을에서 살아 있는 검둥이 위로는 태양이 뜨지 않을 테니까!"

마샬은 그때를 회상하면서 샌드위치 가게로 가는 동안 자기가 고민하느라 주저했던 것이 다행이라 생각했다. 그리고 그다음 차가 뉴욕행인지 아닌지 상관하지 않고 무조건 타기로 결정했다. 배고픔도 싹 가셨다고 했다(Williams, 1998).

마샬은 후에 유색인연맹의 회장이 되었고, 1954년에 브라운과 교육부 사이에 법적 공방이 있을 때 헌법재판소에서 변호를 맡게 되었다. 이 공방에서 마샬이 승리함으로써 공립학교에서 인종분리가 법적으로 금지되었다. 그 후 마샬은 1991년에 퇴직하기 전까지 헌법재판소에서 재판관으로 근무하게 되었다.

이 이야기는 규범의 무서운 힘을 보여주는 예라 할 수 있다. 무엇이 옳고, 용납될 만하며 허용되는지에 대해 사회가 가지고 있는 믿음이다. 마샬이 청년이었을 때 미국 남부에서는 식당, 호텔, 극장, 물 마시는 곳, 화장실에서 인종분리 및 차별은 아주 일상적인 일이었다. 그러나 마샬이 죽기 전에 그 규범들은 거의 없어졌고 오늘날 남부에서 이러한 인종분리는 더 이상 규범이 아니다.

제도적 차별

인종, 성별, 문화, 나이, 성적 지향성, 또는 사회나 회사 내 편견의 대상에 속하는 소수집단을 대상으로 행해지는 합법적 또는 비합법적 차별적 관행

고정관념적 정보들이 주변에 널려 있고, 차별적 행동이 규범인 사회에서 사는 것 자체로 많은 사람들은 편견적 태도를 갖게 되고 어느 정도 차별적으로 행동하게 된다. **제도적 차별**(institutional discrimination)하에서는 회사나 기관들이 인종, 성별 등을 바탕으로 차별을 하는 것이 법적으로 허용되고 사회적으로 장려되기까지 하였기 때문에 편견이 정상적인 것으로 보일 것이다. 만약 당신이 소수인종이나 여성이 전문직에 종사하지 않고, 허드렛일에 주로 종사하는 사회에서 자랐다면, 당신은 아마 소수인종이나 여성의 선천적 능력에 대해서 부정적 태도를 갖고 있을 가능성이 크다. 이러한 태도를 갖는 것은 누가 적극적으로 가르쳐 배워서 된 것도 아니고, 소수인종이나 여성이 교수직이나 임원, 의사로서 활동하지 못하게 하는 법

아이들은 종종 부모나 조부모로부터 편견을 학습하게 된다.

령이 있어서도 아니다. 대신 사회적 장벽이 여성의 기회를 빼앗아 성공을 어렵게 만들기 때문이다.

사회적 규범이 바뀜에 따라 법과 관습도 바뀌게 되고, 편견도 바뀌게 된다. 수십 년간 게이와 레즈비언에 대한 편견은 법과 제도적으로 뒷받침되어 왔다. 그러나 이것은 법의 개정과 함께 빠르게 줄어들고 있다. 'Sodomy'(양성애자이자 주로 하는 항문 성교와 같은 다른 형태의 성적 행동)는 불법이었으나 2003년 헌법재판소에서 이 같은 조항을 파기하였다. 또 1996년의 결혼보호법에서는 결혼은 한 남자와 한 여자의 연합으로 정의하였었으나, 2013년에 이르러 헌법에 위배되는 것으로 결정이 났다. 그리고 1996년에는 27%만이 동성 결혼을 지지했지만, 2014년에는 60%가 지지하게 되었다. 그러나 동성 결혼은 젊은 사람들에게는 큰 이슈가 아니지만, 나이 드신 분들에게는 아직도 논란이 많은 이슈이다. 18세에서 34세 사이의 사람들은 70%가 동성 결혼 합법화를 찬성하는 데 비해 55세 이상은 39%만이 찬성을 했다(Newport, 2011).

집단의 기대에 부응하기 위해서 또는 집단에 받아들여지기 위해서 집단의 의견에 따르는 경향을 **규범적 동조**(normative conformity)라고 말한다(제8장 참조). 규범적 동조는 편견을 가진 사람들이 왜 차별적 행동을 하지 않는지, 반대로 편견을 갖지 않은 사람들이 왜 차별적 행동을 하는지를 설명해준다. 그들은 사회적 집단이나 제도가 만든 규범에 동조하고 있는 것이다. 사회적 규범의 영향을 극적으로 보여주는 예는 수십 년 전에 웨스트버지니아의 작은 탄광마을에서 일어난 사건이다. 당시는 사회적으로 인종분리가 엄격하게 시행되고 있었다. 흑인과 백인 광부들은 땅속에서 함께 일할 때는 서로 어울려 완전한 통합을 이루었다. 그러나 그들이 땅 위에 올라와 있을 때는 완전하게 분리되어 사회적 규범의 영향을 받고 있는 것이 관찰되었다(Minard, 1952).

동조를 거부하는 것이 쉽지는 않다. 친구들이 당신을 따돌릴 수도 있고, 고용주가 당신을 해고시킬 수도 있다. 많은 사람들은 친구들이나 사회에 만연한 시각을 차라리 따르는 것이 쉽다고 여기지 그것을 거스르려고 하지 않는다. 마치 사람들이 '아, 다른 사람들이 X가 열등하다고 생각하네. 만약 내가 X에게 친절히 대하면 사람들이 나를 좋아하지 않을 거야. 그들은 나에 대해서도 나쁘게 말할 것이고, 직장을 잃을 수도 있어. 귀찮은 상황을 만들고 싶지 않네. 차라리 다른 사람들을 따라갈래.'와 같이 생각하는 것이다. 그러나 인종차별적이고 성차별주의적 말을 하는 친구나 동료에 대해 반대하는 것이 중요하다고 생각이 든 사람들은 어떻게 될까? 소신 발언을 하기보다 사람들을 따르기로 한다면 실제로 어떻게 될까? 일련의 실험에서 여자 대학생들에게 집단 의사결정을 하는 과제를 주고 한 남학생이 반복적으로 성차별적인 발언을 하는 상황에 처하게 했다. 여학생은 그것에 반대하고 싶어 했다. 그러나 실제로 말할 기회가 주어져도 그것에 대해 아무 말도 하지 않았다. 후에 이 여학생은 성차별에 반대하는 것에 대해 별 생각이 없던 여학생보다 그 발언을 한 남학생에 대해 더 높게 평가했다. 게다가 그 남학생이 성차별적인 발언을 한 것에 대하여 크게 중요하지 않게 여겼다. "내 생각에 그 남학생이 말한 게 그렇게 나쁜 것 같지는 않아요."(Rasinski, Geers, & Czopp, 2013) 이 연구의 핵심적인 메시지는 침묵에는 대가가 따른다는 것이다. 묵인하는 것은 주위 모든 사람이 자기에게 동의한다고 착각하면서 계속 인종차별적이고 성차별적인 말을 하

규범적 동조
집단의 기대에 부응하기 위해서 또는 집단에 받아들여지기 위해서 집단의 의견을 따라가는 경향성

사우스캐롤라이나 주 라타 시장은 2014년 20년 경력의 베테랑 크리스트 무어(사진) 경찰서장을 해임했을 때, 그녀를 해임한 이유가 성적 지향성 때문이었음을 비밀에 부쳤다. 라타 시민들은 분개했고, 시의회에 무어 경찰서장의 복귀를 위한 국민투표 실시를 촉구하였다. 우리는 당면 환경에서 편견에 대한 실례에 목소리를 높임으로써 편견에 대항하는 규범을 만들어낼 수 있다.

는 그 사람에게 영향을 미칠 뿐만 아니라, 묵인하는 사람에게도 영향을 미친다. 즉, 그들은 자기가 행동하지 않음에 대해서 자기 합리화를 시켜 심리적 부조화를 해소시키게 되는 것이다. 그렇게 되면 앞으로 그 사람이 반대하며 들고 일어날 가능성이 더 작아지게 된다.

따라서 사람들은 비록 자기 자신이 편견을 가지고 있지 않다 하더라도 사람들의 편견에 동조하거나 제도적 차별의 압력에 의해 동조할 수 있다. 그런데 우리 안에 있는 편견은 처음에 어떻게 우리 안에 들어오게 되어서 이렇게 근절시키기 어렵게 되어 버린 것일까?

사회적 정체성 이론 : 우리와 그들

우리 모두는 자신의 특징적인 성격이나 독특한 삶의 경험을 통해서 자신의 정체성을 형성한다. 그러나 우리는 국가나 종료, 정치, 직업군을 통해 우리가 어디에 속하는지를 바탕으로 **사회적 정체성**을 발달시키기도 한다(Brewer & Brown, 1998; Dovidio & Gaertner, 2010; Tajfel, 1982; Tajfel & Turner, 1986). 사회적 정체성은 세상에서 자기의 위치에 대한 감각을 준다. '우리'의 일부가 된다는 것은 기분 좋은 일이다. 그러나 그것이 '그들'에 비해 우리가 우월하다는 것을 느껴야 한다는 것을 의미할까?

자민족 중심주의 자신이 속한 문화, 국가, 종교 집단이 다른 집단에 비해 우월하다고 생각하는 믿음을 **자민족 중심주의**(ethnocentrism)라고 한다. 이것은 보편적인 현상인데 아마도 사람들이 집단에 붙어 있고 그 집단을 위해 일하고자 하는 의지가 증가하게 되면 생존율이 높아지기 때문일 것이다. 그것은 아주 근본적인 분류, 바로 '우리'를 만든다. 그러나 사람들이 '우리'를 만들어내자마자 그 외의 사람들은 다 '우리가 아니다'가 되어 버린다. '외부인'에 대한 의심 역시 생물학적인 생존 메커니즘의 일부로 보이는데, 그것은 내 가족, 부족, 인종에 대한 호의를 불러일으키게 되고, 나의 부족을 외부 공격으로부터 지켜내고자 한다. 그러나 이러한 발언은 충분하지 않다. 왜냐하면 인간은 생물학적으로 호의적이고, 개방적이고 협동적이기도 하기 때문이다(Cikara & Van Bavel, 2014; Kappeler & van Schaik, 2006).

초반에 우리가 사회신경과학자들의 연구결과를 언급하였는데, 그들은 뇌의 어떤 부분이 고정관념을 형성하게 하고 편견을 가지게 하며, 어떤 민족이나 낙인찍힌 집단에 대해 역겨움, 화, 분노를 일으키는 것과 관련이 있는지 조사해보았다(Harris & Fiske, 2006; Stanley, Phelps, & Banaji, 2008). 한 연구에서 아프리카계 미국인들과 백인들이 서로에 대한 얼굴 사진을 보았을 때, 편도체(공포와 부정적인 감정과 관련된 뇌 부위)의 활성화 정도가 크게 증가하는 것을 발견하였다. 그러나 사람들이 자기 집단 사람들의 얼굴 사진을 볼 때는 활성화가 높지 않았다. 또한 피험자들이 그 얼굴 사진을 개인들로 인지하거나 '흑인'이라는 범주의 구성원으로 보지 않고 단순한 시각자극검사의 일부로 여길 때 편도체의 활성화 정도는 증가하지 않았다. 뇌는 차이를 알아차리도록 만들어졌으나 차이를 부정적인 것과 연합시킬 것이냐는 맥락과 학습에 달려 있는 것이다(Wheeler & Fiske, 2005). 그래서 사회심리학자들이 도대체 어떤 조건에서 편견과 외집단에 대한 적대심이 양성되거나 감소되는지 알아보고자 하는 것이다.

내집단 편향 커트 보니것은 내집단 대 외집단 개념의 차이를 그의 소설 고양이의 요람(*Cat's cradle*)에서 잘 묘사해냈다. 한 여성이 비행기에서 우연히 만난 사람이 인디애나에서 온 것을 알게 되었다. 그 외에는 둘 사이에 아무런 공통점이 없었지만 그들은 금세 유대감을 갖게 되었다.

"어머나, 당신 후지어(인디애나 주의 속칭)예요?"

사회적 정체성
국가 · 종교 · 정치적 집단, 직업 등의 사회적 소속에 대한 자신의 정체성에 바탕을 둔 자기-개념의 일부

자민족 중심주의
자신이 속한 민족 · 국가 · 종교 집단이 다른 집단들보다 더 우월하다는 믿음

나는 그렇다고 했다.

"나도 후지어예요." 그녀가 소리쳤다. "후지어인 것을 부끄러워해서는 안 돼요."

"안 부끄러워요." 내가 말했다. "후지어인 것을 부끄러워하는 사람은 본 적이 없어요." (p. 90)

이러한 **내집단 편향**(in-group bias)은 우리가 내집단의 일원이라고 여겨지는 사람들에게 긍정적인 감정을 느끼고 특별한 대우을 해주고자 하는 것을 말한다. 반대로 외집단이라고 여겨지는 사람에게는 단지 외집단이라는 이유로 종종 불공정하게 대하게 되는 것이다. 실제로 사회심리학자인 Anthony Greenwald와 Thomas Pettigrew(2014)는 내집단 편향이 편견, 적대심보다 훨씬 더 강력한 차별의 이유라고 주장한다.

비슷하게 옷을 입는 것은 내집단에 속해 있음을 보여주는 방식 중 하나이다.

사람들은 규범과 관습, 아니면 중요한 다른 측면에서 자신과 비슷한 사람, 그래서 친숙한 사람들과 함께 있기를 선호한다. 그러나 이러한 편향은 의도하지 않은 부정적인 결과를 초래할 수 있다. 고용과 승진에 있어 내집단 사람을 선호하는 것이 그 예이다.

이러한 현상 저변에 있는 숨겨진 메커니즘을 밝히기 위해서 영국의 사회심리학자인 Henri Tajfel과 그의 동료들은 최소한의 집단이라는 개념을 만들어냈다(Tajfel, 1982a; Tajfel & Turner, 1986). 실험에서 낯선 사람들끼리 아주 사소한 것을 기준으로 집단을 형성하게 하였다. 예를 들면 한 실험에서 영국의 학생들에게 여러 점이 찍힌 여러 슬라이드를 보게 하였다. 소년들은 거기에 몇 개의 점이 찍혔는지를 맞혀보도록 했다. 실험자들은 소년들에게 무작위로 그들이 '과대추정한 자'들인지 '과소추정한 자'들인지 알려주었다. 그 후 다른 과제를 하도록 하게 했는데, 이때 그들은 과대추정한 자들 또는 과소추정한 자들을 얼마나 좋아하는지 각각 점수를 주도록 했다. 모든 소년은 작은 방에서 개별적으로 수행했음에도 불구하고, 대부분의 소년들은 자기와 같은 집단(과대추정한 자들 또는 과소추정한 자들)이라고 믿어지는 사람에게 훨씬 더 높은 점수를 주었다. 과제가 끝난 후 다 같이 불러모아서 "너는 어떤 집단이니?" 물어보았을 때, 아이들은 서로에게 환호를 하거나 야유를 보냈다.

요약하면 아주 사소한 것을 기준으로 집단이 나누어진다고 해도, 내집단이라는 생각이 들면 외집단을 상대로 이기기를 원하고, 외집단을 불공평하게 대하게 된다. 왜냐하면 이러한 전략이 당신의 자존감과 소속감을 높이는 전략이기 때문이다. 내집단이 이길 때 당신의 자부심과 집단 소속감은 높아진다. 당신의 대학교가 운동경기에서 이기면 당신은 그 학교 학생인 것에 대해 어떻게 생각하겠는가? Robert Cialdini와 동료들(Cialdini et al., 1976; Cialdini, 2009)은 7개의 대학교에서 주말 축구경기 후 월요일에 학교 로고가 새겨진 티셔츠를 입고 등교하는 학생 수를 세어 보았다. 결과는 어떨까? 예측한 대로 경기에서 질 때보다 이긴 후에 학생들은 학교 로고 티셔츠를 더 많이 입고 등교했다. '우리'가 이긴 것이다. 그러나 우리 팀이 졌을 때, 우리는 '그들이' 졌다고 말한다.

외집단 동질성   내집단 편향 외에 **외집단 동질성**(out-group homo-geneity)은 사회적 분류의 또 다른 결과이다. 이것은 '그들'은 다 비슷하다고 믿는 것이다(Linville, Fischer, & Salovey, 1989; Quattrone, 1986). 내집단의 일원들은 자기들에 비해서 그리고 실제에 비해서 외집단 일원들끼리

내집단 편향
우리가 내집단의 일원이라고 여겨지는 사람들에게 긍정적인 감정을 느끼고 특별한 대우을 해주고자 하는 것

외집단 동질성
실제보다 더 그리고 내집단 구성원보다 더 외집단 구성원들이 서로서로 비슷하다(또는 동질하다)고 느끼는 것

서로 더 비슷하다고 느낀다. 학문적으로나 운동경기에서 당신의 대학교와 전통적으로 라이벌 관계인 학교가 있는가? 그렇다면 당신은 라이벌 학교보다 당신 학교의 가치를 더 높게 생각할 것이다. 그것이 당신의 자존감을 높이기 때문이다. 그리고 아마도 당신은 라이벌 학교의 학생들은 당신의 학교의 학생들보다 서로 더 비슷하다고 인식할 것이다.

라이벌 학교인 프린스턴과 러트거스대학교 학생들을 대상으로 한 실험을 생각해보자(Quattrone & Jones, 1980). 이 두 학교는 운동경기로, 학문적으로, 그리고 심지어 사회계층적으로 오랫동안 라이벌 의식을 가져왔다. 이 두 학교의 남학생들이 비디오를 보았는데, 그 비디오에는 3명의 젊은 남성이 선택을 내리는 것이 녹화되어 있었다. 한 비디오에서 한 남성에게 청각 지각에 관한 실험을 위해서 록 음악을 듣기 원하는지 클래식 음악을 듣기 원하는지 물었다. 피험자들은 비디오 촬영된 그 남성이 프린스턴대학교 학생이라고 듣거나 러트거스대학교 학생이라고 들었다. 즉, 비디오 속의 남성은 내집단 일원이든지, 외집단 일원이라고 들은 것이다. 피험자들은 그 비디오 속의 그 남자가 어떤 음악을 선택할지 예측해보았다. 그리고 그 남성이 록 음악 또는 클래식 음악을 선택한 것을 시청한 후, 같은 학교의 남학생 몇 퍼센트 정도가 같은 선택을 할지에 대해서도 예측했다. 이 예측은 비디오 속의 남성이 내집단인가 외집단인가에 따라 달라졌을까?

그림 13.4에서 보는 바와 같이 결과는 외집단 동질성을 정확히 예측했다. 피험자는 비디오 속의 남성이 외집단일 때, 내집단을 예측할 때보다 자신의 예측이 더 정확할 것이라고 믿었다. 다른 말로 하면 외집단 구성원 한 명에 대해 알고 있다면, 외집단 전체에 대해 거의 모든 것을 알고 있다고 느끼게 되는 것이다. 미국, 유럽, 호주 등에서 실시한 다양한 실험에서도 비슷한 결과가 나왔다(Duck, Hogg, & Terry, 1995; Hartstone & Augoustinos, 1995; Judd & Park, 1988; Ostrom & Sedikides, 1992; Park & Rothbart, 1982).

피해자 비난하기
어떤 개인이 피해자가 된 것에 대해 비난하는 경향(기질 귀인). 일반적으로 이 세상이 정의로운 곳이라 생각하고 싶은 욕구에서 비롯된다.

피해자 비난하기 차별을 당해 보지 않은 사람은 편견의 대상이 된다는 것이 어떤 것인지에 완전히 이해하기 어렵다. 주류에 속하지만 올바른 태도를 가진 사람들은 차별을 당하는 사람에 대해서 동정을 느낄 것이다. 그러나 인종, 종족이나 종교 등 집단에 의해서가 아니고 그들의 장점에 기반해 항상 판단받아 왔던 주류의 사람들에게서 진정한 동정을 기대하기란 힘들다. 동정심이 없을 때 곤경에 빠진 사람을 보면 **피해자 비난하기**(blaming the victim) 귀인 오류에 빠지기 쉽다.

아이러니하게도 피해자를 오히려 비난하는 경향은 피해자의 내재적 능력이나 성격적 결함에 사고의 원인을 두는 것으로서, 세상을 정의로운 곳으로 보기 원하는 동기에서 유발된다. 정의로운 세상이란 사람들이 그에 맞는 대접을 받고, 그들이 받는 것에 따라 사람을 대하는 곳이다(제4장 참조). 정의로운 세상에 대한 믿음이 클수록 가난한 사람이나 집 없는 홈리스들이 겪는 곤경을 더욱 비난하거나, 과체중인 사람들에 대해서는 그들의 게으름을 더욱 탓하는데, 경제적 상황이나 유전적 영향, 정신병적 경향성, 기회의 박탈 등을 고려하지 않는 것이다(Crandall et al., 2001; Furnham & Gunter, 1984). 이와 유사하게 불공평한

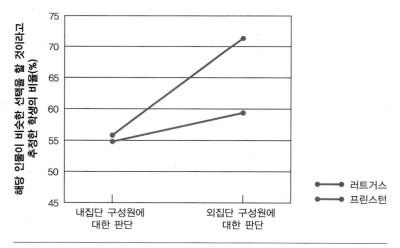

그림 13.4 내집단과 외집단 구성원에 대한 판단
대상 인물이 선택하는 것을 보고 난 후, 피험자는 자기 학교(내집단) 남학생 그리고 경쟁 학교(외집단) 남학생 몇 퍼센트가 같은 선택을 할지에 대해 추정해보았다. 외집단 동질성 편향이 발견되었는데, 학생들은 외집단 구성원은 더욱 비슷할 것이라고 생각했고, 내집단 구성원은 다양할 것이라고 생각했다.

출처 : Quattrone & Jones(1980)

결과에 대한 별다른 증거를 발견하지 못하였을 때, 대부분의 사람들은 피해자를 비난하는 길을 택한다(Aguiar et al., 2008; Lerner, 1980, 1991; Lerner & Grant, 1990). 한 실험에서 두 사람이 모두 동일하게 열심히 일을 했다. 그리고 동전을 던져서 한 사람은 상당한 보상을 받고, 다른 사람은 아무 보상도 받지 못했다. 이후 관찰자들은 무슨 일이 일어났는지 사건을 재구성해보려 했고, 불행히 보상을 못 받은 사람은 아마 일을 열심히 하지 않았을 것이라고 스스로 설득했다.

우리 중 많은 사람이 이렇게 정의로운 세상이라는 믿음으로 사건을 재구성하는 것에 뛰어나다. 상황 귀인을 하는 것(이런 일이 누구에게도 일어날 수 있다고 생각하는 것은 무섭다)이 아니라 단순히 기질적인 측면(그것은 피해자의 잘못이야)에 귀인하는 것이다. 재미있는 실험이 있는데, 대학생들은 젊은 여성이 한 남성에 대해 친절하게 대한 행동에 대해 설명을 듣고, 그 행동이 아주 적절하다고 여겼다(Janoff-Bulman, Timko, & Carli, 1985). 다른 집단의 학생들에게도 같은 설명을 해주었는데, 여기에 한 가지 정보를 더했다. 그것은 이 이야기의 마지막이 그 남성이 그 여성을 강간하는 것으로 끝난 것이다. 이 집단은 그 여성의 행동이 부적절했다고 평가했다. 그녀가 강간당할 만하게 행동했다고 여기는 것이다.

이러한 가혹한 귀인에 대해서 우리는 어떻게 설명해야 할까? 누군가 살해당하거나 강간당하는 것처럼 나쁜 일이 일어났을 때, 우리는 그 사람이 참 안 되었다고 생각은 하지만 동시에 그런 끔찍한 일이 나에게 생기지 않았다는 사실에 대해 안도한다. 그리고 그런 일이 미래에 나에게도 일어날 수 있다는 생각에 두려움을 느낀다. 두려움으로부터 우리 자신을 지키기 위해서 우리는 스스로 생각하기를, 그 사람이 무언가 잘못했기 때문에 그러한 비극이 일어났다고 믿는다. 그러면 더 안전감을 느끼게 된다. 왜냐하면 우리는 더 조심히 행동했기 때문에 괜찮다고 믿기 때문이다(Jones & Aronson, 1973).

정의로운 세상에 대한 믿음이 어떻게 편견을 만드는 것일까? 우리가 살고 있는 세상이 무고한 사람이 강간당할 수 있고, 차별당할 수 있으며, 정당한 보수를 받지 못하고, 삶에 필요한 기초적인 것조차 보장받지 못하는 곳이라는 것을 생각하면 너무나 두려워진다. 차라리 그들의 운명이라고 믿으면 훨씬 안심된다. 그래서 피해자를 비난하는 것의 한 변형은 '그럴 만한 평판'으로 이유를 대는 것이다. 마치 '유대인이 역사적으로 핍박을 받아왔다면, 그것은 그럴 만한 이유가 있었기 때문일 것이다.'라고 생각하는 것이다. 이러한 논리는 자기보다 외집단의 사람들에게 더욱 엄격한 행동기준을 따르도록 요구하게 한다.

편견에 대한 합리화 억압 모델 편견은 내집단의 우월감, 종교적 · 정치적 의식, 그리고 부와 사회적 지위와 권력의 불평등을 지지한다("우리 집단은 거대한 부와 사회적 지위를 가질 만해. 왜냐하면 '그들'은 열등하니까."). 주류집단이 그 힘을 유지하기 위해서 체계적으로 소수집단을 차별한다면, 그들은 소수집단이 너무나 열등하기 때문에 그런 것이라며 자기들의 행동이 정당하다고 주장할 것이다(Jost, Nosek, & Gosling, 2008; Morton et al., 2009; Sidanius, Pratto, & Bobo, 1996). 예를 들면 방글라데시에서 한 일련의 실험에서 무슬림(주류)과 힌두교인(소수)은 모두 강한 내집단 선호를 보였다. 그러나 무슬림 집단만이 소수인 힌두교인을 폄하하였다(Islam & Hewstone, 1993). 그러나 그 사회에 있는 주류에 속한 사람들 대부분은 자신은 편견이 없다고 생각한다. 그들은 외집단에 대한 그들의 믿음이 완벽하게 합리적이라고 여긴다.

Christian Crandall과 Amy Eshleman(2003)은 대부분의 사람들이 그들이 가지고 있는 편견을 표현할 것인지 아니면 편견쟁이가 아니라는 긍정적 자기-개념을 유지할 것인지 고민한다고 주장했다. 그러나 편견 충동을 억제하는 것은 에너지가 필요하다. 그래서 사람들은 외집단을 싫어하

성경은 관용과 동정을 고취시키기 위해 사용되었다. 그리고 많은 편견을 정당화하는 데도 사용되어 왔다.

현실적 갈등 이론
제한된 자원이 집단 간 갈등을 야기했고 결과적으로 편견과 차별을 증가시킨다는 생각

는 것을 정당화할 수 있는 정보를 찾는다. 일단 합리화할 거리를 찾게 되면 그들은 그들이 원하는 대로 실컷 차별하면서도 자신이 편견쟁이라고 느끼지는 않을 수 있다(그래서 인지부조화를 피하게 된다). 편견이 없다고 여겨지던 사람들도 그들이 모욕을 당했거나 화가 났을 때 외집단에게 더 무거운 처벌을 부과했던 실험을 기억해보라. 그들은 공격성을 정당화할 것이 생긴 것이다. "나는 나쁜 사람이나 편견쟁이가 아니야. 그런데 그가 나를 모욕했단 말이야! 내게 상처를 줬어!" Crandall과 Eshleman(2003)은 말했다. "합리성은 억제를 풀게 만들고, 평등주의와 비편견적 자기 이미지를 만들어준다."

현실적 갈등 이론

마지막으로 분쟁과 편견의 명백한 이유 중 하나는 경쟁이다. 바로 제한된 자원과 정치적 권력, 그리고 사회적 지위에 대한 경쟁인 것이다. 내집단과 외집단 현상에 대한 문제가 무엇이든 간에 그 문제들은 실제 경제적, 정치적, 또는 지위적 경쟁에 의해서 극대화된다. **현실적 갈등 이론**(realistic conflict theory)은 제한된 자원이 집단 간의 갈등을 야기하고 편견과 차별을 일으킨다고 설명한다(Jackson, 1993; Sherif, 1966; White, 1977). 예를 들면 많은 젊은이들은 나이 든 사람이 자기들에 대해 가지고 있는 고정관념과 편견에 대해 반발한다. 그러나 그들 자신 역시 나이와 관련해 편견을 가지고 있을지 모른다. 노인들은 무능하고, 고집스럽고, 바보 같고, 구두쇠라고 말이다. 오늘날의 경제적 상황에서 세대 간의 갈등은 점점 커지고 있는데, 일부 젊은이들은 노인들이 너무 많은 사회적 혜택과 기회를 가지고 있다고 여기고 거부감을 느낀다. 노인들이나 젊은이들이나 모두 자신들이 나이 차별주의의 피해자라고 호소하는 것이다.

국가적 차원에서 힘이 없는 리더와 정부는 종종 소수집단을 선택해서 희생양으로 사용한다. 희생양이란 "우리 모든 문제의 원인은 저 사람들이다."라고 하는 것이다. 이러한 노력은 '그들'에 대항하여 자국민들('우리')을 연합하기 위한 노력이다. 그래서 국가를 운영하는 데 실패한 '우리'로부터 사람들의 주의를 돌리는 것이다(Staub, 1999). 1991년 구소련 붕괴한 후에 많은 동유럽 국가들에서는 새로운 자유와 함께 국수주의적 감정이 증가되게 되었는데, 이것은 외집단에 대한 원한과 적대심을 심화시켰다. 발트해와 발칸반도에서는 국가주의적 감정으로 인해 적대감이 폭발하여 세르비아, 무슬림, 크로아티아, 아제르바이잔, 아르메니아 사이에 전쟁이 발발하게 되었다. 세르비아의 총독 라트코 믈라디치는 1990년대 세르비아 전쟁 당시 스레브레니차에서 무슬림 7천 명 이상을 학살하기도 하였다. 2011년에 마침내 믈라디치는 전범죄와 학살죄로 체포되었다. 믈라디치는 무슬림을 희생양으로 삼아 세르비아를 연합시키고 그의 권력을 공고화하려 했던 것이다.

경제적 경쟁과 정치적 경쟁 편견에 관한 고전적 연구에서 John Dollard(1938)는 차별과 경제적 경쟁이 가지는 연관성을 처음으로 기록한 사람이다. 초기 독일 이민자들이 어떤 마을에 들어왔을 때 그들에게 큰 적대감은 없었다. 그러나 일거리가 줄어들면서 편견이 만연하게 되었다. 그 지방의 백인들은 새로운 이민자들에게 적개심을 갖고 공격적으로 대했다. 그리고 독일인들을 향한 조롱과 모욕을 점점 표현하기 시작했다. Dollard는 "독일인들을 향한 공격이 용인된 이유는 그 지역 목자재 공장의 일거리와 지위를 두고 일어나는 경쟁 때문이었다."라고 말했다.

같은 맥락으로 미국으로 건너온 중국 이민자들을 향한 편견과 폭력, 그리고 부정적인 고정관념은 19세기에 경제상황이 악화되면서 널리 퍼졌다. 캘리포니아 금광개발에 뛰어들어 백인 광부들과 경쟁에 들어간 중국인들은 '타락하고 사악한 사람들', '역겨운 사람들', '비인간적이고 잔인한 사람들'이라고 묘사되었다(Jacobs, & Landau, 1971). 몇 년 후에 대륙횡단 철도를 건설하는 일을 할 때(백인들은 하기를 꺼렸던 일) 중국인들이 사업에 참여하였고, 이때 중국인들은 근면하고, 법을 잘 지키며, 분별 있는 사람들로 묘사되었다. 사실 그들은 아주 높게 평가되어서 그 공사에 경제적 지원을 한 대부호 중 하나인 찰스 크로커는 "그들은 우수한 백인들과 동등하다. 그들은 믿을 만하고, 똑똑하며, 계약대로 잘 이행한다."(p. 81)고 평가했다. 그 후 시민전쟁이 끝나자, 전직 군인들이 이미 포화 상태가 된 직업전선에 쏟아져 나왔다. 노

경제적 경쟁은 많은 편견을 낳게 되었다. 실업자들이 증가함에 따라서 소수집단에 대한 증오도 커졌다.

동력의 과잉은 중국인들에 대한 부정적 태도로 이어지게 되었다. 고정관념은 다시 그들이 범죄자들이고, 교활하며, 바보 같다는 것으로 바뀌었다.

오늘날 중국인들과 같은 상황에 처해진 것은 멕시코인들이다. 멕시코 이민자들은 미국의 많은 주에서 필요한 노동력을 제공하고 있다. 미국 경제가 악화되자 라틴계 사람들에 대한 폭력은 40% 이상 증가하게 되었고, 불법이민에 대한 백인의 분노는 멕시코인에게 쏟아졌다. 주류집단의 분노의 대상이 이렇게 변하는 것을 볼 때, 시대가 어렵고 자원이 부족해질수록 내집단 사람들은 외집단 사람에게 더 큰 위협을 느끼게 될 것이며, 외집단 구성원을 향한 폭력도 증가할 것임을 말해준다.

고전적인 실험에서 Muzafer Sherif(1961)는 집단갈등 이론을 보이스카우트 캠프에서 시험해보았다. 참가자들은 건강한 12세 소년들이었다. 이들은 무선적으로 독수리조, 들다람쥐조 중 하나에 배치되었다. 두 집단은 각각의 오두막집에 머물렀는데, 두 집단이 마주칠 기회를 줄이기 위해 두 오두막 사이는 멀리 떨어뜨려 놓았다. 이 상황은 소년들이 속한 집단 내의 응집성이 증가하도록 구성된 것이다. 그들은 같은 조끼리 하이킹도 하고, 수영도 하고, 프로젝트를 계획하고, 식단을 짜는 등의 캠프에서 하는 여러 활동을 함께하였다.

조별로 하나됨을 느낀 후에 연구자들은 두 집단이 서로 경쟁해야 하는 여러 가지 상황을 마련했다. 예를 들면 축구, 야구, 줄다리기 등을 해서 이긴 팀에게 상을 주었다. 이러한 경쟁 게임은 두 집단 간의 갈등과 긴장을 불러일으켰다. 연구자들은 또 다른 상황을 마련해서 갈등을 더욱 극대화시켰다. 바로 캠프에서 파티를 마련하였는데 각 집단이 다른 시간에 파티에 오도록 만든 것이다. 그리고 파티에서 나오는 음식도 두 종류로 다르게 준비했다. 음식의 반은 신선하고, 맛있는 것들로, 다른 반은 오래되고, 못생기고, 맛없는 것으로 준비했다. 독수리조가 들다람쥐조보다 일찍 파티에 도착하게 되었는데, 예상했던 대로 그들은 먼저 도착했기에 맛있는 음식을 배불리 먹었다. 그러나 늦게 온 들다람쥐조는 남아 있는 맛없는 음식들을 보고 기분이 나빴다. 그들은 독수리조가 욕심쟁이라며 비난했다. 독수리조는 먼저 와서 먼저 먹는 것(선착순)이 당연하다고 여겼기 때문에 분해하며 욕을 했다. 욕을 하자 누군가 음식을 던지기 시작했고, 짧은 시간 안

에 주먹이 오가며, 소년들은 금세 폭도들로 변했다.

끝내 연구자들은 두 집단 간에 적대감을 줄이는 방법을 찾게 되기는 했다. 그 방법에 대해서는 이 장의 마지막 부분에서 논의할 것이다.

---

1. 현실적 갈등 이론에 의하면 편견과 차별은 다음 중 어떤 경우 증가하는가?
   a. 인종차별의 역사가 있었던 나라에서
   b. 특정 집단에 대한 고정관념을 가지고 있던 사람들이 저지당하였을 때
   c. 자신의 친한 친구가 편견을 받고 있음을 알게 된 사람들
   d. 직업과 안정을 찾기 위해 경쟁하는 사람들
   e. 편견이 암묵적이 아니라 명시적일 때

2. 의경은 학교 신문에 학교 축구팀 경기에 대한 기사를 쓰도록 맡게 되었다. 경기 중 의경은 본교 학생 6명을 인터뷰하여 그날 경기를 어떻게 보고 있는지 물었지만, 상대편 학교 학생은 1명만 인터뷰하면 될 것이라 여겼다. 의경이는 다음 중 무엇을 보여주고 있는 것인가?
   a. 내집단 오류
   b. 외집단 동질성
   c. 자격부여
   d. 피해자 비난하기

3. 다음은 사회심리학자들이 조사한 편견에 관한 설명이다. 다음 중 맞지 않는 것은?
   a. 동조에 대한 압력
   b. 자민족 중심주의

   c. 현실적으로 일어나는 경제적 갈등
   d. 조직적 차별

4. 다니엘은 자기 반에 있는 라틴계 아이들을 대부분 알고 있고 또 좋아한다. 그러나 속으로는 자신의 백인 문화가 다른 어떤 문화보다 더 우월하다고 믿고 있다. 그의 믿음은 _____의 증거이다.
   a. 라틴계를 싫어하는 편견
   b. 소수인종에 대한 고정관념
   c. 자민족 중심주의
   d. 외집단 동질성

5. Robber의 동굴실험에서 두 소년 집단 사이에 적대감을 형성시키기 위해서 어떻게 하였나?
   a. 우승자에게 상을 주는 경쟁적 상황에 처하게 하였다.
   b. 화를 자유롭게 표현할 수 있도록 했다.
   c. 한 집단에게 특별한 이유 없이 더 혜택을 주었다.
   d. 소년들 스스로 규칙을 만들어 게임을 하도록 하였다.

정답은 537-539쪽 참조

편견 감소시키기

13.5 편견을 감소시킬 수 있는 여섯 가지 조건은 무엇인가

때로는 모호하게, 때로는 아주 극명하게 나타나는 편견은 사실 여러 곳에 산재해 있다. 편견이 줄어들고, 더 큰 용인이 이루어지고, 제도적 차별이 폐지되는 좋은 소식은 항상 대상집단에 대한 적대감과 갈등 증오가 폭발된 후에야 오는 것 같다. 이 말은 편견이 인간사회에서 필수적인 측면이라서 항상 우리와 함께 있을 수밖에 없다는 뜻인가? 사회심리학자들은 그러한 회의적 견해를 가지고 있지 않다. 우리는 "편견을 없애는 것은 지금도 늦지 않다."라는 Thoreau의 의견에 동의한다. 사람들은 변할 수 있다. 그러나 어떻게? 인간의 사회행동의 독소와 같은 편견을 없애기 위해서 우리는 무엇을 해야 할까?

논리적인 대처 중 하나는 사람들에게 정확한 정보를 제공해주어서 고정관념을 없애는 것이다. 그러나 지금으로서는 이것이 그렇게 간단한 문제가 아니다. 제2차 세계대전 중과 그 후에 백인들은 일본계 미국인들이 비애국적이고 잠재적인 반역자라고 생각했다. 실제로 미국 정부는 미국 서해안에 사는 일본계 미국인들을 몰아내어 전쟁 중 포로수용소에 가두었다. 만약 이 편견에 사로잡힌 미국인들이 제2차 세계대전 중 가장 수훈이 혁혁한 전투부대가 일본계 미국인으로만 구성되었던 것을 안다면 어떻게 될까? 이러한 정보가 그들의 태도에 영향을 줄까?

꼭 그렇지는 않다. 우리가 고정관념에 대해서 앞서 논의한 바와 같이 사람들은 자기가 가지고 있는 고정관념과 부합하지 않는 한두 가지의 예를 보았을 때, 대부분은 자기의 믿음을 바꾸지 않았다. 사실 한 실험에서 사람들이 이러한 불일치 정보를 보았을 때, 오히려 그들의 믿음이 더욱 확고화되는 결과가 나타난 것을 보고했다. 왜냐하면 그러한 반대 정보는 그들의 편견을 유지할 추가적 이유들을 찾게 만들기 때문이다(Kunda & Oleson, 1997). 만약 당신이 사람들에게 두세 가지의 강력한 증거를 제시하여 고정관념이 잘못되었다는 것을 말해준다면, 피험자들은 '규칙을 증명하는 예외들'이라고 여겨 무시할 것이다. 그래서 많은 인종주의자들과 반유대주의자들이 "그러나 내 친한 친구 중 몇몇은……."이라고 말하는 것이다.

세계무역센터와 미국 국방부에 가해진 9·11 공격 이후 무슬림을 대상으로 희생양 만들기 현상이 증가되었다.

고정관념과 편견은 잘못된 정보에 기반하고 있기 때문에 사회운동가들은 교육이 답이 될 수 있다고 생각했다. 우리가 해야 하는 것은 사람들에게 진실을 말해주는 것밖에 없다. 그러면 편견은 없어질 것이라는 것이다. 그러나 우리가 앞서 살펴본 것처럼 이것은 너무나 순진한 기대였다. 편견의 저변에 있는 정서적 측면과 우리가 가진 인지적 연결들(착각 상관, 귀인 편향, 편향된 기대)에 대한 사실을 알려준다고 해서 잘못된 정보에 의한 생긴 고정관념이 쉽게 바뀌지는 않는다. 그래도 희망은 있다. 우리가 경험했다시피 외집단과의 반복적인 접촉은 고정관념과 편견을 바꿀 수 있다(Webber & Crocker, 1983). 그러나 단순히 접촉만으로는 충분치 않다. 특별한 접촉이어야만 한다. 이것은 무슨 의미일까?

접촉 가설

1954년 미국 헌법재판소에서 학교의 인종분리정책을 폐지하였을 때 사회심리학자들은 흥분했고, 결과에 대해 낙관적이었다. 그들은 학교 인종분리정책을 없앤다면 백인 아이들과 흑인 아이들 간의 접촉을 증가시킬 수 있을 것이고, 그러면 소수인종 아이들의 자존감이 높아지고 편견은 곧 없어질 것이라고 믿었다. 그리고 이것을 접촉 가설(contact hypothesis)이라고 하였다.

이러한 낙관적인 예측을 하는 데에는 이유가 있었다. 왜냐하면 이론적으로 말이 될 뿐만 아니라 경험적 증거 역시 인종 간 접촉의 힘을 보여줬기 때문이다(Van Laar, Levin & Sidanius, 2008). 실제 1951년에 Morton Deutsch와 Mary Ellen Collins는 두 종류의 공동 주택 프로젝트에서 백인들이 흑인들에 대해서 가지는 태도에 대해서 조사해보았다. 한 주택 프로젝트에서는 흑인 가정 건물과 백인 가정 건물을 각각 분리해서 살게 하였다. 다른 프로젝트에서는 흑인과 백인 가정이 한 건물에 섞여 살도록 하였다. 몇 달이 지난 후 따로 분리되어 살던 백인 거주자들에 비해 흑인과 한 건물에 살던 백인 거주자들은 흑인 이웃을 향한 태도가 긍정적으로 바뀌었다. 사실 그들 스스로가 같이 살겠다고 신청해서 같이 산 것은 아니었지만 말이다(Deutsch & Collins, 1951). 비슷한 예로 남부 백인이 미국 군대에 들어간 후(1950년대 이후로 미국 군대에서는 흑인과 백인이 한 소대에 섞여서 배치되었다) 그들의 인종주의적 태도는 점점 줄어들었다(Pettigrew, 1958; Watson, 1950).

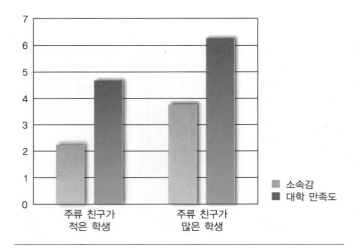

그림 13.5 다른 민족 학생들과의 우정이 소수민족 학생의 행복에 미치는 영향

백인이 대부분인 대학교에 다니는 흑인 학생에 대한 종단연구에서, 흑인 학생들은 처음에 학교생활에 만족하지 못하고 소외되었다. 그러나 그들에게 백인 친구들이 생길수록 학교에 대한 만족도와 소속감은 증가하게 되었다. 이 결과는 특히 거부당하는 것에 대해 민감한 학생과 큰 규모의 백인 학교에 대해서 불안을 느꼈던 학생일 경우 더욱 뚜렷하였다. 이 결과는 후에 라틴계 학생을 대상으로도 이루어졌다.

출처 : Mendoza-Denton & Page-Gould(2008)

접촉 가설은 많은 실험연구에서 지지되었고 실제 생활연구에서도 지지되었다. 노인을 향한 청년들의 태도, 정신병을 겪고 있는 사람에 대한 건강한 사람의 태도, 장애인을 향한 비장애인 아이들의 태도 등이 바뀌었다(Herek & Capitanio, 1996; Pettigrew & Tropp, 2006; Wilner, Walkley, & Cook, 1955).

오늘날 다양한 인종이 섞여 있는 대학교 캠퍼스는 살아 있는 실험실이라 할 수 있다. 백인 학생들은 다른 인종과 민족의 학생들과 룸메이트, 친구 관계를 맺어 가면서 민족의 구분에 대해 덜 편견적이 되고 있으며, 연대감을 형성하고 있다(Van Laar et al., 2008). 집단을 아우르는 우정은 소수민족에게 유익하고 그들이 가지고 있는 편견을 줄이기도 한다. 같은 민족끼리 모이는 동아리에 들어가는 소수민족 학생은 그 조직에서 민족적 정체성을 더 높이기도 하지만, 민족적 피해의식도 높이는 결과를 초래하기도 한다. 마치 백인 동아리에 있는 백인 학생들과 같이 그들은 다른 민족집단과는 공통점이 없다고 느끼게 되는 것이다(Sidanius et al., 2004). 그러나 백인이 대부분인 대학교에 다니는 흑인과 라틴계 학생들을 대상으로 한 종단연구에 따르면, 백인 학생들과 잘 어울릴수록 그들은 학교에 대한 소속감은 높아지고 학교생활에 대한 불만은 줄어드는 것으로 나타났다. 이러한 현상은 소수민족으로서 거부되는 것에 민감하고 불안함을 느끼는 학생일수록 더욱 그러한 것으로 나타났다(Mendoza-Denton & Page-Gould, 2008; 그림 13.5 참조).

일반적으로 여러 민족집단과 접촉하는 것은 좋지만 학교 인종분리정책 폐지는 여러 지식인들이 기대했던 바대로 잘 흘러가지는 않았다. 사실 조화를 이루기보다는 교실 안에서 종종 긴장과 소요를 일으키게 되었다. 인종분리정책 폐지의 영향에 대한 Walter Stephan(1978, 1985)의 분석에 의하면, 인종분리정책 폐지 이후 흑인들의 자존감이 증가된 것을 보고하는 연구는 하나도 없었고 25%의 연구들은 오히려 자존감의 저하를 보고했다. 게다가 편견도 줄어들지 않았다. Stephan(1978)에 의하면 53%의 학생들이 편견이 증가되었다고 보고했고, 34%의 학생들이 편견에 변화가 없다고 보고했다고 한다. 만약 당신이 학교 운동장을 멀리서 보게 된다면, 당신은 진정한 통합이 이루어지고 있지 않다는 것을 발견할 수 있을 것이다. 백인 아이들은 백인 아이들과 뭉쳐 놀고, 흑인 아이들은 흑인 아이들과 논다. 라틴계는 라틴계 아이들끼리 논다(Aronson & Gonzalez, 1988; Aronson & Thibodeau, 1992; Schofield, 1986). 이렇게 볼 때 단순한 접촉의 증가는 기대한 바와 다르게 편견감소에 큰 효과가 없었다.

무엇이 잘못된 것일까? 왜 공동 주택 프로젝트에서는 잘 되었는데, 학교 통합에서는 잘 안 되었을까? 접촉 가설을 자세히 살펴보자. 명백한 것은 모든 종류의 접촉이 편견을 줄이고 자존감을 높이는 것은 아니라는 것이다. 때로 접촉이 집단 간 관계를 더 적대적이고 더 편견적으로 만들 수 있다(Saguy, Tausch, Dovidio, Pratto, & Singh, 2011). 예를 들면 아프리카인들이 미국 해안가에 도착하였을 당시를 생각해보면, 남부에 흑인과 백인은 많은 접촉이 있었음에도 불구하고 편견은 넘쳐났다. 주인과 종으로서의 관계는 편견을 줄일 수 있는 그런 접촉이 아닌 것이다.

Gordon Allport(1954)는 다음과 같은 세 가지 조건하에서 접촉을 통해 편견이 줄어들 수 있는

것을 보았다 : 두 집단 모두 동등한 지위일 것, 공통의 목적을 세워서 그들의 공동의 이익과 인류애를 인식하게 할 것, 그들의 접촉이 법적으로나 사회적 규범상 지지될 것. 공동 주택 프로젝트나 미군 모집 연구에서 두 집단은 동등한 지위를 가지고 있었고, 그들 사이에 어떠한 명백한 분쟁거리도 없었다. 몇십 년에 걸친 연구는 접촉을 통해 편견을 감소하기 위해 선행되어야 할 조건들을 지지하는 결과를 찾았다. 그리고 그동안 연구자들은 세 가지 요건을 더 찾아냈다. 이제 그 조건들이 무엇인지 알아보자.

접촉이 편견을 감소시킬 때

Robber의 동굴연구에서 독수리조와 들다람쥐조가 대립하고 경쟁하였을 때, 편견이 생기게 되고 서로에 대해서 적대적이 되었다. 이렇게 되자 문제가 불거졌다. 갈등과 경쟁을 없앤다고 해서 화합하게 되는 것은 아니었다. 중립적인 조건에서 두 집단을 함께 모아 놓은 것은 실제로 적대감과 불신을 더 증폭시켰다. 소년들은 심지어 영화를 보면서도 서로 말다툼을 하며 싸웠다(Sherif et al., 1961). 이때 연구자들은 편견을 줄이기 위한 여러 이벤트를 마련했다. 그들이 발견한 내용은 접촉을 통해 무엇이 가능하고, 무엇이 가능하지 않은지에 대해서 많은 정보를 제공해준다. Sherif의 연구와 후속 연구들은 접촉이 두 적대집단 간 편견을 줄이려면 다음과 같은 조건이 충족되어야 함을 알려준다.

1. 양측은 목표를 달성하기 위해서 상호 의존적이어야 한다. Sherif는 두 집단이 상호 의존성을 경험하게 하는 상황을 만들었다. **상호 의존성**(mutual interdependence)은 두 집단 모두에게 중요한 것을 얻기 위해 서로에게 의지해야만 하는 상황을 말한다. 한 번은 연구자들이 물탱크에 문제가 생기는 긴급상황을 만들었다. 그 문제를 해결할 수 있는 유일한 방법은 독수리조와 들다람쥐조가 즉시 힘을 합치는 것이었다. 그리고 또 다른 상황에서 연구자들은 소년들이 캠프 여행을 하는 도중 그들이 타고 있던 트럭을 고장 나게 했다. 트럭이 다시 움직이게 하기 위해서는 트럭이 가파른 언덕을 넘도록 두 집단 아이들이 힘을 합쳐 밀어야만 했다.

> **상호 의존성**
> 두 개 이상의 집단이 모두에게 중요한 하나의 목적을 달성하기 위하여 서로 의지해야 할 필요가 있는 상황

2. 양측은 공동의 목표를 추구해야만 한다. 소년들은 이제 같은 목표를 가지게 되었다. 그것은 독수리조인지 들다람쥐조인지 상관없이 힘을 합쳐야만 이룰 수 있는 목표이다. 결과적으로 1, 2의 조건은 두 집단 간에 적대심과 부정적 고정관념을 줄이는 데 성공했다. 이러한 협동상황 후에 가장 친한 친구가 상대 집단에 있다고 말하는 아이의 수가 증가되었다(그림 13.6 참조).

3. 양측은 동등한 지위를 가져야 한다. 보이스카웃 캠프 실험과 공동 주택 프로젝트에서 집단 구성원들은 지위와 권력 측면에서 비슷했다. 거기에는 보스도 없었고, 힘 없는 피고용자도 아니었다. 그러나 지위가 다를 때 상호작용은 고정관념적 패턴을 따라 이루어지기 쉽다. 접촉의 핵심은 사람들이 그들의 고정관념이 틀렸다는 것을 깨닫는 것이다. 접촉과

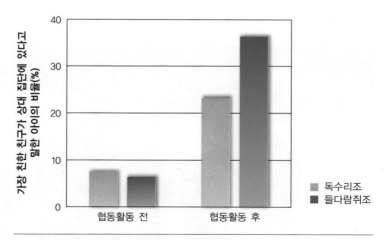

그림 13.6 협동이 어떻게 집단 간 관계를 촉진하는가
독수리조와 들다람쥐조가 경쟁구도에 있었을 때 각 조의 소년들은 다른 조에 속한 소년들과 친구가 되지 않았다. 그러나 공통의 목표를 얻기 위해서 협동한 후, 집단 간 긴장이 완화되었으며, 소년들은 '적진'에 속해 있는 소년들과도 친구가 되기 시작했다.
출처 : Sherif, Harvey, White, Hood, & Sherif(1961)

상호작용은 부정적인 고정관념을 부인하게 만든다. 그런데 만약 집단 간 지위가 다르다면, 그들의 상호작용은 그들의 지위 차이에 의해 규명될 것이다. 보스는 고정관념이 말하는 보스와 같이 행동할 것이고, 피고용자는 고정관념이 말하는 부하와 같이 행동할 것이다. 아무도 타집단에 대한 고정관념을 부인하는 새로운 정보에 대해서는 배우려 하지 않을 것이다(Pettigrew, 1969; Wilder, 1984).

4. 양측이 반드시 우호적이고, 일상적 상황에서 만나야 한다. 이러할 때 상호작용이 일대일로 일어날 수 있는데, 이때 공동의 관심사를 발견하고, 함께 식사를 하며, 편안하게 어울릴 수 있게 되는 것이다. 단순이 두 집단을 한 공간에 두고 접촉할 수 있게 하면 그들은 분리된 채로 있게 될 것이고 서로에 대한 이해나 알아감은 거의 없을 것이다(Brewer & Miller, 1984).

5. 양측은 상대방 집단의 여러 구성원을 만나야 한다. 이렇게 함으로써 일상적 상황에서 알게 된 외집단 구성원이 그 집단의 일반적인 사람이라고 인식하게 된다. 그렇지 않으면 그 사람만 예외적인 사람이라고 생각하기 때문에 고정관념이 유지될 수 있다(Wilder, 1984). 예를 들면 산업현장에서 여성에 대한 차별이 법으로 폐지되었을 때, 그동안 남성들만 있었던 직종에 미혼 여성들이 고용되는 일이 종종 일어났다. 워싱턴 DC에서 여성 경찰관과 파트너가 된 남성 경찰관을 대상으로 한 연구에서 남성 경찰관은 그들의 여성 파트너의 수행에 대해서 만족하였으나, 그들은 여성을 경찰관으로 고용하는 것에 대해서는 반대하는 입장을 보였다. 경찰 업무를 수행하는 여성의 능력에 대한 그들의 고정관념은 변하지 않은 것이다. 사실 그들이 가지고 있는 고정관념은 남성 파트너와 일하는 남성 경찰관과 일치했다(Milton, 1971). 왜 그럴까? 여성 파트너를 배정받은 남성 경찰관들은 그들의 파트너는 예외라고 생각한 것이다.

6. 양측이 그들 집단, 기관, 지역사회에서 평등을 장려하고 지지하는 사회적 규범이 있다는 것을 알아야 한다. 사회적 규범은 큰 영향력을 가지고 있어서 사람들이 외집단 구성원에게 다가서도록 동기부여할 수 있다(Allport, 1954; Amir, 1976; Wilder, 1984). 예를 들어 만약 보스나 교수가 일터나 교실에서 용납과 수용을 강조한다면, 그 조직 사람들은 그 규범에 맞추어서 행동하려고 할 것이다.

처음 여성 경찰관들이 남성 경찰관들과 함께 일하기 시작했을 때, 그들은 여성에 대한 고정관념의 예외라고 여겨졌다. 어떠한 조건일 때 업무상황의 접촉이 편견을 줄일 수 있을 것인가?

요약하면 두 집단 간 서로의 고정관념, 편견 그리고 차별적 행동이 줄어드는 것은 다음의 여섯 가지 조건하에 상호 접촉을 할 때이다 : 양측이 상호 의존적이며, 공동의 목표가 있으며, 동등한 지위를 가지며, 서로 일상적으로 접촉할 기회가 있으며, 한 명이 아닌 여러 사람과 접촉할 기회를 가지는 것, 그리고 사회적 규범이 평등을 장려해야 한다는 것이다.

통합이 잘못된 결과를 초래할 때 접촉을 통해 성공적으로 편견을 줄일 수 있는 조건에 대해서 알았으니, 이제 우리는 학교가 처음 인종분리정책을 폐지했을 때 일어난 문제들에 대해서 좀 더 잘 이해할 수 있을 것이다. 하나의 전형적인 시나리오를 생각해보자. 카를로스는 멕시코계 미국인으로 6학년이다. 그는 평생 낙후

된 지역의 학교를 다녔다. 그 학교에는 좋은 시설이나 직원이 잘 갖추어지지 않아서 그의 첫 5년 간의 교육은 문제가 좀 있었다. 그런데 어느 날 갑자기 어떠한 예고나 준비도 없이, 그는 중산층 가정의 자녀들이 다니는 백인 학교로 전학을 갔다.

당신 경험상으로도 알 수 있듯이 전통적인 교실은 아주 경쟁적인 환경이다. 교사가 학생들에게 질문을 하면 즉각적으로 아이들은 손을 들고 질문에 답하는 것이 일반적인 풍경이다. 교사가 한 아이의 이름을 부르면, 이름이 불리지 않은 다른 아이들은 자기가 얼마나 똑똑한지를 보여줄 기회를 놓친 것에 대해서 아쉬워하며 한숨을 쉰다. 만약 지목된 아이가 말하기를 머뭇거리거나 틀린 답을 말하게 되면 아이들은 다시 열정적으로 손을 든다. 틀린 답을 말한 아이에게 조롱하는 말을 하기도 하면서 말이다. 카를로스는 이 중산층 백인 아이들 사이에서 경쟁해야만 한다는 것을 깨닫게 되었다. 이 아이들은 카를로스보다 더 잘 준비된 아이들로서 백인 중산층 가정이 가지는 가치들을 추구하도록 키워졌다(여기에는 우수한 성적을 받고, 선생님이 질문하면 항상 열정적으로 손을 드는 것도 포함될 것이다). 카를로스는 준비되지 않은 채 이런 경쟁적인 상황에 밀어넣어진 것이다. 그렇기에 카를로스의 실패는 사실상 예견된 것이었다. 몇 번의 실패 후에 카를로스는 패배감, 모욕감, 낙심을 느꼈고, 더 이상 선생님의 질문에 손들지 않았다. 그리고 하교를 알리는 종소리만 기다리게 되었다.

인종통합이 이루어진 일반적 학교 교실에서 학생들은 동등한 지위를 가지지 않았고, 공통의 목표를 위해 함께 나아가지도 않았다. 아마 누군가는 이것이 평평하지 않은 땅 위에서 줄다리기를 하는 것과 같다고 말할지 모른다. 이 상황을 자세히 살펴보면 왜 소수민족의 아이들의 자존감이 인종통합 후에 더 저하되었는지 알 수 있다(Stephan, 1978). 더구나 경쟁적인 분위기에서 기존에 존재했던 고정관념이 더 증폭되었을 수도 있다. 소수민족 아이들이 교실 내 경쟁에 준비되어 있지 않았다고 가정할 때, 백인 아이들 중 일부는 분명 소수민족 아이들은 그들이 추측했던 바와 같이 멍청하고, 의욕이 없으며, 침울하다고 결론내렸을 것이 분명하다(Wilder & Shapiro, 1989). 소수민족 아이들의 입장으로서는 백인 아이들이 교만하고 잘난 척하는 것으로 결론지었을 수 있다. 이것은 우리가 앞서 토론하였던 자기 충족적 예언의 한 예이다.

우리는 어떻게 교실의 분위기를 바꾸어서 접촉의 효과가 있도록 할 수 있을까? 어떻게 백인과 소수민족 학생들의 지위를 동등하게 하고, 상호 의존성을 만들고, 공동의 목표를 추구하게 할 수 있을까?

협동과 상호 의존성 : 지그재그 교실

1971년 텍사스 주 오스틴에서 학교 통합이 이루어졌다. 몇 주 후 아프리카계 미국인, 백인, 멕시코계 미국인 아이들의 갈등은 표면으로 드러나게 되었다. 복도와 학교 운동장에서 싸움이 일어났다. 오스틴의 학교 교육감인 Elliot Aronson은 당시 텍사스대학교의 교수로서 더욱 조화로운 환경을 만들기 위한 방법을 찾으려 했다. 몇몇 교실의 상황을 관찰한 후에, Aronson과 그의 학생들은 Sherif와 그의 동료들(1961)이 한 캠프실험 상황을 떠올렸다. 그 연구의 결과를 염두하여 그들은 다양한 인종과 민족의 아이들이 공동의 목표를 추구하는 상호 의존적인 교실을 만드는 기법을 개발하였다. 그들은 그 기법을 **지그재그 교실**(jigsaw classroom)이라고 부른다. 그것이 지그재그 퍼즐을 닮았기 때문이다(Aronson, 1978; Aronson & Gonzalez, 1988; Aronson & Patnoe, 1997; Walker & Crogan, 1998; Wolfe & Spencer, 1996).

지그재그 교실이란 바로 이런 것이다. 학생들은 6명으로 구성된 학습조에 배치된다. 하루의 수업은 6개로 나누어져 있는데, 각각의 학생은 종이에 써진 6개 중 하나의 부분에 배치된다. 그

지그재그 교실

편견을 줄이고 아이들의 자존감을 높이도록 설계된 교실의 구조. 아이들은 인종이 분리되지 않은 소집단에 배정되는데, 수업 내용을 학습하고 반에서 우수한 학생이 되기 위해서는 소집단 내에 있는 다른 아이들에게 의지해야만 한다.

다양한 민족의 아이들이 함께 협동하며 배울 수 있도록 교실이 구조화되었을 때 편견은 감소되고 자존감은 높아진다.

래서 만약 엘리너 루스벨트에 대한 것을 배우려 한다면, 그녀의 일대기는 6개의 조각으로 찢어져서 6개 조에 분배된다. 각각의 내용은 독특하며 중요한 정보를 포함하고 있다. 그래서 지그재그 퍼즐과 같이 전체가 다 모여져야 전체의 그림을 볼 수 있는 것이다. 각각의 학생은 각자의 부분을 공부해서 다른 조의 학생들에게 그 내용을 가르쳐야 한다. 그래서 한 아이가 루스벨트의 삶에 대한 시험을 잘 치려면 카를로스(루스벨트의 어린 시절을 담당), 샤미카(루스벨트의 백악관 집무기간 담당) 등등 모두에게 귀를 기울여야 한다.

전통적인 교실과는 다르게 지그재그 교실에서 학생들은 서로 경쟁하는 대신 서로에게 의존한다. 전통적인 교실에서 만약 카를로스가 그의 불안 때문에 암송하고 발표하는 데 문제가 있다면, 학생들은 자신이 얼마나 똑똑한지 선생님께 보이기 위해서 카를로스를 무시하거나 깎아내렸을 것이다. 그러나 지그재그 교실에서 만약 카를로스가 공부하는 데 문제가 있으면 다른 학생들은 그를 격려하고, 인내해주며 카를로스만이 가지고 있는 그 정보에 대해 잘 말할 수 있도록 친절한 질문들을 해주며 도울 것이다.

이 지그재그 과정을 통해서 아이들은 서로에게 관심을 갖기 시작했고, 서로에 대한 존경을 보였다. 카를로스와 같은 아이들은 이러한 상황에서 더욱 긴장을 풀고 참여적이 될 것이다. 그리고 이것은 필연적으로 의사소통 능력의 향상을 가져올 수밖에 없다. 실제로 몇 주 뒤에 다른 학생들은 카를로스가 그들이 생각했던 것보다 훨씬 더 똑똑한 아이라는 것을 알고 놀라워했다. 그들은 카를로스를 좋아하기 시작했다. 카를로스는 학교생활을 즐기기 시작하였으며 같은 조에 있는 백인 친구들을 더 이상 괴롭히는 아이가 아니라 도움을 주는 책임감 있는 팀원이 되었다. 교실에서 안정감을 느끼게 되자 자신에 대한 자신감도 더 커졌고, 학업성적은 오르기 시작했다. 학업성적이 오를수록 자존감도 올라갔다. 이제 악순환은 끊기게 되었다.

지그재그 실험에 관한 초기 결과는 실험자와 교사들에 의해 지지되었다. 전통적인 교실에 비해서 지그재그 교실의 학생들에게서 편견이 줄어들었고, 자기 민족을 넘어서 다양한 민족의 친구를 더 좋아하게 되었다. 그리고 지그재그 교실의 아이들은 객관적 시험점수나 자존감에 있어서도 전통적인 교실의 학생보다 더욱 높은 수준을 보였다. 또한 지그재그 교실의 아이들은 전통적인 교실의 학생보다 학교를 더 좋아하게 되었고, 진정한 의미의 통합이 이루어지고 있다는 많은 증거를 보여주었다. 전통적인 교실 수업을 하는 학교에 비해서 다양한 민족의 아이들이 함께 운동장에서 훨씬 더 잘 어울려 놀고 있는 것이 그 증거 중의 하나이다.

왜 지그재그가 효과가 있을까 지그재그 기법이 성공한 이유 중 하나는 협동을 위해 조를 나누는 것이 내집단과 외집단의 경계 인식을 없애고 '하나됨'이라는 인식을 심어주어서 그 누구도 조직에서 제외되지 않기 때문이다(Gaertner et al., 1990). 그리고 협동전략은 사람들이 '좋아하는 것을 하게 하는' 상황을 만든다. 제6장에서 알아본 바와 같이 다른 사람을 유익하게 하는 방향으로 행동한 사람은 결국 그들이 도왔던 사람들에 대해서 더 큰 우호성을 느끼게 된다(Leippe & Eisenstadt, 1998).

한 가지 이유가 더 있는데, 그것은 협동작업이 공감을 일으킨다는 것이다. 경쟁적인 교실에서 학생들의 목표는 선생님에게 자기가 얼마나 똑똑한지를 보여주는 것이다. 이러한 교실에서 학생들은 다른 학생들을 주목할 필요가 없다. 그러나 지그재그 교실에 효과적으로 참여하기 위해서는 학생들은 누가 발표하게 되는지에 대해 주의를 기울일 필요가 있다. 그렇게 함으로써 참가자들은 학급 친구 모두가 서로의 필요를 채워준다면 좋은 결과가 나오게 된다는 것을 배우게 된다. 앨리샤는 카를로스가 조금 부끄러워하는 아이라 부드럽게 대하는 게 필요한 아이라는 것을 알게 되었을 것이며, 트랑은 수다스러워서 가끔씩 제재를 해야 한다는 것, 피터는 농담을 잘하며, 다 넬은 심각한 질문에만 답한다는 것 역시 알게 되었을 것이다.

만약 이러한 분석이 맞다면 지그재그 기법은 아이들의 일반적인 동정심 능력을 더 발달시킬 수 있을 것이며, 고정관념에 의지하는 경향성을 줄일 것이다. 이를 실험하기 위하여 Diane Bridgeman은 10세 아이들을 대상으로 재미있는 실험을 했다. 이 실험 전에 참가자 중 반은 2개월간 지그재그 교실에 참가했고, 나머지 반은 전통적인 교실에 있었다. 실험에서 Bridgeman (1981)은 아이들에게 일련의 만화를 보여주고 아이들이 그 만화 주인공에게 얼마나 자기를 잘 대입하는지를 보았다. 예를 들어 한 만화에서 첫 번째 그림은 어린아이가 공항에서 아빠에게 작별인사로 손을 흔드는 장면이다. 다음 장면은 한 우편배달부가 그 소년에게 선물상자를 배달한다. 세 번째 장면에서 그 소년은 선물상자를 열어 보고는 비행기가 그 안에 있는 것을 보고 눈물을 쏟았다. 연구자는 아이들에게 그 소년이 비행기를 보고 왜 울음을 터뜨렸는지를 물었다. 거의 모든 아이들이 제대로 말했다. 그 장난감 비행기를 보고 아빠가 그리워졌기 때문이다. 그런데 연구자는 그 후 핵심적인 질문을 했다. "우편배달부는 그 소년이 선물상자를 열고 울음을 터뜨렸을 때 무슨 생각을 했을까?"

통제집단에 있는 아이들은 우편배달부도 소년이 아빠가 떠난 것이 생각나서 슬프다는 사실을 알고 있을 것이라 생각했다. 그러나 지그재그 교실에 참가했었던 아이들의 대답은 달랐다. 지그재그 교실의 영향으로 그들은 우편배달부의 입장에서 생각할 능력이 생긴 것이다. 아이들은 우편배달부는 그 소년과 아빠가 공항에서 작별하는 모습을 보지 못했기 때문에 그 소년이 멋진 선물을 받고도 우는 것에 대해 의아해했을 것이라고 말했다. 아마 이것이 중요하게 보이지 않을지도 모른다. 도대체 아이들이 만화 주인공의 마음을 이해하는 능력을 가진 것에 누가 신경이나 쓸 것인가? 사실 우리 모두는 신경을 써야만 한다. 아이들이 다른 사람의 시선으로 세상을 바라보는 능력을 갖추는 것은 공감, 관대함, 다른 사람과 어울리는 것을 배우는 데 있어 아주 중요한 함의를 지니기 때문이다(Todd, Bodenhausen, Richeson, & Galinsky, 2011)('해보기 : 지그재그 형식의 조별 학습' 참조).

우리가 다른 사람이 어떠한 상황을 겪고 있는지 이해할 때, 그 사람을 향해 우리의 마음이 열

해보기! 지그재그 형식의 조별 학습

여러분이 듣고 있는 수업 중 곧 퀴즈를 보는 수업이 있다면 같이 수업을 듣는 친구 몇 명을 모아서 지그재그 형식의 조모임을 한번 만들어 보라.

먼저 각 사람이 읽을 분량을 나누어라. 그 사람은 해당 내용에 대해서 최고의 전문가가 되어야 할 책임이 있다. 그 사람은 내용을 정리해서 나머지 조원에게 나누어주어야 한다. 나머지 조원들은 그 내용을 읽고 확실하게 이해했는지 확인하기 위해서 질문을 할 수 있다. 이 회기가 끝날 때 조원들에게 다음과 같은 질문을 하라.

1. 혼자 공부하는 것에 비해서 이것이 더 혹은 덜 재미있는가?
2. 혼자 공부하는 것에 비해서 이것이 더 혹은 덜 효과적인가?
3. 이 회기를 하기 전에 비해서 조원들 각자에 대해서 어떤 생각이 드는가?
4. 이런 식으로 다시 해보고 싶은가?

당신은 이 조모임 상황이 이 책에 묘사된 지그재그 교실보다 영향력이 좀 덜한 것 같다는 것을 깨달을 것이다. 왜 그럴까?

릴 가능성이 커진다. 우리의 마음이 열리면 그 사람에 대한 편견을 가질 수 없다. 그리고 그 사람을 왕따시킬 수도 없고, 모욕할 수도 없다.

협동학습의 점차적 확산 지그재그 기법은 1971년에 처음 시도되었다. 그때 이후 교육심리학자들은 다양한 비슷한 형태의 협동기술을 개발했다(J. Aronson, 2010; Cook, 1985; Johnson & Johnson, 1987; Slavin & Cooper, 1999). Aronson과 그의 동료들이 관찰한 놀라운 발견은 국내외 수백 개의 교실에서 적용되었다(Hänze & Berjer, 2007; Jurgen-Lohmann, Borsch, & Giesen, 2001; Sharan, 1980; Walker, & Crogan, 1998). 협동학습은 이제 인종 간 관계 개선, 공감 유발, 학생 지도 강화에 가장 효과적인 방법 중 하나로 여겨지고 있다(Desforges et al., 1991; Deutsch, 1997; McConahay, 1981; Slavin, 1996). 한 학교에서 이루어진 간단한 실험이 공립교육의 주축이 된 것이다. 그러나 불행히도 여기에 점차적이라고 하는 말을 꼭 붙여야겠다. 교육 시스템은 다른 관료주의 체계와 마찬가지로 변화되기가 쉽지 않다.

그러나 충분히 추구할 만한 목표이다. 수업방법을 조금 바꾼다고 해서 한 아이의 인생이 완전히 바뀔 수 있다고 말하는 것은 과한 표현이 아니다. 30여 년 전 Ellot Aronson은 지그재그 교실을 고안해냈고, 한 대학생에게 편지를 받았다. 그는 몇 년 동안 편지를 보관하며 과학적인 연구와 통계적 분석 저변에 편견과 사회적 상황에 영향을 받는 살아 숨쉬는 사람이 있다는 것을 스스로에게 상기시키곤 했다. 이 사람들은 수업방법이 바뀐다면 일어서서 꿈을 펼칠 사람들이다. 여기 그 편지의 전문이 있다.

교수님께

저는 _____대학교 4학년 학생입니다. 오늘 저는 하버드 법대 합격통지서를 받았습니다. 이 편지가 교수님께는 좀 이상하게 보이시겠지만, 제가 이야기를 하나 하고 싶습니다. 저는 7명의 형제 중 여섯째입니다. 제 형제 중에 대학에 간 사람은 저 혼자뿐입니다. 대학원을 간 사람은 당연히 없구요.

아마 교수님께서는 왜 이 낯선 사람이 편지에다 자기 자랑을 늘어놓는지 궁금해하실 것입니다. 사실 우리가 한 번도 개인적으로 만난 적은 없지만 완전히 모르는 사이는 아닙니다. 작년에 저는 사회심리학 수업을 들었고, 우리 수업에서는 교수님이 쓰신 사회적 동물이라는 책을 교과서로 사용했습니다. 그 책 중 편견에 관한 부분과 지그재그 기법에 대해 읽었을 때, 저는 그 내용이 아주 친근했습니다. 그리고 저는 제가 바로 지그재그 기법을 사용한 첫 교실에 있었던 것을 알게 되었습니다. 제가 5학년일 때이지요. 그리고 저는 책을 계속 읽으면서 카를로스라고 불렀던 아이가 바로 저였다는 것을 알게 되었습니다. 그리고 저는 당신이 처음 우리 교실에 온 때를 기억해냈고, 그때 내가 얼마나 주눅이 들어 있고 얼마나 바보 같았는지 기억해냈습니다. 그때 교수님이 다가오셨었지요. 교수님은 키가 아주 크셨어요. 198cm가 넘는 키였습니다. 교수님은 크고 검은 턱수염을 기르셨었어요. 교수님은 참 재미있으셔서 우리를 항상 웃겨주셨습니다.

가장 중요한 점은 우리가 지그재그 그룹으로 수업을 하면서 나는 내가 그렇게 바보는 아니라는 것을 깨닫기 시작한 것이에요. 내가 못됐다고 생각하는 그 아이들은 내 친구가 되었고, 담임 선생님은 저에게 친절히 대해줬습니다. 저는 학교를 진짜 좋아하기 시작했고, 배우는 것을 좋아하기 시작했습니다. 그리고 저는 이제 하버드 법대에 가게 되었습니다.

교수님은 이런 편지를 아마 많이 받으셨을 것입니다. 그래도 저는 이 편지를 쓰고 싶었어요. 한 가지 말씀드릴게요. 저의 엄마가 말씀하시기를 제가 태어날 당시 저는 거의 죽었었다고 하네요. 어머니는 저를 집에서 출산하셨고 탯줄이 제 목에 감겨져 있어서 산파가 인공호흡을 해서 제 생명을 살려주셨대요. 그녀가 아직 살아 있다면 그녀에게도 편지를 썼을 거예요. 그리고 그녀에게 내가 이렇게 똑똑하게 자랐다고 말했을 거예요. 제가 법대에 들어갔다고요. 그런데 그분이 몇 년 전 돌아가셨어요. 그래서 저는 교수님께 편지를 씁니다. 왜냐하면 그분 다음으로 내 삶을 구해준 사람은 교수님이시니까요.

'카를로스' 드림

복습문제

1. 아래에는 접촉이 증가하면 편견을 줄일 수 있는 조건을 나열해 놓았다. 이 중 적절하지 않은 조건은?
   a. 상호의존성을 가질 때
   b. 소수집단이 더 높은 지위를 가질 때
   c. 한 사람이 아니라 외집단의 많은 사람들을 만났을 때
   d. 평등에 관한 사회적 규범이 있을 때
2. Robber의 동굴실험에서 집단 간 적대성을 감소시킬 수 있는 것으로 제시된 전략은 무엇인가?
   a. 사회적 규범을 공유한다.
   b. 동일한 환경에 함께 있다.
   c. 공동의 목표를 추구하기 위해 함께 일한다.
   d. 재미있는 경쟁 게임을 한다.
3. 초기의 인종분리정책 폐지 노력이 인종 간 편견 감소에 실패한 이유는 무엇인가?
   a. 학생들이 동등한 입장이었다.
   b. 소수인종 학생들은 보통 학업 중 경쟁상황에 대해 준비되지 않았다.
   c. 소수인종 학생들은 친구를 만드는 데 열정적이지 않았다.
   d. 주류 학생들은 소수인종 학생들과 같은 목표를 가졌다.
4. 지그재그 교실의 핵심은 무엇인가?
   a. 다양한 인종의 아이들이 문제를 해결하기 위해서 서로를 필요로 한다는 것
   b. 다양한 인종의 아이들이 개인의 능력을 보일 기회를 가진다는 것
   c. 소수인종의 아이들이 자신의 언어와 속도로 공부할 수 있다는 것
   d. 교사가 학생 개개인을 부르지 않는 것
5. 지그재그 기법이 효과적인 주된 이유 중 하나는 무엇인가?
   a. 아이들이 친절하고 동정적인 자세로 행동하도록 하기 때문에
   b. 선한 행동에 관한 명확한 규칙을 설정하기 때문에
   c. 아이들이 서로에 대한 자신의 실제 감정을 표현할 수 있도록 하기 때문에
   d. 내집단과 외집단이라는 인식의 틀을 깨고 고정관념을 깨기 때문에

정답은 537~539쪽 참조

요약

13.1 편견의 세 가지 구성요소는 무엇인가

• **편견의 정의** **편견**이란 이 세상의 모든 사회집단에 존재하는 만연한 현상이다. 사회별로 다른 것은 어떤 사회적 집단이 편견의 피해자가 되었는지와 그 차별을 장려하지 않는 사회 분위기의 정도이다. 사회심리학자들은 편견을 정의하기를, 특정 집단의 사람들에 대한 적대적이고 부정적인 태도라고 말한다. 이것은 인지적·감정적·행동적 요인을 포함한다.
   • **인지적 요인 : 고정관념** **고정관념**은 집단 소속에 의해 사람들의 성격을 파악하고 그것을 일반화하는 것을 말한다. 이때 그 집단 구성원 간의 다양성은 무시된다. 고정관념은 긍정적일 수도 있고 부정적일 수도 있다. 또 사회를 이해하는 데 유용하고 적응적인 심리적 도구라고도 할 수 있지만, 집단 내의 개인차를 무시함으로써 부적응적이고 불공평한 처사로 이어질 수도 있다. 그것은 고정관념을 가지고 있는 사람이나 그 고정관념의 대상이나 마찬가지이다. 인간의 인지과정은 고정관념을 착각상관의 현상으로 설명한다. 긍정적 고정관념이라 할지라도 집단 구성원을 제한하거나 비하할 수 있다. 성별에 대한 현대 고정관념은 적대적 성차별 또는 자애로운 성차별로 일어나고 있다. 그것은 여성에 대한 차별을 정당화하고 그들의 전통적인 역할로 여성을 귀속시키려 한다.
   • **정서적 요인 : 감정** 편견에 뿌리박힌 깊은 감정적 측면은 편견을 가진 사람과 논쟁하기를 힘들게 만든다. 논리적인 설명도 그러한 감정을 없애는 데는 비효과적이

다. 이러한 이유로 어떤 사람이 편견을 없애기 원한다 하더라도 무의식적으로 계속 남아 있는 이유이다.

- **행동적 요인 : 차별** **차별**은 실제 행동을 의미한다. 어떤 집단에 속했다는 이유만으로 그 집단의 구성원에게 하는 비합리적이며 부정적이고 유해한 행동을 말한다. 경찰들이 마약 수사를 할 때 많은 수의 백인 마약 사용자들보다 흑인 마약 사용자에게 집중하는 것이 그 예라 할 수 있다. 미세한 공격은 모욕적이나 무시하는 말을 의미하는데, 많은 소수집단의 사람들이 경험하는 것이다. 사회적 거리란 사람들이 자기와 다른 집단의 사람들에 대해 어떻게 반응하는지의 또 다른 척도이다. 성차별은 여성이 어떤 직업군 내에서 소수일 때 양산된다. 그리고 고용주의 편견은 여성들을 다르게 대하고 월급을 적게 주는 것을 정당화한다. 사람들이 스트레스를 받거나, 화가 나거나, 자존감이 낮아지게 되거나, 의식적으로 의도를 조종할 수 없는 상황에서 종종 그들 자신이 속한 집단보다 고정관념을 가진 집단에 대해서 더욱 공격적이고 적대적으로 행동한다.

13.2 사람들이 밝히고 싶어 하지 않는, 또는 자기도 모르게 가지고 있는 편견을 어떻게 측정할 수 있을 것인가

- **숨겨진 편견 알아내기** 편견에 대한 규범적 규칙들이 바뀌었기 때문에 인종주의자, 성차별주의자, 반유대주의자나, 동성애 혐오주의자 등으로 불릴 수 있는 상황에서 사람들은 자신의 편견을 숨기는 것을 배웠다. 그래서 연구자들은 비침습적으로 억압된 편견을 측정하는 방법을 개발해냈다. 예를 들면 지원자의 이름과 다른 측면들을 변형시킨 이력서를 보내어 고용주들이 특정 집단에 대해 편향된 행동을 보이는지를 보는 것이다. '가짜 파이프라인'을 사용하여 실제 태도를 측정한다고 믿게 하는 것도 또하나의 방법이다. 무의식적(암묵적) 편견을 파악하는 인기 있는 방법 중 하나는 **암묵 연합검사(IAT)**이다. IAT 대상집단과 부정적 태도 사이의 연합 속도를 측정하는 것이다. 그러나 이 검사가 실제로 재는 것이 무엇이며, 그것이 실제 편견적 행동을 예측하는지에 대해서는 논란이 있다.

13.3 편견은 어떠한 방식으로 대상에게 해를 끼칠까

- **피해자들에 대한 편견의 효과**
  - **자기 충족적 예언** 고정관념과 편견이 보편화되어서 **자기 충족적 예언**을 만들게 된다. 이것은 주류집단의 일

원에게도 일어나고 편견으로 인한 피해자에게도 일어난다.

- **고정관념 위협** 학업 수행의 차이에 관한 설명 중 하나는 **고정관념 위협**이다. 이것은 자기가 속한 집단에 대한 고정관념이 활성화되었을 때 일어나는 불안을 말한다. 예를 들면 여자가 남자보다 수학을 잘 못한다, 아시아인은 백인들보다 똑똑하다, 또는 나이 든 사람은 젊은 사람에 비해서 능력이 떨어진다 등이 있다.

13.4 편견을 일으키는 사회적 측면 세 가지는 무엇인가

- **편견의 원인** 편견을 일으키는 사회적 측면 세 가지는 사회적 규칙에 대한 동조, 사회적 정체성에 대한 중요도와 '우리-그들'이라는 사고, 그리고 자원이나 권력에 대한 현실적 경쟁이 있다.

- **동조에 대한 압력 : 규범적 규칙** 제도적 차별은 제도적 인종차별과 성차별을 포함하는데, 사회의 구조 전체적으로 작동하는 규범을 말한다. 규범적 동조 또는 조직에 받아들여지려는 욕구는 사람들이 고정관념적 믿음에 일치하는 행동을 하게 하고, 사회를 지배하고 있는 편견에 대해서 도전하지 않게 만든다. 그래서 규범이 바뀌게 대면 종종 편견도 바뀌게 된다.

- **사회적 정체성 : 우리와 그들** 편견은 사람들이 내집단과 외집단으로 구분하려는 경향성에서 생겨날 수 있다. 그것은 **자민족 중심주의**에서 시작되는데, 이는 범인류적으로 자신의 집단이 다른 집단들보다 우수하다고 보려는 경향과 집단 구성원으로서 자기를 인식하는 **사회적 정체성**에 대한 필요라고 할 수 있다. 자민족 중심주의는 자신의 가족과 민족에 대해 호의를 일으키는 점에서 생존 메커니즘이라고 할 수 있을 것이다. 그러나 인간은 생물학적으로 호의적이고 협동적이기도 하다. 따라서 사회심리학자들은 집단 간 편견을 양성하기도 하고 줄이기도 하는 조건들을 찾고자 노력하였다. 자민족 중심주의와 '우리-그들' 범주화는 **내집단 편향**(자기가 속한 집단의 사람들을 더 긍정적으로 대하는 것) 그리고 **외집단 동질성**(외집단 사람들은 다 비슷할 것이라 착각하는 것) 오류를 일으킨다. 외집단 귀인의 일반적인 한 예는 **피해자 비난하기**이다. 피해자 비난하기는 내집단의 우월감을 높이고, 종교적 또는 정치적 정체성, 권력의 정당성을 유도한다.

- **현실적 갈등 이론** **현실적 갈등 이론**에 의하면 편견은 제

한된 자원을 두고 집단 간 분쟁이 있을 때 생길 수밖에 없는 필연적 부산물이라고 설명한다. 자원을 얻기 위해 경쟁하는 것은 외집단에 대한 조롱과 차별을 낳게 된다. 19세기에 중국 이민자들과 오늘날에 멕시코 이민자들에게 이러한 차별이 일어났었다. 희생양 만들기는 좌절하거나 화난 사람들이 그들의 공격성을 편한 대상에게 쏟아붓는 것을 말한다. 주로 혐오하거나 눈에 띄면서 비교적 힘이 없는 외집단이 목표가 된다.

13.5 편견을 감소시킬 수 있는 여섯 가지 조건은 무엇인가

- **편견 감소시키기** 편견은 아주 보편적이지만 사회심리학자들은 집단 간 적대감을 줄이고 좋은 관계를 형성할 수 있는 조건들에 대해서 연구해 왔다. 편견을 가진 사람들에게 그들이 외집단에 대해 고정관념을 가지고 있다고 알려주는 것은 큰 효과가 없다. 그들의 믿음을 더 강화시킬 뿐일 것이다.
  - **접촉 가설** **접촉 가설**에 따르면 인종집단, 민족집단 간 편견을 줄일 수 있는 가장 효과적인 방법은 접촉이다.

공동 주택 프로젝트나 미군, 그리고 민족 간 우정을 일으키게 하는 대학교에까지 내집단·외집단 구성원 간의 접촉은 많은 상황에서 효과적인 것으로 나타났다. 그러나 단순한 접촉만으로는 충분하지 않으며, 오히려 부정적인 태도를 강화시킬 수 있다.

- **접촉이 편견을 감소시킬 때** 두 집단 간의 접촉을 통해 성공적으로 편견을 줄이기 위해서는 여섯 가지 조건이 반드시 갖추어져야 한다 : 바로 상호 의존성, 공동의 목표, 동등한 지위, 상호 접촉, 다양한 접촉, 평등에 관한 사회적 규범.
- **협동과 상호 의존성 : 지그재그 교실** **지그재그 교실**은 협동학습의 한 형태인데 아이들이 다른 민족집단의 아이들과 함께 서로 협동해야만 배울 수 있는 상황을 말한다. 이것은 소수민족 학생들의 자존감을 증가시키고 학습수행을 높이는 것으로 나타났다. 그리고 동정심과 집단 간 우정도 향상시킨다.

평가문제

1. 편견이란?
   a. 특정 집단의 구성원이라는 이유만으로 형성된 그 집단 구성원들에 대한 적대적 태도
   b. 소수집단 구성원들에 대한 다수집단 구성원들의 느낌
   c. 일반적으로 사회생활 속 사건의 영향을 받지 않는다.
   d. 대개는 어릴 적에 습득되어 평생 지속된다.

2. 고정관념이란?
   a. 편견의 인지적 형태
   b. 특정 집단 사람들의 부정적인 인상
   c. 언제나 부정확하다.
   d. 긍적적이거나 부정적일 수 있는 인지적 개요

3. '적대적 성차별주의자'는 여성이 남성보다 열등하다고 생각하고 '자애로운 성차별주의자'는 여성이 남성보다 우월하다고 생각한다. 이 두 집단의 공통점은 무엇인가?
   a. 여성을 싫어한다는 점
   b. 여성에 반하는 차별을 적법으로 간주한다는 점
   c. 근본적으로 여성을 칭찬한다는 점
   d. 근본적으로 남성을 싫어한다는 점

4. Gordon Allport의 "머리에선 사라져도 가슴에선 쉬 가시지 않는 게 편견이다."라는 말은 무엇을 뜻하는가?
   a. 편견에 사로잡힌 사람들과는 지적인 논쟁을 벌일 수 없다.
   b. 편견에 사로잡힌 사람은 자신의 태도를 지적으로 방어할 수 없다.
   c. 암묵적 편견은 수그러들어도 명시적 편견은 줄어들지 않는다.
   d. 명시적 편견은 수그러들어도 암묵적 편견은 줄어들지 않는다.

5. 무의식적 편견을 측정하는 다음 척도 중 IAT를 가장 잘 묘사하는 것은?
   a. 집단 구성원 중 자기가 싫어하는 구성원과의 거리를 더 멀리하는 정도
   b. 표적 인물과 긍정적 단어를 결합하는 일이 부정적 단어를 결합하는 일보다 느린 정도
   c. 표적 인물을 미묘하게 얕잡아 보고 비하하는 정도
   d. 집단 내에서 소수집단의 견해와 기여도가 무시되는 정도

6. 현실적 갈등 이론에 따르면 미국 역사에서 백인들이 중국인, 일본인, 아일랜드인, 멕시코인에 대한 자기들의 편견과 차별 정도를 바꾸게 된 주된 이유는 무엇일 것 같은가?

   a. 업무와 정치적 지위를 둘러싼 경합

   b. 소수민족에 대한 백인들이 친숙도

   c. 대학생 중 소수민족이 차지하는 비율

   d. 직업 훈련과 기술에서 나는 차이

7. 고정관념 위협이란?

   a. 다수집단의 구성원 중 일부가 느끼는 소수집단의 위협

   b. 고정관념을 지닌 집단의 구성원 중 일부가 자기들에 관한 고정관념을 알게 되었을 때 느끼는 불안

   c. 다수집단의 구성원 중 일부가 고정관념을 통해 소수집단에 가하는 위협

   d. 다수집단의 구성원 중 일부가 부당하다고 판단되는 고정관념을 지닌 사람들을 보복하겠다는 위협

8. 다음 중 내집단 편향의 결과를 정확하게 묘사한 것은?

   a. 자기 충족적 예언

   b. 자신이 속한 내집단에 관한 부적절한 느낌

   c. 외집단 구성원을 차별하는 경향성

   d. 고정관념 위협에 대한 취약성 강화

9. 인종차별을 철폐하고자 한 초기의 시도는 소수민족 간 편견을 줄이는 데 실패하곤 했다. 접촉 가설이 적중하지 못한 1차적 원인은 무엇이라고 생각하는가?

   a. 학생들의 상호 간 분노가 사그라들지 않았다.

   b. 각 집단이 서로 다른 집단보다 우월하다고 느꼈다.

   c. 소수집단 학생들의 지위가 동등하지 않았고 동등성의 가치도 인정되지 않았다.

   d. 소수집단 학생들은 다른 소수집단 학생들과 친해지려는 노력을 하지 않았다.

10. 지그재그 교실을 효과적으로 만드는 주요 사회심리적 기제는 무엇인가?

   a. 지그재그 교실은 공동 목표를 추구하게 하여 서로 협력하게 한다.

   b. 지그재그 교실은 자민족 중심주의에 의존한다.

   c. 지그재그 교실은 소수집단의 유능함을 입증하기 위해 개인의 성취를 강조한다.

   d. 지그재그 교실은 암묵적 편견을 평가하여 극복한다.

정답은 537-539쪽 참조

용어해설

가용성 휴리스틱 판단의 근거로 관련 정보의 회상 용이성을 이용하는 휴리스틱

각성에 대한 오귀인 우리가 느끼는 느낌을 유발한 원인을 두고 잘못된 추론을 짓는 과정

개인적 수용 다른 사람들이 하는 말이나 행동이 옳다고 순전하게 믿기 때문에 다른 사람의 행동에 동조하는 것

거래적 리더 명확한 단기적 목표를 세우고 그 목표를 달성하는 사람에게 보상하는 리더

결정후 부조화 결정 후에 발생하는 부조화는 주로 선택한 것의 매력을 높이고, 선택하지 않은 것의 매력을 낮춤으로써 감소시킬 수 있다.

계획된 행동이론 심사숙고한 행동의 가장 좋은 예언변인은 사람들의 행동의도라는 이론. 행동의도는 구체적인 행동에 대한 태도, 주관적 규범 및 지각된 행동통제로 결정된다.

고전적 조건형성 중립자극을 정서적 반응을 유발하는 자극과 반복적으로 짝지음으로써 중립자극이 정서적 반응을 유발하게 되는 현상

고정관념 구성원 사이에 존재하는 개인차는 고려하지 않은 채 동일한 특성이 그 집단의 모든 구성원에게 적용될 것이라고 일반화하는 것

고정관념 위협 한 집단의 구성원이 경험하는 것으로서, 자신의 행동이 집단에 대한 문화적 고정관념이 사실이라는 것을 보여줄지도 모른다는 불안감

고정형 마음가짐 우리의 능력은 불변적이어서 바꿀 수 없다고 보는 태도

공감 자기 자신을 또 다른 사람의 입장에 두고 그 사람이 경험한 대로 사건과 정서(예 : 기쁨과 슬픔)를 경험하는 능력

공감-이타주의 가설 우리가 누군가에게 공감을 느낄 때 우리가 얻게 될 것과 상관없이 순전히 이타적인 이유에서 그 사람을 도우려 할 것이라는 견해

공개적 수용 다른 사람들이 하는 말이나 행동을 믿는 것과 상관없이 다른 사람의 행동에 겉으로 동조하는 것

공격성 다른 사람에게 신체적 손상 또는 심리적 고통을 유발하기 위한 목적을 가진 의도적 행위

공동의 관계 사람들의 일차적 관심이 다른 사람의 욕구에 반응적인 관계

공변 모형 사람들의 행동 원인에 대한 귀인을 형성할 때 가능한 요인의 존재 유무와 그 행동의 발생 유무 간의 관계 양상을 체계적으로 따져본다는 주장

공정성 이론 양측이 경험한 보상과 비용이 대략 동일한 관계에서 사람들이 가장 행복하다는 견해

공평한 세상에 대한 신념 뿌린 대로 거두고, 거둔 만큼 뿌렸을 뿐이라고 믿는 마음

공포유발 커뮤니케이션 사람들에게 공포를 유발함으로써 그들의 태도를 바꾸고자 시도하는 설득 메시지

과잉정당화 효과 자신의 행동이 내적 요인에 의해 유발됐을 가능성은 무시한 채 강력한 외적 요인에 의해 유발됐다고 보는 경향성

과정손실 바람직한 문제해결을 저해하는 집단 내 상호작용의 측면

과제 근거 보상 수행의 수준은 따지지 않고 과제를 수행했다는 것 자체에 제공되는 보상

과제중심 리더 사람들의 감정이나 관계보다 임무를 완성하는가를 더 중시하는 리더

관계중심 리더 사람들의 감정과 관계를 더 중시하는 리더

관찰연구법 연구자가 사람들의 행동을 관찰하고 그 행동에 대한 측정치나 인상을 체계적으로 기록하는 기법

관찰자 간 신뢰성 연구대상 행동을 독립적으로 관찰하고 분석한 사람들 간 기록이 일치하는 정도. 자료를 독립적으로 분석한 두 사람의 결과가 흡사할수록 각자의 관찰이 객관적으로 이루어졌을 가능성이 크다고 본다.

교류기억 두 사람의 연합된 기억. 이것은 각자가 기억하는 것보다 더 효율적이다.

교환 관계 공정성 욕구(즉, 보상과 비용의 동등한 비율)에 의해 지배되는 관계

구실 만들기 장해물과 변명거리를 만들어 놓음으로써 과제 수행이 보잘것없을 경우 그에 대한 비난을 피하는 전략

귀인과정의 두 단계 타인의 행동을 분석할 때 자동적 내부 귀인을 먼저 형성하고 그런 후에야 상황적 요인을 고려하여, 이미 형성된 내부 귀인을 조절하기도 한다는 생각

귀인 이론 자신 및 타인의 행동을 유발한 원인을 찾아내는 추론방식에 대한 묘사

규범적 동조 집단의 기대에 부응하기 위해서 또는 집단에 받아들여지기 위해서 집단의 의견을 따라가는 경향성

규범적 사회영향 다른 사람에게 받아들여지고 좋게 여겨지기 위해서 하는 동조. 이러한 종류의 동조는 집단의 믿음과 행동에 공개적 수용을 하게 만들지만 반드시 개인적 수용을 수반하는 것은 아니다.

근접성 효과 우리가 더 많이 보고 더 많이 상호작용하는 사람일수록 우리의 친구가 될 가능성이 더 크다는 결과

금지적 규범 어떠한 행동이 타인에 의해 용인되거나 용인되지 않는지에 대한 사람들의 인식

기관심사위원회 적어도 한 명의 과학자와 한 명의 비과학자 그리고 그 기관에 소속되지 않은 사람 한 명이 반드시 포함돼야 하는 위원회. 모든 연구계획서를 심사하여 연구절차에서 윤리강령이 지켜질 것 같은지를 판단한다. 모든 연구는 이 위원회의 사전 승인을 얻은 후에 실시된다.

기록분석법 일종의 관찰법으로 연구자가 특정 문화에 관한 기록물(예 : 일기, 소설, 잡지, 신문 등)을 검토하는 기법

기만 연구의 진짜 목적 또는 실험 중에 벌어질 일을 두고 사실과 다르게 말하는 일

기본적 귀인 오류 행동의 원인으로 작용할 수 있는 요인을 두고, 상황 요인의 영향력은 과소평가하면서 사람의 내재적 기질 요인의 영향력은 과대평가하는 경향성

기술적 규범 주어진 상황에서 사람들이 실제로 어떻게 행동하는지에 대한 사람들의 인식. 이때 그 행동이 타인에 의해 용인되거나 용인되지 않는지는 상관이 없다.

기저율 정보 모집단 내 다른 범주 구성원의 빈도에 관한 정보

기초연구 순수한 지적 호기심 때문에 생기는 질문, 즉 사람들이 어떤 행동을 할 때 왜 그렇게 행동하는지에 관한 질문에 대한 최선의 답을 모색하려는 연구

꾸민 이야기 참여자들에게 연구 목적을 설명하는 척하면서 소개하는 연구의 진짜 목적과는 다른 이야기. 연구의 심리적 실재성을 제고하기 위해 이용된다.

낮은 가격 기법 부도덕한 판매전략 중 하나로서 판매원이 소비자에게 낮은 가격으로 제품을 구매하도록 유인한 후, 나중에 오류가 있어서 가격이 올랐다고 주장하고, 소비자가 높아진 가격에 구매하도록 하는 것

내성 자신의 생각과 느낌과 동기를 분석하기 위해 자신의 내부를 들여다보는 작업(방법)

내부 귀인 어떤 사람이 특정 행동을 감행한 원인이 그 사람의 내적 속성(예 : 태도, 특징, 성격)에 있다는 추론

내재적 동기 외적 보상 또는 압력 때문이 아니라 특정 활동이 즐겁거나 좋아서 감행하려는 욕망

내적 정당화 자신에 관한 것을 바꿈으로써 부조화를 감소시키는 것(예 : 자신의 태도나 행동)

내적 타당도 실험의 종속변인에 영향을 미친 것이 독립변인뿐이라고 확신할 수 있는 정도. 무선배치 및 여타 변인을 통제하는 목적은 내적 타당도를 높이는 것이다.

내집단 개인이 구성원으로 속한 집단

내집단 편향 우리가 내집단의 일원이라고 여겨지는 사람들에게 긍정적인 감정을 느끼고 특별한 대우을 해주고자 하는 것

노력정당화 사람들이 얻기 위해 노력한 것에 대한 호감을 증가시키는 경향성

단순 노출 효과 자극에 더 많이 노출될수록 그것을 좋아하기 더 쉽다는 결과

단편기반 지각능력 행동의 극히 작은 조각을 기초로 이루어내는 사회지각능력

대안 비교수준 대안적 관계에서 받게 될 보상과 비용 수준에 관한 사람들의 기대

대표성 휴리스틱 어떤 것을 분류하는 기준으로 그것이 전형적인 사례와 일치하는 정도를 이용하는 휴리스틱

도구적 공격성 고통을 유발하는 것 이외의 다른 목적을 위한 수단으로써 공격성

도시 과부하 가설 도시에 거주하는 사람들이 끊임없이 자극 공세를 받고 그것에 압도당하는 것을 피하기 위해 혼자 지낸다는 이론

독립변인 연구자가 다른 변인에 특정 효과를 야기하는지를 검증하기 위해 그 특징이나 상태를 바꾸어 보는 변인

독립적 자기 다른 사람들의 생각, 느낌, 행동은 무시한 채 자신의 생각과 느낌과 행동만을 기초로 자신을 정의하는 방식

독특성 정보 표적 인물이 감행한 특정 행동이 상이한 자극에도 그대로 감행되는 정도에 관한 정보

동반자적 사랑 열정이나 생리적 각성이 동반되지 않고 누군가에 대해 갖는 친밀감과 애정

동의서 실험에 참여하겠다는 동의서. 사전 설명을 통해 실험의 본질에 관해 충분히 이해한 다음에 작성된다.

동조 다른 사람으로부터 실제 또는 가상의 영향을 받아서 자신의 행동을 바꾸는 것

두려움 관리 이론 자존심이 자신의 죽음에 대한 두려움을 막아주는 완충제로 작용한다고 주장하는 이론

두 요인 정서 이론 우리의 정서 경험을 두 단계에 걸친 자기-지각 과정(생리적 각성에 대한 경험과 각성을 유발한 원인을 찾는 작업)의 산물로 간주하는 견해

맞대응 전략 먼저 협력적으로 행동함으로써 협력을 장려한 후 상대방이 반응하는 방식을 따라 하는 것(협력 또는 경쟁)

머리부터 들이밀기 기법 먼저 어려운 요청을 한 후 다음에 더 쉬운 요청을 함으로써 이에 응할 가능성이 커지도록 하는 사회적 영향 전략

메타분석 두 편 이상의 연구결과를 병합하여 독립변인의 효과가 믿을 만한지를 따져보는 통계적 기법

명시적 태도 의식적으로 알고 있으며, 쉽게 보고할 수 있는 태도

몰개성화 (군중 속에 있을 때와 같이) 사람들이 익명화될 때 행동에 대한 규범의 제약을 덜 받게 되는 것

무기 효과 단순히 총이나 다른 무기의 존재 때문에 발생할 수 있는 공격성의 증가

무선배치법 실험 참여자 모두가 실험의 특정 조건에 배정될 확률이 동일하도록 만드는 작업. 연구자는 이 작업을 통해 각 조건에 배당된 참여자들의 성격 및 배경이 비슷할 것이라는 믿음을 갖게 된다.

무선표집 모집단 내 구성원들이 표본에 뽑힐 확률이 동일한 상태에서 표본에 속할 사람을 선별함으로써 그 모집단을 대표하는 사람을 확보하는 기법

문간에 발들여놓기 기법 먼저 부담 없는 요청을 한 후 다음에 어려운 요청을 하여 이에 응할 가능성이 커지도록 하는 사회적 영향 전략

문화 간 연구 상이한 문화권 사람들을 대상으로 수행되는 연구로 관심대상인 심리작용이 특정 문화권 사람들에게서만 관찰되는지를 밝힐 목적으로 수행된다.

문화묘사법 특정 문화를 아무런 선입견 없이 이해하고자 하는 연구자들이 애용하는 기법

반발이론 사람들이 어떤 행동을 할 자유가 위협받았다고 느끼면 저항하려는 불편한 상태가 되고, 사람들은 금지된 행동을 함으로써 불편한 상태를 감소시킨다는 이론

반복연구 선행연구와는 다른 상황에서 다른 사람들을 대상으로 실시되는 연구. 연구결과의 일반화 가능성을 결정하기 위해 이용된다.

반사실적 사고 과거사의 특정 측면을 마음속으로 바꾸어 가며 그 결과가 어떠했을 것 같은지를 상상해보는 정신작용

방관자 효과 위급상황을 목격한 방관자 숫자가 많을수록 그들 중 누군가 도움을 줄 가능성이 더 작아진다는 결과

변혁적 리더 사람들이 공통의 장기적 목표에 집중할 수 있도록 자극하는 리더

복합 정서 각 부분에 따라 상이한 정서가 담겨 있는 얼굴표정

분석적 사고방식 관심대상을 둘러싸고 있는 상황은 고려하지 않고 그 대상의 속성에만 집중하는 사고방식으로 서양 문화권에서 흔히 발견된다.

불안/양가적 애착유형 다른 사람이 친밀감에 대한 바람에 화답하지 않을까 봐 걱정하는 애착유형으로 평균 이상의 높은 불안을 초래함

불충분한 처벌 개인이 원하는 행위나 대상을 취하지 않은 것에 대한 외적 정당화가 충분하지 못할 때 생기는 부조화는 통상 그 금지된 행위나 대상을 평가절하하도록 만든다.

비교수준 특정 관계에서 받을 가능성이 큰 보상과 비용 수준에 관한 사람들의 기대

비언어적 의사소통 의도적이든 비의도적이든 말(언어)을 사용하지 않고 이루어지는 의사소통

사회교환 이론 관계에 대한 느낌은 관계의 보상과 비용에 대한 지각, 가치 있는 관계의 종류, 그리고 다른 누군가와 더 좋은 관계를 맺을 수 있는 기회에 따라 달라진다는 견해

사회비교 이론 우리는 자신을 다른 사람들과 비교함으로써 자신의 태도와 능력에 관해 알게 된다는 관념

사회심리학 다른 사람의 존재 유무(실제로든 상상 속에서든)에 따라 사람들의 생각과 느낌과 행동이 바뀌는 방식을 과학적으로 탐구하는 학문 분야

사회심리학자들의 기본적 난제 연구 수행에서 발생하는 내적 타당도와 외적 타당도 간 득실관계. 내적 타당도도 높고 외적 타당도도 높은 연구를 한 번의 실험으로 끝내기는 어렵다.

사회인지 사람들이 자신 및 사회적 세계에 대해 생각하는 방식. 보다 구체적으로 사람들이 판단과 결정을 내리기 위해 사회적 정보를 선택하고 해석하고 기억하고 사용하는 방식

사회인지 학습 이론 사람들이 다른 사람을 관찰하고 모방함으로써 그리고 계획, 기대와 신념과 같은 인지적 과정에 의해 사회적 행동(예 : 공격성 또는 이타주의)을 대부분 학습한다는 이론

사회적 규범 받아들여지는 행동, 가치, 구성원들에 대한 믿음에 대해서 한 집단이 가지고 있는 암묵적 혹은 외재적 규칙

사회적 딜레마 개인적으로 하였을 때 가장 유익한 일이 많은 사람이 하였을 때 모든 사람에게 악영향을 끼치게 되는 현상

사회적 역할 특정 사람들이 어떻게 행동해야 하는지에 대한 집단의 공통된 기대

사회적 영향(력) 다른 사람들의 말이나 행동 또는 단순한 출현이 우리의 사고, 느낌, 태도, 또는 행동에 미치는 효과

사회적 영향 이론 사회적 영향에 동조하는 것은 집단의 강도, 집단의 크기(구성원의 수)에 달려 있다고 하는 주장

사회적 정체성 국가 · 종교 · 정치적 집단, 직업 등의 사회적 소속에 대한 자신의 정체성에 바탕을 둔 자기-개념의 일부

사회적 조율 사람들이 다른 사람의 태도를 취하는 과정

사회적 촉진 사람들이 다른 사람과 함께 있을 때 그리고 자신의 개인적 수행이 평가되는 상황일 때 단순한 과제의 수행은 향상되고 복잡한 과제의 수행은 저하되는 경향성

사회적 태만 사람들이 다른 사람들과 함께 있을 때 그리고 자신의 개인적 수행이 평가될 수 없을 때 태만해져서 단순한 과제의 수행은 저하되고 복잡한 과제의 수행이 향상되는 경향성

사회지각 다른 사람에 대한 인상 형성 방식 및 추론 방식에 대한 연구

사후설명 실험이 끝난 후 실험의 진짜 목적과 실험을 하는 동안에 어떤 일이 벌어졌었는지를 참여자에게 설명하는 일

상관계수 한 변인의 값을 기초로 다른 변인의 값을 얼마나 정확하게 예측할 수 있는지(예 : 어떤 사람의 키를 알고 그 사람의 몸무게를 예측할 수 있는 정도)를 나타내는 수치

상관연구법 두 개 이상의 변인을 체계적으로 측정하여 그들 간 관계(즉, 두 변인이 함께 변하는 정도)를 분석하는 기법

상향비교 특정 특질이나 능력 면에서 우리보다 나은 사람을 기준으로 자신을 평가하는 일

상호성 규범 타인을 돕는 것이 미래에 그들이 우리를 도울 가능성을 증가시킬 것이라는 기대

상호 의존성 두 개 이상의 집단이 모두에게 중요한 하나의 목적을 달성하기 위하여 서로 의지해야 할 필요가 있는 상황

상황적 리더십 이론 리더십의 효율성이 리더가 과제중심이냐 관계중심이냐와 리더가 얼마만큼의 통제력과 영향력을 발휘하는지 둘 다에 달려 있다는 생각

선전 정보를 호도하거나 감정적인 정보를 제공함으로써 대중의 태도와 행동을 조종하여 운동을 일으키고자 하는 정교하고 조직적인 시도

설득의 주변경로 이 경우는 사람들이 설득 커뮤니케이션을 정교화하지 않고, 대신에 피상적인 단서에 의해서 흔들린다.

설득의 중심경로 이 경우는 사람들이 설득 커뮤니케이션을 정교화할 수 있는 능력과 동기가 있는 경우로서 제시된 주장을 주의 깊게 듣고 생각한다.

설득의 휴리스틱-체계 모형 설득 커뮤니케이션이 태도변화를 야기하는 두 가지 설명. 주장의 장점을 체계적으로 처리하거나 "전문가의 주장은 항상 옳다."와 같은 심리적 지름길(휴리스틱)을 사용한다.

설득 커뮤니케이션 어떤 주제의 한쪽을 지지하는 메시지

설문조사 연구대상을 대표하는 표본을 구성하는 사람들에게 행동 및 태도를 타진하려는 질문을 하고 반응하게 하는 연구방법

성역할 남성과 여성의 행동에 관한 사회적 신념

성장형 마음가짐 우리의 능력은 가변적 특질이어서 갈고 닦아 증진시킬 수 있다고 보는 태도

성적 각본 특정 상황의 사람에게 적절한 성적 행동을 명시하는 일련의 암묵적 규칙들로 성별, 나이, 종교, 사회적 지위 및 또래 집단에 따라 다름

소수의 영향 소수집단의 구성원들이 다수의 행동이나 믿음에 영향을 미치는 경우

수행 근거 보상 과제 수행의 수준을 기초로 제공되는 보상

스키마 사회적 세계에 관한 우리의 지식을 특정 주제를 중심으로 조직하기 위해 사용하는 정신적 구조. 우리가 알아차리고 생각하고 또 기억하는 정보에 영향을 미침

식역하 메시지 의식적으로 지각되지 않음에도 불구하고 판단, 태도 및 행동에 영향을 줄 수도 있는 단어나 그림

신념집착 나중의 정보에 의해 우리가 처음 내린 결론의 잘못이 입증되었는데도 우리는 처음 내린 그 결론을 고수하려는 고집을 버리지 못하는 것

실험연구법 참여자들을 상이한 조건에 무선배치함으로써 이들 조건이 독립변인(사람들의 반응에 효과를 유발할 것으로 예상되는 변인) 이외의 측면에서는 동일하도록 하는 연구법

심리적 실재성 실험에서 촉발된 심리작용/과정이 실생활에서 촉발된 심리과정/작용과 유사한 정도

안전 애착유형 신뢰, 버림받을 것이란 걱정의 부재, 자신이 가치 있고 호감을 얻을 것이란 관점을 특징으로 하는 애착유형

암묵 연합검사 표적 얼굴(예 : 흑인 또는 백인, 젊은이 또는 노인, 아시아인 또는 백인)과 긍정적 단어 또는 부정적 단어를 연합시키는 속도에 따라 나타나는 무의식적(암묵적) 편견을 측정하는 검사

암묵적 태도 비자발적이고 비통제적이고 때로는 무의식적인 태도

애착유형 사람들이 유아기에 주양육자와 맺었던 관계에 기초해서 타인과의 관계에서 발달시키는 기대

엠블럼 특정 문화권 내에서는 누구나 그 의미를 쉽게 파악하는 비언어적 몸짓. 대개는 쉽게 말로 바꾸어 표현할 수 있는 것들이다.

역태도적 주장 자신의 개인적 믿음이나 태도에 반하는 의견이나 태도를 진술하는 것

열정적 사랑   생리적 각성이 동반된 강렬한 갈망

예일 태도변화 접근법   설득 메시지에 대한 반응으로 사람들의 태도를 변화시키는 조건을 연구하였다. 커뮤니케이션의 원천, 커뮤니케이션의 본질 및 청중의 본질에 초점을 두었다.

외부 귀인   어떤 사람이 특정 행동을 감행한 원인이 그 사람이 처한 상황의 특징에 있다고 가정(예 : 누구나 그 상황에서는 그렇게 말했을 것이다)하는 추론

외재적 동기   특정 활동이 즐겁거나 좋아서가 아니라 외적 보상 또는 압력 때문에 감행하려는 욕망

외적 정당화   개인 밖에 있는 이유로 부조화 행동을 설명하는 것 (예 : 큰 보상을 받기 위해 혹은 처벌을 피하기 위해)

외적 타당도   실험결과를 다른 상황과 다른 사람들에게 일반화시킬 수 있는 정도

외집단   개인이 구성원으로 속하지 않은 집단

외집단 동질성   실제보다 더 그리고 내집단 구성원보다 더 외집단 구성원들이 서로서로 비슷하다(또는 동질하다)고 느끼는 것

위선유도   사람들에게 자신의 행위에 반하는 진술을 하도록 하여, 자신의 말과 행동 간의 불일치로 인한 부조화를 유발시키는 것. 개인의 행동에 더 책임지도록 만드는 것이 목적이다.

위인 이론   상황에 상관없이 어떠한 결정적인 성격특질이 한 사람을 좋은 지도자로 만든다는 생각

유의수준   실험에서 관찰된 효과가 독립변인 때문이 아니라 우연히 발생했을 가능성을 나타내는 통계치. 이 값이 5보다 낮으면(p < .05) 관찰된 결과가 신뢰할 만하다고 간주하는 것

응용연구   어떤 구체적인 사회문제를 해결할 목적으로 수행되는 연구

의존적 자기   자신의 행동이 다른 사람들의 생각과 느낌 및 행동에 의해 결정될 때가 많다는 사실을 인정하면서 다른 사람들과의 관계 속에서 자신을 정의하는 방식

이기적 귀인   자신의 성공을 설명할 때는 내부, 기질 요인을 내세우고 자신의 실패를 설명할 때는 외부, 상황 요인을 강조하는 추론

이유생성 태도변화   자신의 태도에 대한 이유를 생각해본 후 그 결과에 따라 바뀌는 태도. 사람들은 자신의 태도와 그럴듯한 말로 표현하기 쉬운 이유가 일치한다고 생각한다.

이타적 성격   광범위한 상황에서 타인을 돕고자 하는 자질

이타주의   돕는 이에게 비용이 포함될지라도 다른 사람을 돕고자 하는 바람

인과 이론   자신의 행동 및 느낌을 유발한 원인에 관한 이론. 우리는 이런 이론(예 : 안 보면 그리워진다)을 우리의 문화에서 배울 때도 많다.

인상 관리   다른 사람들이 자기를 볼 때 자기가 그들에게 보이기를 원하는 대로 보게 하려는 노력

인지기반 태도   태도대상의 속성에 관한 믿음에 우선적으로 기반을 둔 태도

인지부조화   두 개의 인지(신념, 태도)가 갈등을 일으키거나, 사람들이 자기-개념과 불일치하는 행동을 했을 때 느끼는 불편함

일관성 정보   특정 자극에 대한 표적 인물의 행동이 동일 자극에 대해서는 때와 장소를 가리지 않고 감행되는 정도에 관한 정보

일치성 정보   관심대상 자극에 대해 표적 인물의 반응과 동일한 반응을 보인 사람의 비율에 관한 정보

자기-개념   자신의 개인적 속성에 관한 각자의 믿음

자기-지각 이론   우리의 태도 및 느낌이 불확실하거나 모호할 때는 우리의 행동과 그 행동이 벌어진 장면에 대한 관찰을 통해 느낌과 태도를 추론한다는 이론

자기도취증   지나친 자기 사랑과 다른 사람에 대한 공감 결여가 조합됐을 때 나타나는 증상

자기설득   자기 정당화로 인해 발생하는 오래 지속되는 형태의 태도변화

자기 충족적 예언   어떤 사람에 대한 우리의 기대가 그 사람에 대한 우리의 행동에 영향을 미쳐, 결국 그 사람으로 하여금 우리가 원래 기대했던 대로 행동하게 함으로써 우리의 기대가 구현되는 현상

자기확증   자신의 어리석은 행동으로 인한 부조화의 고통을 감소시키기 위해서 자신의 좋은 면을 강조하는 것

자동적 사고   무의식적으로 그리고 의도하지 않아도 불수의적으로 노력 없이 전개되는 사고

자만의 벽   자신이 내린 판단의 정확성을 지나치게 확신하는 일반적인 현상

자민족 중심주의   자신이 속한 민족 · 국가 · 종교 집단이 다른 집단들보다 더 우월하다는 믿음

자연 선택   특정 환경에서 유기체의 생존확률을 높여주는 유전적 특질이 다음 세대로 전달되는 과정. 이런 특질을 가진 유기체가 후손을 번식시킬 확률이 높다.

자의식 이론   우리의 주의를 우리 자신에 집중할 때는 우리의 행동을 우리의 내적 기준 및 가치관을 기초로 평가하고 비교한다는 이론

자존감   자기 자신의 가치에 대한 각자의 평가, 즉 우리 각자가 자신을 훌륭하고 유능하고 괜찮은 사람이라고 간주하는 정도

적대적 공격성   분노감에서 비롯되어 고통이나 상해를 가하려는 목적

의 공격성

전체적 사고방식 전반적인 상황, 특히 대상 서로 간의 관계를 중시하는 사고방식으로 동아시아에서 흔히 발견된다.

점화 최근의 경험 때문에 특정 스키마나 특성 또는 개념에 대한 접근성이 높아지는 작용

접근성 사회적 세계에 관한 판단을 내리려 할 때 관련 스키마나 개념이 머릿속에 쉽게 떠올라 그 판단에 이용될 가능성이 큰 정도

정교화 가능성 모형 설득 커뮤니케이션이 두 방식으로 태도변화를 일으킨다고 설명하는 모형. 사람들이 주장에 주의를 기울이는 동기와 능력이 있는 경우는 중심경로를 통해 태도변화가 일어나고, 주장에 대해 주의를 기울이지 않는 경우는 피상적인 특징들에 의해 주변경로를 통해 태도변화가 일어난다.

정보적 사회영향 다른 사람의 행동을 자신의 행동을 결정하기 위한 정보의 원천으로 보기 때문에 일어나는 동조이다. 애매한 상황에 대한 타인의 해석이 자신의 해석보다 더 정확할 것이며, 이를 통해 적절한 행동을 선택하게 될 것이라 믿기 때문에 동조하게 된다.

정서기반 태도 태도대상의 본질에 관한 믿음보다는 느낌이나 가치에 기반을 둔 태도

정서 예측 우리 각자가 미래에 겪게 될 정서적 사건에 대해 어떤 느낌을 갖게 될 것인지에 대한 예측

정서 표명 규칙 비언어적 행동의 표현 적절성을 두고 문화적으로 결정된 규칙

제도적 차별 인종, 성별, 문화, 나이, 성적 지향성, 또는 사회나 회사 내 편견의 대상에 속하는 소수집단을 대상으로 행해지는 합법적 또는 비합법적 차별적 관행

조작적 조건형성 우리가 자유롭게 선택한 행동이 자주 보상(정적 강화)이나 처벌에 의존하는 현상

종속변인 독립변인의 영향을 받았는지를 확인하기 위해 측정 대상이 되는 변인. 연구자는 독립변인의 수준에 따라 종속변인 측정치가 달라질 것이라는 가설을 설정한다.

좌절-공격성 이론 좌절, 즉 목표 달성을 방해받고 있다는 지각이 공격적 반응의 가능성을 증가시킨다는 이론

지각적 돌출성 사람들 주의의 초점에 놓인 정보가 두드러져 보이는 경향

지그재그 교실 편견을 줄이고 아이들의 자존감을 높이도록 설계된 교실의 구조. 아이들은 인종이 분리되지 않은 소집단에 배정되는데, 수업 내용을 학습하고 반에서 우수한 학생이 되기 위해서는 소집단 내에 있는 다른 아이들에게 의지해야만 한다.

진화론 동물이 환경에 적응해 가는 방식을 설명하기 위해 다윈이 개

발한 개념

진화심리학 자연 선택의 원리에 따라 오랜 세월에 걸쳐 진화되어 온 유전적 요인으로 사회행동을 설명하려는 시도

집단 필요와 목적에 의해서 서로 영향을 미치며 상호 의존적인 셋 이상의 사람

집단극화 집단 구성원의 초기 결정이 집단에서 더욱 극단화되는 것

집단사고 현실적으로 상황을 고려하는 것보다 집단의 응집성과 연대를 유지시키는 것이 더 중요하다고 생각하는 것

집단 응집성 한 집단에서 구성원들을 하나로 모으고 상호 호감을 촉진하는 성질

집합적 무지 사실과 달리, 다른 모든 사람이 상황을 확실하게 해석하고 있다고 생각하는 경우

차별 어떤 집단의 일원이라는 이유로 부당하게 행해지는 부정적이거나 해로운 행동

책임분산 목격자의 수가 증가함에 따라 각각의 방관자가 도움을 줘야 한다는 책임감이 감소하는 현상

초두 효과 어떤 사람에 관해 먼저 알게 된 정보 때문에 그 사람에 대한 후속 정보를 해석하는 방식이 달라지는 효과

충격 편향 미래의 부정적인 사건에 어떻게 반응할 것인가를 생각할 때, 부정적 감정의 강도와 지속기간을 과대평가하는 편향

친사회적 행동 다른 사람을 이롭게 하는 목적에서 수행된 행동

친족 선택 유전적 친족을 돕는 행동이 자연 선택에 의해 일어난다는 견해

카타르시스 공격적으로 행동하거나 다른 사람이 그렇게 하는 것을 봄으로써 '화를 발산하는 것'이 쌓인 분노와 공격적 에너지를 완화하고 따라서 이후에 공격적 행동을 할 가능성을 감소시킨다는 개념

태도 사람, 사물(대상), 생각(아이디어)에 관한 평가

태도면역 사람들에게 사전에 자신의 입장에 반하는 주장을 조금 노출시켜 자신의 태도를 변화시키려는 시도에 면역되도록 만드는 것

태도 접근성 어떤 대상과 그것에 대한 평가 간의 연합강도. 이는 사람들이 그 대상에 대해 어떻게 느끼는지를 얼마나 빨리 보고하는지로 측정한다.

통제된 사고 의식적, 의도적, 자발적이고 노력을 요하는 사고

통합적 해결책 각자 서로 다른 관심사에 대해서 서로 주고받는 거래를 함으로써 갈등을 해결하는 방법. 각자는 한쪽에서 중요한 것이 다른 쪽에서는 아니라는 것을 인정한다.

투자모형 관계에 대한 헌신은 관계에 대한 만족뿐만 아니라 관계가

끝나면 잃게 되는 관계에 투자한 정도에 따라 달라진다는 이론

특혜 한 사람이 집단의 규범에 오랜 시간 동조한 후에 얻게 되는 관용. 만약 독특함에 대한 신용이 충분히 쌓이면, 그 사람은 때로 집단의 응징을 받지 않고도 일탈적인 행위를 할 수 있다.

판단 휴리스틱 판단을 신속하고 효율적으로 내리기 위해 사용되는 지름길

편견 특정 집단에 대한 적대적이고 부정적인 태도로서 순전히 그 집단에 속해 있다는 사실에 바탕을 둔다.

편파 맹점 자신보다 다른 사람들이 귀인 편파에 빠질 가능성이 더 크다고 생각하는 우리의 경향성

피해자 비난하기 어떤 개인이 피해자가 된 것에 대해 비난하는 경향 (기질 귀인). 일반적으로 이 세상이 정의로운 곳이라 생각하고 싶은 욕구에서 비롯된다.

하향비교 특정 특질이나 능력 면에서 우리보다 못한 사람을 기준으로 자신을 평가하는 일

해석/의미부여 사회적 세계를 지각하고 그 의미를 파악하고 또 해석하는 방식

행동기반 태도 대상에 대한 행동의 관찰에 기초한 태도

행동주의 인간행동을 이해하기 위해서는 환경의 강화 속성만 고려하면 된다고 주장하는 심리학파

현실적 갈등 이론 제한된 자원이 집단 간 갈등을 야기했고 결과적으로 편견과 차별을 증가시킨다는 생각

현장실험 실험실이 아닌 자연적인 조건에서 실시되는 실험

협상 갈등상황에서 반대 의견을 가진 사람들 사이에 오가는 대화의 형식. 이때 제안과 반대 제안이 제시되며, 양쪽이 모두 동의할 때만 해결책이 마련된다.

형태주의 심리학 물체의 객관적, 물리적 속성보다는 물체가 사람들의 마음속에 보이는 주관적 방식에 대한 연구의 중요성을 강조하는 심리학파

혜안편파 결과에 대해 알고 난 다음에는 그 결과에 대한 자신의 예측능력을 과대평가하게 되는 경향성

환심 매수 대개는 자기보다 지위가 높은 사람을 칭찬하거나 아부를 함으로써 그 사람이 자기를 좋아하게 만드는 작업

회피 애착유형 친밀하고자 하는 이전의 시도가 거부되었기 때문에 친밀한 관계를 발달시키는 데 어려움이 있는 애착유형

후광 효과 하나의 긍정적인 특성을 가진 개인이 다른 (심지어 무관한) 긍정적인 특성들을 가졌다고 가정하는 경향이 있는 인지적 편향

Aaker, J. L. (2000). Accessibility or diagnosticity? Disentangling the influence of culture on persuasion processes and attitudes. *Journal of Consumer Research, 26,* 340–357.

Aarts, H., & Dijksterhuis, A. (2003). The silence of the library: Environment, situational norm, and social behavior. *Journal of Personality and Social Psychology, 84,* 18–28.

Aarts, H., & Elliot, A. J. (Eds.). (2012). *Goal-directed behavior.* New York: Taylor & Francis.

ABC News. (2006). Strip-search case closed? http://abcnews.go.com/2020/strip-search-case-closed/story?id=2684890&singlePage=true

Abele, A. E., & Brack, S. (2013). Preference for other persons' traits is dependent on the kind of social relationship. *Social Psychology, 44,* 84–94.

Abelson, R. P., Kinder, D. R., Peters, M. D., & Fiske, S. T. (1982). Affective and semantic components in political person perception. *Journal of Personality and Social Psychology, 42,* 619–630.

Abrams, D., Marques, J. M., Bown, N., & Henson, M. (2000). Pro-norm and anti-norm deviance within and between groups. *Journal of Personality and Social Psychology, 78,* 906–912.

Abrams, D., Palmer, S. B., Rutland, A., Cameron, L., & Van de Vyer, J. (2014). Evaluations of and reasoning about normative and deviant ingroup and outgroup members: Development of the black sheep effect. *Developmental Psychology, 50,* 258–270.

Abrams, D., Viki, G. T., Masser, B., & Bohner, G. (2003). Perceptions of stranger and acquaintance rape: The role of benevolent and hostile sexism in victim blame and rape proclivity. *Journal of Personality and Social Psychology, 84,* 111–125.

Abrams, D., Wetherell, M., Cochrane, S., Hogg, M. A., & Turner, J. C. (1990). Knowing what to think by knowing who you are: Self-categorization and the nature of norm formation, conformity and group polarization. *British Journal of Social Psychology, 29,* 97–119.

Acquisti, A., & Fong, C. M. (2014, October 26). An experiment in hiring discrimination via online social networks. Available at SSRN: http://ssrn.com/abstract=2031979 or http://dx.doi.org/10.2139/ssrn.2031979

Adams, G., Anderson, S. L., & Adonu, J. K. (2004). The cultural grounding of closeness and intimacy. In D. J. Mashek & A. Aron (Eds.), *Handbook of closeness and intimacy* (pp. 321–342). Mahwah, NJ: Erlbaum.

Adams, R. B., Jr., & Kleck, R. E. (2003). Perceived gaze direction and the processing of facial displays of emotion. *Psychological Science, 14,* 644–647.

Adams, R. B., Jr., Franklin, R. G., Jr., Rule, N. O., Freeman, J. B., Kveraga, K., Hadjikhani, N., et al. (2010). Culture, gaze, and the neural processing of fear expressions. *Social Cognitive and Affective Neuroscience, 5,* 340–348.

Adler, J. (1997, March 22). It's a wise father who knows . . . *Newsweek,* p. 73.

Adult obesity. (2011). Centers for Disease Control and Prevention. Retrieved November 1, 2011, from www.cdc.gov/obesity/data/adult.html

Agars, M. D. (2004). Reconsidering the impact of gender stereotypes on the advancement of women in organizations. *Psychology of Women Quarterly, 28,* 103–111.

Agerström, J., & Rooth, D-O. (2011). The role of automatic obesity stereotypes in real hiring discrimination. *Journal of Applied Psychology, 96,* 790–805.

Aguiar, P., Vala, J., Correia, I., & Pereira, C. (2008). Justice in our world and in that of others: Belief in a just world and reactions to victims. *Social Justice Research, 21,* 50–68.

Ahn, H.-K., Kim, H. J., & Aggarwal, P. (2014). Helping fellow beings: Anthropomorphized social causes and the role of anticipatory guilt. *Psychological Science, 25*(1), 224–229.

Aiello, J. R., & Douthitt, E. A. (2001). Social facilitation from Triplett to electronic performance monitoring. *Group Dynamics: Theory, Research, and Practice, 5,* 163–180.

Ainsworth, M. D. S., Blehar, M. C., Waters, E., & Wall, S. (1978). *Patterns of attachment: A psychological study of the strange situation.* Hillsdale, NJ: Erlbaum.

Ajzen, I. (1985). From intentions to actions: A theory of planned behavior. In J. Kuhl & J. Beckmann (Eds.), *Action control: From cognition to behavior* (pp. 11–39). Heidelberg, Germany: Springer-Verlag.

Ajzen, I., & Fishbein, M. (1980). *Understanding attitudes and predicting social behavior.* Englewood Cliffs, NJ: Prentice Hall.

Ajzen, I., & Sheikh, S. (2013). Action versus inaction: Anticipated affect in the theory of planned behavior. *Journal of Applied Social Psychology, 43,* 155–162.

Akert, R. M. (1998). *Terminating romantic relationships: The role of personal responsibility and gender.* Unpublished manuscript, Wellesley College, Wellesley, MA.

Akert, R. M., Chen, J., & Panter, A. T. (1991). *Facial prominence and stereotypes: The incidence and meaning of face-ism in print and television media.* Unpublished manuscript, Wellesley College, Wellesley, MA.

Aknin, L. B., Sandstrom, G. M., Dunn, E. W., & Norton, M. I. (2011). Investing in others: Prosocial spending for (pro)social change. In R. Biswas-Diener (Ed.), *Positive psychology as social change* (pp. 219–234). New York: Springer. doi:10.1007/978-90-481-9938-9_13

Akrami, N., Hedlund, L., & Ekehammar, B. (2007). Personality scale response latencies as self-schema indicators: The inverted-U effect revisited. *Personality and Individual Differences, 43,* 611–618.

Alaskan village copes with real-life impacts of global climate change. (2008, July 10). *Online News Hour.* Retrieved December 30, 2008, from www.pbs.org/newshour/bb/environment/july-dec08/alaskawarming_07-10.html

Albarracín, D., & Wyer, R. S., Jr. (2001). Elaborative and nonelaborative processing of a behavior-related communication. *Personality and Social Psychology Bulletin, 27,* 691–705.

Albarracín, D., Johnson, B. T., Fishbein, M., & Muellerleile, P. A. (2001). Theories of reasoned action and planned behavior as models of condom use: A meta-analysis. *Psychological Bulletin, 127,* 142–161.

Algoe, S. B. (2012). Find, remind, and bind: The functions of gratitude in everyday relationships. *Social and Personality Psychology Compass, 6*(6), 455–469. doi:10.1111/j.1751–004.2012.00439.x

Algoe, S. B., Fredrickson, B. L., & Gable, S. L. (2013). The social functions of the emotion of gratitude via expression. *Emotion, 13,* 605–609. doi:10.1037/a0032701

Allen, M., Donohue, W. A., & Griffin, A. (2003). Comparing the influence of parents and peers on the choice to use drugs. *Criminal Justice and Behavior, 30,* 163–186.

Allen, V. L. (1965). Situational factors in conformity. In L. Berkowitz (Ed.), *Advances in experimental social psychology* (Vol. 2, pp. 133–175). New York: Academic Press.

Allen, V. L., & Levine, J. M. (1969). Consensus and conformity. *Journal of Personality and Social Psychology, 5,* 389–399.

Allison, P. D. (1992). The cultural evolution of beneficent norms. *Social Forces, 71,* 279–301.

Allmendinger, J., & Hackman, J. R. (1995). The more, the better? A four-nation study of the inclusion of women in symphony orchestras. *Social Forces, 74,* 423–460.

Allport, G. W. (1954). *The nature of prejudice.* Reading, MA: Addison-Wesley.

Allport, G. W. (1985). The historical background of social psychology. In G. Lindzey & E. Aronson (Eds.), *The handbook of social psychology* (3rd ed., Vol. 1, pp. 1–46). New York: McGraw-Hill.

ALSA. (2014). The ALS Association expresses sincere gratitude to over three million donors. Retrieved August 29, 2014, from www.alsa.org/news/media/press-releases/ice-bucket-challenge-082914.html

Alter, A. L., & Darley, J. M. (2009). When the association between appearance and outcome contaminates social judgment: A bidirectional model linking group homogeneity and collective treatment. *Journal of Personality and Social Psychology, 9,* 776–795. doi:10.1037/a0016957

Alvarez, K., & Van Leeuwen, E. (2011). To teach or to tell? Consequences of receiving help from experts and peers. *European Journal of Social Psychology, 41*(3), 397–402. doi:10.1002/ejsp.789

Alvarez, L. (2003, June 22). Arranged marriages get a little rearranging. *The New York Times,* p. 3.

Amato, P. R. (1983). Helping behavior in urban and rural environments: Field studies based on a taxonomic organization of helping episodes. *Journal of Personality and Social Psychology, 45,* 571–586.

Ambady, N., & Rosenthal, R. (1992). Thin slices of expressive behavior as predictors of interpersonal consequences: A meta-analysis. *Psychological Bulletin, 111,* 256–274.

Ambady, N., & Rosenthal, R. (1993). Half a minute: Predicting teacher evaluations from thin slices of nonverbal behavior and physical attractiveness. *Journal of Personality and Social Psychology, 64,* 431–441.

Ambady, N., Bernieri, F. J., & Richeson, J. A. (2000). Toward a histology of social behavior: Judgmental accuracy from thin slices of the behavioral stream. In M. P. Zanna (Ed.), *Advances in experimental social psychology* (Vol. 32, pp. 201–271). San Diego, CA: Academic Press.

Ambady, N., LaPlante, D., Nguen, T., Rosenthal, R., & Levinson, W. (2002). Surgeon's tone of voice: A clue to malpractice history. *Surgery, 132,* 5–9.

The American freshman: National norms for 2005. (2006). Higher Education Research Institute, UCLA. Retrieved June 22, 2006, from www.gseis.ucla.edu/heri/PDFs/ResearchBrief05.PDF

American Psychological Association. (2010). Ethical principles of psychologists and code of conduct. Retrieved March 22, 2010, from www.apa.org/ethics/code/index.aspx

Ames, D. R., & Flynn, F. J. (2007). What breaks a leader: The curvilinear relation between assertiveness and leadership. *Journal of Personality and Social Psychology, 92,* 307–324.

Ames, D. R., & Johar, G. V. (2009). I'll know what you're like when I see how you feel: How and when affective displays influence behavior-based impressions. *Psychological Science, 20,* 586–593.

Amir, I. (1976). The role of intergroup contact in change of prejudice and ethnic relations. In P. A. Katz (Ed.), *Towards the elimination of racism* (pp. 245–308). New York: Pergamon Press.

Amodio, D. M., & Showers, C. J. (2005). 'Similarity breeds liking' revisited: The moderating role of commitment. *Journal of Social and Personal Relationships, 22,* 817–836.

Andersen, B., Farrar, W. B., Golden-Kreutz, D. M., Glaser, R., Emery, C. F., & Crespin, T. R. (2004). Psychological, behavioral, and immune changes after a psychological intervention: A clinical trial. *Journal of Clinical Oncology, 22,* 3570–3580.

Andersen, S. M. (1984). Self-knowledge and social inference: II. The diagnosticity of cognitive/affective and behavioral data. *Journal of Personality and Social Psychology, 46,* 294–307.

Andersen, S. M., & Bem, S. L. (1981). Sex typing and androgyny in dyadic interaction: Individual differences in responsiveness to physical attractiveness. *Journal of Personality and Social Psychology, 41,* 74–86.

Andersen, S. M., & Klatzky, R. L. (1987). Traits and social stereotypes: Levels of categorization in person perception. *Journal of Personality and Social Psychology, 53,* 235–246.

Andersen, S. M., & Ross, L. D. (1984). Self-knowledge and social inference: I. The impact of cognitive/affective and behavioral data. *Journal of Personality and Social Psychology, 46,* 280–293.

Anderson, C. A. (1995). Implicit personality theories and empirical data: Biased assimilation, belief perseverance and change, and covariation detection sensitivity. *Social Cognition, 13,* 25–48.

Anderson, C. A. (1999). Attributional style, depression, and loneliness: A cross-cultural comparison of American and Chinese students. *Personality and Social Psychology Bulletin, 25,* 482–499.

Anderson, C. A. (2012). Climate change and violence. In D. J. Christie (Ed.), *The encyclopedia of peace psychology.* New York: Wiley-Blackwell.

Anderson, C. A., & Bushman, B. J. (1997). External validity of "trivial" experiments: The case of laboratory aggression. *Review of General Psychology, 1,* 19–41.

Anderson, C. A., & Dill, K. E. (2000). Video games and aggressive thoughts, feelings, and behavior in the laboratory and in life. *Journal of Personality and Social Psychology, 78,* 772–790.

Anderson, C. A., Anderson, K. B., Dorr, N., DeNeve, K. M., & Flanagan, M. (2000). Temperature and aggression. In M. P. Zanna (Ed.), *Advances in experimental social psychology* (Vol. 32, pp. 63–133). San Diego, CA: Academic Press.

Anderson, C. A., Benjamin, A. J., Jr., & Bartholow, B. D. (1998). Does the gun pull the trigger? Automatic priming effects of weapon pictures and weapon names. *Psychological Science, 9,* 308–314.

Anderson, C. A., Berkowitz, L., Donnerstein, E., Huesmann, L. R., Johnson, J. D., et al. (2003). The influence of media violence on youth. *Psychological Science in the Public Interest, 4,* 81–110.

Anderson, C. A., Lepper, M. R., & Ross, L. (1980). The perseverance of social theories: The role of explanation in the persistence of discredited information. *Journal of Personality and Social Psychology, 39,* 1037–1049.

Anderson, C. S., Shibuya, A., Ihori, N., Swing, E. L., Bushman, B. J., Sakamoto, A., Rothstein, H. R., & Saleem, M. (2010). Violent video game effects on aggression, empathy, and prosocial behavior in Eastern and Western countries: A meta-analytic review. *Psychological Bulletin, 136,* 151–173.

Anderson, E., Siegel, E., White, D., & Barrett, L. F. (2012). Out of sight but not out of mind: Unseen affective faces influence evaluations and social impressions. *Emotion, 12*(6), 1210–1221. doi:10.1037/a0027514

Anderson, J. R., & Gallup, G. G., Jr. (2011). Do rhesus monkeys recognize themselves in mirrors? *American Journal of Primatology, 73,* 603–606.

Anderson, N. B. (1989). Racial differences in stress-induced cardiovascular reactivity and hypertension: Current status and substantive issues. *Psychological Bulletin, 105,* 89–105.

Anderson, S. L., Adams, G., & Plaut, V. C. (2008). The cultural grounding of personal relationship: The importance of attractiveness in everyday life. *Journal of Personality and Social Psychology, 95,* 352–368.

Anderson, U. S., Perea, E. F., Becker, D. V., Ackerman, J. M., Shapiro, J. R., Neuberg, S. L., & Kenrick, D. T. (2010). I only have eyes for you: Ovulation redirects attention (but not memory) to attractive men. *Journal of Experimental Social Psychology, 46,* 804–808.

Andrade, E. B., & Van Boven, L. (2010). Feelings not forgone: Underestimating affective reactions to what does not happen. *Psychological Science, 21*(5), 706–711.

Angier, N. (2006, January 3). The cute factor. *The New York Times,* pp. D1–D8.

Antoni, M. H., & Lutgendorf, S. (2007). Psychosocial factors and disease progression in cancer. *Current Directions in Psychological Science, 16,* 42–46.

Anzures, G., Quinn, P. C., Pascalis, O., Slater, A. M., Tanaka, J. W., & Lee, K. (2013). Developmental origins of the other-race effect. *Current Directions in Psychological Science, 22,* 173–178.

Apfelbaum, E. P., Phillips, K. W., & Richeson, J. A. (2014). Rethinking the baseline in diversity research: Should we be explaining the effects of homogeneity? *Perspectives on Psychological Science, 9,* 235–244.

Applebome, P. (1991, November 10). Duke: The ex-Nazi who would be governor. *New York Times.* Retrieved February 17, 2015, from http://www.nytimes.com/1991/11/10/us/duke-the-ex-nazi-who-would-be-governor.html

The AP-GfK Poll. (2014, March). Retrieved April 28, 2014, from http://ap-gfkpoll.com/main/wp-content/uploads/2014/03/AP-GfK-March-2014-Poll-Topline-Final_POLITICS1.pdf

Arad, A. (2013). Past decisions do affect future choices: An experimental demonstration. *Organizational Behavior and Human Decision Processes, 121,* 267–277.

Archer, D. (1991). *A world of gestures: Culture and nonverbal communication* [Videotape and manual]. Berkeley: University of California Extension Center for Media and Independent Learning.

Archer, D. (1994). American violence: How high and why? *Law Studies, 19,* 12–20.

Archer, D. (1997a). Unspoken diversity: Cultural differences in gestures. *Qualitative Sociology, 20,* 79–105.

Archer, D. (1997b). *A world of differences: Understanding cross-cultural communication* [Videotape and manual]. Berkeley: University of California Extension Center for Media and Independent Learning.

Archer, D., & Akert, R. M. (1984). Problems of context and criterion in nonverbal communication: A new look at the accuracy issue. In M. Cook (Ed.), *Issues in person perception* (pp. 114–144). New York: Methuen.

Archer, D., & McDaniel, P. (1995). Violence and gender: Differences and similarities across societies. In R. B. Ruback & N. A. Weiner (Eds.), *Interpersonal violent behaviors: Social and cultural aspects* (pp. 63–88). New York: Springer-Verlag.

Archer, D., Iritani, B., Kimes, D. D., & Barrios, M. (1983). Face-ism: Five studies of sex differences in facial prominence. *Journal of Personality and Social Psychology, 45,* 725–735.

Archer, J. (2004). Sex differences in aggression in real-world settings: A meta-analytic review. *Review of General Psychology, 8,* 291–322.

Archer, J. (2013). Can evolutionary principles explain patterns of family violence? *Psychological Bulletin, 139*(2), 403–440. doi:10.1037/a0029114

Archer, J., & Coyne, S. M. (2005). An integrated review of indirect, relational, and social aggression. *Personality and Social Psychology Review, 9,* 212–230.

Arendt, H. (1965). *Eichmann in Jerusalem: A report on the banality of evil.* New York: Viking.

Argyle, M. (1975). *Bodily communication.* New York: International Universities Press.

Argyle, M. (1986). Rules for social relationships in four cultures. *Australian Journal of Psychology, 38,* 309–318.

Arkes, H. R., & Mellers, B. A. (2002). Do juries meet our expectations? *Law and Human Behavior, 26,* 625–639.

Arkes, H., & Tetlock, P. (2004). Attributions of implicit prejudice, or "Would Jesse Jackson 'fail'

the Implicit Association Test?" *Psychological Inquiry, 15,* 257–278.

Arkin, R. M., & Maruyama, G. M. (1979). Attribution, affect, and college exam performance. *Journal of Educational Psychology, 71,* 85–93.

Arkin, R. M., & Oleson, K. C. (1998). Self-handicapping. In J. M. Darley & J. Cooper (Eds.), *Attribution and social interaction: The legacy of Edward E. Jones* (pp. 313–341). Washington, DC: American Psychological Association.

Armata, P. M., & Baldwin, D. R. (2008). Stress, optimism, resiliency, and cortisol with relation to digestive symptoms or diagnosis. *Individual Differences Research, 6,* 123–138.

Arms, R. L., Russell, G. W., & Sandilands, M. L. (1979). Effects on the hostility of spectators of viewing aggressive sports. *Social Psychology Quarterly, 42,* 275–279.

Aron, A., & Aron, E. N. (1996). Self and self-expansion in relationships. In G. J. O. Fletcher & J. Fitness (Eds.), *Knowledge structures in close relationships: A social psychological approach* (pp. 325–344). Mahwah, NJ: Erlbaum.

Aron, A., & Rodriguez, G. (1992). Scenarios of falling in love among Mexican, Chinese, and Anglo-Americans. In A. Aron (Chair), *Ethnic and cultural differences in love.* Symposium conducted at the Sixth International Conference on Personal Relationships, Orono, ME.

Aron, A., & Westbay, L. (1996). Dimensions of the prototype of love. *Journal of Personality and Social Psychology, 70,* 535–551.

Aron, A., Aron, E. N., & Norman, C. (2004). Self-expansion model of motivation and cognition in close relationships and beyond. In M. B. Brewer & M. Hewstone (Eds.), *Self and social identity* (pp. 99–123). Malden, MA: Blackwell Publishing.

Aron, A., Dutton, D. G., Aron, E. N., & Iverson, A. (1989). Experiences of falling in love. *Journal of Social and Personal Relationships, 6,* 243–257.

Aron, A., Fisher, H., Mashek, D. J., Strong, G., Li, H., & Brown, L. L. (2005). Reward, motivation, and emotion systems associated with early-stage intense romantic love. *Journal of Neurophysiology, 94,* 327–337.

Aronson, E. (1969). The theory of cognitive dissonance: A current perspective. In L. Berkowitz (Ed.), *Advances in experimental social psychology* (Vol. 4, pp. 1–34). New York: Academic Press.

Aronson, E. (1978). *The jigsaw classroom.* Beverly Hills, CA: Sage.

Aronson, E. (1997). The theory of cognitive dissonance: The evolution and vicissitudes of an idea. In C. McGarty & S. A. Haslam (Eds.), *The message of social psychology: Perspectives on mind in society* (pp. 20–35). Malden, MA: Blackwell.

Aronson, E. (1998). Dissonance, hypocrisy, and the self-concept. In E. Harmon-Jones & J. S. Mills (Eds.), *Cognitive dissonance theory: Revival with revisions and controversies* (pp. 21–36). Washington, DC: American Psychological Association.

Aronson, E. (1999). *The social animal* (8th ed.). New York: Worth/Freeman.

Aronson, E. (2000). *Nobody left to hate: Teaching compassion after Columbine.* New York: Worth/Freeman.

Aronson, E. (2002). Drifting my own way: Following my nose and my heart. In R. Sternberg (Ed.), *Psychologists defying the crowd: Stories of those who battled the establishment and won* (pp. 132–148). Washington, DC: American Psychological Association.

Aronson, E. (2007). The evolution of cognitive dissonance theory: A personal appraisal. In A. Pratkanis (Ed.), *The science of social influence.* New York: Psychology Press.

Aronson, E. (2008). *The social animal* (11th ed.). New York: W. H. Freeman.

Aronson, E. (2010a). Fear, denial, and sensible action in the face of disasters. *Social Research.*

Aronson, E. (2010b). *Not by chance alone: My life as a social psychologist.* New York: Basic Books.

Aronson, E. (2012). *The social animal.* New York: W. H. Freeman.

Aronson, E., & Bridgeman, D. (1979). Jigsaw groups and the desegregated classroom: In pursuit of common goals. *Personality and Social Psychology Bulletin, 5,* 438–446.

Aronson, E., & Carlsmith, J. M. (1962). Performance expectancy as a determinant of actual performance. *Journal of Abnormal and Social Psychology, 65*, 178–182.

Aronson, E., & Carlsmith, J. M. (1963). Effect of severity of threat in the devaluation of forbidden behavior. *Journal of Abnormal and Social Psychology, 66*, 584–588.

Aronson, E., & Carlsmith, J. M. (1968). Experimentation in social psychology. In G. Lindzey & E. Aronson (Eds.), *The handbook of social psychology* (Vol. 2, pp. 1–79). Reading, MA: Addison-Wesley.

Aronson, E., & Gonzalez, A. (1988). Desegregation, jigsaw, and the Mexican-American experience. In P. A. Katz & D. Taylor (Eds.), *Towards the elimination of racism: Profiles in controversy* (pp. 310–330). New York: Plenum.

Aronson, E., & Linder, D. (1965). Gain and loss of esteem as determinants of interpersonal attractiveness. *Journal of Experimental Social Psychology, 1*, 156–171.

Aronson, E., & Mettee, D. (1968). Dishonest behavior as a function of differential levels of induced self-esteem. *Journal of Personality and Social Psychology, 9*, 121–127.

Aronson, E., & Mills, J. S. (1959). The effect of severity of initiation on liking for a group. *Journal of Abnormal and Social Psychology, 59*, 177–181.

Aronson, E., & Patnoe, S. (1997). *Cooperation in the classroom: The jigsaw method.* New York: Longman.

Aronson, E., & Patnoe, S. (2011). *Cooperation in the classroom: The jigsaw method.* London, England: Pinter & Martin. Available in the U.S. through Amazon Digital Services as a Kindle edition.

Aronson, E., & Thibodeau, R. (1992). The jigsaw classroom: A cooperative strategy for reducing prejudice. In J. Lynch, C. Modgil, & S. Modgil (Eds.), *Cultural diversity in the schools* (pp. 110–118). London: Falmer Press.

Aronson, E., Ellsworth, P. C., Carlsmith, J. M., & Gonzalez, M. H. (1990). *Methods of research in social psychology* (2nd ed.). New York: McGraw-Hill.

Aronson, E., Fried, C., & Stone, J. (1991). Overcoming denial and increasing the intention to use condoms through the induction of hypocrisy. *American Journal of Public Health, 81*, 1636–1638.

Aronson, E., Stephan, C., Sikes, J., Blaney, N., & Snapp, M. (1978). *The jigsaw classroom.* Beverly Hills, CA: Sage.

Aronson, E., Wilson, T. D., & Brewer, M. B. (1998). Experimental methods. In D. T. Gilbert, S. T. Fiske, & G. Lindzey (Eds.), *The handbook of social psychology* (4th ed., Vol. 1, pp. 99–142). New York: McGraw-Hill.

Aronson, J. (2009). Jigsaw, social psychology, and the nurture of human intelligence. In *The scientist and the humanist: A festschrift in honor of Elliot Aronson.* New York: Taylor & Francis.

Aronson, J. (2010). Jigsaw, social psychology, and the nurture of human intelligence. In *The scientist and the humanist: A festschrift in honor of Elliot Aronson.* New York: Taylor & Francis.

Aronson, J. M., Cohen, G., & Nail, P. R. (1999). Self-affirmation theory: An update and appraisal. In E. Harmon-Jones & J. S. Mills (Eds.), *Cognitive dissonance: Progress on a pivotal theory in social psychology* (pp. 127–147). Washington, DC: American Psychological Association.

Aronson, J. M., Lustina, M. J., Good, C., Keough, K., Steele, C. M., & Brown, J. (1999). When white men can't do math: Necessary and sufficient factors in stereotype threat. *Journal of Experimental Social Psychology, 35*, 29–46.

Aronson, J., & McGlone, M. (2009). Stereotype threat. In T. Nelson (Ed.), *The handbook of prejudice, stereotyping, and discrimination* (pp. 153–179). New York: Psychology Press.

Aronson, J., & Williams, J. (2009). *Stereotype threat: Forewarned is forearmed.* Manuscript under review.

Aronson, J., Fried, C. B., & Good, C. (2002). Reducing the effects of stereotype threat on African American college students by shaping theories

of intelligence. *Journal of Experimental Social Psychology, 38*, 113–125.

Arsena, A., Silvera, D. H., & Pandelaere, M. (2014). Brand trait transference: When celebrity endorsers acquire brand personality traits. *Journal of Business Research.* Advance online publication. doi: http://dx.doi.org/10.1016/j.jbusres.2014.01.011

Asch, S. E. (1946). Forming impressions of personality. *Journal of Abnormal and Social Psychology, 41*, 258–290.

Asch, S. E. (1951). Effects of group pressure upon the modification and distortion of judgment. In H. Guetzkow (Ed.), *Groups, leadership, and men* (pp. 76–92). Pittsburgh, PA: Carnegie Press.

Asch, S. E. (1955). Opinions and social pressure. *Scientific American, 193*, 31–35.

Asch, S. E. (1956). Studies of independence and conformity: A minority of one against a unanimous majority. *Psychological Monographs, 7* (9, Whole No. 416).

Asch, S. E. (1957). An experimental investigation of group influence. In Walter Reed Army Institute of Research, *Symposium on preventive and social psychiatry* (pp. 15–17). Washington, DC: U.S. Government Printing Office.

Ashmore, R. D., & Longo, L. C. (1995). Accuracy of stereotypes: What research on physical attractiveness can teach us. In Y.-T. Lee, L. J. Jussim, & C. R. McCauley (Eds.), *Stereotype accuracy: Toward appreciating group difference* (pp. 63–86). Washington, DC: American Psychological Association.

Aspinwall, L. G., & Taylor, S. E. (1993). Effects of social comparison direction, threat, and self-esteem on affect, evaluation, and expected success. *Journal of Personality and Social Psychology, 64*, 708–722.

Aspinwall, L. G., & Taylor, S. E. (1997). A stitch in time: Self-regulation and proactive coping. *Psychological Bulletin, 121*, 417–436.

Associated Press. (2002, November 1). Halloween is debated by French. *The Boston Globe,* p. A20.

Augustinova, M., & Ferrand, L. (2012). The influence of mere social presence of Stroop interference: New evidence from the semantically-based Stroop task. *Journal of Experimental Social Psychology, 48*, 1213–1216.

Aune, K. S., & Aune, R. K. (1996). Cultural differences in the self-reported experience and expression of emotions in relationships. *Journal of Cross-Cultural Psychology, 27*, 67–81.

Avolio, B. J., Walumbwa, F. O., & Weber, T. J. (2009). Leadership: Current theories, research, and future directions. *Annual Review of Psychology, 60*, 421–449.

Aycan, Z., Schyns, B., Sun, J., Felfe, J., & Saher, N. (2013). Convergence and divergence of paternalistic leadership: A cross-cultural investigation of prototypes. *Journal of International Business Studies, 44*, 962–969.

Ayman, R. (2002). Contingency model of leadership effectiveness. In L. L. Neider & C. A. Schriesheim (Eds.), *Leadership* (pp. 197–228). Greenwich, CT: Information Age.

Ayman, R., & Korabik, K. (2010). Leadership: Why gender and culture matter. *American Psychologist, 65*(3), 157–170. doi:10.1037/a0018806

Azrin, N. H. (1967, May). Pain and aggression. *Psychology Today,* pp. 27–33.

Back, M. D., Schmukle, S. C., & Egloff, B. (2008). Becoming friends by chance. *Psychological Science, 19*, 439–440.

Badr, L. K., & Abdallah, B. (2001). Physical attractiveness of premature infants affects outcome at discharge from the NICU. *Infant Behavior and Development, 24*, 129–133.

Bailey, D. S., & Taylor, S. P. (1991). Effects of alcohol and aggressive disposition on human physical aggression. *Journal of Research in Personality, 25*(3), 334–342.

Baird, B., Smallwood, J., Fishman, D. J. F., Mrazek, M. D., & Schooler, J. W. (2013). Unnoticed intrusions: Dissociations of meta-consciousness in thought suppression. *Consciousness and Cognition: An International Journal, 22*(3), 1003–1012.

Baldwin, M. W., & Fehr, B. (1995). On the instability of attachment style ratings. *Personal Relationships, 2*, 247–261.

Baldwin, M. W., Keelan, J. P. R., Fehr, B., Enns, V., & Koh-Rangarajoo, E. (1996). Social-cognitive conceptualizations of attachment working models: Availability and accessibility effects. *Journal of Personality and Social Psychology, 71*, 94–109.

Balsam, K. F., Beauchaine, T. P., Rothblum, E. D., & Solomon, S. E. (2008). Three-year follow-up of same-sex couples who had civil unions in Vermont, same-sex couples not in civil unions, and heterosexual married couples. *Developmental Psychology, 44*, 102–116.

Banaji, M. R., & Greenwald, A. G. (2013). *Blindspot: Hidden biases of good people.* New York: Delacorte.

Banaji, M. R., & Heiphetz, L. (2010). Attitudes. In S. T. Fiske, D. T. Gilbert, & G. Lindzey (Eds.), *Handbook of social psychology* (5th ed., Vol. 1, pp. 353–393). Hoboken, NJ: Wiley.

Banas, J. A., & Miller, G. (2013). Inducing resistance to conspiracy theory propaganda: Testing inoculation and metainoculation strategies. *Human Communication Research, 39*, 184–207.

Bandura, A., Ross, D., & Ross, S. (1961). Transmission of aggression through imitation of aggressive models. *Journal of Abnormal and Social Psychology, 63*, 575–582.

Bandura, A., Ross, D., & Ross, S. (1963). Imitation of film-mediated aggressive models. *Journal of Abnormal and Social Psychology, 66*, 3–11.

Banuazizi, A., & Movahedi, S. (1975). Interpersonal dynamics in a simulated prison: A methodological analysis. *American Psychologist, 30*, 152–160.

Bar, M., Neta, M., & Linz, H. (2006). Very first impressions. *Emotion, 6*, 269–278.

Bar-Anan, Y., Wilson, T. D., & Hassin, R. R. (2010). Inaccurate self-knowledge formation as a result of automatic behavior. *Journal of Experimental Social Psychology, 46*(6), 884–894. doi:10.1016/j.jesp.2010.07.007

Bargh, J. A. (1996). Automaticity in social psychology. In E. T. Higgins & A. W. Kruglanski (Eds.), *Social psychology: Handbook of basic principles* (pp. 169–183). New York: Guilford Press.

Bargh, J. A. (2013). Social psychology cares about causal conscious thought, not free will per se. *British Journal of Social Psychology, 52*(2), 228–230. doi:10.1111/bjso.12011

Bargh, J. A., & Pietromonaco, P. (1982). Automatic information processing and social perception: The influence of trait information presented outside of conscious awareness on impression formation. *Journal of Personality and Social Psychology, 43*, 437–449.

Bargh, J. A., Schwader, K. L., Hailey, S. E., Dyer, R. L., & Boothby, E. J. (2012). Automaticity in social-cognitive processes. *Trends in Cognitive Sciences, 16*(12), 593–605. doi:10.1016/j.tics.2012.10.002

Bargh, J. A. (2011). Unconscious thought theory and its discontents: A critique of the critiques. *Social Cognition, 29*, 629–647.

Barkan, R., Ayal, S., Gino, F., & Ariely, D. (2012). The pot calling the kettle black: Distancing response to ethical dissonance. *Journal of Experimental Psychology: General, 141*, 757–773.

Barker, R., Dembo, T., & Lewin, K. (1941). Frustration and aggression: An experiment with young children. *University of Iowa Studies in Child Welfare, 18*, 1–314.

Barley, S. R., & Bechky, B. A. (1994). In the backrooms of science: The work of technicians in science labs. *Work and Occupations, 21*, 85–126.

Baron, R. A. (1972). Reducing the influence of an aggressive model: The restraining effects of peer censure. *Journal of Experimental Social Psychology, 8*, 266–275.

Baron, R. A. (1976). The reduction of human aggression: A field study on the influence of incompatible responses. *Journal of Applied Social Psychology, 6*, 95–104.

Baron, R. A. (1988). Negative effects of destructive criticism: Impact on conflict, self-efficacy, and task performance. *Journal of Applied Psychology, 73*, 199–207.

Baron, R. A. (1990). Countering the effects of destructive criticism: The relative efficacy of four interventions. *Journal of Applied Psychology, 75,* 235–245.

Baron, R. A. (1997). The sweet smell of . . . helping: Effects of pleasant ambient fragrance on prosocial behavior in shopping malls. *Personality and Social Psychology Bulletin, 23,* 498–503.

Baron, R. A., & Richardson, D. R. (1994). *Human aggression* (2nd ed.). New York: Plenum.

Baron, R. M., & Misovich, S. J. (1993). Dispositional knowing from an ecological perspective. *Personality and Social Psychology Bulletin, 19,* 541–552.

Baron, R. S. (1986). Distraction/conflict theory: Progress and problems. In L. Berkowitz (Ed.), *Advances in experimental social psychology* (Vol. 19, pp. 1–40). Orlando, FL: Academic Press.

Baron, R. S. (2005). So right it's wrong: Groupthink and the ubiquitous nature of polarized group decision making. In M. P. Zanna (Ed.), *Advances in experimental social psychology* (Vol. 37, pp. 219–253). San Diego, CA: Academic Press.

Baron, R. S., Vandello, J. A., & Brunsman, B. (1996). The forgotten variable in conformity research: Impact of task importance on social influence. *Journal of Personality and Social Psychology, 71,* 915–927.

Barrett, L. F., Mesquita, B., & Gendron, M. (2011). Context in emotion perception. *Current Directions in Psychological Science, 20,* 286–290.

Barrouquere, B. (2006, June 15). A call, a hoax, a nationwide search for the man on the phone. *Associated Press.* Retrieved August 25, 2006, from 0-web.lexis-nexis.com

Barsalou, L. W. (2008). Grounded cognition. *Annual Review of Psychology, 59,* 617–645.

Bartels, A., & Zeki, S. (2004). The neural correlates of maternal and romantic love. *Neuroimage, 21,* 1155–1166.

Bartlett, F. C. (1932). *Remembering.* Cambridge, UK: Cambridge University Press.

Bartlett, M. Y., & DeSteno, D. (2006). Gratitude and prosocial behavior: Helping when it costs you. *Psychological Science, 17,* 319–325.

Bass, B. M. (1998). *Transformational leadership: Industry, military, and educational impact.* Mahwah, NJ: Erlbaum.

Batson, C. D. (1991). *The altruism question: Toward a social-psychological answer.* Hillsdale, NJ: Erlbaum.

Batson, C. D. (1993). Communal and exchange relationships: What's the difference? *Personality and Social Psychology Bulletin, 19,* 677–683.

Batson, C. D. (2011). *Altruism in humans.* New York: Oxford University Press.

Batson, C. D. (2012). A history of prosocial behavior research. In A. W. Kruglanski & W. Stroebe (Eds.), *Handbook of the history of social psychology* (pp. 243–264). New York: Psychology Press.

Batson, C. D., & Powell, A. A. (2003). Altruism and prosocial behavior. In T. Millon & M. J. Lerner (Eds.), *Handbook of psychology: Personality and social psychology* (Vol. 5, pp. 463–484). New York: Wiley.

Batson, C. D., Ahmad, N., & Stocks, E. L. (2004). Benefits and liabilities of empathy-induced altruism. In A. G. Miller (Ed.), *The social psychology of good and evil* (pp. 359–385). New York: Guilford.

Batson, C. D., Ahmad, N., & Stocks, E. L. (2011). Four forms of prosocial motivation: Egoism, altruism, collectivism, and principlism. In D. Dunning (Ed.), *Frontiers of social psychology. Social motivation* (pp. 103–126). New York: Psychology Press.

Batson, C. D., Ahmad, N., Lishner, D. A., & Tsang, J. (2002). Empathy and altruism. In C. R. Snyder & S. J. Lopez (Eds.), *Handbook of positive psychology* (pp. 485–498). New York: Oxford University Press.

Batson, C. D., Coke, J. S., Jasnoski, M. L., & Hanson, M. (1978). Buying kindness: Effect of an extrinsic incentive for helping on perceived altruism. *Personality and Social Psychology Bulletin, 4,* 86–91.

Batson, C. D., Polycarpou, M. P., Harmon-Jones, E., Imhoff, H. J., Mitchener, E. C., Bednar, L. L., Klein, T. R., & Highberger, L. (1997). Empathy and attitudes: Can feeling for a member of a stigmatized group improve feelings toward the group? *Journal of Personality and Social Psychology, 72,* 105–118.

Batson, C. D., Sager, K., Garst, E., Kang, M., Rubchinsky, K., & Dawson, K. (1997). Is empathy-induced helping due to self-other merging? *Journal of Personality and Social Psychology, 73,* 495–509.

Batson, C. D., Schoenrade, P., & Ventis, W. L. (1993). *Religion and the individual.* New York: Oxford University Press.

Battle for your brain. (1991, August). *Consumer Reports,* pp. 520–521.

Bauer, I., & Wrosch, C. (2011). Making up for lost opportunities: The protective role of downward social comparisons for coping with regrets across adulthood. *Personality and Social Psychology Bulletin, 37,* 215–228. doi:10.1177/0146167210393256

Baumeister, R. (Ed.). (1993). *Self-esteem: The puzzle of low self-regard.* New York: Plenum.

Baumeister, R. F. (1991). *Escaping the self: Alcoholism, spirituality, masochism, and other flights from the burden of selfhood.* New York: Basic Books.

Baumeister, R. F., & Hetherington, T. F. (1996). Self-regulation failure: An overview. *Psychological Inquiry, 7,* 1–15.

Baumeister, R. F., & Leary, M. R. (1995). The need to belong: Desire for interpersonal attachment as a fundamental human motivation. *Psychological Bulletin, 117,* 497–529.

Baumeister, R. F., & Masicampo, E. J. (2010). Conscious thought is for facilitating social and cultural interactions: How mental simulations serve the animal–culture interface. *Psychological Review, 117*(3), 945–971. doi:10.1037/a0019393

Baumeister, R. F., & Sommer, K. L. (1997). What do men want? Gender differences and two spheres of belongingness: Comment on Cross and Madson (1997). *Psychological Bulletin, 122,* 38–44.

Baumeister, R. F., Campbell, J. D., Krueger, J. I., & Vohs, K. D. (2003). Does high self-esteem cause better performance, interpersonal success, happiness, or healthier lifestyles? *Psychological Science in the Public Interest, 4,* 1–44. doi:10.1111/1529-1006.01431

Baumeister, R. F., Masicampo, E. J., & Vohs, K. D. (2011). Can consciousness cause behavior? *Annual Review of Psychology, 62,* 331–361.

Baumeister, R. F., Schmeichel, B. J., & Vohs, K. D. (2007). Self-regulation and the executive function: The self as controlling agent. In E. T. Higgins & A. W. Kruglanski (Eds.), *Social psychology: Handbook of basic principles* (2nd ed., pp. 516–534). New York: Guilford.

Baumeister, R., Vohs, K., & Tice, D. (2007). The strength model of self-control. *Current Directions in Psychological Science, 16,* 351–355.

Baumgardner, A. H., Lake, E. A., & Arkin, R. M. (1985). Claiming mood as a self-handicap. *Personality and Social Psychology Bulletin, 11,* 349–357.

Baumrind, D. (1964). Some thoughts on ethics of research: After reading Milgram's "Behavioral study of obedience". *American Psychologist, 19,* 421–423.

Baumrind, D. (1985). Research using intentional deception: Ethical issues revisited. *American Psychologist, 40,* 165–174.

Baxter, L. A. (1986). Gender differences in the heterosexual relationship rules embedded in break-up accounts. *Journal of Social and Personal Relationships, 3,* 289–306.

Bayat, M. (2011). Clarifying issues regarding the use of praise with young children. *Topics in Early Childhood Special Education, 31,* 121–128. doi:10.1177/0271121410389339

Beach, S. R. H., Tesser, A., Mendolia, M., & Anderson, P. (1996). Self-evaluation maintenance in marriage: Toward a performance ecology of the marital relationship. *Journal of Family Psychology, 10,* 379–396.

Beaman, A. L., Barnes, P. J., Klentz, B., & McQuirk, B. (1978). Increasing helping rates through informational dissemination: Teaching pays. *Personality and Social Psychology Bulletin, 4,* 406–411.

Beaman, A. L., Klentz, B., Diener, E., & Svanum, S. (1979). Objective self-awareness and transgression in children: A field study. *Journal of Personality and Social Psychology, 37,* 1835–1846.

Beauvois, J., & Joule, R. (1996). *A radical dissonance theory.* London: Taylor & Francis.

Becker, D. V., Kenrick, D. T., Neuberg, S. L., Blackwell, K. C., & Smith, D. M. (2007). The confounded nature of angry men and happy women. *Journal of Personality and Social Psychology, 92,* 179–190.

Becker, J. C., & Wright, S. C. (2011). Yet another dark side of chivalry: Benevolent sexism undermines and hostile sexism motivates collective action for social change. *Journal of Personality and Social Psychology, 101,* 62–77.

Beckett, K., Nyrop, K., & Pfingst, L. (2006). *Race, drugs, and policing: Understanding disparities in drug delivery arrests. Criminology, 44,* 105–137.

Beer, J. S., Chester, D. S., & Hughes, B. L. (2013). Social threat and cognitive load magnify self-enhancement and attenuate self-deprecation. *Journal of Experimental Social Psychology, 49*(4), 706–711. doi:10.1016/j.jesp.2013.02.017

Beer, J., & Ochsner, K. (2006). Social cognition: A multi level analysis. *Brain Research, 1079,* 98–105.

Bègue, L., Subra, B., Arvers, P., Muller, D., Bricout, V., & Zorman, M. (2009). A message in a bottle: Extrapharmacological effects of alcohol on aggression. *Journal of Experimental Social Psychology, 45,* 137–142.

Bell, J. (1995). Notions of love and romance among the Taita of Kenya. In W. Jankowiak (Ed.), *Romantic passion: A universal experience?* (pp. 152–165). New York: Columbia University Press.

Bell, S. T., Kuriloff, P. J., & Lottes, I. (1994). Understanding attributions of blame in stranger-rape and date-rape situations: An examination of gender, race, identification, and students' social perceptions of rape victims. *Journal of Applied Social Psychology, 24,* 1719–1734.

Bem, D. J. (1972). Self-perception theory. In L. Berkowitz (Ed.), *Advances in experimental social psychology* (Vol. 6, pp. 1–62). New York: Academic Press.

Bender, B. (2003, June 15). Scandals rock military academies. *Boston Globe,* p. A10.

Benedetti, P. (2007). Ontario removes video slot machines flashing winning images. *CBC News.* http://www.cbc.ca/news/canada/ontario-removes-video-slot-machines-flashing-winning-images-1.631835

Benjamin Jr, L. T., & Simpson, J. A. (2009). The power of the situation: The impact of Milgram's obedience studies on personality and social psychology. *American Psychologist, 64,* 12–19.

Ben-Ner, A., Putterman, L., Kong, F., & Magan, D. (2004). Reciprocity in a two-part dictator game. *Journal of Economic Behavior and Organization, 53,* 333–352.

Bergeron, N., & Schneider, B. H. (2005). Explaining cross-national differences in peer-directed aggression: A quantitative synthesis. *Aggressive Behavior, 31,* 116–137.

Berggren, N., Jordahl, H., & Poutvaara, P. (2010). The looks of a winner: Beauty and electoral success. *Journal of Public Economics, 94,* 8–15.

Berke, R. L. (2000, September 12). Democrats see, and smell, "rats" in GOP ad. *New York Times on the Web,* www.nytimes.com

Berkowitz, L. (1962). *Aggression: A social psychological analysis.* New York: McGraw-Hill.

Berkowitz, L. (1968, September). Impulse, aggression, and the gun. *Psychology Today,* pp. 18–22.

Berkowitz, L. (1978). Whatever happened to the frustration-aggression hypothesis? *American Behavioral Scientist, 21,* 691–708.

Berkowitz, L. (1983). Aversively simulated aggression. *American Psychologist, 38,* 1135–1144.

Berkowitz, L. (1989). Frustration-aggression hypothesis: Examination and reformulation. *Psychological Bulletin, 106,* 59–73.

Berkowitz, L. (1993). *Aggression: Its causes, consequences, and control.* New York: McGraw-Hill.

Berkowitz, L., & Le Page, A. (1967). Weapons as aggression-eliciting stimuli. *Journal of Personality and Social Psychology, 7,* 202–207.

Bermeitinger, C., Goelz, R., Johr, N., Neumann, M., Ecker, U. K. H., & Doerr, R. (2009). The hidden persuaders break into the tired brain. *Journal of Experimental Social Psychology, 45*(2), 320–326. doi:10.1016/j.jesp.2008.10.001

Berns, G. S., Chappelow, J., Zink, C. F., Pagnoni, G., Martin-Skurski, M. E., & Richards, J. (2005). Neurobiological correlates of social conformity and independence during mental rotation. *Biological Psychiatry, 58*, 245–253.

Berry, J. W. (1967). Independence and conformity in subsistence-level societies. *Journal of Personality and Social Psychology, 7*, 415–418.

Berscheid, E. (1985). Interpersonal attraction. In G. Lindzey & E. Aronson (Eds.), *The handbook of social psychology* (3rd ed., Vol. 3, pp. 413–484). New York: McGraw-Hill.

Berscheid, E., & Meyers, S. A. (1997). The language of love: The difference a preposition makes. *Personality and Social Psychology Bulletin, 23*, 347–362.

Berscheid, E., & Walster, E. (1978). *Interpersonal attraction.* Reading, MA: Addison-Wesley.

Berscheid, E., Boye, D., & Walster, E. (1968). Retaliation as a means of restoring equity. *Journal of Personality and Social Psychology, 10*, 370–376.

Bettencourt, B. A., & Miller, N. (1996). Gender differences in aggression as a function of provocation: A meta-analysis. *Psychological Bulletin, 119*, 422–447.

Bettencourt, B. A., & Sheldon, K. (2001). Social roles as mechanism for psychological need satisfaction within social groups. *Journal of Personality and Social Psychology, 81*, 1131–1143.

Bickman, L. (1974). The social power of a uniform. *Journal of Applied Social Psychology, 4*, 47–61.

Biehl, M., Matsumoto, D., Ekman, P., Hearn, V., Heider, K., Kudoh, T., & Ton, V. (1997). Matsumoto and Ekman's Japanese and Caucasian facial expressions of emotion (JACFEE): Reliability and cross-national differences. *Journal of Nonverbal Behavior, 21*, 3–21.

Biek, M., Wood, W., & Chaiken, S. (1996). Working knowledge, cognitive processing, and attitudes: On the determinants of bias. *Personality and Social Psychology Bulletin, 22*, 547–556.

Biesanz, J. C., Neuberg, S. L., Smith, D. M., Asher, T., & Judice, T. N. (2001). When accuracy-motivated perceivers fail: Limited attentional resources and the reemergent self-fulfilling prophecy. *Personality and Social Psychology Bulletin, 27*, 621–629.

Blackhart, G. C., Fitzpatrick, J., & Williamson, J. (2014). Dispositional factors predicting use of online dating sites and behaviors related to online dating. *Computers in Human Behavior, 33*, 113–118.

Blackhart, G. C., Nelson, B. C., Knowles, M. L., & Baumeister, R. F. (2009). Rejection elicits emotional reactions but neither causes immediate distress nor lowers self-esteem: A meta-analytic review of 192 studies on social exclusion. *Personality and Social Psychology Review, 13*(4), 269–309. doi:10.1177/1088868309346065

Blakemore, J. E. O., Berenbaum, S. A., & Liben, L. S. (2009). *Gender development.* New York: Psychology Press.

Blank, H., & Launay, C. (2014). How to protect eyewitness memory against the misinformation effect: A meta-analysis of post-warning studies. *Journal of Applied Research in Memory and Cognition, 3*, 77–88.

Blascovich, J., Mendes, W. B., Hunter, S. B., & Salomon, K. (1999). Social "facilitation" as challenge and threat. *Journal of Personality and Social Psychology, 77*, 68–77.

Blass, T. (1991). Understanding behavior in the Milgram obedience experiment. *Journal of Personality and Social Psychology, 60*, 398–413.

Blass, T. (2000). *Obedience to authority: Current perspectives on the Milgram paradigm.* Mahwah, NJ: Erlbaum.

Blass, T. (2003). The Milgram paradigm after 35 years: Some things we now know about obedience to authority. *Journal of Applied Social Psychology, 29*, 955–978.

Blau, P. M. (1964). *Exchange and power in social life.* New York: Wiley.

Bless, H., Strack, F., & Walther, E. (2001). Memory as a target of social influence? Memory distortions as a function of social influence and metacognitive knowledge. In J. P. Forgas & W. D. Kipling (Eds.), *Social influence: Direct and indirect processes* (pp. 167–183). Philadelphia: Psychology Press.

Bloom, P. (2012). Religion, morality, evolution. *Annual Review of Psychology, 63*, 179–199. doi:10.1146/annurev-psych-120710-100334

Blow, C. (2011, June 11). Drug bust. *The New York Times.* Op-ed page.

Bochner, S. (1994). Cross-cultural differences in the self-concept: A test of Hofstede's individualism/collectivism distinction. *Journal of Cross-Cultural Psychology, 25*, 273–283.

Bodimeade, H., Anderson, E., La Macchia, S., Smith, J. R., Terry, D. J., & Louis, W. R. (2014). Testing the direct, indirect, and interactive roles of referent group injunctive and descriptive norms for sun protection in relation to the theory of planned behavior. *Journal of Applied Social Psychology, 44*, 739–750.

Boduroglu, A., Shah, P., & Nisbett, R. E. (2009). Cultural differences in allocation of attention in visual information processing. *Journal of Cross-Cultural Psychology, 40*(3), 349–360. doi:10.1177/0022022108331005

Boer, D., & Fischer, R. (2013). How and when do personal values guide our attitudes and sociality? Explaining cross-cultural variability in attitude-value linkages. *Psychological Bulletin, 139*, 1113–1147.

Bohner, G., & Dickel, N. (2011). Attitudes and attitude change. *Annual Review of Psychology, 62*, 391–417. doi:10.1146/annurev.psych.121208.131609

Bolger, N., & Amarel, D. (2007). Effects of social support visibility on adjustment to stress: Experimental evidence. *Journal of Personality and Social Psychology, 92*, 458–475.

Bonanno, G. A. (2005). Resilience in the face of potential trauma. *Current Directions in Psychological Science, 14*, 135–138.

Bonanno, G. A., Moskowitz, J. T., Papa, A., & Folkman, S. (2005). Resilience to loss in bereaved spouses, bereaved parents, and bereaved gay men. *Journal of Personality and Social Psychology, 88*, 827–843.

Bonanno, G. A., Westphal, M., & Mancini, A. D. (2011). Resilience to loss and potential trauma. *Annual Review of Clinical Psychology, 7*, 511–535. doi:10.1146/annurev-clinpsy-032210-104526

Bonanno, G. A., Boerner, K., & Wortman, C. (2008). Trajectories of grieving. In M. S. Stroebe, R. O. Hansson, H. Schut, W. Stroebe, & E. Van den Blink (Eds.), *Handbook of bereavement research and practice: Advances in theory and intervention* (pp. 287–307). Washington, DC: American Psychological Association.

Bond, C. F., Jr., & Titus, L. J. (1983). Social facilitation: A meta-analysis of 241 studies. *Psychological Bulletin, 94*, 264–292.

Bond, M. H. (1991). Chinese values and health: A culture-level examination. *Psychology and Health, 5*, 137–152.

Bond, M. H. (1996). Chinese values. In M. H. Bond (Ed.), *The handbook of Chinese psychology* (pp. 208–226). Hong Kong: Oxford University Press.

Bond, M. H. (Ed.). (1988). *The cross-cultural challenge to social psychology.* Newbury Park, CA: Sage.

Bond, R. (2005). Group size and conformity. *Group Processes and Intergroup Relations, 8*, 331–354.

Bond, R. M., Fariss, C. J., Jones, J. J., Kramer, A. D. I., Marlow, C., Settle, J. E., et al. (2012). A 61-million-person experiment in social influence and political mobilization. *Nature, 489*, 295–298.

Bond, R., & Smith, P. B. (1996). Culture and conformity: A meta-analysis of studies using Asch's (1952b, 1956) line judgment task. *Psychological Bulletin, 119*, 111–137.

Bookwala, J. (2014). Spouse health status, depressed affect, and resilience in mid and late life: A longitudinal study. *Developmental Psychology, 50*, 1241–1249.

Boos, M., Schauenberg, B., Strack, M., & Belz, M. (2013). Social validation of shared and non-validation of unshared information in group discussions. *Small Group Research, 44*, 257–271.

Bornstein, B. H., & Greene, E. (2011). Jury decision making: Implications for and from psychology. *Current Directions in Psychological Science, 20*(1), 63–67. doi:10.1177/0963721410397282

Bornstein, R. F. (1989). Exposure and affect: Overview and meta-analysis of research, 1968–1987. *Psychological Bulletin, 106*, 265–289.

Bos, M. W., & Dijksterhuis, A. (2012). Self-knowledge, unconscious thought, and decision making. In S. Vazire & T. D. Wilson (Eds.), *The handbook of self-knowledge.* New York: Guilford.

Bosson, J. K., & Vandello, J. A. (2011). Precarious manhood and its links to action and aggression. *Psychological Science, 20*, 82–86.

Botvin, G. J., & Griffin, K. W. (2004). Life skills training: Empirical findings and future directions. *Journal of Primary Prevention, 25*, 211–232.

Bourgeois, M. J., & Bowen, A. (2001). Self-organization of alcohol-related attitudes and beliefs in a campus housing complex: An initial investigation. *Health Psychology, 20*, 434–437.

Bower, G. H., & Hilgard, E. R. (1981). *Theories of learning* (15th ed.). Englewood Cliffs, NJ: Prentice Hall.

Bowlby, J. (1969). *Attachment and loss: Vol. 1. Attachment.* New York: Basic Books.

Bowlby, J. (1973). *Attachment and loss: Vol. 2. Separation: Anxiety and anger.* New York: Basic Books.

Bowlby, J. (1980). *Attachment and loss: Vol. 3. Loss.* New York: Basic Books.

Boyden, T., Carroll, J. S., & Maier, R. A. (1984). Similarity and attraction in homosexual males: The effects of age and masculinity-femininity. *Sex Roles, 10*, 939–948.

Bradbury, T. N., & Fincham, F. D. (1991). A contextual model for advancing the study of marital relationships. In G. J. O. Fletcher & F. D. Fincham (Eds.), *Cognition in close relationships* (pp. 127–147). Hillsdale, NJ: Erlbaum.

Brakel, T. M., Dijkstra, A., & Buunk, A. P. (2012). Effects of the source of social comparison information on former cancer patients' quality of life. *British Journal of Health Psychology, 17*(4), 667–681. doi:10.1111/j.2044-8287.2012.02064.x

Brand, R. J., Bonatsos, A., D'Orazio, R., & DeShong, H. (2012). What is beautiful is good, even online: Correlations between photo attractiveness and text attractiveness in men's online dating profiles. *Computers in Human Behavior, 28*, 166–170.

Branigan, T. (2011, October 21). Chinese toddler dies after hit-and-run ordeal. *The Guardian.* Retrieved November 21, 2011, from www.guardian.co.uk/world/2011/oct/21/chinese-toddler-dies-hit-and-run

Brannon, L. A., & Brock, T. C. (1994). The subliminal persuasion controversy. In S. Shavitt & T. C. Brock (Eds.), *Persuasion: Psychological insights and perspectives* (pp. 279–293). Needham Heights, MA: Allyn & Bacon.

Branscombe, N. R., & Wann, D. L. (1992). Physiological arousal and reactions to outgroup members during competitions that implicate an important social identity. *Aggressive Behavior, 18*, 85–93.

Branscombe, N. R., Owen, S., Garstka, T. A., & Coleman, J. (1996). Rape and accident counterfactuals: Who might have done otherwise, and would it have changed the outcome? *Journal of Applied Social Psychology, 26*, 1042–1067.

Brauer, M., Judd, C. M., & Gliner, M. D. (1995). The effects of repeated expressions on attitude polarization during group discussions. *Journal of Personality and Social Psychology, 68*, 1014–1029.

Breckler, S. J., & Wiggins, E. C. (1989). On defining attitude and attitude theory: Once more with feeling. In A. R. Pratkanis, S. J. Breckler, & A. G. Greenwald (Eds.), *Attitude structure and function* (pp. 407–427). Hillsdale, NJ: Erlbaum.

Breed, M. D. (2014). Kin and nestmate recognition: The influence of W. D. Hamilton on 50 years of research. *Animal Behaviour.* Advance online publication. doi:10.1016/j.anbehav.2014.02.030

Brehm, J. W. (1956). Postdecision changes in the desirability of alternatives. *Journal of Abnormal and Social Psychology, 52*, 384–389.

Brehm, J. W. (1966). *A theory of psychological reactance.* New York: Academic Press.

Brehm, J. W., & Cohen, A. R. (1962). *Explorations in cognitive dissonance.* New York: Wiley.

Breiding, M. J., Chen J., & Black, M. C. (2014). *Intimate partner violence in the United States—2010.* Atlanta: National Center for Injury Prevention and Control, Centers for Disease Control and Prevention.

Brescoll, V. L., Dawson, E., & Uhlmann, E. L. (2010). Hard won and easily lost: The fragile status of leaders in gender-stereotype-incongruent occupations. *Psychological Science, 21*(11), 1640–1642. doi:10.1177/0956797610384744

Brewer, M. B. (1979). In-group bias in the minimal intergroup situation: A cognitive-motivational analysis. *Psychological Bulletin, 86*, 307–324.

Brewer, M. B. (1991). The social self: On being the same and different at the same time. *Personality and Social Psychology Bulletin, 17*(5), 475–482. doi:10.1177/0146167291175001

Brewer, M. B. (2007). The importance of being we: Human nature and intergroup relations. *American Psychologist, 62*(8), 728–738. doi:10.1037/0003-066X.62.8.728

Brewer, M. B., & Gardner, W. L. (1996). Who is this "we"? Levels of collective identity and self-representations. *Journal of Personality and Social Psychology, 71*, 83–93.

Brewer, M. B., & Miller, N. (1984). Beyond the contact hypothesis: Theoretical perspectives on desegregation. In N. Miller & M. B. Brewer (Eds.), *Groups in contact: The psychology of desegregation* (pp. 281–302). New York: Academic Press.

Brewer, M. B., & Wells, G. L. (2011). Eyewitness identification. *Current Directions in Psychological Science, 20*, 24–27.

Bridgeman, D. L. (1981). Enhanced role taking through cooperative interdependence: A field study. *Child Development, 52*, 1231–1238.

Brigham, J., Bennett, L., Meissner, C., & Mitchell, T. (2007). The influence of race on eyewitness memory. In R. C. L. Lindsay, D. F. Ross, D. J. Read, & M. P. Toglia (Eds.). *The handbook of eyewitness psychology*, Vol. II: *Memory for people* (pp. 257–281). Mahwah, NJ: Erlbaum.

Bringle, R. G. (2005). Designing interventions to promote civic engagement. In A. M. Omoto (Ed.), *Processes of community change and social action* (pp. 167–187). Mahwah, NJ: Erlbaum.

Briñol, P., & Petty, R. E. (2003). Over head movements and persuasion: A self-validation analysis. *Journal of Personality and Social Psychology, 4*, 1123–1139.

Briñol, P., & Petty, R. E. (2009). Persuasion: Insights from the self-validation hypothesis. In M. P. Zanna (Ed.), *Advances in experimental social psychology* (Vol. 41, pp. 69–118). New York: Elsevier.

Briñol, P., & Petty, R. E. (2012). Knowing our attitudes and how to change them. In S. Vazire & T. D. Wilson (Eds.), *Handbook of self-knowledge.* New York: Guilford.

Brislin, R. (1993). *Understanding culture's influence on behavior.* Fort Worth, TX: Harcourt Brace.

Brooke, J. (2000, January 20). Canada proposes scaring smokers with pictures on the packs. *New York Times on the Web,* www.nytimes.com

Brooks, A. (2006). *Who really cares? The surprising truth about compassionate conservatism.* New York: Basic Books.

Brophy, J. E. (1983). Research on the self-fulfilling prophecy and teacher expectations. *Journal of Educational Psychology, 75*, 631–661.

Brosch, T., Schiller, D., Mojdehbakhsh, R., Uleman, J. S., & Phelps, E. A. (2013). Neural mechanisms underlying the integration of situational information into attribution outcomes. *Social Cognitive and Affective Neuroscience, 8*, 640–646.

Brown, J. D. (2012). Understanding the better than average effect: Motives (still) matter. *Personality and Social Psychology Bulletin, 38*, 209–219.

Brown, R. (1965). *Social psychology.* New York: Free Press.

Brown, R. P., Osterman, L. L., & Barnes, C. D. (2009). School violence and the culture of honor. *Psychological Science, 20*, 1400–1405.

Bruchmann, K., & Evans, A. T. (2013). Abstract mind-sets and social comparison: When global comparisons matter. *Social Psychological and Personality Science, 4*(4), 427–433. doi:10.1177/1948550612464661

Brummelman, E., Thomaes, S., Orobio de Castro, B., Overbeek, G., & Bushman, B. J. (2014). "That's not just beautiful—that's incredibly beautiful!": The adverse impact of inflated praise on children with low self-esteem. *Psychological Science, 25*, 728–735.

Bruschke, J., & Loges, W. E. (2004). *Free press vs. fair trials: Examining publicity's role in trial outcomes.* Mahwah, NJ: Erlbaum.

Bryan, C. J., Adams, G. S., & Monin, B. (2013). When cheating would make you a cheater: Implicating the self prevents unethical behavior. *Journal of Experimental Psychology: General, 142*, 1001–1005.

Buehler, R., & Griffin, D. W. (1994). Change-of-meaning effects in conformity and dissent: Observing construal processes over time. *Journal of Personality and Social Psychology, 67*, 984–996.

Buehler, R., Griffin, D. W., & Ross, M. (2002). Inside the planning fallacy: The causes and consequences of optimistic time preferences. In T. Gilovich, D. W. Griffin, & D. Kahneman (Eds.), *Heuristics and biases: The psychology of intuitive judgment* (pp. 250–270). New York: Cambridge University Press.

Bugliosi, V. T. (1997). *Outrage: The five reasons why O. J. Simpson got away with murder.* New York: Dell.

Bui, K.-V. T., Peplau, L. A., & Hill, C. T. (1996). Testing the Rusbult model of relationship commitment and stability in a 15-year study of heterosexual couples. *Personality and Social Psychology Bulletin, 22*, 1244–1257.

Bülbül, C., & Menon, G. (2010). The power of emotional appeals in advertising: The influence of concrete versus abstract affect on time-dependent decision. *Journal of Advertising Research, 50*, 169–180.

Bullens, L., van Harreveld, F., Förster, J., & van der Pligt, J. (2013). Reversible decisions: The grass isn't merely greener on the other side; it's also very brown over here. *Journal of Experimental Social Psychology, 49*, 1093–1099.

Buller, D. J. (2005). *Adapting minds: Evolutionary psychology and the persistent quest for human nature.* Cambridge, MA: MIT Press.

Burger, J. M. (1981). Motivational biases in the attribution of responsibility for an accident: A meta-analysis of the defensive-attribution hypothesis. *Psychological Bulletin, 90*, 496–512.

Burger, J. M. (1999). The foot-in-the-door compliance procedure: A multiple-process analysis and review. *Personality and Social Psychology Review, 3*, 303–325.

Burger, J. M. (2009). Replicating Milgram: Would people still obey today? *American Psychologist, 64*, 1–11.

Burnstein, E., & Vinokur, A. (1977). Persuasive argumentation and social comparison as determinants of attitude polarization. *Journal of Experimental Social Psychology, 13*, 315–332.

Burnstein, E., & Worchel, P. (1962). Arbitrariness of frustration and its consequences for aggression in a social situation. *Journal of Personality, 30*, 528–540.

Burnstein, E., Crandall, C. S., & Kitayama, S. (1994). Some neo-Darwinian decision rules for altruism: Weighing cues for inclusive fitness as a function of the biological importance of the decision. *Journal of Personality and Social Psychology, 67*, 773–789.

Busey, T. A., Tunnicliff, J., Loftus, G. R., & Loftus, E. F. (2000). Accounts of the confidence-accuracy relation in recognition memory. *Psychonomic Bulletin and Review, 7*, 26–48.

Bush sought "way" to invade Iraq? (2004, January 11). Retrieved March 8, 2006, from www.cbsnews.com/stories/2004/01/09/60minutes/main592330.shtml

Bush, G. W. (2010). *Decision points.* New York: Crown.

Bushman, B. J. (1995). Moderating role of trait aggressiveness in the effects of violent media on aggression. *Journal of Personality and Social Psychology, 69*, 950–960.

Bushman, B. J. (1997). Effects of alcohol on human aggression: Validity of proposed explanations. In M. Galanter (Ed.), *Recent developments in alcoholism*: Vol. 13. *Alcohol and violence: Epidemiology, neurobiology, psychology, family issues* (pp. 227–243). New York: Plenum.

Bushman, B. J. (2002). Does venting anger feed or extinguish the flame? Catharsis, rumination, distraction, anger, and aggressive responding. *Personality and Social Psychology Bulletin, 28*, 724–731.

Bushman, B. J., & Anderson, C. A. (2009). Comfortably numb: Desensitizing effects of violent media on helping others. *Psychological Science, 20*, 273–277.

Bushman, B. J., & Baumeister, R. F. (2002). Does self-love or self-hate lead to violence? *Journal of Research in Personality, 36*, 543–545.

Bushman, B. J., & Cooper, H. M. (1990). Alcohol and human aggression: An integrative research review. *Psychological Bulletin, 107*, 341–354.

Bushman, B. J., & Pollard-Sacks, D. (2014). Supreme Court decision on violent video games, not scientific evidence. *American Psychologist, 69*, 306–307.

Bushman, B. J., Bonacci, A. M., Pedersen, W. C., Vasquez, E. A., & Miller, N. (2005). Chewing on it can chew you up: Effects of rumination on triggered displaced aggression. *Journal of Personality and Social Psychology, 88*, 969–983.

Bushman, B. J., Jamieson, P. E., Weitz, I., & Romer, D. (2013). Gun violence trends in movies. *Pediatrics, 132*, 1014–1018.

Bushman, B. J., Ridge, R. D., Das, E., Key, C. W., & Busath, G. L. (2007). When God sanctions killing: The effect of scriptural violence on aggression. *Psychological Science, 18*(3), 204–207.

Buss D. (2005). *The handbook of evolutionary psychology.* New Jersey: John Wiley & Sons.

Buss, D. M. (1985). Human mate selection. *American Scientist, 73*, 47–51.

Buss, D. M. (1988a). The evolution of human intra-sexual competition. *Journal of Personality and Social Psychology, 54*, 616–628.

Buss, D. M. (1988b). Love acts: The evolutionary biology of love. In R. J. Sternberg & M. L. Barnes (Eds.), *The psychology of love* (pp. 110–118). New Haven, CT: Yale University Press.

Buss, D. M. (1989). Sex differences in human mate preferences: Evolutionary hypotheses tested in 37 cultures. *Behavioral and Brain Sciences, 12*, 1–49.

Buss, D. M. (2004). *Evolutionary psychology: The new science of the mind* (2nd ed.). Boston: Allyn & Bacon.

Buss, D. M. (Ed.). (2005). *The handbook of evolutionary psychology.* Hoboken, NJ: Wiley.

Buss, D. M., & Kenrick, D. T. (1998). Evolutionary social psychology. In D. T. Gilbert, S. T. Fiske, & G. Lindzey (Eds.), *The handbook of social psychology* (4th ed., Vol. 2, pp. 982–1026). New York: McGraw-Hill.

Buss, D. M., & Schmitt, D. P. (1993). Sexual strategies theory: An evolutionary perspective on human mating. *Psychological Bulletin, 100*, 204–232.

Buss, D. M., & Shackelford, T. K. (1997). From vigilance to violence: Mate retention tactics in married couples. *Journal of Personality and Social Psychology, 72*, 346–361.

Buss, D. M., Abbott, M., Angleitner, A., Biaggio, A., Blanco-Villasenor, A., Bruchon-Schweitzer, M., et al. (1990). International preferences in selecting mates: A study of 37 cultures. *Journal of Cross-Cultural Psychology, 21*, 5–47.

Butler, D., & Geis, F. L. (1990). Nonverbal affect responses to male and female leaders: Implications for leadership evaluations. *Journal of Personality and Social Psychology, 58*, 48–59.

Buunk, B. P., & Gibbons, F. X. (2013). *Health, coping, and well-being: Perspectives from social comparison theory.* New York: Psychology Press.

Buunk, B. P., & Schaufeli, W. B. (1999). Reciprocity in interpersonal relationships: An evolutionary perspective on its importance for health and well-being. In W. Stroebe & M. Hewstone (Eds.), *European review of social psychology* (Vol. 10, pp. 259–291). New York: Wiley.

Buunk, B. P., & Van Yperen, N. W. (1991). Referential comparisons, relational comparisons, and exchange orientation: Their relation to marital satisfaction. *Personality and Social Psychology Bulletin, 17,* 709–717.

Byrne, D., & Clore, G. L. (1970). A reinforcement model of evaluative processes. *Personality, 1,* 103–128.

Byrne, D., & Nelson, D. (1965). Attraction as a linear function of positive reinforcement. *Journal of Personality and Social Psychology, 1,* 659–663.

Cacioppo, J. T. (1998). Somatic responses to psychological stress: The reactivity hypothesis. In M. Sabourin & F. Craik (Eds.), *Advances in psychological science: Biological and cognitive aspects* (Vol. 2, pp. 87–112). Hove, England: Psychology Press.

Cacioppo, J. T., & Cacioppo, S. (2013). Social neuroscience. *Perspectives on Psychological Science, 8,* 667–669. doi:10.1177/1745691613507456

Cacioppo, J. T., & Patrick, W. (2008). *Loneliness: Human nature and the need for social connection.* New York: Norton & Company.

Cacioppo, J. T., Berntson, G. G., Malarkey, W. B., Kiecolt-Glaser, J. K., Sheridan, J. F., Poehlmann, K. M., Burleson, M. H., Ernst, J. M., Hawkley, L. C., & Glaser, R. (1998). Autonomic, neuroendocrine, and immune responses to psychological stress: The reactivity hypothesis. In S. M. McCann & J. M. Lipton (Eds.), *Annals of the New York academy of sciences* (Vol. 840, pp. 664–673). New York: New York Academy of Sciences.

Cacioppo, J. T., Marshall-Goodell, B. S., Tassinary, L. G., & Petty, R. E. (1992). Rudimentary determinants of attitudes: Classical conditioning is more effective when prior knowledge about the attitude stimulus is low than high. *Journal of Experimental Social Psychology, 28,* 207–233.

Cacioppo, J. T., Petty, R. E., Feinstein, J., & Jarvis, B. (1996). Dispositional differences in cognitive motivation: The life and times of individuals low versus high in need for cognition. *Psychological Bulletin, 119,* 197–253.

Cafri, G., & Thompson, J. K. (2004). Measuring male body image: A review of the current methodology. *Psychology of Men and Masculinity, 5,* 18–29.

Cafri, G., Thompson, J. K., Ricciardelli, L., McCabe, M., Smolak, L., & Yesalis, C. (2005). Pursuit of the muscular ideal: Physical and psychological consequences and putative risk factors. *Clinical Psychology Review, 25,* 215–239.

Cahn, D. (2013, November 2). Study: Storms would submerge Norfolk Naval Station. *PilotOnLine.com.* Retrieved July 15, 2014, from http://hamptonroads.com/2013/11/study-storms-would-submerge-norfolk-naval-station

Calder, B. J., & Staw, B. M. (1975). Self-perception of intrinsic and extrinsic motivation. *Journal of Personality and Social Psychology, 31,* 599–605.

Calderón-Garcidueñas, L., & Torres-Jardón, R. (2012). Air pollution, socioeconomic status, and children's cognition in megacities: The Mexico City scenario. *Frontiers in Psychology, 3,* Article 217.

Caldwell, M., & Peplau, L. A. (1982). Sex differences in same-sex friendship. *Sex Roles, 8,* 721–732.

Calvillo, D. P. (2013). Rapid recollection of foresight judgments increases hindsight bias in a memory design. *Journal of Experimental Psychology: Learning, Memory, and Cognition, 39,* 959–964.

Cameron, C. D., Brown-Iannuzzi, J. L., & Payne, B. K. (2012). Sequential priming measures of implicit social cognition: A meta-analysis of associations with behavior and explicit attitudes. *Personality and Social Psychology Review, 16(4),* 330–350. doi:10.1177/1088868312440047

Camille, N., Coricelli, G., Sallet, J., Pradat-Diehl, P., Duhamel, J., & Sirigu, A. (2004). The involvement of the orbitofrontal cortex in the experience of regret. *Science, 304,* 1167–1170.

Campbell, A. (2002). *A mind of her own.* New York: Oxford University Press.

Campbell, D. T. (1967). Stereotypes and the perception of group differences. *American Psychologist, 22,* 817–829.

Campbell, D. T., & Stanley, J. C. (1967). *Experimental and quasi-experimental designs for research.* Chicago: Rand McNally.

Campbell, J. D., & Fairey, P. J. (1989). Informational and normative routes to conformity: The effect of faction size as a function of norm extremity and attention to the stimulus. *Journal of Personality and Social Psychology, 57,* 457–468.

Campbell, J., & Stasser, G. (2006). The influence of time and task demonstrability on decision-making in computer-mediated and face-to-face groups. *Small Group Research, 37,* 271–294.

Campbell, L., Simpson, J. A., Boldry, J., & Kashy, D. A. (2005). Perceptions of conflict and support in romantic relationships: The role of attachment anxiety. *Journal of Personality and Social Psychology, 88,* 510–531.

Canary, D. J., & Stafford, L. (2001). Equity in the preservation of personal relationships. In J. Harvey & A. Wenzel (Eds.), *Close romantic relationships: Maintenance and enhancement* (pp. 133–151). Mahwah, NJ: Erlbaum.

Cannon, W. B. (1932). *The wisdom of the body.* New York: Norton.

Cannon, W. B. (1942). "Voodoo" death. *American Anthropologist, 44,* 169–181.

Cantor, J., Bushman, B. J., Huesmann, L. R., Groebel, J., Malamuth, N. M., Impett, E. A., Donnerstein, E., & Smith, J. (2001). Some hazards of television viewing: Fears, aggression, and sexual attitudes. In D. G. Singer & J. L. Singer (Eds.), *Handbook of children and the media* (pp. 207–307). Thousand Oaks, CA: Sage.

Cantril, H. (1940). *The invasion from Mars: A study in the psychology of panic.* New York: Harper & Row.

Capella, M. L., Webster, C., & Kinard, B. R. (2011). A review of the effect of cigarette advertising. *International Journal of Research in Marketing, 28(3),* 269–279. doi:10.1016/j.ijresmar.2011.05.002

Caporael, L. R., & Brewer, M. B. (2000). Metatheories, evolution, and psychology: Once more with feeling. *Psychological Inquiry, 11,* 23–26.

Carey, B. (2006, February 14). In music, others' tastes may help shape your own. *The New York Times,* p. D7.

Carli, L. L. (1999). Cognitive reconstruction, hindsight, and reactions to victims and perpetrators. *Personality and Social Psychology Bulletin, 25,* 966–979.

Carlier, I. V. E., Voerman, A. E., & Gersons, B. P. R. (2000). The influence of occupational debriefing on post-traumatic stress symptomatology in traumatized police officers. *British Journal of Medical Psychology, 73,* 87–98.

Carlsmith, J. M., & Anderson, C. A. (1979). Ambient temperature and the occurrence of collective violence: A new analysis. *Journal of Personality and Social Psychology, 37,* 337–344.

Carlson, M., & Miller, N. (1987). Explanation of the relationship between negative mood and helping. *Psychological Bulletin, 102,* 91–108.

Carlson, M., Charlin, V., & Miller, N. (1988). Positive mood and helping behavior: A test of six hypotheses. *Journal of Personality and Social Psychology, 55,* 211–229.

Carnagey, N. L., & Anderson, C. A. (2005). The effects of reward and punishment in violent video games on aggressive affect, cognition, and behavior. *Psychological Science, 16,* 882–889.

Carnevale, P. J. (1986). Strategic choice in mediation. *Negotiation Journal, 2,* 41–56.

Carney, D., Cuddy, A. J. C., & Yap, A. J. (2010). Power posing: Brief nonverbal displays affect neuroendocrine levels and risk tolerance. *Psychological Science, 21,* 1363–1368.

Carpenter, S. (2000, December). Why do "they all look alike"? *Monitor on Psychology,* pp. 44–45.

Carr, J. L., & VanDeusen, K. M. (2004). Risk factors for male sexual aggression on college campuses. *Journal of Family Violence, 19,* 279–289.

Carré, J. M., Iselin, A. R., Welker, K. M., Hariri, A. R., & Dodge, K. A. (2014). Testosterone reactivity to provocation mediates the effect of early

intervention on aggressive behavior. *Psychological Science, 25,* 1140–1146.

Carroll, J. S., Padilla-Walker, L. M., Nelson, L. J., Olson, C. D., Barry, C. M., & Madsen, S. D. (2008). Generation XXX: Pornography acceptance and use among emerging adults. *Journal of Adolescent Research, 23,* 6–30.

Carter, A. M., Fabrigar, L. R., MacDonald, T. K., & Monner, L. J. (2013). Investigating the interface of the investment model and adult attachment theory. *European Journal of Social Psychology, 43,* 661–672.

Carter, B. (2000, August 24). CBS is surprise winner in ratings contest. *The New York Times,* p. A22.

Carter, B. (2003, May 19). Even as executives scorn the genre, TV networks still rely on reality. *The New York Times,* pp. C1, C7.

Carter, B. (2009, May 19). Upfronts: "Chuck" saved by Subway. *The New York Times.* Retrieved July 1, 2011, from mediadecoder.blogs.nytimes.com/2009/05/19/upfronts-chuck-takes-the-subway/

Carter, T. J., & Gilovich, T. (2012). I am what I do, not what I have: The differential centrality of experiential and material purchases to the self. *Journal of Personality and Social Psychology, 102,* 1304.

Cartwright, D. (1979). Contemporary social psychology in historical perspective. *Social Psychology Quarterly, 42,* 82–93.

Cartwright, D., & Zander, A. (1968). *Group dynamics: Research and theory.* New York: Harper & Row.

Caruso, E. (2008). Use of experienced retrieval ease in self and social judgments. *Journal of Experimental Social Psychology, 44,* 148–155.

Caruso, E. M. (2008). Use of experienced retrieval ease in self and social judgments. *Journal of Experimental Social Psychology, 44(1),* 148–155. doi:10.1016/j.jesp.2006.11.003

Carver, C. S. (2003). Self-awareness. In M. R. Leary & J. P. Tangney (Eds.), *Handbook of self and identity* (pp. 179–196). New York: Guilford Press.

Carver, C. S., & Scheier, M. F. (1981). *Attention and self-regulation: A control-theory approach to human behavior.* New York: Springer-Verlag.

Carver, C. S., & Scheier, M. F. (1998). *On the self-regulation of behavior.* New York: Cambridge University Press.

Caselman, T., (2007). *Teaching children empathy.* New York: YouthLight.

Casey-Campbell, M., & Martens, M. L. (2009). Sticking it all together: A critical assessment of the group cohesion-performance literature. *International Journal of Management Reviews, 11,* 223–246.

Cashin, S. (2014). *Place, not race: A new vision of opportunity in America.* Boston: Beacon Press.

Catalyst. (2014). Changing workplaces, changing lives. Retrieved July 2, 2014, from www.catalyst.org

Catlin, J. R., & Wang, Y. (2013). Recycling gone bad: When the option to recycle increases resource consumption. *Journal of Consumer Psychology, 23,* 122–127.

Cejka, M., & Eagly, A. H. (1999). Gender-stereotypic images of occupations correspond to the sex segregation of employment. *Personality and Social Psychology Bulletin, 25,* 413–423.

Centers for Disease Control and Prevention. (2014). Chronic disease prevention and health promotion. Retrieved August 19, 2014, from http://www.cdc.gov/chronicdisease/index.htm

Centers for Disease Control and Prevention. (2014, January). Current cigarette smoking among adults—United States, 2005–2012. *Morbidity and Mortality Weekly Report.* Retrieved April 26, 2014, from http://www.cdc.gov/mmwr/preview/mmwrhtml/mm6302a2.htm

Centers for Disease Control and Prevention. (n.d.). Retrieved June 6, 2011, from profiles.nlm.nih.gov/ps/access/NNBCPH.pdf

Chabris, C., & Simons, D. (2010). *The invisible gorilla: And other ways our intuitions deceive us.* New York: Harmony.

Chaiken, S. (1980). Heuristic versus systematic information processing and the use of source versus message cues in persuasion. *Journal of Personality and Social Psychology, 39,* 752–766.

Chaiken, S., & Baldwin, M. W. (1981). Affective-cognitive consistency and the effect of salient behavioral information on the self-perception of attitudes. *Journal of Personality and Social Psychology, 41,* 1–12.

Chambers, J. R., & Windschitl, P. D. (2009). Evaluating one performance among others: The influence of rank and degree of exposure to comparison referents. *Personality and Social Psychology Bulletin, 35,* 776–792. doi:10.1177/0146167209333044

Chan, A., & Au, T. K. (2011). Getting children to do more academic work: Foot-in-the-door versus door-in-the-face. *Teaching and Teacher Education, 27,* 982–985.

Chan, D. K.-S., & Cheng, G. H.-L. (2004). A comparison of offline and online friendship qualities at different stages of relationship development. *Journal of Personal and Social Relationships, 21,* 305–320.

Chan, E., & Sengupta, J. (2013). Observing flattery: A social comparison perspective. *Journal of Consumer Research, 40,* 740–758. doi:10.1086/672357

Chang, C., & Chen, J. (1995). Effects of different motivation strategies on reducing social loafing. *Chinese Journal of Psychology, 37,* 71–81.

Chaplin, W. F., Phillips, J. B., Brown, J. D., & Clanton, N. R. (2000). Handshaking, gender, personality, and first impressions. *Journal of Personality and Social Psychology, 79,* 110–117.

Chapman, G. B., & Johnson, E. J. (2002). Incorporating the irrelevant: Anchors in judgments of belief and value. In T. Gilovich, D. W. Griffin, & D. Kahneman (Eds.), *Heuristics and biases: The psychology of intuitive judgment* (pp. 120–138). New York: Cambridge University Press.

Charman, S. D., Wells, G. L., & Joy, S. W. (2011). The dud effect: Adding highly dissimilar fillers increases confidence in lineup identifications. *Law and Human Behavior, 35*(6), 479–500. doi:10.1007/s10979-010-9261-1

Charman, S., & Wells, G. (2007). Applied lineup theory. *The handbook of eyewitness psychology,* Vol II: *Memory for people* (pp. 219–254). Mahwah, NJ: Erlbaum.

Charman, S., & Wells, G. (2008). Can eyewitnesses correct for external influences on their lineup identifications? The actual/counterfactual assessment paradigm. *Journal of Experimental Psychology: Applied, 14,* 5–20.

Chaxel, A. (2014). The impact of procedural priming of selective accessibility on self-generated and experimenter-provided anchors. *Journal of Experimental Social Psychology, 50,* 45–51.

Check, J. V., & Malamuth, N. M. (1983). Sex role stereotyping and reactions to depictions of stranger versus acquaintance rape. *Journal of Personality and Social Psychology, 45,* 344–356.

Chemers, M. M. (2000). Leadership research and theory: A functional integration. *Group Dynamics: Theory, Research, and Practice, 4,* 27–43.

Chemers, M. M., Watson, C. B., & May, S. T. (2000). Dispositional affect and leadership effectiveness: A comparison of self-esteem, optimism, and efficacy. *Personality and Social Psychology Bulletin, 26,* 267–277.

Chen, J. M., Kim, H. S., Mojaverian, T., & Morling, B. (2012). Culture and social support provision: Who gives what and why. *Personality and Social Psychology Bulletin, 38,* 3–13.

Chen, J., Wu, Y., Tong, G., Guan, X., & Zhou, X. (2012). ERP correlates of social conformity in a line judgment task. *BMC Neuroscience, 13.* doi:10.1186/1471-2202-13-43

Chen, M., & Bargh, J. A. (1997). Nonconscious behavioral confirmation processes: The self-fulfilling consequences of automatic stereotype activation. *Journal of Experimental Social Psychology, 33,* 541–560.

Chen, N. Y., Shaffer, D. R., & Wu, C. H. (1997). On physical attractiveness stereotyping in Taiwan: A revised sociocultural perspective. *Journal of Social Psychology, 137,* 117–124.

Chen, S., & Andersen, S. M. (1999). Relationships from the past in the present: Significant-other representations and transference in interpersonal life. In M. P. Zanna (Ed.), *Advances*

in experimental social psychology (Vol. 31, pp. 123–190). San Diego, CA: Academic Press.

Chen, S., & Chaiken, S. (1999). The heuristic-systematic model in its broader context. In S. Chaiken & Y. Trope (Eds.), *Dual-process theories in social psychology* (pp. 73–96). New York: Guilford Press.

Cheng, C., Cheung, S.-F., Chio, J. H.-M., & Chan, M.-P. S. (2013). Cultural meaning of perceived control: A meta-analysis of locus of control and psychological symptoms across 18 cultural regions. *Psychological Bulletin, 139,* 152–188.

Chernyak, N., & Kushnir, T. (2013). Giving preschoolers choice increases sharing behavior. *Psychological Science, 24,* 1971–1979.

Cheung, B. Y., Chudek, M., & Heine, S. J. (2011). Evidence for a sensitive period for acculturation: Younger immigrants report acculturating at a faster rate. *Psychological Science, 22*(2), 147–152. doi:10.1177/0956797610394661

Chiao, J. Y., Hariri, A. R., Harada, T., Mano, Y., Sadato, N., Parrish, T. B., & Iidaka, T. (2010). Theory and methods in cultural neuroscience. *Social Cognitive and Affective Neuroscience, 5,* 356–361.

Chida, Y., & Hamer, M. (2008). Chronic psychosocial factors and acute physiological responses to laboratory-induced stress in healthy humans: A quantitative review of 30 years of investigations. *Psychological Bulletin, 134,* 829–885.

Chin, J., & Schooler, J. (2008). Why do words hurt? Content, process, and criterion shift accounts of verbal overshadowing. *European Journal of Cognitive Psychology, 20,* 396–413.

Choi, I., & Nisbett, R. E. (1998). Situational salience and cultural differences in the correspondence bias and in the actor-observer bias. *Personality and Social Psychology Bulletin, 24,* 949–960.

Choi, I., Dalal, R., Kim-Prieto, C., & Park, H. (2003). Culture and judgment of causal relevance. *Journal of Personality and Social Psychology, 84,* 46–59.

Choi, I., Nisbett, R. E., & Norenzayan, A. (1999). Causal attribution across cultures: Variation and universality. *Psychological Bulletin, 125,* 47–63.

Choi, Y., He, M., & Harachi, T. (2008). Intergenerational cultural dissonance, parent-child conflict and bonding, and youth problem behaviors among Vietnamese and Cambodian immigrant families. *Journal of Youth and Adolescence, 37,* 85–96.

Chou, C., Montgomery, S., Pentz, M., Rohrbach, L., Johnson, C., Flay, B., & MacKinnon, D. P. (1998). Effects of a community-based prevention program in decreasing drug use in high-risk adolescents. *American Journal of Public Health, 88,* 944–948.

Christakis, N. A., & Fowler, J. H. (2014). Friendship and natural selection. *Proceedings of the National Academy of Sciences.* doi:10.1073/pnas.1400825111

Christensen, A., Doss, B., & Jacobson, N. S. (2014). *Reconcilable differences* (2nd ed.). New York: Guilford Press.

Christensen, L. (1988). Deception in psychological research: When is its use justified? *Personality and Social Psychology Bulletin, 14,* 664–675.

Cialdini, R. B. (2009). *Influence: Science and practice* (5th ed.). Upper Saddle River, NJ: Prentice Hall.

Cialdini, R. B. (2012). The focus theory of normative conduct. In P. A. M. Van Lange, A. W. Kruglanski, & E. T. Higgins (Eds.), *Handbook of theories of social psychology* (Vol. 2, pp. 295–312). Thousand Oaks, CA: Sage Publications.

Cialdini, R. B., & Fultz, J. (1990). Interpreting the negative mood-helping literature via "mega"-analysis: A contrary view. *Psychological Bulletin, 107,* 210–214.

Cialdini, R. B., & Goldstein, N. J. (2004). Social influence: Compliance and conformity. *Annual Review of Psychology, 55,* 591–621.

Cialdini, R. B., & Trost, M. R. (1998). Social influence: Social norms, conformity, and compliance. In D. T. Gilbert, S. T. Fiske, & G. Lindzey (Eds.), *The handbook of social psychology* (4th ed., Vol. 2, pp. 151–192). New York: McGraw-Hill.

Cialdini, R. B., Borden, R. J., Thorne, A., Walker, M. R., Freeman, S., & Sloan, L. R. (1976). Basking in reflected glory: Three (football) field studies.

Journal of Personality and Social Psychology, 34, 366–375.

Cialdini, R. B., Cacioppo, J. T., Basset, R., & Miller, J. (1978). Low-ball procedure for producing compliance: Commitment, then cost. *Journal of Personality and Social Psychology, 36,* 463–476.

Cialdini, R. B., Kallgren, C. A., & Reno, R. R. (1991). A focus theory of normative conduct: A theoretical refinement and reevaluation of the role of norms in human behavior. In M. P. Zanna (Ed.), *Advances in experimental social psychology* (Vol. 24, pp. 201–234). San Diego, CA: Academic Press.

Cialdini, R. B., Reno, R. R., & Kallgren, C. A. (1990). A focus theory of normative conduct: Recycling the concept of norms to reduce littering in public places. *Journal of Personality and Social Psychology, 58,* 1015–1026.

Cialdini, R. B., Vincent, J. E., Lewis, S. K., Catalan, J., Wheeler, D., & Darby, B. L. (1975). Reciprocal concessions procedure for inducing compliance: The door-in the face technique. *Journal of Personality and Social Psychology, 31,* 206–215.

Cikara, M., & Van Bavel, J. J. (2014). The neuroscience of intergroup relations: An integrative review. *Perspectives on Psychological Science, 9,* 245–274.

Clark, C. J., Luguri, J. B., Ditto, P. H., Knobe, J., Shariff, A. F., & Baumeister, R. F. (2014). Free to punish: A motivated account of free will belief. *Journal of Personality and Social Psychology, 106,* 501–513. doi:10.1037/a0035880

Clark, M. S., & Isen, A. M. (1982). Toward understanding the relationship between feeling states and social behavior. In A. H. Hastorf & A. M. Isen (Eds.), *Cognitive social psychology* (pp. 73–108). New York: Elsevier.

Clark, M. S., & Mills, J. (1993). The difference between communal and exchange relationships: What it is and is not. *Personality and Social Psychology Bulletin, 19,* 684–691.

Clark, R. D., III, & Hatfield, E. (1989). Gender differences in receptivity to sexual offers. *Journal of Psychology and Human Sexuality, 2,* 39–55.

Clark, R. D., III, & Maass, A. (1988). The role of social categorization and perceived source credibility in minority influence. *European Journal of Social Psychology, 18,* 347–364.

Clark, R. D., III, & Word, L. E. (1972). Why don't bystanders help? Because of ambiguity? *Journal of Personality and Social Psychology, 24,* 392–400.

Clark, S. E. (2005). A re-examination of the effects of biased lineup instructions in eyewitness identification. *Law and Human Behavior, 29,* 575–604.

Clary, E. G., Snyder, M., Ridge, R. D., Miene, P. K., & Haugen, J. A. (1994). Matching messages to motives in persuasion: A functional approach to promoting volunteerism. *Journal of Applied Social Psychology, 24,* 1129–1149.

Claypool, H. M., Hall, C. E., Mackie, D. M., & Garcia-Marques, T. (2008). Positive mood, attribution, and the illusion of familiarity. *Journal of Experimental Social Psychology, 44,* 721–728.

Climate change, water, and risk: Current water demands are not sustainable. (2010). National Resources Defense Council. Retrieved July 23, 2014, from http://www.nrdc.org/globalwarming/watersustainability/files/WaterRisk.pdf

Cline, V. B., Croft, R. G., & Courrier, S. (1973). Desensitization of children to television violence. *Journal of Personality and Social Psychology, 27,* 360–365.

Coane, J. H., & Balota, D. A. (2009). Priming the holiday spirit: Persistent activation due to extraexperimental experiences. *Psychonomic Bulletin & Review, 16*(6), 1124–1128. doi:10.3758/PBR.16.6.1124

Coats, E. (1998, March 20). Bystander intervention [E-mail response to G. Mumford, Tobacco update]. Retrieved from www.stolaf.edu/cgibin/mailarchivesearch.pl?directory=/home/www/people/huff/SPSP&listname=archive98

Cochran, J. L., & Rutten, T. (1998). *Journey to justice.* New York: Ballantine Books.

Coetzee V., Greeff, J. M., Stephen, I. D., & Perrett, D. I. (2014). Cross-cultural agreement in facial attractiveness preferences: The role of ethnicity and gender. *PLoS ONE, 9*, e99629.

Cogsdill, E. J., Todorov, A. T., Spelke, E. S., & Banaji, M. R. (2014). Inferring character from faces: A developmental study. *Psychological Science.* Retrieved March 25, 2014. doi:10.1177/0956797614523297

Cohen, A. B. (Ed.). (2014). *Culture reexamined: Broadening our understanding of social and evolutionary influences.* Washington, DC: American Psychological Association.

Cohen, A. R. (1962). An experiment on small rewards for discrepant compliance and attitude change. In J. W. Brehm & A. R. Cohen (Eds.), *Explorations in cognitive dissonance* (pp. 73–78). New York: Wiley.

Cohen, A. B. (2014). Introduction. In A. B. Cohen (Ed.), *Culture reexamined: Broadening our understanding of social and evolutionary influences* (pp. 3–10). Washington, DC: American Psychological Association.

Cohen, D. (1998). Culture, social organization, and patterns of violence. *Journal of Personality and Social Psychology, 75*(2), 408–419.

Cohen, D., & Nisbett, R. E. (1996). *Culture of honor: The psychology of violence in the South.* Boulder, CO: Westview Press.

Cohen, D., Hoshino-Browne, E., & Leung, A. (2007). Culture and the structure of personal experience: Insider and outsider phenomenologies of the self and social world. In M. P. Zanna (Ed.), *Advances in experimental social psychology* (Vol. 39, pp. 1–67). San Diego, CA: Elsevier Academic Press.

Cohen, D., Nisbett, R. E., Bowdle, B. F., & Schwarz, N. (1996). Insult, aggression, and the southern culture of honor: An "experimental ethnography." *Journal of Personality and Social Psychology, 70*, 945–960.

Cohen, F., Jussim, L., Harber, K. D., & Bhasin, G. (2009). Modern anti-Semitism and anti-Israeli attitudes. *Journal of Personality and Social Psychology, 97*, 290–306.

Cohen, G. L., Garcia, J., Purdie-Vaughns, V., Apfel, N., & Brzustoski, P. (2009, April 17). Recursive processes in self-affirmation: Intervening to close the minority achievement gap. *Science*, 400–403.

Cohen, J. (2001, January 18). On the Internet, love really is blind. *The New York Times*, pp. E1, E7.

Cohen, R. (1997, October 31). AH-lo-ween: An American holiday in Paris? *The New York Times*, pp. A1, A4.

Cohen, S., Alper, C., Doyle, W., Adler, N., Treanor, J., & Turner, R. (2008). Objective and subjective socioeconomic status and susceptibility to the common cold. *Health Psychology, 27*, 268–274.

Cohen, S., Evans, G. W., Krantz, D. S., Stokols, D., & Kelly, S. (1981). Aircraft noise and children: Longitudinal and cross-sectional evidence on adaptation to noise and the effectiveness of noise abatement. *Journal of Personality and Social Psychology, 40*, 331–345.

Cohen, S., Mermelstein, R., Kamarack, T., & Hoberman, H. (1985). Measuring the functional components of social support. In I. G. Sarason & B. R. Sarason (Eds.), *Social support: Theory, research, and applications* (pp. 73–94). The Hague, Netherlands: Martines Nijhoff.

Cohen, S., Tyrrell, D. A. J., & Smith, A. P. (1991). Psychological stress in humans and susceptibility to the common cold. *New England Journal of Medicine, 325*, 606–612.

Cohen, S., Tyrrell, D. A. J., & Smith, A. P. (1993). Negative life events, perceived stress, negative affect, and susceptibility to the common cold. *Journal of Personality and Social Psychology, 64*, 131–140.

Cohen, T. R., & Insko, C. A. (2008). War and peace: Possible approaches to reducing intergroup conflict. *Perspectives on Psychological Science, 3*, 87–93.

Coie, J. D., Cillessen, A. H. N., Dodge, K. A., Hubbard, J. A., Schwartz, D., Lemerise, E. D., & Bateman, H. (1999). It takes two to fight: A test of relational factors and a method for assessing aggressive dyads. *Developmental Psychology, 35*, 1179–1188.

Cole, T. B. (2006). Rape at U.S. colleges often fueled by alcohol. *Journal of the American Medical Association, 296*, 504–505.

Coleman, M. D. (2010). Sunk cost and commitment to medical treatment. *Current Psychology: A Journal for Diverse Perspectives on Diverse Psychological Issues, 29*, 121–134.

Collins, B. E., & Brief, D. E. (1995). Using person-perception vignette methodologies to uncover the symbolic meanings of teacher behaviors in the Milgram paradigm. *Journal of Social Issues, 51*, 89–106.

Collins, N. L., & Feeney, B. C. (2000). A safe haven: An attachment theory perspective on support seeking and caregiving in intimate relationships. *Journal of Personality and Social Psychology, 78*, 1053–1073.

Collins, N. L., Ford, M. B., Guichard, A. C., & Allard, L. M. (2006). Working models of attachment and attribution processes in intimate relationships. *Personality and Social Psychology Bulletin, 32*, 201–219.

Collins, W. A., & Sroufe, L. A. (1999). Capacity for intimate relationships: A developmental construction. In W. Furman, C. Feiring, & B. B. Brown (Eds.), *Contemporary perspectives on adolescent romantic relationships.* New York: Cambridge University Press.

Confer, J. C., Easton, J. A., Fleischman, D. S., Goetz, C. D., Lewis, D. M. G., Perilloux, C., & Buss, D. M. (2010). Evolutionary psychology: Controversies, questions, prospects, and limitations. *American Psychologist, 65*(2), 110–126. doi:10.1037/a0018413

Conley, T. D., & Ramsey, L. R. (2011). Killing us softly? Investigating portrayals of women and men in contemporary magazine advertisements. *Psychology of Women Quarterly, 35*(3), 469–478. doi:10.1177/0361684311413383

Conley, T. D., Moors, A. C., Matsick, J. L., Ziegler, A., & Valentine, B. A. (2011). Women, men, and the bedroom: Methodological and conceptual insights that narrow, reframe, and eliminate gender differences in sexuality. *Current Directions in Psychological Science, 20*, 296–300.

Conner, M., Rhodes, R. E., Morris, B., McEachan, R., & Lawton, R. (2011). Changing exercise through targeting affective or cognitive attitudes. *Psychology & Health, 26*(2), 133–149. doi:10.1080/08870446.2011.531570

Conway, L. G., III, & Schaller, M. (2005). When authorities' commands backfire: Attributions about consensus and effects on deviant decision making. *Journal of Personality and Social Psychology, 89*, 311–326.

Conway, M., & Ross, M. (1984). Getting what you want by revising what you had. *Journal of Personality and Social Psychology, 47*, 738–748.

Cook, K. (2014). *Kitty Genovese: The murder, the bystanders, the crime that changed America.* New York: W. W. Norton.

Cook, K. S., Cheshire, C., Rice, E. R. W., & Nakagawa, S. (2013). Social exchange theory. In J. DeLamater & A. Ward (Eds.), *Handbook of social psychology.* Netherlands: Springer.

Cook, K., & Rice, E. (2003). Social exchange theory. In J. Delamater (Ed.), *Handbook of social psychology* (pp. 53–76). New York: Kluwer Academic/Plenum.

Cooley, C. H. (1902). *Human nature and social order.* New York: Scribners.

Cooper, J. (1980). Reducing fears and increasing assertiveness: The role of dissonance reduction. *Journal of Experimental Social Psychology, 47*, 738–748.

Cooper, J. (1980). Reducing fears and increasing assertiveness: The role of dissonance reduction. *Journal of Experimental Social Psychology, 16*, 199–287.

Cooper, J. (2010). Riding the D train with Elliot. In M. H. Gonzales, C. Tavris, & J. Aronson (Eds.), *The scientist and the humanist: A festschrift in honor of Elliot Aronson* (pp. 159–174). New York: Psychology Press.

Cooper, J. (2012). Cognitive dissonance theory. In P. Van Lange, A. W. Kruglanski, & E. T. Higgins (Eds.), *Handbook of theories of social psychology* (Vol. 1, pp. 377–397). Thousand Oaks, CA: Sage.

Cooper, J., Bennett, E. A., & Sukel, H. L. (1996). Complex scientific testimony: How do jurors make decisions? *Law and Human Behavior, 20*, 379–394.

Cooper, L. A., Roter, D. L., Carson, K. A., Beach, M. C., Sabin, J. A., et al. (2012). The associations of clinicians' implicit attitudes about race with medical visit communication and patient ratings of interpersonal care. *American Journal of Public Health, 102*, 979–987.

Corcoran, K., & Mussweiler, T. (2009). The efficiency of social comparisons with routine standards. *Social Cognition, 27*, 939–948. doi:10.1521/soco.2009.27.6.939

Cornelis, E., Cauberghe, V., & De Pelesmacker, P. (2014). Regulatory congruence effects in two-sided advertising: The mediating role of processing fluency and processing depth. *European Journal of Marketing, 48*, 1451–1465.

Correll, J., Park, B., Judd, C. M., & Wittenbrink, B. (2002). The police officer's dilemma: Using ethnicity to disambiguate potentially threatening individuals. *Journal of Personality and Social Psychology, 83*, 1314–1329.

Correll, J., Park, B., Judd, C., Wittenbrink, B., Sadler, M., & Keesee, T. (2007). Across the thin blue line: Police officers and racial bias in the decision to shoot. *Journal of Personality and Social Psychology, 92*, 1006–1023.

Correll, J., Wittenbrink, B., Park, B., Judd, C. M., & Goyle, A. (2011). Dangerous enough: Moderating racial bias with contextual threat cues. *Journal of Experimental Social Psychology, 47*, 184–189.

Costanzo, M., & Archer, D. (1989). Interpreting the expressive behavior of others: The interpersonal perceptions task. *Journal of Nonverbal Behavior, 13*, 223–245.

Cottrell, N. B., Wack, K. L., Sekerak, G. J., & Rittle, R. (1968). Social facilitation in dominant responses by the presence of an audience and the mere presence of others. *Journal of Personality and Social Psychology, 9*, 245–250.

Courage, M. L., Edison, S. C., & Howe, M. L. (2004). Variability in the early development of visual self-recognition. *Infant Behavior and Development, 27*, 509–532.

Courbet, D., Fourquet-Courbet, M., Kazan, R., & Intartaglia, J. (2014). The long-term effects of e-advertising: The influence of internet pop-ups viewed at a low level of attention in implicit memory. *Journal of Computer-Mediated Communication, 19*, 274–293.

Craig, M. A., & Richeson, J. A. (2014). More diverse yet less tolerant? How the increasingly diverse racial landscape affects white Americans' racial attitudes. *Personality and Social Psychology Bulletin, 40*, 750–761.

Crandall, C. S., & Eshleman, A. (2003). A justification-suppression model of the expression and experience of prejudice. *Psychological Bulletin, 129*(3), 414–446.

Crandall, C. S., & Greenfield, B. S. (1986). Understanding the conjunction fallacy: A conjunction of effects? *Social Cognition, 4*, 408–419.

Crandall, C. S., D'anello, S., Sakalli, N., Lazarus, E., Wieczorkowska, G., & Feather, N. T. (2001). An attribution-value model of prejudice: Anti-fat attitudes in six nations. *Personality and Social Psychology Bulletin, 27*, 30–37.

Crandall, C. S., Silvia, P. J., N'Gbala, A. N., Tsang, J.-A., & Dawson, K. (2007). Balance theory, unit relations, and attribution: The underlying integrity of Heiderian theory. *Review of General Psychology, 11*, 12–30.

Crescioni, A. W., & Baumeister, R. F. (2009). Alone and aggressive: Social exclusion impairs self-control and empathy and increases hostile cognition and aggression. In M. J. Harris (Ed.), *Bullying, rejection, and peer victimization: A social-cognitive neuroscience perspective* (pp. 251–277). New York: Springer.

Creswell, J. D., Bursley, J. K., & Satpute, A. B. (2013). Neural reactivation links unconscious thought to decision making performance. *Social Cognitive and Affective Neuroscience, 8*, 863–869.

Critcher, C. R., & Gilovich, T. (2010). Inferring attitudes from mindwandering. *Personality* and Social Psychology Bulletin, 36, 1255–1266. doi:10.1177/0146167210375434

Cross, S. E., & Madson, L. (1997). Models of the self: Self-construals and gender. Psychological Bulletin, 122, 5–37.

Cross, S. E., Bacon, P. L., & Morris, M. L. (2000). The relational-interdependent self-construal and relationships. Journal of Personality and Social Psychology, 78, 791–808.

Crowley, A. E., & Hoyer, W. D. (1994). An integrative framework for understanding two-sided persuasion. Journal of Consumer Research, 20, 561–574.

Croyle, R. T., & Jemmott, J. B., III. (1990). Psychological reactions to risk factor testing. In J. A. Skelton & R. T. Croyle (Eds.), The mental representation of health and illness (pp. 121–157). New York: Springer-Verlag.

Crum, A. J., Salovey, P., & Achor, S. (2013). Rethinking stress: The role of mindsets in determining the stress response. Journal of Personality and Social Psychology, 104, 716–733. doi:10.1037/a0031201

Csikszentmihalyi, M. (1997). Finding flow. New York: Basic Books.

Csikszentmihalyi, M., & Figurski, T. J. (1982). Self-awareness and aversive experience in everyday life. Journal of Personality, 50, 15–28.

Csikszentmihalyi, M., & Nakamura, J. (2010). Effortless attention in everyday life: A systematic phenomenology. In B. Bruya (Ed.), Effortless attention: A new perspective in the cognitive science of attention and action (pp. 179–189). Cambridge, MA: MIT Press.

Cullen, D. (2010). Columbine. New York: Twelve.

Cunningham, M. R. (1986). Measuring the physical in physical attractiveness: Quasi-experiments on the sociobiology of female facial beauty. Journal of Personality and Social Psychology, 50, 925–935.

Cunningham, M. R., Barbee, A. P., & Pike, C. L. (1990). What do women want? Facialmetric assessment of multiple motives in the perception of male facial physical attractiveness. Journal of Personality and Social Psychology, 59, 61–72.

Cunningham, M. R., Roberts, A. R., Barbee, A. P., Druen, P. B., & Wu, C. (1995). "Their ideas of beauty are, on the whole, the same as ours": Consistency and variability in the cross-cultural perception of female physical attractiveness. Journal of Personality and Social Psychology, 68, 261–279.

Curtiss, S. (1977). Genie: A psycholinguistic study of a modern-day "wild child." New York: Academic Press.

Cury, F., Da Fonseca, D., Zahn, I., & Elliot, A. (2008). Implicit theories and IQ test performance: A sequential mediation analysis. Journal of Experimental Social Psychology, 44, 783–791.

Dabbs, J. M., Jr. (2000). Heroes, rogues, and lovers. New York: McGraw-Hill.

Dabbs, J. M., Jr., Carr, T. S., Frady, R. L., & Riad, J. K. (1995). Testosterone, crime, and misbehavior among 692 male prison inmates. Personality and Individual Differences, 18, 627–633.

Dabbs, J. M., Jr., Hargrove, M. F., & Heusel, C. (1996). Testosterone differences among college fraternities: Well-behaved vs. rambunctious. Personality and Individual Differences, 20, 157–161.

Dai, X., Dong, P., & Jia, J. S. (2014). When does playing hard to get increase romantic attraction? Journal of Experimental Psychology: General, 132, 521–526.

Dalbert, C., & Yamauchi, L. A. (1994). Belief in a just world and attitudes toward immigrants and foreign workers: A cultural comparison between Hawaii and Germany. Journal of Applied Social Psychology, 24, 1612–1626.

Darley, J. M. (1992). Social organization for the production of evil. Psychological Inquiry, 3, 199–218.

Darley, J. M. (2004). Social comparison motives in ongoing groups. In M. B. Brewer & M. Hewstone (Eds.), Emotion and motivation (pp. 281–297). Malden, MA: Blackwell.

Darley, J. M., & Akert, R. M. (1993). Biographical interpretation: The influence of later events in life on the meaning of and memory for earlier events. Unpublished manuscript, Princeton University.

Darley, J. M., & Batson, C. D. (1973). From Jerusalem to Jericho: A study of situational and dispositional variables in helping behavior. Journal of Personality and Social Psychology, 27, 100–108.

Darley, J. M., & Latané, B. (1968). Bystander intervention in emergencies: Diffusion of responsibility. Journal of Personality and Social Psychology, 8, 377–383.

Dar-Nimrod, I., & Heine, S. J. (2011). Genetic essentialism: On the deceptive determinism of DNA. Psychological Bulletin, 137, 800–818.

Darwin, C. R. (1859). The origin of species. London: Murray.

Darwin, C. R. (1872). The expression of the emotions in man and animals. London: Murray.

Davenport, C. (2014, May 7). Miami finds itself ankle-deep in Climate Change debate. New York Times. Retrieved July 15, 2014, from http://www.nytimes.com/2014/05/08/us/florida-finds-itself-in-the-eye-of-the-storm-on-climate-change.html?emc=eta1

Davidson, A. R., & Jaccard, J. J. (1979). Variables that moderate the attitude-behavior relation: Results of a longitudinal survey. Journal of Personality and Social Psychology, 37, 1364–1376.

Davidson, L., & Duberman, L. (1982). Friendship: Communication and interactional patterns in same-sex dyads. Sex Roles, 8, 809–822.

Davis, A. L., & Fischhoff, B. (2014). Communicating uncertain experimental evidence. Journal of Experimental Psychology: Learning, Memory, and Cognition, 40, 261–274.

Davis, C. G., Lehman, D. R., Wortman, C. B., Silver, R. C., & Thompson, S. C. (1995). The undoing of traumatic life events. Personality and Social Psychology Bulletin, 21, 109–124.

Davis, D., & Loftus, E. F. (2003). What's good for the goose cooks the gander: Inconsistencies between the law and psychology of voluntary intoxication and sexual assault. In W. T. O'Donohue & E. Levensky (Eds.), Handbook of forensic psychology (pp. 997–1032). New York: Elsevier Academic Press.

Davis, K. E., & Jones, E. E. (1960). Changes in interpersonal perception as a means of reducing cognitive dissonance. Journal of Abnormal and Social Psychology, 61, 402–410.

Davis, M. H. (1983). Measuring individual differences in empathy: Evidence for a multidimensional approach. Journal of Personality and Social Psychology, 44, 113–126.

Davis, M. H., & Stephan, W. G. (1980). Attributions for exam performance. Journal of Applied Social Psychology, 10, 235–248.

Davitz, J. (1952). The effects of previous training on post-frustration behavior. Journal of Abnormal and Social Psychology, 47, 309–315.

Dawkins, R. (1976). The selfish gene. New York: Oxford University Press.

De Bono, K. G., & Snyder, M. (1995). Acting on one's attitudes: The role of a history of choosing situations. Personality and Social Psychology Bulletin, 21, 629–636.

De Dreu, C. K. W. (2014). Social conflict within and between groups. East Sussex: Psychology Press.

De Dreu, C. K. W., & De Vries, N. K. (Eds.). (2001). Group consensus and minority influence: Implications for innovation. Oxford, England: Blackwell Publishers.

De Dreu, C. K. W., & Weingart, L. R. (2003). Task versus relationship conflict, team performance, and team member satisfaction: A meta-analysis. Journal of Applied Psychology, 88, 741–749.

De Dreu, C., Nijstad, B., & van Knippenberg, D. (2008). Motivated information processing in group judgment and decision making. Personality and Social Psychology Review, 12, 22–49.

De Houwer, J. (2011). Evaluative conditioning: A review of procedure knowledge and mental process knowledge. In T. Schachtman & S. Reilly (Eds.), Applications of learning and conditioning. Oxford, UK: Oxford University Press.

De Houwer, J., Teige-Mocigemba, S., Spruyt, A., & Moors, A. (2009). Implicit measures: A normative analysis and review. Psychological Bulletin, 135, 347–368.

de Mooij, M. (2014). International and cross-cultural consumer behavior. In H. Cheng (Ed.), The handbook of international advertising research (Vol. 1, pp. 128–148).

De Waal, F. B. M. (1995, March). Bonobo sex and society: The behavior of a close relative challenges assumptions about male supremacy in human evolution. Scientific American, 82–88.

Dean, K. E., & Malamuth, N. M. (1997). Characteristics of men who aggress sexually and of men who imagine aggressing: Risk and moderating variables. Journal of Personality and Social Psychology, 72, 449–455.

Deaux, K., & LaFrance, M. (1998). Gender. In D. T. Gilbert, S. T. Fiske, & G. Lindzey (Eds.), The handbook of social psychology. Boston: McGraw Hill.

Deci, E. L., & Ryan, R. M. (1985). Intrinsic motivation and self-determination in human behavior. New York: Plenum.

Deci, E. L., Koestner, R., & Ryan, R. M. (1999a). A meta-analytic review of experiments examining the effects of extrinsic rewards. Psychological Bulletin, 125, 627–668.

Deci, E. L., Koestner, R., & Ryan, R. M. (1999b). The undermining effect is a reality after all—extrinsic rewards, task interest, and self-determination: Reply to Eisenberger, Pierce, and Cameron (1999) and Lepper, Henderlong, and Gingras (1999). Psychological Bulletin, 125, 692–700.

Dedonder, J., Corneille, O., Yzerbyt, V., & Kuppens, T. (2010). Evaluative conditioning of high-novelty stimuli does not seem to be based on an automatic form of associative learning. Journal of Experimental Social Psychology, 46(6), 1118–1121. doi:10.1016/j.jesp.2010.06.004

Deffenbacher, K. A., Bornstein, B. H., & Penrod, S. D. (2004). A meta-analytic review of the effects of high stress on eyewitness memory. Law and Human Behavior, 28, 687–706.

Dekel, S., Ein-Dor, T., Gordon, K. M., Rosen, J. B., & Bonanno, G. A. (2013). Cortisol and PTSD symptoms among male and female high-exposure 9/11 survivors. Journal of Traumatic Stress, 26, 621–625.

DeMarco, P. (1994, September 28). Dear diary. The New York Times, p. C2.

DeMarree, K. G., Loersch, C., Briñol, P., Petty, R. E., Payne, B. K., & Rucker, D. D. (2012). From primed construct to motivated behavior: Validation processes in goal pursuit. Personality and Social Psychology Bulletin, 38, 1659–1670.

Dennett, D. C. (1991). Consciousness explained. Boston: Little, Brown.

DePaulo, B. M. (1992). Nonverbal behavior and self-presentation. Psychological Bulletin, 111, 203–243.

DePaulo, B. M., & Friedman, H. S. (1998). Nonverbal communication. In D. T. Gilbert, S. T. Fiske, & G. Lindzey (Eds.), The handbook of social psychology (Vol. 2, 4th ed., pp. 3–40). New York: McGraw-Hill.

DePaulo, B. M., Kenny, D. A., Hoover, C. W., Webb, W., & Oliver, P. (1987). Accuracy of person perception: Do people know what kinds of impressions they convey? Journal of Personality and Social Psychology, 52, 303–315.

DePaulo, B. M., Stone, J. L., & Lassiter, G. D. (1985). Deceiving and detecting deceit. In B. R. Schlenker (Ed.), The self and social life (pp. 323–370). New York: McGraw-Hill.

Deppe, R. K., & Harackiewicz, J. M. (1996). Self-handicapping and intrinsic motivation: Buffering intrinsic motivation from the threat of failure. Journal of Personality and Social Psychology, 70, 868–876.

Dershowitz, A. M. (1997). Reasonable doubts: The criminal justice system and the O. J. Simpson case. New York: Touchstone.

Derzon, J. H., & Lipsey, M. W. (2002). A meta-analysis of the effectiveness of mass communication for changing substance-use knowledge, attitudes, and behavior. In W. D. Crano & M. Burgoon (Eds.), Mass media and drug prevention: Classic and contemporary theories and research (pp. 231–258). Mahwah, NJ: Erlbaum.

Desforges, D. M., Lord, C. G., Ramsey, S. L., Mason, J. A., Van Leeuwen, M. D., et al. (1991). Effects of structured cooperative contact on changing negative attitudes toward stigmatized social groups. *Journal of Personality and Social Psychology, 60,* 531–544.

Desmarais, S. L., & Read, J. D. (2011). After 30 years, what do we know about what jurors know? A meta-analytic review of lay knowledge regarding eyewitness factors. *Law and Human Behavior, 35*(3), 200–210. doi:10.1007/s10979-010-9232-6

Desmond, E. W. (1987, November 30). Out in the open. *Time,* pp. 80–90.

Desportes, J. P., & Lemaine, J. M. (1998). The sizes of human groups: An analysis of their distributions. In D. Canter, J. C. Jesuino, L. Soczka, & G. M. Stephenson (Eds.), *Environmental social psychology* (pp. 57–65). Dordrecht, Netherlands: Kluwer.

Deutsch, M. (1973). *The resolution of conflict: Constructive and destructive processes.* New Haven, CT: Yale University Press.

Deutsch, M. (1997, April). *Comments on cooperation and prejudice reduction.* Paper presented at the symposium Reflections on 100 Years of Social Psychology, Yosemite National Park, CA.

Deutsch, M., & Collins, M. E. (1951). *Interracial housing: A psychological evaluation of a social experiment.* Minneapolis: University of Minnesota Press.

Deutsch, M., & Gerard, H. G. (1955). A study of normative and informational social influence upon individual judgment. *Journal of Abnormal and Social Psychology, 51,* 629–636.

Deutsch, M., & Krauss, R. M. (1960). The effect of threat upon interpersonal bargaining. *Journal of Abnormal and Social Psychology, 61,* 181–189.

Deutsch, M., & Krauss, R. M. (1962). Studies of interpersonal bargaining. *Journal of Conflict Resolution, 6,* 52–76.

Deutsch, M., Coleman, P. T., & Marcus, E. C. (2011). *The handbook of conflict resolution: Theory and practice.* Hoboken, NJ: Wiley.

Devine, D. J. (2012). *Jury decision making: The state of the science.* New York: NYU Press.

Devine, P. G., Plant, E. A., Amodio, D. M., Harmon-Jones, E., & Vance, S. L. (2002). The regulation of explicit and implicit race bias: The role of motivations to respond without prejudice. *Journal of Personality and Social Psychology, 82*(5), 835–848.

Devos-Comby, L., & Salovey, P. (2002). Applying persuasion strategies to alter HIV-relevant thoughts and behavior. *Review of General Psychology, 6,* 287–304.

DeWall, C. N., & Richman, S. B. (2011). Social exclusion and the desire to reconnect. *Social and Personality Psychology Compass, 5,* 919–932. doi:10.1111/j.1751-9004.2011.00383.x

DeWall, C. N., Pond, R. S., Jr., Campbell, W. K., & Twenge, J. M. (2011, March 21). Tuning in to psychological change: Linguistic markers of psychological traits and emotions over time in popular U.S. song lyrics. *Psychology of Aesthetics, Creativity, and the Arts.* Advance online publication. doi:10.1037/a0023195

Dezecache, G., Conty, L., Chadwick, M., Philip, L., Soussignan, R., Sperber, D., et al. (2013). Evidence for unintentional emotional contagion beyond dyads. *PLoS ONE, 8,* e67371.

Dickerson, C., Thibodeau, R., Aronson, E., & Miller, D. (1992). Using cognitive dissonance to encourage water conservation. *Journal of Applied Social Psychology, 22,* 841–854.

Diener, E. (1980). Deindividuation: The absence of self-awareness and self-regulation in group members. In P. B. Paulus (Ed.), *Psychology of group influence* (pp. 209–242). Hillsdale, NJ: Erlbaum.

Diener, E., & Biswas-Diener, R. (2008). *Happiness: Unlocking the mysteries of psychological wealth.* Boston: Wiley-Blackwell.

Diener, E., & Oishi, S. (2005). The nonobvious social psychology of happiness. *Psychological Inquiry, 16,* 162–167.

Diener, E., & Seligman, M. E. P. (2004). Beyond money: Toward an economy of well-being. *Psychological Science in the Public Interest, 5,* 1–31.

Diener, E., & Wallbom, M. (1976). Effects of self-awareness on antinormative behavior. *Journal of Research in Personality, 10,* 107–111.

Diener, E., Tay, L., & Oishi, S. (2013). Rising income and the subjective well-being of nations. *Journal of Personality and Social Psychology, 104,* 267–276.

Dijksterhuis, A. (2004). Think different: The merits of unconscious thought in preference development and decision making. *Journal of Personality and Social Psychology, 87,* 586–598.

Dijksterhuis, A. (2010). Automaticity and the unconscious. In S. T. Fiske, D. T. Gilbert, & G. Lindzey (Eds.), *Handbook of social psychology* (5th ed., Vol. 1, pp. 228–267). Hoboken, NJ: Wiley.

Dijksterhuis, A., & Nordgren, L. (2006). A theory of unconscious thought. *Perspectives on Psychological Science, 1,* 95–109.

Dijksterhuis, A., & Nordgren, L. F. (2005). *A theory of unconscious thought* (Vol. I, pp. 95–109). University of Amsterdam.

Dijksterhuis, A., & Nordgren, L. F. (2006). A theory of unconscious thought. *Perspectives on Psychological Science, 1,* 95–109.

Dijksterhuis, A., Aarts, H., & Smith, P. K. (2005). The power of the subliminal: On subliminal persuasion and other potential applications. In R. R. Hassin, J. S. Uleman, & J. A. Bargh (Eds.), *The new unconscious* (pp. 77–106). New York: Oxford University Press.

Dill, J. C., & Anderson, C. A. (1995). Effects of frustration justification on hostile aggression. *Aggressive Behavior, 21,* 359–369.

Dillon, S. (2009, 23 January). Study sees an Obama effect as lifting black test-takers. *The New York Times.*

Dion, K. K., & Dion, K. L. (1993). Individualistic and collectivistic perspectives on gender and the cultural context of love and intimacy. *Journal of Social Issues, 49,* 53–69.

Dion, K. K., & Dion, K. L. (1996). Cultural perspectives on romantic love. *Personal Relationships, 3,* 5–17.

Dion, K. L. (2000). Group cohesion: From "fields of forces" to multidimensional construct. *Group Dynamics, 4,* 7–26.

Dion, K. L., & Dion, K. K. (1993). Gender and ethnocultural comparisons in styles of love. *Psychology of Women Quarterly, 17,* 463–473.

Dion, K., Berscheid, E., & Walster, E. (1972). What is beautiful is good. *Journal of Personality and Social Psychology, 24,* 285–290.

Dionne, E. J. Jr. (2005, June 21). How Cheney fooled himself. *Washington Post,* p. A21.

Dittmar, H., Bond, R., Hurst, M., & Kasser, T. (2014). The relationship between materialism and personal well-being: A meta-analysis. *Journal of Personality and Social Psychology, 107,* 879–924.

Dobbs, M. (2008, June 22). Cool crisis management? It's a myth. Ask JFK. *Washington Post,* pp. B1, B4.

Dobolyi, D. G., & Dodson, C. S. (2013). Eyewitness confidence in simultaneous and sequential lineups: A criterion shift for sequential mistaken identification overconfidence. *Journal of Experimental Psychology: Applied, 19,* 345–357.

Dodds, D. P., Towgood, K. H., McClure, S., & Olson, J. M. (2011). The biological roots of complex thinking: Are heritable attitudes more complex? (L. G. Conway III, Illus.). *Journal of Personality, 79*(1), 101–134. doi:10.1111/j.1467-6494.2010.00690.x

Dodds, P. S., Muhamad, R., & Watts, D. J. (2003). An experimental study of search in global social networks. *Science, 301,* 827–829.

Dohrenwend, B. (2006). Inventorying stressful life events as risk factors for psychopathology: Toward resolution of the problem of intracategory variability. *Psychological Bulletin, 132,* 477–495.

Doi, T. (1988). *The anatomy of dependence.* New York: Kodansha International.

Dollard, J. (1938). Hostility and fear in social life. *Social Forces, 17,* 15–26.

Dollard, J., Doob, L., Miller, N., Mowrer, O. H., & Sears, R. R. (1939). *Frustration and aggression.* New Haven, CT: Yale University Press.

Domina, T., & Koch, K. (2002). Convenience and frequency of recycling: Implications for including textiles in curbside recycling programs. *Environment and Behavior, 34,* 216–238.

Donnerstein, E. (1980). Aggressive erotica and violence against women. *Journal of Personality and Social Psychology, 39,* 269–277.

Donnerstein, E., & Berkowitz, L. (1981). Victim reactions in aggressive erotic films as a factor in violence against women. *Journal of Personality and Social Psychology, 41,* 710–724.

Donnerstein, E., & Donnerstein, M. (1976). Research in the control of interracial aggression. In R. G. Green & E. C. O'Neal (Eds.), *Perspectives on aggression* (pp. 133–168). New York: Academic Press.

Donnerstein, E., & Linz, D. G. (1994). Sexual violence in the mass media. In M. Costanzo & S. Oskamp (Eds.), *Violence and the law* (pp. 9–36). Thousand Oaks, CA: Sage.

Douglass, A. B., & Pavletic, A. (2012). Eyewitness confidence malleability. In B. L. Cutler (Ed.), *Conviction of the innocent: Lessons from psychological research* (pp. 149–165). Washington, DC: American Psychological Association.

Dovidio, J. F. (1984). Helping behavior and altruism: An empirical and conceptual overview. In L. Berkowitz (Ed.), *Advances in experimental social psychology* (Vol. 17, pp. 361–427). New York: Academic Press.

Dovidio, J. F., & Gaertner, S. L. (1996). Affirmative action, unintentional racial biases, and intergroup relations. *Journal of Social Issues, 52,* 51–75.

Dovidio, J. F., & Gaertner, S. L. (2008). New directions in aversive racism research: Persistence and pervasiveness. In C. Willis-Esqueda (Ed.), *Motivational aspects of prejudice and racism.* Nebraska Symposium on Motivation. New York: Springer Science 1 Business Media.

Dovidio, J. F., & Gaertner, S. L. (2010). Intergroup bias. In S. T. Fiske, D. T. Gilbert, & G. Lindzey (Eds.), *Handbook of social psychology* (5th ed., Vol. 2, pp. 1084–1121). Hoboken, NJ: John Wiley & Sons.

Dovidio, J. F., Kawakami, K., & Gaertner, S. L. (2002). Implicit and explicit prejudice and interracial interaction. *Journal of Personality and Social Psychology, 82,* 62–68.

Dovidio, J. F., Pagotto, L., & Hebl, M. R. (2011). Implicit attitudes and discrimination against people with physical disabilities. In R. L. Wiener & S. L. Willborn (Eds.), *Disability and aging discrimination: Perspectives in law and psychology* (pp. 157–183). New York: Springer Science 1 Business Media.

Dovidio, J. F., Piliavin, J. A., Gaertner, S. L., Schroeder, D. A., & Clark, R. D., III. (1991). The arousal cost-reward model and the process of intervention. In M. S. Clark (Ed.), *Review of personality and social psychology* (Vol. 12, pp. 86–118). Newbury Park, CA: Sage.

Draper, R. (2008). *Dead certain.* New York: Free Press.

Drigotas, S. M., & Rusbult, C. E. (1992). Should I stay or should I go? A dependence model of breakups. *Journal of Personality and Social Psychology, 62,* 62–87.

Du, S., Tao, Y., & Martinez, A. M. (2014). Compound facial expressions of emotion. *Proceedings of the National Academy of Sciences.* doi:10.1073/pnas.1322355111

Duck, J., Hogg, M., & Terry, D. (1995). Me, us, and them: Political identification and the third-person effect in the 1993 Australian federal election. *European Journal of Social Psychology, 25,* 195–215.

Duck, S. W. (1982). A typography of relationship disengagement and dissolution. In S. W. Duck (Ed.), *Personal relationships 4: Dissolving personal relationships* (pp. 1–32). London: Academic Press.

Duck, S. W. (1994a). *Meaningful relationships: Talking, sense, and relating.* Thousand Oaks, CA: Sage.

Dugan, A. (2014). Americans most likely to say global warming is exaggerated: Sixty percent say most scientists believe global warming is occurring. *Gallup Politics.* Retrieved July 25, 2014, from http://www.gallup.com/poll/167960/americans-likely-say-global-warming-exaggerated.aspx

Dunn, E. W., Aknin, L. B., & Norton, M. I. (2014). Prosocial spending and happiness: Using money to benefit others pays off. *Current Directions in Psychological Science, 23,* 41–47.

Dunn, E. W., Aknin, L., & Norton, M. (2008). Spending money on others promotes happiness. *Science, 319*, 1687–1688.

Dunn, E. W., Gilbert, D. T., & Wilson, T. D. (2011). If money doesn't make you happy, then you probably aren't spending it right. *Journal of Consumer Psychology, 21*, 115–125.

Dunning, D., & Perretta, S. (2002). Automaticity and eyewitness accuracy: A 10- to 12-second rule for distinguishing accurate from inaccurate positive identifications. *Journal of Applied Psychology, 87*, 951–962.

Dunning, D., & Stern, L. B. (1994). Distinguishing accurate from inaccurate eyewitness identifications via inquiries about decision processes. *Journal of Personality and Social Psychology, 67*, 818–835.

During blackout, fewer crimes than on a typical NYPD day. (2003, August 16). Retrieved from www.wnbc.com/news/2409267/detail.html

Durrant, J., & Ensom, R. (2012). Physical punishment of children: Lessons from 20 years of research. *Canadian Medical Association Journal, 184*, 1373–1377.

Durrant, R., Ellis, B. J., Nelson, R. J., Mizumori, S. J. Y., & Weiner, I. (Eds.). (2013). *Evolutionary psychology. Handbook of psychology: Behavioral neuroscience* (Vol. 3, 2nd ed., pp. 26–51). New York: John Wiley & Sons.

Dutton, D. G., & Aron, A. P. (1974). Some evidence for heightened sexual attraction under conditions of high anxiety. *Journal of Personality and Social Psychology, 30*, 510–517.

Duval, T. S., & Silvia, P. J. (2001). *Self-awareness and causal attributions: A dual-systems theory.* Boston: Kluwer Academic.

Duval, T. S., & Silvia, P. J. (2002). Self-awareness, probability of improvement, and the self-serving bias. *Journal of Personality and Social Psychology, 82*, 49–61.

Duval, T. S., & Wicklund, R. A. (1972). *A theory of objective self-awareness.* New York: Academic Press.

Dweck, C. S. (2006). *Mindset: The new psychology of success.* New York: Random House.

Dzokoto, V., Wallace, D. S., Peters, L., & Bentsi-Enchill, E. (2014). Attention to emotion and non-Western faces: Revisiting the facial feedback hypothesis. *Journal of General Psychology, 141*, 151–168.

Eagly & Chaiken, 1975; Khan, R. F., & Sutvliàe, A. (2014). Attractive agents are more persuasive. *International Journal of Human-Computer Interaction, 30*, 142–150.

Eagly, A. H. (1987). *Sex differences in social behavior: A social-role interpretation.* Hillsdale, NJ: Erlbaum.

Eagly, A. H. (1995). The science and politics of comparing women and men. *American Psychologist, 50*, 145–158.

Eagly, A. H. (1996). Differences between women and men: Their magnitude, practical importance, and political meaning. *American Psychologist, 51*, 158–159.

Eagly, A. H. (2009). The his and hers of prosocial behavior: An examination of the social psychology of gender. *American Psychologist, 64*(8), 644–658. doi:10.1037/0003-066X.64.8.644

Eagly, A. H., & Chaiken, S. (1975). An attribution analysis of communicator characteristics on opinion change: The case of communicator attractiveness. *Journal of Personality and Social Psychology, 32*, 136–244.

Eagly, A. H., & Chaiken, S. (1993). *The psychology of attitudes.* Fort Worth, TX: Harcourt Brace.

Eagly, A. H., & Chaiken, S. (2007). The advantages of an inclusive definition of attitude. *Social Cognition, 25*, 582–602.

Eagly, A. H., & Chin, J. L. (2010). Diversity and leadership in a changing world. *American Psychologist, 65*, 216–224.

Eagly, A. H., & Crowley, M. (1986). Gender and helping behavior: A meta-analytic review of the social psychological literature. *Psychological Bulletin, 100*, 283–308.

Eagly, A. H., & Diekman, A. B. (2003). The malleability of sex differences in response to changing social roles. In L. G. Aspinwall & U. M. Staudinger (Eds.), *A psychology of human strengths: Fundamental questions and future directions for a positive psychology* (pp. 103–115). Washington, DC: American Psychological Association.

Eagly, A. H., & Karau, S. J. (2002). Role congruity theory of prejudice toward female leaders. *Psychological Review, 109*, 573–598.

Eagly, A. H., & Koenig, A. M. (2006). Social role theory of sex differences and similarities: Implication for prosocial behavior. In K. Dindia & D. J. Canary (Eds.), *Sex differences and similarities in communication* (2nd ed., pp. 161–177). Mahwah, NJ: Erlbaum.

Eagly, A. H., & Steffen, V. J. (2000). Gender stereotypes stem from the distribution of women and men into social roles. In C. Stangor (Ed.), *Stereotypes and prejudice: Essential readings* (pp. 142–160). Philadelphia: Psychology Press.

Eagly, A. H., Ashmore, R. D., Makhijani, M. G., & Longo, L. C. (1991). What is beautiful is good, but . . . : A meta-analytic review of research on the physical attractiveness stereotype. *Psychological Bulletin, 110*, 109–128.

Eagly, A. H., Diekman, A. B., Johannesen-Schmidt, M. C., & Koenig, A. M. (2004). Gender gaps in sociopolitical attitudes: A social psychological analysis. *Journal of Personality and Social Psychology, 87*, 796–816.

Eagly, A. H., Johannesen-Schmidt, M. C., & van Engen, M. L. (2003). Transformational, transactional, and laissez-faire leadership styles: A meta-analysis comparing women and men. *Psychological Bulletin, 129*, 569–591.

Eargle, A., Guerra, N., & Tolan, P. (1994). Preventing aggression in inner-city children: Small group training to change cognitions, social skills, and behavior. *Journal of Child and Adolescent Group Therapy, 4*, 229–242.

Eastwick, P. W., Eagly, A. H., Finkel, E. J., & Johnson, S. E. (2011). Implicit and explicit preferences for physical attractiveness in a romantic partner: A double dissociation in predictive validity. *Journal of Personality and Social Psychology, 101*, 993–1011.

Eberhardt, J. L., Goff, P. A., Purdie, V. J., & Davies, P. G. (2004). Seeing black: Race, crime, and visual processing. *Journal of Personality and Social Psychology, 87*, 876–893.

Ebert, J. P., & Wegner, D. M. (2011). Mistaking randomness for free will. *Consciousness and Cognition: An International Journal, 20*, 965–971. doi:10.1016/j.concog.2010.12.012

Eccles, J. S. (2011). Understanding women's achievement choices: Looking back and looking forward. *Psychology of Women Quarterly, 35*, 520–516.

Edelman, B. (2009). Red light states: Who buys online adult entertainment? *Journal of Economic Perspectives, 23*, 209–230.

Edgell, P., Gerteis, J., & Hartmann, D. (2006). Atheists as "other": Moral boundaries and cultural membership in American society. *American Sociological Review, 71*, 211–234.

Edkins, V. A. (2011). Defense attorney plea recommendations and client race: Does zealous representation apply equally to all? *Law and Human Behavior, 35*, 413–425.

Edwards, H. (1973, July). The black athletes: 20th-century gladiators in white America. *Psychology Today*, pp. 43–52.

Edwards, K., & Smith, E. (1996). A disconfirmation bias in the evaluation of arguments. *Journal of Personality and Social Psychology, 71*, 5–24.

Egan, L. C, Santos, L. R., & Bloom, P. (2007). The origins of cognitive dissonance: Evidence from children and monkeys. *Psychological Science, 18*, 978–983.

Egan, P. M., Hirt, E. R., & Karpen, S. C. (2012). Taking a fresh perspective: Vicarious restoration as a means of recovering self-control. *Journal of Experimental Social Psychology, 48*(2), 457–465. doi:10.1016/j.jesp.2011.10.019

Eggleston, M., Wilson, T. D., Lee, M., & Gilbert, D. T. (2014). *Predicting what we will like: Asking a stranger can be as good as asking a friend.* Unpublished manuscript, University of Virginia.

Ehrlinger, J., Gilovich, T., & Ross, L. (2005). Peering into the bias blind spot: People's assessments of bias in themselves and others. *Personality and Social Psychology Bulletin, 31*, 680–692.

Eibl-Eibesfeldt, I. (1963). Aggressive behavior and ritualized fighting in animals. In J. H. Masserman (Ed.), *Science and psychoanalysis*: Vol. 6. *Violence and war* (pp. 8–17). New York: Grune & Stratton.

Einolf, C. J. (2011). Gender differences in the correlates of volunteering and charitable giving. *Nonprofit and Voluntary Sector Quarterly, 40*, 1092–1112.

Eisenberg, N., & Fabes, R. A. (1991). Prosocial behavior and empathy: A multimethod developmental perspective. In M. S. Clark (Ed.), *Review of personality and social psychology* (Vol. 12, pp. 34–61). Newbury Park, CA: Sage.

Eisenberg, N., Hofer, C., Sulik, M. J., & Liew, J. (2014). The development of prosocial moral reasoning and a prosocial orientation in young adulthood: Concurrent and longitudinal correlates. *Developmental Psychology, 50*, 58–70.

Eisenberg, N., Spinrad, T. L., & Sadovsky, A. (2006). Empathy-related responding in children. In M. Killen & J. G. Smetana (Eds.), *Handbook of moral development* (pp. 517–549). Mahwah, NJ: Erlbaum.

Eisend, M. (2010). A meta-analysis of gender roles in advertising. *Journal of the Academy of Marketing Science, 38*(4), 418–440. doi:10.1007/s11747-009-0181-x

Eisenstadt, D., & Leippe, M. R. (2010). Social influences on eyewitness confidence: The social psychology of memory self-certainty. In R. M. Arkin, K. C. Oleson, & P. J. Carroll (Eds.), *Handbook of the uncertain self* (pp. 36–61). New York: Psychology Press.

Eisenstat, S. A., & Bancroft, L. (1999). Domestic violence. *New England Journal of Medicine, 341*, 886–892.

Eitam, B., & Higgins, E. T. (2010). Motivation in mental accessibility: Relevance of a Representation (ROAR) as a new framework. *Social and Personality Psychology Compass, 4*(10), 951–967. doi:10.1111/j.1751-9004.2010.00309.x

Ekman, P. (1965). Communication through nonverbal behavior: A source of information about an interpersonal relationship. In S. S. Tomkins & C. E. Izard (Eds.), *Affect, cognition, and personality* (pp. 390–442). New York: Springer-Verlag.

Ekman, P. (1993). Facial expression and emotion. *American Psychologist, 48*, 384–392.

Ekman, P., & Davidson, R. J. (Eds.). (1994). *The nature of emotion: Fundamental questions.* New York: Oxford University Press.

Ekman, P., & Friesen, W. V. (1971). Constants across cultures in the face and emotion. *Journal of Personality and Social Psychology, 17*, 124–129.

Ekman, P., & Friesen, W. V. (1975). *Unmasking the face.* Englewood Cliffs, NJ: Prentice Hall.

Ekman, P., Friesen, W. V., O'Sullivan, M., Chan, A., Diacoyanni-Tarlatzis, I., Heider, K., et al. (1987). Universals and cultural differences in the judgments of facial expressions of emotions. *Journal of Personality and Social Psychology, 53*, 712–717.

Ekman, P., O'Sullivan, M., & Matsumoto, D. (1991). Confusions about content in the judgment of facial expression: A reply to "Contempt and the relativity thesis." *Motivation and Emotion, 15*, 169–176.

Elfenbein, H. A., & Ambady, N. (2002). On the universality and cultural specificity of emotion recognition: A meta-analysis. *Psychological Bulletin, 128*, 203–235.

Ellemers, N., & Jetten, J. (2013). The many ways to be marginal in a group. *Personality and Social Psychology Review, 17*, 3–21.

Ellis, A. P. J., Porter, C. O. L. H., & Wolverton, S. A. (2008). Learning to work together: An examination of transactive memory system development in teams. In V. I. Sessa & M. London (Eds.), *Work group learning: Understanding, improving and assessing how groups learn in organizations* (pp. 91–115). New York: Erlbaum.

Ellis, J. (2002). *Founding brothers.* New York: Vintage.

Else-Quest, N. M., Hyde, J. S., & Linn, M. C. (2010). Cross-national patterns of gender differences in mathematics: A meta-analysis. *Psychological Bulletin, 136*, 103–127.

El-Shinnawy, M., & Vinze, A. S. (1998). Polarization and persuasive argumentation: A study of decision making in group settings. *Management Information Systems Quarterly, 22*, 165–198.

Emery, S. L., Szczypka, G., Abril, E. P., Kim, Y., & Vera, L. (2014). Are you scared yet? Evaluating fear appeal messages in tweets about the Tips campaign. *Journal of Communication, 64*, 278–295.

Engel, B. (2001). *The power of apology.* New York: Wiley.

Engel, C. (2010). Dictator games: A meta study. Retrieved June 13, 2014, from http://www.coll.mpg.de/pdf_dat/2010_07online.pdf

Englich, B., & Mussweiler, T. (2001). Sentencing under uncertainty: Anchoring effects in the courtroom. *Journal of Applied Social Psychology, 31*, 1535–1551.

Epley, E., & Huff, C. (1998). Suspicion, affective response, and education benefit as a result of deception in psychology research. *Personality and Social Psychology Bulletin, 24*, 759–768.

Epley, N., & Gilovich, T. (2004). Are adjustments insufficient? *Personality and Social Psychology Bulletin, 30*, 447–460.

Epley, N., & Gilovich, T. (2005). When effortful thinking influences judgmental anchoring: Differential effects of forewarning and incentives on self-generated and externally provided anchors. *Journal of Behavioral Decision Making, 18*, 199–212.

Erceg-Hurn, D. M., & Steed, L. G. (2011). Does exposure to cigarette health warnings elicit psychological reactance in smokers? *Journal of Applied Social Psychology, 41*(1), 219–237. doi:10.1111/j.1559-1816.2010.00710.x

Eron, L. D. (2001). Seeing is believing: How viewing violence alters attitudes and aggressive behavior. In A. C. Bohart & D. J. Stipek (Eds.), *Constructive and destructive behavior: Implications for family, school, and society* (pp. 49–60). Washington, DC: American Psychological Association.

Etcheverry, P. E., Le, B., & Hoffman, N. G. (2013). Predictors of friend approval for romantic relationships. *Personal Relationships, 20*, 69–83.

European Commission. (2007). *Decision-making in the Top 50 Publicly Quoted Companies.* Retrieved September 3, 2008, from europa.eu.int/comm/employment_social/women_men_stats/out/measures_out438_en.htm

Fabrigar, L. R., & Petty, R. E. (1999). The role of affective and cognitive bases of attitudes in susceptibility to affectively and cognitively based persuasion. *Personality and Social Psychology Bulletin, 25*, 363–381.

Fabrigar, L. R., Priester, J. R., Petty, R. E., & Wegener, D. T. (1998). The impact of attitude accessibility on elaboration of persuasive messages. *Personality and Social Psychology Bulletin, 24*, 339–352.

False Confessions. (2006). Accessed on June 9, 2006, from www.innocenceproject.org/causes/falseconfessions.php

Farhi, P. (2006, January 21). Deluge shuts down post blog; Ombudsman's column had sparked profane responses. *Washington Post*, p. A08.

Farrer, J., Tsuchiya, H., & Bagrowicz, B. (2008). Emotional expression in tsukiau dating relationships in Japan. *Journal of Social and Personal Relationships, 25*, 169–188.

Fawcett, J. M., Russell, E. J., Peace, K. A., & Christie, J. (2013). Of guns and geese: A meta-analytic review of the 'weapon focus' literature. *Psychology, Crime, and Law, 19*, 35–66.

Fazio, R. H. (1990). Multiple processes by which attitudes guide behavior: The MODE model as an integrative framework. In M. P. Zanna (Ed.), *Advances in experimental social psychology* (Vol. 23, pp. 75–109). San Diego, CA: Academic Press.

Fazio, R. H., & Olson, M. A. (2003). Implicit measures in social cognition research: Their meaning and uses. *Annual Review of Psychology, 54*, 297–327.

Fazio, R. H., Jackson, J. R., Dunton, B. C., & Williams, C. J. (1995). Variability in automatic activation as an unobtrusive measure of racial attitudes: A bona fide pipeline? *Journal of Personality and Social Psychology, 69*, 1013–1027.

Feeney, B. C., Cassidy, J., & Ramos-Marcuse, F. (2008). The generalization of attachment representations to new social situations: Predicting behavior during initial interactions with strangers. *Journal of Personality and Social Psychology, 95*, 1481–1498.

Feeney, J. A., & Noller, P. (1990). Attachment style as a predictor of adult romantic relationships. *Journal of Personality and Social Psychology, 58*, 281–291.

Feeney, J. A., & Noller, P. (1996). *Adult attachment.* Thousand Oaks, CA: Sage.

Feeney, J. A., Noller, P., & Roberts, N. (2000). Attachment and close relationships. In C. Hendrick & S. S. Hendrick (Eds.), *Close relationships: A sourcebook* (pp. 185–201). Thousand Oaks, CA: Sage.

Feeney, M. (2005, October 25). Rosa Parks, civil rights icon, dead at 92. *Boston Globe*, pp. A1, B8.

Fehr, B. (2001). The life cycle of friendship. In C. Hendrick & S. S. Hendrick (Eds.), *Close relationships: A sourcebook* (pp. 71–82). Thousand Oaks, CA: Sage.

Fehr, B. (2013). The social psychology of love. In J. A. Simpson & L. Campbell (Eds.), *Oxford handbook of close relationships* (pp. 201–233). New York, NY: Oxford University Press.

Fehr, B., & Russell, J. A. (1991). The concept of love viewed from a prototype perspective. *Journal of Personality and Social Psychology, 60*, 425–438.

Fein, S., McCloskey, A. L., & Tomlinson, T. M. (1997). Can the jury disregard that information? The use of suspicion to reduce the prejudicial effects of pretrial publicity and inadmissible testimony. *Personality and Social Psychology Bulletin, 23*, 1215–1226.

Feinberg, J. M., & Aiello, J. R. (2006). Social facilitation: A test of competing theories. *Journal of Applied Social Psychology, 36*, 1087–1109.

Feinberg, M., & Willer, R. (2011). Apocalypse soon? Dire messages reduce belief in global warming by contradicting just-world beliefs. *Psychological Science, 22*, 34–38.

Feingold, A. (1990). Gender differences in effects of physical attractiveness on romantic attraction: A comparison across five research paradigms. *Journal of Personality and Social Psychology, 59*, 981–993.

Feingold, A. (1992a). Gender differences in mate selection preferences: A test of the parental investment model. *Psychological Bulletin, 112*, 125–139.

Feingold, A. (1992b). Good-looking people are not what we think. *Psychological Bulletin, 111*, 304–341.

Felberbaum, M. (2013, March 19). US to revise cigarette warning labels. Retrieved May 22, 2014, from http://bigstory.ap.org/article/apnews-break-us-revise-cigarette-warning-labels

Feld, S. L. (1982). Social structural determinants of similarity among associates. *American Sociological Review, 47*, 797–801.

Fellner, J. (2009, June 19). Race, drugs, and law enforcement in the United States. *Stanford Law and Policy Review, 20*, 257–291.

Femlee, D. H. (1995). Fatal attractions: Affection and disaffection in intimate relationships. *Journal of Social and Personal Relationships, 12*, 295–311.

Femlee, D. H. (1998). "Be careful what you wish for . . .": A quantitative and qualitative investigation of "fatal attractions." *Personal Relationships, 5*, 235–253.

Femlee, D. H., Sprecher, S., & Bassin, E. (1990). The dissolution of intimate relationships: A hazard model. *Social Psychology Quarterly, 53*, 13–30.

Fenigstein, A., Scheier, M. F., & Buss, A. H. (1975). Public and private self-consciousness: Assessment and theory. *Journal of Consulting and Clinical Psychology, 43*, 522–527.

Ferguson, C. J. (2009). Media violence effects: Confirmed truth or just another X-File? *Journal of Forensic Psychology Practice, 9*, 103–126.

Ferguson, C. J. (2009). Media violence effects: Confirmed truth or just another X-file? *Journal of Forensic Psychology Practice, 9*, 103–126.

Ferguson, C. J. (2013). Violent video games and the Supreme Court: Lessons for the scientific community in the wake of Brown v. Entertainment Merchants Association. *American Psychologist, 68*, 57–74.

Ferguson, C. J. (2014). A way forward for video game violence research. *American Psychologist, 69*, 307–309.

Ferguson, C. J., & Kilburn, J. (2009). The public health risks of media violence: A meta-analytic review. *Journal of Pediatrics, 154*, 759–763.

Ferguson, K. T., Cassells, R. C., MacAllister, J. W., & Evans, G. W. (2013). The physical environment and child development: An international review. *International Journal of Psychology, 48*, 437–468.

Fernández-Dols J. M., & Crivelli C. (2013). Emotion and expression: Naturalistic studies. *Emotion Review, 5*, 24–29.

Ferris, T. (1997, April 14). The wrong stuff. *New Yorker*, p. 32.

Feshbach, N. D. (1989). Empathy training and prosocial behavior. In J. Groebel & R. A. Hinde (Eds.), *Aggression and war: Their biological and social bases* (pp. 101–111). New York: Cambridge University Press.

Feshbach, N. D. (1997). Empathy—the formative years: Implications for clinical practice. In A. C. Bohart & L. S. Greenberg (Eds.), *Empathy reconsidered: New directions in psychotherapy* (pp. 33–59). Washington, DC: American Psychological Association.

Feshbach, N. D., & Feshbach, S. (2009). Empathy and education: Social neuroscience. In J. Decety & W. Ickes (Eds.), *The social neuroscience of empathy* (pp. 85–97). Cambridge, MA: MIT Press.

Feshbach, S., & Tangney, J. (2008). Television viewing and aggression: Some alternative perspectives. *Perspectives on Psychological Science, 3*, 387–389.

Festinger, L. (1954). A theory of social comparison processes. *Human Relations, 7*, 117–140.

Festinger, L. (1957). *A theory of cognitive dissonance.* Stanford, CA: Stanford University Press.

Festinger, L., & Carlsmith, J. M. (1959). Cognitive consequences of forced compliance. *Journal of Abnormal and Social Psychology, 58*, 203–211.

Festinger, L., & Maccoby, N. (1964). On resistance to persuasive communications. *Journal of Abnormal and Social Psychology, 68*, 359–366.

Festinger, L., & Thibaut, J. (1951). Interpersonal communication in small groups. *Journal of Abnormal and Social Psychology, 46*, 92–99.

Festinger, L., Riecken, H. W., & Schachter, S. (1956). *When prophecy fails.* Minneapolis: University of Minnesota Press.

Festinger, L., Schachter, S., & Back, K. (1950). *Social pressures in informal groups: A study of human factors in housing.* New York: Harper.

Fiedler, F. (1967). *A theory of leadership effectiveness.* New York: McGraw-Hill.

Fiedler, K., Walther, E., & Nickel, S. (1999). Covariation-based attribution: On the ability to assess multiple covariations of an effect. *Personality and Social Psychology Bulletin, 25*, 607–622.

Fincham, F. D., Bradbury, T. N., Arias, I., Byrne, C. A., & Karney, B. R. (1997). Marital violence, marital distress, and attributions. *Journal of Family Psychology, 11*, 367–372.

Fine, C. (2008). *A mind of its own: How your brain distorts and deceives.* New York: W.W. Norton.

Fine, C. (2010). *Delusions of gender: The real science behind sex differences.* New York: W.W. Norton.

Fine, G. A., & Elsbach, K. D. (2000). Ethnography and experiment in social psychological theory building: Tactics for integrating qualitative field data with quantitative lab data. *Journal of Experimental Social Psychology, 36*, 51–76.

Fink, B., & Penton-Voak, I. (2002). Evolutionary psychology of facial attractiveness. *Current Directions in Psychological Science, 11*, 154–158.

Finkel, E. J., & Eastwick, P. W. (2009). Arbitrary social norms influence sex differences in romantic selectivity. *Psychological Science, 20*, 1291–1295.

Finkel, E. J., Eastwick, P. W., Karney, B. R., Reis, H. T., & Sprecher, S. (2012). Online dating: A critical analysis from the perspective of psychological science. *Psychological Science in the Public Interest.* doi:10.1177/1529100612436522

Finkel, E. J., Norton, M. I., Reis, H. T., Ariely, D., Caprariello, P. A., Eastwick, P. W., Frost, J. H., & Maniaci, M. R. (2015). When does familiarity promote versus undermine interpersonal attraction? A proposed integrative model from erstwhile adversaries. *Perspectives on Psychological Science, 10*, 3–19.

Finkelstein, L. M., DeMuth, R. L. F., & Sweeney, D. L. (2007). Bias against overweight job applicants: Further explorations of when and why. *Human Resource Management, 46*, 203–222.

Finney, P. D. (1987). When consent information refers to risk and deception: Implications for social research. *Journal of Social Behavior and Personality, 2*, 37–48.

Fischer, P., Krueger, J. I., Greitemeyer, T., Vogrincic, C., Kastenmüller, A., Frey, D., Heene, M., Wicher, M., & Kainbacher, M. (2011). The bystander-effect: A meta-analytic review on bystander intervention in dangerous and non-dangerous emergencies. *Psychological Bulletin, 137*(4), 517–537. doi:10.1037/a0023304

Fischhoff, B. (2007). An early history of hindsight research. *Social Cognition, 25*, 10–13.

Fishbein, M., & Ajzen, I. (2010). *Predicting and changing behavior: The reasoned action approach.* New York: Psychology Press.

Fishbein, M., Chan, D., O'Reilly, K., Schnell, D., Wood, R., Beeker, C., & Cohn, C. (1993). Factors influencing gay men's attitudes, subjective norms, and intentions with respect to performing sexual behaviors. *Journal of Applied Social Psychology, 23*, 417–438.

Fisher, H. (2004). *Why we love: The nature and chemistry of romantic love.* New York: Macmillan.

Fisher, J. D., & Fisher, W. A. (2000). Theoretical approaches to individual-level changes in HIV risk behavior. In J. L. Peterson & C. C. DiClemente (Eds.), *Handbook of HIV prevention* (pp. 3–55). New York: Kluwer Academic /Plenum Press.

Fisher, R. P., & Schreiber, N. (2007). Interview protocols to improve eyewitness memory. In M. P. Toglia, J. D. Read, D. F. Ross, & R. C. L. Lindsay (Eds.), *The handbook of eyewitness psychology, Vol I: Memory for events* (pp. 53–80). Mahwah, NJ: Erlbaum.

Fisher, W. A., & Barak, A. (2001). Internet pornography: A social psychological perspective on Internet sexuality. *Journal of Sex Research, 38*, 312–323.

Fiske, S. T., & Taylor, S. E. (2013). *Social cognition: From brains to culture* (2nd ed.). Thousand Oaks, CA: Sage.

Fiske, S. T., Cuddy, A. J. C., & Glick, P. (2006). Universal dimensions of social cognition: Warmth and competence. *Trends in Cognitive Sciences, 11*, 77–83.

Fitzgerald, R. J., Oriet, C., & Price, H. L. (2014). Suspect filler similarity in eyewitness lineups: A literature review and a novel methodology. *Law and Human Behavior.*doi:10.1037/lhb0000095

Fivecoat, H. C., Tomlinson, J. M., Aron, A., & Caprariello, P. A. (2014). Partner support for individual self-expansion opportunities: Effects on relationship satisfaction in long-term couples. *Journal of Social and Personal Relationships.* doi:10.1177/0265407514533767

Flanagan, C. A., Bowes, J. M., Jonsson, B., Csapo, B., & Sheblanova, E. (1998). Ties that bind: Correlates of adolescents' civic commitments in seven countries. *Journal of Social Issues, 54*, 457–475.

Flick, U. (2014). *An introduction to qualitative research methods.* Thousand Oaks, CA: Sage.

Flowers, M. L. (1977). A lab test of some implications of Janis's groupthink hypothesis. *Journal of Personality and Social Psychology, 35*, 888–897.

Fointiat, V., Grosbras, J-M., Michel, S., & Somat, A. (2001). Encouraging young adults to drive carefully. The use of the hypocrisy paradigm. *Promoting Public Health,* Chambery (France), May, 10–12.

Folkman, S., & Moskowitz, J. T. (2000). The context matters. *Personality and Social Psychology Bulletin, 26*, 150–151.

Forbes, G. B., Adams-Curtis, L. E., Pakalka, A. H., & White, K. B. (2006). Dating aggression, sexual coercion, and aggression-supporting attitudes among college men as a function of participation in aggressive high school sports. *Violence Against Women, 12*, 441–455.

Forer, B. R. (1949). The fallacy of personal validation: A classroom demonstration of gullibility. *Journal of Abnormal and Social Psychology, 44*, 118–123.

Forgas, J. P. (2011). She just doesn't look like a philosopher…? Affective influences on the halo effect in impression formation. *European Journal of Social Psychology, 41*, 812–817.

Forgas, J. P. (2013). Don't worry, be sad! On the cognitive, motivational, and interpersonal benefits of negative mood. *Current Directions in Psychological Science, 22*, 225–232.

Forgas, J. P., & Bower, G. H. (1987). Mood effects on person-perception judgments. *Journal of Personality and Social Psychology, 53*, 53–60.

Förster, J., Liberman, N., & Friedman, R. (2007). Seven principles of goal activation: A systematic approach to distinguishing goal priming from priming of non-goal constructs. *Personality and Social Psychology Review, 11*(3), 211–233.

Forsterling, F. (1989). Models of covariation and attribution: How do they relate to the analogy of analysis of variance? *Journal of Personality and Social Psychology, 57*, 615–625.

Forsyth, D. R., & Burnette, J. (2010). Group processes. In R. F. Baumeister & E. J. Finkel (Eds.), *Advanced social psychology: The state of the science* (pp. 495–534). New York: Oxford.

Fotuhi, O., Fong, G. T., Zanna, M. P., Borland, R., Yong, H., & Cummings, K. M. (2013). Patterns of cognitive dissonance-reducing beliefs among smokers: A longitudinal analysis from the International Tobacco Control (ITC) Four Country Survey. *Tobacco Control: An International Journal, 22*, 52–58.

Fountain, J. W. (1997, May 4). No fare. *Washington Post*, p. F1.

Fouts, G., & Burggraf, K. (1999). Television situation comedies: Female body images and verbal reinforcements. *Sex Roles, 40*, 473–479.

Fox, C. (2006). The availability heuristic in the classroom: How soliciting more criticism can boost your course ratings. *Judgment and Decision Making, 1*, 86–90.

Frager, R. (1970). Conformity and anticonformity in Japan. *Journal of Personality and Social Psychology, 15*, 203–210.

Fraidin, S. N. (2004). When is one head better than two? Interdependent information in group decision making. *Organizational Behavior and Human Decision Processes, 93*, 102–113.

Fraley, R. C. (2002). Attachment stability from infancy to adulthood: Meta-analysis and dynamic modeling of developmental mechanisms. *Personality and Social Psychology Review, 6*, 123–151.

Fraley, R. C., & Shaver, P. R. (2000). Adult romantic attachment: Theoretical developments, emerging controversies, and unanswered questions. *Review of General Psychology, 4*, 132–154.

France: An event not hallowed. (2001, November 1). *The New York Times,* p. A14.

Franklin, B. (1900). *The autobiography of Benjamin Franklin* (J. Bigelow, Ed.). Philadelphia: Lippincott. (Originally published 1868)

Frazier, P. A., & Cook, S. W. (1993). Correlates of distress following heterosexual relationship dissolution. *Journal of Social and Personal Relationships, 10*, 55–67.

Frazier, P., Keenan, N., Anders, S., Perera, S., Shallcross, S., & Hintz, S. (2011). Perceived past, present, and future control and adjustment to stressful life events. *Journal of Personality and Social Psychology, 100*, 749–765. doi:10.1037/ a0022405

Freedman, J. L. (1965). Long-term behavioral effects of cognitive dissonance. *Journal of Experimental and Social Psychology, 1*, 145–155.

Freedman, J. L., & Fraser, S. C. (1966). Compliance without pressure: The foot-in-the-door technique. *Journal of Personality and Social Psychology, 4*, 195–202.

Freijy, T., & Kothe, E. J. (2013). Dissonance-based interventions for health behaviour change: A systematic review. *British Journal of Health Psychology, 18*, 310–337.

Freud, S. (1930). *Civilization and its discontents* (J. Riviere, Trans.). London: Hogarth Press.

Freud, S. (1933). *New introductory lectures on psychoanalysis.* New York: Norton.

Fried, C., & Aronson, E. (1995). Hypocrisy, misattribution, and dissonance reduction: A demonstration of dissonance in the absence of aversive consequences. *Personality and Social Psychology Bulletin, 21*, 925–933.

Friese, M., & Wänke, M. (2014). Personal prayer buffers self-control depletion. *Journal of Experimental Social Psychology, 51*, 56–59.

Frodi, A. (1975). The effect of exposure to weapons on aggressive behavior from a cross-cultural perspective. *International Journal of Psychology, 10*, 283–292.

Fukuyama, F. (1999). *The great disruption: Human nature and the reconstitution of social order.* New York: Free Press.

Fulero, S. M. (2002). Afterword: The past, present, and future of applied pretrial publicity research. *Law and Human Behavior, 26*, 127–133.

Fumento, M. (1997, September 12). Why we need a new war on weight. *USA Weekend,* pp. 4–6.

Funder, D. C. (1995). On the accuracy of personality judgments: A realistic approach. *Psychological Review, 102*, 652–670.

Funder, D. C., & Colvin, C. R. (1988). Friends and strangers: Acquaintanceship, agreement, and the accuracy of personality judgment. *Journal of Personality and Social Psychology, 55*, 149–158.

Furnham, A. (1993). Just world beliefs in twelve societies. *Journal of Social Psychology, 133*, 317–329.

Furnham, A., & Gunter, B. (1984). Just world beliefs and attitudes toward the poor. *British Journal of Social Psychology, 23*, 265–269.

Furnham, A., & Mak, T. (1999). Sex-role stereotyping in television commercials: A review and comparison of fourteen studies done on five continents over 25 years. *Sex Roles, 41*, 413–437.

Furnham, A., & Procter, E. (1989). Beliefs in a just world: Review and critique of the individual difference literature. *British Journal of Social Psychology, 28*, 365–384.

Furnham, A., Richards, S. C., & Paulhus, D. L. (2013). The dark triad of personality: A 10 year review. *Social and Personality Psychology Compass, 7*, 199–216.

Fury, G., Carlson, E. A., & Sroufe, L. A. (1997). Children's representations of attachment relationships in family drawings. *Child Development, 68*, 1154–1164.

Gabbert, F., Memon, A., & Allan, K. (2003). Memory conformity: Can eyewitnesses influence each other's memories for an event? *Applied Cognitive Psychology, 17*, 533–543.

Gabriel, S., & Gardner, W. L. (1999). Are there "his" and "hers" types of interdependence? The implications of gender differences in collective versus relational interdependence for affect, behavior, and cognition. *Journal of Personality and Social Psychology, 77*, 642–655.

Gaertner, S. L., Mann, J. A., Dovidio, J. F., & Murrell, A. J. (1990). How does cooperation reduce intergroup bias? *Journal of Personality and Social Psychology, 59*, 692–704.

Galatzer-Levy, I. R., Bonanno, G. A., Bush, D. E. A., & LeDoux, J. E. (2013). Heterogeneity in threat extinction learning: Substantive and methodological considerations for identifying individual difference in response to stress. *Frontiers in Behavioral Neuroscience, 7*, Article ID 55.

Galdi, S., Arcuri, L., & Gawronski, B. (2008). Automatic mental associations predict future choices of undecided decision makers. *Science, 321*, 1100–1102.

Galen, L. W. (2012). Does religious belief promote prosociality? A critical examination. *Psychological Bulletin, 138*, 876–906.

Gallup, G. (1997). On the rise and fall of self-conception in primates. In J. G. Snodgrass & R. L. Thompson (Eds.), *The self across psychology: Self-recognition, self-awareness, and the self concept* (pp. 73–82). New York: New York Academy of Sciences.

Gallup, G. G., Jr., Anderson, J. R., & Shillito, D. J. (2002). The mirror test. In M. Bekoff & C. Allen (Eds.), *Cognitive animal: Empirical and theoretical perspectives on animal cognition* (pp. 325–333). Cambridge, MA: MIT Press.

Gangestad, S. W. (1993). Sexual selection and physical attractiveness: Implications for mating dynamics. *Human Nature, 4,* 205–235.

Ganzel, B. L., Morris, P. A., & Wethington, E. (2010). Allostasis and the human brain: Integrating models of stress from the social and life sciences. *Psychological Review, 117,* 134–174.

Gao, G. (1993, May). *An investigation of love and intimacy in romantic relationships in China and the United States.* Paper presented at the annual conference of the International Communication Association, Washington, DC.

Gao, G. (1996). Self and other: A Chinese perspective on interpersonal relationships. In W. B. Gudykunst, S. Ting-Toomey, & T. Nishida (Eds.), *Communication in personal relationships across cultures* (pp. 81–101). Thousand Oaks, CA: Sage.

Garcia, L. T., & Milano, L. (1990). A content analysis of erotic videos. *Journal of Psychology and Human Sexuality, 3,* 95–103.

Garcia, S., Stinson, L., Ickes, W. J., Bissonnette, V., & Briggs, S. (1991). Shyness and physical attractiveness in mixed-sex dyads. *Journal of Personality and Social Psychology, 61,* 35–49.

Gardner, W. L., & Gabriel, S. (2004). Gender differences in relational and collective interdependence: Implications for self-views, social behavior, and subjective well-being. In A. H. Eagly, A. E. Beall, & R. J. Sternberg (Eds.), *Psychology of gender* (2nd ed., pp. 169–191). New York: Guilford.

Gardner, W. L., Pickett, C. L., & Brewer, M. B. (2000). Social exclusion and selective memory: How the need to belong influences memory for social events. *Personality and Social Psychology Bulletin, 26,* 486–496.

Gardner, W., & Gabriel, S. (2004). Gender differences in relational and collective interdependence: Implications for self-views, social behavior, and subjective well-being. In A. H. Eagly, A. E. Beall, & R. J. Sternberg (Eds.), *The psychology of gender* (2nd ed., pp. 169–191). New York: Guilford Press.

Gardner, W., & Knowles, M. L. (2008). Love makes you real: Favorite television characters are perceived as "real" in a social facilitation paradigm. *Social Cognition, 26,* 156–168.

Garfinkle, H. (1967). *Studies in ethnomethodology.* Englewood Cliffs, NJ: Prentice Hall.

Gates, H. L., Jr. (1995, October 23). Thirteen ways of looking at a black man. *New Yorker,* pp. 56–65.

Gawronski, B. (2003a). Implicational schemata and the correspondence bias: On the diagnostic value of situationally constrained behavior. *Journal of Personality and Social Psychology, 84,* 1154–1171.

Gawronski, B. (2003b). On difficult questions and evident answers: Dispositional inference from role-constrained behavior. *Personality and Social Psychology Bulletin, 29,* 1459–1475.

Gawronski, B., & Bodenhausen, G. V. (2012). Self-insight from a dual-process perspective. In S. Vazire, & T. D. Wilson (Eds.), *Handbook of self-knowledge.* New York: Guilford Press.

Gawronski, B., & Payne, B. K. (Eds.). (2010). *Handbook of implicit social cognition: Measurement, theory, and applications.* New York: Guilford Press.

Geen, R. G. (1989). Alternative conceptions of social facilitation. In P. B. Paulus (Ed.), *Psychology of group influence* (2nd ed., pp. 15–51). Hillsdale, NJ: Erlbaum.

Geen, R. G. (1994). Television and aggression: Recent developments in research and theory. In D. Zillmann, J. Bryant, & A. C. Huston (Eds.), *Media, children, and the family: Social scientific, psychodynamic, and clinical perspectives* (pp. 151–162). Hillsdale, NJ: Erlbaum.

Geen, R. G., & Quanty, M. (1977). The catharsis of aggression: An evaluation of a hypothesis. In L. Berkowitz (Ed.), *Advances in experimental social psychology* (Vol. 10, pp. 1–36). New York: Academic Press.

Geen, R. G., Stonner, D., & Shope, G. (1975). The facilitation of aggression by aggression: A study in response inhibition and disinhibition. *Journal of Personality and Social Psychology, 31,* 721–726.

Gelfand, M. J., Chiu, C., & Hong, Y. (Eds.). (2014). *Advances in culture and psychology* (Vol. 4). New York: Oxford University Press.

Gelfand, M. J., Erez, M., Aycan, Z. (2007). Cross-cultural organizational behavior. *Annual Review of Psychology, 58,* 479–514.

Gendron, M., Roberson, D., van der Vyver, J. M., & Barrett, L. F. (2014). Perceptions of emotion from facial expressions are not culturally universal: Evidence from a remote culture. *Emotion, 14,* 251–262.

Gentile, B., Grabe, S., Dolan-Pascoe, B., Twenge, J. M., Wells, B. E., & Maitino, A. (2009). Gender differences in domain-specific self-esteem: A meta-analysis. *Review of General Psychology, 13,* 34–45.

Gentile, D. A., Coyne, S., & Walsh, D. A. (2011). Media violence, physical aggression, and relational aggression in school age children: A short-term longitudinal study. *Aggressive Behavior, 37,* 193–206.

George, J. M. (1990). Personality, affect, and behavior in groups. *Journal of Applied Psychology, 75,* 107–116.

Geraerts, E., Lindsay, D. S., Merckelbach, H., Jelicic, M., Raymaekers, L., Arnold, M. M., & Schooler, J. W. (2009). Cognitive mechanisms underlying recovered-memory experiences of childhood sexual abuse. *Psychological Science, 20*(1), 92–98. doi:10.1111/j.1467-9280.2008.02247.x

Geraerts, E., Schooler, J., Merckelbach, H., Jelicic, M., Hauer, B., & Ambadar, Z. (2007). The reality of recovered memories: Corroborating continuous and discontinuous memories of childhood sexual abuse. *Psychological Science, 18,* 564–568.

Gerard, H. B. (1953). The effect of different dimensions of disagreement on the communication process in small groups. *Human Relations, 6,* 249–271.

Gerard, H. B., & Mathewson, G. C. (1966). The effects of severity of initiation on liking for a group: A replication. *Journal of Experimental Social Psychology, 2,* 278–287.

Gerard, H. B., Wilhelmy, R. A., & Conolley, E. S. (1968). Conformity and group size. *Journal of Personality and Social Psychology, 8,* 79–82.

Gerbner, G., Gross, L., Morgan, M., Signorielli, N., & Shanahan, J. (2002). Growing up with television: Cultivation processes. In J. Bryant & D. Zillmann (Eds.), *Media effects: Advances in theory and research* (pp. 43–67). Mahwah, NJ: Erlbaum.

Gerdes, E. P. (1979). College students' reactions to social psychological experiments involving deception. *Journal of Social Psychology, 107,* 99–110.

Gerin, W., Chaplin, W., Schwartz, J. E., Holland, J., Alter, R., Wheeler, R., Duong, D., & Pickering, T. G. (2005). Sustained blood pressure increase after an acute stressor: The effects of the 11 September 2001 attack on the New York City World Trade Center. *Journal of Hypertension, 23,* 279–284.

Gershoff, E. T. (2002). Parental corporal punishment and associated child behaviors and experiences: A meta-analytic and theoretical review. *Psychological Bulletin, 128,* 539–579.

Gibbons, F. X. (1978). Sexual standards and reactions to pornography: Enhancing behavioral consistency through self-focused attention. *Journal of Personality and Social Psychology, 36,* 976–987.

Gibbons, F. X., Eggleston, T. J., & Benthin, A. C. (1997). Cognitive reactions to smoking relapse: The reciprocal relation between dissonance and self-esteem. *Journal of Personality and Social Psychology, 72,* 184–195.

Gibbons, F. X., Gerrard, M., & Cleveland, M. J. (2004). Perceived discrimination and substance use in African American parents and their children: A panel study. *Journal of Personality and Social Psychology, 86,* 517–529. www.obesity.org/subs/fastfacts/obesity_what2.shtml

Gibbs, N., & Roche, T. (1999, December 20). The Columbine tapes. *Time,* p. 154.

Gibson, B., & Poposki, E. M. (2010). How the adoption of impression management goals alters impression formation. *Personality and Social Psychology Bulletin, 36,* 1543–1554. doi:10.1177/0146167210385008

Gifford, R. (1991). Mapping nonverbal behavior on the interpersonal circle. *Journal of Personality and Social Psychology, 61,* 279–288.

Gigerenzer, G. (2000). *Adaptive thinking: Rationality in the real world.* Oxford: Oxford University Press.

Gigerenzer, G. (2008). Why heuristics work. *Perspectives on Psychological Science, 3,* 20–29.

Gilbert, D. T. (1989). Thinking lightly about others: Automatic components of the social inference process. In J. S. Uleman & J. A. Bargh (Eds.), *Unintended thought* (pp. 189–211). New York: Guilford Press.

Gilbert, D. T. (1991). How mental systems believe. *American Psychologist, 46,* 107–119.

Gilbert, D. T. (1993). The assent of man: Mental representation and the control of belief. In D. M. Wegner & J. W. Pennebaker (Eds.), *The handbook of mental control* (pp. 57–87). Englewood Cliffs, NJ: Prentice Hall.

Gilbert, D. T. (2005). *Stumbling on happiness.* New York: Knopf.

Gilbert, D. T., & Hixon, J. G. (1991). The trouble of thinking: Activation and applications of stereotypical beliefs. *Journal of Personality and Social Psychology, 60,* 509–517.

Gilbert, D. T., & Jones, E. E. (1986). Perceiver-induced constraint: Interpretations of self-generated reality. *Journal of Personality and Social Psychology, 50,* 269–280.

Gilbert, D. T., & Malone, P. S. (1995). The correspondence bias. *Psychological Bulletin, 117,* 21–38.

Gilbert, D. T., & Osborne, R. E. (1989). Thinking backward: Some curable and incurable consequences of cognitive busyness. *Journal of Personality and Social Psychology, 57,* 940–949.

Gilbert, D. T., & Wilson, T. D. (2007). Prospection: Experiencing the future. *Science, 317,* 1351–1354.

Gilbert, D. T., & Ebert, E. J. (2002). Decisions and revisions: The affective forecasting of changeable outcomes. *Journal of Personality and Social Psychology, 82*(4), 503–514.

Gilbert, D. T., Killingsworth, M. A., Eyre, R. N., & Wilson, T. D. (2009). The surprising power of neighborly advice. *Science, 323,* 1617–1619.

Gilbert, D. T., Pelham, B. W., & Krull, D. S. (1988). On cognitive busyness: When person perceivers meet persons perceived. *Journal of Personality and Social Psychology, 54,* 733–740.

Gilbert, S. J. (1981). Another look at the Milgram obedience studies: The role of the gradated series of shocks. *Personality and Social Psychology Bulletin, 4,* 690–695.

Gildersleeve, K., Haselton, M. G., & Fales, M. R. (2014). Do women's mate preferences change across the ovulatory cycle? A meta-analytic review. *Psychological Bulletin.*doi:10.1037/a0035438

Gilmore, D. D. (1990). *Manhood in the making: Cultural concepts of masculinity.* New Haven, CT: Yale University Press.

Gilovich, T. (1991). *How we know what isn't so: The fallibility of human reason in everyday life.* New York: Free Press.

Gilovich, T., & Griffin, D. W. (2002). Introduction: Heuristics and biases, now and then. In T. Gilovich, D. W. Griffin, & D. Kahneman (Eds.), *Heuristics and biases: The psychology of intuitive judgment* (pp. 1–18). New York: Cambridge University Press.

Girl born to Japan's princess. (2001, December 1). *The New York Times,* p. 8.

Girme, Y. U., Overall, N. C., & Simpson, J. A. (2013). When visibility matters: Short-term versus long-term costs and benefits of visible and invisible support. *Personality and Social Psychology Bulletin, 39,* 1441–1454.

Gladue, B. A., Boechler, M., & McCaul, K. D. (1989). Hormonal response to competition in human males. *Aggressive Behavior, 15,* 409–422.

Gladwell, M. (2004, January 12). Big and bad: How the S.U.V. ran over automotive safety. *New Yorker,* p. 28.

Gladwell, M. (2005). *Blink: The power of thinking without thinking*. New York: Little, Brown.

Gladwell, M. (2005, January 12). Big and bad: How the S.U.V. ran over automotive safety. *New Yorker*.

Glasman, L. R., & Albarracín, D. (2006). Forming attitudes that predict future behavior: A meta-analysis of the attitude-behavior relation. *Psychological Bulletin,132*, 778–822.

Glasman, L. R., & Albarracín, D. (2006). Forming attitudes that predict future behavior: A meta-analysis of the attitude-behavior relation. *Psychological Bulletin, 132*, 778–822.

Glass, D. C. (1964). Changes in liking as a means of reducing cognitive discrepancies between self-esteem and aggression. *Journal of Personality, 32*, 531–549.

Gleick, E. (1997, April 7). Planet Earth about to be recycled. Your only chance to survive—leave with us. *Time*, pp. 28–36.

Glick, P. (2006). Ambivalent sexism, power distance, and gender inequality across cultures. In S. Guimond (Ed.), *Social comparison and social psychology: Understanding cognition, intergroup relations, and culture*. New York: Cambridge University Press.

Glick, P., & Fiske, S. (2001). An ambivalent alliance: Hostile and benevolent sexism as complementary justifications for gender inequality. *American Psychologist, 56*, 109–118.

Glick, P., Lameiras, M., Fiske, S. T., Eckes, T., Masser, B., et al. (2004). Bad but bold: Ambivalent attitudes toward men predict gender inequality in sixteen nations. *Journal of Personality and Social Psychology, 86*, 713–728.

Global Health Observatory. (n.d.). World Health Organization. Retrieved August 19, 2014, from "Global statistics," 2011.

Global Report: UNAIDS Report on the Global Aids Epidemic 2013. (2013). Retrieved August 19, 2014, from http://www.unaids.org/en/media/unaids/contentassets/documents/epidemiology/2013/gr2013/UNAIDS_Global_Report_2013_en.pdf

Goethals, G. R., & Darley, J. M. (1977). Social comparison theory: An attributional approach. In J. M. Suls & R. L. Miller (Eds.), *Social comparison processes: Theoretical and empirical perspectives* (pp. 259–278). Washington, DC: Hemisphere/Halsted.

Goffman, E. (1959). *Presentation of self in everyday life*. Garden City, NY: Anchor/Doubleday.

Gold, J. A., Ryckman, R. M., & Mosley, N. R. (1984). Romantic mood induction and attraction to a dissimilar other: Is love blind? *Personality and Social Psychology Bulletin, 10*, 358–368.

Golder, S. A., & Macy, M. W. (2011). Diurnal and season mood vary with work, sleep, and daylength across diverse cultures. *Science, 333*, 1878–1881. doi:10.1126/science.1202775

Goldinger, S. D., Kleider, H. M., Azuma, T., & Beike, D. R. (2003). "Blaming the victim" under memory load. *Psychological Science,14*, 81–85.

Goldstein, J. H., & Arms, R. L. (1971). Effect of observing athletic contests on hostility. *Sociometry, 34*, 83–90.

Goldstein, N. J., Cialdini, R. B., & Griskevicius, V. (2008). A room with a viewpoint: Using social norms to motivate environmental conservation in hotels. *Journal of Consumer Research, 35*, 472–482.

Gollwitzer, P. M., & Oettingen, G. (2011). Planning promotes goal striving. In K. D. Vohs & R. F. Baumeister (Eds.), *Handbook of self-regulation: Research, theory, and applications* (2nd ed., pp. 162–185). New York: Guilford.

Golumbic, E. Z., Cogan, G. B., Schroeder, C. E., & Poeppel, D. (2013). Visual input enhances selective speech envelope tracking in auditory cortex at a "Cocktail Party." *The Journal of Neuroscience, 33*(4), 1417–1426. doi:10.1523/JNEUROSCI.3675-12.2013

Gonzaga, G. C., Campos, B., & Bradbury, T. (2007). Similarity, convergence, and relationship satisfaction in dating and married couples. *Journal of Personality and Social Psychology, 93*, 34–48.

Good, C., Aronson, J., & Harder, J. (2008). Problems in the pipeline: Women's achievement in high-level math courses. *Journal of Applied Developmental Psychology, 29*, 17–28.

Goode, E. (1999, February 9). Arranged marriage gives way to courtship by mail. *The New York Times*, p. D3.

Goodfriend, W., & Agnew, C. R. (2008). Sunken costs and desired plans: Examining different types of investments in close relationships. *Personality and Social Psychology Bulletin, 34*, 1639–1652.

Goodwin, D. K. (2006). *Team of rivals*. New York: Simon & Schuster.

Goodwin, G. P., Piazza, J., & Rozin, P. (2014). Moral character predominates in person perception and evaluation. *Journal of Personality and Social Psychology, 106*, 148–168.

Goodwin, R. (1999). *Personal relationships across cultures*. New York: Routledge.

Gosling, S. (2008). *Snoop: What your stuff says about you*. London: Profile Books Ltd.

Goto, S. G., Ando, Y., Huang, C., Yee, A., & Lewis, R. S. (2010). Cultural differences in the visual processing of meaning: Detecting incongruities between background and foreground objects using the N400. *Social Cognitive and Affective Neuroscience, 5*, 242–253.

Goto, S. G., Yee, A., Lowenberg, K., & Lewis, R. S. (2013). Cultural differences in sensitivity to social context: Detecting affective incongruity using the N400. *Social Neuroscience, 8*, 63–74.

Gottman, J. M. (2014). *What predicts divorce?: The relationship between marital processes and marital outcomes*. New York, NY: Psychology Press.

Gottman, J. M., & Levenson, R. W. (2002). A two-factor model for predicting when a couple will divorce: Exploratory analyses using 14-year longitudinal data. *Family Process, 41*, 83–96.

Grabe, S., & Hyde, J. S. (*2006*). Ethnicity and body dissatisfaction among women in the United States: A meta-analysis. *Psychological Bulletin, 132*, 622–640.

Grabe, S., Ward, L. M., & Hyde, J. S. (2008). The role of the media in body image concerns among women: A meta-analysis of experimental and correlational studies. *Psychological Bulletin, 134*, 460–476.

Graham, J., & Haidt, J. (2010). Beyond beliefs: Religion binds individuals into moral communities. *Personality and Social Psychology Review, 14*, 140–150.

Graham, J., Koo, M., & Wilson, T. D. (2011). Conserving energy by inducing people to drive less. *Journal of Applied Social Psychology, 41*, 106–118.

Graham, K., Osgood, D. W., Wells, S., & Stockwell, T. (2006). To what extent is intoxication associated with aggression in bars? A multilevel analysis. *Journal of Studies on Alcohol, 67*, 382–390.

Granberg, D., & Bartels, B. (2005). On being a lone dissenter. *Journal of Applied Social Psychology, 35*, 1849–1858.

Grant, A. M., & Gino, F. (2010). A little thanks goes a long way: Explaining why gratitude expressions motivate prosocial behavior. *Journal of Personality and Social Psychology, 98*(6), 946–955. doi:10.1037/a0017935

Gray, K., & Wegner, D. M. (2010). Torture and judgments of guilt. *Journal of Experimental Social Psychology, 46*, 233–235.

Gray, K., Ward, A. F., & Norton, M. I. (2014). Paying it forward: Generalized reciprocity and the limits of generosity. *Journal of Experimental Psychology: General, 143*(1), 247–254. doi:10.1037/a0031047

Gray, S. (2004, March 30). Bizarre hoaxes on restaurants trigger lawsuits. *Wall Street Journal*, Retrieved June 5, 2006, from online.wsj.com/article_print/SB10806104589968615.html

Graziano, W. G., Habashi, M. M., Sheese, B. E., & Tobin, R. M. (2007). Agreeableness, empathy, and helping: A person × situation perspective. *Journal of Personality and Social Psychology, 93*, 583–599.

Graziano, W. G., Jensen-Campbell, L. A., Shebilske, L. J., & Lundgren, S. R. (1993). Social influence, sex differences, and judgments of beauty: Putting the interpersonal back in interpersonal attraction. *Journal of Personality and Social Psychology, 65*, 522–531.

Green, A. R., Carney, D. R., Pallin, D. J., Ngo, L. H., Raymond, K. L., et al. (2007). Implicit bias among physicians and its prediction of thrombolysis decisions for black and white patients. *Journal of General Internal Medicine, 22*, 1231–1238.

Greenberg, J., & Musham, C. (1981). Avoiding and seeking self-focused attention. *Journal of Research in Personality, 15*, 191–200.

Greenberg, J., Pyszczynski, T., & Solomon, S. (1982). The self-serving attributional bias: Beyond self-presentation. *Journal of Experimental Social Psychology, 18*, 56–67.

Greenberg, J., Solomon, S., & Pyszczynski, T. (1997). Terror management theory of self-esteem and social behavior: Empirical assessments and conceptual refinements. In M. P. Zanna (Ed.), *Advances in experimental social psychology* (Vol. 29, pp. 61–139). New York: Academic Press.

Greene, D., Sternberg, B., & Lepper, M. R. (1976). Overjustification in a token economy. *Journal of Personality and Social Psychology, 34*, 1219–1234.

Greene, E., & Evelo, A. (2014). Cops and robbers (and eyewitnesses): A comparison of lineup administration by robbery detectives in the U.S. and Canada. *Psychology, Crime, and Law*. doi:10.1080/1068316X.2014.952234

Greene, E., & Helbrun, K. (2013). *Wrightsman's Psychology and the Legal System*. New York: Cengage.

Greenwald, A. G., & Banaji, M. R. (1995). Implicit social cognition: Attitudes, self-esteem, and stereotypes. *Psychological Review, 102*, 4–27.

Greenwald, A. G., McGhee, D. E., & Schwartz, J. L. K. (1998). Measuring individual differences in implicit cognition: The Implicit Association Test. *Journal of Personality and Social Psychology, 74*, 1464–1480.

Greenwald, A. G., Poehlman, T. A., Uhlmann, E. L., & Banaji, M. R. (2009). Understanding and using the Implicit Association Test: III. Meta-analysis of predictive validity. *Journal of Personality and Social Psychology, 97*(1), 17–41. doi:10.1037/a0015575

Greenwald, A. G., Spangenberg, E. R., Pratkanis, A. R., & Eskenazi, J. (1991). Double-blind tests of subliminal self-help audiotapes. *Psychological Science, 2*, 119–122.

Greenwald, A., & Pettigrew, T. (2014). With malice toward none and charity for some: Ingroup favoritism enables discrimination. *American Psychologist*. doi:10.1037/a0036056

Greitemeyer, T. (2009). Effects of songs with prosocial lyrics on prosocial behavior: Further evidence and a mediating mechanism. *Personality and Social Psychology Bulletin, 35*(11), 1500–1511. doi:10.1177/0146167209341648

Greitemeyer, T. (2011). Exposure to music with prosocial lyrics reduces aggression: First evidence and test of the underlying mechanism. *Journal of Experimental Social Psychology, 47*(1), 28–36. doi:10.1016/j.jesp.2010.08.005

Greitemeyer, T. (2013). Article retracted, but the message lives on. *Psychonomic Bulletin Review*. Advance online publication. doi:10.3758/s13423-013-0500-6

Greitemeyer, T. (2014). Playing violent video games increases intergroup bias. *Personality and Social Psychology Bulletin, 40*, 70–78.

Greitemeyer, T., & McLatchie, N. (2011). Denying humanness to others: A newly discovered mechanism by which violent video games increase aggressive behavior. *Psychological Science, 22*, 659–665.

Greitemeyer, T., & Mügge, D. O. (2014). Video games do affect social outcomes: A meta-analytic review of the effects of violent and prosocial video game play. *Personality and Social Psychology Bulletin, 40*, 578–589.

Greitemeyer, T., & Osswald, S. (2010). Effects of prosocial video games on prosocial behavior. *Journal of Personality and Social Psychology, 98*(2), 211–221. doi:10.1037/a0016997

Greitemeyer, T., & Schulz-Hardt, S. (2003). Preference-consistent evaluation of information in the hidden profile paradigm: Beyond group-level explanations for the dominance of shared information in group decisions. *Journal of Personality and Social Psychology, 84*, 322–339.

Greitemeyer, T., Osswald, S., & Brauer, M. (2010). Playing prosocial video games increases empathy and decreases schadenfreude. *Emotion, 10*(6), 796–802. doi:10.1037/a0020194

Griffin, D. W., & Ross, L. (1991). Subjective construal, social inference, and human misunderstanding. In L. Berkowitz (Ed.), *Advances in experimental social psychology* (Vol. 24, pp. 319–359). San Diego, CA: Academic Press.

Griffin, D. W., Gonzalez, R., & Varey, C. (2001). The heuristics and biases approach to judgment under uncertainty. In A. Tesser & N. Schwarz (Eds.), *Blackwell handbook of social psychology: Intraindividual processes* (pp. 127–133). Oxford, UK: Blackwell.

Griffin, D., & Kahneman, D. (2003). Judgmental heuristics: Human strengths or human weaknesses? In L. G. Aspinwall & U. M. Staudinger (Eds.), *A psychology of human strengths: Fundamental questions and future directions for a positive psychology* (pp. 165–178). Washington, DC: American Psychological Association.

Griffith, S. C., Pryke, S. R., & Buettemer, W. A. (2011). Constrained mate choice in social monogamy and the stress of having an unattractive partner. *Proceedings of the Royal Society of London, Series B, 278*, 2798–2805.

Griffitt, W., & Veitch, R. (1971). Hot and crowded: influences of population density and temperature on interpersonal affective behavior. *Journal of Personality and Social Psychology, 17*(1), 92–98.

Griggs, R. A., & Whitehead, G. I., III. (2014). Coverage of the Stanford Prison Experiment in introductory social psychology textbooks. *Teaching of Psychology, 41*, 318–324.

Gronlund, S. D., Wixted, J. T., & Mickes, L. (2014). Evaluating eyewitness identification procedures using receiver operating characteristic analysis. *Current Directions in Psychological Science, 23*, 3–10.

Grossbard, J. R., Lee, C. M., Neighbors, C., & Larimer, M. E. (2008). Body image concerns and contingent self-esteem in male and female college students. *Sex Roles, 60*, 198–207.

Guagnano, G. A., Stern, P. C., & Dietz, T. (1995). Influences on attitude-behavior relationships: A natural experiment with curbside recycling. *Environment and Behavior, 27*, 699–718.

Gudjonsson, G. H., Sigurdsson, J. F., Sigurdardottir, A. S., Steinthorsson, H., & Sigurdardottir, V. M. (2014). The role of memory distrust in cases of internalised false confession. *Applied Cognitive Psychology, 28*, 336–348.

Gudykunst, W. B. (1988). Culture and intergroup processes. In M. H. Bond (Ed.), *The cross-cultural challenge to social psychology* (pp. 165–181). Newbury Park, CA: Sage.

Gudykunst, W. B., Ting-Toomey, S., & Nishida, T. (1996). *Communication in personal relationships across cultures.* Thousand Oaks, CA: Sage.

Guéguen, N., Jacob, C., & Lamy, L. (2010). 'Love is in the air': Effects of songs with romantic lyrics on compliance with a courtship request. *Psychology of Music, 38*(3), 303–307. doi:10.1177/0305735609360428

Guenther, C. L., & Alicke, M. D. (2010). Deconstructing the better-than-average effect. *Journal of Personality and Social Psychology, 99*, 755–770. doi:10.1037/a0020959

Guerin, B. (1993). *Social facilitation.* Cambridge: Cambridge University Press.

Guerrero, L. K., La Valley, A. G., & Farinelli, L. (2008). The experience and expression of anger, guilt, and sadness in marriage: An equity theory explanation. *Journal of Social and Personal Relationships, 25*, 699–724.

Guimond, S. (1999). Attitude change during college: Normative or informational social influence? *Social Psychology of Education, 2*, 237–261.

Guimond, S., Chatard, A., Martinot, D., Crisp, R. J., & Redersdorff, S. (2006). Social comparison, self-stereotyping, and gender differences in self-construals. *Journal of Personality and Social Psychology, 90*(2), 221–242.

Guisinger, S., & Blatt, S. J. (1994). Individuality and relatedness: Evolution of a fundamental dialect. *American Psychologist, 49*, 104–111.

Gully, S. M., Devine, D. J., & Whitney, D. J. (1995). A meta-analysis of cohesion and performance: Effects of level of analysis and task interdependence. *Small Groups Research, 26*, 497–520.

Gunn, A. (2013, August 23). I have a character issue. *New York Times.* Retrieved March 17, 2014, from www.nytimes.com/2013/08/24/opinion/i-have-a-character-issue.html

Gustafson, R. (1989). Frustration and successful vs. unsuccessful aggression: A test of Berkowitz's completion hypothesis. *Aggressive Behavior, 15*, 5–12.

Guyll, M., Madon, S., Prieto, L., & Scherr, K. C. (2010). The potential roles of self-fulfilling prophecies, stigma consciousness, and stereotype threat in linking Latino/a ethnicity and educational outcomes. *Journal of Social Issues, 66*(1), 113–130. doi:10.1111/j.1540-4560.2009.01636.x

Ha, A. (2014, March 13). CEO Sean Rad says dating app Tinder has made 1 billion matches. Retrieved July 16, 2014, from http://techcrunch.com/2014/03/13/tinder-1-billion-matches/

Ha, T., van den Berg, J. E. M., Engels, R. C. M. E., & Lichtwarck-Aschoff, A. (2012). Effects of attractiveness and status in dating desire in homosexual and heterosexual men and women. *Archives of Sexual Behavior, 41*, 673–682.

Hadden, B. W., Smith, C. V., & Webster, G. D. (2014). Relationship duration moderates associations between attachment and relationship quality: Meta-analytic support for the temporal adult romantic attachment model. *Personality and Social Psychology Review, 18*, 42–58.

Haddock, G., Maio, G. R., Arnold, K., & Huskinson, T. (2008). Should persuasion be affective or cognitive? The moderating effects of need for affect and need for cognition. *Personality and Social Psychology Bulletin, 34*, 769–778.

Hafer, C. L. (2000). Investment in long-term goals and commitment to just means drive the need to believe in a just world. *Personality and Social Psychology Bulletin, 26*, 1059–1073.

Hafer, C. L., & Begue, L. (2005). Experimental research on just-world theory: Problems, developments, and future challenges. *Psychological Bulletin, 131*(1), 128–167.

Hagestad, G. O., & Smyer, M. A. (1982). Dissolving long-term relationships: Patterns of divorcing in middle age. In S. W. Duck (Ed.), *Personal relationships: Vol. 4. Dissolving personal relationships* (pp. 155–188). London: Academic Press.

Hahn, A., & Gawronski, B. (2014). Do implicit evaluations reflect unconscious atittudes? *Behavioral and Brain Sciences, 37*, 28–29.

Hahn, A., Judd, C. M., Hirsh, H. K., & Blair, I. V. (2014). Awareness of implicit attitudes. *Journal of Experimental Psychology: General, 143*, 1369–1392.

Hahn, R., Fuqua-Whitley, D., Wethington, H., et al. (2008). Effectiveness of universal school-based programs to prevent violent and aggressive behaviour: A systematic review. *Child: Care, Health, & Development, 34*, 139.

Haidt, J. (2006). *The happiness hypothesis: Finding modern truth in ancient wisdom.* New York: Basic Books.

Halabi, S., Nadler, A., & Dovidio, J. F. (2013). Positive responses to intergroup assistance: The roles of apology and trust. *Group Processes & Intergroup Relations, 16*(4), 395–411. doi:10.1177/1368430212453863

Halali, E., Bereby-Meyer, Y., & Meiran, N. (2014). Between self-interest and reciprocity: The social bright side of self-control failure. *Journal of Experimental Psychology: General, 143*(2), 745–754. doi:10.1037/a0033824

Halberstadt, J. B., & Levine, G. L. (1997). *Effects of reasons analysis on the accuracy of predicting basketball games.* Unpublished manuscript, Indiana University.

Halberstadt, J. B., & Rhodes, G. (2000). The attractiveness of nonface averages: Implications for an evolutionary explanation of the attractiveness of average faces. *Psychological Science, 11*, 285–289.

Hald, G. M., Malamuth, N. M., & Yuen, C. (2010). Pornography and attitudes supporting violence against women: Revisiting the relationship in nonexperimental studies. *Aggressive Behavior, 36*, 14–20. doi:10.1002/ab.20328

Hall, C. C., Zhao, J., & Shafir, E. (2014). Self-affirmation among the poor: Cognitive and behavioral implications. *Psychological Science, 25*, 619–625.

Hall, E. T. (1969). *The hidden dimension.* Garden City, NY: Doubleday.

Hall, J. A., Gunnery, S. D., & Andrzejewski, S. A., (2011). Nonverbal emotion displays, communication modality, and the judgment of personality. *Journal of Research in Personality, 45*(1), 77–83.

Hall, J. A., Murphy, N. A., & Schmid Mast, M. (2007). Nonverbal self-accuracy in interpersonal interaction. *Personality and Social Psychology Bulletin, 33*, 1675–1685.

Halliwell, E., & Diedrichs, P. C. (2014). Testing a dissonance body image intervention among young girls. *Health Psychology, 33*, 201–204.

Ham, J., & Vonk, R. (2011). Impressions of impression management: Evidence of spontaneous suspicion of ulterior motivation. *Journal of Experimental Social Psychology, 47*, 466–471. doi:10.1016/j.jesp.2010.12.008

Hamby, S. L., & Koss, M. P. (2003). Shades of gray: A qualitative study of terms used in the measurement of sexual victimization. *Psychology of Women Quarterly, 27*, 243–255.

Hamby, S. L., & Koss, M. P. (2003). Shades of gray: A qualitative study of terms used in the measurement of sexual victimization. *Psychology of Women Quarterly, 27*, 243–255.

Hamilton, D. L. (1981). Illusory correlation as a basis for stereotyping. In D. L. Hamilton (Ed.), *Cognitive processes in stereotyping and intergroup behavior* (pp. 563–571). Hillsdale, NJ: Erlbaum.

Hamilton, V. L., Sanders, J., & McKearney, S. J. (1995). Orientations toward authority in an authoritarian state: Moscow in 1990. *Personality and Social Psychology Bulletin, 21*, 356–365.

Hamilton, W. D. (1964). The genetical evolution of social behavior. *Journal of Theoretical Biology, 7*, 1–52.

Hamm, M. (1999). *Go for the goal: A champion's guide to winning in soccer and life.* New York: HarperCollins.

Han, S., & Shavitt, S. (1994). Persuasion and culture: Advertising appeals in individualistic and collectivistic societies. *Journal of Experimental Social Psychology, 30*, 326–350.

Hancock, J. T., & Toma, C. L. (2009). Putting your best face forward: The accuracy of online dating photographs. *Journal of Communication, 59*, 367–286.

Haney, C., Banks, C., & Zimbardo, P. (1973). Interpersonal dynamics in a simulated prison. *International Journal of Criminology and Penology, 1*, 69–97.

Hansen, E. M., Kimble, C. E., & Biers, D. W. (2000). Actors and observers: Divergent attributions of constrained unfriendly behavior. *Social Behavior and Personality, 29*, 87–104.

Hansen, K., Gerbasi, M., Todorov, A., Kruse, E., & Pronin, E. (2014). People claim objectivity after knowingly using biased strategies. *Personality and Social Psychology Bulletin.* doi:10.1177/0146167214523476

Hanson, K. L., Medina, K. L., Padula, C. B., Tapert, S. F., & Brown, S. A. (2011). Impact of adolescent alcohol and drug use on neuropsychological functioning in young adulthood: 10-year outcomes. *Journal of Child & Adolescent Substance Abuse, 20*, 135–154.

Hänze, M., & Berger, R. (2007). Cooperative learning, motivational effects, and student characteristics: An experimental study comparing cooperative learning and direct instruction in 12th grade physics classes. *Learning and Instruction, 17*, 29–41.

Harackiewicz, J. M. (1979). The effects of reward contingency and performance feedback on intrinsic motivation. *Journal of Personality and Social Psychology, 37*, 1352–1363.

Harackiewicz, J. M. (1989). Performance evaluation and intrinsic motivation processes: The effects of achievement orientation and rewards. In D. M. Buss & N. Cantor (Eds.), *Personality psychology: Recent trends and emerging directions* (pp. 128–137). New York: Springer-Verlag.

Harackiewicz, J. M., & Elliot, A. J. (1993). Achievement goals and intrinsic motivation. *Journal of Personality and Social Psychology, 65,* 904–915.

Harackiewicz, J. M., & Elliot, A. J. (1998). The joint effects of target and purpose goals on intrinsic motivation: A mediational analysis. *Personality and Social Psychology Bulletin, 24,* 675–689.

Harackiewicz, J. M., & Hulleman, C. S. (2010). The importance of interest: The role of achievement goals and task values in promoting the development of interest. *Social and Personality Psychology Compass, 4,* 42–52. doi:10.1111/j.1751-9004.2009.00207.x

Harackiewicz, J. M., Manderlink, G., & Sansone, C. (1984). Rewarding pinball wizardry: The effects of evaluation and cue value on intrinsic interest. *Journal of Personality and Social Psychology, 47,* 287–300.

Hardin, C. D., & Higgins, E. T. (Eds.). (1996). *Shared reality: How social verification makes the subjective objective.* New York: Guilford Press.

Hare, A. P. (2003). Roles, relationships, and groups in organizations: Some conclusions and recommendations. *Small Group Research, 34,* 123–154.

Harmon-Jones, C., Schmeichel, B. J., Mennitt, E., & Harmon-Jones, E. (2011). The expression of determination: Similarities between anger and approach-related positive affect. *Journal of Personality and Social Psychology, 100,* 172–181.

Harmon-Jones, E., Harmon-Jones, C., & Amodio, D. M. (2012). A neuroscientific perspective on dissonance, guided by the action-based model. In B. Gawronski & F. Strack (Eds.), *Cognitive consistency: A fundamental principle in social cognition* (pp. 47–65). New York: Guilford Press.

Harrigan, J. A., & O'Connell, D. M. (1996). How do you feel when feeling anxious? Facial displays of anxiety. *Personality and Individual Differences, 21,* 205–212.

Harris M. (Ed.). (2009). *Bullying, rejection, and peer victimization: A social-cognitive neuroscience perspective* (pp. 251–277). New York: Springer.

Harris, B. (1986). Reviewing 50 years of the psychology of social issues. *Journal of Social Issues, 42,* 1–20.

Harris, C. R. (2003). A review of sex differences in jealousy, including self-report data, psychophysiological responses, interpersonal violence, and morbid jealousy. *Personality and Social Psychology Review, 7,* 102–128.

Harris, L. T., & Fiske, S. T. (2006). Dehumanizing the lowest of the low: Neuro-imaging responses to extreme outgroups. *Psychological Science, 17,* 847–853.

Harris, M. B. (1974). Mediators between frustration and aggression in a field experiment. *Journal of Experimental Social Psychology, 10,* 561–571.

Harris, M. B., & Perkins, R. (1995). Effects of distraction on interpersonal expectancy effects: A social interaction test of the cognitive busyness hypothesis. *Social Cognition, 13,* 163–182.

Harris, M. B., Benson, S. M., & Hall, C. (1975). The effects of confession on altruism. *Journal of Social Psychology, 96,* 187–192.

Harris, M. G. (1994). Cholas, Mexican-American girls, and gangs. *Sex Roles, 30,* 289–301.

Harrison, J. A., & Wells, R. B. (1991). Bystander effects on male helping behavior: Social comparison and diffusion of responsibility. *Representative Research in Social Psychology, 19,* 53–63.

Hart, A. J. (1995). Naturally occurring expectation effects. *Journal of Personality and Social Psychology, 68,* 109–115.

Hart, D., & Damon, W. (1986). Developmental trends in self-understanding. *Social Cognition, 4,* 388–407.

Hart, D., & Matsuba, M. K. (2012). The development of self-knowledge. In S. Vazire & T. D. Wilson (Eds.), *The handbook of self-knowledge* (pp. 7–21). New York: Guilford Press.

Hart, W., Albarracín, D., Eagly, A. H., Brechan, I., Lindberg, M. J., & Merrill, L. (2009). Feeling validated versus being correct: A meta-analysis of selective exposure to information. *Psychological Bulletin, 135,* 555–588.

Harter, S. (1993). Causes and consequences of low self-esteem in children and adolescents. In R. F. Baumeister (Ed.), *Self-esteem: The puzzle of low self-regard* (pp. 87–116). New York: Plenum.

Harter, S. (2003). The development of self-representations during childhood and adolescence. In M. R. Leary & J. P. Tangney (Eds.), *Handbook of self and identity* (pp. 610–642). New York: Guilford Press.

Hartstone, M., & Augoustinos, M. (1995). The minimal group paradigm: Categorization into two versus three groups. *European Journal of Social Psychology, 25,* 179–193.

Hartup, W. W., & Stevens, N. (1997). Friendships and adaptation in the life course. *Psychological Bulletin, 121,* 355–370.

Harvey, J. H. (1995). *Odyssey of the heart: The search for closeness, intimacy, and love.* New York: Freeman.

Harvey, J. H., Flanary, R., & Morgan, M. (1986). Vivid memories of vivid loves gone by. *Journal of Personal and Social Relationships, 3,* 359–373.

Hasel, L. E., & Kassin, S. M. (2012). False confessions. In B. L. Cutler (Ed.), *Conviction of the innocent: Lessons from psychological research* (pp. 53–77). Washington, DC: American Psychological Association.

Haslam, S. A., Reicher, S. D., & Platow, M. J. (2013). *The new psychology of leadership: Identity, influence, and power.* East Sussex: Psychology Press.

Hassebrauck, M., & Buhl, T. (1996). Three-dimensional love. *Journal of Social Psychology, 136,* 121–122.

Hassin R. R., Aviezer H., & Bentin S. (2013). Inherently ambiguous: Facial expressions of emotions, in context. *Emotion Review, 5,* 60–65.

Hassin, R. R. (2013). Yes it can: On the functional abilities of the human unconscious. *Perspectives in Psychological Science, 8*(2), 195–207.

Hastie, R. (2008). What's the story? Explanations and narratives in civil jury decisions. In B, H. Bornstein, R. L. Wiener, R. Schopp, & S. L. Willborn (Eds.), *Civil juries and civil justice: Psychological and legal perspectives* (pp. 23–34). New York: Springer.

Hastie, R., & Pennington, N. (2000). Explanation-based decision making. In T. Connolly & H. R. Arkes (Eds.), *Judgment and decision making: An interdisciplinary reader* (2nd ed., pp. 212–228). New York: Cambridge University Press.

Hastie, R., Penrod, S. D., & Pennington, N. (1983). *Inside the jury.* Cambridge, MA: Harvard University Press.

Hatfield, E., & Rapson, R. L. (1993). *Love, sex, and intimacy: Their psychology, biology, and history.* New York: HarperCollins.

Hatfield, E., & Rapson, R. L. (1996). *Love and sex: Cross-cultural perspectives.* Needham Heights, MA: Allyn & Bacon.

Hatfield, E., & Rapson, R. L. (2002). Passionate love and sexual desire: Cultural and historical perspectives. In A. L. Vangelisti, H. T. Reis, & M. A. Fitzpatrick (Eds.), *Stability and change in relationships* (pp. 306–324). New York: Cambridge University Press.

Hatfield, E., & Sprecher, S. (1986). Measuring passionate love in intimate relationships. *Journal of Adolescence, 9,* 383–410.

Hatfield, E., & Sprecher, S. (1995). Men's and women's preferences in marital partners in the United States, Russia, and Japan. *Journal of Cross-Cultural Psychology, 26,* 728–750.

Hatfield, E., & Walster, G. W. (1978). *A new look at love.* Reading, MA: Addison-Wesley.

Hatfield, E., Cacioppo, J. T., & Rapson, R. L. (1993). *Emotional contagion.* New York: Cambridge University Press.

Hatoum, I. J., & Belle, D. (2004). Mags and abs: Media consumption and bodily concerns in men. *Sex Roles, 51,* 397–407.

Haugtvedt, C. P., & Wegener, D. T. (1994). Message order effects in persuasion: An attitude strength perspective. *Journal of Consumer Research, 21,* 205–218.

Hays, C. L. (2003, June 5). Martha Stewart indicted by U.S. on obstruction. *The New York Times,* pp. A1, C4.

Hazan, C., & Shaver, P. (1987). Romantic love conceptualized as an attachment process. *Journal of Personality and Social Psychology, 52,* 511–524.

Hazan, C., & Shaver, P. (1987). Romantic love conceptualized as an attachment process. *Journal of Personality and Social Psychology, 52,* 511–524.

Hazan, C., & Shaver, P. (1994). Deeper into attachment theory. *Psychological Inquiry, 5,* 68–79.

Hazelwood, J. D., & Olson, J. M. (1986). Covariation information, causal questioning, and interpersonal behavior. *Journal of Experimental Social Psychology, 22,* 276–291.

Heatherton, T. F., & Sargent, J. D. (2009). Does watching smoking in movies promote teenage smoking? *Current Directions in Psychological Science, 18,* 63–67.

Hebl, M., Foster, J., Bigazzi, J., Mannix, L., & Dovidio, J. (2002). Formal and interpersonal discrimination: A field study of bias toward homosexual applicants. *Personality and Social Psychology Bulletin, 28,* 815–825.

Heckhausen, J., & Schulz, R. (1995). A life-span theory of control. *Psychological Review, 102,* 284–304.

Hedden, T., Ketey, S., Aron, A., Markus, H. R., & Gabrieli, J. D. E. (2008). Cultural influence on neural substrates of attentional control. *Psychological Science, 19,* 12–17.

Hedge, A., & Yousif, Y. H. (1992). Effects of urban size, urgency, and cost on helpfulness. *Journal of Cross-Cultural Psychology, 23,* 107–115.

Hehman, E., Gaertner, S. L., & Dovidio, J. F. (2011). Evaluations of presidential performance: Race, prejudice, and perceptions of Americanism. *Journal of Experimental Social Psychology, 47,* 430–435.

Heider, F. (1944). Social perception and phenomenal causality. *Psychological Review, 51,* 358–374.

Heider, F. (1958). *The psychology of interpersonal relations.* New York: Wiley.

Heine, S. J. (2010). Cultural psychology. In S. T. Fiske, D. T. Gilbert, & G. Lindzey (Eds.), *Handbook of social psychology* (5th ed., Vol. 2, pp. 1423–1464). Hoboken, NJ: John Wiley.

Heine, S. J., Foster, J. B., & Spina, R. (2009). Do birds of a feather universally flock together? Cultural variation in the similarity-attraction effect. *Asian Journal of Psychology, 12,* 247–258.

Heine, S. J., Kitayama, S., & Lehman, D. R. (2001). Cultural differences in self-evaluation: Japanese readily accept negative self-relevant information. *Journal of Cross-Cultural Psychology, 32,* 434–443.

Heine, S. J., Lehman, D. R., Peng, K., & Greenholtz, J. (2002). What's wrong with cross-cultural comparisons of subjective Likert scales?: The reference-group effect. *Journal of Personality and Social Psychology, 82,* 903–918.

Heine, S. J., Takemoto, T., Moskalenko, S., Lasaleta, J., & Henrich, J. (2008). Mirrors in the head: Cultural variation in objective self-awareness. *Personality and Social Psychology Bulletin. 34,* 879–887.

Heine, S., Proulx, T., & Vohs, K. (2006). The meaning maintenance model: On the coherence of social motivations. *Personality and Social Psychology Review, 10,* 88–110.

Heitland, K., & Bohner, G. (2010). Reducing prejudice via cognitive dissonance: Individual differences in preference for consistency moderate the effects of counter-attitudinal advocacy. *Social Influence, 5,* 164–181.

Helgeson, V. S. (2003). Cognitive adaptation, psychological adjustment, and disease progression among angioplasty patients: 4 years later. *Health Psychology, 22,* 30–38.

Helgeson, V. S., & Fritz, H. L. (1999). Cognitive adaptation as a predictor of new coronary events after percutaneous transluminal coronary angioplasty. *Psychosomatic Medicine, 61,* 488–495.

Helzer, E. G., & Pizarro, D. A. (2011). Dirty liberals! Reminders of physical cleanliness influence moral and political attitudes. *Psychological Science, 22*, 517–522.

Henderlong, J., & Lepper, M. R. (2002). The effects of praise on children's intrinsic motivation: A review and synthesis. *Psychological Bulletin, 128*, 774–795.

Hendrix, K. S., & Hirt, E. R. (2009). Stressed out over possible failure: The role of regulatory fit on claimed self-handicapping. *Journal of Experimental Social Psychology, 45*, 51–59. doi:10.1016/j.jesp.2008.08.016

Henningsen, D., Henningsen, M., Eden, J., & Cruz, M. (2006). Examining the symptoms of group-think and retrospective sensemaking. *Small Group Research, 37*, 36–64.

Henrich, J., Heine, S. J., & Norenzayan, A. (2010). The weirdest people in the world? *Behavioral and Brain Sciences, 33*(2–3), 61–83. doi:10.1017/S0140525X0999152X

Herring, C. (2009). Does diversity pay? Race, gender, and the business case for diversity. *American Sociological Review, 74*, 208–224.

Hersh, S. M. (1970). *My Lai 4: A report on the massacre and its aftermath.* New York: Vintage Books.

Hersh, S. M. (2004, May 10). Torture at Abu Ghraib. *New Yorker.*

Heschl, A., & Burkart, J. (2006). A new mark test for mirror self-recognition in non-human primates. *Primates, 47*, 187–198.

Hess, A. (2014, May 28). Are you a slut? That depends. Are you rich? *Slate.com.* http://www.slate.com/blogs/xx_factor/2014/05/28/slut_shaming_and_class_a_study_on_how_college_women_decide_who_s_trashy.html

Heunemann, R. L., Shapiro, L. R., Hampton, M. C., & Mitchell, B. W. (1966). A longitudinal study of gross body composition and body conformation and their association with food and activity in the teenage population. *American Journal of Clinical Nutrition, 18*, 325–338.

Hewitt, J., & Alqahtani, M. A. (2003). Differences between Saudi and U.S. students in reaction to same- and mixed-sex intimacy shown by others. *Journal of Social Psychology, 143*, 233–242.

Hewlett, S. A., Luce, C. B., & Servon, L. J. (2008, June). Stopping the exodus of women in science. *Harvard Business Review, 6*, 22–24, 139.

Hewstone, M., & Jaspars, J. (1987). Covariation and causal attribution: A logical model of the intuitive analysis of variance. *Journal of Personality and Social Psychology, 53*, 663–672.

Hibbard, L. (2011, November 8). Virginia Beach high schools pay students for good grades. *Huffington Post.* Retrieved January 10, 2012, from www.huffingtonpost.com/2011/11/08/high-school-pays-students_n_1082488.html

Higgins, E. T. (1987). Self-discrepancy: A theory relating self and affect. *Psychological Review, 94*, 319–340.

Higgins, E. T. (1989). Self-discrepancy theory: What patterns of self-beliefs cause people to suffer? In L. Berkowitz (Ed.), *Advances in experimental social psychology* (Vol. 22, pp. 93–136). New York: Academic Press.

Higgins, E. T. (1996a). Knowledge application: Accessibility, applicability, and salience. In E. T. Higgins & A. R. Kruglanski (Eds.), *Social psychology: Handbook of basic principles* (pp. 133–168). New York: Guilford Press.

Higgins, E. T. (1996b). The "self-digest": Self-knowledge serving self-regulatory functions. *Journal of Personality and Social Psychology, 71*, 1062–1083.

Higgins, E. T. (1999). Self-discrepancy: A theory relating self and affect. In R. F. Baumeister (Ed.), *The self in social psychology* (pp. 150–181). Philadelphia: Psychology Press.

Higgins, E. T. (2005). Value from regulatory fit. *Current Directions in Psychological Science, 14*, 209–213.

Higgins, E. T., & Bargh, J. A. (1987). Social cognition and social perception. *Annual Review of Psychology, 38*, 369–425.

Higgins, E. T., Bond, R. N., Klein, R., & Strauman, T. (1986). Self-discrepancies and emotional vulnerability: How magnitude, accessibility, and

type of discrepancy influence affect. *Journal of Personality and Social Psychology, 51*, 5–15.

Higgins, E. T., Klein, R., & Strauman, T. (1987). Self-discrepancies: Distinguishing among self-states, self-state conflicts, and emotional vulnerabilities. In K. M. Yardley & T. M. Honess (Eds.), *Self and identity: Psychosocial perspectives* (pp. 173–186). New York: Wiley.

Higgins, E. T., Rholes, W. S., & Jones, C. R. (1977). Category accessibility and impression formation. *Journal of Experimental Social Psychology, 13*, 141–154.

Higgins, L. T., Zheng, M., Liu, Y., & Sun, C. H. (2002). Attitudes to marriage and sexual behaviors: A survey of gender and culture differences in China and United Kingdom. *Sex Roles, 46*, 75–89.

Hill, J. K. (2002). *Rainbow remedies for life's stormy times.* South Bend, IN: Moorhill Communications.

Hill, J. K. (n.d.). How I survived the deaths of twelve family members. Retrieved December 21, 2008, from www.resiliencycenter.com/stories/2002stories/0201hill.shtml

Hillshafer, D. (2013). The mass murder problem. *Skeptic, 18*, 24–32.

Hilton, D. J., Smith, R. H., & Kim, S. H. (1995). Process of causal explanation and dispositional attribution. *Journal of Personality and Social Psychology, 68*, 377–387.

Hilton, J. L., Fein, S., & Miller, D. T. (1993). Suspicion and dispositional inference. *Journal of Personality and Social Psychology, 19*, 501–512.

Hinds, M. de C. (1993, October 19). Not like the movie: 3 take a dare and lose. *The New York Times*, pp. A1, A22.

Hirsh, J. B., Galinsky, A. D., & Zhong, C. (2011). Drunk, powerful, and in the dark: How general processes of disinhibition produce both prosocial and antisocial behavior. *Perspectives on Psychological Science, 6*, 415–427.

Hirt, E. R., & McCrea, S. M. (2009). Man smart, woman smarter? Getting to the root of gender differences in self-handicapping. *Social and Personality Psychology Compass, 3*, 260–274. doi:10.1111/j.1751-9004.2009.00176.x

Hirt, E. R., Kardes, F. R., & Markman, K. D. (2004). Activating a mental simulation mind-set through generation of alternatives: Implications for debiasing in related and unrelated domains. *Journal of Experimental Social Psychology, 40*, 374–383.

Hirt, E. R., McCrea, S. M., & Boris, H. I. (2003). "I know you self-handicapped last exam": Gender differences in reactions to self-handicapping. *Journal of Personality and Social Psychology, 84*, 177–193.

Hirt, E. R., Melton, J. R., McDonald, H. E., & Harackiewicz, J. M. (1996). Processing goals, task interest, and the mood-performance relationship: A mediational analysis. *Journal of Personality and Social Psychology, 71*, 245–261.

Hitler, A. (1925). *Mein kampf.* Boston: Houghton Mifflin.

Hitsch, G., Hortaçsu, A., & Ariely, D. (2010). What makes you click? Mate preferences in online dating. *Quantitative Marketing and Economics, 8*, 393–427.

Hochstadt, S. (1999). *Mobility and modernity: Migration in Germany, 1820–1989.* Ann Arbor: University of Michigan Press.

Hodges, B. H., & Geyer, A. L. (2006). A nonconformist account of the Asch experiments: Values, pragmatics, and moral dilemmas. *Personality and Social Psychology Review, 10*, 2–19.

Hoffman, H. G., Granhag, P. A., See, S. T. K., & Loftus, E. F. (2001). Social influences on reality-monitoring decisions. *Memory and Cognition, 29*, 394–404.

Hofmann, W., De Houwer, J., Perugini, M., Baeyens, F., & Crombez, G. (2010). Evaluative conditioning in humans: A meta-analysis. *Psychological Bulletin, 136*, 390–421.

Hogg, M. A. (1992). *The social psychology of group cohesiveness: From attraction to social identity.* London: Harvester-Wheatsheaf.

Hogg, M. A. (1993). Group cohesiveness: A critical review and some new directions. In W. Stroebe

& M. Hewstone (Eds.), *European review of social psychology* (Vol. 4, pp. 85–111). Chichester, UK: Wiley.

Hogg, M. A. (2001). A social identity theory of leadership. *Personality and Social Psychology Review, 5*, 184–200.

Hogg, M. A., & Abrams, D. (1988). *Social identifications.* London: Routledge.

Hogg, M. A., Hohman, Z. P., & Rivera, J. E. (2008). Why do people join groups? Three motivational accounts from social psychology. *Social and Personality Psychology Compass, 2* (www.blackwellcompass.com/subject/socialpsychology/).

Hogh-Olessen, H. (2008). Human spatial behavior: The spacing of people, objects and animals in six cross-cultural samples. *Journal of Cognition and Culture, 8*, 245–280.

Holland, R. W., Aarts, H., & Langendam, D. (2006). Breaking and creating habits on the working floor: A field-experiment on the power of implementation intentions. *Journal of Experimental Social Psychology, 42*, 776–783.

Holland, R. W., Meertens, R. M., & Van Vugt, M. (2002). Dissonance on the road: Self-esteem as a moderator of internal and external self-justification strategies. *Personality and Social Psychology Bulletin, 28*, 1713–1724.

Hollander, E. P. (1960). Competence and conformity in the acceptance of influence. *Journal of Abnormal and Social Psychology, 61*, 361–365.

Holmes, T. H., & Rahe, R. H. (1967). The social readjustment rating scale. *Journal of Psychosomatic Research, 11*, 213–218.

Holt-Lunstad, J., Smith, T. B., & Layton, J. B. (2010). Social relationships and mortality risk: A meta-analytic review. *PLoS Medicine, 7*(7), e1000316.

Holtz, R. (2004). Group cohesion, attitude projection, and opinion certainty: Beyond interaction. *Group Dynamics: Theory, Research, and Practice, 8*, 112–125.

Hong, Y., Benet-Martínez, V., Chiu, C., & Morris, M. W. (2003). Boundaries of cultural influence: Construct activation as a mechanism for cultural differences in social perception. *Journal of Cross-Cultural Psychology, 34*, 453–464.

Hong, Y., Wyer, R. S., Jr., & Fong, C. P. S. (2008). Chinese working in groups: Effort dispensability versus normative influence. *Asian Journal of Social Psychology, 11*, 187–195. doi:10.1111/j.1467-839X.2008.00257.x

Hong, Y.-Y., Chiu, C.-Y., & Kung, T. M. (1997). Bringing culture out in front: Effects of cultural meaning system activation on social cognition. In K. Leung, Y. Kashima, U. Kim, & S. Yamaguchi (Eds.), *Progress in Asian social psychology* (Vol. 1, pp. 135–146). Singapore: Wiley.

Hong, Y.-Y., Morris, M. W., Chiu, C.-Y., & Benet-Martinez, V. (2000). Multicultural minds: A dynamic constructivist approach to culture and cognition. *American Psychologist, 55*, 709–720.

Hood, K. B., & Shook, N. J. (2014). Who cares what others think?: The indirect effect of other's attitudes on condom use intentions. *International Journal of Sexual Health, 26*, 282–294.

Hoog, N., Stroebe, W., & de Wit, J. B. F. (2005). The impact of fear appeals on processing and acceptance of action recommendations. *Personality and Social Psychology Bulletin, 31*, 24–33.

Hoorens, V., & Van Damme, C. (2012). What do people infer from social comparisons? Bridges between social comparison and person perception. *Social and Personality Psychology Compass, 6*(8), 607–618. doi:10.1111/j.1751-9004.2012.00451.x

Hope, L., Memon, A., & McGeorge, P. (2004). Understanding pretrial publicity: Predecisional distortion of evidence by mock jurors. *Journal of Experimental Psychology: Applied, 10*, 111–119.

Horcajo, J., Briñol, P., & Petty, R. E. (2014). Multiple roles for majority versus minority source status on persuasion when source status follows the message. *Social Influence, 9*, 37–51.

Hornsey, M. J., Grice, T., Jetten, J., Paulsen, N., & Callan, V. (2007). Group-directed criticisms and recommendations for change: Why newcomers arouse more resistance than old-timers. *Personality and Social Psychology Bulletin, 32*, 1620–1632.

Hornsey, M. J., Jetten, J., McAuliffe, B. J., & Hogg, M. A. (2006). The impact of individualist and collectivist group norms on evaluations of dissenting group members. *Journal of Experimental Social Psychology, 42*, 57–68.

Hornsey, M. J., Majkut, L., Terry, D. J., & McKimmie, B. M. (2003). On being loud and proud: Non-conformity and counter-conformity to group norms. *British Journal of Social Psychology, 42*, 319–335.

Hostinar, C. E., Sullivan, R. M., & Gunnar, M. R. (2014). Psychobiological mechanisms underlying the social buffering of the hypothalamic–pituitary–adrenocortical axis: A review of animal models and human studies across development. *Psychological Bulletin, 140*, 256–282.

House, J. S., Robbins, C., & Metzner, H. L. (1982). The association of social relationships and activities with mortality: Prospective evidence from the Tecumseh Community Health Study. *American Journal of Epidemiology, 116*, 123–140.

House, R. J., Hanges, P. J., Javidan, M., Dorfman, P. W., & Gupta, V. (2004). *Culture, leadership, and organizations: The GLOBE study of 62 societies.* Thousand Oaks, CA: Sage.

Hovland, C. I., & Sears, R. R. (1940). Minor studies in aggression: 6. Correlation of lynchings with economic indices. *Journal of Psychology, 9*, 301–310.

Hovland, C. I., Janis, I. L., & Kelley, H. H. (1953). *Communication and persuasion: Psychological studies of opinion change.* New Haven, CT: Yale University Press.

Howard, D. E., Griffin, M. A., & Boekeloo, B. O. (2008). Prevalence and psychosocial correlates of alcohol-related sexual assault among university students. *Adolescence, 43*, 733–750.

Howard, J. A., Blumstein, P., & Schwartz, P. (1987). Social or evolutionary theories? Some observations on preferences in human mate selection. *Journal of Personality and Social Psychology, 53*, 194–200.

Howell, R. T., & Guevarra, D. A. (2013). Buying happiness: Differential consumption experiences for material and experiential purchases. *Advances in Psychology Research, 98*, 57–69.

Howerton, D. M., Meltzer, A. L., & Olson, M. A. (2012). Honeymoon vacation: Sexual-orientation prejudice and inconsistent behavioral responses. *Basic and Applied Social Psychology, 34*, 146–151.

Hsiang, S. M., Burke, M., & Miguel, E. (2013, September). Quantifying the influence of climate on human conflict. *Science, 341.* doi:10.1126/science.1235367

Hsu, S. S. (1995, April 8). Fredericksburg searches its soul after clerk is beaten as 6 watch. *Washington Post*, pp. A1, A13.

Huesman, L. R., Dubow, E. F., & Yang, G. (2013). Why it is hard to believe that media violence causes aggression. In K. E. Dill (Ed.), *The Oxford handbook of media psychology* (pp. 159–171). Oxford: Oxford University Press.

Huffington, A. (2014). *Thrive: The third metric to redefining success and creating a life of well-being, wisdom, and wonder.* New York, NY: Harmony.

Huffman, K. T., Grossnickle, W. F., Cope, J. G., & Huffman, K. P. (1995). Litter reduction: A review and integration of the literature. *Environment and Behavior, 27*, 153–183.

Hugenberg, K., Young, S. G., Bernstein, M. J., & Sacco, D. F. (2010). The categorization-individuation model: An integrative account of the other-race recognition deficit. *Psychological Review, 117*(4), 1168–1187. doi:10.1037/a0020463

Hui, C. H., & Triandis, H. C. (1986). Individualism-collectivism: A study of cross-cultural researchers. *Journal of Cross-Cultural Psychology, 17*, 225–248.

Hull, J. G., Young, R. D., & Jouriles, E. (1986). Applications of the self-awareness model of alcohol consumption: Predicting patterns of use and abuse. *Journal of Personality and Social Psychology, 51*, 790–796.

Hulleman, C. S., Schrager, S. M., Bodmann, S. M., & Harackiewicz, J. M. (2010). A meta-analytic review of achievement goal measures: Different labels for the same constructs or different constructs with similar labels? *Psychological Bulletin, 136*, 422–449. doi:10.1037/a0018947

Hunger. (n.d.). World Food Programme. Retrieved July 15, 2014, from http://www.wfp.org/hunger

Hunt, G. T. (1940). *The wars of the Iroquois.* Madison: University of Wisconsin Press.

Huntsinger, J., & Sinclair, S. (2010). When it feels right, go with it: Affective regulation of affiliative social tuning. *Social Cognition, 28*, 290–305.

Hurley, D., & Allen, B. P. (1974). The effect of the number of people present in a nonemergency situation. *Journal of Social Psychology, 92*, 27–29.

Hust, S. J. T., Marett, E. G., Ren, C., Adams, P. M., Willoughby, J. F., Lei, M., et al. (2014). Establishing and adhering to sexual consent: The association between reading magazines and college students' sexual consent negotiation. *Journal of Sex Research, 51*, 280–290.

Huston, A., & Wright, J. (1996). Television and socialization of young children. In T. M. MacBeth (Ed.), *Tuning in to young viewers: Social science perspectives on television* (pp. 37–60). Thousand Oaks, CA: Sage.

Hutchinson, R. R. (1983). The pain-aggression relationship and its expression in naturalistic settings. *Aggressive Behavior, 9*, 229–242.

Hütter, M., & Sweldens, S. (2013). Implicit misattribution of evaluative responses: Contingency-unaware evaluative conditioning requires simultaneous stimulus presentations. *Journal of Experimental Psychology: General, 142*(3), 638–643. doi:10.1037/a0029989

Hyde, J. S. (2005). The gender similarities hypothesis. *American Psychologist, 60*, 581–592.

Hyman, I. E., Jr., Roundhill, R. F., Wener, K. M., & Rabiroff, C. A. (2014). Collaboration inflation: Egocentric source monitoring errors following collaborative remembering. *Journal of Applied Research in Memory and Cognition.* doi:10.1016/j.jarmac.2014.04.004

Ibrahim, J. K., & Glantz, S. A. (2007). The rise and fall of tobacco control media campaigns, 1967–2006. *American Journal of Public Health, 97*, 1383–1396.

Ickes, W. J., Patterson, M. L., Rajecki, D. W., & Tanford, S. (1982). Behavioral and cognitive consequences of reciprocal versus compensatory responses to preinteraction expectancies. *Social Cognition, 1*, 160–190.

IJzerman, H., & Semin, G. R. (2010). Temperature perceptions as a ground for social proximity. *Journal of Experimental Social Psychology, 46*(6), 867–873. doi:10.1016/j.jesp.2010.07.015

IJzerman, H., & Semin, G. R. (2010). Temperature perceptions as a ground for social proximity. *Journal of Experimental Social Psychology, 46*, 867–873.

Imada, T., & Kitayama, S. (2010). Social eyes and choice justification: Culture and dissonance revisited. *Social Cognition, 28*, 589–608.

Imhoff, R., & Erb, H. (2009). What motivates non-comformity? Uniqueness seeking blocks majority influence. *Personality and Social Psychology Bulletin, 35*, 309–320.

Imrich, D. J., Mullin, C., & Linz, D. G. (1995). Measuring the extent of prejudicial pretrial publicity in major American newspapers: A content analysis. *Journal of Communication, 45*, 94–117.

Infurna, F. J., Ram, N., & Gerstorf, D. (2013). Level and change in perceived control predict 19-year mortality: Findings from the Americans' changing lives study. *Developmental Psychology, 49*, 1833–1847.

Inglehart, M. R. (1991). *Reactions to critical life events: A social psychological analysis.* New York: Praeger.

Inglehart, R., & Klingemann, H. (2000). Genes, culture, democracy, and happiness. In E. Diener & E. M. Suh (Eds.), *Culture and subjective well-being* (pp. 165–183). Cambridge, MA: MIT Press.

Insko, C. A., & Schopler, J. (1998). Differential trust of groups and individuals. In C. Sedikides & J. Schopler (Eds.), *Intergroup cognition and intergroup behavior* (pp. 75–107). Mahwah, NJ: Erlbaum.

Insko, C. A., Smith, R. H., Alicke, M. D., Wade, J., & Taylor, S. (1985). Conformity and group size: The concern with being right and the concern with being liked. *Personality and Social Psychology Bulletin, 11*, 41–50.

Isen, A. M. (1987). Positive affect, cognitive processes, and social behavior. In L. Berkowitz (Ed.), *Advances in experimental social psychology* (Vol. 20, pp. 203–253). San Diego, CA: Academic Press.

Isen, A. M. (1999). Positive affect. In T. Dalgleish & M. J. Power (Eds.), *Handbook of cognition and emotion* (pp. 521–539). Chichester, UK: Wiley.

Isen, A. M., & Levin, P. A. (1972). Effect of feeling good on helping: Cookies and kindness. *Journal of Personality and Social Psychology, 21*, 384–388.

Isenberg, D. J. (1986). Group polarization: A critical review and meta-analysis. *Journal of Personality and Social Psychology, 50*, 1141–1151.

Islam, M. R., & Hewstone, M. (1993). Intergroup attributions and affective consequences in majority and minority groups. *Journal of Personality and Social Psychology, 64*, 936–950.

Ito, K., Masuda, T., & Li, M. W. (2013). Agency and facial emotion judgment in context. *Personality and Social Psychology Bulletin, 39*, 763–776.

Ito, T. A., & Urland, G. R. (2003). Race and gender on the brain: Electrocortical measures of attention to the race and gender of multiply categorizable individuals. *Journal of Personality and Social Psychology, 85*, 616–626.

Ivanov, B., Pfau, M., & Parker, K. A. (2009). Can inoculation withstand multiple attacks?: An examination of the effectiveness of the inoculation strategy compared to the supportive and restoration strategies. *Communication Research, 36*(5), 655–676. doi:10.1177/0093650209338909

Izard, C. E. (1994). Innate and universal facial expressions: Evidence from developmental and cross-cultural research. *Psychological Bulletin, 115*, 288–299.

Izuma, K., Matsumoto, M., Murayama, K., Samejima, K., Sadato, N., & Matsumoto, K. (2010). Neural correlates of cognitive dissonance and choice-induced preference change. *PNAS Proceedings of the National Academy of Sciences, 107*, 22014–22019.

Jack, R. E., Garrod, O. G., Yu, H., Caldara, R., & Schyns, P. G. (2012). Facial expressions of emotion are not culturally universal. *Proceedings of the National Academy of Sciences, 109*, 7241–7244.

Jackson, J. M., & Williams, K. D. (1985). Social loafing on difficult tasks: Working collectively can improve performance. *Journal of Personality and Social Psychology, 49*, 937–942.

Jackson, J. S., & Inglehart, M. R. (1995). Reverberation theory: Stress and racism in hierarchically structured communities. In S. E. Hobfall & M. W. De Vries (Eds.), *Extreme stress and communities: Impact and intervention* (pp. 353–373). Dordrecht, Netherlands: Kluwer.

Jackson, J. S., Brown, T. N., Williams, D. R., Torres, M., Sellers, S. L., & Brown, K. (1996). Racism and the physical and mental health status of African Americans: A thirteen-year national panel study. *Ethnicity and Disease, 6*, 132–147.

Jackson, J. W. (1993). Realistic group conflict theory: A review and evaluation of the theoretical and empirical literature. *Psychological Record, 43*, 395–413.

Jackson, L. A. (1992). *Physical appearance and gender: Sociobiological and sociocultural perspectives.* Albany: State University of New York Press.

Jackson, L. A., Hunter, J. E., & Hodge, C. N. (1995). Physical attractiveness and intellectual competence: A meta-analytic review. *Social Psychology Quarterly, 58*, 108–122.

Jackson, T., Chen, H., Guo, C., & Gao, X. (2006). Stories we love by conceptions of love among couples from the People's Republic of China and the United States. *Journal of Cross-Cultural Psychology, 37*, 446–464.

Jacobs, P., & Landau, S. (1971). *To serve the devil* (Vol. 2). New York: Vintage Books.

Jacobson, R. P., Mortensen, C. R., & Cialdini, R. B. (2011). Bodies obliged and unbound: Differentiated response tendencies for injunctive and descriptive social norms. *Journal of Personality and Social Psychology, 100*(3), 433–448. doi:10.1037/a0021470

Jacowitz, K. E., & Kahneman, D. (1995). Measures of anchoring in estimation tasks. *Personality and Social Psychology Bulletin, 21*, 1161–1166.

Jain, S. P., & Posavac, S. S. (2001). Prepurchase attribute verifiability, source credibility, and persuasion. *Journal of Consumer Psychology, 11,* 169–180.

James, L. M., & Olson, J. M. (2000). Jeer pressure: The behavioral effects of observing ridicule of others. *Personality and Social Psychology Bulletin, 26,* 474–485.

James, W. (1890). *The principles of psychology.* New York: Henry Holt.

Janis, I. L. (1972). *Victims of groupthink.* Boston: Houghton Mifflin.

Janis, I. L. (1982). *Groupthink: Psychological studies of policy decisions and fiascoes* (2nd ed.). Boston: Houghton Mifflin.

Janis, I. L., & Feshbach, S. (1953). Effects of fear-arousing communications. *Journal of Abnormal and Social Psychology, 49,* 78–92.

Janis, I. L., & Mann, L. (1977). Decision Making. Copyright © 1977 by The Free Press, a Division of Macmillan Publishing Co., Inc.

Jankowiak, W. R. (1995). Introduction. In W. R. Jankowiak (Ed.), *Romantic passion: A universal experience?* (pp. 1–19). New York: Columbia University Press.

Jankowiak, W. R., & Fischer, E. F. (1992). A cross-cultural perspective on romantic love. *Ethnology, 31,* 149–155.

Janoff-Bulman, R., & Leggatt, H. K. (2002). Culture and social obligation: When "shoulds" are perceived as "wants." *Journal of Research in Personality, 36,* 260–270.

Janoff-Bulman, R., Timko, C., & Carli, L. L. (1985). Cognitive biases in blaming the victim. *Journal of Experimental Social Psychology, 21,* 161–177.

Jecker, J., & Landy, D. (1969). Liking a person as a function of doing him a favor. *Human Relations, 22,* 371–378.

Jehn, K. A., Northcraft, G. B., & Neale, M. A. (1999). Why differences make a difference: A field study of diversity, conflict, and performance in workgroups. *Administrative Science Quarterly, 44,* 741–763.

Jennings, K. (2011, February 16). My puny human brain. *Slate.com.* Retrieved April 18, 2011, from www.slate.com/id/2284721/

Jetten, J., & Hornsey, M. J. (2014). Deviance and dissent in groups. *Annual Review of Psychology, 65,* 461–485.

Job, V., Dweck, C. S., & Walton, G. M. (2010). Ego depletion—Is it all in your head? Implicit theories about willpower affect self-regulation. *Psychological Science, 21,* 1686–1693.

Johansson, P., Hall, L., Skiström, S., & Olsson, A. (2005). Failure to detect mismatches between intention and outcome in a simple decision task. *Science, 310,* 116–119.

Johns, M., Schmader, T., & Martens, A. (2005). Knowing is half the battle: Teaching stereotype threat as a means of improving women's math performance. *Psychological Science, 16,* 175–179.

Johnson, C. (2012). Behavioral responses to threatening social comparisons: From dastardly deeds to rising above. *Social and Personality Psychology Compass, 6(7),* 515–524. doi:10.1111/j.1751-9004.2012.00445.x

Johnson, D. M. (1945). The phantom anesthetist of Mattoon: A field study of mass hysteria. *Journal of Abnormal and Social Psychology, 40,* 175–186.

Johnson, D. W., & Johnson, R. T. (1987). *Learning together and alone: Cooperative, competitive, and individualistic learning* (2nd ed.). Englewood Cliffs, NJ: Prentice Hall.

Johnson, F. L., & Arles, E. J. (1983). Conversational patterns among same-sex pairs of late-adolescent close friends. *Journal of Genetic Psychology, 142,* 225–238.

Johnson, J. G., Cohen, P., Smailes, E. M., Kasen, S., & Brook, J. (2002). Television viewing and aggressive behavior during adolescence and adulthood. *Science, 295,* 2468–2471.

Johnson, K. J., & Fredrickson, B. L. (2005). We all look the same to me: Positive emotions eliminate the own-race bias in face recognition. *Psychological Science, 16,* 875–881.

Johnson, L. B. (1971). *The vantage point: Perspectives of the presidency, 1963–69.* New York: Holt, Rinehart and Winston.

Johnson, M., Verfaellie, M., & Dunlosky, J. (2008). Introduction to the special section on integrative approaches to source memory. *Journal of Experimental Psychology: Learning, Memory, and Cognition, 34,* 727–729.

Johnson, R. D., & Downing, R. L. (1979). Deindividuation and valence of cues: Effects of prosocial and antisocial behavior. *Journal of Personality and Social Psychology, 37,* 1532–1538.

Johnson, T. (2014, March 24). 13 of 14 hottest years on record all occurred in 21st century. *Weather.com.* Retrieved July 15, 2014, from http://www.weather.com/news/science/environment/13-14-hottest-years-record-occurred-21st-century-wmo-20140324

Johnson, T. E., & Rule, B. G. (1986). Mitigating circumstance information, censure, and aggression. *Journal of Personality and Social Psychology, 50,* 537–542.

Jonas, E., Martens, A., Kayser, D. N., Fritsche, I., Sullivan, D., & Greenberg, J. (2008). Focus theory of normative conduct and terror-management theory: The interactive impact of mortality salience and norm salience on social judgment. *Journal of Personality and Social Psychology Bulletin, 95,* 1239–1251.

Jonas, K. J. (2013). Automatic behavior—Its social embedding and individual consequences. *Social and Personality Psychology Compass, 7,* 689–700. doi:10.1111/spc3.12060

Jones, B. C., Little, A. C., Penton-Voak, I. S., Tiddeman, B. P., Burt, D. M., & Perrett, D. I. (2001). Facial symmetry and judgements of apparent health: Support for a "good genes" explanation of the attractiveness-symmetry relationship. *Evolution and Human Behavior, 22,* 417–429.

Jones, C., & Aronson, E. (1973). Attribution of fault to a rape victim as a function of the respectability of the victim. *Journal of Personality and Social Psychology, 26,* 415–419.

Jones, E. E. (1964). *Ingratiation: A social psychological analysis.* New York: Appleton-Century-Crofts.

Jones, E. E. (1979). The rocky road from acts to dispositions. *American Scientist, 34,* 107–117.

Jones, E. E., & Berglas, S. (1978). Control of attributions about the self through self-handicapping strategies: The appeal of alcohol and the role of underachievement. *Personality and Social Psychology Bulletin, 4,* 200–206.

Jones, E. E., & Harris, V. A. (1967). The attribution of attitudes. *Journal of Experimental Social Psychology, 3,* 1–24.

Jones, E. E., & Kohler, R. (1959). The effects of plausibility on the learning of controversial statements. *Journal of Abnormal and Social Psychology, 57,* 315–320.

Jones, E. E., & Nisbett, R. E. (1972). The actor and the observer: Divergent perceptions of the causes of behavior. In E. E. Jones, D. E. Kanouse, H. H. Kelley, R. E. Nisbett, S. Valins, & B. Weiner (Eds.), *Attribution: Perceiving the causes of behavior* (pp. 79–94). Morristown, NJ: General Learning Press.

Jones, E. E., & Pittman, T. S. (1982). Toward a general theory of strategic self-presentation. In J. Suls (Ed.), *Psychological perspectives on the self* (pp. 231–262). Hillsdale, NJ: Erlbaum.

Jones, E. E., & Sigall, H. (1971). The bogus pipeline: A new paradigm for measuring affect and attitude. *Psychological Bulletin, 76,* 349–364.

Jones, E. E., & Wortman, C. B. (1973). *Ingratiation: An attributional approach.* Morristown, NJ: General Learning Press.

Jones, G. (2003, October 2). World oil and gas 'running out.' *CNN.com/World.* Retrieved June 21, 2006, from edition.cnn.com/2003/WORLD/europe/10/02/global.warming/

Jones, M. (2006, January 15). Shutting themselves in. *The New York Times,* Sec. 6, pp. 46–51.

Jones, M. A., Taylor, V. A., & Reynolds, K. E. (2014). The effect of requests for positive evaluations on customer satisfaction ratings. *Psychology and Marketing, 31,* 161–170.

Jordan, M. (1996, January 15). In Japan, bullying children to death. *Washington Post,* pp. A1, A15.

Jordan, M., & Sullivan, K. (1995, September 8). A matter of saving face: Japanese can rent mourners, relatives, friends, even enemies to buff an image. *Washington Post,* pp. A1, A28.

Josephson, W. D. (1987). Television violence and children's aggression: Testing the priming, social script, and disinhibition prediction. *Journal of Personality and Social Psychology, 53,* 882–890.

Jost, J. T., Nosek, B. A., & Gosling, S. D. (2008). Ideology: Its resurgence in social, personality, and political psychology. *Perspectives on Psychological Science, 3,* 126–136.

Jostmann, N. B., Lakens, D., & Schubert, T. W. (2009). Weight as an embodiment of importance. *Psychological Science, 20,* 1169–1174. doi:10.1111/j.1467-9280.2009.02426.x

Jowett, G. S., & O'Donnell, V. (1999). *Propaganda and persuasion.* Thousand Oaks, CA: Sage.

Judd, C. M., & Park B. (1988). Out-group homogeneity: Judgments of variability at the individual and group levels. *Journal of Personality and Social Psychology, 54(5),* 778–788.

Judge rules ACLU discrimination suit against Continental Airlines can go forward. (2002). Retrieved from www.aclu.org/RacialEquality/RacialEquality.cfm?ID=10994&c=133

Judge, T. A., & Piccolo, R. F. (2004). Transformational and transactional leadership: A meta-analytic test of their relative validity. *Journal of Applied Psychology, 89,* 755–768.

Judge, T. A., Bono, J. E., Ilies, R., & Gerhardt, M. W. (2002). Personality and leadership: A qualitative and quantitative review. *Journal of Applied Psychology, 87,* 765–780.

Judge, T. A., Colbert, A. E., & Ilies, R. (2004). Intelligence and leadership: A quantitative review and test of theoretical propositions. *Journal of Applied Psychology, 89,* 542–552.

Judge, T. A., Hurst, C., & Simon, L. S. (2009). Does it pay to be smart, attractive, or confident (or all three)? Relationships among general mental ability, physical attractiveness, core self-evaluations, and income. *Journal of Applied Psychology, 94,* 742–755.

Jung, K., Shavitt, S., Viswanathan, M., & Hilbe, J. M. (2014, June 2). Female hurricanes are deadlier than male hurricanes. *PNAS.* Published ahead of print June 2, 2014. doi:10.1073/pnas.1402786111

Jürgen-Lohmann, J., Borsch, F., & Giesen, H. (2001). Kooperatives Lernen an der Hochschule: Evaluation des Gruppenpuzzles in Seminaren der Pädagogischen Psychologie. *Zeitschrift für Pädagogische Psychologie, 15,* 74–84.

Juslin, P., Winman, A., & Hansson, P. (2007). The naïve intuitive statistician: A naïve sampling model of intuitive confidence intervals. *Psychological Review, 114,* 678–703.

Jussim, L. (2012). *Social perception and social reality: Why accuracy dominates bias and self-fulfilling prophecy.* New York: Oxford University Press.

Jussim, L., Cain, T. R., Crawford, J. T., Harber, K., & Cohen, F. (2009). The unbearable accuracy of stereotypes. In T. Nelson (Ed.), *The handbook of prejudice, stereotyping, and discrimination* (pp. 199–227). New York: Psychology Press.

Jussim, L., Eccles, J., & Madon, S. (1996). Social perception, social stereotypes, and teacher expectations: Accuracy and the quest for the powerful self-fulfilling prophecy. In M. P. Zanna (Ed.), *Advances in experimental social psychology* (Vol. 28, pp. 281–388). doi:10.1016/S0065-2601(08)60240-3

Kahn, J. P. (2003, June 7). How the mighty have fallen. *Boston Globe,* pp. D1, D7.

Kahn, M. (1966). The physiology of catharsis. *Journal of Personality and Social Psychology, 3,* 278–298.

Kahneman, D. (2011). *Thinking, fast and slow.* New York: Farrar, Straus, & Giroux.

Kahneman, D., & Deaton, A. (2010). High income improves evaluation of life but not emotional well-being. *Proceedings of the National Academy of Sciences, 10,* 16489–16493.

Kahneman, D., & Frederick, S. (2002). Representativeness revisited: Attribute substitution in intuitive judgment. In T. Gilovich, D. W. Griffin, & D. Kahneman (Eds.), *Heuristics and biases: The psychology of intuitive judgment* (pp. 49–81). New York: Cambridge University Press.

Kahneman, D., & Tversky, A. (1973). On the psychology of prediction. *Psychological Review, 80,* 237–251.

Kaighobadi, F., Shackelford, T. K., & Goetz, A. T. (2009). From mate retention to murder: Evolutionary psychological perspectives on men's partner-directed violence. *Review of General Psychology, 13,* 327–334.

Kalisch, R., Müller, M. B., & Tüscher, O. (2014). A conceptual framework for the neurobiological study of resilience. *Behavioral and Brain Sciences,* 1–49.

Kallgren, C. A., Reno, R. R., & Cialdini, R. B. (2000). A focus theory of normative conduct: When norms do and do not affect behavior. *Personality and Social Psychology Bulletin, 26,* 1002–1012.

Kalmijn, M., & Monden, C. W. S. (2012). The division of labor and depressive symptoms at the couple level: Effects of equity of specialization? *Journal of Social and Personal Relationships.* doi:10.1177/0265407511431182

Kalven, H., Jr., & Zeisel, H. (1966). *The American jury.* Boston: Little, Brown.

Kamble, S., Shackelford, T. K., Pham, M. N., & Buss, D. M. (2014). Indian mate preferences: Continuity, sex differences, and cultural change across a quarter of a century. *Personality and Individual Differences, 70,* 150–155.

Kameda, T., Takezawa, M., & Hastie, R. (2005). Where do social norms come from?: The example of communal sharing. *Current Directions in Psychological Science, 14*(6), 331–334. doi:10.1111/j.0963-7214.2005.00392.x

Kang, C. (2008). Product placement on TV targeted. *Washington Post.* http://www.washingtonpost.com/wp-dyn/content/article/2008/06/26/AR2008062603632.html

Kang, N., & Kwak, N. (2003). A multilevel approach to civic participation: Individual length of residence, neighborhood residential stability, and their interactive effects with media use. *Communication Research, 30,* 80–106.

Kappas, A. (1997). The fascination with faces: Are they windows to our soul? *Journal of Nonverbal Behavior, 21,* 157–162.

Kappeler, P., & van Schaik, C. P. (Eds.). (2006). *Cooperation in primates and humans: Mechanisms and evolution.* Berlin: Springer.

Karau, S. J., & Williams, K. D. (1993). Social loafing: A meta-analytic review and theoretical integration. *Journal of Personality and Social Psychology, 65,* 681–706.

Karau, S. J., & Williams, K. D. (2001). Understanding individual motivation in groups: The collective effort model. In M. E. Turner (Ed.), *Groups at work—theory and research: Applied social research* (pp. 113–141). Mahwah, NJ: Erlbaum.

Karremans, J. C., Stroebe, W., & Claus, J. (2006). Beyond Vicary's fantasies: The impact of subliminal priming and brand choice. *Journal of Experimental Social Psychology, 42,* 792–798.

Kassin, S. M., Drizin, S. A., Grisso, T., Gudjonsson, G. H., Leo, R. A., & Redlich, A. D. (2010). Police-induced confessions, risk factors, and recommendations: Looking ahead. *Law and Human Behavior, 34*(1), 49–52. doi:10.1007/s10979-010-9217-5

Katz, D. (1960). The functional approach to the study of attitudes. *Public Opinion Quarterly, 24,* 163–204.

Kauffman, D. R., & Steiner, I. D. (1968). Conformity as an ingratiation technique. *Journal of Experimental Social Psychology, 4,* 404–414.

Kaufman, L. (2009). Utilities turn their customers green with envy. *New York Times.* www.nytimes.com/2009/01/31/science/earth/31compete.html

Kawakami, N., & Yoshida, F. (2014). How do implicit effects of subliminal mere exposure become explicit? Mediating effects of social interaction. *Social Influence.* doi:10.1080/15534510.2014.901245

Kayser, D. N., Greitemeyer, T., Fischer, P., & Frey, D. (2010). Why mood affects help giving, but not moral courage: Comparing two types of prosocial behaviour. *European Journal of Social Psychology, 40*(7), 1136–1157. doi:10.1002/ejsp.717

Keelan, J. P. R., Dion, K. L., & Dion, K. K. (1994). Attachment style and hetereosexual relationships among young adults: A short-term panel study. *Journal of Social and Personal Relationships, 11,* 201–214.

Keller, J., & Bless, H. (2008). Flow and regulatory compatibility: An experimental approach to the flow model of intrinsic motivation. *Personality and Social Psychology Bulletin, 34,* 196–209.

Kelley, H. H. (1950). The warm-cold variable in first impressions of persons. *Journal of Personality, 18,* 431–439.

Kelley, H. H. (1955). The two functions of reference groups. In G. E. Swanson, T. M. Newcomb, & E. L. Hartley (Eds.), *Readings in social psychology* (2nd ed., pp. 410–414). New York: Henry Holt.

Kelley, H. H. (1967). Attribution theory in social psychology. In D. Levine (Ed.), *Nebraska Symposium on Motivation* (Vol. 15, pp. 192–238). Lincoln: University of Nebraska Press.

Kelley, H. H. (1973). The process of causal attribution. *American Psychologist, 28,* 107–128.

Kelley, H. H. (1983). Love and commitment. In H. H. Kelley, E. Berscheid, A. Christensen, J. H. Harvey, T. L. Huston, G. Levinger, et al. (Eds.), *Close relationships* (pp. 265–314). New York: Freeman.

Kelley, H. H., & Thibaut, J. W. (1978). *Interpersonal relations: A theory of interdependence.* New York, NY: Wiley.

Keltner, D., & Shiota, M. N. (2003). New displays and new emotions: A commentary on Rozin and Cohen. *Emotion, 3,* 86–91.

Keltner, D., Kogan, A., Piff, P. K., & Saturn, S. R. (2014). The sociocultural appraisals, values, and emotions (SAVE) framework of prosociality: Core processes from gene to meme. *Annual Review of Psychology, 65,* 425–460.

Kennedy, S., & Ruggles, S. (2014). Breaking up is hard to count: The rise of divorce in the United States, 1980–2010. *Demography, 51,* 587–598.

Kenny, D. A. (1994). Using the social relations model to understand relationships. In R. Erber & R. Gilmour (Eds.), *Theoretical frameworks for personal relationships* (pp. 111–127). Hillsdale, NJ: Erlbaum.

Kenny, D. A., & La Voie, L. (1982). Reciprocity of interpersonal attraction: A confirmed hypothesis. *Social Psychology Quarterly, 45,* 54–58.

Kenrick, D. T., & MacFarlane, S. W. (1986). Ambient temperature and horn honking: A field study of the heat/aggression relationship. *Environment and Behavior, 18,* 179–191.

Kernis, M. H. (2001). Following the trail from narcissism to fragile self-esteem. *Psychological Inquiry, 12,* 223–225.

Kerr, N. L., & Tindale, R. S. (2004). Groups performance and decision making. *Annual Review of Psychology, 55,* 623–655.

Kerr, N., & Levine, J. (2008). The detection of social exclusion: Evolution and beyond. *Group Dynamics: Theory, Research, and Practice, 12,* 39–52.

Kestemont, J., Ma, N., Baetens, K., Clément, N., Van Overwalle, F., & Vandekerckhove, M. (2014). Neural correlates of attributing causes to the self, another person, and the situation. *Social Cognitive and Affective Neuroscience.* doi:10.1093/scan/nsu030

Key, W. B. (1973). *Subliminal seduction.* Englewood Cliffs, NJ: Signet Books.

Key, W. B. (1989). *Age of manipulation: The con in confidence and the sin in sincere.* New York: Henry Holt.

Kiesler, C. A., & Kiesler, S. B. (1969). *Conformity.* Reading, MA: Addison-Wesley.

Kihlstrom, J. F. (1996). The trauma-memory argument and recovered memory therapy. In K. Pezdek & W. P. Banks (Eds.), *The recovered memory/false memory debate* (pp. 297–311). San Diego, CA: Academic Press.

Killian, L. M. (1964). Social movements. In R. E. L. Farris (Ed.), *Handbook of modern sociology* (pp. 426–455). Chicago: Rand McNally.

Kim, H. S., Sherman, D. K., & Taylor, S. E. (2008). Culture and social support. *American Psychologist, 63,* 518–526.

Kim, H., & Markus, H. R. (1999). Deviance or uniqueness, harmony or conformity? A cultural analysis. *Journal of Personality and Social Psychology, 77,* 785–800.

Kim, H., Park, K., & Schwarz, N. (2010). Will this trip really be exciting? The role of incidental emotions in product evaluation. *Journal of Consumer Research, 36*(6), 983–991. doi:10.1086/644763

Kim, J. L., Sorsoli, C. L., Collins, K., Zylbergold, B. A., Schooler, D., & Tolman, D. L. (2007). From sex to sexuality: Exposing the heterosexual script on primetime network television. *Journal of Sex Research, 44,* 145–157.

Kim, U., & Berry, J. W. (1993). *Indigenous psychologies: Research and experience in cultural context.* Newbury Park, CA: Sage.

Kim, U., Triandis, H. C., Kagitcibasi, C., Choi, S. C., & Yoon, G. (Eds.). (1994). *Individualism and collectivism: Theory, method, and applications.* Thousand Oaks, CA: Sage.

Kimel, E. (2001, August 2). Students earn cash for summer reading. *Sarasota Herald Tribune,* p. BV2.

Kimmel, M. (2012). *The gendered society* (5th ed.). New York: Oxford University Press.

Kinder, D. R., & Sears, D. O. (1981). Prejudice and politics: Symbolic racism versus racial threats to the good life. *Journal of Personality and Social Psychology, 40,* 414–431.

King, B., Shapiro, R., Hebl, R., Singletary, L., & Turner, S. (2006). The stigma of obesity in customer service: A mechanism for remediation and bottom-line consequences of interpersonal discrimination. *Journal of Applied Psychology, 91,* 579–593.

King, M., & Woollett, E. (1997). Sexually assaulted males: 115 men consulting a counseling service. *Archives of Sexual Behavior, 26,* 579–588.

King, R. S., Mauer, M., & Young, M. C. (2005). *Incarceration and crime: A complex relationship.* Washington, DC: The Sentencing Project.

Kinoshita, S., Peek-O'Leary, M. (2005). Does the compatibility effect in the race Implicit Association Test reflect familiarity or affect? *Psychonomic Bulletin Review, 12,* 442–452.

Kirkpatrick, L. A., & Hazan, C. (1994). Attachment styles and close relationships: A four-year prospective study. *Personal Relationships, 1,* 123–142.

Kitayama, S., & Cohen, D. (Eds.). (2007). *Handbook of cultural psychology.* New York: Guilford.

Kitayama, S., & Markus, H. R. (1994). Culture and the self: How cultures influence the way we view ourselves. In D. Matsumoto (Ed.), *People: Psychology from a cultural perspective* (pp. 17–37). Pacific Grove, CA: Brooks/Cole.

Kitayama, S., & Uchida, Y. (2003). Explicit self-criticism and implicit self-regard: Evaluating self and friend in two cultures. *Journal of Experimental Social Psychology, 39,* 476–482.

Kitayama, S., & Uchida, Y. (2005). Interdependent agency: An alternative system for action. In R. M. Sorrentino & D. Cohen (Eds.), *Cultural and social behavior: The Ontario Symposium* (Vol. 10, pp. 137–164). Mahwah, NJ: Erlbaum.

Kitayama, S., Chua, H. F., Tompson, S., & Han, S. (2013). Neural mechanisms of dissonance: An fMRI investigation of choice justification. *NeuroImage, 69,* 206–212.

Kitayama, S., Conway, L. G., Pietromonaco, P. R., Park, H., & Plaut, V. C. (2010). Ethos of independence across regions in the United States: The production-adoption model of cultural change. *American Psychologist, 65,* 559–574.

Kitayama, S., Ishii, K., Imada, T., Takemura, K., & Ramaswamy, J. (2006). Voluntary settlement and the spirit of independence: Evidence from Japan's 'northern frontier.' *Journal of Personality and Social Psychology, 91,* 369–384.

Kitayama, S., Markus, H. R., Matsumoto, H., & Norasakkunkit, V. (1997). Individual and collective processes in the construction of the self: Self-enhancement in the United States and self-criticism in Japan. *Journal of Personality and Social Psychology, 72,* 1245–1267.

Kitayama, S., Park, H., Sevincer, A. T., Karasawa, M., & Uskul, A. K. (2009). A cultural task analysis of implicit independence: Comparing North America, Western Europe, and East Asia.

Journal of Personality and Social Psychology, 97, 236–255.

Kite, M. E., Deaux, K., & Haines, E. L. (2008). Gender stereotypes. In F. L. Denmark & M. A. Paludi (Eds.), *Psychology of women: A handbook of issues and theories* (2nd ed., pp. 205–236). Westport, CT: Praeger.

Kjell, O. N. E. (2011). Sustainable well-being: A potential synergy between sustainability and well-being research. *Review of General Psychology, 15*(3), 255–266. doi:10.1037/a0024603

Klapwijk, A., & Van Lange, P. A. M. (2009). Promoting cooperation and trust in "noisy" situations: The power of generosity. *Journal of Personality and Social Psychology, 96,* 83–103.

Klein, R. (2005, November 12). President steps up attack on war critics. *The Boston Globe.* Retrieved March 8, 2006, from www.boston.com/news/nation/washington/articles/2005/11/12/president_steps_up_attack_on_war_critics/

Klein, W. M. P., Rothman, A. J., & Cameron, L. D. (2013). Theoretical innovations in social and personality psychology and implications for health: Introduction to special issue. *Health Psychology, 32,* 457–459.

Kleinjan, M., van den Eijnden, R. J., & Engels, R. C. (2009). Adolescents' rationalizations to continue smoking: The role of disengagement beliefs and nicotine dependence in smoking cessation. *Addictive Behaviors, 34,* 440–445.

Klenke, K. (1996). *Women and leadership: A contextual perspective.* New York: Springer-Verlag.

Klinesmith, J., Kasser, T., & McAndrew, F. T. (2006). Guns, testosterone, and aggression: An experimental test of a mediational hypothesis. *Psychological Science, 17,* 568–571.

Klug, W., O'Dwyer, A., Barry, D., Dillard, L., Polo-Neil, H., & Warriner, M. (2011). The burden of combat: Cognitive dissonance in Iraq war veterans. In D. Kelly, S. Howe-Barksdale, & D. Gitelson (Eds.), *Treating young veterans: Promoting resilience through practice and advocacy* (pp. 33–79). New York: Springer.

Kluger, R. (1996). *Ashes to ashes: America's hundred-year cigarette war, the public health, and the unabashed triumph of Philip Morris.* New York: Knopf.

Knapp, M. L., Hall, J. A., & Horgan, T. G. (2014). *Nonverbal communication in human interaction.* Belmont, CA: Wadsworth.

Knobe, J., Buckwalter, W., Nichols, S., Robbins, P., Sarkissian, H., & Sommers, T. (2012). Experimental philosophy. *Annual Review of Psychology, 63,* 81–99.

Knowles, E. D., Morris, M. W., Chiu, C., & Hong, Y. (2001). Culture and the process of person perception: Evidence for automaticity among East Asians in correcting for situational influences on behavior. *Personality and Social Psychology Bulletin, 27,* 1344–1356.

Knox, R., & Inkster, J. (1968). Postdecision dissonance at post time. *Journal of Personality and Social Psychology, 8,* 319–323.

Knussen, C., Yule, F., & MacKenzie, J. (2004). An analysis of intentions to recycle household waste: The roles of past behaviour, perceived habit, and perceived lack of facilities. *Journal of Environmental Psychology, 24,* 237–246.

Koehler, J. J. (1993). The base rate fallacy myth. *Psycoloquy, 4,* 49.

Koehler, J. J. (1996). The base rate fallacy reconsidered: Descriptive, normative, and methodological challenges. *Behavioral and Brain Sciences, 19,* 1–53.

Koehnken, G., Malpass, R. S., & Wogalter, M. S. (1996). Forensic applications of line-up research. In S. L. Sporer, R. S. Malpass, & G. Koehnken (Eds.), *Psychological issues in eyewitness identification* (pp. 205–231). Mahwah, NJ: Erlbaum.

Koenig, A. M., Eagly, A. H., Mitchell, A. A., & Ristikari, T. (2011). Are leader stereotypes masculine? A meta-analysis of three research paradigms. *Psychological Bulletin, 137*(4), 616–642. doi:10.1037/a0023557

Koenig, A. M., Eagly, A. H., Mitchell, A. A., & Ristikari, T. (2011). Are leader stereotypes

masculine? A meta-analysis of three research paradigms. *Psychological Bulletin, 137,* 616–642.

Kokkoris, M.D., & Kühnen, U. (2013). Choice and dissonance in a European cultural context: The case of Western and Eastern Europeans. *International Journal of Psychology, 48,* 1260–1266.

Kolbert, E. (2006). *Field notes from a catastrophe: Man, nature, and climate change.* New York: Bloomsbury.

Kollack, P., Blumstein, P., & Schwartz, P., (1994). The judgment of equity in intimate relationships. *Social Psychology Quarterly, 57,* 340–351.

Konrath, S. H., Chopik, W. J., Hsing, C. K., & O'Brien, E. (2014). Changes in adult attachment styles in American college students over time. *Personality and Social Psychology Review.* doi:10.1177/1088868314530516

Konrath, S. H., O'Brien, E. H., & Hsing, C. (2011). Changes in dispositional empathy in American college students over time: A meta-analysis. *Personality and Social Psychology Review, 15,* 180–198.

Koranyi, N., & Rothermund, K. (2012). When the grass on the other side of the fence doesn't matter: Reciprocal romantic interest neutralizes attentional bias towards attractive alternatives. *Journal of Experimental Social Psychology, 48,* 186–191.

Korda, M. (1997, October 6). Prompting the president. *The New Yorker,* p. 88.

Koss, M. P. (2011). Hidden, unacknowledged, acquaintance, and date rape: Looking back, looking forward. *Psychology of Woman Quarterly, 35,* 348–354.

Kouchaki, M., & Smith, I. H. (2014). The morning morality effect: The influence of time of day on unethical behavior. *Psychological Science, 25,* 95–102.

Kovera, M. B., & Borgida, E. (2010). Social psychology and law. In S. T. Fiske, D. T. Gilbert, & G. Lindzey (Eds.), *Handbook of social psychology* (5th ed., Vol. 2, pp. 1343–1385). Hoboken, NJ: John Wiley.

Kowalski, R. M., Giumetti, G. W., Schroeder, A. N., & Lattanner, M. R. (2014). Bullying in the digital age: A critical review and meta-analysis of cyberbullying research among youth. *Psychological Bulletin, 140,* 1073–1137.

Kowert, P. A. (2002). *Groupthink or deadlock: When do leaders learn from their advisors?* Albany: State University of New York Press.

Krakow, A., & Blass, T. (1995). When nurses obey or defy inappropriate physician orders: Attributional differences. *Journal of Social Behavior and Personality, 10,* 585–594.

Kramer, G. P., Kerr, N. L., & Carroll, J. S. (1990). Pretrial publicity, judicial remedies, and jury bias. *Law and Human Behavior, 14,* 409–438.

Krasheninnikova, A., & Schneider, J. M. (2014). Testing problem-solving capacities: Differences between individual testing and social group setting. *Animal Behavior.* doi:10.1007/s10071-014-0744-1

Krauss, R. M., & Deutsch, M. (1966). Communication in interpersonal bargaining. *Journal of Personality and Social Psychology, 4,* 572–577.

Krauss, R. M., Freedman, J. L., & Whitcup, M. (1978). Field and laboratory studies of littering. *Journal of Experimental Social Psychology, 14,* 109–122.

Kremer, J. F., & Stephens, L. (1983). Attributions and arousal as mediators of mitigation's effects on retaliation. *Journal of Personality and Social Psychology, 45,* 335–343.

Kressel, K., & Pruitt, D. G. (1989). A research perspective on the mediation of social conflict. In K. Kressel & D. G. Pruitt (Eds.), *Mediation research: The process and effectiveness of third party intervention* (pp. 394–435). San Francisco: Jossey-Bass.

Krosnick, J. A., & Alwin, D. F. (1989). Aging and susceptibility to attitude change. *Journal of Personality and Social Psychology, 57,* 416–425.

Kross, E., & Ayduk, O. (2011). Making meaning out of negative experiences by self-distancing. *Current Directions in Psychological Science, 20*(3), 187–191. doi:10.1177/0963721411408883

Kross, E., Bruehlman-Senecal, E., Park, J., Burson, A., Dougherty, A., Shablack, H., et al. (2014).

Self-talk as a regulatory mechanism: How you do it matters. *Journal of Personality and Social Psychology, 106,* 304–324.

Krueger, A. B. (2007). *What makes a terrorist: Economics and the roots of terrorism.* Princeton, NJ: Princeton University Press.

Krueger, J., Ham, J. J., & Linford, K. (1996). Perceptions of behavioral consistency: Are people aware of the actor-observer effect? *Psychological Science, 7,* 259–264.

Krull, D. S. (1993). Does the grist change the mill? The effect of the perceiver's inferential goal on the process of social inference. *Personality and Social Psychology Bulletin, 19,* 340–348.

Krull, D. S., & Dill, J. C. (1996). On thinking first and responding fast: Flexibility in social inference processes. *Personality and Social Psychology Bulletin, 22,* 949–959.

Krull, D. S., Loy, M. H., Lin, J., Wang, C., Chen, S., & Zhao, X. (1999). The fundamental correspondence bias in individualist and collectivist cultures. *Personality and Social Psychology Bulletin, 25,* 1208–1219.

Kuan, K. K. Y., Zhong, Y., & Chau. P. Y. K. (2014). Informational and normative social influence in group-buying: Evidence from self-reported and EEG data. *Journal of Management Information Systems, 30,* 151–178.

Kubitschek, W. N., & Hallinan, M. T. (1998). Tracking and students' friendships. *Social Psychology Quarterly, 61,* 1–15.

Kumkale, G. T., & Albarracín, D. (2004). The sleeper eàect in persuasion: A meta-analytic review. *Psychological Bulletin, 130,* 143–172.

Kunda, Z. (1999). *Social cognition: Making sense of people.* Cambridge, MA: MIT Press.

Kunda, Z., & Oleson, K. C. (1997). When exceptions prove the rule: How extremity of deviance determines the impact of deviant examples on stereotypes. *Journal of Personality and Social Psychology, 72,* 965–979.

Kunda, Z., & Schwartz, S. H. (1983). Undermining intrinsic moral motivation: External reward and self-presentation. *Journal of Personality and Social Psychology, 45,* 763–771.

Kunda, Z., Sinclair, L., & Griffin, D. W. (1997). Equal ratings but separate meanings: Stereotypes and the construal of traits. *Journal of Personality and Social Psychology, 72,* 720–734.

Kuo, Z. Y. (1961). *Instinct.* Princeton, NJ: Van Nostrand.

Kurdek, L. A. (1992). Relationship stability and relationship satisfaction in cohabitating gay and lesbian couples: A prospective longitudinal test of the contextual and interdependence models. *Journal of Social and Personal Relationships, 9,* 125–142.

Kurdek, L. A. (2005). What do we know about gay and lesbian couples? *Current Directions in Psychological Science, 14,* 251–254.

Kuykendall, D., & Keating, J. P. (1990). Altering thoughts and judgments through repeated association. *British Journal of Social Psychology, 29,* 79–86.

Kwan, L. Y., & Chiu, C. (2014). Holistic versus analytic thinking explains collective culpability attribution. *Basic and Applied Social Psychology, 36,* 3–8.

La France, B. H., Henningsen, D. D., Oates, A., & Shaw, C. M. (2009). Social-sexual interactions? Meta-analyses of sex differences in perceptions of flirtatiousness, seductiveness, and promiscuousness. *Communication Monographs, 76,* 263–285.

La France, M., Hecht, M. A., & Paluck, E. L. (2003). The contingent smile: A meta-analysis of sex differences in smiling. *Psychological Bulletin, 129,* 305–334.

La Piere, R. T. (1934). Attitudes vs. actions. *Social Forces, 13,* 230–237.

Laird, J. (2007). *Feelings: The perception of self.* New York, Oxford University Press.

Lakey, B., & Orehek, E. (2011). Relational regulation theory: A new approach to explain the link between perceived social support and mental health. *Psychological Review, 118*(3), 482–495. doi:10.1037/a0023477

Lakoff, G., & Johnson, M. (1999). *Philosophy in the flesh: The embodied mind and its challenge to Western thought.* New York: Basic Books.

Lalwani, A. K., & Shavitt, S. (2009). The "me" I claim to be: Cultural self-construal elicits self-presentational goal pursuit. *Journal of Personality and Social Psychology, 97*, 88–102. doi:10.1037/a0014100

Lam, S., & Dickerson, S. S. (2013). Social relationships, social threat, and health. In M. L. Newman & N. A. Roberts (Eds.), *Health and social relationships: The good, the bad, and the complicated* (pp. 19–38). Washington, DC: American Psychological Association.

Lambert, A. J., Burroughs, T., & Nguyen, T. (1999). Perceptions of risk and the buffering hypothesis: The role of just world beliefs and right-wing authoritarianism. *Personality and Social Psychology Bulletin, 25*, 643–656.

Lampert, R., Baron, S. J., McPherson, C. A., & Lee, F. A. (2002). Heart rate variability during the week of September 11, 2001. *Journal of the American Medical Association, 288*, 575.

Landau, M. J., Meier, B. P., & Keefer, L. A. (2010). A metaphor-enriched social cognition. *Psychological Bulletin, 136*(6), 1045–1067. doi:10.1037/a0020970

Landis, D., & O'Shea, W. A. (2000). Cross-cultural aspects of passionate love: An individual differences analysis. *Journal of Cross-Cultural Psychology, 31*, 752–777.

Landman, J. (1993). *Regret: The persistence of the possible.* New York: Oxford University Press.

Lane, K. A., Banaji, M. R., & Nosek, B. A. (2007). Understanding and using the implicit association test: IV: What we know (so far) about the method. In B. Wittenbrink & N. Schwarz (Eds.), *Implicit measures of attitudes* (pp. 59–102). New York: Guilford.

Langer, E. J. (1975). The illusion of control. *Journal of Personality and Social Psychology, 32*, 311–328.

Langer, E. J., & Rodin, J. (1976). The effects of choice and enhanced personal responsibility for the aged: A field experiment. *Journal of Personality and Social Psychology, 34*, 191–198.

Langhinrichsen-Rohling, J., Misra, T. A., Selwyn, C., & Rohling, M. L. (2012). Rates of bi-directional versus unidirectional intimate partner violence across samples, sexual orientations, and race/ethnicities: A comprehensive review. *Partner Abuse, 3*, 199–230.

Langlois, J. H., Kalakanis, L., Rubenstein, A. J., Larson, A., Hallam, M., & Smoot, M. (2000). Maxims or myths of beauty? A meta-analytic and theoretical review. *Psychological Bulletin, 126*, 390–423.

Langlois, J. H., Ritter, J. M., Roggman, L. A., & Vaughn, L. S. (1991). Facial diversity and infant preferences for attractive faces. *Developmental Psychology, 27*, 79–84.

Langlois, J. H., Roggman, L. A., & Musselman, L. (1994). What is average and what is not average about attractive faces? *Psychological Science, 5*, 214–220.

Langlois, J. H., Roggman, L. A., & Rieser-Danner, L. A. (1990). Infants' differential social responses to attractive and unattractive faces. *Developmental Psychology, 26*, 153–159.

Larrick, R. P., Timmerman, T. A., Carton, A. M., & Abrevaya, J. (2011). Temper, temperature, and temptation: Heat-related retaliation in baseball. *Psychological Science, 22*, 423–428.

Larson, J. R., Jr., Christensen, C., Franz, T. M., & Abbott, A. S. (1998). Diagnosing groups: The pooling, management, and impact of shared and unshared case information in team-based medical decision making. *Journal of Personality and Social Psychology, 75*, 93–108.

Lassiter, G. D. (2010). Psychological science and sound public policy: Video recording of custodial interrogations. *American Psychologist, 65*(8), 768–779. doi:10.1037/0003-066X.65.8.768

Lassiter, G. D., Diamond, S. S., Schmidt, H. C., & Elek, J. K. (2007). Evaluating videotaped confessions: Expertise provides no defense against the camera perspective effect. *Psychological Science, 18*, 224–226.

Lassiter, G. D., Geers, A. L., Munhall, P. J., Ploutz-Snyder, R. J., & Breitenbecher, D. L. (2002). Illusory causation: Why it occurs. *Psychological Science, 13*, 299–305.

Lassiter, G. D., Ratcliff, J. J., Ware, L. J., & Irvin, C. R. (2006). Videotaped confessions: Panacea or Pandora's Box? *Law and Policy, 28*, 192–210.

Latané, B. (1981). The psychology of social impact. *American Psychologist, 36*, 343–356.

Latané, B. (1987). From student to colleague: Retracing a decade. In N. E. Grunberg, R. E. Nisbett, J. Rodin, & J. E. Singer (Eds.), *A distinctive approach to psychological research: The influence of Stanley Schachter* (pp. 66–86). Hillsdale, NJ: Erlbaum.

Latané, B., & Bourgeois, M. J. (2001). Successfully simulating dynamic social impact: Three levels of prediction. In J. P. Forgas & K. D. Williams (Eds.), *Social influence: Direct and indirect processes* (pp. 61–76). Philadelphia: Psychology Press.

Latané, B., & Dabbs, J. M. (1975). Sex, group size, and helping in three cities. *Sociometry, 38*, 108–194.

Latané, B., & Darley, J. M. (1968). Group inhibition of bystander intervention. *Journal of Personality and Social Psychology, 10*, 215–221.

Latané, B., & Darley, J. M. (1970). *The unresponsive bystander: Why doesn't he help?* Englewood Cliffs, NJ: Prentice Hall.

Latané, B., & L'Herrou, T. (1996). Spatial clustering in the conformity game: Dynamic social impact in electronic games. *Journal of Personality and Social Psychology, 70*, 1218–1230.

Latané, B., & Nida, S. (1981). Ten years of research on group size and helping. *Psychological Bulletin, 89*, 308–324.

Latané, B., Williams, K., & Harkins, S. (2006). Many hands make light the work: The causes and consequences of social loafing. In J. M. Levine & R. L. Moreland (Eds.), *Small groups* (pp. 297–308). New York: Psychology Press.

Lau, R. R., & Russell, D. (1980). Attributions in the sports pages: A field test of some current hypotheses about attribution research. *Journal of Personality and Social Psychology, 39*, 29–38.

Laumann, E. O., & Gagnon, J. H. (1995). A sociological perspective on sexual action. In R. G. Parker & J. H. Gagnon (Eds.), *Conceiving sexuality: Approaches to sex research in a postmodern world.* New York: Routledge.

Laumann, E. O., Gagnon, J. H., Michael, R. T., & Michaels, S. (1994). *The social organization of sexuality.* Chicago: University of Chicago Press.

Laursen, B., & Hartup, W. W. (2002). The origins of reciprocity and social exchange in friendships. In L. Brett & W. G. Graziano (Eds.), *Social exchange in development: New directions for child and adolescent development* (pp. 27–40). San Francisco: Jossey-Bass/Pfeiffer.

Lawler, E. J., & Thye, S. R. (1999). Bringing emotions into social exchange theory. *Annual Review of Sociology, 25*, 217–244.

Lazarsfeld, P. (Ed.). (1940). *Radio and the printed page.* New York: Duell, Sloan & Pearce.

Lazarus, R. S. (1966). *Psychological stress and the coping process.* New York: McGraw-Hill.

Lazarus, R. S. (2000). Toward better research on stress and coping. *American Psychologist, 55*, 665–673.

Lazarus, R. S., & Folkman, S. (1984). *Stress, appraisal, and coping.* New York: Springer-Verlag.

Le Bon, G. (1895). *The crowd.* London: Unwin.

Le, B., & Agnew, C. R. (2003). Commitment and its theorized determinants: A meta-analysis of the investment model. *Personal Relationships, 10*, 37–57.

Lea, M., & Spears, R. (1995). Love at first byte: Building personal relationships over computer networks. In J. T. Wood & S. W. Duck (Eds.), *Understudied relationships: Off the beaten track* (pp. 197–233). Thousand Oaks, CA: Sage.

Lea, M., Spears, R., & de Groot, D. (2001). Knowing me, knowing you: Anonymity effects on social identity processes within groups. *Personality and Social Psychology Bulletin, 27*, 526–537.

Leary, M. R. (2004a). *The curse of the self: Self-awareness, egotism, and the quality of human life.* New York: Oxford University Press.

Leary, M. R. (2004b). The self we know and the self we show: Self-esteem, self-presentation, and the maintenance of interpersonal relationships. In M. B. Brewer & M. Hewstone (Eds.), *Emotion and motivation* (pp. 204–224). Malden, MA: Blackwell.

Leary, M. R., & Baumeister, R. F. (2000). The nature and function of self-esteem: Sociometer theory. In M. P. Zanna (Ed.), *Advances in experimental social psychology* (Vol. 32, pp. 1–62). San Diego, CA: Academic Press.

Leary, M. R., & Tate, E. B. (2010). The role of self-awareness and self-evaluation in dysfunctional patterns of thought, emotion, and behavior. In J. E. Maddux & J. P. Tangney (Eds.), *Social psychological foundations of clinical psychology* (pp. 19–35). New York: Guilford Press.

Leary, M. R., Kowalski, R. M., Smith, L., & Phillips, S. (2003). Teasing, rejection, and violence: Case studies of the school shootings. *Aggressive Behavior, 29*, 202–214.

Leary, M. R., Twenge, J. M., & Quinlivan, E. (2006). Interpersonal rejection as a determinant of anger and aggression. *Personality and Social Psychology Review, 10*, 111–132.

Leathers, D. G. (1997). *Successful nonverbal communication: Principles and applications.* Needham Heights, MA: Allyn & Bacon.

Lee, A. Y. (2001). The mere exposure effect: An uncertainty reduction explanation revisited. *Personality and Social Psychology Bulletin, 27*, 1255–1266.

Lee, E. (2004). Effects of visual representation on social influence in computer-mediated communication: Experimental tests of the social identity model of deindividuation effects. *Human Communication Research, 30*, 234–259.

Lee, H. (1960). *To kill a mockingbird.* New York: Warner Books.

Lee, R. W. (2001). Citizen heroes. *New American, 17*, 19–32.

Lee, S. J. (2009). *Unraveling the "Model Minority" stereotype: Listening to Asian American youth* (2nd ed.). New York: Teachers College, Columbia University.

Lee, Y., & Seligman, M. E. P. (1997). Are Americans more optimistic than the Chinese? *Personality and Social Psychology Bulletin, 23*, 32–40.

Lee, Y-T., McCauley, C., & Jussim, L. (2013). Stereotypes as valid categories of knowledge and human perceptions of group differences. *Social and Personality Psychology Compass, 7*, 470–486.

Lefkowitz, E. S., Shearer, C. L., Gillen, M. M., & Espinosa-Hernandez, G. (2014). How gendered attitudes relate to women's and men's sexual behaviors and beliefs. *Sexuality and Culture.* doi:10.1007/s12119-014-9225-6

Lehman, D. R., Davis, C. G., De Longis, A., & Wortman, C. B. (1993). Positive and negative life changes following bereavement and their relations to adjustment. *Journal of Social and Clinical Psychology, 12*, 90–112.

Lehman, D. R., Lempert, R. O., & Nisbett, R. E. (1988). The effects of graduate training on reasoning: Formal discipline and thinking about everyday-life events. *American Psychologist, 43*, 431–442.

Lehmiller, J. J., & Agnew, C. R. (2006). Marginalized relationships: The impact of social disapproval on romantic relationship commitment. *Personality and Social Psychology Bulletin, 32*, 40–51.

Leippe, M. R., & Eisenstadt, D. (1994). Generalization of dissonance reduction: Decreasing prejudice through induced compliance. *Journal of Personality and Social Psychology, 67*, 395–413.

Leippe, M. R., & Eisenstadt, D. (1998). A self-accountability model of dissonance reduction: Multiple modes on a continuum of elaboration. In E. Harmon-Jones & J. S. Mills (Eds.), *Cognitive dissonance theory: Revival with revisions and controversies.* Washington, DC: American Psychological Association.

Leite, F. P. (2011). Larger reward values alone are not enough to entice more cooperation. *Thinking & Reasoning, 17*(1), 82–103. doi:10.1080/13546783.2010.537521

Lemay, E. P., Jr., Clark, M. S., & Greenberg, A. (2010). What is beautiful is good because what is beautiful is desired: Physical attractiveness stereotyping as projection of interpersonal goals. *Personality and Social Psychology Bulletin, 36*, 339–353.

Lemay, E. P., Jr., & Clark, M. S. (2008). How the head liberates the heart: Projection of communal responsiveness guides relationship promotion. *Journal of Personality and Social Psychology, 94,* 647–671.

Lemay, E. P., Jr., Clark, M. S., & Feeney, B. C. (2007). Projection of responsiveness to needs and the construction of satisfying communal relationships. *Journal of Personality and Social Psychology, 92,* 834–853.

Lemieux, R., & Hale, J. L. (1999). Intimacy, passion, and commitment in young romantic relationships: Successfully measuring the triangular theory of love. *Psychological Reports, 85,* 497–503.

Leor, J., Poole, W. K., & Kloner, R. A. (1996). Sudden cardiac death triggered by an earthquake. *New England Journal of Medicine, 334,* 413–419.

Leotti, L. A., Iyengar, S. S., & Ochsner, K. N. (2010). Born to choose: The origins and value of the need for control. *Trends in Cognitive Sciences, 14,* 457–463. doi:10.1016/j.tics.2010.08.001

Lepper, M. R. (1995). Theory by numbers? Some concerns about meta-analysis as a theoretical tool. *Applied Cognitive Psychology, 9,* 411–422.

Lepper, M. R. (1996). Intrinsic motivation and extrinsic rewards: A commentary on Cameron and Pierce's meta-analysis. *Review of Educational Research, 66,* 5–32.

Lepper, M. R., Corpus, J. H., & Iyengar, S. S. (2005). Intrinsic and extrinsic motivational orientations in the classroom: Age differences and academic correlates. *Journal of Educational Psychology, 97,* 184–196.

Lepper, M. R., Greene, D., & Nisbett, R. E. (1973). Undermining children's intrinsic interest with extrinsic reward: A test of the overjustification hypothesis. *Journal of Personality and Social Psychology, 28,* 129–137.

Lepper, M. R., Henderlong, J., & Gingras, I. (1999). Understanding the effects of extrinsic rewards on intrinsic motivation—uses and abuses of meta-analysis: Comment on Deci, Koestner, and Ryan (1999). *Psychological Bulletin, 125,* 669–676.

Lerner, J. S., & Tetlock, P. E. (1999). Accounting for the effects of accountability. *Psychological Bulletin, 125,* 255–275.

Lerner, M. J. (1980). *The belief in a just world: A fundamental decision.* New York: Plenum.

Lerner, M. J. (1991). The belief in a just world and the "heroic motive": Searching for "constants" in the psychology of religious ideology. *International Journal for the Psychology of Religion, 1,* 27–32.

Lerner, M. J. (1998). The two forms of belief in a just world. In L. Montada & M. J. Lerner (Eds.), *Responses to victimization and belief in a just world.* (pp. 247–269). New York: Plenum Press.

Lerner, M. J., & Grant, P. R. (1990). The influences of commitment to justice and ethnocentrism on children's allocations of pay. *Social Psychology Quarterly, 53,* 229–238.

Lerner, M. J., & Miller, D. T. (1978). Just world research and the attribution process: Looking back and ahead. *Psychological Bulletin, 85,* 1030–1051.

Leskovec, J., & Horvitz, E. (2007). *Worldwide buzz: Planetary-scale views on an instant-messaging network* (Vol. 60). Technical report, Microsoft Research.

Leung, K. (1996). Beliefs in Chinese culture. In M. H. Bond (Ed.), *The handbook of Chinese psychology* (pp. 247–262). Hong Kong: Oxford University Press.

Levenson, H. (1981). Differentiating between internality, powerful others, and chance. In H. M. Lefcourt (Ed.), *Research with the locus of control construct* (Vol. 1, pp. 15–63). New York, NY: Academic Press.

Leventhal, H., Watts, J. C., & Pagano, F. (1967). Effects of fear and instructions on how to cope with danger. *Journal of Personality and Social Psychology, 6,* 313–321.

Levett, L. M. (2013). Co-witness information influences whether a witness is likely to choose from a lineup. *Legal and Criminological Psychology, 18,* 168–180.

Levin, D. T. (2000). Race as a visual feature: Using visual search and perceptual discrimination tasks to understand face categories and the cross-race recognition deficit. *Journal of Experimental Psychology: General, 129,* 559–574.

Levine, J. M., & Moreland, R. L. (1998). Small groups. In D. T. Gilbert, S. T. Fiske, & G. Lindzey (Eds.), *The handbook of social psychology* (4th ed., Vol. 2, pp. 415–469). New York: McGraw-Hill.

Levine, J. M., & Russo, E. M. (1987). Majority and minority influence. In C. Hendrick (Ed.), *Group processes: Review of personality and social psychology* (Vol. 8, pp. 13–54). Newbury Park, CA: Sage.

Levine, J. M., Higgins, E. T., & Choi, H.-S. (2000). Development of strategic norms in groups. *Organizational Behavior and Human Decision Processes, 82,* 88–101.

Levine, J. M., Moreland, R. L., & Choi, S. (2001). Group socialization and newcomer innovation. In M. Hogg & S. Tindale (Eds.), *Blackwell handbook of social psychology: Group processes* (pp. 86–106). Oxford, England: Blackwell Publishers.

Levine, R. A., & Campbell, D. T. (1972). *Ethnocentrism: Theories of conflict, ethnic attitudes, and group behavior.* New York: Wiley.

Levine, R. V. (2003). The kindness of strangers: People's willingness to help someone during a chance encounter on a city street varies considerably around the world. *American Scientist, 91,* 226–233.

Levine, R. V., Martinez, T. S., Brase, G., & Sorenson, K. (1994). Helping in 36 U.S. cities. *Journal of Personality and Social Psychology, 67,* 69–82.

Levine, R. V., Norenzayan, A., & Philbrick, K. (2001). Cross-cultural differences in helping strangers. *Journal of Cross-Cultural Psychology, 32,* 543–560.

Levine, R., Sato, S., Hashimoto, T., & Verma, J. (1995). Love and marriage in eleven cultures. *Journal of Cross-Cultural Psychology, 26,* 554–571.

Levine, S. S., Apfelbaum, E. P., Bernard, M., Bartelt, V. L., Zajac, E. J., & Stark, D. (2015). Ethnic diversity deflates price bubbles. *Proceedings of the National Academy of Sciences.* doi:10.1073/pnas.1407301111

Levitan, L. C., & Visser, P. S. (2008). The impact of the social context on resistance to persuasion: Effortful versus effortless responses to counterattitudinal information. *Journal of Experimental Social Psychology, 44,* 640–649.

Levy, B. (2008). *Women and violence.* Berkeley, CA: Seal Press.

Levy, D. A., & Nail, P. R. (1993). Contagion: A theoretical and empirical review and reconceptualization. *Genetic, Social, and General Psychology Monographs, 119,* 233–284.

Lévy-Leboyer, C. (1988). Success and failure in applying psychology. *American Psychologist, 43,* 779–785.

Lewin, K. (1943). Defining the "field at a given time." *Psychological Review, 50,* 292–310.

Lewin, K. (1946). Action research and minority problems. *Journal of Social Issues, 2,* 34–46.

Lewin, K. (1947). Frontiers in group dynamics. *Human Relations, 1,* 5–41.

Lewin, K. (1948). *Resolving social conflicts: Selected papers in group dynamics.* New York: Harper.

Lewin, K. (1951). Problems of research in social psychology. In D. Cartwright (Ed.), *Field theory in social science* (pp. 155–169). New York: Harper.

Lewin, K., Lippit, R., & White, R. K. (1939). Patterns of aggressive behavior in experimentally created social climates. *Journal of Social Psychology, 10,* 271–301.

Lewis, C. C. (1995). *Educating hearts and minds: Reflections on Japanese preschool and elementary education.* Cambridge: Cambridge University Press.

Lewis, G. J., Kandler, C., & Riemann, R. (2014). Distinct heritable influences underpin in-group love and out-group derogation. *Social Psychology and Personality Science, 5,* 407–4013.

Lewis, K., Belliveau, M., Herndon, B., & Keller, J. (2007). Group cognition, membership change, and performance: Investigating the benefits and detriments of collective knowledge.

Organizational Behavior and Human Decision Processes, 103, 159–178.

Lewis, M., & Ramsay, D. (2004). Development of self-recognition, personal pronoun use, and pretend play during the 2nd year. *Child Development, 75,* 1821–1831.

Lewis, R. S., Goto, S. G., & Kong, L. (2008). Culture and context: East Asian American and European American differences in P3 event-related potential. *Personality and Social Psychology Bulletin, 34,* 623–634.

Li, Y. J., Johnson, K. A., Cohen, A. B., Williams, M. J., & Knowles, E. D. (2012). Fundamental(ist) attribution error: Protestants are dispositionally focused. *Journal of Personality and Social Psychology, 102,* 281–290.

Li, Z., Connolly, J., Jiang, D., Pepier, D., & Craig, W. (2010). Adolescent romantic relationships in China and Canada: A cross-national comparison. *International Journal of Behavioral Development, 34,* 113–120.

Liberman, A., & Chaiken, S. (1992). Defensive processing of personally relevant health messages. *Personality and Social Psychology Bulletin, 18,* 669–679.

Liberman, V., Samuels, S. M., & Ross, L. D. (2004). The name of the game: Predictive power of reputations versus situational labels in determining Prisoner's Dilemma Game moves. *Personality and Social Psychology Bulletin, 30,* 1175–1185.

Lick, D. J., Durso, L. E., & Johnson, K. L. (2013). Minority stress and physical health among sexual minorities. *Perspectives on Psychological Science, 8,* 521–548.

Lieberman, M. D. (2013). *Social: Why our brains are wired to connect.* New York: Crown.

Lieberman, M. D., & Rosenthal, R. (2001). Why introverts can't always tell who likes them: Multitasking and nonverbal decoding. *Journal of Personality and Social Psychology, 80,* 294–310.

Liebert, R. M., & Baron, R. A. (1972). Some immediate effects of televised violence on children's behavior. *Developmental Psychology, 6,* 469–475.

Lilienfeld, S. O., & Byron, R. B. (2013). Your brain on trial. *Scientific American Mind, 23,* 44–53.

Liljenquist, K. A., Zhong, C., & Galinsky, A. D. (2010). The smell of virtue: Clean scents promote reciprocity and charity. *Psychological Science, 21,* 381–383.

Lim, T.-S., & Choi, H.-S. (1996). Interpersonal relationships in Korea. In W. B. Gudykunst, S. Ting-Toomey, & T. Nishida (Eds.), *Communication in personal relationships across cultures* (pp. 122–136). Thousand Oaks, CA: Sage.

Lin, Y. H. W., & Rusbult, C. E. (1995). Commitment to dating relationships and cross-sex friendships in America and China. *Journal of Social and Personal Relationships, 12,* 7–26.

Lindsay, R. C. L., & Wells, G. L. (1985). Improving eyewitness identifications from lineups: Simultaneous versus sequential lineup presentation. *Journal of Applied Psychology, 70,* 556–564.

Linville, P. W., Fischer, G. W., & Salovey, P. (1989). Perceived distributions of characteristics of in-group and out-group members: Empirical evidence and a computer simulation. *Journal of Personality and Social Psychology, 57,* 165–188.

Linz, D. G., Donnerstein, E., & Penrod, S. (1984). The effects of multiple exposures to filmed violence against women. *Journal of Communication, 34,* 130–147.

Lippmann, W. (1922). *Public opinion.* New York: Free Press.

Lipsey, M. W., Wilson, D. B., Cohen, M. A., & Derzon, J. H. (1997). Is there a causal relationship between alcohol use and violence? A synthesis of evidence. In M. Galanter (Ed.), *Recent developments in alcoholism*: Vol. 13. *Alcohol and violence: Epidemiology, neurobiology, psychology, and family issues* (pp. 245–282). New York: Plenum.

Litter prevention. (n.d.). Keep America Beautiful. Retrieved September 5, 2011, from www.kab.org/site/PageServer?pagename=focus_litter_prevention#COSTS

Little, A. C., & Perrett, D. I. (2002). Putting beauty back in the eye of the beholder. *Psychologist, 15,* 28–32.

Little, A. C., Jones, B. C., Waitt, C., Tiddeman, B. P., Feinberg, D. R., Perrett, D. I., Apicella, C. L., & Marlowe, F. W. (2008). Symmetry is related to sexual dimorphism in faces: Data across culture and species. *PLoS One, 3,* e2106.

Livesley, W. J., & Bromley, D. B. (1973). *Person perception in childhood and adolescence.* New York: Wiley.

Livingston, R. W., & Pearce, N. A. (2009). The teddy-bear effect: Does having a baby face benefit black chief executive officers? *Psychological Science, 22,* 1478–1483.

Livingston, R. W., & Pearce, N. A. (2009). The teddy-bear effect: Does having a baby face benefit Black chief executive officers? *Psychological Science, 20,* 1229–1236.

Lloyd, S. A., & Cate, R. M. (1985). The developmental course of conflict in dissolution of premarital relationships. *Journal of Social and Personal Relationships, 2,* 179–194.

Lockwood, P., Shaughnessy, S. C., Fortune, J. L., & Tong, M.-O. (2012). Social comparisons in novel situations: Finding inspiration during life transitions. *Personality and Social Psychology Bulletin, 38*(8), 985–996. doi:10.1177/0146167212447234

Lodish, L. M., Abraham, M., Kalmenson, S., Livelsberger, J., Lubetkin, B., Richardson, B., & Stevens, M. E. (1995). How TV advertising works: A meta-analysis of 389 real-world split-cable TV advertising experiments. *Journal of Marketing Research, 32,* 125–139.

Loersch, C., & Payne, B. K. (2011). The situated inference model: An integrative account of the effects of primes on perception, behavior, and motivation. *Perspectives on Psychological Science, 6*(3), 234–252. doi:10.1177/1745691611406921

Loftus, E. F. (1979). *Eyewitness testimony.* Cambridge, MA: Harvard University Press.

Loftus, E. F. (1993). The reality of repressed memories. *American Psychologist, 48,* 518–537.

Loftus, E. F. (2005). Planting misinformation in the human mind: A 30-year investigation of the malleability of memory. *Learning and Memory, 12,* 361–366.

Loftus, E. F., Garry, M., & Hayne, H. (2008). Repressed and recovered memory. In E. Borgida & S. T. Fiske (Eds.), *Beyond common sense: Psychological science in the courtroom* (pp. 177–194). Malden, MA: Blackwell.

Loftus, E. F., Miller, D. G., & Burns, H. J. (1978). Semantic integration of verbal information into a visual memory. *Journal of Experimental Psychology: Human Learning and Memory, 4,* 19–31.

Lonner, W., & Berry, J. (Eds.). (1986). *Field methods in cross-cultural research.* Beverly Hills, CA: Sage.

Lonsdale, A. J., & North, A. C. (2012). Musical taste and the representativeness heuristic. *Psychology of Music, 40,* 131–142.

Lord, C. G., Lepper, M. R., & Preston, E. (1984). Considering the opposite: A corrective strategy for social judgment. *Journal of Personality and Social Psychology, 47,* 1231–1243.

Lore, R. K., & Schultz, L. A. (1993). Control of human aggression. *American Psychologist, 48,* 16–25.

Lorenz, K. (1966). *On aggression* (M. Wilson, Trans.). New York: Harcourt Brace.

Lott, A. J., & Lott, B. E. (1961). Group cohesiveness, communication level, and conformity. *Journal of Abnormal and Social Psychology, 62,* 408–412.

Lott, A. J., & Lott, B. E. (1974). The role of reward in the formation of positive interpersonal attitudes. In T. L. Huston (Ed.), *Foundations of interpersonal attraction* (pp. 171–189). New York: Academic Press.

Lount, R. B., Jr., & Wilk, S. L. (2014). Working harder or hardly working? Posting performance eliminates social loafing and promotes social laboring in workgroups. *Management Science, 60,* 1098–1106.

Lount, R. B., Jr., Zhong, C.-B., Sivanathan, N., & Murnighan, J. K. (2008). Getting off on the wrong foot: The timing of a breach and the restoration of trust. *Personality and Social Psychology Bulletin, 34*(12), 1601–1612. doi:10.1177/0146167208324512

Lovett, R. A. (2010, March 2). Huge garbage patch found in Atlantic too. *National Geographic News.* National Geographic Society. Retrieved March 8, 2012, from news.nationalgeographic.com/news/2010/03/100302-new-ocean-trash-garbage-patch/

Ludwig, T. D., Gray, T. W., & Rowell, A. (1998). Increasing recycling in academic buildings: A systematic replication. *Journal of Applied Behavior Analysis, 31,* 683–686.

Lumsdaine, A. A., & Janis, I. L. (1953). Resistance to "counterpropaganda" produced by one-sided and two-sided "propaganda" presentations. *Public Opinion Quarterly, 17,* 311–318.

Luo, M. (2009, December 1). In job hunt, college degree can't close racial gap. *The New York Times,* p. 1.

Luo, S., & Zhang, G. (2009). What leads to romantic attraction: Similarity, reciprocity, security, or beauty? Evidence from a speed dating study. *Journal of Personality, 77,* 933–964.

Lupien, S. P., Seery, M. D., & Almonte, J. L. (2010). Discrepant and congruent high self-esteem: Behavioral self-handicapping as a preemptive defensive strategy. *Journal of Experimental Social Psychology, 46,* 1105–1108. doi:10.1016/j.jesp.2010.05.022

Lutz-Zois, C. J., Bradley, A. C., Mihalik, J. L., & Moorman-Eavers, E. R. (2006). Perceived similarity and relationship success among dating couples: An idiographic approach. *Journal of Social and Personal Relationships, 23,* 865–880.

Lykken, D., & Tellegen, A. (1996). Happiness is a stochastic phenomenon. *Psychological Science, 7,* 186–189.

Lynn, M., & Shurgot, B. A. (1984). Responses to lonely hearts advertisements: Effects of reported physical attractiveness, physique, and coloration. *Personality and Social Psychology Bulletin, 10,* 349–357.

Lyubomirsky, S., Caldwell, N. D., & Nolen-Hoeksema, S. (1993). Effects of ruminative and distracting responses to depressed mood on retrieval of autobiographical memories. *Journal of Personality and Social Psychology, 75,* 166–177.

Lyubomirsky, S., Sheldon, K. M., & Schkade, D. (2005). Pursuing happiness: The architecture of sustainable change. *Review of General Psychology, 9,* 111–131.

Ma, D. S., & Correll, J. (2011). Target prototypicality moderates racial bias in the decision to shoot. *Journal of Experimental Social Psychology, 47,* 391–396.

Maass, A., & Clark, R. D., III. (1984). Hidden impact of minorities: Fifteen years of research. *Psychological Bulletin, 95,* 428–450.

Maass, A., Cadinu, M., Guarnieri, G., & Grasselli, A. (2003). Sexual harassment under social identity threat: The computer harassment paradigm. *Journal of Personality and Social Psychology, 85,* 853–870.

Maccoby, E. E., & Jacklin, C. N. (1974). *The psychology of sex differences.* Stanford, CA: Stanford University Press.

MacCoun, R. J. (1989). Experimental research on jury decision-making. *Science, 244,* 1046–1050.

MacDonald, T. K., Zanna, M. P., & Fong, G. T. (1996). Why common sense goes out the window: Effects of alcohol on intentions to use condoms. *Personality and Social Psychology Bulletin, 22,* 763–775.

Mackie, D. M. (1987). Systematic and nonsystematic processing of majority and minority persuasive communications. *Journal of Personality and Social Psychology, 53,* 41–52.

MacKinnon, C. (1993, July–August). Turning rape into pornography: Postmodern genocide. *Ms.,* pp. 24–30.

Mackinnon, S. P., Jordan, C. H., & Wilson, A. E. (2011). Birds of a feather sit together: Physical similarity predicts seating choice. *Personality and Social Psychology Bulletin, 37,* 879–892.

Maclean, N. (1983). *A river runs through it.* Chicago: University of Chicago Press.

MacNeil, M. K., & Sherif, M. (1976). Norm change over subject generations as a function of arbitrariness of prescribed norms. *Journal of Personality and Social Psychology, 34,* 762–773.

Macrae, C. N., & Bodenhausen, G. V. (2000). Social cognition: Thinking categorically about others. *Annual Review of Psychology, 51,* 93–120.

Madon, S., Guyll, M., Buller, A. A., Scherr, K. C., Willard, J., & Spoth, R. (2008). The mediation of mothers' self-fulfilling effects on their children's alcohol use: Self-verification, informational conformity, and modeling processes. *Journal of Personality and Social Psychology, 95*(2), 369–384. doi:10.1037/0022-3514.95.2.369

Madon, S., Guyll, M., Scherr, K. C., Willard, J., Spoth, R., & Vogel, D. L. (2013). The role of the self-fulfilling prophecy in young adolescents' responsiveness to a substance use prevention program. *Journal of Applied Social Psychology, 43,* 1784–1798.

Madon, S., Guyll, M., Spoth, R. L., Cross, S. E., & Hilbert, S. J. (2003). The self-fulfilling influence of mother expectations on children's underage drinking. *Journal of Personality and Social Psychology, 84*(6), 1188–1205. doi:10.1037/0022-3514.84.6.1188

Madon, S., Jussim, L., & Eccles, J. (1997). In search of the powerful self-fulfilling prophecy. *Journal of Personality and Social Psychology, 72,* 791–809. doi:10.1037/0022-3514.72.4.791

Madon, S., Willard, J., Guyll, M., & Scherr, K. C. (2011). Self-fulfilling prophecies: Mechanisms, power, and links to social problems. *Social and Personality Psychology Compass, 5*(8), 578–590. doi:10.1111/j.1751-9004.2011.00375.x

Magaro, P. A., & Ashbrook, R. M. (1985). The personality of societal groups. *Journal of Personality and Social Psychology, 48,* 1479–1489.

Main, M., Kaplan, N., & Cassidy, J. (1985). Security in infancy, childhood, and adulthood: A move to the level of representation. In T. Bretherton & E. Waters (Eds.), *Growing points of attachment theory and research. Monographs of the Society for Research on Child Development, 50,* 66–104.

Maio, G. R., Olson, J. M., Allen, L., & Bernard, M. M. (2001). Addressing discrepancies between values and behavior: The motivating effect of reasons. *Journal of Experimental Social Psychology, 37,* 104–117.

Maisel, N. C., & Gable, S. L. (2009). The paradox of received social support: The importance of responsiveness. *Psychological Science, 20*(8), 928–932. doi:10.1111/j.1467-9280.2009.02388.x

Major, B., & Gramzow, R. H. (1999). Abortion as stigma: Cognitive and emotional implications of concealment. *Journal of Personality and Social Psychology, 77,* 735–745.

Malamuth, N. M. (1981). Rape fantasies as a function of exposure to violent sexual stimuli. *Archives of Sexual Behavior, 10,* 33–47.

Malamuth, N. M., Addison, T., & Koss, M. (2000). Pornography and sexual aggression: Are there reliable effects and can we understand them? *Annual Review of Sex Research 11,* 26–91.

Malamuth, N. M., Hald, G., & Koss, M. (2012). Pornography, individual differences in risk and men's acceptance of violence against women in a representative sample. *Sex Roles, 66,* 427–439.

Malamuth, N. M., Linz, D. G., Heavey, C. L., Barnes, G., & Acker, M. (1995). Using the confluence model of sexual aggression to predict men's conflict with women: A 10-year follow-up study. *Journal of Personality and Social Psychology, 69,* 353–369.

Malle, B. F., & Knobe, J. (1997). Which behaviors do people explain? A basic actor-observer asymmetry. *Journal of Personality and Social Psychology, 72,* 288–304.

Malloy, T. E. (2001). Difference to inference: Teaching logical and statistical reasoning through on-line interactivity. *Behavior Research Methods, Instruments, and Computers, 33,* 270–273.

Malpass, R. S., Tredoux, C. G., & McQuiston-Surrett, D. (2007). Lineup construction and lineup fairness. *The handbook of eyewitness psychology,* Vol II: *Memory for people* (pp. 155–178). Mahwah, NJ: Lawrence Erlbaum.

Manning, M. (2009). The effects of subjective norms on behaviour in the theory of planned behaviour: A meta-analysis. *British Journal of Social Psychology, 48*(4), 649–705. doi:10.1348/014466608X393136

Mannino, C. A., Snyder, M., & Omoto, A. M. (2011). Why do people get involved? Motivations for volunteerism and other forms of social action. In D. Dunning (Ed.), *Frontiers of social psychology. Social motivation* (pp. 127–146). New York: Psychology Press.

Mannix, E., & Neale, M. A. (2005). What differences make a difference? The promise and reality of diverse teams in organizations. *Psychological Science in the Public Interest, 6*, 31–55.

Manstead, A. S. R. (1997). Situations, belongingness, attitudes, and culture: Four lessons learned from social psychology. In G. McGarty & H. S. Haslam (Eds.), *The message of social psychology: Perspectives on mind and society* (pp. 238–251). Oxford, UK: Blackwell.

Marien, H., Custers, R., Hassin, R. R., & Aarts, H. (2012). Unconscious goal activation and the hijacking of the executive function. *Journal of Personality and Social Psychology, 103*, 399–415.

Marion, R. (1995, August). The girl who mewed. *Discover*, pp. 38–40.

Markey, P. M. (2000). Bystander intervention in computer-mediated communication. *Computers in Human Behavior, 16*, 183–188.

Markman, K. D., Karadogan, F., Lindberg, M. J., & Zell, E. (2009). Counterfactual thinking: Function and dysfunction. In K. D. Markman, W. M. P. Klein, & J. A. Suhr (Eds.), *Handbook of imagination and mental simulation* (pp. 175–193). New York: Psychology Press.

Markoff, J. (2011, February 16). Computer wins on "Jeopardy!": Trivial, it's not. *The New York Times.* Retrieved April 18, 2011, from www.nytimes.com/2011/02/17/science/17jeopardy-watson.html?pagewanted=2

Marks, J. L., Lam, C. B., & McHale, S. M. (2009). Family patterns of gender role attitudes. *Sex Roles, 61*(3–4), 221–234. doi:10.1007/s11199-009-9619-3

Markus, H. R. (1977). Self-schemata and processing information about the self. *Journal of Personality and Social Psychology, 35*, 63–78.

Markus, H. R., & Kitayama, S. (1991). Culture and the self: Implications for cognition, emotion, and motivation. *Psychological Review, 98*, 224–253.

Markus, H. R., & Kitayama, S. (2010). Cultures and selves: A cycle of mutual constitution. *Perspectives on Psychological Science, 5*(4), 420–430. doi:10.1177/1745691610375557

Markus, H. R., & Zajonc, R. B. (1985). The cognitive perspective in social psychology. In G. Lindzey & E. Aronson (Eds.), *Handbook of social psychology* (3rd ed., Vol. 1, pp. 137–230). New York: McGraw-Hill.

Markus, H. R., Kitayama, S., & Heiman, R. J. (1996). Culture and "basic" psychological principles. In E. T. Higgins & A. W. Kruglanski (Eds.), *Social psychology: Handbook of basic principles* (pp. 857–913). New York: Guilford Press.

Marlatt, G. A., & Rohsenow, D. J. (1980). Cognitive processes in alcohol use: Expectancy and the balanced placebo design. In N. K. Mello (Ed.), *Advances in substance abuse* (Vol. 1). Greenwich, CT: JAI Press.

Marlowe, D., & Gergen, K. J. (1970). Personality and social behavior. In K. J. Gergen & D. Marlowe (Eds.), *Personality and social behavior* (pp. 1–75). Reading, MA: Addison-Wesley.

Marques, J., Abrams, D., & Serodio, R. (2001). Being better by being right: Subjective group dynamics and derogation of in-group deviants when generic norms are undermined. *Journal of Personality and Social Psychology, 81*, 436–447.

Marqusee, M. (2005, November 9). A name that lives in infamy. *The Guardian.* Available online at www.guardian.co.uk/world/2005/nov/10/usa.iraq

Marsland, A., Bachen, E. A., & Cohen, S. (2012). Stress, immunity, and susceptibility to upper respiratory infectious disease. In A. Baum, T. A. Revenson, & J. Singer (Eds.), *Handbook of health*

psychology (2nd ed., pp. 717–738). New York, NY: Psychology Press.

Martin, A. J., Berenson, K. R., Griffing, S., Sage, R. E., Madry, L., Bingham, L. E., & Primm, B. J. (2000). The process of leaving an abusive relationship: The role of risk assessments and decision certainty. *Journal of Family Violence, 15*, 109–122.

Martin, L. L., & Tesser, A. (1996). Some ruminative thoughts. In R. S. Wyer, Jr. (Ed.), *Advances in social cognition* (Vol. 9, pp. 1–47). Hillsdale, NJ: Erlbaum.

Martin, N. G., Eaves, L. J., Heath, A. R., Jardine, R., Feingold, L. M., & Eysenck, H. J. (1986). Transmission of social attitudes. *Proceedings of the National Academy of Science, 83*, 4364–4368.

Martin, P. Y., & Marrington, S. (2005). Morningness–eveningness orientation, optimal time-of-day and attitude change: Evidence for the systematic processing of a persuasive communication. *Personality and Individual Differences, 39*, 367–377.

Martin, R. (2013). *Difficult men: Behind the scenes of a creative revolution: From The Sopranos and The Wire to Mad Men and Breaking Bad.* New York: Penguin.

Martinez, G., Copen, C. E., & Abma J. C. (2011). Teenagers in the United States: Sexual activity, contraceptive use, and childbearing, 2006–2010 National Survey of Family Growth. National Center for Health Statistics. *Vital Health Statistics, 23*(31). Retrieved November 1, 2011, from www.cdc.gov/nchs/data/series/sr_23/sr23_031.pdf

Martinez, L. (2012, January 11). U.S. Marines allegedly urinate on Taliban corpses. *ABC News.* Available online at: http://abcnews.go.com/Blotter/marines-allegedly-urinate-taliban-corpses/story?id=15341700#.T1GNRcxLWpc

Martinie, M. A., & Fointiat, V. (2006). Self-esteem, trivialization, and attitude change. *Swiss Journal of Psychology, 65*, 221–225.

Masicampo, E. J., & Ambady, N. (2014). Predicting fluctuations in widespread interest: Memory decay and goal-related memory accessibility in Internet search trends. *Journal of Experimental Psychology: General, 143*, 205–214.

Mason, M. F., & Morris, M. W. (2010). Culture, attribution and automaticity: A social cognitive neuroscience view. *Social Cognitive and Affective Neuroscience, 5*, 292–306.

Masuda, T., & Nisbett, R. E. (2006). Culture and change blindness. *Cognitive Science: A Multidisciplinary Journal, 30*, 381–399.

Masuda, T., Ellsworth, P. C., & Mesquita, B. (2008). Placing the face in context: Cultural differences in the perception of facial emotion. *Journal of Personality and Social Psychology, 94*(3), 365–381.

Matlin, M. W. (2012). *Psychology of women* (7th ed.). Belmont, CA: Wadsworth.

Matsumoto, D., & Ekman, P. (1989). American-Japanese differences in intensity ratings of facial expressions of emotion. *Motivation and Emotion, 13*, 143–157.

Matsumoto, D., & Hwang, H. S. (2010). Judging faces in context. *Social and Personality Psychology Compass, 4*, 393–402.

Matsumoto, D., & Kudoh, T. (1993). American-Japanese cultural differences in attributions of personality based on smiles. *Journal of Nonverbal Behavior, 17*, 231–243.

Matsumoto, D., & Willingham, B. (2006). The thrill of victory and the agony of defeat: Spontaneous expressions of medal winners of the 2004 Athens Olympic games. *Journal of Personality and Social Psychology, 91*, 568–581.

Matsumoto, D., Willingham, B., & Olide, A. (2009). Sequential dynamics of culturally moderated facial expressions of emotion. *Psychological Science, 20*, 1269–1274.

Mayo Clinic. (n.d.). Diseases and conditions. Retrieved August 19, 2014, from http://www.mayoclinic.org/diseases-conditions

Mazur, A., Booth, A., & Dabbs, J. M. (1992). Testosterone and chess competition. *Social Psychology Quarterly, 55*, 70–77.

McAlister, A., Perry, C., Killen, J. D., Slinkard, L. A., & Maccoby, N. (1980). Pilot study of smoking,

alcohol, and drug abuse prevention. *American Journal of Public Health, 70*, 719–721.

McAllister, H. A. (1996). Self-serving bias in the classroom: Who shows it? Who knows it? *Journal of Educational Psychology, 88*, 123–131.

McArthur, L. Z. (1972). The how and what of why: Some determinants and consequences of causal attribution. *Journal of Personality and Social Psychology, 22*, 171–193.

McCauley, C. (1989). The nature of social influence in groupthink: Compliance and internalization. *Journal of Personality and Social Psychology, 57*, 250–260.

McClellan, S. (2008). *What happened: Inside the Bush White House and Washington's culture of deception.* New York: Public Affairs.

McClellan, S. (2009). *What happened: Inside the Bush White House and Washington's culture of deception.* New York: PublicAffairs.

McConahay, J. B. (1981). Reducing racial prejudice in desegregated schools. In W. D. Hawley (Ed.), *Effective school desegregation.* Beverly Hills, CA: Sage.

McConahay, J. B. (1986). Modern racism, ambivalence, and the Modern Racism Scale. In J. F. Dovidio & S. L. Gaertner (Eds.), *Prejudice, discrimination, and racism: Theory and research* (pp. 91–125). New York: Academic Press.

McConnell, A. R., & Brown, C. M. (2010). Dissonance averted: Self-concept organization moderates the effect of hypocrisy on attitude change. *Journal of Experimental Social Psychology, 46*, 361–366.

McCrea, S., Hirt, E., & Milner, B. (2008). She works hard for the money: Valuing effort underlies gender differences in behavioral self-handicapping. *Journal of Experimental Social Psychology, 44*, 292–311.

McCullough, M. E., & Tabak, B. A. (2010). Prosocial behavior. In R. F. Baumeister & E. J. Finkel (Eds.), *Advanced social psychology: The state of the science* (pp. 263–302). New York: Oxford University Press.

McDonald, H. E., & Hirt, E. R. (1997). When expectancy meets desire: Motivational effects in reconstructive memory. *Journal of Personality and Social Psychology, 72*, 5–23.

McFadyen-Ketchum, S. A., Bates, J. E., Dodge, K. A., & Pettit, G. S. (1996). Patterns of change in early childhood aggressive-disruptive behavior: Gender differences in predictions from early coercive and affectionate mother-child interactions. *Child Development, 67*, 2417–2433.

McGlone, M., & Aronson, J. (2006). Social identity salience and stereotype threat. *Journal of Applied Developmental Psychology, 27*, 486–493.

McGregor, B., Antoni, M., Boyers, A., Alferi, S., Cruess, D., Kilbourn, K., et al. (2004). Cognitive behavioral stress management increases benefit finding and immune function among women with early stage breast cancer. *Journal of Psychosomatic Research, 54*, 1–8.

McGuire, A. M. (1994). Helping behaviors in the natural environment: Dimensions and correlates of helping. *Personality and Social Psychology Bulletin, 20*, 45–56.

McGuire, M., & Pezdek, K. (2014). Birds of a feather get misidentified together: High entativity decreases recognition accuracy for groups of other-race faces. *Legal and Criminological Psychology.* doi:10.1111/lcrp.12066

McGuire, W. J. (1964). Inducing resistance to persuasion. In L. Berkowitz (Ed.), *Advances in experimental social psychology* (Vol. 1, pp. 192–229). New York: Academic Press.

McGuire, W. J. (1968). Personality and susceptibility to social influence. In E. F. Borgatta & W. W. Lambert (Eds.), *Handbook of personality theory and research* (pp. 1130–1187). Chicago: Rand McNally.

McKown, C., & Weinstein, R. (2008). Teacher expectations, classroom context, and the achievement gap. *Journal of School Psychology, 46*(3), 235–261. doi:10.1016/j.jsp.2007.05.001

McLeod, P. L. (2013). Distributed people and distributed information: Vigilant decision-making in virtual teams. *Small Group Research, 44*, 627–657.

McLeod, P. L., Lobel, S. A., & Cox, T. H., Jr. (1996). Ethnic diversity and creativity in small groups. *Small Group Research, 27,* 248–264.

McMillan, W., Stice, E., & Rohde, P. (2011). High- and low-level dissonance-based eating disorder prevention programs with young women with body image concerns: An experimental trial. *Journal of Consulting and Clinical Psychology, 79,* 129–134.

McMullin, D., & White, J. W. (2006). Long-term effects of labeling a rape experience. *Psychology of Women Quarterly, 30,* 96–105.

McNally, R. J. (2003). *Remembering trauma.* Cambridge, MA: Harvard University Press.

McNally, R. J., & Geraerts, E. (2009). A new solution to the recovered memory debate. *Perspectives on Psychological Science, 4*(2), 126–134. doi:10.1111/j.1745-6924.2009.01112.x

McNally, R. J., Bryant, R. A., & Ehlers, A. (2003). Does early psychological intervention promote recovery from posttraumatic stress? *Psychological Science in the Public Interest, 4,* 45–79.

McNulty, J. K., & Fincham, F. D. (2012). Beyond positive psychology? Toward a contextual view of psychological processes and well-being. *American Psychologist, 67*(2), 101–110. doi:10.1037/a0024572

McNulty, J. K., O'Mara, E. M., & Karney, B. R. (2008). Benevolent cognitions as a strategy of relationship maintenance: "Don't sweat the small stuff" . . . But it is not all small stuff. *Journal of Personality and Social Psychology, 94,* 631–646.

McPherson, J. M. (1983). The size of voluntary associations. *American Sociological Review, 61,* 1044–1064.

McPherson, M., Smith-Lovin, L., & Cook, J. M. (2001). Birds of a feather: Homophily in social networks. *Annual Review of Sociology, 27,* 415–444.

Medvec, V. H., Madey, S. F., & Gilovich, T. (1995). When less is more: Counterfactual thinking and satisfaction among Olympic medalists. *Journal of Personality and Social Psychology, 69,* 603–610.

Meeus, W. H. J., & Raaijmakers, Q. A. W. (1995). Obedience in modern society: The Utrecht studies. *Journal of Social Issues, 51,* 155–175.

Mehl, M. R., Vazire, S., Ramírez-Esparza, N., & Pennebacker, J. W. (2007). Are women really more talkative than men? *Science, 317,* 82.

Meier, B. P., Robinson, M. D., Carter, M. S., & Hinsz, V. B. (2010). Are sociable people more beautiful? A zero-acquaintance analysis of agreeableness, extraversion, and attractiveness. *Journal of Research in Personality, 44,* 293–296.

Meier, B. P., Schnall, S., Schwarz, N., & Bargh, J. A. (2012). Embodiment in social psychology. *Topics in Cognitive Science, 4,* 705–716.

Meindl, J. R., & Lerner, M. J. (1985). Exacerbation of extreme responses to an out-group. *Journal of Personality and Social Psychology, 47,* 71–84.

Meissner, C. A., & Brigham, J. C. (2001). Thirty years of investigating the own-race bias in memory for faces: A meta-analytic review. *Psychology, Public Policy, and Law, 7,* 3–35.

Meissner, C. A., Tredoux, C., & Parker, J. F. (2005). Eyewitness decisions in simultaneous and sequential lineups: A dual-process signal detection theory analysis. *Memory and Cognition, 33,* 783–792.

Melara, R. D., De Witt-Rickards, T. S., & O'Brien, T. P. (1989). Enhancing lineup identification accuracy: Two codes are better than one. *Journal of Applied Psychology, 74,* 706–713.

Melillo, J. M., Richmond, T. C., & Yohe, G. W. (Eds.). (2014). Climate change impacts in the United States: The Third National Climate Assessment. U.S. Global Change Research Program, 841 pp. doi:10.7930/J0Z31WJ2.

Meltzer, A. L., McNulty, J. K., Jackson, G. L., & Karney, B. R. (2014). Sex differences in the implications of partner physical attractiveness for the trajectory of marital satisfaction. *Journal of Personality and Social Psychology, 106,* 418–428.

Mendoza-Denton, R., & Page-Gould, E. (2008). Can cross-group friendships influence minority students' well-being at historically white universities? *Psychological Science, 19,* 933–939.

Menon, T., Morris, M. W., Chiu, C., & Hong, Y. (1999). Culture and the construal of agency: Attribution to individual versus group dispositions. *Journal of Personality and Social Psychology, 76,* 701–717.

Menon, T., Sheldon, O. J., & Galinsky, A. D. (2014). Barriers to transforming hostile relations: Why friendly gestures can backfire. *Negotiation and Conflict Management Research, 7,* 17–37.

Merkle, C., & Weber, M. (2011). True overconfidence: The inability of rational information processing to account for apparent overconfidence. *Organizational Behavior and Human Decision Processes, 116*(2), 262–271. doi:10.1016/j.obhdp.2011.07.004

Messick, D., & Liebrand, W. B. G. (1995). Individual heuristics and the dynamics of cooperation in large groups. *Psychological Review, 102,* 131–145.

Meston, C. M., & Frohlich, P. F. (2003). Love at first fright: Partner salience moderates roller-coaster-induced excitation transfer. *Archives of Sexual Behavior, 32*(6), 537–544.

Metcalfe, J. (1998). Cognitive optimism: Self-deception or memory-based processing heuristics? *Personality and Social Psychology Review, 2,* 100–111.

Meyersburg, C. A., Bogdan, R., Gallo, D. A., & McNally, R. J. (2009). False memory propensity in people reporting recovered memories of past lives. *Journal of Abnormal Psychology, 118*(2), 399–404. doi:10.1037/a0015371

Mezulis, A. H., Abramson, L. Y., Hyde, J. S., & Hankin, B. L. (2004). Is there a universal positivity bias in attributions? A meta-analytic review of individual, developmental, and cultural differences in the self-serving attributional bias. *Psychological Bulletin, 130*(5), 711–747.

Migration and geographic mobility in metropolitan and nonmetropolitan America, 1995–2000 (2003). United States Census Bureau. Accessed on April 16, 2006, at www.census.gov/prod/2003pubs/censr-9.pdf

Mikulincer, M., Shaver, P. R., Sapir-Lavid, Y., & Avihou-Kanza, N. (2009). What's inside the minds of securely and insecurely attached people? The secure-base script and its associations with attachment-style dimensions. *Journal of Personality and Social Psychology, 97,* 615–633.

Milgram, S. (1961). Nationality and conformity. *Scientific American, 205,* 45–51.

Milgram, S. (1963). Behavioral study of obedience. *Journal of Abnormal and Social Psychology, 67,* 371–378.

Milgram, S. (1969, March). The lost letter technique. *Psychology Today,* pp. 30–33, 67–68.

Milgram, S. (1974). *Obedience to authority: An experimental view.* New York: Harper & Row.

Milgram, S. (1976). Obedience to criminal orders: The compulsion to do evil. In T. Blass (Ed.), *Contemporary social psychology: Representative readings* (pp. 175–184). Itasca, IL: Peacock.

Milgram, S. (1977). *The individual in a social world.* Reading, MA: Addison-Wesley.

Milgram, S., & Sabini, J. (1978). On maintaining urban norms: A field experiment in the subway. In A. Baum, J. E. Singer, & S. Valins (Eds.), *Advances in environmental psychology* (Vol. 1, pp. 9–40). Hillsdale, NJ: Erlbaum.

Mill, J. S. (1843). *A system of logic ratiocinative and inductive.* London.

Miller, A. G. (1986). *The obedience experiments: A case study of controversy in social science.* New York: Praeger.

Miller, A. G. (1995). Constructions of the obedience experiments: A focus upon domains of relevance. *Journal of Social Issues, 51,* 33–53.

Miller, A. G. (2009). Reflections on 'Replicating Milgram' (Burger, 2009). *American Psychologist, 64,* 20–27.

Miller, A. G., Ashton, W., & Mishal, M. (1990). Beliefs concerning the features of constrained behavior: A basis for the fundamental attribution error. *Journal of Personality and Social Psychology, 59,* 635–650.

Miller, A. G., Collins, B. E., & Brief, D. E. (1995). Perspectives on obedience to authority: The legacy of the Milgram experiments. *Journal of Social Issues, 51,* 1–19.

Miller, A. G., Jones, E. E., & Hinkle, S. (1981). A robust attribution error in the personality domain. *Journal of Experimental Social Psychology, 17,* 587–600.

Miller, C. E., & Anderson, P. D. (1979). Group decision rules and the rejection of deviates. *Social Psychology Quarterly, 42,* 354–363.

Miller, C. H., Lane, L. T., Deatrick, L. M., Young, A. M., & Potts, K. A. (2007). Psychological reactance and promotional health messages: The effects of controlling language, lexical concreteness, and the restoration of freedom. *Human Communication Research, 33,* 219–240.

Miller, C. T. (1982). The role of performance-related similarity in social comparison of abilities: A test of the related attributes hypothesis. *Journal of Experimental Social Psychology, 18,* 513–523.

Miller, D. P., Jr., Spangler, J. G., Vitolins, M. Z., Davis, S. W., Ip, E. H., et al. (2013). Are medical students aware of their anti-obesity bias? *Academic Medicine, 88,* 978–982.

Miller, D. T., & Prentice, D. A. (1996). The construction of social norms and standards. In E. T. Higgins & A. W. Kruglanski (Eds.), *Social psychology: Handbook of basic principles* (pp. 799–829). New York: Guilford Press.

Miller, D. T., & Ross, M. (1975). Self-serving biases in the attribution of causality: Fact or fiction? *Psychological Bulletin, 82,* 213–225.

Miller, D., & Taylor, B. (2002). Counterfactual thought, regret, and superstition: How to avoid kicking yourself. In T. Gilovich, D. Griffiin, & D. Kahneman (Eds.), *Heuristics and biases: The psychology of intuitive judgement* (pp. 367–378). New York: Cambridge University Press.

Miller, J. G. (1984). Culture and the development of everyday social explanation. *Journal of Personality and Social Psychology, 46,* 961–978.

Miller, J. G., & Boyle, J. P. (2013). Culture and social psychology. In H. Tennen, J. Suls, & I. B. Weiner (Eds.), *Handbook of psychology, Vol. 5: Personality and social psychology* (2nd ed., pp. 507–528). Hoboken, NJ: John Wiley & Sons.

Miller, N., & Campbell, D. T. (1959). Recency and primacy in persuasion as a function of the timing of speeches and measurements. *Journal of Abnormal and Social Psychology, 59,* 1–9.

Miller, P. V. (2002). The authority and limitation of polls. In J. Manza, F. L. Cook, & B. I. Page (Eds.), *Navigating public opinion* (pp. 221–231). New York: Oxford University Press.

Mills, J. (1958). Changes in moral attitudes following temptation. *Journal of Personality, 26,* 517–531.

Mills, M. J., Fleck, C. R., & Kozikowski, A. (2013). Positive psychology at work: A conceptual review, state-of-practice assessment, and a look ahead. *Journal of Positive Psychology, 8*(2), 153–164. doi:10.1080/17439760.2013.776622

Mills, M. S., & Clark, J. R. (2011). A theory of communal (and exchange) relationships. In P. A. M. Van Lange, A. W. Kruglanski, & E. T. Higgins (Eds.), *Handbook of theories of social psychology* (Vol. 2, pp. 232–250). Los Angeles, CA: Sage.

Milton, K. (1971). *Women in policing.* New York: Police Foundation Press.

Minard, R. D. (1952). Race relations in the Pocahontas coal field. *Journal of Social Issues, 8,* 29–44.

Mischel, W. (1968). *Personality and assessment.* New York: Wiley.

Mischel, W., & Shoda, Y. (1995). A cognitive affective system theory of personality: Reconceptualizing situations, dispositions, dynamics, and invariance in personality structures. *Psychological Review, 102,* 246–268.

Misra, S., Cheng, L., Genevie, J., & Yuan, M. (2014). The iPhone effect: The quality of in-person social interactions in the presence of mobile devices. *Environment and Behavior.* doi:10.1177/0013916514539755

Mitchell, J., Heatherton, T., Kelley, W., Wyland, C., Wegner, D., & Macrae, C. (2007). Separating sustained from transient aspects of cognitive control during thought suppression. *Psychological Science, 18,* 292–297.

Miyamoto, Y. (2013). Culture and analytic versus holistic cognition: Toward multilevel analyses of cultural influences. *Advances in Experimental Social Psychology, 47*, 131–188.

Miyamoto, Y., & Kitayama, S. (2002). Cultural variation in correspondence bias: The critical role of attitude diagnosticity of socially constrained behavior. *Journal of Personality and Social Psychology, 83*, 1239–1248.

Miyamoto, Y., Nisbett, R. E., & Masuda, T. (2006). Culture and the physical environment: Holistic versus analytic perceptual affordances. *Psychological Science, 17*, 113–119.

Modigliani, A., & Rochat, F. (1995). The role of interaction sequences and the timing of resistance in shaping obedience and defiance to authority. *Journal of Social Issues, 51*, 107–123.

Moghaddam, F. M., Taylor, D. M., & Wright, S. (1993). *Social psychology in cross-cultural perspective.* New York: Freeman.

Mojaverian, T., & Kim, H. S. (2013). Interpreting a helping hand: Cultural variation in the effectiveness of solicited and unsolicited social support. *Personality and Social Psychology Bulletin, 39*, 88–99.

Mojzisch, A., & Schulz-Hardt, S. (2010). Knowing others' preferences degrades the quality of group decisions. *Journal of Personality and Social Psychology, 98*(5), 794–808. doi:10.1037/a0017627

Mok, A., & Morris, M. W. (2010). An upside to bicultural identity conflict: Resisting groupthink in cultural ingroups. *Journal of Experimental Social Psychology, 46*(6), 1114–1117. doi:10.1016/j.jesp.2010.05.020

Monin, J., Clark, M., & Lemay, E. (2008). Communal responsiveness in relationships with female versus male family members. *Sex Roles, 59*, 176–188.

Monson, C. M.; Langhinrichsen-Rohling, J. (2002). Sexual and nonsexual dating violence perpetration: Testing an integrated perpetrator typology, *Violence and Victims, 17*(4), 403–428(26). Springer Publishing Company

Montemayor, R., & Eisen, M. (1977). The development of self-conceptions from childhood to adolescence. *Developmental Psychology, 13*, 314–319.

Montgomery, L. (2014, June 1). Evidence of climate change laps at Norfolk's feet. *Washington Post*, pp. A1, A9.

Monto, M. A., & Carey, A. G. (2014). A new standard of sexual behavior? Are claims associated with the hookup culture" supported by general social survey data? *Journal of Sex Research, 51*, 605–615.

Montoya, R. M., & Horton, R. S. (2013). A meta-analytic investigation of the processes underlying the similarity-attraction effect. *Journal of Social and Personal Relationships, 30*, 64–94.

Montoya, R. M., & Insko, C. A. (2008). Toward a more complete understanding of the reciprocity of liking effect. *European Journal of Social Psychology, 38*, 477–498.

Montoya, R. M., Horton, R. S., & Kirchner, J. (2008). Is actual similarity necessary for attraction? A meta-analysis of actual and perceived similarity. *Journal of Social and Personal Relationships, 25*, 889–922.

Moore, B., Jr. (1978). *Injustice: The social bases of obedience and revolt.* White Plains, NY: Sharpe.

Moore, J. S., Graziano, W. G., & Millar, M. C. (1987). Physical attractiveness, sex role orientation, and the evaluation of adults and children. *Personality and Social Psychology Bulletin, 13*, 95–102.

Moore, R. L. (1998). Love and limerance with Chinese characteristics: Student romance in the PRC. In V. C. de Munck (Ed.), *Romantic love and sexual behavior* (pp. 251–283). Westport, CT: Praeger.

Moors, A., & De Houwer, J. (2006). Automaticity: A theoretical and conceptual analysis. *Psychological Bulletin, 132*, 297–326.

Moos, R. H., & Holahan, C. J. (2003). Dispositional and contextual perspectives on coping: Toward an integrative framework. *Journal of Clinical Psychology, 59*, 1387–1403.

Mor, N., Doane, L. D., Adam, E. K., Mineka, S., Zinbarg, R. E., Griffith, J. W., . . . Nazarian, M. (2010). Within-person variations in self-focused attention and negative affect in depression and anxiety: A diary study. *Cognition and Emotion, 24*, 48–62. doi:10.1080/02699930802499715

Moran, J. M., Jolly, E., & Mitchell, J. O. (2014). Spontaneous mentalizing predicts the fundamental attribution error. *Journal of Cognitive Neuroscience, 26*, 569–576.

Moran, S., & Ritov, I. (2007). Experience in integrative negotiations: What needs to be learned? *Journal of Experimental Social Psychology, 43*, 77–90.

Moreland, R. L. (1987). The formation of small groups. In C. Hendrick (Ed.), *Review of personality and social psychology* (Vol. 8, pp. 80–110). Newbury Park, CA: Sage.

Moreland, R. L. (1999). Transactive memory: Learning who knows what in work groups and organizations. In L. L. Thompson & J. M. Levine (Eds.), *Shared cognition in organizations: The management of knowledge* (pp. 3–31). Mahwah, NJ: Erlbaum.

Moreland, R. L. (2010). Are dyads really groups? *Small Group Research, 41*(2), 251–267. doi:10.1177/1046496409358618

Moreland, R. L., & Beach, S. R. (1992). Exposure effects in the classroom: The development of affinity among students. *Journal of Experimental Social Psychology, 28*, 255–276.

Moreland, R. L., & Topolinski, S. (2010). The mere exposure phenomenon: A lingering melody by Robert Zajonc. *Emotion Review, 2*, 329–339.

Morgan, C. A. III, Southwick, S., Steffian, G., Hazlett, G. A., & Loftus, E. F. (2013). Misinformation can influence memory for recently experienced, highly stressful events. *International Journal of Law and Psychiatry, 36*, 11–17.

Morin, A. (2011). Self-awareness Part 1: Definition, measures, effects, functions, and antecedents. *Social and Personality Compass, 5*, 807–823.

Morin, R. (2002, March 3). Bias and babies. *Washington Post*, p. B5.

Morling, B., & Evered, S. (2006). Secondary control reviewed and defined. *Psychological Bulletin, 132*, 269–296.

Morling, B., & Lamoreaux, M. (2008). Measuring culture outside the head: A meta-analysis of individualism-collectivism in cultural products. *Personality and Social Psychology Review, 12*, 199–221.

Morris, E. (Director). (1988). *The thin blue line* [Film]. New York: HBO Videos.

Morris, M. W., & Peng, K. (1994). Culture and cause: American and Chinese attributions for social and physical events. *Journal of Personality and Social Psychology, 67*, 949–971.

Morris, W. N., & Miller, R. S. (1975). The effects of consensus-breaking and consensus-preempting partners on reduction of conformity. *Journal of Experimental Social Psychology, 11*, 215–223.

Morry, M. M. (2007). The attraction-similarity hypothesis among cross-sex friends: Relationship satisfaction, perceived similarities, and self-serving perceptions. *Journal of Social and Personal Relationships, 24*, 117–138.

Morry, M. M., & Staska, S. L. (2001). Magazine exposure: Internalization, self-objectification, eating attitudes, and body satisfaction in male and female university students. *Canadian Journal of Behavioural Science, 33*, 269–279.

Morse, D. R., Martin, J., & Moshonov, J. (1991). Psychosomatically induced death relative to stress, hypnosis, mind control, and voodoo: Review and possible mechanisms. *Stress Medicine, 7*, 213–232.

Morton, T. A., Postmes, T., Haslam, S. A., & Hornsey, M. J. (2009). Theorizing gender in the face of social change: Is there anything essential about essentialism? *Journal of Personality and Social Psychology, 96*, 653–664.

Moscovici, S. (1985). Social influence and conformity. In G. Lindzey & E. Aronson (Eds.), *Handbook of social psychology* (3rd ed., Vol. 2, pp. 347–412). New York: McGraw-Hill.

Moscovici, S. (1994). Three concepts: Minority, conflict, and behavioral style. In S. Moscovici, A. Mucchi-Faina, & A. Maass (Eds.), *Minority influence* (pp. 233–251). Chicago: Nelson-Hall.

Moscovici, S., & Nemeth, C. (1974). Minority influence. In C. Nemeth (Ed.), *Social psychology: Classic and contemporary integrations* (pp. 217–249). Chicago: Rand McNally.

Moscovici, S., Mucchi-Faina, A., & Maass, A. (Eds.). (1994). *Minority influence.* Chicago: Nelson-Hall.

Moss-Racusin, C. A., Dovidio, J. F., Brescoll, V. L., Graham, M. J., & Handelsman, J. (2012). Science faculty's subtle gender biases favor male students. *PNAS, 109*, 16474–16479.

Mostert, M. P. (2010). Facilitated communication and its legitimacy—Twenty-first century developments. *Exceptionality, 18*(1), 31–41. doi:10.1080/09362830903462524

Mucchi-Faina, A., & Pagliaro, S. (2008). Minority influence: The role of ambivalence toward the source. *European Journal of Social Psychology, 38*, 612–623.

Muchnik, L., Aral, S., & Taylor, S. J. (2013). Social influence bias: A randomized experiment. *Science, 341*, 647–651.

Mullen, B. (1986). Atrocity as a function of lynch mob composition: A self-attention perspective. *Personality and Social Psychology Bulletin, 12*, 187–197.

Mullen, B., & Cooper, C. (1994). The relation between group cohesiveness and performance: An integration. *Psychological Bulletin, 115*, 210–227.

Mullen, B., Brown, R., & Smith, C. (1992). Ingroup bias as a function of salience, relevance, and status: An integration. *European Journal of Social Psychology, 22*, 103–122.

Mullen, B., Rozell, D., & Johnson, C. (2001). Ethnophaulisms for ethnic immigrant groups: The contributions of group size and familiarity. *European Journal of Social Psychology, 31*, 231–246.

Muller, D., & Butera, F. (2007). The focusing effect of self-evaluation threat in coaction and social comparison. *Journal of Personality and Social Psychology, 93*, 194–211.

Muller, D., Atzeni, T., & Fabrizio, B. (2004). Coaction and upward social comparison reduce the illusory conjunction effect: Support for distraction-conflict theory. *Journal of Experimental Social Psychology, 40*, 659–665.

Muraven, M., Tice, D. M., & Baumeister, R. F. (1998). Self-control as limited resource: Regulatory depletion patterns. *Journal of Personality and Social Psychology, 74*, 774–789.

Murr, A., & Smalley, S. (2003, March 17). White power, minus the power. *Newsweek*, pp. 42–45.

Murray, A. A., Wood, J. M., & Lilienfeld, S. O. (2012). Psychopathic personality traits and cognitive dissonance: Individual differences in attitude change. *Journal of Research in Personality, 46*, 525–536.

Murstein, B. I. (1970). Stimulus value role: A theory of marital choice. *Journal of Marriage and the Family, 32*, 465–481.

Mushquash, A. R., Stewart, S. H., Sherry, S. B., Mackinnon, S. P., Antony, M. M., & Sherry, D. L. (2011). Heavy episodic drinking among dating partners: A longitudinal actor-partner interdependence model. *Psychology of Addictive Behaviors.* Available online. doi:10.1037/a0026653

Mussweiler, T., & Förster, J. (2000). The sex-aggression link: A perception-behavior dissociation. *Journal of Personality and Social Psychology, 79*, 507–520.

Mussweiler, T., & Strack, F. (1999). Comparing is believing: A selective accessibility model of judgmental anchoring. In W. Stroebe & M. Hewstone (Eds.), *European review of social psychology* (Vol. 10, pp. 135–167). Chichester, UK: Wiley.

Mussweiler, T., Strack, F., & Pfeiffer, T. (2000). Overcoming the inevitable anchoring effect: Considering the opposite compensates for selective accessibility. *Personality and Social Psychology Bulletin, 260*, 1142–1150.

Myers, D. G., & Scanzoni, L. D. (2006). *What God has joined together: The Christian case for gay marriage.* Harper Collins: San Francisco.

Myers, H. F. (2009). Ethnicity- and socio-economic status-related stresses in context: An integrative review and conceptual model. *Journal of Behavioral Medicine, 32*(1), 9–19. doi:10.1007/s10865-008-9181-4

Nadal, K., Griffin, K. E., Vargas, V. M., Issa, M., Lyons, O. B., & Tobio, M. (2011). Processes and struggles with racial microaggressions from the White American perspective: Recommendations for workplace settings. In M. A. Paludi, C. A. Paludi, Jr., & E. R. DeSouza (Eds.), *Praeger handbook on understanding and preventing workplace discrimination* (pp. 155–180). Santa Barbara, CA: Praeger/ABC-CLIO.

Nail, P. R. (1986). Toward an integration of some models and theories of social response. *Psychological Bulletin, 100,* 190–206.

Nail, P. R., McDonald, G., & Levy, D. A. (2000). Proposal of a four-dimensional model of social response. *Psychological Bulletin, 126,* 454–470.

Nail, P. R., Misak, J. E., & Davis, R. M. (2004). Self-affirmation versus self-consistency: A comparison of two competing self-theories of dissonance phenomena. *Personality and Individual Differences, 36,* 1893–1905.

Naimi, T., Brewer, B., Mokdad, A., Serdula, M., Denny, C., & Marks, J. (2003). Binge drinking among U.S. adults. *Journal of the American Medical Association, 289,* 70–75.

Narchet, F. M., Meissner, C. A., & Russano, M. B. (2011). Modeling the influence of investigator bias on the elicitation of true and false confessions. *Law and Human Behavior, 35*(6), 452–465. doi:10.1007/s10979-010-9257-x

Nasco, S. A., & Marsh, K. L. (1999). Gaining control through counter-factual thinking. *Personality and Social Psychology Bulletin, 25,* 556–568.

Natanovich, G., & Eden, D. (2008). Pygmalion effects among outreach supervisors and tutors: Extending sex generalizability. *Journal of Applied Psychology, 93*(6), 1382–1389. doi:10.1037/a0012566

Nathanson, S. (1987). *An eye for an eye? The morality of punishing by death.* Totowa, NJ: Rowman & Littlefield.

National Center for Health Statistics. (2005). Marriage and divorce. Retrieved September 19, 2006, from www.cdc.gov/nchs/fastats/divorce.html2

National Center for Vital Statistics. (2001). *Crime facts at a glance.* Retrieved from Bureau of Justice Statistics, www.ojp.usdoj.gov/bjs/glance/hmrt.htm

National Oceanic and Atmospheric Administration. (2011, January 12). 2010 tied for warmest year on record. U.S. Department of Commerce. Retrieved August 14, 2011, from www.noaanews.noaa.gov/stories2011/20110112_globalstats.html

Naughton, F., Eborall, H., & Sutton, S. (2012). Dissonance and disengagement in pregnant smokers. *Journal of Smoking Cessation, 8,* 24–32.

Nedelec, J. L., & Beaver, K. M. (2014). Physical attractiveness as a phenotypic marker of health: An assessment using a nationally representative sample of American adults. *Evolution and Human Behavior.* doi:10.1016/j.evolhumbehav.2014.06.004

Neighbors, C., O'Connor, R. M., Lewis, M. A., Chawla, N., Lee, C. M., & Fossos, N. (2008). The relative impact of injunctive norms on college student drinking: The role of reference group. *Psychology of Addictive Behaviors, 22,* 576–581.

Nel, E., Helmreich, R., & Aronson, E. (1969). Opinion change in the advocate as a function of the persuasibility of his audience: A clarification of the meaning of dissonance. *Journal of Personality and Social Psychology, 12,* 117–124.

Nelson, D. E., Bland, S., Powell-Griner, E., Klein, R., Wells, H. E., Hogelin, G., & Marks, J. S. (2002). State trends in health risk factors and receipt of clinical preventive services among US adults during the 1990s. *Journal of the American Medical Association, 287,* 2659–2667.

Nelson, M. R., (2008). The hidden persuaders: Then and now. *Journal of Advertising, 37,* 113–126. doi:10.2753/JOA0091-3367370109

Nelson, S. (Writer, Producer, Director). (2010). *Freedom riders* [motion picture]. United States: American Experience (Public Broadcasting Service: WGBH, Boston). Available from http://www.pbs.org/wgbh/americanexperience/freedomriders/

Nemeth, C. J., & Chiles, C. (1988). Modeling courage: The role of dissent in fostering independence. *European Journal of Social Psychology, 18,* 275–280.

Neria, Y., DiGrande, L., & Adams, B. G. (2011). Posttraumatic stress disorder following the September 11, 2001, terrorist attacks: A review of the literature among highly exposed populations. *American Psychologist, 66*(6), 429–446. doi:10.1037/a0024791

Nes, L. S., & Segerstrom, S. C. (2006). Dispositional optimism and coping: A meta-analytic review. *Personality and Social Psychology Review, 10,* 235–251.

Nestler, S., Blank, H., & Egloff, B. (2010). Hindsight ≠ hindsight: Experimentally induced dissociations between hindsight components. *Journal of Experimental Psychology: Learning, Memory, and Cognition, 36*(6), 1399–1413. doi:10.1037/a0020449

Neuberg, S. L. (1988). Behavioral implications of information presented outside of awareness: The effect of subliminal presentation of trait information on behavior in the prisoner's dilemma game. *Social Cognition, 6,* 207–230.

Neuberg, S. L., Kenrick, D. T., & Schaller, M. (2010). Evolutionary social psychology. In S. T. Fiske, D. T. Gilbert, & G. Lindzey (Eds.), *Handbook of social psychology* (5th ed., Vol. 2, pp. 761–796). Hoboken, NJ: John Wiley.

Newcomb, T. M. (1961). *The acquaintance process.* New York: Holt, Rinehart and Winston.

Newman, A. A. (2009, February 18). The body as billboard: Your ad here. *The New York Times,* p. B3. Retrieved June 6, 2011, from www.nytimes.com/2009/02/18/business/media/18adco.html

Newman, G. E., & Cain, D. M. (2014). Tainted altruism: When doing something good is evaluated worse than doing no good at all. *Psychological Science, 25,* 648–655.

Newman, L. S. (1996). Trait impressions as heuristics for predicting future behavior. *Personality and Social Psychology Bulletin, 22,* 395–411.

Newman, L. S., & Bakina, D. A. (2009). Do people resist social-psychological perspectives on wrongdoing? Reactions to dispositional, situational, and interactionist explanations. *Social Influence, 4,* 256–273.

Newport, F. (2011, May 20). For first time, majority of Americans favor legal gay marriage. *Gallup.* www.gallup.com/poll/147662/first-time-majority-americans-favor-legal-gay-marriage.aspx

Nichols, S. (2011). Experimental philosophy and the problem of free will. *Science, 331*(6023), 1401–1403. doi:10.1126/science.1192931

Nicholson, I. (2011). "Torture at Yale": Experimental subjects, laboratory torment, and the "rehabilitation" of Milgram's "Obedience to Authority." *Theory and Psychology, 21,* 737–761.

Nicholson, N., Cole, S. G., & Rocklin, T. (1985). Conformity in the Asch situation: A comparison between contemporary British and U.S. university students. *British Journal of Social Psychology, 24,* 59–63.

Nickerson, C., Schwarz, N., Diener, E., & Kahneman, D. (2003). Zeroing in on the dark side of the American Dream: A closer look at the negative consequences of the goal for financial success. *Psychological Science, 14,* 531–536.

Nielsen, K., & Cleal, B. (2011). Under which conditions do middle managers exhibit transformational leadership behaviors?—An experience sampling method study on the predictors of transformational leadership behaviors. *Leadership Quarterly, 22*(2), 344–352. doi:10.1016/j.leaqua.2011.02.009

The NIMH Multisite HIV Prevention Trial Group (1998, June 19). The NIMH Multisite HIV Prevention Trial: Reducing sexual HIV risk behavior. *Science, 280,* 1889–1894.

The NIMH Multisite HIV Prevention Trial Group (2001). Social-cognitive theory mediators of behavior change in the National Institute of Mental Health Multisite HIV Prevention Trial. *Health Psychology, 20,* 369–376.

Nisbett, R. E. (1993). Violence and U.S. regional culture. *American Psychologist, 48,* 441–449.

Nisbett, R. E. (2003). *The geography of thought: How Asians and Westerners think differently . . . and why.* New York: Free Press.

Nisbett, R. E. (2009). *Intelligence and how to get it: Why schools and cultures count.* New York: W.W. Norton.

Nisbett, R. E., & Cohen, D. (1996). *Culture of honor: The psychology of violence in the South.* Boulder, CO: Westview Press.

Nisbett, R. E., & Masuda, T. (2003). Culture and point of view. *Proceedings of the National Academy of Sciences, 100,* 11163–11170.

Nisbett, R. E., & Ross, L. (1980). *Human inference: Strategies and shortcomings of human judgment.* Englewood Cliffs, NJ: Prentice Hall.

Nisbett, R. E., & Wilson, T. D. (1977). Telling more than we can know: Verbal reports on mental processes. *Psychological Review, 84,* 231–259.

Nisbett, R. E., Caputo, C., Legant, P., & Marecek, J. (1973). Behavior as seen by the actor and by the observer. *Journal of Personality and Social Psychology, 27,* 154–164.

Nisbett, R. E., Fong, G. T., Lehman, D. R., & Cheng, P. W. (1987). Teaching reasoning. *Science, 238,* 625–631.

Nisbett, R. E., Peng, K., Choi, I., & Norenzayan, A. (2001). Culture and systems of thought: Holistic vs. analytic cognition. *Psychological Review, 108,* 291–310.

Nixon, R. M. (1990). *In the arena: A memoir of victory, defeat, and renewal.* New York: Simon & Schuster.

Noar, S. M., Benac, C. N., & Harris, M. S. (2007). Does tailoring matter? Meta-analytic review of tailored print health behavior change interventions. *Psychological Bulletin, 133,* 673–693.

Nolan, J., Schultz, P., Cialdini, R., Goldstein, N., & Griskevicius, V. (2008). Normative social influence is underdetected. *Personality and Social Psychology Bulletin, 34,* 913–923.

Nordgren, L. F., Bos, M. W., Dijksterhuis, A. (2011). The best of both worlds: Integrating conscious and unconscious thought best solves complex decisions. *Journal of Experimental Social Psychology, 47,* 509–511.

Norenzayan, A., & Heine, S. J. (2005). Psychological universals: What are they and how can we know? *Psychological Bulletin, 131,* 763–784.

Norenzayan, A., & Nisbett, R. E. (2000). Culture and causal cognition. *Current Direction in Psychological Science, 9,* 132–135.

Norenzayan, A., Choi, I., & Peng, K. (2007). Perception and cognition. In S. Kitayama & D. Cohen (Eds.), *Handbook of cultural psychology* (pp. 569–594). New York: Guilford.

Normand, A., & Croizet, J.-C. (2013). Upward social comparison generates attentional focusing when the dimension of comparison is self-threatening. *Social Cognition, 31*(3), 336–348.

North, A. C., Tarrant, M., & Hargreaves, D. J. (2004). The effects of music on helping behavior: A field study. *Environment and Behavior, 36,* 266–275.

North, M. S., & Fiske, S. T. (2012). An inconvenienced youth? Ageism and its potential intergenerational roots. *Psychological Bulletin, 138,* 982–997.

Norton, M. I., & Sommers, S. R. (2011). Whites see racism as a zero-sum game that they are now losing. *Perspectives on Psychological Science, 6,* 215–218.

Norton, M. I., Frost, J. H., & Ariely, D. (2007). Less is more: The lure of ambiguity, or why familiarity breeds contempt. *Journal of Personality and Social Psychology, 92,* 97–105.

Nosek, B. A., Greenwald, A. G., & Banaji, M. R. (2005). Understanding and using the implicit association test: II. Method variables and construct validity. *Personality and Social Psychology Bulletin, 31,* 166–180.

Nosek, B. A., Greenwald, A. G., & Banaji, M. R. (2007). The Implicit Association Test at 7: A methodological and conceptual review. In J. A. Bargh (Ed.), *Social psychology and the unconscious.* New York: Psychology Press.

Nowak, A., Szamrej, J., & Latané, B. (1990). From private attitude to public opinion: A dynamic theory of social impact. *Psychological Review, 97,* 362–376.

The number of people who say they have no one to confide in has risen. *Washington Post,* p. A3.

Nunes, K. L., Hermann, C. A., & Ratcliffe, K. (2013). Implicit and explicit attitudes toward rape are associated with sexual aggression. *Journal of Interpersonal Violence, 28,* 2657–2675.

O'Brien, D. T., Gallup, A. C., & Wilson, D. S. (2012). Residential mobility and prosocial development within a single city. *American Journal of Community Psychology, 50,* 26–36.

O'Brien, S. (2004, May 21). Researcher: It's not bad apples, it's the barrel. Retrieved January 20, 2005, from CNN.com, www.cnn.com/2004/US/05/21/zimbarbo.access/J

O'Connor, K. M., & Carnevale, P. J. (1997). A nasty but effective negotiation strategy: Misrepresentation of a common-value issue. *Personality and Social Psychology Bulletin, 23,* 504–515.

O'Gorman, R., Wilson, D. S., & Miller, R. R. (2008). An evolved cognitive bias for social norms. *Evolution and Human Behavior, 29,* 71–78.

O'Leary, A. (1990). Stress, emotion, and human immune function. *Psychological Bulletin, 108,* 363–382.

O'Rourke, L. (2008, August 2). Behind the woman behind the bomb. *The New York Times,* Op-ed page.

O'Sullivan, C. S., & Durso, F. T. (1984). Effects of schema-incongruent information on memory for stereotypical attributes. *Journal of Personality and Social Psychology, 47,* 55–70.

Obesity and overweight. (2011). National Center for Health Statistics, Center for Disease Control and Prediction. Retrieved March 13, 2011, from www.cdc.gov/nchs/fastats/overwt.htm

Ochsner, K. (2007). Social cognitive neuroscience: Historical development, core principles, and future promise. In A. W. Kruglanski & E. T. Higgins (Eds.), *Social psychology: Handbook of basic principles* (2nd ed., pp. 39–66). New York: Guilford.

Oettingen, G. (2012). Future thought and behaviour change. *European Review of Social Psychology, 23,* 1–63.

Ofshe, R., & Watters, E. (1994). *Making monsters: False memories, psychotherapy, and sexual hysteria.* New York: Scribner.

Ogloff, J. R. P., & Vidmar, N. (1994). The impact of pretrial publicity on jurors: A study to compare the relative effects of television and print media in a child sex abuse case. *Law and Human Behavior, 18,* 507–525.

Ohbuchi, K., & Sato, K. (1994). Children's reactions to mitigating accounts: Apologies, excuses, and intentionality of harm. *Journal of Social Psychology, 134,* 5–17.

Ohbuchi, K., Ohno, T., & Mukai, H. (1993). Empathy and aggression: Effects of self-disclosure and fearful appeal. *Journal of Social Psychology, 133,* 243–253.

Oikawa, M., Aarts, H., & Oikawa, H. (2011). There is a fire burning in my heart: The role of causal attribution in affect transfer. *Cognition and Emotion, 25*(1), 156–163. doi:10.1080/02699931003680061

Oishi, S. (2014). Socioecological psychology. *Annual Review of Psychology, 65,* 581–609.

Oishi, S., Rothman, A. J., Snyder, M., Su, J., Zehm, K., Hertel, A. W., et al. (2007). The socioecological model of procommunity action: The benefits of residential stability. *Journal of Personality and Social Psychology, 93,* 831–844.

Oishi, S., Schimmack, U., & Colcombe, S. J. (2003). The contextual and systematic nature of life satisfaction judgments. *Journal of Experimental Social Psychology, 39,* 232–247.

Oishi, S., Wyer, R. S., & Colcombe, S. J. (2000). Cultural variation in the use of current life satisfaction to predict the future. *Journal of Personality and Social Psychology, 78,* 434–445.

Oliner, S. P., & Oliner, P. M. (1988). *The altruistic personality: Rescuers of Jews in Nazi Europe.* New York: The Free Press.

Olmsted, L. (2012, April 10). James Bond ditches martinis for beer - 007 fans cry sell out. *Forbes.* Retrieved May 1, 2014, from http://www.

forbes.com/sites/larryolmsted/2012/04/10/james-bond-ditches-martinis-for-beer-007-fans-cry-sell-out/

Olson, J. M., Vernon, P. A., Harris, J. A., & Jang, K. L. (2001). The heritability of attitudes: A study of twins. *Journal of Personality and Social Psychology, 80*(6), 845–860.

Olson, J., & Stone, J. (2005). The influence of behavior on attitudes. In D. Albarracín, B. T. Johnson, & M. P. Zanna (Eds.), *The handbook of attitudes* (pp. 223–271). Mahwah, NJ: Erlbaum.

Olson, M. A. (2009). Measures of prejudice. In T. Nelson (Ed.), *The handbook of prejudice, stereotyping, and discrimination.* New York: Psychology Press.

Olson, M. A., & Fazio, R. H. (2004). Reducing the influence of extrapersonal associations on the implicit association test: Personalizing the IAT. *Journal of Personality and Social Psychology, 86,* 653–667.

Olujic, M. (1998). Embodiment of terror: Gendered violence in peacetime and wartime in Croatia and Bosnia-Herzegovina. *Medical Anthropology Quarterly, 12,* 31–50.

Olweus, D. (1991). Bully/victim problems among schoolchildren: Basic facts and effects of a school-based intervention program. In D. Pepler & K. Rubin (Eds.), *The development and treatment of childhood aggression* (pp. 411–448). Hillsdale, NJ: Erlbaum.

Olweus, D. (1996). Bullying at school: Knowledge base and an effective intervention program. In C. Ferris & T. Grisso (Eds.), *Understanding aggressive behavior in children* (pp. 265–276). New York: New York Academy of Sciences.

Olweus, D. (2003). Prevalence estimation of school bullying. *Aggressive Behavior 29,* 239–268.

Olweus, D., & Limber, S. P. (2010). Bullying in school: Evaluation and dissemination of the Olweus Bullying Prevention Program. *American Journal of Orthopsychiatry, 80,* 124–134.

The Ontario Symposium (Vol. 5, pp. 3–39). Hillsdale, NJ: Erlbaum.

Orizio, R. (2003). *Talk of the devil: Encounters with seven dictators.* New York: Walker & Company.

Orvis, B. R., Cunningham, J. D., & Kelley, H. H. (1975). A closer examination of causal inference: The role of consensus, distinctiveness, and consistency information. *Journal of Personality and Social Psychology, 32,* 605–616.

Oskamp, S. (2000). A sustainable future for humanity? How can psychology help? *American Psychologist, 55,* 496–508.

Oskamp, S., Burkhardt, R. I., Schultz, P. W., Hurin, S., & Zelezny, L. (1998). Predicting three dimensions of residential curbside recycling: An observational study. *Journal of Environmental Education, 29,* 37–42.

Osofsky, M. J., Bandura, A., & Zimbardo, P. G. (2005). The role of moral disengagement in the execution process. *Law and Human Behavior, 29,* 371–393.

Ostrom, T., & Sedikides, C. (1992). Out-group homogeneity effects in natural and minimal groups. *Psychological Bulletin, 112,* 536–552.

Ostrov, J. M., Woods, K. E., Jansen, E. A., Casas, J. F., & Crick, N. R. (2004). An observational study of delivered and received aggression, gender, and social-psychological adjustment in preschool. *Early Childhood Research Quarterly, 19,* 355–371.

Oyserman, D., & Lee, S. (2008). Does culture influence what and how we think? Effects of priming individualism and collectivism. *Psychological Bulletin, 134,* 311–342.

Pachur, T., Hertwig, R., & Steinmann, F. (2012). How do people judge risks: Availability heuristic, affect heuristic, or both? *Journal of Experimental Psychology: Applied, 18,* 314–330.

Packer, D. J. (2008). Identifying systematic disobedience in Milgram's obedience experiments: A meta-analytic review. *Perspectives on Psychological Science, 3,* 301–304.

Packer, D. J. (2009). Avoiding groupthink: Whereas weakly identified members remain silent, strongly identified members dissent about collective problems. *Psychological Science, 20*(5), 546–548. doi:10.1111/j.1467-9280.2009.02333.x

Page, S. (2008). *The difference: How the power of diversity creates better groups, firms, schools, and societies.* Princeton, NJ: Princeton University Press.

Palfrey, J., Boyd, D., & Sacco, D. (2010). *Enhancing child safety and online technologies.* The Berkman Center for Internet & Society at Harvard University. Durham, NC: Carolina Academic Press. Available online http://www.cap-press.com/pdf/1997.pdf

Palmer, J., & Loveland, J. (2008). The influence of group discussion on performance judgments: Rating accuracy, contrast effects, and halo. *Journal of Psychology: Interdisciplinary and Applied, 142,* 117–130.

Panksepp, J., & Panksepp, J. (2000). The seven sins of evolutionary psychology. *Evolution and Cognition, 6,* 108–131.

Parish, A. R., & de Waal, F. B. M. (2000). The other closest living relative: How bonobos (*pan paniscus*) challenge traditional assumptions about females, dominance, inter- and intra-sexual interactions and hominid evolution. *Proceedings of the New York Academy of Sciences, 907,* 97–113.

Parish, A. R., de Waal, F. B. M., & Haig, D. (2000). The other "closest living relative": How bonobos (*Pan paniscus*) challenge traditional assumptions about females, dominance, intra- and intersexual interactions, and hominid evolution. *Annals of the New York Academy of Sciences, 907,* 97–113.

Park, B., & Rothbart, M. (1982). Perception of out-group homogeneity and levels of social categorization: Memory for the subordinate attributes of in-group and out-group members. *Journal of Personality and Social Psychology, 42,* 1051–1068.

Park, C. L. (2010). Making sense of the meaning literature: An integrative review of meaning making and its effects on adjustment to stressful life events. *Psychological Bulletin, 136,* 257–301.

Park, H. S., & Smith, S. W. (2007). Distinctiveness and influence of subjective norms, personal descriptive and injunctive norms, and societal descriptive and injunctive norms on behavioural intent: A case of two behaviours critical to organ donation. *Human Communication Research, 33,* 194–218.

Parkinson, B. (2013). Contextualizing facial activity. *Emotion Review, 5,* 97–103.

Pascual, A., & Guéguen, N. (2005). Foot-in-the-door and door-in-the-face: A comparative meta-analytic study. *Psychological Reports, 96,* 122–128.

Pascual, A., Guéguen, N., Pujos, S., & Felonneau, M. (2013). Foot-in-the-door and problematic requests: A field experiment. *Social Influence, 8,* 46–53.

Patel, R., & Parmentier, M. J. C. (2005). The persistence of traditional gender roles in the information technology sector: A study of female engineers in India. *Information Technologies and International Development, 2,* 29–46.

Paterson, H. M., Whittle, K., & Kemp, R. I. (2014). Detrimental effects of post-incident debriefing on memory and psychological responses. *Journal of Police and Criminal Psychology.* Advance online publication. doi:10.1007/s11896-014-9141-6

Patrick, C. J., & Iacono, W. G. (1989). Psychopathy, threat, and polygraph test accuracy. *Journal of Applied Psychology, 74,* 347–355.

Patterson, A. (1974, September). Hostility catharsis: A naturalistic quasi-experiment. Paper presented at the annual meeting of the American Psychological Association, New Orleans.

Paulus, P. B., McCain, G., & Cox, V. (1981). Prison standards: Some pertinent data on crowding. *Federal Probation, 15,* 48–54.

Payne, B. K. (2001). Prejudice and perception: The role of automatic and controlled processes in misperceiving a weapon. *Journal of Personality and Social Psychology, 81,* 181–192.

Payne, B. K. (2006). Weapon bias: Split-second decisions and unintended stereotyping. *Current Directions in Psychological Science, 15,* 287–291.

Payne, B. K., & Gawronski, B. (2010). A history of implicit social cognition: Where is it coming from? Where is it now? Where is it going? In B. Gawronski & B. K. Payne (Eds.), *Handbook of implicit social cognition: Measurement, theory, and applications* (pp. 1–15). New York: Guilford.

Payne, B. K., Burkley, M. A., & Stokes, M. B. (2008). Why do implicit and explicit attitude tests diverge? The role of structural fit. *Journal of Personality and Social Psychology, 94,* 16–31.

Peabody, D. (1985). *National characteristics.* Cambridge, England: Cambridge University Press.

Peace in the Middle East may be impossible: Lee D. Ross on naive realism and conflict resolution. *American Psychological Society Observer, 17,* 9–11.

Pechmann, C., & Knight, S. J. (2002). An experimental investigation of the joint effects of advertising and peers on adolescents' beliefs and intentions about cigarette consumption. *Journal of Consumer Research, 29,* 5–19.

Pedersen, W. C., Vasquez, E. A., Bartholow, B. D., Grosvenor, M., & Truong, A. (2014). Are you insulting me? Exposure to alcohol primes increases aggression following ambiguous provocation. *Personality and Social Psychology Bulletin, 40,* 1037–1049.

Pelonero, C. (2014). *Kitty Genovese: A true account of a public murder and its private consequences.* New York: Skyhorse Publishing.

Peltokorpi, V. (2008). Transactive memory systems. *Review of General Psychology, 12*(4), 378–394. doi:10.1037/1089-2680.12.4.378

Pennebaker, J. W. (1990). *Opening up: The healing powers of confiding in others.* New York: Morrow.

Pennebaker, J. W. (1997). Writing about emotional experiences as a therapeutic process. *Psychological Science, 8,* 162–166.

Pennebaker, J. W. (2001). Dealing with a traumatic experience immediately after it occurs. *Advances in Mind-Body Medicine, 17,* 160–162.

Pennebaker, J. W. (2002). Writing, social processes, and psychotherapy: From past to future. In S. J. Lepore & J. M. Smyth (Eds.), *The writing cure: How expressive writing promotes health and emotional well-being.* Washington, DC: American Psychological Association.

Pennebaker, J. W. (2004). Theories, therapies, and taxpayers: On the complexities of the expressive writing paradigm. *Clinical Psychology: Science and Practice, 11,* 138–142.

Pennebaker, J. W., & Beale, S. K. (1986). Confronting a traumatic event: Toward an understanding of inhibition and disease. *Journal of Abnormal Psychology, 95,* 274–281.

Pennebaker, J. W., & Francis, M. E. (1996). Cognitive, emotional, and language processes in disclosure. *Cognition and Emotion, 10,* 601–626.

Pennebaker, J. W., & Sanders, D. Y. (1976). American graffiti: Effects of authority and reactance arousal. *Personality and Social Psychology Bulletin, 2,* 264–267.

Pennebaker, J. W., Barger, S. D., & Tiebout, J. (1989). Disclosure of traumas and health among Holocaust survivors. *Psychosomatic Medicine, 51,* 577–589.

Pennebaker, J. W., Colder, M., & Sharp, L. K. (1990). Accelerating the coping process. *Journal of Personality and Social Psychology, 58,* 528–537.

Penner, L. A. (2000). The causes of sustained volunteerism: An interactionist perspective. *Journal of Social Issues, 58,* 447–467.

Penner, L. A. (2004). Volunteerism and social problems: Making things better or worse? *Journal of Social Issues, 60*(3), 645–666.

Penner, L. A., & Orom, H. (2010). Enduring goodness: A person-by-situation perspective on prosocial behavior. In M. Mikulincer & P. R. Shaver (Eds.), *Prosocial motives, emotions, and behavior: The better angels of our nature* (pp. 55–72). Washington, DC: American Psychological Association. doi:10.1037/12061-003

Penner, L. A., Dovidio, J. F., Piliavin, J. A., & Schroeder, D. A. (2005). Prosocial behavior: Multilevel perspectives. *Annual Review of Psychology, 56,* 365–392.

Pennington, J., & Schlenker, B. R. (1999). Accountability for consequential decisions: Justifying ethical judgments to audiences. *Personality and Social Psychology Bulletin, 25,* 1067–1081.

Pennington, N., & Hastie, R. (1988). Explanation-based decision making: Effects of memory

structure on judgment. *Journal of Experimental Psychology: Learning, Memory, and Cognition, 14,* 521–533.

Pennington, N., & Hastie, R. (1990). Practical implications of psychological research on juror and jury decision making. *Personality and Social Psychology Bulletin, 16,* 90–105.

Perkins, H. W. (2007). Misperceptions of peer drinking norms in Canada: Another look at the "reign of error" and its consequences among college students. *Addictive Behaviors, 32,* 2645–2656.

Perkins, H., Haines, M. P., & Rice, R. (2005). Misperceiving the college drinking norm and related problems: A nationwide study of exposure to prevention information, perceived norms, and student alcohol misuse. *Journal of Studies on Alcohol and Drugs, 66,* 470–478.

Perlstein, L. (1999, November 14). The sweet rewards of learning: Teachers motivate students with tokens for fries and candy. *Washington Post,* pp. A1, A14.

Perrett, D. I., May, K. A., & Yoshikawa, S. (1994). Facial shape and judgments of female attractiveness. *Nature, 368,* 239–242.

Perry, G. (2013). *Behind the shock machine: The untold story of the notorious Milgram psychology experiments.* New York: New Press.

Persuasion: Insights from the self-validation hypothesis. In M. P. Zanna (Ed.), *Advances in experimental social psychology* (Vol. 41, pp. 69–118). New York: Elsevier.

Peters, J. M., Avol, E., Gauderman, W. J., Linn, W. S., Navidi, W., London, S. J., Margolis, H., Rappaport, E., Vora, H., Gong, H. Jr., & Thomas, D. C. (1999). A study of twelve Southern California communities with differing levels and types of air pollution: II. Effects on pulmonary function. *American Journal of Respiratory and Critical Care Medicine, 159,* 768–775.

Peterson, A. A., Haynes, G. A., & Olson, J. M. (2008). Self-esteem differences in the effects of hypocrisy induction on behavioral intentions in the health domain. *Journal of Personality, 76,* 305–322.

Peterson, R. D., & Bailey, W. C. (1988). Murder and capital punishment in the evolving context of the post-Furman era. *Social Forces, 66,* 774–807.

Petrie, K. J., Booth, R. J., & Pennebaker, J. W. (1998). The immunological effects of thought suppression. *Journal of Personality and Social Psychology, 75,* 1264–1272.

Petroselli, D. M., & Knobler, P. (1998). *Triumph of justice: Closing the book on the Simpson saga.* New York: Crown.

Pettigrew, T. F. (1958). Personality and sociocultural factors and intergroup attitudes: A cross-national comparison. *Journal of Conflict Resolution, 2,* 29–42.

Pettigrew, T. F. (1969). Racially separate or together? *Journal of Social Issues, 25,* 43–69.

Pettigrew, T. F. (1979). The ultimate attribution error: Extending Allport's cognitive analysis of prejudice. *Personality and Social Psychology Bulletin, 5,* 461–476.

Pettigrew, T. F. (1985). New black-white patterns: How best to conceptualize them? *Annual Review of Sociology, 11,* 329–346.

Pettigrew, T. F. (1989). The nature of modern racism in the United States. *Revue Internationale de Psychologie Sociale, 2,* 291–303.

Pettigrew, T. F. (in press). Final reflections. In U. Wagner, L. Tropp, G. Finchilescu, & C. Tredoux (Eds.), *Emerging research directions for improving intergroup relations: Building on the legacy of Thomas F. Pettigrew.* Oxford, England: Blackwell.

Pettigrew, T. F., & Tropp, L. R. (2006). A meta-analytic test of intergroup contact theory. *Journal of Personality and Social Psychology, 90,* 751–783.

Pettigrew, T. F., Jackson, J. S., Brika, J. B., Lemaine, G., Meertens, R. W., Wagner, U., & Zick, A. (1998). Outgroup prejudice in Western Europe. *European Review of Social Psychology, 8,* 241–273.

Petty, R. E. (1995). Attitude change. In A. Tesser (Ed.), *Advanced social psychology* (pp. 195–255). New York: McGraw-Hill.

Petty, R. E., & Briñol, P. (2012). The elaboration likelihood model. In P. A. M. Van Lange, A.

Kruglanski, & E. T. Higgins (Eds.), *Handbook of theories of social psychology* (Vol. 1, pp. 224–245). London: Sage.

Petty, R. E., & Briñol, P. (2015). Emotion and persuasion: Cognitive and meta-cognitive processes impact attitudes. *Cognition and Emotion, 1.*

Petty, R. E., & Brock, T. C. (1981). Thought disruption and persuasion: Assessing the validity of attitude change experiments. In R. E. Petty, T. M. Ostrom, & T. C. Brock (Eds.), *Cognitive responses in persuasion* (pp. 55–79). Hillsdale, NJ: Erlbaum.

Petty, R. E., & Cacioppo, J. T. (1986). *Communication and persuasion: Central and peripheral routes to attitude change.* New York: Springer-Verlag.

Petty, R. E., & Krosnick, J. A. (2014). *Attitude strength: Antecedents and consequences.* New York: Psychology Press.

Petty, R. E., & Wegener, D. T. (1999). The elaboration likelihood model: Current status and controversies. In S. Chaiken & Y. Trope (Eds.), *Dual-process theories in social psychology* (pp. 41–72). New York: Guilford Press.

Petty, R. E., & Wegener, D. T. (1999). The elaboration likelihood model: Current status and controversies. In S. Chaiken & Y. Trope (Eds.), *Dual-process theories in social psychology* (pp. 37–72). New York: Guilford Press.

Petty, R. E., & Wegener, D. T. (2014). Thought systems, argument quality, and persuasion. In R. S. Wyer, Jr., & T. K. Srull (Eds.), *Advances in social cognition* (Vol. IV, pp. 147–161). New York: Psychology Press.

Petty, R. E., Barden, J., & Wheeler, S. C. (2009). The Elaboration Likelihood Model of persuasion: Developing health promotions for sustained behavioral change. In R. J. DiClemente, R. A. Crosby, & M. C. Kegler (Eds.), *Emerging theories in health promotion practice and research* (2nd ed., pp. 185–214). San Francisco: Jossey-Bass.

Petty, R. E., Cacioppo, J. T., & Goldman, R. (1981). Personal involvement as a determinant of argument-based persuasion. *Journal of Personality and Social Psychology, 41,* 847–855.

Petty, R. E., Cacioppo, J. T., Strathman, A. J., & Priester, J. R. (2005). To think or not to think: Exploring two routes to persuasion. In T. C. Brock & M. C. Green (Eds.), *Persuasion: Psychological insights and perspectives.* Thousand Oaks, CA: Sage Publications, Inc.

Pezdek, K. (2012). Fallible eyewitness memory and identification. In B. L. Cutler (Ed.), *Conviction of the innocent: Lessons from psychological research* (pp. 105–124). Washington, DC: American Psychological Association.

Pezdek, K., & Banks, W. P. (Eds.). (1996). *The recovered memory/false memory debate.* San Diego, CA: Academic Press.

Phelan, J. E., & Rudman, L. A. (2010). Prejudice toward female leaders: Backlash effects and women's impression management dilemma. *Social and Personality Psychology Compass, 4*(10), 807–820. doi:10.1111/j.1751-9004.2010.00306.x

Phillip, S. (2014, April 29). The latest social media "challenge" is dangerous, but probably won't be around for long. *Washington Post.* Retrieved May 26, 2014, from www.washingtonpost.com/news/post-nation/wp/2014/04/29/the-latest-social-media-challenge-is-dangerous-but-probably-wont-be-around-for-long

Phillips, A. G., & Silva, P. J. (2005). Self-awareness and the emotional consequences of self-discrepancies. *Personality & Social Psychology Bulletin, 31,* 703–713.

Phillips, K. W., Mannix, E. A., Neale, M. A., & Gruenfeld, D. H. (2004). Diverse groups and information sharing: The effects of congruent ties. *Journal of Experimental Social Psychology, 40,* 495–510.

Picazo, C., Gamero, N., Zornoza, A., & Peiró, J. M. (2014). Testing relations between group cohesion and satisfaction in project teams: A cross-level and cross-lagged approach. *European Journal of Work and Organizational Psychology.* doi:10.1080/1359432X.2014.894979

Pickel, K. (2007). Remembering and identifying menacing perpetrators: Exposure to violence and the weapon focus effect. In R. C. L. Lindsay, D. F. Ross, J. D. Read, & M. P. Toglia (Eds.), *The handbook of eyewitness psychology*, Vol. II: *Memory for people* (pp. 339–360). Mahwah, NJ: Erlbaum.

Pickett, C. L., & Gardner, W. L. (2005). The social monitoring system: Enhanced sensitivity to social cues as an adaptive response to social exclusion. In K. D. Williams, J. P. Forgas, J. P., & W. von Hippel (Eds.), *The social outcast: Ostracism, social exclusion, rejection, and bullying* (pp. 213–226). New York: Psychology Press.

Pickett, C. L., Silver, M. D., & Brewer, M. B. (2002). The impact of assimilation and differentiation needs on perceived group importance and judgments of ingroup size. *Personality and Social Psychology Bulletin, 28,* 546–558.

Piliavin, I. M., Piliavin, J. A., & Rodin, J. (1975). Costs, diffusion, and the stigmatized victim. *Journal of Personality and Social Psychology, 32,* 429–438.

Piliavin, J. A. (2008). Long-term benefits of habitual helping: Doing well by doing good. In B. A. Sullivan, M. Snyder, & J. L. Sullivan (Eds.), *Cooperation: The political psychology of effective human interaction* (pp. 241–258). Malden, MA: Blackwell.

Piliavin, J. A. (2009). Altruism and helping: The evolution of a field: The 2008 Cooley-Mead Presentation. *Social Psychology Quarterly, 72*(3), 209–225. doi:10.1177/019027250907200305

Piliavin, J. A. (2010). Volunteering across the life span: Doing well by doing good. In S. Stürmer & M. Snyder (Eds.), *The psychology of prosocial behavior: Group processes, intergroup relations, and helping* (pp. 157–172). Oxford, UK: Wiley-Blackwell.

Piliavin, J. A., & Charng, H. (1990). Altruism: A review of recent theory and research. *Annual Review of Sociology, 16,* 27–65.

Piliavin, J. A., & Piliavin, I. M. (1972). The effect of blood on reactions to a victim. *Journal of Personality and Social Psychology, 23,* 253–261.

Piliavin, J. A., Dovidio, J. F., Gaertner, S. L., & Clark, R. D., III. (1981). *Emergency intervention.* New York: Academic Press.

Pinel, E. C., & Long, A. E. (2012). When I's meet: Sharing subjective experience with someone from the outgroup. *Personality and Social Psychology Bulletin, 38,* 296–307.

Pinel, E. C., Long, A. E., Landau, M. J., Alexander, K., & Pyszczynski, T. (2006). Seeing I to I: A pathway to interpersonal connectedness. *Journal of Personality and Social Psychology, 90,* 243–257.

Pinker, S. (2011). *The better angels of our nature.* New York: Penguin.

Pitt, R. N. (2010). "Killing the messenger": Religious Black gay men's neutralization of anti-gay religious messages. *Journal for the Scientific Study of Religion, 49,* 56–72.

Plant, E. A., & Devine, P. G. (1998). Internal and external motivation to respond without prejudice. *Journal of Personality and Social Psychology, 75,* 811–832.

Plant, E. A., & Devine, P. G. (2009). The active control of prejudice: Unpacking the intentions guiding control efforts. *Journal of Personality and Social Psychology, 96,* 640–652.

Plant, E. A., & Peruche, B. M. (2005). The consequences of race for police officers' responses to criminal suspects. *Psychological Science, 16,* 180–183.

Plastic oceans. (2008, November 13). Spencer Michels, reporter. *The Newshour with Jim Lehrer,* Public Broadcasting System.

Pleban, R., & Tesser, A. (1981). The effects of relevance and quality of another's performance on interpersonal closeness. *Social Psychology Quarterly, 44,* 278–285.

PollingReport.com. (2003, July 31). President Bush: Job ratings. Retrieved from www.pollingreport.com/BushJob.htm

Pomfret, J. (2005, November 20). Student turns body into billboard as the Shirtless Guy. *Washington Post,* p. A2.

Pope, H. G., Jr., Olivardia, R., Gruber, A. J., & Borowiecki, J. (1999). Evolving ideals of male body image as seen through action toys. *International Journal of Eating Disorders, 26,* 65–72.

Pope, H. G., Jr., Phillips, K. A., & Olivardia, R. (2000). *The Adonis complex: The secret crisis of male body obsession.* New York: Freeman.

Population Growth Rate. (n.d.). The World Bank Group. Retrieved July 15, 2014, from http://www.worldbank.org/depweb/english/modules/social/pgr/print.html

Posada, S., & Colell, M. (2007). Another gorilla (Gorilla gorilla gorilla) recognizes himself in a mirror. *American Journal of Primatology, 69*(5), 576–583.

Postmes, T., & Spears, R. (1998). Deindividuation and antinormative behavior: A meta-analysis. *Psychological Bulletin, 123,* 238–259.

Powledge, F. (1991). *Free at last? The civil rights movement and the people who made it.* Boston: Little, Brown.

Pratarelli, M. E. (2012). When human nature confronts the need for a global environmental ethics. *Journal of Social, Evolutionary, and Cultural Psychology, 6,* 384–403.

Pratkanis, A. R. (1992). The cargo-cult science of subliminal persuasion. *Skeptical Inquirer, 16,* 260–272.

Pratkanis, A. R., Greenwald, A. G., Leippe, M. R., & Baumgardner, M. H. (1988). In search of reliable persuasion eàects: III. The sleeper eàect is dead: long live the sleeper eàect. *Journal of Personality and Social Psychology, 54,* 203–218.

Predicting sporting events: Accuracy as a function of reasons analysis, expertise, and task difficulty. Unpublished manuscript, Research Institute on Addictions, Buffalo, NY.

Preston, J. L., Ritter, R. S., & Hernandez, J. I. (2010). Principles of religious prosociality: A review and reformulation. *Social and Personality Psychology Compass, 4*(8), 574–590. doi:10.1111/j.1751-9004.2010.00286.x

Prevalence of overweight and obesity among adults: United States, 2003–2004. National Center for Health Statistics. Retrieved December 30, 2008, from www.cdc.gov/nchs/products/pubs/pubd/hestats/overweight/overwght_adult_03.htm

Prince, M. A., & Carey, K. B. (2010). The malleability of injunctive norms among college students. *Addictive Behaviors, 35,* 940–947.

Pronin, E., & Kugler, M. B. (2011). People believe they have more free will than others. *Proceedings of the National Academy of Sciences.*

Pronin, E., Berger, J., & Moluki, S. (2007). Alone in a crowd of sheep: Asymmetric perceptions of conformity and their roots in an introspection illusion. *Journal of Personality and Social Psychology, 92,* 585–595. doi:10.1037/0022-3514.92.4.585

Pronin, E., Gilovich, T., & Ross, L. (2004). Objectivity in the eye of the beholder: Divergent perceptions of bias in self versus others. *Psychological Review, 111,* 781–799.

Pronin, E., Lin, D. Y., & Ross, L. (2002). The bias blind spot: Perceptions of bias in self versus others. *Personality and Social Psychology Bulletin, 28,* 369–381.

Proost, K., Schreurs, B., De Witte, K., & Derous, E. (2010). Ingratiation and self-promotion in the selection interview: The effects of using single tactics or a combination of tactics on interviewer judgments. *Journal of Applied Social Psychology, 40*(9), 2155–2169. doi:10.1111/j.1559-1816.2010.00654.x

Prot, S., Gentile, D. A., Anderson, C. A., Suzuki, K., Swing, E., Lim, K. M., et al. (2014). Long-term relations among prosocial-media use, empathy, and prosocial behavior. *Psychological Science, 25*(2), 358–368.

Pryor, J. B., Reeder, G. D., & Monroe, A. E. (2012). The infection of bad company: Stigma by association. *Journal of Personality and Social Psychology, 102,* 224–241.

Przybylski, A. K., & Weinstein, N. (2013). Can you connect with me now? How the presence of mobile communication technologies influences face-to-face conversation quality. *Journal of Social and Personal Relationships, 30,* 237–246.

Puente, M. (2005, March 2). Rent this space: Bodies double as billboards. USA Today.com. Retrieved December 23, 2005, from www.usatoday.com/life/lifestyle/2005-03-02-body-ads_x.htm

Pulfrey, C., Darnon, C., & Butera, F. (2013). Autonomy and task performance: Explaining the impact of grades on intrinsic motivation. *Journal of Educational Psychology, 105,* 39–57. doi:10.1037/a0029376

Purdham, T. S. (1997, March 28). Tapes left by cult suggest comet was the sign to die. *The New York Times,* p. A2.

Putnam, R. D. (2000). *Bowling alone: The collapse and revival of American community.* New York: Simon & Schuster.

Putnam, R. D., & Campbell, D. E. (2010). *American grace: How religion divides and unites us.* New York, NY: Simon & Schuster.

Pyszczynski, T., Greenberg, J., Solomon, S., Arndt, J., & Schimel, J. (2004). Why do people need self-esteem? A theoretical and empirical review. *Psychological Bulletin, 130,* 435–468.

Qin, J., Kimel, S., Kitayama, S., Wang, X., Yang, X., & Han, S. (2011). How choice modifies preference: Neural correlates of choice justification. *NeuroImage, 55,* 240–246.

Qin, J., Ogle, C., & Goodman, G. (2008). Adults' memories of childhood: True and false reports. *Journal of Experimental Psychology: Applied, 14,* 373–391.

Quattrone, G. A. (1982). Behavioral consequences of attributional bias. *Social Cognition, 1,* 358–378.

Quattrone, G. A. (1986). On the perception of a group's variability. In S. Worchel & W. G. Austin (Eds.), *Psychology of intergroup relations* (2nd ed.). Chicago: Nelson-Hall.

Quattrone, G. A., & Jones, E. E. (1980). The perception of variability within ingroups and outgroups: Implications for the law of small numbers. *Journal of Personality and Social Psychology, 38,* 141–152.

Quick stats binge drinking. (2008). Department of Health and Human Services, Center for Disease Control and Prevention. Retrieved December 30, 2008, from www.cdc.gov/alcohol/quickstats/binge_drinking.htm

Quinn, A., & Schlenker, B. R. (2002). Can accountability produce independence? Goals as determinants of the impact of accountability on conformity. *Personality and Social Psychology Bulletin, 28,* 472–483.

Quoidbach, J., Dunn, E. W., Petrides, K. V., & Mikolajczak, M. (2010). Money giveth, money taketh away: The dual effect of wealth on happiness. *Psychological Science, 21*(6), 759–763.

Rajaram, S., & Pereira-Pasarin, L. P. (2010). Collaborative memory: Cognitive research and theory. *Perspectives on Psychological Science, 5*(6), 649–663. doi:10.1177/1745691610388763

Ramirez, A. (2005, December 2). New Yorkers take a tribute standing up. *The New York Times,* p. B1.

Ramírez-Esparza, N., Chung, C. K., Sierra-Otero, G., & Pennebaker, J. W. (2012). Cross-cultural constructions of self-schemas: Americans and Mexicans. *Journal of Cross-Cultural Psychology, 43*(2), 233–250. doi:10.1177/0022022110385231

Ramsey, S. J. (1981). The kinesics of femininity in Japanese women. *Language Sciences, 3,* 104–123.

Rand, D. G., & Nowak, M. A. (2013). Human cooperation. *Trends in Cognitive Sciences, 17*(8), 413–425. doi:10.1016/j.tics.2013.06.003

Ranganath, K. A., & Nosek, B. A. (2008). Implicit attitude generalization occurs immediately, explicit attitude generalization takes time. *Psychological Science, 19,* 249–254.

Rapoport, A., & Chammah, A. M. (1965). *Prisoner's dilemma: A study in conflict and cooperation.* Ann Arbor: University of Michigan Press.

Raps, C. S., Peterson, C., Jonas, M., & Seligman, M. E. P. (1982). Patient behavior in hospitals: Helplessness, reactance, or both? *Journal of Personality and Social Psychology, 42,* 1036–1041.

Rasinzki, H. M., Geers, A. L., & Czopp, A. M. (2013). "I guess what he said wasn't that bad": Dissonance in nonconfronting targets of prejudice. *Personality and Social Psychology Bulletin, 39,* 856–869.

Raskin, R., & Terry, H. (1988). A principle-components analysis of the Narcissistic Personality Inventory and further evidence of its construct validity. *Journal of Personality and Social Psychology, 54,* 890–902.

Ratelle, C. F., Carbonneau, N., Vallerand, R. J., & Mageau, G. (2013). Passion in the romantic sphere: A look at relational outcomes. *Motivation and Emotion, 37,* 106–120.

Ratliff, K. A., & Oishi, S. (2013). Gender differences in implicit self-esteem following a romantic partner's success or failure. *Journal of Personality and Social Psychology, 105*(4), 688–702. doi:10.1037/a0033769

Reading, R. (2008). Effectiveness of universal school-based programs to prevent violent and aggressive behaviour: A systematic review. *Child: Care, Health and Development, 34*, 139.

Reardon, S. (2011, April 27). Preventable chronic diseases are now the world's biggest killers. *ScienceInsider*. Retrieved August 19, 2014, from http://news.sciencemag.org/2011/04/preventable-chronic-diseases-are-now-worlds-biggest-killers

Rector, M., & Neiva, E. (1996). Communication and personal relations in Brazil. In W. B. Gudykunst, S. Ting-Toomey, & T. Nishida (Eds.), *Communication in personal relationships across cultures* (pp. 156–173). Thousand Oaks, CA: Sage.

Redlawsk, D. P. (2002). Hot cognition or cool consideration? Testing the effects of motivated reasoning on political decision making. *Journal of Politics, 64*, 1021–1044.

Regan, P. C., & Berscheid, E. (1997). Gender differences in characteristics desired in a potential sexual and marriage partner. *Journal of Psychology and Human Sexuality, 9*, 25–37.

Regan, P. C., & Berscheid, E. (1999). *Lust: What we know about human sexual desire.* Thousand Oaks, CA: Sage.

Reid, A. E., & Aiken, L. S. (2013). Correcting injunctive norm misperceptions motivates behavior change: A randomized controlled sun protection intervention. *Health Psychology, 32*, 551–560.

Reis, H. T., & Gosling, S. D. (2010). Social psychological methods outside the laboratory. In S. T. Fiske, D. T. Gilbert, & G. Lindzey (Eds.), *Handbook of social psychology* (5th ed., Vol. 1, pp. 82–114). Hoboken, NJ: John Wiley.

Reis, H. T., & Judd, C. M. (Eds.). (2000). *Handbook of research methods in social and personality psychology.* New York: Cambridge University Press.

Reis, H. T., & Patrick, B. C. (1996). Attachment and intimacy: Component processes. In E. T. Higgins & A. W. Kruglanski (Eds.), *Social psychology: Handbook of basic principles* (pp. 523–563). New York: Guilford Press.

Reis, H. T., Maniaci, M. R., Caprariello, P. A., Eastwick, P. W., & Finkel, E. J. (2011). Familiarity does indeed promote attraction in live interaction. *Journal of Personality and Social Psychology, 101*, 557–570.

Reis, H. T., Wheeler, L., Speigel, N., Kernis, M. H., Nezlek, J., & Perri, M. (1982). Physical attractiveness in social interaction: 2. Why does appearance affect social experience? *Journal of Personality and Social Psychology, 43*, 979–996.

Reisman, J. M. (1990). Intimacy in same-sex friendships. *Sex Roles, 23*, 65–82.

Reiter, S. M., & Samuel, W. (1980). Littering as a function of prior litter and the presence or absence of prohibitive signs. *Journal of Applied Social Psychology, 10*, 45–55.

Renaud, J. M., & McConnell, A. R. (2002). Organization of the self-concept and the suppression of self-relevant thoughts. *Journal of Experimental Social Psychology, 38*, 79–86.

Renner, M. J., & Mackin, R. S. (1998). A life stress instrument for classroom use. *Teaching of Psychology, 25*, 46–48.

Reno, R. R., Cialdini, R. B., & Kallgren, C. A. (1993). The transsituational influence of social norms. *Journal of Personality and Social Psychology, 64*, 104–112.

Rensink, R. A. (2002). Change detection. *Annual Review of Psychology, 53*, 245–277.

Rentfrow, P. J., & Gosling, S. D. (2006). Message in a ballad: The role of music preferences in interpersonal perception. *Psychological Science, 17*, 236–242.

Rentfrow, P. J., & Gosling, S. D. (2006). Message in a ballad: The role of music preferences in interpersonal perception. *Psychological Science, 17*, 236–242.

Rexrode, C. (2011, November 3). Twitter changes business of celebrity endorsements. *USA Today.*

Retrieved December 22, 2011, from www.usatoday.com/tech/news/story/2011-11-03/celebrity-twitter-endorsements/51058228/1

Rhodes, G. (2006). The evolutionary psychology of facial beauty. *Annual Review of Psychology, 57*, 199–226.

Rhodes, G., Yoshikawa, S., Clark, A., Lee, K., McKay, R., & Akamatsu, S. (2001). Attractiveness of facial averageness and symmetry in non-Western cultures: In search of biologically based standards of beauty. *Perception, 30*, 611–625.

Rhodes, N., & Wood, W. (1992). Self-esteem and intelligence affect influenceability: The mediating role of message reception. *Psychological Bulletin, 111*, 156–171.

Rhodewalt, F., Sanbonmatsu, D. M., Tschanz, B., Feick, D. L., & Waller, A. (1995). Self-handicapping and interpersonal trade-offs: The effects of claimed self-handicaps on observers' performance evaluations and feedback. *Personality and Social Psychology Bulletin, 21*, 1042–1050.

Rholes, W. S., Simpson, J. A., & Friedman, M. (2006). Avoidant attachment and the experience of parenting. *Personality and Social Psychology Bulletin, 32*, 275–285.

Richard, F. D., Bond, C. F., Jr., & Stokes-Zoota, J. J. (2001). 'That's completely obvious . . . and important": Lay judgments of social psychological findings. *Personality and Social Psychology Bulletin, 27*, 497–505.

Richardson, D. S. (2014). Everyday aggression takes many forms. *Psychological Science, 23*, 220–224.

Richardson, D., Hammock, G., Smith, S., & Gardner, W. (1994). Empathy as a cognitive inhibitor of interpersonal aggression. *Aggressive Behavior, 20*, 275–289.

Richmond, V. P., & McCroskey, J. C. (1995). *Nonverbal behavior in interpersonal relations.* Needham Heights, MA: Allyn & Bacon.

Richter, C. P. (1957). On the phenomenon of sudden death in animals and man. *Psychosomatic Medicine, 19*, 191–198.

Riggs, J. M., & Gumbrecht, L. B. (2005). Correspondence bias and American sentiment in the wake of September 11, 2001. *Journal of Applied Social Psychology, 35*(1), 15–28.

Ringelmann, M. (1913). Recherches sur les moteurs animés: Travail de l'homme [Research on driving forces: Human work]. *Annales de l'Institut National Agronomique,* series 2, *12*, 1–40.

Rinolo, R. C., Johnson, K. C., Sherman, T. R., & Misso, J. A. (2006). Hot or not? Do professors perceived as physically attractive receive higher student evaluations? *Journal of General Psychology, 133*, 19–35.

Riordan, C. A. (1978). Equal-status interracial contact: A review and revision of a concept. *International Journal of Intercultural Relations, 2*, 161–185.

Rise, J., Sheeran, P., & Hukkelberg, S. (2010). The role of self-identity in the theory of planned behavior: A meta-analysis. *Journal of Applied Social Psychology, 40*(5), 1085–1105. doi:10.1111/j.1559-1816.2010.00611.x

Risen, J. L., & Gilovich, T. (2007). Target and observer differences in the acceptance of questionable apologies. *Journal of Personality and Social Psychology, 92*, 418–433.

Rivers, I., Chesney, T., & Coyne, I. (2011). Cyberbullying. In C. P. Monks & I. Coyne (Eds.), *Bullying in different contexts* (pp. 211–230). New York: Cambridge University Press.

Robins, R. W., & Beer, J. S. (2001). Positive illusions about the self: Short-term benefits and long-term costs. *Journal of Personality and Social Psychology, 80*, 340–352.

Robins, R. W., & Schriber, R. A. (2009). The self-conscious emotions: How are they experienced, expressed, and assessed? *Social and Personality Psychology Compass, 3*, 887–898.

Robins, R. W., Spranca, M. D., & Mendelson, G. A. (1996). The actor-observer effect revisited: Effects of individual differences and repeated social interactions on actor and observer attributions. *Journal of Personality and Social Psychology, 71*, 375–389.

Rodin, J., & Langer, E. J. (1977). Long-term effects of a control-relevant intervention with the institutional aged. *Journal of Personality and Social Psychology, 35*, 897–902.

Rodrigo, M. F., & Ato, M. (2002). Testing the group polarization hypothesis by using logit models. *European Journal of Social Psychology, 32*, 3–18.

Roepke, S. K., & Grant, I. (2011). Toward a more complete understanding of the effects of personal mastery on cardiometabolic health. *Health Psychology, 30*, 615–632. doi:10.1037/a0023480

Roesch, S. C., & Amirkhan, J. H. (1997). Boundary conditions for self-serving attributions: Another look at the sports pages. *Journal of Applied Social Psychology, 27*, 245–261.

Roese, N. J. (1997). Counterfactual thinking. *Psychological Bulletin, 121*, 133–148.

Roese, N. J., & Jamieson, D. W. (1993). Twenty years of bogus pipeline research: A critical review and meta-analysis. *Psychological Bulletin, 114*, 363–375.

Roese, N. J., & Olson, J. M. (1997). Counterfactual thinking: The intersection of affect and function. In M. P. Zanna (Ed.), *Advances in experimental social psychology* (Vol. 29, pp. 1–59). San Diego, CA: Academic Press.

Rogers, R. (1983). Cognitive and physiological processes in fear appeals and attitude change: A revised theory of protection motivation. In J. T. Cacioppo & R. E. Petty (Eds.), *Social psychophysiology: A sourcebook* (pp. 153–176). New York: Guilford Press.

Rogers, R., & Prentice-Dunn, S. (1981). Deindividuation and anger-mediated interracial aggression: Unmasking regressive racism. *Journal of Personality and Social Psychology, 41*, 63–73.

Rogers, T. B., Kuiper, N. A., & Kirker, W. S. (1977). Self-reference and the encoding of personal information. *Journal of Personality and Social Psychology, 35*, 677–688.

Rohrer, J. H., Baron, S. H., Hoffman, E. L., & Swander, D. V. (1954). The stability of autokinetic judgments. *Journal of Abnormal and Social Psychology, 49*, 595–597.

Roisman, G. I., Clausell, E., Holland, A., Fortuna, K., & Elieff, C. (2008). Adult romantic relationships as contexts of human development: A multimethod comparison of same-sex couples with opposite-sex dating, engaged, and married dyads. *Developmental Psychology, 44*, 91–101.

Romero-Canyas, R., Downey, G., Reddy, K. S., Rodriguez, S., Cavanaugh, T. J., & Pelayo, R. (2010). Paying to belong: When does rejection trigger ingratiation? *Journal of Personality and Social Psychology, 99*(5), 802–823. doi:10.1037/a0020013

Rooney, B. (2012, January 25). Apple tops Exxon as most valuable company. *CNN Money Markets.* Available at http://money.cnn.com/2012/01/25/markets/apple_stock/?hpt=hp_t2

Rosenberg, L. A. (1961). Group size, prior experience, and conformity. *Journal of Abnormal and Social Psychology, 63*, 436–437.

Rosenberg, M. J., Davidson, A. J., Chen, J., Judson, F. N., & Douglas, J. M. (1992). Barrier contraceptives and sexually transmitted diseases in women: A comparison of female-dependent methods and condoms. *American Journal of Public Health, 82*, 669–674.

Rosenblatt, P. C. (1974). Cross-cultural perspectives on attraction. In T. L. Huston (Ed.), *Foundations of interpersonal attraction* (pp. 79–99). New York: Academic Press.

Rosenthal, A. M. (1964). *Thirty-eight witnesses.* New York: McGraw-Hill.

Rosenthal, R. (1994). Interpersonal expectancy effects: A 30-year perspective. *Current Directions in Psychological Science, 3*, 176–179.

Rosenthal, R., & Jacobson, L. (1968/2003). *Pygmalion in the classroom: Teacher expectation and pupils' intellectual development* (revised ed.). Norwalk, CT: Crown..

Rosh, L., Offermann, L. R., & Van Diest, R. (2012). Too close for comfort? Distinguishing between team intimacy and team cohesion. *Human Resource Management Review, 22*, 116–127.

Ross, L. (1977). The intuitive psychologist and his shortcomings: Distortions in the attribution process. In L. Berkowitz (Ed.), *Advances in experimental social psychology* (Vol. 10, pp. 173–220). Orlando, FL: Academic Press.

Ross, L. (1998). Comment on Gilbert. In J. M. Darley & J. Cooper (Eds.), *Attribution and social interaction* (pp. 53–66). Washington, DC: American Psychological Association.

Ross, L. (2010). Dealing with conflict: Experiences and experiments. In M. H. Gonzales, C. Tavris, & J. Aronson (Eds.), *The scientist and the humanist: A festschrift in honor of Elliot Aronson* (pp. 39–66). New York: Psychology Press.

Ross, L., & Nisbett, R. E. (1991). *The person and the situation: Perspectives of social psychology.* New York: McGraw-Hill.

Ross, L., & Ward, A. (1995). Psychological barriers to dispute resolution. In M. P. Zanna (Ed.), *Advances in experimental social psychology* (Vol. 27, pp. 255–304). San Diego, CA: Academic Press.

Ross, L., Amabile, T. M., & Steinmetz, J. L. (1977). Social roles, social control, and biases in social perception. *Journal of Personality and Social Psychology, 35,* 485–494.

Ross, L., Lepper, M. R., & Hubbard, M. (1975). Perseverance in self-perception and social perception: Biased attributional processes in the debriefing paradigm. *Journal of Personality and Social Psychology, 32,* 880–892.

Ross, M., & Wilson, A. E. (2003). Autobiographical memory and conceptions of self: Getting better all the time. *Current Directions in Psychological Science, 12,* 66–69.

Ross, W., & La Croix, J. (1996). Multiple meanings of trust in negotiation theory and research: A literature review and integrative model. *International Journal of Conflict Management, 7,* 314–360.

Rothbaum, F., & Tsang, B. Y.-P. (1998). Lovesongs in the United States and China: On the nature of romantic love. *Journal of Cross-Cultural Psychology, 29,* 306–319.

Rothermund, K., & Wentura, D. (2004). Underlying processes in the Implicit Association Test: Dissociating salience from associations. *Journal of Experimental Psychology: General, 133,* 139–165.

Rotter, J. B. (1966). Generalized expectancies for internal versus external control of reinforcement. *Psychological Monographs, 80,* 1–28 (Whole No. 609).

Rotton, J., & Cohn, E. G. (2004). Outdoor temperature, climate control, and criminal assault: The spatial and temporal ecology of violence. *Environment & Behavior, 36,* 276–306.

Rubin, Z. (1970). Measurement of romantic love. *Journal of Personality and Social Psychology, 16,* 265–273.

Rudman, L. A. (1998). Self-promotion as a risk factor for women: The costs and benefits of counterstereotypical impression management. *Journal of Personality and Social Psychology, 74,* 629–645.

Rudman, L. A., McLean, M. C., & Bunzl, M. (2013). When truth is personally inconvenient, attitudes change: The impact of extreme weather on implicit support for green politicians and explicit climate-change beliefs. *Psychological Science, 24,* 2290–2296.

Rudman, L., Phelan, J., & Heppen, J. (2007). Developmental sources of implicit attitudes. *Personality and Social Psychology Bulletin, 33,* 1700–1713.

Ruiter, R. A. C., Abraham, C., & Kok, G. (2001). Scary warnings and rational precautions: A review of the psychology of fear appeals. *Psychology and Health, 16,* 613–630.

Rule, B. G., Taylor, B. R., & Dobbs, A. R. (1987). Priming effects of heat on aggressive thoughts. *Social Cognition, 5,* 131–143.

Rule, N. O., & Ambady, N. (2010). First impressions of the face: Predicting success. *Social and Personality Psychology Compass, 4,* 506–516.

Rule, N. O., Ambady, N., & Hallett, K. C. (2009). Female sexual orientation is perceived accurately, rapidly, and automatically from the face and its features. *Journal of Experimental Social Psychology, 45,* 1245–1251.

Rule, N. O., Ambady, N., Adams, R. B., Jr., & Macrae, C. N. (2008). Accuracy and awareness in the perception and categorization of male sexual orientation. *Journal of Personality and Social Psychology, 95,* 1019–1028.

Rule, N. O., Krendl, A. C., Ivcevic, Z., & Ambady, N. (2013). Accuracy and consensus in judgments of trustworthiness from faces: Behavioral and neural correlates. *Journal of Personality and Social Psychology, 104,* 409–426.

Rusbult, C. E. (1983). A longitudinal test of the investment model: The development (and deterioration) of satisfaction and commitment in heterosexual involvements. *Journal of Personality and Social Psychology, 45,* 101–117.

Rusbult, C. E. (1987). Responses to dissatisfaction in close relationships: The exit-voice-loyalty-neglect model. In D. Perlman & S. W. Duck (Eds.), *Intimate relationships: Development, dynamics, and deterioration* (pp. 209–237). Newbury Park, CA: Sage.

Rusbult, C. E. (1991). *Commitment processes in close relationships: The investment model.* Paper presented at the annual meeting of the American Psychological Association, San Francisco.

Rusbult, C. E., & Buunk, B. P. (1993). Commitment processes in close relationships: An interdependence analysis. *Journal of Social and Personal Relationships, 10,* 175–204.

Rusbult, C. E., & Martz, J. M. (1995). Remaining in an abusive relationship: An investment model analysis of nonvoluntary dependence. *Personality and Social Psychology Bulletin, 21,* 558–571.

Rusbult, C. E., & Van Lange, P. A. M. (1996). Interdependence processes. In E. T. Higgins & A. W. Kruglanski (Eds.), *Social psychology: Handbook of basic principles* (pp. 564–596). New York: Guilford Press.

Rusbult, C. E., & Zembrodt, I. M. (1983). Responses to dissatisfaction in romantic involvements: A multidimensional scaling analysis. *Journal of Experimental Social Psychology, 19,* 274–293.

Rusbult, C. E., Johnson, D. J., & Morrow, G. D. (1986). Impact of couple patterns of problem solving on distress and nondistress in dating relationships. *Journal of Personal and Social Psychology, 50,* 744–753.

Rusbult, C. E., Martz, J. M., & Agnew, C. R. (1998). The investment model scale: Measuring commitment level, satisfaction level, quality of alternatives, and investment size. *Personal Relationships, 5,* 357–391.

Rusbult, C. E., Olsen, N., Davis, N. L., & Hannon, P. (2001). Commitment and relationship maintenance mechanisms. In J. H. Harvey & A. Wenzel (Eds.), *Close romantic relationships: Maintenance and enhancement* (pp. 87–113). Mahwah, NJ: Erlbaum.

Rusbult, C. E., Yovetich, N. A., & Verette, J. (1996). An interdependence analysis of accommodation processes. In G. J. O. Fletcher & J. Fitness (Eds.), *Knowledge structures in close relationships: A social psychological approach* (pp. 63–90). Mahwah, NJ: Erlbaum.

Rushton, J. P. (1989). Genetic similarity, human altruism, and group selection. *Behavioral and Brain Sciences, 12,* 503–559.

Russell, G. W. (1983). Psychological issues in sports aggression. In J. H. Goldstein (Ed.), *Sports violence* (pp. 157–181). New York: Springer-Verlag.

Rusting, C. L., & Nolen-Hoeksema, S. (1998). Regulating responses of anger: Effects of rumination and distraction on angry mood. *Journal of Personality and Social Psychology, 74,* 790–803.

Ryan, B., Jr. (1991). *It works! How investment spending in advertising pays off.* New York: American Association of Advertising Agencies.

Ryan, M. K., Haslam, S. A., Hersby, M. D., & Bongiorno, R. (2011). Think crisis–think female: The glass cliff and contextual variation in the think manager–think male stereotype. *Journal of Applied Psychology, 96*(3), 470–484. doi:10.1037/a0022133

Ryan, M. K., Haslam, S. A., Hersby, M. D., Kulich, C., & Atkins, C. (2008). Opting out or pushed off the edge? The glass cliff and the precariousness of women's leadership positions. *Social and Personality Psychology Compass, 2,* www.blackwell-compass.com/subject/socialpsychology/

Ryan, R. M., & Deci, E. L. (2000). Intrinsic and extrinsic rewards: Classic definitions and new directions. *Current Educational Psychology, 25,* 54–67.

Rydell, R. J., & Durso, G. R. O. (2012). Can I borrow a feeling? Spillover of negative arousal from inconsistent information during attitude formation diminishes perceptions of well-being. *Journal of Experimental Social Psychology, 48*(2), 575–578. doi:10.1016/j.jesp.2011.10.018

Ryon, H. S., & Gleason, M. E. J. (2014). The role of locus of control in daily life. *Personality and Social Psychology Bulletin, 40,* 121–131.

Sabattini, L., & Crosby, F. (2009). Work ceilings and walls: Work-life and "family-friendly" policies. In M. Barreto, M. Ryan, & M. Schmitt (Eds.), *The glass ceiling in the 21st century: Understanding barriers to gender equality.* Washington, DC: American Psychological Association.

Sacks, O. (1987). *The man who mistook his wife for a hat and other clinical tales.* New York: Harper & Row.

Saffer, H. (2002). Alcohol advertising and youth. *Journal of Studies on Alcohol, 14,* 173–181.

Sagarin, B. J., & Wood, S. E. (2007). Resistance to influence. In A. R. Pratkanis (Ed.), *Frontiers of social psychology. The science of social influence: Advances and future progress* (pp. 321–340). New York: Psychology Press.

Sageman, M. (2008). *Leaderless jihad: Terror networks in the twenty-first century.* Philadelphia: University of Pennsylvania Press.

Saguy, T., Tausch, N., Dovidio, J. F., Pratto, F., & Singh, P. (2011). Tension and harmony in intergroup relations. In P. R. Shaver & M. Mikulincer (Eds.), *Human aggression and violence: Causes, manifestations, and consequences* (Herzilya series on personality and social psychology, pp. 333–348). Washington, DC: American Psychological Association.

Sakai, H. (1999). A multiplicative power-function model of cognitive dissonance: Toward an integrated theory of cognition, emotion, and behavior after Leon Festinger. In E. Harmon-Jones & J. S. Mills (Eds.), *Cognitive dissonance: Progress on a pivotal theory in social psychology* (pp. 120–138). Washington, DC: American Psychological Association.

Sakurai, M. M. (1975). Small group cohesiveness and detrimental conformity. *Sociometry, 38,* 340–357.

Salganik, M. J., Dodds, P. S., & Watts, D. J. (2006). Experimental study of inequality and unpredictability in an artificial cultural market. *Science, 311,* 854–856.

Salili, F. (1996). Learning and motivation: An Asian perspective. *Psychology and Developing Societies, 8,* 55–81.

Salovey, P., & Rodin, J. (1985). Cognitions about the self: Connecting feeling states and social behavior. In P. Shaver (Ed.), *Self, situations, and social behavior: Review of personality and social psychology* (Vol. 6, pp. 143–166). Beverly Hills, CA: Sage.

Salter, J. (2011, May 6). Pay-what-you-want Panera called a success. *USA Today.* Retrieved July 12, 2011, from www.usatoday.com/money/industries/food/2011-05-16-panera-pay-what-you-can_n.htm

Sampson, R. J. (1988). Local friendship ties and community attachment in mass society: A multilevel systemic model. *American Sociological Review, 53,* 766–779.

Sandberg, S. (2013). *Lean in: Women, work, and the will to lead.* New York: Knopf.

Sandstorm, G. M., & Dunn, E. W. (2014). Is efficiency overrated? Minimal social interactions lead to belonging and positive affect. *Social Psychological and Personality Science, 5,* 437–442.

Sanfey, A. G., Stallen, M., & Chang, L. J. (2014). Norms and expectations in social decision-making. *Trends in Cognitive Sciences, 18,* 172–174.

Sanger, D. E. (1993, May 30). The career and the kimono. *New York Times Magazine,* pp. 18–19.

Sanna, L. J., Meier, S., & Wegner, E. A. (2001). Counterfactuals and motivation: Mood as input to affective enjoyment and preparation. *British Journal of Social Psychology, 40*, 235–256.

Sapolsky, R. (1998). *The trouble with testosterone*. New York: Scribner.

Sarche, J. (2003, June 22). For new female cadets, an Air Force Academy in turmoil. *The Boston Globe*, p. A12.

Sastry, J., & Ross, C. E. (1998). Asian ethnicity and the sense of personal control. *Social Psychology Quarterly, 61*, 101–120.

Saunders, J. (2009). Memory impairment in the weapon focus effect. *Memory & Cognition, 37*(3), 326–335. doi:10.3758/MC.37.3.326

Savitsky, K. (1998). Embarrassment study [E-mails]. Society for Personal and Social Psychology e-mail list archive. Retrieved from www.stolaf. edu/cgi-bin/mailarchivesearch.pl?directory=/ home/www/people/huff/SPSP&listname= archive98

Schachter, S. (1951). Deviation, rejection, and communication. *Journal of Abnormal and Social Psychology, 46*, 190–207.

Schachter, S. (1959). *The psychology of affiliation*. Stanford, CA: Stanford University Press.

Schachter, S. (1964). The interaction of cognitive and physiological determinants of emotional state. In L. Berkowitz (Ed.), *Advances in experimental social psychology* (Vol. 1, pp. 49–80). New York: Academic Press.

Schachter, S., & Singer, J. E. (1962). Cognitive, social, and physiological determinants of emotional states. *Psychological Review, 69*, 379–399.

Schachter, S., & Singer, J. E. (1979). Comments on the Maslach and Marshall-Zimbardo experiments. *Journal of Personality and Social Psychology, 37*, 989–995.

Schacter, D. L., Benoit, R. G., De Brigard, F., & Szpunar, K. K. (2013). Episodic future thinking and episodic counterfactual thinking: Intersections between memory and decisions. *Neurobiology of Learning and Memory*. doi:10.1016/j. nlm.2013.12.008

Schafer, M., & Crichlow, S. (1996). Antecedents of groupthink: A quantitative study. *Journal of Conflict Resolution, 40*, 415–435.

Schaller, M., Asp, C. H., Rosell, M. C., & Heim, S. J. (1996). Training in statistical reasoning inhibits formation of erroneous group stereotypes. *Personality and Social Psychology Bulletin, 22*, 829–844.

Scheele, D., Wille, A., Kendrick. K. M., Stoffel-Wagner, B., Becker, B., Güntürkün, O., et al. (2013). Oxytocin enhances brain reward system responses in men viewing the face of their female partner. *Proceedings of the National Academy of Sciences, 110*, 20308–20313.

Scheier, M. S., Carver, C. S., & Bridges, M. W. (2001). Optimism, pessimism, and psychological well-being. In E. C. Chang (Ed.), *Optimism and pessimism* (pp. 189–216). Washington, DC: American Psychological Association.

Schemo, D. J. (2003, July 12). Ex-superintendent of Air Force Academy is demoted in wake of rape scandal. *The New York Times*, p. A7.

Scherr, K. C., Madon, S., Guyll, M., Willard, J., & Spoth, R. (2011). Self-verification as a mediator of mothers' self-fulfilling effects on adolescents' educational attainment. *Personality and Social Psychology Bulletin, 37*(5), 587–600. doi:10.1177/0146167211399777

Schimel, J., & Greenberg, J. (2013). The birth and death of belonging. In C. N. DeWall (Ed.), *The Oxford handbook of social exclusion* (pp. 286–300). New York: Oxford University Press.

Schlegel, R. J., Hicks, J. A., Arndt, J., & King, L. A. (2009). Thine own self: True self-concept accessibility and meaning in life. *Journal of Personality and Social Psychology, 96*(2), 473–490. doi:10.1037/a0014060

Schlegel, S. (1998). *Wisdom from a rainforest: The spiritual journey of an anthropologist*. Athens: University of Georgia Press.

Schlenker, B. R. (2003). Self-presentation. In M. R. Leary & J. P. Tangney (Eds.), *Handbook of self and identity* (pp. 492–518). New York: Guilford.

Schlenker, B. R., & Weingold, M. F. (1989). Self-identification and accountability. In R. A. Giacalone & P. Rosenfeld (Eds.), *Impression*

management in the organization (pp. 21–43). Hillsdale, NJ: Erlbaum.

Schmeichel, B. J., & Baumeister, R. F. (2004). Self-regulatory strength. In R. F. Baumeister & K D. Vohs (Eds.), *Handbook of self-regulation: Research, theory, and applications* (pp. 84–98). New York: Guilford.

Schmeichel, B. J., Gailliot, M. T., Filardo, E.-A., McGregor, I., Gitter, S., & Baumeister, R. F. (2009). Terror management theory and self-esteem revisited: The roles of implicit and explicit self-esteem in mortality salience effects. *Journal of Personality and Social Psychology, 96*(5), 1077–1087. doi:10.1037/a0015091

Schmitt, B. H., Gilovich, T., Goore, N., & Joseph, L. (1986). Mere presence and social facilitation: One more time. *Journal of Experimental Social Psychology, 22*, 228–241.

Schofield, J. W. (1986). Causes and consequences of the color-blind perspective. In J. F. Dovidio & S. L. Gaertner (Eds.), *Prejudice, discrimination, and racism* (pp. 231–253). Orlando, FL: Academic Press.

Scholten, L., van Knippenberg, D., Nijstad, B. A., & De Dreu, C. K. W. (2007). Motivated information processing and group decision-making: Effects of process accountability on information processing and decision quality. *Journal of Experimental Social Psychology, 43*, 539–552.

Schooler, J. W. (1999). Seeking the core: The issues and evidence surrounding recovered accounts of sexual trauma. In L. M. Williams & V. L. Banyard (Eds.), *Trauma and memory* (pp. 203–216). Thousand Oaks, CA: Sage.

Schooler, J. W., & Eich, E. (2000). Memory for emotional events. In E. Tulving & F. I. M. Craik (Eds.), *The Oxford handbook of memory* (pp. 379–392). Oxford, UK: Oxford University Press.

Schooler, J. W., & Engstler-Schooler, T. Y. (1990). Verbal overshadowing of visual memories: Some things are better left unsaid. *Cognitive Psychology, 22*, 36–71.

Schopler, J., & Insko, C. A. (1999). The reduction of the interindividual-intergroup discontinuity effect: The role of future consequences. In M. Foddy & M. Smithson (Eds.), *Resolving social dilemmas: Dynamic, structural, and intergroup aspects* (pp. 281–293). Bristol, PA: Taylor & Francis.

Schriber, R. A., & Robbins, R. W. (2012). Self-knowledge: An individual differences perspective. In S. Vazire & T. D. Wilson (Eds.), *The handbook of self-knowledge* (pp. 105–127). New York: Guilford Press.

Schroeder, D. H., & Costa, P. T., Jr. (1984). Influence of life event stress on physical illness: Substantive effects or methodological flaws? *Journal of Personality and Social Psychology, 46*, 853–863.

Schultz, P. W., & Kaiser, F. G. (2012). Promoting pro-environmental behavior. In S. D. Clayton (Ed.), *Oxford library of psychology. The Oxford handbook of environmental and conservation psychology* (pp. 556–580). doi:10.1093/oxfordhb/9780199733026.013.0029.

Schultz, P. W., Nolan, J. M., Cialdini, R. B., Goldstein, N. J., & Griskevicius, V. (2007). The constructive, destructive, and reconstructive power of social norms. *Psychological Science, 18*, 429–434.

Schultz, P. W., Oskamp, S., & Mainieri, T. (1995). Who recycles and when? A review of personal and situational factors. *Journal of Environmental Psychology, 15*, 105–121.

Schulz, R. (1976). Effects of control and predictability on the physical and psychological well-being of the institutionalized aged. *Journal of Personality and Social Psychology, 33*, 563–573.

Schulz, R., & Hanusa, B. H. (1978). Long-term effects of control and predictability-enhancing interventions: Findings and ethical issues. *Journal of Personality and Social Psychology, 36*, 1202–1212.

Schuman, H., & Kalton, G. (1985). Survey methods. In G. Lindzey & E. Aronson (Eds.), *Handbook of social psychology* (3rd ed., Vol. 1, pp. 635–697). New York: McGraw-Hill.

Schumann, K., & Ross, M. (2010). Why women apologize more than men: Gender differences

in thresholds for perceiving offensive behavior. *Psychological Science, 21*, 1649–1655.

Schützwohl, A. (2004). Which infidelity type makes you more jealous? Decision strategies in a forced-choice between sexual and emotional infidelity. *Evolutionary Psychology, 2*, 121–128.

Schützwohl, A., Fuchs, A., McKibbin, W. F., & Schackelford, T. K. (2009). How willing are you to accept sexual requests from slightly unattractive to exceptionally attractive imagined requestors? *Human Nature, 20*, 282–293.

Schwab, N. (2014). Social influence constrained by the heritability of attitudes. *Personality and Individual Differences, 66*, 54–57.

Schwab, N., Harton, H. C., & Cullum, J. G. (2014). The effects of emergent norms and attitudes on recycling behavior. *Environment and Behavior, 46*, 403–422.

Schwartz, J. (2003, June 7). Shuttle tests seem to back foam theory in accident. *The New York Times*, p. A1.

Schwartz, J., & Wald, M. L. (2003, June 7). NASA's failings go beyond foam hitting shuttle, panel says. *The New York Times*, p. A1.

Schwarz, N., & Vaughn, L. A. (2002). The availability heuristic revisited: Ease of recall and content of recall as distinct sources of information. In T. Gilovich, D. W. Griffin, & D. Kahneman (Eds.). *Heuristics and biases: The psychology of intuitive judgment* (pp. 103–119). New York: Cambridge University Press.

Schwarz, N., Bless, H., & Bohner, G. (1991). Mood and persuasion: Affective states influence the processing of persuasive communications. *Advances in Experimental Social Psychology, 24*, 161–199.

Schwarz, N., Bless, H., Strack, F., Klumpp, G., Rittenauer-Schatka, H., & Simmons, A. (1991). Ease of retrieval as information: Another look at the availability heuristic. *Journal of Personality and Social Psychology, 61*, 195–202.

Schwarz, N., Groves, R. M., & Schuman, H. (1998). Survey methods. In D. T. Gilbert, S. T. Fiske, & G. Lindzey (Eds.), *The handbook of social psychology* (4th ed., Vol. 1, pp. 143–179). New York: McGraw-Hill.

Schwinger, M., Wirthwein, L., Lemmer, G., & Steinmayr, R. (2014). Academic self-handicapping and achievement: A meta-analysis. *Journal of Educational Psychology*. Advance online publication. doi:10.1037/a0035832

Scott, J. E., & Cuvelier, S. J. (1993). Violence and sexual violence in pornography: Is it increasing? *Archives of Sexual Behavior, 22*, 357–371.

Scott, J. P. (1958). *Aggression*. Chicago: University of Chicago Press.

Sedikides, C., & Anderson, C. A. (1994). Causal perceptions of intertrait relations: The glue that holds person types together. *Personality and Social Psychology Bulletin, 21*, 294–302.

Sedikides, C., Gaertner, L., & Yoshiyasu, T. (2003). Pancultural self-enhancement. *Journal of Personality and Social Psychology, 84*, 60–79.

Seery, M., Silver, R., Holman, E., Ence, W., & Chu, T. (2008). Expressing thoughts and feelings following a collective trauma: Immediate responses to 9/11 predict negative outcomes in a national sample. *Journal of Consulting and Clinical Psychology, 76*, 657–667.

Segerstrom, S. C., & O'Connor, D. B. (2012). Stress, health and illness: Four challenges for the future. *Psychology & Health, 27*, 128–140.

Seligman, M. E. P. (2002). Positive psychology, positive prevention, and positive therapy. In C. R. Snyder & S. J. Lopez (Eds.), *Handbook of positive psychology* (pp. 3–9). New York: Oxford University Press.

Selye, H. (1956). *The stress of life*. New York: McGraw-Hill.

Selye, H. (1976). *Stress in health and disease*. Woburn, MA: Butterworth.

Semmler, C., Brewer, N., & Douglass, A. B. (2012). Jurors believe eyewitnesses. In B. L. Cutler (Ed.), *Conviction of the innocent: Lessons from psychological research* (pp. 185–209). Washington, DC: American Psychological Association.

Senchak, M., & Leonard, K. E. (1992). Attachment styles and marital adjustment among newlywed couples. *Journal of Social and Personal Relationships, 9,* 51–64.

Sengupta, J., & Fitzsimons, G. J. (2004). The effect of analyzing reasons on the stability of brand attitudes: A reconciliation of opposing predictions. *Journal of Consumer Research, 31,* 705–711.

Senko, C., Durik, A., & Harackiewicz, J. (2008). Historical perspectives and new directions in achievement goal theory: Understanding the effects of mastery and performance–approach goals. In J. Y. Shah & W. L. Gardner (Eds.), *Handbook of motivation science* (pp. 100–113). New York: Guilford.

Seppa, N. (1997). Children's TV remains steeped in violence. *APA Monitor, 28,* 36.

Sergios, P. A., & Cody, J. (1985). Physical attractiveness and social assertiveness skills in male homosexual dating behavior and partner selection. *Journal of Social Psychology, 125,* 505–514.

Seta, J. J., Seta, C. E., & Wang, M. A. (1990). Feelings of negativity and stress: An averaging-summation analysis of impressions of negative life experiences. *Personality and Social Psychology Bulletin, 17,* 376–384.

Shackleford, T. K. (2005). An evolutionary psychological perspective on cultures of honor. *Evolutionary Psychology, 3,* 381–391.

Shah, A. K., & Oppenheimer, D M.. (2008). Heuristics made easy: An effort-reduction framework. *Psychological Bulletin, 134,* 207–232.

Sharan, S. (1980). Cooperative learning in small groups. *Review of Educational Research, 50,* 241–271.

Shariff, A., & Norenzayan, A. (2007). God is watching you: Priming god concepts increases prosocial behavior in an anonymous economic game. *Psychological Science, 18,* 803–809.

Sharma, D., Booth, R., Brown, R., & Huguet, P. (2010). Exploring the temporal dynamics of social facilitation in the Stroop task. *Psychonomic Bulletin & Review, 17*(1), 52–58. doi:10.3758/PBR.17.1.52

Sharp, F. C. (1928). *Ethics.* New York: Century.

Sharpe, D., Adair, J. G., & Roese, N. J. (1992). Twenty years of deception research: A decline in subjects' trust? *Personality and Social Psychology Bulletin, 18,* 585–590.

Shavitt, S. (1989). Operationalizing functional theories of attitude. In A. R. Pratkanis, S. J. Breckler, & A. G. Greenwald (Eds.), *Attitude structure and function* (pp. 311–337). Hillsdale, NJ: Erlbaum.

Shavitt, S. (1990). The role of attitude objects in attitude function. *Journal of Experimental Social Psychology, 26,* 124–148.

Shaw, J. I., & Skolnick, P. (1995). Effects of prohibitive and informative judicial instructions on jury decision making. *Social Behavior and Personality, 23,* 319–325.

Shaw, P., Eisend, M., & Tan, Y. (2014). Gender-role portrayals in international advertising. In H. Cheng (Ed.), *The handbook of international advertising research,* (Vol. 1, pp. 299–312).

Shepperd, J. A., & Taylor, K. M. (1999). Social loafing and expectancy-value theory. *Personality and Social Psychology Bulletin, 25,* 1147–1158.

Shepperd, J. A., Klein, W. M. P., Waters, E. A., & Weinstein, N. D. (2013). Taking stock of unrealistic optimism. *Perspectives on Psychological Science, 8*(4), 395–411. doi:10.1177/1745691613485247

Shepperd, J., Malone, W., & Sweeny, K. (2008). Exploring causes of the self-serving bias. *Social and Personality Psychology Compass, 2,* 895–908.

Sherif, M. (1936). *The psychology of social norms.* New York: Harper.

Sherif, M. (1966). *In common predicament: Social psychology of intergroup conflict and cooperation.* Boston: Houghton Mifflin.

Sherif, M., Harvey, O. J., White, J., Hood, W., & Sherif, C. W. (1961). *Intergroup conflict and cooperation: The robber's cave experiment.* Norman: Institute of Intergroup Relations, University of Oklahoma.

Sherman, D. K., Hartson, K. A., Binning, K. R., Purdie-Vaughns, V., Garcia, J., Taborsky-Barba, S., et al. (2013). Deflecting the trajectory and changing the narrative: How self-affirmation affects academic performance and motivation under identity threat. *Journal of Personality and Social Psychology, 104,* 591–618.

Sherrod, D. R., & Cohen, S. (1979). Density, personal control, and design. In A. Baum & J. R. Aiello (Eds.), *Residential crowding and design* (pp. 217–227). New York: Plenum.

Sherry, J. L. (2001). The effects of violent video games on aggression: A meta-analysis. *Human Communication Research, 27,* 409–431.

Sherwin, S., & Winsby, M. (2011). A relational perspective on autonomy for older adults residing in nursing homes. *Health Expectations: An International Journal of Public Participation in Health Care & Health Policy, 14,* 182–190.

Shestakova, A., Rieskamp, J., Tugin, S., Ossadtchi, A., Krutitskaya, J., & Klucharev, V. (2013). Electrophysiological precursors of social conformity. *Social Cognitive and Affective Neuroscience, 8,* 756–763.

Shih, M., Pittinsky, T. L., & Ambady, N. (1999). Stereotype susceptibility: Identity salience and shifts in quantitative performance. *Psychological Science, 10,* 80–83.

Shiller, R. J. (2008, November 2). Challenging the crowd in whispers, not shouts. *The New York Times,* p. BU5. Retrieved July 9, 2011, from www.nytimes.com/2008/11/02/business/02view.html?pagewanted=1&_r=1&ref=business

Shipp, E. R. (2005, October 25). Rosa Parks, 92, Intrepid pioneer of civil rights movement, is dead. *The New York Times,* pp. A1, C18.

Shotland, R. L., & Straw, M. K. (1976). Bystander response to an assault: When a man attacks a woman. *Journal of Personality and Social Psychology, 34,* 990–999.

Shteyngart, G. (2010). A silent emergence of culture: The social tuning effect. *Journal of Personality and Social Psychology, 99,* 683–689.

Shupe, L. M. (1954). Alcohol and crimes: A study of the urine alcohol concentration found in 882 persons arrested during or immediately after the commission of a felony. *Journal of Criminal Law and Criminology, 33,* 661–665.

Sidanius, J., Pratto, F., & Bobo, L. (1996). Racism, conservatism, affirmative action, and intellectual sophistication: A matter of principled conservatism or group dominance? *Journal of Personality and Social Psychology, 70,* 476–490.

Sidanius, J., Van Laar, C., Levin, S., & Sinclair, S. (2004). Ethnic enclaves and the dynamics of social identity on the college campus: The good, the bad, and the ugly. *Journal of Personality and Social Psychology, 87,* 96–110.

Siedlecki, K. L., Salthouse, T. A., Oishi, S., & Jeswani, S. (2014). The relationship between social support and subjective well-being across age. *Social Indicators Research, 117,* 561–576.

Siero, F. W., Bakker, A. B., Dekker, G. B., & Van Den Burg, M. T. C. (1996). Changing organizational energy consumption behavior through comparative feedback. *Journal of Environmental Psychology, 16,* 235–246.

Sigall, H., & Page, R. (1971). Current stereotypes: A little fading, a little faking. *Journal of Personality and Social Psychology, 18,* 247–255.

Sigelman, J. D., & Johnson, P. (2008). Left frontal cortical activation and spreading of alternatives: Tests of the action-based model of dissonance. *Journal of Personality and Social Psychology, 94,* 1–15.

Silke, A. (Ed.). (2003). *Terrorists, victims, and society: Psychological perspectives on terrorism and its consequences.* New York: Wiley.

Silver, N. (2012, November 10). Which polls fared best (and worst) in the 2012 presidential race. *New York Times.* Retrieved April 14, 2014, from http://fivethirtyeight.blogs.nytimes.com/2012/11/10/which-polls-fared-best-and-worst-in-the-2012-presidential-race/?_php=true&_type=blogs&_r=0

Silver, R., Holman, E. A., McIntosh, D. N., Poulin, M., & Gil-Rivas, V. (2002). Nationwide longitudinal study of psychological responses to September 11. *Journal of the American Medical Association, 2882,* 1235–1244.

Silverstein, B., Peterson, B., & Perdue, L. (1986). Some correlates of the thin standard of bodily attractiveness for women. *International Journal of Eating Disorders, 5,* 895–906.

Silvia, P. J., & Abele, A. E. (2002). Can positive affect induce self-focused attention? Methodological and measurement issues. *Cognition and Emotion, 16,* 845–853.

Sime, J. D. (1983). Affiliative behavior during escape to building exits. *Journal of Environmental Psychology, 3,* 21–41.

Simmons, R. E., & Scheepers, L. (1996). Winning by a neck: Sexual selection in the evolution of giraffe. *The American Naturalist, 148,* 771–786.

Simms, L. J. (2002). The application of attachment theory to individual behavior and functioning in close relationships: Theory, research, and practical applications. In J. H. Harvey & A. Wenzel (Eds.), *A clinician's guide to maintaining and enhancing close relationships* (pp. 63–80). Mahwah, NJ: Erlbaum.

Simon, H. A. (1990). A mechanism for social selection and successful altruism. *Science, 250,* 1665–1668.

Simons, D. J., & Chabris, C. F. (1999). Gorillas in our midst: Sustained inattentional blindness for dynamic events. *Perception, 28,* 1059–1074.

Simons, D. J., & Levin, D. T. (2005). Change blindness: Theory and consequences. *Current Directions in Psychological Science, 14,* 44–48.

Simons, D., & Ambinder. M. (2005). Change blindness: Theory and consequences. *Current Directions in Psychological Science, 14,* 44–48.

Simonton, D. K. (1984). *Genius, creativity, and leadership: Historiometric inquiries.* Cambridge, MA: Harvard University Press.

Simonton, D. K. (1985). Intelligence and personal influence in groups: Four nonlinear models. *Psychological Review, 92,* 532–547.

Simonton, D. K. (1987). *Why presidents succeed: A political psychology of leadership.* New Haven, CT: Yale University Press.

Simonton, D. K. (1998). Historiometric methods in social psychology. *European Review of Social Psychology, 9,* 267–293.

Simonton, D. K. (2001). Predicting presidential performance in the United States: Equation replication on recent survey results. *Journal of Social Psychology, 141,* 293–307.

Simpson, J. (2010). A tiller in the greening of relationship science. In M. H. Gonzales, C. Tavris, & J. Aronson (Eds.), *The scientist and the humanist: A festschrift in honor of Elliot Aronson* (pp. 203–210). New York: Psychology Press.

Simpson, J. A. (1987). The dissolution of romantic relationships: Factors involved in relationship stability and emotional distress. *Journal of Personality and Social Psychology, 53,* 683–692.

Simpson, J. A., & Beckes, L. (2010). Evolutionary perspectives on prosocial behavior. In M. Mikulincer & P. R. Shaver (Eds.), *Prosocial motives, emotions, and behavior: The better angels of our nature* (pp. 35–53). Washington, DC: American Psychological Association. doi:10.1037/12061-002

Simpson, J. A., & Gangestad, S. W. (1992). Sociosexuality and romantic partner choice. *Journal of Personality, 60,* 31–51.

Simpson, J. A., Collins, W. A., Tran, S., & Haydon, K. C. (2007). Attachment and the experience and expression of emotions in romantic relationships: A developmental perspective. *Journal of Personality and Social Psychology, 92,* 355–367.

Simpson, J. A., Rholes, W. S., Campbell, L., & Wilson, C. L. (2003). Changes in attachment orientations across the transition to parenthood. *Journal of Experimental Social Psychology, 39,* 317–331.

Sinaceur, M., Thomas-Hunt, M. C., Neale, M. A., O'Neill, O. A., & Haag, C. (2010). Accuracy and perceived expert status in group decisions: When minority members make majority members more accurate privately. *Personality and Social Psychology Bulletin, 3,* 423–437.

Sinclair, R. C., Hoffman, C., Mark, M. M., Martin, L. L., & Pickering, T. L. (1994). Construct accessibility and the misattribution of arousal: Schachter and Singer revisited. *Psychological Science, 5,* 15–19.

Sinclair, S., & Lun, J. (2010). Social tuning of ethnic attitudes. In B. Mesquita, L. Feldman Barrett, &

E. R. Smith (Eds.), *The mind in context* (pp. 214–229). New York: Guilford Press.

Sinclair, S., Lowery, B. S., Hardin, C. D., & Colangelo, A. (2005). Social tuning of automatic racial attitudes: The role of affiliative motivation. *Journal of Personality and Social Psychology, 89*(4), 583–592.

Singelis, T. M. (1994). The measurement of independent and interdependent self-construals. *Personality and Social Psychology Bulletin, 20*, 580–591.

Skinner, B. F. (1938). *The behavior of organisms: An experimental analysis.* New York: Appleton-Century-Crofts.

Skinner, E. A. (1996). A guide to constructs of control. *Journal of Personality and Social Psychology, 71*, 549–570.

Skitka, L. J. (2002). Do the means always justify the ends, or do the ends sometimes justify the means? A value protection model of justice reasoning. *Personality and Social Psychology Bulletin, 28*, 588–597.

Skorinko, J. L., & Sinclair, S. A. (2013). Perspective taking can increase stereotyping: The role of apparent stereotype confirmation. *Journal of Experimental Social Psychology, 49*, 10–18.

Slavin, R. E. (1996). Cooperative learning in middle and secondary schools. (Special section: Young adolescents at risk.) *Clearing House, 69*, 200–205.

Slavin, R. E., & Cooper, R. (1999). Improving intergroup relations: Lessons learned from cooperative learning programs. *Journal of Social Issues, 55*, 647–663.

Slepian, M. L., Bogart, K. B., & Ambady, N. (2014). Thin-slice judgments in the clinical context. *Annual Review of Clinical Psychology, 10*, 16.1–16.23.

Slevec, J. H., & Tiggemann, M. (2011). Predictors of body dissatisfaction and disordered eating in middle-aged women. *Clinical Psychology Review, 31*(4), 515–524. doi:10.1016/j.cpr.2010.12.002

Sloan, D., Marx, B., Epstein, E., & Dobbs, J. (2008). Expressive writing buffers against maladaptive rumination. *Emotion, 8*, 302–306.

Sloan, D., Marx, B., Epstein, E., & Dobbs, J. (2008). Expressive writing buffers against maladaptive rumination. *Emotion, 8*, 302–306.

Slovic, P., Fischhoff, B., & Lichtenstein, S. (1976). Cognitive processes and societal risk taking. In J. S. Carroll & J. Payne (Eds.), *Cognition and social behavior* (pp. 165–184). Hillsdale, NJ: Erlbaum.

Smalarz, L., & Wells, G. L. (2014). Post-identification feedback to eyewitness impairs evaluators' abilities to discriminate between accurate and mistaken testimony. *Law and Human Behavior, 38*, 194–202.

Smith, C. V., Hadden, B. W., Webster, G. D., Jonason, P. K., Gessekman, A. N., & Crysel, L. C. (2014). Mutually attracted or repulsed? Actor-partner interdependence models of Dark Triad traits and relationship outcomes. *Personality and Individual Differences, 67*, 35–41.

Smith, M. B., Bruner, J., & White, R. W. (1956). *Opinions and personality.* New York: Wiley.

Smith, N. (2014). *Justice through apologies: Remorse, reform, and punishment.* New York: Cambridge University Press.

Smith, S. S., & Richardson, D. (1983). Amelioration of deception and harm in psychological research: The important role of debriefing. *Journal of Personality and Social Psychology, 44*, 1075–1082.

Smith, V. L. (1991). Prototypes in the courtroom: Lay representation of legal concepts. *Journal of Personality and Social Psychology, 61*, 857–872.

Smyth, J. M., Pennebaker, J. W., & Arigo, D. (2012). What are the health effects of disclosure? In A. Baum, T. A. Revenson, & J. Singer (Eds.), *Handbook of health psychology* (2nd ed., pp. 175–191). New York: Psychology Press.

Snodgrass, M., Shevrin, H., & Abelson, J. A. (2014). Extremely rigorous subliminal paradigms demonstrate unconscious influences on simple decisions. *Behavioral and Brain Sciences, 37*, 39–40.

Snyder, C. R., & Higgins, R. L. (1988). Excuses: Their effective role in the negotiation of reality. *Psychological Bulletin, 104*, 23–35.

Snyder, C. R., & Lopez, S. J. (2009). *Oxford handbook of positive psychology.* New York: Oxford University Press.

Snyder, K. E., Malin, J. L., Dent, A. L., & Linnenbrink-Garcia, L. (2014). The message matters: The role of implicit beliefs about giftedness and failure experiences in academic self-handicapping. *Journal of Educational Psychology, 106*(1), 230–241.

Snyder, M. (1984). When belief creates reality. In L. Berkowitz (Ed.), *Advances in experimental social psychology* (Vol. 18, pp. 247–305). Orlando, FL: Academic Press.

Snyder, M. (1993). Basic research and practical problems: The promise of a "functional" personality and social psychology. *Personality and Social Psychology Bulletin, 19*, 251–264.

Snyder, M., & DeBono, K. G. (1989). Understanding the functions of attitudes: Lessons from personality and social behavior. In A. R. Pratkanis, S. J. Breckler, & A. G. Greenwald (Eds.), *Attitude structure and function* (pp. 361–381). Hillsdale, NJ: Lawrence Erlbaum.

Snyder, M., Tanke, E. D., & Berscheid, E. (1977). Social perception and interpersonal behavior: On the self-fulfilling nature of social stereotypes. *Journal of Personality and Social Psychology, 35*, 656–666.

Solomon, L. Z., Solomon, H., & Stone, R. (1978). Helping as a function of number of bystanders and ambiguity of emergency. *Personality and Social Psychology Bulletin, 4*, 318–321.

Sommers, S. (2011). *Situations matter: Understanding how context transforms your world.* New York: Riverhead.

Sommers, S. R. (2006). On racial diversity and group decision-making: Identifying multiple effects of racial composition on jury deliberations. *Journal of Personality and Social Psychology, 90*, 597–612.

Sommers, S. R., & Marotta, S. A. (2014). Racial disparities in legal outcomes: On policing, charging decisions, and criminal trial proceedings. *Policy Insights from Behavioral and Brain Sciences, 1*, 103–111.

Sommers, S., & Kassin, S. (2001). On the many impacts of inadmissible testimony: Selective compliance, need for cognition, and the over-correction bias. *Personality and Social Psychology Bulletin, 27*, 1368–1377.

Son Hing, L. S., Li, W., & Zanna, M. P. (2002). Inducing hypocrisy to reduce prejudicial responses among aversive racists. *Journal of Experimental Social Psychology, 38*, 71–78.

Sontag, S. (1978). *Illness as metaphor.* New York: Farrar, Straus & Giroux.

Sontag, S. (1988). *AIDS and its metaphors.* New York: Farrar, Straus & Giroux.

Sorenson, T. C. (1966). *Kennedy.* New York: Bantam Books.

Sorhagen, N. S. (2013). Early teacher expectations disproportionately affect poor children's high school performance. *Journal of Educational Psychology, 105*, 465–477.

Sorkin, R. D., Hays, C. J., & West, R. (2001). Signal-detection analysis of group decision making. *Psychological Review, 108*, 183–203.

Sorrentino, R. M., & Hancock, R. D. (2014). Information and affective value: A case for the study of individual difference and social influence. In M. P. Zanna, J. M. Olson, & C. P. Herman (Eds.), *Social influence: The Ontario Symposium* (Vol. 5, pp. 247–268). New York: Psychology Press.

Spanier, G. B. (1992). Divorce: A comment about the future. In T. L. Orbuch (Ed.), *Close relationship loss: Theoretical approaches* (pp. 207–212). New York: Springer-Verlag.

Spears, T. (2008). Newspaper readers 'rational' thinkers. *Vancouver Sun*, p. A16.

Spelke, E. S. (2005). Sex differences in intrinsic aptitude for mathematics and science? *American Psychologist, 60*, 950–958.

Spencer, S. J., Steele, C. M., & Quinn, D. M. (1999). Stereotype threat and women's math performance. *Journal of Experimental Social Psychology, 35*, 4–28.

Spina, R. R., Ji, L.-J., Guo, T., Zhang, Z., Li, Y., & Fabrigar, L. (2010). Cultural differences in the representativeness heuristic: Expecting a

correspondence in magnitude between cause and effect. *Personality and Social Psychology Bulletin, 36*(5), 583–597. doi:10.1177/0146167210368278

Spink, K. S., Ulvick, J. D., Crozier, A. J., & Wilson, K. S. (2014). Group cohesion and adherence in unstructured exercise groups. *Psychology of Sport and Exercise, 15*, 293–298.

Sprecher, S., & Schwartz, P. (1994). Equity and balance in the exchange of contributions in close relationships. In M. J. Lerner & G. Mikula (Eds.), *Entitlement and the affectional bond: Justice in close relationships* (pp. 11–42). New York: Plenum.

Sprecher, S., Sullivan, Q., & Hatfield, E. (1994). Mate selection preference: Gender differences examined in a national sample. *Journal of Personality and Social Psychology, 66*, 1074–1080.

Sprecher, S., Zimmerman, C., & Fehr, B. (2014). The influence of compassionate love on strategies used to end a relationship. *Journal of Social and Personal Relationships, 31*, 697–705.

Staats, H., Harland, P., & Wilke, H. A. M. (2004). Effecting durable change: A team approach to improve environmental behavior in the household. *Environment and Behavior, 36*, 341–367.

Stanley, D. A., Sokol-Hessner, P., Banaji, M. R., & Phelps, E. A. (2011). Implicit race attitudes predict trustworthiness judgments and economic trust decisions. *Proceedings of the National Academy of Sciences, 108*, 7710–7715.

Stanley, D., Phelps, E., & Banaji, M. (2008). The neural basis of implicit attitudes. *Current Directions in Psychological Science, 17*, 164–170.

Stanovich, K. E., West, R., & Toplak, M. E. (2013). Myside bias, rational thinking, and intelligence. *Psychological Science, 22*, 259–264.

Stasser, G. (2000). Information distribution, participation, and group decision: Explorations with the DISCUSS and SPEAK models. In D. R. Ilgen & C. L. Hulin (Eds.), *Computational modeling of behavior in organizations: The third scientific discipline* (pp. 135–161). Washington, DC: American Psychological Association.

Stasser, G., & Titus, W. (1985). Pooling of unshared information in group decision making: Biased information sampling during discussion. *Journal of Personality and Social Psychology, 48*, 1467–1478.

Stasser, G., Stewart, D. D., & Wittenbaum, G. M. (1995). Expert roles and information exchange during discussion: The importance of knowing who knows what. *Journal of Experimental and Social Psychology, 31*, 244–265.

Staub, E. (1974). Helping a distressed person: Social, personality, and stimulus determinants. In L. Berkowitz (Ed.), *Advances in experimental social psychology* (Vol. 7, pp. 293–341). New York: Academic Press.

Staub, E. (1989). *The roots of evil: The origins of genocide and other group violence.* New York: Cambridge University Press.

Staub, E. (1999). The roots of evil: Social conditions, culture, personality, and basic human needs. *Personality and Social Psychology Review, 3*, 179–192.

Steblay, N. M. (1987). Helping behavior in rural and urban environments: A meta-analysis. *Psychological Bulletin, 102*, 346–356.

Steblay, N. M. (1997). Social influence in eyewitness recall: A meta-analytic review of lineup instruction effects. *Law and Human Behavior, 21*, 283–297.

Steblay, N. M., Besirevic, J., Fulero, S. M., & Jimenez-Lorente, B. (1999). The effects of pretrial publicity on juror verdicts: A meta-analytic review. *Law and Human Behavior, 23*, 219–235.

Steblay, N. M., Dysart, J., Fulero, S. M., & Lindsay, R. C. L. (2001). Eyewitness accuracy rates in sequential and simultaneous lineup presentations: A meta-analytic comparison. *Law and Human Behavior, 25*, 459–473.

Steele, C. M. (1988). The psychology of self-affirmation: Sustaining the integrity of the self. In L. Berkowitz (Ed.), *Advances in experimental social psychology* (Vol. 21, pp. 261–302). New York: Academic Press.

Steele, C. M. (1992, April). Race and the schooling of black Americans. *Atlantic*, pp. 68–78.

Steele, C. M. (1997). A threat in the air: How stereotypes shape intellectual ability and performance. *American Psychologist, 52*, 613–629.

Steele, C. M., & Aronson, J. M. (1995a). Stereotype threat and the intellectual test performance of African-Americans. *Journal of Personality and Social Psychology, 69*, 797–811.

Steele, C. M., & Aronson, J. M. (1995b). Stereotype vulnerability and intellectual performance. In E. Aronson (Ed.), *Readings about the social animal* (7th ed.). New York: Freeman.

Steele, C. M., (2010). *Whistling Vivaldi: And other clues to how stereotypes affect us.* New York: W.W. Norton & Co.

Steele, C. M., Hoppe, H., & Gonzales, J. (1986). *Dissonance and the lab coat: Self-affirmation and the free-choice paradigm.* Unpublished manuscript, University of Washington.

Steele, C. M., Spencer, S. J., & Aronson, J. M. (2002). Contending with group image: The psychology of stereotype and social identity threat. In M. P. Zanna (Ed.), *Advances in experimental social psychology* (Vol. 34, pp. 379–440). San Diego, CA: Academic Press.

Steele, C. M., Spencer, S. J., & Josephs, R. A. (1992). *Seeking self-relevant information: The effects of self-esteem and stability of the information.* Unpublished manuscript, University of Michigan.

Steele, J. R., & Ambady, N. (2006). "Math is Hard!" The effect of gender priming on women's attitudes. *Journal of Experimental Social Psychology, 42*(4), 428–436. doi:10.1016/j.jesp.2005.06.003

Steiner, I. D. (1972). *Group process and productivity.* New York: Academic Press.

Stemple, L., & Meyer, I. H. (2014). The sexual victimization of men in America: New data challenge old assumptions. *American Journal of Public Health, 104*, e19–e26.

Stephan, W. G. (1978). School desegregation: An evaluation of predictions made in *Brown v. Board of Education. Psychological Bulletin, 85*, 217–238.

Stephan, W. G. (1985). Intergroup relations. In G. Lindzey & E. Aronson (Eds.), *Handbook of social psychology* (3rd ed., Vol. 2, pp. 599–658). New York: McGraw-Hill.

Stephens-Davidowitz, S. (2014, July 12). The data of hate. *New York Times*, op-ed.

Stern, P. C. (2011). Contributions of psychology to limiting climate change. *American Psychologist, 66*(4), 303–314. doi:10.1037/a0023235

Sternberg, R. J. (1986). A triangular theory of love. *Psychological Review, 93*, 119–135.

Sternberg, R. J. (1987). Liking versus loving: A comparative evaluation of theories. *Psychological Bulletin, 102*, 331–345.

Sternberg, R. J. (1988). *The triangle of love.* New York: Basic Books.

Sternberg, R. J. (1997). Construct validation of a triangular love scale. *European Journal of Social Psychology, 27*, 313–335.

Sternberg, R. J., & Vroom, V. (2002). The person versus the situation in leadership. *Leadership Quarterly, 13*, 301–323.

Stewart, D. D., & Stasser, G. (1995). Expert role assignment and information sampling during collective recall and decision making. *Journal of Personality and Social Psychology, 69*, 619–628.

Stewart, G. L., Dustin, S. L., Barrick, M. R., & Darnold, T. C. (2008). Exploring the handshake in employment interviews. *Journal of Applied Psychology, 93*, 1139–1146.

Stewart, J. (2011). *Tangled webs: How false statements are undermining America.* New York: Penguin.

Stewart, J. B. (2002). *Heart of a soldier.* New York: Simon & Schuster.

Stice, E., Marti, C. N., Spoor, S., Presnell, K., & Shaw, H. (2008). Dissonance and healthy weight eating disorder prevention programs: Long-term effects from a randomized efficacy trial. *Journal of Consulting and Clinical Psychology, 76*, 329–340.

Stice, E., Rohde, P., Shaw, H., & Gau, J. (2011). An effectiveness trial of a selected dissonance-based eating disorder prevention program for female high school students: Long-term effects. *Journal of Consulting and Clinical Psychology.* Advance online publication. doi:10.1037/a0024351

Stice, E., Shaw, H., Burton, E., & Wade, E. (2006). Dissonance and healthy weight eating disorders prevention programs: A randomized efficacy trial. *Journal of Consulting and Clinical Psychology, 74*, 263–275.

Stillman, T. F., Baumeister, R. F., Lambert, N. M., Crescioni, A. W., DeWall, C. N., & Fincham, F. D. (2009). Alone and without purpose: Life loses meaning following social exclusion. *Journal of Experimental Social Psychology, 45*, 686–694.

Stinson, D. A., Logel, C., Shepherd, S., & Zanna, M. P. (2011). Rewriting the self-fulfilling prophecy of social rejection: Self-affirmation improves relational security and social behavior up to 2 months later. *Psychological Science, 22*(9), 1145–1149. doi:10.1177/0956797611417725

Stoff, D. M., & Cairns, R. B. (Eds.). (1997). *Aggression and violence: Genetic, neurobiological, and biosocial perspectives.* Mahwah, NJ: Erlbaum.

Stone, J., Aronson, E., Crain, A. L., Winslow, M. P., & Fried, C. (1994). Inducing hypocrisy as a means of encouraging young adults to use condoms. *Personality and Social Psychology Bulletin, 20*, 116–128.

Stone, J., Lynch, C. I., Sjomeling, M., & Darley, J. M. (1999). Stereotype threat effects on Black and White athletic performance. *Journal of Personality and Social Psychology, 77*, 1213–1227.

Stone, J., Perry, Z., & Darley, J. (1997). "White men can't jump": Evidence for perceptual confirmation of racial stereotypes following a basketball game. *Basic and Applied Social Psychology, 19*, 291–306.

Storbeck, J., & Clore, G. L. (2008). Affective arousal as information: How affective arousal influences judgments, learning, and memory. *Social and Personality Psychology Compass, 2*(5), 1824–1843. doi:10.1111/j.1751-9004.2008.00138.x

Stormo, K. J., Lang, A. R., & Stritzke, W. G. K. (1997). Attributions about acquaintance rape: The role of alcohol and individual differences. *Journal of Applied Social Psychology, 27*, 279–305.

Storms, M. D. (1973). Videotape and the attribution process: Reversing actors' and observers' points of view. *Journal of Personality and Social Psychology, 27*, 165–175.

Story, L. (2007, January 15). Anywhere the eye can see, it's likely to see an ad. *The New York Times.* Retrieved July 12, 2011, from www.nytimes.com/2007/01/15/business/media/15everywhere .html?scp=1&sq=anywhere%20the%20eye%20can%20see&st=cse

Stouffer, S. A., Suchman, E. A., De Vinney, L. C., Star, S. A., & Williams, R. M., Jr. (1949). *The American soldier: Adjustment during army life* (Vol. 1). Princeton, NJ: Princeton University Press.

Strack, F., & Mussweiler, T. (2003). Heuristic strategies for judgment under uncertainty: The enigmatic case of anchoring. In G. V. Bodenhausen (Ed.), *Foundations of social cognition: A festschrift in honor of Robert S. Wyer Jr.* (pp. 79–95). Mahwah, NJ: Erlbaum.

Strack, F., Martin, L., & Stepper, S. (1988). Inhibiting and facilitating conditions of the human smile: A nonobtrusive test of the facial feedback hypothesis. *Journal of Personality and Social Psychology, 54*, 768–777.

Strahan, E. J., Spencer, S. J., & Zanna, M. P. (2002). Subliminal priming and persuasion: Striking while the iron is hot. *Journal of Experimental Social Psychology, 38*, 556–568.

Straus, M. (2011). Gender symmetry and mutuality in perpetration of clinical-level partner violence: Empirical evidence and implications for prevention and treatment. *Aggression and Violent Behavior, 16*, 279–288.

Strick, M., Dijksterhuis, A., Bos, M. W., Sjoerdsma, A., van Baaren, R. B., & Nordgren, L. F. (2011). A meta-analysis on unconscious thought effects. *Social Cognition, 29*, 738–763.

Stringfellow, T. (1841). A brief examination of scripture testimony on the institution of slavery. *Religious Herald.* Available on Internet.

Strohminger, N., & Nichols, S. (2014). The essential moral self. *Cognition, 131*, 159–171.

Stuhlmacher, A. F., & Citera, M. (2005). Hostile behavior and profit in virtual negotiation: A

meta-analysis. *Journal of Business and Psychology, 20*, 69–93.

Stukas, A. A., Snyder, M., & Clary, E. G. (1999). The effects of "mandatory volunteerism" on intentions to volunteer. *Psychological Science, 10*, 59–64.

Sturman, E. D. (2012). Dehumanizing just makes you feel better: The role of cognitive dissonance in dehumanization. *Journal of Social, Evolutionary, and Cultural Psychology, 6*, 527–531.

Stürmer, S., & Snyder, M. (2010). Helping "us" versus "them": Towards a group-level theory of helping and altruism within and across group boundaries. In S. Stürmer & M. Snyder (Eds.), *The psychology of prosocial behavior: Group processes, intergroup relations, and helping* (pp. 33–58). Oxford, UK: Wiley-Blackwell.

Suddendorf, T., & Butler, D. L. (2013). The nature of visual self-recognition. *Trends in Cognitive Sciences, 17*(3), 121–127. doi:10.1016/j.tics.2013.01.004

Sue, D. W. (2010). *Microaggressions in everyday life: Race, gender, and sexual orientation.* Hoboken, NJ: John Wiley & Sons.

Suls, J. M., & Fletcher, B. (1983). Social comparison in the social and physical sciences: An archival study. *Journal of Personality and Social Psychology, 44*, 575–580.

Suls, J. M., & Miller, R. L. (Eds.). (1977). *Social comparison processes: Theoretical and empirical perspectives.* Washington, DC: Hemisphere/Halstead.

Suls, J. M., & Wheeler, L. (Eds.). (2000). *Handbook of social comparison: Theory and research.* New York: Kluwer/Plenum.

Suls, J., Martin, R., & Wheeler, L. (2000). Three kinds of opinion comparison: The Triadic Model. *Personality and Social Psychology Review, 4*, 219–237.

Summers, G., & Feldman, N. S. (1984). Blaming the victim versus blaming the perpetrator: An attributional analysis of spouse abuse. *Journal of Social and Clinical Psychology, 2*, 339–347.

Surian, L., Caldi, S., & Sperber, D. (2007). Attribution of beliefs by 13-month-old infants. *Psychological Science, 18*, 580–586.

Surowiecki, J. (2004). *The wisdom of crowds: Why the many are smarter than the few and how collective wisdom shapes business, economies, societies and nations.* New York: Doubleday.

Susskind, J. M., Lee, D. H., Cusi, A., Feiman, R., Grabski, W., & Anderson, A. K. (2008). Expressing fear enhances sensory acquisition. *Nature Neuroscience, 11*, 843–850.

Swann, W. B., Jr. (1990). To be adored or to be known? The interplay of self-enhancement and self-verification. In E. T. Higgins & R. M. Sorrentino (Eds.), *Handbook of motivation and cognition* (Vol. 2, pp. 404–448). New York: Guilford Press.

Swann, W. B., Jr. (1996). *Self-traps: The elusive quest for higher self-esteem.* New York: Freeman.

Swann, W. B., Jr., & Pelham, B. W. (1988). *The social construction of identity: Self-verification through friend and intimate selection.* Unpublished manuscript, University of Texas, Austin.

Swim, J. K., Borgida, E., Maruyama, G., & Myers, D. G. (1989). Joan McKay vs. John McKay: Do gender stereotypes bias evaluations? *Psychological Bulletin, 105*, 409–429.

Swim, J. K., Clayton, S., & Howard, G. S. (2011). Human behavioral contributions to climate change: Psychological and contextual drivers. *American Psychologist, 66*(4), 251–264. doi:10.1037/a0023472

Symons, D. (1979). *The evolution of human sexuality.* New York: Oxford University Press.

Tahlheim, T., & Oishi, S. (2014). Residential mobility affects self-concept, group support, and happiness of individuals and communities. In P. J. Rentfrow (Ed.), *Geographical psychology: Exploring the interaction of environment and behavior* (pp. 219–239). Washington, DC: American Psychological Association.

Tajfel, H. (1982). Social psychology of intergroup relations. *Annual Review of Psychology, 33*, 1–39.

Tajfel, H., & Turner, J. C. (1979). An integrative theory of social contact. In W. Austin & S. Worchel (Eds.), *The social psychology of intergroup relations* (pp. 162–173). Monterey, CA: Brooks/Cole.

Tajfel, H., & Turner, J. C. (1986). The social identity theory of intergroup behavior. In S. Worchel & W. G. Austin (Eds.), *Psychology of intergroup relations*. Chicago: Nelson-Hall.

Takaku, S. (2006). Reducing road rage: An application of the dissonance-attribution model of interpersonal forgiveness. *Journal of Applied Social Psychology, 36*, 2362–2378.

Tan, K., Agnew, C. R., VanderDrift, L. E., & Harvey, S. M. (2014). Committed to us: Predicting relationship closeness following nonmarital romantic relationship breakup. *Journal of Social and Personal Relationships*. doi:10.1177/0265407514536293

Tang, S., & Hall, V. (1995). The overjustification effect: A meta-analysis. *Applied Cognitive Psychology, 9*, 365–404.

Tang, Y., Newman, L. S., & Huang, L. (2014). How people react to social-psychological accounts of wrongdoing: The moderating effects of culture. *Journal of Cross-Cultural Psychology, 45*, 752–763.

The tangled web of porn in the office. (2008, December 8). *Newsweek*. Retrieved March 21, 2011, from www.newsweek.com/2008/11/28/the-tangled-web-of-porn-in-the-office.html

Tannen, D. (2001). *You just don't understand: Men and women in conversation*. New York: Harper.

Taras, V., Sarala, R., Muchinsky, P., Kemmelmeier, M., Singelis, T. M., Avsec, A., et al. (2014). Opposite ends of the same stick? Multi-method test of the dimensionality of individualism and collectivism. *Journal of Cross-Cultural Psychology, 45*, 213–245.

Taşdemir, N. (2011). The relationships between motivations of intergroup differentiation as a function of different dimensions of social identity. *Review of General Psychology, 15*(2), 125–137. doi:10.1037/a0022816

Tavris, C., & Aronson, E. (2007). *Mistakes were made (but not by me)*. New York: Harcourt.

Tavris, C. (1989). *Anger: The misunderstood emotion* (Rev. ed.). New York: Touchstone.

Taylor, L. S., Fiore, A. T., Mendelsohn, G. A., & Cheshire, C. (2011). "Out of my league": A real-world test of the matching hypothesis. *Personality and Social Psychology Bulletin, 37*, 942–954.

Taylor, L. S., Fiore, A. T., Mendelsohn, G. A., & Cheshire, C. (2011). "Out of my league": A real-world test of the matching hypothesis. *Personality and Social Psychology Bulletin, 37*, 942–954.

Taylor, S. E. (2012). Tend and befriend theory. In P. A. M. Van Lange, A. W. Kruglanski, & E. T. Higgins (Eds.), *Handbook of theories of social psychology* (Vol. 1, pp. 32–49). Thousand Oaks, CA: Sage Publications.

Taylor, S. E. (2015). Social cognition and health. In M. Mikulincer, P. R. Shaver, E. Borgida, & J. A. Bargh (Eds.), *APA handbooks in psychology. APA handbook of personality and social psychology, Vol. 1. Attitudes and social cognition* (pp. 339–361). Washington, DC: American Psychological Association.

Taylor, S. E., & Brown, J. (1988). Illusion and well-being: A social psychological perspective on mental health. *Psychological Bulletin, 103*, 193–210.

Taylor, S. E., & Brown, J. D. (1994). Positive illusions and well-being revisited: Separating fact from fiction. *Psychological Bulletin, 116*, 21–27.

Taylor, S. E., & Fiske, S. T. (1975). Point of view and perceptions of causality. *Journal of Personality and Social Psychology, 32*, 439–445.

Taylor, S. E., & Master, S. L. (2011). Social responses to stress: The tend-and-befriend model. In R. J. Contrada & A. Baum (Eds.), *The handbook of stress science: Biology, psychology, and health* (pp. 101–109). New York: Springer.

Taylor, S. E., Klein, L. C., Lewis, B. P., Gruenewald, T. L., Gurung, R. A. R., & Updegraff, J. A. (2000). Biobehavioral responses to stress in females: Tend-and-befriend, not fight-or-flight. *Psychological Review, 107*, 411–429.

Taylor, S. E., Lichtman, R. R., & Wood, J. V. (1984). Attributions, beliefs about control, and adjustment to breast cancer. *Journal of Personality and Social Psychology, 46*, 489–502.

Taylor, S. E., Repetti, R. L., & Seeman, T. (1997). Health psychology: What is an unhealthy environment and how does it get under the skin? *Annual Review of Psychology, 48*, 411–447.

Taylor, S. E., Welch, W., Kim, H. S., Sherman, D. K. (2007). Cultural differences in the impact of social support on psychological and biological stress responses. *Psychological Science, 18*, 831–837.

Taylor, S. P., & Leonard, K. E. (1983). Alcohol and human physical aggression. In R. G. Geen & E. Donnerstein (Eds.), *Aggression: Theoretical and empirical reviews* (pp. 77–101). New York: Academic Press.

Tesser, A. (1993). The importance of heritability in psychological research: The case of attitudes. *Psychological Review, 100*, 129–142.

Tesser, A. (2003). Self-evaluation. In M. R. Leary & J. P. Tangney (Eds.), *Handbook of self and identity* (pp. 275–290). New York: Guilford Press.

Tesser, A., & Paulus, D. (1983). The definition of self: Private and public self-evaluation management strategies. *Journal of Personality and Social Psychology, 44*, 672–682.

Tesser, A., Campbell, J. D., & Mickler, S. (1983). The role of social pressure, attention to the stimulus, and self-doubt in conformity. *European Journal of Social Psychology, 13*, 217–233.

Testa, M., Hoffman, J. H., & Leonard, K. E. (2011). Female intimate partner violence perpetration: Stability and predictors of mutual and nonmutual aggression across the first year of college. *Aggressive Behavior, 37*, 362–373.

Tetlock, P. E. (2002). Theory-driven reasoning about plausible pasts and probable futures in world politics. In T. Gilovich, D. W. Griffin, & D. Kahneman (Eds.), *Heuristics and biases: The psychology of intuitive judgment* (pp. 749–762). New York: Cambridge University Press.

Tetlock, P. E., Peterson, R. S., McGuire, C., Chang, S., & Field, P. (1992). Assessing political group dynamics: A test of the groupthink model. *Journal of Personality and Social Psychology, 63*, 403–425.

Teves, O. (2002, May 28). WHO warns Asia 25% of youth will die from smoking without curbed advertising. *Associated Press*.

Theus, K. T. (1994). Subliminal advertising and the psychology of processing unconscious stimuli: A review. *Psychology and Marketing, 11*, 271–290.

Thibaut, J. W., & Kelley, H. H. (1959). *The social psychology of groups*. New York: Wiley.

Thomas, M. H. (1982). Physiological arousal, exposure to a relatively lengthy aggressive film, and aggressive behavior. *Journal of Research in Personality, 16*, 72–81.

Thomas, W. I. (1928). *The child in America*. New York: Knopf.

Thompson, J. (2000, June 18). I was certain, but I was wrong. *The New York Times*, p. D15.

Thompson, L. (1995). They saw a negotiation: Partisanship and involvement. *Journal of Personality and Social Psychology, 68*, 839–853.

Thompson, L. (1997). *The mind and heart of the negotiator*. Upper Saddle River, NJ: Prentice Hall.

Thompson, L. L., Wang, J., & Gunia, B. C. (2010). Negotiation. *Annual Review of Psychology, 61*, 491–515. doi:10.1146/annurev.psych.093008.100458

Thompson, M. P., Koss, M. P., Kingree, J. B., Goree, J., & Rice, J. (2011). Prospective mediational model of sexual aggression among college men. *Journal of Interpersonal Violence, 26*, 2716–2734.

Thompson, S. C. (1999). Illusions of control: How we overestimate our personal influence. *Current Directions in Psychological Science, 8*, 187–190.

Thompson, S. C. (2002). The role of personal control in adaptive functioning. In C. R. Snyder & S. J. Lopez (Eds.), *Handbook of positive psychology* (pp. 202–213). London: Oxford University Press.

Thompson, T. L., & Kiang, L. (2010). The model minority stereotype: Adolescent experiences and links with adjustment. *Asian American Journal of Psychology, 1*, 119–128.

Thompson, W. M., Dabbs, J. M., Jr., & Frady, R. L. (1990). Changes in saliva testosterone levels during a 90-day shock incarceration program. *Criminal Justice and Behavior, 17*, 246–252.

Thorndike, E. L. (1920). A constant error in psychological ratings. *Journal of Applied Psychology, 4*, 25–29.

Thornton, D., & Arrowood, A. J. (1966). Self-evaluation, self-enhancement, and the locus of social comparison. *Journal of Experimental Social Psychology, 1*(Suppl.), 40–48.

Tidikis, V., & Ash, I. K. (2013). Working in dyads and alone: Examining process variables in solving insight problems. *Creativity Research Journal, 25*, 189–198.

Tidwell, N. D., Eastwick, P. W., & Finkel, E. J. (2013). Perceived, not actual, similarity predicts initial attraction in a live romantic context: Evidence from the speed dating paradigm. *Personal Relationships, 20*, 199–215.

Timaeus, E. (1968). Untersuchungen zum sogenannten konformen Verhalten [Research into so-called conforming behavior]. *Zeitschrift für Experimentelle und Angewandte Psychologie, 15*, 176–194.

Tindale, R. S. (1993). Decision errors made by individuals and groups. In N. J. Castellan Jr. (Ed.), *Individual and group decision making* (pp. 109–124). Hillsdale, NJ: Erlbaum.

Tindale, R. S., Munier, C., Wasserman, M., & Smith, C. M. (2002). Group processes and the Holocaust. In L. S. Newman & R. Erber (Eds.), *Understanding genocide: The social psychology of the Holocaust* (pp. 143–161). New York: Oxford University Press.

Ting, J. C., & Piliavin, J. A. (2000). Altruism in comparative international perspective. In J. Phillips, B. Chapman, & D. Stevs (Eds.), *Between state and market: Essays on Charities Law and Policy in Canada* (pp. 51–105). Kingston, Montreal: McGill-Queens University Press.

Ting-Toomey, S., & Chung, L. (1996). Cross-cultural interpersonal communication: Theoretical trends and research directions. In W. B. Gudykunst, S. Ting-Toomey, & T. Nishida (Eds.), *Communication in personal relationships across cultures* (pp. 237–261). Thousand Oaks, CA: Sage.

Todd, A. R., Bodenhausen, G. V., Richeson, J. A., & Galinsky, A. D. (2011). Perspective taking combats automatic expressions of racial bias. *Journal of Personality and Social Psychology, 100*, 1027–1042.

Todd, P. M., Penke, L., Fasolo, B., & Lenton, A. P. (2007). Different cognitive processes underlie human mate choices and mate preferences. *Proceedings of the National Academy of Sciences, 104*, 15011–15016.

Todorov, A., Said, C. P., Engell, A., & Oosterhof, N. N. (2008). Understanding evaluation of faces on social dimensions. *Trends in Cognitive Sciences, 12*, 455–460.

Toi, M., & Batson, C. D. (1982). More evidence that empathy is a source of altruistic motivation. *Journal of Personality and Social Psychology, 43*, 281–292.

Toma, C. L., & Hancock, J. T. (2012). What lies beneath: The linguistic traces of deception in online dating profiles. *Journal of Communication, 62*, 78–97.

Toma, C. L., Hancock, J. T., & Ellison, N. B. (2008). Separating fact from fiction: An examination of deceptive self-presentation in online dating profiles. *Personality and Social Psychology Bulletin, 34*, 1023–1036.

Toma, C., & Butera, F. (2009). Hidden profiles and concealed information: Strategic information sharing and use in group decision making. *Personality and Social Psychology Bulletin, 35*(6), 793–806. doi:10.1177/0146167209333176

Tomasello, M., & Vaish, A. (2013). Origins of human cooperation and morality. *Annual Review of Psychology, 64*, 231–255.

Tooby, J., & Cosmides, L. (2005). Conceptual foundations of evolutionary psychology. In D. M. Buss (Ed.), *The handbook of evolutionary psychology* (pp. 5–67). Hoboken, NJ: Wiley.

Tourangeau, R., Smith, T., & Rasinski, K. (1997). Motivation to report sensitive behaviors on surveys: Evidence from a bogus pipeline experiment. *Journal of Applied Social Psychology, 27,* 209–222.

Tracy, J. L., & Matsumoto, D. (2008). The spontaneous expression of pride and shame: Evidence for biologically innate nonverbal displays. *Proceedings of the National Academy of Sciences, 105,* 11655–11660.

Tracy, J. L., & Robins, R. W. (2004). Putting the self into self-conscious emotions: A theoretical model. *Psychological Inquiry, 15,* 103–125.

Trappey, C. (1996). A meta-analysis of consumer choice and subliminal advertising. *Psychology and Marketing, 13,* 517–530.

Trends in cigarette smoking among high school students: United States, 1991–2002. (2002). *Centers for Disease Control, Morbidity and Mortality Weekly Report, 51,* 409–412.

Triandis, H. C. (1989). The self and social behavior in differing cultural contexts. *Psychological Review, 96,* 506–520.

Triandis, H. C. (1994). *Culture and social behavior.* New York: McGraw-Hill.

Triandis, H. C. (1995). *Individualism and collectivism.* Boulder, CO: Westview Press.

Trivers, R. L. (1971). The evolution of reciprocal altruism. *Quarterly Review of Biology, 46,* 35–57.

Trivers, R. L. (1985). *Social evolution.* Menlo Park, CA: Benjamin-Cummings.

Trötschel, R., Hüffmeier, J., Loschelder, D. D., Schwartz, K., & Gollwitzer, P. M. (2011). Perspective taking as a means to overcome motivational barriers in negotiations: When putting oneself into the opponent's shoes helps to walk toward agreements. *Journal of Personality and Social Psychology, 101,* 771–790. doi:10.1037/a0023801

Tsai, J. L. (2007). Ideal affect: Cultural causes and behavioral consequences. *Perspectives on Psychological Science, 2,* 242–259.

Tsai, J. L., Knutson, B., & Fung, H. (2006). Cultural variation in affect valuation. *Journal of Personality and Social Psychology, 90,* 288–307.

Tseëlon, E. (1995). *The presentation of woman in everyday life.* Thousand Oaks, CA: Sage.

Ttofi, M. M., & Farrington, D. P. (2011). Effectiveness of school-based programs to reduce bullying: A systematic and meta-analytic review. *Journal of Experimental Criminology, 7,* 27–56.

Tucker, P., Pfefferbaum, B., Doughty, D. B., Jones, D. E., Jordan, F. B., & Nixon, S. J. (2002). Body handlers after terrorism in Oklahoma City: Predictors of posttraumatic stress and other symptoms. *American Journal of Orthopsychiatry, 72,* 469–475.

Turner, C., & Leyens, J. (1992). The weapons effect revisited: The effects of firearms on aggressive behavior. In P. Suedfeld & P. E. Tetlock (Eds.), *Psychology and social policy* (pp. 201–221). New York: Hemisphere.

Turner, F. J. (1932). *The significance of sections in American history.* New York: Henry Holt.

Turner, J. C. (1982). Towards a cognitive redefinition of the social group. In H. Tajfel (Ed.), *Social identity and intergroup relations* (pp. 15–40). Cambridge: Cambridge University Press.

Turner, M. E., & Horvitz, T. (2001). The dilemma of threat: Group effectiveness and ineffectiveness under adversity. In M. E. Turner (Ed.), *Groups at work: Theory and research* (pp. 445–470). Mahwah, NJ: Erlbaum.

Turner, M., Pratkanis, A., Probasco, P., & Leve, C. (2006). Threat, cohesion, and group effectiveness: Testing a social identity maintenance perspective on groupthink. *Small Groups* (pp. 241–264). New York: Psychology Press.

Tversky, A., & Kahneman, D. (1973). Availability: A heuristic for judging frequency and probability. *Cognitive Psychology, 5,* 207–232.

Tversky, A., & Kahneman, D. (1974). Judgment under uncertainty: Heuristics and biases. *Science, 185,* 1124–1131.

Twenge, J. M. (1997). Attitudes toward women, 1970–1995: A meta-analysis. *Psychology of Women Quarterly, 21,* 35–51.

Twenge, J. M. (2009). Change over time in obedience: The jury's still out, but it might be decreasing. *American Psychologist, 64,* 28–31.

Twenge, J. M., & Campbell, W. K. (2009). *The narcissism epidemic.* New York: Free Press.

Twenge, J. M., & Foster, J. D. (2010). Birth cohort increases in narcissistic personality traits among American college students, 1982–2009. *Social Psychological and Personality Science, 1,* 99–106.

Twenge, J. M., Campbell, W. K., & Gentile, B. (2013). Changes in pronoun use in American books and the rise of individualism, 1960–2008. *Journal of Cross-Cultural Psychology, 44,* 406–415.

Twenge, J. M., Konrath, S., Foster, J. D., Campbell, W. K., & Bushman, B. J. (2008). Egos inflating over time: A cross-temporal meta-analysis of the Narcissistic Personality Inventory. *Journal of Personality, 76,* 875–902. doi:10.1111/j.1467-6494.2008.00507.x

Twenge, J. M., Zhang, L., & Im, C. (2004). It's beyond my control: A cross-temporal meta-analysis of increasing externality in locus of control, 1960–2002. *Personality and Social Psychology Review, 8,* 308–319.

Twenge, J. M., Gentile, B., & Campbell, W. K. (2015). Birth cohort differences in personality. In Mikilincer, M., Shaver, P. R., Cooper, M. L., & Larsen, R. J. (Eds.), *APA handbook of personality and social psychology, Volume 4: Personality processes and individual differences* (pp. 535–551). Washington, DC: American Psychological Association.

U.S. Department of Justice. (2000). *Violence by intimates.* Washington, DC: Bureau of Justice Statistics.

Ubinas, H. (2013, September 24). Smile, we've apparently lost our sense of civic duty. *Philly.com.* Retrieved April 22, 2014, from http://www.philly.com/philly/columnists/20130924_Smile__we_ve_apparently_lost_our_sense_of_civic_duty_.html

Ulloa, J. L., Puce, A., Hugueville, L., & George, N. (2014). Sustained neural activity to gaze and emotion perception in dynamic social scenes. *Social Cognitive and Affective Neuroscience, 9,* 350–357.

Updegraff, J., Silver, R., & Holman, E. (2008). Searching for and finding meaning in collective trauma: Results from a national longitudinal study of the 9/11 terrorist attacks. *Journal of Personality and Social Psychology, 95,* 709–722.

Uziel, L. (2010). Look at me, I'm happy and creative: The effect of impression management on behavior in social presence. *Personality and Social Psychology Bulletin, 36*(12), 1591–1602. doi:10.1177/0146167210386239

Uzzell, D. (2000). Ethnographic and action research. In G. M. Breakwell, S. Hammond, & C. Fife-Schaw (Eds.), *Research methods in psychology* (2nd ed., pp. 326–337). Thousand Oaks, CA: Sage.

Vaananen, A., Buunk, B. P., Kivimaki, M., Pentti, J., & Vahteva, J. (2005). When is it better to give than to receive: Long-term health effects of perceived reciprocity in support exchange. *Journal of Personality and Social Psychology, 89,* 176–193.

Vala Jorge, P., Cicero, C.-L., & Rui C. (2009). Is the attribution of cultural differences to minorities an expression of racial prejudice? *International Journal of Psychology, 44* (1), 20–28.

Vallone, R. P., Griffin, D. W., Lin, S., & Ross, L. (1990). The overconfident prediction of future actions and outcomes by self and others. *Journal of Personality and Social Psychology, 58,* 582–592.

van Bommel, M., van Prooijen, J.-W., Elffers, H., & Van Lange, P. A. M. (2012). Be aware to care: Public self-awareness leads to a reversal of the bystander effect. *Journal of Experimental Social Psychology, 48*(4), 926–930. doi:10.1016/j.jesp.2012.02.011

Van Boven, L., & Gilovich, T. (2003). To do or to have? That is the question. *Journal of Personality and Social Psychology, 85,* 1193–1202.

van de Ven, N., Zeelenberg, M., & Pieters, R. (2011). Appraisal patterns of envy and related emotions. *Motivation and Emotion, 36,* 195–204.

van de Vijver, F., & Leung, K. (1997). *Methods and data analyses for cross-cultural research.* Thousand Oaks, CA: Sage.

Van den Bos, K., & Lind, E. A. (2013). On sense-making reactions and public inhibition of benign social motives: An appraisal model of prosocial behavior. *Advances in Experimental Social Psychology, 48,* 1–58.

Van den Bos, K., Müller, P. A., & van Bussel, A. A. L. (2009). Helping to overcome intervention inertia in bystander's dilemmas: Behavioral disinhibition can improve the greater good. *Journal of Experimental Social Psychology, 45,* 873–878.

van der Zwaluw, C. S., Kleinjan, M., Lemmers, L., Spijkerman, R., & Engels, R. (2013). Longitudinal associations between attitudes towards binge drinking and alcohol-free drinks, and binge drinking behavior in adolescence. *Addictive Behaviors, 38,* 2110–2114.

van Knippenberg, D., van Ginkel, W. P., & Homan, A. C. (2013). Diversity mindsets and the performance of diverse teams. *Organizational Behavior and Human Decision Processes, 121,* 183–193.

Van Laar, C., Levin, S., & Sidanius, J. (2008). Ingroup and outgroup contact: A longitudinal study of the effects of cross-ethnic friendships, dates, roommate relationships and participation in segregated organizations. In U. Wagner, L. R. Tropp, G. Finchilescu, & C. Tredoux (Eds.), *Improving intergroup relations: Building on the legacy of Thomas F. Pettigrew.* Malden, MA : Blackwell.

Van Laar, C., Sidanius, J., & Levin, S. (2008). Ethnic related curricula and intergroup attitudes in college: Movement towards and away from the ingroup. *Journal of Applied Social Psychology, 38* (6), 1601–1638

Van Lange, P. A. M., Joireman, J., Parks, C. D., & Van Dijk, E. (2013). The psychology of social dilemmas: A review. *Organizational Behavior and Human Decision Processes, 120,* 125–141.

Van Lange, P. A. M., Rusbult, C. E., Drigotas, S. M., Arriaga, X. B., Witcher, B. S., & Cox, C. L. (1997). Willingness to sacrifice in close relationships. *Journal of Personality and Social Psychology, 72,* 1373–1395.

van Leeuwen, E., & Täuber, S. (2010). The strategic side of out-group helping. In S. Stürmer & M. Snyder (Eds.), *The psychology of prosocial behavior: Group processes, intergroup relations, and helping* (pp. 81–99). Oxford, UK: Wiley-Blackwell.

Van Reijmersdal, E., Neijens, P., & Smit, E. G. (2009). A new branch of advertising: Reviewing factors that influence reactions to product placement. *Journal of Advertising Research, 49*(4), 429–449. doi:10.2501/S0021849909091065

Van Vugt, M. (2006). Evolutionary origins of leadership and followership. *Personality and Social Psychology Review, 10*(4), 354–371.

Van Vugt, M., & De Cremer, D. C. (1999). Leadership in social dilemmas: The effects of group identification on collective actions to provide public goods. *Journal of Personality and Social Psychology, 76,* 587–599.

Van Vugt, M., & Samuelson, C. (1999). The impact of personal metering in the management of a natural resource crisis: A social dilemma analysis. *Personality and Social Psychology Bulletin, 25,* 731–745.

Vandello, J. A., & Cohen, D. (2008). Culture, gender, men's intimate partner violence. *Social and Personality Psychology Compass, 2*(2), 652–667.

Vandello, J. A., Cohen, D., & Ransom, S. (2008). U.S. Southern and Northern differences in perceptions of norms about aggression: Mechanisms for the perpetuation of a culture of honor. *Journal of Cross-Cultural Psychology, 39*(2), 162–177.

Vansteenkiste, M., Smeets, S., Soenens, B., Lens, W., Matos, L., & Deci, E. L. (2010). Autonomous and controlled regulation of performance-approach goals: Their relations to perfectionism and educational outcomes. *Motivation and Emotion, 34*(4), 333–353. doi:10.1007/s11031-010-9188-3

Varnum, M. E. W., & Kitayama, S. (2011). What's in a name? Popular names are less common on frontiers. *Psychological Science, 22,* 176–183.

Varnum, M. E. W., Grossmann, I., Kitayama, S., & Nisbett, R. E. (2010). The origin of cultural differences in cognition: The social orientation hypothesis. *Current Directions in Psychological Science, 19*(1), 9–13. doi:10.1177/0963721409359301

Vasey, P. L., & VanderLaan, D. P. (2010). An adaptive cognitive dissociation between willingness to help kin and nonkin in Samoan Fa'afafine. *Psychological Science, 21*(2), 292–297. doi:10.1177/0956797609359623

Vazire, S., & Wilson, T. D. (Eds.). (2012). *Handbook of self-knowledge.* New York: Guilford Press.

Vedantam, S. (2006, June 23). Social isolation growing in U.S.

Verwijmeren, T., Karremans, J. C., Stroebe, W., & Wigboldus, D. (2011), The workings and limits of subliminal advertising: The role of habits. *Journal of Consumer Psychology, 21*, 206–213. doi:10.1016/j.jcps.2010.11.004

Vidal, J. (2009). Global warming causes 300,000 deaths a year, says Kofi Annan thinktank. *CommonDreams.org.* Retrieved August 14, 2011, from www.commondreams.org/head-line/2009/05/29

Vidyasagar, P., & Mishra, H. (1993). Effect of modelling on aggression. *Indian Journal of Clinical Psychology, 20*, 50–52.

Villalobos, J. G., Davis, D., & Leo, R. A. (2015). His story, her story: Sexual miscommunication, motivated remembering, and intoxication as pathways to honest false testimony regarding sexual consent. In R. Burnett (Ed.), *Vilified: Wrongful allegations of person abuse.* Oxford: Oxford University Press.

Visscher, T. L. S., & Seidell, J. C. (2001). The public health impact of obesity. *Annual Review of Public Health, 22*, 355–375.

Viswesvaran, C., & Deshpande, S. P. (1996). Ethics, success, and job satisfaction: A test of dissonance theory in India. *Journal of Business Ethics, 10*, 487–501.

Vohs, K. D., & Baumeister, R. F. (2004). Sexual passion, intimacy and gender. In D. J. Mashek & A. Aron (Eds.), *Handbook of closeness and intimacy* (pp. 189–200). Mahwah, NJ: Erlbaum.

Vohs, K. D., & Baumeister, R. F. (Eds.). (2011). *Handbook of self-regulation.* New York: Guilford.

Vohs, K. D., Baumeister, R. F., & Schmeichel, B. J. (2012). Motivation, personal beliefs, and limited resources all contribute to self-control. *Journal of Experimental Social Psychology, 48*, 943–947.

Vohs, K. D., & Schooler, J. W. (2008). The value of believing in free will: Encouraging a belief in determinism increases cheating. *Psychological Science, 19*, 49–54.

Volunteering in the United States. (2013). Bureau of Labor Statistics, United States Department of Labor. Retrieved June 14, 2014, from http://www.bls.gov/news.release/volun.nr0.htm

von Dawans, B., Fischbacher, U., Kirschbaum, C., Fehr, E., & Heinrichs, M. (2012). The social dimension of stress reactivity: Acute stress increases prosocial behavior in humans. *Psychological Science, 23*, 651–660.

von Wittich, D., & Antonakis, J. (2011). The KAI cognitive style inventory: Was it personality all along? *Personality and Individual Differences, 50*(7), 1044–1049. doi:10.1016/j.paid.2011.01.022

Vrijheid, M., Dolk, H., Armstrong, B., Abramsky, L., Bianchi, F., Fazarinc, I., et al. (2002). Chromosomal congenital anomalies and residence near hazardous waste landfill sites. *Lancet, 359*, 320–322.

Wakefield, M., Flay, B., & Nichter, M. (2003). Role of the media in influencing trajectories of youth smoking. *Addiction, 98*(Suppl. 1), Special issue: Contexts and adolescent tobacco use trajectories, 79–103.

Walker, I., & Crogan, M. (1998). Academic performance, prejudice, and the jigsaw classroom: New pieces to the puzzle. *Journal of Community and Applied Social Psychology, 8*, 381–393.

Wallach, M. A., Kogan, N., & Bem, D. J. (1962). Group influences on individual risk taking. *Journal of Abnormal and Social Psychology, 65*, 75–86.

Walster, E. (1966). Assignment of responsibility for an accident. *Journal of Personality and Social Psychology, 3*, 73–79.

Walster, E., & Festinger, L. (1962). The effectiveness of "overheard" persuasive communication. *Journal of Abnormal and Social Psychology, 65*, 395–402.

Walster, E., Aronson, V., Abrahams, D., & Rottman, L. (1966). Importance of physical attractiveness in dating behavior. *Journal of Personality and Social Psychology, 5*, 508–516.

Walster, E., Walster, G. W., & Berscheid, E. (1978). *Equity: Theory and research.* Needham Heights, MA: Allyn & Bacon.

Walther, E., & Langer, T. (2010). For whom Pavlov's bell tolls: Processes underlying evaluative conditioning. In J. P. Forgas, J. Cooper, & W. D. Crano (Eds.), *The Sydney symposium of social psychology. The psychology of attitudes and attitude change* (pp. 59–74). New York: Psychology Press.

Walther, E., Bless, H., Strack, F., Rackstraw, P., Wagner, D., & Werth, L. (2002). Conformity effects in memory as a function of group size, dissenters and uncertainty. *Applied Cognitive Psychology, 16*, 793–810.

Walton, G. M. (2014). The new science of wise interventions. *Current Directions in Psychological Science, 23*, 73–82.

Wang, O., & Ross, M. (2007). Culture and memory. In S. Kitayama & D. Cohen (Eds.), *Handbook of cultural psychology* (pp. 645–667). New York: Guilford.

Warneken, F., & Tomasello, M. (2008). Extrinsic rewards undermine altruistic tendencies in 20-month-olds. *Developmental Psychology, 44*(6), 1785–1788. doi:10.1037/a0013860

Warner, J. (2001, December 23). Laughter auditions: How I learned how to be a professional laugher. *LA Weekly Blogs.* Available at: blogs.laweekly.com/arts/2011/12/how_to_be_a_professional_laugh.php

Waston, J. B. (1925). *Behaviorism.* New York: Norton.

Waterman, A. S. (Ed.). (2013). *The best within us: Positive psychology perspectives on eudaimonia.* Washington, DC, US: American Psychological Association.

Watkins, E. R. (2008). Constructive and unconstructive repetitive thought. *Psychological Bulletin, 134*(2), 163–206. doi:10.1037/0033-2909.134.2.163

Watkins, E. R., & Nolen-Hoeksema, S. (2014). A habit-goal framework of depressive rumination. *Journal of Abnormal Psychology, 123*, 24–24.

Watson, D. (1982). The actor and the observer: How are their perceptions of causality divergent? *Psychological Bulletin, 92*, 682–700.

Watson, D., & Pennebaker, J. W. (1989). Health complaints, stress, and distress: Exploring the central role of negative affectivity. *Psychological Review, 96*, 234–254.

Watson, J. (1950). Some social and psychological situations related to change in attitude. *Human Relations, 3*, 15–56.

Watson, R. I. (1973). Investigation into deindividuation using a cross-cultural survey technique. *Journal of Personality and Social Psychology, 25*, 342–345.

Watson, W. E., Johnson, L., Kumar, K., & Critelli, J. (1998). Process gain and process loss: Comparing interpersonal processes and performance of culturally diverse and non-diverse teams across time. *International Journal of Intercultural Relations, 22*, 409–430.

Wattenberg, M. P. (1987). The hollow realignment: Partisan change in a candidate-centered era. *Public Opinion Quarterly, 51*, 58–74.

Watts, D. P., Muller, M., Amsler, S. J., Mbabazi, G., & Mitani, J. C. (2006, February). Lethal intergroup aggression by chimpanzees in Kibale National Park, Uganda. *American Journal of Primatology, 68*, (2), 161–180.

Wax, E. (2008). In India, new opportunities for women draw anger and abuse from men. *Washington Post*, p. A11.

Weaver, C. N. (2008). Social distance as a measure of prejudice among ethnic groups in the United States. *Journal of Applied Social Psychology, 38*, 778–795.

Weaver, J. R., & Bosson, J. K. (2011). I feel like I know you: Sharing negative attitudes of others promotes feelings of familiarity. *Personality and Social Psychology Bulletin, 37*, 481–491.

Webber, R., & Crocker, J. (1983). Cognitive processes in the revision of stereotypic beliefs. *Journal of Personality and Social Psychology, 45*, 961–977.

Weber, E. U., & Johnson, E. J. (2009). Mindful judgment and decision making. *Annual Review of Psychology, 60*, 53–85. doi:10.1146/annurev.psych.60.110707.163633

Weber, E. U., Bockenholt, U., Hilton, D. J., & Wallace, B. (1993). Determinants of diagnostic hypothesis generation: Effects of information, base rates, and experience. *Journal of Experimental Psychology: Learning, Memory, and Cognition, 19*, 1151–1164.

Weber, J. M., Kopelman, S., & Messick, D. M. (2004). A conceptual review of decision making in social dilemmas: Applying a logic of appropriateness. *Personality and Social Psychology Review, 8*, 281–307.

Weber, N., Brewer, N., Wells, G., Semmler, C., & Keast, A. (2004). Eyewitness identification accuracy and response latency: The unruly 10-12-second rule. *Journal of Experimental Psychology: Applied, 10*, 139–147.

Webster, D. M. (1993). Motivated augmentation and reduction of the overattributional bias. *Journal of Personality and Social Psychology, 65*, 261–271.

Wechsler, H., & Austin, S. B. (1998). Binge drinking: The five/four measure. *Journal of Studies of Alcohol, 59*, 122–124.

Wechsler, H., Lee, J. E., Kuo, M., Siebring, M., Nelson, T. F., & Lee, H. (2002). Trends in college binge drinking during a period of increased prevention efforts: Findings from 4 Harvard School of Public Health college alcohol study surveys, 1993–2001. *Journal of American College Health, 50*, 203–217.

Weeden, J., & Sabini, J. (2005). Physical attractiveness and health in Western societies: A review. *Psychological Bulletin, 131*, 635–653.

Wegener, D. T., & Petty, R. E. (1994). Mood management across affective states: The hedonic contingency hypothesis. *Journal of Personality and Social Psychology, 66*, 1034–1048.

Wegener, D. T., & Petty, R. E. (1995). Flexible correction processes in social judgment: The role of naive theories in corrections for perceived bias. *Journal of Personality and Social Psychology, 68*, 36–51.

Wegner, D. M. (1986). Transactive memory: A contemporary analysis of the group mind. In B. Mullen & G. R. Goethals (Eds.), *Theories of group behavior* (pp. 185–208). New York: Springer-Verlag.

Wegner, D. M. (1989). *White bears and other unwanted thoughts: Suppression, obsession, and the psychology of mental control.* New York: Viking.

Wegner, D. M. (1992). You can't always think what you want: Problems in the suppression of unwanted thoughts. In M. P. Zanna (Ed.), *Advances in experimental social psychology* (Vol. 25, pp. 193–225). San Diego, CA: Academic Press.

Wegner, D. M. (1994). Ironic processes of mental control. *Psychological Review, 101*, 34–52.

Wegner, D. M. (1995). A computer network model of human transactive memory. *Social Cognition, 13*, 319–339.

Wegner, D. M. (2002). *The illusion of conscious will.* Cambridge, MA: MIT Press.

Wegner, D. M. (2004). Precis of the illusion of conscious will. *Behavioral & Brain Sciences, 27*, 649–659.

Wegner, D. M. (2011). Setting free the bears: Escape from thought suppression. *American Psychologist, 66*(8), 671–680. doi:10.1037/a0024985

Wegner, D. M., Ansfield, M., & Pilloff, D. (1998). The putt and the pendulum: Ironic effects of the mental control of action. *Psychological Science, 9*, 196–199.

Wegner, D. M., Fuller, V. A., & Sparrow, B. (2003). Clever hands: Uncontrolled intelligence in facilitated communication. *Journal of Personality and Social Psychology, 85*, 5–19.

Wegner, D. M., Sparrow, B., & Winerman, L. (2004). Vicarious agency: Experiencing control over the movements of others. *Journal of Personality and Social Psychology, 86*, 838–848.

Wegner, D. M., Wenzlaff, R., Kerker, M., & Beattie, A. E. (1981). Incrimination through innuendo: Can media questions become public answers? *Journal of Personality and Social Psychology, 40*, 822–832.

Wehrens, M. J. P. W., Kuyper, H., Dijkstra, P., Buunk, A. P., & Van Der Werf, M. P. C. (2010). The long-term effect of social comparison on academic performance. *European Journal of Social Psychology*, 40(7), 1158–1171. doi:10.1002/ejsp.706

Wehrle, T., Kaiser, S., Schmidt, S., & Scherer, K. R. (2000). Studying the dynamics of emotional expression using synthesized facial muscle movements. *Journal of Personality and Social Psychology*, 78, 105–119.

Weihs, K. L., Enright, T. M., & Simmens, S. J. (2008). Close relationships and emotional processing predict decreased mortality in women with breast cancer: Preliminary evidence. *Psychosomatic Medicine*, 70(1), 117–124. doi:10.1097/PSY.0b013e31815c25cf

Weiner, B. (1985). "Spontaneous" causal thinking. *Psychological Bulletin*, 97, 74–84.

Weiner, B. (2008). Reflections on the history of attribution theory and research. *Social Psychology*, 39, 151–156.

Weiner, B., Amirkhan, J., Folkes, V. S., & Verette, J. A. (1987). An attributional analysis of excuse giving: Studies of a naive theory of emotion. *Journal of Personality and Social Psychology*, 52, 316–324.

Weinstock, M. (2011). Knowledge-telling and knowledge-transforming arguments in mock jurors' verdict justifications. *Thinking & Reasoning*, 17(3), 282–314. doi:10.1080/13546783.2011.575191

Wells, G. L. (1984). The psychology of lineup identifications. *Journal of Applied Social Psychology*, 14, 89–103.

Wells, G. L. (1993). What do we know about eyewitness identification? *American Psychologist*, 48, 553–571.

Wells, G. L. (2014). Eyewitness identification: Probative value, criterion shifts, and policy regarding the sequential lineup. *Current Directions in Psychological Science*, 23, 11–16.

Wells, G. L., & Bradfield, A. L. (1998). "Good, you identified the suspect": Feedback to eyewitness reports distorts their reports of the witnessing experience. *Journal of Applied Social Psychology*, 83, 360–376.

Wells, G. L., & Hasel, L. (2007). Facial composite production by eyewitnesses. *Current Directions in Psychological Science*, 16, 6–10.

Wells, G. L., & Hasel, L. (2008). Eyewitness identification: Issues in common knowledge and generalization. In E. Borgida & S. T. Fiske (Eds.), *Beyond common sense: Psychological science in the courtroom* (pp. 159–176). Malden : Blackwell.

Wells, G. L., & Luus, C. A. E. (1990). Police lineups as experiments: Social methodology as a framework for properly conducted lineups. *Personality and Social Psychology Bulletin*, 16, 106–117.

Wells, G. L., & Quinlivan, D. S. (2009). Suggestive eyewitness identification procedures and the Supreme Court's reliability test in light of eyewitness science: 30 years later. *Law and Human Behavior*, 33, 1–24.

Wells, G. L., Charman, S. D., & Olson, E. A. (2005). Building face composites can harm lineup identification performance. *Journal of Experimental Psychology: Applied*, 11, 147–156.

Wells, G. L., Malpass, R. S., Lindsay, R. C. L., Fisher, R. P., Turtle, J. W., & Fulero, S. M. (2000). From the lab to the police station. *American Psychologist*, 55, 581–598.

Wells, G. L., Olson, E. A., & Charman, S. D. (2002). The confidence of eyewitnesses in their identifications from lineups. *Current Directions in Psychological Science*, 11, 151–154.

Wells, W. D. (Ed.). (1997). *Measuring advertising effectiveness*. Mahwah, NJ: Erlbaum.

Wenzlaff, R. M., & Bates, D. E. (2000). The relative efficacy of concentration and suppression strategies of mental control. *Personality and Social Psychology Bulletin*, 26, 1200–1212.

Werth, L., & Foerster, J. (2002). Implicit person theories influence memory judgments: The circumstances under which metacognitive knowledge is used. *European Journal of Social Psychology*, 32, 353–362.

West, S., Jett, S. E., Beckman, T., & Vonk, J. (2010). The phylogenetic roots of cognitive dissonance. *Journal of Comparative Psychology*, 124, 425–432.

West, T. V., Magee, J. C., Gordon, S. H., & Gullett, L. (2014). A little similarity goes a long way: The effects of peripheral but self-revealing similarities on improving and sustaining interracial relationships. *Journal of Personality and Social Psychology*, 107, 81–100.

Westen, D. (2007). *The political brain: The role of emotion in deciding the fate of the nation*. New York: Public Affairs Books.

Westen, D., Kilts, C., Blagov, P., et al. (2006). The neural basis of motivated reasoning: An fMRI study of emotional constraints on political judgment during the U.S. presidential election of 2004. *Journal of Cognitive Neuroscience*, 18, 1947–1958.

Weyant, J. M. (1996). Application of compliance techniques to direct-mail requests for charitable donations. *Psychology and Marketing*, 13, 157–170.

Wheeler, D. L., Jacobson, J. W., Paglieri, R. A., & Schwartz, A. A. (1993). An experimental assessment of facilitated communication. *Mental Retardation*, 31, 49–59.

Wheeler, L., & Kim, Y. (1997). What is beautiful is culturally good: The physical attractiveness stereotype has different content in collectivistic cultures. *Personality and Social Psychology Bulletin*, 23, 795–800.

Wheeler, L., Koestner, R., & Driver, R. (1982). Related attributes in the choice of comparison others: It's there, but it isn't all there is. *Journal of Experimental Social Psychology*, 18, 489–500.

Wheeler, M. E., & Fiske, S. T. (2005). Controlling racial prejudice: Social-cognitive goals affect amygdala and stereotype activation. *Psychological Science*, 16, 56–63.

Wheeler, S. C., & DeMarree, K. G. (2009). Multiple mechanisms of prime-to-behavior effects. *Social and Personality Psychology Compass*, 3(4), 566–581. doi:10.1111/j.1751-9004.2009.00187.x

Wheeler, S. C., Briñol, P., & Hermann, A. D. (2007). Resistance to persuasion as self-regulation: Ego-depletion and its effects on attitude change processes. *Journal of Experimental Social Psychology*, 43, 150–156.

White, J. (2007). Abu Ghraib officer cleared of detainee abuse; verdict means no one in army's upper ranks will be imprisoned for the 2003 mistreatment in Iraq. *Washington Post*, p. A05.

White, J. W., Donat, P. L. N., & Humphrey, J. A. (1995). An examination of the attitudes underlying sexual coercion among acquaintances. *Journal of Psychology and Human Sexuality*, 8, 27–47.

White, K. M., Smith, J. R., Terry, D. J., Greenslade, J. H., & McKimmie, B. M. (2009). Social influence in the theory of planned behaviour: The role of descriptive, injunctive, and in-group norms. *British Journal of Social Psychology*, 48, 135–158.

White, P. A. (2002). Causal attribution from covariation information: The evidential evaluation model. *European Journal of Social Psychology*, 32, 667–684.

White, R. K. (1977). Misperception in the Arab-Israeli conflict. *Journal of Social Issues*, 33, 190–221.

Whittaker, J. O., & Meade, R. D. (1967). Social pressure in the modification and distortion of judgment: A cross-cultural study. *International Journal of Psychology*, 2, 109–113.

Wicker, A. W. (1969). Attitudes versus actions: The relationship between verbal and overt behavioral responses to attitude objects. *Journal of Social Issues*, 25, 41–78.

Widom, C. S., DuMont, K., & Czaja, S. J. (2007). A prospective investigation of major depressive disorder and comorbidity in abused and neglected children grown up. *Archives of General Psychiatry*, 64(1), 49–56.

Wilder, D. A. (1984). Intergroup contact: The typical member and the exception to the rule. *Journal of Experimental Psychology*, 20, 177–194.

Wilder, D. A. (1986). Social categorization: Implications for creation and reduction of intergroup bias. In L. Berkowitz (Ed.), *Advances in experimental social psychology* (Vol. 19, pp. 291–355). New York: Academic Press.

Wilder, D. A., & Shapiro, P. N. (1989). Role of competition-induced anxiety in limiting the beneficial impact of positive behavior by an outgroup member. *Journal of Personality and Social Psychology*, 56, 60–69.

Wilford, M. M., & Wells, G. L. (2010). Does facial processing prioritize change detection? Change blindness illustrates costs and benefits of holistic processing. *Psychological Science*, 21(11), 1611–1615. doi:10.1177/0956797610385952

Wilkins, C. L., & Kaiser, C. R. (2014). Racial progress as a threat to the status hierarchy: Implications for perceptions of anti-white bias. *Psychological Science*, 25, 439–446.

Willard, J., Madon, S., Guyll, M., & Spoth, R. (in press). Self-efficacy as a moderator of positive and negative self-fulfilling prophecy effects: Mothers' beliefs and children's alcohol use. *European Journal of Social Psychology*.

Willard, J., Madon, S., Guyll, M., Scherr, K. C., & Buller, A. A. (2012). The accumulating effects of shared expectations. *European Journal of Social Psychology*, 42, 497–508. doi:10.1002/ejsp.874

Williams, J. (1998). *Thurgood Marshall: American revolutionary*. New York: Times Books.

Williams, K. D., & Nida, S. A. (2011). Ostracism: Consequences and coping. *Current Directions in Psychological Science*, 20, 71–75.

Williams, L. E., & Bargh, J. A. (2008). Experiencing physical warmth promotes interpersonal warmth. *Science*, 322(5901), 606–607. doi:10.1126/science.1162548

Williams, P. (2001). *How to be like Mike: Life lessons about basketball's best*. Deerfield Beach, FL: Health Communications.

Williams, T. P., & Sogon, S. (1984). Group composition and conforming behavior in Japanese students. *Japanese Psychological Research*, 26, 231–234.

Willis, J., & Todorov, A. (2006). First impressions: Making up your mind after a 100-ms exposure to a face. *Psychological Science*, 17, 592–598.

Willis, J., & Todorov, A. (2006). First impressions: Making up your mind after a 100-ms exposure to a face. *Psychological Science*, 17, 592–298.

Willmott, L., Harris, P., Gellaitry, G., Cooper, V., & Horne, R. (2011). The effects of expressive writing following first myocardial infarction: A randomized controlled trial. *Health Psychology*, 30(5), 642–650. doi:10.1037/a0023519

Wilner, D., Walkley, R., & Cook, S. (1955). *Human relations in interracial housing*. Minneapolis: University of Minnesota Press.

Wilson, A. E., & Ross, M. (2000). The frequency of temporal-self and social comparisons in people's personal appraisals. *Journal of Personality and Social Psychology*, 78, 928–942.

Wilson, C. (2011, February 15). Jeopardy, Schmeopardy: Why IBM's next target should be a machine that plays poker. *Slate.com*. Retrieved April 18, 2011, from www.slate.com/id/2285035/

Wilson, D. K., Purdon, S. E., & Wallston, K. A. (1988). Compliance in health recommendations: A theoretical overview of message framing. *Health Education Research*, 3, 161–171.

Wilson, D. S. (1997). Altruism and organism: Disentangling the themes of multilevel selection theory. *American Naturalist*, 150, S122–S134.

Wilson, D. S., & Wilson E. O. (2007, November 3). Survival of the selfless. *New Scientist*, pp. 42–46.

Wilson, D. S., Van Vugt, M., & O'Gorman, R. (2008). Multilevel selection theory and major evolutionary transitions: Implications for psychological science. *Current Directions in Psychological Science*, 17, 6–9.

Wilson, E. O. (1975). *Sociobiology: The new synthesis*. Cambridge, MA: Belknap Press.

Wilson, I. (2014, April 10). Dangerous "polar plunge" trend causes concern for N.H. school districts. *Concord Monitor*. Retrieved May 26, 2014, from www.concordmonitor.com/news/11495396-95/dangerous-polar-plunge-trend-causes-concern-for-nh-school-districts

Wilson, J. (2005). *The politics of truth: A diplomat's memoir.* New York: PublicAffairs.

Wilson, S. J., & Lipsey, M. W. (2007). School-based interventions for aggressive and disruptive behavior: Update of a meta-analysis. *American Journal of Preventive Medicine, 33,* S130–S143.

Wilson, T. D. (2002). *Strangers to ourselves: Discovering the adaptive unconscious.* Cambridge, MA: Harvard University Press.

Wilson, T. D. (2011). *Redirect: The surprising new science of psychological change.* New York: Little, Brown.

Wilson, T. D., & Bar-Anan, Y. (2008). The unseen mind. *Science, 321,* 1046–1047.

Wilson, T. D., & Brekke, N. (1994). Mental contamination and mental correction: Unwanted influences on judgments and evaluations. *Psychological Bulletin, 116,* 117–142.

Wilson, T. D., & Dunn, E. W. (2004). Self-knowledge: Its limits, value and potential for improvement. *Annual Review of Psychology, 55,* 493–518.

Wilson, T. D., & Gilbert, D. T. (2003). Affective forecasting. In M. P. Zanna (Ed.), *Advances in experimental social psychology* (Vol. 35, pp. 345–411). San Diego, CA: Academic Press.

Wilson, T. D., & Gilbert, D. T. (2008). Explaining away: A model of affective adaptation. *Perspectives on Psychological Science, 3,* 370–386.

Wilson, T. D., & Kraft, D. (1993). Why do I love thee? Effects of repeated introspections about a dating relationship on attitudes toward the relationship. *Personality and Social Psychology Bulletin, 19,* 409–418.

Wilson, T. D., & Linville, P. W. (1982). Improving the academic performance of college freshmen: Attribution therapy revisited. *Journal of Personality and Social Psychology, 42,* 367–376.

Wilson, T. D., & Linville, P. W. (1985). Improving the performance of college freshmen using attributional techniques. *Journal of Personality and Social Psychology, 49,* 287–293.

Wilson, T. D., Aronson, E., & Carlsmith, K. (2010). The art of laboratory experimentation. In S. Fiske, D. Gilbert, & G. Lindzey (Eds.), *Handbook of social psychology* (5th ed., pp. 49–79). New York: Wiley.

Wilson, T. D., Dunn, D. S., Kraft, D., & Lisle, D. J. (1989). Introspection, attitude change, and attitude-behavior consistency: The disruptive effects of explaining why we feel the way we do. In L. Berkowitz (Ed.), *Advances in experimental social psychology* (Vol. 19, pp. 123–205). Orlando, FL: Academic Press.

Wilson, T. D., Gilbert, D. T., & Wheatley, T. (1998). Protecting our minds: The role of lay beliefs. In V. Yzerbyt, G. Lories, & B. Dardenne (Eds.), *Metacognition: Cognitive and social dimensions* (pp. 171–201). New York: Russell Sage Foundation.

Wilson, T. D., Hodges, S. D., & La Fleur, S. J. (1995). Effects of introspecting about reasons: Inferring attitudes from accessible thoughts. *Journal of Personality and Social Psychology, 69,* 16–28.

Wilson, T. D., Houston, C. E., & Meyers, J. M. (1998). Choose your poison: Effects of lay beliefs about mental processes on attitude change. *Social Cognition, 16,* 114–132.

Wilson, T. D., Houston, C. E., Etling, K. M., & Brekke, N. C. (1996). A new look at anchoring effects: Basic anchoring and its antecedents. *Journal of Experimental Psychology: General, 125,* 387–402.

Wilson, T. D., Laser, P. S., & Stone, J. I. (1982). Judging the predictors of one's own mood: Accuracy and the use of shared theories. *Journal of Experimental Social Psychology, 18,* 537–556.

Wilson, T. D., Lindsey, S., & Schooler, T. Y. (2000). A model of dual attitudes. *Psychological Review, 107,* 101–126.

Wilson, T. D., Lisle, D., Schooler, J. W., Hodges, S. D., Klaaren, K. J., & La Fleur, S. J. (1993). Introspecting about reasons can reduce post-choice satisfaction. *Personality and Social Psychology Bulletin, 19,* 331–339.

Wilton, C., & Campbell, M. A. (2001). An exploration of the reasons why adolescents engage in traditional and cyber bullying. *Journal of Educational Sciences and Psychology, 1,* 101–109.

Wilton, C., & Campbell, M. A. (2011). An exploration of the reasons why adolescents engage in traditional and cyber bullying. *Journal of Educational Sciences and Psychology, 1,* 101–109.

Winslow, R. W., Franzini, L. R., & Hwang, J. (1992). Perceived peer norms, casual sex, and AIDS risk prevention. *Journal of Applied Social Psychology, 22,* 1809–1827.

Wiseman, C. V., Gray, J. J., Mosimann, J. E., & Ahrens, A. H. (1992). Cultural expectations of thinness in women: An update. *International Journal of Eating Disorders, 11,* 85–89.

Wiseman, M. C., & Moradi, B. (2010). Body image and eating disorder symptoms in sexual minority men: A test and extension of objectification theory. *Journal of Counseling Psychology, 57,* 154–166.

Wittenbaum, G. M., & Moreland, R. L. (2008). Small-group research in social psychology: Topics and trends over time. *Social and Personality Psychology Compass, 2* (www.blackwell-compass.com/subject/socialpsychology/).

Wittenbaum, G. M., & Park, E. S. (2001). The collective preference for shared information. *Current Directions in Psychological Science, 10,* 72–75.

Wittenbrink, B., Judd, C. M., & Park, B. (1997). Implicit racial stereotypes and prejudice and their relationships with questionnaire measures: We know what we think. *Journal of Personality and Social Psychology, 72,* 262–274.

Wojciszke, B. (2005). Affective concomitants of information on morality and competence. *European Psychologist, 10,* 60–70.

Wolf, S. (2014). Majority and minority influence: A social impact analysis. In M. P. Zanna, J. M. Olson, & C. P. Herman (Eds.), *Social influence: The Ontario Symposium* (Vol. 5, pp. 207–236). New York: Psychology Press.

Wolfe, C., & Spencer, S. (1996). Stereotypes and prejudice: Their overt and subtle influence in the classroom. *American Behavioral Scientist, 40,* 176–185.

Wolfson, A. (2005). A hoax most cruel. *The Courier-Journal,* October 9. Retrieved June 5, 2006, from www.courier-journal.com/apps/pbcs.d11/article?Date=20051009&category=NEWS01

Wong, E. M., Galinsky, A. D., & Kray, L. J. (2009). The counterfactual mind-set: A decade of research. In K. D. Markman, W. M. P. Klein, & J. A. Suhr (Eds.), *Handbook of imagination and mental simulation* (pp. 161–174). New York: Psychology Press.

Wong, R. Y., & Hong, Y. (2005). Dynamic influences of culture on cooperation in a Prisoner's Dilemma game. *Psychological Science, 16,* 429–434.

Wood, J. V., Taylor, S. E., & Lichtman, R. R. (1985). Social comparison in adjustment to breast cancer. *Journal of Personality and Social Psychology, 49,* 1169–1183.

Wood, J. V., Perunovic, W. Q. E., & Lee, J. W. (2009). Positive self-statements: Power for some, peril for others. *Psychological Science, 20,* 860–866.

Wood, W. (1982). Retrieval of attitude-relevant information from memory: Effects on susceptibility to persuasion and on intrinsic motivation. *Journal of Personality and Social Psychology, 42,* 798–810.

Wood, W. (1987). Meta-analytic review of sex differences in group performance. *Psychological Bulletin, 102,* 53–71.

Wood, W., & Eagly, A. H. (2002). A cross-cultural analysis of the behavior of women and men: Implications for the origins of sex differences. *Psychological Bulletin, 128,* 699–727.

Wood, W., & Quinn, J. M. (2003). Forewarned and forearmed? Two meta-analytic syntheses of forewarnings of influence appeals. *Psychological Bulletin, 129,* 119–138.

Wood, W., Lundgren, S., Ouellette, J. A., Busceme, S., & Blackstone, T. (1994). Minority influence: A meta-analytic review of social influence processes. *Psychological Bulletin, 115,* 323–345.

Wood, W., Pool, G. J., Leck, K., & Purvis, D. (1996). Self-definition, defensive processing, and influence: The normative impact of majority and minority groups. *Journal of Personality and Social Psychology, 71,* 1181–1193.

Woodward, B. (2004). *Plan of attack.* New York: Simon & Schuster.

Woodward, B. (2006). *State of denial.* New York: Simon & Schuster.

Word, C. O., Zanna, M. P., & Cooper, J. (1974). The nonverbal mediation of self-fulfilling prophecies in interracial interaction. *Journal of Experimental Social Psychology, 10,* 109–120.

Wortman, C. B., & Silver, R. C. (1989). The myths of coping with loss. *Journal of Consulting and Clinical Psychology, 57,* 349–357.

Wrangham, R. W., Wilson, M. L., & Muller, M. N. (2006). Comparative rates of violence in chimpanzees and humans. *Primates, 47,* 14–26.

Wright, E. F., Lüüs, C. E., & Christie, S. D. (1990). Does group discussion facilitate the use of consensus information in making causal attributions? *Journal of Personality and Social Psychology, 59,* 261–269.

Wright, L. (1994). *Remembering Satan.* New York: Knopf.

Wright, P. J., & Arroyo, A. (2013). Internet pornography and U.S. women's sexual behavior: Results from a national sample. *Mass Communication & Society, 16,* 617–638. doi:10.1080/15205436.2012.754045

Wubben, M. J. J., De Cremer, D., & van Dijk, E. (2009). How emotion communication guides reciprocity: Establishing cooperation through disappointment and anger. *Journal of Experimental Social Psychology, 45(4),* 987–990. doi:10.1016/j.jesp.2009.04.010

Wyer, R. S., & Srull, T. K. (1989). *Memory and cognition in its social context.* Hillsdale, NJ: Erlbaum.

Xu, H., Bègue, L., & Bushman, B. J. (2012). Too fatigued to care: Ego depletion, guilt, and prosocial behavior. *Journal of Experimental Social Psychology, 48(5),* 1183–1186.

Xu, K., Nosek, B., & Greenwald, A. G. (2014). Psychology data from the Race Implicit Association Test on the Project Implicit Demo website. *Journal of Open Psychology Data, 2,* e3.

Xygalatas, D., Mitkidis, P., Fischer, R., Reddish, P., Skewes, J., Geertz, A. W., et al. (2013). Extreme rituals promote prosociality. *Psychological Science, 24,* 1602–1605.

Yamada, A., Fukuda, H., Samejima, K., Kiyokawa, S., Ueda, K., Noba, S., et al. (2014). The effect of an analytical appreciation of colas on consumer beverage choice. *Food Quality and Preference, 34,* 1–4.

Yan, Y., & Bissell, K., (2014). The globalization of beauty; How is ideal beauty influenced by globally published fashion and beauty magazines? *Journal of Intercultural Communication Research.* doi:10.1080/17475759.2014.917432

Yeager, D. S., Johnson, R., Spitzer, B. J., Trzesniewski, K. H., Powers, P., & Dweck, C. S. (2014). The far-reaching effects of believing people can change: Implicit theories of personality shape stress, health, and achievement during adolescence. *Journal of Personality and Social Psychology, 106,* 867–884.

Yeager, D. S., Pauneska, D., Walton, G. M., & Dweck, C. S. (2014). *How can we instill productive mindsets at scale? A review of the evidence and an initial R&D agenda.* White paper prepared for the White House Meeting on Excellence in Education: The Importance of Academic Mindsets. Retrieved May 23, 2014, from www.stanford.edu/~gwalton/home/Welcome_files/YeagerPauneskuWaltonDweck%20-%20White%20House%20R%26D%20agenda%20-%205-9-13.pdf

Yoffe, E. (2014, December 7). The college rape overcorrection. *Slate.com.* http://www.slate.com/articles/double_x/doublex/2014/12/college_rape_campus_sexual_assault_is_a_serious_problem_but_the_efforts.html

Young, A. I., & Fazio, R. H. (2013). Attitude accessibility as a determinant of object construal and evaluation. *Journal of Experimental Social Psychology, 49,* 404–418.

Youth and tobacco use. (2014). Center for Disease Control and Prevention. Retrieved August 19, 2014, from http://www.cdc.gov/tobacco/data_statistics/fact_sheets/youth_data/tobacco_use/index.htm

Yuki, M., & Brewer, M. (2014). *Culture and group processes.* New York: Oxford University Press.

Yukl, G. (2011). Contingency theories of effective leadership. In A. Bryman, D. L. Collinson, K. Grint, B. Jacksin, & M. Uhl-Bien (Eds.), *The Sage handbook of leadership* (pp. 286–298). Thousand Oaks, CA: Sage.

Zajonc, R. B. (1965). *Social facilitation.* Research Center for Group Dynamics, Institute for Social Research, University of Michigan.

Zajonc, R. B. (1968). Attitudinal effects of mere exposure. *Journal of Personality and Social Psychology, 9,* 1–27.

Zajonc, R. B. (1980). Feeling and thinking: Preferences need no inferences. *American Psychologist, 35,* 151–175.

Zajonc, R. B., Heingartner, A., & Herman, E. M. (1969). Social enhancement and impairment of performance in the cockroach. *Journal of Personality and Social Psychology, 13,* 83–92.

Zanna, M. P., & Rempel, J. K. (1988). Attitudes: A new look at an old concept. In D. Bar-Tal & A. W. Kruglanski (Eds.), *The social psychology of knowledge* (pp. 315–334). Cambridge, England: Cambridge University Press.

Zanot, E. J., Pincus, J. D., & Lamp, E. J. (1983). Public perceptions of subliminal advertising. *Journal of Advertising, 12,* 39–45.

Zebrowitz, L. A., & Franklin, R. G., Jr. (2014). The attractiveness halo effect and the babyface stereotype in older and younger adults: Similarities, own-age accentuation, and older adult positivity effects. *Experimental Aging Research, 40,* 375–393.

Zebrowitz, L. A., & Montepare, J. M. (2008). Social psychological face perception: Why appearance matters. *Social and Personality Psychology Compass, 2,* 1497–1517.

Zebrowitz, L. A., Wang, R., Bronstad, P. M., Eisenberg, D., Undurraga, E., Reyes-García, V., et al. (2012). First impressions from faces among US and culturally isolated Tsimane' people in the Bolivian rainforest. *Journal of Cross-Cultural Psychology, 43,* 119–134.

Zentall, S. R., & Morris, B. J. (2010). "Good job, you're so smart": The effects of inconsistency of praise type on young children's motivation. *Journal of Experimental Child Psychology, 107*(2), 155–163. doi:10.1016/j.jecp.2010.04.015

Zhang, D., Lowry, P. B., Zhou, L., & Fu, X. (2007). The impact of individualism-collectivism, social presence, and group diversity on group decision making under majority influence. *Journal of Management Information Systems, 23,* 53–80.

Zhang, H., You, J., Teng, F., & Chan, D. K. (2014). Differential roles of physical attractiveness and earning capability in explaining sense of power among dating individuals in China: A gender comparison. *Sex Roles, 70,* 343–355.

Zhang, Q., & Covey, J. (2014). Past and future implications of near-misses and their emotional consequences. *Experimental Psychology, 61,* 118–126.

Zhang, S., & Kline, S. L. (2009). Can I make my own decision? A cross-cultural study of perceived social network influence in mate selection. *Journal of Cross-Cultural Psychology, 40,* 3–23.

Zhang, Y., & Epley, N. (2009). Self-centered social exchange: Differential use of costs versus benefits in prosocial reciprocity. *Journal of Personality and Social Psychology, 97*(5), 796–810. doi:10.1037/a0016233

Zhong, C.-B., & Leonardelli, G. J. (2008). Cold and lonely: Does social exclusion literally feel cold? *Psychological Science, 19*(9), 838–842. doi:10.1111/j.1467-9280.2008.02165.x

Zhong, C.-B., & Liljenquist, K. (2006). Washing away your sins: Threatened morality and physical cleansing. *Science, 313,* 1451–1452.

Zhu, Y., & Han, S. (2008). Cultural differences in the self: From philosophy to psychology and neuroscience. *Social and Personality Psychology Compass, 2,* 1799–1811.

Zillmann, D. (1978). Attributions and misattributions of excitatory reactions. In J. H. Harvey, W. Ickes, & R. F. Kidd, (Eds.), *New directions in attribution research* (Vol. 2). Hillsdale, NJ: Erlbaum.

Zimbardo, P. G. (1970). The human choice: Individuation, reason, and order versus deindividuation, impulse, and chaos. In W. J. Arnold & D. Levine (Eds.), *Nebraska Symposium on Motivation* (Vol. 17; pp. 237–307). Lincoln: University of Nebraska Press.

Zimbardo, P. G. (2007). *The Lucifer effect: Understanding how good people turn evil.* New York: Random House.

Zimbardo, P., & Andersen, S. (1993). Understanding mind control: Exotic and mundane mental manipulations. *Recover from cults: Help for victims of psychological and spiritual abuse,* pp. 104–125.

Zimbardo, P., Weisenberg, M., Firestone, I., & Levy, B. (1965). Communicator effectiveness in producing public conformity and private attitude change. *Journal of Personality, 33,* 233–255.

Zimmer, B. (2009, October 25). On language: Ms.: The origins of the title, explained. *The New York Times.*

Zimmerman, M. (2008, March 12). Competitive to a fault. *Men's Health.* Retrieved April 30, 2014, from www.menshealth.com/fitness/integrity-and-character-derek-jeter

크레디트

제1장 Bikeriderlondon/Shutterstock; Stockbyte/Getty Images; STR New/Reuters; Glow Images; Paul Chesley/National Geographic Creative; Vacclav/Shutterstock; Interfoto/Alamy; The Drs. Nicholas and Dorothy Cummings Center for the History of Psychology, The University of Akron; Shawn Thew/EPA/Newscom; Karen Zebulon; Thomas Kienzle/EPA/Newscom; Newscom; Felix Choo/Alamy; Lenscap/Alamy; ProMotion/Fotolia; Villerot/Age Fotostock.

제2장 Indranil Mukhereee/AFP/Getty Images; Kyodo/Newscom; Pixellover RM 8/Alamy; Franklin D. Roosevelt Presidential Library & Museum; Monkey Business/Fotolia; Africa Studio/Fotolia; Megapress/Alamy; Tom Koene/Horizons WWP/Alamy; Mark Harmel/Science Source; ScienceCartoonsPlus.com.

제3장 Landov; Sean Nel/Shutterstock; National Archives and Records Administration; Wrangler/Shutterstock; Monkey Business/Fotolia; Gina Sanders/Fotolia; Feedough/Getty Images; Darren Baker/Alamy; Masuda and Nisbett (2006); Bernd Wittenbrink, Joshua Correll et al © 2002; Nikola Solic/Reuters.

제4장 AMC, Ursula Coyote/AP Images; TIPS Images/AGE Fotostock; PhotosIndia.com RM 18/Alamy; OJenny/Shutterstock; Ollyy/Shutterstock; Maksym Bondarchuk/Shutterstock; Pathdoc/Fotolia; White House Photo/Alamy; Associated Sports Photography/Alamy; The Paul Ekman Group, LLC; The Paul Ekman Group, LLC; Andres Rodriguez/Fotolia; Pressmaster/Shutterstock; Victor Tongdee/Shutterstock; Carol Beckwith & Angela Fisher/HAGA/The Image Works; Sisse Brimerg/National Geographic; Jared Milgrim/Everett Collection Inc/Alamy; Isabella Vosmikova/FOX/Everett Collection; Media Rights Capital/Album/Newscom; Minerva Studio/Fotolia; Bettmann/Corbis; Bebeto Matthews/AP Images; Patrick Pleul/dpa/picture-alliance/Newscom; Oxford/Getty Images; Masuda and Nisbett (2006); Steve Vidler/Superstock; trubach/Shutterstock; Lissandra Melo/Shutterstock; Izmael/Shutterstock; bigredlynx/Shutterstock; violetkaipa/Shutterstock; PCN Black/PCN Photography/Alamy.

제5장 PCN Photography/Alamy; Eddie Lawrence/DK Images; Tsugufumi Matsumoto/Pool/AP Images; Patricia Schlein/PS3 WENN Photos/Newscom; Pearson; PEANUTS © 1995 Peanuts Worldwide LLC. Dist. By UNIVERSAL UCLICK. Reprinted with permission. All rights reserved.; SALLY FORTH © King Features Syndicate, Inc. World Rights reserved.; Omika/Fotolia; Lee Corkran/Sygma/Corbis; Library of Congress Prints and Photographs Division; Craig Ruttle/Alamy; SuperStock/Alamy.

제6장 Aaron Horowitz/Flirt/Corbis; Powell John/Prisma/Agefotostock; JackF/Fotolia; Jeff Greenberg/Alamy; Industrieblick/Fotolia; Glow Images; moodboard/Fotolia; Shariff Che'Lah/Fotolia; Splash News/Newscom; Shannon Fagan/The Image Bank/Getty Images; Krasyuk/Fotolia; Library of Congress Prints and Photographs Division Washington [LCUSZC4-7214]; Library of Congress Prints and Photographs Division [LC-USZ62-40764]; The Durango Herald/AP Images; The Denver Post/AP Images; Department of Motor Vehicles/AP Images; Tribune Newspapers/AP Images; Rodger Mallison/The Fort Worth Star-Telegram/AP Images.

제7장 Pictorial Press Ltd/Alamy; Keith Johnson/Deseret Morning News/AP Images; J Pat Carter/AP Images; moodboard/Corbis; Hero Images/Getty Images; NASA Photo/Alamy; Elizabeth Goodenough/Everett Collection/Alamy; UPI/FDA/Landov; Henry Martin/The New Yorker Collection/The Cartoon Bank; DarkOne/Shutterstock; Handout/Mct/Newscom; The Advertising Archives; Bill Greenblat/Newsmakers/Getty Images; American Association of Advertising Agencies; General Mills/AP Images; best_age_model/Fotolia; Jaimie Trueblood/Screen Gems/Everett Collection; Reuters.

제8장 Rich Carey/Shutterstock; ZUMA Press/Newscom; Jeremy Bembaron/Sygma/Corbis; Flirt/SuperStock; Library of Congress Prints and Photographs Division [LC-USZ62-119765]; Eric James/NASA Images; U.S. Dept. of Defense; Anna Daren; Reproduced with permission. Copyright © 2015 Scientific American, Inc. All rights reserved.; Jeff Greenberg "0 people images"/Alamy; Suntzulynn for LE/Splash News/Newscom; Aflo Co., Ltd./Alamy; Joe Belanger/Shutterstock; Craig Steven Thrasher/Alamy; Enviromantic/Getty Images; Pictorial Press Ltd/Alamy; Prisma Bildagentur AG/Alamy; Alexandra Milgram; Alexandra Milgram; Keith McIntyre/Shutterstock.

제9장 Kevin Lamarque/Reuters; Monkey Business/Fotolia; Philip G. Zimbardo, Inc.; Philip G. Zimbardo, Inc.; wavebreakmedia/Shutterstock; PhotoAlto/Alamy; Library of Congress Prints and Photographs Division [LC-USZ62-138224]; Elnur Amikishiyev/123RF; Henry Martin/The New Yorker Collection/The Cartoon Bank; Andy Dean Photography/Shutterstock; Chuck Nacke/Alamy; File/AP Images; Everett Collection Inc/Alamy; US Senate/Alamy; WavebreakmediaMicro/Fotolia; Tom McCarthy/PhotoEdit.

제10장 Shutterstock; Shutterstock; Sam Gross/The New Yorker Collection/The Cartoon Bank; Dmitriy Shironosov/123RF; Radius Images/Getty Images; Samuel R. Sommers; Trinette Reed/Blend/Glow Images; Dr. Judith Langlois; WALT DISNEY PICTURES/Album/Newscom; Allstar Picture Library/Alamy; nyul/Fotolia; Peter Scholey/SuperStock; Peter Steiner/The New Yorker Collection/The Cartoon Bank; AF archive/Alamy; imageBROKER/Alamy; vario images GmbH & Co.KG/Alamy; Ian Hooton/DK Images; Tomasz Trojanowski/Shutterstock; Monkey Business Images/Shutterstock.

제11장 Suzanne Plunkett/AP Images; wavebreakmedia/Shutterstock; United Press International; AP Images; HRC WENN Photos/Newscom; Zelig Shaul/ACE Pictures/Newscom; Toa555/Fotolia; Blend Images/Glow Images; Magnum Photos, Inc.; Kuttig - People/Alamy; Cancan Chu/Getty Images; Jim West/Alamy.

정답

제1장

복습문제(p. 9)
1. c
2. b
3. b
4. a
5. d

복습문제(p. 15)
1. a
2. d
3. c
4. a
5. d

복습문제(p. 20)
1. a
2. a, b, d
3. d

평가문제(p. 23)
1. a
2. c
3. b
4. a, b, d
5. a
6. d
7. a
8. c
9. b, d
10. e

제2장

복습문제(p. 28)
1. c
2. a
3. d

복습문제(pp. 43-44)
1. d
2. a
3. b
4. d
5. c
6. b
7. c
8. a

복습문제(p. 47)
1. b
2. d
3. c

복습문제(pp. 49-50)
1. b
2. c
3. a

평가문제(pp. 51-52)
1. b
2. c
3. b
4. c
5. a
6. d
7. d
8. b
9. c
10. d

제3장

복습문제(pp. 64-65)
1. c
2. a
3. d
4. a
5. b

복습문제(p. 74)
1. b
2. c
3. a
4. d
5. a

복습문제(p. 77)
1. b
2. a
3. b
4. d
5. c

복습문제(p. 85)
1. b
2. b
3. c
4. a
5. d

평가문제(pp. 87-89)
1. a
2. d
3. c
4. b
5. d
6. c
7. a
8. a
9. d
10. b

제4장

복습문제(p. 99)
1. b
2. c
3. b
4. a
5. a

복습문제(p. 103)
1. d
2. b
3. d
4. a
5. c

복습문제(p. 116)
1. d
2. a
3. a
4. c
5. a

복습문제(p. 123)
1. a
2. c
3. d
4. c
5. c

평가문제(pp. 125-126)
1. d
2. c
3. b
4. c
5. b
6. c
7. a
8. a
9. c
10. b

제5장

복습문제(p. 134)
1. c
2. a
3. b
4. a

복습문제(p. 140)
1. a
2. d
3. c

복습문제(p. 150)
1. b
2. b
3. d
4. b

복습문제(p. 155)
1. b
2. c
3. d

복습문제(pp. 157-158)
1. b
2. d
3. a

복습문제(pp. 160-161)
1. a
2. b
3. c

복습문제(p. 164)
1. c
2. d
3. b

평가문제(pp. 166-167)
1. a
2. d
3. a
4. d
5. b
6. a
7. b
8. c
9. d
10. c

제6장

복습문제(pp. 181–182)

1. d
2. c
3. b
4. a
5. b

복습문제(pp. 197–198)

1. d
2. d
3. c
4. a
5. a
6. d

평가문제(pp. 200–201)

1. d
2. b
3. a
4. b
5. e
6. a
7. d
8. c
9. a, b, d
10. c

제7장

복습문제(pp. 209–210)

1. c
2. a
3. c
4. b
5. d

복습문제(p. 213)

1. b
2. a
3. d
4. c
5. b

복습문제(p. 225)

1. d
2. c
3. a
4. c
5. c
6. d

복습문제(p. 234)

1. c
2. c
3. a
4. b
5. c

복습문제(p. 238)

1. b
2. b
3. b
4. d
5. a

평가문제(pp. 240–241)

1. b
2. d
3. b
4. c
5. b
6. a
7. b
8. d
9. c
10. c

제8장

복습문제(p. 247)

1. c
2. b
3. c

복습문제(pp. 252–253)

1. a
2. d
3. b
4. c
5. c

복습문제(p. 266)

1. b
2. a
3. c
4. a
5. c
6. d

복습문제(p. 273)

1. d
2. c
3. a
4. b
5. c

복습문제(p. 283)

1. c
2. a
3. d
4. b
5. b

평가문제(pp. 285–286)

1. c
2. d
3. b
4. a
5. a
6. b
7. c
8. a
9. b
10. d

제9장

복습문제(p. 295)

1. d
2. b
3. a
4. b
5. c

복습문제(p. 303)

1. b
2. d
3. b
4. c
5. b

복습문제(p. 313)

1. a
2. c
3. a
4. b
5. d

복습문제(p. 320)

1. b
2. b
3. b
4. c
5. c

평가문제(pp. 322–323)

1. a
2. b
3. d
4. c
5. d
6. a
7. c
8. b
9. a
10. d

제10장

복습문제(p. 341)

1. b
2. c
3. d
4. d
5. c
6. b
7. a

복습문제(p. 346)

1. c
2. a
3. b
4. a

복습문제(p. 359)

1. c
2. d
3. b
4. b
5. a
6. c

복습문제(p. 362)

1. b
2. b
3. a

평가문제(pp. 364–365)

1. c
2. a
3. a
4. d
5. a
6. c
7. a
8. d
9. b
10. d

제11장

복습문제(p. 375)

1. c
2. a
3. b
4. d

복습문제(p. 382)

1. a
2. b
3. d
4. a

복습문제(p. 391)

1. c
2. a
3. b
4. d

복습문제(p. 396)

1. b
2. c
3. d

평가문제(pp. 398–399)

1. a
2. b

3. c
4. b
5. d
6. c

7. a
8. b
9. a
10. d

제12장

복습문제(p. 413)

1. b
2. c
3. b

4. d
5. b

복습문제(p. 420)

1. c
2. d
3. c
4. b

5. c
6. a
7. b

복습문제(p. 426)

1. b
2. c
3. e

4. b
5. a

복습문제(p. 435)

1. a
2. b
3. c

4. c
5. d

평가문제(pp. 438-439)

1. a
2. c
3. c
4. e
5. a

6. d
7. a
8. d
9. c
10. h

제13장

복습문제(p. 454)

1. a
2. a
3. c

4. b
5. f

복습문제(p. 457)

1. c
2. a
3. a

4. c
5. e

복습문제(p. 461)

1. b
2. c
3. d

4. a
5. b

복습문제(p. 470)

1. d
2. b
3. d

4. c
5. a

복습문제(p. 479)

1. b
2. c
3. b

4. a
5. d

평가문제(pp. 481-482)

1. a
2. d
3. b
4. d
5. b

6. a
7. b
8. c
9. c
10. a

찾아보기

저자소개

Elliot Aronson

캘리포니아대학교(산타크루스)의 명예교수이자 세계적으로 가장 유명한 사회심리학자 중 한 명이다. 2002년에 20세기 가장 저명한 심리학자 100명 중 한 명으로 선정되었다. Aronson 박사는 120년의 미국 심리학회 역사상 중요한 상, 즉 우수 저술상, 우수 교육상, 우수 연구상을 모두 수상한 유일한 사람이다. 또한 많은 다른 전문학회는 그의 연구와 교육을 영광스럽게 여겼다. 미국과학진흥협회는 그에게 최고의 영예인 우수 과학 연구상을 수여했고, 미국교육진흥 및 지원협회는 그를 1989년 올해의 교수로 선정했다. 사회문제심리학회는 인종/민족 집단 간 편견 감소에 대한 그의 공로를 인정해 골든 알포트 상을 수여했고, 심리과학협회는 윌리엄 제임스 상을 수여했다. 1992년에는 미국예술과학아카데미의 특별회원으로 선정되었다. 그의 과거 학생과 동료들의 논문헌정집인 *The Scientist and the Humanist*는 사회심리학 이론과 실제 문제에 대한 적용에서 그의 공헌을 기념한다. 일반 청중을 위한 Aronson 박사의 최근 저서로는 Carol Tavris와 함께 저술한 거짓말의 진화[*Mistakes Were Made(but not by Me)*]와 회고록 *Not by Chance Alone: My Life as a Social Psychologist*가 있다.

Timothy D. Wilson

윌리엄스 칼리지와 햄프셔 칼리지에서 대학과정을 이수하고 미시건대학교에서 박사학위를 취득했다. 현재 버지니아대학교 심리학과 Sherrell J. Aston 교수인 그는 최근 저서 *Redirect: The Surprising New Science of Psychological Change*뿐만 아니라 내성, 태도변화, 자기 지식 및 정서적 예측 영역에 관한 수많은 논문을 발표하였다. 그의 연구는 미국의 국립과학재단과 국립정신보건원의 지원을 받았다. 그는 실험사회심리학회의 이사회에 두 번 선출되었고, 미국심리학회와 성격 및 사회심리학회의 특별회원이다. 2009년에는 미국예술과학아카데미의 특별회원으로 선정되었다. Wilson은 버지니아대학교에서 30년 넘게 사회심리학 입문 과정을 가르쳐 왔다. 2001년에는 버지니아대학교의 최우수 교육상을, 2010년에는 버지니아대학교 우수 과학자상을 수상했다.

Robin M. Akert

캘리포니아대학교(산타크루스)에서 심리학과 사회학을 전공했고 최우등생으로 졸업했다. 그녀는 프린스턴대학교에서 실험사회심리학으로 박사학위를 취득했다. Akert 박사는 현재 웰슬리 칼리지의 심리학 교수로 재직 중이고, 경력 초기에 Pinanski 우수 교육상을 수상했다. Akert 박사는 주로 비언어적 의사소통 영역에서 출간을 하고, 최근에 그녀의 연구는 AAUW 연구비를 지원 받았다. 그녀는 30년 가까이 웰슬리 칼리지에서 사회심리학을 가르치고 있다.

Samuel R. Sommers

윌리엄스 칼리지에서 학사학위를, 미시건대학교에서 박사학위를 취득하였다. Sommers 박사는 2003년부터 터프츠대학교 심리학과에 재직하고 있으며, 주로 고정관념, 편견, 집단 다양성과 관련된 문제를 연구 중이며, 특히 이들 개념이 법률 분야에 전개되는 방식에 관심을 집중하고 있다. 터프츠대학교에서 Lerman-Neubauer 상을 비롯해 수업 및 학생지도에 특출한 교수에게 수여되는 상을 여러 차례 수상하였으며, 해마다 수여되는 Gerald R. Gill Professor 상을 받기도 했다. 또 모든 학생을 포용하는 캠퍼스 조성에 투자한 노력의 대가로 Tufts Hall of Diversity의 구성원이 되기도 했다. Sommers 박사는 7개 주에서 진행된 범죄자 재판에서 인종차별성 편파, 배심원의 의사결정, 목격자 기억과 관련된 문제를 두고 전문가로 참여하기도 했다. 그의 저서 *Situations Matter: Understanding How Context Transforms Your World*는 일반인을 위해 그가 집필한 첫 번째 저서이다. Sports Illustrated사의 L. Jon Wertheim과 함께 저술한 그의 두 번째 저서 *This Is Your Brain on Sports*은 2017년 2월에 발간되었다.

역자소개

고재홍

경남대학교 심리학과 교수
서울대학교 심리학 석사
서울대학교 심리학 박사(사회심리 전공)

김민영

계명대학교 심리학과 조교수
연세대학교 심리학 석사
Georgia Institute of Technology 석사 · 박사(산업 및 조직심리 전공)
Hebrew University 박사후 연구원

박권생

계명대학교 심리학과 명예교수
University of Wisconsin-Madison 심리학 석사
Texas A&M University 심리학 박사(감각 및 지각 전공)

최윤경

계명대학교 심리학과 부교수
고려대학교 심리학 석사
고려대학교 심리학 박사(임상심리 전공)
범죄심리전문가(한국사회 및 성격심리학회)